谨将此书献给我的妻子张颂女士和我可爱的女儿李知柔、儿子李知言

社会博弈逻辑研究丛书

赵希顺/主编

社会选择与接受

李一希/著

科学出版社

北京

内 容 简 介

社会选择理论是研究个人偏好与社会选择之间关系的理论。它所面对的根本困境在于为什么个体进行选择或判断时表现出的一些良好性质，聚合成集体选择或判断时会消失。简单来说，就是个体的选择或判断与集体的选择或判断是不协调的。本书对集体可接受性进行深入研究，为用集体可接受性刻画集体理性进行了辩护，形式化地证明当以可接受作为集体选择或判断合理性评价标准时，可以克服社会选择理论面临的困境。通俗地说，本书证明了这样一件事情：虽然集体同意一件事情面临很大困难，但集体接受一件事情是可以实现的。

本书适合哲学、经济学和政治学等相关专业的研究人员和高校师生使用，也可供对社会选择理论感兴趣的读者阅读。

图书在版编目（CIP）数据

社会选择与接受/李一希著. —北京：科学出版社，2021.11

（社会博弈逻辑研究丛书/赵希顺主编）

ISBN 978-7-03-070571-6

Ⅰ. ①社… Ⅱ. ①李… Ⅲ. ①社会选择—研究 Ⅳ. ①F062.6

中国版本图书馆 CIP 数据核字（2021）第 227674 号

责任编辑：郭勇斌 邓新平 / 责任校对：杜子昂

责任印制：张 伟 / 封面设计：黄华斌

科学出版社出版

北京东黄城根北街 16 号

邮政编码：100717

http：//www.sciencep.com

北京中科印刷有限公司印刷

科学出版社发行 各地新华书店经销

*

2021 年 11 月第 一 版 开本：720 × 1000 1/16

2021 年 11 月第一次印刷 印张：13 3/4

字数：251 000

定价：98.00 元

（如有印装质量问题，我社负责调换）

作 者 简 介

李一希，博士毕业于中山大学逻辑与认知研究所，现任中山大学助理研究员，主要从事教育哲学研究，感兴趣的主要问题是跨文化的价值教育是如何实现的。近年在《中国高等教育》《中国高教研究》《华东师范大学学报（教育科学版）》等杂志发表多篇文章，主持2项国家社科基金项目。

从书序

博弈，广而言之，就是指自然界或人类社会中多主体（即博弈参与者）之间的互动，参与者在互动过程中所采取的行动称作是博弈策略。由于每个参与者都有各自不同的目标和利益，因此他们必须考虑竞争对手或合作伙伴各种可能的行动策略，并尽可能采取对自己最有利或最合理的策略。博弈论就是研究博弈过程中参与各方是否存在最合理的行为策略，以及如何计算这个合理的策略的理论和方法。1944 年冯·诺伊曼与奥斯卡·摩根斯特恩合著《博弈论与经济行为》，标志着现代博弈理论的初步形成。博弈论在生物学、经济学、国际关系、计算机科学、政治学等很多学科都有广泛的应用。

博弈论是自然界和人类社会诸多现象的高度抽象和概括。这种抽象性使得博弈论在社会科学领域内得到广泛的应用，为不同文化社会群体互动的研究带来了全新的视角、理念和方法，为处理复杂的大规模的社会互动问题提供了精确和系统的模型作为表述和处理手段。社会博弈包括主体间的策略性动态互动及社会领域的群体通过社会网络进行的交际活动，是社会学、经济学及决策论和博弈论的重要研究对象。近年来，人们逐渐意识到社会系统中的博弈具有不同于一般博弈的特点，如社会博弈中主体的社会性特征，认知情绪的影响，等等，而且社会博弈往往涉及大量的主体之间的复杂互动。正是由于社会博弈中社会主体的异质性、主体间复杂互动与系统的非线性性质，使得这类系统所具有的演化规律、宏观性质及系统中不可预计的涌现行为很难用单个个体的行为或其简单组合来加以解释。传统的博弈研究方法对于社会博弈中的主体行为及大规模群体的社会博弈研究还存在很多局限。社会系统和社会博弈由于其固有的复杂性，长期以来一直很难进行量化处理和实验研究，数学模型的应用也受到了很多的限制。因此如何采用多学科的方法对各种社会博弈进行研究是一个有待发展的重要研究领域。

博弈与逻辑的联系由来已久。如果把论辩看作是一种博弈，那么两千多年前亚里士多德提出的三段论可以看作是博弈的规则。20 世纪初期，逻辑学家开始注意到逻辑与博弈的关系。外尔曾用博弈的概念解释形式证明。维特根斯坦认为语言活动与博弈相类似，二者都是按一定的规则采取行动的。有趣的是，早期的许多博弈论专家是逻辑学家。例如，博弈论创立者冯·诺伊曼就是数理逻辑学家，还有策梅罗和奎因等也是著名的逻辑学家。20 世纪 50 年代，博弈与逻辑的联系逐渐清晰。对于任意给定的一阶逻辑公式及一个数学结构，恒钦定义了相应的博弈（模型检测博弈），其中的玩家为存在量词和全称量词，各方轮流在数学结构中选取值。公式在数学结构中成立当且仅当存在量词有胜策略。这就是一阶逻辑的博弈语义。之后逻辑学家相继建立了各种逻辑的博弈语义。相应地，也建立了以某一类博弈为语义的逻辑系统，这就是博弈逻辑。到了 21 世纪，逻辑与博弈论的相互融合已是大势所趋。社会博弈研究需要新的逻辑系统作为表述和处理工具，这就是社会博弈逻辑。

博弈与计算也有着本质的联系。如果把计算机所执行的操作看成是其所采取的策略，那么计算过程就可看成一个博弈过程。根据图灵和丘奇对计算的本质的揭示，博弈过程也可看作计算过程。事实也正是如此，非确定图灵机恰是单人博弈的计算模型；交替图灵机恰好是完全信息下的二人（零和）博弈的计算模型；而私有交替图灵机是不完全信息下二人博弈的计算模型，等等。正是这些计算模型为胜策略、均衡的计算和复杂性分析提供了强有力的工具。例如，单人博弈的胜策略的存在性问题是 NP 完全问题，二人博弈的胜策略的存在性则是 PSACE 完全的。而纳什均衡的计算问题是否 NP 完全的目前仍然是悬而未决的开问题。由于高性能计算机的出现，研究者试图借助计算机模拟观察复杂社会博弈中可能涌现的社会现象，进而促进社会博弈的理论研究。建立复杂社会博弈的计算模型，研究相应的算法和计算复杂性分析是社会博弈的重要课题。

社会博弈研究呼唤新的逻辑系统、计算模型以及新的研究方法。中山大学逻辑与认知研究所在鞠实儿教授领导下，组织社会学、语言学、逻辑学、数学、计算机科学的相关专家，面向社会博弈的理论基础、社会博弈的数理模型、博弈模型的计算复杂性、社会博弈的计算机模拟展开跨学科研究。2013 年，这一研究得到国家社会科学基金重大项目“社会博弈的逻辑与计算模拟研究”（13&ZD186）资助。近年来，课题组成员共同努力，对社会选择的可接受性问题、多值逻辑的博弈语义、社会规范的逻辑与博弈、社会博弈讨价还价模型的模拟、社会博弈中的信念修正等进行了系统研究，取得了一系列重要阶段性成果。在此，作为项目负责人，对项目组所有成员表示衷心感谢！对科学出版社编辑为本丛书的出版给予的支持表示感谢！

赵希顺

中山大学逻辑与认知研究所

2017.4

序

李一希博士的《社会选择与接受》一书，是他在2015年完成的博士论文基础上，又经几年补充完善成稿的。一希是我的学生，他的这部著作出版，我感到欣慰，为他高兴。

社会选择理论主要处理个体偏好聚合成群体偏好出现的不一致问题，最早是在福利经济学领域发展起来的。随着这一理论的深入，人们发现刻画“人际间比较”越来越重要，而用偏好刻画个体选择不具备这样的条件，偏好所能表达的可用于人际间比较的信息太少，于是在21世纪初期，社会选择理论从对偏好的聚合发展到对逻辑命题的聚合，产生了判断聚合理论，《社会选择与接受》的主要研究内容就是在判断聚合理论框架下完成的。

判断聚合理论面临的根本问题是判断聚合困境，这种困境在于，每个个体在表达对一些命题的判断时都会表现出一些“良好性质”，而当采用一些方法，比如多数制，把这些个体的判断聚合起来的时候，原有的良好性质会消失。聚合众人的判断应该得到某种更好的判断，现在却出现了相反结果，这自然让人们感到不安。《社会选择与接受》讨论了这些良好性质，通过改变对这些良好性质的认识，证明在实际生活中，人们所珍视的一些关于个体判断的良好性质是能够在聚合个体判断时被保存下来的。也就是说，人们实际进行判断时，并不完全受判断聚合困境的影响。

《社会选择与接受》一书的研究具有三个方面的重要价值。第一，为破解判断聚合困境提供了途径。聚合个体判断时出现的各种不协调问题是判断聚合理论的基本问题，本书的研究为解决这一问题提供了有效的途径。第二，为理解集体理性提供了现实主义视角。人们对理性的理解不尽相同，对集体理性的看法更是莫衷一是，本书用可接受性刻画集体理性，是对集体理性认识的一次重要深化。第三，加深了对个体与集体关系的哲学认识。不仅在社会选择理论中，在人文社会科学的许多领域，个体与集体的关系都是重要的研究主题，本书的研究进一步明确了坚持个体主体性与承认集体理性、集体可接受性、集体意向性可以并存，个体的选择或判断与集体的选择或判断总是在矛盾中趋于一致。

《社会选择与接受》在方法论上也有其特点。一是运用了分析哲学、逻辑学、经济学、政治学等学科的一些研究方法，表现出鲜明的跨学科研究特色。二是描述性研究与规范性研究相结合，既有综合性的定性分析，也有系统性的规范论证。该书建立了符号化的公理系统，通过形式化论证，使概念和原理的阐释更为透彻。

因岗位工作的需要，李一希近两年转向了教育哲学和高等教育学的研究，在他发表的教育学论文中，也运用了《社会选择与接受》这本书的思想和原理，表明博士阶段的研究为他后续的学术研究打下了坚实的基础。希望以本书出版为契机，一希能够在今后的学术生涯中做出更好的成绩。

梁庆寅

2021 年 6 月 24 日

前　言

本书系统地讨论了集体接受这一主体性特色鲜明的概念，在社会选择理论的视野下论述了两个关键论点：一是社会理性作为一种方法，其目的与集体可接受是等价的，社会理性的目的就是实现集体可接受；二是在对集体选择结果仅为集体可接受的要求下，能够找到合理的判断聚合规则，即能够克服判断聚合的不可能性困境。在本书的研究范畴下，一方面需要对与集体相关的概念进行澄清，另一方面要从规范性的角度说明集体可接受性的研究在社会选择理论中的价值。因此，在研究方法上本书既有定性的研究，又有基于符号化公理系统的形式化推理。总体上看，本书的研究框架主要如下：

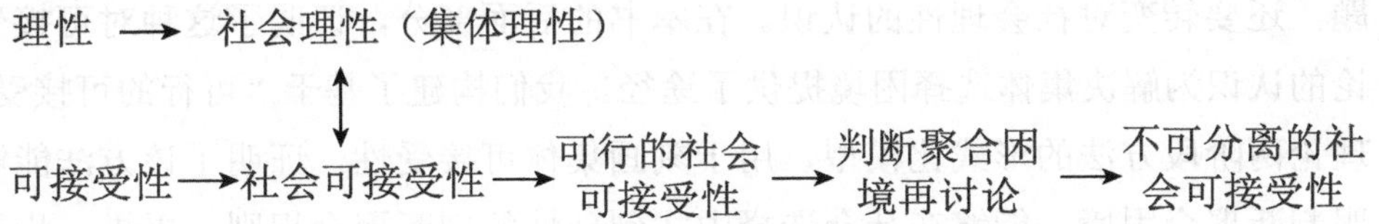

人们总是希望社会选择是可靠的，不希望一项社会选择是随机的、没有道理的，因此理性在社会选择方面有着天然的正当性，为一项社会选择做出辩护最好的说法之一是“这是一个理性的选择”。因此，本书的研究从分析社会理性入手。通过对理性的分析，可以看到，社会理性实质上是一种具有个体主体性、目的性，以及强调个体审思和人际间比较的方法。这种方法所要实现的目的存在很多可能性，如群体效用最大化、公平公正等。这些都为进一步分析社会理性与集体接受的关系打下了基础。

与之相对应的是，本书也对可接受性理论的发展历史和现状进行了梳理，在对概然主义和似真主义两大实现可接受性的主要路径批判的基础上，笔者认为“可行能力”理论的方法论对于刻画可接受性有着特有的优势，这种优势表现在回避了刻画主观判断接受的难题，能够将不可接受的选项排除在外，以此为思想，本书提出了基于两阶段判定规则的“可行的可接受性”理论。在以集体为对象的视野下，还有若干的概念具有独特的意义，主要是关于认识论范畴下的集体接受事实及集体意向性等，本书也对这些概念与集体接受相关的一些问题进行了讨论。这些讨论对人们加深集体接受和集体本身的认识都有着重要的意义。

作为本书的主要理论载体，社会选择理论是必须介绍的理论，笔者尝试在有限的篇幅里梳理社会选择理论的主要发展历程和主要结论，同时对新的发展领域——判断聚合理论进行了详细的介绍，这些是理解社会选择，并将集体可接受带入社会选择进行形式化讨论的基础。

在上面讨论的基础上，本书对社会理性和集体可接受性进行了深入的分析，并建立了两者之间的关系，发现揭开最大化、一致性和公平正义等社会理性可能目的的面纱，社会理性的目的只有实现集体的可接受，即当我们讨论社会选择的结果是否理性的时候，实质上只是在说能否达成集体接受。通过这一部分的研究，我们成功地将社会理性的讨论转化为集体可接受性的讨论。

笔者对刻画集体接受的内涵认识是它不仅要解决可接受理论范畴内的难题，还要转变对社会理性的认识。在本书的后面部分，证明了这种对可接受理论的认识为解决集体选择困境提供了途径。我们构建了基于“可行的可接受性”理论两阶段方法的形式化模型，用于刻画集体可接受性，证明了该方法能够克服判断聚合困境，能够在社会选择中找到理性的判断聚合规则。更进一步地，我们还证明了这种两阶段的集体可接受性刻画模式是不能分离的，如果只是对结论的可接受性进行判定，有可能为一些看似不民主的判断聚合规则做出辩护，如少数制。

本书的研究进一步澄清了关于社会理性的认识，建立了集体可接受与社会理性的关系，将一个复杂的概念——社会理性，转化为一个容易实现的概念——集体可接受性，同时证明了这种转化的积极意义，它能为解决判断聚合困境提供一种方法。

本书在为解决判断聚合困境提供方法的基础上，还证明了方法本身具有不可分离性，这种不可分离性表现出群体决策中一种关于可接受性的困境，即少数制与群体决策结论的可接受之间是相互协调的。一方面，群体决策结论的可接受性仅与个体不愿意妥协的判断有关，更多地关注群体中每个个体坚定支持的判断对改善群体决策的可接受性是有利的。因此，在群体决策过程中，应当尽可能地引导每个个体更清晰地表达自己不可能改变的判断，这是群体理性的重要前提，在此基础上进行的群体表决[①]将更有利于形成一致的群体意见。另一方面，完全忽略个体可妥协的判断又将导致少数制，即当我们在进行群体决策的时候，群体中没有明确反对的意见就表示被群体所接受这样一条规则实质上将导致少数制，而在实际的群体决策中少数制通常被认为是不民主的，采取这种规则得到的群体判断也是不可接受的。

这种两难境况的形成，本质上是由于人们对群体决策理性认识的复杂性造成的，即我们需要思考的是关注群体决策规则的合理性，还是关注群体决策结果的合理性，这两者往往并不是一致的。从群体决策现实层面来看，这种关于可接受的两难境况给出的启示是处理好个体可妥协判断和不可妥协判断在群体判断聚合过程中的表达，是改善群体决策可接受性的关键。

总体上看，本书的研究提出了一种新的关于社会理性的观点，即可行的集体可接受性可以充分表达社会理性，并证明这种观点可以解决经典的集体选择逻辑困境。本书还讨论了事实和意向性问题，这两者与接受有着重要的关系。本书的研究对人们加深社会理性的认识，推动社会选择理论和判断聚合理论的发展，以及在当前这样一个多元的社会，建立更为恰当的个人意见汇聚机制具有积极的理论意义和现实价值。

本书的研究虽然构建了集体可接受性的基本框架，并证明了这种框架在解决经典集体选择困境中的价值，但应当看到，本书的研究还有很多方面需要进一步完善，主要可以考虑两条进路。一方面，可以进一步系统地研究集体可接受性理性条件。我们在构建集体可接受性的可能性定理时，所定义的各种与妥协有关的性质，包括议程的性质和聚合规则的性质，如决议确定性和平稳性等，可以进一步与经典的判断聚合理论中提出的议程的性质和聚合规则的性质比较，探索构建在命题逻辑系统下相对比较完整的基于个体妥协的理性条件集合。另一方面，可以与论证理论下的可接受性理论进行更深入的比较研究。关于可接受性的研究，在论证理论下也有一定的理论积累，本书介绍了关于论证聚合理论的情况，用论证而不是命题来刻画个体信念集合，有很多直接的好处，比如，论证可以比较简单地表达多值，除了接受和拒绝之外，还可以表达不确定。论证之间的关系比命题间的关系更符合人们的表达习惯或直觉，论证间的关系只有攻击（defeat）关系，相对比较简单。命题间的关系根据逻辑连接符不同，可能表达出不同的意思，一

① 群体表决指判断聚合规则，可以是多数制的举手表决，也可以是其他聚合群体中每个个体判断的一种方法。

些逻辑连接符的含义本身还存在不明确的地方，如实质蕴含，在前提为假的时候，表达的含义就不够直观，这些问题可能会给聚合问题带来一些麻烦。因此，用论证来刻画个体信念集合，研究可接受性问题也有很多优势，将本书在命题系统建立的可接受性理论与论证结构下的有关可接受性理论进一步进行比较研究，这些都可以作为本书后续的主要研究方向。

目　　录

第一章　困境的开始

“人在本性上，也正是一个政治动物”[①]是亚里士多德（Aristotle）关于人的本质的重要论断。在这一论断基础上，马克思提出“人即使不像亚里士多德所说的那样，天生是政治动物，无论如何也天生是社会动物”[②]。社会性早已融入每个人的血脉，成为我们最根本的属性。每个人每天都不可避免地要参与社会活动，与其他人发生联系，这些联系从本质上看是由以集体的名义进行某种选择造成的。例如，几个朋友聚餐，大家需要决定去哪家餐厅，不管通过什么方式选定了一家餐厅，参与聚餐的人们都会受到这个决定影响，到这家餐厅聚会。但很多问题并不是选择一个吃饭的地方这么简单，以集体决定的形式所形成的社会选择[③]往往会深刻影响我们的生活，比如，一个委员会讨论法律条文是否应当生效就是一项集体做出决定的复杂形式，法律条文生效后成为国家每个人都必须遵守的社会选择。这就是社会选择理论（social choice theory）研究的问题，亚里士多德在《政治学》中专门讨论了多数制的问题，以及这种机制可能给社会选择结果带来的种种好处。然而就像我们所处的世界处处充满矛盾一样，社会选择本身并不像期待的那样完美。

第一节　困惑的选择

我们通常会选择社会中的有识之士担任一些重要委员会的成员，并对他们寄予厚望，希望他们做出明智的选择，以使得我们的生活变得更加美好，但事实上可能并没有这么简单。正如森（A. Sen）在 1998 年诺贝尔经济学奖颁奖典礼上的讲话中提到的：“委员会要设计出一匹马，结果出来一只骆驼”，尽管委员会的成员都是明智的，但委员会必须反映其成员形形色色的愿望，在设计马时很容易

① 亚里士多德. 政治学[M]. 吴寿彭，译. 北京：商务印书馆，1965：7.

② 马克思，恩格斯. 马克思恩格斯全集：第 23 卷[M]. 北京：人民出版社，1972：363.

③ “集体选择”（collective choice）和“社会选择”（social choice）从形式上看都是一群人为了做出共同的决定而开展选择。用“集体选择”主要强调这个选择是由一个很多人构成的集体所做出的，用“社会选择”主要强调这项选择具有社会性，不仅会影响选择的主体，还会有很多没有参与的人受到影响。因此，在本书的讨论中并不严格区分“集体选择”和“社会选择”。

落入某种不协调的结论中：也许是古希腊神话中的肯陶斯人，或者其他什么半人半马的怪物。也就是说委员会很容易在其成员多种多样的愿望中迷失方向。

从下一个例子更能看到社会选择所面临的挑战，这种挑战根植于社会选择本身，甚至与委员会成员具备什么样的属性毫无关系。六六、多多和胖胖三个人相约一起吃饭，附近有日本菜馆、泰国菜馆和粤菜馆，三个人对三家餐厅的偏好依次如下。

六六：日本菜馆≻泰国菜馆≻粤菜馆。

多多：粤菜馆≻日本菜馆≻泰国菜馆。

胖胖：泰国菜馆≻粤菜馆≻日本菜馆。

符号“≻”表示前者比后者更好，比如，六六的偏好是日本菜馆≻泰国菜馆，表示日本菜馆与泰国菜馆相比，她更愿意去吃日本菜。现在三个人必须要选择一家餐厅，按照多数制的原则，粤菜馆与日本菜馆相比较，粤菜馆赢，因为多多和胖胖都认为粤菜馆更好一些；同理，日本菜馆比泰国菜馆更好一些，因为六六和多多都认为日本菜馆更好一些。所以我们能得到一个排序：粤菜馆≻日本菜馆≻泰国菜馆。按照逻辑一致的原则，偏好应该是可以传递的，即应该有粤菜馆≻泰国菜馆。但事实上，六六和胖胖都认为泰国菜馆更好一些，因此按照多数制原则有泰国菜馆≻粤菜馆，三个人按照多数制统一成的社会选择出现了循环，这就好像一只狗在追自己的尾巴，会没完没了地循环下去，以至无法决定去哪家餐厅就餐。

这就是著名的“孔多塞悖论”（Condorcet paradox），也称投票悖论（the voting paradox），其诞生于欧洲启蒙运动的开端，到了中世纪，知道神并不能主宰一切的时候，迫切需要了解理性能不能帮助人们建立一个良好的社会，孔多塞悖论的出现为这种探索蒙上了一层阴影。人们发现十分值得信赖的“多数制”并不能保证带给我们合理的集体选择，更为重要的是，引起悖论的原因与何人做出选择无关，它似乎只与聚合不同人选择的规则有关，可见这种悖论是社会选择规律的一部分，并不会因为参与的人不同悖论就会消失。尽管这种担忧已经出现，但孔多塞悖论始终只是在一个例子上表明集体选择可能存在问题，没有形成系统性的理论，因此，它对人们进行合理社会选择期望的破坏非常有限，只能说给理性地进行社会选择带来了某种程度的“隐忧”。

在文艺复兴后的几百年里，由于数学、经济学等相关学科发展水平有限，现代意义上的国家形态也处于不断演变中，尽管有很多学者都在努力探索孔多塞悖论所揭示的困难，但一直以来都没有取得突破性的进展。直到20世纪40年代末，服务于美国兰德公司的一位哲学家试图将对策论应用于国家关系的研究，他向哥伦比亚大学的数学博士阿罗（K. Arrow）提出了一个令他感到十分棘手的问题：将局中人诠释为国家时，尽管个人的偏好是足够清楚的，但是由个人组成的集体的偏好是如何定义的呢？在试图回答这个问题的时候，阿罗发现只要是用序数效用的概念表达偏好，无论采取多数制，还是其他聚合个体偏好的方法，都无法做到理性地聚合群体的偏好集合。阿罗敏锐地觉察到，在聚合群体偏好的时候应该存在某种必然的不可能性。阿罗构造了4个偏好聚合规则必须满足的条件，这些条件的共同特征是它们看起来都是理所当然地应该被满足的，比如，弱帕累托规则，即如果群体中所有人都选择一个偏好，群体必然持有同样的偏好，还有不存在独裁的要求，即群体中不存在这样一个人，他的偏好始终是群体的偏好。阿罗最后证明了没有偏好聚合规则能同时满足这4个条件，即这4个条件是不相容的，这就是阿罗不可能性定理（Arrow's impossibility theorem）。

当一件大家都认为理所当然的事情被轻而易举否定的时候，这种否定将产生惊人的破坏力。就像“地心说”大行其道的宗教神学年代，“日心说”的发表，无疑直接动摇了神学的根本，阿罗不可能性定理也是这样。它直截了当地告诉人们，大家所期待的完美地聚合不同偏好的方法是不存在的，换句话说，在偏好基础上的社会选择无法做到理性。阿罗不可能性定理让人们对集体选择的正当性产生了深深的忧虑，直接导致了社会选择理论的诞生。

人们在有别于偏好的其他个体态度的表达上面讨论集体选择时，发现问题变得更加复杂。大家发现在集体选择上的困境不仅存在于偏好上，当人们表达判断的时候，同样存在聚合群体判断的困难。

有一个法庭陪审团需要就一桩杀人案判断嫌疑人是否有罪，判断的方法是投票，并遵循多数制。法庭上控辩双方就两个关键命题[①] p 和 q 进行了长时间的辩论，因为这两个命题对判断嫌疑人是不是杀人凶手至关重要。命题 p 是“凶器上的指纹是嫌疑人的”，命题 q 是“嫌疑人具备作案时间”，我们用 r 代表命题“嫌疑人是凶手”。如果 p 和 q 同时成立，则 r 成立，否则 r 不成立。如表1-1所示。

① 这里的命题就是指逻辑学中定义的命题。

表 1-1 命题 p 和 q

项目	p	q	r
陪审团成员 1	F	T	F
陪审团成员 2	T	F	F
陪审团成员 3	T	T	T
聚合 p 和 q 上的判断	T	T	
聚合 r 上的判断			F

表中的 F 表示认为该命题为假，T 表示认为该命题为真。比如，陪审团成员 1 认为 p 为假，q 为真，r 为假，即他认为“凶器上的指纹不是嫌疑人的”“嫌疑人具备作案时间”，同时“嫌疑人不是凶手”。我们用简单多数制汇聚 3 个陪审团成员的意见，发现根本无法得到明确的答案。如果我们聚合 p 和 q 的判断，按照多数制规则，由于成员 2 和 3 都认为 p 为真，所以群体认为 p，同理，q 也为真，因此，可以推出 r 是成立的，即“嫌疑人是凶手”；如果仅汇总陪审团在 r 上的意见，由于成员 1 和 2 都认为 r 为假，因此，得到的是它不成立，即“嫌疑人不是凶手”。这就可以看出，集体选择的困难不仅出现在偏好上，当我们试图聚合每个人的判断时，依然会有困难。

至此，我们发现即便不从形而上的人性论角度来讨论专制与独裁多么让人厌恶，民主也并不像人们想象的那么容易实现，我们所期待的所有人能够自由地表达意愿，最终汇聚成一个理想集体选择的情形根本就不可能出现。那么在漫长的历史中，人类的每一次集体选择究竟在决定什么？民主的决策究竟有什么意义，我们还能不能得到理想的群体性意见？本书将在后面解答这些问题。

第二节 从完全理性到可接受

前面用一些通俗的实例介绍了社会选择的难题和发展脉络，主要是为了以一种比较直观的方式说清楚本书所要讨论的问题。接下来，我们对这些问题做进一步的规范性讨论，尝试用社会选择理论进一步澄清问题，同时也为后面的讨论做理论准备。

当我们进行选择的时候一般会关注两个问题：一个是选择的结果是什么，究竟做出了什么样的决定；另一个是这个决定是怎么样做出来的，即选择的过程如何。同样，关于社会选择的讨论一般有两个关键的问题：一个是社会选择的结果应该如何评价；另一个是存在各种可能路径达成社会选择的结果，这些路径应该如何评价。关于这些评价有着理所当然的标准，就是必须在理性的范畴下展开，无论是关于路径和结果的讨论都必须有合理性的解释，这种合理性表现为某种能够在人与人之间讨论的目的性。

规范性的社会选择理论开始于20世纪50年代，其主题是探讨个体选择聚合成集体选择所面临的困难，从而揭示社会理性的困境。经典的社会选择理论最早在福利经济学领域展开，并迅速对政治学、社会学产生了重要的影响。近十多年来，在逻辑学、法学和社会选择理论交叉领域，发展出了判断聚合理论（judgment aggregation theory），它对个体信念的刻画由偏好推广到逻辑系统，建立了更广泛的社会选择讨论框架，对于这种“广泛性”，本书的后面将有详细的说明，本书形式化部分的理论讨论将主要在判断聚合理论系统下展开。

在判断聚合理论中，对集体判断的聚合规则[①]（aggregation rule）和聚合结论（collective judgement）都提出了一些理性要求。其中关于聚合规则的理性要求主要是一些看似合理的性质，如非独裁性[②]（non-dictatorship）、独立性（independence）、匿名性（anonymity）、全体一致同意性（unanimity preserving）等。关于判断聚合结论的理性条件则有完全理性（full rationality）或非完全理性（incomplete rationality）要求，两者都要求集体判断是一致的（consistency），区别在于前者还要求集体判断是完全的（complete），后者要求集体判断是演绎封闭的（deductively closed）。与经典的社会选择理论一样，判断聚合理论所面临的最大问题就是，对于一些命题所组成的议程（agenda）无法找到一种判断聚合规则能够同时满足这些关于规则的理性性质和关于聚合结论的理性条件，这就是判断聚合理论下的“不可能性定理”（impossible theorem）。

对集体选择的结论要求具备完全性或演绎封闭的性质，都是非常理论化的要求，在现实世界可能很难被理解，在没有给出这些性质正式的定义之前，可以将其理解为要求一个群体在与一项选择逻辑相关的所有命题上同时做出判断，通常这种判断可以是将这些命题赋值为真或假。但在现实中往往不需要这样，比如，在法庭审判的例子里，尽管每个陪审团成员都会有一个推理过程判断嫌

① 聚合规则是指把一个集体中每个人关于一个命题真或假的判断聚合起来的方法，比如多数制就是一种聚合规则，在一个由3个人构成的集体中，如果有两个人认为命题 p 为真，则根据多数制，集体判断 p 为真。

② 在本书后面部分将对这些性质进行详细的解释，此处不再赘述，只要理解为这些性质是作为聚合规则和聚合的结果必须要满足的理性条件即可。

疑人是否有罪，但陪审团最终的结论只要认定嫌疑人有罪与否即可，不需要在与结论逻辑相关的所有命题上都做出判断，从某种程度上说，这也意味着对于集体选择的结果并不需要再给出理性解释，或者说集体投票的结果不需要辩护。由此，可以进一步澄清本书要回答的主要问题：人们对集体选择结果的理性要求到底是什么？完全性等要求是否是必须？这些对于克服阿罗不可能性定理束缚的研究至关重要。

要讨论这些问题，我们必须首先回答社会理性是什么。只有对社会理性形成深刻认识之后，才有可能对社会选择结论进行合理性刻画。因此，以更直接的问题表达方式来看，本书探讨的主要问题可以表述为社会理性是什么，以及有没有可能实现这种社会理性，即这种对社会理性的认识有没有可能突破某些不可能性限制。

事实上，关于集体判断结论理性条件的讨论一直是克服判断聚合不可能性的重要研究方向，主要是关于集体判断结论一致性和完全性这两条性质的讨论。对于一致性的要求似乎具有天然的合理性，有很多学者对一致性进行了充分的辩护，如佩蒂特（P. Pettit）①、利斯特（C. List）②、科恩豪泽（L. A. Kornhauser）和塞贾尔（L. G. Sager）③等。与人们对一致性的态度不同，完全性一直都饱受诟病，很多学者认为这个条件很强且是不自然的要求，但调整完全性不是那么容易的，关于修订完全性的讨论非常胶着，“完全性”感觉就像一张网，把判断聚合的理性死死地困在里面。迪特里希（F. Dietrich）等已经证明，即便将完全性弱化到演绎封闭的情况下，还是会出现寡头的聚合规则④，即在群体中有一小部分人的决定总是群体的决定，这也是民主决策所不愿意看到的。多科（E. Dokow）和霍尔兹曼（R. Holzman）⑤等对这一问题也进行了系统讨论。

既然将完全性这一性质弱化也无法避免不可能性出现，那么是否可以彻底地抛弃完全性？回答是肯定的，如果只要求集体判断是一致的，将会得到更多的可能性。比如，我们采取绝对多数制（supermajority），要求集体接受命题 p 的

---

① Pettit P. Deliberative democracy and the discursive dilemma[J]. Philosophical Issues，2001，11（1）：268-299.

② List C. The discursive dilemma and public reason[J]. Ethics，2006，116（2）：362-402.

③ Kornhauser L A，Sager L G. The many as one：Integrity and group choice in paradoxical cases[J]. Philosophy and Public Affairs，2004，32：249-276.

④ Dietrich F，List C. Judgment aggregation without full rationality[J]. Social Choice and Welfare，2008，31：15-39.

⑤ Dokow E，Holzman R. Aggregation of binary evaluatuions with abstentions[J]. Journal of Economic Theory，2010，145（2）：544-561.

条件是接受 p 的人数 n 要大于 $(k-1)/k$[①]，$(k-1)/k$ 大于 1/2，可以证明这个聚合规则满足我们前面提到的理性性质，并且总能得到一致的集体判断[②③]。这也是绝对多数制在实际的政治和法律选择中被广泛采用的原因，但绝对多数制在实际使用中也存在一个问题，就是有可能会陷入决策僵局（stalemate），即群体中的人可能分成几个部分，每个部分在不同的命题上投票，这样根本无法形成集体判断，即无法形成共识。更重要的是，迪特里希和利斯特证明了如果个体和集体判断都只要一致性，那么避免独裁的必要条件是拒绝或接受一个命题的标准不一致[④]。因此，利斯特认为对聚合结果仅要求一致性，不要求其他理性条件（包括完全性）的路径也是行不通的[⑤]。

本书的研究将探讨一种新的社会理性观，认为社会理性就是实现集体可接受。我们将讨论社会理性与集体可接受性之间的关系，并通过用可接受性刻画社会理性的方式，突破完全性的窠臼。可接受性（acceptability）表示主体对一个对象的认可程度。它是一个比较特别的概念。特别之处在于，在哲学、法律、社会学、心理学等领域都会经常谈到可接受性问题，却难以给予一个准确的概括，更不能提出一种规范的研究范式。再者，与理性、正义、真理等问题相比，可接受性总是无法以一个独立的研究对象出现，往往作为其他概念的研究媒介出现，比如，美国逻辑学家、科学哲学家普特南（H. H. Putnam）以“合理的可接受性”为核心建立了真理理论[⑥]，美国哲学家弗农（T. S. Vernon）也提出了可接受性真理论（acceptability theory of truth）[⑦]。

因此关于可接受性的研究缺乏一个界限清晰的理论范畴，要对其做一个全面的概括也是非常困难的。如果要从可接受性概念最早的研究领域来寻求一种路径对其研究范畴进行总结，可以看到这种路径与论辩有着直接的关系。亚里士多德

---

① k 是议程最大的最小不一致集（minimal inconsistent set）的大小，关于最小不一致集，我们后面还将给出解释。

② Dietric F，List C. Judgment aggregation by quota rules：Majority voting genetalized[J]. Journal of Theoretical Politics，2007，19（4）：391-424.

③ List C，Pettit P. Aggregation sets of judgments：An impossibility result[J]. Economics and Philosophy，2002，18：89-110.

④ Dietric F，List C. Judgment aggregation with consistency alone[Z/OL]. 2020-08-11. http://eprints.lse.ac.uk/20110/1/ Judgment_aggregation_with_consistency_alone_%28LSERO%29.pdf，2007.

⑤ List C. The theory of judgment aggregation：An introductory review[J]. Synthese，2012，187：179-207.

⑥ 普特南. 理性、真理与历史[M]. 李小兵，杨莘，译. 沈阳：辽宁教育出版社，1988.

⑦ Thomas S V. A Philosophy of Language Primer[M]. New York：University Press of America，1980.

在《工具论》中指出："推理是一种论证，它陈述某些事情后，其他事情就必然地由此产生。①当推理借以出发的前提为真实而原始，或者当我们对它们的知识来自原始而真实的前提时，它是一种'证明'；②如果推理从被普遍地接受的意见出发，它是论辩的。"关于什么是"普遍地接受"，亚里士多德进一步指出："那些为每一个人或多数人或哲学家们，也就是为全体或多数或其中最著名最杰出的人物所接受的意见，就是所谓'被普遍接受'的意见。"[①]显然，在亚里士多德这里，集体可接受性成了人们能够开展论辩的基础，也是人们能够说理的起点。

现代关于论辩理论的研究应该是从图尔敏（S. Toulmin）开始的，他在 1958 年出版的《论证的运用》（*The Use of Argument*）[②]一书中对形式化的逻辑学研究方法提出了挑战，提出逻辑学应该回归日常生活，我们不仅要提出人们应当怎么做，更重要的是关注人们实际上是如何做的。他提出论证是日常生活中常见的一种实践形态，论证总是以"证成"（justification）为其首要功能，因此一个论断能否被认可或接受，取决于它是否具有合理、可靠的理由或证据。图尔敏建立了论证与可接受性之间的关系，他的主张表明"正是经由'论证'这一'理性进程'，我们才能确立一个论断的合理性与可接受性"[③]。

非形式逻辑领军人物约翰逊（R. H. Johnson）和布莱尔（J. A. Blair）提出了自然语言论证逻辑评价的"相干性-充足性-可接受性"标准，是评价论证的代表性理论。在他们看来，一个论证是好的，必须同时满足充足性、相干性和可接受性三条标准，不满足其中任意一条标准都会出现谬误[④]。因此，在约翰逊和布莱尔看来，可接受性在评价论证有效性方面的作用不可或缺。

在这一研究路径下，很多学者对论证的可接受性问题，以及法律论证的可废止性（defeasibility）等特殊性问题进行了深入的讨论，例如，沃尔顿（D. Walton）发展了以论证和论辩为研究主题的新论辩术理论，并提出了回溯法和似真理论等判定可接受性的方法[⑤]。普拉肯（H. Prakken）构建了论证博弈模型，用人工智能建模的方法为如何评价法律论证中的有效性和可接受性提供了方法[⑥]。梁庆

① 亚里士多德. 工具论[M]. 李匡武，译. 广州：广东人民出版社，1984.

② Toulmin S E. The Use of Argument[M]. Cambridge：Cambridge University Press，1958.

③ 谢耘，熊明辉. 图尔敏的逻辑观述略[J]. 哲学研究，2013，(8)：66-71.

④ Johnson R H，Blair A J. Logical Self-Defense[M]. New York：International Debate Education Association，1994：55.

⑤ 道格拉斯·沃尔顿. 法律论证与证据[M]. 梁庆寅，熊明辉，等译. 北京：中国政法大学出版社，2010.

⑥ Prakken H. Logical Tools for Modelling Legal Argument—A Study of Defeasible Reasoning in Law[M]. Dordrecht：Kluwer Academic Publishers，1997.

寅等从修辞学和非形式逻辑的角度对法律论证的有效性进行了深入讨论，认为“可接受性是法律论证有效性的归属”，“一个法律论证具有可接受性它必须是有效的”[①]。

相比于上一节的内容，本节讲述的内容往专业的层面更进了一步。本书在讨论很多问题时都会采用这种方式，由一些比较直观的现象讨论开始，逐步往规范性的研究层层递进，主要目的是既希望本书对领域内专业人士有用，也希望更多有兴趣的非专业人士能读懂。即便如此，由于每位读者的知识背景不同，本节讲述的有些内容对于第一次接触这些知识的读者来说可能有些困扰，但没有关系，更多的技术性细节会在后面的章节逐步展开，本节的主要目的是说清楚整本书要研究什么，读者只要对这一问题有初步概念即可。

第三节　解决困境的路径

把问题说清楚应该是任何研究开始的第一步，其难度不亚于得出结论。同样地，把社会选择问题表达清楚，其难度不亚于克服社会选择的各种困境。为了更有利于论证本书的观点，我们的叙述将兼有描述性地说理和规范性地论证两个方面，前者采取文字叙述的方式，主要用于澄清概念，后者采取符号推理的方式，主要用于建立模型、刻画定理。采用这样综合性的研究方法，是希望在保持本书专业性的基础上，尽可能用通俗的方式把作者关于社会选择的思想表达出来，让更多并不是这个专业领域的读者能够有所收获。

为了说明引入可接受的合理性，以及对于社会选择带来的好处，我们将主要围绕两条路径展开。在第一条路径，将首先对理性和社会理性展开分析，澄清一些习以为常的观念，提出社会理性究竟是什么。通过同样的方式，将对可接受性和集体可接受性展开分析，明晰本书谈论的集体可接受性是什么，在此基础上，我们将建立社会理性与集体可接受性的关系，对于一个个体来说，他的理性表达与可接受性表达存在较大的差距，当选择由一个群体来做出的时候，群体的理性则与可接受性有着密切的联系。第二条路径探寻的是在社会选择结果可接受的理性要求下社会选择理论可能带来的影响。我们将利用“可行能力”（capabilities）

① 梁庆寅，张南宁. 法律论证的有效性条件[C]//葛洪义. 法律方法与法律思维（第 3 辑）. 北京：中国政法大学出版社，2005：143.

理论对集体可接受性进行刻画，以使集体可接受性能够被形式化。更进一步地将证明，在可接受性取代完全性的情况下，人们能够得到合理的判断聚合规则，即能够克服判断聚合的不可能性定理。但像所有看似完美的解决办法一样，这样一种途径也会给社会选择带来新的问题，比如，它会给少数制等一些人们不想要的聚合规则提供辩护。

沿着上述两条路径，接下来的研究将从以下几个部分展开。第一，对理性和社会理性的研究进行概述，重点讨论以阿罗和森为代表的社会选择理论，以及布坎南（J. M. Buchanan）为代表的公共选择理论对于社会理性认识的区别，在此基础上澄清社会理性实体性和个体主体性之间的关系。此外，还对程序与结论的关系、人际比较的必要性等社会理性核心问题进行深入讨论，最后给出一个刻画社会理性的模型。第二，引入可接受性的概念，对可接受性在各个领域的研究进行综述，并提出可接受性的特征及刻画可接受性的困难，在此基础上，重点分析两种实现可接受的主要途径——概然主义和似真主义。第三，对森的可行能力理论进行详细介绍和讨论，在此基础上，结合前面对可接受性问题的讨论，提出一种可行的实现可接受性的方式。第四，重点对社会选择理论的发展脉络及主要的结论进行梳理，重点是对判断聚合理论的梳理，这一步主要为全书的技术分析提供必要的背景。第五，在可接受性的基础上引入集体可接受性，说明集体可接受实际上是形成某种共识，在此基础上，提出实现“集体可接受”的两阶段方法，这种方法也是在可行能力理论基础上提出的。第六，对集体可接受与集体理性的关系进行深入比较，将揭示两者本质上是等价的，都是以个体为主体，需要个体的审思和人际的比较，更重要的是集体理性的目的也只能是实现集体可接受，完成以集体可接受性刻画集体理性的理论准备。第七，在判断聚合理论框架下规范性地定义个体判断妥协基础上的可接受性，在此基础上提出集体可接受定义，证明两阶段的“集体可接受”实现方法确实能够找到可能的聚合规则。进一步证明，如果抛弃两阶段的“集体可接受”实现方法，只简单追求结论的集体可接受性，有可能陷入另一种困境，这为一些人们不愿意选择的集体判断聚合方法提出了辩护，如少数制。第八，对于与接受相关的事实和意向性问题进行比较讨论，以避免走向接受和集体接受认识上的误区。这两个方面的讨论有利于进一步加深对接受的认识，也有利于更好地理解人们从个体行为到集体行为的进阶是如何产生的。

从总体上看，本书对一种聚合的逻辑困境提出了解决办法，并对方法本身进行了分析。在寻找这种解决办法的过程中，对社会理性这一经典的概念做了全面的分析，并提出了新的认识，加深了人们对于社会理性、社会可接受等概念的认识。在一个日趋多元的世界里，这样一些研究和讨论，对我们更加深刻地理解集体选择具有积极的理论意义和现实意义。

读者会逐渐发现，尽管本书是在讨论一些非常理论性的问题，但强烈的现实主义倾向仍然是本书的特征。精妙的抽象化论证能够在更具有一般意义的层面上体现规律，但一个完整的、优美的理论应该更进一步地将这些规律具体化、现实化。这也是本书的研究所追求的。

这些现实化的倾向也是社会选择理论一直以来所具备的品质。一些学者认为关于公正的主流哲学理论比社会选择理论看起来更接近现实世界。森驳斥了这种说法，他认为这些先验主义方法针对公正问题所能给出的答案，与真正促使人们参与到对世界上公正与非公正问题讨论之中的各种关注，如饥饿、贫穷、文盲、酷刑和种族歧视等，迥然不同且相距甚远。但应当看到显然他的驳斥只是体现在比较意义上的，是相对于先验的公正理论所提出的，森并不避讳社会选择理论在解决社会现实问题方面的局限性。森在评论社会选择理论的应用时，也承认社会选择理论与实际问题之间的互动往往受到很大的阻碍，原因在于严谨的数理方法与易于理解的公共理性之间存在巨大的鸿沟。后面会逐步谈到，本书的现实主义倾向，有超出社会选择理论固有现实性的成分，可以认为这是对突破社会选择理论框架本身的一种探索。

第二章　社会理性的争论

无论是哲学还是社会科学，理性都是一个核心概念，对它的理解甚至能从根本上决定一个理论的基本走向。在本书的研究中，社会理性是核心概念，有必要首先加以澄清。与一般意义上的理性相比较，社会理性有其更为复杂的内涵，社会理性的研究不仅无法回避对群体中个体理性的讨论，还必须关注只有在群体的语境下所面临的特殊合理性诉求，如公平正义等。本章将讨论哲学、经济学和政治学等学科中关于社会理性的理论，在此基础上，提出关于社会理性的看法。

第一节　什么是社会理性

一、关于理性

理性（rationality）最早起源于希腊语词语“逻各斯”（希腊语：λόγος，logos），希腊文的原意是“话语”（英语：word），但是它包含了多层意义，一方面它代表了语言、演说、交谈、故事、原则等意涵；另一方面，它也代表了理性、思考、计算、关系、因果、类推等。在罗马时代，它被译成拉丁语：ratio，拉丁语原意是计算金钱，并开始成为哲学上广泛使用的术语。此后译成法语：raison，意思是理性，理智；正常的神志，清醒的头脑。最后形成了理性（英语：rationality）与理智（英语：raison）的字根。从词义的演变可以看出，理性始终有一种规范性的含义，讨论范围逐渐从人类语言拓展到人类行为，强调人类语言或行为的可解释性，以及这种解释能够被个体之间互相理解。

从学术的层面来看，理性是在哲学、经济学、政治学、社会学、管理学等人文社会科学中被广泛讨论的一个概念。在哲学中，理性通常用以表示推出逻辑结论的认识的阶段和能力的范畴[①]，可以通俗地理解为人类能够运用理智的能力。相对于感性的概念，它通常指人类在审慎思考后，以推理方式，推导出符合逻辑的

① 金炳华. 哲学大辞典[M]. 修订本. 上海：上海辞书出版社，2001：823.

结论。从亚当·斯密（Adam Smith）在《国富论》中指出凡生活在社会中的人，无不心怀“自利的打算”开始，追求自利最大化是关于个体理性的重要假设，这一假设在很长一段时间里一直在经济学、社会学和管理学等领域占据着重要的地位。但这种对理性泛化的解释一直饱受诟病，越来越多的研究发现，理性的人并不总是按照自利最大化在行动，人们的理性选择往往还表现出德性伦理的考虑，这样的例子在现实生活中不胜枚举。比如，当看到另一个人生命受到威胁，一般人都会施以援手，而不一定会首先考虑自己的安危。为避免这种理性评价的不恰当性，越来越多的学者从后果评价的角度来看待理性。森就将理性看作一种方法（discipline）①，提出“理性不仅用于追求一个既定的目标和价值的集合，而且用于省察这些目标和价值本身”②。从这些对理性的认识可以发现，共同点是承认理性的两个核心要素，即个体主体性和规范性。森没有明确承认理性具有个体主体性③，他提出的两个方面其实都是在强调理性的规范性，即为实现目标，并且目标本身能够经得起审思。这种对目标的审思，包含了个体主体性的因素，实质上与“理性”概念中始终强调可解释性，并且这种解释与应当具备人际可理解性的要求是一致的。从这个意义上说，森对理性的认识在内涵上涵盖了这个词诞生以来人们的普遍理解，延续了古希腊先哲们的思考，并对其内涵进行了进一步的澄清，森认为“理性应该具备的有目标特性”实质上是在强调理性具有可解释性，还有他认为的“理性要能够经得起审思”包括了理性应当具有人际可理解特性的含义。除此之外，还有个体主体本身的批判性反思。最难能可贵的是，森定义的“理性”没有以对人性的假设作为基础，而是回归到理性本身，从方法论的视角来进行解释，切断了理性与个体的必然联系，为将理性从“自利最大化”的桎梏里解放出来提供了一种途径。

本书关于理性的定义将遵从于这一概念发展的主要脉络和内涵，如果我们将理性作为一种实体来讨论，个体主体性、目的性，以及对目标价值的审思是理性的三大要素，也构成了理性的充分条件。即一个主体追求一种目的，并且能够对这种目标的价值进行审思和人际的比较（interpersonal comparisons），这就是理性。个体主体性强调只有人是运用理性、表达理性的主体，理性的表达可以通过个体

① 阿马蒂亚·森. 理性与自由[M]. 李风华，译. 北京：中国人民大学出版社，2012：29.
② 阿马蒂亚·森. 理性与自由[M]. 李风华，译. 北京：中国人民大学出版社，2012：27.
③ 关于这一点本书后面部分还将讨论集体是否具有主体性的争论。

的言语或行为来实现。目的性强调理性是有指向的，并且这种指向性是可以被描述和表达出来的，当然可以认为“自利最大化”，或者某种形式的“更好一点”可以成为目的的一种。但必须强调的是与经济学中关于理性个体经典假设不同，在本书范畴内，并不将“自利最大化”看作理性的唯一目的。对目标价值的审思强调的是这种目标能够接受某种形式的价值评判，这种评判一方面是来自表达理性的个体，是主体思考的结果，另一方面是这种评判能够表达给其他个体，能够被其他个体认识和理解，即能形成人际比较判断，这一属性是理性的核心要素。在某种程度上，对目标价值的审思还表现出理性的一种“社会性”，能够在不同的主体之间表达价值判断，即理性虽然由个体去表达，但并不依赖于某一个特定个体存在，如果将理性看作一种方法，它的评判标准是可以超越个体的，当讨论个体采取的一系列行为是否理性时，那些在讨论中的判断意见可以在不同的个体间交流和谈论，能够被他们理解。理性的这种能够超越个体的特性，也正是区别于欲望的主要特点，欲望和理性通常被认为是驱使人们进行选择的两大主要因素，显然欲望不具备能够完全摆脱个体进行表达的特性，理性却可以。可以用一个例子更好地看到两者的区别，比如，凑凑是一个喜欢烹饪的小姑娘，她要做“土豆焖排骨”这道菜，她按照菜谱一步一步把菜做出来，这是理性行为，她做菜的步骤可以跟其他人交流，互相取长补短，探讨怎么把这道菜的味道做得更好。同样是做“土豆焖排骨”这道菜，凑凑特别喜欢往里面放巧克力，因为她偏爱巧克力的味道，但正常的“土豆焖排骨”是不会放巧克力的，这种做法就是从个人喜好出发的，她无法跟另一个不喜欢巧克力的人解释，为什么做一盘好吃的“土豆焖排骨”一定要放巧克力，甚至跟有些喜欢巧克力的人也无法解释清楚。

二、社会理性的争论

社会理性不是一个严格意义上的学术概念，在人文社会科学一贯的讨论中，社会理性被直观地理解为一群人组成的集体所反映出来的理性，一群人主要是指由 3 个及以上人组成的群体。还有一些与社会理性接近的说法，如集体理性（collective rantionality）、群体理性（group rantionality）等，尽管“集体”“群体”有比“社会”范畴小的意思，但在本书的讨论中，并不打算对“社会理性”“集体理性”“群体理性”等概念做严格的区分，这种做法的合理性在于我们研究的重点是群体与个体在理性方面的差异问题，群体的大小和界定方法并不是关键因素，从这一视角来看，“社会理性”、“集体理性”和“群体理性”并无区别。

如果说从可解释、可比较等规范性的角度，人们对理性有比较接近的认识，但对于社会理性的看法却存在巨大的分歧。分歧的核心在于集体可否作为一个“类有机体”来表达理性，也就是关于理性的第一个要素“个体的主体性”是否能够认为集体也具有主体性。正如布坎南所说“如果接受一种有机体的概念，那么集体抉择理论就被大大地简化了”“这种关于集体的分析方法或理论，无论是作为对实际的集体单位的一些性质的实证解释，还是作为一种规范的政治哲学，都有某种用处。然而，这个概念本质上是与西方哲学传统背道而驰的，在该传统中，人类个体是首要的哲学实体”[①]。从布坎南的观点中，可以看出人们在讨论社会理性时候面临的两难境地：一方面，无法否认确实有集体选择存在，比如，“国家意志”这一类的概念，每天都在通过法律等途径彰显着它们的力量，深刻地影响着每个人的生活；另一方面，仅个体具有主体性似乎又是一项无法挑战的现实，很难将一个群体类比成一个具有智慧的有机体，个体与群体之间存在明显的差异。

事实上，承认理性的个体主体性与追求集体理性之间并不矛盾，我们既反对将集体有机化，将其简单作为个体的重构来讨论社会理性，也强调坚持探索社会选择结果理性评判问题的积极意义。在本书的研究中，将尝试建立一种基于个体主体性，对社会选择后果合理性进行评判的规范性模式，并将证明这种模式对于加深社会理性的认识具有重要的积极意义。

第二节　社会选择的理性

社会选择理论关注的核心问题是在不同的社会状态下如何更好地实现社会福利最大化。为此，社会选择理论从一开始就不仅关心个体诉求的合理性，更是把重点放在讨论聚合个人偏好后形成集体选择所产生的问题，这是社会选择理论的研究目的和根本归宿。因此，当开始讨论社会选择的时候，不可避免地要讨论个体理性和社会理性问题，总体来看，在社会理性层面主要关注集体选择的正当性，在个体理性层面主要关注人际比较。

---

① 詹姆斯·M.布坎南，戈登·塔洛克. 同意的计算——立宪民主的逻辑基础[M]. 陈光金，译. 北京：中国社会科学出版社，2000：11.

一、集体选择的正当性

对于一个集体选择是不是正当，是社会选择理论首先关注的。这种正当性实质上是一种合理性判断，同时存在于个体和集体两个层面，在集体层面更加强调，主要有过程和结果两个方面的问题。首先是对社会选择结果的合理性判断，这一点正是催生社会选择理论的动机，在一个集体做出选择的情况下，作为集体中的个体就相当于交出了选择权，并且每个人都会受到这个选择的影响，人们很自然地会对集体选择的合理性进行拷问，而集体选择悖论的存在，使得社会选择理论的研究具有重要价值。在早期的研究中，集体选择的结果甚至被认为优于个人选择，并被作为集体选择之所以存在的有力辩护。亚里士多德在《政治学》中明确提出“在许多事情上众人的判断要优于一个人的判断”[①]，他甚至进一步解释了为什么认为多数人的判断要更好一些，“多数的事物较之于少数的事物更加不易腐败，恰如大量的水比少量的水更加不易腐败。单单一个人必定容易为愤怒或其他这类激情所左右，以致破坏了自己的判断。但很难设想，所有的人会在同一时间发怒并且犯错误”[②]。从这段论述中可以看到亚里士多德关于集体选择中的社会理性有两点看法：一方面，对于人类理性选择的结果，存在先验的判断标准，也就是说仅仅通过比较选择的结果，就能够区分它们之间的优劣；另一方面，集体选择比个体选择更有利于取得“更好的”选择结果，集体选择比个体选择有着天然的优势，这种优势体现在概率上，也就是说一群人比一个人犯错误的可能性要低。可以看到，这两种观点在当今依然在很大程度上被广泛认可，集体选择所赋予结果的正当性始终在支配着我们的日常生活，即便是同样的选择结果，由一个群体做出比由一个人做出更让人觉得可靠。比如，在公布一项新的重要决定的时候，为了体现这样决定的合理性，人们总是习惯性地说这样决定是经过哪些人共同商议的，而不会只强调是某一个人的选择。一些重要的集体选择结果不仅可能引起广泛的社会讨论，甚至能颠覆人们对一些事件合理性的看法。比如，法庭判决可以看作集体选择的一种，一些典型的司法案件审判结果，可能引起巨大的反响和争论，甚至会影响人们的生活习惯，如 2006 年发生的一起案件，直接影响了人们

---

① 亚里士多德. 亚里士多德全集：第 9 卷[M]. 颜一，秦典华，译. 北京：中国人民大学出版社，1997：109.

② 亚里士多德. 亚里士多德全集：第 9 卷[M]. 颜一，秦典华，译. 北京：中国人民大学出版社，1997：109.

关于是否要搀扶摔倒的老人这一基本社会公德的评判标准，在这起案件中，一个叫彭宇的人，因为当街扶起一位摔倒的老人而被老人起诉。

再者是形成集体选择结果的机制运作合理性问题。推动社会选择理论成为一门学科，并不断向前发展的关键是社会选择中的悖论和不可能性定理，包括多数循环悖论、阿罗不可能性定理和判断聚合困境等，这些悖论和不可能性定理共同的特点在于一些个体在选择中表达出来的良好性质（如一致性），通过合理的聚合方法聚集后（如简单多数制），在群体的选择中这种良好的性质消失了。因此，能不能找到一种理想的个体选择聚合机制很关键。解决聚合机制不合理问题，将个体与集体作为两种主体来看待是一种简便的处理方式，如果我们希望集体选择的结果至少不能有一些明显不合理的因素，那么这种处理方式能够很自然地把集体选择的标准和个体选择的标准区别对待，使得不必强求个体和集体作为主体时有相同的理性标准。从这一方面来看，承认集体具有主体性，似乎能够为解决社会选择困境提供一条路径。

二、人际的比较

社会选择理论中的个体理性也是非常重要的内容，其核心概念是人际的比较，也就是一个概念在人与人之间进行衡量比较，比如，两个人互比身高就是把“身高”这一概念在人与人之间进行比较，这是体现个体理性的重要形式。在人际比较方面，阿罗和森持完全不同的观点，阿罗拒绝人际的比较，森则将人际的比较引入社会选择理论的讨论范围。

人际的比较在经济学范畴下主要指效用（utility）的比较，在社会选择理论中还可以包括其他人的福利、自有及实质性的机会等。与阿罗同一时期的福利经济学家们深受“逻辑实证主义”影响，一早抛弃了人际的比较，甚至认为这种比较根本没有意义。罗宾斯（L. Robbins）认为人际的比较没有科学根据，“任何人的心智对其他所有人来说都是神秘的，人们的感觉并不存在共同的特性”[①]。阿罗在不可能性定理的证明中，遵循了这一认识，他在基于偏好序的基础上构造了社会福利函数，将人际的比较完全排除在讨论范围之外，这么做的理由在于阿罗认为

① Robbins L. Interpersonal comparisons of utility：A comment[J]. Economic Journal，1938，48（192）：635-641.

“只有上帝才能做到”人际的比较，“效用的人际比较毫无意义”[①]，但阿罗至少还是承认偏好必须是由个体做出的，尽管这种偏好是无法互相比较的，其中蕴含的意思是社会理性的出发点是个体理性。

随着理论的不断发展，人们逐渐认识到人际比较的重要性，特别是已经能够证明，如果引入人际的比较阿罗不可能性定理能够被克服，附加的可用信息将提供充分的辨别力，从而会忽略这种不可能性[②]。在哲学层面上，越来越多的学者对“逻辑实证主义”的观点提出了质疑，正如唐纳德（D. Donald）所力证的，“如果人们不在某种程度上将他人与自己进行比较，就很难理解别人的思想和情感”[③]，所以社会选择理论的一个重要发展趋势是引入对人际比较的讨论，即便这种比较并不是极其精确的，森[④]和查尔斯（B. Charles）[⑤]等在这一方面都做了很多工作，森关于“自由”的讨论更是建立在个体比较的基础上。因此，社会选择理论非但没有放弃对个体理性的刻画，相反，其在不断地将个体理性的因素纳入社会选择的讨论范畴。

第三节　个体理性的社会性

在社会选择理论之外的选择或决策理论领域中，鲜有将集体作为主体进行规范性讨论的，一般是将社会理性看作个体在社会环境下理性的一种表现形式，其研究的出发点和目标始终是如何实现个体的合理性选择。马克思在历史唯物主义的分析框架下，很明确地将社会看作社会关系的总和，将社会关系的产生赋予作为主体的个体。公共选择理论的创始人布坎南于 1954 年对阿罗观念的批判[⑥]，则可以看作针对个体理性主体性的一种带有回归性质的阐释。随着人工智能、神经科学的发展，人们对自身智能形态的研究不断深入，对个体身上带有的集体理性

① Arrow K J. Social Choice and Individual Values[M]. New York：Wiley，1951.

② 阿马蒂亚·森. 理性与自由[M]. 李风华，译. 北京：中国人民大学出版社，2012：68.

③ Davidson D. Judging interpersonal interests[C]//Jon E，Aanund H. Foundations of Social Choice Theory. Cambridge：Cambridge University Press，1986：195-211.

④ Sen A K. Collective Choice and Social Welfare[M]. San Francisco，CA：Holden-Day，1970；Sen A K. Individual preference as the basis of social choice[C]//Arrow K J，Sen A K，Suzumura K. Social Choice Re-examined，Vol.2. New York：St.Martin's Press，1997.

⑤ Charles B. Degrees of cardinality and aggregate partial orderings[J]. Econometrica，1975，16（3）：845-852.

⑥ 詹姆斯·M.布坎南，戈登·塔洛克. 同意的计算——立宪民主的逻辑基础[M]. 陈光金，译. 北京：中国社会科学出版社，2000.

认识也在不断深入，这些发展趋势，使博弈论（game theory）和理性选择理论（rational choice theory）等不断地将社会因素引入个体理性选择的讨论范围，以探索更接近人们在社会生活中实际决策方式的理性选择理论。

一、马克思主义理论下的社会理性

在《政治经济学批判大纲》中，马克思很明确地指出了集体和个体的关系，强调“社会不是由个人构成，而是表示这些个人彼此发生的那些联系和关系的总和”①，“人们按照自己的物质生产的发展建立相应的社会关系，正是这些人又按照自己的社会关系创造了相应的原理、观念和范畴”②，“生产关系总和起来就构成所谓社会关系，构成所谓社会”③。个体创造社会关系，社会关系的集合构成社会，这是从个体到生成集体的基本原理。从这一点上看，社会理性的根源还要归结到个体上，可以认为社会理性是个体所表现出的社会性，或者说是社会化的个体理性。但在马克思看来，社会理性的正当性也必然需要集体的呈现形式，在《法哲学批判导言》中，马克思直接指出充当社会革命领导者的阶级必须代表全社会的要求和权利，“这个阶级本身的要求和权利真正成了社会本身的权利和要求，它真正是社会理性和社会的心脏”④。马克思将体现社会理性的责任交给了“阶级”，阶级仍然是集体的概念，即在表达社会理性时还是要依赖集体。综合马克思关于社会理性的看法可以得到这样的认识，马克思肯定了社会理性来源于个体，是个体身上体现出的社会性，同时也强调社会理性有超越个体的部分，社会理性的表达不能完全依赖于个体，必须由集体来表达。他没有否认社会理性作为实体的存在，甚至没有假设它是一种先验的存在，而是尽可能地把它还原到社会实践中，把社会理性与全社会的要求和权利等同起来，从某种程度上看，这是一种比较彻底的实践性社会理性观。

刘少杰等是国内较早开始系统性讨论社会理性的学者，在谈到马克思关于社会理性论述的时候，直接提出“马克思论述的大量理性概念是在社会各种领域和

① 马克思，恩格斯. 马克思恩格斯全集：第46卷（上册）[M]. 北京：人民出版社，1979：220.

② 马克思，恩格斯. 马克思恩格斯全集：第4卷[M]. 北京：人民出版社，1958：144.

③ 马克思，恩格斯. 马克思恩格斯全集：第6卷[M]. 北京：人民出版社，1965：487.

④ 马克思，恩格斯. 马克思恩格斯全集：第1卷[M]. 北京：人民出版社，1958：464.

各种层面活动着的人的理性，是社会理性”[①]，在此基础上，他提出“社会理性既是人们在各社会活动中的本质能力，也是作用于人们社会活动的基本原则”，形成了非常明显的个体主体性的社会理性理论，总结出社会理性具有多层性、相对性、可调性、总体冲突性和可异化等特征。

在马克思主义关于社会理性的现代解读方面，芬伯格（A. L. Feenberg）是代表性学者，他将马克思的剩余价值理论发展为“技术政治”的观点，研究技术如何通过无形的力量对社会系统产生影响，提出“社会理性依赖于制度中各种组织和制度化的东西有意识加以运用的三条基本原则。它们是：等价交换原则，对规则的分类和应用，以及努力的最优化和对效果的计算”[②]。这三条原则实质上体现了芬伯格关于社会理性看法的四个重要方面：个体主体性、个体对等性、考察规则、效果最优化。芬伯格对对等性的强调，主要是强调只有集体语境下才出现的选择正当性评价标准，对规则的强调，主要是提出了个体理性到群体理性的实现途径，这些都是对马克思主义关于社会理性理论的进一步发展深化。

二、公共选择中的个体理性

布坎南将经济学的方法和原理引入政治学，创立了公共选择理论，他于 1986 年获诺贝尔经济学奖，其主要贡献是把经济方法运用于政治过程的研究，从而成功填补了经济学研究领域的空缺，为公共选择理论的发展做出了突出贡献。他最早质疑阿罗社会理性观，在深入研究社会选择不可能性定理所蕴含的社会理性[③]概念之后，他认为社会理性概念是一个“基本哲学问题”，阿罗的问题在于把社会理性指向讨论社会福利函数[④]结论，主张作为一个社会群体的理性或非理性是指群体作为有机存在的一种特征，它与群体中的个人成分无关，这种强调社会理性超脱个体的客观实在性，仅考虑社会理性探讨群体的价值意向性问题是不合适的，在此基础上，布坎南提出了坚持个体主体性基于一致同意的社会理性观。

---

① 刘少杰. 社会理性刍议[J]. 吉林大学学报（社会科学版），1992，(2)：32-36.

② Feenberg A L. Marxism and the critique of social rationality：From surplus value to the politics of technology[J]. Cambridge Journal of Economics，2010，34（1）：37-49.

③ Buchanan J M. Social choice，democracy，and free markets[J]. Journal of Political Economy，1954，62（2）：114-123.

④ 可以简单地将社会福利函数理解为一个社会选择过程。

（一）关于个体主义假设

布坎南对个体主义的必要性进行了系统性分析，他认为对集体单位的本质作出假设是集体选择理论无法回避的问题，也是讨论集体选择的基础，这种假设只有两种选择，或者是个体主义的，或者是集体主义的。布坎南给出的答案是个体主义。

他认为，集体主体性与西方哲学中“人类个体是首要的哲学实体”不相符，在所构建的公共选择理论中，必须从一开始就拒绝对集体做任何有机体的解释。表面上看，布坎南反对集体主义只是一种为了使其理论更“靠近”西方传统的技术处理，事实上，他反对的是以“普遍意志”为特征的“公共利益”的存在，他将集体主义与“普遍意志”联系起来，认为只有关于社会的某种有机体概念，才能够设想出一种神秘的普遍意志。他之所以反对这种“公共利益”，是因为其与参与社会选择的个人的独立利益不同且不以其为转移。在布坎南看来，集体的每一项选择实质上都是由很多个体按照一定的次序和方法做选择并汇聚起来的，他认为承认这种“公共利益”实质上是把集体与个体割裂开了。

出于以上考虑，布坎南明确提出“在我们的分析中，‘群体’一词从头到尾都可以用‘个体’这个词来替代，而不会对结果产生什么显著的影响”[①]“只有个人在进行选择，并且如果要引入理性的行为，那么这种行为也只能根据个体行动来予以有意义的讨论”[②]，从而彻底地否定了社会选择中的集体主体性，表明了他在公共选择中反对集体主义的立场。但是他并没有将达成集体理性的努力全部归结到依赖个体上，同时也强调规则在将个体理性汇聚成集体行动中的重要作用，强调这种规则应该具有“全体一致规则”（the rule of unanimity）的特征。布坎南甚至认为规则的这种一致性，能够在某种程度上弥补不承认“公共利益”所带来的集体利益“更好”判定上的困难，因为这种一致体现了什么是“更好”的一个极弱的伦理标准。

---

① 詹姆斯·M.布坎南，戈登·塔洛克. 同意的计算——立宪民主的逻辑基础[M]. 陈光金，译. 北京：中国社会科学出版社，2000：10.

② 詹姆斯·M.布坎南，戈登·塔洛克. 同意的计算——立宪民主的逻辑基础[M]. 陈光金，译. 北京：中国社会科学出版社，2000：36.

（二）分离的社会理性

虽然反对集体主义，但布坎南并没有反对集体理性的实在性，他在谈到集体理性的时候表现出强烈的分离性特征。首先，他强调集体规则与结论相分离，一方面支持集体“全体一致规则”，认为这是改进；另一方面，反对集体行动的目的是共同享有，他不认为一个群体的全体成员共同享有各种目标的企图，理性的集体行动往往被定义为与这些目标相一致的行动。因此，他既反对集体行动的共同目的性，又极力提倡全体一致的规则。这样看来布坎南关于理性集体行动的规则和目的的看法似乎是矛盾的。事实上，如果站在个体主义的角度，两者并不矛盾，都是为了最大限度给予个体选择以自由，之所以赞同全体一致规则，是因为这种规则能够体现出所有的个体都受到相似的影响，即这种规则能够应用，所反映出的还是个体选择的某种性质，虽然看起来是集体的选择。之所以反对目的性，是因为这种公共品没有给不同的个人和群体通过政治过程而寻求不同的东西这一认识留下多少余地，即在布坎南这里，反对的是这种带有先验性质的公共品，因为如果存在这种东西，将对个体选择的发挥带来极大的限制。因此，可以看到布坎南始终是个体主义的坚定支持者。

还有就是，他强调“集体活动”和“个体活动”相分离，布坎南并没有像很多学者所做的那样，把集体活动和个体活动混为一体，或者认为集体活动也是个体活动的一种。他采取的方法是把所有集体行动都转化到经济学的层面上，把集体活动也看作一种经济活动，将集体活动和个体活动完全分开了，集体活动中表现集体理性，产生公共物品[①]，个体活动需要个体理性，产生私人物品。一个理性行动的人既希望选择更多的私人物品，也会选择更多的公共物品。布坎南甚至用经济学的方法分析了集体选择的理由是减少“外部成本”（external cost）[②]，增加“外部收益”（external benefit）[③]。布坎南把经济学的方法引入政

---

① 要注意的是这里的公共物品与前面提到的公共享有的目的是不同的，公共物品指一些具体实在的不为个人独享的物品，比如，是否减税这样的政策等。公共享有的目的在布坎南的理解下有先验和预设特点，是集体行为的出发点。

② 外部成本指其他个人的私人行动强加给讨论中的这个个人的影响，一般把减少这个个人某种付出的影响称作成本。比如，城市的警察将阻止小偷接近你的家门。

③ 外部收益指集体行动确保的一些追加的收益，这些收益通过纯粹的私人行为是得不到保证的，比如，由个人来防火可能是不合算的。

治学，的确为政治学建立了一种新的分析模式，但把公共物品进行成本和收益分析似乎也丢掉了集体选择一些独有的特性，比如，我们在集体选择中关心分配问题，以及与此相关的公平正义问题，这些都很难简单地用成本效益模型来评价。

（三）个体理性的局限性

布坎南也探讨了个体理性的局限性问题，认为个人在集体选择中的理性不如在个体选择中的理性那么好，这种局限性主要体现在两个方面。首先，在集体选择的环境下，个体选择将有更多的不确定性。布坎南认为个体的行动与这种行动的结果之间存在一一对应的一致关系，但在集体选择中，个体往往处于不确定的环境下，集体选择的结果会影响个体选择，但对于一个集体将做出什么样的选择，个体往往难以事先准确判断，这就给个体选择带来很大的不确定性。但布坎南认为这种不确定性的影响是有限的，因为个体选择与集体选择的这种交互性是依照时间序列展开的，即不是一次性完成的，比如，市场定价，虽然个体的买卖行为受到市场价格的影响，但每个个体的买卖行为同时也在影响着市场价格。

其次，个体在集体选择中对最终结果负责的程度也与个体选择不同。这是一种出于政治性的考虑。布坎南认为个体选择中，个人是承担全部责任的，任何特定的私人选择的责任，都取决于选择者本人，而集体选择的不确定性会使得个体丧失选择的责任感。对“责任感”的讨论本身就带有很强的主体性色彩，因此这种讨论也是以个体主体性为基础的。这种“责任感”很难引入任何一个模型加以刻画，这种局限性的讨论其实是布坎南为自己将理性个体行为模型应用于集体选择过程可能出现问题做出的一种辩护。

布坎南是坚定的个体主体论者，否定集体能够类似于个体进行选择或决策。但他并没有否认集体理性，恰恰相反，他对集体理性进行了详细的论述，并把个体理性放到集体理性的条件下进行了考察，这是公共选择理论不可回避的问题。最引人深思的一点是布坎南把个体理性和集体理性的交互关系放在政治和经济并存的环境下考察，而不是单纯从一个方面来看待理性问题，这一分析视角无疑更加接近人类真实的社会环境，也能帮助我们更好地思考理性的本质，以及集体理性和个体理性究竟如何发生作用。

三、作为“启发”的社会理性

关于社会理性和个体理性，还有一种有代表性的观点是直接认为社会理性就是个体理性的一种。这方面以海特维希（R. Hertwig）和霍夫拉格（U. Hoffrage）为代表，他们将社会理性看作个体理性的一种形式，认为社会理性是应用于社会环境下的限制性理性形式，在这样的环境下，个体的选择和预测都面临着不确定性，与博弈论处理界定清晰的状态不同，社会理性处理缺乏可预见性的状态，这些状态中并不是所有的选项、结论和事件可能被预见[①]。这一理论的核心观点与非社会性的环境相似，个体依赖且应当依赖快速、高效的“启发”（heuristics），以便处理复杂且真正不确定的社会环境。着眼于真实社会环境中理性选择研究的学者普遍认为，与传统的不确定性决策理论不同，在真实复杂的社会环境下决策，需要刻画更高等级、更复杂的人类心智活动。当前这一领域已经形成了经济学、社会学、决策科学、灵长类研究和神经科学在内的交叉学科领域。

在这一领域，社会理性一般分成描述性过程和规范性过程。描述性过程研究个体或组织出现的所有启发，这些启发构成的集合称为这些个体或组织的“适应性工具箱”（adaptive toolbox）。规范性过程研究一个启发能适应的社会状态，能适应是指这个启发的表现比其他决策策略更优。这一研究社会理性的过程被称为社会启发的生态理性，其背后的意思是假设了社会启发存在一个可以刻画的域，并且是问题导向的。这一研究导向仍然符合经典的理性人完全理性假设的脉络，从完全理性到有限理性，再到这种适应性的理性，本质上是希望对理性的假设更接近人们实际的决策情况。

总体上看，尽管在集体主体性方面存在争议，但各学派都直接承认了集体理性的存在，值得注意的是各学派对社会理性的看法却大相径庭。在马克思和现代博弈论学者看来，社会理性是个体的一种属性；在布坎南等公共选择学者看来，社会理性是个体选择模型在集体选择上的应用所表现出的特质。无论持何种观点，这些理论都没有否认社会理性的实体存在性。从这个意义上看，集体主体性与社会理性并没有直接的相关性，即讨论社会理性的前提，并不是必须承认集体主体性。

---

① Hertwig R，Hoffrage U. Simple Heuristics in A Social World[M]. New York：Oxford University Press，2012.

第四节 社会理性的再认识

前面对一些主要的社会理性理论进行了讨论，在此基础上，将阐明本书所持有的社会理性观，这对后续关于社会接受问题的讨论至关重要。这种社会理性观希望能够澄清在社会理性方面的一些争论，帮助人们加深对社会理性的认识。在论述方式上，首先将回应关于社会理性争论的焦点问题，然后提出一种社会理性观，必须强调的是，这种社会理性观是过程和后果相结合的，尽可能体现社会理性中方法和结果的要素。

一、需要澄清的争论

（一）社会理性与集体主体性

尽管在前面的讨论中已经看到，在大多数的理性选择理论框架下，都不认为社会理性的存在与承认集体主体性有着必然的联系，我们还是要明确提出自己的观点，个体具有主体性，集体不具有主体性，不能简单把集体做类似的拟人化对比，主要有以下几个方面的理由。

首先，提出集体主体性假设的动机就是比较奇特的，它似乎是为了建立一种模式，即集体主体性对应社会理性，个体主体对应个体理性，这种模式的合理性在于为社会理性找到一个出处，似乎是为了证明社会理性确实存在的判断是可靠的。但事实上，这种类比的方式，本身就削弱了社会理性的独特地位，否定了社会理性的特殊性。这种模式潜在的含义是将集体看作一个“更大的人”，但问题的根源在于，我们并不需要一个像“个体”的“集体”，需要的是了解真正的集体是什么样的。这种将群体作为个体进行重构的方式可能导致一些奇怪的理论出现，比如，钱德勒（J. Chandler）用概率论刻画了个体选择系统，在此基础上，以同样的方式刻画了集体选择的公理系统①。这种将集体与个体高度类比建立理论的方法面临的挑战是：既然能够计算出结论发生的概率，为什么还需要集体选择，是不是由集体中数学最好的人来判断，并替集体做出选择就足够了，这显然是很

① Chandler J. Acceptance，aggregation and scoring rules[J]. Erkenntnis，2013，(78)：201-217.

荒唐的，这也说明集体选择中有很多因素可能是个体选择所无法涵盖或模拟的。

其次，社会理性并不是必须依赖集体主体性假设而存在的，即集体主体性实质上并不能够像人们设想的那样发挥出很大的作用，在没有集体的时候，个体也能表现出社会理性。我们看下面这个例子①。

两个人在街上走，这两个人之间有1000元的债务关系，即其中一个人欠了另一个人1000元钱，这个时候突然有一个劫匪从小巷里跳出来，用枪指着两个人说："抢劫！把你们身上所有的钱交出来。"那么接下来这两个人会怎么选择？为了表述方便，我们假设甲欠乙1000元。选择的可能性有以下两种：

（1）反抗或者就范。甲和乙考虑怎么跟劫匪周旋脱身，甚至制服他，或者甲和乙把身上的钱交给劫匪。

（2）甲把1000块还给乙，再反抗或者就范。甲想"我应该尽量减少损失"，于是甲拿出1000元还给乙，再考虑反抗或就范。

很显然，正常情况下，故事可能往（1）发展，（2）出现的可能性不大，或者说直观的感觉是（1）更符合理性的要求。从甲的角度来考察两种选择，假设甲是只具有个体理性的，即按照经典理性的定义，只考虑个体利益最大化，他不顾及其他因素，只要保证自己获利最大，很显然故事将往（2）发展，那么（2）没有发生，或者大多数人都觉得（2）荒唐只能说明甲没有按照完全个体理性的方式行事，这种情况下，我们也不觉得他违反了人们关于理性的尝试，他遵循的是一种怎样的理性？

甲没有选择（2）的原因只能是，如果这样做了乙会损失更多，但是乙损失与甲没有关系，甲为什么要维护乙的利益？当然可以从一种非理性的角度解释，甲与乙是朋友，出于友情他不能这么做。从更理性一点的观点来看，可以解释为，甲期望在这次抢劫以后能够与乙的关系中获得更多利益，而（2）很显然将破坏这种可能性。这也就是布坎南所表达的给个体选择带来不确定性的社会选择，因此甲在这里做的是社会选择，同时可以看到，在甲选择的时候并没有一个所谓的"集体"来做出这种选择。他甚至没有跟乙商量过。因此，社会理性与集体主体性并没有必然的联系。

最后，需要强调的是个体作为主体的很多特质是集体不可能具备的，除了看

① 例子来自：大卫·格雷伯. 债——第一个5000年[M]. 孙碳，董子云，译. 北京：中信出版社，2012. 据说是一个脱口秀段子，本书做了些修改。

起来可能有某种选择形式的相似性，“集体”几乎不具备一个主体的任何特质，特别是在智能、意识等人类所独有的智力活动方面，无法否认这些能力是理性所必需的，而这些能力显然都是一个集体或社会所不具备的，或者更直接地说，“集体”这样一种组织并不具备一个有机体所必需的特征。亚里士多德在《政治学》中讨论过这样一个问题，由最优秀的人来统治比最好的法律来统治是否对城邦或国家更有利，他在对多数人抱有期望的同时，始终强调多个人来选择能够互相弥补不足，并尽量减少错误的发生，这显然也是以个体主体性的角度来说的。

综上所述，可以看到坚持个体主体性是正当的选择，将社会当作个体进行重构的做法并不可取。从某种意义上说，否定集体主体性并不是目的，而是为了更好地开展社会理性问题的讨论，事实上也可以看到，承认集体主体性只是一种“偷懒”的做法，对更加深刻认识社会理性并无帮助，不仅如此，还可能遮盖掉社会理性的本质，澄清这一问题，为更好地理解社会理性提供了必要的理论基础。

（二）布坎南的批评

布坎南对阿罗的批评还有一个原因是反对人为地提出一些集体选择规则和结论必须满足的理性条件，正如森总结的那样，布坎南对阿罗的批评在于：“为什么要对社会的选择函数提出先验性的限制？为什么不可以接受一致同意的社会机制中得出的决策，同时又不必拿某些预先设定的如何在不同的相关状态中选择的观念来检验这一决策的结论？”[①]森一方面证明了如果阿罗提出的帕累托原则、非独裁和独立性等条件[②]都应用于并不施加任何社会偏好先验内容的社会选择中，与阿罗不可能性定理相似的不可能性定理仍然会出现[③]。即不事先假设“集体理性条件”，仍然找不到合适的方法来聚集个人的意见。森对此给出了一个直观的解释，每一种将个人偏好与社会选择相关联的条件都消除了，这些条件的组合可能会最终导致一个空选择集合，使得它“不可能选择任何方案”[④]，即不去考虑个体选择

① 阿马蒂亚·森. 理性与自由[M]. 李风华，译. 北京：中国人民大学出版社，2012：250.

② 这些条件在这里先提出来，具体的阐述将在后面章节正式提出，在这里只要理解成这些条件是关于偏好聚合规则的理性条件即可。

③ 见 Sen A K. Internal consistency of choice[J]. Econometrica，1993，61（3）：495-521，定理 3。

④ 阿马蒂亚·森. 理性与自由[M]. 李风华，译. 北京：中国人民大学出版社，2012：251.

与集体选择之间的关系，也不可能得到理性的集体选择结果。另一方面，森也承认布坎南的批评有积极的意义和长远的效力，上述结论的证明，并不能避免布坎南对“社会偏好”这一概念的批评，阿罗所证明的“不可能”问题也无法逃避这一批评。

讨论社会理性的关键问题之一是社会选择结论的合理性问题，我们必须在这一问题上表明立场。首先，即使对社会选择结论的合理性是否有先验标准这样一件事情存在疑问，但理性的社会选择应当表现出一定的目的性却并不能被怀疑。即在进行一项社会选择的时候，肯定是围绕一个特定目标的，在前面已经论述过，有一定的目的性是理性的基本要求，亚里士多德曾经说过“几乎每一个人和所有的社会共同体都有某种目标，为达到这一目标人们有所选择或有所回避”[①]，尽管亚里士多德将这种目标理解为幸福，但其首先肯定的是有一个目标存在是必须的，如果不是这样，那么一群人花费两个小时来讨论明天是否会下雨的问题，这样没有目标的会议每天都会发生。换句话说，如果将社会选择看作一种经济或政治活动，那么必须考虑给出为这种活动付出的时间及其他成本以合理的解释。这就是社会选择必须有目的性的一种成本观解释。

再者，关于社会选择结果是否有先验性的价值判断标准这样一件事情也不能贸然从根本上予以否定。如果承认公平正义是衡量社会选择结果的合理性条件之一，那么至少它在罗尔斯（J. Rawls）看来[②]就是一种先验的标准。更进一步地，如果把一些例子放在极端的条件下，也会发现这种先验的标准可能是存在的，比如，向银行借一笔钱之后，在规定期限内还钱是必须的，如果无法归还，我们在法律里面可能约定各种追偿的措施，但也决不会审议通过这样的法律条款，要求债主即使卖掉自己的器官也必须还钱。银行始终不会以残害借款人身体的方式来追讨借款，这是一种社会选择的结果，并且不需要解释为什么不能选，带有一种先验的合理性。

从布坎南的批评还可以看出，他在强调社会选择规则和结论的理性相关性。森的研究事实上证明了，完全切断个体选择与集体选择的联系也不可能得到理性的集体选择结论。事实上，对选择程序和结论关系的争论又将涉及一个在政治学、

① 亚里士多德. 亚里士多德全集：第9卷[M]. 苗力田，译，北京：人民大学出版社，1992：352.

② 罗尔斯是先验主义正义论的代表性人物，在《正义论》提出必须以“原初状态”为基础设置“无知之幕”（veil of ignorance），要求的就是营造一种没有干扰的环境来讨论公平正义。

法律和经济领域广泛讨论的宏大话题，一方面是后果主义，以边沁（J. Bentham）和奥斯丁（J. Austin）[①]为代表，强调评价选择的后果对社会的影响；另一方面是程序本位主义，认为选择程序的合理性比结果的合理性更重要，尤其在法律领域，这一观点占据重要的地位，贝尔斯（M. D. Bayles）曾经说过“程序占据了法律的中心地位”[②]。一直以来，后果主义似乎略占上风，尽管在一次社会选择中，可能出现程序与结论的区别，但如果再追问程序的来历，也必然有一个将这个程序作为结论的社会选择过程，即程序本身也是结论。如此这般，似乎要陷入无穷的嵌套中，我们不禁要问是否根本无法进行社会选择，答案是否定的，总有一些规则似乎先天有一些让人觉得合理的地方。比如，多数制从亚里士多德开始就被理所当然地作为民主决策规则的首选被接受。再来看布坎南对阿罗的批评，为什么要对聚合规则加上一些先验的条件？阿罗不可能性定理之所以有破坏力，从根本上说正是因为这些条件有一种理所当然的“合理性”，这种“合理性”是指人们对这些规则性质有普遍意义的认同感，所以我们是否可以这样认为，如果将阿罗不可能性定理当作一个集体选择的结论，它的确立与传播其实也是经历了一个社会选择过程，在这一点上，阿罗所列举出的聚合规则的那些性质与“多数制”是一样的，蕴含的意思是它们都经过了某种程度的社会选择，也都是社会选择的结论，所以这些聚合规则的性质既可以理解为先验的，又可以理解为经过了某种社会选择后产生的。

即便我们仅看一次社会选择过程中程序与结论的关系，也可以发现，程序的正当性只不过是为结论的合理性提供一种辩护而已。比如，在英美法律体系中，陪审团制度是定罪的重要制度，关于陪审团人员的构成有很多严格的规定。这项制度的设定实质上就是为定罪做出合理性辩护，在很多经典案例的讨论中，往往会有这样的声音，如果案件当时的陪审团成员构成不同，可能判决结果会不同，这样的评论往往出现在有争议的判决结果讨论中，可以看到人们关注的焦点还是判决结果的合理性，对陪审团制度的讨论建立在对结果合理性讨论的前提下。森也认为“对过程作用的认可并不违背社会选择理论，因为它并不妨碍我们把过程描述视为由它们产生的结果状态的组成部分”[③]，艾

① Austin J. Lectures on Jurisprudence or the Philosophy of Positive Law[M].5ed. London：Murray，2005. Bentham J. The Principles of Morals and Legislation[M]. London：Prometheus Books，1988.

② Bayles M D. Procedural Justice：Allocating to Individuals[M]. Dordrecht：Kluwer Academic Publishers，1990.

③ 阿马蒂亚·森. 理性与自由[M]. 李风华，译. 北京：中国人民大学出版社，2012：257.

萨克（L. Issac）[①]、哈蒙德（P. J. Hammond）[②]也都深入讨论过这个问题，在此基础上，森也承认并不是所有的程序都能非常直接地嵌入事态中，并讨论了通过“等价类”实现将导致社会状态的过程都包括在那一状态的概括中[③]，并最终认为“程序观和结果观之间的对立在某种程度上被过分夸大了。在很大程度上，通过对事态的恰当概括，我们可以把两者结合起来，这种对立绝非纯粹的”[④]。

总结上述讨论，我们对社会选择持完全的后果主义，相应地对社会理性的看法也是后果导向的，对于社会选择结果的合理性判断承认其有先验的评判标准。实际上，社会选择后果合理性的评判标准必然是先验和后验并存的。

（三）一体两面的社会理性

布坎南关于个体理性和集体理性的一段“观察”，能反映出社会理性两面性的特点。他在强调社会选择结果对个体选择形成的不确定因素的同时，又指出“集体选择是一个连续的过程，每一个单独的选择都只代表着长时期的社会行动链条上的一个环节”[⑤]，即个体选择既受到集体选择的限制，又在形成集体选择。就像自由市场上的供给关系定价一样，如果我们将一件商品的价格看作社会选择的结果，一个人决定是否要购买这件商品的时候，会受到这件商品价格的影响。同时，一个人以某种价格购买了一件商品的选择也将影响这件商品的定价。从结果评价的角度来看，同样一件商品的价格在不同情况下表现出不同的特征，当个体选择的时候，它作为个体理性选择必须考虑的社会性因素，是影响个体选择的状态，每一个个体选择之后，所形成的这个集体选择的持续性过程，也是价格不断变化的过程，这一过程实际上是从“集体”的视角考虑这种价格是否合理而进行调整的过程。再比如，在法律中，同样一项合同法法律条款，当个人在进行经济活动的时候，它可能构成一项约束条件，但推动立法或立法修正的也正是每个人的相

---

① Levi I. Hard Choices[M]. Cambridge：Cambridge University Press，1986.

② Hammond P J. Consequentialist social norms for public decisions[Z/OL]. 2020-08-11. https://warwick.ac.uk/fac/soc/economics/staff/pjhammond/socialchoice/conseqsocialnorms.pdf.

③ Sen A K. Information and invariance in normative choice[C]//Heller W P，Starr R M，Starrett D A. Social Choice and Public Decision-making，Vol.1. Essays in Honor of Kenneth J.Arrow. Cambridge：Cambridge University Press，1986：29-55.

④ 阿马蒂亚.森. 理性与自由[M]. 李风华，译. 北京：中国人民大学出版社，2012：258.

⑤ 詹姆斯·M.布坎南，戈登·塔洛克. 同意的计算——立宪民主的逻辑基础[M]. 陈光金，译. 北京：中国社会科学出版社，2000：41.

关经济活动，而此时，人们又会从社会普遍意义上对这项法律条款本身的意义进行考量。

这样看来，对选择结果的理性判断就有两个层面，即社会理性某种程度上具有“两面性”：一方面，在从个体视角出发的时候，关注的是对个体理性选择的影响，此时的社会理性更像是一种选择的环境；另一方面，在从“集体”出发的时候，我们将关注一些超出个人以外的合理性条件，如公平正义、德性伦理等，这里“集体”不是指作为主体的集体，而是指人与人之间的比较，也就是人际的比较形成的集体。

关于人际的比较到底比较什么有很多种说法，在经济实证主义学者那里，比较的是“效用”，在罗尔斯那里比较的是“基本善”（primary goods），在森那里比较的是“可行能力”，在布坎南那里比较的是“成本”（cost），可以说关于人际比较的核心要素正是这些学者关于社会理性认识的关键，也成为他们所构建理论的核心，人际的比较在社会理性的讨论中必不可少。

二、关于社会理性的一种认识

在上面的讨论中，已经澄清了关于社会理性的一些主要争议。在此基础上，我们将归纳提出一种社会理性观，这既是对本章讨论的小结，也是本书后续讨论的基础和核心，对社会理性的认识将为本书所要阐述的主要理论奠定论证基础。

如果我们认可森的观点，将社会理性看作一种方法（discipline），它与以下三个要素是等价的，即作为一种社会理性应当满足以下三个要素，另外，判断一种方法是不是属于社会理性，也要看它是否能满足以下三个要素。

（1）个体主体性。只有个体是表达社会理性的主体，集体不能被简单地拟人化为“主体”。

（2）目的性。社会理性具有目的性，它的展现都是为了实现某一特定的目标。需要强调的是，与个体理性相区别，这种目标应该是与集体密切相关的。这些目标中，有一些可能与个体理性相同，如效用最大化，在集体理性视角下就是希望集体整体的效用提高，还有一些目标可能是集体理性所特有的，如公平正义，在个体理性中无法提出公平正义这样的目标，但其却是社会理性中比较重要的考量目标。

（3）能够接受个体审思和人际比较。审思和比较都是针对社会理性所展现的目的而言。将个体审思与人际比较分开来说，是因为两者的出发点不同。个体的审思作为个体理性判断的一部分，遵循的是个体视角，社会理性为个体审思提供了必要的外部环境。在人际比较中，需要在集体视角下对社会理性所展现出来的目的进行正当性（justification）评判。

第三章　可接受的困难与尝试

本章将讨论可接受性概念及如何实现可接受等问题。首先对可接受性概念展开讨论，以期在多个学科背景下把握可接受性概念的内涵、范畴和特征。其次，将重点在可实现层面上讨论可接受性，概括提出实现可接受的两种路径，一种是基于概率论的，另一种是基于论证的，将分析说明这两种路径存在的问题，在此基础上，根据森关于“可行能力”的思想，提出一种新的刻画可接受性的方法，这种方法有可能统一前述两种路径，更为重要的是，它能为判定是否可接受提供一种有意义的哲学讨论范式。

第一节　什么是可接受性

一、特别的“可接受性”

可接受性（acceptability）是一个很特别的概念。我们似乎经常要谈论它，但又很难给出一个一般性的标准，究竟怎样才算可接受，可接受性该怎么定义，在不同的领域似乎有相似的认识，也有不同的认识。总体来看，关于可接受性的研究主要有以下两个特点。

首先，可接受性的重要性一直被学界所重视，但缺乏系统性的理论建构。亚里士多德在《工具论》中指出“推理是一种论证，其中有些被设定为前提，另外的判断则必然地由它们发生。当推理由以真实的和原初的，或者当我们对于它们的最初知识来自某些原初的和真实的为前提时，这种推理就是可证明的。从普遍接受的意见出发进行的推理是辩证的推理”①，关于什么是普遍接受的意见，亚里士多德进一步指出“所谓普遍接受的意见，是指那些被一切人或多数人或贤哲们，即被全体或多数或其中最负盛名的贤哲们所公认的意见”②。显然，在亚里士多德这里可接受性成了论辩的基础和起点，如果将论辩看作解决群体问题的基本途径，

① 亚里士多德. 亚里士多德全集，第1卷[M]. 苗力田，译，北京：人民大学出版社，1990：353.

② 亚里士多德. 亚里士多德全集，第1卷[M]. 苗力田，译，北京：人民大学出版社，1990：353.

那么这种观点实质上将可接受性看作连接人与群体的途径。普特南赋予可接受性更广泛和深刻的内涵，他将可接受性的媒介作用推广到了客观实体世界。他在《理性、真理与历史》中表示“经验世界依赖于我们的理性上可接受标准（当然，后者也依赖于前者）。我们运用理性上可接受性标准去建立‘经验世界’的理论图像，然后，随着这幅图像的发展，我们根据它来修正这个理性上可接受性标准，并且一次又一次地永远修正下去”[①]，普特南实际上描绘了一条人们认识世界、改造世界的路径，而可接受性是其中的核心要素，在这样一条路径上，可接受性实质上起到了沟通人类内在精神世界和外在客观世界的重要作用，从这样的认识出发，可以认为我们在讨论经验世界的问题时，可接受性是一个无法回避的概念。因此，普特南始终强调“理性上可接受的”与“真的”是一对互受对方浸染的概念。可见，可接受性一直以来都被认为是认识自身、认识群体、认识客观世界的重要概念，因此，可接受性在哲学、政治、法律、经济等人文社会科学领域被广泛讨论。与之形成鲜明对照的是，与理性、正义等概念不同，迄今没有看到一种有影响力的成体系的可接受性理论。

其次，可接受性概念的内涵看似很清楚，但总是被牵扯到其他概念的讨论中并被赋予新的含义。通常意义下，可接受性都被理解为主要是衡量某一个对象在何种程度上被主体肯定或认同的概念。这里的主体是指个体，没有争议，但当考察“肯定”或“认同”的意思，以及可接受的客体时，可接受性被卷入其他概念的讨论中并被赋予新的内涵，不再有自己的领地。最接近的概念是“信念”，当信念能够被证成的时候，它将变成被实在可接受的知识，因此，在认识论范畴下讨论信念的时候，不可避免地要与可接受性发生关系。可接受这种与信念的密切相关性，使得在表达个体主体性与客观世界关联的时候表现得特别有用，就如弗农所说的，真理是“人们相信并认为别人也应当相信的东西”[②]，因此，在普特南和弗农那里，可接受性成为刻画真理的手段，可接受的客体对象被认为是陈述（或事实），而卡普兰（M. Kaplan）[③]则利用贝叶斯理论构建了可接受性内涵，将可接受性建立在概率理论基础上，并认为命题是可接受的客体对象。

---

① 普特南. 理性、真理与历史[M]. 李小兵，杨莘，译. 沈阳：辽宁教育出版社，1988.

② Vernon T S. A Philosophy of Language Primer[M]. New York：University Press of America，1980.

③ Kaplan M. Rational acceptance[J]. Philosophical Studies，1981：129-145.

二、理解“可接受性”

为更准确地把握“可接受性”这一概念，我们将对“可接受性”在各个领域的研究范畴进行一些梳理，主要是为了厘清关于可接受性概念的内涵和外延。

（一）哲学领域的可接受性

为了澄清真理的意义，以及解决标准混淆造成对真理认识不清晰的问题，弗农将真理与可接受的判断相联系，提出“当我做出‘J是真的’这种形式的二阶判断时，我通常是表示我接受J”[①]。即在弗农看来，判断为真即为可接受，对个体主体来说，可接受作为真的必要条件，可接受表达的含义是主体对客体在某种程度上感到满意的态度。更为重要的是，弗农认为可接受之所以没有成为“真的”的等价条件，是因为“当我说‘J是真的’时，我不只表达我接受J，同时我也表明这样一种态度：这是一个别人也应当接受的命题”[②]，即“真的”还表示了提示别人应当接受的建议，“J是真的”与两件事等价：①我接受J；②我建议J。在弗农看来，一方面“可接受性”可以作为“真”的一部分加以表达；另一方面，他将“可接受性”看作一个“私有”的概念，认为其具有某种程度的不可表达性。关于这一点难以具有广泛的说服力，“可接受性”本身就展示了一种表达与认可的关系，否定“可接受性”具有可表达的特性是没有道理的。国内学者对弗农的观点进行了批判，有学者认为弗农把真理标准看作信念标准，是不恰当的，因为确实存在这样一些真判断，仅由于我们对这些判断无知而不相信它们。另外，没有人会认为自己绝对无误，每一个人都知道存在一些虽然他相信却不是真实的判断[③]。

普特南关于真理与可接受性的看法更具影响力，为了调和相对主义真理论和符合论真理观的矛盾，寻找一条中间道路，他提出真理就是理性上可接受性的理想化，但是真理不等于理性上的可接受性[④]。可以看到，与弗农比较，普特南进一步拉近了可接受性与真理的距离，“真”直接站到了理性可接受性的后面，理性上可接受性被看作真理在现实层面的表达，普特南认为“真”只能是在

---

① Vernon T S. A Philosophy of Language Primer[M]. New York：University Press of America，1980.

② Vernon T S. A Philosophy of Language Primer[M]. New York：University Press of America，1980.

③ 邢新力. 弗农的可接受性真理论[J]. 哲学研究，1988（3）：40-46.

④ 普特南. 理性、真理与历史[M]. 李小兵，杨莘，译. 沈阳：辽宁教育出版社，1988：70.

理想的完备的条件下存在的结论，这种认识论上的理想条件就类似物理学上的“无摩擦平面”，是不可能达到的。也有学者认为，普特南描述的真理与可接受性的关系依然没有跳出相对主义的窠臼①。卡普兰也将可接受性与真的刻画密切联系在一起，他提出“我们应当将‘X 接受 P’看作‘X 为 P 辩护，其目的是为真辩护’的缩写”②。

科学技术哲学是关注可接受性的一大领域，其主题是科学研究结论的可接受性问题。批判理性主义的创始人波普尔（K. R. Popper）是代表性学者之一，他对可证伪性进行了深入的讨论，强调其应该取代可证实性作为评价科学理论的标准，这也是关于科学理论可接受性的重要论断，在理论发表时就受到包括爱因斯坦（A. Einstein）在内的一大群科学家支持，迄今仍然在科学界和哲学界有重要的影响。波普尔的继任者也有对科学理论可接受性的思想进一步发展，比如，拉卡托斯（I. Lakatos）就进一步细分提出了三种关于科学理论可接受性的形式③。国内也有学者对科学理论的可接受性展开讨论，有学者认为一个科学认识成果是否具有可接受性，以及可接受性的大小，是多种因素综合作用的结果，这些因素包括经验因素、功能因素、结构因素、背景因素和表达因素等④。

（二）法学领域的可接受性

法学领域也是讨论可接受性最广泛的领域之一，无论在立法、司法还是执法环节，都不可避免要对法律论证的有效性问题加以辩护，有效性的核心问题就是“可接受性”。正如哈贝马斯（J. Habermas）所认为的“凡是根据合法程序而获得法律效力的，就被当作法律——而且，尽管法律存在废止的可能性，但它暂时是具有法律效力的。但是，要充分说明这种法律规则的意义，只有同时诉诸这样两个方面：一方面是社会的或事实的有效性，即得到接受；另一方面是法律的合法性或规范有效性，即合理的可接受性”⑤。哈贝马斯在这里谈到法律论证的两个特点：一是可废止性，这也是法律论证区别于一般论证的显著特征；二是程序的

① 史清竹. 合理的可接受性——普特南内在实在论真理观试析[J]. 社会科学辑刊，2011（1）：36-38.

② Kaplan M. Rational acceptance[J]. Philosophical Studies，1981：129-145.

③ 拉卡托斯. 数学、科学和认识论：哲学论文第 2 卷[M]. 林夏水，等译. 北京：商务印书馆，1993：236.

④ 官鸣. 论科学认识的可接受性[J]. 厦门大学学报（哲学社会科学版），1993（2）：1-7.

⑤ 哈贝马斯. 在事实与规范之间：关于法律和民主法治国的商谈理论[M]. 童世骏，译. 北京：生活·读书·新知三联书店，2003：35.

有效性，即法律程序在保证法律结论可接受性方面的作用，同时他强调这种可接受性的来源途径有两个方面，一方面是事实，另一方面是理性，即需要为“可接受”给出规范性的解释。

国内哲学、法学学者对法律的可接受性问题进行了比较系统的研究，有代表性的包括汪全胜对立法的合法性、合理性评估、社会接受能力及评估标准等问题进行了系统研究①。还有学者明确提出法律只有具有可接受性才会有强制性，刘宝璋也曾经有过类似的表达：“法律乃主要是因公民接受而有效力和实效的，而不仅仅是因为什么强制保障而有效力和实效的，尽管强制本身是必不可少的。”②这些研究都在强调法律条文要有效力，具备“可接受性”是必不可少的，与之相应的，我们不禁要问这种“可接受性”从何而来，如何产生，如何持续。

（三）非形式逻辑领域的可接受性

在广义的层面上看，非形式逻辑属于哲学范畴，并且由于对论证理论的巨大贡献，当今越来越多的非形式逻辑学家在关注法律论证研究。从这个意义上来说，这一部分的概述与上面两部分都有关系，但从实质性内容来看，与上述哲学层面关注“真”，以及法学层面讨论法律条文和审判结果的“有效性”不同，非形式逻辑讨论的是自然语言环境下的证成问题，其关注“可接受性”的核心问题与上述两方面有所区别，因此，我们将非形式逻辑领域的可接受性问题单独拿出来进行梳理。

图尔敏在 1958 年出版的《论证的运用》③一书中对形式化的逻辑学研究方法提出了挑战，提出逻辑学应该回归日常生活，我们不仅要提出人们应当怎么做，更重要的是关注人们实际上是如何做的。他提出论证是日常生活中常见的一种实践形态，论证总是以“证成”（justification）为其首要功能，因此一个论断能否被认可或接受，取决于它是否具有合理、可靠的理由或证据。图尔敏建立了论证与可接受性之间的关系，他的主张表明“正是经由‘论证’这一‘理性进程’，我们才能确立一个论断的合理性与可接受性”④。

---

① 汪全胜. 立法的合法性评估[J]. 法学论坛，2008（2）：44-50. 汪全胜. 立法的合理性评估[J]. 上海行政学院学报，2008，9（4）：30-37；汪全胜. 立法的社会接受能力探讨[J]. 法制与社会发展，2004（58）：134-143.

② 刘宝璋. 论可接受性理论在法律发展中的作用[J]. 山东行政学院学报，2011（4）：114-116.

③ Toulmin S E. The Use of Argument[M]. Cambridge：Cambridge University Press，1958.

④ 谢耘，熊明辉. 图尔敏的逻辑观述略[J]. 哲学研究，2013（8）：66-71.

非形式逻辑领军人物约翰逊和布莱尔提出了自然语言论证逻辑评价的“相干性-充足性-可接受性”标准，又被称为 RSA 标准或 RSA 三角，是评价论证的代表性理论。在他们看来，一个论证是好的，必须同时满足相干性、充足性和可接受性三条标准，不满足其中任意一条标准都会出现谬误[①]，可见，可接受性在评价论证有效性方面的作用不可或缺。

在这一研究路径下，很多学者对论证的可接受性问题，以及法律论证的可废止性（defeasibility）等特殊性问题进行了深入的讨论，代表性的研究有沃尔顿发展了以论证和论辩为研究主题的新论辩术理论，并提出了回溯法和似真理论等判定可接受性的方法[②]；普拉肯构建了论证博弈模型，用人工智能建模为如何评价法律论证中的有效性和可接受性提供了方法[③]。

国内学者梁庆寅等从修辞学和非形式逻辑的角度对法律论证有效性进行了深入讨论[④]。熊明辉等提出了一种基于广义非形式逻辑的诉讼论证博弈框架，这种框架弥补了传统的非形式逻辑框架及非单调逻辑的形式论辩框架在刻画诉讼论证方面的不足[⑤]。张保生[⑥]和於兴中[⑦]等利用人工智能理论对法律论证的有效性和可接受性进行了建模分析。

（四）其他学科的可接受性

可接受性在心理学和语言学领域也有很多讨论，在心理学中更多的是被作为一个表达状态的概念——“接受”（acceptance）加以研究，接受的意思是一个人赞同（assent）现实的状况，承认一个过程或环境，并且不尝试去改变它，这种过程或环境通常是负面的或让人不舒服的状态。可见，心理学领域研究的重点是人们接受事物的状态与环境的关系。语言学关于翻译理论也大量研究可接受性，比

① Johnson R H，Blair A J. Logical Self-Defense[M]. New York：International Debate Education Association，1994：55.

② 道格拉斯·沃尔顿. 法律论证与证据[M]. 梁庆寅，熊明辉，等译. 北京：中国政法大学出版社，2010.

③ Prakken H. Logical Tools for Modelling Legal Argument—A Study of Defeasible Reasoning in Law[M]. Dordrecht：Kluwer Academic Publishers，1997.

④ 梁庆寅，张南宁. 法律论证的有效性条件[C]//葛洪义. 法律方法与法律思维（第 3 辑）. 北京：中国政法大学出版社，2005：143.

⑤ 熊明辉. 诉讼论证——诉讼博弈的逻辑分析[M]. 北京：中国政法大学出版社，2010.

⑥ 张保生. 法律推理的理论与方法[M]. 北京：中国政法大学出版社，2000.

⑦ 於兴中. 人工智能、话语理论与可辩驳推理[J]. 法律方法与法律思维，2005（1）：115-129. 这里的可辩驳推理指的是可废止推理（defeasible reasoning）。

如，著名的语言学学者乔姆斯基（A. N. Chomsky）在其转换生成语法中一贯强调要区别两个重要概念：语言能力（competence）和语言运用[或称语言使用(performance)]，“可接受性”是语言运用的概念，“合乎语法性”（grammaticality）是语言能力的概念①。

三、可接受性的特征

根据上面的讨论，我们可以对“可接受性”概念的特征做一些概括，有助于更好地理解“可接受性”。总体来看，无论在哪个学科领域讨论“可接受性”，有几个方面的认识是共同的。

（一）客观实在性

无论我们如何看待“可接受性”，有一点是必须认同的，即事实一定属于可接受的范畴。即可接受性具有很强的客观实在性，事实必须被接受。普特南强调真理是理性可接受的也是在强调“可接受性”客观实在的一面，接受客观事实是人们认识客观世界的基本前提，弗农甚至认为真理不是最高的信念，事实才是最高的信念，而对这种“信念”高低的判断正是通过可接受性来表达的。应当注意的是，个体在遇到一个事实时表现的是否接受和是否真的接受是两个层面的问题，这涉及个体的主体性问题，我们将在后面做进一步的分析。如果一个个体不接受客观事实，要么是他对事实的认识不清晰，要么是出于某种目的掩盖他已经接受事实的真相，要么他是非理性的。

必须强调的是，我们说可接受的事实并不只是指客观事实，客观事实主要指不需要人们同意的事实，如天在下雨、这是一张桌子等，它们也被塞尔（J. R. Searle）称为无情事实，也叫原始事实（brute facts）②。与“可接受性”密切相关的是另一类事实，被称为制度事实（institutional facts）③，这一类事实的存在需要人类的制度，需要经人们的同意才能成为事实，货币、法律条文等就是典型的制度事实。显然这一类事实比客观事实更容易带有价值倾向和价值判断，更具有讨论可接受性的必要。

① 徐烈炯. 生成语法理论[M]. 上海：上海外语教育出版社，1996：41.

② 约翰·R. 塞尔. 社会实在的建构[M]. 李步楼，译. 上海：上海人民出版社，2008：3.

③ 约翰·R. 塞尔. 社会实在的建构[M]. 李步楼，译. 上海：上海人民出版社，2008：3.

（二）个体主体性

主观判断显然是可接受性的核心特征，在上一节的讨论中可以看到，无论在何种领域下讨论可接受性，都是从主体认同开始的，如果脱离了个体主体性，可接受性没有主体，也就无从谈起。可接受的个体主体性主要表现在以下几个方面。

首先，可接受性具有时序性，个体主体对客体的可接受会随着时间改变，缺乏稳定性。正如国内有学者说过“‘真’是一个陈述不可或缺的性质，而合理的可接受性却是有时间性的”[①]，此时可接受不代表未来也一样可接受，此时不接受也不代表未来同样不可接受。比如，对于同样一件商品，今天你可能能够接受它的市场价格，随着市场环境的变化，以及你自身收入的减少，一段时间以后，可能无法再接受同样的价格。再比如，同性恋等一些社会现象，过去被普遍不接受，现在社会的接受程度却越来越高。在这一点上，可接受性和相对主义不能划开截然分明的界限。

其次，可接受性具有依赖性，可接受性是对于一个人来说的，由个体做出的主体性判断，同样的客体，可能换一个主体就会由可接受变成不可接受。但必须强调的是，虽然可接受必须由个体主体表达，但是接受的理由却可以在不同的主体间交流，即关于客体可接受的有效性描述是可以进行人际比较的，后面我们将进一步论述，这种比较对于实现集体的可接受性、形成集体共识具有重要意义。

最后，国内有学者提出可接受性具有形式与实质相分离性[②]，也可以归为个体主体性的表现之一。孙光宁认为“这是可接受性在方法论层面中的特征，因为为了获得受众的接受，多种复杂形式的手段都有可能被动用，而这些形式上的手段与其背后的目的很有可能是分离的，换言之，形式有可能‘遮蔽’了实质，谨慎严密的逻辑与巧舌如簧的诡辩都有可能获得受众的接受”[③]，并认为这一特性与“谎言”有关。应该说提出可接受具有形式与实质相分离的特性是有意义的，但将之归因于“谎言”或只是形式的有效性似失之偏颇。从普特南对真理论持有的观点来看，如果我们将这种实质性理解为真理，可接受性天然具有从形式通达实质的

① 史清竹. 合理的可接受性——普特南内在实在论真理观试析[J]. 社会科学辑刊，2011（1）：36-38.

② 孙光宁. 可接受性：法律方法的一个分析视角[D]. 济南：山东大学，2010.

③ 孙光宁. 可接受性：法律方法的一个分析视角[D]. 济南：山东大学，2010.

能力，而这种能力也构成了可接受性存在的基础，那么，它并不能只理解为一种“有意为之”的东西。

（三）基于程度的度量

直观地来看，“可接受性”需要某种程度的度量。这种体验来自当我们表达“非常赞同”或“不反对”的时候，两者有很明显的接受程度的差异。这种差异性一直以来被很多学者作为“可接受性”的主要特征加以刻画。弗农甚至把这种程度的差异性引入刻画可接受性与真理的关系[①]，他认为关于真理的判断不可能设计出一个精确的测度，却可以构想一个粗略的分度，构造出5种接受度[②]，弗农认为真值判断具有高于“我相信*P*”的接受度，也就是5种接受度中的第3级以上。5种接受度如下：

（1）可能*P*;

（2）我认为*P*;

（3）我相信*P*;

（4）*P*是真的（带有“我接受*P*且每一个人都应当接受*P*”的确切含义）;

（5）*P*是一个事实（带有“任何人都要接受*P*”的确切含义）。

同样地，在贝叶斯理论下，卡普兰也对可接受性进行了程度的刻画，他提出*X*接受*P*，是因为*X*对*P*的确信程度超过某个数值*n*，而*n*在0.5与1之间[③]。弗农或卡普兰对于“可接受性”的看法都带有很明显的基数性质，赞同个体主体在表达可接受性的时候，会表现出具有程度度量的特点。同时，还可以发现无论是弗农还是卡普兰的刻画方式，都为人际的可接受程度比较创造了条件，即不仅每个个体可以表达他们对不同客体的可接受性程度的差异，不同的主体针对一个客体表达可接受性程度的差异也是可以比较的，比如，在卡普兰的理论下，两个人对“明天是否会下雨”的判断分别给出了0.8和0.9的确信度，表明两者虽然“在今天”都在很大程度上接受“明天会下雨”这一事实，但在可接受程度上还是存在一定的差别。事实上这种人际可比较的特性对于形成集体的可接受性至关重要，在后面我们将进一步讨论。

---

① Vernon T S. A Philosophy of Language Primer[M]. New York：University Press of America，1980：125.

② Vernon T S. A Philosophy of Language Primer[M]. New York：University Press of America，1980：125.

③ Kaplan M. Rational acceptance[J]. Philosophical Studies，1981：129-145.

第二节　实现可接受的路径

为什么我们要讨论可实现的可接受性？正如波普尔指出维特根斯坦（L. Wittgenstein）在其后期著作中所暗示的那样“一个概念如果没有它的应用标准，那么这个概念就是空洞的”①，这种关于概念的看法体现了实证主义倾向，这显然也是本书一贯采取的立场。事实上，对于今天大多数哲学家来说，他们仍然坚持认为任何概念，如真理，只有存在一个能使我们据以决定一个对象是否属于这个概念的标准，才具有逻辑上的合法性。对于“可接受性”这样一个本身具有很强现实色彩的概念，谈论其可实现的问题就显得更为重要。我们将首先分析实现“可接受”的困难，以及基于论证和概率理论两种实现可接受的主要路径，在此基础上提出一种对“可接受性”的刻画。

一、实现可接受的困难

前面比较全面地讨论了“可接受性”的定义、范畴和特征，已经很清楚的是，可接受性主要讨论对象的有效性问题，它以个体为主体，能够进行人际的比较，通过建立从客观实在到理性认同之间的联系，为目标客体的有效性进行辩护。这个概念的内涵和外延，已经比较清楚，当我们开始讨论如何实现可接受性的时候，仍然可以发现面临着巨大的困难，因为我们无法提供有根据的可判定性标准②，当需要判断一个客体是否是可接受时，除了拿着它去向每个人询问以外，似乎再也没有其他办法，这种困难产生的原因主要是以下几个方面。

（一）无先验性

我们无法给出“可接受性”先验的解释，与“正义”等概念不同，可接受概念本身与个体主体密切相关，我们无法谈论一个超越主体存在的可接受性，而且人们也不期待这样的可接受性存在。当我们说什么是正义的时候，总是有一种占

---

① 见：卡尔·波普尔．客观知识——一个进化论的研究[M]．舒炜光，卓如飞，周柏乔，等译．上海：上海译文出版社，1987：332．波普认为这是维特根斯坦的后期著作暗示我们的。

② 概率大小远远不能作为可接受性的一种表达，原因将在本书后面的部分进一步讨论。

据了合理性制高点的体验，但当我们说什么是可接受的时候，最多也就是在表达自己的一种强烈的情绪。这也是可接受性的概念如此重要，但发现像罗尔斯讨论“正义”一样，制定一个规范性的框架来讨论可接受性是极其困难的原因。在讨论正义的时候，无论是先验派还是现实派，都不否认对于人类来说正义就像“真理”一样有先验性，但对于可接受性却没有类似的性质，人们也不期待有可能找到某种跨越国家和民族无差别的可接受性。建立一种普遍意义上的、超越个体的可接受性理论，也存在很明显的问题。比如，钱德勒等提出的以概率理论[①]来刻画集体可接受性的系统，如果我们将事实可能发生的概率作为“可接受性”概念一种先验的刻画方式，不同的集体选择是以结果可能发生的概率大小来判断最后结论是否可接受的、接受的程度有多少，那么是否每个群体里数学最好的人通过计算来做出选择就足够了，如果计算方法不出现错误，每个群体最后的选择也应该是一样的，这显然是不符合集体选择要求的。

（二）信念与事实的比较难以刻画

在一定程度上看，可接受性有很强的“妥协”的意味，无论是对自然世界还是对社会问题，人们的认识过程总是存在理论和经验两个层面，可接受性概念实质上在这两个层面发挥着沟通的作用，使得他们保持协调，其中也不可避免地有妥协的成分。普特南曾经提出“是什么东西使一个陈述或整个陈述系统——一个理论或概念构架——成为理性上可接受的呢？在很大程度上是陈述或整个系统的融贯与适切，即‘理论的’或经验性较弱的信念之间的融贯及它们同经验性较强的信念的融贯，还有经验信念同理论信念之间的融贯。从我要展开的观点来看，我们关于融贯和可接受性的构想，与我们的心理学紧密地交织在一起。它们是我们的构想，是关于某种实在事物的构想”[②]。在这里普特南将“可接受性”的沟通和妥协的作用解释为“融贯”，并将其划分为三个层次：第一个层次是“理论的”或经验性较弱的信念之间的融贯，第二个层次是“理论的”或经验性较弱的信念与经验性较强的信念的融贯，第三个层次是理论性较强与经验性较强的信念之间的融贯。上述三个层次实质上概括了从事实到可靠的信念这一人们认知的基本过程。那么要表达这种“整个系统的融贯与适切”，也就是可接受性，必须要做到

① Chandler J. Acceptance，aggregation and scoring rules[J]. Erkenntnis，2013，78：201-217.

② 普特南. 理性、真理与历史[M]. 李小兵，杨莘，译. 沈阳：辽宁教育出版社，1988：55.

两点：一是要把个体脑子里的理论信念表达清楚；二是要找到经验信念向已有理论信念转化的途径，并保持系统的融贯性。

首先，可以看到要实现第一点已经存在巨大的困难。每个人脑子里的理论信念是一个非常复杂的系统，受到这个人以往的经验、已经形成的价值观甚至还有性格、脾气等因素影响。正如唐纳德所注意到的，在不同的环境下，人们“肯定的态度”可能包括“欲望、需要、渴望、激励、各色各样的道德观、美学原理、经济学偏见、社会习俗以及公众和私人的价值与目标”①。因此要找到一个有效的方式，将这些因素都考虑进去，将每个人已经形成的理论信念表达清楚，已经是一项非常复杂的工作，在现实的条件下看几乎不可能完成，基本实现了一部分，我们也无法确定这个人是不是真正清楚地表达了自己脑子里的理论信念。

其次，即便我们能够用一种简洁的方式，将这种理论的信念描述清楚，刻画从经验信念向理论信念的转化过程也将面临巨大的挑战。经验的产生已经是个体体验的结果，这种体验性能否准确表达出来已经有很大的问题；另外，经验信念向理论信念的转化过程，不只是一个“软性”的、可以完全通过哲学或其他社会科学领域理论性研究方法层面上解决的问题，必然需要包括人脑的机理等生物学层面的研究，会涉及心理学、神经学等领域，需要多学科交叉解决问题，最后才能回到需要在理性层面讨论的“融贯性”问题，显然在这种研究路径上，“融贯性”问题的研究需要建立在非常复杂和系统性的理论基础之上。

综上所述，将事实与信念比较的内涵分析清楚将涉及一个宏大的领域，在后面有进一步的讨论，在本章的讨论中，我们暂时考虑采用“黑箱”的方式，不具体地将个体处理信念与经验的过程描述清楚，将每个个体作为一个封闭的“黑箱”看待，不从外在条件讨论“融贯性”的标准，将“融贯性”的判断交给个体本身。

（三）事实与判定接受无法界定

还有一个更为严重的问题是：关于什么是“事实”就难以回答。科学试图构造一幅真的世界图像，那么问题是：该如何区分“正确的”和“认为是正确的”？

① Davidson D. Essays on Actions and Events[M]. Oxford：Clarendon Press，1980：3-4.

在科学史上，“事实”与“被认为事实”之间斗争的例子很多，有时候这种斗争还会掺杂宗教、民族等因素，使问题变得尤为复杂，最著名的莫过于“日心说”和“地心说”之争。从某种意义上说，如果我们将科学发展看作一个不断求真的过程，那么也可以说科学发展就是“被认为事实”的产生并不断向“认定事实”转化的过程。

这样的例子在科学史上还有很多。在 20 世纪 30 年代初，科学家在实验中发现 β 衰变前后的能量不相等，为了解决这个问题，1933 年泡利（W. E. Pauli）提出了存在一种不带电荷、质量等于或近于零、非常小、速度接近光速的中性粒子——中微子的假说。这个假说在当时是无法进行检验的，连泡利本人也认为：“我今天做了一件骇人的事情。这件事情是理论物理学家断然不应该做的，因为我竟然建议某种永远也不能用实验证实的事”。但是泡利的中微子假说在原则上具有可检验性，因而也就具有一定的可接受性。实际上，尽管当时许多科学家对中微子的存在表示怀疑，但还是有科学家很快就接受了这个假说，并在此基础上建立了第一个定量的中微子理论。泡利假设的这种中微子直到 29 年后才在实验中观察证实了它的存在①。这个例子很清晰地表明了“被认为事实”向“认定事实”转化的过程，在这个例子中是一种积极的转化，人们对科学结论的认识从“被认为事实”开始就是正确的。

事实上在科学史上大量出现的“被认为事实”是错误的。比如，1905 年德国物理学家考夫曼（W. Kaufmann）完成了关于高速电子（β 射线）的质量与速度相依关系的实验，他于 1906 年宣布他的实验数据与爱因斯坦的基本理论不相容，但到了 1916 年，两位法国物理学家指出考夫曼的实验装置是有问题的，事实证明不是相对论有错误，而是考夫曼的实验有错误②。人们对客观世界的认知总是有限的，所以究竟该如何在“被认为事实”和“认定事实”之间做出区分，就是我们现在的认识是“被认为事实”还是“事实”，这个问题本身就有很多问题值得深入探讨，后续我们还将从集体的角度，对事实与可接受的关系做进一步的探索。

综上所述，要直接判定客体是否可接受是极其困难的，为此，人们要考虑对可接受性进行规范性的辩护，主要有两条路径：一种是概然性的辩护，通过概率

① 例子摘自：官鸣. 论科学认识的可接受性[J]. 厦门大学学报（哲学社会科学版），1993（2）：2.
② 例子摘自：官鸣. 论科学认识的可接受性[J]. 厦门大学学报（哲学社会科学版），1993（2）：5.

的方式对事件发生的可能性进行判定，以做出是否可接受的判断；另一种是似真性的辩护，主要是通过似真推理，对是否可接受做出辩护。下面我们将对两条路径的主要思想进行分析，并在此基础上提出我们对于可接受的看法。

必须要说明的是演绎和归纳是两种经典的推理论证形式，从形式上看，演绎和归纳都是为结论的有效性提供辩护，但实际上的目标都是为“真”提供辩护。关于“真”与“可接受”的关系在普特南那里已经做了对比，因此，在这里关于“可接受性”的辩护主要考察似真性推理和概然性推理两种方式。在下面的分析中，我们也将发现，这两种方式的主要目标是可接受，很多学者在为“可接受性”寻找合理性辩护时也都是采取这两种方式。

二、概然的接受

概然性最早开始于帕斯卡（B. Pascal）所构建的概率理论，从那时候起人们对于结论的可接受性认识，普遍有一种希望建立在概率验算表达的推理规则基础之上的想法。“概然主义”的主要思想是“为了决定最终结果，需要把大量证据（包括许多这样的推论）链接在一起。尽管单个推论只提供一小部分证据力[①]，但在案例中，单个推论在转移证明责任方面以这样或那样的方式起着重要作用[②]”，其主要的方法是利用事件发生的概率将有关事件联系起来，并形成对结论支撑的度量。

卡普兰首先建立了概然性主义下的可接受性公理体系[③]。他认为刻画可接受性主要是承认两个论断。第一个论断是一个理性的人在有权（事实上必须）接受一个命题之前，不需要确定它是真的，他只需要足够地确信它是真的（至少比确信它是假的更确信是真的）。为了方便起见，我们可以设想一个人确信一个命题是真的程度是可以测量的，我们用“1”表示最大程度的确信（他确定它是真的），“0”表示最小程度（他确定它是假的），“0.5”是一个中间点（他确信它为真与确信它为假的程度是一样的），据此，能够建立第一个论断如下：

（1）有一个数字 n，$0.5 \leqslant n < 1$，如果 X 是理性的，那么 X 将接受 p 当且仅当 X 有超过 n 的确定度相信 p。其中 p 是任何命题，X 是一个人。

第二个论断是在接受命题的时候，一个理性的人将遵从一些一致性限制。

① 证据力可以理解为证据为通过推论实现对结论支撑的力度。

② 道格拉斯·沃尔顿. 法律论证与证据[M]. 梁庆寅，熊明辉，等译. 北京：中国政法大学出版社，2010：105.

③ Kaplan M. Rational acceptance[J]. Philosophical Studies，1981：129-145.

（2）如果X是理性的，那么

（a）X将接受任意他已接受的命题的合取；

（b）X将接受所有他已接受的命题的后承；

（c）X将不接受任何矛盾。

卡普兰在此基础上，从信念的角度构造了一种简单明了的基于概率的可接受性公理系统，之后又有很多学者对这种刻画“可接受性”的公理系统进行了讨论，有代表性的包括伊尔斯（E. Eells）等，他们进一步讨论了卡普兰的公理系统，并认为这一系统会不可避免地遭遇“乐透彩票悖论”的困扰①。“乐透彩票悖论”最早由基伯格（H. Kyburg）和亨佩尔（C. Hempel）提出并讨论，它说的是在1000张彩票中，有且仅有1张彩票中奖，那么，每张彩票不会中奖的概率高达0.999。根据可能性高可接受的规则，那么只能接受任意一张彩票都不会中奖，与已经接受的前提——有且仅有1张彩票中奖矛盾。在这个悖论下，卡普兰的公理系统也是矛盾的，根据假设一个人在（1）中设置的$n=0.9$，因为每张彩票不中奖的可能性为0.999，所以根据（1）他认为，任意一张彩票都不会中奖。假设用P_i表示第i张彩票不中奖，根据（2）（a），则$P_1 \& P_2 \& \cdots \& P_i \& \cdots \& P_{1000}$成立，即所有彩票都不会中奖，与至少有1张彩票中奖矛盾。

即便抛开悖论的因素，将可接受性建立在概率论基础上也存在问题，因为这并不符合人们做出“接受”这一选择的直观。试想一下，如果我们在“接受”一项客体的时候仅凭概率进行判断，那么我们不需要再通过自然语言表达观点，希望别人接受自己一种观念的时候只要说明它可能发生的概率很高即可，所有的自然科学研究也许应当将“概率论”作为必备的技能，以解释自己理论的可靠性，论证就不需要了，这些显然是不符合实际的。因此“可接受性”所表达的含义远远超过了“事实发生的可能性”所表达的含义，甚至在将事实作为可接受客体讨论时，也已经是这样了。

三、似真的接受

似真推理在为可接受做出辩护的时候，比概然主义更贴近自然语言。它被看作在演绎、归纳之外的第三种重要的推理形式，它处理这样一些论证，“尽管这

① Eells E. On a recent theory of rational acceptance[J]. Philosophical Studies，1983，44（3）：331-343.

些论证既不是演绎有效的也不是归纳强的，但它们对于作为证据足够承载证明力来证明一个断言通常是正确、成功的”[①]。

似真推理的思想可以追溯到古希腊时期，古代的怀疑主义哲学家关注日常思维推理中的易错性，通过提出一种似真性的理论来应对这些怀疑[②]。洛克（J. Locke）在其《人类理解论》中将这一思想作为其创立的哲学体系的关键[③]。边沁将这种思想引入法律证据理论中，延续这样的思想脉络。为了找到一种理性的方法刻画我们信念系统的不一致性[④]，雷舍尔（N. Rescher）首先明确提出了似真推理，并给出了一个形式规则集，其中关键规则是在似真推论中，结论的似真值肯定不会大于最小似真前提的值[⑤]，即似真推理不会把前提的可信度放大，这也是雷舍尔关于似真性的思想核心。沃尔顿是似真推理研究的代表性人物，他系统地比较了演绎推理、归纳推理和似真推理的区别，认为前两种推理都附加了一种肯定的证明责任，而似真推理本质上是假定，他给出了三种推理形式的比较：

（1）演绎推理

对于所有x来说，如果x是F，则x是G。

a是F。

因此，a是G。

（2）归纳推理

对于大部分x（或一定比例的x）来说，如果x是F，则x是G。

a是F。

因此，a是G。

（3）似真推理

在通常情况下，如果x是F，则x是G。

a是F。

因此，a是G。

在此基础上，沃尔顿指出似真性的主要思想是“它把一个支持力放在命题的背后，给出了暂时接受那个命题的基础，其中存在接受与否之间或在接受或拒绝

① 道格拉斯·沃尔顿. 法律论证与证据[M]. 梁庆寅，熊明辉，等译. 北京：中国政法大学出版社，2010：108.

② 道格拉斯·沃尔顿. 法律论证与证据[M]. 梁庆寅，熊明辉，等译. 北京：中国政法大学出版社，2010：105.

③ 洛克. 人类理解论[M]. 关文运，译. 北京：商务印书馆，1983.

④ Koertge N. Plausible reasoning[J]. The British Journal for the Philosophy of Science，1978，29（2）：204-207.

⑤ Rescher N. Plausible Reasoning[M]. Assen：Van Gorcum，1976.

之间进行选择的一个理由。但是，似真性思想并不要求某种计算这个命题是否为真的概率的方法。似真性是建立在这种实践思想基础上的，即有时候为了继续做某件需要做的事情，我们需要明确地接受或拒绝特定的命题”[①]。

在沃尔顿看来，似真理论实质上是接受性理论，“似真”就是“可接受”，它为“可接受”提供了实践意义上的评判标准，并且这种接受性理论建立在要接受某一个命题为真或不为真的主体或人的判断基础上[②]。从这个意义上来说，“可接受性”通过“似真”也成了一种推理结论有效性的判断标准，似真推理为结论的“可接受性”做了正面的辩护，让人们有理由去“接受”一个客体。

四、证成的责任

在结论并非完全为“真”的判定意义上，似真性与概然性似乎具有某种等价的特性，甚至在早期的哲学家讨论中，并没有完全将两者区分开，比如，对于似真性理论，传统上习惯翻译为“盖然性”或“概然性”，洛克也没有完全区分“似真”与“概然”的区别，提出这是一种“足以使思维判断命题是真还是假”[③]的推理性质，但雷舍尔和沃尔顿等都认为两者存在本质性的差别，这种差别除了“概然性”是基于概率数字的判断这一明显区别之外，更重要的是表现在证成的责任方面，他们都认为“概然性”在做出判定的时候已经自证了结论的可接受性，而“似真性”则是断言所指向的人或听众需要承担证否结论的责任。沃尔顿对这种差别的表述如下：

> “如果你主张一个命题概然为真，则这伴随着证明责任，因为你断言了这个命题（概然）为真，而一旦你断言一个命题，如果你做出断言所指向的人或听众质疑或怀疑它，那么你就有义务用某个恰当的证据或正当理由来支持你的断言，但如果你仅认为一个命题似然为真，则没有附加的证明责任。相反，命题只是作为一个假定，这个假定是被当作一种假设或暂时假设而提出的，因此，如果由于某种原因对方不想接受它，那么为不这样进行假定提供理由的责任便落在对方身上。”[④]

① 道格拉斯·沃尔顿. 法律论证与证据[M]. 梁庆寅，熊明辉，等译. 北京：中国政法大学出版社，2010：112.
② 道格拉斯·沃尔顿. 法律论证与证据[M]. 梁庆寅，熊明辉，等译. 北京：中国政法大学出版社，2010：124.
③ 道格拉斯·沃尔顿. 法律论证与证据[M]. 梁庆寅，熊明辉，等译. 北京：中国政法大学出版社，2010：124.
④ 道格拉斯·沃尔顿. 法律论证与证据[M]. 梁庆寅，熊明辉，等译. 北京：中国政法大学出版社，2010：111.

雷舍尔同样认为概然真依赖于“每个命题的内部数据[①]”，而似真性“并不根据内部数据来指派值，而是根据每个被考虑命题的外部支持来指派值[②]”。在沃尔顿和雷舍尔对概然性和似真性做出的区别中，可以发现似真性最显著的特点，做出断言的人利用似真推理给予结论可接受的辩护，而结论是否可接受的判定主体仍然在断言所指向的人或听众，他们拥有仍然给予不接受的权力，并且这种不接受的原因甚至可以是个人的，不需要解释。在这种理解下，也提示了判定“可接受性”的一个重要特征，我们可以给出关于结论是可接受的各种合理性辩护，但可接受的判定权力依然保持在“听众”手中。

五、两种路径的问题

上一节我们对实现可接受的两条路径，即概然主义与似真主义进行了讨论，可以发现，两条路径在实现结论的可接受方面都有其积极的因素，但也存在一些问题。概然主义的问题已经很明确，这种基于数字的概率理论用于刻画“可接受性”会出现悖论。似真主义在寻求“可接受”方面也有明显的不足，主要是以下几个方面。

首先，似真性还是没有回答可接受的问题，只是为“接受”提供了一种辩护。对于似真性推理，如果前提均真，那么只要没有不支持结论的证据，前提就会把主体对它的接受转移到对结论的接受上。因此，要使似真推论被接受，人们不必提出证据支持它。似真性所强调的推理形式只是将证据的有效性传递到结论的可接受性上，似真性的核心任务是在前提不足以完全支撑结论的时候，为结论提供并不十分肯定的辩护，当然必须承认似真推理为结论的可接受性提供了有力的辩护，但它在回答什么是“可接受”这件事情上是不彻底的，它只能作为探寻“可接受”的一种渠道，没有直面“可接受性”本身的问题，这种回避性在某种程度上说明了要从正面表达什么是“可接受”的难度是很大的。

其次，“可接受”比“似真”有更多的内涵，“可接受”并不需要附着在“真”上面才能表达自己。通过前面的讨论可以发现，大多数的哲学家，都将“可接受”放在“真”的范畴下加以讨论，“可接受”成为“真”的一种“妥协”，即

① Rescher N. Plausible Reasoning[M]. Assen：Van Gorcum，1976.
② Rescher N. Plausible Reasoning[M]. Assen：Van Gorcum，1976.

便“似真”理论强调的也是这种妥协性。当然必须承认，“似真”只是“可接受”的一种。另外，前面也已经探讨了，虽然“可接受性”在认识论上为沟通事实与认知发挥着重要作用，但必须认识到，并不是我们每次在表达“可接受”的时候都与“真”有关。比如，现在羊肉的市场价格是每斤40元，低于这个价格我都可以接受，当“我”接受羊肉30元每斤的时候，并没有表现出任何对“真”的考虑。再比如，在一些少数族群的聚居地，他们所接受的规则，与我们所认为的“真”甚至是背道而驰的。在20世纪的前十几年，法国哲学家布吕尔（L. L. Bruhl）发现在刚果的瓦纳（Vana）奉行一套与我们的形式完全不同的逻辑，有一个溺水者在获救后，反而要求救他的人送给他上好的衣服；另一个人被老虎袭击，在被人照顾康复以后，要求照顾他的人送给他一把刀[①]。对这一类问题的看法，还是又回到之前的判断，“可接受性”并无先验性的特征，某种程度上它具有“似真性”，但在社会领域考察这一概念的时候，“可接受”可能还包括文化、历史等问题，它所包括的内涵远远超过“似真”。

更重要的是，“可接受”对于我们其实并没有想象的那么重要，相比之下对“不可接受”的判定更为重要。如果我们秉持一种实践主义的观念来看待“可接受性”，其最大的意义在于其以否定形式的存在，即我们更看重的是判断什么是不可接受的。比如，因为一些典型事件而引起的法律修正案，被普遍认为是推动完善法制进程的重要手段。事实上，与接受相比，法律表达“不可接受”对于维护社会秩序的意义更为重大。一个极端的例子是，如果我现在走进一家银行，说“我刚刚猜中了一个彩票号码，能中一等奖，如果你们贷给我一笔钱，等我中奖后，马上就可以还给你们，还可以付很高的利息”，正常情况下，银行会觉得我是个疯子，因为他们知道我买中彩票的概率太小了，一旦我买错了，他们就无法拿回这笔钱，但如果有法律规定不论发生什么事情，银行一定能够拿回借给我的钱，即使意味着我以后都要为银行提供无偿劳动[②]。试想一下，如果有这样一个接受无限还款责任的法律，社会将会变成什么样子，一些类抵押贷款或有价值的商业计划都变得不重要了，借钱还钱变得毫无底线，为了还钱随意侵犯人们的基本权利成为正当的，这将对社会秩序造成极大的破坏，因此，不可能有法律接受这样的条款，这种还钱方式不在法律可接受的范围内，也不可能写进任何一项法律条文，

① 大卫·格雷伯. 债——第一个5000年[M]. 孙碳，董子云 译. 北京：中信出版社，2012.
② 类似的例子见大卫·格雷伯. 债——第一个5000年[M]. 孙碳，董子云 译. 北京：中信出版社，2012：3.

因为它们从根本上是不被接受的。

关于“不可接受”的判断显然不是似真推理所关注的，它只能提供不能接受的判断，这种不能接受，并没有表现出不可接受结论的正当性，它只是表明了通过前提无法似真地判定结论这一考虑。正如沃尔顿所指出的，对于似真推理的结论，可以暂时把它接受为一种工作假定，如果出现了不支持它的证据，那么就可以放弃它。因此，相较于“可接受性”，人们更需要的是对“不可接受性”的判定，一旦判定“不可接受”，可接受的对象也就浮现出来了。根据这些考虑，我们需要考虑一种新的以“不可接受”为出发点的“可接受性”理论，以期为什么是“可接受的”提供更有效的判定。

第四章　可行的可接受

每一项成熟的理论都有破坏性和建构性两个方面。在讨论其他“可接受性”理论不足的情况下，本书将建构关于“可接受性”的看法，正如在第三章最后所讨论的，这一“可接受性”看法是“反向”的，重点在于如何刻画“不可接受”。这种关于“可接受性”的看法是本书研究的重要观念，也是进一步展开形式化讨论的出发点。为了说清楚这个问题，我们将对“正义”做一些讨论，因为无论是对个体选择还是对集体选择，“非正义”的往往是作为判定“不可接受”的重要标准，所以，可以认为关于正义的讨论是研究“可接受性”问题不可回避的话题。

第一节　终极追求

据古书记载，2500 多年前的一天，函谷关令尹喜见东方有紫气西迈，知有圣人将至。不久老子驾青牛薄板车至函谷关，迎入官舍，请老子著书，以惠后世。于是老子乃著道德五千言以授之，老子遂去，不知所终。

老子授之尹喜的“道德五千言”就是被誉为万经之王的《道德经》，中国历史上最伟大的名著之一，对中国哲学、科学、政治、宗教等产生了深刻影响。《道德经》的核心思想是“道法自然”。“道”作为《道德经》中最抽象的概念范畴，是天地万物生成的动力源。“道”是浑全之朴，众妙之门。“道”生成了万物，又内涵于万物之中，“道”在物中，物在“道”中，万事万物殊途而同归，都通向了“道”。打动尹喜“弃绝人事”的无非是“精修至道”的诱惑。能够参透天地运行的规律，懂得常人所不能理解的道理，达到一种“超脱”的境界，是很多圣贤所追求的。经过无数野史演绎，这些人身上会被安插上羽化升仙的桥段，这也是对成功实现终极追求的朴素解释。

我们可以将对“道”的追求与探索，看作一个庞大的未知系统，这一类系统都必须有一个“着力点”，这些“点”通常表现为一个概念，它是理论的起点，同时也将理论所追求的目标具体化，是整个体系的终点。比如，儒家思想中的“仁”，何为“仁”？对“仁”的解释就构成了儒家关于人与社会关系的核心。

还有法家思想中的“法”，等等。这些概念常人也都有各自的理解，但理解的深度也就形成了常人与圣贤的区别，或者从某种意义上说，圣贤正是通过对一些重要概念的诠释，来引领世人。

“道”能够概括万理，这样一个综合特性的概念自然不会直接出现在以分析为主要特性的西方思想史中，但事实上在西方哲学中也有与追求“道”类似的讲述。在《理想国》，柏拉图（Plato）做了一个著名的洞穴比喻，一个洞穴式的地下室，有一条长长的通道通向外面，有微弱的阳光照进通道里。一些囚徒从小就住在洞穴中，头颈和腿脚都被绑着，不能走动也不能转头，只能朝前看着洞穴后壁。在他们背后的上方，远远燃烧着一个火炬。在火炬和人的中间，向着火光的地方，还有些别的人，他们拿着各色各样的人偶，让人偶做出各种不同的动作。这些囚徒看见投射在他们面前的墙壁上的影像，便错将这些影像当作真实的东西。大部分囚徒只能看见投射在他们面前墙壁上虚幻的光亮，偶尔有一两个人挣脱了桎梏，回过头看见高举的火炬，能够跟随火光走出洞穴。火炬自然是真理的象征，执擎火炬之人就是有能力引领人们走出黑暗、发现真实的圣贤。因此，希望能够理解并把握一些基本概念所蕴涵的真理，从而回归本源，为在黑暗中探索的人们撑起一盏明灯，是圣贤普遍期待的。或者说圣贤之所以为圣贤，也正是在一些基本概念上的认识和理解，远远胜于常人。

有一些终极概念会以不同的面貌出现在中西方思想体系下，被人们共同关注，“正义”就是其中最有代表性的概念之一，它也是理解“可接受性”不可回避的概念，为此，在正式提出本书的“可接受”观之前，需要对人们如何理解正义、实现正义的努力做一些讨论。

一、正义的来历

“正义”（justice）很早就进入了中西方先哲的讨论视野。在中国传统哲学中，现代意义上的“正义”是以“义”的形态出现的，“义”谓天下合宜之理，有公正、合理和应当的意思，具有很强的道德约束性。以“正义”为词最早见于《荀子·儒效》：“不学问，无正义，以富利为隆，是俗人者也。”意思是说不求学、不问道，没有正确恰当义举，总是以逐利为前提的人，都是“俗人”。荀子强调的正确恰当义举，也正是“义”的伦理范畴，表达了普遍意义上的道德要求。如果从柏拉图开始算起，西方讨论正义也已有2000多年历史。在柏拉图看来，正义不仅是道德的约束，更强调一种秩序性。他在《理想国》中提出："各尽其职就是正义。"在柏拉图看来，在城邦中，应当让每个人依照自己的天性做一件事，每个人都做适合做的事情就是正义。他强调的是尊重人与人之间的差距，违反天性是不道德的，肉体应当归属于灵魂。正义在柏拉图看来有一种天赋的先验性和约束性。

荀子和柏拉图身处不同的地理文化环境和社会形态，对于正义的看法却有着很强的相似性，他们在三个方面的认识是一致的。

一是都持有先验的正义观。"天下合宜之理"的"义"强调的是神授，具有浓厚的先天色彩，在荀子等人看来"义"是上天赋予的要求，必须遵守。柏拉图那里的正义就更强调遵循天性，"各司所职"就是要依照上天赋予每个人的能力做该做的事情，大家都做到这一点就是实现"正义"了。

二是都强调对后果的评价。无论儒家还是古希腊哲人，对于正义的评价都是后果式的，他们都是着眼于评价一种行为是不是正义的，先说做到了什么，才能谈论是否正义。这一点看似理所应当，后面介绍了森的可行能力理论之后，可以发现在这一点认识上的变化，构成了两套理论区别的核心。在森看来，正义的要义不是最终选择了什么，而是是否有选择的可能性。比如，六六、多多是两个学生，面临着考大学的问题，六六精通英语，对美国文化很熟悉，考上了北京大学，多多完全没去过美国，却考上了哈佛大学，假设在上大学这件事情上，人们普遍还是认为上哈佛大学比上北京大学好，在柏拉图看来这样的结果是非正义的，六六更应该去哈佛大学，因为上北京大学没有让她穷尽自己的能力。森的看法可能不同，他不会关注最后六六和多多去了哪个学校，在意的是他们两个人在申请大学的时候是否有同样的机会，六六是否与多多一样有选择到哈佛大学上学的机会，如果机会是均等的，无论最后结果如何，在森看来都是公平的。

三是正义具有"公理"性。正义本身蕴含着价值判断，而且这种价值判断还具有公共性，它不是对某一个人的约束，而是对众人的普遍约束。所以"义"在荀子看来就是道德约束，只有符合某种规范的行为才是"义"，而只要是符合"义"的就应该被大力提倡，成为人们共同生活及其行为的准则与规范，即作为一种社会意识形态的道德。正义在柏拉图那里是城邦居民的共性约束，作为心灵的德性。因此，把正义作为道德约束是两者的共同特征。关于正义还有一种很直观的解释是公正，这也是被普遍接受的，其中不仅有道德的约束，也体现法律的要求，本书无意于深入讨论道德与法律的关系，不论是作为社会自发意识的道德，还是上升为国家意志的法律，都是一种普遍意义上的规范性约束，正义作为公共约束的观念已经非常明确。在理解柏拉图和荀子关于正义的认识上，看到这一点也许就足够了。

我们虽然是从荀子和柏拉图来讨论正义，应当看到，他们分别代表的是儒家思想和客观唯心主义，两者都在人类思想史上有上千年的发展历程。他们所关注的绝不仅是创造一个概念，他们希望探讨和表达的是人类应当构建怎样一种组织形式才是最美好的，这个组织一般可称为“国家”。管子在《管子·卷一·牧民第一》中已经很明确地提出，“四维不张，国乃灭亡”，“何谓四维？一曰礼，二曰义，三曰廉，四曰耻”，显然“义”是立国的根本。人类追求的正义与善其实就是柏拉图理想国的主题，他认为国家、政治和法律要朝向真正的存在并与人的灵魂相关才有意义。在《理想国》里，与苏格拉底对话的核心话题就是“正义”问题，可以看到，柏拉图对正义的追求，就是对一个人类生活居住的理想社会环境的追求，两者在他那里是一致的，因此，他认为绝对的正义在神那里，正义和智慧不仅是国家的主题，也可以说是整个宇宙存在的本质，因为正义和智慧能够体现永无止境的时间及时间带来的变化。因此，正义本质上来说是对“共善”的刻画，只有说清楚这一点，才有可能理解，为什么在讨论有关个体和集体可接受性问题时，关于正义的讨论那么重要。

二、实现正义的三种进路

（一）分配的正义

我们讲了正义之于人类群体的重要性，那么为什么正义如此重要，每个人都希望被公平地对待，正义之于个人意味着什么，如何使得每个人都被公平地对待。如果上一节我们是从上帝俯视的视角讨论正义，还需要做的是从每个个体的角度平视正义。正义毕竟是要被实现的，不能永远是挂在天际的一轮明月，应该既看得见也摸得着，从这个视角来看，正义与分配有关，就如桑德尔（M. J. Sandel）所说，看一个社会正不正义，就要问它如何分配人民所珍视之事物：所得、财富、权力、机会、职位、荣誉。正义社会的分配一定合乎正道，人人皆得到他应该得的。问题的棘手之处在于“应得多少”，还有“为什么”，即如何说明这种分配的“合理性”是关键，但事实上，这种合理性根据每个个体的出发点不同，得到的结论可能完全相反。森讲述的三个小孩和长笛的例子[①]，能让我们更清楚地了解问题所在，在这个例子中，我们可以思考一下，究竟哪个孩子——胖胖、多多和六六——应该得到那个被他们争来抢去的长笛。胖胖说，她应该得到长笛，因为三个人中只有她会吹奏（其他人并未对此否认），而唯一会吹长笛的人却得不到长笛是非常不公正的。如果只听到这里，那么将长笛给胖胖无疑具有十分充足的理由。

另一个场景，多多发言，他认为自己是三个人中最贫穷的，没有自己的玩具，而长笛恰好能成为他的玩具（其他两个人承认自己更富裕且有很多好玩的玩具）。如果你只听到多多的这番话，那么将长笛给多多的理由也是很充分的。

在第三个场景，六六开口了。她争辩说，自己一个人辛苦了好几个月制作了这支长笛（其他两个人承认这点），但她刚刚制作完成就抱怨道：“就在那时，这些坏孩子要从我手里抢走它。”如果听到六六的这番话，你极有可能认为，长笛这件由她自己制作的物件，给她才是合情合理的。

听完上述三个人各不相同的理由，要做出决定确是一件难事。不同的理论学派会给出不同的选择。致力于缩小经济收入差距的经济平等主义者往往会选择支持最穷的多多，他们认为只有很大程度的缩小贫富差距，这个世界才是更加美好且正义的。而长笛的制造者六六会得到自由主义者的同情，他们认为人们有权拥有自己制造出来的东西，劳动拥有权是神圣不可侵犯的，如果这一点也无法保证，社会的正常生产将无法进行，更谈不上公平正义。

享乐主义功利论者可能会面临最难的抉择，但他会比自由主义者和经济平等主义者更看重胖胖的愉悦，因为胖胖是唯一会吹长笛的。他可能支持多多的理由是在三个孩子中，多多得到长笛获得的满足感是最大的，这也是一种最优，可能支持六六的理由是，对劳动者的激励是必不可少的，这是保证社会整体财富增长的条件。

从这个例子可以看出，在我们追求一个完美社会的时候，人们会有各种诉求，如实现自我、消除贫困，还有强调享受自己劳动成果，等等，这些诉求每一个都表现得非常有道理，不能轻易被否定，每一种选择都有严肃的理论支持，即便是很认真地考量也无法确定哪一种选择更合理。抛开长笛的例子，回到现

① 阿马蒂亚·森. 理性与自由[M]. 李风华，译. 北京：中国人民大学出版社，2012：10.

实世界中，我们每天都要面临不同标准的公正抉择。比如，教育资源的分配适用的是功利论的理论，通过考试选拔优秀的学生进入最好的学校（假设考试真的能选出确实优秀的学生），而不是适用自由主义或平等主义的办法，如果遵照前者，教师的孩子应该享受最好的教育资源，因为优秀的课程是教师劳动的结果，如果遵循后者，教学质量最好的学校应该招收学习成绩最差的孩子。而在医疗资源分配方面，往往又会适用平等主义，危重的病人应该得到优先救治。所以也许用唯一的合理性标准去评判分配正义，根本就是做不到的，社会要变得更美好，注定需要多元的正义判定标准。从正义理论发展脉络来看，关于这种“合理性”的讨论有三个重要范畴：福利、自由和德性。福利是与实际利益分配相关的，自由是保证选择的权利，德性表示的是所有超脱功利和个体需求以外，需要被正义考虑的东西。总体上看，要说明正义问题，这三个方面的因素都要涉及。

（二）获利的正义

功利主义在经典的经济学已经大行其道很多年。它的创立者边沁对自然权利嗤之以鼻，称之为“踩高跷的胡扯”，他的观点非常简单，却在直觉上非常吸引人，道德的最高原则就是幸福的最大化，就是追求快乐扣除痛苦的最大总和。简而言之，凡是把功利最大化的就是正确的。他甚至断定，所有主张道德者，骨子里都是以福利增进为评判标准。大家表面上也许表明自己相信某些绝对的、至高无上的道德义务，但如果不是因为相信这些义务得到实现会增加人们的福利，那么这些义务根本没有捍卫的基础。

当然，在现实中，功利主义确实有存在的合理性，前面关于教育资源分配的例子就是对功利主义合理性辩护的最好证明。也许会有人认为“学习”这项技能人人都会，不能作为功利地判断人与人之间差距的标准，其实不然。电影《X 战警：天启》中有一个情节是作为主角的天启具有超能力，能够很快速地学会新知识和技能，对于这样一个为了衬托主角超能力的虚构情节，引得有人在某电影论坛的评论区写了这样一条看似跟电影毫无关系的评论：“天启睡醒了一起来就学习，这种臭学霸死得活该。”更让人吃惊的是，这条评论在电影上映一周后就收到了 4019 个支持，高居短评榜首，比第二条多了 1000 多支持票数。由此可见人们对于拥有良好“学习”技能的“学霸”多么反感，“学习”虽然是获得其他技能的途径，其本身确实也是一项能分出高下的技能，有些人能掌握得好，有些人则不然。

即便是有再多的例子，也无法让人们相信功利主义能够作为衡量正义的唯一标准，理由是无论能举出多少正面支持的例子，反对的例子更多。桑德尔归纳出了两个反驳理由。第一个是个人权利[①]，如果只是强调功利最大化，会很容易毁掉一些必须保证的个人权利。一个简单的例子，医院里有五个病人，一个需要肝移植，两个需要肾移植（假设各需要一个肾），还有两个需要角膜移植（假设各需要一个角膜），按照功利主义的想法，是否可以不经过本人生前同意，就强制要求一个濒死的健康人在去世以后赶紧把他的器官分给这些人，一条命换来五个人的健康符合福利最大化的要求，答案是显然的。也许这个例子太极端，试想另一个熟悉的场景，是否应该对一个恐怖分子使用各种酷刑，直到他肯说出飞机上炸弹的位置，以挽救数百人的生命，在这样的假设下，可能还有很多摇摆的人，很多人会觉得对这个恐怖分子用点刑，能够挽回这么多人的性命是值得的，而且这个人罪有应得。用刑后发现这个恐怖分子非常顽固，不肯交代关于炸弹的任何信息，无奈之下，警官发现了他的一个弱点，他有一个漂亮的女朋友，而且特别喜欢这个女朋友，是不是该把他的女朋友抓来用点刑，这个时候相信很多人都能看见功利主义狰狞的面孔了。

桑德尔给出的第二个反驳理由是不同价值之间没有单一的度量衡[②]。即快乐也好，痛苦也罢，无法给出一个标准的衡量，无法用金钱来衡量。如果能衡量会怎么样，桑德尔举了一个福特汽车的例子。在 20 世纪 70 年代，福特 Pinto 车款是美国销售前几名的小型车。不幸的是它有一个致命的缺点，它的车尾若被后方来车撞上，油箱就容易爆炸。车辆销售后有 500 多人在车中被活活烧死，还有很多人被严重烧伤。有一位烧伤者控告福特公司应该为设计失误负责，随着案情发展发现，原来福特内部的工程师很早就知道油箱可能造成的危险，但公司高层做过成本收益分析，认定并不值得为了汽车油箱设计造成伤害的赔偿，而改正每辆车的油箱装置。根据福特估算，不改正油箱设置，会造成 180 人死亡，180 人受伤。接着再为每一起烧死烧伤都标上金额，按照烧死一人赔偿 20 万美元，烧伤一人赔偿 6.7 万美元，再加上可能起火车辆总数价，如此得出总赔偿约为 4950

① 迈可·桑德尔. 正义：一场思辨之旅[M]. 乐为良，译. 台北：雅言文化出版股份有限公司，2011：45.

② 迈可·桑德尔. 正义：一场思辨之旅[M]. 乐为良，译. 台北：雅言文化出版股份有限公司，2011：50.

万美元。但是帮 1250 万辆 Pinto 改油箱，每辆车 11 美元，总共要花 1 亿 3750 万美元。结论是不值得改油箱。

结果陪审团大怒，判福特必须付给原告 250 万美元的补偿，另外还要付 1 亿 2500 万的惩罚性赔款。陪审团认为企业不应该把人命换算成钱。但实际上，一条命 20 万美元并不是福特自己提的，只是采用美国政府测算的结果。20 世纪 70 年代初，美国公路交通安全局就算过车祸夺走一条人命要耗费多少成本，把未来经济减产、医疗、丧葬、受害者的伤痛都计算在内，得出了一条生命的价格，这样看起来显得特别荒唐。

（三）不可或缺的自由

作为正义不能忽视的一个概念，很多人认为从自由出发是现代正义论的主要特征，讨论自由与正义关系的学者很多，柏拉图认为的释放天性才能各尽其职也可以是对自由和正义关系的一种理解。在罗尔斯和森的正义理论里自由都扮演了重要的角色。关于森的理论，下一节将重点讨论，本节将主要讨论罗尔斯的正义论中关于自由的看法，这无疑是最具代表性的理论之一。罗尔斯在《正义论》中直接提出自由与正义的联系，提出了正义的两个重要原则①。

第一个原则：每个人对与其他人所拥有的最广泛的基本自由体系相容的类似自由体系都应有一种平等的权利。

第二个原则：社会的和经济的不平等应这样安排，使它们被合理地期望适合于每一个人的利益；并且依系于地位和职务向所有人开放。

罗尔斯明确强调这两个原则是按照先后次序安排的，第一个原则优先于第二个原则，理由是对第一个原则所要求的平等自由制度的违反不可能因较大的社会经济利益而得到辩护或补偿。财富和收入的分配及权力的等级制，必须同时符合平等公民的自由和机会的自由，在罗尔斯看来，自由是正义的第一要义，如果违反自由，其他任何形式的补偿都是枉然。只有在保证自由的前提下，我们才能进一步去看待不平等的问题。

在第二个原则中，罗尔斯强调了平等在正义理论中的重要性。他认为的平等是要照顾最弱势群体的利益，能够改善每个人的状况。罗尔斯所说的平等并

① 约翰·罗尔斯. 正义论[M]. 何怀宏，何宝钢，廖申白，译. 北京：中国社会科学出版社，1988：56.

不是平均主义，要求人们所珍视的物品都平均分配，他没有忽略不同的社会地位会带来珍视物品分配的不平均，只是强调，这种分配的不平等如果可以被容忍，只是因为它能改善每个人的状态，即不平等的出现不会直接损害某些成员的利益。本来“自由”也可以作为一种“人们所珍视的物品”，但罗尔斯强调的是“社会的和经济的”因素，主要是财富和权力等，不包括自由，由此可见，在罗尔斯心目中，自由具有非常特殊的地位，它的重要性已经超过了人们珍视的物品范畴，不再是一种特别需要分配的东西，对正义而言具有绝对的先决条件的意义。

罗尔斯并没有期待在一个日常生活的环境下，能够实现他提出的这两个原则，所希望的是屏蔽人们的各种社会属性，如职业、学历等，甚至一些先天的优势，如跑得更快、个子更高等，让所有人回到一种能产生相同的正义判断标准的状态，这种状态称为“原初状态”（original position）。原初状态的观念旨在建立一种公平的程序，以使任何被一致同意的原则都将是正义。原初状态并不是被设想为一种在某一刻包括所有将在某个时期生活的人的普遍集合，更不是可能在某个时期生活过的所有人的集合。原初状态不是一种所有现实的或可能的人们的集合，以这些方式的任何一种来理解原初状态都不免要深深地陷入幻想，从而使这一观念将不再是很自然的向导。罗尔斯认为这样能够达成一致的正义原则的原因在于假设人们完全不知道自己在社会中的境遇和状况的时候，理性的人们会为自己可能遭遇的不足创造更有利的条件，比如，人们担心走出初始状态发现自己可能腿断了，因此在原初状态下，就会支持为腿残疾的人士分配更多的必需资源，这里蕴含了一种先验且具有唯一性的正义观，人们在原初状态下表现出来的看待正义的观念是趋同的。这一点也是罗尔斯理论饱受诟病的地方，前面我们举了很多例子，如长笛的例子，说明了正义的判断标准并不是唯一的，因此，是否回到原初状态，我们就能得到一个统一的正义标准，让人深表怀疑。

为了实现原初状态，罗尔斯设想了一种“无知之幕”来实现屏蔽，创造出“原初状态”。他认为重要的是把原初状态解释得使一个人能在任何时候都采用它的观点。在一个人考虑这一观点或者这样行动之间必须没有任何区别，限制条件必须能使同样的原则总是被选择，而无知之幕是满足这一要求的一个关键条件。无知之幕的主要作用是作为一种方法排除使人们陷入争论的各种偶然因素的影响，引导人们利用社会和自然环境以适于他们自己的利益。因而为达该目的，假定各方是处在一种无知之幕的背后。人们不知道各种选择对象将如何影响他们自己的特殊情况，人们不得不仅在一般考虑的基础上对原则进行评价。

从无知之幕和原初状态的假设可以看出，自由对于罗尔斯有一种绝对化的意义。尽管罗尔斯并没有限制主观成分在自由中的作用，甚至还在努力强调这一点，如正义的原则之一，但事实上，他并不期待一个多元化的自由，至少在涉及可能的公共利益时如此。人们之所以珍视权利、职位等各种物品，很重要的原因在于它们能增加选择的机会，这种机会也就是自由的组成部分之一。比如，在公司等社会组织里，职务的晋升是等级制的，员工必须达到一定的职位才能向更高的职位晋升，很多情况下跨越一级职级向更高的职位晋升的可能性都被人为地否定了，当然职位高的人有向低一级职位变动的自由，因此，职位更高的人显然比职位低的人在职位升迁方面拥有更多的自由。在无知之幕下，把各种可能的选择归于一点，在自由看来，显然是将机会部分完全消除了。这种消除对正义也许是有积极意义的，对于自由显然是有破坏性的。

事实上，不仅是一些人们珍视的社会条件会影响罗尔斯的正义论，他甚至不同意天赋对所谓的“平等”的影响。在早期的论述中，罗尔斯对自由的限制更为彻底，提议大家应该同意“分享彼此的命运”，只有在能够造福公众的时候才能够利用自我碰巧拥有的天赋与社会条件来展开行动。天赋被限制显然不能说是对自由的尊重。当然罗尔斯并不是绝对的平等主义者，主张任何时候都必须限制天赋，但只有在造福公众时才能用天赋，已经是一个极大的限制了，显而易见的例子很多，假如你天生跑得比较快，按照罗尔斯的观点，除非你参加运动会，让大家从你的比赛中获得快乐，否则你必须每天绑着沙袋行走，这已经是对自由赤裸裸的干涉了。

无论罗尔斯的自由观是彻底的还是限制的，自由在罗尔斯的正义理论里面都扮演了重要的角色，可以说，如果不理解罗尔斯所说的自由，也就没办法理解他的正义观。罗尔斯的正义论具有十分重要的意义，自 20 世纪 70 年代提出以来，得到了很多学者的关注和讨论。他对正义的讨论，无疑奠定了现代意义上正义理论的基石。但罗尔斯的理论局限性也非常明显，一种理想的正义观，也许是我们寻求正义道路的出发点，但理想的社会制度必须要与实际而非理想的个人行为发生关联才有生命力，对任何致力于引导社会选择走上社会公正道路的理论而言，都是非常重要的，否则与传统的正义理论一样，只能起到教化的作用。

（四）德不自洽

从本章谈论正义开始，我们就提到了德性，先贤们开始讨论正义，就已经十分强调德性与正义的关系。有学者毫不讳言地评论古典正义论源于美德。作为柏拉图的学生，亚里士多德比柏拉图更强调道德的重要性，他认为公民品德最优异者，才应该具有最高的政治权位与影响力，政治的最高目的就是培养公民品德，要让人民能够发展自我的能力和美德，审议何为共善，取得实践上的判断，分享自我治理，关心社群的整体命运。他的政治哲学强调正义的两个核心问题：①正义要问目的。政治上决定谁有什么权利之前，要先把这种社会机制之目的搞清楚。②正义有荣誉性。要问这一功能之目的为何，至少有部分一定要问它所奖励的美德是什么。在亚里士多德看来，要为正义辩论，不可避免地一定会辩论到荣誉、美德、良善人生的本质。

我们并不想否认美德之于正义的重要性，但美德有一个很大的问题在于它不是自洽的，也就是说，即便是在同一文化环境下，我们也会有很多的美德标准，而其中的一些是互相冲突的，在不同的文化环境下，这种冲突更是经常性的。桑德尔研究了很多道德冲突的例子，最著名的例子之一就是电车问题[①]。

假设你是电车驾驶员，以 100km/h 的速度在轨道上行驶，看到前方轨道有五名工人手持工具在施工。你却停不下来，刹车坏了。你很惊慌，知道向前撞过去，五名工人肯定会被撞死。假设这一点你很确定。突然你注意到，前方轨道有个分岔，分岔的轨道上也有人在施工，但只有一个人。你知道可以把电车转向这一条支线，这样只会撞死一人，却会让五人活命。怎么办？多数人会说："当然要转！撞死一名无辜者是很悲哀没错，撞死五人更糟糕。"牺牲一条命以留住五条命，看起来是正确之举。

同一则故事换个版本。这次，你不是驾驶员而是路人甲，站在轨道之上的天桥。这次轨道没分岔。你在天桥上看到电车隆隆开来，前方有五人在施工，刹车又失灵，电车就要撞到五名工人了。你本以为无力扭转即将发生的惨剧，这时却注意到，身旁有一名胖子，把胖子推下天桥，让他掉到轨道上挡电车，胖子会死没错，但五名工人都会活下来（假设你也有考虑牺牲自己，但你个子太小，跳到轨道上也无济于事）。

---

① 迈可·桑德尔. 正义：一场思辨之旅[M]. 乐为良，译. 台北：雅言文化出版股份有限公司，2011：28

把胖子推下去是正确的吗？多数人会说：“当然不，大错特错。”把人推下天桥致死的确很糟糕，即便可以挽救五条无辜性命。但这就是道德困境了，为什么第一个案例中的正确原则“死一救五”到了第二个案例中就大错特错呢？也许有人会说，问题在于刻意把胖子推下去是非常残忍的，比驾车转弯撞人更残酷。不妨把故事再稍做修改。假设你这个路人甲这次不必出手推，这次胖子是站在一个井盖活门上，你只要扭动一个机关就可以让他掉下去。不用出手推，也是同样的结果。这是正义之举吗？还是跟出手推一样，也不如车转弯那般道德正确。

这就是道德的不自洽性，道德上往往会出现两难，不同的道德准则彼此冲突。在失控的电车例子中，一个原则是人救得越多越好，另一个原则却说目的再崇高也不该害死无辜，面对保五命必须杀一无辜的状况，就陷入道德困境，必须想清楚两种原则孰轻孰重，或者特定情况下哪一种原则较适合。

尽管道德评判存在天然的麻烦，并且很多学者在讨论正义的时候有意识地剔除道德的因素，但道德问题有一个无比坚强的不可忽视的依据，就像先哲们开始注意正义一样，正义的提出就是为了告诉人们什么样的国家才是一个完美的国家，如果完全不谈论道德，只剩下理性的思考和理想的自由，显然不是我们想要的国家，不是我们想要的社会。因此，正如桑德尔所坚持的那样，正义不可能将美德与良善分离，他在《正义：一场思辨之旅》结尾处写道：

> 只靠功利最大化或保障选择自由，并不足以迈向正义的社会。要迈向正义社会，大家必须一起理性思辨良善人生之真谛，一起思辨总难免产生歧见，所以也必须打造出一种善待歧见的公共文化。正义一定逃不过主观判断，正义问题一定会与名分、美德、光荣、认可上面的莫衷一是绑在一起。正义不仅是财务名分的正确分配，也是价值的正确评估①。

从某种意义上说，道德不是正义的特征，道德展现了正义的期盼。不谈论道德，正义也无处安放，正义要唤起的是人们的共善。必须要承认，以正义为目的的道德思辨，对于每个人理清自己的信念，甚至影响他人，促使社会变得更加美好是有利的。但道德的教化只是一方面的作用，要实现一个美好的社会，仅靠道德是不够的，否则就不需要法律来维护正义，也不需要警察、法庭等公器来维护社会的秩序，因此，道德的思辨在哲学层面上是必须的，但仅从在道德层面来看待正义是远远不够的。

---

① 迈可·桑德尔. 正义：一场思辨之旅[M]. 乐为良，译. 台北：雅言文化出版股份有限公司，2011：290.

更进一步，即便在哲学层面上对道德进行解释，道德最核心的关于由己及人的特征，罗尔斯和森等也给出了一种理性的描述。在罗尔斯看来，实现正义必须实现公平，公平的核心要义是避免评价中可能产生的偏见，兼顾他人的利益与关注点，尤其要避免受到自身既得利益、偏好、习惯或偏见的干扰，他很明确地强调分配正义不是奖励“道义应得”（moral desert）或美德，而在于回应游戏规则确立后的合法期望（entitlements to legitimate expectations）。森将这种“公平”理解为“中立性”。因此，正义仅停留在道德层面的解释是远远不能令人满意的。

第二节　可 行 能 力

可行能力理论是森站在反后果主义立场上，为讨论可实现的正义理论所提出的思想，是森关于正义理论的实践性探索。森对罗尔斯的理论进行了全面的批判，反对像罗尔斯那样给正义一种先验的解释，而是着重于构建一种人人都可以理解评判的正义理论，这种理论着眼于能够切实改善人们的生存状态。

尽管可行能力理论是在对罗尔斯批判的基础上得出的，但在森的理论中，自由扮演着更为重要的位置，从这一点可以看出罗尔斯对森的重要影响。事实上，森与罗尔斯是挚友和同事，1968～1969 年，森在哈佛大学访问时，曾经与罗尔斯共同使用《正义论》的初稿来授课，森认为罗尔斯深刻影响了他对公正及政治哲学的思考，从根本上影响了他的思想[①]，评价罗尔斯 1958 年的论文《作为公平的正义》对他所产生的某种启迪作用“很难充分描述”，可以说罗尔斯的正义观对森的理论形成产生了深刻的影响，某种程度上说，森的正义理论是对罗尔斯正义论在实践理性方向上的发展。

一、自由选择的能力

森认为在讨论任何道德和政治哲学的实质性问题时，都要有一个“信息焦点”，这个焦点主要反映我们关注世界的什么特征，比如，边沁开创的功利主义，着眼于评价个人的效用，还有一些是直接根据金钱和财富来评价个体的优势，这里的效用和以金钱为代表的资源构成了传统意义上的“信息焦点”。森提出的特

① 阿马蒂亚·森. 正义的理念[M]. 王磊，李航，译. 北京：中国人民大学出版社，2012：47.

有“信息焦点”就是“可行能力”，他认为“可行能力方法通过对一个人做他有理由珍视的事情的可行能力来评价其优势”[①]。

为了更好地认识什么是可行能力，可以通过一个例子来看看可行能力的内涵。周日下午，多多小朋友待在家里，悠闲地看着电影，电影的内容非常吸引他，尽管外面的天气很好，他也不打算出去参加活动。一个星期之后的周日，同样是一个美好的下午，多多因为上周参加足球比赛，弄伤了脚，必须要在家里静养，无法出门，尽管同学约他再去参加比赛，他也只能待在家里，找出与上周同样精彩的电影，兴致勃勃地欣赏起来。

在这个例子中，多多两个周日都是在家看同样精彩的电影，这个结果是一样的，但两者有着很大的区别。第一个周日，多多选择在家看电影，这是他主动选择的结果，在同样的时间里，如果他愿意，他拥有到室外参加其他活动的能力，如去踢足球。第二个周日，虽然多多还是选择在家看电影，但做出这种选择的隐含情况是，他无法选择最想去做的事情，无法继续参加足球比赛，即与上一个周日的多多相比，这个周日的多多不具备参加足球比赛的能力，他没有选择参加比赛的自由，尽管他很愿意参加比赛。总体来看，第一个周日的多多比第二个周日更加自由，这种自由的表现在于他具备更多的选择自己想要参加活动的“可行能力”，从这一点来说，虽然两个周日的结果都是看电影，第一个周日多多的生活状态显然要远远优于第二个周日，这正是森所着眼的“信息焦点”。从社会正义的角度来看，可行能力理论告诉我们关键在于是否每个人都具备同样的选择机会，而不在于每个人最后选择的结果是什么。

关于自由的认识是可行能力理论的核心。可行能力之所以重要，在于它赋予人们追求个人所珍视的事物的权利，比如，在上面的例子中，由腿伤引起的可行能力的缺失，使得多多无法选择自己喜欢的足球比赛活动，而自由同样如此，因此，森认为在这一点上，“自由”与“可行能力”是统一的，并且这种统一不是在结果评价方面的统一，而是在机会方面的“全面”的统一。这就涉及森关于自由的理解，他将自由分成了“机会”和“过程”两个方面，并认为这种区分具有重大且深远的意义。

在森看来，自由在实现人的价值中有非常重要的作用，这种重要性体现在

① 阿马蒂亚·森. 正义的理念[M]. 王磊，李航，译. 北京：中国人民大学出版社，2012：214.

两个方面[①]：①更大的自由使我们有更多的机会去实现我们的目标——那些我们所珍视的事物；②自由有助于使得我们将注意力放在选择的过程上。所以“机会”和“过程”是森认为“自由”最重要的两个方面，“机会”主要指一个人实现自己目标的能力，人们根据自身意愿的可选目标更多。比如，第一个周日的多多就比第二个周日的他拥有更多的“机会”，因为第一个周日他可以选择踢足球，第二个周日却没有这个可选目标。“过程”主要指人们在选择的过程中能够自主，不因他人影响而处于被迫状态。关于“过程”的理解比较容易，我们要换一种情形，假如多多第二个周日腿没有受伤，但还是待在家里，没有出去踢足球，原因是他妈妈说他每天踢得全身脏兮兮的，衣服很难洗，不允许他这个周末去踢球了，显然这时的多多有选择踢球的“机会”，但是选择的过程并不自由，被限制了，不得不放弃踢球。

对自由的这种区分，的确大大加深了我们对自由的认识。机会和过程可以看作影响自由的内在和外在因素，当我们说“机会”的时候，强调的是人自身所具备的能力和条件，但谈论“过程”的时候，强调的是人的选择不受外在的干扰。这样一种认识最重要的贡献在于，它使得我们谈论的自由不再是泛化于每个人内心的满足感，而是可分析、可比较的。比如，多多在第一种情形与第二种情形中，虽然都只能违背他的意愿待在家里，但两种对自由损害的“着力点”是不同的。第一种情形下，对自由的损害在于机会受损，而在第二种情形中，能够知道自由的损害在于过程受损。也许有人会说，第一种也是过程受损，把多多踢伤的同学阻止了他再选择踢球，假如有这个同学存在，他与多多的妈妈发挥的作用也有本质的区别，一方面他并不知道多多周日下午想要去踢球的意愿，另一方面，他踢伤多多的目的显然不是阻止他在周六参赛，只是阻止他在本次赛场上的一次发挥，如抢断他的一次进攻。这种分析和比较显然是有巨大的意义的，它能够帮助我们寻求改善自由的方法，改善我们的生存环境，能够让我们清楚地知道自由受损的原因是什么。

还有一点必须要指出的是，森的自由并不是没有边界的为所欲为，他始终强调人们选择珍视事物的自由，这些珍视之物，具备公共特性，它们对于每个人来说都会带来生存状态的改善。森认为可行能力之所以如此重要，能够成为“信息焦点”的原因在于它是实现我们最为珍视东西的有效途径。因此，森的自由与可

① 阿马蒂亚·森. 正义的理念[M]. 王磊，李航，译. 北京：中国人民大学出版社，2012：212.

行能力是一致的，可行能力关注的点就是一个人实际拥有的做他所珍视事情的自由，改善可行能力能够提高自由的程度。相应地，如果你认为自己的自由度更高，原来你求之不得的，现在可以得到了，意味着你在某些方面的可行能力增强了。

既然可行能力与自由有如此密切的联系，两者作用的都是人们珍视之物，为什么可行能力又要作为不同于自由的概念提出呢？原因在于我们需要一种“通行的模式”来改善自由。这里有两个意思。首先，自由是一种状态，总是需要做一些事情达到改善自由的目的，对改善自由的途径进行反思，才有可能达到目的。更为重要的是，自由也不是最终的目的，最重要的是改善人们的生存状态。为了达到这个目的，必须要全面地从人的自身来考虑，而自由具有一定的外在性，自由的过程要素已经表明了一个人的自由会受外界影响。因此，要找到改善生存状态的途径，不能完全着眼于自由之上，只能是通过提升和改进人的能力，可行能力比自由更能够反映出改善人们生存状态的“着力点”。

其次，我们关注的显然不是改变个别人自由的方式，而是能够用于普遍改善人们状况的方式和途径。有什么方法说服多多的妈妈让他去踢球，显然不是我们想知道的。如果能找到一种东西，它的改善能描述普遍改进人们状况的途径，并且这种改善还能够进行人际的比较，即能够说清楚在这一方面，一个人的改善是比另一个人更多还是不足，在这个层面上的实现才具有更加重要的理论意义。正如森所强调的，可行能力着眼于人类生活，不仅是人们所拥有的商品和金钱等物质资源，而且是人类生活的各种因素都影响作为评价可行能力的要素，除了金钱等物质因素外，还包括受教育程度，良好的健康状况，等等。在森看来这样一种视角才有可能对人们实现自己珍视的目标给予全面的评价。比如，一个人虽然非常富有，但身染重病，那么他不一定在获得其所希望的生活方面因为其高收入而具有更强的优势。

自由显然不能担负起这种功能，不具备评判生活状态的“一般等价物”性质，在一定程度上，自由还有内心感受的成分，无法进行人际的比较。六六小朋友生活在广州，某个周六的下午，六六不需要上课，作业也做完了，她可以安排一些自己的事情，她感觉这个下午很自由。同龄的苗苗小朋友生活在一个偏远的山村，父亲在外地工作，母亲去世了，照顾瘫痪在床的奶奶吃过午饭，她同样感觉下午有几个小时的自由时间。两个同龄的小姑娘都觉得自己有一个下午是自由的，然而两种自由是无法进行比较的，如果将这种自由看作每个人有相同的时间，可以自己选择喜欢的事情去做，从这个角度来说，两个人的自由是一样的。如果将这种自由看作可以任意选择自己喜欢的事情去做，两个人的自由又有很大区别，六六可以选择下午去游乐场坐过山车，苗苗尽管也非常想去游乐场坐过山车，但显然没有这个选项给她，最近的有过山车的游乐场距离她 500km，也没有人带她去。由此可见，如果仅将“自由”作为信息焦点，是无法进行人际比较的，自由无法作为反映改善人们生存状态的“着力点”，也无法承担起“普遍性”地刻画生存状态改善的功能。而从两个小姑娘是否能够选择去游乐场坐过山车，这一共同珍视之物的能力，可以看出可行能力能够区别于自由，承担起人际比较的功能。

关于森的可行能力理论，还有一点需要关注的是，可行能力也仅作为评价个体整体优势的“信息焦点”出现，它并不提出何种具体的方案来改善个人的这种能力，对于社会而言，可行能力指出了个体能力不平等在评价社会公平正义中的核心作用，但并没有提出任何具体的措施。从这个角度来说，可行能力最大的价值在于将实现社会公平正义的注意力引到全体社会成员可行能力拓展的重大意义上。从这个意义上来说，可行能力改变了人们对社会及社会制度评价的看法，森认为这是可行能力的主要贡献。

可行能力理论因其关心人类发展的宏大主题及独特的视角，近年来在评价国家发展中发挥出越来越重要的作用，一大批政治学、经济学学者在可行能力的理论和应用方面做了大量的工作。除森之外，有代表性的学者包括科明（F. Comin）、基齐勒巴什（M. Qizilbash）、阿尔基尔（S. Alkire）[①]等，他们对“可行能力”的概念、度量和应用进行了更进一步的讨论，并对这一领域的主要文献进行了比较全面的梳理，有兴趣的读者可以进一步阅读他们的文献。

二、成就向机会转化的合理性

关于可行能力理论还有一个问题必然要讨论，无法回避。在我们习惯的评价方式中，一个人实现的成就往往被作为评价其生存状态的重要因素，比如，他拥有的金钱、职位决定了其生存状态。可行能力理论与之区别在于，它评价的不是实际实现的状态，而是可能实现的机会。也就是森所说的“信息焦点”不是物质

① Comin F，Qizilbash M，Alkire S. The Capability Approach：Concepts，Measures and Applications[M]. Cambridge：Cambridge University Press，2008.

资源，而是可行能力——包括获得物质资源在内的各种珍视物的能力，那么为什么要去评价可能的机会，而不是实际取得的成就，这样做的合理性该如何评价？可行能力理论在这一问题上一直以来受到很多质疑，阿尼森（R. Arneson）、斯特里滕（P. Streeten）和斯图尔特（F. Stewart）等都对这一问题提出过批评意见，他们主张注重实际成就，而不是在不同成就之间选择的可行能力。

森对该问题进行了回应，他给出了不注重实际成就的三个理由。

理由一：机会组合具有多样性，实际结果只是其中一种。

这个理由比较直观。实际结果正是不同的机会选择组合得来的，实际结果只是多种机会组合中的一项。森评价“将可行能力组合的价值等同于所选择的功能组合的价值，使可行能力方法赋予实际成就以极大的——包括所有可能的——权重。就全面性而言，与仅着眼于所实现的功能相比，可行能力视角更加一般化，也包含更多的信息。至少从这个意义上说，看到可行能力更广泛的信息基础，是不会有任何损失的”①。

在一些情况下，机会本身也可以作为一种结果存在，能够很明显地看到评价机会比评价结果更为重要。比如，社会医疗保障系统的存在价值，一个拥有疾病保障的机会，却拒绝接受救助的病人，比没有保障、无法得到救助的病人显然要幸运得多。这样一个保障人们有获得疾病救助机会系统的存在，对社会的价值，要远远大于它实际救助病人的成效。它的存在大大降低了人们对未来生病所需巨额医药费的担忧，即便是对那些自认为很健康的人，这种机会的保障也是必不可少的，从而使得人们愿意投入更多的金钱和时间用于创新活动，有利于促进社会的进步。

理由二：即使两个人之间在实现的功能上完全一样，还是会掩盖他们在优势上的明显差别。

实现的状态并不能反映一个人的全部优势和真正劣势，即便是相同的实际状态，两个人的优势可能有巨大的差别。森举了一个关于饥饿的例子，一个有政治诉求绝食的人和一个因为粮食缺乏遭受饥荒的人，同样是缺乏食物和营养，但因为有诉求而主动选择绝食的人比因贫穷挨饿的人可能有更大的可行能力，即前者实际上比后者具备更好的生活状态，即便两个人都在饿肚子。这样的例子在现实生活中还有很多，前面说到的，拥有同样多金钱的两个人，其中一个是残障人士，

① 阿马蒂亚·森. 正义的理念[M]. 王磊，李航，译. 北京：中国人民大学出版社，2012：218.

他们的可行能力可能是不一样的。因此，只评价实现的状态不仅不足够，还有可能掩盖我们真正关心的东西。

理由三：不认同结果的唯一价值观性。

这个论点，在前面已经有比较多的讨论，对现状评价的核心问题在于，根本不存在一个最好的结果。因此，在可行能力理论看来，要强调的是选择的自由，这个是最大的价值，而不是选择某一个最好的结果，理论的着眼点就是刻画个人选择的自由范围，森始终强调的是尊重个体选择的自由，这比给予其充分的物质条件更为重要。

在社会选择的很多领域，对于结果的价值判断本身就是一件危险的事情，或者说，只要能够提供可选择的宽容就足够了。比如，关于宗教信仰，无法评判信仰佛教、基督教或伊斯兰教哪一个更好，这种评判本身就是危险的，会引起无法设想的纷争，不同宗教团体之间的冲突，几千年来每天都在世界各地上演，即便回避哪个宗教更好，这样无法回答的问题，单单比较不同信仰下人们的状态也是没有意义的，在一个强制信仰伊斯兰教的国家和一个强制信仰佛教的国家（假设这样两个国家都存在），我们无法说两国的人民，哪一个在宗教信仰上有更好的状态。但是拥有较多的信仰自由却是可以比较的，我们依然可以评判，人们在一个宗教信仰自由的国家里生活，较之生活在一个强制信教的国家，在宗教信仰方面，其生存状态要好得多。

森主要用评价机会包括了评价结果，仅评价结果无法表达完整的意义，以及评价结果本身没有意义三个递进的层次，在一定程度上说明了机会比结果更重要，为可行能力进行了辩护。辩护的核心要素是强调尊重人的选择，比评价其选择的结果更重要。必须要说，这是理性选择思想史上一次重要的进步。实际上，从人类总体的发展来看，机会也比实现更重要，现状对世界的影响远远不如机会的意义重大。人类的文明进程是一个持续的过程，现状是过去的机会，现在的机会构成了更加美好未来的实现。假如我们承认未来的不确定性，那么在当下为每个人创造更多的机会，比为每一个人分配一部分财富要有意义得多，每个人因为对未来有期许而更愿意付出努力远比享受当下的物质条件而释放劳动力对社会的进步更有帮助。

通过“可行能力”的提出，森成功地将实现自由与实现个人全面发展联系在一起，并将非常个体化的对所“珍视目标”的实现纳入了一种可比较的范式，这种范式不仅具有理论意义，也有很强的实践价值，使得对人的评价既不陷入唯物质化的功利主义，又不仅局限于先验主义的理性思辨。在这一点上，正如森自己所评价的，虽然可行能力不能作为一种评价方法直接拿来使用，但它对我们改变社会评价观念已经形成了巨大的冲击。更为重要的是，森创造了一种为了评价结果，却退步到评价途径的方式，即我们不需要直接评价一个客体是否满足公平正义性，只需要评价对于每个人是否具备获得结果的条件，这种方式对于评价个体与集体相关的概念具有重要的借鉴意义。

第三节　可行可接受性

我们将尝试用"可行能力"理论的思想来刻画"可接受性"。产生这一想法的动机是这样的，直接评价一个客体是否能被一个主体接受面临巨大的困难，这一点与直接评价主体取得功绩的困难虽不完全一样，但在结构上有着很强的相似性，都是在评价与一个主体相关的结果性客体方面遇到困难。由此很自然会想到，是否也能够像"可行能力"理论一样，转而评价取得这种结果的可能性，即评价主体是否有接受这个客体的可能性。这就是用"可行能力"理论的思想来刻画可接受性的直接想法，姑且可以把这样一种看待"可接受性"的视角称为"可行可接受性"。

一、可行与可接受

具体来说，"可行可接受性"是评价一个主体是否具有接受一个客体的"可行性"，如果一个主体不能给出不可辩驳的理由不接受一个客体，那么主体就具备了接受这个客体的可行性，就认为主体是可接受这一客体的。即无法准确表达不接受就是可接受的。关于这个概念，我们需要做一些解释。

首先，关于不可辩驳性有两种情况。一种属于逻辑上的不可辩驳性，即永真或永假的，也就是逻辑上的重言式或永假式。如果一个主体在自己的信念系统[①]里面，能够逻辑推导出一个客体是永假的，那他就是给出了一个不可辩驳的理由不接受这个客体。比如，你前一天晚上看了天气预报说今天有雨，一大早在阳台上

① 可以将这里的信念系统理解为一个逻辑系统，在这里并不强调将其严格地看作一个公理系统，而是要说明主体能够明确地通过一些命题的判断，断定这个客体是假的。

看见外面有人都打着伞，这两个命题，必然能够推导出“外面在下雨”，此时的你给出了不接受“外面没雨”一个不可辩驳的理由，只能是接受“外面有雨”，不接受“外面没雨”，但此时的你，如果无法给出不接受“外面没地震”“外面没有台风”“天上有云彩”等不可辩驳的理由，你必然要接受这些命题。所以，在这种情况下，对于一个主体来说，只要不是跟他脑子里的命题集不相容的命题(或者说脑子里命题集推出的永假命题)，主体都是接受的。另一种属于非逻辑的不可辩驳性，所能想到的主要跟文化和习俗有关，也是无法辩驳的。比如，对安葬方式的考虑，一些地区坚持土葬的传统，那么在讨论是否为节约土地应当推行火葬的时候，这些地区的人可以“我们的传统是土葬”为理由不接受火葬，这种理由也是不可辩驳的，没有道理可讲。当然我们说的这种道理是纯理性的角度，就像人们在解释为什么要土葬的时候，大多也会有一套说辞，如有利于投胎转世等，这些不在我们强调的“不可辩驳”的讨论范围内。

其次，为什么无法说不接受就是可接受是合理的，或者换一种方式来问这个问题，在不接受和可接受之间有没有中间状态，即主体既不是不接受，又不是可接受？我们先假设可接受就是有接受的可行性，这一条的合理性我们稍后辩护，那么上面这种合理性的来源其实在于一个很简单的道理，如果你不能说“不”，也许你也不会马上说“是”，但已经有了你说“是”的可能性。换句话说，如果主体不能表达不接受，自然就具备接受的可能，因此，在不接受和可接受之间没有中间状态。

有接受的可能性与可接受之间的区别是否可以模糊掉？对这一问题必须要回答“是”，其合理性根源在于，可接受性就是在讨论接受的可能性（或可行性），可接受性的三个特征：客观实在性、个体主体性、基于程度的度量都是围绕接受的可行性展开的。客观实在性为接受提供了充分条件，当然也是可接受的充分条件，但不构成必要条件，人们接受的决不仅限于客观实在。个体主体性强调主体判断是接受的核心，是否接受的最终决定权在于主体本身，无法脱离主体讨论可接受性，也就是完全站在客体的角度来看待可接受性，只有讨论接受的可行性。还有基于程度的度量，程度的讨论本身就是对可行性的刻画，因此，其实质也是在讨论接受的可行性。综合这些理由，我们认为可接受性就是接受的可行性，两者没有实质性的区别，当我们问一个客体是否可接受的时候，也就是在问这个客体是否有被接受的可行性。

上面是对"可行可接受性"一些必要的解释，这些理解对本书后面的讨论是至关重要的。可以看出，我们借鉴可行能力理论的思想评价可接受性，主要是从方法论层面上，至于"可行能力"与"可接受性"本身是否存在一些联系，是一个有趣的问题。直接来看，是否愿意接受一个客体似乎并不代表一种能力，只是一种主观判断，更何况，"可行能力"着眼于人们获得珍惜事物的能力，一个人是否接受一个事物跟他获得自由、金钱等的能力似乎更没有直接的关系。如果尝试更广义地来看待这个问题，能否将可接受性看作一种能力，姑且称之为"可接受能力"，要显示出人与人之间的差别，有些人具有这种能力，另一些人则不具备。这么做的方法是可以认为一个人可接受的客体范围越广，他的"可接受能力"越强，这样就把"可接受性"描述成一种个人能力。当然"客体范围越广"这样的表述有集合的意思，也很难描述清楚，换一种说法，一个人不轻易拒绝接受一个客体，就说他的"可接受能力"更强，或者更通俗的说法，"可接受能力"更强的意思是一个人的心态更开放、更愿意接受新生事物，这样一种能力在一个多元的世界里，是否有利于人们获得珍惜之物，是否可以作为一种"可行能力"来看待。这样一个宏大的命题，值得系统性地讨论，也许能够得到更为重要的结论，这些研究对于我们生活的选择一个本身就具有文化多元性的世界有着重要的意义。

本书将尝试从一些观察到的事实，给予这一命题一个肯定的态度。从一些直觉性的常识来看，开放和包容的确有利于文明的繁荣，包括物质条件的满足。比如，更能够容纳不同民族和文化背景的人聚集的城市，似乎更繁荣，人们享受到更好的物质条件和社会环境。相反，在一些相对闭塞的地区，人们的生活质量较差。造成开放和闭塞的原因可能是地理性的，比如，一个在交通发达的沿海地区的县城，比另一个在山区的县城更具开放的优势；还有一种可能的原因是政治性的，如民主德国和联邦德国，两者有着相同的民族和文化背景，只因为国策的不同，经济繁荣程度有着巨大的差别。

在历史的长河里，这种开放带来的繁荣也已有一些实现的例子。隋炀帝杨广滥用民力，常为后世诟病，但其之后诞生了中国历史上最有影响力的朝代——唐，不由得引起人们思考两者之间的关系。杨广的继位者，也是隋最后一个皇帝——恭帝杨侑评价他："世祖明皇帝则天法地，混一华戎[①]"，隋代自杨广之后，汉人对

① 魏徵. 隋书[M]. 北京：中华书局，1997：1439.

待周边少数民族的看法发生了很大的改变，华戎之别已经在世人的观念中逐渐淡去，人们不再认为汉人与少数民族的关系必须是对抗，以至于到了唐代从皇室到平民，汉人与突厥、吐蕃等少数民族的融合达到了空前的程度，大量的少数民族人士在朝廷担任高官，甚至于唐朝皇室本身就是混血的，黄仁宇评价唐代是“最具世界主义色彩的朝代”①。不能不说，大唐在政治、文化上的开放和包容，是其创造出巨大物质文明和文化成果的关键要素之一。

二、可行可接受性的辩护

上一部分对“可行可接受性”概念做了一些澄清。本部分将对这种可接受性观做进一步的讨论，重点是合理性的辩护，着重要说明的是“可行可接受性”对于我们解决可接受理论的若干问题究竟有何种帮助。

首先，前面已经提到，“可行可接受性”表现出一种“让步”的可接受性判断方法，它不对是否接受客体做出直接的判断，强调主体有接受一个客体的可行性，而没有对如何判定是否可接受提出一种直接的方法。即我们的目标是对后果可接受性进行判断，但由于直接给出这种判断存在巨大的困难，并且判断“不可接受”的现实意义要大于判断“可接受”，给出“不可接受”的判断也要容易很多，因此，我们“让步”到判断一个主体是否有不拒绝接受一个客体的理由。这种方式本身仅限制于为客体描述了一种可以被接受的范畴，没有为判定其是否可接受提供方法论上的贡献。如果我们将人的信念系统看作一致的②，这里表达的不可接受性也可以理解为不相容性，也就是新增的客体与已有信念的不相容。这种认识的好处是大大拓宽并明晰了我们对“可接受性”的认知范围，使得有可能在一个更大的、清晰的边界下讨论什么是“可接受的”，从这个意义上说，我们为将“可接受性”抽离出个体主体性，拓展到人际的比较提供一种模式，前面也已经做了将可接受性看作一种“可行能力”的探讨。

其次，“可行可接受性”满足可接受性的三个特征，即客观实在性、个体主体性、基于程度的度量。如果是事实，显然已不具备不可辩驳的理由不接受，可行的可接受性满足客观实在性。个体主体性显然也是满足的，这种不可辩驳的理

① 黄仁宇. 中国大历史[M]. 北京：生活·读书·新知三联书店，2008：108.

② 事实上关于人的信念系统是否一致存在很多争议。

由是由个体主体做出的，是否能够可行地接受一个客体也是个体的判断。最后是基于程度的度量，这一点在“可行可接受性”中没有进行直接的刻画，但为选取一种基于程度的度量可接受性的方法提供了可能性，前面已经讨论过，“可行可接受性”并没有提供方法论上的建议，对于不同的客体，甚至于不同主体之间，都可以考虑构造基于程度的方法加以刻画，这一方面可以看作“可行可接受性”理论的一种延伸应用，两者不存在矛盾。

还有，“可行可接受性”比直接判定的可接受性涵盖范围更广，能够被概然性和似真性直接判定为可接受的，也在“可行可接受性”范畴之下。在概然主义视野下，如果一个人能够接受一个概率大于 n 的客体，那么由于这个客体出现概率大于 n，这个主体也没有理由拒绝接受。因此，根据“可行可接受性”理论，对主体来说这个客体也是可接受的。在似真主义视野下，如果一个人接受了另一个人关于一个客体的似真论证，显然前者不仅接受了这个结论，而且接受了后者提出的似然推理构成的理由，那么对于这个结论主体显然无法给出不可辩驳的理由不接受，根据“可行的可接受性”理论，这个结论也是被主体接受的。总体上看，概然和似真等直接判断可接受的方法，能够判断出可接受，剩下的是不可接受和无法判断是否可接受，后两者无法判定。“可行可接受性”能够区分不可接受性，剩下的都具备被接受的可能，显然“可行可接受性”判断的可接受范畴包含了概然和似真等判断所能够判定的可接受范畴。

最后，“可行可接受性”回避了可接受性刻画的难题，这也是这一概念及其内涵对于可接受性最大的贡献。“可行可接受性”承认个体在可接受性判定上的主体地位，支持“可接受性”无先验性，同时成功地将可接受性的讨论归结到人与人可比较的范畴下，找到了在个体表达之上能够讨论可接受性的有效途径。更为重要的是，我们将事实和“可接受的结论”有效区分开，没有试图将可接受的结论与事实关联起来，事实就是事实，可接受就是可接受，“可行可接受性”并没有试图将两者画等号的倾向。当主体意识里没有不可辩驳的理由反对接受一个貌似事实的客体时，主体都可以接受它，并不需要确定它已经是事实。比如，有科学家预言有“夸克”这种东西存在，只要没有人能给出不可辩驳的理由，如实验数据，证实没有“夸克”这种东西，科学家的预言都是可以接受的，但可接受不代表“夸克”存在这件事情就是事实；同样，只要没有人能给出不可辩驳的理由证实有“夸克”这种东西，主体也可以接受没有“夸克”，核心的问题在于事实是客观存在，可接受是主体判定的结果，可接受理论不需要承担认定事实的义务，“可行可接受性”明确了这一点，它没有背上认定事实的责任，直截了当地把它丢在一边，这种关于可接受性的态度能够回避事实与判定接受之间存在的问题。

还有“可行可接受性”只要求给出不可接受的理由，这样的要求使得我们能够将评判的考虑集中在客体重要的几个方面，并将之与个体自身核心的价值判断观念相比较，这样比直接判断“可接受”需要综合个体自身内心众多因素进行比较要简单得多，而且更容易抓住关键要素。从这个意义上看，“可行可接受性”克服了信念与事实的比较难以刻画的问题，把一个复杂的比较过程归结到若干关键性要素的比较，从而在理论性和实践性上都往前走了一大步。

第五章　从偏好聚合到判断聚合

所谓过往，皆为序章。前面几章讨论了困境的由来，讨论了如何认识社会理性及认识可接受性，关于社会理性和可接受性都建立了新的认识。这些都是我们进一步探索社会选择理论的序曲。从本章开始，将正式进入社会选择理论的讨论，也会涉及以符号为基础的技术性讨论。这对于完全没有逻辑学基础的读者来说，可能会有些困难，这一部分读者可以只关注文字叙述部分，以及一些定理证明的结论，这不妨碍对本章主要思想的理解。技术性内容将主要在判断聚合理论框架下展开，判断聚合理论是从 21 世纪初期发展起来的社会选择理论的一个重要分支，由于聚合对象是命题而不是偏好，它在讨论可接受性的时候更具优势，随着讨论的深入，我们将发现经典的社会选择理论与判断聚合理论在基本原理方面是相通的。

第一节　社会选择的探索

事实上，社会选择理论作为集体选择出现可以追溯到很久以前，从亚里士多德时代开始，人们就意识到作为人不可避免地要面对各种集体选择的结论，并且个人选择与集体选择并不总是一致的基本矛盾也是客观存在的。阿罗不可能性定理的出现，奠定了社会选择讨论的理论核心基础。今天的社会选择理论已经发展为一个庞大的理论体系，涉及经济学、哲学、逻辑学、政治学、法学、社会学等学科领域，并至少产生了阿罗和森两位诺贝尔奖得主。在有限的篇幅里对社会选择理论有一个全面的综述是非常困难的，本节将主要就社会选择理论的发展脉络和重要的结论做一个概要性的介绍，目的是对社会选择理论的主要思想和关注点有一个把握，为进一步讨论判断聚合理论打下基础。

一、社会选择理论的主要发展阶段

（一）理论的主题与起源

我们每个人每天都要做出很多选择，这些选择既参与社会选择，又在很大程度上受到社会选择结果的影响。比如，制定法律的过程是个体意见表达汇聚的过程，法律制定后又对每个人的行为进行约束。再比如，商品价格，每个人的每一次出价都面临一个已经形成的市场价格，而每个人的每次交易能否达成又将影响市场价格的形成。社会选择理论研究的核心问题就是如何解决个人选择与集体选择之间的矛盾。森认为社会选择理论是关于个人偏好与社会选择之间关系的理论，一般的社会选择理论的困难在于找到一个规范的框架使之适合本质上不同类的群聚问题（group aggregation problem）[①]。在各类社会选择理论的研究中，阿罗认为主要可分为两种类型[②]：一种是关于"经济"的决策，即福利经济学所研究的社会福利问题；另一种是关于"政治"的决策，即围绕选举制度的规则和方法研究。这两种类型的目标可能有所区别，比如，经济决策更多的是考虑资源配置问题，政治决策考虑更多公平正义甚至伦理道德等问题，但两者都面临如何协调个体选择与集体选择关系的难题，在这一点上，无论是经济的还是政治的决策都没有本质性的区别。森在 1998 年 12 月 8 日于斯德哥尔摩举行的诺贝尔经济学奖颁奖典礼上讲到社会选择理论的几个主题[③]，赋予了社会选择理论更加广阔的研究空间，将社会选择理论与人类自身实现更好发展这一永恒的主题紧密联系在一起，这些主题包括：什么情况下多数规则能产生明确而一致的决定？根据不同成员的不同利益，我们如何才能判断社会整体运行良好？我们应如何根据社会成员各自所面临的不同困境与悲苦来测度总和贫困？我们应如何在适当承认人们的偏好各异的情况下保证人们的权利和自由？我们应怎样评估诸如自然环境或流行病防治之类的公共物品的社会价值？森探讨的这些主题与人类的发展密切关联，为社会选择理论赋予了更加深刻的内涵。

社会选择理论是如何起源的呢？从社会选择理论发展的历程来看，其与人类社会组织变化密切相关。社会选择理论最早的研究开始于人们对集体选择（collective choice）的关注。早在古希腊时期，以奴隶制度为基础的城邦是社会的主要组织形式，人们自由地在城市里生活，大家就已经意识到面对各种利益的社会选择是人们普遍直接面对的问题，亚里士多德的《政治学》就是最早的论著之一，探讨了社会选择的各种建设性可能路径。到了欧洲中世纪，虽然宗

① Sen A K. Social choice theory：A re-examination[J]. Econometrica，1977，45（1）：53.
② Arrow K J. Social Choice and Individual Value[M]. 2nd. New Haven：Yale University Press，1963.
③ 阿马蒂亚·森. 理性与自由[M]. 李风华，译. 北京：中国人民大学出版社，2012：60.

教神学在欧洲占据统治地位，“神的意志”在决定社会事务中发挥着重要的作用，但在宗教组织内部也面临着投票选举的问题，这时候的人们开始对投票方法展开研究。其中代表学者主要有勒尔（Lull）和库萨努斯（Cusanus）。勒尔是一名虔诚的基督教徒，终身从事神学研究，在其遗留至今的大量手稿中，至少有两处记叙了他对投票方法的研究：一处是成于1282～1287年，用加泰隆尼亚语（Catalan）所写的小说*Blanquera*；另一处是成于1299年的一篇短文*De Arte eleccionis*'。在两部作品中，勒尔分别记叙了两种用于修女选举修道院院长等事务的投票方法[①]。库萨努斯也提出了一种两两比较的投票方法[②]。

法国大革命前后，神学的影响力逐渐削弱，欧洲启蒙运动致力于探讨社会秩序的理性建构，这时候人们开始用数学的方法，比较系统性地建构社会选择理论。这期间的代表性人物是18世纪晚期的博达（J. C. de Borda）和孔多塞等。博达被认为是第一位从数学理论方面对选举做出杰出贡献的思想家。他于1781年在《皇家科学院史》（*Histoire de I'Academie Royale des Sciences*）上发表了《普选回忆录》（“Memoire sur les Electionis au scrutiny”）一文。文中提出了在多候选人单席位（即一个获胜者）的选举中简单多数票法则的缺陷，并进一步提出了修正的方法，即现在人们所熟悉的“博达法”，该方法甚至一度被用于法国皇家科学院新院士的增选选举[③]。

孔多塞对社会选择理论的主要贡献在于发现了著名的“投票悖论”，也被称为“孔多塞悖论”，这种集体选择的不一致性加深了人们对能不能实现一种普遍意义的社会福利的担忧。他在1785年发表的《有关简单多数票法则所做决策的概率的应用分析》（“Eassi sur l'Application de l'Analyse a la probilite des Decisions Rendues a la pluralite des Voix”）一文中提出在简单多数制投票下可能产生循环，这方面的例子在第一章第一节里就提到过，就是六六、多多和胖胖选餐厅的例子，可以把它抽象为以下形式：

假设甲、乙、丙三人，面对A、B、C三个备选方案，有如下的偏好排序：

甲 $A \succ B \succ C$

乙 $B \succ C \succ A$

丙 $C \succ A \succ B$

① 罗云峰，肖人彬. 社会选择的理论和进展[M]. 北京：科学出版社，2003：4.

② 罗云峰，肖人彬. 社会选择的理论和进展[M]. 北京：科学出版社，2003：5.

③ 罗云峰，肖人彬. 社会选择的理论和进展[M]. 北京：科学出版社，2003：6.

由于甲、乙都认为B好于C，根据少数服从多数原则，社会也应认为B好于C；同样乙、丙都认为C好于A，社会也应认为C好于A。所以社会认为B好于A。但是，甲、丙都认为A好于B，所以出现矛盾。

博达和孔多塞等的很多思想方法对后来的社会选择理论研究产生了重要影响，并为理论的构建奠定了坚实的基础。这些研究包括在数学理论的基础上规范性地研究社会选择，对于集体选择悖论的刻画，以及关注个体选择聚合规则的一致性等，可以认为以博达和孔多塞的工作为起点，人们开始从事真正意义上的科学系统的社会选择理论研究。阿罗自己也曾经承认，不可能性定理就是来自投票悖论对于他的启发。但也应当看到，博达和孔多塞的工作还是局限于投票理论的研究，没有上升到一般意义的个体选择聚合规则层面，在他们这里，社会选择理论的研究框架尚未形成。因此，在他们及之前这一阶段，可以称之为社会选择理论的起源阶段。

（二）建构的悲观主义

时间到了20世纪中期，在与哲学家赫尔墨（Helmer）讨论将对策论引入国际关系问题时，阿罗开始尝试用序数的方法刻画集体偏好聚合规则，并得到了不可能性的结论。1952年，阿罗在其博士论文《个人价值与社会选择》[①]中正式提出了对社会选择结论一致性的要求甚至跟几条看似非常弱的社会选择规则的理性条件不相容，即阿罗不可能性定理，这个定理表明社会选择不仅在用多数制投票的时候有偏好循环的问题，在对更一般意义上的个体偏好聚合规则进行理性讨论的时候，也无法得到甚至是一致的社会选择结论。据说阿罗的这篇博士论文在答辩时差点没有通过，主要是因为他的理论非常简洁，却具有极强的颠覆性，但事实上在此后的几十年里，阿罗提出的不可能性定理经受住了各种技术性挑战，历史证明了阿罗的正确性。阿罗的这一理论树立了社会选择理论的一个丰碑，构成了现代集体决策理论的基础之一，他的不可能性定理是其之后社会选择理论研究的中心点。与阿罗同时代在社会选择理论方面做出突出贡献的还有布莱克（D.Black）。布莱克与阿罗几乎同时研究并发现在某些条件下“少数服从多数”的确可以成为一个合理的投票规则，他于1958年首次提出委员会决策问题，并对此

① Arrow K J. Individual Values and Social Choice[M]. New York：Wiley，1951.

进行了深入、系统和全面的研究，构造了投票选举理论研究的基本理论框架[①]。

森对阿罗的理论进行了系统性的研究和发展，对传统的经济学理性人假设进行了批判，强调“自由”在评价人类发展中的重要性，但发现个体选择的自由与帕累托最优之间并不是协调的，即著名的“自由主义悖论”，也就是说“保持个体选择的自由”与“追求集体效用的改进”两者无法同时满足。“自由主义悖论”更进一步加重了社会选择理论的阴影。吉伯德（A. Gibbard）和萨特思韦特（M. Satterthwaite）从另外一个路径扩展了阿罗不可能性定理的思想，分别于 1973 年和 1975 年提出了著名的吉伯德-萨特思韦特防策略不可能性定理。防策略投票不可能性定理证明了在一定条件下，任何投票选择程序要么是可被操纵的，要么是独裁的，从理论上证明了社会选择过程中策略投票行为的普遍存在性。

上述三条不可能性结论构成了社会选择理论发展的基石，这些不可能性结论都建立在逻辑公理的基础上，具备极强的合理性基础，因此尽管有很多学者质疑，但迄今对不可能性结论的确定性仍无法反驳，这些结论巨大的破坏力就在于它简单而直接地否定了我们关于集体选择最低的理性期待，它们说明了一个社会不可能有完全的个体自由——否则全社会的福祉不会增加，还说明了一个社会也找不到一个合理的方法将每个人的偏好汇聚起来——除非是独裁的方法或可以被操纵。从此与集体选择相关的理论，包括社会学、法学、经济学等都笼罩在强烈的“悲观主义”氛围下。但必须承认，这些不可能性结论也表明人们对社会的认识达到一个崭新的高度，人们不再盲目追求完美的制度体系，而是在有限理性的假设下，为改进人类发展方式，在哲学、经济、政治等领域寻求新的出路。这一时期的突出特征是证明了社会选择的不完美性，为此，我们称之为构建悲观主义的阶段，这一时期是社会选择理论形成一门独立的学科并快速发展的奠基性时期。

（三）重新寻找社会福祉

阿罗不可能性定理的证明大大激发了人们对社会选择理论的研究热情。这种热情主要来自两个方面，用一种终极的观念来看，这是人类对追求自身福祉的本能的愿望，希望寻求合理的社会选择机制，以协调好个体选择与社会选择的关系，更好地适应人类发展的要求。用一种技术的观念来看，正如森所说“某种对一特

① Black D. The Theory of Committees and Elections[M]. Cambridge：Cambridge University Press，1958.

定社会选择方法的充分的公理证明不可避免地与不可能性比邻而居——就差那么一步了[①]”，也就是说如果一个社会选择方法还远离不了可能性，那也不可能给出一种公理化的建构性路径，而当我们找到不可能性的时候，其实也已经知道什么是可能的了，只要适当放宽公理化不可能性的条件就能得到可能的结论。

在过去的近半个世纪，社会选择理论一直在上述“终极的”和“技术的”两种观念驱动下发展为一个交叉研究领域。主要的三条研究路径：一是对不可能性结论的进一步研究，放宽一些理性条件限制，研究可能的社会选择规则的特征；二是社会选择理论在经济、政治和法学等领域的应用，如税收方面等，解决这些领域所面临集体选择的实际问题；三是人工智能方面发展，主要是用计算机技术对社会选择公理进行建模，研究用计算机模拟人类集体选择技术。在这三种路径下，根据研究者学术背景的不同，又都延伸出不同的研究方法，比如，关于不可能性条件的讨论，经济学中的研究很多是根据直观含义对一些理性条件进行重构，逻辑学中则很多是用逻辑系统对理性条件重新翻译建模的方法。

总体上看，社会选择理论与福利经济学有着密切的关系，福利经济学是从全社会福利最大化的角度来评价某种经济制度优劣的学问，社会是由人组成的，以如何在尊重个人价值基础上形成集体选择为核心的社会选择理论自然就与福利经济学的发展密不可分。早期的福利经济学深受边沁的功利主义影响，将社会作为整体来看待，并没有与社会选择的早期理论投票理论有太多交集，但当福利经济学开始关注帕累托原则，看到人与集体之间的关系时，它与社会选择理论就再也难以分开。社会选择理论为福利经济学的发展带来了以更广泛信息为基础的新模式，即以人为主体考察社会福利；从另外一个角度来看，福利经济学也为社会选择理论存在和发展提供了价值基础，即追求人类社会的福祉。因此，在确立不可能性的界限以后，我们认为社会选择理论研究的主要目的是在一个更高的层次寻求社会福利最大化，因此我们将这一阶段称之为重新寻找社会福祉的阶段。

二、阿罗不可能性定理

在这一部分要对阿罗不可能性定理做一个详细的介绍，虽然已经过去近 70 年，社会选择理论已经有了巨大的进展，但阿罗不可能性定理所蕴含的哲学思想迄今仍

① 阿马蒂亚·森. 理性与自由[M]. 李风华，译. 北京：中国人民大学出版社，2012：66.

是社会选择理论发展的主要思想，也与本书的研究密切相关。

首先要提出伯格森（A. Bergson）①制定的社会福利函数（social welfare functions），它第一次建立起了个体选择与社会选择之间的关系，为整个社会选择的讨论提供了对象和基础。阿罗在此基础上提出了关于社会福利函数的定义，阿罗的定义与柏格森的定义在形式上是一样的，但阿罗强调他的定义是基于个体的价值观，而不是柏格森所强调的兴趣。

定义 5.1.1② 社会福利函数（记为 SWF）是指这样的一个过程或规则，对应于各备选社会状态的每一组个体排序 $R_1, R_2, \cdots, R_n$（每个人给出一个排序），它都相应地指出一个对各备选社会状态的社会排序，即 R。

福利函数可以表示为 $R = f([R_i])$。其中 R 表示群偏好的二元关系，二元关系表示 x 与 y 之间的一种关系，记为 xRy，例如，"x 至少与 y 一样好"，如果这一关系不成立，例如，"x 没有 y 好"则记为 $\neg(xRy)$。在集合 S 上确定一个二元关系，就是确定 S 的自乘集 $S \times S$ 的一个子集 R，它由属于 S 的 x 和 y 的所有有序对 (x, y) 定义，也可将 xRy 称为 (x, y) 属于 R。R_i 表示个体 i 偏好的二元关系，$[R_i]$ 表示所有群成员偏好序组成的矩阵。二元关系 R 上可能存在的性质定义如下。

定义 5.1.2 设 R 是集合 A 上的二元关系，则可能具备的性质有：

（1）自反性 $\forall x \in A$，都有 xRx；

（2）非自反性 $\forall x \in A$，都有 $\neg xRx$；

（3）对称性 $\forall x, y \in A$，若 xRy，则 yRx；

（4）非对称性 $\forall x, y \in A$，若 xRy，则 $\neg yRx$；

（5）反对称性 $\forall x, y \in A$，若 $xRy \wedge yRx$，则 $x = y$；

（6）传递性 $\forall x, y, z \in A$，若 $xRy \wedge yRz$，则 xRz；

（7）逆传递性 $\forall x, y, z \in A$，若 $\neg xRy \wedge \neg yRz$，则 $\neg xRz$；

（8）连通性（或完全性）$\forall x, y \in A$ 有 xRy 或 yRx（或两者都成立）；

（9）弱连通性（或弱完全性）$\forall x, y \in A$，若 $x \neq y$，则 xRy 或 yRx。

一个二元关系 R 可以同时具备以上性质中的几种，例如，自然数集上的"小于"关系必然是传递的、非自反的、非对称的和连通的。

---

① Bergson A. A reformulation of certain aspects of welfare economics[J]. The Quarterly Journal of Economics, 1938, 52 (2): 310-334.

② 肯尼思·阿罗. 社会选择与个人价值[M]. 陈志武，崔之元，译. 成都：四川人民出版社，1987：45.

阿罗最主要的贡献是他提出了社会福利函数应该同时满足两个公理和五个条件[①]，并最终证明这样的社会福利函数是根本不存在的。关于这一思想，阿罗自己曾经有过一段非常简洁的阐述：

> 首先叙述每一种合理的社会选择函数都应具备的几种特征。然后检验实现这些条件的可能性。如果运气好的话，我们就会得到一个恰恰符合所有这些条件的社会选择函数。如果运气不那么好，就会得到好几个符合这些条件或公理的社会选择函数。最后，糟糕透顶的是，根本就不存在可以满足这些合理条件的函数[②]。

不可能结果就是“糟糕透顶”的结果，阿罗提出的公理和理性条件如下：

公理 5.1.1： R 是连通的。

公理 5.1.2： R 是传递的。

条件 5.1.1（U，完全域） 社会福利函数的定义域包括备选项集合上所有逻辑可能的个体偏好序列。

条件 5.1.2（P，弱帕累托原则） 对于备选项集合中任意两个选项 x 和 y，如果群中每个人 i 在 x，y 间都偏好 x，那么群在两者间也偏好 x。

条件 5.1.3（I，无关方案独立性） 令 S 为备选方案集 X 中的任意一个子集，如果每个人对这集方案 X 的偏好做了修改，但这种修改并未改变每个人对 S 中的每对方案的偏好，则群对 S 中的方案的偏好，无论是由原来的个人偏好集合所产生，还是由修改后的那集个人偏好所产生，都必须相同。

条件 5.1.4（D，非独裁性） 群中不存在这样的人，群偏好完全由他的偏好决定，而不管其他成员偏好如何。

阿罗证明了下列定理：

定理 5.1.1（阿罗不可能性定理） 不存在一个社会福利函数同时满足上述两个公理和四个条件。

在阿罗之前，这两个公理和四个条件作为社会选择中民主与公平的前提而被广泛接受，民主与公平是群体偏好和社会选择领域研究的根本出发点和目标，而阿罗证明了这些条件根本是不相容的，因此阿罗不可能性定理对传统理论的

---

① Arrow 于 1963 年修正为四个条件，见 Arrow K J. Social Choice and Individual Value [M]. 2nd. New Haven：Yale University Press，1963；Sen A K. Social choice theory：A re-examination[J]. Econometrica，1977，45（1）：58-59.

② Arrow K J. The principle of rationality in collective decisions[C]//Arrow K J. Vol. 1. Social choice and justice，1958，Oxford：Basil Blackwell.

冲击很大，在此以后关于群体偏好和社会选择理论的研究都是围绕阿罗的理论展开。

包括森在内的很多学者对阿罗不可能性定理的条件进行了深入研究[①]，但除非抛弃阿罗提出的理性条件，否则无论何种质疑，都无法动摇，这也是阿罗不可能性定理的生命力所在。关于阿罗不可能性定理的质疑主要有以下三个方面[②]：

第一，阿罗在其著作中一开始就规定了个人做出的选择行为可借助偏好尺度来描述，但这种尺度无论对个人还是人与人之间的比较而言都没有基数的意义，即他避开了成员对方案偏好强度的问题。

第二，在集结个人偏好时，未考虑各成员权重问题。

第三，无关选项独立性条件的合理性遭到许多质疑。

当然，除了这些就理论本身的质疑之外，还有一些颠覆性的观点，比如，前面章节提到的布坎南，他对社会偏好的存在性，以及像阿罗这样给个体偏好聚合规则和社会选择的结果先验地赋予理性要求的做法都提出了质疑。这种质疑无疑是对阿罗关于社会选择哲学思想体系的质疑。

三、集体选择与社会福利

阿罗和森其实是同时代的人，阿罗出生于 1921 年，森出生于 1933 年，森是在阿罗之后对社会选择理论贡献最大的学者之一。森是一位高产的诺贝尔奖经济学奖获得者，著述颇丰。他对社会选择理论的发展是系统性的，从对阿罗不可能性定理本身条件的考虑，到提出自由主义悖论，再到构建自由与正义理论，这些个体价值及群体价值新标准的讨论，每个一方面都提出了完整深刻的理论，对以往人们的很多看法都是颠覆性的，因此，在有限的篇幅下全面而深刻地梳理森的思想几乎是不可能的。本部分将主要介绍他关于阿罗理论最核心的发展，也就是关于集体选择的理性及社会福利的进一步讨论，这一部分是森关于社会选择理论研究的起点，也是最有代表性的一部分，大大推动了阿罗理论的发展，成为社会选择理论发展的又一个高峰。

---

① Sen A K. Social choice theory：A re-examination[J]. Econometrica，1977，45（1）：53-89；Fishburn P C. Foundations of decision analysis：Along the way[J]. Management Science，1989，35（4）：387-405.

② 苏波，王浣尘. 群决策研究的评述[J]. 决策与决策支持系统，1995，5（3）：118.

（一）一致性条件

森首先讨论了公理 5.1.2 关于要求社会偏好传递性的要求。他认为传递性是一个过于强的要求，弱化这一条件可以克服不可能性。为此他提出了社会选择函数，并将传递性弱化到非循环性。

首先给出关于二元关系的两个基本定义：

对应于弱偏好二元关系 R（“至少一样好”），可以定义严格偏好关系 P 和无差异关系 I。

定义 5.1.3　$xPy \leftrightarrow \left[xRy \wedge \neg(yRx)\right]$。

定义 5.1.4　$xIy \leftrightarrow \left[xRy \wedge yRx\right]$。

森在阿罗的理论研究的基础上提出，阿罗的社会福利函数是关系性的集体选择规则，而函数性的集体选择规则在做社会选择过程中有更大的自由度，他给出的选择函数定义如下：

定义 5.1.5[①]　定义在 X 上的一个选择函数 $C(S,R)$ 是一个函数关系，它使得对 X 的每一非空子集 S，选择集 $C(S,R)$ 是非空的。

选择函数 $C(S,R)$ 实际上是从 X 中的非空集合 S 到非空集合 $C(S,R)$ 的一个集-集映射。很显然，如果一个偏好关系不具完全性，则不存在选择函数。由于在 X 中存在某个方案对 (x,y) 使 xRy 和 yRx 都不成立，故这对 (x,y) 的选择集是空的，不符合定义 5.1.5。

引入选择函数最大的好处是可以将社会偏好的要求由传递性变化到非循环性，可以证明非循环性比传递性要弱，即一个二元关系如果满足传递性一定满足非循环性，反之则不然。

定义 5.1.6　R 在 X 上是非循环的当且仅当下式成立：

$$\forall x_1,\cdots,x_j \in X:\left[\left\{x_1Px_2 \wedge x_2Px_3 \wedge \cdots \wedge x_{j-1}Px_j\right\} \to x_1Rx_j\right]$$

定理 5.1.2　若 R 是自反的和完全的，则 $C(S,R)$ 在一有限集 X 上有定义的一个充分和必要条件是，R 在 X 上是非循环的。

在选择函数的基础上，森提出了社会决定函数（social decision function），并

① Sen A K. Collective Choice and Social Welfare[M]. 影印版. 北京：中国社会科学出版社，1999：14.

证明了满足阿罗不可能性定理中个体偏好聚合规则理性条件的社会决定函数是存在的。

定义 5.1.7 一个社会决定函数（记作 SDF）是一个集体选择规则 f，它的值域是限制在整个方案集 X 上能形成一个选择函数 $C(S,R)$ 的那些偏好关系 R 的集合。

森指出对于有限集 X，一个 SWF 总是一个 SDF，反之则不然[①]，所以在有限集下，SDF 是对 SWF 的一个扩展，这种扩展能否有利于克服阿罗不可能性定理，森能够证明如下结论：

定理 5.1.3 对于任何有限集 X，存在满足条件 U，P，I 和 D 的 SDF[②]。

至此，森通过将集体偏好关系的理性条件由传递性放宽到非循环性，而成功越过社会选择的不可能性，而非循环性似乎也是一个可以接受的理性条件。

森对集体选择的这种内在一致性的批判，还不只限于传递性。他从收缩和扩展两个方面提出了选择函数内在一致性条件：

一类是收缩一致性，如 α 性质。

性质 5.1.1（$\boldsymbol{\alpha}$ 性质） 对所有 S, T, $S \subseteq T$，对 $\forall x \in S \wedge x \in C(T)$，则 $x \in C(S)$

另一类是扩张一致性性质，如 γ 性质、β 性质和 $\beta(+)$ 性质。

性质 5.1.2（$\boldsymbol{\gamma}$ 性质） 对任意集合类 M，如果对所有 M 中的 S 有 $x \in C(S)$，那么 $x \in C(\bigcup M)$。

性质 5.1.3（$\boldsymbol{\beta}$ 性质） 如果 $x \in C(S) \wedge y \in C(S)$，$S \subseteq T$，那么如果 $y \in C(T)$，则 $x \in C(T)$。

性质 5.1.4（$\boldsymbol{\beta(+)}$性质） 如果 $S \subseteq T$，$x \in C(S) \wedge y \in S$，那么如果 $y \in C(T)$，则 $x \in C(T)$。

其中 $C(S)$ 为定义在某个 X 上的任一选择函数，而无须表明是从某二元偏好关系导出的。

森认为这些条件本质上要求选择函数的不同部分中存在特别的对应，这种对应关系是对命题的要求，而不应该是对选择的要求。森详细讨论了避免施加所谓选择内在一致性的理由，以及如何避免这一条件的方法[③]，由于这一部分的

---

① Sen A K. Collective Choice and Social Welfare[M]. 影印版. 北京：中国社会科学出版社，1999：52.

② Sen A K. Collective Choice and Social Welfare[M]. 影印版. 北京：中国社会科学出版社，1999：52.

③ 阿马蒂亚·森. 理性与自由[M]. 李风华，译. 北京：中国人民大学出版社，2012：118-133.

讨论与本书主要理论无直接关系，在此不进行介绍，有兴趣的读者可自行查阅相关文献。

（二）多数决定的价值

像大多数社会选择理论专家一样，森对多数制也给予了特别的关注，在梅（K. O. May）[①]的基础上，他对多数制的充分必要条件进行了重新修订。

定义 5.1.8　多数制成立当且仅当

$\forall x,y\in X: xRy \leftrightarrow [N(xPy)\geqslant N(yPx)]$，其中 $N(aPb)$ 是对 X 中的 a 和 b 有 aP_ib 的人数。

由于无差异对双方都起作用，故上述定义与 $xRy \leftrightarrow [N(xRy)\geqslant N(yRx)]$ 等价，在此基础上森和梅提出了集体选择函数三个理性条件：

定义 5.1.9　对于分别将其映射到 R 和 R' 的集体选择函数 f 的定义域中个体序所有 n 元对 $(R_1,\cdots,R_n)$ 和 $(R_1',\cdots,R_n')$，

（1）若 $(R_1,\cdots,R_n)$ 是 $(R_1',\cdots,R_n')$ 的重排，意味着 $\forall x,y\in X: xRy \leftrightarrow xR'y$，则匿名性（条件 A）成立；

（2）若 $\forall x,y,z,w\in X$ 有

$[(\forall i: xR_iy \leftrightarrow zR_i'w)\wedge(\forall i: yR_ix \leftrightarrow wR_i'z)]\rightarrow[(xRy\leftrightarrow zR'w)\wedge(yRx\leftrightarrow wR'z)]$，

则中立性（条件 N）成立。

（3）若 $\forall x,y\in X$

$[\forall i:\{(xP_iy\rightarrow xR_i'y)\wedge(xI_iy\rightarrow xR_i'y)\}\wedge\exists k:\{(xI_ky\wedge xR_k'y)\vee(yP_kx\wedge xR_k'y)\}]\rightarrow$ $(xRy\rightarrow xP'y)$，则正响应性（条件 S）成立。

匿名性是要求社会偏好相对于个体偏好的不同排列是不变的。中立性要求，若两个方案 x 和 y 在情形（1）中的每个个体偏好与 z 和 w 在情形（2）中的关系完全相同，则在情形（1）中 x 和 y 之间的社会偏好必须与在情形（2）中 z 和 w 之间的完全相同。正响应性要求，若在 x 和 y 之间某个个体偏好向有利于 x 方向变化，同时其他每个人对于 x 和 y 之间的偏好保持不变，则社会偏好也应向有利于 x 方向变化；若原来 x 和 y 是社会无差异的，则现在 x 必须社会严格好于 y。在此基础上，梅证明了多数制的充分必要条件，森在他的基础上进行了修改，提出了如下定理：

① May K O. A Set of Independent，necessary and sufficient conditions for simple majority decision[J]. Econometrica，1952，20：680-684.

定理 5.1.4[①] 条件 U，A，N 和 S 一起是使一确定的集体选择规则成为多数制的充要条件。

多数制是人类使用最多也是最“信任”的集体决定制度，这种“信任”从亚里士多德时代就已经开始。一方面多数制代表大多数人的意见，有着天然的民主的意义，少数服从多数在很多民族文化语境下都被当作合理的价值判断而被理所应当地接受。另一方面，在亚里士多德看来，多数制有着实质性的优点，他在《政治学》中提出多数制的好处在于，个别人总是会犯错误，人数多的情况下能否相互弥补这种缺陷，因此多数制很自然地比少数制容易做出更好的判断。

正因为多数制的这种独特地位，很多学者专门对多数制进行了研究，森在梅工作的基础上，提出了多数制的充分必要条件，这也是目前能查到的关于某一项社会偏好聚合规则中唯一一个能找到充分必要条件的规则，对于社会选择理论的发展具有重要意义。

（三）自由主义悖论

自由是森最珍视的概念之一，在他的著作里不乏对自由大量的研究和阐述，他提出的可行能力理论本质上看，也是在强调人的自由。可行能力强调的是社会应当赋予人们创造美好生活所具有的能力，而是否运用这种能力来实现自己珍视的目标则是个体的自由。可行能力被森认为是达成社会公平正义的最有效途径，从这个意义上看，自由才是公平正义的核心。在森这里，如果人没有自由，社会的公平正义根本无从谈起。森关于自由的研究，最有代表性的成果就是自由主义悖论，他首先提出了关于自由的规范性定义，表示如下。

条件 5.1.5[②] **（L，自由主义）** 对每一个人 i 至少存在一对不同的方案 (x, y)，使得他对于它们关于社会选择是决定性的，即 $xP_iy \to xPy$ 和 $yP_ix \to yPx$ 。

这个条件比较强，如果将它减弱为不是对每个人，而是对一个人具有这样有限的决定权，就变成独裁了，可见自由与独裁也只是在人员数量上有区别，只有一步之遥。为防止这种情况出现，森进一步提出了最小自由主义。

---

① 阿玛蒂亚·森. 集体选择与社会福利[M]. 胡的的，胡毓达，译. 上海：上海科学技术出版社，2004：76 定理 5*.1.

② 阿玛蒂亚·森. 集体选择与社会福利[M]. 胡的的，胡毓达，译. 上海：上海科学技术出版社，2004：91 条件 L.

条件 5.1.6（L^*，最小自由主义）　至少存在两个个体 k 和 j 及两个方案 (x,y) 和 (z,w)，使得 k 和 j 分别对于 (x,y) 和 (z,w) 不管如何排序都是决定性的。

显然 L 可以推导出 L*，反之不成立。据此，森证明了自由主义与帕累托最优是不相容的，即自由悖论，如下：

定理 5.1.5　不存在满足条件 U，P 和 L^* 的 SDF。

定理 5.1.6　不存在满足条件 U，P 和 L 的 SDF。

定理 5.1.5 和 5.1.6 都没有要求条件 I，也没有要求社会偏好具有传递性，简单明了地说明了追求个人自由与社会利益整体改进之间的不协调性，用森的话说，这个定理的证明“让人不安”。他甚至列举了一个例子①，来说明最小自由主义悖论带来的困扰。

> 有一本所谓的恐怖小说和两个可能的读者。其中名叫普鲁德的人不喜欢这本书，也不会去读它，但是他更不愿意有其他人如卢德去读，尽管后者喜欢这本书（普鲁德尤其反感卢德配合着书中恐怖的情节发出奇怪的声音）。另一方面，卢德想读这本书，但是更希望普鲁德能读它（卢德对此感到很苦恼）。

分析这个例子可以发现，无论普鲁德和卢德读或不读这本书都无法满足社会选择变得更好的要求，也就是这两人选择的自由与帕累托原则不可同时满足。自由主义和最小自由主义悖论使我们认识到自由的边界在哪里，个体的自由并不是为了促进所谓的社会总体收益的提升，在前面也做了相关讨论，到了后来，森已经完全放弃了没有意义的社会总体福利的改进，而关注于讨论社会公平正义问题，他将自由分解成“机会”和“过程”两个要素，“机会”强调达到目标的能力，“过程”强调达到目标尽可能少受外界干扰。森将自己的自由观视为一种“积极自由”，它视为将各种因素考虑在内（包括外部约束和内在的限度）的情况下个人做该事的自由②，他认为格林（T. H. Green）的概括比较接近他关于自由的看法：“我们所说的自由就是指去做或者享受某件值得去做或享受的事件的积极力量或能力。”③

① 阿玛蒂亚·森. 正义的理念[M]. 王磊，李航，译. 北京：中国人民大学出版社，2012：288.

② Sen A K. Well-being，Agency and freedom：The dewey lectures 1984[J]. Journal of Philosophy，1985，82：169-221.

③ Green T H. Liberal legislation and freedom of contract[C]//Netteship R L. Works of Thomas Hill Green，Ⅲ. London：Longmans，Green，1891：365-386.

第二节　判断聚合的开始

本节开始介绍判断聚合理论。本书后续主要结论的形式化分析也将在判断聚合理论框架下进行。判断聚合理论是社会选择理论的重要分支，它将个人和社会选择的刻画由只能表达序关系的偏好转移到可以表达更复杂选择过程及理由的命题逻辑系统上，这是一步非常有意义的跨越，极大地丰富了个体信念的刻画方法，并且使得人际比较成为可能，从而使得我们在表达个体选择和社会选择方面得到极大改善，能够考虑更多的信息基础，后续我们还将重点论述这一问题。

判断聚合理论是在逻辑学和社会选择理论交叉领域发展起来的一门新的关于集体选择的理论。如果从 2002 年利斯特和佩蒂特首先证明了判断聚合理论的第一个不可能性定理算起[①]，判断聚合理论的发展历程还不到 20 年。它主要研究如何通过聚集个体的判断，在一些有逻辑内在关联的问题上得到群体的选择。当前，判断聚合理论研究的主要进展还是发生在它产生的那些领域，如哲学、政治学和法律等领域。判断聚合理论由于其在解释信念和选择方面有效的表达能力，越来越多的多元学术背景的学者开始投入到这项理论研究中，判断聚合理论正在向计算机科学发展，在人工智能、互联网行为研究、资源分配等领域发挥越来越重要的作用。

判断聚合研究集体选择的产生是这样一个过程，个体关于一个问题集合的接受或拒绝被聚合成一项群体的判断。聚合过程的问题在于将个体的一些理性因素在聚合的过程中应当予以保持，如逻辑一致性。大量的结论已经强调了集体选择的理性如何与其他一些在聚合过程中希望被保持的性质相互抵触。例如投票者的匿名性，被聚合问题的独立性等还有很多类似的性质。

本节我们将主要介绍判断聚合理论的基本理论和框架，第三节将归纳总结判断聚合理论的主要进展，第四节将介绍判断聚合理论最新的发展动向。

一、悖论和基本框架

与社会选择理论的起点类似，判断聚合理论也是从悖论开始的。科恩豪泽和

① List C，Pettit P. Aggregation sets of judgments：An impossibility result[J]. Economics and Philosophy，2002，18：89-110.

塞贾尔以法庭辩论为背景，在讨论偏好与判断关系的时候认为偏好的缺点在于它的表达是非常个体的，基于个人的价值评判存在很大的局限性，这种局限性在于我们无法在两个人的表达之间给出判断，也就是无法进行人际间比较。比如，甲说“我喜欢苹果”，乙说“我喜欢橘子”，这两个偏好不同，却无法互相攻击或支撑，甲和乙无法相互比较。而当我们讨论命题的时候，这种问题就不存在了，甲说“苹果是更健康的食物”，乙说“橘子是更健康的食物”，这两个观点就是矛盾的，甲和乙就可以列举出各自的理由开始争论，人际的比较就产生了。因此，他们认为至少在法庭辩论的环境下，更需要的是聚合命题，而不是偏好，因为无论控辩双方诉求的表达都应该是可以互相评判的，而不应该只是一种偏好的表达。但科恩豪泽和塞贾尔在 1986 年[①]发现，在聚合判断的时候，同样会遇到类似于聚合偏好的悖论，具体例子如下。

假设有一个立法委员会，它做出是否通过一项法令的决定主要基于其成员对一组命题的理性判断。假设现在每个成员需要在以下三个命题中进行判断，

p：“土地资源是有限的”

$p \to d$：“如果土地资源是有限的，那么应当立法严禁土葬”

d：“应当立法严禁土葬”

通常在立法委员会里对三个命题的判断有三种比较典型的意见，我们假设这个委员会是由 3 个人组成，他们代表着三种意见。第一个人是坚定的支持者，他的立场是要求立法禁止土葬，给出的理由是他认为上述三个命题都是成立的。第二个人是强硬的反对者，他反对“禁止土葬”，他也认为土地是有限的（即赞同 p），但出于风俗习惯的考虑，他不认为土地资源有限就应该禁止土葬（即反对 $p \to d$），得出的结论是不应该通过立法禁止土葬（即反对 d）。第三个人是态度比较温和的，他虽然也认为不应该禁止土葬，但给出的理由是土地资源并非有限（即不接受 p），他同意在土地有限的情况下应该禁止土葬（即接受 $p \to d$），三类意见的表达见表 5-1。可以看到支持者、反对者和态度温和者的判断都是一致的，但用多数制规则聚合的时候结论却出现了不一致，也就是基于前提的多数制规则得到的结论与直接在结论上运用多数制规则得出的结果不一致，根据前提聚合的结果推论“应当立法严禁土葬”，根据结论聚合的意见是“不应当立法严禁土葬”，这就是判断聚合困境（discursive dilemma）。

① Kornhauser L A，Sager L G. Unpacking the court[J]. Yale Law Journal，1986，96（1）：82-117.

表 5-1 判断聚合困境

	p	$p \to d$	d
支持者	真	真	真
反对者	真	假	假
态度温和者	假	真	假
基于前提的多数制	真	真	真
基于结论的多数制			假

在规范性地讨论这个悖论之前，我们要引入判断聚合理论的基本架构，包括一些基本的概念和公理，以有利于后续的讨论。首先是参与集体选择的个体集 $N=\{1,2,\cdots,n\}$，其为有限集合且元素个数大于等于 3，即参与集体选择的人数至少有 3 个。假设个体集要判断的命题都来自命题逻辑系统 L，L 中包含原子命题 a, b, c, $\cdots$ 所有复合命题都由原子命题和 $\neg$（否定）、$\wedge$（合取）、$\vee$（析取）、$\to$（实质蕴涵）等命题连接词组成。对于 $K \subseteq L$，我们用 K^* 表示 K 的否定闭包，即 K^* 包含了 K 中的所有命题及其否定命题。我们说命题 $\phi \in L$ 是集合 $S \subseteq L$ 的后承，或者称 S 可推导出 ϕ，记作 $S \vdash \phi$。如果 $S \cup \{\neg\phi\}$ 是不一致的，则 $S \vdash \phi$。

迪特里希引入了一些（L，$\vdash$）系统上的公理①，在本书的讨论中认为以下三个公理是成立的：

公理 5.2.1（自后承） 对任意的 $\phi \in L$，$\phi \vdash \phi$。

公理 5.2.2（单调性） 对任意的 $\phi \in L$ 并且 $A \subseteq B \subseteq L$，如果 $A \vdash \phi$ 那么 $B \vdash \phi$。

公理 5.2.3（完全性） 空集 $\varnothing$ 是一致的，并且每一个一致的集合 $A \subseteq L$ 有一个极大一致集 $B \subseteq L$ 包含了每一对 ϕ，$\neg\phi \in L$ 中的元素。

由公理 5.2.2 易证下列命题：

命题 5.2.1 对 $\forall A \subseteq L$，如果 A 一致，A 的任意子集是一致的。

接下来，我们开始引入群体聚合的一些基本概念②。议程（agenda）是一个由待决定命题组成的集合，用 Z 表示，Z 是 L 上的非空有穷子集，且是自身的否定闭包。在表 5-1 中，$Z=\{p,\neg p, p \to d, \neg(p \to d), d, \neg d\}$ 是一个议程。判断（judgment）

① Dietrich F. A generalized model of judgment aggregation[J]. Social Choice and Welfare，2007，28：529-565.

② List C. The theory of judgment aggregation：An introductory review[J]. Synthese，2012，187：179-207；Nehring K，Puppe C. Consistent judgement aggregation：The truth-functional case[J]. Social Choice and Welfare，2008，31：41-57.

J是议程的子集$J \subseteq Z$，且满足（1）$J^* = Z^*$，此时也称J具有完全性，即对$\forall\phi \in Z$，$\phi \in J$或$\neg\phi \in J$，和（2）J是一致的，即J是L上的一致集（在命题逻辑意义上）。在本书不特别说明情况下，约定判断J是一致且完全的。由公理5.2.3和命题5.2.1易证下列命题：

命题 5.2.2　对议程Z上的每一个一致子集B，总有一个判断$J \subseteq Z$使得$B \subseteq J$

判断聚合规则是一个映射$F: J^n \to J$，将一个群体判断$F(J_1,\cdots,J_n)$映射到一个个体判断序组（profile）$P = (J_1,\cdots,J_n)$，其中J_i表示个体i的判断，J_i在序组P中，简记为$J_i \in P$，也可将$F(J_1,\cdots,J_n)$简单记为$F(P)$。在本书的讨论中，如不特别说明，我们假设F是一个满射，即议程Z上所有判断的集合构成F的值域。

二、第一个不可能性定理

现在重新审视判断聚合困境，需要考虑两个问题：一是是否只是多数规则会得到这样不一致的结果，其他的聚合规则会不会出现同样的问题；二是议程中元素的多少对困境的产生会不会有影响。这两个问题关注的焦点是不一样的，第一个问题关注的是聚合规则的理性条件，第二个问题关注的是议程的理性性质。需要考察议程的性质是在偏好聚合里面没有的，讨论偏好的时候当然也需要所有的主体在一个对象集合里表达自己的偏好，但是这些对象互相并没有某种联系，只有将命题作为选择对象才有可能讨论议程，议程实质上为人们表达选择的理由提供了可能，也正是人际选择比较的基础。

为了进一步讨论群体判断理性与个体判断妥协性的关系，必须引入群体判断聚合规则F的若干理性条件，这些条件很多与阿罗①在偏好聚合理论中提出的类似，后经过利斯特、迪特里希、佩蒂特等引入判断聚合理论②。第一个性质是全域性，要求判断聚合规则能够接受由一致且完全的个体判断构成的所有序组。

性质 5.2.1（全域性，universal domain）　判断聚合规则F的定义域是由议

① Arrow K J. Social Choice and Individual Values[M]. New York：Wiley，1951.

② List C. The theory of judgment aggregation：An introductory review[J]. Synthese，2012，187：179-207；List C，Pettit P. Aggregating sets of judgments：Two impossibility results compared[J]. Synthese，2004，140（1-2）：207-235；Dietrich F，List C. Propositionwise judgment aggregation：The general case[J]. Social Choice and Welfare，2013，40：1067-1095.

程 Z 上所有一致且完全的判断可能构成的序组的集合。

第二个性质是集体理性，限制聚合规则的输出，要求对每一个可能的序组，判断聚合都能得到一个一致并且完全的群体判断。

性质 5.2.2（集体理性，collective rationality） 对判断聚合规则 F 定义域上的任意序组 $(J_1,\cdots,J_n)$，$F(J_1,\cdots,J_n)$ 都是一致且完全的。

接下来的性质是一致同意性，表达的是如果群体里所有个体持有相同的判断，那么这个判断也将是群体的判断。

性质 5.2.3（一致同意性，unanimity preserving） 对任意合理的群体一致的序组 $(J,\cdots,J)$，$F(J,\cdots,J)=J$。

下一个性质是匿名性，表达的是判断聚合中所有个体的权重是一样的。

性质 5.2.4（匿名性，anonymity） 对判断聚合规则 F 上的任意两个序组 $(J_1,\cdots,J_n)$，$(J'_1,\cdots,J'_n)$，它们互相是重排，则 $F(J_1,\cdots,J_n)=F(J'_1,\cdots,J'_n)$。

接下来这个性质是系统性，表达的是命题是否被聚合得到，只与它在序组中的相对位置有关。

性质 5.2.5（系统性，systematicity） 对于判断聚合规则 F 上的任意两个序组 $(J_1,\cdots,J_n)$，$(J'_1,\cdots,J'_n)$ 和任意的两个命题 $\phi,\psi\in L$，$(\phi\in J_i\Leftrightarrow\psi\in J'_i,\forall i\in N)\Rightarrow(\phi\in F(J_1,\cdots,J_n)\Leftrightarrow\psi\in F(J'_1,\cdots,J'_n))$。

最后一个性质比较直观，群体里不存在一个独裁者，独裁者的意思是无论何种情况下，他的判断就是群体的判断。

性质 5.2.6（非独裁性，non-dictatorship） 群体中不存在个体 $i\in N$（独裁者）使得对任意可能的序组总是有 $F(J_1,\cdots,J_n)=J_i$。

利斯特和佩蒂特首先证明了判断聚合理论的第一个不可能性定理，该定理表明当议程满足某些条件的时候，上述一些性质之间是不相容的，如下：

定理 5.2.1[①] 对于议程 Z，$Z\supseteq\{\phi,\psi,\phi\wedge\psi\}$（$\phi\wedge\psi$ 也可替换成 $\phi\vee\psi$ 或 $\phi\to\psi$），那么没有判断聚合规则同时满足全域性、集体理性、系统性和匿名性。

波利（Pauly.M）和希斯（van Hees）证明了在上述定理中，如果删除匿名性条件，这样的判断聚合规则是存在的，但它是独裁的[②]。

① List C，Pettit P. Aggregation sets of judgments：An impossibility result[J]. Economics and Philosophy，2002，18：89-110.

② List C. The theory of judgment aggregation：An introductory review[J]. Synthese，2012，187：179-207.

定理 5.2.1 只是基于对聚合规则的理性条件限制，内林（K. Nehring）和普珀（C. Puppe）最先开始了对议程性质的讨论，提出了议程的非简单性（non-simple）条件。

定义 5.2.1（非简单，non-simple）①　一个议程 X 是非简单的，如果 X 至少有一个大于 2 的最小不一致子集。

对于一个命题集 $S \subseteq L$，如果 S 是不一致的，并且 S 的所有子集都是一致的，我们称 S 是最小不一致的（minimal inconsistent）。集合的大小就是数学意义上的集合大小，指集合中所包含元素的个数。在非简单性基础上，内林和普珀首先证明了讨论议程性质的不可能性定理。

性质 5.2.7（单调性，monotonicity）　如果对于一个序组 $(J_1,\cdots,J_n)$，有命题 $p \in X$ 是被集体接受的（被集体选择），那么对于另一个序组 $\left(J_1,\cdots,J_i',\cdots,J_n\right)$，如果 $\left(J_1,\cdots,J_i',\cdots,J_n\right)$ 中所有与 $(J_1,\cdots,J_n)$ 不同的判断都是接受 p 的（认为 p 为真），那么 p 也被序组 $\left(J_1,\cdots,J_i',\cdots,J_n\right)$ 集体接受。

定理 5.2.2②　如果议程是非简单的，任何满足全域性、集体理性、系统性和单调性的群体判断聚合规则都是独裁的。

定理 5.2.2 在对议程进行更一般意义的性质要求下，证明了不可能性定理。本部分介绍了人们关于判断聚合困境两个疑问的初步探索结果，都存在更一般意义上的不可能性结论。这些性质的提出和定理的证明构建了判断聚合理论的基本框架。

三、与阿罗不可能性定理的比较

还有一个问题也是研究判断聚合理论的学者们急于解决的问题，判断聚合困境与孔多塞悖论有什么关系，判断聚合与阿罗不可能性定理之间存在何种联系？事实上，由于命题的表达能力比较强，命题可以表达偏好，比如，用命题 p 表示“在 x 和 y 之间更偏好 x”，则 p 为真表示 $x>y$ 成立。因此，孔多塞悖论可以完全用判断聚合困境来表达（表 5-2）。

① Nehring K，Puppe C. Strategyproof social choice on single-peaked domains：Possibility，impossibility and the space between[Z]. 2002.

② Nehring K，Puppe C. Strategyproof social choice on single-peaked domains：Possibility，impossibility and the space between[Z]. 2002.

表 5-2 孔多塞悖论用判断聚合困境表达①

	x 和 y 之间偏好 x	y 和 z 之间偏好 y	x 和 z 之间偏好 x
个体 1 ($x>y>z$)	真	真	真
个体 2 ($y>z>x$)	假	真	假
个体 3 ($z>x>y$)	真	假	假
多数制	真	真	假

正是基于这一点认识，迪特里希和利斯特证明了可以用判断聚合理论表达的阿罗不可能性定理，从而证明了阿罗不可能性定理可以完全嵌入判断聚合理论。

定理 5.2.3（阿罗不可能性定理） 对于偏好议程（preference agenda）Z，一个聚合规则 F 满足全域性、集体理性、独立性和一致同意性，则这个规则是独裁的②。

其中偏好议程 Z 是指 Z 中的命题都是形如 $xRy, \neg xRy \in Z$，其中 x 和 y 都是常量，独立性是如下性质：

性质 5.2.8（独立性，independence） 对于判断聚合规则 F 上的任意两个序组 $(J_1,\cdots,J_n)$，$(J'_1,\cdots,J'_n)$ 和任意命题 $\phi \in L$，$(\phi \in J_i \Leftrightarrow \phi \in J'_i, \forall i \in N) \Rightarrow (\phi \in F(J_1,\cdots,J_n) \Leftrightarrow \phi \in F(J'_1,\cdots,J'_n))$。

不仅如此，迪特里希和利斯特还说明了偏好聚合的所有概念都可以嵌入到判断聚合中③，至此已经很清楚的是偏好聚合理论可以完全被判断聚合理论表达。关于反之是否成立的问题，即判断聚合能否嵌入偏好聚合，迪特里希和利斯特也进行了讨论，他们认为一般看来，判断聚合不具备嵌入偏好聚合的条件，判断表达的不仅有序数的性质，还有很多逻辑关系的内容，这些无法通过偏好进行表达，因此判断聚合应该无法嵌入偏好聚合中，但他们同时也认为关于能否嵌入严格的证明还需要进一步探索。

第三节 判断聚合理论主要进展

前面我们讨论了判断聚合理论的基本框架和一些奠基性的重要理论，这一部

① List C. The theory of judgment aggregation：An introductory review[J]. Synthese，2012，187：179-207.

② Dietrich F，List C. Arrow's theorem in judgment aggregation[J]. Social Choice and Welfare，2007，29：19-33.

③ Dietrich F，List C. Arrow's theorem in judgment aggregation[J]. Social Choice and Welfare，2007，29：19-33.

分将重点概述判断聚合理论已经取得的一些重要进展，当然这些进展也反映出诞生至今不到 20 年时间里判断聚合理论的主要研究方向。研究主要是三条进路：第一条进路是探索不可能性的边界，主要是找到一组议程和聚合规则的理性条件，并研究这些条件的组合对群体判断结论的关系；第二条进路是探索克服不可能性的方法，与社会选择理论研究类似，主要是通过放松一些理性条件，研究是否能够克服不可能性的局限性；第三条进路是与其他聚合理论相比较，如第二节谈到的阿罗不可能性定理嵌入判断聚合困境，就是判断聚合与偏好聚合之间的比较。本节我们将分别介绍这三条进路下的一些主要结论。

一、不可能性的边界

与社会选择理论不同，判断聚合理论对不可能性的讨论既考虑聚合规则的性质，也要考虑议程的特点。由于聚合规则的性质与偏好聚合条件下区别不大，所以判断聚合理论研究学者将重点放在议程一些特性的刻画上，他们通过对一些性质的描述，试图刻画出一类议程，然后讨论这类议程上的不可能性定理。迪特里希和利斯特主要讨论了当聚合规则不需要单调性时要产生不可能性对议程性质的要求，内林和普珀则重点讨论了当聚合规则需要单调性时议程性质的要求。在第二节我们已经给出了一些判断聚合规则的理性性质和什么是非简单的议程，本部分将尽可能全面地再介绍一些判断聚合规则的理性条件和议程的性质，最后给出这些条件和性质对于不可能性的影响。

首先，补充引入一些判断聚合规则的理性条件，第一个是中立性。

性质 5.3.1（中立性，neutrality）　对任意 $p,q\in Z$，对于判断聚合规则 F 上任意序组 $(J_1,\cdots,J_n)$，如果对所有的 i，我们有 $p\in J_i \Leftrightarrow q\in J_i$，那么 $p\in F(J_1,\cdots,J_n)\Leftrightarrow q\in F(J_1,\cdots,J_n)$

这条性质要求命题的名字与聚合无关，只要命题在序组中出现的结构相同，他们应该同时被聚合成集体判断。

性质 5.3.2（非寡头，non-oligarchy）　判断聚合规则 F 不是寡头的。

如果一个判断聚合规则 F 的定义域包括所有完全且一致的判断组成的序组，并且 $F(J_1,\cdots,J_n)=\bigcap_{i\in M} A_i$，对任意的序组 $(J_1,\cdots,J_n)$，我们说这个判断聚合规则 F 是寡头的，其中 $M\subseteq N$ 是一个固定的非空集合。寡头与独裁是相对应的概念，独裁是指一个人的判断就是集体的判断，寡头的意思是一小群人的判断是集体判断。迪特里希和利斯特比较过寡头聚合规则与独裁规则的区别，证明了两者的差别主要与对集体判断的理性条件设定有关[①]。在相同的条件下，如果对集体判断要求完全性，则出现独裁；如果仅要求演绎封闭，即非完全理性，则出现寡头。我们说一个判断 J 是演绎封闭的是指，$\forall p \in Z$，如果 $J \vdash p$，那么 $p \in J$。他们还证明了如果要求判断同时满足一致性和完全性的要求，可以推出判断具有演绎封闭性[②]，即演绎封闭性的要求比一致性加完全性的理性要求要弱。

下面一个性质是无否决权，意思是群体里不能存在一个个体，他能够把其他人的选择否决掉，这个性质也与独裁和寡头类似。

性质 5.3.3（无否决权性，no veto power） 对于所有序组 $(J_1,\cdots,J_n)$，如果其中 $n-1$ 个个体的判断是一致，如他们都是 J，则有 $F(J_1,\cdots,J_n)=J$。

最后一个关于判断聚合规则的理性性质是扩展的一致同意性，要求群体在演绎的结论上也保持一致同意。

性质 5.3.4（扩展的一致同意性，extended unanimity preservation） 对所有的 $p \in L$ 和任意序组 $(J_1,\cdots,J_n)$，如果对每一个个体 i，有 $J_i \vdash p$，那么 $F(J_1,\cdots,J_n) \vdash p$。

接下来我们将进一步引入几个重要类型的议程，与前面介绍的判断聚合规则的理性条件不同，这些性质没有太多的直观含义，但对于刻画不可能性具有技术性意义，它们的主要作用是将人们判断议事的对象集合规范在一定的理性条件下。首先，需要进一步介绍一些刻画命题间关系的运算符号，它们对于介绍议程性质是必要的。

如果存在 $Y \subseteq Z$ 使得 $\{p\} \cup Y \vdash q$，其中 Y 与 p 和 $\neg q$ 是一致，我们称一个命题 $p \in Z$ 条件推导（conditionally entail）出另一个命题 $q \in Z$，记为 $p \mapsto q$。即 p 能够借助其他条件演绎出 q。更进一步地，对任意 $p,q \in Z$，如果存在一个命题序列 $p_1,\cdots,p_k \in Z$，使得 $p = p_1 \mapsto p_2 \mapsto \cdots \mapsto p_k = q$，我们记为 $p \mapsto\mapsto q$。

第一组介绍的条件是关于“堵塞”（blocked）的，它们主要是由内林和普珀提出。

---

① Dietrich F，List C. Judgment aggregation without full rationality[J]. Social Choice and Welfare，2008，31：15-39.

② List C. A model of path-dependence in decisions over multiple propositions[J]. American Political Science Review，2004，98（3）：495-513.

定义 5.3.1（完全堵塞，totally blocked）[①] 称一个议程 Z 是完全堵塞的，如果对所有 $p,q \in Z$，有 $p \mapsto\!\!\!\!\to q$。

定义 5.3.2（堵塞，blocked）[②] 称一个议程 Z 是堵塞的，如果存在 $p \in Z$，使得 $p \mapsto\!\!\!\!\to \neg p$ 且 $\neg p \mapsto\!\!\!\!\to p$。

定义 5.3.3（半堵塞，semi-blocked）[③] 称一个议程 Z 是半堵塞的，如果对所有 $p,q \in Z$，（$p \mapsto\!\!\!\!\to q$ 且 $q \mapsto\!\!\!\!\to p$）或（$p \mapsto\!\!\!\!\to \neg q$ 且 $\neg q \mapsto\!\!\!\!\to p$）。

定义 5.3.4（最小堵塞，minimally blocked）[④] 称一个议程 Z 是最小堵塞的，如果至少存在两个不同的命题 $p,q \in Z$，使得 $p \mapsto\!\!\!\!\to q$ 且 $q \mapsto\!\!\!\!\to p$。

定义 5.3.5（偶数否定，even-number negatable）[⑤] 称一个议程 Z 是偶数否定的，如果存在一个最小不一致集 $Y \subseteq Z$，Y 有子集 X 且 X 的大小是偶数，使得 $(Y \setminus X) \cup \{\neg p : p \in X\}$ 是一致的。

定义 5.3.6（非分离，non-separable）[⑥] 称一个议程 Z 是非分离的，如果它不能够被分割成两个逻辑独立的子议程 Z_1 和 Z_2，并且这两个议程每个至少包括一个未定命题（contingent proposition）。

其中议程 Z_1 和 Z_2 逻辑独立是指对任意一致的子集 $B_1 \subseteq Z_1$ 和 $B_2 \subseteq Z_2$，有 $B_1 \cup B_2$ 是一致的。未定命题是指除重言式和永假式以外的命题。

定义 5.3.7（平凡，trivial）[⑦] 称一个议程 Z 是平凡，如果它只包括一对由命题及其否定构成的序组。（如果有多对，这些命题也是逻辑等价的。）

上面就是判断聚合理论中一些主要的关于议程的刻画条件，以及关于聚合规则的理性性质，迪特里希和利斯特对这些性质产生不可能性的对应关系进行了总结，形成了表 5-3。

---

① Nehring K，Puppe C. Strategy-proof social choice on single-peaked domains：Possibility，impossibility and the space between[Z/OL]. 2020-08-11. http://www.econ.ucdavis.edu/faculty/nehring/papers/sp-ema-march02.pdf.

② Nehring K. Puppe C. Strategy-proof social choice on single-peaked domains：Possibility，impossibility and the space between[Z/OL]. 2020-08-11. http://www.econ.ucdavis.edu/faculty/nehring/papers/sp-ema-march02.pdf.

③ Nehring K. Oligarchies in judgment aggregation：A characterization[Z/OL]. 2020-08-11. http://citeseerx.ist.psu.du/viewdoc/download?doi=10.1.1.389.1952&rep=rep1&type=pdf.

④ Nehring K，Puppe C. Strategy-proof social choice on single-peaked domains：Possibility，impossibility and the space between[Z/OL]. 2020-08-11. http://www.econ.ucdavis.edu/faculty/nehring/papers/sp-ema-march02.pdf .

⑤ Dietrich F. A generalised model of judgment aggregation[J]. Social Choice and Welfare，2007，28：529-565.

⑥ Dietrich F，List C. The impossibility of unbiased judgment aggregation[J]. Theory and Decision，2010，68：281-299.

⑦ Nehring K. Oligarchies in judgment aggregation：A characterization[Z/OL]. 2020-08-11. http://citeseerx.ist.psu.du/viewdoc/download?doi=10.1.1.389.1952&rep=rep1&type=pdf.

表 5-3　议程产生不可能性的情况①

<table>
<tr><th>判断聚合规则的性质
（规则已具备全域性、集体理性、一致同意性、独立性）</th><th>不需要单调性</th><th>需要单调性</th></tr>
<tr><td>非独裁性</td><td>完全堵塞、偶数否定</td><td>完全堵塞</td></tr>
<tr><td>非独裁性，并且每个命题和它的否定满足中立性</td><td>非简单、偶数否定、非分离</td><td>非简单、非分离</td></tr>
<tr><td>非独裁性和中立性</td><td>非简单、偶数否定</td><td>非简单</td></tr>
<tr><td>非寡头性</td><td>半堵塞、偶数否定</td><td>半堵塞、非平凡</td></tr>
<tr><td>匿名性</td><td colspan="2">堵塞</td></tr>
<tr><td>无否决权性</td><td colspan="2">最小堵塞</td></tr>
<tr><td>扩展的一致同意性</td><td colspan="2">非简单</td></tr>
</table>

表 5-3 的第一列和第一行都是关于聚合规则的理性条件，表格内容是关于议程的类别，所形成的对应关系表示当议程满足格子里这些性质的要求，则找不到满足第一行和第一列理性条件的聚合规则。例如，如果议程是完全堵塞的，则同时满足全域性、集体理性、一致同意性、独立性、单调性、非独裁性的判断聚合规则不存在。从表 5-3 中也可以看出有些议程的性质与判断聚合规则的理性条件密切相关，比如，议程的“偶数否定”性与聚合规则的“单调性”密切相关。

至此，已介绍完判断聚合理论完整的不可能性框架，下面再简略介绍判断聚合理论另外两条发展路径：一是克服不可能性；二是比较与偏好聚合等不同聚合对象理论之间的关系。

二、超越不可能性

与经典的社会选择理论相似，判断聚合理论对于超越不可能性的研究主要是三条路径：一是改变聚合的输入条件，如放宽全域性；二是改变输出条件，如放宽集体判断的完全性；三是对聚合规则的理性条件进行修订和讨论，最主要的是放宽或改变独立性理性条件。

首先是关于输入条件，一般要求判断聚合规则满足全域性，即对任何理性的判断组成的序组都适用。这其实是一条很强的性质，它要求聚合规则能够接

① Dietrich F, List C. Propositionwise judgment aggregation: The general case[J]. Social Choice and Welfare, 2013, 40: 1067-1095.

受足够多元化的判断。另外，从实际上看，这种尽可能多元化的要求也并不一定有利于做出更好的集体判断。在实际选择中，我们可以发现，对于同样的问题，往往在专家组里大家的看法比较接近，但在非专家组里的看法比较容易多元化，这至少说明了在选择前对问题本身的理性思考是必要的，对聚合规则要尽可能适应多元判断的要求并不是必须的，对实现更好的集体判断也没有任何直接的好处。

利斯特等重点讨论了序组的性质，他提出了序组可以满足的线性队列性质（unidimensional alignment）[①]，这条性质与布莱克于1948年在偏好序列上提出的单峰性（single-peakedness）[②]性质类似，一个序组$(J_1,\cdots,J_n)$具有线性队列性质是指个体集合N中的所有个体可以从左到右排成一个列，使得对于所有的$p \in Z$，所有个体接受p能全部写在左边或右边，拒绝p也同样，如表5-4所示的序组。

表5-4　一个线性队列性的序组[③]

	个体1	个体2	个体3	个体4	个体5
p	真	假	假	假	假
$p \to q$	假	真	真	真	真
q	假	假	假	真	真

可以发现线性队列性质是多数规则聚合一致的充分条件，但不是必要条件[④]。迪特里希和利斯特证明了要使得多数规则产生一致集体判断，充分必要条件是序组满足多数一致性（majority consistent）[⑤]，在这个性质的基础上，他们又进一步提出了序组的价值限制性（value restriction）[⑥]。这些研究说明，在一些判断聚合规则下，序组的性质确实跟聚合能否得到的一致的集体判断有关，但利斯特指出，

① List C. A possibility theorem on aggregation over multiple interconnected propositions[J]. Mathematical Social Sciences，2003. 45（1）：1-13.

② Black D. On the rationale of group decision-making[J]. Journal of Political Economy，1948，56（1）：23-34.

③ List C. The theory of judgment aggregation：An introductory review[J]. Synthese，2012，187：179-207.

④ List C. The theory of judgment aggregation：An introductory review[J]. Synthese，2012，187：179-207.

⑤ Dietrich F，List C. Majority voting on restricted domains[J]. Journal of Economic Theory，2010，145（2）：512-543.

⑥ Dietrich F，List C. Majority voting on restricted domains[J]. Journal of Economic Theory，2010，145（2）：512-543.

在这条路径上找不到一般意义上适用一类聚合规则的序组性质来克服不可能性，因为这些性质跟群体的构成、讨论问题时候的语境，以及要决定问题的风险性等外在因素有关[①]。这方面的讨论将涉及另一个大的领域，即社会选择理论与审议民主理论（deliberative democracy）的关系，包括制度设计等方面的问题，在这里我们不做深入讨论，有兴趣的读者可以查阅相关文献。

其次是关于输出条件的讨论。这方面主要是关于集体判断一致性和完全性的讨论。对于一致性的要求似乎具有天然的合理性，有很多学者为一致性的辩护进行了详细的讨论，包括佩蒂特[②]、利斯特[③]、科恩豪泽和塞贾尔[④]等。与一致性的待遇不同，完全性则受到很大的诟病，很多学者认为这个条件很强且是不自然的要求，但关于修订完全性的讨论并不像想象得那么顺利，前面我们已经说了迪特里希等已经证明，将完全性弱化到演绎封闭的情况下，还是会出现寡头规则，这也是民主决策所不愿意看到的。多科和霍尔兹曼[⑤]等对这一问题的讨论也有代表性。

既然将完全性弱化也无法避免不可能性，那么完全抛弃完全性是否可以？回答是肯定的，如果只要求集体判断是一致的，将会得到更多的可能性。比如我们采取绝对多数制（supermajority），要求集体接受命题 p 的条件是接受 p 的人数 n 要大于 $(k-1)/k$，$(k-1)/k$ 大于 1/2，且 k 是议程最大的最小不一致集的大小，可以证明这个聚合规则满足我们前面提到的除完全性以外的理性条件，并且总能得到一致的集体判断[⑥]。这也是绝对多数制在实际的政治和法律决策中被广泛采用的原因，但这也存在问题，就是有可能会陷入决策僵局（stalemate），即群体里的人可能分成几个部分，每个部分在不同的命题上投票，这样根本无法形成集体判断，也就是无法形成共识。更重要的是，迪特里希和利斯特证明了如果个体和集体判断都只要一致性，不要完全性，那么避免独裁的必要条件是拒绝或接受一个命题

---

① List C. The theory of judgment aggregation：An introductory review[J]. Synthese，2012，187：179-207.

② Pettit P. Deliberative democracy and the discursive dilemma[J]. Philosophical Issues，L1，2001：268-299.

③ List C. The discursive dilemma and public reason[J]. Ethics，2006，116（2）：362-402.

④ Kornhauser L A，Sager L G. The many as one：Integrity and group choice in paradoxical cases[J]. Philosophy and Public Affairs，2004，32：249-276.

⑤ Dokow E，Holzman R. Aggregation of binary evaluatuions with abstentions[J]. Journal of Economic Theory，2010，145（2）：544-561.

⑥ Dietric F，List C. Judgment aggregation by quota rules：Majority voting genetalized[J]. Journal of Theoretical Politics，2007，19（4）：391-424；List C，Pettit P. Aggregation sets of judgments：An impossibility result[J]. Economics and Philosophy，2002，18：89-110.

的标准不一致[①]。因此，利斯特认为与放宽全域性一样，在这条路径上也找不到一般意义上适用一类聚合规则的办法克服不可能性[②]。

最后是对判断聚合其他理性条件的放松，首先是独立性，它要求集体判断仅与个体对每个命题的判断本身有关，与其他命题的判断无关。这条理性要求似乎过于强烈。同样的理由，也有对系统性的质疑，可以很容易证明独立性加中立性与系统性是等价的。

如果放弃独立性，确实可以得到可能性的聚合规则，比如，基于前提的规则[③]，也就是仅对议程集合中的前提进行投票，然后再演绎出结论。这个规则最早是被科恩豪泽和塞贾尔讨论，他们称之为逐个投票法（issue-by-issue voting）[④]，此后，佩蒂特[⑤]、利斯特[⑥]、查普曼（B. Chapman）[⑦]、鲍恩（L. Bovens）和拉比诺维奇（W. Rabinowicz）[⑧]等对该规则的讨论也很有代表性。基于前提的规则面临最大的问题是优先序的问题，即选取不同的命题作为前提进行投票，可能得到的结果不一样，因此，基于前提的规则存在路径依赖（path dependence）问题，可能出现人为操纵结果的问题[⑨]。还有一种放弃独立性的途径是由皮戈齐（G. Pigozzi）提出的基于距离的聚合规则（distance-based rules）[⑩]，这种规则首先需要制定一些度量不同偏好之间距离的方法，集体判断就是在聚合这些距离得到的，这一路径的研究与信念混合理论有关。

放弃独立性最大的问题是会带来聚合规则的可操纵性，诱使人们为了得到想

---

① Dietric F，List C. Judgment Aggregation with consistency alone[Z/OL]. 2020-08-11. http://eprints.lse.ac.uk/0110/1/Judgment_aggregation_with_consistency_alone_%28LSERO%29.pdf.

② List C. The theory of judgment aggregation：An introductory[J]. Synthese，2012，187：179-207.

③ 比如，$F(J_1,\cdots,J_n)=\{p\in Z:G(J_1,\cdots,J_n)\cap Y\vdash p\}$，其中 $Y\subseteq Z$，并且 $G(J_1,\cdots,J_n)\cap Y$ 表示被多数选择的命题集。

④ Kornhauser L A，Sager L G. Unpacking the court[J]. Yale Law Journal，1986，96（1）：82-117.

⑤ Pettit P. Deliberative democracy and the discursive dilemma[J]. Philosophical Issues，2001，11（1）：268-299.

⑥ List C，Pettit P. Aggregating sets of judgments：An impossibility result[J]. Economics and Philosophy，2002，18：89-110.

⑦ Chapman B. Rational aggregation，politics[J]. Philosophy and Economics，2002，1（3）：337-354.

⑧ Bovens L，Rabinowicz W. Democratic answers to complex questions-an epistemic perspective[J]. Synthese，2006，150（1）：131-153.

⑨ List C. A model of path-dependence in decisions over multiple propositions[J]. American Political Science Review，2004，98（3）：495-513.

⑩ Pigozzi G. Belief merging and the discursive dilemma：An argument-based account to paradoxes of judgment aggregation[J]. Synthese，2006，152（2）：285-298.

要的集体判断结果不真实地表达自己的判断，迪特里希和利斯特已经证明了聚合规则不可人为操纵的充分必要条件是规则满足独立性和单调性①。利斯特认为尽管放宽独立性存在各种问题，但这一途径仍然是最有希望找到非退化（non-degenerate）的聚合规则的方法，这也说明了，与社会选择理论的其他分支一样，完美的判断聚合规则不存在②。

第四节 聚合理论的新发展

在聚合偏好和命题基础上，聚合理论还发展出了针对不同对象的聚合，比较有代表性的有抽象聚合（abstract aggregation），还有概率聚合（probability aggregation）。抽象聚合与判断聚合的关系比较紧密，它的聚合对象是 0 和 1 构成的序列，0 和 1 代表“是或否”的判断序列，主要研究个体判断按照如此表达能否聚合一致的问题，最早由威尔逊（R. Wilson）于 1975 年提出③，后来被鲁宾斯坦（A. Rubinstein）和菲什伯恩（P. C. Fishburn）④等进一步推广到一般化，多科和霍尔兹曼（2010），内林和普珀（2002，2010）也都对该问题进行了很多讨论，他们关注的焦点是判断聚合框架和抽象聚合框架互相表达的问题，利斯特和普珀的研究表明将判断聚合转化成抽象聚合将会丢失一部分信息⑤，即判断聚合比抽象聚合表达了更多的内容。

概率聚合研究的重点不是聚合一致接受的判断，而是如何对这些判断赋予群体一致的概率值。在较早之前，麦康威（K. McConway）（1981）、杰内斯特（C. Genest）和齐德克（J. V. Zidek）（1986）、蒙欣（P. Mongin）（1995）等都对这一问题进行了讨论，迪特里希和利斯特于 2008 年提出了概率聚合的一个一般性框架⑥，这一领域的研究重点仍然是如何在与判断聚合理论比较的基础上建立更一般性的理论。

聚合理论的发展当然不会仅局限于纯数理性的讨论。除了传统的在经济学和

① Dietric F，List C. Strategy-proof judgment aggregation[J]. Economics and Philosophy，2007，23：269-300.

② List C. The theory of judgment aggregation：An introductory review[J]. Synthese，2012，187：179-207.

③ Wilson R. On the theory of aggregation[J]. Journal of Economic Theory，1975，10（1）：89-99.

④ Rubinstein A，Fishburn P C. Algebraic aggregation theory[J]. Journal of Economic Theory，1986，38（1）：63-77.

⑤ List C，Puppe C. Judgment Aggregation：A survey，Handbook of Rational and Social Choice[M]. Oxford：Oxford University Press，2009.

⑥ Dietric F，List C. Opinion pooling on general agendas[Z/OL]. 2020-08-11. http://eprints.lse.ac.uk/20127/.

社会学领域研究讨论之外，判断聚合理论正在向计算机科学及其相关领域发展，开始进入多学科发展时期的后半段，一些来自人工智能（artificial intelligence，AI）、知识表达和推理（knowledge representation and ressoning，KR），以及多主体系统（multi-agent systems，MAS）的学者，对判断聚合研究的兴趣越来越浓厚，判断聚合理论在这些领域都取得了较快的发展。计算机科学在群体理性和决策理论方面的研究兴趣，主要是被不断增长的在信息技术市场占主导地位的各种以互联网为基础的服务需求所驱动，这些以互联网为基础的服务需求最关键的技术特征是要进行信息的分配与计算。从计算机科学的视角来研究判断聚合理论已经形成了很多方向，学者们正在探索不同的研究路径，包括判断聚合和逻辑、判断聚合和复杂性理论、判断聚合与偏好聚合的关系、判断聚合和信念融合、判断聚合和论证等。除此之外，在吸收计算机科学以外的学科知识过程中，判断聚合理论催生了很多新方向，包括判断聚合和审议理论、判断聚合和策略投票、判断聚合和可能性选项聚集等。这些研究方向一方面坚持了聚合理论研究的传统路径；另一方面，众多学科的参与使得当前的聚合理论研究有了更广泛的外延，内涵也在不断丰富。发展较好的代表性方向主要是以下几个。

一、论证与判断聚合

论证聚合理论虽然发展时间很短，但是近年来已经成为判断聚合理论发展最快的方向之一。为了刻画集体选择与个体选择相容性（compatible）的问题，卡米纳达（M. Caminada）和皮戈齐于2009年首次提出了论证聚合框架①，整个框架定义在论证标记理论基础之上（argument labeling theory），框架的基本定义和理性条件如下。

定义 5.4.1　一个论证框架（简写为AF）$\mathrm{A}=(Args,\rightarrow)$是一对一致的有穷集合，其中$Args$是论证集合，$\rightarrow$是攻击关系集合，$\rightarrow\subseteq Args\times Args$。

再定义A标记函数L：$Args\rightarrow\{in,out,undec\}$，其中$in$表示主体接受一个论证，$out$表示主体拒绝一个论证，$undec$表示主体对于接受或拒绝一个论证不确定。

定义 5.4.2　令$\mathrm{A}=(Args,\rightarrow)$是一个论证框架，$L$是一个A标记。我们说$L$是

① Caminada M，Pigozzi G. On judgment aggregation in abstract argumentation[J]. Autonnmous Agent and Multi-Agent Systems，2011，22：64-102.

完全的 A 标记（complete labelling）当且仅当，对于 $\forall a \in Args$ 有：

（1）如果 $L(a)=in$，那么 $L(b)=out$，对 $\forall b \in Args$，如果 $b \to a$；

（2）如果 $L(a)=out$，那么 $L(b)=in$，对 $\exists b \in Args$，并且 $b \to a$；

（3）如果 $L(a)=undec$，那么 $L(b) \neq in$，对 $\forall b \in Args$，如果 $b \to a$，并且 $\exists c \in Args$，有 $L(c)=undec$ 且 $c \to a$。

在定义 5.4.2 中，如果一个标记满足（1）和（2），我们称这个标记是可允许的标记（admissible labelling）。与判断聚合理论类似，对于一个聚合规则 F_A，要求能在序组 **L** 上得到一致且完全的群体论证集合。

性质 5.4.1　论证聚合的群体理性：F_A（**L**）$\in Comp(A)$，其中 $Comp(A)$ 表示 A 上所有完全的论证结构所构成的集合。

论证框架同样能够刻画判断聚合困境。我们引入形如表 5-5 的判断聚合困境，将其转换成论证结构的判断聚合困境见图 5-1 和表 5-6。

表 5-5　判断聚合困境①

	p	q	$r = p \wedge q$
个体 1	真	真	真
个体 2	真	假	假
个体 3	假	真	假
基于前提的多数制	真	真	真
基于结论的多数制			假

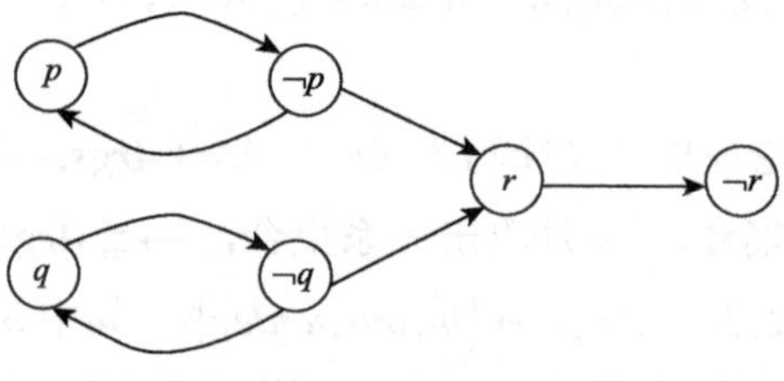

图 5-1　论证结构的判断聚合困境

① 表 5-5 所表达的判断聚合困境实质上跟表 5-1 所表达的是一样的，区别在于表 5-5 中命题连接符用的是合取，在表 5-1 中命题连接符用的是蕴涵，在这里用表 5-5 表达判断聚合困境，主要是为了转换成论证结构时比较方便。

表 5-6　论证结构的判断聚合困境

	接受（in）	拒绝（out）	不确定（undec）
个体 1	p，q，r	$\neg p$，$\neg q$，$\neg r$	φ
个体 2	$\neg p$，q，$\neg r$	p，$\neg q$，r	φ
个体 3	p，$\neg q$，$\neg r$	$\neg p$，q，r	φ
多数制聚合的结论	p，q，$\neg r$	$\neg p$，$\neg q$，r	φ

可见表 5-6 中每个个体的判断都是可允许的标记，但是聚合后的结论不是可允许的标记，出现了判断聚合的典型的困境，因此，判断聚合困境可以用论证框架来表达[①]。

卡米纳达和皮戈齐还引入了在论证框架下的两类聚合方法：一类是怀疑聚合（sceptical aggregation）[②]，另一类是易信聚合（credulous aggregation）[③]。之所以称其为两类方法，是因为它们都有一些变形的聚合方法，这些方法的目的是在由论证组成的序组上聚合得到与个体判断相容的集体判断。卡米纳达和皮戈齐构建了论证聚合理论的基本框架，应该说在这一领域做出了奠基性的工作。拉万（I. Rahwan）和托梅（F. Tohme）在 2010 年仿照判断聚合理论中各性质的形式，进一步构建了论证聚合框架下的聚合规则理性性质集合，并证明了不可能性定理，对能否克服不可能性进行了讨论[④]。布思（R. Booth）、阿瓦德（E. Awad）和拉万在 2014 年发现了一种称为区间方法（interval method）的聚合规则，能够表达卡米纳达和皮戈齐提出的怀疑聚合规则、易信聚合规则及多数制等基于论证的集体聚合规则[⑤]。总体上看，关于论证聚合的研究才刚刚起步，还有很多问题需要进一步探索，比如，不同的相容性相互表达的问题，以及其与聚合规则的关系，等等。

① Caminada M，Pigozzi G. On judgment aggregation in abstract argumentation[J]. Autonnmous Agent and Multi-Agent Systems，2011，22：64-102.

② Caminada M，Pigozzi G. On judgment aggregation in abstract argumentation[J]. Autonnmous Agent and Multi-Agent Systems，2011，22：64-102.

③ Caminada M，Pigozzi G. On judgment aggregation in abstract argumentation[J]. Autonnmous Agent and Multi-Agent Systems，2011，22：64-102.

④ Rahwan I，Tohmé F. Collective argument evaluation as judgement aggregation[C]//Proceedings of the 9th International Conference on Autonomous Agents and Multiagent Systems，2010，1：417-424.

⑤ Booth R，Awad E，Rahwan I. Interval methods for judgment aggregation in argumentation[Z/OL]. 2020-08-11. http://web.mit.edu/irahwan/www/docs/kr2014.pdf.

二、逻辑与判断聚合

阿罗曾经认为逻辑学对他发现不可能性定理发挥了关键的作用，判断聚合理论由于用命题逻辑表达个体信念，逻辑学在其中发挥了更加重要的作用。乌列（E. Ulle）是用逻辑刻画判断聚合理论的代表性学者，他用逻辑的观点对聚合悖论进行了刻画。他认为每一个聚合的困难在于，我们希望在判断上面一些理性的约束（rationality constraint）能够成立，但这些约束却不能通过聚合规则由个体传达到集体。这些理性的约束如希望序列有传递性没有循环，希望接受的判断集合一致，等等。乌列和格兰迪（U. Grandi）将这些理性约束用命题的形式表达出来，并称之为完整限制（integrity constraint）①，并用这种方法对判断聚合中的关于聚合规则和结论的理性条件进行了改写，从而能够发现这些理性条件在逻辑结构上的差异，在此基础上，从计算复杂性的角度对聚合规则进行了进一步的研究②。乌列这一部分的工作，对判断聚合理性向人工智能发展，能够在计算机上实现判断聚合的问题奠定了坚实的基础，他是最早讨论判断聚合理论上的计算复杂性问题的学者。鲍迈斯特（B. Baumeister）在聚合复杂性理论上的研究也很有代表性，他讨论了运用基于前提的配额规则（quota rules）进行判断聚合时，关于人为操纵、贿赂等手段的复杂性问题③。

乌列还和格兰迪还将判断聚合扩展到图聚合（graph aggregation）④。图聚合主要是把群体聚合的对象当作图，每个图是由顶点和边的集合构成的，这种模型对于刻画社会网络（social networks）具有很大的价值，能够比较方便地描述社会群体互相联系构成的人群网络的聚合问题。乌列等不仅详细比较了图聚合、偏好聚合和判断聚合之间互相表达的关系，以及图聚合中的不可能性定理，还证明了图聚合能够与模态逻辑（modal logic）之间互相表达。波雷洛瑞罗（D. Porello）等也对用模态逻辑表达判断聚合困境进行了研究，他们将判断聚合中

---

① Grandi U，Endriss U. Binary aggregation with integrity constraints[C]//Proceedings of the Twenty-Second International Joint Conference on Artificial Intelligence，2011：204-209.

② Endriss U，Grandi U. Binary aggregation by selection of the most represen-tative voter[Z/OL]. 2020-08-11. https://eprints.illc.uva.nl/483/1/PP-2013-11.text.pdf.

③ Baumeister D，Erdélyi G，Erdélyi O J，et al. Computational aspectsof manipulation and control in judgment aggregation[C]//International Conference on Algorithmic Decision Theory，2013，8176：71-85.

④ Grandi U，Endriss U. Graph aggregation[Z/OL]. 2020-08-11. https://arxiv.org/pdf/1609.03765v1.pdf.

可能和不可能的结论扩充到了模态逻辑中①。

总体上来看，乌列等的工作代表了逻辑学和判断聚合理论相结合发展的主要方向，他们的工作主要是一方面用逻辑的语言翻译各种判断聚合理论面对的问题，加深了人们关于判断聚合困境和有关性质的理解；另一方面将判断聚合与计算复杂性理论相结合，研究聚合规则的复杂性问题，为在计算机上使用判断聚合的方法，以更好解决个体与集体表达相关问题探寻到了有效的途径。

三、人工智能与判断聚合

人工智能与判断聚合理论相结合向工程领域发展，是目前判断聚合理论最前沿的领域。严格来看，判断聚合的计算复杂性研究是向人工智能发展讨论的基础，两套理论关系密切，我们之所以将两者分成两个部分介绍，主要是因为计算复杂性问题属于逻辑学范畴，而当判断聚合向人工智能领域发展的时候，就与计算机科学发生了更为密切的联系。

人工智能与判断聚合理论研究的代表人物是郎（J. Lang），他认为判断聚合的核心问题是解决不一致性。而在人工智能和逻辑学中有一大部分的研究也是为了解决不一致性，这些研究包括非单调推理（nonmonotonic reasoning），信念修正（belief revision），信念耦合（belief merging），关于行动和互换的推理（reasoning about action and change），聚一致性（paraconsistency），不一致性调试（inconsistency debugging）等。因此，判断聚合在人工智能领域研究的重点，就是如何避免聚合信息的不一致性。这些研究方向包括我们前面提到的在论证框架下的聚合问题（多主体系统），语言资源的集体注释理论（collective annotation of linguistic resources），本体论耦合（merging ontologies）等。

乌列与克鲁格（J. Kruger）等提出了注释聚合（annotation aggregation）②，注释聚合与互联网和信息技术有着更为密切的关系，它主要研究如何把人们对一个客体解释的自由表达，汇聚成一个更好的解释③。乌列等构建了聚合注释的公理系

① Porello D. A proof-theoretical view of collective rationality[C]//Proceedings of the Twenty-Third International Joint Conference on Artificial Interlligence，2013：317-323.

② Endriss U，Ferάndez R. Collective annotation of linguistic resources：Basic principles and a formal Model[C]//Proceedings of the 51st Annual Meeting of the Association for Computational Linguistics，2013：539-549.

③ Kruger J，Endriss U，Ferández R，et al. Axiomatic analysis of aggregation methods for collective annotation[C]//Proceedings of the 2014 International Conference on Autonomous Agents and Multi-Agent Systems，Paris，France，2014：1185-1192.

统，并对聚合规则和不可能性等问题进行了讨论，聚合注释对于如何通过互联网形成恰当的知识具有重要的价值。

总的来看，郎认为与传统的从法律、政治学和数学的角度研究判断聚合理论不同，从计算机科学的角度来看待判断聚合，更多的是判断聚合的工程层面，这些不同的研究视角包括判断如何被聚集，以及应用于聚集方法的可计算性效率和扩展性（scalable），等等。

第六章　可行的集体可接受

2011 年 9 月，很多新闻网站公布了这样一条消息，由两家机构共同发起的民调显示，近 70%的以色列受访民众表示，若联合国接纳巴勒斯坦拥有完全会员国资格，那么以色列政府就应该接受巴勒斯坦的国家身份，即近 70%的以色列受访者可以接受联合国接纳巴勒斯坦的国家资格。这是一个典型的集体可接受示例。这样的集体接受情形在日常生活中并不少见，对于某些涉及集体的社会性难题，“接受”似乎成为一剂强有力的解药，遇难者家属们接受了赔偿方案，所有被解雇的职员都接受了赔偿标准，甲方单位最终接受了我们的投标方案，等等，一个集体的接受似乎总是以结果性的面貌出现，表现出一种问题已经解决的状态。现在的问题是究竟什么是集体可接受，当说集体接受的时候，我们实质上在说什么。还有更具实践性的问题：如果将接受看作这个集体的一个状态，如何能刻画这种状态？前面已经讨论了可行的可接受性理论，本章将尝试将其拓展到集体可接受性。

第一节　集体的可行能力

前面已经提出了用可行能力思想刻画可接受性。当视角换到集体的时候，情况变得有所不同。首先，可行能力已经很明确地被提出是作为人的一种特有能力，而不是一群人成为集体后的能力，但是我们也经常能观察到这样一些情形：中国女排能够在各类世界级比赛中陆续战胜其他队伍，取得世界大赛五连胜，成为中国体育史上的一个标杆。这里谈到的对象是中国女排这支队伍，而不是某一个球员具备取得冠军的能力，显然这种取胜的能力不是一两个运动员能够具备的，必须是一个作为集体的球队。由此看来，是否存在集体的可行能力，集体能否成为具有可行能力的主体，森强调可行能力是人具有的能力是否有很大的局限性，这些问题还需要思考。这方面确实是可行能力理论提出以来饱受诟病的一项内容，批评者将其称为“方法论上的个人主义”（methodological individualism）。森对此给出了两个方面的回应：一方面，森强调可行能力本身就具有很强的公共理性，他不否认具有“集体可行能力”这种东西（但也没有肯定），但强调这种能力仍然依赖个体；另一方面，森认为讨论集体可行能力会损害一个人发挥可行能力的自由。

在森看来，可行能力虽然强调个体的主体性，但是它与强调个人思想、选择和行为与他们所在社会是分离的理论截然不同。可行能力本身就包括社会性，它强调刻画人们能够实现的珍惜生活，而这些生活就是社会生活的一部分。森认为个人评价很多时候会基于人们对与其他人合作的重视程度，我们在评价一个人参与社会生活的能力时，也暗含地对社会生活进行了评价，这是可行能力视角的一个非常重要的方面。因此，森并不认为可行能力理论是个人主义，相反，可行能力理论本质上不可能是脱离群体的，在对待“集体可行能力”上，森强调的是“需要通过群体的成员（或其他人）对于该群体的可行能力的重视，来认识群体所具有的可行能力的重要性”①，必须要“使用这种个人评价方法来认识群体的可行能力”②。因此，森认为可行能力理论不需要专门去刻画集体可行能力，而后者可以通过个体可行能力，以及相互之间的互动和评价来实现。

森不仅不认为集体的可行能力理论有讨论必要，他甚至认为将一个人划分到某一个集体来看待可行能力，会损害一个人可以决定自己对于不同群体忠诚的自由。即强调集体的可行能力会损害个体可行能力的发挥。在森看来，无法也没有必要将每个人归入一个集体来看待可行能力，一个人根据信仰、性别、语言、职业和国籍等因素的不同，可以归入很多种集体，一个人必然属于不同的群体，具有多重身份、多种从属关系，如果我们强调他在维护其中一个集体可行能力的义务，可能会损害他发挥自身的可行能力，因为自由本身就是可行能力的核心要素。

《拯救大兵瑞恩》是一部很有影响力的电影，它讲述的就是一个保护个体可行能力的故事。电影描述二战时期诺曼底登陆后，瑞恩家 4 个儿子于前线参战，除了隶属 101 空降师的小儿子二等兵詹姆斯·瑞恩仍下落不明外，其他 3 个儿子皆已在各地战死。美国陆军参谋长马歇尔将军得知此事后出于人道精神，特令前线组织一支 8 人小队，在人海茫茫、枪林弹雨中找出生死未卜的二等兵詹姆斯·瑞恩，并将其平安送回后方。詹姆斯·瑞恩继续留在战场，显然对于登陆部队这个集体保持更高的战斗可行能力是有利的，但马歇尔将军此时的决定，显然是看到了瑞恩

① 阿马蒂亚·森. 正义的理念[M]. 王磊，李航，译. 北京：中国人民大学出版社，2012：226.
② 阿马蒂亚·森. 正义的理念[M]. 王磊，李航，译. 北京：中国人民大学出版社，2012：226.

同时具有作为儿子的属性，而瑞恩在这样一种社会属性下所具有的可行能力对于他年迈的父母来说尤为重要。在这种情况下，如果强调部队作战的集体可行能力，显然很大可能上会损害瑞恩作为“儿子”的可行能力。森的担心并非毫无道理，在很多情况下，保持集体的可行能力会成为约束个人可行能力的手段，以集体的名义要求个人放弃一些自由似乎有着天然的合理性，这也是在电影中，为什么必须由陆军参谋长下达这样命令的原因，在战场上找到一个士兵送回家的决定，确实与军队保持良好作战能力的目的背道而驰，不是一个轻易的决定。

从森的回应可以看出，虽然他委婉地谈论了集体可行能力，但从本质上看，个体自由在森看来具有无法比拟的地位，他对“集体可行能力”丝毫没有好感。回归到森经济思想的源头，更容易理解他持有的立场。森是一位从印度走出去的经济学家，尽管很长一段时间定居在英国、美国等发达国家，但他关注的问题始终是欠发达地区的发展问题，特别是关于饥荒的研究，更是他学术研究的重要部分。森认为解决这些问题的关键是个体的“自由”，在他看来研究社会选择的目的是创造社会福祉，而要达成这个目的，尊重个体的自由发展是必须的，否则不可能实现社会福祉的最大化，或者只是一种虚假的最大化。因此，森的理论着眼点就是促进人的全面发展，任何制约人的自由和发展的研究与讨论都是不必要的，甚至是有害的。试想一下：一个群体中每个人的可行能力都非常有限，仅讨论这个集体的能力，对于评价个人生存状态的改善能够有多大的意义？而恰恰相反的是，只有深刻把握和评价个体的可行能力，强调主体价值判断的意义，才有可能对人类发展这一宏大主题予以更充分的关注，正如森所评价的：

> 用一个古老的比喻，我们不仅是自身的需要应被考虑的“病人”，而且是“能动的主体”，我们决定价值判断和其实现方式的自由远远超越了我们自身的利益和需要。我们不能将生活的意义置于自己的生活标准中，或者需求满足的狭小空间里。尽管病人的需求十分重要，但这并不能使主体的合理价值判断所具有的重大意义黯然失色①。

尽管在森的立场上，不必要讨论集体可行能力，但对于集体不同于个体的表现还是有需要进一步探讨的价值。女排团队所能取得的胜利，毕竟不是一个运动员能做到的，一群人聚集在一起总是表现出比个体“多出一些东西”，这一点不容置疑，否则为什么人类还需要聚集起来，如何体现众人力量大。森对讨论集体

---

① 阿马蒂亚·森. 正义的理念[M]. 王磊，李航，译. 北京：中国人民大学出版社，2012：232.

可行能力会影响个体自由的担忧是有道理的，但这种担忧不能作为回避研究集体可行能力的理由，而是应该成为研究的理由，认清一个问题有利于我们更好地解决一个问题。更何况一群人聚集后比个体具有更大能力是摆在眼前的客观事实，无法回避。这些集体超越个体所展现的能力即使不认为是以可行能力的面貌出现，也表现出很强的目的性和倾向性。集体毕竟没有像个体的“大脑”存在，无论对集体的主体性持何种观点，要评价其具有某种主动的能力，都不能简单地将集体看作一个个体。与其把集体看作一个主体讨论它能做什么，不如关注一个多人组成的群体形成了怎样一种目的性的倾向，这种倾向性通常被称为“集体意向性”（collective intentionality），这一问题引起了很多哲学家和社会学家的关注，本书在后续章节将专门讨论这一主题。

第二节　普遍接受、共识与一致同意

通过对集体可行能力的考察，表明“可行能力”理论在集体为主体方面，并没有为可接受性理论更多的建设性参考。前面已经讨论了关于可接受性的一系列问题，并提出了一种能行的刻画可接受性的方法——“可行可接受性”。这种可接受性是基于个体的，需要进一步讨论如何将这种可接受性拓展到集体。本节将在以个体为主体的“可行可接受性”基础上，进一步探讨集体可接受性的实质，构建关于集体可接受性的讨论框架，为建立“可行的集体可接受性”提供基础。构建这一框架的途径是分析普遍接受、共识和一致同意等一些被认为反映集体接受的概念。

一、普遍接受

在对个体接受进行刻画的基础上，要说清楚什么是集体可接受并非难事。我们用一种最朴素最直观的方式来理解集体可接受，相对于个体接受，集体可接受就是集体中每个个体都接受，即“普遍性地接受”。亚里士多德在《工具论》中对“普遍接受”有过论述，在他看来，“普遍接受”意味着为全体或多数或其中最著名最杰出的人物所接受。亚里士多德这样评论“普遍接受”，是因为他要将“普遍接受”的意见作为推理的前提，前提正确，结论才有可能正确，为了保证前提的正确性，普遍的接受性显得尤为重要。本书讨论集体可接受性，将坚持作为集体的全体成员可接受，理由是如果只有部分人接受（即便是大部分人）就表示集体接受，会构成“集体接受”的传递性性质，可以得出大部分人的大部分人接受，也可以代表集体接受，这样一来集体可接受会不断萎缩，最后这个能够表示接受的集体必然退化成一个人，只要一个人接受就表示集体接受，显然是不合理的。由此，同理，亚里士多德提出的精英接受代表集体接受也是不可取的。

在森看来，理性是一种方法[①]（discipline），不仅用于追求一个既定的目标和价值的集合，而且用于省察这些目标和价值本身。相较而言，接受更像是一种状态，集体可接受表明一群人与一个客体关系的状态。作为方法的理性有两个特征：一是能够系统性地追求既定的目标，为实现目标提供方法；二是不断对目标进行省察，为完善目标提供方法。两个特征的综合就构成了理性作为实现目标方法的全部内涵。毋庸多言，理性作为方法有着特有而重要的用途，它虽然不是人类处理问题的全部方法，很多时候，甚至饱受诟病。比如，反对工具理性的观点：与其能说出为达到目的为什么要这么做的冰冷感，主动选择放弃目的，充满暖色调地守护人性的光环，对于人类来说也许更重要。但必须要说，理性是人类这样一种高级生物所具备的重要特质之一，正如罗伯特（N. Robert）所指出“理性使我们对自己的行动、情感及这个世界有着更多的了解和掌握”[②]。

森认为理性的首要和最直接的用途是规范性的，“我们希望我们的思考与行动是睿智而贤明的，而不是愚蠢与冲动的。如果理性的理解与系统的推理紧密关联，理性的规范性用法可以很容易地放在这一阶段”[③]。除此之外，理性的用途还包括预测性，通过理性的行为假设来预测实际行动；理解他人，理解他人做什么，为什么这样做，以及他们知道什么，我们可以从他们的行为中学到什么，等等；还有理解合作、竞争和冲突，主要是使得人们能够考虑自己应如何期望他人的行动，无论是他们自己的主动行为，还是对我们行为的反应，这是博弈论研究的主要范畴。

“接受”并不具有作为一种方法的特征。一方面，它只表现了主体的主观看法，完全没有规范性的意味，与构成方法的行为无关。它没有描述一系列行为标准，也没有目的导向性，接受并不导致某种客观的目的。另一方面，接受本身构

① 阿马蒂亚·森. 理性与自由[M]. 李风华，译. 北京：中国人民大学出版社，2012：29.
② Nozick R. The Nature of Rationality[M]. Princeton：Princeton University Press，1993：171.
③ 阿马蒂亚·森. 理性与自由[M]. 李风华，译. 北京：中国人民大学出版社，2012：29.

成了一种目的，没有其他任何基于目的的价值评判意味，接受不构成为其他目的的省察。因此，从本质上来看，“接受”只表达了主体主观上对客体的一种态度，从第三方的角度来看，我们认为“接受”描述了主体与客体之间的一种状态。

集体可接受表达就是一种集体的状态。接受性的三个特征对于集体可接受性也同样成立。首先，必须要说明的是个体主体性，究竟集体能否作为有意识的主体表达接受。这一问题，在讨论集体理性的时候，已经做了比较详细的讨论，只有个体具有主体性，能够主动地表达理性，较之理性，接受具有更突出的主观认可的特点。因此，这样作为一种主动认知状态的接受也必然只能由个体来表达，集体不能作为主体表达接受。个体主义与集体主义之争是哲学思想史上一个持久的话题，个体主义始终占据着主导地位。原因很简单，抛开人体，实在无法为集体找到一个等同于人脑的物体存在，这也是在经典哲学理论框架下坚持个体主义最强有力的理由。在本书讨论的范畴下，集体可接受意味着群体中每个个体接受，个体依然是集体接受的认知主体，个体主体性是任何集体可接受性理论必须具备的特征之一。

其次，关于客观实在性，同样适用于集体可接受，当一个客观事实被集体中的任意一个个体所认知到的时候，必然被他们所接受，根据集体可接受的定义，自然被集体所接受。还有，关于基于程度的度量，我们已经讨论了集体接受必然是集体的全体成员接受，因此对于集体接受的程度的度量，与群体中多少数量的个体接受无关。由于集体可接受完全依赖于个体的接受，对于个体接受的程度度量对于集体可接受当然具有效力，所以集体可接受性也具备基于程度度量的特征。

二、外部性与内部性

除了前面提到的三个特征之外，集体可接受性还有不同于个体接受的固有特征。这些特征展现出集体接受的“力量”，即对集体外部和内部的影响力，从一定程度上看，这也是讨论集体接受的重要意义所在。

首先是集体接受的外部性问题。个体的接受表明个体的态度，如果不在集体的环境下看待，这种接受并不会对其他人形成影响。比如，六六是一名大学生，她要一个人从码头到学校，她可以接受很多种方式，包括步行、跑步、骑自行车等，她这种接受的后果是她会选择其中一种方式到达学校，而她无论选择哪种方式到达并不会对其他人产生影响。相比较之，集体的接受却能够对集体以外的个体形成影响力，因为存在这样的客体，其合理性的确认在于被一个集体所接受，甚至于形成约束力。

突然被一个陌生人袭击，“袭击”的方式是被涂抹一脸的黑灰，想必这不是一件令人愉快的事，很多人都会选择拒绝接受这样的遭遇。生活在云南沧源的佤族人就有这样的民族习俗，称为“摸你黑”，他们甚至为此发展出了每年定期的狂欢，活动的主要形式是参加狂欢的人们互相涂抹用锅底灰、牛血、泥土制成的涂料。这样的狂欢节早已超出了佤族这一民族集体的范畴，已经成功地打造成“世界参与人数最多的接触类狂欢节”——沧源佤族摸你黑狂欢节。2016 年 5 月 2 日下午在沧源文体广场举行的摸你黑狂欢主题活动，经中国世界纪录协会的官员现场检测认定，当天同时有 18 900 名中外游客在同一场地参与了摸你黑狂欢活动，在同类型活动中，属世界之最。

可见，虽然“摸你黑”是佤族的习俗，但已经深深地影响了佤族以外的个体，被很多不是佤族的人们所接受，那 18 900 名参加活动的人当中，肯定有不是佤族的人，因为中外游客同在，参加的外国人显然不是佤族人。“涂陌生人一脸黑灰”这件奇怪的事情因为成为一个民族的习俗而变得可以接受了。民族代表了一个有着共同文化传承和生活习俗的共同体，代表了一个集体，抛开这一例子的现实背景，实际上就是一个原本不被个人所接受的客体，因为一个集体接受，而使得集体以外的人也接受了，这个客体因为集体的接受而具备了原本不具有的影响力，甚至产生了“文化”这样的意涵，这不得不说是一件很神奇的事情。关于为什么佤族这样的集体会接受这一习俗，也许需要新的考证和解释，但大体上像其他民族的习俗一样，与人们生活的地理环境息息相关，其内涵是表达一种对美好生活的向往，从而赋予了“涂陌生人一脸黑灰”这个行为新的意义，关于“摸你黑”习俗的形成有这样一段解释：

> “摸你黑”是从佤语音译过来的。意思是“这儿是我们追求的、我们所期待的，坚持下去吧，坚持到永久”。佤族是一个把精神生活看得比物质生活还重要的民族，因此，佤族人民总是乐观豁达、无忧无虑的。他们利用空余时间尽情地享受歌舞所带来的欢乐。他们认为，今生只有一次，不论贫富贵贱，结果都要面对相同的轮回。因此，一定要珍惜仅有的一次人生，快乐地生存下去，这就是音译佤语的“摸你黑”。老人常说：“我生是因为我存在，我存在是因为我快乐。”

佤族是一个以黑为美的民族，佤族认为黑色是勤劳的象征，是健康的象征。因此，阿佤人的服饰几乎都以黑色为基调。早在过去，佤族人民就有染牙的习俗，他们认为黑亮的牙齿和健康的黑皮肤相配才能与阿佤人步调保持一致。至今有一句谚语说：步调一致我们才好一起跳舞，牙齿黑亮我们才好一起说笑。那么，在“摸你黑”活动中，谁最黑谁就是最美的。憧憬未来、向往美好、追求幸福、祈求平安和吉祥，是阿佤人积极向上的人生真谛。①

其次是集体接受的内部性问题，集体接受对集体中的个体成员会形成影响力和约束力，即在达成集体接受的过程中，个体会出现“妥协”，集体中的成员可能放弃原来的不接受而妥协，对一个客体的态度从“不接受”转变为“接受”。比如，伤害一个陌生人对于很多人来说是无法接受的，哪怕对象是一个作恶不断的人，但一个人一旦加入军队，参加战争的时候，尽可能多地杀死敌人，取得战争的胜利甚至成为他的信念，这种情况下，个体因为加入这个集体放弃了原来不接受的客体，转为接受。

由此可以发现，集体可接受作为一种状态，达成这种状态的方法可以暂时不予考虑，在形成这种状态的过程中，对集体的成员形成了影响力，成员甚至能够接受原来不接受的客体。这也是我们讨论集体可接受性的意义所在，内部性使得集体接受性能够促成人们不同群体的形成，或者更进一步地说，正是集体可接受的内部性使得不同的人们走到一起，形成各种群体，这些群体小到一个委员会、一个公司，大到一个宗教团体、一个民族、一个国家。无论这些群体以何种形态存在，之所以称为一个集体，其成员有共同的标签，必然有其成员共同接受的客体，对于一个民族来说，有共同的文化、习俗，甚至于语言，对于一个国家来说，有共同的法律制度体系、有共同的政治认识、有共同的历史记忆等。

个体审思是个体可接受的前提，如果将个体可接受作为集体可接受的前提，那么个体审思显然是集体可接受中必不可少的环节。根据前面集体可接受的定义，集体接受意味着每个个体都接受，即每个个体接受是集体可接受的前提，那么集体可接受如何影响个体接受的态度。其中自然有时序的因素，个体表达接受的观点不一定是同时，但最本质的原因在于，作为一个集体中的个体，在考虑接受的

① http://baike.baidu.com/link?url=qNXr8Q5yhT4AtK5RMu3ZCceymORoAbgwajPYkaasVpEOMJk143NGXiOY1OAhFEnY7evF5fRfwoinq1vZ-nmHbq.

过程中有人与人之间比较的因素，即人际的比较。当然可能会考虑这样的问题，既然客体是否可接受是被个体判断的，那么在讨论集体可接受性的时候，强调这种人际的比较有何种意义。关于这一问题的回答又将回归到“集体选择有何意义”，在亚里士多德、阿罗和森等看来，集体选择作为人类生存方式被自然地接受下来，布坎南关于“外部成本”的解释，则给集体选择赋予了经济学的味道，他认为集体选择是人们互相服务，有效降低生存的外在成本的必要选择。

在一般情况下，伤害人是不可接受的，在一个人的脑子里有一千个理由支持不能伤害人，更不能伤害一个陌生人。但在有些特殊的情况下，人们之间的殊死搏杀会变得具有合理性，比如，作为一名士兵在战场上，面对侵略国家的敌人，即便完全不认识他们，消灭他们也变得理所应当，在他的头脑里甚至不会犹豫。一方面，从群体层面来看，是由于军人接受的教育和训练，保卫国家是他们的职责。另一方面，从个体层面来看，当一个士兵能够对陌生的敌人开枪的时候，或多或少受到周边战友的影响，特别是对于第一次上战场的新兵，他周围的战友都在奋勇杀敌，他们的这些举动会让这名士兵感到自己的射击行为变得正当、可以被接受，表明他在某种程度上进行了妥协。人际的比较在集体可接受性形成中发挥了重要的作用，这种作用的表现就是内部性，从另外一个角度来看，内部性保证了集体可接受与个体可接受之间的交流，因为有内部性的存在，个体可接受与集体可接受不是机械的部分与组合的关系，而是有机的交互。

事实上，在可接受的范畴下，有讨论意义的客体大部分不具备客观实在性，个体的接受为客体的合理性提供了很强的辩护，比如，“在脸上抹黑灰”这种事情，没有客观实在性，只是因为人接受才具有意义。这些客体的范畴本身就被限定在需要集体中不同个体发生关系、互相影响这样的前提下，从这个意义上看，我们认为虽然集体选择中的集体可接受是集体中个体普遍的接受，但这种接受，较之脱离集体的环境而进行的个体接受行为，还是存在很多不同，因此在集体可接受性的讨论中强调人际的比较同样非常重要。

三、作为接受的共识

“共识”和“一致同意”都是与集体接受密切相关的两个概念，前面已经对集体可接受进行了讨论，下面我们将把集体接受与“共识”和“一致同意”两个相似的概念进行比较，以进一步加深对集体可接受的认识。

共识可以直译为共同的认识或知识，指一个群体所形成的成员都具有的认识或知识。这是一个比较模糊的概念，因为“成员共同拥有的”很难直接界定，很多情况下，共识被当作默认的前提假设加以承认，而不予以讨论。

认知逻辑主要是研究知识的逻辑，比较深入系统地讨论了共识的问题，将共识看作多个主体达成一致协议的前提条件，并在假设这一条件的基础上，重点分析各个主体之间的互动作用。刘易斯（D. lewis）于 1969 年在讨论社会约定的时候第一次提出了“公共知识”（common knowledge）的概念[①]，强调一个事物要成为社会的约定，它必须首先是团体成员的公共知识。例如，在分析司机认知推理的时候，会将“绿灯行、红灯停”作为公共的知识。逻辑学家范金（R. Fagin）在《知识的推理》（*Reasoning about Knowledge*）中第一次对以公共知识为基础的多主体逻辑推理系统进行了深入的分析。人工智能学者麦卡锡（J. McCarthy）在研究常识推理的时候，把“公共知识”定义为普通人应该知道的知识。这些学者讨论的公共知识可看作一种共识，与他们将“公共知识”作为研究对象相比较，认知逻辑下讨论共识，重要的是将其作为研究推理问题的出发点，对共识本身的讨论并不是重点。

盛庆琜将归纳、共识和价值的关系进行了深入讨论，是为数不多的在哲学范畴下讨论共识的学者之一。他认为要研究共识就离不开价值理论，因为效用可以说是一件事物在一特定背景下之价值，而价值又可以解释为许多人对这事物有用性的估计之平均[②]。在这种观念下，共识是指一件事物对一群人相当集中的假设效用[③]。如果这事物对这群人的效用可以量化，共识可以界定为这群人所能获得的假设效用之平均值，如果这群人所获得的效用价值是分散的，那么就没有共识了。换句话说，如果一件事物对很多人有假设的效用，而这些假设的效用都很近似，那么我们就称这些人对这对象的价值有共识。如果这些假设的效用南辕北辙，相去甚远，那么我们就称这些人对事物并无共识。盛庆琜认为共识是一个很粗糙和模糊的概念，共识与无共识之间的界限是模糊的，这个模糊的共识，可确定为一个数值，称之为价值。

① Lewis D. Convention：A Philosophical Study[M]. Cambridge，MA：Harvard University Press，1969.

② 盛庆琜. 归纳、共识和价值[J]. 哲学分析，2015，6（1）：108-117.

③ 这里的效用可以参照经济学上对效用的解释，即效用是指对于消费者通过消费或者享受闲暇等使自己的需求、欲望等得到满足的一个度量。

盛庆琜对共识的特性还做了专门的分析，主要是以下方面[①]：

（1）共识是主观的平均，也是主观的。

共识是一群人对一件事物的价值（或有用性）的估计之平均，是主观的，这种看法的基础是一种主观主义的价值理论。

（2）共识是相对的，可有例外，软性的（不严格规则），粗糙的。

共识的结果是求得几种不同事物或行动的价值以便选取其价值最大者（即依据效用原则），所以它并非绝对的。这种绝对性或相对性，表现在三个方面：①有无例外；②硬性或软性；③是否精确。共识的结论有例外的、软性的和非精确的（即粗糙的）。

（3）共识是可变的。

共识的可变性有两种情况：

①随社群的人及情景而不同。

假定G是一个公认的好人，现在请 n 个人给G打一个分数。也许有人打80分，有人打90分，也有人打98分，不可能 n 个人都打同一个分数。

又假定共有 n 个人，但打分数的只有 m 个人，$m<n$，那么就有许多不同的团体，所打的分数当然也不会全同。m 可以变动，即使 m 不变，而 m 个人还是可以有各种不同的选择。

②价值随时间而有改变。

例如，G本来被公认为好人，但后来有人发现G在某次公款采购中取得了太多的佣金，因此很多人本来要给G高分的却改为给他低分了。

（4）共识是连续的（有许多不同的共识）。

连续是指共识有各式各样的人和人数，因而也有各式各样的平均给分。意思就是共识是多值的，不是非真即假的。

（5）共识是哲学的，用于人文社会科学及哲学。

强调共识是用于研究哲学的，并不适宜于研究自然及生命科学，但除了哲学，它还可以应用于人文社会科学。

盛庆琜认为共识不必是正确的，并列举了科学史上的例子，证明当时人们都觉得正确的共识，却是错误的。同时，他认为多数人的表达也能被当作共识，特别是有绝对多数的人认可的事实。

---

① 盛庆琜. 归纳、共识和价值[J]. 哲学分析，2015，6（1）：108-117.

盛庆琜关于共识的看法是一种还原性的方法，将“共识”还原为另外两个概念“效用”和“价值”，通过这种途径，他将对“共识”这样一种具有默认性的客观表述概念引向了讨论以人作为主体的主观评判概念的可能，将其定义为不同人对一个对象的假设效用的平均值。这种对共识的认识有其独特和积极的一面。但也应当看到，他对于共识的认识，以及共识与集体选择关系的看法还是有值得商榷的地方。比如，他没有从认知方面区分众人共有的知识和信念，与共识有关的“知道”和与信念有关的“相信”表达了两种不同的认知状态，将信念与知识混为一谈，这有将共识泛化的倾向。此外，将共识看作可以是多数人的想法，也混淆了集体所做出的选择与共识的区别，这个区别在于选择做出的是决定和责任，而不是产生知识。

从集体可接受的角度来看，关于共识解释的关键在于是否有主观评判的表达。如果将共识仅理解为公共知识，不涉及主观评判，那么共识表达了集体的一种状态，集体的成员都具备某种知识，而这与集体是否接受并无直接关系。比如，在一个办公室中，王强特别喜欢随地吐痰，办公室的同事都知道这件事情，表明王强随地吐痰已经成为办公室的“公共知识”，但只要有一个同事不接受“王强随地吐痰”，作为集体的办公室就不接受这一客体，这时作为公共知识的“王强随地吐痰”并不能成为集体接受的对象。

如果将共识解释为共同的认识，共识就表达为集体在一个客体对象上形成了共同的信念，此时的共识就经过了集体的主观评判。从这个意义上来说，此时的共识本身就是被集体所接受的。反之来看，如果一个客体被集体所接受，由于我们已经说明了集体并不具有主体性，所以这种接受性必然是基于个体的。当个体接受这一客体之后，客体不被个体所否定，此时的客体是否能够成为集体的信念还需要进一步的权衡，因为集体中允许存在这样的个体对这个客体不置可否，此时的客体不能够称为个体的信念。因此，如果将共识看作一种信念，共识属于集体可接受的范畴，但集体可接受并不一定是共识。

可见要比较共识与集体可接受，首先需要明确的是对共识的认识，当把共识看作公共知识或共同的认识时，它与集体可接受的关系是不一样的，对于共识认识的模糊性，也为我们比较它与集体可接受的关系带来了困难，但究其一点可以看到，共识不能跟集体可接受画上等号，只有对共识的理解偏向认知特征时，它跟集体可接受才具有更近的距离。

四、一致同意与集体可接受

当我们讨论集体可接受的时候，很容易联想与集体一致同意规则[①]是否存在某种联系。如果能在一个集体选择中取得集体一致的选择，当然是最理想的集体选择结果，被集体一致做出的选择当然也是被集体所接受的。但必须指出，集体可接受有比集体一致同意大得多的范畴。

首先，在社会选择的框架下，关于集体一致同意规则，个体意见的表达是一种“事前”的方式，即每个个体先表达是否同意，才能判定集体是否一致同意。而集体可接受评判的是集体选择的结果对于集体的可接受性，是一种“事后”的评判方式，即先有规则决定的集体选择，再来判定这个选择是否被集体接受。这里涉及关于集体意向一个很重要的问题，集体意向的循环论证问题，也就是究竟是先有个体意向，还是先有集体意向，在后面的章节我们将进一步讨论。在这要强调的是，社会选择理论采取的是选取一套合理的规则先导出集体的选择，然后再判断这个选择集体是否可接受。即只有集体中每个人表达了一样的意见之后，集体才有可能通过聚合规则得到“一致同意”的选择，而当我们评判一个选择是否被集体接受的时候，其实已经默认了，这个选择作为集体选择的一种予以考虑。

其次，作为前提的一致同意规则是以集体可接受性为基础的。布坎南对一致同意性与集体可接受性的区别做了分析，他运用成本分析的方法对全体一致同意规则进行了讨论，得出的结论是“如果决策成本能够被减少到可以忽略不计的比例上，那么理性的个人就总是会在政治决策最终做出之前，即支持这个全体一致同意要求”[②]，即只有一致同意规则将使得决策的外部成本减少为零这一点被集体所普遍接受，我们才可能得到一致同意的结论。

最后，更为重要的是，即便我们将“一致同意”和“集体可接受”都放在后果评判的语境下考虑，两者也存在很大差异，这种差异主要体现在程度上。当我们表达“同意”的时候，是一种积极肯定的意见。当我们表达接受的时候，并不需要表达出这种肯定的态度，如果按照“可行的可接受性”，只是表达了“我找

① 比如性质 5.2.3 所定义的一致同意性。

② 詹姆斯·M. 布坎南，戈登·塔洛克. 同意的计算——立宪民主的逻辑基础[M]. 陈光金，译. 北京：中国社会科学出版社，2000：93.

不到理由反对”，从某种程度上看，可接受表现出我们对可能成为集体选择结果的一种妥协。

综合以上讨论，“一致同意”与集体接受之间存在一定的差异，并不完全一致，首先同意和接受两个过程中，客体相对于主体出现的顺序不同，同意是个体首先表达态度，接受在于个体被动评价表达态度。其次一致同意需要有证成，可接受不需要证成，一致同意的证成形式可以是很多种，可以是投票表决，也可以是逻辑推理。从这个意义上说，集体可接受是一致同意的基础，显然第二个区别更为本质性地触及“集体可接受”和“一致同意”的关系。

第三节　两阶段的集体可接受性

当我们讨论可接受性时，在认识论层面的理解固然重要，更为关键的是希望在方法论层面上予以实现，简而言之，不能操作达成可接受的可接受性理论不能被接受，这句话虽然有些拗口，但意思是清楚的。前面已经构建了“可行可接受性”理论，对什么是集体可接受进行了比较详细的比较和讨论，现在要面对的问题是应该如何实现这种集体可接受性。

一、实现集体可接受的困难

实现个体可接受性所面临的困难对于集体可接受同样存在，这些困难包括无先验性、信念与事实的比较难以刻画，以及事实与判定接受无法界定等。不仅如此，当希望达成集体可接受性的时候，这种困难显然是加剧了，因为，在讨论集体可接受的时候还要考虑人际的比较，把人与人之间交互因素考虑进来，使得上述这些困难的难度加倍。钱德勒等提出的以概率理论来刻画集体可接受性的系统同样存在很大的问题，如果社会选择是以结果可能发生的概率大小来判断最后结论的，那么是否每个群体里数学最好的人通过计算来做出选择就足够了，显然是不符合社会选择要求的，从实际情形来看也显得很荒唐。

事实上，按照传统的认识，不仅无法提出一个刻画集体可接受的统一的理论框架，即便希望判定一个社会选择结果是不是集体可接受的都存在极大的困难。首先，与个体可接受一样，集体可接受性是依赖于个体的主观认可态度，缺乏统一刻画的标准，集体可接受性的判定前提是每个人都能很准确地表达自己的态度，前面已经讨论过，这本身已经是非常困难的。其次，由于外部性和内部性特征的存在，集体可接受本身对集体之外的个体，以及构成集体的个体会不断产生影响，这种个体与集体难以避免的相互作用，使得研究什么是可接受的状态更加困难。正是基于上述两个方面形成的个体与集体之间的交互作用，作为状态的集体可接受性并不是稳定的，集体可接受性成为一个演化的过程，在一种情况下无法接受的客体，可能在另一种情况下变得被集体所接受，有很多例子可以说明社会对事物的可接受性是随着历史进程不断在变化的，比如，对于死刑，早期通过砍头等残酷的方式警示世人，到现在不仅为适用死刑限定了更为苛刻的条件，还采取注射药物等更人性化的执行方式，还有包括对于同性恋逐渐接纳的变化等，社会群体的可接受性判定一直都不是一成不变的。

假设能够做到上述两点，在特定的环境下引导群体中的个体清晰完整地表达自己的认可态度，也无法做到直接判定集体可接受性，关键的问题在于集体可接受性还存在形式和内容相分离的问题①。为了使一个判断、观念获得集体的接受，人们可能采取对话、讲演和投票等多种手段达到使得集体中其他成员接受的目的，而这些手段与接受结论背后的目的可以是不一致的，巧舌如簧的诡辩有可能被接受，这种情况下人们实际接受的与他实际上想要接受的客体之间其实并不匹配。

社会选择中的程序某种程度上也在扮演这样的角色，多数制正是由于戴上了“被多数人同意”的面具显得比少数制更加民主更加合理，这种合理性的确立甚至可以完全抛开具体选择结果的影响。在这个范畴下形成的关于程序和结论正当性何者更为重要的讨论，是在很多社会科学领域讨论的重要话题，如法律规则的后果主义与非后果主义之争②，对法律制度的评价究竟是后果评价重要还是程序评价重要，一直是法律方法研究的核心问题。

因此，与评价个体可接受类似，直接去评价集体可接受是极其困难的，要对实现集体可接受性的途径进行规范性的讨论只能另辟蹊径，我们的努力方向还是利用“可行可接受”理论。除此之外，与个体可接受性不同的是，还必须为集体可接受一个客体意味着什么给出合理性辩护，个体接受不存在这个问题，主观接受就是接受了。

---

① 孙光宁. 可接受性：法律方法的一个分析视角[D]. 济南：山东大学，2010.

② 丁建峰. 对法律规则的规范性评价——道义论、后果主义与社会演化[J]. 中山大学学报（社会科学版），2014，（3）54：145-154.

二、实现集体可接受的“可行”模型

“可行能力”理论的核心思想是对公平的评价不从效用或资源的角度展开，而是评价个体是否有做出更好选择的能力，即选择的动机及是否自由。“可行能力”理论并没有涉及对集体是否可为主体的讨论，这一点在本章的开始部分已经进行了论述。实现集体可接受性对于“可行能力”理论的借鉴，关键在于在集体的层面上进一步完善它。这种完善显然是直接的和还原式的。根据“可行可接受性”的有关思想，在讨论集体可接受性时，我们考虑的重点不是寻找一种方法来直接评价一个结果是否被群体所接受，而是关注这个结果如果作为集体选择的结果，它是否能保持被群体接受的“可行性”。另外，要评价的是群体是否有不接受一个结果的可能性，换句话说，即便我们无法判断一个结果是否应该被群体接受，但至少能够把明确被质疑的结论排除在社会选择之外。

具体来看，集体可接受意味着群体中每个个体都接受，那么翻译成“可行可接受性”理论的说法就是面对一个客体，集体中没有个体能够不可辩驳地提出不接受这一客体的理由。在这种情况下，我们说集体对这个客体实现了可接受。这是刻画集体可接受性途径必要的步骤。这一步骤是在实现接受的过程中个体影响集体，集体考虑个体表达的一方面，比较直接。除此之外，还必须在实现接受过程中将集体影响个体的途径刻画出来，这是集体可接受与个体可接受最大的不同。

集体对个体影响的表现最重要的一点在于作为多人组成的群体，需要对同一个客体表达是否可接受。这个看起来是理所当然的，如果每个人还是对不同的客体表达是否接受，也就无法称之为一个集体，与个体可接受无差异。现在问题来了：在讨论一个集体可接受的客体之前，这样一个作为“候选者”的客体从哪里来？是如何产生的？

首先，这个“候选者”追根溯源还是来自个体。个体是产生意识的主体，一个候选的客体，如果不是来自个体，实在是没有第二种来源渠道。比如，在“摸你黑”的例子中，有学者专门讨论了“把陌生人脸上涂黑以传递祝福”这种特别的祝福方式的由来，主要有以下两种说法[①]：

说法一：传说在远古时代，佤族人赤身裸体，炙热的太阳光辐射和

① 张鹤，聂雯雯，刘南川，等. 佤族“摸你黑”节的文化与旅游意义[J]. 绿色科技，2015（5）：317-318.

蚊虫叮咬让人们无法忍受。一个偶然的机会，人们看到水牛在泥水里打滚，居然有防晒、防蚊虫叮咬的效能，于是也有学者在身上涂满泥土，再往树叶堆里一滚，身上便沾满了叶子，如此轻而易举就制成了一身“保护衣”。当泥土能止疼、消肿解毒的功能被人们发现，它就成了生产生活必不可少的一种“药品”。这就是“摸你黑”的最初雏形。

说法二：除佤语的“卧”节外，佤族节日大多和宗教祭祀有关，也就是佤族所说的“鬼”的节日。卧节是佤族先民为娱乐自己所创造的一个节日，也是一年中唯一属于“人”的节日。“卧”在佤语中是“狂欢”的意思，每当卧节来临，阿佤人都要隆重狂欢、相互庆贺。节日期间，任何人想做什么就做什么，爱怎么表现自己就怎么表现自己，喜欢唱什么就唱什么，想怎么跳就怎么跳。这也是“摸你黑”的过渡形态。

这两种方式显然是有前后次序的，说法一更像是起源，说法二只是说明了说法一产生了这样一种行为之后，佤族如何将其发展成为一个节日。从说法一可以看出“把陌生人脸上涂黑以传递祝福”的方式最早就是来自个体的生活体验，在一群人将自己身上涂上泥防止蚊虫之前，必然存在这样一个人，他首先观察到了牛在泥塘里打滚的好处，并第一个将自己身上涂上了泥，这个人是第一个接受了“把泥涂在身上是有好处”的方式的，构成了“把陌生人脸上涂黑以传递祝福”这一客体最早的雏形。当然你可以反驳说，也许是好几个人同时开始这么做的，但当他们这么做的一刻，这一行为都还没有成为佤族这样一个集体的接受，还是个体的接受表现，从这个意义上来说，是否同时几个人开始做没有关系，我们关注的是“把陌生人脸上涂黑以传递祝福”这一客体的出发点是个体的判断。

其次，“候选者”的产生过程表现为一种个体意见聚集的机制。在个体表达了对客体的接受与否之后，客体还是作为个体的表达，并没有发生任何变化，促使客体成为“候选者”的是需要有一种解释赋予客体，使得它具备被集体考虑是否可接受的资格，而对于这种“解释”最有利的辩护就是“聚集”，即这个“候选者”已经在某种程度上聚集了众人的选择，聚集使得一个客体由个体的判断，跃升为具备集体接受备选资格的“候选者”。

“聚集”有很多种方式，如投票表决、公示收集反对意见等，在现实的过程中，往往是综合多种方式。在立法的过程中，这一特点表现得更为典型。简单点看，立法的过程是提出一个法条，经过一个组织和程序审议通过后，即生效成为法律。这一过程的起点是“提出一个法条”，怎么样提出的法条能够具有效力，谁能够提出这样的法条，这是在聚集法条的过程中必须回答的问题，在中外立法的过程中，对具有可审议性法条的提出都有明确程序规定。

比如，根据2015年3月15日第十二届全国人民代表大会第三次会议审议修订的《中华人民共和国立法法》，关于一条法律如何获得提交全国人民代表大会和全国人民代表大会常务委员会审议的资格有非常明确的规定，规定了有资格提交法条到全国人民代表大会审议的机构，以及这些机构的组成。具体如下：

第十四条 全国人民代表大会主席团可以向全国人民代表大会提出法律案，由全国人民代表大会会议审议。

全国人民代表大会常务委员会、国务院、中央军事委员会、最高人民法院、最高人民检察院、全国人民代表大会各专门委员会，可以向全国人民代表大会提出法律案，由主席团决定列入会议议程。

第十五条 一个代表团或者三十名以上的代表联名，可以向全国人民代表大会提出法律案，由主席团决定是否列入会议议程，或者先交有关的专门委员会审议、提出是否列入会议议程的意见，再决定是否列入会议议程。

专门委员会审议的时候，可以邀请提案人列席会议，发表意见。

关于全国人民代表大会常务委员会立法程序也进行了明确规定，确立了委员长会议在提交法条中的权力。此外，还明确列入常务委员会会议议程的法律案，一般应当经三次常务委员会会议审议，才能正式提交表决，也就是“三审制度”。具体如下：

第三节　全国人民代表大会常务委员会立法程序

第二十六条 委员长会议可以向常务委员会提出法律案，由常务委员会会议审议。

国务院、中央军事委员会、最高人民法院、最高人民检察院、全国人民代表大会各专门委员会，可以向常务委员会提出法律案，由委员长会议决定列入常务委员会会议议程，或者先交有关的专门委员会审议、提出报告，再决定列入常务委员会会议议程。如果委员长会议认为法律案有重大问题需要进一步研究，可以建议提案人修改完善后再向常务委员会提出。

第二十七条 常务委员会组成人员十人以上联名，可以向常务委员会提出法律案，由委员长会议决定是否列入常务委员会会议议程，或者先交有关的专门委员会审议、提出是否列入会议议程的意见，再决定是否列入常务委员会会议议程。不列入常务委员会会议议程的，应当向常务委员会会议报告或者向提案人说明。

专门委员会审议的时候，可以邀请提案人列席会议，发表意见。

…………

第二十九条 列入常务委员会会议议程的法律案，一般应当经三次常务委员会会议审议后再交付表决。

常务委员会会议第一次审议法律案，在全体会议上听取提案人的说明，由分组会议进行初步审议。

常务委员会会议第二次审议法律案，在全体会议上听取法律委员会关于法律草案修改情况和主要问题的汇报，由分组会议进一步审议。

常务委员会会议第三次审议法律案，在全体会议上听取法律委员会关于法律草案审议结果的报告，由分组会议对法律草案修改稿进行审议。

常务委员会审议法律案时，根据需要，可以召开联组会议或者全体会议，对法律草案中的主要问题进行讨论。

以英国和美国为代表的西方国家议会是审议法律的主要机构，他们对于可以提交议会审议的法条做了完整的程序要求，简称“三读制”，英国与美国的“三读”程序略有不同，但本质上都是要求法条只有经过充分讨论才具有被审议的合法性。

英国议院审议法案的三读程序通常为：①一读。宣布法案的名称或要点，如通过法案便列入议事日程，并规定议院大会讨论和辩论的日期。②二读。宣读法案全文，并就法案的一般内容和原则展开讨论，这个阶段最为重要的是进行针锋相对的辩论。③三读。法案经二读后分别送达有关的委员会审议，委员会只能根据议院的辩论意见进行修正，无权搁置议案，然后提交大会进行三读并付诸表决。

美国议会审议法案的三读程序通常为：①一读。在全院宣读法案的名称和法案的要点，表决若通过则列入该院议程，法案由议长提交相关委员会的常设委员会审议。②委员会审议。这是议案成败的关键阶段，因为委员会拥有绝对的处置权，或通过，或搁置，或修改，或否决。③二读。议长接到委员会的审议报告后，要向全院大会宣读经委员会修订的法案全文，通过则编入相应的议程。④全院辩论。议院按照议事规则，在议长或议长指定的议员主持下展开辩论发言。⑤修正案表决。辩论结束后，先对法案的各种修正案进行表决。⑥三读。对法案进行最终的文字修改后向全院大会宣读，并进行最后表决。

从中外立法过程中可以看出，要求一个法条具备到拥有决策权力的机构投票的资格，有一些共同的要求，需要一个属于这个决策权力机构的一部分人构成的集体，先审议通过这个法条，比如，相对于全国人民代表大会的全国人民代表大会主席团，相对于全国人民代表大会常务委员会的委员长会议等，都在扮演这样的角色。还有，需要一个程序广泛地征求对法条的意见，也就是需要一个经过充分地人际比较的过程。

正是通过这些个体交互传播与表达，群体中的个体对这个新的法条加深了认识，形成了接受或不接受的个人意见，经历了这一过程，这个一部分人构成的集体能够赋予这一法条合法的地位。个体交互的方式有很多种，如谈话、辩论等，可以采取任何能想到的人与人之间表达意见的方式。这些不是关键，这里的关键词是“聚集”，只有把前期形成的个体可接受性汇聚成可以作为集体可接受备选客体，才具有意义，否则个体的还是个体的，集体的还是集体的，集体对个体的影响并没有对集体可接受性本身发挥作用，因此，从某种程度上说，个体交互的目的是明确表达需要集体接受的客体，这种表达需要形式来实现，这一形式就是个体可接受聚集的过程。

综合上面两个方面的考虑，我们提出关于实现集体可接受的两阶段模型，这个模型包括两条原则，这两条原则既构成了一种方法，又是一种判定准则，遵循两条原则能够产生一个集体可接受的客体，同时，也可以通过这两条原则，明确判断一个客体是否被集体所接受。

（1）作为集体接受的客体，在集体中存在个体接受它，并且能够找到一些合理的聚合规则，使得该客体成为集体中所有个体主观表达聚合的结果。

（2）集体中不存在这样的成员，他能给出不可辩驳的理由不接受这个作为集体接受的客体。

第一条原则包括两个方面：一是一个客体要想进入一个集体能否接受的讨论范围，必须至少在集体中存在一个个体是接受它的，即对于一个群体中没有个体能接受的客体，讨论其是否具有集体可接受性是没有意义的；二是这样一个客体要具备成为集体可接受对象的途径，也就是能够找到一种方法，把集体中个体的意见聚合起来，还能确保聚合的结果中有这个客体。第二条原则是在强调集体中每个个体都可行地接受这样一个客体。可以看到，这两条原则构成了生成集体可接受客体集合的方法，通过测试每一个被集体中个体所接受的客体能否被聚合得到，同时它会不会被集体中的个体不接受，就能得到被集体接受的客体集合。反之，对于一个客体也能够检验它是否能被集体所接受，如果集体中有个体接受它，它也能够被聚合得到，集体中没有个体能给出不可辩驳的理由不接受这个客体，这个客体就是被集体所接受的。

三、不多余的必要条件

可以看出，两阶段模型对于评价可接受性的原则带有强烈的现实主义倾向。在可接受性的讨论中已经提到，可接受性在于主观的表达，并不像正义理论一样涉及先验性，这也是要讨论实现集体可接受性途径的根本原因，每个人对于一个客体都有自己的表达，我们如何能够形成一致的意见，作为一个集体共同的表达，这样的问题，对于人类这样社会性的动物来说是一个无法回避的问题，其本身就是一个现实问题。

两条原则的合理性在于，它们一方面能够消除“不可接受”，另一方面把判断可接受的困难直接抛给了反对者，他们必须提出可接受的反驳理由。这样的做法在某种程度上为程序正当性进行了辩护，但也没有完全抛弃对实质可接受的要求，第一条原则一开始就表明了正当的程序为集体选择结论提供了基础性的可接受性辩护，第二条原则为进一步讨论实质的集体可接受性提供了路径。我们在程序和结论的正当性评价之间构建了一种“可行”的平衡。可以看到，卡米纳达和皮戈齐等提出的“相容性”概念可以认为正是这样一种途径，通过在论证理论下研究个体判断与群体判断是否存在逻辑矛盾，即是否“相容”，来评价群体判断的合理性。

有必要对两条原则做一些解释。关于“在集体中存在个体接受它”，表达了两层意思：一是作为讨论集体接受的客体是从个体选择中来的，只有个体才能表达对客体的态度，这是本书一以贯之的观点，也是我们讨论可接受的重要原则之一，因此，集体可接受的备选客体必然是集体中有个体对其表达了接受或不接受；二是要有个体接受这一客体，如果集体中每一个个体都不接受这一客体，为什么还要集体来讨论对这一客体的接受性。

关于“合理的聚合规则”，对聚合规则提出一些要求是顺理成章的事情，但要说清楚究竟什么是合理的又会让我们陷入价值判断，类似于讨论什么是正义的时候遇到的问题。作为一种聚合规则，可以选择的编排方式可以有很多种，如多数制、少数制、绝对多数制、寡头、独裁等，如果你熟悉一些投票计数的方法，可以设计出很多种聚合的规则，对于这些规则的合理性，似乎有一些约定俗成的看法，主要是两个方面：一是尽可能征求集体成员的意见，有利于合理性增强，多数同意显然比少数同意合理，有一些人同意显然比独裁合理，总之这种合理性在于能够尽可能地反映多数人的选择。二是合理性还在于规则的规范性，所谓规范性的意思是规则能够重复，能够独立于集体中的个体而存在，规则能够在不同的集体上使用。这两点是本书对聚合规则合理性最主要的观点，虽然聚合规则的合理性并不能够给聚合得到的客体提供集体必须接受的辩护，还需要经过第二条原则的检验，但显然如果规则不具备基本的合理性，客体作为集体可接受的备选项也是值得担忧的，这就是要求聚合规则具备一定合理性的意义。

关于“所有个体主观表达聚合的结果”，这一条件是对聚合过程的描述，要求聚合的范围是集体中所有的个体。另外，其中所有个体的主观表达的意思是每个个体对作为集体可接受备选客体的可接受性的表达，即对于这个客体，每个个体是接受还是不接受，当然在集体可接受性是在“可行能力”理论视角下讨论的时候，个体的可接受性表达也遵循“可行可接受性”理论刻画的方式，强调的是作为集体接受备选的客体能够通过个体对其可接受与否的表达聚合得到。

关于第二条原则就无须作更多的解释，按照“可行可接受性”理论，作为集体可接受的客体不能在集体中存在个体能够明确表达不可接受，换句话说，集体中的每个个体都表达不出来不接受的理由，这时认为这个客体被集体所接受。反过来看，如果一个客体被集体所接受，说明集体中不存在个体不接受它，因此，这条原则构成了集体可接受的充分必要条件。

两条原则的地位有一些差别。一方面，第一条原则是判断客体是不是被集体接受的必要条件。因为如果客体被集体接受，那么集体中不存在个体不接受它，也就是说所有个体都接受这个客体，并且我们可以构造这样一种聚合方法，即每个个体都接受的客体可以作为聚合的结果，那么这个客体就是聚合的结果，并且这样的聚合规则也具有合理性，这种合理性可以解释为集体中所有人都接受。但反过来，第一条原则无法构成客体被集体接受的充分条件，存在个体接受客体，存在合理的聚合规则使得该客体是聚合个体意见的结果，这两个条件无法导出客体被集体中每个个体所接受。对于第二条原则，显然已构成了判定客体是否被集体接受的充分必要条件，在上一部分已经做了解释。

另一方面，两条原则有先后关系，虽然对于一个明确的客体，判定其是否为集体所接受，仅有第二条原则就足够了。当要寻找到一个被集体接受的客体，显然要遵循先采取第一条原则，然后采取第二条原则的方法。第一条原则要求存在个体接受这个客体，第二条原则要求每一个个体接受这个客体。从这一点上来讲，第一条原则是第二条原则的前提。

通过上面的分析，大概表明了第一条原则和第二条原则的关系，用流程的观点来看，第一条原则为第二条原则的应用提供了前提。现在的问题是原则一是不是多余的。首先，第二条原则已经是充分必要条件，还要第一条原则这样一个必要条件有什么意义？其次，即便第一条原则为第二条原则提供了备选项，那么即便不运用第一条原则，把所有个体可判定是否接受的客体都采用第二条原则进行判定也是可以找到集体接受的客体的，也许有一种解释是要穷尽所有备选的客体是不可能的，也是低效率的，这样看来第一条原则的作用只是降低了穷尽可能的难度。

事实上，备选项产生的程序本身就构成了该选项所具有的合理性效力，这种效力体现在第一条原则的程序能够影响第二条原则判断时，每个个体对客体是否接受做出的判断。即第一条原则的使用有可能改变人们对客体的接受态度，从而影响他在第二条原则中接受与否的表达。这一论点表明第一条原则对于第二条原则并不是只具有简化讨论对象的意义，而是对一个客体是否被群体接受有着实质性的影响，这一问题又可以牵出在法律领域讨论已久的话题，关于程序正义和实质正义的关系，即程序的规范性是否能够保证司法正义的实现。

现代法制体系强调程序在保证结果正义上的重要作用，合理合法的程序可以赋予结果不同的意义，先列举一个看似荒谬的例子，它能更好地说明程序与结果的关系。假如有一条看起来比较奇怪的规则：如果明天下雨，你就要给我 100 元。我们给出这条规则提出的两种情形：

（1）多多、六六两个人对话，多多对六六说："如果明天下雨，你就要付给我 100 元。"

（2）多多和六六两人商量以投票的方式来决定，如果明天下雨，一方是否要支付对方 100 元，方法是邀请第三人胖胖来投票，每人一票，获得两票及以上的规则便通过。结果有两个人投了“如果明天下雨，六六就要付给多多 100 元”。

在（1）、（2）两种情形中，都是“如果明天下雨，六六要支付给多多 100 元”的规则，但因为产生这条规则的程序不同，效果可能有本质的区别。在情形（1）下，多多直接说出这条规则，如果不是在六六和多多特别亲密开玩笑的情况下，六六会觉得这是一条荒谬的极其无理的规则，甚至感觉到被敲诈勒索，除非有强制性的外力，六六无法接受明天下雨就要支付多多 100 元的做法，规则未获通过。在情形（2）中情况则可能完全不同，六六可能表现得不情愿，但感觉上，会比较能够接受明天下雨就要支付甲 100 元的规定，因为三个人投票的方式赋予了这条规则新的解释，三个人共同商量要这么做的，这样的解释虽然看起来也没有多少说服力，输的一方会认为为什么这样的投票能决定我要支付 100 元，但三人投票程序使得最后付钱的行为比忽略投票，直接付钱要合理得多。同一条行为规则被接受与否，只是因为产生规则的程序不同。

当然可以用一些经济学的理论来对（1）、（2）两种情形进行分析，比如，期望效用理论（expected utility theory）[①]对这个问题给出一种解释，假设 100 元钱对多多和六六的效用都是 100，那么对于六六，在（1）中的期望效用是–100，在（2）中的期望效用是 0，所以六六愿意接受（2）情形。这种解释可以对六六的前后态度不同给出一个辩护，这种辩护是在有一个良好的程序和一个简单粗暴的程序（假如直接要钱算是一种程序）之间做出的，不能完全否认程序对于结论正当性的影响，更何况，在期望效用理论无法比较的情况下，我们依然可以看出程序对结论的实质性影响，其主要原因在于期望效用理论没办法充分刻画主体内心对客体的判断，这一点恰恰是程序影响的核心问题。比如，我们再给出另外两种情形。

（3）多多和六六两人商量以投票的方式来决定，如果明天下雨，六六是否要支付多多 100 元，方法是邀请第三人胖胖来投票，每人一票，获得两票及以上规则即获通过。胖胖并不想让六六输钱，依然投下了反对票，“如果明天下雨，六六就要付给多多 100 元”未获通过。

---

① 期望效用理论由冯·诺依曼（Von Neumann）和摩根斯坦（Morgenstern）创立于 20 世纪 50 年代，主要是在公理化假设的基础上，运用逻辑和数学工具，建立了不确定条件下对理性人（rational actor）选择进行分析的框架。有兴趣的读者可以参考相关文献。

（4）多多和六六两人商量以投票的方式来决定，如果明天下雨，六六是否要支付多多 100 元，方法是邀请第三人胖胖来投票，每人一票，获得两票及以上规则即获通过，但投票的时间由胖胖确定。胖胖既不想让六六输钱，也不想得罪多多，于是选择了一个天气预报明天是晴天的时间投票，她投了赞成票，“如果明天下雨，六六就要付给多多 100 元”获通过。

比较（3）和（4）的情形，虽然汇聚六六、多多和胖胖三人的意愿都是采取多数制，只是聚合的时间在（4）中可以由胖胖来决定，对于六六来说（3）和（4）两种情形下效用是一样的，她都会投反对票。可以假设胖胖与六六是非常好的朋友，她不会让六六输，六六也清楚地知道这一点，这种假设显然不会影响规则本身的运用，那么六六可能更倾向（4），原因是（3）和（4）中，多多投赞同票，六六投反对票没有差别，在（4）中，胖胖拥有更多的自主权，胖胖在六六看来是可靠的，更多的自主权会在更大程度上保障六六的利益，而这种倾向性是期望效用理论无法刻画的，该理论无法刻画出规则以外的影响人们选择决定的因素，这些因素很多时候会对投票结果产生重要影响。

同时还可以看到，在（3）和（4）这两种情形下，胖胖不希望六六输钱的愿望没有变化，多多想要赢钱，六六不想输钱的想法也都没有变化，但因为增加了可以由胖胖选定投票的时间这样的规则，使得“如果明天下雨，六六就要付给多多 100 元”这条规则通过与否产生截然相反的情况。可见，程序对结果的确会产生实质性的影响。

上面的四种情形是抽象的例子，可以被认为是虚构的，但程序与结果谁更重要的判定每时每刻都在这个真实的世界发生着，即便是潜移默化的。比如，你因为超速被交警开交通罚单，这时你面临两种选择：一种是按章办事，交警清楚地告诉你违反了哪条法令，你还可以辩解，但你需要为违规行为支付 500 元；另一种是交警只说罚款的事情，你只知道被交警拦下来了，认为可能触犯了某一条交通法规，交警只是用毋庸置疑的语气告诉你，你需要交 100 元罚款。两种情况，你愿意选哪一种？国内学者丁建锋针对这一问题，以课堂问卷的形式对 292 名在校大学生进行了调查[①]，绝大多数的被试选择支持正当程序，即使要付出更多的货币。

至此，我们讨论了两个阶段的实现集体可接受性的模型。在本书的后面部分，将会把这两个阶段的实现集体可接受性的模型形式化处理，证明这个模型能够解决判断聚合困境，同时将会进一步讨论两条原则之间更深层次的关系。

① 丁建峰. 后果评估与程序公正——一个基于扩展偏好的法经济学分析[J]. 财经问题研究，2013（5）：3-9.

第七章　社会理性与可接受性

一直以来，“理性”被赋予太多积极的意义，如规范、可靠、能够达到目的，似乎比我们所掌握的其他任何一种选择方式都更有意义，社会的理性更是被看作极其珍贵的物品，似乎只要有社会理性存在就能保证不出现混乱的群体，社会就能沿着正确方向前进，这样的社会就是正常良性的。否则，一旦出现混乱，肯定是非理性的因素在起作用。而集体可接受性通常被认为是很弱的集体性认知，也不是社会所必然追求的，也无法指引人们走向光明和正确，远不如社会理性那么耀眼夺目。在前面的内容中，已经分别系统地讨论了社会理性和集体可接受性，这两个概念无疑都是集体认知方面的重要概念。随之而来的问题是，这两个概念到底有什么样的关系，这是本章讨论的主要问题。

第一节　必要的可接受

理性与可接受在使用中经常被连用，理性的作用通常是修饰“接受”，似乎理性能够收窄“接受”的范围，只有被理性限制住的“接受”才是“可接受的”。比如，新华社发布过这样一条来自华盛顿的消息，美国宾夕法尼亚大学沃顿商学院院长加雷托（G. Garrett）在接受新华社记者专访时表示，美国应理性接受中国在美投资越来越多的现实，这是美中经贸关系新常态的重要部分，对美国未来的经济增长也非常重要。还有，某新闻网站发布了题为“P2P 理财产品收益率下行　投资者当理性接受”的消息。这些消息的中心论点是告诉人们应该接受一个原本不愿意接受的事情，比如，美国人应该接受中国人在美国的投资越来越多，投资者应该接受一款金融产品收益下滑，等等。记者之所以用“理性接受”而不是“接受”的意图显然是为了表明一种“正确性”，现在要你接受的这个结果虽然你不愿意看到，但是经过理性分析的结果，你应该接受。由此可见，这种正确性在于理性具备这样一种能力，它能把属于私人所有的关于“接受”的判断，转变为可以在公共环境下评判的对象，也就是为“接受”赋予了可以在人际讨论的规范性理由。本节讨论的第一个问题就是接受和理性到底存在什么样的关系，理性为什么能够赋予接受以正确性，在此基础上再讨论社会理性与集体接受之间的关系。

一、理性与接受的区别

理性与接受实在是两个纠缠不清的概念，主要原因在于两者都是个体主体性的一种体现，无论“理性”还是“接受”都必须通过个体的判断来表达和实现，从这一点上来说，两个概念都对人脑存在依赖性。由于载体相同，要把两者清楚地区分开，确实存在一定的困难。比如，前面列举的新闻，加雷托提出美国人应当理性接受中国人在美国投资增多的情况，在他的脑子里有“中国人在美国投资增加应该被接受”这样一个判断，同时还有“上面这个‘接受’是理性的”的判断成立，这两点对于“人脑”来说都是在接受一个判断，两者其实并没有实质性的区别，从这个角度上来看“理性”跟“接受”没有什么差异。

那么为什么人们会认为理性对于接受而言可以赋予某种“正确性”，是何种差别导致产生这种“靠谱”与“不靠谱”之间的差别。本书一开始已经对理性有了全面的讨论。理性是一种作为方法的存在，它具备三大要素：个体主体性、目的性，以及对目标价值的审思。这些都是为了满足作为行为方法的要求。即一个主体追求一种目的，并且能够对这种目标的价值进行审思和人际的比较，这就是展现出了理性。必须强调的是，行为或判断的目的性本身并不构成理性。比如，前面列举的关于笛子属于谁的例子，制作一个笛子本身并不称为理性，这样一个制作行为被看作理性的，是因为它是人们实现可以用这一截竹子演奏音乐的方法，同样地，你在市场采购，接受一瓶价格为 300 元的红酒，并不能称之为理性，只有根据你对于同类红酒价格的常识分析，觉得这瓶酒值 300 元，这样一个达成买酒目的的过程才可以称之为理性。

关于“接受”表达的则是一种状态，也就是表达一种结果，我们说过关于接受的三个特征：个体主体性、客观实在性，以及基于程度的度量，除了个体主体性表达了接受的主体之外，客观实在性和程度度量都是对结果性质的刻画。接受性从本质上看，就是主观意愿的表达，不会构成某种方法，相反它还要成为其他方法的目的，这样的例子就很多了，比如，立法过程中，讨论一个法条的目的就是要在表决中通过它，也就是要执票人接受这个法条。

那么关于理性和接受的区别就很清楚了，本质上说，两个概念是不同类的，前者是追求结果的方法，后者是对结果的判定，之所以会采用“理性的接受”这样的表述，原因在于接受可以构成理性的目的，即作为方法的理性，其目的可以是实现主体的接受。接受和作为理性的目的的客体最大的区别在于，接受是主观的体现，不需要解释，也就是不需要人际的比较。比如，关于接受一个爱人，完全是个体的主观愿望（假设是那种纯粹的爱情，不考虑学历、经济条件和家庭等因素），而作为理性目的的客体是规范性的，且能够解释的，可以进行人际的比较。再来看一下加雷托的例子，在他的脑子里有“中国人在美国投资增加应该被接受”这样一个判断，同时还有“上面这个‘接受’是理性的”的判断成立，两个判断是有区别的，第一个判断不需要解释，加雷托接受就是接受，不接受就是不接受（当然，他也可以解释，比如，加雷托表示他特别喜欢中国人，但是否可以解释并不影响他本人表达接受）。但第二个判断必须要解释，要提醒大家需要理性去接受它，必须告诉大家为什么要接受中国人投资越来越多，你需要列举历年中国人在美国投资的数据，如觉得必要还要列举出一些理由，说明中国人增加投资对于美国人是有好处的，或者说是符合中美两国经济形势发展趋势的，从而说服大家心平气和地接受这一现状。这也是人们觉得“理性”比“接受”更靠谱的原因，理性的目的可以解释给很多人听，“接受”很多时候无法解释或不需要解释。正是由于“可以解释”的这种规范性让我们觉得“理性”更靠谱一些。事实上，有一些有意思的例子，更能反映出“理性”与“接受”的这种差别，比如，对于神话故事的接受。

有学者对牛郎织女的传说及诗人杜甫对这一传说的态度进行了研究①。牛郎织女的故事是在我国流传最广的爱情神话，最早记载在《诗经》中，2000 多年的历史中，这个故事的影响力非但没有削减，还在不断增强，以此为典故的节日“七夕”被称为中国的情人节。在本章写作的过程中，正好经过了当年的“七夕”，无论是公众参与程度，还是商家的反应，都比上一年更加热烈，说明当代人对这一故事内涵的接受程度丝毫不亚于 2000 多年前的人们。据《诗经·小雅·大东》记载：“维天有汉，监亦有光。跂彼织女，终日七襄。虽则七襄，不成报章。睆彼牵牛，不以服箱。”“睆彼牵牛”中的“牵牛”指星辰，俗称牛郎星，位于天河之西北，与织女星隔天河相望，因其明亮，故称之为“睆”，这里表达出了两星相望的故事雏形，到了汉代，这种相依相守的两星关系被进一步演绎成了两性关系，变成了青年男女相互爱慕却不能相守的爱情悲剧故事。《古诗十九首》中记

① 殷满堂. 杜甫对牛女神话传说接受的理性化[J]. 长江大学学报（社会科学版），2010，33（3）：11-12，32.

载："迢迢牵牛星，皎皎河汉女。纤纤擢素手，札札弄机杼。终日不成章，泣涕零如雨。"寥寥数语，已经把一个郎情妾意，恨不能长相厮守的情怀表现得淋漓尽致。

对这样一个神话古事，人们自然是乐于接受，杜甫却表现出不一样的态度，他在《天河》一诗中感叹"牛女年年渡，何曾风浪生"，借牛郎织女的神话似乎表现出隐隐的蹉跎感。在诗歌《牵牛织女》中的前八句同样表达了对于牛女神话传说的不接受感，后面的十四句转向描写唐代七夕上至公卿下到百姓曝衣乞巧的风俗，并将其进一步引申到社会问题：

嗟汝未嫁女，秉心郁忡忡。防身动如律，竭力机杼中。虽无姑舅事，敢昧织作功。明明君臣契，咫尺或未容。义无弃礼法，恩始夫妇恭。小大有佳期，戒之在至公。方圆苟龃龉，丈夫多英雄。

神话本身并不是真实的，这一点大家都知道，没有人会接受牛郎织女的故事是真实发生过的（至少现代人不会认为它是真实的），这与人们接受神话背后对有情人终成眷属的美好寓意不同，神话故事只是成了寓意的载体。这一点显然被杜甫进一步引申，他所谈论的已经不是局限于牛郎织女神话本身，而是用夫妻关系来比喻君臣关系，将这种关系引申为唐代的社会现实，表达出与牛郎织女故事原本所不具备的内涵。在这个层面上杜甫赋予了这个故事以新的内涵，他的这种新的看法已经不再是个人接受的范畴，而是能够向同时代人言说比较的对社会现实的看法，这是一种理性行为，在这个引申意义上神话故事所反映出来的东西显然比故事本身讲的人和事要"靠谱"很多。

在社会理性和集体接受之间同样存在这样的区别。社会理性作为一种方法存在，集体接受表达了集体的状态，作为结果存在，集体接受可以作为社会理性实现的目的。我们谈到社会理性的时候，已经说过，除了个体主体性之外，"目的性"和"能够接受个体审思及人际比较的评判"都是社会理性的重要因素，当集体接受作为"目的"的时候，可以发现社会理性的这些要素与集体接受存在着某种默契。社会理性是向着一定的目标展开的，而且这种目标与集体有着密切的关系，这方面与个体理性存在区别。比如，假如把效用最大化作为目标，个体理性是希望实现自己的效用最大，集体理性就要作为一个整体看待，在实现整体效用最大化的前提下，个体的效益有可能最大，也有可能一部分变大，一部分变小，在"能够接受个体审思及人际比较的评判"的要求下，这种个体效用变小为集体效用牺牲的情况也要经过两种评判，两种评判是针对社会选择后果的评判，个体审思与人际比较分别表达了两个层面，两者出发点不同，个体的审思作为个体理性判断的一部分，从个体选择出发，社会选择的结果作为一种状态存在。在人际比较中，需要对社会选择结果做出在集体视角下的正当性（justification）评价标准。因此，个体效用变小为集体效用牺牲的情况，也要经过集体中的个体及个体之间的比较，存在一个集体化的过程。在这一点上，与集体可接受性有着相似的要求，作为集体可接受的客体，必然也要在集体中接受人与人之间的比较和评判。比如，在前一个例子中，如果集体效用最大化能被接受，效用变小的那些个体接受的理由是“我的损失带来了集体利益的增加”，而这一理由经过了个体审视和人际的比较两种过程。

了解了作为状态的集体可接受，可以成为作为方法的社会理性的目的，我们会进一步思考，集体接受与社会理性所能通达的其他目的之间是什么关系。本章的后半段将论证集体可接受性必然是社会理性的目的，更重要的是，社会理性的目的除实现可接受外没有其他选择，即集体接受事实上构成了社会理性目的的充分必要条件，因此当我们说希望集体的选择是理性的时候，实际上，我们只要实现了集体选择的可接受性就达成了目标，这一点对本书的理论建构特别关键。

二、必要的集体可接受

“在民主国家里，不用担心会有荒谬的命令，因为要在大会上使大多数人接受一个荒谬的意见，这几乎是不可能的……”这是荷兰哲学家斯宾诺莎在《神学政治论》中的一段话。可以看出，斯宾诺莎这段话的本意是想为“多数人是可靠的”进行辩护，无意之间也描述了社会理性和集体接受的关系。这段话里的“荒谬”是指不理性，荒谬的意见也就是不理性的客体，不是通过理性的途径达成的目标。“使大多数人接受一个荒谬的意见，这几乎是不可能”换成另外一种说法就是“只有理性的意见才能让大多数人接受”。斯宾诺莎这段话的核心在于，表达了集体接受是社会理性目标的必要条件，只有通过理性的方法实现的目标，才能够被集体所接受。

从社会选择理论发展到判断聚合理论的规律来看，理论的发展趋向也正表现为给人际的比较创造条件，进一步拓展了可能讨论集体可接受性的基础。在经典的社会选择理论中，用偏好来表达人们的选择，偏好是一个非常主观的量，比如，你喜欢吃苹果，我喜欢吃橙子，我们不必要，也无法解释自己为什么喜欢吃苹果或者喜欢吃橙子是合理的。判断聚合理论作为经典社会选择理论新的发展方向，已经开始用命题系统，或者论证系统来刻画人们的选择，在这些系统下，每个人能够在一定程度上解释自己做出选择的原因，并且不同的人在同一个系统下认识这种原因，理由可以接受人际的评判。

森在表达社会选择理论主题的时候曾经说道："如果说有一个可以视为社会选择理论的中心问题的话，那就是：在社会中不同个人所面临的给定偏好、关怀和困境的情况下，如何达成恰切的社会总和判断（aggregative judgments），比如社会福利、公共利益或总和贫困（aggregate poverty）？"[①]可以看出，这种"恰切的社会总和判断"正是社会选择的目标，从形式上看，"恰切的社会总和判断"在数量上是少于不同个人所表达的偏好或判断构成的集合中元素个数，即形成这种社会总和判断的过程是一个聚合过程，必将出现某种"收缩"的状态，不能保证每个人的选择都能在最终的社会选择结果中得到体现。那么，既然不能保证每个人的选择都能被体现，为什么还要进行社会选择，社会选择的意义究竟何在？当然，可以说人是社会的动物，社会选择是客观存在的，是人的自然属性，存在是必然的，但这样默认既定事实的观点显然不是我们想要的，社会选择的目的在于寻求人们在观念、态度和行为上的一致性，并希望通过理性的方式达到这一点，而要众人实现这种一致性，集体接受是必要的先决条件。试想一下，如果集体中有人不可辩驳地反对，如何能够在观念、态度和行动上形成集体的一致性？当然可以说，即便有这种不可反驳的理由存在，还是可以通过某种规则使得选择获得集体的某种形式的"认可"，对于出现这种结果，只有可能发生于两种情形：一种情形是这个社会选择并不是为了获得集体的认可，只是借助集体的名义为结论做出辩护，其中包括采取一些看似合理的投票规则等技术性措施，以达成这一目的。这样的例子在现实世界里不胜枚举。另一种情形是持有反对意见的这个人的理由没有在集体中充分表达，其中有两个方面的意思：一方面，他反对的理由并没有向其他集体成员表明，或者其他人并没有真正理解他所要表达的不可反驳的理由；另一方面，是持有这种理由的人也没有接收到其他成员关于他所持有理由的意见，即他没有通过与其他人的交流，以改变自己原以为"不可辩驳"的看法。从立法审议的程序来看，无论是"三读"制度，还是"三审"制度，都是在尽可能推动人们的交流与沟

① 阿马蒂亚·森. 理性与自由[M]. 李风华，译. 北京：中国人民大学出版社，2012：60.

通，充分地表达意见，以最大可能地避免上述两方面情形出现的可能性。

总体来看，出现上述两种情况，显然都不能称之为理性的选择，也已经偏离了社会理性的原本意图。从这个意义上看，我们甚至不用去关注森关于社会选择的结论所说的“恰切的”表达的含义，已经可以很清楚地知道社会选择的主要目的是形成某种集体一致性，这种一致性必然是以集体接受为基础的。

本书第九章还会专门讨论事实与接受的关系问题，这里先简要说明一下，事实也并非像我们想象的那样都具有同样特性，从大的方面来看，事实可以分为原始事实和制度事实两种，原始事实主要是人们可以习得的与自然界有关的知识和技术，可以简单理解为看得见摸得着的，可以被人们感官所感知的客观实体，制度事实可以包括制度、法律等存在于主体观念里的得到普遍认可的价值评判，可以简单理解为不能为人们感官所感知，但也是客观存在的实体。谈论集体接受的时候，通常情况下可以认为其分成客观和主观两种类型，很显然，需要形成的社会一致性必然强调的是后者，原始事实在科学和技术讨论的范畴，不以社会选择的结果为影响，自然也不能构成选择的目标。最简单的例子，没有哪些人会为了明天会不会下雨开会进行讨论，是否会下雨只能是气象科学研究观测得到的结论，有可能成为群体讨论表决的问题是“如果明天下雨，原计划的户外活动还是否要继续”，群体需要在这样的问题上形成共识。由此可见，社会选择所期待形成的“一致性”显然不是为了发现原始事实，能够被社会选择的只能是必须通过群体肯定或认同的观念。因此，讨论制度事实上的一致性就是在讨论集体的可接受性，那么如果社会选择的结论为集体不可接受，显然这个结论作为制度事实的一致性要大打折扣，社会理性也不会愿意成为达成非一致的社会选择的方法，从这里可以看出，集体接受显然是社会理性所必然要求的目标之一。

事实上，从前面讨论的社会选择理论的发展过程可以看出，理论的发展正是为讨论社会理性的可接受性目标创造条件。与个体能够自我表达可接受不同，集体可接受具有很强的“群体中个体的本位性”，即集体的可接受性根本上依赖于个体的可接受性表达。要考察社会选择的结论被群体肯定和认同的程度，必须有两个条件：一是选择的结果有被群体中个体肯定或认可的讨论空间，也就是个体对两个群体结果之间的比较能够给出合理性的解释；二是个体之间对群体评判结果的肯定或认可程度可以比较，也就是两个人在谈论同一个结果的时候，能够互相比较理由。“如果人们不在某种程度上将他人与自己进行比较，就很难理解别人的思想和情感”①，而互相理解对于形成群体的共识是必不可少的。其中第一条是要求个体能够对可能的选择结果进行排序，在社会选择理论里通过引入偏好序已经实现了，比较困难的是第二条，这个条件所要求的是社会选择的结论能够进行人际的比较。因为无论在理论还是实践意义上的讨论都存在极大的困难，这一条甚至被经典的福利经济学和社会选择理论所拒绝②，我们可以看到从经典的社会选择理论到判断聚合理论的发展实质上正是在为更深入的人际比较创造可能。

从前面的比较可以看到判断聚合理论与经典的社会选择理论相比较，最大的区别在于对于个体信念集合的刻画，从偏好集合拓展到了逻辑系统。利斯特和迪特里希在2007年就已经证明了，如果将偏好序表达为用命题逻辑表示的集合，阿罗不可能性定理可以完全由判断聚合理论重新刻画③，他们甚至证明了从个体信念刻画到聚合规则，再到聚合规则的性质及不可能性定理，偏好聚集和命题的聚集都存在一一对应的关系。即在个体理性通过聚合规则向经典的社会选择结果传递方面，判断聚合理论在经典的社会选择理论所讨论的范畴下，除了技术上的处理技巧之外，并没有本质性的差别。当然反之不成立，也就是说判断聚合理论有超越经典社会选择理论的部分。因此可以说，对个体信念刻画的扩展几乎构成了判断聚合理论对经典社会选择理论发展的最重要贡献。

这一将个体信念从偏好序拓展到逻辑系统之所以重要的原因，是它为解决社会选择中个体间的比较难题提供了途径。包括阿罗在内的很多学者都已经证明，附加个体间的效用比较将提供充分的辨别力，社会选择面临的不可能性困境不存在④，但选择用偏好序来刻画个体信念，就根本无法实现个体间的比较。阿罗在其开创性著作中就对偏好提出了宽泛的概括，认为偏好包括了个人的“整个价值体系，包括对价值观的估计”⑤，由此带来的困难是，我们要在此基础上进行人际间效用的比较将完全建立在人们内省的精神状态的比较之上，如此将面临森提出的两个极其困难的问题：“第一，我们能否系统地嵌置并运用涉及许多人的人际比

① Davidson D. Judging interpersonal interests[C]//Jon E，Aanund H. Foundations of Social Choice Theory. Cambridge：Cambridge University Press，1986：195-211.

② 阿马蒂亚·森. 理性与自由[M]. 李风华，译. 北京：中国人民大学出版社，2012：70.

③ Dietrich F，List C. Arrow's theorem in judgment aggregation[J]. Social Choice and Welfare，2007，29：19-33.

④ 阿马蒂亚·森. 理性与自由[M]. 李风华，译. 北京：中国人民大学出版社，2012：68.

⑤ Arrow K J. Social Choice and Individual Values[M]. New York：Wiley，1951.

较这一复杂的手段？第二，这一分析性结论能否运用于实际？这类信息能否获取并为我们所用？”[①]这些几乎是不可能做到的，在阿罗看来“只有上帝才能完全得到这些信息”。当我们用逻辑系统来刻画个体信念的时候，情况将变得简单很多，在同一个逻辑系统下，不同的个体至少能给出接受或拒绝一个命题的推理过程，这就为个体间的比较提供了理性的基础。

在判断聚合理论下已经开始了集体可接受性讨论的尝试。很多学者针对这一问题展开了讨论，有代表性的包括杜弗（I. Douven）和罗梅金（J. W. Romeijn）提出了个体等级的可接受性与群体等级的可接受性存在相似性[②]；钱德勒详细讨论了利用概率刻画个体可接受性的方法及相关性质，并在此基础上首次给出了集体可接受性公理系统[③]；卡米纳达和皮戈齐在论证框架下提出了社会选择结论与个体选择相容性的判断方法[④]。

以上我们通过讨论社会选择的一致性、社会理性的目标、集体接受及人际的可比性之间的关系，提出了社会选择的本质是寻求集体在观念、选择和行为上的一致性，而这种一致性的基础必然是集体可接受性，当要讨论集体可接受性的时候，无法回避人际的比较性问题。从社会选择理论的发展来看，社会理性就是在寻求集体可接受性的判定。到这里，已经说明了集体可接受构成了社会理性的目的之一，完成了必要性的论证，接下来，将论证可接受是社会理性唯一的选择。

第二节　可接受之外的社会理性

一、社会理性的优势

前面已经讨论了社会理性存在的基础和意义，在很多情况下，这似乎是一个不必要讨论的问题，人本来就具有社会性已经成为一条公理，为大家所普遍接受。这是必要性的一面，社会理性存在基础是不可辩驳的。现在感兴趣的话题是充分性的问题，社会理性是否能够比个体理性更优越？换句话说，集体共同做出的选

① 阿马蒂亚·森. 理性与自由[M]. 李风华，译. 北京：中国人民大学出版社，2012：68.

② Douven I，Romeijn J-W. The discursive dilemma as a lottery paradox[J]. Economic and Philosophy，2007，23：301-319.

③ Chandler J. Acceptance，aggregation and scoring rules[J]. Erkenntnis，2013，78：201-217.

④ Caminada M，Pigozzi G. On judgment aggregation in abstract argumentation[J]. Autonnmous Agent and Multi-Agent Systems，2011，22：64-102.

择是不是一定比一个人替集体做出的选择要好，集体选择的质量能否超越个体选择，人们对集体选择比个体更多的期待是什么？

集体选择能出现个体选择没有的选项吗？这个问题答案是明确的，个体是理性的主体，是接受的主体，是选择的主体，集体无法构成自主思考判断的主体，集体的任何选择、态度和观念必然来自某一个或某一些人的头脑。如果要对这一问题留有疑问的话，可以反过来想，如果存在集体的一个选择不是来自一个人脑，那它是哪里来的呢？有这样一个物体能够思考形成这样的选择吗？显然不存在这样的物体。

如果不存在集体的选择是个体做不出的选择的情况，那么接下来的问题是："集体选择比个体选择更合理吗？"假如像期待的那样，集体理性的优势在于能更"正确"一些，即"集体"做出的选择，比"个体"更正确一些，这种正确性该如何评判？

先来看两个例子。

例 7.2.1　民主自然比专制好一些，人类历史的发展也是一个不断民主化，普通人参与政治程度不断提高的过程，但也可以看到，在生产力水平不高的情况下，人类历史上流传下来的一些宏大的建筑物，大多是因为专制体制下集中人力物力的产物。正是以皇帝为代表的统治阶级居住、工作、防御、祭祀、安葬等活动的需求，才有可能集中大量的人力、物力建造这些建筑工程。

例 7.2.2　在某偏僻的村庄，一名 8 岁的男孩跟爷爷生活在一起，因为母亲感染了艾滋病，这个男孩从一出生就成了艾滋病患者，他在村子里生活和读书屡屡陷入困境，最后，因为对艾滋病的巨大恐惧和不了解，村子里的 200 名村民采取投票的方式来决定是否要将男孩赶走，投票的结果是大多数人赞同将这名孩子赶出村庄。

在例 7.2.1 中，如果把一个建筑更加宏大壮观、内饰精美认为是"好的"，在中国古代的技术条件下，显然帝制下的专制比民主决策对于完成这些建筑显得更具优势，如果不是因为皇帝的意愿，不可能聚集如此多的人力和财力进行建造。关于例 7.2.2 更让人产生同样的价值判断倾向，一个无辜的孩子被集体的暴力驱赶，这一事件一经披露就引起了社会的广泛议论，后来又有人出来辟谣，称投票事件实是有人专门策划的，村民并无驱赶患病男孩的意思，其真实情况已无从考证。如果我们把保护弱者，体现人性关怀认为是"好的"，显然村庄的集体投票行为和结果都是糟糕的。当然这里我们只列举了两个实例，没有做严格的论证，列举的方式已经能够证明这样的道理——集体理性并不一定能得到正当的选择，个体理性并不一定得到的都是不好的选择，关键在于如何定义“好的”标准。

从上面两个例子来看，无论是迎合皇帝的需要，还是村民的投票，都有集体理性在其中发挥作用，如此看来，社会理性并不天然具备更多优势，社会理性的作用到底该怎么样评判？本质上看，社会理性的好处与“可行可接受”具有相似的性质，这种性质表现为“妥协性”，它并不能够保证选择的合理性，它的作用在于给予人们事后辩护的可能性，集体为选择的后果负责任，不需要一个人来承担责任。斯宾诺莎和亚里士多德对多数制信任的共同点在于，多数人不会犯错误或少犯错误，这个判断背后的含义是存在这种人的可能性是很小的，他能使得集体做出最好的选择，如此这样，还不如采取多数制的方法，至少可以得到的效果是即便经过时间的检验，集体当初的选择可能不是最好的，犯了错误，你也没有理由说当初可能有更好的选择，因为当初的决定是集体选择的结果，大家都希望那样选择。

这个解释看起来很荒谬，但事实上人类在处理一些棘手的社会问题时就是采取这样的方法。英美法系采取的陪审团制度解决问题的方式也是这样的逻辑。1166 年，亨利二世颁布《克拉灵顿诏令》，将陪审制正式确立下来。诏令规定，发生刑事案件后，必须由熟悉情况的 12 名陪审员向法庭控告并证明犯罪事实，这就是所谓的起诉陪审团，即大陪审团。但这种由同一批人既控告犯罪又证实犯罪的制度，极容易使被告陷入危险的境地，于是 1352 年，爱德华三世下令禁止起诉陪审团参与审判，要求另设一个 12 人的陪审团进行实体审理，这就是通常所说的小陪审团。至此，英国出现了两个陪审团：大陪审团负责起诉，决定是否对嫌疑犯提出控诉；小陪审团负责审理，决定被告是否有罪。两个陪审团在英国共存了几百年，并由此构成英国陪审制的重要特点之一。陪审团制度是英美法系的重要制度，为判例法律体系提供了重要的制度保障。

实际上，大陪审团的性质是举证，小陪审团的性质是裁定，大陪审团做的是有罪推定，小陪审团做的是无罪推定，从一个更加抽象的层面上来看，无论大陪审团还是小陪审团，他们所发挥的作用恰恰是避免错误的发生，为司法的正当性提供群体理性的保护。无论在哪个国家的司法实践中，关于陪审团的构成都有详细的制度，其核心要义是尽可能保持陪审团成员的多元性和公平性，为了保证前者，会要求成员在性别、信仰、国籍等方面尽可能多样，为保证后者，会要求成员不与案件有直接关系，并且在案件反映的事态上没有倾向性的观点。比如，在关于环境诉讼的案件中，调查表上就可能有“你对环境保护与工业发展如何看”“你是否受到环境污染的侵害”等；在关于烟草诉讼的案件中，调查表上也许会有“你吸烟吗”“你的好友中有无患与吸烟有关的疾病”等；在有关艾滋病的诉讼中，调查表上可能就有“你对同性恋如何看”这样的问题。

陪审团的种种努力当然都是在通过减少可能错误的方式，来实现得到一个合理的判决，这些努力背后的正当性辩护是如果这样的陪审团都认为这个人有罪，那么全社会应该能够接受这个人是有罪的。换句话说，陪审团的作用从本质上讲，就是为可能产生的判决不当做出集体承担责任的理性保护，其逻辑是这么一个多元又公正的集体判决，如果你觉得有错误，你还有更好的选择吗？

总而言之，社会理性的优势主要是两个方面：一是减少错误。多人的参与，能够避免一个人认知不足造成做出了错误的选择，社会理性为之提供了可能性，现实社会中的集体选择往往会采取很多方法力争做到这一点，但实际效果千差万别。二是为可能的“错误”提供集体承担责任的理性辩护。这一条是社会理性较之个体理性最大的优势，这种优势的合理性基础在于根植于人们脑子里的观念，一个没有倾向性的集体做出的决定必然是合理的，即便不太合理，也比一个人的选择更可靠。上述两点就是斯宾诺莎和亚里士多德等所表达的“可靠的感觉”的全部，社会理性的优势也正在于此。

二、接受之外的目标

从前面的讲述来看，社会理性与集体可接受似乎越来越像了，虽然我们知道它们始终存在方法与结果的差别。已经谈到了集体接受是社会理性不可或缺的目的，本节想要说清楚的是关于社会理性的目的除了集体可接受之外，是否还有其他选择。对于这一问题，我们先给出答案，答案是否定的。即社会理性的目的除了实现集体可接受，没有其他内容。

除了可接受之外，在哲学和经济学的讨论中，关于“理性选择”的目的通常还有三种规范的含义[①]，符合我们对社会理性理所应当的期待，主要是以下几个方面：

（1）**一致性**。要求社会选择是一致的，一致性是对可靠性的要求，一致的不

① 森在总结哲学和经济学关于理性选择的看法时，将选择的理性理解为三种：第一种是选择的内在一致性；第二种是自利最大化；第三种是一般最大化。其中一般最大化指除了第二种效用以外其他目标的最大化，在考虑群体理性时，两者实质上都是在强调群体总体在某一方面实现最大化，因此本书将第二、三种归纳为一种。

一定可靠，但不一致的肯定不可靠，这是人们规范性认知的基本标准，一致性在规范地讨论社会选择时具有重要作用。

（2）**最大化**。要求社会选择总是能得到“最优”的选项，使得社会总体效用，或者价值等某种目标最大化。

（3）**公平性**[①]。要求社会选择符合公平正义的原则，体现对社会理性正当性的要求，在罗尔斯看来“公平是正义的核心”，并且建立了“作为公平的正义”（justice as fairness）的路径，鉴于公平和正义两者密不可分的关系，再加上我们的重点是从社会理性正当性评判的角度讨论公平与正义的范畴问题，不需要对两者做出实质性的区别，因此，在本书的讨论中将认为公平与正义并无差别，统一于讨论公平性。

接下来将说明一致性和最大化存在的问题，两者无法构成理性社会选择的目的。对于公平性的讨论相对复杂一些，我们将论证公平要么根本不是社会理性的目的，要么可接受性的范畴包括了公平性，而被群体所接受并不意味着满足公平性的要求，因此，当我们要求社会理性的目的满足可接受的时候，事实上比满足公平正义要求了更多。

（一）一致性是社会理性所必需的吗

森已经彻底否定了一致性构成理性充分条件或必要条件的可能性[②]，在考察充分性的时候他认为，一个人可能在其选择中持续一致地低能，永远选择那些他最不重视的并且是他最讨厌的东西，这样做虽然仍然符合了一致性条件，但很难说这种行为可以视作一种理性模式，同样的道理可以适用于群体表达理性的问题，如果一个群体总是选择使得它的成员情况变得更糟糕的选项，即便是一致的也是不理性的。

即便群体总是选择较好的结论，也会发现“一致性”根本就不是社会选择想要的东西。社会选择的目的从来不是为了实现结果的“一致性”，显然我们无法只告诉群体成员有一个选择结果是符合一致性要求的，而促使大家都接受这一结果。在

① 尽管关于正义历来有先验主义和现实主义之争，公平正义是否必须作为理性的标准难以有定论，但公平正义从开始提出的时候就作为理想社会的衡量标准，无论是先验主义的代表人物罗尔斯所提出的“正义是社会制度的首要价值”，还是现实主义代表人物森所总结的“着眼于消灭所见到的这个世界上明显的不公”，在讨论社会选择的时候都无法回避公平正义的评判问题，所以本书将公平正义也作为社会理性所要实现的一种目的提出来讨论。

② 阿马蒂亚·森. 理性与自由[M]. 李风华，译. 北京：中国人民大学出版社，2012：14.

一致性不能构成理性必要条件方面，森力图证明“如果不考虑选择者的动机——他试图去实现的事务，‘一致性’的内涵就完全无法确定”，他甚至列举了一种非常特殊的情形，提出“主张 A”和“主张非 A”的二元选择也可以构成一种审慎的行为模式。比如，一个人做出这样的陈述，只是希望被人视为精神不正常，从而在法庭审判中减轻其责任。同样，这种模式也可以作为群体理性不需要一致性的一种解释。

即使在社会理性中不考虑这种极端特殊的情况，要求在聚合过程中选择的一致性必须保持，也可以发现并不需要给予一致性过多的关注，因为出现不一致很多情况下并不是本质性问题，可能只是技术性误差。比如，社会选择的不一致与对个体选择的澄清有密切关系，也就是我们看到的社会选择不一致并不一定是程序或方法造成的，可能只是个体选择表达的模糊性造成的。在基于命题逻辑的判断聚合理论中，个体对每个命题 p 的判断表达只有两种取值 p 或 $\neg p$，当增加一种不能确定的个体判断表达的时候，可以发现是能够聚合得到一致的集体选择。

比如，在判断聚合困境下引入多值表达，群体中的个体在表达对每个命题判断的时候不仅可以表达接受或拒绝，还能表达“无法确定”，聚合不一致的问题能够消解。

假设一个判断聚合困境，有一个由 3 个法官组成的小组需要决定一名命案嫌疑人是否有罪，做出这一判断主要取决于对两个前提的判断，第一项前提是“嫌疑人没有在案发现场出现过”，第二项前提是“嫌疑人没有雇凶杀害被害人”，两个前提同时成立才能够判断嫌疑人无罪，具体如下。

p：“嫌疑人没有在案发现场出现过”。

q：“嫌疑人没有雇凶杀害被害人”。

r：“嫌疑人无罪”。

三个法官根据自己的判断给出三个命题的真假如表 7-1 所示。

表 7-1　判断聚合困境

	p	q	$r = p \wedge q$
法官 1	真	真	真
法官 2	真	假	假
法官 3	假	真	假
基于前提的多数制	真	真	真
基于结论的多数制			假

这个例子的前提是每个法官都能很明确地表达自己对 3 个命题真或假的判断，但显然这并不是必需的。对于法官 2 来说，当他表达了 q 和 r 为假的时候，p 为真或假已经无关紧要，并不需要他再对 p 做出明确的判断，即群体聚合 p 为真或假对于法官 2 来说都是可以接受的，因为 p 的取值并不会影响他另外两个判断的取值。同理，法官 3 也不需要对所有的命题表达判断。这种表达“不确定”的判断，在实际的社会选择中存在大量的可能。如果我们允许法官表达“不确定”这样的判断，可以看到群体判断的困境并不存在，只能在结论 r 上运用多数规则，见表 7-2。

表 7-2　不完全表达下的判断聚合

	p	q	$r = p \wedge q$
法官 1	真	真	真
法官 2		假	假
法官 3	假		假
基于前提的多数制			
基于结论的多数制			假

假设群体中所有成员都足够明智到能准确表达自己的接受或拒绝的选择意愿，这些意愿也非常准确地在集体选择过程中得到表达，还是出现了社会选择的不一致，也不能构成我们必须关注一致性的理由。事实上，在社会选择理论中讨论不可能性定理的价值在于获取满足合理要求的可行聚合规则，不可能性结论本身并不是研究的最终目的。森曾经强调“某种对一特定社会选择方法的充分的公理证明不可避免的与不可能性比邻而居——就差那么一步了”，大量研究文献已经证明“不同类型的不可能定理和实证性的可能性结论彼此接近”[①]，当我们面对社会选择不可能性结论的时候，已经知道什么是可能的了，人们真正希望讨论的是如何通过圈定聚合规则的理性条件，得到一种理想的聚合规则，从这个意义上讲，一致性要求已经退化成了区别可能性和不可能性的技术性边界，显然不能构成社会理性必须讨论的主题。虽然当我们在规范性理论下讨论社会选择的时候，必须要求一致性，否则可能带来理论的不一致性，但这种技术性的要求无法为一致性提供充分的辩护，至少可以认为一致性不能唯一作为社会选择理性所要追求的目标。

---

① 阿马蒂亚·森. 理性与自由[M]. 李风华，译. 北京：中国人民大学出版社，2012：66.

（二）如何看待最大化

“最大化”的概念与“一致性”一样，无法构成社会理性目的的充分或必要条件。比如，在一个贫富悬殊的社会里，仍然采用补贴富人的公共税收政策，虽然富人和穷人构成的群体获得收益在增大，但这种进一步拉大贫富差距的政策无法看成是一种理性的做法。在必要性方面的反驳例子就更多了，慈善就是最典型的例子，作为一项集体选择，一家公司打算捐献一笔钱给一些需要的人，如帮助孩子读书，公司的收益减少了，但捐赠显然不能被视为不理性的选择。

事实上，最大化的概念本身也存在着明显的缺陷，当谈论“最大化”的时候，必然是已经承认了一个可以比较的序列是存在的，在很多情况下，做出这样一个完备序列是困难的，也是没有意义的，比如，布利丹的驴子（Buridan's ass）面对两堆干草而饿死，是因为无法找到“最优”的选择（无法在两堆干草之间排序），但很明显，相对于“饿死”任何一堆干草都是更优的选择，“最大化”在这里彻头彻尾地发挥了害处。森早就已经指出“分配问题在社会选择中占主导地位[①]”，社会选择的目标根本就不是社会总体的最优，正如前面列举的在贫富悬殊的社会所制定的税收政策例子，在“分蛋糕”的问题上，与蛋糕本身有多大相比，每个人更关注的是扩大他自己的那一份，在最大化视野下的分配问题才是社会选择理论的核心问题。

（三）公平与集体接受

前面已经对正义理论做过一些概述，正义理论历来有两种研究进路：一是由霍布斯（T. Hobbes）、洛克和卢梭（J-J. Rousseau）为代表的以社会契约为核心的先验制度主义；二是由亚当·斯密、边沁、穆勒（J. S. Mill）为代表的着眼于消灭明显不公的现实主义。在先验制度主义看来，“一个社会之所以井然有序，不仅是因为它的宗旨是促进社会成员的利益，而且也因为它受到普遍正义观的有效支配”[②]，“正义可能是一种谨慎的小心提防的美德”[③]。在现实主义看来，

① 阿马蒂亚·森. 理性与自由[M]. 李风华，译. 北京：中国人民大学出版社，2012：66.

② 约翰·罗尔斯. 正义论[M]. 谢廷光，译. 上海：上海译文出版社，1991：5.

③ 约翰·罗尔斯. 正义论[M]. 谢廷光，译. 上海：上海译文出版社，1991：9.

包括森在内的一些学者并不认为正义是理智的结果，即理智对通达正义的帮助值得商榷，如果以此作为理由，似乎可以将公平性的讨论排除在社会理性之外。

在森的可行能力理论中，自由已经被看作维护正义的核心问题，要想维护社会的公平正义，应当考虑的是如何通过理性维护成员的选择自由，提升成员的可行能力成为首要的问题，从这一点来看，公平作为社会理性目的的意义已经消失了，被替换成“可行能力”，而可行能力是基于个体的，显然也不属于社会理性本身所需要关注的问题，所以在这种视角下，我们不需要再讨论公平的话题，它已经可以从社会理性目的的列表上划除。

退一步来看，如果我们坚持先验主义的正义观，认为社会理性总有一些“公平的成分”必须被关注，坚持要将公平作为社会理性的目的之一进行讨论，也会发现，先验的正义观没有超出集体接受的范畴。讨论社会理性中“公平的成分”之时，可以看到在先验主义下“公平的核心要义必然是避免评价中可能产生的偏见，兼顾他人的利益与关注点，尤其要避免受到自身既得利益、偏好、习惯或偏见的干扰”①，“适用于社会基本结构的正义原则是那些想促进他们自己的利益的自由和有理性的人们将在一种平等的最初状态中接受的”②，可见在这一路径下，也是为了实现一种可接受的公平和正义的评价，即公平和正义的范畴要小于可接受的范畴，在现实层面，不同的正义理论在消除“自身既得利益、偏见、习惯”等干扰的方式不同，但所要达到的目的是一致的。

在罗尔斯看来，要讨论正义，必须以“初始状态”为基础设置“无知之幕”，要求营造一种没有干扰的环境来讨论公平正义，如果我们能够得到罗尔斯所宣称的这种“初始状态”下的公平，显然它必须为人类所先验的普遍接受，当然在由其中任何一群人来选择的时候，它也是可以接受的。

实际上，森在现实主义路径上提出的正义理论本质上也是一种“让步”的理论，“可行能力”强调在看待公平时要评价“动机”与“自由”，而不是选择的结果。森的思想虽然不像罗尔斯的理论设定了一个难以企及的用以讨论公平的“初始状态”，但也从评价选择的结果是否正义，“让步”到从选择的动机和是否自由的选择来评价选择是否正义，而对动机和自由的讨论也理所应当的是在被社会所普遍接受的范畴下。从这个意义上说，森和罗尔斯都是在为实现“正义”

① 阿马蒂亚·森. 正义的理念[M]. 王磊，李航，译. 北京：中国人民大学出版社，2012：49.

② 约翰·罗尔斯. 正义论[M]. 谢廷光，译. 上海：上海译文出版社，1991：9.

寻找一种能够排除干扰的方法，从目的的角度来看，关于什么是公平的回答始终不可能超出可接受的范畴。

为什么我们认为可接受性的范畴要超过公平？在社会存在太多可接受却显然违反了正义的情况。比如，一个独裁的国家发动对邻国的侵略战争，无论做出开战的决定是如何被国民所接受，都正如罗尔斯所认为的，正义否认为了一些人分享更大利益而剥夺另一些人的自由是正当的，不承认许多人享受的较大利益能绰绰有余地补偿强加于少数人的牺牲，开战这种行为显然是不正义的。还有范围更小一些的例子，村庄的村民集体签名一致同意驱逐一名患有传染病的男童，都属于不公平的可接受情形，当村民能够在这一问题上达成共识的时候，无法评价说他们的行为是不理性的，如果认为这种行为需要被谴责，也只能是出于道德上的，不在理性讨论的范畴。

当我们从社会理性中排除了一致性和最大化，并认识到公平性仍然在可接受的范畴之下时，已经可以说，如果一个集体选择的结论是可接受的，那它就是满足社会理性要求的，结合前面已经论证的可接受构成了社会理性目的之一，由此可见社会理性的目的与集体接受是等价的。事实上，已经可以看到，很多集体选择结果的理性判定正是以可接受性作为辩护条件的。比如，我们要对全球的大学进行排名，很多有影响力的排名机构的做法是做大量的基于学者主观判断的关于大学研究和教学声誉的调查，这些调查的结果在最终评价指标体系中拥有相当比重的权重，这么做的原因就是希望其最终做出的大学排名能够被很好地控制在人们可接受的范围内，以此作为其排名结果的合理性辩护。

综上所述，我们认为社会理性的目的与实现集体接受没有本质性的区别，社会理性的目标只有实现集体的可接受，两者在个体主体性、目的性，以及个体审视与人际比较三个要素方面的要求是一致的，当我们说要实现社会理性的时候，实质上只是在说要实现集体可接受性。尽管人们对社会理性可能抱有很多不同的美好愿望，就实际的情况来看，也许我们期待得太多。

第八章 可能的聚合

"有人问我你究竟是哪里好，这么多年我还忘不了。

春风再美也比不上你的笑，没见过你的人不会明了。"

这是李宗盛作词、作曲和演唱的《鬼迷心窍》中的两句歌词，描写了一对情人相知多年、爱不可得、刻骨铭心的感觉。这究竟是怎么样一个人，能让人如此情难自禁，进一步万丈深渊，退一步撕心裂肺，却怎么也忘不掉，当你这样问自己的时候也许是真正遇到那个爱的人了吧。与之类似，当研究社会选择理论时也有这样鬼迷心窍的执念，这就是关于能不能形成合理聚合的执念。这种感觉就像歌词所描绘的情绪，明明知道不可能有完美的群体意见聚合规则，但依然心心念念，不想放手，总也找不到，总是在寻找，变成了心中执念，这是因为没有领会过顺顺利利聚合形成群体意见的人，不会明白它的美妙之处，一旦领略到了就再也忘不掉。前面已经介绍了社会选择的各种悖论和困境，介绍了什么是可行的集体可接受，本章将分析"可行集体可接受"模型，这不仅有助于加深我们对集体理性的认识，更为重要的是，有助于构建一种克服判断聚合困境的聚合规则，达成群体意见一致的目标。

第一节 妥协下的判断聚合困境

一、判断妥协的提出

首先我们还是要从判断聚合困境经典的例子开始，对表 5-1 的例子进一步分析。假设有一个立法委员会，它做出是否通过一项法令的决定主要基于其成员对一组命题的理性判断。假设现在每个成员需要在以下三个命题中进行判断，

p："土地资源是有限的"。

$p \to d$："如果土地资源是有限的，那么应当立法严禁土葬"。

d："应当立法严禁土葬"。

通常在立法委员会里对三个命题的判断有三种比较典型的意见，坚定的支持者，强硬的反对者，态度温和者，三类意见表达所形成的判断聚合困境见表 8-1。

如果允许个体判断对命题的取值进行合理的变动，就有可能对判断聚合困境产生的原因给出一些新的解释。对于态度温和者来说，假设他对结论 d 的判断是通过前提导出的，那么我们将他对结论 d 的判断改为“真”是存在合理性的，因为做出这样的修改后他的判断集仍然保持一致（见表 8-2 态度温和者行），运用多数规则可以得到群体一致的判断集合（见表 8-2 多数规则聚合 1）。同理，如果支持者对土地是否有限并不完全确定而改变对该命题的判断（见表 8-2 支持者行），也可以得到群体一致的判断集合（见表 8-2 多数规则聚合 2）。由此可见，当群体中部分个体在一些命题上做出“妥协”后，可以通过多数制规则聚合得到一致的群体判断集。根据“可行的可接受性”的要求，在可妥协的命题上，个体赋予真或假都是可接受的，因为无法给出逻辑理由让他们不能修改对这些命题的赋值，在这里逻辑的理由显然具有不可辩驳性，构成了“可行的可接受性”关于可接受的要件。因此，可以认为刻画个体判断在命题上的妥协性是刻画集体可接受性的重要基础。

表 8-1　判断聚合困境

	p	$p\to d$	d
支持者	真	真	真
反对者	真	假	假
态度温和者	假	真	假
基于前提的多数制	真	真	真
基于结论的多数制			假

表 8-2　妥协后的判断聚合

项目	p	$p\to d$	d
支持者	真（假）	真	真
反对者	真	假	假
态度温和者	假	真	假（真）
多数规则聚合 1	真	真	真
多数规则聚合 2	假	真	假

下面我们给出关于个体判断妥协性的形式化定义，这是进一步研究的重要基础：

定义 8.1.1（妥协性）　对于判断 J 和 J'，如果 $\exists\phi\in J$ 使得 $J'=J/\{\phi\}\cup\{\neg\phi\}$ 是

一致的，我们称J具有妥协性，J在ϕ可妥协，且J'和J是互为妥协判断，反之，我们称J在ϕ不可妥协，当且仅当$\forall \psi \in J$有J在ψ不可妥协，称J不具有妥协性。

对于$\forall \phi \in J$，如果J在ϕ不可妥协，显然有$J / \phi \vdash \phi$。对于议程Z上的一个序组P，如果其中存在判断具有妥协性，则称该序组具有妥协性。如果议程Z上还存在一个序组P'，并且P'和P中不同的判断两两互为妥协判断，则称P'和P互为妥协序组。

妥协的直观意思就是对于一个判断把自己对一个命题的赋值改为相反的赋值，这个判断也是一致的，那么就说这个判断在这个命题上是可以妥协的。即持有这个判断的个体对于这个命题上的赋值随时可以改变，他对于这个命题并没有不可改变的信念，这就是可妥协的意思。需要强调的是，根据妥协性的定义，对于判断上每个命题的可妥协性是逐个判断的，即不能同时改变两个及以上的命题赋值，判断仍然保持一致，就说判断在这两个或多个命题上可妥协。也不能说先改变在一个命题上的赋值，再改变另一个命题上的赋值，判断仍然保持一致，就称判断在后一个命题上可妥协，因为当改变第一个命题的赋值时，已经变成了一个新的判断，在后一个命题上的可妥协是在一个新判断上的可妥协，不能称是在原判断上的可妥协。

二、基于妥协的判断聚合困境分析

在多数制判断聚合规则下，可以看到，当序组具有妥协性的时候，并不一定会出现群体判断不一致的情况，即个体判断的妥协性不是群体判断不一致的充分条件，而且这种情况是平凡的。比如，群体中所有人都持有具有同样一个妥协性的判断（如表 8-2 中都持支持者观点），按照多数规则，最后的群体判断当然是一致的。我们接下来将讨论序组的妥协性是否能构成判断困境的必要条件。首先需要对议程做一些约束。

性质 8.1.1（决议确定性）　对于$\forall \phi \in Z$，如果$\exists J_i \subset Z$，J_i不具妥协性且$\phi \in J_i$，则$\forall J_j \subset Z$，如果J_j具有妥协性并且$\phi \in J_j$，那么J_j在ϕ可妥协，其中Z是议程，J_i和J_j是Z上的判断。

性质 8.1.2（决议平稳性）　对于$\forall \phi \in Z$，如果$\exists J_i \subset Z$，J_i不具妥协性且$\phi \in J_i$，则$\exists J_j \subset Z$，J_j具有妥协性，并且J_j在$\neg \phi$不可妥协，其中Z是议程，J_i和J_j是Z上的判断。

议程的决议确定性的直观意思是如果一个议程存在一个判断不可妥协，那么对于它其中的每一个命题，就不需要再有具有妥协性的判断在这些命题上不可妥协。简而言之，一个命题被一个具有不可妥协性的判断认可就足够了，不需要再被强化了。议程的决议平稳性的直观意思是如果一个议程存在一个判断不可妥协，那么对于它其中的每一个命题，存在议程上的一个可妥协的判断在它的否命题上不具有妥协性，即议程上有坚定的（不可妥协的）支持一个命题，那么至少存在其他判断不那么坚定的（可妥协的）支持该命题的否定。这两条性质都是在说对任何命题的赋值不要出现一边倒的强势态度。根据这两条性质可以得到如下命题。

命题 8.1.1 如果议程 Z 具有决议确定性和平稳性，则 Z 上最多只有一个不可妥协判断。

证明 不妨假设议程 Z 上有一个不可妥协判断 J_1。如果还存在其他不可妥协判断，则一定 $\exists\phi\in Z$，有 $\phi\in J_1$ 和 $\neg\phi\in J_2$，其中 J_2 也不可妥协。由 Z 具有决议平稳性，则 $\exists J_1^{'},J_2^{'}$ 具有妥协性，且 $J_1^{'}$ 在 $\neg\phi$ 上不可妥协，$J_2^{'}$ 在 ϕ 上不可妥协。又由 Z 具有决议确定性，由 $\phi\in J_1$，有 $\forall J\subset Z$，如果 J 具有妥协性，且 $\phi\in J$，则 J 在 ϕ 上可妥协，与 $\exists J_2^{'}$ 具有妥协性，且在 ϕ 上不可妥协矛盾。

由命题 8.1.1 可证的得下列定理。

定理 8.1.1 若议程 Z 具有决议确定性和平稳性，判断聚合规则 F 满足全域性、集体理性和一致同意性，对由 Z 生成的任意序组 P，如果 $F(P)$ 不一致，则 P 具有妥协性。

证明 假设 P 不具有妥协性，即 P 中任意判断不可妥协。由于 $Z\neq\Phi$，令 $P=(J_1,\cdots,J_n)$，$\forall J_i\in P$ 是完全的且不为空，所以 P 不为空，则由命题 8.1.1，P 中只有一个不可妥协判断 J，即 $P=(J,\cdots,J)$，由 F 具有一致同意性，$F(P)=J$ 是一致的，与 $F(P)$ 不一致矛盾。

定理 8.1.1 表明当议程满足决议确定性、平稳性时，个体判断的妥协性构成了群体判断不一致的必要条件，即如果序组是不可妥协的，只要聚合规则满足一致同意性，就能够得到满足集体理性的群体判断。事实上，同时要求完全一致的集体理性是一个比较强的要求，在很多实际的集体选择中，并不要求群体对所有命题做出判断，也即完全性是不必要的①。比如，表 8-2 的例子，结果只需要在是否

① Dietrich F，List C. Judgment aggregation without full rationality[J]. Social Choice and Welfare，2008，31：15-39. 文中有对不具有完全性的判断聚合规则的讨论。

严禁土葬这样一个命题上做出判断。接下来我们将在个体妥协的基础上构建集体可接受性，并以之代替完全性条件，探讨解决判断聚合不可能性定理的途径。

第二节　集体可接受的可能性定理

一、形式化的集体可接受性

前面已经提到，都文、罗曼金和钱德勒等学者提出的群体可接受理论的共同点是都以经典概率论为基础，这一类理论给出了一种容易被接受的刻画集体可接受性的模式，但其被接受的原因恰恰是我们需要避免的。这一类理论将群体与个体做了类比，仿照个体可接受的模式构建了群体可接受，这种将“群体”作为个体抽象物进行重建的处理方式看似合理，但实际上，从马克思到森，在讨论社会群体问题时，都极力避免以个人的思考方式来考量群体的意志，明确反对将群体作为个体抽象物进行重建的做法①。为此，我们必须对集体可接受性进行重新考虑。

根据前面构建的两阶段“可行的集体可接受性”思想，在讨论集体可接受性时，我们考虑的重点不是寻找一种方法来直接评价一个结果是否被群体所接受，而是关注一个命题如果作为群体判断的结果，它是否保持被群体接受的“能力”，从另一方面讲，要评价的是群体是否有不接受一个结果的可能性，换句话说，即便我们无法判断一个结果是否应该被群体接受，但至少能够把明确被质疑的命题排除在群体判断以外。据此，提出群体可接受定义如下：

首先定义一个群体的信念模型 $M=\langle Z,P\rangle$②，M 刻画了一个群体在议程 Z 上做出的一组判断，将群体对议程 Z 中的命题可接受程度定义为一个二元关系。

定义 8.2.1（集体可接受性）　对于 $\forall\phi\in Z$，当群体中个体判断构成的序组 P 中没有判断在 $\neg\phi$ 不可妥协，就称表达出序组 P 这个群体理性接受 ϕ，记作 $GACC(M,\phi)$，即 $\forall J_i\in P$，若 $\neg\phi\in J_i$，则 J_i 在 $\neg\phi$ 上可妥协当且仅当 $GACC(M,\phi)$。

这个定义的直观含义就是当群体中没有人能对一个命题提出无法反驳的反对意见的时候，这个命题就是被群体所接受的，在这里这种“无法反驳的反对意

① Sen A K. The Idea of Justice[M]. London：Penguin-Allen Lanes，2009.

② Chandler J. Acceptance，aggregation and scoring rules[J]. Erkenntnis，2013，78：201-217.

见”，显然是演绎的后承。它显然是刻画了两阶段可行可接受性方法的第二步。从这个角度理解集体可接受性，一方面考虑了个体关于命题的评价，群体中每个个体关于命题的判断有可能影响该命题是否被群体所接受；另一方面，群体的可接受性与个体的妥协性和不可妥协性不存在结构上的相似性，即我们没有把群体看作个体的某种抽象，而是从群体是否具有否定一个命题的能力来评价命题是否被群体所接受。据此，提出群体判断聚合规则新的理性条件，要求群体判断的命题是可接受且一致的。

性质 8.2.1（集体可接受性） 对判断聚合规则 F 定义域上的任意序组 $P=(J_1,\cdots,J_n)$，$F(P)$ 都是一致的，并且 $\forall\phi\in F(P)$，有 $GACC(M,\phi)$。

这条性质很容易理解，一个聚合规则满足集体可接受性，就是这个聚合规则对于任意序组聚合出来的群体判断中的每一个命题都是群体可以接受的。

二、群体可接受的可能性定理

如果承认群体理性条件是集体可接受性，可以发现，在经典判断聚合理论里面证明的不可能性定理将能够得到可能性的结论。

接下来将证明，如果将群体理性的要求调整为集体可接受，并将系统性修改为群体判断仅与序组中不可妥协命题结构有关，将能够构造出非独裁的判断聚合规则。

首先对系统性进行修改，下面这个新的系统性要求对两个不同命题的聚合结果与其不可妥协的判断有关。

性质 8.2.2（系统性*） 对于聚合规则 F 上的任意两个序组 $(J_1,\cdots,J_n)$，$(J_1',\cdots,J_n')$ 和任意的两个命题 $\phi,\psi\in L$，如果对所有的 $i\in N$ 有 $(\phi\in J_i\wedge J_i/\phi\vdash\phi)\Leftrightarrow(\psi\in J_i'\wedge J_i'/\psi\vdash\psi)$ 且 $(\neg\phi\in J_i\wedge J_i/\neg\phi\vdash\neg\phi)\Leftrightarrow(\neg\psi\in J_i'\wedge J_i'/\neg\psi\vdash\neg\psi)$ 那么 $\phi\in F(J_1,\cdots,J_n)\Leftrightarrow\psi\in F(J_1',\cdots,J_n')$

这条性质是说对于两个命题 ϕ 和 ψ，它们及它们的否定形式在两个不同的序组上同时保持不可妥协的状态，则它们也将同时被聚合规则聚合为群体判断的一部分。据此可以得到下面可能性定理。

定理 8.2.1 若议程 Z 满足决议确定性、平稳性，并且 Z 上存在不可妥协的判断，则存在判断聚合规则同时满足全域性、集体可接受性、系统性*、匿名性和非独裁性。

证明　我们只需要找到一个判断聚合规则满足定理中所列的聚合规则的性质即可，构造判断聚合规则如下：$F_a(J_1,\cdots,J_n)=\{\phi\in Z\mid GACC(M,\phi)\wedge\exists J_i\in P$，$J_i$ 在 ϕ 上不可妥协$\}$。

显然 F_a 满足全域性，由于在要求全域性的条件下 F_a 并不是完全的，所以它也满足非独裁性。根据 F_a 的定义，它也是满足匿名性和可接受性的，现在我们只需证明它满足系统性*，并且对于 Z 上任意的序组 P，F_a 聚合的群体判断都是一致的。

（1）证明 F_a 满足系统性*。

设有两个序组 P,P' 和任意两个命题 $\phi,\psi\in Z$。若 $\phi\in F_a(P)$，则 $GACC(M,\phi)\wedge\exists J_i\in P$，$J_i$ 在 ϕ 上不可妥协。由 $GACC(M,\phi)$ 定义，则 $\forall J_i\in P$，若 $\neg\phi\in J_i$，则 J_i 在 $\neg\phi$ 上可妥协。又由系统性∗的前提条件有 $\forall J_i'\in P'$，若 $\neg\psi\in J_i'$，则 J_i' 在 $\neg\psi$ 上可妥协，且 $\exists J_i'\in P'$，J_i' 在 ψ 上不可妥协。由集体可接受性定义有 $GACC(M',\phi)$ 且 $\exists J_i'\in P'$，J_i' 在 ψ 上不可妥协，因此 $\psi\in F_a(P')$。

（2）证明 F_a 在 Z 上总是聚合得到一致的判断。

由 Z 满足决议确定性和平稳性和 Z 上存在不可妥协判断，由命题 8.1.1，Z 上仅有一个不可妥协判断，可令其为 J_k。我们假设 $F_a(P)$ 不一致，则 $\exists\phi\in F_a(P)$，$\exists A\subseteq F_a(P)$，$A$ 是一致的，且 $A\vdash\neg\phi$，由命题 5.2.2 可得 Z 上存在一个判断 J'，J' 在 $\neg\phi$ 不可妥协，且 $A\subseteq J'$。

①若 J' 是 J_k，则由 $\phi\in F_a(P)$，所以 $J'\notin P$，又由 $A\subseteq F_a(P)$，且 $A\subseteq J'$，由 Z 满足决议确定性有 $J'\in P$，产生矛盾。

②若 J' 不是 J_k，则 J' 具有妥协性，又 J' 在 $\neg\phi$ 不可妥协，由 Z 满足决议确定性，有 $\phi\in J_k$，所以 $J_k\in P$，由 F_a 定义，$F_a(P)\subseteq J_k$，则由命题 5.2.1，$F_a(P)$ 一致，与假设矛盾。

由①、②，这样的 J' 不存在，因此，$F_a(P)$ 总是一致的，定理得证。

定理 8.2.1 的前提显然构成了我们在第七章提出的两阶段实现集体可接受性的模型，满足一些理性条件的聚合规则，以及对集体选择的结论要求可接受。该定理的证明说明两阶段的集体可接受性刻画模型能够为人们理性的集体选择做出一种合理性的辩护。可以很容易验证议程 $\{\phi,\psi,\phi\wedge\psi\}$ 满足决议确定性、平稳性，并且 $\{\phi,\psi,\phi\wedge\psi\}$ 上存在不可妥协的判断，因此定理 8.2.1 通过将聚合规则的理性条件修改为集体可接受性、系统性*，克服了定理 5.2.1 所证明的不可能性定理。

第三节将证明两阶段的集体可接受性模型是一个整体，不可分离，而且舍弃一项也不行。具体方法是将证明如果只采取两阶段中的第二项判断标准来衡量集体可接受性，也就是抛弃满足一系列理性要求的聚合规则的条件，会导致违反常识的问题，比如，会为少数制集体选择规则提供辩护。

第三节　不可分离的集体可接受性

本节将证明如果只考虑集体选择结论的可接受性，不要求聚合规则的合理性，有可能在集体选择中出现新的问题。首先将证明个体妥协性与集体可接受性没有直接的关系，可以得到如下命题：

命题 8.3.1　对于议程 Z 上的序组 P，如果对于 $\phi \in Z$ 有 $GACC(M,\phi)$，则对于 P 的任意互妥协序组 P' 有 $GACC(M',\phi)$。

证明　由 $GACC(M,\phi)$ 定义，$\forall J_i \in P$，若 $\neg\phi \in J_i$，则 J_i 在 $\neg\phi$ 上可妥协。对于 P 的任意互妥协序组 P'，若 $\exists J_i' \in P'$ 使得 J_i' 在 $\neg\phi$ 上不可妥协，由序组互妥协定义，则 $\exists J_i \in P$，J_i 与 J_i' 相同或互妥协，所以 J_i 在 $\neg\phi$ 上不可妥协，产生矛盾。所以 $\exists J_i' \in P'$，若 $\neg\phi \in J_i'$，则 J_i' 在 $\neg\phi$ 上可妥协，有 $GACC(M',\phi)$。

同理可证得妥协也不会导致群体不可接受的命题变成可接受，综合起来看，就是个体妥协不会导致集体可接受性的改变。因此，当只要求集体选择的结论是可接受的时候，那么妥协就不应该导致群体判断聚合结果的改变，据此提出判断聚合规则的稳定性。

性质 8.3.1（稳定性）　对 $\forall\phi \in Z$，对 Z 上任意的序组 P，$\phi \in F(P)$，则对 $\forall J_i \in P$，若 J_i 在 ϕ 可妥协，则将 ϕ 换成 $\neg\phi$ 后得到 P'，有 $\phi \in F(P')$。

稳定性的直观意思是个体妥协不影响群体判断。稳定性还表达了这样的意思，群体的判断应该能经受适当的质疑。实际生活中有很多类似例子，比如，在对美国一些典型案件审判结果的讨论中，经常可以看到这样的研究结论，如果陪审团的构成改变，嫌疑人是否有罪的判决结果可能改变。如果将陪审团关于是否有罪的最终判定看作群体判断的结论，那么这种“陪审团构成改变将会改变判决结果”的观点其实是在质疑群体判断结论的稳定性，这种质疑可以表述为陪审团中某些人对结论并不确定的判断通过投票机制被放大成了群体判断。稳定性的引入会给判断聚合带来新的难题，接下来将证明全域性、匿名性、系统性和稳定性将导致判断聚合规则是少数制的。

定义 8.3.1 少数制决定方法成立，当且仅当$\forall \phi \in Z: \phi \in F(P) \leftrightarrow [N(\phi) \leqslant N(\neg \phi)]$，其中$N(\phi)$是序组$P$中判断$\phi$为真的个体数。

定理 8.3.1 如果一个判断聚合规则F满足全域性、匿名性、系统性和稳定性，那么F是少数制决定方法。

证明 由匿名性，群体判断仅依赖于判断ϕ和$\neg \phi$为真的个体数量，由系统性，若$N(\phi) = N(\neg \phi)$，则$\phi \in F(P) \wedge \neg \phi \in F(P)$。由稳定性，如果$P$中不存在在$\phi$或$\neg \phi$上可妥协的判断，则$[N(\phi) = N(\neg \phi)] \rightarrow \phi \in F(P) \wedge \neg \phi \in F(P)$。如果$P$中存在在$\phi$或$\neg \phi$上可妥协的判断，不妨设存在$\phi$上可妥协的判断，则将其变成$\neg \phi$后有$[N(\phi) < N(\neg \phi)] \rightarrow \phi \in F(P)$，此即为少数制决定方法。

定理 8.3.1 表明：如果我们只要求集体选择的结论是可行的可接受，那么将为少数制做出合理性辩护，即两阶段可行的集体可接受性判断模式是不可分离的。该定理充分说明了集体选择的复杂性。同时，该定理也给出了这样的启示，在群体判断聚集的过程中，有必要花费大量的时间和精力去澄清群体中每个个体对议程中每个命题的判断，在处理可以妥协的命题时尤其需要小心，应当为必须由群体做出判断的命题构建不可妥协的个体判断集合，并在群体中形成共识，这些做法都有利于达成人们所追求的社会理性。

第九章　可接受的事实

《庄子·齐物论》中记载了庄周梦蝶的故事。“昔者庄周梦为蝴蝶，栩栩然蝴蝶也，自喻适志与，不知周也。俄然觉，则蘧蘧然周也。不知周之梦为蝴蝶与，蝴蝶之梦为周与？周与蝴蝶，则必有分矣。此之谓物化。”用白话文表达就是：“过去庄周梦见自己变成蝴蝶，很生动逼真的一只蝴蝶，感到多么愉快和惬意啊！不知道自己原本是庄周。突然间醒过来，惊惶不定之间方知原来是我庄周。不知是庄周梦中变成蝴蝶呢，还是蝴蝶梦中变成庄周呢。庄周与蝴蝶那必定是有区别的。这就可叫作物、我的交合与变化。”现实与梦境之间，是蝶是人，庄周已然不知道哪一个是真实的，该接受哪一个。

我们已经对可接受性问题进行了比较系统的讨论，证明了集体可接受是社会理性的判断标准，还可以避免判断聚合的困境，主要的研究似已结束，但有一个问题让人感觉还不够清楚，就是接受和事实的关系。前面已经略有讨论，但还没有涉及问题的关键，关键在于究竟什么是事实，这个看起来很简单的问题，其实很复杂，原因在于即便对于客观事实的看法，也与人们的认知水平有着密切关系。在中国古代哲学中，水是“金木水火土”五行之一，被看作构成世界的基本元素，后来，人们可以在原子层面上认识水，知道它是由两个氢原子和一个氧原子组成，如果再往下深入，到了更小的粒子层面上，对水的表达和认识又会有变化，所以在不同的层面上看到的水是不同的实在，这也会直接影响人们对事实的接受。因此，如何认识客观实在性，作为个体主观体验的接受与事实到底存在何种关系，需要有所交代。

第一节　两种事实的存在

事实（fact），源自拉丁文 factum，原意是“已成之事”，在《逻辑学大辞典》中，对“事实”是什么有一段专门的描述[①]。

① 彭漪涟，马钦荣，冯棉，等. 逻辑学大辞典[M]. 上海：上海辞书出版社，2010：738.

“事实”作为认识论范畴通常指已被正确认识到的客观事物、事件、现象、关系、属性、本质及规律性的总称。客观存在的事物、现象、关系只有被人的感觉和思维如实反映，并作为人们进一步认识和行动的依据，才称为“事实”。事实与客观存在既有联系，即本质上是一致的，又有区别，前者是第二性的，后者是第一性的。事实就其内容来说，都是客观的，有时亦称“客观事实”。按人们把握事实的形式和程度，事实可分为经验事实和理论事实。按时间划分，事实可分为历史事实、现在的事实和将来的事实。但“事实”这一范畴的含义是多义的，有时指客观事物、事件或现象本身。有时指对客观事物、事件、现象及其关系的反映和描述，是在实验、观察或调查中所得到的关于对象的印象。有时泛指正确的、不可驳倒的理论原理、科学规律，与正确、真理同义。有时也泛指文献资料中的材料，既包括经验事实，也包括理论解释。

可见，事实的认定的关键问题在于“两性论”，即事实与人类的认知到底是何种关系，事实是否必须依赖于人类认知来表达，也就是意识与存在的关系，由此还区别出了事实与客观实在，客观实在被认为是事实可以完全脱离人类认知的部分。这也是哲学上关于事实讨论的两种主要途径，事实是否可以独立于思维和语言[①]。途径一是事实独立于思维和语言，事实就是客观世界中相联系的对象的集合。正如维特根斯坦在《逻辑哲学导论》中认为的，世界是事实的总和，而不是事物的总和，世界的最终构成部分是“原子事实”；途径二认为事实与思维和语言的某些部分对应，事实无法独立于思维而存在。两种途径的存在，使得人们对于事实的认识一直存在分歧。

一、社会实在的构建

在事实认识上的巨大分歧不是西方哲学史独有的，在中国哲学史上关于心与物的关系有着上千年的流传和发展，甚至于形成了中国人处理人与客观世界关系的一套宏大的理论系统，《全唐文》六百三十七卷对儒家经典“格物致知”的解释可见一斑：

① 宋春艳. 塞尔的社会本体论——为什么从区分制度事实和原始事实开始[J]. 自然辩证法通讯，2009，31(1)：51-55.

曰："敢问'致知在格物'何谓也？"

曰："物者万物也，格者来也，至也。物至之时，其心昭昭然明辨焉，而不应于物者，是致知也，是知之至也。知至故意诚，意诚故心正，心正故身修，身修而家齐，家齐而国理，国理而天下平。此所以能参天地者也。《易》曰：'与天地相似，故不违；知周乎万物，而道济天下，故不过；旁行而不流，乐天知命，故不忧；安土敦乎仁，故能爱；范围天地之化而不过，曲成万物而不遗，通乎昼夜之道而知，故神无方而易无体。一阴一阳之谓道。'此之谓也。"

在中国传统的道学中"格物"是作为知至、意诚、心正、身修、家齐、国理，进而天下平这一串伟大事项的起点而存在的，心与物的交流被看成人内心世界与客观世界交换、沟通的过程，其手段俨然成了"参天地"的必要法门。

同东西方其他哲学思想的区别一样，西方哲学中关于事实看法自然没有如此"综合"，理论的重点还是在用"分析"的方法下探究事实与思维的关系，在很多西方哲学家看来，事实就是片段的知识，由观念把它们约束在一起形成理论，思维是串起事实的工具，事实可以变为理论，理论也可以变为事实。罗素在《人类的知识》中表示："'事实'这个名词照我给它的意义来讲只能用实指的方式来下定义。世界上的每一件事物我都把它叫作一件'事实'。太阳是一件事实；恺撒渡过鲁比康河是一件事实；如果我牙痛，我的牙痛也是一件事实。如果我做出一个陈述，我做出这个陈述是一件事实，并且如果这句话为真，那么另外还有一件使它为真的事实，但是如果这句话为伪，那就没有那件事实。[①]"他认为"事实是使叙述为真或为伪的条件"，希望"把'事实'这个词限定在一个最小范围之内，这个最小范围是使得任何一个陈述的真或伪可以通过分析的形式从那些肯定这个最小范围的陈述得出来所必须知道的[②]"。在罗素看来，事实依赖于人的定义和指称，并且事实一定是为真的。

苏联有学者把事实分为两种：事实Ⅰ和事实Ⅱ。事实Ⅰ是指客观存在的现象及进入人的认识范围的客观世界的任何方面。事实Ⅱ是指用语言表达的客观事实，它们可以称为经验陈述，也可以称为观察判断或记录事实的判断，是对已观察到的和正在观察到的事实的描述。这种事实分类的方法具有一定的代表性。苏联学

① 罗素. 人类的知识——其范围与限度[M]. 张金言，译. 北京：商务印书馆，1983：176.

② 罗素. 人类的知识——其范围与限度[M]. 张金言，译. 北京：商务印书馆，1983：177.

者柯普宁（П.В.Копнин）认为，把客观实在的现象、事件、事物本身称作事实没有任何意义，这只是概念名称的汇录；事物本身是事实，关于它们的知识也是事实，就会造成混乱，而主观唯心主义正是利用了这种混乱。显然柯普宁倾向将事实从思维中彻底分出来。

对于事实是否完全依赖于人们认知这一问题的争论，给人文社会科学很多领域的研究带来了困扰，也对人们进一步深化对客观世界及人类社会本质的认识带来了障碍。如果没有对事实的明确看法，就没有办法从本体论上理解我们生活的自然世界，认识由我们组成的人类社会。塞尔对于事实、言语和意向性（intentionality）进行了系统的研究，他关于"实在"的认识对于以事实为基础的社会本体论研究具有重要意义，发表之初即在学界产生了较大的影响。前面我们已经简单提到了原始事实和制度事实之间的区别，塞尔认为这两种事实都是这个世界的客观知识，区别在于原始事实可以通过经验观察、记录、意识经验而获得，如自然科学知识；还有一类事实不是通过经验、观察获得的，而是与人本身有直接关系的，如婚姻、犯罪等，其中当然也有人的身体移动这样的事实，但明显其与社会实在没有直接关系，关注的重点是这一类事实中依附于制度才能存在的，称之为"制度事实"。

塞尔所专注的领域是语言哲学，他早期的关注点在于言语行为理论。他在1969年出版了《言语行为：语言哲学论》（*Speech Acts: An Essay in the Philosophy of Language*），在该书中，他从言语行为理论的角度提出了对于意义和指称这两个在语言哲学中处于核心地位问题的基本看法。他在这本书里，区分了制度事实和原始事实、构成性规则（constitutive rule）和调节性规则（regulative rule），这一区分是塞尔社会本体论和制度事实构建论的出发点。但在这本书中，制度事实还是作为言语行为理论的一个假设存在，对言语的表达仅限于交流功能。随后，塞尔又出版了《表达与意义：言语行为理论研究》（*Expression and Meaning: Studies in the Theory of Speech Acts*），该书对之前的言语行为理论做了进一步的完善和发展，对间接言语行为进行了论述。塞尔的言语行为理论本质上还是在探讨言语行为与表达意义之间的关系，主要贡献在于阐释了"人类将物理上的话语转化成有意义的言语行为的机制"[①]，对于言语意义的讨论使得塞尔意识到

① Moore J. An interview with John Searle[EB/OL]. 2020-08-11. http://www.stanford.edu/group/dualist/vol4/pdfs/searle.pdf.

心智在刻画有机体与客观世界联系方面有着更为宏大的研究主题，于是他逐渐将关注点从言语转向了心智。

塞尔关于心智研究的主要载体是意向性，他在《意向性：心智哲学论》（*Intentionality*：*An Essay in the Philosophy of Mind*）的序言中写道：在我关于语言问题的进路之后隐藏着一个基本的假设，那就是，语言哲学是心智哲学的一个分支。言语行为表征（represent）世界的对象和事态的能力，是对于心智（或大脑）经由信念和愿望这样的心理状态，特别是通过行动和感知，将有机体与世界关联起来的那些在生物学上更加基础的能力的延展[①]。意向性的引入使得塞尔能够刻画一个由意向、意识等各种心理现象构成的人的内在世界，如何与由粒子构成的外在物理世界交互的过程。这个时候塞尔意识到正是由于说事与做事的紧密联系，人类的话语中包含了一定的语言力量，他发现，语言除了交流的功能外，还起着另外一个作用，那就是部分地构成制度性实在[②]。这一理论的进步性在于，塞尔开始认为言语行为不仅能够表征事实，而且可以构建事实。为此，塞尔于 1995 年出版了《社会实在的构建》（*The Construction of Social Reality*），更进一步区分原始事实和制度事实，构建了其社会本体论理论基础。

在塞尔看来，“实在论是一种认为存在着一种事物存在方式的观点（逻辑地独立于所有人类表象）。实在论并没有说事物是怎样的，而只是说存在一种它们存在的方式。[③]”在这种观念下，塞尔开始探索社会实在论，在前期言语行为理论和心智哲学研究的基础之上，塞尔开始探讨一个由婚姻、财产、政府等组成的客观世界是如何融合于一个由力场中的物理粒子构成的世界之中的[④]，这就是塞尔的社会本体论所要达到的目标。这一思想集中体现在《社会实在的构建》一书中，在对社会本体的讨论中，塞尔采取的策略是：概述社会事实，而主要论述制度事实，因为制度事实是社会事实的最为典型的部分。制度事实是依赖观察者的表征而存在的，因而在认识论上是客观的。制度事实的根本特征在于具有被人类强加的地位功能，这种地位功能包含了诸如道德、责任、权利义务等各种各样的道义权力，并且这种地位功能是得到集体认可的，是集体意向性的体现。从这个意义上来看，塞尔的社会本体论就是在制度事实上的构建

① Searle J. Intentionality：An Essay in the Philosophy of Mind[M]. Cambridge：Cambridge University Press，1983.

② 宋春艳，蔡曙山. 塞尔哲学的新进展：社会本体论[J]. 哲学动态，2011（4）：46-53.

③ Searle J R. The Construction of Social Reality[M]. New York：Free Press，1995.

④ Searle J R. The Construction of Social Reality[M]. New York：Free Press，1995.

理论。为了说清楚原始事实与制度事实的关系，塞尔甚至于给出了一个事实的等级分类[①]，如图 9-1 所示。

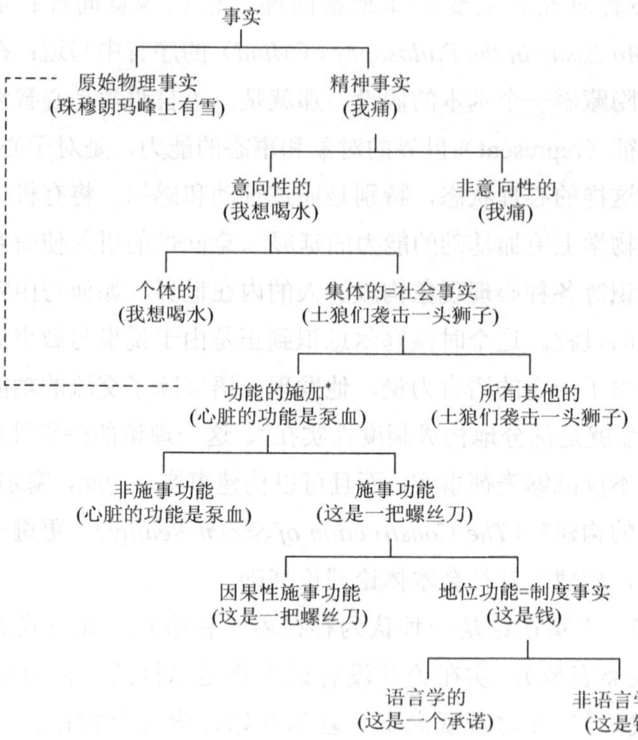

图 9-1　事实的等级分类

通过图 9-1，塞尔向我们展示了这样一幅完整的图景：我们经历的婚姻、犯罪等制度事实是如何与我们能感知的物理、化学和生物的客观事实一起构成了我们认识的这个世界。原始事实和制度事实间最初的区别也在图 9-1 中，在第七级，关于地位功能的刻画塞尔提出了划分制度事实的方法，这是将一个种类和另一种类事实区分开的重要标准。

还有学者明确提出塞尔的社会本体论主要包含以下三个观点[②]。

1. 社会本体就是“制度性结构”

制度性结构的独特之处在于具有符号表征的特征，即使某种东西象征某种超

① 王海英，丛杭青. 塞尔论社会实在的建构[J]. 自然辩证法研究，2020，20（10）：36-39.

② 宋春艳，蔡曙山. 塞尔哲学的新进展：社会本体论[J]. 哲学动态，2011（4）：46-53.

出自身之外的东西。符号表征的结果创建了制度事实。这种符号表征是一种基本的生物能力，不仅贯穿于人类特有的符号语言之中，也贯穿于其他形式的制度性实在之中。这是塞尔关于制度事实的基本看法。他在社会本体论中一再强调，我们生活在一个世界，而不是两个世界，社会事实（主要是指制度事实）所构成的制度性社会与原始性的物理世界是融为一体的。在本体论上，制度事实是主观的，依赖人类的表征而存在；在认识论上，制度事实是客观的，因为其存在得到了集体的认可，并且这种集体认可使得制度事实具有了某种地位及其附带功能。

关于塞尔是如何利用制度事实构建社会实在的，王海英等学者做了很好的概括[①]，集体行动（集体意向性）将功能施加在客体上（功能的施加），这一功能的施加遵循“*X* count as *Y* in *C*”的规则形式。即三个条件构成了建构制度实在的充分必要条件，集体意向性，功能的施加（assignment of function）和“*X* count as *Y* in *C*”形式出现的建构性规则。

关于集体意向性，在后面的部分还将进一步讨论，简单来说，它表达了集体共同倾向的目的和行为，如一支球队合作赢得比赛等。功能的施加也是人和很多动物普遍具有的一种能力。可被施加功能的对象包括自然存在物和那些被特别创造出来执行所施加功能的人工物。我们可以给予很多原本存在的自然物施加新的功能，并且能够根据它们适应这些功能要求的程度评判好坏。比如，一根树枝，我们可以用它来生火，也可以搅拌食物，这些功能如果不是由人赋予，是不存在的。“*X* count as *Y* in *C*”能够表达人类制度的结构，这条规则的意思是“*X* 在背景 *C* 中被视为 *Y*”，其中“被视为”的意思是 *X* 因为 *C* 的存在被赋予了新的功能而成为 *Y*。比如，“这样一些纸被视为钱”，这些纸在脱离了人类赋予其新的功能前还是纸，只有货币制度建立了，它才称之为钱，要注意的是这个规则是一个建构性的规则，从纸到钱有额外功能的增加，如果说“一些能吃的东西是食物”就是有区别的，因为能吃的东西已经具备了食物的功能，变成食物的时候没有新的功能增加。建构性规则在日常生活中还有很多，如下棋，如果没有对弈的规则存在，下棋的活动也就不存在。这些对弈的规则就是一个建构性规则，与之对应的是调节性规则，它的作用是使得已有的事情变得不一样，但这些事情本身并不依赖于规则，比如，驾驶并不依赖于红灯停的交通规则，交通规则使得驾驶更加有序，这个规则就是调节性规则。

---

① 王海英，丛杭青. 塞尔论社会实在的建构[J]. 自然辩证法研究，2020，20（10）：36-39.

2. 言语行为能力是制度事实得以构建的最根本的先决条件

言语行为能力是人表达自我、表征客观世界的基本能力，在制度事实构建方面有着不可替代的作用。这也是本书在讨论社会理性和集体可接受性强调的个体主体性问题，其核心在于只有人类的主体活动才能形成制度事实，除此之外，没有别的选择。

3. 人类的集体意向性是连接人的生物特征和文化特征的桥梁

人类通过意向性来把自己的生物特征转化为影响和改造客观世界的能力，这种改造行为所产生的语言、行动等习性就形成了文化，这种东西反映到一个人身上，就是他所具有的文化特征。反而观之，如果没有意向性，人的各种生物特征还是按照本能发挥着，没有办法形成文化，也就没办法形成人身上的文化特征。

塞尔的社会实在论有着系统性的理论体系，很难在有限的篇幅里详述，对于本书来说，这一部分讨论的重点是原始事实和制度事实的区分。制度事实显然属于社会选择的范畴，在讨论集体接受的时候必须加以考虑。对于原始事实的看法相对来说会复杂一些，如果不将原始事实与客观实在严格等同起来，那么原始事实也是在可接受考虑的范畴里。

塞尔将理论建立在言语行为与物理世界的交互关系的讨论之上，这种关注人的内在世界和外在世界关系的视角，不禁让人再一次思考中西方哲学的相通与差异。从某种程度上看，儒家思想实际上也在讲这些东西，修身、齐家、治国、平天下，讲仁和礼，内圣而后外王无不是在讲每个人自己的小宇宙，如何与外在的社会群体，再到与自然界交往的关系，从大的方向来看，与塞尔的理论是相通的。为什么儒家提倡的这些东西被看作道德教义，而西方谈到的这些问题被称为学术，其中很重要的一点在于描述的方法和途径不同。中国哲学在讲述这些问题的时候，首先设立了一个大而玄的主题，如“仁”“礼”，然后通过日常的故事和对话，将如何实现这些主题的行为和规范描述出来。而西方学者在谈到这些问题的时候，首先是从一个小而具体的对象展开，如“言语”，逐步扩充到一个宏大的主题，这种分析的方法为人际的讨论提供了可能性，这就是两者最大的差别。

二、社会选择的界限

在之前的讨论中，或多或少已经谈到了这样的例子，人们不会为明天是否下雨而投票，只会讨论如果明天下雨我们是否还要出去野餐这样一类问题。社会选择的范畴是可以决定的事情，制度事实作为社会选择的范围似乎是没有争议的，这类事实必须要依赖人，依赖集体呈现，制度无法只因为一个人产生和存在。塞尔已经说明了集体行动（意向性）在制度事实产生过程中不可或缺的作用，所以制度事实的形成过程必然有一个社会选择过程。

那么对于原始事实，是否就不属于社会选择的范畴，或者说，原始事实与社会选择是否完全不相关，这样的结论也过于武断，原始事实也会与社会发生关系，并不完全是与社会绝缘的。正如塞尔反复强调的，人们生活在一个世界，而不是两个世界，无论制度事实还是原始事实都存在于一个空间里。比如，下面这个打捞沉船的例子：

一个小组奉命打捞一艘失事的船舶，根据前期的勘测，失事船舶可能位于 3 个地点，由于经费限制，此次的打捞行动只能选择其中 1 个地点，如果打捞出错，可能面临上百万元的损失。假设根据仪器设备的勘测，这 3 个地点有沉船的可能性是相同的，小组成员对于哪个地点更有可能也都有各自的看法，这些看法当然都是基于每个成员以往的经验和已经掌握的信息做出的判断。那么最后决定选择哪个地点来打捞，只能通过投票的方式来确认。

从这个例子中可以看到，沉船的地点是一个原始事实，这个事实不依赖人存在，但是为了获得利益，避免损失，沉船的地点作为集体讨论决定的对象，尽管打捞小组的讨论和投票并不能决定沉船是在位置 1、位置 2 还是位置 3，但是必须通过投票的方式来确定谁该为可能带来的收益或损失负责。

从这个角度来看，无论是制度事实，还是原始事实，似乎并不能简单作为划定社会选择范畴的办法，但凡有人参与的活动，都可能借助社会选择的方法。就像在深山中的一棵树，如果没有人关注它，只是在那里静静地生长，它就是一个原始事实，一个客观存在，一旦它进入人类社会干预的范畴，如树要被砍伐作为木料，这时候它就不再只是作为与人毫不相关的客观存在，而必然被带入某一些社会选择中，当然无论怎样的社会选择，也不会改变这棵树作为客观存在的性质。

当然，一旦谈到社会选择，就不可避免有社会理性、集体接受等一系列集体的认知状态需要刻画和讨论。因此，从这个意义上说，集体接受的客观实在性特征是一个宽泛的概念，它不仅指接受制度事实，也有原始事实。更一般地说，任何与人、与集体发生关系的对象，都可以作为社会选择、集体接受讨论的范畴。在第二节讨论中，更是可以看到即使是我们认为独立于心智存在的客观实在，实际上也是依赖于人的认知而存在的，这将引出认识论上一个极有影响力的话题，关于假设与科学的话题。

第二节　关于假设的接受

笔者所在的城市有一座很有名的寺庙，它现在的名字叫六榕寺，过去的名字是法性寺。1000多年以前，这座寺庙门前的广场上发生了一次著名的辩论，被记载在《六祖坛经》中："时有风吹幡动。一僧曰风动，一僧曰幡动。议论不已。慧能进曰：'非风动，非幡动，仁者心动。'"这个故事用白话文讲起来是这样的：慧能是一个和尚，他流浪到广州法性寺，看见两个僧侣在寺庙前的广场上辩论究竟是风在动还是幡在动，听见一僧道"风吹幡动"，又听一僧说"幡动而知风吹"，慧能却道："非风动，非幡动，仁者心动。"据记载，法性寺法师印宗闻得这番妙论，当即与慧能攀谈，得知其即大名在外、耳闻已久的慧能，就请高僧为他剃度，完成出家仪式，并恭请其正式即位禅宗六祖。至今在六榕寺庙里，还留有慧能剃度所在的那棵菩提树。

这是一个佛教故事，更是一个关于客观实在的故事，在今天的人们看来，慧能当时的说法或许可笑和虚妄，这是在当时生产力条件下形成的唯心主义认知缺陷，但当重新审视科学发展史的时候，会发现科学的发展历程也是"幡动"和"心动"不断争论的过程，因为人们根本无法判断认识到的客观实在到底本来就是那样，还是我们以为的那样，这是一个认识局限性的问题，试想一下：我们所习得的科学知识，有哪一项不是经过人的加工和表达的结果？前面已经说了可接受有客观实在性，为什么还要继续讨论这个问题？本节的主要目的是将这一思考引向更深入，即便是那些看似可靠的科学事实，也是建立在人们接受的基础之上的，即使它没有与任何的社会选择行为相关，表现出一种看似恰当的独立性，换句话说，没有脱离人类认知限度的知识存在，对科学事实的表征就是一个假设、质疑和接受的过程。

一、万法唯实

在科学发展史上，休谟（D. Hume）是第一个对科学知识质疑的哲学家。他在《人性论》中提出了一个著名问题，即所谓从“是”能否推出“应该”，也即“事实”命题能否推导出“价值”命题，这个问题在西方近代哲学史上占据重要位置，许多著名哲学家纷纷介入，但终未有效破解。

休谟问题对人类认知的两个重要规律提出了质疑。一个是因果规律。休谟指出，大多数人都相信只要一件事物伴随着另一件事物而来，两件事物之间必然存在着一种关联，使得后者伴随前者出现。即两个事情被观察到一前一后经常发生，是什么使得我们确认两者之间有必然的因果关系，也就是说在未来，前一件事情发生后，后一件事必然发生，这两件事情有必然的联系。比如，我们总是能观察到，天上下雨，地上就会湿，有一天早上起床的时候，我们又一次观察到地是湿的，是否可以断定昨天晚上下雨了。

休谟在《人性论》一书中反驳了这个理论，他认为虽然人们仅能够观察到一件事物随着另一件事物而来，但无法观察到任何两件事物之间的关联。按照这种说法，人们只是在相信观察到的知识，用休谟的观点来看，就是我们对于因果的概念只不过是我们期待一件事物伴随另一件事物而来的想法罢了，他认为人们无从得知因果之间的关系，只能得知某些事物总是会联结在一起，而这些事物在过去的经验里又是从不曾分开过的。人们并不能看透联结这些事物背后的理性为何，我们只能观察到这些事物的本身，并且发现这些事物总是透过一种经常的联结而被我们在想象中归类。换句话说，人们不能表达出一件事物造就了另一件事物的因果关系，能够确定的只是一件事物跟另一件事物可能有所关联。

休谟用了“经常联结”（constant conjunction）这个词来描述人们观察到的状况，以避免使用“所以”这样的意思。经常联结代表当我们看到某件事物总是“造成”另一事物时，我们所看到的其实是一件事物总是与另一件事物“经常联结”。因此，并没有理由相信一件事物的确造成另一件事物，两件事物在未来也不一定会一直保持这种关系。因果联系之间其实存在一个信心或盼望的跳跃，休谟认为人们之所以有这样的跳跃是因为我们所养成的心理习惯和人性所造成的。

休谟的另一项质疑是关于归纳问题。他认为所有人类的思考活动都可以分为两种：追求“观念的联结”（relation of ideas）与“实际的真相”（matters of fact）。

前者涉及的是抽象的逻辑概念与数学，并且以直觉和逻辑演绎为主；后者则是以研究现实世界的情况为主，如化学、物理和生物。为了找出我们在经验中已经察觉到的事实的规律，避免被一些不相干事实的影响，必须使用归纳思考。归纳思考的原则在于假设人们过去的行动可以作为未来行动的可靠指导，论证的或直觉的。日常生活中有很多归纳思考的例子，比如，一盒火柴，我们随便抽出一根划燃了，于是我们会认为这一盒中其他火柴都能划燃。休谟对归纳的质疑在于，这样的思考在基本上是先验的，我们不能以先验的知识证明未来就会和过去一致，因为（在逻辑上）可以思考而出的事实并不能保证和世界是完全一致的。他在《人性论》中对此有一个经典的质疑，人们并不能从以前每天太阳从东方升起得出明天太阳也必然从东方升起的结论。

休谟对于归纳法的质疑，也被称为“休谟问题”。罗素举了一个农场火鸡的有趣例子来说明“休谟问题”确实存在。在一个火鸡饲养场里，有一只火鸡发现，第一天上午 9 点主人给它喂食。然而作为一个卓越的归纳主义者，它并不马上做出结论。它一直等到已收集了有关上午 9 点给它喂食这一经验事实的大量观察；而且，它是在多种情况下进行这些观察的：雨天和晴天，热天和冷天，星期三和星期四……它每天都在自己的记录表中加进新的观察陈述。最后，它进行归纳推理，得出了下面的结论：“主人总是在上午 9 点给我喂食。”可是事情并不像它所想象的那样简单和乐观。在圣诞节前夕，当主人没有给它喂食，而是把它宰杀的时候，它通过归纳概括而得到的结论终于被无情地推翻了。小说家刘慈欣就在其有名的科幻小说《三体》中引用这个例子，来说明人类也会跟这个火鸡一样，谁也无法保证我们认识到的物理规律跟“上午 9 点喂食”不是一样的。

波普尔曾经明确提出认识论中的两大问题：其一是法则性的命题如何根据个别观察而被正当化的所谓归纳问题，也叫“休谟问题”；其二是如何划定与伪科学界限的所谓界限设定的问题，也叫“康德问题”①。关于后一个问题我们在后面还将专门谈到，由此可见，“休谟问题”在认识论上的重要地位，几乎是人们认识自然一个绕不过去的坎儿，对整个科学的发展都存在着重要的影响。

如果说“休谟问题”还只是质疑认知推理的方法合理性，庞加莱（H. Poincare）则直截了当地把科学理论假设化了，他在《科学与假设》的序言中这样写道：

---

① 卡尔·波普尔. 猜想与反驳：科学知识的增长[M]. 傅季重，纪树立、周昌忠，等译. 杭州：中国美术学院出版社，2003：45.

人们试略加思索，就可知假设（hypothesis）在科学中所占的位置；人们已知数学家既少不了它，而实验家也少不了它。因此就生出一个疑问：所有这些建筑在假设上的学问是否坚固的，而人们认为它经不起一阵小风便要倾倒。做出这样的怀疑，还是肤浅的见解。怀疑一切，或信仰一切，都是很便利的两种解答，因为两者都可以使我们不用思索①。

在庞加莱看来，在科学“如不能使我们知道些实在的东西，这样是不可能的；但它所能达到的，并不是老实的教条主义者（dogmatiste）所想的事物的本身，这不过是物与物间的关系而已；除这种关系以外，再没有可知的实在了”②。在他看来并没有科学事实这种东西存在，我们认识到的最多是“物与物之间的关系”，他认为科学理论并不是现实的反映，而是一种假设。同一组现象可以用不同的理论进行同样有效的解释。人们之所以选择这种理论而不选择别的理论，完全是一种协议或约定，不是考虑是否真实，选择的根据主要看是否方便和简单明了。

庞加莱还进一步对数学推理、空间、力学和物理学的很多方面进行了实证讨论，他认为数学推理“在某种范围内带着归纳推理的性质③”，数学的量只是人们所“引导进去”的，认为“物理学的方法是建设在归纳上的④”，基本规律是先前发生的现象必可重现，这条原理是所有物理定理使用的保证，但“这是从来没有过的，其中总有些情况是缺少的⑤”，至此庞加莱已经成功地把科学的实在性完全否定了，科学的理论已经变成了合理的假设。

庞加莱的理论确实让人难以接受，我们切身体验到的科学的日新月异为什么都是“假设”？高速列车、航天飞机这些不都实实在在摆在我们面前吗？时时刻刻都在彰显着人类改造自然的能力，这些东西不都是人类所掌握的各种科学理论应用的结果吗？比如，对于电和磁科学定理的掌握使得我们能够创造出磁悬浮列车，虽然从理论到工程实践还有一段漫长的道路，但谁也无法否认，在整个创新链条最开端的科学定理的发现和概括是多么重要，没有这个从 0 到 1 的开始，此后的理论和技术的发展都是无本之木。

庞加莱的理论很容易使人想到佛教教义“万法唯识”，这是古印度大乘佛教

---

① 庞加莱. 科学与假设[M]. 李醒民，译. 北京：商务印书馆，2006：1.
② 庞加莱. 科学与假设[M]. 李醒民，译. 北京：商务印书馆，2006：2
③ 庞加莱. 科学与假设[M]. 李醒民，译. 北京：商务印书馆，2006：3
④ 庞加莱. 科学与假设[M]. 李醒民，译. 北京：商务印书馆，2006：4
⑤ 庞加莱. 科学与假设[M]. 李醒民，译. 北京：商务印书馆，2006：4

瑜伽行派和中国唯识宗的主要教义之一，根据唯识宗的看法，宇宙间的万物，都不是独立存在的，而是由“识”变现出来的，这里的“识”主要指人的眼、耳、鼻、舌、身、意、末那识和阿赖耶识，一共八识。前六识的功能是吸入外境的作用，而末那识就是在前六识与第八识之间起着不间断的联络作用（好像仓库管理员一样，不管善恶好坏，都一律储存于仓库之中），前七识都不具善恶属性，善恶主要就在于第八识——阿赖耶识。可以看出，“识”构成了个体的主观系统对外在世界的表达，唯识宗认为在心识之外，世界上没有任何独立存在的客体，与王阳明的“心外无物、心外无事、心外无理”如出一辙。

王阳明的“心外无物”直观地理解就是说，心与物同体，物不能离开心而存在，心也不能离开物存在。《传习录》中讲了一则《游南镇》的故事，先生游南镇。一友指岩中花树问曰：“天下无心外之物。如此花树在深山中自开自落，于我心亦何相关？”先生曰：“你未看此花时，此花与汝心同归于寂。你来看此花时，则此花颜色一时明白起来。便知此花不在你的心外。”一问一答之间，王阳明关于不见花的解释表达了两个意思：一方面不为心所见即为无物，我没有看见这朵花，它也不会给我带来认知的体验，这时候外在的世界是“沉寂的”。再举一个例子，我们看见一只可爱的小猫被杀死了，我们非常愤怒和伤心，但事实上，这个世界上可能还有很多小猫被虐杀，但因为我们看不到它们的遭遇，所以不会心生怜悯，这个时候的怜悯确是与见与不见相关的。另一方面，王阳明还表达了物的特性需要通过人来反映。同样一朵花，因为人眼所见在可见光区域，我们看见的是红色的，如果换成其他生物情况可能又不一样，如蜜蜂，它只能分辨出黄、青、蓝和紫四种颜色，无法分辨红色，会把橙、黄、绿都看成黄色，把红色和黑色看成是一样的。一朵人类看来红色的花朵在蜜蜂看来却是黑色的。因此，物的各种特性，包括颜色、质地等确需要人的感官来反映，即便用现代科学的眼光来看也是有道理的。

本书并不试图引导读者进入一种虚无主义，从而否定一切事实的存在。可以看出，虽然庞加莱认为的“科学即为假设”看似在强调科学的非实在性，与佛家的“万法唯识”和王阳明的“心外无物”殊途同归，但从立场上看，前者与后两者还是有本质性的区别。庞加莱是站在物的世界来看人，强调的是人类认知的局限性，这种局限性包括时间和空间的限制，而佛法和阳明心学是站在人的世界来看物，强调的是人类一元中心，告诉人们自己是如何认知世界的。后两者也并不完全一样，同样存在显著的差异，用哲学的观点来看，佛法更强调认识论层面的问题，告诉人们该如何看待人与外界客观世界的关系，王阳明心学更强调的是方法论层面的问题，认识心与物关系的意义在于指导人们的生活实践。

总而言之，通过本节的讨论，试图强调的一点在于事实并不能摆脱人类认知而存在，事实上我们所掌握的每一件事实，包括科学事实，都是人类认知的结果。因此，要把人们的主观接受与事实彻底隔绝开是不可能做到的，从科学发展史可以很明确地看出，人们的集体接受在科学领域发挥着重要的作用，下面将重点讨论这一问题。

二、如何接受科学事实

人们究竟是如何接受科学事实的？吉尔伯特（M. Gilbert）曾经评论科学共同体是很保守的，新的理论很难被共同体成员及共同体接受。比如，尽管哥白尼在1543年就发布了他的《天体运行论》一书，但是直到75年之后，欧洲的天文学家才接受他的观点。因此，科学中的保守主义就是科学家集体性地相信占据统治地位的理论结果。为了能够影响共同体的变化，仅改变共同体成员的观点是不够的，最后必须需要改变共同体集体的观点①。因此，一项新的科学事实被接受是一个集体接受的过程，同时也是一个困难的过程。

尽管归纳法的合理性还需要讨论，但其作为人们对科学知识接受与否的判断标准，仍然发挥着重要的作用。其中的道理很简单，虽然不能说通过归纳得到的科学规律确定是真实有效的，但如果归纳都无法满足的科学结论肯定是无效的，也就是满足归纳法的不一定有效，但不满足归纳法的肯定无效，可接受的科学规律必须是满足归纳法的。事实上，时至今天的科学界，运用归纳法来证明一项科学规律可能存在问题的例子比比皆是。

2016年国内学术界发生了这样一件事情，吸引了很多人的关注，有一名学者及其团队于2016年5月份在全球知名学术刊物《自然》的子刊《自然·生物技术》上报告说，发明了一种新的基因编辑技术 NgAgo—gDNA。论文一发表便引起全球生物学界巨大关注，因为基因编辑是当前的热门领域，主流技术是被广泛认为

① Gilbert M. Sociality and Responsibility：New Essays in Plural Subject Theory[M]. Washington DC：Rowman & Littlefield Publishers，2000：37-39.

有望获得诺贝尔奖的美国 CRISPR—Cas9 技术。而根据该论文，NgAgo—gDNA 技术与 CRISPR—Cas9 技术相比在一些方面具有优势。为此，很多研究者纷纷跟进这项技术，而争议也随之而来。最大的争议就是该论文所描述的实验不可重复，澳大利亚国立大学的研究人员首先在网上公开发文表示，他不能重复该论文中描述的实验，此后很多学者提出了相同的质疑，而论文作者对此所做的辩护是“我们实验室已经重复了很多次”。“论文的实验是否能够重复”已经成为科学共同体是否真正接受一项科学理论的关键判断标准。

以是否“可重复”为判断依据，在现实的科学世界里，已经发生了很多起有很大影响力的案件，其中有正面的，也有反面的。比如，美国乔治城大学神经科学系教授吴建永写的《木桌子效应》的科普文章，回顾历史上著名科学家费米（E. Fermi）当年用中子引发核裂变，别人却不能重复的故事。费米后来发现原因是他用木桌子，木材中的氢原子有减慢中子的作用，而其他人用大理石桌面，所以不能重复。

当然，反面的例子更多，有些付出的代价甚至是惨痛的，比如，轰动一时的日本小保方晴子案例，她 2014 年 1 月在《自然》上发表关于一种“万能细胞”的论文，在同行无法重复并质疑后，她自己无法在有监督的条件下重复实验，最终她供职的日本理化学研究所在当年 12 月宣布否定其论文结果。小保方晴子本人及其导师都为此付出了惨痛代价，日籍导师甚至自杀了。

在科学界运用如此之广的判断标准“可重复性”，实质上是一种归纳推理。“可重复”的意思就是文章描述的实验，能够在相同的实验条件下保证取得相同的结论，其中蕴含的意思是，如果实验能够重复两次或以上，那么这个实验就可以一直重复下去，即这个实验结论是不会改变的，是一个事实，于是就有了可以被科学共同体接受的理由。

必须说明的是，这种理由只是为集体接受提供了必要条件，能够重复并不代表人们真正掌握了这条科学规律的实质，但是如果连重复也做不到，那么科学论文中所讲述的实验肯定是不正确的。事实上，要使得科学界全面接受一项重要的理论，往往不是一篇文章能够做到的，需要的是不断地加深实验，发现更多有价值的相关结果，从而共同为理论提供重要支撑。比如，生物学家饶毅在接受新华社采访时，就描述了自己一个理论从遭受争议到被接受的过程。1999 年，饶毅发表论文阐述 Slit 蛋白质的功能；2001 年，哈佛医学院等机构研究人员发表论文，否定饶毅的结论；饶毅于是做了更多实验，在2003年发表新论文，证明了自己的结论正确，最终使得科学界接受了他于1999年发表的理论。

由此可见，由于人类认知的局限性和渐进性，不可能在一个时间点上对一个未知的领域进行全面深入的认识，因此，归纳推理不能作为一个科学事实被接受的充分条件。但应当看到，在一项新的科学理论提出的时候，归纳能够做的事情就是从逻辑上质疑它、否定它，因此，归纳作为接受事实的必要条件，能够承担起这样的任务，并一直在人们是否接受一项新的科学理论过程中发挥着重要的作用。事实上，归纳推理的价值不仅体现在对科学理论可靠与否的评价，在很多人看来，归纳对于科学的不可或缺性还在于，它是区分科学与迷信的关键，即作用于划界问题。

一般看来，科学的特征在于它的观察基础或它的归纳方法，而伪科学或形而上学的特征却在于思辨方法，如培根所说，在于它们运用的都是"心灵的预期[①]"。波普尔认为这两个问题即划界问题和归纳问题有着密切的联系，他认为归纳问题实质上是从对划界问题的一种错误解决中产生的，它起因于这样的信念，使科学凌驾于伪科学之上的是发现真实的、可靠的和可证明的知识这样一种科学方法，这种方法就是归纳法，还认为分界和归纳——在某种意义上是一个问题，归纳问题只是分界问题的一个例子或一个方面[②]。

波普尔将归纳和划界问题等同起来的原因在于，在他看来，人们对归纳信任的原因，以及区分科学和伪科学的思考倾向实质上是一样的，并且都存在同样的方向性错误。人们之所以认为归纳法是可靠的，对其抱有很大的期望，认为能够通过它来获取可靠的科学知识，原因在于人们认为科学总是可靠的，绝对是真的，无法反驳的，而归纳法能够达成这一目的，经过归纳法检验的理论，能够保证不断重复出现，但实际上，绝对为真不是科学的属性，恰恰是伪科学的属性。比如，无论西方还是东方，在对神佛的描述中，总是包罗万象，无所不知，无所不晓的。同样，归纳法也无法检验理论的真实性，只能够证明理论的不成立，伪科学其实也是符合归纳法的，守株待兔的故事描写的就是归纳推理的结果，有一只兔子在树上撞晕了，就能够得出结论，还会有更多的兔子来撞晕。因此，归纳法也好，划界问题也好，它们的问题根源在于希望从"正面"的途径完全彻底地证明一个

① 卡尔·波普尔. 猜想与反驳[M]. 沈恩明，译. 杭州：浙江人民出版社，1989：100

② 卡尔·波普尔. 猜想与反驳：科学知识的增长[M]. 傅季重，纪树立、周昌忠，等译. 杭州：中国美术学院出版社，2003：97.

理论的可靠性，而恰恰是这种倾向，会让人们陷入谬误。

那么我们究竟要怎样才能接受一个科学事实，怎样才能判断一个科学事实是正确的？答案是能否证伪，要说一项理论是正确的在于能够证明它会出错，简而言之就是理论的可证伪性。正如波普尔所说的“一种不能用任何想象得到的事件反驳掉的理论是不科学的。不可反驳性不是一个理论的长处，而是它的短处[①]”，科学区别于伪科学的标志恰恰在于允许犯错，任何科学理论的成立是有条件的，只有在满足一定的条件基础上，才能得出规律性的结论，换句话说，不存在绝对正确的理论，随着人们认识世界、认识社会的深入，科学也是在不断发展的，这种进步性正是科学区别于伪科学的重要特征。在讨论科学本质的时候，可能会有很多说法，但一般都会承认科学是要追求创新的，而创新的实质在于批判，在于承认已有知识的局限性。从这个意义上说，要通过可证伪性表达正确性，看似矛盾，实际上恰恰反映出科学的实质。

当我们再审视如何接受科学知识的方法的时候，可以发现这一论证结构与在集体可接受框架下评价集体选择何其相似。当一味追求最好的社会选择的时候，才发现根本不存在这样的方法。要说明一个群体的选择是合理的，并不在于能给出这个选择多么合理的理由，而在于说明决策的时候，群体中没有人能给出这个选项不合理的理由。这正是本书定义的集体可接受性。从这个意义上来看，集体可接受性表达的社会选择合理性，正如可证伪性表达的科学知识正确性。

① 卡尔·波普尔. 猜想与反驳[M]. 沈恩明，译. 杭州：浙江人民出版社，1989：15.

第十章　集体意向与接受

意向是具有意向性这种属性的特殊的心理状态，是心灵对于身体即将或正在做出行动的倾向或心理准备。意向内容一般可以表述为“我想做 *X*”或“我意图做 *X*”或“我有做 *X* 的意向”。意向就是这种与外在行动相关的内在心理倾向，行动哲学家认为行动的理由或原因是与行动相关的意向，因此，意向可以对行动做出合理性的说明。意向性是一种重要的智能表达形式。塞尔关于意向性有一段解释：“意向性是为许多心理状态和事件所具有的这样一种性质，即这些心理状态或事件通过它而指向（directat）或关于或涉及世界上的对象和事态。”[①]人类的很多心理活动都具有意向性，如信念、害怕、希望等，这些心理状态总是有所指向，比如，害怕一只狗，希望明天出太阳，等等。当这样一种指向或关于的特征成为集体所具备的特征时，可以称之为集体意向性，它能够将一群人团结在一起思考和行动，使得我做的事情成为我们所做事情的一部分，释放出惊人的力量，可以毫不夸张地说，人类每一项合作完成的壮举都是集体意向性作用的结果，有学者甚至认为“集体意向性是一切社会活动的基础”[②]，因此，同为关于集体性的理论，有必要在社会选择理论视野下对如何看待集体意向性做一些讨论，尤其需要说清楚的是集体可接受性和集体意向性的关系，如果没有这一部分研究，关于社会选择与接受的讨论也显得不够完整。

第一节　集体意向的产生

关于集体意向有着一些并不隐晦的生活体验。建造一幢大楼是由一群人完成的，这群人围绕着建设大楼的目标，分头行动、共同努力所表现出的就是集体意向性。当然可以认为，参与的人并不需要怀有建造大楼的目标，大楼的建造是按照一定的设计、建造流程展开的，每个人只是按照流程完成相应的工作，他只需

---

① 约翰·R. 塞尔. 意向性——论心灵哲学[M]. 刘叶涛，译. 上海：上海世纪出版集团，2005：1.

② 吴树仙. 意向性与决策[M]. 北京：清华大学出版社，2012：110.

要做好分内的事情即可，好像并不需要有一个合作建造楼房的集体意向存在。如果真像这样，整个建楼的过程并不需要人的参与，只要一部或很多部机器按照程序运行即可。也许建造大楼的例子还不明显，有一天真的有一群机器能够按照固定的程序完成建造一幢大楼的任务，艺术品的创作也许更能说明一群人产生合作意向的重要性。比如，烧制一件青花瓷，需要很多匠人参与，其中有制胎的工艺，有绘制图样的工艺，这些工作并没有定式，本身是艺术创作的过程，能够最终烧制成功一件青花瓷，是因为这些匠人有着创作青花的集体意向，秉持这样的意向，一群技艺精湛的匠人才能够合作完成一件传世的瓷器作品。

可见集体意向在达成群体协作方面发挥着根本性的作用，但关于什么是集体意向性，甚至究竟有没有集体意向性都存在很大的争议，这些问题已经成为心灵哲学、社会科学哲学的重要研究领域。集体意向首先由图奥梅拉（R. Tuomela）和米勒（K. Miller）于 1988 年提出。他们指出了与共同社会行为相关的意向性，即一些个体一起行动，经常以实现共同的目标为目的，这样意向性被称为我们的意向（we-intentions）①。此后，一些学者提出了相似的概念，吉尔伯特用“共同意向”（joint intention）来替代，布拉特曼（M. Bratman）提出了“共享意向”（shared intention）。塞尔则提出了“集体意向”一词，他给集体意向性一个很宽泛的定义，认为只要两个以上的人开始合作一件事情，就是表现出了集体意向性②。

这就是关于集体意向性一些基本的认识，看起来似乎集体意向性很容易理解，也比较直观，但如果对这一概念本身进行考究的时候，传统的身心难题同样会出现。集体意向会不会只是个体意向的一种形式？集体意向是存在于大脑之外的，还是与个体意向同样存在于大脑之中，对于这些问题，我们必须尝试予以回答，否则，即便有了集体意向性的定义，看起来它还是一个若有若无、似是而非的东西。

我们看到一群人一起行动就认为存在一个叫作“集体意向”的东西在指挥他们。现在的问题是“集体意向”是真的存在，还是仅便于人们理解集体行为生造出来的一个词语。如果认为“集体意向”是真实存在的，随之而来的问题是这样的意向由谁表达，是怎么表达出来的，因为并没有一个所谓的集体大脑，群体中

---

① Tuomela R，Miller K. We-Intentions[J]. Philosophical Studies，1988，53（3）：367-389.

② Mantzavinos C. Philosophy of the Social Sciences—Philosophical Theory and Scientific Practice[M]. Cambridge：Cambridge University Press，2009：24.

每个人还是用自己的大脑在思考、指挥行动。所以这个“集体意向”究竟从何而来。好像又回到了起点，到底有没有集体意向性存在，它又是以何种形式存在。这一问题类似于理性与集体理性，以及接受与集体接受的讨论，当以个体为主体讨论理性、接受、意向性等问题时，几乎没有关于存在性的争议，因为有大脑可以做出这些判断，一旦将集体作为讨论对象的时候，问题就来了，虽然可以感觉到对于个体来说，集体在理性、接受、意向性有些不同，但无法找到一个主体来表达这些东西，也许可以说为什么理性、接受、意向需要被表达出来，它们就是在那里。这个道理在于，如果你想知道一个东西是什么，却不知道它是从哪里来的，是如何产生的，那么对它的认识始终是比较有限的。

关于集体意向的产生，国内外学者做了各种尝试性的解释和假设。很自然地分成两种路径，一种是个体主义，另一种是集体主义。个体主义认为意向的根本特征是唯我的，集体意向也不例外，塞尔对此有明确的表述，他认为脱离个体成员，社会就什么都不是。所有意识和意向性都只能存在于个人心灵（大脑）之中。这一方向的代表学者除了塞尔之外，还有布拉特曼、图奥梅拉和韦勒曼（J.D.Velleman)，他们的核心观点是当个体成为某个集体成员时，他会表现出某些以前所不具备的特性，这种观点又被称为社会表现论（social manifestation thesis）[①]。与之相对的是集体主义，这一观点认为集体意向性的表达集体必然是主体，这里表达了两层意思：一是集体能够具备意向性状态；二是集体所具备的这种意向性状态不能还原个体意向性状态。持集体主义观点的代表性学者有吉尔伯特和托勒夫森（D.Tollefsen)，吉尔伯特首先提出了基于共同承诺的多元主体（plural subject）理论，多元主体是一些个体以某种方式结合而成的独特的综合体，它的形成条件如下：

个体 $A_1,\cdots,A_n$ 是从事 X 的多元主体，当且仅当 $A_1,\cdots,A_n$ 形成了要像一个人一样从事 X 的共同承诺。[②]

其中 X 指行为或心理特征。在吉尔伯特看来集体意向的形成意味着成员对集体做出了规范性的承诺，在集体成员内部产生了相应的义务和期望。托勒夫森对吉尔伯特的集体意向观进行了进一步的阐述，他认为这种规范性的承诺是：①强

① 丛杭青，戚陈炯. 集体意向性：个体主义与整体主义之争[J]. 哲学研究，2007（6）：49-56.

② Gilbert M. Concerning sociality：The plural subject as paradigm[C]//The Mark of the Social Maryland：Rowman and Littlefield，1996：268.

迫性的，每个成员承诺了就必须持续行动；②成系统的，承诺间相互依赖，不能由一个成员单独废止；③公共的，所有成员都参与承诺的事实，以及由此产生的义务、期望和权力都是群体里的公共知识[①]。

在多元主体理论上还有走向更为彻底的方向，他们认为有集体心灵的存在。心灵或精神只能依托于肉体而存在，这也是集体心灵这一概念需要面对的主要挑战，只有能够论证存在肉体之外的外在心灵（extended mind），才有可能证明集体心灵的存在。一些人认为，能够与人双向互动的东西，都能被看作外在心灵，如记事本、计算机等，能够帮助人们存储、处理信息，实际上发挥了“心灵”的作用。托芙森认为，不仅物能够成为外在心灵，人也能够成为另一个人的外在心灵。比如，有一些老年夫妻，妻子因为老年性疾病，记忆力逐渐衰退，甚至无法记得自己的衣服、牙膏等日用品的存放地点，这个时候丈夫承担起了提醒的义务，引导妻子找到自己需要的东西，甚至在妻子出门的时候，丈夫也要陪同，帮助她找到路去目的地，找到回家的路，丈夫的作用似乎成了妻子的大脑，不仅帮助记忆，还帮助判断，相对妻子来说，丈夫成为一种外在心灵。

关于集体心灵的理论还存在很大的争议，主要在于把物的功能看作心灵一部分的合理性该如何辩护。比如，我们在一张草稿纸上做计算，完成了一场数学考试，并取得了很好的成绩，我们不会觉得成绩的取得是跟那张草稿纸共同完成的。草稿纸只是在我们需要的时候发挥了应有的功能。当然可以说，人不是物，另一个人也许可以成为外在心灵，如体育比赛的集体项目获奖。但必须看到不同主体间还是存在清晰的界限，一个主体虽然在功能上，能够提供帮助，弥补另一个主体的不足，但这与一个主体独立的思考和行动存在本质的差别。比如，在妻子患记忆衰退的例子里，如果将丈夫的大脑和妻子的大脑看作一体的“集体心灵”，那么丈夫的大脑应该是被妻子自由调配的，至少是在出门找路的过程中自由调配的。事实上，是丈夫意识到妻子无法完成找路这样的工作，主动提供帮助，而丈夫意识到这一前提，已经表明了这种“集体心灵”与真正的心灵的区别，它并不是一个由一个主体统一发号施令的过程，不存在一个跨越多人的“集体心灵”能够协调不同的主体，像一个人一样思考与行动。

个体之间的界限是“集体心灵”无法逾越的障碍。无论在生理层面，还是社会属性上，不同主体的边界是非常清晰的。生理层面的界限就更清晰了，每

① Tollefsen D. Collective intentionality[Z/OL]. 2020-08-11. http://www.iep.utm.edu/c/coll-int.htm.

个人的大脑都长在自己的身体里面，客观上不存在一个凌驾于所有人之上的大脑来支配一群人的行动。人工智能的发展，有可能突破一些界限，比如，一台超级计算机能够指挥很多的机器人步调一致的行动和思维，但这也不是“集体心灵”，因为每个个体不是独立思考的，这样的方式只能算心灵覆盖的面扩充，并不是真正意义上的“集体心灵”。“集体心灵”的概念强调群体中每个个体有独立的心灵，在此基础上，还有一个外在的心灵协调众人的行动。从社会层面来看，个体之间的边界，也使得“集体心灵”的存在不具备可能性。举一个极端的例子，一个人因为缺钱卖掉了自己的肾，虽然不被法律允许，但他不会受到刑法处罚，如果有一个“集体心灵”存在，让你去卖掉另一个人的肾，即便肾的所有者允许，也是违法的。法制为保护个体的权利设置了各种屏障，其中有一些是基本权利，如生存权，如果有“集体心灵”的存在，它该如何去逾越这些界限？

可见为了解决集体意向性问题，引入集体心灵将会带来各种意想不到的麻烦。这些麻烦不可能通过完善调整“集体心灵”理论来克服，因为这些麻烦是从“集体心灵”的概念所延伸出来的，一旦承认了有集体心灵存在，前提是有能够凌驾于个体之上，行使“主体”的权利的，又不干涉个体主体性的实体存在，这本身就是矛盾的。为什么两个主体要嵌套出现，这样的存在有什么价值？被支配的还能称之为主体吗？这些问题无论是在生理层面，还是在社会层面都无法予以解释。因此，就笔者的立场来看，“集体心灵”理论有着天然的缺陷，对于集体意向性理论并无帮助，而且还会增加一些麻烦。

吉尔伯特的多元主体理论虽然不像“集体心灵”那样极端、迫切地希望马上找到一个主体承担起产生集体意向性的责任，但企图构造一个区别于个体的实体来产生集体意向性的倾向是一致的。吉尔伯特提出的解决方案是多个个体组成的群体在一定条件下能变成一个主体，这个条件是形成了共同承诺，一群人因为共同承诺变成了一个多元主体，多元主体产生集体意向性，因此共同承诺导致了集体意向性的产生。根据多元主体的形成条件，共同承诺是多元主体的充分必要条件，按照集体主义的观点，多元主体是集体意向性的充分必要条件，所以共同承诺是集体意向性的充分必要条件。

吉尔伯特的论调主要是希望在集体主义的视野下，为集体意向性的产生找出一种现实性的解释，不需要生硬地创造出一个以集体为面貌的主体，只需要以共同承诺来表示个体的某种联合，而这种联合产生了集体意向性。必须要说，即便有这种联合的存在，也不构成集体意向性的充分条件或必要条件，即共同承诺既不是集体意向性的充分条件也不是必要条件，它只是集体意向性已经形成后的一种表现形式，先有集体意向，后有共同承诺。

可以看这样一个例子：周末的一天，风和日丽，气温 25℃左右，六六想出去郊游，又想着邀约几个朋友一起去，有好几个朋友响应，都觉得这么好的天气，自己也没有其他事情，正好可以一起出游。于是大家开始讨论郊游的各项安排，目的地是哪里，大家怎么会合，去了之后要进行哪些活动，如打牌、野餐等，商量好了之后，大家就各司其职，一天愉快的聚会结束了，大家过得都很开心。这群好友共同出游是一个集体意向，但这个意向的产生显然不是因为这群好友通过共同承诺组成了多元主体。回顾一下这个集体意向形成的过程，首先是每个人产生了出游的想法，这个想法来自两个条件：好天气与有时间，与承诺无关；然后是在六六的提议下，产生了一起出游的想法，产生了集体意向，但这种想法的产生是因为这群人是朋友，他们有着共同的经历，使得他们一起出游比六六一个人出去玩更加快乐，并不是因为他们彼此承诺要一起出行。

由此可见，承诺并不构成集体意向性形成的条件，最多只能算是集体意向性的一种表示形式。集体意向性之所以能够形成，并不在于有共同承诺，真正的原因在于它能够使个体的效用增加。集体意向性的关键在于共同做一件事情是有意义的。这种意义体现在两个方面：一是这件事情一个人无法完成，必须要多人合作；二是这件事完成后对个体是有积极意义的。

从上面关于集体意向性的讨论可以概括出几个基本观点：一是集体意向性是存在的，这一点似乎无可否认，集体协同地做一件事情的情形在我们生活的社会中无处不在；二是脱离个体主体性来讨论集体意向性是没有意义的，个体的意向表达是集体意向性的来源，显然没有个体也无从谈起集体意向性；三是集体意向性的存在无须以找到某种形式的集体表达为前提，集体意向性存在即存在，不是因为有理由、有前提才存在。

第二节　作为功能赋予的集体接受

在塞尔看来，集体意向性无疑是关于人类社会最重要的概念之一。他定义了集体意向性的概念，认为集体意向性指的是人或许多动物“共享诸如信念、欲望和意图的意向状态”[①]。他强调集体意向性是社会实在建构的关键要素，他说：“任何涉及集体意向性的事实都是社会事实。”[②]在对社会制度的描述中也是必不可少的，并且集体意向性是“从物理学到社会的桥梁的中心跨度”[③]，是回答社会现象如何融入由力场中的物理粒子所组成的世界之中这一关键问题的核心概念。社会选择理论虽然跟集体意向性的有关理论没有太多交集，各自在自己的领域发展，但当我们讨论集体可接受问题和社会理性的时候，似乎也回避不了集体意向性问题。一个客体如何能够成为集体意向，在这一过程中社会选择发挥了何种作用，成为集体意向是不是以集体接受为前提，这些问题都引人深思。总的来看，集体意向性和集体可接受有几个方面的区别：

首先，集体意向性是人的一种能力，集体可接受是人对客体的一种反映。塞尔关于集体意向性的观点可以概述为两个方面：①集体意向性是不可还原的，它是许多物种在进化过程中形成的一种生物原初的能力。②集体意向性内在于个体的大脑之中[④]。在塞尔看来，集体意向性是人作为生物天生的能力，通过漫长的进化已经深入我们的骨子里，这种能力就是人们希望并且能够跟其他人协作完成一件事情，就像我们具备用手抓住东西这样一种能力一样自然，不用去怀疑它是不是存在，更不用怀疑它是否发挥作用，只需要去研究和探讨它是如何发挥作用。集体可接受却很难被当作一种能力，很难说每个人都希望且能够与其他人一起去接受一个客体，接受就是一个结果式的主观性判断，集体接受一个客体并不能直接导致实现某一项功能，这和集体意向性有很大区别，如果形成集体意向是能够导致集体共同去完成一件事情的，这是一种能力。当然可以说集体接受一个客体也能实现特殊的功能，比如，一个被赋予权力的委员会集体同意通过一项法律条款后，这项法律条款就生效了。诚然这个委员会在这项法律条款生效这件事情上发挥了关键作用，但并不是委员会集体同意直接保证了法律条文生效，而是另外有一项制度约定，只要这个委员会审议通过了这项法律条文，它就能生效。这跟集体意向性体现为一种能力有本质性的

① 约翰·R. 塞尔. 社会实在的建构[M]. 李步楼，译. 上海：上海人民出版社，2008：21.

② 约翰·R. 塞尔. 社会实在的建构[M]. 李步楼，译. 上海：上海人民出版社，2008：22.

③ Searle J R. Making the Social World：The Structure of Human Civilization[M]. New York：Oxford University Press，2010：15.

④ 李珍. 意向性与因果性[M]. 北京：社会科学文献出版社，2020：45.

区别，集体可接受性所表现出的某种功能性，还是社会化的产物，不是人们天然具有的。

其次，社会选择是形成集体意向的一种途径，集体可接受是对社会选择结果的理性判断标准。集体意向性的核心问题是解释个体行为如何协调成为集体行为①，从某种程度上看，社会选择对实现集体意向是有帮助的，可以看作生成集体意向的一种途径。对于一个群体，能够找到方法汇聚大家的偏好或判断，形成集体的偏好或判断，就是希望生成一种集体的意向，让大家产生共同的目的。可以说，社会选择的目的就是形成集体意向，社会选择理论困难的地方也正是在于仅凭一个合理的偏好或判断聚合规则，无法形成人们所期待的集体意向，因为这种意向出现了不一致的问题。也就是说，群体中每个个体意见聚合的结论与集体意向之间并不是无缝连接，两者间有着明显的"间隙"。也就是说，对于一个判断集合，采取不同的聚合规则，能够得到不同的聚合结论，其中可能有完全矛盾的结论，显然这些结论不能都成为集体意向，但是集体意向必然是社会选择的结果，只不过这种群体判断聚合的流程可能不是一个类似于多数制的数理过程，甚至于不为人们所察觉。关于集体可接受性作为对社会选择结果的判断问题，前面已经讨论很多了，在此不再赘述。

这样看来，社会选择与集体意向之间存在着必然的联系，由此很自然地会衍生出一系列的问题，社会选择在达成集体意向方面究竟发挥了什么样的作用，或者说社会选择究竟如何试图达成集体意向，什么样的社会选择结果能够越过"间隙"，变成集体意向。从形成意向性的角度来看，社会选择的作用在于赋予社会实在以功能，这种功能能否成为集体意向，在于它能否被集体所接受，用塞尔的话来说，就是这种被赋予的功能能否具有"地位"，被集体接受的程度，以及集体的范围都对"地位"起到决定作用。塞尔关于集体意向性的结构形式是"通过个体行动 X 执行集体行为 Y"，显然社会选择可以实现"通过个体行动 X 执行集体行为 Y"的一种途径，这种途径成立的前提是个体采取行动 X 的个体接受某种集体性的观念。

最后，集体意向性关注的是集体行为，集体可接受关注的是集体观念。在塞尔看来，意向性的本质是表示了一种满足的状态，在不同的情况下，意向表示不同的满足状态：对信念来说是真的状态（truth conditions），对意向来说是

① 柳海涛. 塞尔论集体意向性[J]. 社会科学论坛，2010（10）：54-58.

行动的状态（carrying out conditions），对于欲望来说是实现的状态（fulfillment conditions）①。表达意愿的状态通常有命题性的描述，它们能够表达“事物在世界上是如何存在的”，“我们宁愿这些事物是什么样的”，以及“我们倾向将这些事物改造成什么样”。信念（belief）能表达“事物在世界上是如何存在的”，欲望（desire）表达了“我们宁愿这些事物是什么样的”，意向表达了“我们倾向将这些事物改造成什么样”。因此，集体意向性与集体可接受性区别还在于关注点不同，集体意向性关注的是行为，行为和意向是不可分割的，集体可接受关注的是观念。

对于集体意向性与行为关系的辩护进路有两种，分别是“意向—行为”或“行为—意向”。支持“意向—行为”进路的，一般以实存的心灵为前提，把心理意向作为对行动解释的充分条件。支持“行为—意向”进路的，认为集体行为作为外在的规范和约束力量也会促使个体形成相关意向状态，诸多社会行为中，个体并非都具有清晰的相关行动意向，反倒是外在的行为环境使个体产生相应意识形态。代表人物包括米德（G. H. Mead），他认为意识是从行为中突现出来的，意识绝非社会动作的前提，而社会动作是意识的前提，社会动作在其较为基本的阶段或形式中，可以抛开意识。彼得松（B. Petersson）也质疑集体意向作为集体行为的前提条件，举了一个这样的例子：你和几个人一起边走边争论一个问题，到了你该停下来离开他们的地方，但是你没停下依然和他们一起走，尽管这个集体还在向前行走着，其实你不想继续走了。从外在的观察者来看，你们一起行走争论问题的行为显然是一种集体行为，但你们却没有形成集体意向，也没有集体目标②。这说明从外在的观点看，存在集体行为生成集体意向和个体行为生成个体意向的形式。因此，不能简单认为集体行为就是自下而上的个体行为和个体意向的整合③。无论是现有行为还是现有意向，总体上看集体意向与行为密不可分，这一点与集体可接受存在显著差别。

前面主要分析了集体意向和集体接受的不同，回顾分析的过程也可以看到，两者有着密切的相关性，集体可接受在一定程度上可以看作形成集体意向的起源。在讨论集体意向从哪里来的这一核心问题时，吉尔伯特认为“一个集体具

① Searle J R. Language and Social Ontology，Philosophy of the Social Sciences[M]. Cambridge：Cambridge University Press，2009：11.

② Björn P. Collectivity and circularity[J]. The Journal of Philosophy，2007（3）：138-156.

③ 柳海涛，万小龙. 关于集体意向性问题[J]. 哲学动态，2008（8）：83-88.

有特定的信念，如果所有的或大部分的集体成员表达出意愿让某个特定的观点作为集体的观点”[①]。还有学者认为社会理性存在的必要条件是个体中形成集体意向性，或者经过讨论后形成集体意向性，但这不是一个充分条件。总的来看，集体可接受为形成集体意向创造了条件，集体意向反过来也能影响集体可接受的形成。

① Margaret G. On Social Facts[M]. London：Routledge，1989：257-260.

后　记

这本书的主要内容是我的博士论文，看得更远一点，我的硕士论文也是关于社会选择理论，在这个领域虽然没有做出很好的工作，但一直在关注和研究。之所以能保持这么长久的兴趣，主要是因为社会选择理论在刻画个体和集体关系方面的深刻性，它能够用严谨的逻辑学方法证明人们所期待的个人与集体关系其实是无法实现的。很多学术界人士都认为逻辑学没有太大的应用价值，主要原因是逻辑学在发现知识、促进知识增长方面作用比较有限，但从社会选择理论向判断聚合理论发展的脉络来看，并不是这样的。由于逻辑无法代替经验，逻辑学的方法虽然在“能做到什么”方面产生新知识的作用有限，但在“不能做到什么”方面产生新知识的作用却是独一无二的，它能明确告诉我们哪些知识是不可能产生的，也就是能为知识的获取进行理性划界，这种特有的批判性功能对于研究把握纷繁复杂的社会事件和自然现象背后的规律具有重要价值。

本书的选题经过了长期思考。无论是社会选择理论，还是后来发展起来的判断聚合理论，如何克服聚合个体偏好或判断时出现的困境都是最核心问题，以往的研究在强调规范性同时，难免会忽略现实情况，就是对聚合对象、规则和结论都会先验地提出一些理性要求，如完全性、一致性、无关选项独立性等，而这些要求距离人们实际的选择活动比较远。由此很自然地会产生一个想法，能否尽可能贴近人们真实的选择情况来提炼理性要求，并且这些理性要求还要能有助于摆脱聚合困境。这就是本书选题最主要的考虑，也得到了有关学者的积极认可，在博士论文盲审中，有专家评价“选题具有重要的学术价值和现实意义”，还有的评价“选题十分恰当，既是跨学科的，理论性较强的，又具有浓厚的逻辑意味，还带有强烈的现实感。文献利用历史跨度深远，但主要文献又极具当代感”。

本书的研究基本实现了选题时的期待，用接受性来刻画理性有着很强的现实意味，人们实际在选择的时候，最重要的判断就是这个被选项是不是可以接受，而不是它是否符合一致性、完全性等理性要求。更有价值的是，本书成功构建了一种关于集体可接受性的刻画方式，并证明在这样的理性要求下，聚合个体判断不会出现两难困境。关于本书的创新性，很多专家都给予了积极评价。本书的部分关键内容于 2014 年在德国达堡（Schloss Dagstuhl）举行的“Judgment Aggregation for Artificial Intelligence”会议上做了专题报告，得到积极评价。在博士论文盲审中，有专家评价“论文具有相当程度的创新性，是一篇具有学术价值与现实价值的论文”，还有的评价“研究方法新颖，结论新颖有价值”，论文后来也被答辩委员会评价为“一篇优秀的博士论文”。

我最近几年的研究兴趣主要是价值教育，看似有比较大的转向，实则是本书研究的延续，更可以说是本书成果在应用层面进一步研究拓展。在引导和帮助个体建立一种价值观念的过程中有哪些规律在产生作用是价值教育的主要研究内容，而在价值观念上引导个体的主要发起者通常是集体，因此，价值教育要解决的关键问题就是有效性问题，即如何将集体的价值观念有效传导到个体的头脑中，而要实现有效传导，就必须建立个体和集体在观念判断上的规范性模型，以深刻阐释价值观念在集体和个体间传导的规律。所以说，判断聚合理论为价值教育提供了很好的研究范式。我于 2020 年发表的《论价值教育的逻辑》正是本书的后续研究之一，后面还将会有一些成果陆续产生。

这本书能够顺利完成首先要感谢我读博士期间的导师梁庆寅教授，梁老师亲自为本书作序，无论在学术上还是在事业发展上，都给了我非常多的指导和帮助，在大多数人对在职博士生不抱太大期望的情况下，还能资助我读博士期间去德国参加学术会议，使我有宝贵的机会向世界顶尖学者学习。恩师的为人为学都深深地影响了我，一言一行都教导我如何做人、做事、做学问，受益终身。

感谢文学峰副教授的指导，在近两年的时间里，他都能随时拿出宝贵时间与我讨论各种问题，对于本书的很多重要方面都提出了指导性意见。感谢熊卫教授，从硕士论文开始就给予很多指导意见，特别是在如何凝练和解决一个学术问题方面的方法论指导，对我的研究工作有特别大的帮助。感谢赵希顺教授对本书出版的支持。还有中山大学逻辑与认知研究所的很多老师，都给予了我很多指导和帮助，一并表示深深地感谢。

感谢荷兰阿姆斯特丹大学的乌列副教授，感谢他能够接受邀请，不远万里来到中山大学开设讲座，介绍社会选择与逻辑学交叉领域最新的研究成果，给予了我很多关键的指导。感谢他积极推荐我去德国达堡参加会议，在那次会议上我几乎见到了判断聚合理论主要文献上的所有作者，他们无疑是判断聚合领域全世界最顶尖的专家。

最后，特别感谢我的妻子张颂女士，她一直为家庭默默付出，支持我写书，她的鼓励和陪伴使我能坦然面对困难和挫折，并始终对未来乐观和抱有信心。还有我亲爱的女儿李知柔和儿子李知言，女儿出生于2012年，是这本书的主要理论开始研究之时，儿子出生于2015年，正好是这本书的主要理论完成研究之时，他们虽然对写书的事情懵懵懂懂，对这本书的内容更是不懂，但已经以他们特有的方式给予了我很多的鼓励，希望有一天他们能够看懂这本书。

李一希

2021年6月10日于康乐园（广州）

Travel Management in China

企业差旅管理典籍

梁冰 编著

中国石化出版社
·北京·

图书在版编目（CIP）数据

企业差旅管理典籍 / 梁冰编著 . -- 北京：中国石化出版社，2025.3

ISBN 978-7-5114-7425-4

Ⅰ. ①企…　Ⅱ. ①梁…　Ⅲ. ①企业管理　Ⅳ. ① F272

中国国家版本馆 CIP 数据核字（2024）第 038836 号

中国石化出版社出版发行

地址：北京市东城区安定门外大街 58 号

邮编：100011　电话：(010) 57512500

发行部电话：(010) 57512575

http：//www.sinopec-press.com

E-mail：press@sinopec.com

北京科信印刷有限公司印刷

全国各地新华书店经销

*

710 毫米 ×1000 毫米 16 开本 22 印张 308 千字

2025 年 3 月第 1 版　2025 年 3 月第 1 次印刷

定价：68.00 元

序·时光

虽然也想过将这 17 年来深耕差旅管理领域的经验梳理成册，帮企业少走弯路，但我寂寂无闻，一直缺乏勇气去实现。后来与北京、深圳、厦门、成都、呼和浩特、长春等多地区、不同行业的企业朋友相识，相互交流探讨后，又经历 3 年突发全球卫生事件，让我更加确信差旅管理这项工作对企业的重要性和价值。差旅行为在没有有序管理的情况下，问题不易暴露，当真正做起来，实现有效有序管理，执行政策和流程，有数据依据，才发现问题，很多重要且必要的工作被忽视。差旅组织的高效有序，能提升企业运营与抗风险能力，让差旅成本在合规并有规划的前提下，进行支出。

正因为有价值，企业有需要，我才有动力将碎片化差旅知识，进行系统化梳理并呈现。有些在偏远城市工作的伙伴，参加行业活动的机会少，苦于没有获取知识的渠道，还有 2023 年后刚从事此工作的伙伴，当手足无措时，希望这“刚好的遇见”能帮大家缩短摸索期，快速胜任工作。

梁冰，笔名象姐。

所学专业：市场营销、新闻学。

2007 年至今，从事企业集团化差旅管理工作。

2002—2007 年，从事企业行政管理与员工服务工作。

2001 年前，从事超市采购与店面管理工作。

读者朋友：

大家好！

作为业务用书，这本书历经 3 年梳理总结，其陈述朴素务实，书中分享思路、案例，希望能帮大家开阔思路，快速找到适合企业的管理方式，少走弯路，从寸步难行到驾轻就熟。

差旅管理这条路并不平坦，我同样经历过狼狈不堪、迷茫无助。从开荒到实现管理目标，我踉跄前行、攻坚克难。这本书从企业管理视角，帮助理解差旅管理价值，从业务需求出发，说清业务，做好总结，讲专业、讲管理、说真话，解决企业共性的痛点。

或许浏览此书的不仅有企业伙伴，还有差旅业内同人。供需双方虽存在博弈，理解问题的视角也不同，但我希望此书能增进供需双方的了解，促进共创合作关系。行业内伙伴也可了解企业的管理方式及难点问题，调整思路，设计出更贴合企业需求的产品，提升市场竞争优势。

鉴于差旅管理涉及的相关行业知识较多，有关法律、财务、技术专业方面的描述，仅供对差旅管理相关工作的理解。

工作与职场心得：

探究、分解、整合

从小到大，我最喜欢的一件事就是拆东西。从磁带播放器到电脑主板、硬盘、光驱，即使没有六棱扳手也不能阻挡我要拆开看的决心，我愿意去探究各部件的工作原理，也因此培养了DIY电脑的技能。

同理，差旅管理布局也如此。先将问题分类分块，明确分工和作用，考虑各模块间如何兼容。整合＝分＋组＋协，正如电脑的处理器、主板、内存等部件发挥各自的作用，接口和工作频率能匹配，各部件连接后才能正常启动。

当遇到困难时，可以先看业内和市场，有成熟方法的拿来即用或借鉴调整，没有成熟适用的方法再去创造。就像PC机有成品水冷散热器，如果非要自己用水盆水管水泵DIY，结果只能是PC机因漏水被烧坏。

自我培养

自我培养是从理论到实践、总结理论再实践的循环验证过程。只有做事时会思考的人才会提问题。我们在这个不断完善的过程中，进行自我积累与提升。每件事做完后，要思考不足与优化空间，从中提炼总结价值点。每件工作都要**为自己而做，当课题来研究，当艺术品去完成。**

为自己而做

带团队时我们常面对新人或有相关工作经验的不同群

体，大家有着不同的成长、学习环境和职场经历。我见过太多的应聘者做了几年工作，却说不出自己到底做的是什么，也说不出自己所做的事对企业、社会，甚至对自己有何价值，几年下来做了个寂寞。工作不仅是为了生活和生存，还是走出校园后的另一种继续深造方式。将每件小事都当作**实战培训机会**，有思考地工作，做完后加以总结，持续积累，融会贯通，这是工作多年后唯一属于我们自己的财富——**不积跬步，无以至千里。**

当课题来研究

课题就意味着有难度，首先考虑如何解决。一味陷于“真难，太难了，发愁”的畏难情绪中，只会耽误时间且无效。应及时建立正连接，**积极迎战**。穿越黑森林，走过至暗时刻，经历足够的磨炼，才能获得成长。

在科研人员的字典里没有“差不多”，失之毫厘，谬以千里。企业差旅管理是一盘棋，需要布局，点、线结构要**严谨**，问题点可按轻重缓急进行优先级排列。在工作与思考的过程中，对于意识到的问题，须做到及时记录不遗漏，以免因某个环节的疏漏，导致结构松散或带来其他问题。

差旅场景中有些服务挺难做，投入了很多精力，效果却不理想，是核心需求没找准，还是用力方向错了？如何将失败案例转换成价值，如何让成功的案例更有价值？服务工作与销售的客户关系管理有共通之处，在营销学中提及的客户关系管理（Customer Relationship Management）是指销售人员主动与客户建立沟通联系，理解客户对产品、服务的需求和体验反馈，提供对标需求的产品，从而达成业务目标并产生成交机会，创造良性供需关系，实现共赢和复购的过程。像朋友一样聊天，用“身边”角度沟通，更易得到中肯的需求反馈和建议。建立良性沟通与信任关系，相互了解，彼此成就，充满同理心地去做服务。

当艺术品去完成

今天终将成为美好的昨天，不留遗憾，值得回味更值得思考。每个服务案例和项目，都应成为拿得出手的艺术品，并非每件作品都完美无瑕，只要一次比一次接近无瑕，我们也在这个过程中获得成长和提升。我练琴时老师常说，想要演奏一首像样的作品，每天练琴时要解决 1~2 个问题。这需要前提条件——**有效练习**，清楚练琴目的（目标），练到何种程度（标准），比如，第 1 天的练习要对齐节拍，第 2 天手指能受大脑控制，每天反复练习又能发现新问题，熟练连贯后，才能考虑音乐作品表现力，才能称之为作品。做事亦如是。

虽是向内部员工提供服务，我也会将其视为“客户”，珍惜每次沟通交流、为其解决问题的机会。在坚持原则的前提下提供力所能及的帮助。在公共资源稀缺时，以解决问题为前提进行有效沟通，争取相互配合，掌握操作节奏，同时争取资源。当出现瑕疵或力所不及时，也不会陷于被动——锲而不舍，金石可镂。

信息时代，发挥信息作用

在信息化的今天，充分发挥出信息的应用价值，更有利于差旅工作的开展和管理预判。差旅业务不像其他管理工作，大部分情况仅需关注内部因素。差旅管理工作需要内外兼顾，既要看企业内，还要关注外部环境及情况，如公共交通、会展会议……每次出差行程涉及的细枝末节很多，要将公共交通、会展会议等社会类资讯与差旅管理工作建立联系；要有资讯敏感度，将信息化所带来的积极作用发挥出来；要关注行业资讯，帮助我们做好差旅的前置保障工作。同时，要关注企业自身的业务和管理要求变化，要看市场、看行业，在有些情况下，一点点变化可能带来差旅管理方式的颠覆性连锁反应，提前准备可以令工作更主动。

低头看路也莫忘记仰望星空

细碎的事务性工作易把我们带入沉浸模式，陷入事务里，聚焦在怎么做、用什么做，这样盲目的工作方式可能早已偏离了预设目标。此刻就需要驻足、仰望星空，有效打破惯性思维。开启灵魂拷问模式：初衷是什么？想解决什么？影响什么？找准目标再前行，做的过程中要时常将效果与目标校验。

阻力是最强动力

随着企业管理要求的提高，解决问题越来越倾向于优先靠头脑智慧，这样也更促使人们去思考，激发智慧，去创造去超越，在经历无数个被“卡脖子”的现实后，涅槃重生。在手无寸铁时往往更能激发人类智慧。

当企业尚未认识到差旅管理价值时，在此方面管理体系建设投入的资源有限，即使如此也并非无解。习惯用砸钱平事对企业的消耗大，对负责收益的部门压力更大，也许在一段时期内尚可，但有限的投入更能激发智慧，厚积薄发。

记得那是我刚学搏击时，发现不健身的人掌握要领正确、发力更快，反而常年进行力量训练的人，不易找到感觉。臂力弱，就会想办法借助于更有能力的肌群；而臂力够强，习惯本能使用臂力，这反而阻碍了潜能发挥。作为初学者的我，为了能找到发力点，选择先背起双手练习，强的部分不能发力了，慢慢就找到了用腿和核心发力的感觉，之后再配合上臂力，则如虎添翼。

智慧节省，支出务实，减少浪费。业务人员在前方赚钱不易，作为保障部门要会花会管，也就相当于为企业赚到了净利润。做采购要对钱敏感，哪怕是1分钱都不可不明不白地流失，发现流程漏洞和财务风险点就要立即解决，亡羊补牢好过视而不见。

一首乐曲并非每个音符的搭配都呈现和谐音，虽然有的乐句或小节单独听时显得突兀、不和谐，却让整首乐曲妙不可言——这是因为它们各就其位，各尽其责。营收部门负责赚钱养家，企业管理负责勤俭持家，两者分工不同产生的效能不同，但缺一不可。业务部门的工作目标是完成业绩，适当合理的投入是必要的，如销售人员出差频繁，拜访客户多，营收达到期望值，差旅费也相应增加。追求利益最大化，就需考虑合理节省，减少浪费，才能实现“降本增效”。

百炼成钢

企业差旅管理滋养主营业务，提升运营能力。

差旅管理不等于订票，是为了业务开展跑得更快更顺。

建设差旅管理体系，开启新征程。

使用系统工具作为辅助工具，帮助差旅业务实现**数字化→数智化→数治化，高效管理与运营，**这需要以现代的管理理念和思路为前提。科技工具终究是工具，是人来研发和使用的，所以人要有驾驭工具的能力且不过于依赖工具，清楚业务底层逻辑及管理何去何从更重要。

【目录】

第一章 中国商旅一枝独秀

01 秋毫之处见真知，万物育人

本章希望能帮助刚从事此方面工作的新伙伴，还有正在差旅管理道路上惆怅无助的朋友们，对行业有初步的了解。2000—2023 年重要的 20 余年里的行业里程碑与拐点，为今天的行业格局与未来发展奠定了基础。

中国差旅管理工作起步晚，市场空白点与待规范的方面多，这些问题给企业差旅集中管理的组织安排带来了困难和阻力。我也是为解决绕不过去的问题，不得不深入行业中寻求解决方案，甚至主动开荒，与业内同人共创酒店直采及商旅集付模式，高效解决对账等难点问题，实现差旅管理严谨闭环。

第一节　差旅行业　前尘往事

2000—2010 年业态对差旅管理的影响

✈ 2004 年中国开始使用 BSP **电子客票**。

电子客票的诞生意味着**纸质机票时代的结束**。电子客票可以在线预订和退改，带来了便捷，促进了快速成交，较大程度地规范了市场，解决了历史发展过程中的遗留问题。我国早期的机票样式见图 1-1。

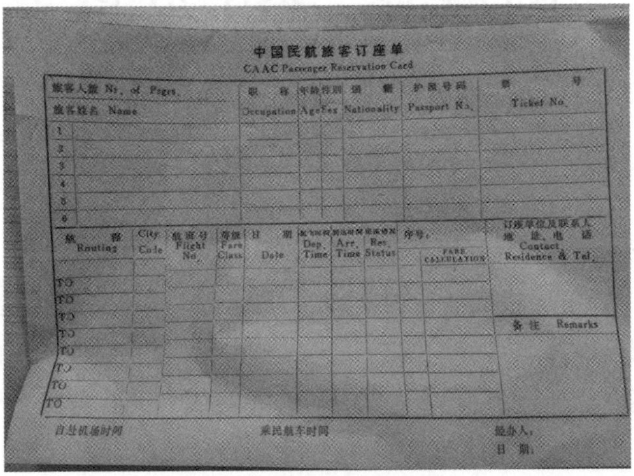
中国民航旅客订座单
CAAC Passenger Reservation Card
旅客人数 Nr. of Psgrs.
旅客姓名 Name
职称 Occupation
年龄 Age
性别 Sex
国籍 Nationality
护照号码 Passport No.
票号 Ticket No.
1
2
3
4
5
6
航程 Routing
City Code
航班号 Flight No.
等级 Fare Class
日期 Date
Dep. Time
Arr. Time
Res. Status
序号
FARE CALCULATION
订座单位及联系人地址、电话 Contact Residence & Tel.
备注 Remarks
TO
TO
TO
TO
TO
TO
TO
TO
自址机场时间
乘民航车时间
经办人：
日期：

图 1-1　我国早期的机票样式

✈ 2006 年有了差旅机票的**集中支付工具**。

UATP（Universal Air Travel Plan）成为实现企业因公出行机票集中支付的金融解决方案。它一方面解决了企业差旅订票时集中支付的问题，另一方面对航司资金链保障及账户监管起着重要作用，直到今天作为成熟模式仍在广泛应用。

期待我国能发挥国内金融体系优势与差旅场景连线，创造我国自有的差旅行业金融支付产品，在为管理工作组织提供便利的同时，盘活资金，促进经济发展。

✈ 2008 年商务出行的服务意识和水平提升。

2008 年奥运会和 2010 年上海世博会，2022 年冬奥会和 2023 年杭州亚运会，每次国际化活动或会议都在促进服务意识和质量的提升，在差旅场景中，开始关注服务质量和用户感受，服务与科技更融合，便捷又暖心。

第二节　企业差旅　今生今事

2011—2023 年推动行业优化

✈ **有偿服务，改变“免费”价值观。**

2015 年，航司正式取消支付 TMC（机票代理）3% 的佣金。自此之后，TMC 没有佣金收入，要生存就要另谋收益点。对企业来说，不能在结算金额上有减免，还需支付服务费，导致新增**机票费项——服务费**。明确了服务的需求方即服务成本承担主体。

企业要承担服务成本时，势必会考虑服务内容的必要性，同时设立要求和标准。初步形成的票面金额 + 服务费的模式，推动**费项清晰合规管理，催化行业进步，结束了“免费”的霸王餐时代，明码标价服务产品，建立了标准和服务意识；**产生了新费项，促进企业关注和思考差旅管理的必要性。

✈ **明确人员分类，要求行为属实。**

2019 年 4 月交通类增值税改革，进一步规范对财务凭证的要求，对于差旅行程的实际发生，票据合规等要求更高；随着自动化技术的日渐成熟，更加关注信息对等、阳光合规。对于雇员与非雇员两类不同人员类型，建立有区分的抵税规则。

✈ **优化交通运营模式。**

1999 年 9 月上海浦东机场启用，2019 年 10 月北京大兴机场正式启用，2021 年 6 月成都天府机场启用。如大兴机场，连通京津冀，缓解了首都仅 1 个国际机场的交通压力，配套设施逐步完善，大兴机场快轨到南三环仅需 19 分钟，为往来首都南北城的商务出行提供了便捷的城市交通。中国地域辽阔，人口多、流量大的城市对主要交通设施和双机场运营新模式的发展起着重要作用。

✈ 科技进步。

2019 年下半年正式步入 5G 时代，融合“互联网 +”模式，科技赋予传统行业新的生命，使其重新活起来，成为天空中闪亮的星。信息互联、万物互联为人们的出行、工作、生活带来高效便捷，给各行业发展带来惊喜和挑战。见图 1–2。

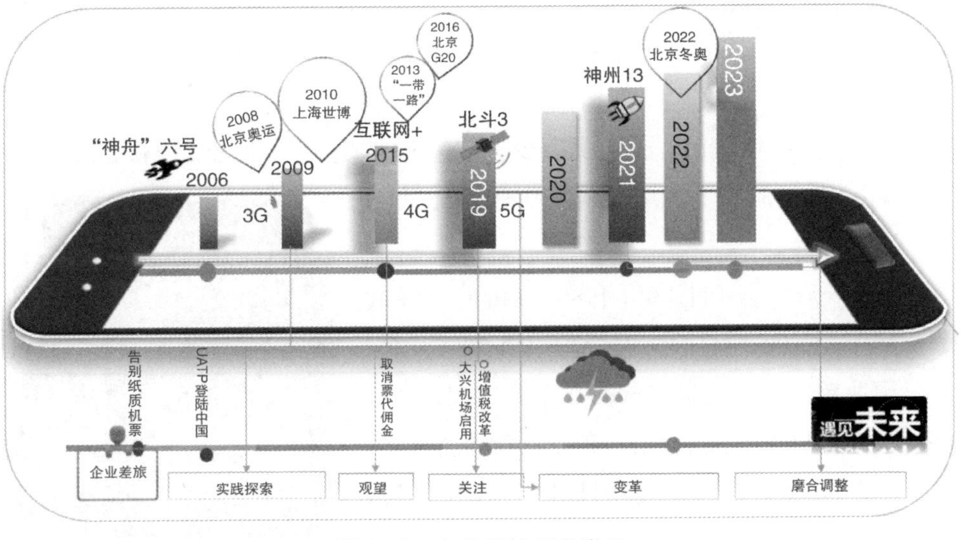

图 1–2　企业差旅行业发展

✈ 促进企业管理意识进步。

所有企业共同经历了自2019年12月起持续了3年的新冠疫情全球卫生事件，之后通过反思总结，企业重新认识到差旅管理的意义。处于那个时期，因企业的业务需要导致有不得不出差的情况，同时企业须承担出差行为带来的安全责任，在双重压力下，差旅的组织安排面临着前所未有的挑战。有据可依的企业，能快速判断并及时主动地做出得当的组织安排，通过了这次大考；反之，体系不健全的企业，也在反思总结，完善差旅管理体系，建立管理抓手，提升管理与组织能力，才能在未来类似的突击大考中主动从容地应对。

第三节　企业人看市场

在中国，差旅出行一直存在。中国民航可追溯到1919年，至今依然营业的最老的酒店为1863年开业的天津利顺德大饭店，有160多年的历史。差旅管理的背景与契机如下：

✈ 20世纪80年代前：**企业类型少，**出差通常是凭开介绍信或接洽邀请证明，借差旅费，冲抵报销和出差补助的方式。

✈ 1980年：国务院国发〔1980〕146号文件批转了财政部制定的《关于国家机关、企业、事业单位工作人员差旅费开支的规定》。

✈ 20世纪80年代后期：随着民营企业的出现，民营酒店的发展初具规模，市场**资源日渐丰富**。

民航手提行李牌

国内对于差旅行业、差旅管理的基本概念在近些年才逐步形成。职业认证和培训，甚至是专业书籍均是空白，供需双方尚处于摸索阶段。各招聘平台也没有设立差旅经理、差旅专员等专业和岗位的选项。

在管理价值不明的情况下，企业关注度和重视度不高，也常将差旅与旅游业混淆，误将查询预订视同差旅管理。在差旅和旅游过程中，使用的资源高度重合，查询预订等表面性事务性工作更直观有感，因此易产生错觉，其实两者有着本质区别。行业空白意味着更广阔的空间和更多的商业机会。差旅是一个独立的行业，中国差旅行业自成一体，有明确的特征和属性，可一定程度借鉴发达国家的经验与模式，却不适合完全套用。

在此向中国差旅行业史册上的老一辈奠基人和经历洗礼依然选择坚持守候的同行致敬，正因为有行业前辈的开天辟地，打下基础，才有了这百年的守正创新，在接力中实现过往与将来的彼此成就。

一、国内和国际市场环境的区别

（1）其他西方国家起步早，成熟专业比我们先进，为何不直接拿来用呢？

（2）为什么国外的各行业企业可以标准化执行，而我们尚未实现？

（3）我国企业差旅需求与国外企业有什么不同？

（4）为何其他国家能接受为服务付费，而我们偏爱免费的？

见图 1-3。

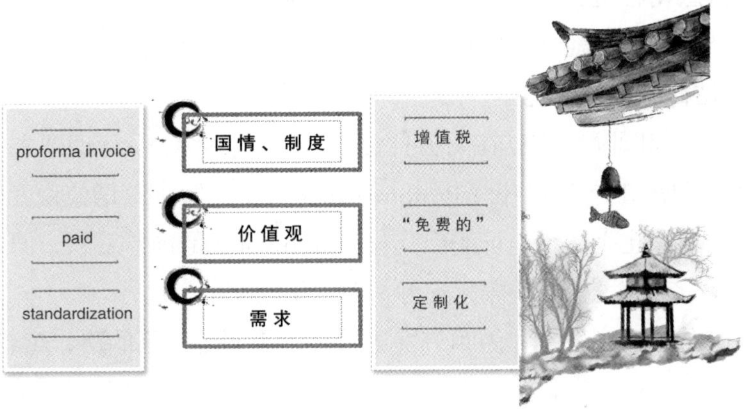

图 1-3　国内和国际市场环境的区别

（一）价值观——成因

（1）企业初衷是节省支出。

（2）提供判断依据：无法判断是否该付——用途不明确；不支出是否会带来影响——收费原因与必要性。

（3）透明与规范：企业“不愿”支付除订单费用以外的附加成本，即净价＋服务费方式。所谓的“净价”在无法佐证确是净价时，企业担心被乱收费；“免费”的不正当竞争，扰乱市场，形成恶性循环。

（4）建立标准：收多少合适，为何其他企业不收或金额低。

（5）信任关系：基于对等、合规的信息数据，合规的金融监管，差旅供应链优化等多方面结合来解决供需信任问题。

（二）形成差异化的原因

（1）**管理意识：**国外差旅市场形成管理意识早，也是经历一定过程才形成标准化的；先有企业标准，企业共识度达到一定程度，才能逐步形成行业标准。

（2）**发展阶段：**发展中国家突飞猛进地赶超，节奏快，追求高效；中国发展日新月异，变化快。企业类型多，差旅管理主体差异化。资源品类丰富，选项多，形成差旅的差异化需求。

（3）**文化与理念：**在国外租车时，超过下班时间，司机就不愿提供服务了；我国的差旅服务多数需要全年无休，每天 24 小时的服务支持。

（4）**信息化程度：**中国酒店行业没有类似民航的统一平台，火车票平台仅向少数企业提供商旅信息化服务，信息聚合与传递通路存在障碍。

（三）法律制度的区别

国内差旅与国际差旅存在财务凭证的区别。税务体系管理要求的不同决定了增值税发票和 1 张 A4 纸（Proforma Invoice）的区别，增值税发票是完税凭证，将进与销建立联系，证明已支付。而 Invoice 是预开发票，原本用于贸易中的商事约定，表达的是按此支付，而不是已支付。

中国市场绝不能盲目效仿西方发达国家，需要走自己的路，超赛道创新。在全球市场中，经济双循环下的中国市场对国际经济有着重要引擎作用，需要持续调整。

二、因公出差与个人旅游的区别

世界那么大，钱包这么小 ♥（^_−）

（1）畅销实惠的因私旅游产品可兼容差旅场景吗？

（2）为何差旅和旅游是两个不同的行业？

（一）表象共性

（1）**资源：**使用的资源品类高度重合，例如机票、酒店、火车票、租（打）车等。

（2）**行为：**行程规划、查询、预订、出行。

（3）**人群：**出差人员也是因私旅游群体之一。

（二）相互影响

（1）资源：高度重合，旺季相互抢。

（2）价格：旅游旺季价格上涨，同样对商旅有影响。

（3）口碑：在因私旅游期间入住体验不好，硬伤差评多，因公出行者也不愿住。

（三）区别

“【 】”内为因公出差，“【 】”外为个人旅游。

（1）需求发起、消费、受益、责任、凭证的主体与决定权：【企业】，个人。

（2）票据需求：【必需】，非必需。

（3）管理要求：【合规，有流程和政策执行，投入产出比】，无。

（4）结算记账：【成本中心与记分账】，无。

（5）出行需求：【商务需要、效率】，游玩需求、娱乐美食＋购物。

（6）合作与商业模式：【中长稳】，短平快。

（7）出行频率：【高】，低。

（8）出行目的：【绩效目标】，开心放松。

（9）人的心情状态：导致服务内容和方式的不同，如图 1-4 所示。

这也是为什么将旅游 C 端的产品直接复用在 To B 的差旅上，会带来很多问题，To C 产品相对来说接受度低，风险高，如会员房、连住特惠、返现产品、民航套票等。差旅的消费主体、利益归属和风险承担都是企业，差旅产品的使用规则，应符合企业差旅管理原则。诉求是合规、节省、风险可控。诉求不同，消费主体也不同，产品设计与商业运营方式需做区分。

项目	出差	旅行
	合规、可控、高效、节省	享受、见世面、显摆、值
花钱	省、省、省	买、买、买
意愿	不得不	盼望已久
心情	紧张、约束、压力	放飞自我
节奏	快~	“躺平”一天~两天也行
时间	被安排	自主
结果	我命由天不由我 易怒、挑剔、哀怨	我命由我不由天 温暖、陪伴、平安
	冲鸭~ 打工人~打工魂 打工人都是人上人~ 快点回家吧	满足 时间若能静止该多好~

图 1-4　出差和旅行的区别

第二章

管理初心方寸

02 风景再美，经历过才是人生

作为企业差旅管理者，我们在实践中摸索与总结，经历磨难，获得扎实的业务能力。在与企业相伴成长的过程中，理解企业管理的意义和目标。

企业管理的要求日新月异，就像营销战略一样，要审时度势，随时调整。

企业管理就像建筑的地基，是发展的基石，差旅管理是包含于其中的管理体系，为增强企业运营效率和能力而存在。有了对企业管理的基本认识，更易理解差旅管理对企业的意义。

第一节　企业管理概述

企业经营战略目标又称企业目标，决定着企业各项工作在未来阶段的规划与布局，是开展各类工作的前提和航标灯，决定着开展阶段性业务的方向和所要达到的水平，进而获取利益最大化。

企业目标是战略规划与执行的方向，是业务与管理的共识，同样**是差旅管理的航标与初心**。

“利益”指价值意义，企业经营生产所输出的价值，属国家、社会、一般性商业利益或共同利益。

一、企业管理的作用

企业管理的作用是组织、计划、实现企业阶段性目标，降低生产经营风险，并着眼未来，是企业中长期发展的基础。

（1）发展方向：审时度势，与战略目标随动，重视结果。阶段性成果不代表可以一成不变，不当或过度的管理会阻碍主营业务发展，因此企业管理下各支线管理需起到滋养主营业务的作用，管理要求与方式需随之调整。

（2）发展阶段：企业的规模与发展速度、生存与投入能力，决定了管理的必要性和管理程度。企业发展到一定程度，在与商业竞争对手竞争业绩时，企业管理与运营能力的高低会影响业务的效率与效果。

（3）管理意识与能力：认识到问题与影响，且具备相应的管理能力。

①先进的管理思想。

管理意识先行，以法律法规、技术工具作为辅助，提升管理决策能力，使用现代化工具解决数据完整性、及时性、对称性、可验证性问题。建立数据间联系，解决真实性和准确性问题。拓宽视野，提升效率，发挥潜力价值。

现代化管理是指符合当今的市场环境与生产经营的**先进管理思想**。使用科技工具不等于现代化管理。

②组织规划，未雨绸缪。

a. 提升综合能力、预判风险能力与抗风险能力。

b. 明确架构和职能、岗位职责，建立激励机制，加强人才储备，提高用人育人能力，提升员工对实现目标的积极性。

c. 绩效管理推动各环节尽到责任，确保执行方向和结果。

③高效执行，提升投入产出比。

a. 降本增效的意义，是将人、财、物，合理充分地发挥价值。

b. 合理投入，进行必要投入，实现更高的产出。

c. 合理节省，进行智慧且必要的减法。

二、企业内部控制管理

企业内部控制管理是指为了企业在生产、经营、管理中能合法有序地运行，对资金、资产、人员、政策与流程、信息等多方面所实行的管理。

主要涉及：

（1）**财务管理**：承担企业资金管理的一项管理工作。决策资金怎么来，用在哪，如何用；厘清资金关系，制订资金的筹集与使用分配计划；控制投入，增加收益，合理规划收益分配和再投入。通过对资金的管理，发现问题并加以管理，实现企业的长期发展和利益最大化。

（2）**人资管理**：负责企业人员管理的一项管理工作。主要承担企业组织架构管理，岗位与职责设定，选人标准与用人规划制定，行为规范制定，薪酬绩效管理等工作。

（3）**行政管理**：承担着保障办公有序安全运营的管理工作。主要负责对办公空间规划使用与布局、办公所需的配套设施、环境与安全、所需的物品等的管理和资源使用分配，如资产、物料物资等其他资源，负责制定与落实行政业务所涉及的管理政策与流程。

（4）**审计管理**：为使企业能够合法有序地健康发展并具备抗风险能力而进行的管理工作。主要职责包括对内外部环境风险的评估、识别、预判，制定抗风险的策略，将风险控制在企业可承受范围内；政策、流程的制定，权限管理等方面的制定设定，执行过程的管理及监督检查；等等。

这也解释了企业的一个普遍现象——为何企业差旅管理通常是由上述管理职责的人员来兼职。因为差旅管理工作与这些管理领域会有交叉重叠；另外，目前行业缺乏既懂企业管理又懂商务与采购，还要懂差旅行业与业务知识的综合型人才。

第二节　初见 | 差旅管理

初见

（1）管与不管有什么区别?

（2）预订行为 = 差旅管理吗?

（3）差旅管理中的“管”是要管什么?

差旅管理的概念：是为实现企业战略目标，提升运营效率与能力的管理工作，为差旅出行的安全有序提供保障支持。

差旅管理体系是企业管理体系内的分支体系之一。主要包含需求管理、风险管理、运营与服务管理、成本管理、效率管理、行为管理、采购与供应链管理、信息数据管理。

（1）机票、火车票、酒店、差旅用车等产品，是企业为出差办公人员提供的办公资源。

（2）差旅系统作为辅助工具，主要用于提高工作效率，数据、信息作为过程和结果留痕，可调阅追溯，建立从申请到过程审批、订单与结算等各环节之间的关系。解决数据传递时效、复制、共享等问题，有利于有序合规，节省部分人力投入。

（3）差旅采购管理是差旅管理的一项重要工作。

（4）查询、预订是出差人或需求人在出差过程中的行为动作。

（5）票面金额（或订单金额）是视觉数值，属于差旅成本中可见类成本之一，不代表完整的差旅成本。

一、概述

差旅是为达成因公事务和业务目标，所需跨境、省、市的外出办公行为。如：亲临现场实地考察、操作，当面沟通及必要社交需求。远程自动化不能替代的情况下，差旅人员通过出差实现工作目标。差旅群体涉及诸多行业，如：市场、营销，建筑工程，出行行业，医疗、教育，企业管理等。各行业丰富的业务特点，涉及的地域与线路情况，决定了选品、标准、用法的多元。

企业为差旅出行支付必要的成本，也需承担员工在因公出差期间的安全责任，因此会提供必要的保障与服务支持。部分企业的差旅出行范围遍及全球，企业出于对人与生命的尊重和对安全生产经营的重视，进行差旅管理。已经开始这方面工作的企业，更易领悟到**差旅管理的核心价值**。

【为何近些年重视差旅管理的企业越来越多？】

（1）企业飞速发展，规模不断扩大，差旅高频，需有序组织。

（2）2018 年后，随着国家制度对合规的要求进一步提高，对行为管理的要求也进一步提高。

（3）对安全生产有更高的要求，差旅涉及地域广，受 3 年新冠疫情与极端天气等外部环境因素影响，企业更加重视安全有序的差旅出行。

（4）企业对管理有更高的要求，希望通过有效的差旅管理，实现降本提效的目标。

（5）技术能力与信息化程度的提升，拓宽了视野，使企业获取到更多信息；开阔了思路，使企业认知更清晰。

（6）对商业活动的差旅组织安排能力，还会影响企业的对外形象及用户对企业的合作信任关系。

【企业为何需要开展差旅管理？】

除上述6点，还有财务审核报销压力大的原因。报销过程中涉及诸多差旅行业知识，靠人审核和辨识，投入人力成本高，正确率及效果未必理想。同时员工出差频率高、垫钱多、出差辛苦，如果再经历痛苦的贴票报销等烦琐的流程，甚至承担因票据遗失等带来的损失，影响效率，体验也不好。

【差旅管理目标如何设定？】

通过管理实现业务的有序开展，实现差旅出行的安全、合规、节省、促进。（**优先级顺序，视各企业管理要求而定**）

（1）**安全：**有序组织企业的差旅出行，具备突发应急主动响应能力，促进安全生产经营。

（2）**合规：**遵守国家相关法规，符合企业管理规定，在差旅行为、采购操作、费项及用途、票据凭证，政策标准、流程、预算的设计制定，资源匹配、出差必要性、收费规则等方面，说得通，讲得清，有依据，对得上。

（3）**节省：**省时、省力、省钱，提升投入产出率（ROI），推动企业获得更高的净利润。

（4）**促进：**优化流程，化繁为简，提高差旅出行效率和有效工时，减少过程无效用时，提高申请填报、审批判断、沟通的效率；节省成本支出，减少浪费，提升所投入的人工产出价值。围绕企业的业务开展差旅管理工作，促进企业目标的高效实现。

【差旅管理的职能如何定义？】

差旅管理具备管理与保障服务的双职能。一方面，符合企业对管理的要求，如政策管理落地，降低成本减少浪费，合规与风控管理；另一方面，提供差旅出行中必要的保障服务支持。

（一）管理

主要包括差旅业务相关的政策与流程的制定、调整、执行，成本管理、风控管理；差旅政策、流程的普及与答疑；采购管理，渠道与运价管理，供应商（链）管理与评估。

（二）保障服务

为员工日常出差出行提供咨询答疑，统筹协调资源，遇到退改等特殊情况时，运用专业知识为员工安全有序出行和企业重点项目提供必要的保障性服务支持：

（1）**差旅组织安排**，包括组织规划，各环节的衔接，出行途中应急突发事件的预防、响应、处理。

（2）**资源保障**，即差旅资源的协调与合理分配，如机票和火车票（称为大交通）、酒店、商务用车、会议场地等。

【差旅管理的工作内容】

（一）运营保障

为员工出差及企业商务活动提供差旅出行的合理化建议和风险预警预判。

（二）成本管理与执行

（1）预算管理：制定差旅预算的测算规则，将实际支出对比预算执行情况，结合企业的业务变化，为差旅预算计划提供依据，辅助财务管理执行差旅预算。

（2）成本管理：对比差旅成本支出及出差业务目标实现，核算投入产出率（ROI），通过资源产品合理投放及资源渠道优化，对企业管理及财务成本管理提出节省差旅成本及控制损失浪费的建议，提升管理决策能力。

（三）采购管理

（1）差旅采购：采购企业出差所需的资源产品，如机票、酒店、火车票等资源和相关的服务产品、金融产品。

（2）资源统筹与衔接：将采购来的各类资源统一筹划，在符合政策规定前提下合理使用，优化资源，精准投放产品，整合并协调资源以满足业务需要。

（四）差旅系统（业务与管理视角）

（1）为差旅场景的信息自动化建设提供管理思路指引，结合行业与业务实际情况，设计并优化业务流程，使其与政策契合，提供差旅预算的设置规则，保障差旅标准的有效执行。

（2）数据应用为管理与决策提供依据，优化流程，合理节省，促进业务目标的实现。

【知识体系】

主要涉及企业管理、营销学、商务管理与谈判沟通、采购管理学、财务管理与会计基础、法务基础、审计学、系统技术、数据管理与应用。涉及的差旅行业主要包括民航、酒店、铁路、旅游管理、金融等。

二、差旅业务基础

场景 | 计划、在途、行程变化。

流程 | 差旅申请，预算规划，政策标准匹配，审批，预订，对账结算与票据收集管理，事后补贴类报销。

（一）事前 | 差旅申请所含的行程规划

（1）**内容**：人员、事件、计划、审批。

（2）**出行人信息**：包括出差订票必须提供的证件信息，人员属性如雇员或非雇员，这些内容的提供是因为出差过程中企业如需担负安全责任，要根据这些内容评估是否在企业保险范围内或需补充提供安全保障；还需提供在企业内的职级等，用于匹配差旅政策与补贴等政策标准。

（3）**事件**：出差的原因、目的，利于审批环节判断出差的必要性。

（4）**计划**：包含行程规划与预算计划。行程线路的规划关系到时效合理性判定，出勤管理，差旅相关补贴核算，有利于企业提前规划和成本计算。依据差旅标准结合上述内容，设定成本支出上限、促进资源合理分配。

（5）**审批**：对事前依据、出差目标、出勤管理、预算执行和支付进行审批。

①换人、换目标城市→视同新的出行计划。

②改资源、天数→影响预算和成本支出、出勤和安全信息追溯；同时审批人需重新判定出行的合理性，是否超支超规，因此通常涉及复审评估。

※ 提示

①预算规则：不建议使用市场动态价格，以免多次审批，影响时效。

②政策标准：看内——业务发生特点及所需目标资源，看外——同步出差城市消费水平。

③在事后变更费用承担主体，与事前已审批的费用主体不一致的情况出现时，易导致事前的费用审批失效，从而带来违规问题。

如费用部门A和B是两个不同的费用审批人，事后变更会导致事前A部门审批失效，容易将费用在B部门费用审批人不知情时计入该部门。企业易忽视这方面的问题，所以在系统建设前，企业应考虑业务流程实际情况，优先配置通则，个别现象有临时解决方案，抓大放小。

（二）事中 | 资源使用与申请内容和审批结果一致

（三）事后 | 对账结算，分记账，票据收集与管理，补贴、报销

（1）出差计划与实际情况核对是否一致，如不一致，企业需判断是否有必要进行补充审批。

（2）费用支出的审批有效性，同协议条款中约定的费用计算原则一致。

（3）与供方账单（订单）核对一致。

（4）与财务票据核对一致。

在财务记账时，差旅费本身不作为会计科目，通常计入会计科目中的管理费或销售类费用支出；差旅费包含机票、火车票、船票、住宿费及饭补和城市交通补贴等费用。差旅管理和采购人员需向资源供应商索取行业及税务法规所规定的合规票据。作为差旅管理人员，需对与差旅业务关系密切的政策有所了解，这样有利于与财务人员进行同频沟通，如《关于深化增值税改革有关政策的公告》（财政部、税务总局、海关总署公告2019年第39号）。

从法理角度来看因公出差和因私旅游的区别，对资源供方都认为是自然人，不区分因私和因公概念。虽因公出差与个人旅游同样涉及“机酒火”（机

票、酒店、火车票）产品，但付费主体不同，产品所有权人也不同，意味着企业对于支付购买的“机酒火”产品拥有使用权和处置权，企业是消费权益方。

例：张三有两张火车票（或机票），注明旅客身份信息的票面上都是张三的名字，一张为企业为其出差所付费采买的，另一张是张三自己花钱为旅游而买；那么张三对于企业付款购得的票并无所有权，企业作为票务的所有权人依法取得对票的拥有占有、使用和处置的权利，张三对于企业购票仅有乘坐使用权并无处置权；虽两张票面旅客身份相同但性质是不同的，企业所支付购得的资源产品，企业为所有权人。企业可通过企业客户编码等方式对订单进行所有权界定。

第三节　差旅基础知识

差旅工作是一项综合性、专业性较强的工作，需具备专业知识，懂企业管理并结合专业技能的运用。本节中主要介绍航班机票知识、行业常识、沟通技能。鉴于酒店行业的特殊性、场景复杂度，在第四章的**酒店集采**再进行完整陈述。

差旅基础知识是从事差旅采购、管理、服务等相关工作必须了解的常识性行业知识。包括机票、酒店、火车票行业相关的基础知识，各行业所需资质证照，市场情况与产品、票据凭证及检查核验方法等。熟悉行业的常规用语和常识，有利于商业洽谈时同频沟通，同时做管理和服务时能够具有专业基础支撑。

专业管理知识：因管理工作需要，还要对其他知识有所了解，例如税务相关法规、《中华人民共和国民法典》中差旅采购等业务所涉及的法律法规、金融行业知识、资源统筹、运营、供应链管理、技术产品设计与实施评估等。

提示：

管理工作中涉及行业较广泛，环节多，发展变化快，涉及不熟悉的行业和专项监管及法律规定的重要部分，要先向法律相关机构或部门了解并依据国家现行法律法规和行业管理规定执行，降低经济活动中带来的风险。

一、必备知识与技能

（一）业务基础知识

1. 机票业务

1）行业术语

乘机证件：乘机证件须和出票用的证件一致，出票姓名需要与证件上一致；港澳台中国特区航线、国际航线还需提供生日、证件有效期等。

航变：航班变动，常见原因如极端天气、机场原因、航班取消或合并等。

中航信：中国民航信息网络股份有限公司的简称，中航信系统涉及航空信息发布、出票用的黑屏系统（eTerm 系统）、电子客票、机票分销，行程单（蓝联），机场离港、安检等场景。

机票财务凭证：“航空运输电子客票行程单”（见图 2–1），常被称为蓝联。机票发票是实名制财务凭证，用于财务报销、结算凭证。目前收集和管理纸质行程单较烦琐，需付出人力整理及分拣，不利于传递和环保，但为了票据的合规可控，用行程单作为结算凭证是必要的。至于其他问题还有待实现电子化解决。

图 2–1　航空运输电子客票行程单

注意：证书 8 位 CODE 号与蓝联上“销售单位代号”须一致；OFFICE 号是中航信定义的票务代理人识别号，由城市三字代码 + 数字组成，如北京是 BJS/PEK×××，广州是 CAN×××。

机票的票号：由 13 位数字组成，票号相当于票的身份证号，票号对于旅客是一对一的，一个票号对应一个人，且在相应的一段时间内（如 2 到 3 年内）都是唯一的，重复率低。对于民众而言主要可用于报销、客票识别、办理网上值机和验真等。在行程单（蓝联）的左下角可见票号，前缀三位数代表航司，如 999（国航）、500（深航）、784（南航）、876（川航）。

机票有效期：票规中支持改期的国内机票，有效期为 1 年。

票规：是对机票的使用条件说明，通常含行李额、退改、里程 / 航段说明及其他说明，见图 2-2。

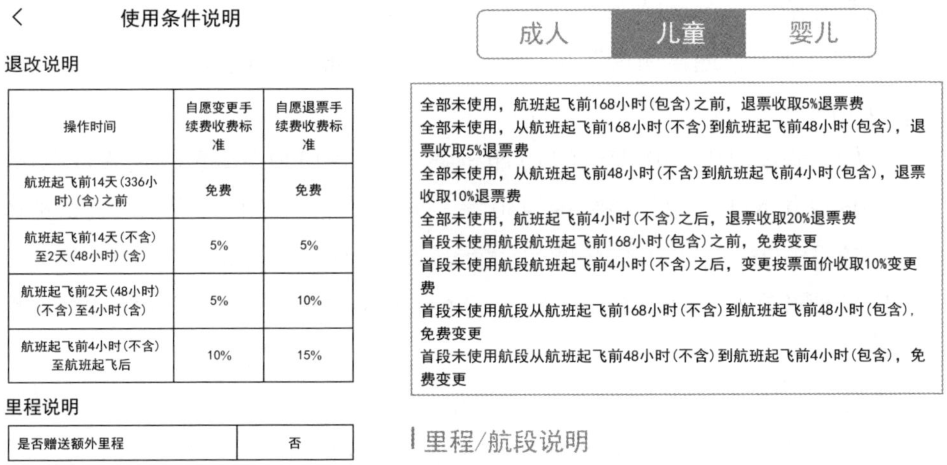

操作时间	自愿变更手续费收费标准	自愿退票手续费收费标准
航班起飞前14天（336小时）（含）之前	免费	免费
航班起飞前14天（不含）至2天（48小时）（含）	5%	5%
航班起飞前2天（48小时）（不含）至4小时（含）	5%	10%
航班起飞前4小时（不含）至航班起飞后	10%	15%

是否赠送额外里程	否

图 2-2 机票使用条件说明

子舱位：因航司运价体系和销售策略产生的不同折扣舱位代码，同是经济舱会分不同折扣进行销售，不同子舱位在营销策略方面有所区别，与乘机体验及飞机上的物理实体座位无直接关系；各航司的子舱位代码不是统一的，同航司的子舱位代码不定期也会发生变动。子舱位代码如图 2-3 所示。

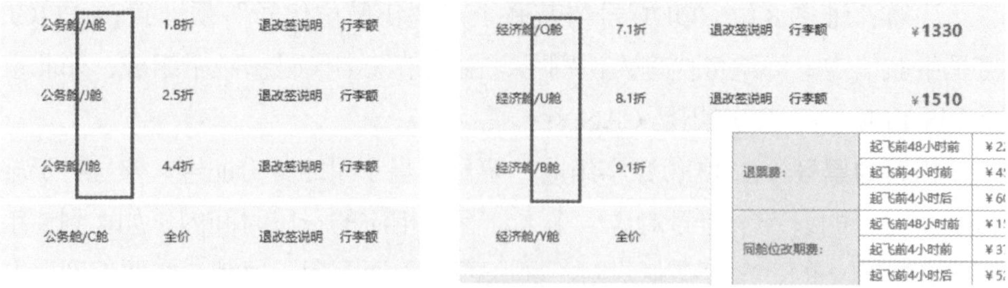

图 2-3　子舱位代码

不同子舱位的退改收费比例、里程积分和增值产品投放不同，如企业与航司的协议约定投放的差异化增值服务产品与子舱位代码有关联性，可能投放于某些指定子舱位。国内票经济舱的子舱位与座位位置好坏无关，并非全价经济舱就是位置好的座位，座位的位置与个人喜好和值机顺序有关。

机票改期：

同是经济舱，通常所说收取改期升舱费，并非经济舱升头等舱，而是补交子舱位的价差。

例如，假设已出 A01 航班的 Q 舱机票 ×75%=1220 元，想改到 A05 航班，此时 A05 仅售 M 舱机票 ×89%=1450 元。此时就需支付七五折到八九折的改期升舱费差价 230 元（其他改期手续费比例依据票规说明）。

同舱位改期是指 A01 航班 Q 舱，改到 A05 航班时有售卖 Q 舱即为同舱位改期。

签转是指已出机票为 A 航司，需要改到 B 航司，两个航司之间须有协议且满足票规要求。目前市场情况仅国际机票涉及签转。国内机票涉及更换航司时需退票重出。

BSP（Billing and Settlement Plan）是指供航司与机票代理人使用的销售结算系统。BSP 中性电子客票替代曾经的纸质机票实现了电子化，将机票信息存储在系统中，支持出、退、改、转签等操作。

机场三字代码是国际航协 IATA 为规范统一全球机场的缩写名称。2019 年之前，北京首都国际机场以 PEK 为主；2019 年 10 月 1 日，首都大兴机场 PKX 正式启用。

城市三字代码：代表城市如北京市 BJS 或 PEK，如城市中仅有 1 个机场时，城市代码可能和机场代码相同。

民航二字码即航司代码：

国航 CA（Air China），中国民航唯一的载旗航空公司（机身印有中国国旗）。

深航 ZH（Shenzhen Airlines），深圳航空，垂直尾翼标识为“民族之鹏”图腾。

南航 CZ（China Southern），南方航空，蓝色垂直尾翼标识为红色木棉花。

川航 3U（Sichuan Airlines）四川航空 ，红色垂直尾翼航徽是一只海燕，3U 二字代码源于四川航空，总部在成都，基地成都双流机场 ICAO 代码 ZUUU。（3U8633《中国机长》光荣事迹给人们留下了深刻印象）

注：**ICAO 代码**为四字机场代码，由 4 个字母组成。用于空中管理，调度计划等，对民众无使用场景。

航班号：

国内航线通常使用 4 位数字，如 CA1710、CZ3161。第 1 位代表航司执飞基地所属区域，如 CA1710，1 代表华北基地在北京，属华北地区；CZ3161，3 代表华南地区，基地在广州。第 4 位数字代表出发和返程，出发为单数，返程为双数。

国际航线起止点涉及的数字大多为 3 位数字，如 CA767、CZ349，也有用 4 位数字做补充的情况。

飞机不同于公交车，飞机和航班号不存在绝对固定搭配关系。

机型：

在不同领域的称呼有差异，对民众来说仅从相对视觉感判断，常称为大、中、小飞机或单通道和双通道飞机。

在专业领域，称为宽体和窄体，或根据发动机数量称为单发、双发、三发、四发。在飞行员领域会以重量区分为小型、中型、大型，中型如 A320、

B737 等，大型如 A380、B747 等。

大型飞机对跑道长度、路基建设等有特殊要求，因此基于对飞机起降滑行过程中的安全考虑，不是所有机场都具备滑行条件。

机上座位数及前后间距有相对尺寸，区间是有规定的，依据规定在区间范围内调整均在合理范畴。

低成本航司：

低成本航司又称廉价航司（Budget Airline Company），是保障基本运营的其他附属产品。可进行模块化，可集成，如行李、餐食、座位等依乘客需要另付费；预订此类航班时，需关注票面金额所含条件，如是否含托运行李，行李票单独购买，机上服务仅提供必需的基础服务和资源供给，如这些附属的服务都需要，通常会高于常规航班的票价，尤其是飞行距离长的国际航线。如遇购此类票，有必要事先提醒出行人，以免导致误机损失或其他困扰。

代码共享航班（Code-Sharing）：是由实际承运航司即实际执飞的主飞航司与其他航司进行共同销售合作。见图 2-4。

图 2-4 代码共享航班

代码共享航班对受众的意义：

航司：充分发挥飞机资源实现高营收，另外可补充合作航司缺失的航线。

乘客：同一航班不同航班号购票时票价可能存在差异，如有里程积累、联程托运行李、网上值机功能等方面的要求需事前了解。

企业服务：要注重服务品质和出行人感受，如遇到出票与执行航司不一致时，出行人在乘机时看到飞机的标识会产生疑虑，以及在网上值机和行李托运等过程中可能遇到的障碍，为避免产生误解，须事前知会出行人，特别是出差频次低的出行人。

订座记录编号（Passenger Name Record，PNR）是指民航订座系统，体现座位占用数量、乘客订座信息等。PNR 是短周期内的信息集合，起飞后三天即失效且有重复率，PNR 可 1 号对多人（一般不超过 9 人，团队除外）。

提示：多人出票在一个 PNR 下，当出现其中一张票涉及退改，易导致误操作。非团队同进同出，行程变化多，建议 1 张票对应 1 个 PNR。

黑屏系统即民航 eTerm 系统，多为国内机票代理人操作系统，需使用含有字母、符号、数字组成的指令代码进行查询、出票、改退等机票操作。如企业自有航信 eTerm 配置或自建 TMC 团队须进行专业培训；企业如无须使用，知晓即可。仅做出行服务，通常使用白屏系统更方便，展示同日常用网页版面，可用中文，更易于理解，操作更简便。

eTerm 系统中航班取消会显示红色的 UN，常说的清 Q 是 TMC 接收航班变动的信箱通知，人工执行指令后可查看相应变动项的操作处理，见图 2-5。

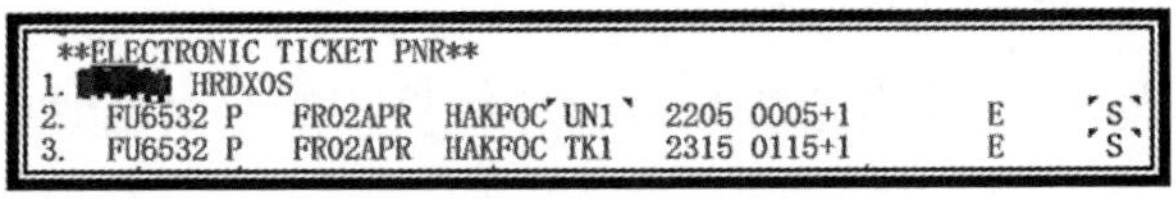

图 2-5 eTerm 系统

TMC（Travel Management Companies）即差旅管理公司。旅行社、TMC、企业差旅管理公司都可以从事 TMC 领域的业务。TMC 的主要职责是基于企业管理与行业情况变化，为企业提供差旅管理思路，帮助企业合理有效地进行管理，实现差旅管理目标。

GDS（Global Distribution System）是指“全球分销系统”，是应用于整个旅游业（包括民航运输）的信息系统。通过 GDS，遍及全球的旅游销售机构可从航空公司、酒店、租车、旅行社获取与旅游相关的信息，实现快捷、便利的服务。

值机：

（1）值机即办理乘机手续，含选座位、换取登机牌、托运行李等。

（2）值机约在起飞前 45 分钟停止办理，并同时停办托运手续，需注意。结柜后托运行李同时结柜，乘机人虽然已办理网上值机，同样会导致误机。

（3）已值机的机票，如需退改，先取消值机。

UATP（Universal Air Travel Plan）被称为“环球航空旅行计划”，UATP 卡作为旅行场景信用卡之一，支持全球机票支付的金融网络，在 1936 年由美国航空公司推出，约 2005 年正式登陆中国市场，在中国目前仅支持机票结算场景。

此金融结算方案从走入中国到今天，十几年的时间里已有一定市场接受度，商旅场景确实需要，随着我国的腾飞发展，期待我国专属的自主开发的同类产品早日上线。

（1）能解决什么问题？

（2）为何有些企业持观望态度？

对企业而言：

（1）解决了与航司之间一票一结的结算障碍。

（2）解决了信任关系，企业有望以此类产品辅助规避风险，利于合规；减少因信息不对等造成的企业损失。

（3）实现安全稳定的资金账户监管，使真实的交易信息与需求申请及订单信息互为佐证。

（4）无须企业操作抵押、预存款等烦琐的流程，避免占压企业资金和财务内控对长期挂账资金的监管负担。

对航司而言：

缩短资金周期，降低回款风险，便捷地解决了全球航线的售卖结算。

对 TMC 而言：

（1）释放资金压力，无须承担连带责任风险。

（2）释放有限资金，保障收益的稳定和安全，利于自身发展。

（3）从根本上划分各专业做自己擅长的事，将金融垫资与服务成本剥离；资金风险交给专业的金融领域，运用合理的风控评估及金融领域的专业方式进行规避和解决。订单量受制于资金这一天花板问题，接客户订单量越多，占用资金越多。避免因企业账期过长导致资金链断裂带来的生存危机。

2）国际机票业务

国际机票业务相对国内业务复杂得多，因此需要提供必要的人工服务，如票务查询、答疑、出票及退改，对人员的专业性有较高要求。从业务逻辑来讲，实现全系统自动化不易，目前此方面也是行业自动化的薄弱点。在国际机票日常业务中，作为企业差旅服务方面需了解：

出票信息：出票与护照姓名一致，还需提供出票证件有效期、生日。

时差因素：需要考虑且与出行人充分沟通，以每段出发地时间为准。

多段行程场景中服务注意事项：

（1）了解转机流程，是否需出安检再进入。

（2）经第三国转机，需提前考虑签证相关要求。

（3）转机流程及行李是否直挂，用时要求决定着联程航班间隔的候机用时留多长，通常惯例国际航线需留够 4 小时以上。

（4）票规中对联程票使用顺序及要求，如第一段未使用，能否仅使用第二航段，仅对其中一段退改是否允许等。

2. 酒店业务

1）行业术语

房公杂自：指出差期间企业对住宿类费项，明确区分承担主体的方式。即住宿期间的房费由企业承担，产生的杂费及自费项目由员工承担，如收费饮品、生活用品等。

夜审状态：酒店夜审主要是为了真实准确地核算收益。包括房费收入，餐食和会议娱乐等收入，另包含入、离店时间。此内容与房费收入是关联信息，以确定应收和免收部分订单等流程是否合规。企业的酒店业务采用集采月结方式，行前预订的酒店是否按需求计划入住离店，依据酒店夜审状态反馈“未入住，已入住，已离店”来知晓资源实际使用情况。

PMS 酒店管理系统 (Property Management System)：酒店日常业务运营和管理的重要系统工具，能满足多场景需要，如入住接待、离店结算、房态房价修改呈现和运营监控、信息传递、集成门锁和入住证件识别、多元化支付接口等。PMS 的系统提供方有很多家，如中高星酒店通常使用的是国外的系统，成本较高，基础星级和经济型酒店通常使用成本相对低的国产系统，也有些具备技术能力的酒店集团使用自主研发的管理系统。

入离店日期：企业习惯以入住和离店日期为维度，酒店方表述方式与企业不同，以入住天数为例：企业因业务需要 11 月 2 日入住，11 月 4 日离店，另一种表述方式为 11 月 2 日和 3 日住两晚。

间夜数：起初间夜数是酒店用来计算房间出租率的行业术语，间夜数 = 入住天数 × 入住房间数，即 1 间房住 1 晚等于 1 间夜，如 1 间房住两晚和两间房住 1 晚，同为两间夜。

房间数：即房间数量，不包含入住日期段的概念。如酒店客房数有多少，企业在某天用几间房。当入住天数大于 1 晚，在接收用户需求时，需注意间夜数和房间数的区别和表述方式，以免表述方式不同导致混淆。

2）**差旅酒店预订**

A. **差旅酒店所需条件（图 2–6）。**

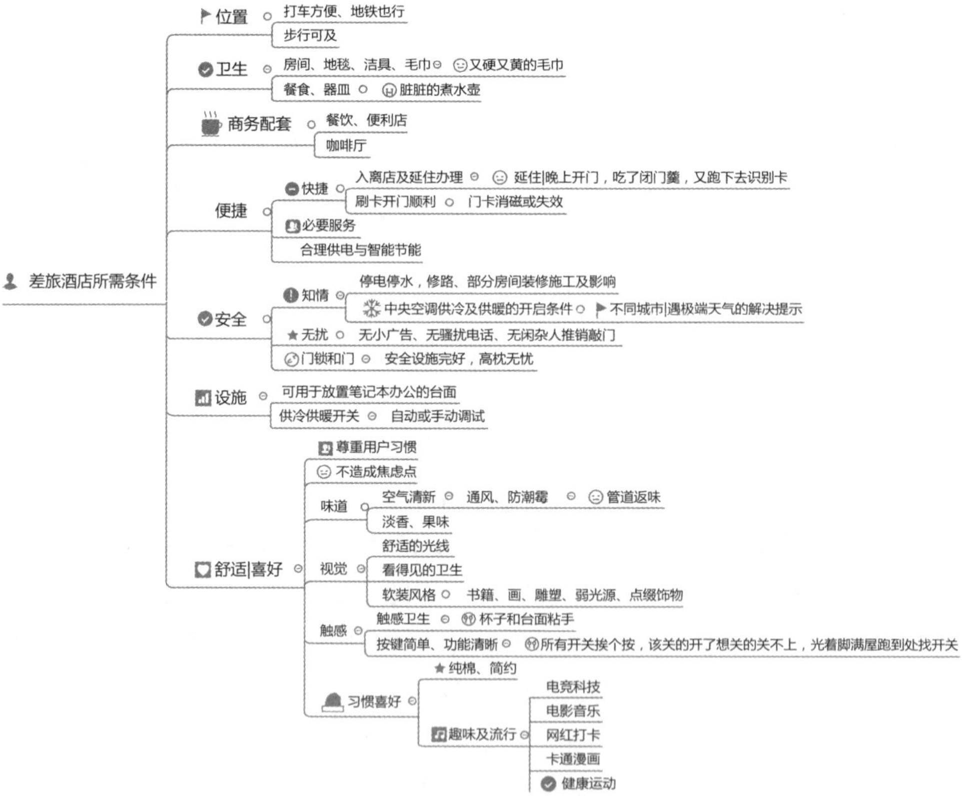

图 2–6　差旅酒店所需条件

（1）位置距离要近。酒店应选在办事地点或企业办公区附近，以免堵车耽误时间。

（2）交通要便利。应注意部分城市高架桥较多，需步行、绕路或酒店门口是交通单行线，出入不便。

（3）生活配套要完善，周边配套相对成熟，有药店、便利店等。

（4）正规品牌或酒店连锁，酒店出入管理严格，有安全保障。

（5）卫生干净，运营管理成熟。

B. 预订注意事项

（1）商务用酒店设施的判断依据：

①开业或装修年限，判断新旧程度。

②酒店房间总数，判断酒店规模。

③房间面积，可判断活动空间及舒适度，单人入住舒适面积不低于25平方米，双人入住舒适面积不低于28平方米。

④外窗、内窗、无窗，可判断采光及通风。

⑤设有茶咖吧、开放区、大堂吧，可判断办公条件及洽谈环境。

⑥周边环境，有无施工修路，酒店内部装修，酒店内是否有娱乐场所。应提前咨询酒店，以免噪声影响工作。

（2）其他事项：

①办理离店的最晚时间。

②退改政策，当出现退改时，如何收取房损。

③订单号，经电商或中间商渠道预订的酒店订单号和酒店确认号不可混淆，尤其涉及无法与实际入住人直接沟通的情况，尽量提供酒店确认号，以免沟通中出现偏差，影响客人办理入住。

④涉及国际友人在国内的住宿安排时，需提前向酒店了解，是否具备接待涉外人员资质。

（二）差旅业务沟通技能

差旅日常工作涉及高频的沟通工作，通常包含协商、建议、接收需求、派发任务等。要建立良好的沟通习惯，实现高效沟通。

1. 沟通前

（1）**有目标：**明确沟通目的，确定要表达的主题、论点，是问询、通知、协商，还是争取协助或为达成某种共识。

（2）**有准备：**

①提前思考，从哪些方面表述以及所需的论据支持，如沟通素材、必要的数据依据。

②根据沟通对象，提前模拟沟通场景，选择适合的表达角度、方式、话术。

③需要对方协助的紧急重要事件，提前考虑希望回复的时效。

（3）**有效率：**优先表述沟通重点和目的，争取一次性达成沟通目标，尽量避免多次反复沟通。

2. 沟通中

在沟通过程中，视沟通进度与阶段性效果，调整话术及表述方式。

3. 沟通后

有问有答，按约定时间及时答复，反馈结果。如果过程中因变化无法兑现时效，应在约定时效前，告知原因并给出新的时效承诺。

【企业内部沟通】

1. 服务对象

（1）从“用”的角度沟通，而非“订和做”。

（2）捕捉核心需求，在诉求不清晰的情况下，主动询问了解，厘清用户诉求，再接任务。从为服务对象解决问题的角度沟通，更利于提升服务效果。

（3）当不能满足需求时，提供备选方案。

（4）需要服务对象配合的，特别是经多次沟通的项目或事件，需约定阶段性目标与时效。

2. 团队内

相互配合协作时，分工清晰，需要对方配合时，说清配合的内容，如何协作。

3. 跨部门

差旅管理是需多个专业领域工作协作来实现管理效果的。差旅管理需对财务、法律、技术等其他领域专业有所了解，从而能够打破专业壁垒，让沟通更顺畅。

（1）尊重彼此的专业领域，不在非自身专业领域去指引或干扰其他专业领域的决策。

（2）从共识角度进行沟通，易达成一致。

4. 与管理角色沟通

（1）带着备选方案提问题。

（2）体现专业性不是讲专业术语，需转换成对方能理解的说法。

（3）提供相应的数据和依据作为决策依据，更利于决策准确。

（4）从做事和事务性的角度退出来，从管理角度表述。

（5）对所表述的内容及业务点，自身先清楚地理解业务原理，更利于准确表述，以免误导决策。

【外部沟通】

与外部合作方的沟通见图 2-7。

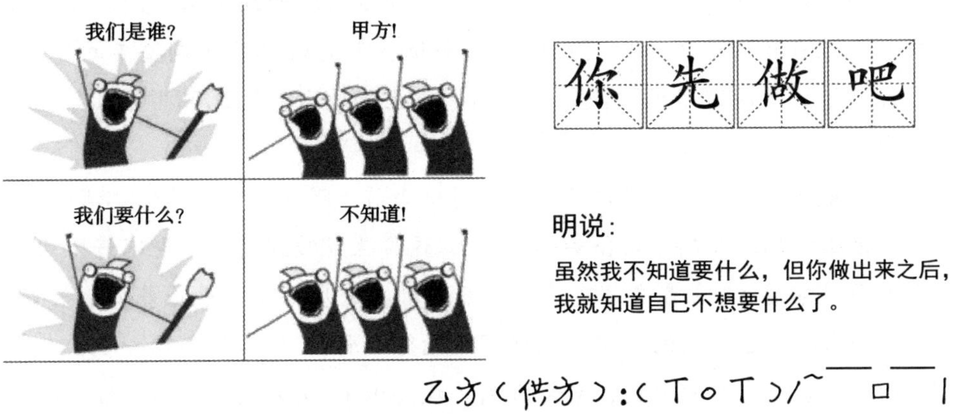

图 2-7　与外部合作方的沟通

（1）说清需求，约定时效要求，执行标准达成一致，确认能否做，何时做，做什么，做到什么程度。

（2）讲清原因及核心诉求，服务的合作方作为企业服务的外援队伍，要向合作方讲清要什么，还需讲清需求背后的原因，便于理解事情的重要性和作用，服务效果更好。

（3）避免讲做法，因为双方对操作方式的理解不同，特别是在企业管理者不熟悉服务商的操作方式的情况下。

象姐故事荟 | 冰棍还能这样用

一个炎热的夏季，晚上10点从健身房出来，准备搭小白兔的车回家（小白兔是游泳教练），她的车停在老街区里，街区宽度勉强满足两辆轿车并排。她发动车走了几十米，我们就被困住了，因为胡同中间对向行驶的两车司机在吵架，都不愿为对方让路，导致本来就狭窄的胡同完全堵塞，大家都无法通过，两车司机沉迷于争吵不能自拔。

这时，小白兔下车了。我心中一紧，上了9节游泳课的小白兔很疲惫，着急回家，容易烦躁，说到这里，我相信大家和我一样猜不到结果。她下车后第一件事是走进了就近的小卖部，买了一兜子冰棍儿，我心想：这吃货咋就知道吃。只见她拎着冰棍儿，迈着四方步，边吃边走到吵架的司机旁边，后来隐约听到她说了几句话，语气很平和，没多久就回到车上了，继续吃着冰棍儿，就在我的小宇宙即将燃烧时，两位吵架的司机开始调整车的位置，各自开走了，胡同道路很快恢复了畅通。发生了什么？她说了些什么？我非常好奇。

过程是这样的：她先将冰棍儿递到司机面前，跟他们说：你们都消消气，咱先吃根冰棍儿，天热（结合实际情况），这样生气吵架对身体也不好（从对方利益角度沟通）。您看这么晚了，大家都堵在这儿（人性中的羞耻心），看着你俩吵架。我也挺累的，想早点回家（懂得示弱）。您二位各让一步，大家都能回家躺着吹空调看电视，多舒服啊（找共识）。司机大哥一阵脸红，也不好再说什么了。高情商对话，高效沟通。

在这个案例里，首要目标是“早回家”，如发生争执就会迷失在过程中，会导致遗忘目标，更回不了家，彻底与目标背道而驰。所以沟通过程中要牢记目标。

沟通要有策略，善于运用可用的资源，如炎热天气送上冰棍儿，伸手不打笑脸人。到现场第一时间是聆听，并没有急于表达自己的想法，先观战，听听双方各自立场和观察一下形势，盘算好沟通策略。站在对方利益上沟通，温柔懂得示弱，又善解人意。最后，恰到好处地借助人性的羞耻心，高效达成沟通目标。

二、如何自我培养

作为面试官经常听到应聘者说从原来的工作中学不到东西，所以需要更大的平台、能学到新知识、有提升。其实自我培养不在于外在环境，而在于“自我”的学习和提炼总结能力。从习惯于在学校的被教育，扭转为自我培养和培训。

（1）探究：多方学习，了解，求证，任何理解不透彻的问题，都需探寻清楚。

（2）总结：从实践中总结，任何事不以完成为目的，而以培养自己为目的，关注每件事做完，自己有何成长，在所做的每件事中，自己的价值是什么，吸取了哪些经验教训，如何优化和提升。

（3）积累：对所有工作中不懂的问题都探究透彻，积累的过程虽然慢，但是更扎实，也更利于自己未来的职业发展。

（4）连线：从点到线到面，无论工作生活娱乐，很多东西是相通的，不要将获得的知识割裂开，而要寻找它们之间的联系。

差旅管理人员具备专业知识和丰富的积累，更利于从差旅管理全局考虑，去评估风险，拥有把控能力。认知的局限性会影响差旅管理组织工作的效果、效率及风险。

在与供方对话时，尤其是资深的业内人士，从企业方问出的问题，就能判断对方的专业程度，是否了解行业，懂业务，从而决定套路的成功率，反之，企业也可以。企业方提高自身专业能力和认知是必要的。需求决定市场的进步，供需双方相互促进，共同成长。

第四节　差旅管理基础

在企业中，差旅基础管理的人员主要承担的工作内容与所需具备的能力见图 2-8。

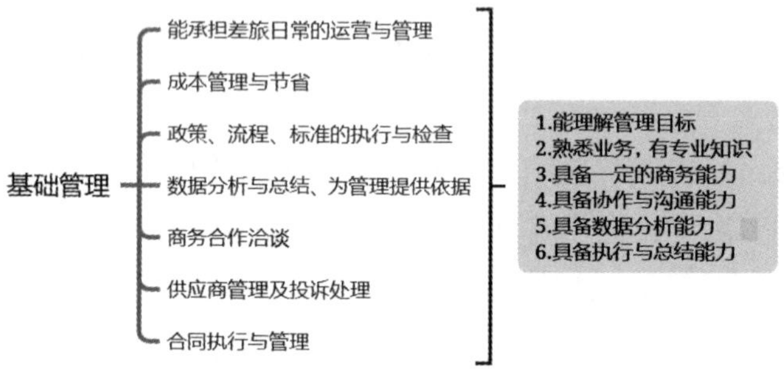

图 2-8　差旅基础管理

一、差旅集中管理

（一）集中管理的作用

1. 履行责任

安全有序的商务出行保障；明确产品渠道来源，建立标准，制定监督检查管理办法。

2. 节省

（1）优先从合理的内控中节省，隐性成本显性化，降低浪费和损失率。

（2）人力部署更合理，必要而有价值的人力投入，更有利于对人才的塑造和培养。

（3）降低资源成本，整合资源，企业获议价权，实现资源成本的节省，提高性价比。

（4）降低管理成本，集中管理，集中审核。

3. 提效

（1）提高员工有效工时，免去烦琐耗时的报销手续。

（2）降低报销频率和简化票据凭证，为财务人员减负，降低审核所需业务门槛。

4. 管理

（1）数据整合后更利于管理分析；降低风险，减少票据数量和掌握票据来源，利于风控。

（2）**合规。**差旅政策落实、预算执行、有效审批，人员行为管理和有序安全出行。财务合规，信息、资金、票据三流合一，减少票据来源，规避风险。

（二）差旅集采的必要性

首先，企业进行差旅集中采购，一方面便于管理，另一方面需求集中，更利于资源统筹合理分配，可最大化发挥价值。集中采购能为企业争取议价权，获得高性价比的资源。在合力管理的作用下，实现真实有效的节省。

其次，这是国家和企业发展到一定程度的自然产物，是企业内外因素综合作用的结果，从发展到成熟，管理从感性到理性，企业管理同样需要经历试错和总结后改善，才能逐步走上正轨。

最后，需求推动变革。过去几年，企业对差旅管理诉求不强烈，对集采和系统化的需求不迫切。行业几十年来业务周而复始，变化不大，对 To B 商务出行差旅管理的意识和认识不足，散客 To C 模式运作也能将就用；近年来，企业管理者意识到安全高效出行与合规管理的重要性，为企业的将来未雨绸缪，关注成本节省。

1. 内部土壤

（1）**试错**：无论是管理内控还是采购，企业发展时期，经历过失败走过弯路，交过学费，跌倒过、吃过亏，发现存在隐患和漏洞，差旅管理意识就能从模糊逐渐变得清晰。

（2）**认知**：经历过试错后，有新的认识和发现，从财务内控、行为管理到管理认知，从能买票出差到有管理意识，关注合规和真实的重要性，发现管理中的盲区，认识到企业在差旅进程中所需承担的责任。

2. 外部环境

（1）**市场环境**：在企业摸索和试错的阶段，市场也同样面临同类问题，会出现套路、恶性竞争等问题和乱象，企业管理思路尚不清晰时，易受到干扰被带入误区，而后需更长的摸索和试错过程。

（2）**技术环境**：差旅供应链各行业的资源上游，要想实现与企业的“最后一公里”链接，要先建设信息通道和枢纽，在这一过程中，对其原有的运营、管理流程做出调整甚至变革，打破传统固化的思想意识比增强技术实力更难。

3. 其他因素

企业需有扎实严谨的管理基础才能平稳过关，主动防御。

（1）国家层面的管理推动力、法律的健全，如劳动法、税务管理规定等。

（2）党风廉政建设、中央八项规定等。

（3）“互联网 +”思路对各行业的影响，尤其是对传统行业形成推动力，新业态的形成。

（4）稳定安全的社会秩序。

（5）公共卫生防疫疾控，涉及企业方责任。

（6）应急突发事件处理能力，如极端天气、自然现象。

（三）集采工作主要内容

（1）**招标入库、商务合作与议价**：依据需求招标供应商入库，选择过程和流程要符合企业要求，设定评估维度、方法，招标方式对标、合理。传统的工程邀标评标方式，可选择借鉴但不适合完全套用。

（2）**在库供应商管理与评估**：设置合作期间执行标准及评估措施，包括终止、减少、新增或更换。

（3）**合同签署及管理**：依据业务采购场景，签订一次性采购、框架、优惠权益等协议，并按合同期结合供应商评估结果安排续签或更新条款内容。

（4）**供应链设计与搭建**：差旅业务量大且对产品和服务有要求的情况下，

采用供应链方式更灵活，满足差异化需求，各渠道资源互补，以丰富的产品满足差异化需要，把选择权还给出行人，体验更好。

（5）**成本核算与数据分析**：往年同期环比和业务情况对比，资源使用情况分析和补充调整，节省及损失浪费分析，业务发生所需与权益的匹配、执行、增减，各业务模块、各费用承担主体的占比等。

（四）集中支付的意义

一方面，增加有效出差工时，提高效率，减少如开发票等候时间、报销等烦琐过程用时，提高效能，利于将必要人工投入更有价值的工作中。

另一方面，集中支付有利于实现合规可控，减少报销凭证数量以降低审核压力及风险，统一票据来源，降低差旅专业高门槛对审核的压力，也有利于管理。

差旅采用的支付方式是解决诸多合规管理和内控问题的症结核心，并非单一的支付问题。

二、财务管理与审计

财务重视合规性，要求三流合一行为真实、支出金额与凭证一致，关注预算执行与成本节省。要实现节省差旅成本的目标，真正的空间在于企业内控管理，费项清晰后，企业才能见到真金白银，这样的节省效果远高出订单比价的两位数空间，对企业和员工都有好处，有效管理从侧面实现了提高差标的效果。对业务量大的企业，节省15%以上的成本，增加一笔可观的净利润，也是差旅管理的价值之一。

（1）预算管理执行：依据严谨、真实的当年业务情况，合理规划下一年度预算。

（2）统一规则：

①审批授权统一，报销或集采集付执行相同审批授权及规则。

②凭证统一，无论哪种采购合同类型，同类业务的结算使用发票凭证类型统一，如机票、火车票使用行业标准实名制票据，可配合附电子登机牌、火车票凭证等。

③单据、票据与出差行为一致。

（3）费用支出：满足以上前提的差旅借款、对账核算、结算和报销、出差补贴、票据核验。

（4）审计风控和企业符合财税规定，基于以上全场景政策流程落实，差旅行为与支出记录、财务凭证一致且真实有效。

企业提到除“机酒火”票面金额，所收取的服务费、垫资费、技术使用费等，配合运营和售后所提供的这类费用，是否应一并计入差旅费？这类支出是为了辅助差旅顺利开展，所提供的保障性资源，纳入管理成本更合理。

三、差旅成本构成

下面从 3 个维度梳理差旅成本的构成，以便有差旅成本管理和节省要求的企业找到有效的节省空间。

（一）显性与隐性成本

差旅成本有直观可见的显性成本，也有隐性成本。所谓隐性，意味着往往在看不见的冰山之下，才是最大的成本流失和失控点。

显性成本：如订单、账单、合同中有明确规定收费规则，基准价基础上的明折明扣，产品展示的售卖等。

隐性成本：非直观可见成本。

要对数据进行专业分析，才能呈现出结果，或仅能通过推算或佐证校验得出参考成本金额（非绝对值）；如退改类损失、效率成本、管理成本、所谓的产品“净价”、人力成本（企业内差旅服务与运营、财务出纳、审批人）、金融成本（月结垫资）、技术开发成本（企业技术部门或第三方技术）、需验证真实性的成本支出（订单周边附加费及打包综合费）等。

（二）管理成本与资源成本

1. 内部运营与管理成本

（1）人力成本：参与差旅管理、商务采购、运营服务、财务人员审核、对账、支付、票据管理所投入的人力成本（含薪酬社保）。

（2）时效成本：出差人员与负责提交申请和审批人在出差期间的餐补、

交通补助、出差期间加班费等。

（3）运营成本：房租水电、工位公摊费用等投入。

（4）管理系统研发、实施运维等技术类成本。

2. 市场资源产品成本

（1）机票款、火车票面款、酒店住宿费、租车费。

（2）企业统一付款、记账与支付周期所产生的资金成本。

（3）满足企业差旅服务要求所需的服务产品费用及服务费。

（三）场景区分

（1）常规差旅出行需支出的成本。

（2）因退改或其他非常规因素导致的损失成本。

（3）商务活动综合成本，各类活动项目中也含有差旅场景，如异地团建，MICE 商业外宣活动类（大、小交通，住宿；此外可能涉及会场租用、服务、餐饮、保险等）。

（4）其他：差旅加班、补贴等。

从管理中可以发现节省空间，有些浪费是可以减免的，通常因管理制度及执行不到位，企业被套路导致成本流失。典型的违规情况在业内已不是秘密，如未用机票的票款流失，改、退票未按航司官方公示的票规比例收费，被加价支出了不合理费用，中间商对赌退票价差等。如企业不注重修炼管理内功，缺乏专业管理，无疑是给市场灰色地带提供生存空间，解决这些问题有效的方式是通过差旅管理优化资源渠道，通过数据信息等多维的数据佐证来降低风险。这些现象和老套的违规问题会随着信息技术的日渐成熟而逐渐成为历史，但还需企业先有管理和检查机制；市场需要时间去逐步改变，几十年来的问题不可能一夜间消失。目前可先从用量资源集中的部分资源解决，抓大放小，先把能管的管起来，好过直接放弃管理权和话语权。

1. 现象解析

【盲目“比价”让企业失去更多】

首先要对差旅成本的构成有清晰的认识，订单成本只是其中一项。

差旅成本的构成较综合，单纯的“比价”是无法实现有效节省的，俗语说，要致富先修路，要先建设管理体系，完成信息通路建设，实现信息对等互通，底层扎实，实现信息高速路和管理生态环境，才能实现节省。企业成本支出中占比最大的是人力成本，对人力成本的投入产出更需要精打细算；但是，普遍现象往往是人力成本被忽视，投入大量人力，聚焦在有限的订单成本比价，结果是丢了西瓜捡了芝麻。

【挑战价格背后的原因】

企业和出差员工为什么习惯用价格说话？每个现象背后都有原因。

对企业来说：

（1）希望降损增收，为了生存和中长期发展。

（2）管理愿景：督促资源渠道的优化。市场上一贯存在的霸王条款，基于信息不对称赚快钱，杀熟套路，是商旅行业长期以来的不良现象。企业的管理者往往对此认知不够。

（3）合规内控：缺少有效的管理办法和参考标准去质疑供应渠道及合规问题。如供应商入库评估方法与标准，资源价格合理区间，对产品的选择标准原则不明确或与执行者未达成共识等。

对出行人来说：

（1）在有限的差标范围内，给自己争取出行劳累后尽量舒适的条件，也是人之常情，特别是在价格正好比差标多十几元的时候，价格贵一点品质就能提升一档。

（2）资源产品不够多元，不能满足个体需求，房间条件好些，如通风好、采光好、空间大、隔音安静等。出行人劳累到没时间吃早餐，希望住得舒适些。这种情况企业通过丰富产品类型，可适当解决。

（3）需要自由度，如业务情况特别灵活，时间计划性不强也不由自己决定，销售类易存在此现象，完全需遵循客户档期和位置需要，这一点是有解决办法的，除优化资源，应同时优化差旅系统移动端，提升用户友好度，从而让用户能像打开任何市场预订平台一样，拿起来就订，随时能下单完成预订，随走随订。

（4）通过企业差旅平台订票，可能会损害个人消费者利益，如企业出票的折扣低，影响里程积累和酒店会员积分。酒店集团是可以实现双标签（企业大客户＋个人会员）认证的，且这样更利于精准营销和品牌黏性及周边新产品的广而告之，只是需要对酒店自己的会员体系及系统建设做些调整。酒店和航司最大的不同就是散，没有统一的平台，很多规模不大或单体酒店较难实现。此外，平台积分、抵用券或兑换商品等也会造成损失。

这是供方对 **To B 商旅和 To C 旅游的营销方式的一个重要区别**。供方在做商旅业务领域时，需认识到，企业作为出钱方是对产品有选择权、所有权和话语权的消费主体，商旅产品如不符合企业合规要求及管理策略，是很难被推广的。

2.“比价”的作用

“产品比价”的前提是有价格标准。就以有公信力的行业价格标准作为衡量参考，如官方或行业标准认可的价格；如果随便一个渠道或任何人都以自己看到的价格为标准，只能催生行业的恶性竞争，这与企业管理愿景中的合规，本就是相悖的。

就差旅采购领域这种非实物采购的业务来讲，“比价”作为一种日常运营抽检方法而存在。以此判断指定产品在指定时间内、不同渠道所展示价格差异，从而判断价格是否在合理范畴；还可通过抽检方式，对系统各接口值、信息传递准确性、是否能准确同步、有无错误数据等进行判断。因此，只有在具备完整差旅管理体系、打通所有信息通路实现信息对等同步、数据统一并能形成佐证校验的前提下，才谈得上比价能起到的作用。不具备管理体系的比价，对于企业成本节省是无意义的，且会让企业失去更多。

在管理中，企业处于差旅管理的懵懂阶段，普遍现象是误把“比价”作为节省成本和管理的核心方法。所谓的节省只能导致恶性循环，如果企业差旅标准设置不合理、低于市场价格水平的合理区间、只盯看得见的订单成本，导致员工出行期间不能得到必要的休息住宿条件，被迫去想方设法，就会带来更大的风险。

要合规，“需求”是源头。如果在合理、合规范畴内，就不至于挤压供方靠违规的方式迎合需求（黑心商家的自身问题另当别论），这是企业作为甲方（需求方）应尽的责任；如果需求就是超规的，最终市场回馈给企业的，一定不会是企业想要的合规结果，不能形成良性的供需关系，更不能得到企业和员工的满意及认可。

在商务洽谈中，管理体系不完善的情况下与供方谈“比价”或在招标环节中设立产品现场比价，暴露企业缺乏差旅管理专业和经验的弱点，是大忌。这样的方式，易被供方贴上“外行”的标签，反而被套路，这也是企业处于管理初级阶段的普遍现象。

员工住着地下室，企业的钱袋子早就千疮百孔却浑然不觉，显然从结果看，这样的效果并不是企业希望的。差旅管理行业的价格很多时候并非“眼见为实”，看见的往往是小便宜，看不见的地方才是吃大亏，这样的现象，比比皆是。实现有效节省需要先走出误区，从管理和方式方法上发掘更大的节省空间。

3. 价格对比的方法

首先了解正确的比价方法，结论才有参考意义；其次，从价格质疑到发生后的报销这个时段较长，通常差旅报销是一个月以至于更长时间内都是可以提交报销申请的，那么如何求证在实际预订的时点价格对比情况是怎样的？又如何考证最终预订的产品是当时最低价？

既然没有依据，也不可追溯，结论有意义吗？因此在这样的情况下，仅靠比价论高低是不成立的，还是要从根本上解决问题。

比价方法：需在产品相同，起止日期相同，产品包含条件、退改规则、比价时间、登录的用户端（如移动端、H5、PC 网页端）、结算方式均相同的前提下，经多渠道进行价格对比。例如：预订酒店房间涉及含早餐或不含早餐，属于产品包含条件不同；又如 A 产品在入住当天依然可退改，另一个是预定后即不可退改，就属于退改规则不同；再如一个是按月账期结算，另一个是下单现付，属于结算方式不同，也不具备相同对比条件。因为两种结算方式会带来是否有垫资成本的差异，甚至还有返现返红包的产品不符合企业差旅对合规的要求，也不具备可比性。

第三章 管理进阶

03

作为一家有规模的企业的差旅管理者，需要考虑如何让差旅管理与业务共创，促进业务开展，在企业战略目标中发挥作用与实现价值。在商务项目中通过有序高效与高质量的差旅组织安排，提升企业的运营能力，实现有效的风险控制，服务好员工及客户，树立并维护良好的企业形象，增强企业客户对企业能力及产品质量的信心。通过设计布局管理与服务模型，实现管理的初衷与目标。

第一节　管理进阶与业务闭环

管理进阶流程见图 3–1。

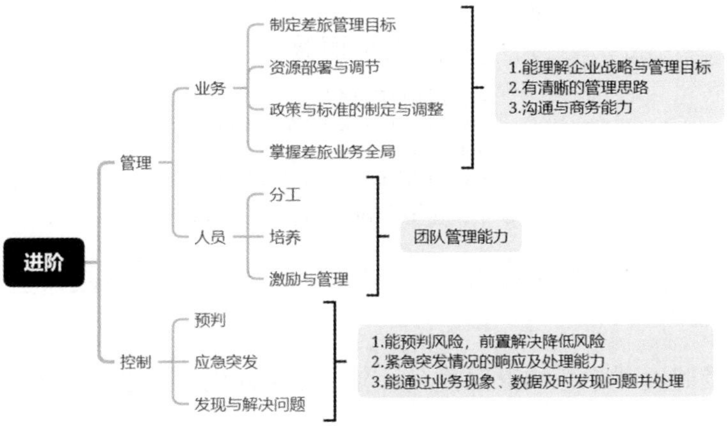

图 3–1　管理进阶流程

企业开展差旅管理的驱动力：

（1）管理意识到位，管理诉求强烈，差旅管理势在必行。

（2）企业更重视人员生命安全，差旅受外在环境影响，处理突发应急事件时，企业无抓手，不能及时提供有效的保障。

（3）不符合财务管理要求，把握不了真实性与合理性，无力解决；出差频率高、费用高，财务审核报销难度系数与工作量大，涉及发票凭证的问题多。

（4）员工出差频率高，垫钱多，报销慢，员工压力大，影响体验。

（5）管理政策无法落地，涉及违法违规，甚至对企业声誉造成影响。

企业开展差旅管理的目标见图 3–2。

闭环管理的作用：

（1）从企业运营的业务计划到实际发生，各环节紧密握手、无缝衔接，信息真实有效、同步对等，在逻辑关系清晰严谨的前提下，数据结论对于企业才有意义。

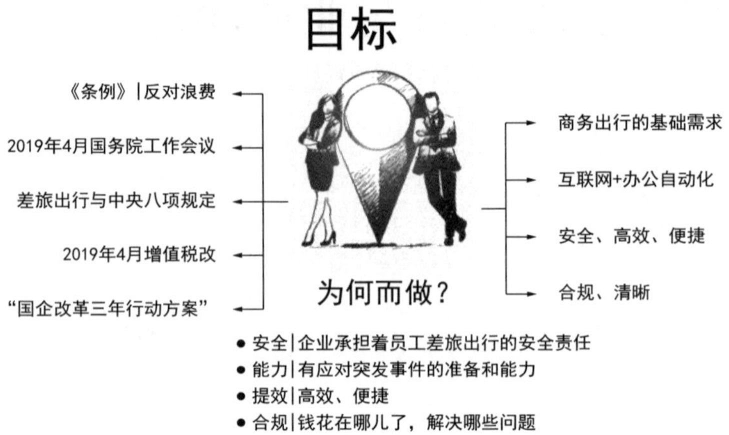

图 3-2　企业开展差旅管理的目标

（2）提升决策和管理能力，基于企业长远发展规划，满足企业发展的未来需要。

（3）及时发现隐患和管理盲点，客观呈现变化。完整的闭环可形成有效校验和检查机制。

差旅业务闭环：

在差旅闭环中，实现业务和成本可控，过程有记录，权限职责清晰；信息有效严谨，完成一次闭环即刻总结修正，在短期内发现隐患并及时弥补，基于更高的管理起点开启新循环，稳定提升管理能力；严谨有序才能为业务开展提供有力保障。

（1）事前：有序、有计划——事、时、人、钱一并纳入计划范围。

（2）事中：可控、有记录——实际发生有过程记录，为管理结果提供支撑。

（3）事后：可分析、可追溯——规则、数据逻辑脉络清晰，高效便捷更容易实现检查复审。

这是企业理想中的管理愿景，但从理想到实现需要经历漫长的过程；不仅需要企业自身具备技术能力，差旅业务还需要链接外部市场资源，且受市场动态、行业变化的影响，须资源上游和供方的认识提升，自动化程度提高，

打通多方信息通路，信息能交互流转，才能完成差旅业务闭环最后的一联一跨甚至多跨，在全线闭环完成后，实现数据链完整。

第二节　企业常见管理方式

企业处于不同发展阶段或不同管理体制下，管控侧重点不同，常见的企业管理方式有以下三类。

一、以财务管理为主

按传统管理方式，依据财务的差旅借款、报销的方式满足财务管理要求即可。

二、注重自由度和感受

处于市场竞争的优势方，成本压力不大，管理意愿不强烈，绝对的业务先行，希望保留员工较高的体验与自由度，见图 3-3。

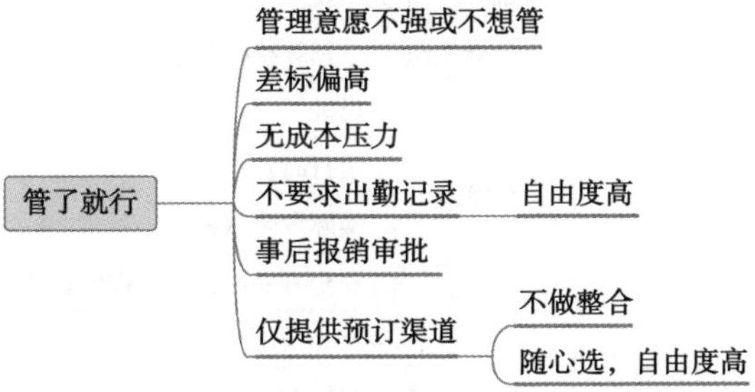

图 3-3　第 2 类管理技术

三、追求结果与效果

对合规的要求高，重视管理与运营能力，注重成本的合理支出。

具备三个先决条件：企业已形成自身管理体系、管理认知清晰和具备差旅专业能力。

（1）**政策流程**：申请、审批及各项政策制度严谨合规，注重流程标准化；无论统结或报销，无论线上或线下均需遵守相同流程政策，差旅标准配置合理；贴合市场，利于业务目标达成。

（2）**审批**：前置审批，从有效费控和安全防控考虑，在行程和费用发生前的审批更为主动有效，更易实现审批管控作用。

（3）**行为管理**：出差与考勤能够清晰匹配，企业掌握员工出行情况，特别是在有社会防疫和突发紧急社会性事件的情况下，此类管理优势凸显，企业能主动采取应对措施，实现安全有序出行。

（4）**合规**：从内控合规中实现成本节省，关注差旅过程及结果的真实有效，有成熟的检查办法及审核体系；成本支出相对合理，实现有效节省。

（5）**数据统一**：完成了数据聚合统一，数据完整准确，可进行数据分析，利于进一步实现提升管理节省成本等作用。注重数据安全，对信息保护的重视程度高。

（6）**保障支持**：提供必要保障支持，提供差旅出行的专业方案和风险提示，促进高效安全出行，见图 3-4。

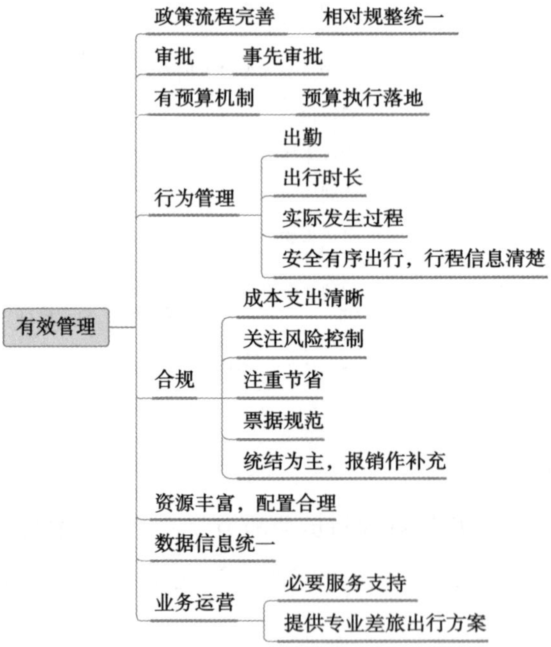

图 3-4　有效管理

第三节　目标设定与管理思路

各企业差旅管理目标的设定与管理要求相关，优先级排序不同。

一、企业对差旅管理的要求

有较高共识的排序为：第一，人身安全；第二，信息安全；第三，节省成本。

（1）安全出行，生命安全大过一切。

（2）遵守法律法规，严谨守法，能为企业主动规避风险。

（3）对数据信息管理及保护是科技时代的必然要求，企业愈加重视。

（4）做到未雨绸缪，减少浪费是企业实现中长期生存与发展所必需的。

【有效与适度的平衡】

（1）何为有效？

“管”的意义在于防患于未然，最终是防疏漏，面对突发问题能轻松应对，减少隐患，管理有前瞻性，未雨绸缪，体系搭建对未来某种极端事件就能水到渠成地起到有效防控作用，完善管理体系，打造高性价比资源池。

差旅管理聚合碎片数据信息，有的放矢，提供管理依据。**有逻辑、可追溯、价值可见，成本波动及原因可知。**

（2）何为适度？

有进有退的弹性管理，利于促进业务发展，不为管理而管理。

用户对于资源体验及服务效果有积极的反馈，效益明显提升。真正**有效节省是让企业看到“真金白银”，服务职能一样可为企业创造净利润。**

设立阶段性差旅管理目标。安全、合规、节省是各企业达成共识的差旅管理目标。各企业对目标的理解和执行程序与侧重点，是存在差异的。要依据内部情况与外部因素，来调整阶段差旅管理目标。内部情况如企业所处发展阶段，管理制度及要求，差旅业务规模及涉及地理区域。外部因素如政策法规调整、环境因素、社会性事件等。

【差旅成本构成】

（1）投入的人力成本。▲

（2）统结统付垫资的资金成本。▲

（3）因业务动态、行程变更或取消产生的损耗。

（4）因计划性不强、企业内的行为管理问题等所致的非必要支出。▲

（5）订酒店、订票、租 / 打车等资源成本及售后服务成本。

（6）其他成本，如差旅系统的技术成本，因企业所需的差异化服务产生的额外费用。

综上所述，差旅成本节省的前提是费项及作用清晰，必要投入与所得合理。“有效节省”是将上述各项成本（特别是带▲号的成本）形成合力效果的节省。省钱，是结果，是管理效果之一。管得好，自然省。通过以上内容分享，从企业管理视角，了解差旅管理的作用和对企业的价值意义。

二、涉及的管理内容

不同企业的岗位设置和分工虽然不同，但以下管理工作，差旅管理均涉及。差旅管理人员要跨界学习。相关的其他专业分工，如法务和财务人员也需懂差旅业务的基本原理，利于沟通和管理效果。差旅管理体系见图 3-5。

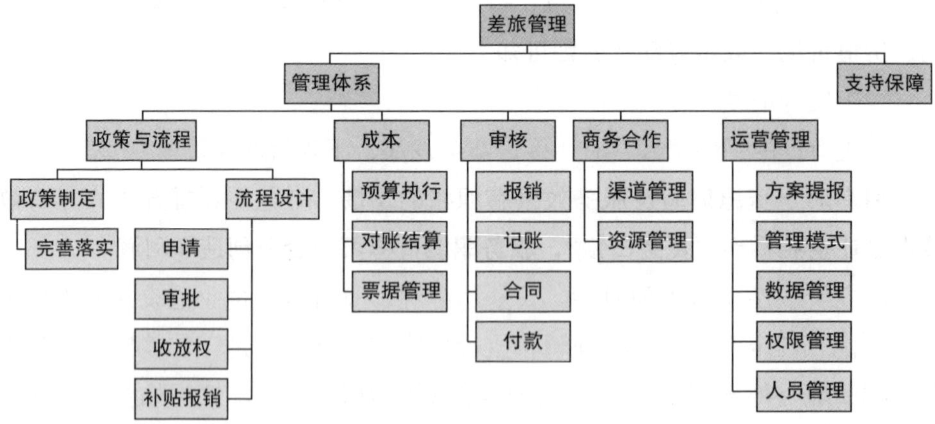

图 3-5　差旅管理体系

三、管好选对，从这里入手

♥ 勿忘初心

初期做差旅管理的企业，不知从哪里下手。在与伙伴们一起探讨学习的过程中，面对大家这些困惑时，我通常都会通过问大家几个问题，来给大家一些思考方向。

（一）适合企业的管理之路

在判断差旅管理在企业以怎样的管理形式存在时，先通过如下问答，梳理企业现阶段“要什么”，再列举以何种方式来实现。

1. 意愿—管理诉求和定位

企业要管吗，要管到什么程度？

要管。

为什么要管，主要管理目标是什么？

第一类，省钱、考虑长远发展，企业管理和成本节省目标清晰，对管理的要求在不断提升，企业有长远发展规划。

第二类，合规要求强烈，审计压力大，不得不严谨。

第三类，到了不得不管阶段，业务迅速扩张，企业发展速度快、有规模，仍处于上升期，需要运营有序，必须及时规范。

我们就不要求管。

为什么？

创业期，出差不多，员工自由度高，尚无更高的管理要求，业务长期在高收益状态，资金也无压力。

2. 差旅的出行范围

国际多还是国内为主？

国内为主，国际也有。

国际业务占比大。

3. 量级与付出—评估投入产出比

值得投入吗？

一些中、小、羽量级企业和处于高速创业时期的企业，主要精力用于铺市场，拼跑速占地盘。过于烦琐的管理要求，无疑会成为业务拓展的累赘和阻力。通常此类企业的老板，会优先将有限收益继续投入能有利于企业循环发展的业务上，可以为企业带来高回报率创收的投资方向上，而不是把钱花在管理上，创业时期，打造管理系统是奢侈品。

4. 能力和条件

有专业的人来管吗？

想管但力不从心，需要管理但没人没精力。如对账、收集票据，甚至谈合作签协议的精力都没有，更不要提暖心的服务品质了。

如果是这样，只考虑必要性内容。

通过思考找到这类企业的差旅管理之道，既满足现实条件又能实现目标的方式是什么，通过思考分清主次和做减法。

思路：首先将核心管理掌握在自己手上，把可以甲退乙进的工作放给有能力的服务商去做；企业管理需花费点精力研究建立一套行之有效的抽检评估方法。其次，哪些需求可精简，减了无感且可能更好就去掉，这些都值得思考。

一些企业处于中长期发展过程中，会发现日常办公存在的某些资源，只是在多年前某种特殊时期和条件下而产生的需求，多年习惯地存在，至于现在是否还需要，需重新审视。

依据**企业需要和具备条件，综合评估决定适用管理和供应链的模式。**

为什么企业开始做差旅时，不知从哪里下手，需多维度考虑，不厘清就会被绊住。供方遇到这样的情况会崩溃，经常遇到的对话如下：

先知道企业想要什么。

既要品质高，住得好，服务好，还得便宜，都得要。

要省钱吗？　当然了，老板说必须省钱。

想管吗？　太麻烦了，没精力也没人啊！

管得了吗？　太任性了，一管就反弹，解决投诉压力大啊！

（二）管理类型与模式

哪种方式最好？

无好坏之分，各有所长也有所短。**适合企业的就是最好的。**

我们先参考需求分类图，见图 3-6，再结合供应链模式做分析，帮助同学们找到方向。

需求分类图									
判断点		管理特点分类							
		A	B	C1	C2	C3	D1	D2	D3
管理诉求	关注节省吗？	√	X	√	√	√	X	X	√
	关注合规、内控吗？	√	√	√	X	√	X	X	X
	人资架构信息保密性有要求吗？	√	√	X	√	√	X	√	X
前提条件	年差旅费超千万元吗？	√	√	√	√	X	√	√	X
	具备技术能力吗？	√	√	√	√	X	√	X	X
	有能管的人吗？	√	√	√	√	√	X	√	X
模式参考		自建供应链				一站式全包			

图 3-6　需求分类图

解析：

梳理常见的几种企业情况，主要判断点由诉求和条件组成。企业想管且具备条件可选择自建，不想管或不具备条件可采用拿来即用的方式。

A、B 类均为有较大业务规模，对合规重视，强调做事遵守规矩，注重提高效率。可实现远高于订单比价的更大节省空间。**有效节省空间，来自合规管理。**

A 类管理更为理性，节省费用明显。体验优先级相对低不等于不重体验而在一定程度上更注重安全、便捷、卫生。

B 类企业对合规要求高，注重体验感受，企业认为有必要为了体验而牺牲部分成本；主要侧重**合规可控**。

C1~C3 类均为成本型。

C3 因业务规模不大，不具备技术条件，故与 C1~C2 适用模式不同。

C2 类型易纠结徘徊于两种模式之间，因对有效节省方式的理解不同所致。企业既希望节省又未关注到管理核心。内控管理的价值点并非上市公司或国有企业的专利，也不是为审计结果交差用的。对于想节省成本的企业，管不好，省不下。管理死角都在看不见的地方，也是最浪费的地方。

D1~D3 类型是企业管理诉求不高或受条件所限。

（三）差旅标准与流程设计思路

1. 政策制定思路

差旅政策是企业制定的对员工差旅行为、事件、成本所限定的范围和规则。

内容架构（供参考）：

1）适用人群

雇员（正式、实习、派遣等）或集团及二、三级子公司，管理层，外请人员。

2）标准设置

（1）国内住宿差标：为适配业务，企业根据自身情况，同时考虑出差城市价格水平，从不同维度，分档设定规则。

说明：如相同城市，业务需求集中在偏远位置或商业、核心区，业务集中或分散。

①依据所属行业和业务部署，视实际发生制定合理标准。如建筑、制造、能源开采，项目周期决定，出差天数约 30 天甚至更长，很多偏远城市住宿单价低、总额高。

②子单位的部署位置周边作为资源使用相对集中的住宿地的酒店市场价格水平。

③一般性企业，以商业宣传、销售业务、商业活动举办为主的差旅，主要集中在直辖市和一线省会城市商圈及市中心繁华地段，住宿单价高，天数 2~3 天居多。

④涉及多职级人员共同出行，住宿标准可考虑就低或就高。

（2）国际住宿差标：依据国际业务的范围，将不同国情和消费水平作为考虑点。

①汇率转换问题。

②发达和发展中及落后国家的消费水平。

③各国酒店评级标准不同，参照国内级别的同等资源标准，或按相对固定的出差国家实际情况制定细则。

（3）出差期间的其他费用报销标准等。

2. 审批流程设计思路

见图 3-7。

图 3-7　审批流程设计思路

为流程严谨并能有效落地执行，须满足三个原则。

（1）业务界定清晰：按资源或业务类型分类，如涉及“机酒火”、租车、酒店会场及会议用餐票据及费项。

解析：哪些业务发生属差旅行为和费项范畴，需要明确维度和规则。

注意：避免使用实名制专项的票据做其他用途，如行程单、火车票，以免无法清晰判定实际差旅业务，导致费项的混淆。

（2）人群定义：有或无雇佣关系两类人员。有雇佣关系，如派遣、实习等；非雇员，有商业合作关系，如参加项目会议邀请专家、嘉宾、讲师等。

解析：人群界定清晰，有利于判断是否需纳入差旅管理范畴，属差旅成本，还是另计其他费项。模棱两可的情况越多，所需牵扯精力越大。

（3）同类业务流程统一：无论是线上还是线下申请，无论是公对公还是报销、统一月结等哪种结算方式，流程都应相同，包括审批、授权工作流程明确统一，不同渠道和方式规则执行统一。

解析：

①审批。

- 规则：基于企业的业务情况和管理需要，对于有效审批及审批人的定义，进行前或后审批时点定义，对应审批事项设定有效的审批角色，如批事项、批预算、批天数时长、批实际支出等。
- 定义：作为决策意义的审批，还是仅需知晓的通知。如有重复审批的流程或审批人无审批意义（如市场因素）可考虑精简点。

- 依据：对于有决策判断意义的审批环节，需提供明确易懂的审批依据。
- 审批效率：考虑到差旅业务的时效因素有审批意义的必要审批环节，如涉及跨子单位、会签类的串并行关系等设计思路，会直接影响效率；同时，尽量减免审批人无效工时，提升审批效率，这也是节省人力成本的方式之一。

②流程。

- 简洁清晰的流程规则，是日后系统搭建的基础。
- 如遇不可抗力或市场行情导致的特殊情况，有规则可循的可对照同类型的规则进行审批，减少同类场景问题的逐次审批，提高效率。
- 流程的明确精简也利于之后的系统规则配置；反之，流程复杂，特殊规则多，导致系统自动化难度增高且不稳定，加重系统负担。

第四节　差旅管理能给企业带来什么

差旅静默地存在，是因其渗透融于业务中，易被忽视。又因为表面性的事务性工作（订票、退改、住店等）对用户来说更有感，在动态多变的出行细节中，一点不顺利就能带给用户障碍，影响其效率，引发不满。实现顺利的差旅已不易，价值呈现更有难度。差旅业务就是这样逐步进化的，一步到位的理想是饱满的，必先经过实现无感后的有感——从各类场景和细节中提炼和展现价值，**这才是差旅管理真正的难点，也是很多差旅管理者难以坚持走下去的原因之一。**

差旅直接作用于运营管理、保障性服务，这一切的目标与其他业务的目标，有个共同大前提的目标——实现企业战略目标，区别只在于直接还是间接。与多项业务活动开展中的行为、事件有关联。差旅管理不仅有专属的一套完整管理体系，还需丰富的专业与经验总结，将企业内部管理运营与市场资源衔接并逐步完善靠的是一砖一瓦的建设，从宏观到细节，脉络清晰。

当企业已经实现了集中管理，差旅管理经理仍每天面对着重复性的工作和不断地解决投诉时，可能会感到迷茫，不确定这项工作的价值。在这种情况下，本节帮助大家来梳理这项工作的价值。

一、差旅管理的价值

世界之大，企业情况各有千秋，不是所有的企业都在乎差旅业务场景下的成本节省，当差旅支出在企业支出总额中的占比低，即使从差旅业务本身看节省的金额在百万元甚至千万元，也不一定是企业关注的重点，且很多企业关注的是进项金额而不是节省金额，因此不要被成本节省所局限，这仅能作为价值呈现的一部分。对标企业情况，处在不同发展阶段调整管理重心，从多方面综合考虑差旅管理价值呈现，如促进业务开展、提升差旅绩效、合规管理、提升抗风险与应变能力、成本管理等，只要是利于企业综合能力提升的方面，都能体现出管理价值。价值呈现可结合两个思路进行考虑：一方面，从关注点中呈现价值——企业关注什么就体现什么，与企业战略目标顺向；另一方面从盲区中挖掘价值——从企业未能关注到的部分发现问题，解决问题，总结并呈现价值。这是就差旅管理在企业管理中的价值呈现而言。

仅就差旅管理本身而言，有效管理可促进：

（1）统筹管理合规可控。

（2）降本提效。

（3）为管理决策提供依据，将差旅行为、成本投入与出差期间的工作绩效和效果呈现进行关联，对未来的业务开展合理计划安排，更准确地计算投入产出。

（4）企业内部跨部门、跨业务实现共创。企业管理系统的搭建，需要为企业发展近几年内的变化，留扩展空间；最初的各功能模块，随着管理进化，模块间信息能交互实现信息对称和同步。打破信息传递壁垒导致的管理死角，从而提升合规管理的能力。

（5）为企业争取主动权，紧急突发事件的应对更主动，资源选择更主动。针对市场变化及环境问题突发，具备主动应变调整的能力。对供应链中如服务方、资源供方等角色无法满足企业要求时，会考虑更换调整，不影响出行人体验平稳切换。

二、差旅管理者的价值

从发现到过滤，从过滤到转换，从指导到协同！

差旅管理工作是一项越“躺平”越认为没有问题的工作。很多企业反馈这项工作越是做得深入越是觉得事情不断，永远做不完。这正是作为差旅管理者的价值所在。因为市场中存在各类不合规现象和不完善的问题，能运用专业和经验敏锐地发现问题，并进行预判，找到适合本企业的规避方式，将问题过滤在企业之外，减少行业问题带给企业的影响，这也是差旅管理者的价值；企业内的差旅管理者相比行业中的各位同人，最大的优势是对企业的情况和业务特点、需求更了解，企业人更懂企业，那我们需要发挥这个优势去做别人做不到的事。

下一个阶段我们不仅能过滤问题，还能想办法将卡点问题即行业短板转换为我们的专业价值呈现，让减分项变为加分项。例如差旅场景过程中，易给出行人带来困扰和易出问题的服务环节，先想方设法去避免出现这类问题给出行人带来的影响，之后我们在这样的关键点上做到不仅不出问题，还珍惜卡点问题带给我们服务用户的机会，成为一线业务人员的坚实后盾，用自己的专业，为之排忧解难并预见可能的风险，事先有备选方案，减少意外发生的机会，打消顾虑，做到更贴心更安心，让业务人员能把更多的精力时间放在本职业务上。再升级一步，可以从原来的站在行业专业角度去指导员工或部门了解差旅出行攻略，转换到把专业知识和经验应用到工作中并与业务融合。

第四章 差旅采购管理与供应链建设

04 花钱的姿势里藏着曾走过的路，见过的是世面，付出的是智慧

差旅招采使用工程与实物采购的招标方式，效果不好，为何？

第一节　实物采购与差旅采购的区别

实物采购属有形产品采购，购买的是产品所有权。易建立明确的产品标准，如可选材料、功能功效、颜色、厚度、规格等；易核算成本，明确定价原则，能按批次定购，有库存可仓储。如文具采购与其他办公运营所需的低值快消品。又如资产类计入固定资产原值，之后通过折旧进入损益，可借用退还。再如工程采购，通过招标确定承包施工单位，约定所用材料要求、面积、验收标准和施工周期等，约定施工所需的建筑材料和通电气暖、给排水等方面产品种类和交付时间。采购流程包含收集信息、询价、比价、议价、评估、索样、申请订购、进货验收等。

差旅采购所采购的产品包含空间、有期限的设施使用权（见图 4-1）。每个产品的使用过程需配合相应的服务，硬件设施条件结合服务质量，综合评估产品质量。

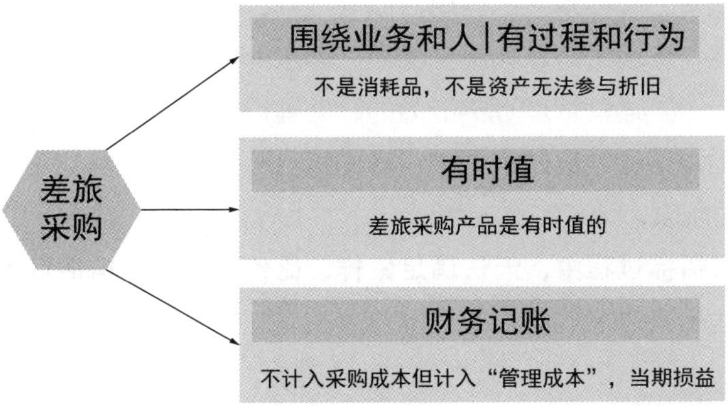

存货采购，包括货款、税费、运输及装卸费、保险费等可归存货采购成本。

图 4-1　差旅采购

一、差旅采购的特点

（1）**不可存储**。

（2）**随机突发情况多，受环境等各类因素影响，不稳定**。

（3）**灵活性，差异化**，各类业务场景所需资源，多种组合搭配，满足差异化需求。

（4）用户获得的是**感受**，快捷、视觉、听觉、嗅觉的舒适等。

（5）**定价**一方面取决于达到企业的需求、标准所需要供方为之付出的运营及管理成本，另一方面取决于企业需方的“心理价位”，即成本投入的意愿和能力。

（6）**使用权**，在此过程中不产生有形物品所有权的转移，如买机票，买的并不是飞机，仅拥有限定时效内可用空间等，同样，购演出票，买的也不是剧院，仅为入场观看和体验的权利。

（7）差旅所需资源须**介入必要的人工服务**：

①订单的售后，退改变更，资源分配及协调；机场、航班、酒店方打造的安全、卫生、舒适的环境，友善礼貌的服务接待。

②商务用车提供安全有保障的车辆，专业司机的文明驾驶，迎送客等。

服务贯穿差旅产品的使用过程，也是促进资源销售、复购和提高品牌黏性的灵魂。在这一过程中还有些影响体验的随机突发事件，如：“人”的因素包括情绪、认知、修养素质、沟通习惯等不同；服务人员的技能水平和熟练程度参差不齐；环境影响，如施工噪声、停水停电等事件随机不可控。但应急处理能力是考验运营管理真实能力的，处理得当可为宾客留下深刻印象从而成为加分项，是建立良好信誉和口碑的机会；反之，会造成不良体验，也会留下深刻的印象，带来客群损失。

（8）**差旅招标过程中，无法满足索样、比价、验货、申请订购和进货验收**，显然不适用实物采购评标的标准及方法，忽略差旅场景中核心基础——“人”，方法不对、一切白费，忽略了人就会跑偏，错位的选择带来“用不顺”，必然结果是“频繁换”。这对企业自身损伤较大，首先，企业架构信息和员工个人信息流失，有财务风险；其次，出行人需频繁适应新的服务，直接影响大，服务风险高。每次重新招标都浪费大量人力、物力和时间。

很多企业间是否有行业标准，首先企业管理和业务需求就存在较大的差异，行业标准未必适用于各企业情况，需依照自身管理要求，结合市场实际情况，制定与之相符的差旅采购标准和管理办法，找到适配的采购选品方式。

二、差旅采购管理的主要内容

（1）建立各项采购相关的标准、各类供应商入库标准、商务合作宗旨、资源和服务产品的质量标准、时效标准等。

（2）制定管理检查方法及管理措施，如资源渠道管理、合同及付款管理、票据管理，对设立的标准检验落地使用情况，如价格、质量、时效未能达到各类标准时，采取相应的管理措施。

（3）数据分析，如行为和需求、资源及使用情况、预算执行和成本分析等，依据分析结果进行对应的调整。

（4）关注市场动向，日常注重资源的收集与积累，作为需求变化、资源紧缺时的补充。

第二节 资源品类与合作方式

一、差旅产品的品类

差旅产品的品类可分为三大类（图 4-2）。

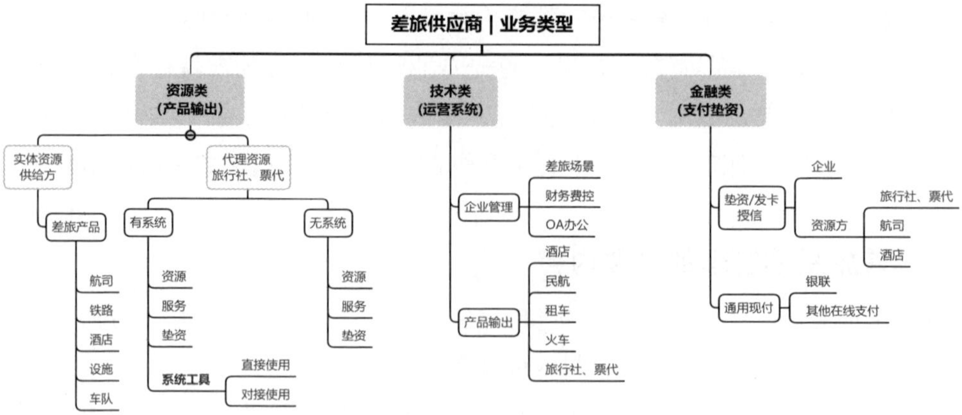

图 4-2　差旅供应商 | 业务类型

（1）**资源类**：实体资源和代理资源，主要提供交通、酒店、空间设施及服务。

（2）**技术类**：主要提供管理及运营系统产品的技术开发与实施。

（3）**金融类**：提供支付与垫资的金融解决方案及相关产品。

二、合作方式

从合作方式上可分为直接采购（又称为单一来源采购）和委托采购（又称为第三方代理采购）。

（一）直接采购（见图 4-3）

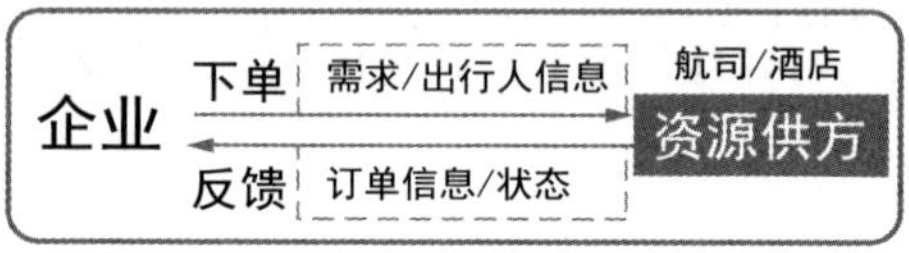

图 4-3　直接采购

由企业从航司、酒店等资源方直接采购，销售关系仅在供需双方间发生，订单信息源于实体资源供给方；对供方而言，与企业建立直接销售关系是直接客户销售（简称直客），目前市场上仅部分资源支持直接采购。

条件：需求相对集中；供需双方均具备系统对接条件，实现信息交互。

意义：

（1）环节少、效率高，节省、费项清晰透明，信息真实，错误率低。

（2）对于供方，更利于直接了解用户的真实需求，清楚需求背后的原因和实际业务场景，利于产品的设计和落地，按需定品可更有效地解决企业用户实际问题。

（3）基于资源方自有的会员体系，提升品牌用户黏性，利于企业的员工福利体系建设和增强员工归属感。

（二）委托采购（见图 4-4）

图 4-4　委托采购

适用于：需求分散；供、需双方或一方不具备技术对接条件或接口权限不开放；企业专业人员或人力缺乏，无法自行开展此项工作的情况。

企业通过委托方代为采购，委托方（如 TMC、OTA、旅行社等）提供有偿售后服务，订单信息交互也需经过委托方。

Q：为何会存在三方和两方？

A：企业情况不同，这两种方式都有适配的企业类型，企业依据自身情况选择。从企业来讲，业务量大，基数就大，直接采购省的中间费是一笔不小的成本；对审计合规有要求，费用和行为真实清晰，有些企业仅对机票用量集中的航司或酒店采用两方，其余用三方，如此搭配能有效提升性价比。

对航司来说，历史情况是，航司内部业务结构将两方直采和三方分设于两个不同的部门，且两者间存在竞争关系，为自身业绩极易出现争抢客户现象，导致协议政策忽高忽低，思路上也是忽左忽右，今年要大力发展，明年又有退缩的打算。这种状态既不利于航司整体的宏观目标实现，又给企业集采增加难度，被动而频繁地在三、两方模式中切换，在这种情况下就不如一直用三方；不稳定导致了企业不敢再轻易去尝试；对差异化服务需求多的企业也不适用两方标准化服务。两方对航司的好处也非常多，如利于精准营销、掌握真实销量和用户需求等，也在未来更广阔的天地开展更丰富多样的营销方法，但新思路和新机会并非唾手可得，需通过销售数据分析，找到客户需求，用心研发、按需定品，才能建立双方信心并顺利发展。

三、采购方式

（一）综合采购

一站式全包综合采购，见图 4–5。

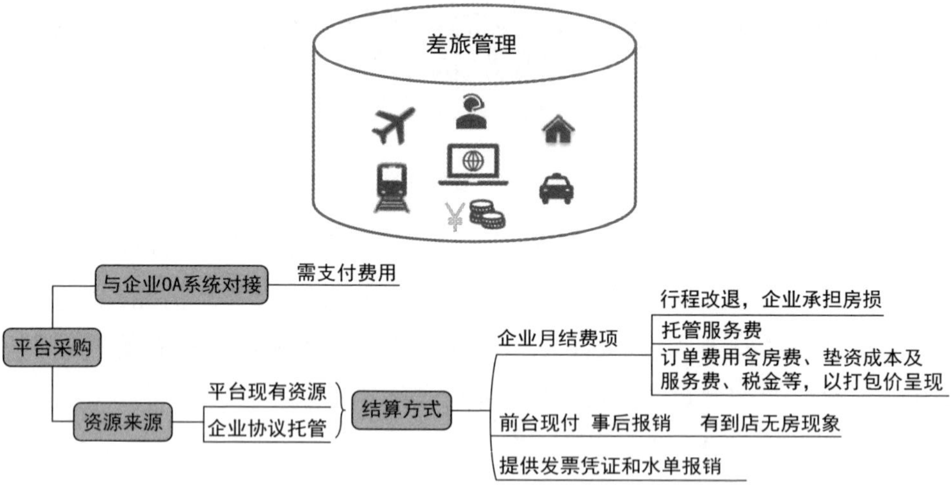

图 4–5 综合采购流程

1. 好处

（1）一体化，签一份协议，一张发票即可，省事，无须企业投入人力。

（2）专业门槛低，技术成熟，能实现数据统一。

（3）满足中高低需求，品类齐全。

（4）可通过托管方式解决企业自签多单体酒店的问题。

2. 不足

（1）一体化标准封装，**无法对其中某项优化或替换**。

（2）难以实现差异化业务、管理政策和服务需要，换言之企业一旦形成自有体系的管理模式，如政策、流程、标准、要求。市场上标准化的一站式单一采购方式就未必适用了。

（3）费用记账通常实行打包报价方式，对垫资、产品、服务等细项拆分难，清晰度低，未来进一步节约成本的空间有限，退改损失成本难控制。

（4）产品的渠道不支持企业自选，产品来源不可控。

（二）单项采购

1. 机票采购

1）直接采购

买卖行为由航司直接将机票售卖给企业，包括公共运价及官方特价机票产品，销售行为在航司方（供方）与企业方（需方）之间完成。如企业需做定制化的售后服务补充和差异化有偿资源提供（如机场资源、订单监控、退改辅助、团队项目辅助等），需由服务商提供补充服务，如图 4-6 所示。

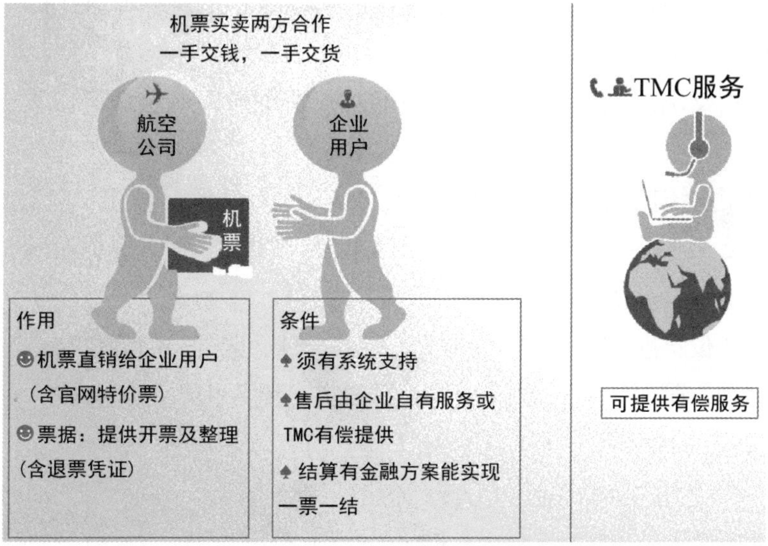

图 4-6　机票直接采购示意图

（1）所需条件：有直销能力的航司目前只有少数大航司，此方式要求供需双方均具备以下前提条件。

技术需有相对成熟的直销系统和运维能力，实现系统自动化出、退、改；

如企业采用航司的两方直销方式，自身也需具备差旅系统；最好能将机票的状态信息传回企业，利于企业票务管理及追溯。

金融有合规稳定的金融产品解决方案做支撑，符合国家行业要求，严格履行账户监管和数据安全保护责任；也可使用企业自有资金预存或金融方式，配合账户监管来解决结算问题。

服务因每家企业对服务的要求差异化较大，而且航司的服务投入要面向全国甚至全球，对于差异化服务精力非常有限，所以航司直采仅提供简配标准化服务。细枝末节的服务需由企业自有团队自行承担或外包给 TMC 等服务商，其中涉及计算服务成本的投入产出比是否划算。

（2）适用企业：适用于企业机票量相对集中的航司且月票量大于 50 万元；对差旅业务的合规和管理有要求。

好处：

①资源优质，航司给直销企业客户的资源含直销及官方推出的一些航段促销等特价产品。

②费用支出清晰，减少采购环节的乱收费现象，退票费等退改凭证谁卖票谁提供。

③使用系统在线自动化功能，提高效率。

机票使用状态等信息，企业能及时准确地掌握，利于票务管理，特别是关于未使用和改退票的信息。

服务补位：航司服务要面向全国甚至全球，若企业差旅业务相对复杂，退改比例高，服务差异化要求高，就需要自己投入相应的服务成本。

2）委托采购（三方）

三方和两方的供需关系、分工、各自职责不同。

采购行为在三方之间发生，航司作为上游供应方，TMC 分销，企业从 TMC 渠道购买，航司方（供方）→ TMC 分销机票及增值服务→企业方（需方），如图 4-7 所示。

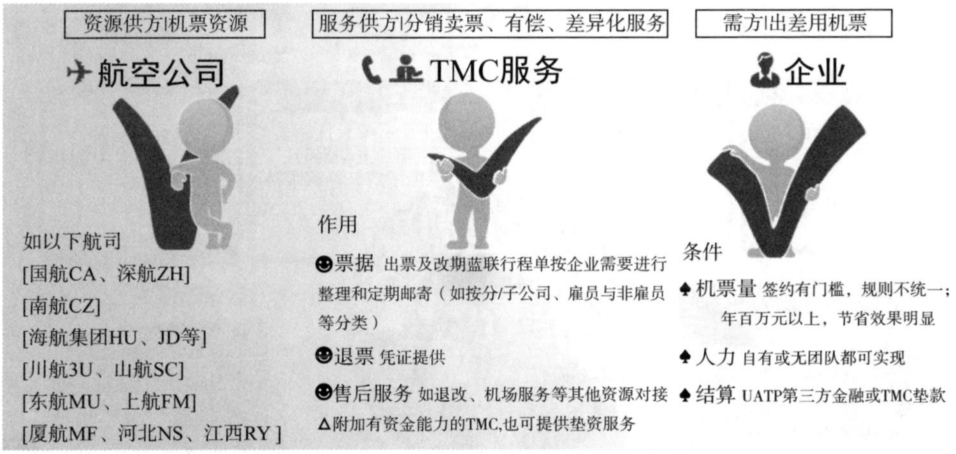

图 4-7　机票的委托采购（三方）

好处：

对企业无专业门槛，可解决企业服务人力不足问题或需其他辅助产品。

不足：

从产品角度看，通常无法享受航司官网的特价产品和航司促销的价格，从服务成本来说，TMC 的服务是有偿的，需要企业支出服务费。

企业怎样选择适配的 TMC？

在机票采购场景中，提及的 TMC 机票分销 + 服务角色，在过去几十年里中国市场上的“TMC”通常是票代，即票务代理、传统票务代理、机票批发商的代名词。近年来，老牌的 TMC 不再限于机票业务的售后服务，已为适应市场而重塑，对差旅全场景产品（如机票、火车票、酒店、租车等）进行售后服务，企业有专业差旅团队尚属少数，在差旅使用资源落地的过程中仍需 TMC 来进行服务和资源使用过程中的配套资源辅助，弥补企业自身的服务人力和资源缺失。TMC 参与服务的情况下，企业设定明确的授权内容与分工。

企业需要严谨明确的筛选方法，提升“选对、好用”的成功率。无论采取何种形式招标或面谈，底层逻辑都是适配、合规、高性价比。见图 4-8。

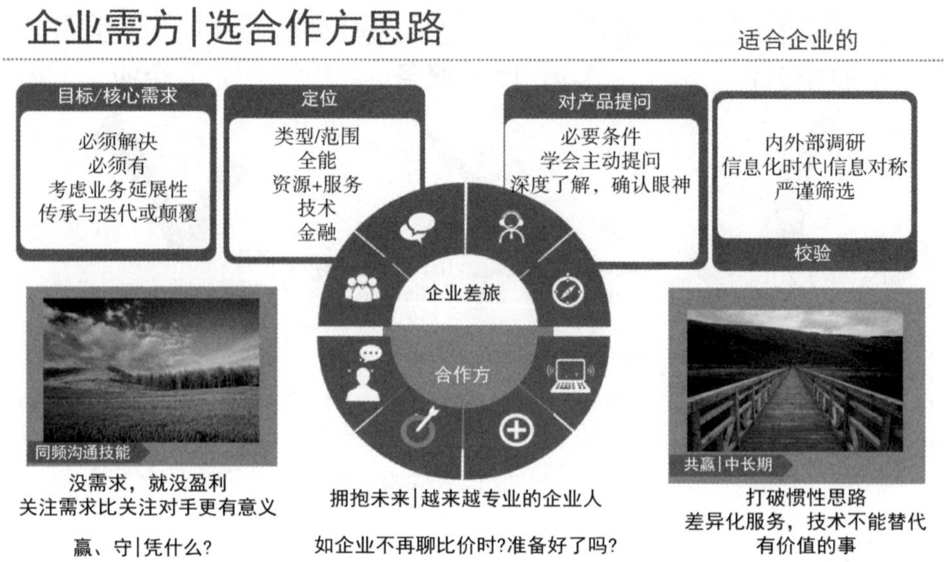

图 4-8　企业需方 | 选合作方思路

知己知彼，企业先知己

（1）**事前 | 梳理核心需求**，透过现象看**本质**，企业主要需求，想解决什么。

①核心问题和需求。依据核心问题需求，需要资源的明确定位，**必须要（及格线）和次要（加分项）**。

②合作方画像 | 确定及格线。须具备的长板（主要），什么可以短（次要），着重偏向的功能点。

③了解企业自身近年的业务延展及中长期发展规划。

提示：入围的合作方，前期企业通过自己的信息渠道客观地了解情况（作用是防忽悠），如：从事商旅的年限，企业开业年限，主要优势是什么，有何拳头产品，擅长哪方面，是否有服务，如有服务，服务能力如何，提供成功案例；与其合作的各供方和需方的合作感受是什么，存在怎样的问题；等等。

（2）**事中 | 提前做功课**，现场会提问，把握主动能控场。

①如事前企业已充分调研和了解入围各方的情况，与供方的现场面谈环

节可缩短其自我介绍时间，改用陈述和分析近两年内的成功案例，并提供相近行业的甲方企业服务成功案例——提供了什么，解决了什么问题，在此案例完成后总结，又有后续怎样的改进过程。

②答疑解惑 | 面谈中主动提问求证与事先企业自行收集的情况是否一致，洽谈的重点是企业求证和答疑解惑的过程，而不是听介绍。实现结果与事先确定的画像能匹配。

③主动、抓重点、理性 | 会提问的一方才能控场，在洽谈过程中占主动非常重要，一直在被动回答或听对方陈词，就会被带入对方的频道中而让自己陷入对方的节奏，业务不够精通的情况下，易被洗脑，时刻提醒自己洽谈目标和结果，及时、适时、主动地切回自己的频道，保持思路清晰。

④务实，学会主动提问，根据本企业的业务所需和关注点，需准备非事先设定的评标提问，随机性地提问，无套话，无封闭式问题（能提供机场服务吗？ 能），应多使用适度开放式问题（机场现场的服务部分是怎么做的？）。以追问到底的方式获得具体的更接近事实的答案。此时对方如没有这方面资源，可能会回答没有自有资源但有第三方合作的方式，再根据自身企业所需，针对业务点进行追问：这样的需求有什么解决办法吗？开放性问题显然能获得更多信息并有资源匹配的场景化问题解决思路。问到关键点上，利于打破竞标方的竞标策略，选对、选好，提升企业选到适合 TMC 的成功率。

（3）**事后 | 校验求证，**承诺即兑现。

对于现场洽谈过程中对方所列举的案例、所提到的能提供的资源和承诺，都要进行专项内容调研，求证是否属实；同时对其在面谈中未提及的但也是其服务过或正在服务的其他企业进行调研。

对双方在洽谈中未提及的其他被服务企业在体验和使用中出现的问题进行收集与求证。

随机与现场调研 | 所告知具备的资源，能做到的服务，是否属实。

对结果负责 | 中标方承诺内容在企业主要和次要需求内的，纳入考核项

并设置标准及未达成措施，如 × 周期内 × 次未达标进入观察期（企业要启动备用服务商选择），原则性问题 1 次即停止合作等。

考核频次依据实际情况，企业自行决定，如：服务运营稳定优质的，考核周期可以大于 6 个月，反之可短期多次进行考核。

供方被邀标后，同理，也应主动对邀标企业进行了解，找到对应产品及解决方案，以便在洽谈中能从解决企业切实问题入手，体现自己的专业实力，迎接未来更广阔的天地。不只是在技术硬件条件上的重塑，技术是容易被复制和超越的。当中国的技术足以领先，提升软实力虽然困难但不易被复制也很难超越时，是需要修炼内力积累呈现的，也更容易带来长远价值。

总结：

TMC 角色：**服务** + 分销【机票业务】

以选择机票 TMC 场景为例，企业实现“选对”的关键两点，缺一不可。

答疑解惑 + 充分求证。很多失败案例是因为前期缺失了解且后期未进行充分调研求证，导致被套路的结果。前期多做点事虽麻烦些，后期使用能长期稳定，有保障。

没有服务的差旅产品是没有灵魂的，每一个差旅场景所需资源都必须配合服务，才能让用户获得出行顺利的体验，因为过程中不可控随机因素较多；选择 TMC 注重服务质量时，更像招贤纳士。与企业管理和服务要求贴合的战队才能放心地把后背交给合作伙伴。服务方的作用是连接资源落地关键的最后 100 米，是企业差旅服务的延长线。为何说招 TMC 与企业招聘更接近，试着回忆过往的招聘情景。

应聘者投的简历应力求漂亮引起企业的关注，在应聘岗位要求点，着重论述自己所做即企业所需，提升与职位匹配度，在众多简历中脱颖而出（招标时合作方也应抓住机会充分表现自己是万能的）。

面试时，应聘者为抓住机会，多会承诺对各种收入、业余时间休假小我利益不在乎，对业务能力信誓旦旦，夸下海口信心满满（合作前什么都可以不收费，收最便宜的），如企业面试所提问题，未踩在业务点上纵深追问，仅问常规性的表面问题和封闭性问题往往是无效的。

入职前企业如未做有效背调（企业如未做背调或仅去合作方指定的企业用户了解询问不能起到决定作用）。入职后，实际能力与面试时反差太大，俗话说看走眼了。胜任不了岗位工作，懈怠没责任心。企业忍无可忍就只能解除合同重新招聘（通常经半年磨合期发现用得不顺，再用半年忍不了，又重新招标）。

选择 TMC 时：

企业先通过自己的渠道和方式，通过设定业务方向，了解入围方的情况。信息化年代，这不难实现。做有效摸排筛选（类似于面试，需前期了解基本情况）。

如图 4-9 和表 4-1 所示。

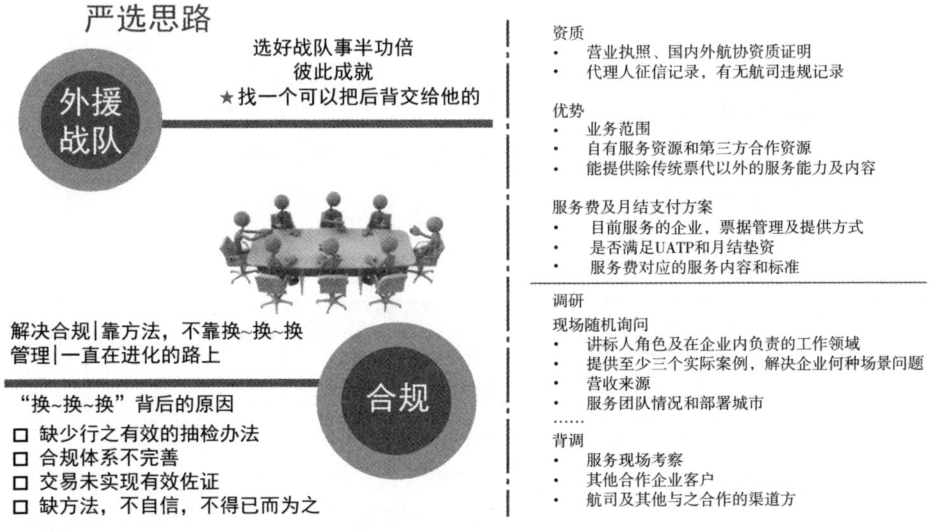

图 4-9　严选思路

表 4-1　细节面谈　时间 12 月 10 日

		收集信息		背调求证
情况对比	来源	EE 航司、YY 企业举荐	XX 航司、ZZ 航司	—
	服务商名称	MMM 商旅	XYY 商旅	—
	办公位置	××	×××	—
	公司规模	60~100 人 35 人前端服务，后勤及支持管理约 45 人	120 人 35 人前端服务，15 人采购运营支持管理约 46 人	—
	技术能力	自有系统	自有系统	
其他	是否支持垫付月结（账期 30+30）	Yes	Yes	—
	专组对接服务	Yes	Yes	—
	网站及 App	Yes 链接 / 名称	Yes 链接 / 名称	—
必备条件	提供 IATA 证书及 CODE	Yes	Yes	—
	提供营业执照	Yes	Yes	—
	本企业用 ×× 办公系统是否适用	Yes	Yes	—
合规项目	是否具备与航司签 Y 舱三方协议资质	Yes	Yes	—
	UATP 支付	No	Yes	—
	票据类型提供	增值税发票	机票：行程单或发票二选一	—

目前的国内本土市场，资源趋于同化。国内票价相对透明。满足资质证照和几个必备条件供参考，如表 4-2 所示。

表 4-2　业务条件

	项目	内容
必要条件	具备 IATA（国际航空运输协会）证书及 CODE（见 12 页样张）	Yes
	是否具备与航司签 Y 舱三方协议资质	Yes
	有效证照（营业执照）	Yes
	是否支持用 UATP 支付	Yes
	票据类型提供	机票出和改提供蓝联，提供票据整理 退票为增值税普票 服务费增值税专票 （蓝联见 13 页样张）
	×× 办公系统是否适用于本企业	Yes
其他业务条件	是否支持垫付月结（账期 30+30）	30+15=45（天）
	可用范围的资源优势	国内、国际机票及服务
	现有客户中，在用 UATP 支付的用户	使用两年以上

洽谈中的坑——机票篇

（1）表 4–2 中第 2 点，资质证照看着没问题，合作后问航司能否签 Y 舱三方协议时，航司告知，这家 TMC 签不了大客户协议。

解析：这种现象，大概率是该 TMC 在航司有黑记录等违规情况。为避免类似情况发生，事先可与多个主要合作航司求证，评估后再签约。

（2）**来洽谈或讲标的人**，有些只是外请的专业讲师或讲标人，并非实际做业务出身，也未必是该 TMC 员工，讲得特好，句句能说到用户心坎里，打动用户做得非常好，知道用户要什么，但承诺的最后都兑现不了或兑现程度极低。

方法 1：要了解讲标人在该 TMC 企业的职务，具体工作内容，经历过哪些企业的项目；洽谈过程中问案例，了解其专业水平和职业经历，企业之前遇到过或别人家遇到过的业务案例，刨根问底追问企业关心的业务点，其对应采取什么解决方案，具体是怎么解决的，要是 ××× 情况，还能怎么解决。

方法 2：随机提问破坏战术，这些年，发现每次洽谈都成定式——TMC 打开 PPT，讲给每家企业的内容都差不多，每家来了都像背课文似的。后来已拒绝再看 PPT 和听陈词。事先做好功课，洽谈用时精准，获得我想了解的重点部分。我发现一个有趣的现象，追问方式考验洽谈者的专业能力而不是口才，只是说得能打动客户没用，最后还要能解决问题。谈客户的个人能力欠缺或态度存在问题，对企业用户不重视。脱离专业和实战去进行合作，日后业务衔接和服务能顺利吗？

（3）哪个老王卖瓜不自卖自夸，水分太大，合作后无法兑现，影响使用。

提示 1：求证环节不能少，破局言过其实。为避免这种情况，可在洽谈期间，把其所告知具备资源、条件、承诺能做的逐一记下。自己找信息、找企业伙伴、渠道，业内获取真实信息，侧面求证、现场走访、突访调研；还可在招标时，问一些行业都没解决的问题，看如何作答。

配合求证和突访，做好前期有效筛选。严谨筛选，没硬伤再进门。

如虚假水分高，纳入企业内合作方失信名单，注明抽检时间、方式、调研结论。

提示 2：企业负责差旅采购的人员需具备一定的专业水平，熟悉差旅业务，了解行业，才能提升判断能力。

（4）小心以融资为目的的合作方，融到资之后，不确定因素较多。

融资上市正常，但只为给投资人展示数据，就不会用心为用户打造产品。企业要考虑清楚，尤其是涉及系统对接的情况，避免日后进退两难局面。

（5）某某企业是自己的客户。

①据说都是自己的客户，其实只做了小部分业务，也许不足 10%。

②有签约实际并未发生业务的“面子协议”。

③曾经有过合作，需获取解约的企业客户让其出局的原因。

如表 4-3 所示。

表 4-3 求证点示意表

<table>
<tr><td rowspan="6">背调求证补充</td><td rowspan="5">客户群</td><td>××× 互联网</td><td>1. 服务比例 60%
2. 信誉 ×××
3. 违规行为 ×××
4. 对事先承诺无法兑现 ×××</td></tr>
<tr><td>×× 置业</td><td>1. 服务比例 100%
2. 信誉 ×××
3. 违规行为 ×××
4. 对事先承诺无法兑现 ×××</td></tr>
<tr><td>×× 电子</td><td>1. 服务比例仅签约未使用
2. 信誉 ×××
3. 违规行为 ×××
4. 对事先承诺无法兑现 ×××</td></tr>
<tr><td>联系人</td><td>小杰 179××××××××</td></tr>
<tr><td>职务</td><td>管理部</td></tr>
<tr><td>与之合作伙伴（资源方、渠道等）</td><td>—</td><td>—</td></tr>
<tr><td rowspan="3">现场调研</td><td>去往该公司现场考察</td><td>—</td><td>—</td></tr>
<tr><td>去往机场服务现场考察</td><td>—</td><td>—</td></tr>
<tr><td>拜访其主要用户企业</td><td>—</td><td>—</td></tr>
<tr><td>风控背调</td><td>企业经营情况风险</td><td>—</td><td>—</td></tr>
</table>

对于采购，是不是觉得少了点什么——心心念念的比价。

（6）招标时，对机票价格进行报价或看系统价格，意义不大。

玩过街机吗？街机的中奖率是能调的，系统是人做的，眼见不一定为实，需要了解影响机票价格的主要因素。

影响机票价格的主要因素：

国内机票

机票运价系统有复杂运算规则，除大家了解的大数据算法点击率高会把价格刷上去，还有座位剩余数量、淡旺季、协议价等因素，票价是实时动态变化的。

上座率：如起飞前还有空余座位会甩位子，为降低损失，会突然出现低折扣现象。

热门航线旺季旅游城市如三亚，热门商务线路如北京、上海。

大客户协议：体量大的企业客户易获得较好的权益，量级不同权益就有差异。

商业行为：渠道不同商业策略不同，如电商对C端散客的商业促销活动。

除以上因素，还有不合规等套路因素。

机票比价有要求和前提的——在同一时间点、同线路、同航班、相同条件前提下，才有可比性。

为了能中标，进行现场的低价呈现，对未来合作时的价格无参考价值。

国际机票

国际机票的综合因素导致票价差异大，价格尚不够透明，各中间渠道有较大利润空间。

直飞或转机，使用相同或不同航司搭配组合的联程方案，全球各航司的定价、退改、机票有效期等票规存在较大差异。淡旺季、预订时间、飞行时段，其他不可抗因素，如疫情、战争及国际原油价格上涨，也会影响票价。

例如：往返两段或联程多段机票的航司是否相同，多种转机联程航司搭配方案，TMC和该外航有无协议等。国际票运价体系比国内机票复杂得多，难以发掘其中的规律，通常说联程出在同票号里较便宜，大部分情况是这样，但也遇到个案，分段出便宜。

在国际票务产品的各类规则条件不同的情况下，无比价意义。

另外，票规复杂，如联程出票首段未使用，后一段不能变更；有些三不准的票（不可改、退、签转），均不支持退改，仅能退税。

机票运价：差旅中交通资源的价格情况动态变化，国际业务中，票价、税金、服务费均没有绝对固定值，动态程度至少是分钟频度，因此考虑性价比的相对值为宜，结合行程线路及退改需求，选择适配票规的机票方案。采取货比三家的方式更适合，渠道不同，票价有差异，TMC与出票的航司是否有协议也会有影响。点对点的线路往返相同航司和不同航司票价会有差异，通常为相同航司往返出在一个票号中价格有优势，但也存在个例。

国际机票怎么比价？

目前只能用多家供应商竞价方式，国际票无法像国内票一样实现供服分离，价格尚无法实现透明。

比价基本原则：在查询时间、条件、退改政策、联程方案等完全相同的前提下，进行差异对比。

票面金额差异主要因素：

①航司不同，定价规则不同。

②同是经济舱但舱位代码不同，则价格不同。不同航司所用的舱位代码有差异，价格也不同。

③各销售渠道使用出票系统的属地政策权限不同，存在始发地政策倾斜现象，从国外始发出票使用的是Abacus、Galileo、Amadeus等系统出票，这些系统在国内也能用，但出国内票还是中航信有优势。

④所使用的机票代理与所需出票的航司是否有协议。

⑤有联程转机的航段及航司搭配方案不同。

⑥同航司内，退改票规不同，则价格不同。

⑦时间、地点不同，则价格不同。

国际机票税金：

非固定金额，由当地政府代为收税。常规包含离境税、过境税、入境税、机场建设费、燃油附加费，另有某些航司收取各类保险费等。

入境税是在某国入关时需交的税金，反之，离境税是出关时所需交纳的税金；过境税指海关对通过关境转到其他国的人、物所收的税；有些国家或部分地区是免税的；即便是在同国家内的不同入境机场收税也不一致。

导致国际机票**税金差异的主要因素**：

①汇率，以发生当天的汇率为准，汇率也是随时变化的。

②转机方式会影响机场建设费的收取，如无须出关可直接办理中转手续，或在同一个国家境内，在设定时间内，前往其不同的境内城市，不涉及出入境可能免税，因此一些线路涉及三国以上的，有收税，有免税，税收金额自然有差异。

③国情不同，税收政策和项目不同，有些国家免税，还有些国家设有特殊税项，如机场税、海关使用税等。

④税费报价口径不同，有的税项包含，有的拆分开。

⑤代收的航司不同，税金也不同。

（7）配合度。

①洽谈环节，遇到一些无法现场给出答案的问题，然后就被略过，只会天天打电话问啥时候签约。

②因企业的业务特殊性，有些涉及个案问题，TMC 现场不能答复属正常，再专业的 TMC 遇到多元化的企业问题也存在盲点。如双方明确了某些问题需在约定时间答复，而未兑现，在合作前期都不能在承诺时间内给予专业负责任的解答，无视用户问题，没责任心只惦记成交，怕是日后合作中的配合度和时效都要打个问号。

（8）免费，各种免费。

有几个开门做生意纯做公益不为盈利的？能遇这类商家比遭雷击的概率还低呢，人家 TMC 企业的员工怎么生存，都免费，温饱问题从哪里解决？

越是免费的越贵，霸王餐不是那么好吃的，要了解供方的盈利来源。

免费的话，TMC 的收入从哪里来？

除向客户收取的服务费，航司会依据航段有少量定额补贴，另外国际票退改等尚存信息不对等的现象，有利润空间；做生意解决不了温饱问题造成卖一张赔一张的局面，不如对标服务内容明码标价，服务产品差异化定价。

机票服务费收多少钱合适？行业是否有定价标准？

为何一定要等待行业制定标准呢？企业存在差异化，行业还有诸多问题，与其等待，企业不如按照自己的需求制定标准。

报什么价格的都有，例如收取 5 元、10 元、15 元、20 元、40 元的都有。

在无行业收费标准的情况下，企业要的是合理且物有所值，依据企业设定所需服务内容，服务费收费规则不宜过多，以便系统化配置，如图 4-10 所示，企业可根据企业需求进行分类，可选择统一服务及收费标准，也可丰俭由人选两档标准。服务产品也是产品，按需定品、明码标价更合情理。

示意图供参考

机票服务方名称：XXXXX　　　　举例↓

服务费定价			5元	10元	15元	20元	40元
（企业服务需求）类别/明细			（供方勾选）				
	类别	包含明细					
国内	24小时人工服务	订单监控及反馈并处理	√				
		退改辅助					
		占票，抢票		√			√
		关键点突发情况服务					
		应急突发处理					
	数据及信息	航班状态追踪及反馈					
		航变收Q反馈					√
		依据用户需要，提供专项报表分析					
	结算方式	垫资月结（账期30+30）					√
		UATP	√	√			
	票据服务与管理	行程单打印，按要求分拣整理	√	√			√
	差异化服务	选座与值机待办					√
		机上餐食预订					√
		机场服务 如：设施资源、效率提升、礼宾类					√
		技术—系统使用费					X
		廉价航司托运票待办					√
		MICE活动追踪调度					√
		社会突发目标航班筛查并反馈					√

图 4-10　企业服务费收费规则

国际票服务费：

国际机票的服务费堪比花式报价法，没有标准和固定模式。需要在合作前明确收费规则，如按票号收取，多段行程的机票可出在同一票号内，也可分段出，会产生多个票号，价格通常偏高，但可灵活使用，不受联程票规的约束。

为何服务费有几十元、几百元的，还有不收的？有按里程远近，还有按票号或按张收取的？

考虑企业售后服务内容及所需附加的付费资源，没有固定值和参考标准，收多少钱的都有，需求不同，则报价模式也不同。

常见报价方式：

①跨洲与不跨洲（亚太、非亚太）收费不同。

②统一收取固定金额。

③含在机票报价里不再另收，企业自行货比三家。

④退改有按次数收服务费的，也有不收的（可能含在退改手续费里）。

※ 国际票以手工出票为主，多段联程难实现全自动化，服务商为此所付出的人工成本多。在 eTerm 的操作系统中，出 1 张国际票所需的指令步骤和能操作专业票的运营人员的专业度比国内票要求高，所需用时也更长。

※ 因上述的出入境、行李托运、转机联程方案询价等综合要求多，在服务方面，就需为用户答疑或咨询外事方面的工作，这是国内机票业务中涉及不到的。

※ 国际票尚不能实现供服分离，因此如选择包含服务成本的打包价格，自然服务费一项为零；如价格相对公道，就需要给供应商额外交服务费。

※ 和垫资方式有关，国际票的金额通常较高，如不使用与 UATP 类似的金融产品，由服务商垫资成本增加。

国际票的服务费定价——没有规则也是一种规则。

※ 按票号和按 1 张票收取，这与业内人士的理解是相同的，以每个票号 50 元服务费为例，按票号将往返或联程多段出在 1 个票号上，服务费就是 50 元；按张收取也会被理解为按航段，如单段分开出票，出 3 张是 3 个票号，那么是 50 元 / 个 ×3 个 =150 元；在合作前，对出票原则及报价方式进行统一说明；尽量简化和统一服务费报价方式，以免结算核对不清。

至于服务费各种报价“规则”，有行业悠久历史的遗留问题，大部分属自成体系的自定义模式。因此企业对服务费的心理价位也是自定义模式，评估所提供的服务值不值、服务的要求和内容项目对应所需投入人工成本，值不值和赚多少之间的相互博弈，各自欢喜而已。

曾有金融机构测算 1 张国内机票，出票成本约 14 元 / 票号，暂且以此作参考：

假设出 1 张国内机票成本是 14 元，都包含什么？

大体包含客服人力成本、房租水电费成本，eTerm 出票配置、Code，垫资和技术成本等。

需求超规会导致结果违规。市场合规需各方逐步走向合规化，行业空白点和不足，随行业进化来填补。

2. 火车票采购

完善的企业集采集付方案还需耐心等待行业整体完善和升级改造。暂时只能先用过渡方案或渠道电商平台等中间代理方式来解决，或暂不纳入集采统付，依然采用事后报销方式，这要视企业对合规及审计要求而定。

（1）怎样的企业集采方式，才能满足大部分企业的需要呢？

（2）To B 的火车票业务，企业要求是什么？

（3）现有过渡方案，企业的焦虑点是什么？

1）直接采购

目前，更让企业感到无力的是火车票的集采问题。满足 C 端和 B 端对于铁路业务本身并无区别。无论以何种渠道购票，使用市面通用的支付方式都可买票，To B 或 To C 对其日常业务几乎无影响，目前尚未实现票务电子化信息交互的程度，在企业进行差旅统筹管理时难度加大。

目前的 12306 的直接采购仅支持与极少数具备技术能力的巨型、大型企业自有系统与国家铁路局出票系统对接。技术门槛较高，一般企业就望尘莫及了，只能通过委托采购来实现。

2）委托采购（过渡方案）

虽然目前市面各方多采用过渡方案来解决企业火车票统一采购及统付，但都不稳定也未必合规，不能达到管理所期望的目标。

（1）通过一些 OTA 平台或旅行社等方式，委托采购。

（2）**多人出差、统一出票问题：**当企业采用在线自助下单的预订方式，涉及多人出差由 1 人统一操作预订，就会出现无法出票或出票失败的问题，源于关联的操作出票人员 12306 账号中的常用人员列表中没有其同行人信息，而未必每次出差都和相同的同行人出现，这给操作增加了难度，效率低下。

（3）**票务状态企业不可见**：由于退改信息及客票使用状态及核验问题信息化交互同步欠缺，出票后在火车站窗口等线下方式的变更或退票等，企业无法获取票务状态，如是否使用、是否退票等。

（4）**票据凭证管理**：收集整理麻烦，通过委托统一出票的方式，出行人依然可在火车站打印火车票，当企业集中结算时票根不全，导致凭证缺失等引发的各类问题。

近年来，企业在管理方面提高对合规可控的管理诉求，处于巧妇难为无米之炊的窘境，是集采管理的“最后一公里”。见表4-4。

表4-4　火车票和机票的区别

内容项	火车票		机票
	对企业的影响	现状	现状
中央系统	仅支持散客和小部分国有企业的对接	12306	中航信
To B 企业客户概念	谁出钱决定票务所有权归属及管理话语权	无	支持【航司】
退改	乘坐人可任意修改，信息也无法同步给企业，不利于管理，如防疫管控，企业被动退款情况不清晰	不可控	可控
统一支付	不支持大部分企业统一月结支付TMC方式中间方加收费用，企业支出成本增加，员工拿票报销无法校验实际成本，合规性低	不支持	支持商务卡或UATP
票务状态	不可控，乘坐状态不能回传到企业	无	有
系统接口	只支持小部分企业直连，无法支持一般性企业系统直连	不支持	有
凭证	目前仅支持按C端散客打印，企业回收难，无法验真	不统一	统一
企业差旅产品大客户协议政策	对企业差旅整合及管理形成阻力	无	有

现有问题：

（1）作为过渡方式，各分销售卖情况均不稳定，各类状况突发随机性出票失败，成功靠运气。

（2）收集票根凭证对企业是挑战，合规管理所需实名制票根打印出处不能集中。

（3）企业无法知道票务实际使用状态，对于行为管理有难度。

（4）能任意退改，或出现类似防疫防控问题，企业难追溯人员行径，处理应急突发事件较被动。

（5）不能明确票务所有权关系，机票情况相类似，但企业大客户可通过编码标识，清晰界定票务所有权是 C 端乘坐人还是 B 端企业。

（6）满足与铁路部门系统直连条件的企业，目前尚属极少数，但期望合规管理、费用清晰、行为属实的企业越来越多。

综上所述，从支付、票据、状态暂时满足不了企业内差旅数据整合及信息三流合一的要求，可优先满足企业对合规管理、行为真实的诉求。

3）畅想未来——期望的样子

企业集采，守住采购的首尾端是满足合规采购的前提。

（1）首端：

①信息同步对等，铁路部门能获取企业真实票务申购需求明细。

②设置企业客户编码（同航司客户编码）—— 购票业务发生数据，能索引区分企业，明确实名制票务的所有权人是企业，在 To B 的场景中乘车人是使用权人，避免后续业务中出现争议。

（2）末端：

对账结算——同酒店及机票直采原理相似，先有企业统付方案。

供方提供原始账单给企业，企业统一支付，最大化避免中间环节出现各类违规问题，如非法倒卖和中间环节加价乱收费现象。

方案一：企业月结直接支付给 12306，部分企业能满足预存或授信月结。

方案二：经有国家资质的第三方金融机构垫付给 12306，借鉴机票 UATP 原理；金融授信给企业，要求金融方身份纯粹（无旅行社及其他身份，不支持代开火车票款发票，有合规的金融牌照，资金来源合规，符合国家数据信息安全规定）的前提下，使用供方或需方认可授权第三方金融机构进行一票一结的代支付，视同企业直付。

采购行为及费用支付在供需双方之间进行，这样的方式让供需双方责权易清晰界定。

满足这两个前提，造假或违规情况就不易发生，小概率产生的问题也易被及时发现，违规责任清晰，对双方权益都有保障。

说明：

①“企业需方”为企业内部运营提供支持而进行的采购行为。

②购票对象为由企业负担差旅费用的人员，如雇员、被邀请的嘉宾。

③企业大客户政策可依据企业信用、业务发生及资源浪费、回款等情况进行企业定级。

④在此基础上，铁路部分可用于商务的闲置资源能很好地发挥价值，作为企业商务出行配套产品。

⑤用合理的方法规避违规现象，关注采购首尾环节，借助于技术工具，发挥信息自动化作用。

（3）**方法原则**：基于严谨的方式避免违规现象；区分企业商务客与纯C端散客，利于企业履行责任，缓解在出现社会级别公共卫生及安全问题时的排查压力。

（4）基本需求：

①满足数据库同步，实时查询、出票、退改。

②下单预订、退改等费用产生时，信息对等并实时传递。

③票务使用状态能同步到企业。

④经企业ID，生成不可改写的账单并将其作为结算依据和审计备案。

（5）其他：

①企业大客户ID下，预订的客票，如由乘车人在官方客户端或窗口发起主动变更或退订行为，原客票状态发生变化能同步给企业。

②基于上述情况，如出现社会级卫生及其他突发安全类事件时，能及时触发通知到企业，以便企业主动及时地响应，进行管理排查。

③报销凭证管理，使用企业客户ID下的出票，不再支持个人在火车站或窗口进行票根打印（报销凭证），避免发生虚开或企业统一结算出现票据缺失现象。

④ 无法使用企业统一系统在线预订的临时特殊情况，企业员工自行购

票，行程完成后在企业报销时，企业对于客票能够进行核验，如验真及乘坐状态获取；企业仅对已实际发生并符合企业管理流程的出行费用予以报销。

3. 酒店采购

1）直接采购

相对专业门槛高，企业需有技术能力和稳定的系统载体实现数据流转交互，有懂专业的人或团队；以行业目前现实情况和技术条件，企业需先抓大放小，量体裁衣。

酒店直连对差旅管理的意义：

（1）资源企业自选贴合业务需要，有议价主动权，利于服务落地。

（2）直接与酒店签约，有明确的退改房损收取的条款，每笔支出有据可依。

（3）直连使用区块链思路并结合金融监管，利于供需双方安全闭环，管理严谨，实现运价保护。

（4）减少中间环节，实现供、服、付分离，费项清晰，将原隐性成本转化为显性可控成本。

（5）利于成本分析，可有的放矢地进行节省，实现资源优化贴合业务。

（6）满足企业发展变化和管理要求。

合作方式：

（1）价格体系：企业与资源方（酒店集团）签署协议约定价格。

（2）信息通道：企业自己的系统或委托第三方技术平台与酒店系统对接，来实现资源查询、展示，预订及最终使用结果反馈。

（3）企业签署协议。

①与第三方技术平台签署系统使用协议及技术成本结算约定。

②与酒店方签订价格协议，主要包含以下内容：

a. 对酒店预订价格的折扣优惠等优惠政策及有效期（价格政策依酒店方情况，单体酒店以统一的固定价格居多，集团连锁类酒店以折扣方式为主）。

b. 授权给哪家技术平台负责对接及获取数据。

c. 最晚取消时限、离店时间。

d. 其他包含条件：免押金、含双份早餐、会员积分给实际入住人等。

e. 结算约定：按约定账期，付款给酒店方（也可委托第三方金融机构代付）并由其提供房费发票及账单（如涉及第三方金融，由其提供支付流水账单及垫资成本发票）。

③如企业使用第三方金融支付产品，企业需与其签订金融授信协议，酒店方也需与其签订收单及结算协议。

提示：

（1）如直连多家酒店集团，需要企业分别和酒店签协议并回收发票（期待发票全面电子化）。

（2）企业如有 20 个以上分（子）公司主体，发票数高，收集难度大，供需方都需投入人力或通过内部分账方式降低发票数。

Q：酒店发票应该谁来开？

A：当然是酒店开了。

Q：可企业把钱付给金融方，还授信了，是否应该谁收费，谁来开发票？

A：去商场买东西刷信用卡，还信用卡的卡账时，银行给开发票吗？当然是商家开票。

Q：那会不会进出账和开票对不上，有财务风险啊？

A：首先有合同能证明业务真实存在，每月酒店给企业的原始账单做留存，对应支付，金融账户 = 信用卡账户，易理解。相同逻辑。如金融方能开出货品发票才不合规，说明角色并非纯粹的金融机构，金融方只能开出金融服务费等金融内容的发票；酒店作为资源供方，发票的内容是住宿费，渠道商开票内容通常为代订房费或订房服务费。

业务逻辑：

如首旅建国及如家集团，分别代表单体和连锁两种出差常用酒店。

类似如家集团这样的商务**连锁酒店品牌易实现且运行成熟**，酒店有系统能实现 API 对接，总对总对账开票、使用统一折扣协议利于系统准确匹配运价；具备直连条件；如差旅中，商务连锁型酒店的用量在 40% 以上，使用直连模式能解决大部分问题。见图 4-11 和图 4-12。

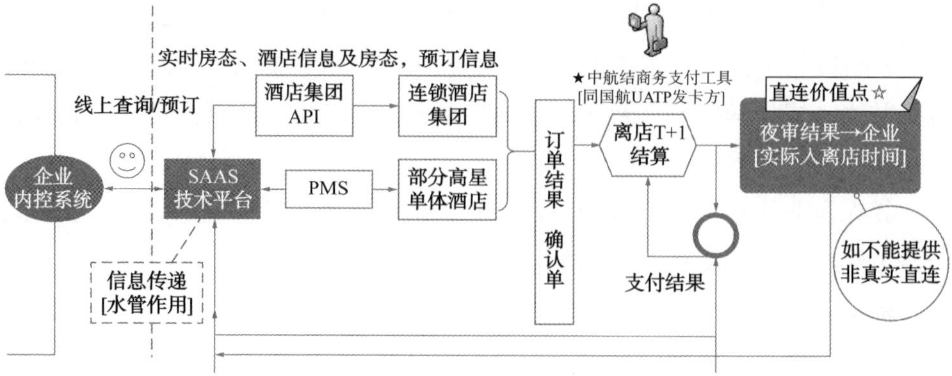

图 4-11　企业酒店直连模式方法及注意事项

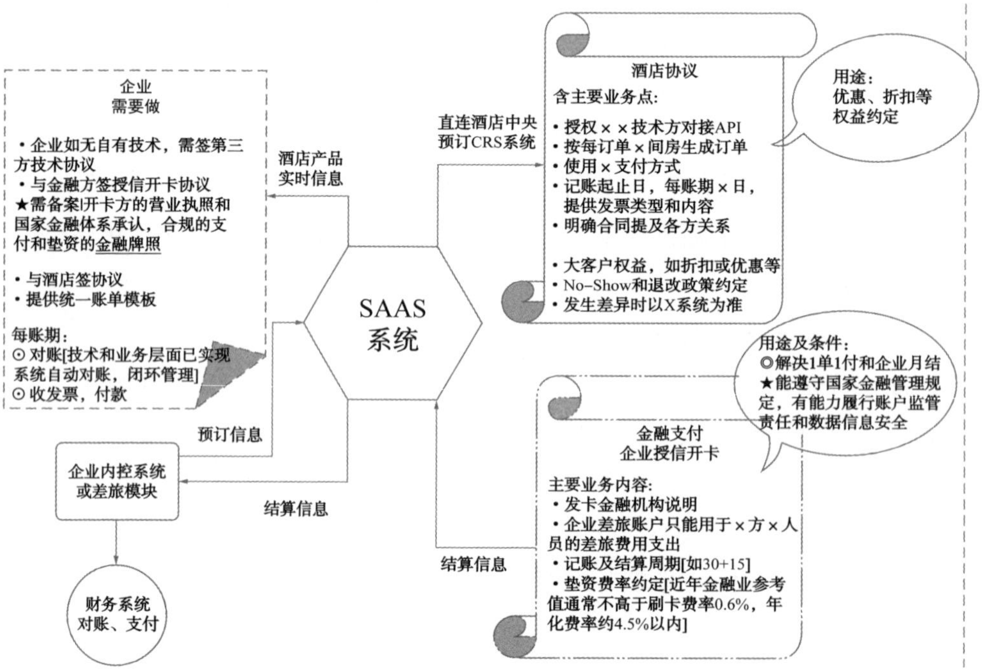

图 4-12　酒店集采场景 | 各角色功能及逻辑

成本测算：

以月 50 万元酒店账单、住宿差标 500 元 / 间夜为例保守测算，同时可见传统模式有 3 项费用为零即隐性成本，新模式在原来无金额处显示了金额正是隐性成本显性化之后的效果，能节约更多，可控成本均为管理价值点。以下案例测算表中根据模式预期测算，节省比例约为 10%。经上线 3 年的实践和订单逐一比价监控分析，使用集中支付的金融产品后，实际业务发生和普遍性差旅住宿所用资源的节省，已大于 120~150 元 / 间夜，见图 4-13。

传统模式 VS 直连模式

以酒店月50万元发生为例　60天账期每月1000间夜
比市场标准价为例，保守测算节约50元/间夜(不含五星级酒店)　单位：元

差旅模式	房费	垫资成本	服务成本	损失成本	隐性成本及管理风险	技术成本	月成本
未整合	500000	0	0	不可控	不可控	0	500000
整合后	450000	2700	可控	可控	可控	1000	453700

月节省　46300元

年节省　555600元

图 4-13　案例及测算

Q：结算周期“30+15”是什么?

A：如按每月 1—30 日发生的订单进行记账，次月 15 日能付款。记账周期为 30+15=45（天），如次月 20 日才能付款就是 30+20=50（天）。

Q：为什么直连后，企业多出垫资成本费项，原来怎么没有?

A：因为原隐性成本转变为了显性可控成本。原来不是没有，是混在了房费订单里，企业账期通常在 30+30，60 天的账期，如月订单金额是 50 万元，60 天要准备 100 万元才能保证资金循环，无论谁垫资都有利息等资金成本，与不明不白地加到订单费里相比，这样更清楚。另外，订单里房费、垫资、服务成本混在一起，服务费占比也不详，服务质量值不值为此支出的成本也就无法评估和定义。

Q：这套直连模式好用吗？什么业务场景会导致有差异？怎么解决?

A：上线的都跑顺了，易出现差异的场景主要在提前离店业务，比例不高、影响不大；企业出差申请的行程申请和变更都清晰，即使偶发差异也容易核算。

Q：为何能节约那么多钱?

A：一方面，酒店与企业直接完成交易，去掉中间分销环节，可省去的渠道佣金抽成大于 15%，若使用金融结算，酒店也无须承担资金风险，即使供需方均支出 0.6% 以内的垫资成本，也很划算。酒店让利给企业，销售数据真实，还能与直接客户通过其他产品促进黏性和消费习惯培养，解决了信任关系，同时实现供需方共赢；另一方面，企业差旅最大的节省空间是通过内控管理行为实现的，比起内控发挥的节省作用，订单成本微乎其微。内控严谨，配合技术工具提效，就酒店业务而言，节省 30%~45% 的费用已成事实。

外资、单体酒店尚存在直连屏障：

（1）酒店门店大部分为独立业主制，经营理念和商业策略由业主酒店自行决定。

（2）酒店集团若无法解决总对总发票问题，运价体系难实现大客户政策统一折扣，只能单店报协议价格，集团汇总到协议中，需要人力成本，系统配置也会增加人力成本，如酒店入住率已非常高甚至超售，酒店认为无须再开拓新模式的售卖渠道，缺失做直连的动力。

（3）酒店属传统行业，理解创新事物需要过程，运营系统老，改造难。

外资酒店因服务器在国外，中国市场只是其中一部分，话语权不足，技术实施有屏障，因各方面条件制约，实现直连有难度。若占比相对低，这部分可用平台资源作为过渡方案解决；如酒店是以接会议会展为主，房价过高，多数企业差标达不到，订单量有限，投入产出比对酒店而言不划算。

直采模式诞生

象姐故事荟丨共创直连模式 *★*:.☆(￣▽￣)/:*.★* 初心与有肝胆人共事，从无字句处读书——周恩来

自 2009 年底，企业就提出实现闭环管理的愿望，面对成千上万条账单无法检查依据，费用审批需要依据支撑。十年过去了依然无法兑现，2019 年面对十字路口如何选择，是选择躺平还是奋力前行，我选择了后者，见图 4-14。

图 4-14 企业差旅直采新模式

以往寻找能承担酒店业务的 TMC，前提条件是有垫资能力，才能实现企业月结。这样的传统方式，最终导致企业非常被动。垫资成本和酒店订单金额无法分离，成本不清晰。服务方存在的意义本该是提供有价值的服务，技术不成熟又解决不了垫资月结问题，导致服务方的重心不在服务上，产品是否优质难要求，信任关系无法解决，企业被结算症结牢牢绑定。面对服务不到位、响应不及时，服务懈怠还贵，无力且焦灼。如对每家酒店都采取企业预存的方式或零散报销的方式也存在弊端，账户管理风险及报销贴票，财务审核的工作量都吃不消。

产品来源多样，市场展示价格多样，面对比价挑战和质疑声音，解释显得苍白无力。这些问题对企业差旅管理造成困扰和阻力，既然集中采购价格无优势，比散客还贵，那为什么要这样做，企业支出那么多钱却一点主动权都没有，说好的顾客是上帝呢？还需支付高额的附加成本 4%~10%，如 450 元 / 间夜的订单金额，每间夜需额外支付 18~45 元，订单金额、服务费还是垫资费，混在一起分不清，这样的情况下，企业不可能获得等值服务。每次遇到这样的情况，只能用行业现象来答复企业。

酒店集采的核心问题是支付，即采购完成的最后节点，也是实现闭环的最大障碍。企业月结账期长，由酒店方或 TMC 垫资押款，其自身发展也因此受到了很大制约，TMC 不是银行，靠抵押等其他方式解决资金循环问题，资金成本高，资金有天花板与业务量矛盾，业务量越大，垫资回款越吃力，垫不起，大的客户就越是接不了，不但影响自身发展，稍有不慎就会造成生存危机。

十年前金融产品也有，但没能做到与差旅场景融合，无法实现按企业成本中心分别记账，交易数据与系统订单号有索引关系，金融产品完成场景化才能落地。

2018 年底，听到很多企业开始谈论如何进行差旅管理，关注度持续升温，想实现企业差旅管理的多数企业都卡在了酒店这一环。既然规模相似的企业存在这一共性问题，与其等待不如行动，我决定尝试，成功探索对供应链各方都有利的创新模式，打造可被行业复制的成功案例，其他企业的同类问题一并得到解决。实现共创共赢就有价值。

打造酒店直连模式需要运营成熟稳定的纯技术平台（货架式中立身份），国家许可的正规金融机构具有安全稳定合规的资金来源，能实现账户合规监管，受国家审计体系把关。还需酒店和酒店 PMS 系统运营方的支持，技术、金融、酒店三个角色缺一不可。

2015 年，我有幸与石基宝库结缘，经历四年的系统运行磨合顺利平稳。技术圈子常说“三分技术七分运营”，实现酒店直连需要运营支持有保障的系统才能将模式落地。

2016 年，航结商务卡在机票场景运用有成功案例，具备三年以上的市场运营经验及服务经验和一定的容错率，具备难度大的酒店场景结算条件。

就这样，酒店集采供应链所需资源模块均已具备，时机基本成熟，更坚定了开拓的信心。要实现酒店房态信息同步到企业用户端，酒店系统运营方起着至关重要的决定性作用。2019 年 4 月某天的凌晨 4 点，我与石基畅联张立彬先生打了一通越洋电话，确定了模式可行性并得到了他的肯定与支持，一周后正式启动模式项目，组建了“企业酒店集采群英会”作为项目实施的虚拟团队，张立彬先生、宝库在线 CEO 王雪松先生和航结团队等各位同仁开启了酒店直连的创造之路。考虑到酒店业务的复杂程度和行业特点，金融领域涉及专业和法律。金融方案需借鉴经市场验证过的机票支付业务逻辑，经调整后使用，这样才能使供需方感觉安全放心，各自资金获得保障。打通信息通路，实现了信息化创新，解决了历来的企业痛点和业务困扰。

初期举步维艰，从 0 到 1，酒店作为传统行业，对创新事物需要理解和接受的过程，即使模式的价值和未来都非常明朗，理论可行，可在传统行业做变革，比起技术和金融方案，与酒店方讲业务逻辑、使其在意识上转变才是最难的。为了能推动项目，虚拟团队的各位在上海集结，拜访酒店方，进行现场业务讨论和答疑解惑，从我们分别是谁、能解决什么问题，到酒店方能得到什么，逐一解答困惑、排除焦虑点。商务结算产品在酒店行业内是新生事物，大家虽习惯了网购，机票 UATP 支付方式也有一定普及度，但酒店直连逻辑是结合以上两种业务的底层逻辑，在没有成功订单呈现前又涉及酒店的回款顾虑，酒店集团难免会对新模式持观望态度。第一个吃螃蟹的人不但需要勇气更要具备专业和丰富的经验，让风险可控才有底气第一个尝鲜。

在长征精神的感召下，虚拟团队中的每个人都发挥了星星之火的作用，大家在各自的领域里发掘差旅使用集中的酒店品牌和集团，有范围有重点地奔走相告，尝试和多家酒店集团讲述业务模式和方向价值。最终还是大首旅给力，首旅建国的丁雪梅女士作为资深的酒店从业者，具备互联网思维，与北京西苑饭店共同协作，实现了单体星级酒店首个直连成功案例。2019 年 6 月，西苑饭店具有里程碑意义的首张直连订单产生；首旅如家集团的赖勇先生发挥扎实的专业水平，与集团内部进行多场次沟通，从上海飞来北京与我详谈业务细节后，克服重重困难，最终达成一致并推动模式的落地。

2019 年 11 月 26 日，如家集团首张直连且使用 1 单 1 付金融方案结算的订单诞生了。因前期各方技术团队连夜测试，放弃假期休息，正式上线的成果让大家的付出有了重要意义。第一张订单的业务场景在时效上非常苛刻，出行人在入住当天中午已到达出差地，在酒店隔壁街道时经系统自助下单，步行约十分钟就到达了酒店前台办理入住。下单、反馈订单、确认结果到企业仅用了 30 秒，客人入离店顺利，触发离店支付成功，准确的结果信息同步到各方，实现了酒店区块链逻辑的业务落地。企业能看到差旅成本明显节省。首旅、如家使用此模式运行的两年里实现零差错。各位酒店人对行业的热情、敬业和实干精神令我感动。有成功的实际案例后，其他酒店集团也陆续实现了直连。见图 4-15。

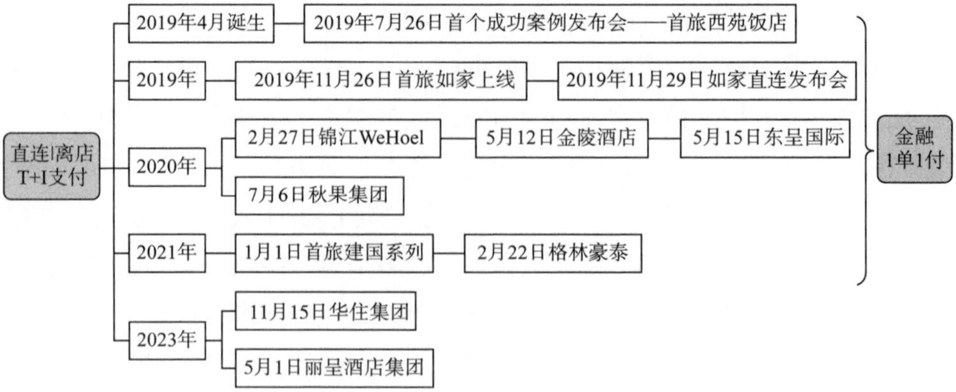

图 4-15　企业集采 | 酒店直连足迹

各位行业前辈的辛勤奉献和与时俱进的开拓精神令人敬佩，正是因为他们的支持才得以推动模式的诞生和行业的变革，发挥其价值和作用也为酒店业的变革筑牢基础，不负企业十年的等待总算迎来了曙光。

近两年来模式已被市场复制并广泛运用，多数酒店集团已上线，在经历疫情这样的社会突发事件时实现了价值，在线实时酒店房态，全链条信息闭环可追溯，高效自动化，为企业防疫防控争取主动起到了重要作用。2021年以酒店直连模式为基础复用实现了大部分酒店资源平台直连直付，数据已能充分说明此模式的成功和带给企业的好处，最终实现闭环管理的严谨模式。有幸与各位前辈共同创造并见证行业变革，时光不负有心人，一切付出都值得。

2）三方委托采购

三方是指企业买方、中间商（分销商、代理人）、资源供方（如酒店集团、航空公司）。中间商需具备机票代理人、旅行社等资质。三方委托采购是企业通过中间商来采购资源，并与其对账、结算。分销机票、酒店、火车票等资源售卖给企业，除收取资源票面金额，还会直接或间接收取服务费，通常收取比例约为交易额的 4%~10%。还提供垫资、差旅查询预订系统、订单售后的打包增值服务。

酒店委托采购：酒店品类多元，各类酒店具备的技术条件不同，目前只有国内品牌连锁酒店有技术平台具备 API 接口对接条件，而单体酒店及外资酒店的技术情况各异，不一定支持企业直连，且企业的差旅管理方式不同，管理人才及精力不足的情况下，更适合选用三方委托采购的方式。企业可对于需求相对集中的酒店、自签单位或连锁集团签署协议，委托渠道商（中间商）负责托管、预订，并以订单或间夜为单位，支付托管费；用量低、偶发分散使用的酒店资源，可直接用中间商的价格政策，可达到适当减免企业协议的工作量。

渠道商资源：

（1）价格体系：使用渠道商(平台或旅行社)的价格体系，资源方(酒店)与渠道商有协议价格，企业直接使用此价格即可预订。

（2）签署协议：企业与渠道商(平台或旅行社)签署，如涉及集中支付月结等，在合同条款中直接包含记账及结算周期和付款方式等内容即可。

（3）结算：按约定账期，付款给渠道商，由其提供发票。

直连托管：

基于企业需求相对集中的酒店，企业与酒店方的协议价更有优势，但又不具备与酒店方系统对接的情况下：

（1）价格体系：企业与资源方（酒店方）签署协议价的情况下，借用平台方已对接好的通路实现资源查询、展示、预订及结算。

（2）企业签署协议。

①与渠道商签约，合同内容通常包含资源状态要求等自动房态展示、资源使用状态等数据信息要求、服务与结算约定等。

②与酒店方签约，主要包含内容：

a. 酒店预订价格的折扣优惠等优惠政策及有效期（价格政策依酒店方情况，单体酒店以统一的固定价格居多，集团连锁类酒店以折扣方式为主)。

b. 授权给哪家渠道商托管，并由其代收代付房费。

c. 最晚取消时限、离店时间。

d. 其他包含条件，如免押金、含双份早餐、会员积分给实际入住人等。

（3）结算：按约定账期，付款给渠道商，由其提供发票。

主要适用于全球酒店集团联盟（Global Hotel）的酒店及具备系统条件的Local或单体酒店。Global酒店集团通常使用国外的全球分销系统GDS（Global Distribution System），主要的全球分销系统如Sabre、Travelpor、Amadeus等。不像Local酒店多数使用国内的系统，接口对接及沟通相对便捷，因此就需要具备通道能力的技术平台帮企业解决对接及信息通路问题。

从方式原理上来讲，通过专项的酒店技术平台实现对接，接口共享，打通信息通路，支持实时房态获取，运价呈现是由企业与相应的酒店集团签署企业客户协议，后生成大客户编码，在此编码下配置不同企业价格政策，通过COD（Cash on Delivery）匹配结算方式。

这类托管的酒店企业客户协议内容主要包含：

①价格政策：企业大客户价格政策依据酒店集团情况采用统一的固定折扣或按主要使用门店提供固定价格的方式。

②说明将委托哪家第三方酒店技术平台进行托管。

③如涉及酒店与企业间直接交易结算并开票，则需要包含相关细节约定；如由委托的托管平台处理就无须包含。

现阶段市面普遍的解决方案，处于过渡期的临时解决方案。先解决信息通路和支付的难点问题，从0到1先满足使用，能使用过渡方案的情况下，企业至少对占比高的资源渠道及产品掌握选择权，对于渠道取舍优化，针对渠道发生问题解决也能掌握主动。但是，过渡方案本身就存在不足，如合规、透明方面，待日后随行业逐步完善。差旅行业尤其是酒店行业，企业先抓大放小，面对当前的现实情况，追求一步到位，为时尚早。对于合规、透明的问题，企业和酒店方需通过其他数据佐证，配合抽检机制，尽量降低风险，主要需解决信息不对称问题。

企业关注点：

①只要不是由企业与酒店方直接结算开票的方式，均无法避免中间通路加价及额外收费问题。

一方面，酒店官方系统上如支持大客户编码登录，企业需自行查看订单及资源状态明细和实时的折扣价格或下载账单，才能实现企业抽查验证；另一方面，企业需正视通道使用费或服务费等收费项目。商业盈利性技术平台没有收益就无法生存，属于非公益性的产品。企业“吃霸王餐”的结果就意味着暗箱操作无底线加价乱收费，企业并不能通过“免费”占到半点便宜，反而导致隐性成本损失及合规问题，这违背了企业差旅管理目标。

②资源使用状态获取问题。

企业酒店直连一方面希望交易过程及价格透明，另一方面，企业集中支付后，如管理不到位，当员工无须支付即可快捷入住时，可能会对企业已垫款支付没有概念，容易出现 No-Show 行为，带来房损的成本浪费。企业需要实时、真实的资源使用状态来帮助企业高效核验，让相关管理措施切实落地。目前而言，在管理不完善、信息不对等的问题尚没有全部解决的情况下，仅有一小部分企业能实现。

酒店方关注点：

信息不对称还会导致企业客户优惠协议价格被倒挂贩卖使用。不但扰乱市场价格体系，也侵犯酒店和企业利益。此问题需通过统一支付通路双方能拿到真实一致的流水交易，供需双方交易结算信息对称且闭环。

3）酒店难点及思路

（1）行业特点：散，难统一，历史悠久，思路僵化，老系统改造难。

①任何渠道的产品，在条款政策和定价、服务都有自己的优劣势和营销打法，对于企业各类差异化需求，难以全部满足。

②无统一平台，酒店行业尚不具备如民航的航信系统。酒店运营所用的 PMS 酒店信息化管理系统在市场中有多家类似的系统厂商，收费标准不同供不同类型和定位的酒店方选择，主要侧重于酒店内部管理、运营、营收等功能。

③体制多元，如民营、国营、合资、外资，单一业主制、连锁集团自营和加盟，星级和不挂星、参照某星级水平建造；品类丰富，如商务、经济、公寓、民宿、特色主题酒店、度假村等满足多用户场景和众口难调的喜好，满足因公出行和个人旅行对美好生活向往的需要。因此一些酒店主要客群集中在 MICE 项目，一些主要是商务客人，还有一些酒店商务与文旅的客群都可用。

④酒店行业历史悠久，管理意识需要时间逐步转变，行业标准与新的市场环境不契合。

⑤技术逻辑整体较老，行业技术尚不能跟上中国科技高速创新发展的步伐，改造量和难度大；新的技术系统，逻辑更清晰，重视用户视角，场景化落地，模块间自由组合，满足差异化需要；如用户需求标签，需求画像，如外卖订餐系统实现用户习惯标签功能不放葱少放盐，无论订哪家的餐食，经用户主动意愿点选备注，可实现带着习惯标签，无须每次重复输入像复读机靠人工传递信息。

（2）行业现状与不合规现象。

A. 现状

①营业执照和开票主体不同于酒店名称。

②总对总发票实现难，特别是高星级，单体单一业主制，各种复杂的商业化运营问题，难实现酒店集团统一管理，无法实现集团“总对总”开票和统一协议政策。

③酒店票据不是实名制票据，不同于大交通票，只能核验票据真实性，无法做到对应实际入住人的行为判断。

B. 不合规现象

①商务连锁型酒店集团的税差问题：为了解决企业差旅集采对“总对总”发票的业务需要，由酒店集团开票，“总对总”问题解决后又产生了新的问题。酒店集团属一般纳税人，如酒店及服务行业销项税为6%，酒店集团为满足各类消费者需要，通常具有高中低各类酒店品牌，其中低端品牌的简易经济型酒店作为小规模纳税人开票若为3%税率，于是出现了税差，目前有要求企业承担税差的现象，但这明明不是企业的问题，企业要为此而买单。若不实现“总对总”开票，企业又无力进行全国酒店发票收集。

②虚开发票，消费水单易伪造，可信度不高。

③退改规则不透明，渠道商的霸王条款，运用大数据玩法定价，导致同一酒店价格差异悬殊，相同房型使用不同房型描述设置不同价格，其实酒店并不设那么多种房型。

（3）**企业情况：**有相似，有差异，场景丰富、业务灵活。

图 4-16　酒店类型

这些年来接触不同的企业类型所属不同行业，看似管理思路相似，但稍有区别就导致集采管理和供应链建设方面出现很大差异；企业管理风格有的自由，有的严谨有序，但自由和严谨程度又会带来变数。难有绝对适合的标准模式。

相似：在商务酒店的使用和选择条件上存在共性，见图 4-16。

管理愿景：合规、高效、节省。

住宿差标：普遍区间在 300~700 元 / 间夜。

资源选择：商务型精品酒店为主。

差旅目标酒店的选择标准：

①位置、环境。

a. 出行便捷 | 高新区产业园或 CBD 商圈附近，交通便利。

b. 生活便捷 | 成熟社区，餐饮、咖啡厅、便利店。

②设施条件。

a. 装修简约明亮标准化，有窗、通风。

b. 满足办公所需空间和基础设施。

c. Wi-Fi 网络稳定。

③其他。

a. 卫生、安全、隔音、无扰。

b. 礼貌服务。

c. 科技自动化。

差异：在资源使用上有的分散也有的相对集中。

资源使用集中，看起来好像容易点，其实也未必，各有各的难点。

分散：随机性强，突发行程多，使用资源分散，出行人员、时间、线路多变，退改多。

思路提示 1：

①在业务变化大和突发情况多的市场环境下，开拓多渠道资源产品的重要性凸显。这些资源和服务通过不同渠道获取，能够相互补充，提供全面服务，并具有多样性和灵活性来应对随机需求。特别是当差旅时段遇到大型会议以及旅游城市旺季导致市场资源稀缺时，更能体现其优势。

②退改减免政策条件，要纳入商务议价内容的范畴，在业务合理所需范畴内降低损失。

③时效，自动化高效下单、同步确认，对系统工具实现自动化程度高，减少人工和多次流转的环节，满足随订随走，随时变更。

集中：业务变化小或有事先规划的出行，计划性强，资源相对固定。

思路提示 2：

①固定资源多，适合使用固定酒店协议，主要满足位置和酒店环境需要，但这也意味着集采后，以酒店托管方式为主，在自动化程度、效率提升和人工成本投入上，就目前行业技术现状来说，想有突破性的根本改善是非常有难度的。

②同时带来了信息及时、同步传输和准确性问题，如房态的实时获取，中间人工双向沟通和手工单流转环节多，不利于合规及行为管理等现有问题的改善。

综合企业内部机构多，业务特点，工作分工情况存在完全不同的方向，分散与集中共存。

思路提示 3：

①分散与集中两种思路结合使用。

②在能满足业务需要的情况下，酌情做些断舍离的调整，逐步统一。

酒店行业，任重道远 | 供、需双方须有长征精神。

酒店行业的那些不理解和为什么：

现象 1：酒店业务与企业业务维度不一致，系统逻辑不契合，带来的麻烦多，为何酒店不能按企业维度来？太不重视用户体验了，要做两套表格。见图 4-17。

酒店习惯	假设大双床同价
入住日期	房间数
4月26日	3间
4月27日	6间

企业习惯 维度不同的差异原因：有对应大交通出发日期的需要					
入住人	入住日期	离店日期	间·夜	房型	房间数
张XX 李X	4月26日	4月29日	6	大床	2
许X	4月26日	4月28日	2	大床	1
杨XX 刘XX 田X	4月27日	4月28日	3	大床	3
何xx、罗XX 吴XX、袁XX 穆XX	4月27日	4月29日	4	双床	3

图 4-17　酒店 vs 企业维度示意图

因企业的多间房场景作为团队出行场景时，不仅是酒店业务，需实现与大交通的资源关联同步，而且因酒店局限于 PMS 系统逻辑对于记账、占房，是按每天多少间房来计数。因此，企业应注意转换成与酒店相同维度的计数方式，以免预留房数不够或占多出现房损。

现象 2：房损退改不透明问题。

为何市面常用的平台预订酒店要预付全部间夜的房费，事先取消不退钱造成损失？

行业中的普遍现象，信息不对等带来的霸王条款现象，这是普遍性行业现象之一，只要买方不能了解到酒店的真实退改政策，就只能依据产品的退改时限规则，主要因素取决于酒店满房率和价格，大多数不可取消的产品价格相对低，但在资源紧张的时期也不是绝对，能否使用这类产品还要看企业差旅计划性，是否更适合使用此类规则的产品。或使用酒店前台现付产品，但这类产品到店入住时间晚，不一定有房。当预订行为发生时，默认消费者是在已认可产品附加条件的前提下预订的，支出容易再要求退款就很难。

现象 3：企业渠道的酒店订单价格反而偏高。

解析**影响酒店价格上浮的主要因素。**

酒店价格也会因市场因素进行动态调整。

酒店空房率高，为降低损失，当天尾房甩卖；反之，满房甚至超售，价格上调。

酒店位于繁华商业区，地段好的酒店比同类偏远位置的酒店贵。

会展期间和旺季旅游城市价格通常为平季或淡季的两倍以上。

店庆等商业特价促销活动。

酒店为减少中间环节抽成而直接卖给客人，平台通常收房价为 10%~15% 抽成。

酒店的房间会有酒店自销和通过分销渠道销售，还有包房等其他形式进行分销。企业采购到的如果已是三手或四五手房源，必定会贵。如需改善可找上游资源优化采购渠道，减少分销环节。

提示：

订单比价方法：与机票同理，须在同条件同时间点的前提下，才有可比性，如查询时点，入离店日期及包含条件，是否含早，房型，退改政策等条件均相同。

现象 4：酒店退改业务。

酒店行业没有“改”的逻辑，只有退订和新增。企业用户则理解为“改”，改日期，换酒店，换房型，调整出行人员。当理解为“改”时会发现实际业务非常复杂。

酒店 vs 机票就像小学生 vs 大学生的难度跨越。用“改”的逻辑进行实操是非常折磨人的，试着分析一下，如图 4-18 所示 4 个常见业务。

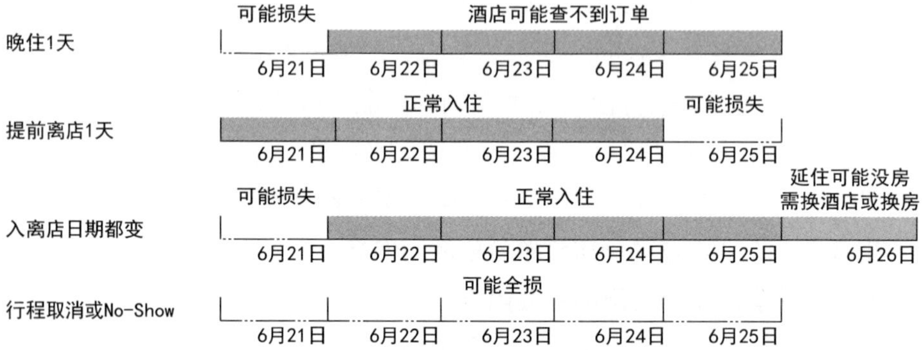

图 4-18　酒店常见业务

结合 4 个行程变化的场景，来看用户需求和影响，如表 4-5 所示。

表 4-5 企业关注

<table>
<tr><th rowspan="2">类别</th><th rowspan="2">因公出差住宿场景</th><th rowspan="2">酒店业务逻辑</th><th colspan="2">企业损失或超支</th></tr>
<tr><th>因素</th><th>现象结果</th></tr>
<tr><td rowspan="13">变更</td><td rowspan="2">晚到 1 天入住</td><td>退原单，新下单</td><td>事先不知情。超退改条款时效</td><td>首晚房损，明确此类损失谁承担</td></tr>
<tr><td>事前告知整晚保留或下单设定入住时间</td><td>航班落地晚，第二天凌晨到酒店</td><td>未事前通知会导致酒店查无订单</td></tr>
<tr><td>延住</td><td>新订单</td><td>与之前预订单价不同</td><td>超标准</td></tr>
<tr><td>更换入住人</td><td>订单姓名可与实际入住人不同；只认订单和房数，不实名制对应订单</td><td>未告知实际入住人使用哪个姓名的订单办理入住</td><td>办理入住障碍</td></tr>
<tr><td rowspan="2">提前离店</td><td rowspan="2">提前关房结束订单</td><td>出差员工未提前告知</td><td>与原订单差异的天数损失</td></tr>
<tr><td>退改政策约定</td><td>提前告知，争取无房损</td></tr>
<tr><td>超离店时间</td><td>延住，新增订单</td><td>需多支出半晚或1晚房费</td><td>依据企业政策约定此场景超支的记账方；如计入企业账目，系统须有企业确认动作记录</td></tr>
<tr><td>同城市换酒店</td><td>退原单，新下单</td><td>预付全额或为特价资源订单</td><td>原单全损</td></tr>
<tr><td rowspan="3">行程取消或 No-Show</td><td rowspan="3">规避损失</td><td>预付全额或为特价资源订单</td><td>可能全损</td></tr>
<tr><td>直连或刷预授权</td><td>通常损失首晚</td></tr>
<tr><td>只改期大交通，没改酒店日期</td><td>房损浪费</td></tr>
</table>

对应的酒店方操作如表 4-6 所示。

表 4-6　对应 | 酒店方操作

企业住宿业务		酒店方相关		
类别	因公出差住宿场景	了解酒店服务及操作		
		资源问题	酒店接待	账单差异
变更	晚到 1 天入住	到店无房	未提前告知，到酒店前台查无订单，因夜审更新导致前一天订单无法显示	—
			酒店超售，有的会提前联系客人问询；也有的直接把房售出了，夜晚到店无房	如将企业客人的房售出了，不能再计入原企业账单，未在该酒店实际发生
	延住		酒店会有两张订单客人需到酒店前台重新识别房卡	—
	提前离店	—	酒店前台需规范操作实际关房日期	如酒店操作不规范，实际 T+1 离店结算会有误
		—	如未产生房损	记账需按提前离店日期调整
	超离店时间	—	离店前确认清楚，后续硬加到企业账单，可能无法完成应收款；因企业支出，需事先确认原因和出处	实付金额大于原订单，如由客人自行进行离店支付，勿计入企业统结账单，因公因私分离

在酒店行业里通常是按“订和退”容易理解，可企业用户很难替换掉“改”的理念，一方面市场中很多产品是订了就不退款，退和新增意味着要为 1 次出行付双倍成本，并不只是换个日期而已；从用户视角，改是 1 个动作，认为很容易，实则退和订是两个动作。

酒店系统后台逻辑是退和新增，以上复杂的变更场景使用退和增来处理，订单内容和记账更清晰。

其他业务场景，如表 4-7 所示：

表 4-7　企业住宿业务

类别	因公出差住宿场景	酒店业务逻辑	企业损失或超支	
			因素	现象结果
业务现象	临时换人，合住及性别一致[单男、单女]	增加房数	若房数不够，可能换酒店或分开酒店住	增加预算
			如有房	
	基层和中、高层如需同行[涉及人员层级多的企业]	—	少有酒店房型能满足所有住宿标准的档位差	合理配置差旅政策
	双人合住未同时到店办入住，沟通不到位	已开房的订单，酒店系统不显示	—	后到店的人在前台查无订单，需提前和同住人沟通好，到店和酒店前台说明，需补充入住人证件
超规	价格超出差旅政策	旺季涨价	大型展会期间	比平日同类酒店单价高2~3倍
	前几天标准内，后几天超标			延住需换酒店或追加额外支出审批
	旺季旺地	—	热门旅游胜地	超企业住宿标准
	低房价，高房型（如300元的套房）	—	在下沉城市此现象明显	差标设置需明确合理覆盖多元化市场资源
	MICE 用房	通常会议用房不便宜	营销方式｜如主会场和住宿在同酒店易被吃定，议价难度大	参与人多，费用项综合，不清晰

为什么会超售？

如酒店生意很好、入住率高，当前期入住的客人临时决定延住，后续日期的房已售，易导致需求大于可供房间数。

为何会出现房损现象？

如出现临时取消住宿订单在入住当天午后发生，导致酒店房间无法对外售卖而出现空房，酒店作为开门做生意的一方，需避免损失并实现利润最大化，特别是旺季和会展时间内。

酒店供应链 | 平台化建设

基于两方直连模式的思路和延展，为了让资源更丰富，在大部分本土集团型品牌酒店上线后，于 2021 年 3 月与酒店分销及聚合平台方实现直连支持 1 单 1 付模式，来解决外资和其他单体酒店的企业需要，实现了酒店的供需双方最有效的点对点采购、端到端服务，资金账户由具有国家正规资质的正规金融方监管，系统工具实现数据传递，形成了四方数据的严谨校验——合规四边形“□”，此方式可与 TMC 委托采购方式搭配使用，与机票直采同理，航司也不都支持直采，相对集中先解决占比高的资源，逐步进行。见图 4-19。

图 4-19　企业酒店集采

直连组合 | 抓大放小 补充平台资源

不易实现直连的酒店，如占比不大，无须付出太多精力，可使用直连 + 平台综合资源组合，见图 4-20 和图 4-21。

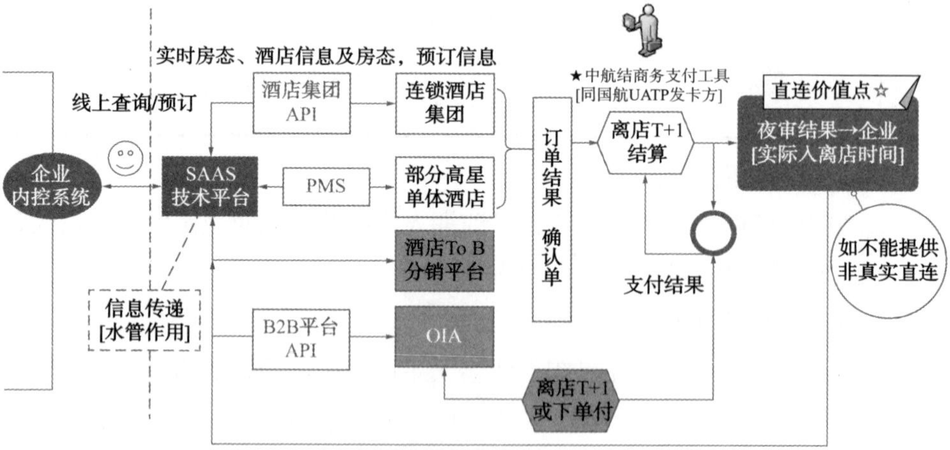

图 4-20　综合资源组合

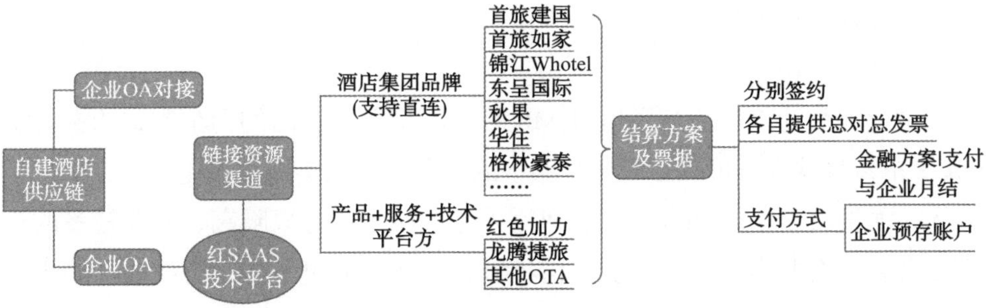

图 4-21　酒店供应链

市场上依然存在价格战和恶性竞争，如何破解企业内对价格质疑的挑战？

独家资源易被挑战，反垄断，主动破局；产品丰富，满足不同差异化需求。如很多城市美食丰富，有些人想住得舒服，可放弃早餐；在偏远位置，社区不成熟，吃饭难，就愿选择带早餐的，便捷、节约时间。我们认为好的产品用户未必需要，应将选择权还给用户，见图 4-22 和图 4-23。

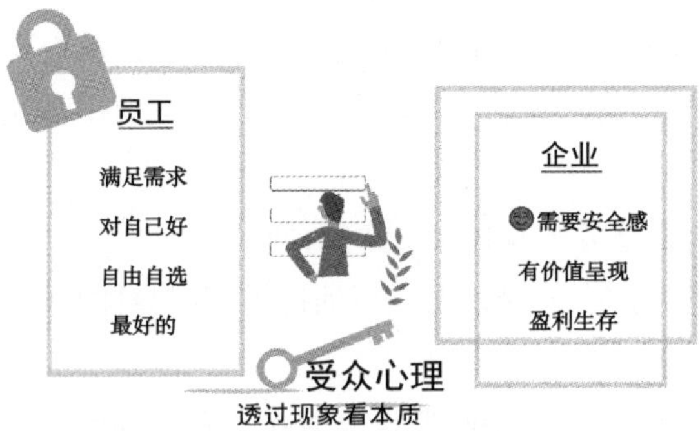

图 4-22　受众心理

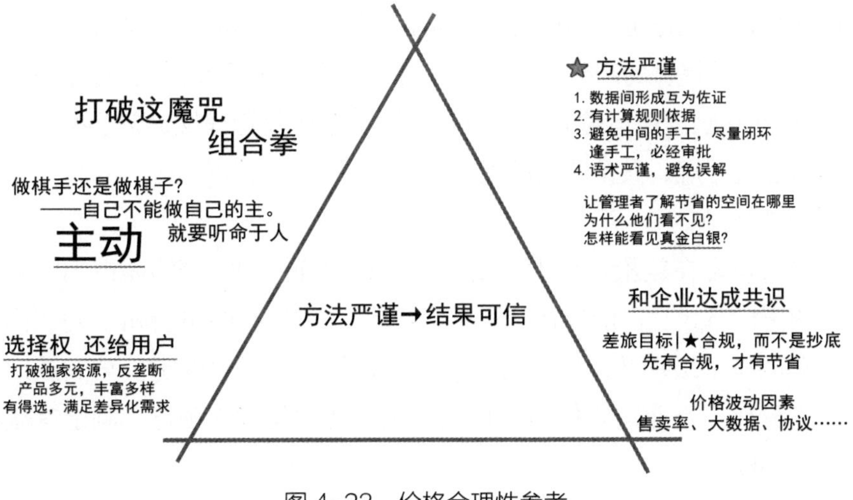

图 4-23　价格合理性参考

4. 商旅用车采购

1）租（包）车

主要涉及的差旅业务场景以 MICE 或满足行程灵活的用车方式为主。租（包）车本身就是一项满足差异化服务的业务，无法实现在线化操作，需人工介入，如询价与车辆调度调配、售后处理，属于服务风险高、问题较多的一项业务。没有非常明确的行业定价标准，企业可通过多方比价或参考历史发生的同城市相似用法的费用。

合作方式以委托采购为主：

（1）业务模式：通常企业是通过与旅行社合作来查询报价、预订及处理售后问题的。旅行社与各地区的国营或民营组织的车队合作，提供租用带司机的全天或全程包车的服务。

（2）车型：主要有大中型巴士及商务车 MPV、轿车系列。

（3）行车线路：可能涉及跨省市的中长途，无须行前提供每段具体行程，可灵活调整行程安排。

（4）报价方式：以 8~10 小时用车时间，100 千米或 200 千米行驶里程为上限，涵盖汽油费、过桥过路费、等候费及司机劳务费。提供含接送机的单趟或日租打包价格，超时超里程的部分将额外收费。

（5）品控标准：企业无法直接对此进行品控，虽然企业可提出要使用 3 年以内的新车，车况稳定，司机有 × 年的驾龄，有相关接待 ×× 客群的经验等要求，但实际所提供的产品不易界定。对于车队的车辆标准与管理依据主要以《中华人民共和国道路运输条例》及《旅游车辆运营管理规定》为准，因此企业应尽量通过合规、具备资质的渠道用车，以保障基本安全。

2）差旅打车

差旅打车是在差旅过程中，用来解决有明确行程计划的城市内大部分短途交通的出行方式。目前存在差旅场景业务，却缺乏 To B 标准。对于因公及差旅用车的车型级别及定价，行业标准很模糊，各平台的定价与商业运营模式存在差异化。企业需依据自身相应的制度要求与成本预算，制定差旅打车的企业内部标准。

业务及合作方式：

（1）直接或委托采购：与出租车或网约车平台联系进行直接采购或委托聚合平台进行集中采购统一结算。

（2）事后报销：也有企业对此业务以事后实报实销的方式处理。

5. 金融产品采购

差旅场景的金融支付，是企业差旅场景下的金融产品，看似是解决支付垫资的问题，其实是**解决合规及账户监管**问题。作为支付方式本身，市面上多种成熟的支付方式被广为应用，但是对于企业差旅，不但需要满足支付，还需满足按账期垫资。目前能满足全品类差旅金融支付的产品较少或尚不成熟。机票以 UATP 为主，酒店也有安图金信等一些企业账户授权的金融方。酒店受制于没有像航信类似的统一平台且垫资成本由酒店或平台与企业共同承担，因此垫资成本的计价方式与机票不同。火车票与差旅用车业务本身的成熟度和自动化程度有限，待后续逐步解决。

为什么一定要有类似 UATP 的金融解决方案，企业自己预存款不行吗?

一方面，对航司而言，可一票一结缩短汇款周期，降低资金流循环慢带来的资金成本，同时规避回款风险；另一方面，销售环节中购买和结算是采购关键的首尾节点，形成闭环，实现对航司投放的优势价格和产品守护，有效规避价格被滥用、侵害航司利益的问题。UATP 卡的支付授信是开给企业的，作为合规金融资质牌照的专业金融方对账户进行监管，更专业也更中立，出票意味着从企业资金账户支付和记账，也利于企业实现闭环管理；如企业有能力用自有资金，需对机票采购和资金账户设置分管的责任人，同时要有合规的管理方法，能让航司打消顾虑。

打造我国差旅金融产品：

（1）差旅金融产品对企业的意义：

很多企业自有资金足以解决支付和垫资问题，可以采用预存或企业信用卡等方式完成支付。那为什么企业还要选择第三方支付产品呢?

（2）专业金融机构监管助力合规：

①与采购及入库管理办法同理，采购与入库分职责管理，分工清晰利于

合规管理。差旅采购也是如此，既负责采购、使用，又管资金，无疑会存在审计合规的风险。

②能满足预存使用自有资金的企业为数不多，部分企业本身自有金融板块或机构，可自行完成差旅支付与垫资的账户监管和集团化企业内循环。

③不具备条件的一般性企业在此方面并不擅长，需要专业金融机构提供专业服务来承担此方面的工作。

④一般性企业通常存在以下几点问题：

a. 记账：首先预存的这笔支出要从财务方面记账在哪个成本中心呢？很多集团化企业，尤其是上市公司的财务记账，是先确定支出成本中心，才可进行支付，那么对于预存的费用走向记到哪里呢？相应的预算管理和后续外流资金管理及关注都非常耗费企业精力，还易导致资金流失及合规风险。

b. 资金流失风险：每笔预存意味着财务始终会悬着一笔账，当企业人员分工遇调整，需对在外预存的资金进行核对交接，交接管理中稍有疏忽，极易出现不清晰和失控等企业资金风险。

c. 此方式还占压企业部分资金，企业需根据利率计算占用的资金成本，这也是差旅成本中的一部分，往往与人力成本一样极易被忽略且占差旅成本比例较高。

d. 企业自有的资金账户为满足合规监管，需与采购分设专人管理，人力成本也需参与成本核算。

e. 每笔订单流水、进销账核对等都需企业承担监管责任。

f. 先把钱给出去，从一定程度来讲，一旦出现争议，钱先给出去的买家会被动；例如网购为何不是先把钱给到商户再发货？同理，收到货后再进行实际结算，解决了消费过程中的争议和信任问题。

（3）金融 | 如何与企业差旅连接：

A. 授信给谁（Debtor）的区别与价值作用

①给企业授信：这也是近些年来普遍运用的方式，金融方与企业签约授信，金融方与供给方有支付收单协议。对各方利益均有保障，较安全合规。

条件：

企业风控背调结算周期规范且规律，财报相对稳定，信誉良好。

财务合规，除法定节假日正常顺延，无拖欠账款延长垫资周期现象，能实现固定账期的还款。

差旅平台化管理在系统工具帮助下，可实现与金融及供货方订单信息搬运通路，订单的真实交易通过支付接口传递到金融方完成支付，专款专用并以自动化方式完成系统内各方之间的对账，实现严谨闭环。

票据凭证：

提供企业差旅垫资方案的金融方能开具怎样的票据，可作为判断是否属于纯正金融方的依据之一。

供需方如产生垫资成本，此金融方可开具给企业金融类票据（不含订单金额），订单本身的费用财务票据由供给方（商户）直接开具给企业。

如银行、金融机构能够开具代订票款、代订房费等体现资源产品内容的发票，则扮演的是旅行社角色，相对应的证照也并非国家金融领域支付或保理证照。这样的情况属原有模式，即由旅行社或 TMC 为企业垫资，则该银行或金融机构并非供、服、付分离中“付”的金融角色，切勿混淆。

②价值作用：企业需方、资源供方、服务方、金融方的四方保障。

企业·需方。除解决支付垫资等统一结算所需业务，还可实现资金账户监管，金融方履行裁判员角色，利于企业内部财务及管理规范。

资源·供方。尽可能缩短回款周期，如一单一结算；经业务闭环、多方数据互相校验，形成对资源供方的价格体系保护，能够证明订单来源及所投放产品落地的真实有效性，规避价格遭到倒挂违规贩卖而影响收益，解决多方之间的信任问题。掌握用户的真实订单数据，利于分析再研发贴合用户需要的产品，精准定位客群投放适用的产品，实现商业价值最大化并与有价值的企业客户深度合作，培养用户黏性。

中间·服务方。无须为企业垫资限制自身发展，也无须承担回款风险，解决了客群越多，订单量越大，垫资越吃力的矛盾点；仅需做好自己的主营业务和服务，自有资金得到有效释放，投入到有利于自身发展的业务中去。

支付·金融方。能清晰了解真实订单流水情况，了解资金用途走向；掌握债务方如期还款规则。

备注说明：授信给渠道服务方或供方是另一角度的金融方案，受众群体不同，评估方式和对于流水真实性的验证方式不同，主要解决供给方的资金压力，等同于贷款方式，与企业无关。金融方无须接触终端企业客户，仅通过金融方自有的信息体系及办法就能够核验订单真实性及资金用途是否按约定使用，以规避刷单挪用资金作其他用途的现象；或金融机构仅为其提供信誉评估后的定额贷款，甚至无须限制资金用途。

B. 跨界链接丨差旅场景化金融

几年前，我就在寻找能解决企业差旅结算的银行和金融方，虽然有资金的金融方很多，至今既合规又能实现场景化落地的产品还是凤毛麟角。

用于差旅的金融产品须具备两个前提条件。

首先资金的来源须合法、合规、稳定，金融机构和牌照在国家金融体系中是被承认的，受国家银行体系及审计监管。

其次，数据信息流转及存储须具备高级别的安全保障，不被滥用和违规泄露且数据信息仅在国内循环和留存。

因差旅业务的特殊性，预订过程中须涉及用户信息、企业信息，并对交通和住宿的产品使用结果有较完整的行程轨迹 。满足以上两点才是具备解决差旅业务能力的金融提供方。

除此之外，需要具备服务和技术条件，服务包括人工和电子化对账，及时调整额度上限等，技术上能对接前后端，能接收分账记账并按要求分类，接收收单和触发支付指令，反馈支付状态结果等。

作用：看似金融方解决的是供、需双方之间付钱的问题，实则其核心价值**是监督管理和解决各方信任问题：**

①对资源供方，通过企业订单及对应账户流水的闭环管理，实现对产品运价体系的保护，将价格倒挂或违规倒卖的风险规避或降低，利于市场价格有序合规。

②对企业需方，清晰合规，实现四维数据校验（需求 = 系统订单 = 支付 =

实际发生），彼此佐证实现合规。

③跨界连接的前提——**了解差旅和金融两个行业**及企业差旅管理方式。

④**专业和经验**能帮助金融方在与企业差旅管理的连接过程中，预见可能出现的难点并准备好预案。

⑤**服务是灵魂**：差旅的每个业务场景和资源产品的核心均离不开**"人"**，人是核心，服务元素就是灵魂，金融产品也如是。

⑥**信息通道建设**：目前万物互联的跨界信息通路建设正处于发展阶段。

为何银行体系具备天生优势但在差旅业务中落地难？

一方面，记账及账单，差旅业务不只是像信用卡一样完成单一记账，大部分企业是有成本中心概念的，需对应支出发生的子单位项分别记账，还有按供应商（商户）、按资源类型等场景分类的记账要求；因此传统的银行账单尚无法满足企业差旅对账的需要。

另一方面，对账障碍，唯一索引是信息传递，集团化管理的企业，分（子）公司众多，可能多到几百个，财务独立核算所需多主体分开发票（票据内容，资金成本类），现有银行体系无法实现接收订单信息，无法以企业共有相同流水 ID 信息作为索引，无法通过现有的支付接口实现 ID 索引信息的传递和交互。

银行业的业务逻辑通常以抵押或冻结企业的部分资金作为担保且手续烦琐，这样对于企业等同于占压资金进行预存且无法实现差旅场景化落地。

为何企业信用卡不能很好地解决企业统结统付？

无论是实体卡还是虚拟账户的企业账户持有人，均须企业授权持有账户，由哪位员工持有账户似乎都不合适，这无疑是给企业出了难题。企业分工调整、换人等正常的人事变动，会导致对企业的管理要求高、负担重、难落地。

无专人能承担如此专业性强的工作，谁持有账户，谁就有监管责任，一般性企业不设置此类岗位。如采取给每位员工办理差旅专用信用卡，依然无法摆脱烦琐的报销程序。在企业使用过程中和预存方式区别不大，并不能实现为企业财务减负的作用，更无法实现上述的"四方保障"。

对账结算，不分成本中心，不能实现单据 ID 索引及与交易订单的分类信息对应和交互，对账难。

额度动态，额度设置多少都不合适，没有国际业务和 MICE 项目活动时，波动不大；临时增加了业务会一下占满原有预估额度，导致常规业务没额度可用，临时额度调整等所需的申请审批等手续烦琐，时效会影响企业出差业务进行。

企业差旅 | 金融方案

（1）对应其所提供的金融产品和服务，具备国家认可的金融牌照及证照。

（2）能行使账户监管责任，对企业账户有严谨安全保障；可通过运作方式、现有用户及审计体系了解。

（3）了解其资金来源是否合法，资金链是否稳定，产品的盈利方式，可通过背调方式知悉和判断。

（4）开票主体与证照一致，开票内容符合对应金融牌照范围类项，事前可验证及明确约定。

（5）垫资成本按年化利率及垫资天数周期，进行金融方式测算，是否在市场通则范围内。

金融垫资合同

金融机构主要解决企业差旅支付结算业务，**授信给企业**，开通虚拟账户的业务场景，该机构依据金融行业所需提供的各类背书，同时依据行业规定出具标准的金融账户服务协议。主要包含以下重点内容。

（1）用于企业差旅的账户是哪类账户，阐述发卡机构，对资金专有用途进行说明。

（2）对账户额度的定义和配置，超限需办理临时额度提升，永久额度调整的审批流程手续如何进行。

（3）此账户所能用于支付的业务范围。

（4）服务方面除提供资金解决还需配合其他相关的服务内容。

（5）需方所需承担支付的资金成本金额，及对应发票凭证类型，开票内容的说明。

（6）账单提供时效、要求及最晚还款日，逾期未付的滞纳金收取方式等条款。

企业方与金融机构之间的金融授信及服务，不涉及 TMC 等其他中间方的问题。如账户是开给 TMC 而不是开给企业的，意味着整体流程和债权债务关系均不同，如与 TMC 之间还存在债转关系，那么相应的条款基于以上内容，需再补充对于债转的说明，而债转方式会涉及较复杂的情况。比如，虽然是金融方授信给企业，先由 TMC 代为还款到账后，企业再将款还给 TMC。

6. 非标产品 MICE

MICE 即企业为达成商业目标而组织的商业活动，是会议 Meeting+ 会奖旅游 Incentives+ 企业级会议 Conventions+ 展览 Expositions 的缩写。活动的组织和开展，场景复杂，随机性突发情况多，需丰富的多场景产品支撑，除机、酒、火、用车外，还需要活动组织、舞台搭建、会场会展布置、接待指引、餐饮、安保、现场拍摄等。

1）MICE 意识 | 敏感 + 经验 | 预见

MICE 活动包含且不限于日常差旅出行所需资源和保障支持，涉及综合资源的统筹和突发情况应变，业务综合，过程中不确定因素较多，考验专业和服务能力。需要对社会公示的各类相关信息保持敏感度，如天气预警、各城市近期举办的大型会议与场馆周边的交通资讯。

这类业务中，差旅出行仅是项目所需支持的一部分。要考虑安全、有序、低损，充分发挥资源价值，如人、钱、资源、数据、保障等，实现活动的商业价值最大化。

2）统筹与管理 | 制定标准化流程

复杂的过程需求，有步骤规律可循。这需要在每次项目执行后进行项目总结，逐步完善，来实现低风险和低损失率。在项目筹备过程中，如遇到可做可不做的小事时，选择做。要做就做彻底，重视小事和细节，以免任何一件未经落实的小事在过程中造成阻力和麻烦。提升过程中的风控能力，从而腾出足够的精力，处理无法预见的“突发万一”。见图 4-24。

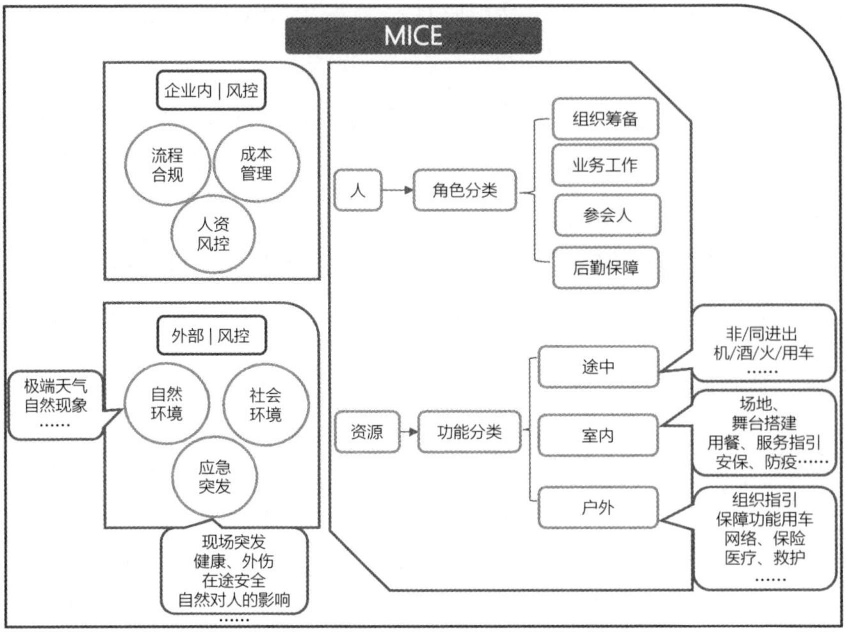

图 4-24　MICE

项目及方案立项。此时除考虑商业价值如何实现，还要考虑目标城市的配套条件情况，如果涉及户外，还需考虑自然环境等多种因素带来的风险问题，评估是否在企业能力所及范围内，投入产出是否划算等。

（1）工作分类：

列出各项所需工作内容和标准，用人要求和人员配比。

（2）人员统筹：

依据所需工作内容，进行职能角色分工及项目组选人，备选第二梯队；

（3）需求、整合：

因人员的角色分工不同，所需出行天数有所不同，依据目标城市条件，进行需求整合和资源分配；常规的差旅一线城市，交通发达，城市社区功能完善，航班高铁多，利于安排和满足多元需求，行程设计可满足相应自由度；反之，需划定所用资源及时间范围，以便减少因需求散落导致不可控的安全隐患，同时导致成本失控，这就是统筹安排的意义所在。

（4）商务合作：

要注意资源与渠道的日常收集，提前储备与磨合，用熟不用生，有足够的备选资源方案。

承担机、酒、火、租车各资源的服务商至关重要，尽量选熟悉的、已磨合顺畅、配合度高的服务商承担需求，做好与市场资源最后一千米的衔接工作，MICE 项目易出现各类的意外突发，在此过程中如与服务商还需临时磨合，雪上加霜，会增加难度和不确定性。

当项目规模较大，参与人员多时，在资源安排上难度系数增加，特别是酒店和租车要在平日提前收集资源，要抽出时间充分了解资源供方的情况，利于服务运营及试用磨合。

（5）从需求管理到成本管理：

组织安排与合理管理相结合，才能实现成本节约。既然提到了管理，就不仅是比价的问题，MICE 项目不像日常差旅，单独一个项目活动的成本在差旅成本中占比并不低，一般性企业不能为一个项目无预算上限地尽情投入，企业会考虑商业目标实现是否值得投入高额的成本；而我们需发挥自己的专业作用，紧密衔接各环节及各资源，要通过需求统筹与合理使用资源来实现成本管理。

①需求和资源有统筹、有管理。在项目中，企业工作人员负责费用支出的部门，需巧用资源充分发挥资源价值，有组织有管理，避免浪费；而负责赚钱的业务部门，需考虑先在各自的小团队小组织梳理好可预见需求，在项目中，毕竟差旅相关安排并非业务人员的主要任务，为了使其在项目进行中不分散太多精力再去为资源而操心，就需在事前有时效要求、有核对过程。

②建立有效的信息通路 ，每个小单位的组别团队指派 1 名需求接口人，过程中由各接口人收集需求，项目过程中避免需求泛滥。

③资源选择和备份。在 MICE 项目中如果使用唯一的独家供方，虽在组织安排上有一定的便利性，但企业易被绑定，性价比降低；为了避免被绑定，要事先准备好第二三梯队的资源方，随时可以补位，手握足够的资源选项更有把握，同时，有竞争才能打破垄断，只有让供方认识到其并非唯一的选项，

企业才能获得主动权，具备应变能力，何况没有哪一家供方是万能的，总有些资源覆盖不到，有长短板问题，超出其能力范围勉强去承接，风险自然会高很多。

如果活动场地和住宿在同一家酒店，需事先在其周围准备替代资源，进行实质性的商务洽谈和准备，当某一家酒店因临时接了活动会议导致资源不足，或不在一线城市进行的活动项目，可能出现因临时停电停水的突发情况时，也有备选资源，利于解决突发事件。

MICE 的车辆租用更易发生各类突发情况，更需要有 Plan B 资源方案兜底。

④报价清晰，费用项清晰。各费项综合则分不清，说不清哪部分费用高，没有对比就没有伤害，综合计费不利于评估各项费用支出的合理性，易导致鱼目混珠。必须抓大放小，至少将主要费项、金额高的大项单独列出，其他杂费如果金额低，细碎费项难拆分，视企业的要求而定。

（6）资源与服务结合：

✈ 大交通作为资源使用的起始端，需发挥其服务的重要价值作用。

在项目活动中，机、火资源是客方行程首尾端且费用占比高。通常机票服务，仅限于预订出票，而改退变更和服务就此止步了，但 MICE 的机票服务方可以发挥更大的价值作用，让企业所支付的服务费更物有所值。如给少部分人员提供休息室或绿色通道服务，对于项目整体的价值更大。

机票服务方多做一步，在 MICE 过程中成为展现服务价值的关键一步——对所出机票的乘坐状态进行监控并及时地反馈播报，这样能实现后续资源联动，机票是否使用关系到后续资源是否能合理使用，比如：住宿和用车安排的同步变动，嘉宾方涉及临时调整来访人员或取消行程，出发落地机场的航线调整导致落地和到达会场的时间变动等。利于业务人员实时了解所需乘坐大交通前往的客人是否能按时到齐，利于接待工作的安排。后续资源也能得到及时的调整以便释放给其他有需要的人使用。

建立项目服务的日报机制，可帮助企业将未使用机票及时处理，能够让业务部门了解费用每天的支出和预算执行情况，同时也能降低对账期的工作压力。

（7）降本——有组织有管理有效减损：

- 相对统一的行程规划显然有利于节省成本，但项目活动特点决定了同进同出难以实现。项目活动的成本可控要靠多角度的综合作用力。
  - 资源共享：充分发挥资源价值，精湛用人，资源尽量共享，避免浪费。
  - 选品：优先考虑直接采购，减少中间环节，每项资源精挑细选，考虑场景需求的匹配度，资源间尽量无缝衔接。
  - 真实：人员和行程真实是及格线，这也是MICE业务中普遍影响成本的因素之一，不真实的人员和行程不仅浪费成本，而且因无序且不可追溯会给企业带来较大的安全隐患。
  - 合规：合理统筹分配和风控来节省成本，同时设定合理的预算范围，支出费用清晰，流程和成本可控。
- 意识先行。发挥专业和经验，对社会新闻资讯的信息要有敏感度，利于捕捉辅助预判，通过充分到位的前置工作，降低过程风险和突发情况的概率。为解决应急事件而临时调配的资源，成本是最高的，难免被趁火打劫。

酒店资源的损失，通常在前期与酒店占房数时，需求不是非常准确，部分为预估需求先锁资源，意味着会与实际发生有偏差，需尽量缩小No-Show比例。

预估需求基本规则：

①如每年常规的项目可通过上一年度的实际发生作为预算及用量参考，再结合当年市场环境和企业的业务变化等影响因素，相应做调整。

②新立项的项目，收集汇总项目管理需求，并结合市场淡旺季对资源的影响进行预估。

常见场景情况对房损把握和控制：

①资源足够调配的情况下，可使用数量下限作为保底资源占用数量。

②如果资源紧缺只能按上限预估，一方面需与酒店事前商议减免房损的规则比例，也可约定最晚取消时间，尽量避免供需双方的损失。

其他杂费，如酒店的自费项目及房间内收费物品是由个人支付，还是挂房账由企业支付，需事前明确。如有挂房账的情况需指定授权人签单确认，以便对账时明确附加费项是否收取合理。

- 大交通票的退改损失：未用机票和火车票及时处理，出发前的退改收费比例低于发车后，因航变或极端自然天气、灾害及社会级公共卫生事件等不可抗力导致被动延期或取消，而变更取消造成的损失，可根据政策及提供证明申请减免。
- 对每项损失费用有明确的原因，金额的由来产生及核算有过程。

（8）合规：

MICE 项目有一常见现象，即仅做宏观管理时，打包费用如不需提供参与人员明细，又不经企业差旅的正规申请审批路径，就易产生人头和费用不属实导致虚报费用的违规现象。守住流程首尾，严谨对待事前的需求申报审批，结算时仅收取行业内的标准票据，加强财务管理和重视审计合规，凡有实名制票据尽量不使用大发票，如果有资源端官方的明细提供，则尽量提供信息数据源的明细。

总结梳理上述问题，可从几个方面来降低风险：

事前：所有参与项目的人员均要申请，有审批及预算审批。

事中：如涉及大交通，可通过实名制票据结合票务状态确认实际到场人员；因过程中有人员调整，导致酒店订单时预留姓名与实际入住人员不符时，应及时进行信息同步更新。突发变动导致在过程中新增资源进而导致成本上涨、预算追加时须及时报批。须有实际使用人提报记录存档，调派资源的书面确认作背书留痕。

事后：结算票据只能使用实名制的标准交通票据，住宿离店后，可要求酒店方提供 PMS 系统导出的实际入住人员对应房号的 PDF 明细，与票据对应进行结算。

（9）人资风险：

人资风险：充分的前置工作能尽量降低突发状况的发生率。事先了解企业标配的人资保险内容是否能涵盖项目场景的需要，利于为企业争取主动权和长期良性的有序发展。

如果 MICE 中包含户外特别是涉及户外运动类项目，企业作为团建或一些商业活动的组织方，担负着参与员工及宾客的安全责任，特别是上班族的体能、经验技术通常不及专业运动员，如涉及户外运动项目需格外重视安全问题。

- 同时考虑自然环境、极端天气因素所带来的影响及备选方案。
- 在企业掌控范围内，须根据不同风险有相应的专业应急方案、救护救援预案，选择对应专项保险、活动整体的组织安排及后勤保障。

户外运动项目风险等级：

初级（普及型），如远足徒步、休闲跑、休闲骑行、场地趣味游戏、山地徒步穿越、自驾游等；

专业技术类，如沙漠戈壁无人区穿越、场地滑雪、野外生存等；

极限类，如高山滑翔、高海拔户外运动或探险等。

第三节　企业差旅 | 供应商与供应链管理

供应商：差旅供应链的个体组成部分，提供满足差旅业务所涉及、所需要的各类型产品资源。包括：实体资源供方如航司、酒店、铁路，综合或专项资源的代理方如票务代理、旅行社等，差旅业务所需的周边产品和增值产品如技术、金融机构、专项设施和服务等。见图 4-25。

供应链：多供应商所组成的产业链，形成合作、竞争、接力、共赢关系。建设主体企业为满足自身的管理目标各流程、各项需求，由不同行业品类和功能的供应商之间形成集成，跨行业相互作用，构建成虚拟合作关系的生态圈。以尊重用户视角，实现资源全面丰富，满足共性需求的同时尊重差异化需要，可灵活调整或重组，打破垄断局面。

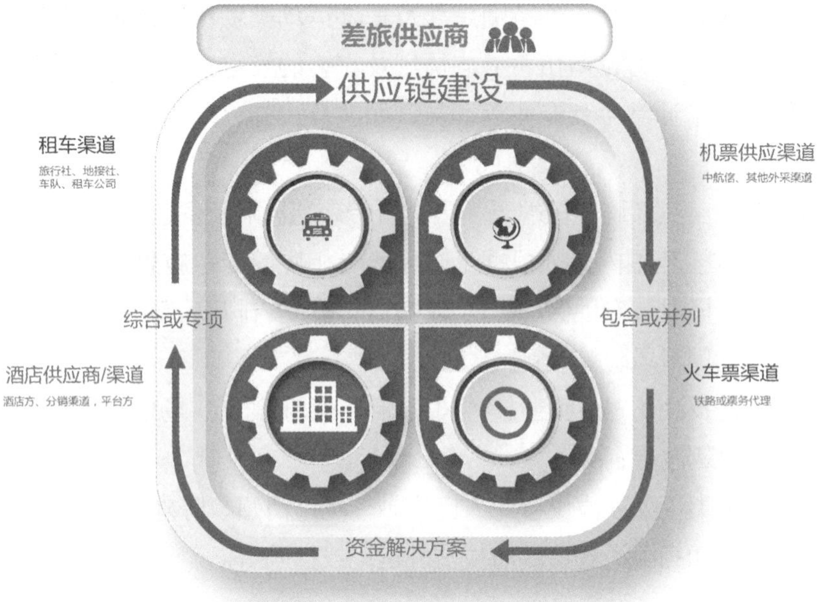

图 4-25　差旅供应商

建设主体：

- **企业方**可出于满足自身管理及业务需要的目的，量体裁衣满足差异化需求。满足不同发展时期的管理和业务所需要的变化和迭代更新。集成方式更有利于企业把握主动权。
- **实体资源方或资源代理**为了其自身的商业目标和利润最大化进行建设，同时满足企业用户的共性要求，优先标准化。

一、差旅供应商选择与管理

在与企业交流时，经常会有同学提出“某几家相比较，哪家好”这样的问题。其实这样的提问是无解的。大家对“好”的标准定义不同，企业需求不同。任何产品、平台、渠道都有适用与不适用的点，要看企业想要什么，想做什么，侧重哪方面，如今市场上百花齐放，总有一款适合自己。

选择与管理办法：首先，了解差旅供应商的类型，各类型所对应的身份资质和所主营或擅长提供的产品资源也不同，以满足业务场景需求为目的，根据企业自身需求和管理要求，选择适配企业的供应商，这样也更易发挥其资源优势和能力优势。

（一）差旅 | 供应商资质

资质：

基于对合规管理及未来的中长期稳定合作要求，企业在进行供应商入围审核时，对其经营许可证和行业资质须审核，遵守工商管理要求，降低企业风险，有利于企业中长期平稳合作及业务有序进行。

- **核验工商注册信息：**“所属行业、经营范围”，结合资质证书有效性、工商信用及风险。
- **基本原则：**
  - 营业执照主体、企业签订合同所用主体与开具财务发票主体单位一致。
  - **所提供财务凭证**，如增值税专用发票、普通发票、专用行业凭证（如实名制机票行程单、火车票）的开票内容，与企业合作的业务内容，在营业执照经营范围内及对应的行业认证，四者一致。
- **行业认证信息**符合所属行业资质有效性要求，如有效年限，如期提交复审。

（二）差旅 | 综合供应商

综合供应商即资源产品、技术和金融相综合，提供产品的一站式全包服务。见图 4-26。

综合供应商可选择具备综合能力和相关行业资质的票务代理、旅行社、OTA。首先需考虑综合供应商需具备哪些必备能力与资源品类，足以覆盖企业差旅所需。哪怕是一家大而全的综合供应商，也有其相对的长短板，企业需评估自身的差旅需求特点，所用资源相对集中的部分，可补充有针对性的单项资源协议，来优化重点资源的性价比。还需考虑售前与售后方面的服务能力与企业自有的服务团队能力，能否匹配与协同；如还需其提供垫资和差旅系统，需考虑其是否具备长期提供稳定资金的能力，资金来源是否合法合规，需要企业承担的垫资成本是否在企业可接受范围内；系统方面需考虑系统开发和运维能力，来确保系统与市场变化同步及确保系统的稳定性，系统在数据安全方面所具备的相关资质。

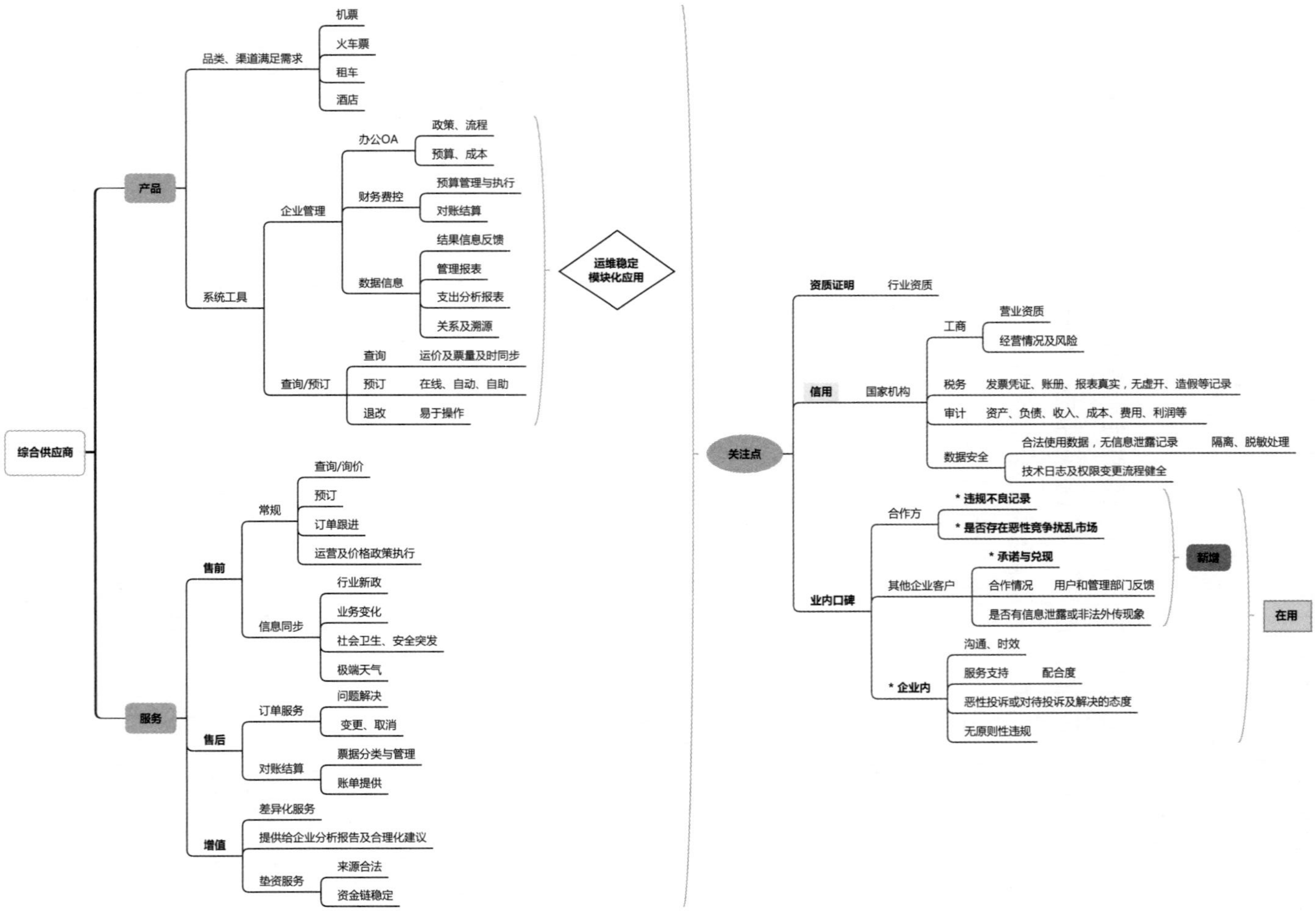
综合供应商
产品
品类、渠道满足需求
机票
火车票
租车
酒店
系统工具
企业管理
办公OA
政策、流程
预算、成本
财务费控
预算管理与执行
对账结算
数据信息
结果信息反馈
管理报表
支出分析报表
关系及溯源
查询/预订
查询
运价及票量及时同步
预订
在线、自动、自助
退改
易于操作
运维稳定
模块化应用
服务
售前
常规
查询/询价
预订
订单跟进
运营及价格政策执行
信息同步
行业新政
业务变化
社会卫生、安全突发
极端天气
售后
订单服务
问题解决
变更、取消
对账结算
票据分类与管理
账单提供
增值
差异化服务
提供给企业分析报告及合理化建议
垫资服务
来源合法
资金链稳定
关注点
资质证明
行业资质
信用
国家机构
工商
营业资质
经营情况及风险
税务
发票凭证、账册、报表真实，无虚开、造假等记录
审计
资产、负债、收入、成本、费用、利润等
数据安全
合法使用数据，无信息泄露记录
隔离、脱敏处理
技术日志及权限变更流程健全
业内口碑
合作方
* 违规不良记录
* 是否存在恶性竞争扰乱市场
其他企业客户
* 承诺与兑现
合作情况
用户和管理部门反馈
是否有信息泄露或非法外传现象
* 企业内
沟通、时效
服务支持
配合度
恶性投诉或对待投诉及解决的态度
无原则性违规
新增
在用

图 4-26　综合供应商

企业在选择供应商时，要依据图 4-27 中提及的关注项进行相关资质资料的收集并对与其合作的各方进行调研，求证合作洽谈过程中其承诺可提供的资源、服务与能力的实际情况，从而有效降低合作后货不对板，虚假夸大宣传导致的风险。提前了解其真正的短板是否在企业可接受范围内，是否对差旅业务构成影响或企业是否能化解其短板带来的风险。

（三）差旅 | 专项供应商

资源产品类主要提供差旅出行所需的交通类、住宿及商务接待、设施等相关产品，配套服务或补充增值服务。

1. 实体资源方

实体资源方是差旅出行必需的有形主导载体，相对稳定的物质存在，属社会性基本生活资料范畴。差旅业务常用实体资源方，如客运交通类（民航、火车、车队、轮渡等），提供售票和面向社会公众服务；实体建筑空间（酒店、机场等），提供差旅出行所需空间的租用、使用和相关配套型服务。因市场需要为提升用户体验感和出行便捷高效，根据不同客群特点提供企业商务出行所需的产品直供和其他差异化服务。

1）证照资质

品类：航空公司、铁路、各地客运车队、客船、酒店。

所属行业：交通运输—航空运输、住宿业、酒店管理或餐饮业、商业服务业；

经营范围：定期或不定期航空客运、铁路运输、住宿、酒店管理。

财务凭证：机票行程单、火车票根、船票、增值税发票、住宿费。

2）管理与评估

✈ **大交通类：**

通用业务

- **合规：**利于企业差旅合规管理。
- **服务：**人工值机柜台、登机口、乘坐期间提供。
- **日常业务：**售前、售后服务便利，响应与处理时效快。
- **突发应急处理：**备降、延误、乘坐过程中的突发问题积极解决等。

✈ **住宿：**

通用业务

- **运营管理**：订单执行快速、前台操作规范熟练、客房安排有序。
- **服务**：店员礼貌接待，出现投诉后能处理解决。
- **配套设施**：符合商务所需，如网络稳定，有可以满足笔记本办公空间的办公台，有小型会谈区。
- **公共卫生**：公共区域、餐厅、房间及消毒用品等卫生情况遵守国家或地方政府疾控政策。
- **安全**：酒店住宿安全有保障，入住、离店手续严谨合规，具备安保条件。
- **隐私保护**：房间内无扰，不得随意联系入住客人进行广告推销。
- **效率**：入住、离店办理效率满足商务群体需要。

▲ **业务合作评估 | 直接采购**

- 企业服务：尊重用户，有服务意识，业务配合度高，有专人对接协调沟通及反馈，服务连贯平稳。
- 对企业政策流程和出行人有影响的新政策、新系统功能、新产品，事前做调研，预留足够企业联动调整的时间。
- 可见的成本节省，无其他附加成本。
- 所提供给企业的资源产品政策条款要明确、易于理解，价格具有市场优势。
- 影响使用的系统功能能被快速解决掉或有替代方案，不影响业务正常进行。
- 按企业要求进行票据凭证分类与管理，确保时效。
- 按时按要求提供账单，费用清晰合规，对差异订单及时主动沟通并妥善处理。
- 按期数据报告提供专业分析；定期进行体验回访并对曾提出过但尚未解决的问题进行进度反馈。

3）商务租车合同

✈ 涉及的业务词汇：

- 服务里程：从服务开始到服务结束允许的最长行驶里程。
- 工作时长：承担车辆使用期间的驾驶人的工作时间，通常为 8~10 小时（不等于连续驾驶时长）。
- 超时超里程附加费：当实际的服务里程超过所允许的最长里程时，每超出 1000 米需额外收费。

✈ 合同条款中供需双方权利和义务：

- 用于服务的机动车具备证明车辆合格的有效证件，符合相关法律法规规定的条件和行业标准，可随时向需方提供保养证明、车辆投保险单等相关资质证明文件。
- 途中发生突发故障的解决方式：派同等级替代车辆；因此给需方（甲方）导致的损失由供方（乙方）负责赔偿；突发交通事故，由乙方负责赔偿的各项费用。
- 明确供方提供的车辆投保情况，所包含的险种及保险理赔额。
- 保密条款要求：供方对于需方的商业机密及乘车人的隐私保护义务。

✈ 记账、对账、结算：

- 如发生超时、超里程或产生的额外需求的附加费，需供方提供乘车人的签单记录，同账单以 ×× 方式通知需方，得到确认后，计入当月结算账单。
- 记账、结算周期，遇节假日顺延等关于结算约定的条款内容。
- 对发票的提供时点及开票信息内容进行明确。
- 其他：合同有效期及变更终止、不可抗力等说明及法律相关条款。

2. 资源代理（分销渠道方）

资源代理与实体资源方是代理销售的合作关系，如旅行社、票务代理商，主要以批发或分销为主，可提供差异化服务作为标准化补充。

企业基于合规管理的大前提，了解资源合作方业务优势的真实情况，判断合作方输出资源所对应的经营许可范围和行业资质是否匹配。在进行供应商入围、入库前须严格审核，这不仅是检查其基于工商管理是否合法经营，还将直接影响今后的业务合作能否有序进行。

从业务角度来讲，目前分为两类，一类是仅提供机票酒店等产品代订及服务，另一类是还可以为企业提供系统工具，从营业执照的所属行业栏可见区别，见图 4-27。

类型	资源代理人（旅行社、票代）	
	传统	技术创新
企业需方需求	保持习惯 资源、服务、节省	适应新习惯 资源、服务、节省、提效
资源供方收益	资源、服务 机/酒/火/车	资源、服务 机/酒/火/车
主要收益	资源销售/服务费	资源销售/服务费
所属行业	商业服务业	商业服务业、 科技推广和应用服务业
增值税票内容	代订服务	代订服务、技术服务
优势	资源和服务	资源：丰富直观 高效（服务、订单处理）

图 4-27　资源代理类型

- **传统型**票代及旅行社，是传统业务和服务思路，不具备企业差旅管理系统，或有系统但系统相对陈旧。
- **技术创新型**：在原有资源代理业务基础上，采用自建、购买系统或与技术方合作等方式，提升自身自动化程度，补齐技术短板，与时俱进，为企业提供机酒火资源的同时提供增值服务项——为无系统的企业提供预订可用的系统，主要以标准化系统功能为主，缺点是未必支持定制化开发或排期时间很长。

1）资质与行业认证

（1）**行业**：科技推广和应用服务业、**商业服务业**、旅游综合、多式联运和运输代理业。

（2）**经营范围：**（含）旅游、入境或国内旅游业务、旅游信息咨询，航空机票销售代理或票务代理，代订酒店、机票、船票，代售火车票，提供会议服务或会议及展览服务。

（3）**增值税发票内容：**以代订交通、住宿费及服务费为主。

（4）**行业资格认证：**IATA 证书。

有效性：

①IATA 国际资格证书非永久有效，到期需重新签订协议缴纳费用才能生效。

②如出现 IATA 或 CATA 任何一方通报违规，均会影响代理人正常营业。

③企业可以出票占比高的航司作为实体资源方，其给予专业身份合规性建议，制定企业的机票大客户协议并执行，须基于有资质、合规的代理人才被允许。

IATA 证书和 Code：获得此许可才能拥有自己的原始配置 Office 号（到各航空公司申请出票授权），才能实现用 BSP（有授权的航空公司机票）申领销售单位自己的行程单和打票结算（图 4-28）。

图 4-28　IATA 认证证书

注释：国际航空运输协会（International Air Transport Association，IATA），简称国际航协，管理全球所有 BSP 成员航空公司的机票、航空公司与代理商之间的机票、结算等。

✈ 有 Office 号才有出票配置并可以自行打印行程单（见图 4-29）。

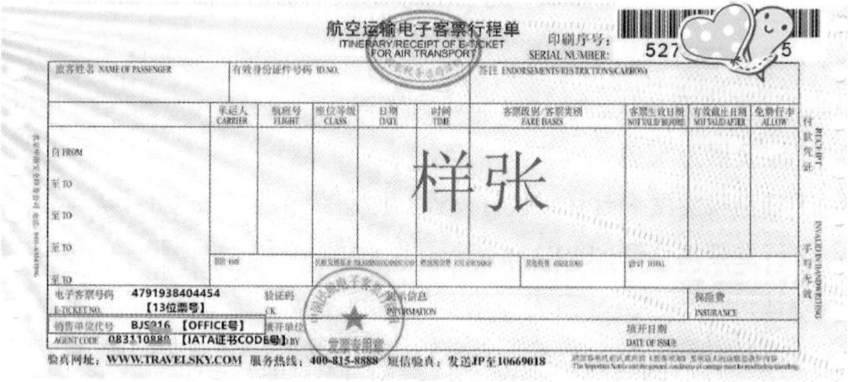

图 4-29　航空运输电子客票行程单

注释：中国航空运输协会（China Air Transport Association，CATA），简称中国航协。

2）行业创新 | 技术、资源相互赋能

近年来，随着科技创新和互联网 + 思路，各行业自助模式的兴起，部分传统代理人意识到紧跟时代脚步提升自身优势的重要性，多元化业务方向能获得更多的市场机会，具备技术能力的资源方把系统工具以增值服务方式提供给企业，与金融方合作满足企业支付和垫资需要。

✈ **常见模式：**

A · 资源 + 技术赋能（资源、技术一体化）

传统代理人与技术公司合作或内部孵化技术公司，实现传统资源代理人的华丽转身，补齐短板，降低人工成本，提升效率，在运营管理模式上创新，增加用户黏性，符合当今市场和企业自动化建设的需要。

- 系统以通用标准化功能为主，适合业务和管理变化不大的企业。
- 支持与企业办公系统的标准接口对接。
- 在系统迭代思路上，优先开发通用功能或能为其带来最大化商业价值和竞争力的功能。

合作方式：

企业预订代理方的差旅产品，则将系统工具作为增值服务供企业使用；

签署资源服务类协议；如技术能力支持二次开发（定制功能），须签署技术类协议并按技术实施支付费用。

B·技术＋资源

技术公司具备技术先天优势，有成熟的OA、费控等企业管理系统产品。之后与差旅行业的资源方、渠道方进行合作或自行注册成立旅行社，补齐供应链短板，从企业技术思路或财务共享管理方面，驱动差旅管理全流程的实现；资质认证既有技术公司资质又有代理人资质（见图4-30）。

类型	资源代理人（旅行社、票代）		技术公司
	传统	技术创新	系统开发
企业需方需求	保持习惯 资源、服务、节省	适应新习惯 资源、服务、节省、提效	管理系统建设
资源供方收益	资源、服务 机/酒/火/车	资源、服务 机/酒/火/车	软件信息技术 JAVA、C++、PHP、SQL
主要收益	资源销售/服务费	资源销售/服务费	开发、改造、对接、实施
所属行业	商业服务业	商业服务业、 科技推广和应用服务业	计算机应用、软件和信息技术
增值税票内容	代订服务	代订服务、技术服务	技术服务、运维
优势	资源和服务	资源：丰富直观 高效（服务、订单处理）	系统搭建、对接 接口、改造、模块、差异化

图4-30　资源代理人和技术公司对比

- 企业用其系统，可直接使用资源渠道价格，无须再单独与各资源方签协议。
- 旗下有技术公司和旅行社两种行业类型的公司，可单独选择也可结合使用。
- 仅使用资源产品，对应旅行社签约，按代订服务类付费。

- 作为系统实施方，需按技术类合作方式签订技术协议并按技术项目付费。

重要提示：2021 年 11 月 1 日起施行《中华人民共和国个人信息保护法》，相关规定需严格遵守。差旅业务出行安全，需要提供必要的个人信息才可实际预订和办理入住。在查询预订的过程中需按最小化信息采集原则，做好数据脱敏，采取有效保护措施，信息留存、流转须合法。

3. 差旅 | 技术产品类

差旅系统自动化及平台化建设：企业委托第三方技术，满足差旅资源供应需求及企业管理协同功能需要，主导技术实施和系统开发，以有偿技术服务为主要营业收入；以实现功能差异化为目标，支持定制化二次开发，满足企业发展与业务变化所需的迭代更新。

1）系统产品模块

✈ **企业管理模块：**

OA 办公系统（含差旅管理模块）、财务费控系统。

功能用途：满足企业管理、财务管理、内控管理需要。

管理类：人资架构、业务工作流程、费控（预算、对账、记分账、应收应付、报销、票据）、项目管理。

数据管理：日志建档、存储、隔离、聚合、索引查询、管理、生成、分析。

✈ **供应链管理模块：**

供应商管理：入库及管理评估、采购管理协同、运营、价格、档案、合同等。

供应链管理：渠道集成、连接、接口、订单与支付资金信息反馈。

✈ **运营模块：**

企业—差旅业务运营，资源代理人—运营管理，实体资源方—渠道，产品投放，售卖和存量动态展示，产品及运价展示，虚拟化映射等功能（酒店、航司、铁路、租车公司）。

2）技术类资质核验

- **行业**：计算机应用、软件和信息技术、科技推广和应用服务。
- **经营范围**：技术开发及咨询、转让，数据处理、计算机网络技术或系统服务，软硬件，电子产品，互联网技术，基础软件及应用软件服务（不含代订票务和代订服务）。
- **关联公司及参股 / 控股**子公司、孙公司，均属技术相关类型。
- **行业认证**：《信息安全管理体系认证》《信息技术服务管理体系认证》《质量管理体系认证》。
- **发票内容**：软件销售（为主）、技术服务费。

3）系统对接协议

- 登录方式：人员信息在各资源场景的数据去向，保密及个人隐私保护条款的约定。
- 技术费：一次性投入或按订单流水小额支付。
- 实施周期及上线周期，后期运维的要求。

常见的系统组建模式有三类，第一类为企业全部自建，第二类为全部模块均进行租用或采购市场化产品，第三类是企业部分模块进行自建，其他模块租用或采购市场化产品。

4）管理与评估

企业从关注差旅管理到将其落地，初期进行系统搭建使用时管理经验不足，在多方技术沟通衔接或各方系统升级等方面存在问题隐患。这需要定期作问题总结，复盘上期遗留问题，及时查漏补缺。为需求和技术日志建档并能满足索引追溯使用是非常有必要的，此信息库还可为日后技术或功能调整提供依据标准。

如图 4-31 所示，系统使用期间评估思路参考：

- 三大维度：系统功能、运维、业务运营。如使用专项系统，可在某一类里纵深细化项目内容。
- 每项及总体评分均为 10 分制，6 分设定为及格分。
- “权重”为变量，可由运营组管理和一线**服务**人员设定。

企业内部评审 | 第三方技术——XX

季度运维成本（元）　3.5万元

评估期　2022年1季度　7.38

	类别	权重	内容	标准·内容	标准·判断	执行情况·效果	执行情况·说明	执行情况·影响	问题收集·方式	问题收集·角色	单项打分	管理关注	评审计分	系统方
系统功能	管理	40%	符合企业政策和差标执行利于有效管理									40%		
			差旅标准政策控制与执行								8		3.2	
			预算匹配											
			管理数据											
			业务流程执行											
	体验	45%	页面及移动端操作便捷度，提示、通知、文案展示											
	（PC、移动端）		申请人（或出行人）	◇调研数大于使用人数10% 操作通顺 易于理解 提示节点准确、方式友好	◇达标 ●不足（*须描述）	不足	①手机端需输入多，不易操作； ②反应速度慢	普遍	调研反馈	员工助理	7		3.15	
			审批人	展示内容清晰 能有效提供审批所需依据 审批节点准确		达标			专访	高管				
			运营管理	满足运营和日常服务支持 生成数据报表高效便捷		不足	生成速度慢，卡顿严重	偶发	反馈	服务组				
	功能匹配度	15%	与企业现阶段管理和业务要求匹配程度											
			在用功能	满足正常运营和管理匹配度 大于85%	◇大于等于—达标 ● 低于 — 不达标	达标					8		1.2	
			新上线功能	适用本企业，利于效率和管理提升	◇匹配 ●不符	不符								
			待解决问题项	不影响主业务，流程和管理执行	◇ 无-达标 ● ≥2项-不达标	达标								
												分值	3.02	
售后运维	合规	30%										45%		
			权限变更、转移	有效书面文字审批存档 1. 事前审批 2. 有效授权 3. 存档完整无缺失	◇达标 ●不足（*须描述）	达标					7		2.1	
			功能调整及开关											
			管理政策标准及系统业务流调整											
			企业或个人信息违规泄露											
			企业协议运价信息保护											
	时效	30%												
			常规业务，出现异常	频次小于2个/季度，2小时内解决	◇达标 ●不足（*须描述）						5		1.5	
			报错、BUG	频次小于3个/季度，3小时内解决										
			系统自身功能性故障排查	积极排查测试与沟通，3小时内										
			修复解决	5小时内，并告知原因及修复时效										
	稳定性	30%												
			产品信息、运价同步准确		◇达标 ●不达标	达标					6		1.8	
			版本更新事前通知			不达标								
			打版因出现问题导致大面积或严重结果		◇ 无— 达标 ●有—不达标	达标								
			pc及手机 兼容性			不达标								
			数据错误或延时		◇ ≤1次 — 达标 ● >1次—不达标	达标								
	损失	10%												
			运营损失（预订价格不符或计算错误）		◇无 —达标 ●有— 不达标	达标					9.5		0.95	
												分值	2.86	
业务运营	资源匹配度	70%										15%		
			需求涉及品类　机、酒、火、租车	品类齐全无缺失，产品满足企业需求特点	◇ 满足 ● 不足	满足					10		7	
			渠道	适配本企业： 市场通用渠道 有24小时服务，服务配合度高；		满足								
	商务服务	30%												
			证照提供	符合工商及行业标准							10		3	
			月账单及凭证票据提供	准时、按要求	每月8日									
			定期服务回访		1次/季度									
			回访有效率	问题有效得到解决	大于20%									
												分值	1.50	

图 4-31　企业内部评审 | 第三方技术

“管理关注”为变量，依据不同管理角色和关注视角，在不同评审时期对所关注项目进行调整，对评审期关注或近期频发项，可适当调整占比和执行标准。

✈ 评审结果执行措施可纳入技术协议商务部分条款或供应商管理措施，结论与措施相结合才能真正起到评审的实质作用。

4. 差旅 | 金融类

满足一般性企业在差旅场景下所提供的金融支付、按账期垫资结算等业务。

- **行业**：其他金融业、货币金融业、保险业。
- **经营范围**：应收账款应付结算、商业保理、互联网支付、银行卡收单。
- **行业认证**：中国人民银行颁发的《支付业务许可证》。
- **发票内容**：金融服务费（为主）。

管理与评估

合规：

- **证照资质**：符合国家对金融行业的要求。
- **票据合规**：符合营业执照上的金融业务范围；不得开具资源产品、商品及代订服务类发票。
- 账户监管：符合国家资金监管及审计要求，企业账户能起到监管作用，无滥用现象，记账、调账操作要规范。
- 数据管理：未经企业书面授权，不得将业务运营、结算、人员个人信息数据提供给第三方。
- **差旅金融产品参考标准**：
  - **资源覆盖度**：满足企业差旅集采可在线预订的通用资源。
  - **成本**：依国家行业基准值，合理收费（同时与企业还款周期有关）。
- **服务支持**：
  - **授信额度调整**：流程必要且高效，不影响业务。
  - **对账及账单**：符合财务要求，按时提供。
  - **问题账单处置**：配合企业合规且准确地对账结算，提供场景化合规解决方案。

"问题账单"：

调账：因差旅行业系统及流程尚存在的缺陷，供方操作不规范、数据流转不及时或企业内部流程不完善等问题导致需要调账。

支付金额差异：问题排查及金融记账或账期日调整。

- **系统问题**：当支付接口出现系统问题时，应主动及时告知企业用户，并积极推进解决。

（四）差旅 | 采购合同

因各资源类分属不同行业，每次新签或续约时要按合作类项分别梳理所包含的业务重点，确保无重点遗漏，关注市场动向所带来的业务联动变化进行同步修订。法律范畴的条款内容须由企业的专业律师团队依据相应法律法规进行修改并完善。

1. 常见差旅采购合同类型

1）有销售关系的有偿合同

- **框架合同**（Framework Agreement）有效期为 1 年以上的中长期合同，业务发生以小额多次重复交易的方式周而复始，即以每次的单笔交易作为框架运作；在差旅中也分为综合业务合同或专项业务合同，综合业务如旅行社或服务商的合同，包含飞机、酒店、火车的服务及垫资等，专项合同如与酒店或租车公司的专项资源合同。框架合同通常无固定金额，也可依据历史发生数据，设定预估合同金额。

以常见的 TMC 服务合同为例，标准化要求及收费所得，可纳入合同正文也可作为附件；如合同整体描述较泛泛，就需在供应商评审的内容中体现，总之须避免合同中毫无来由的和计算过程中的“一口价”。

这类自定义模式的“一口价”作为某项产品的单价，一方面依据行业成本测算或定价标准；另一方面可通过明确与之对应的企业支出所得内容设立本企业费用参照标准，说明与服务费金额的等值关系，体现此项支出的性价比及合理性。

合同框架主要包含以下内容，其他随合同须提供的资质及数据测算等，视各企业管理要求而定：

（1）签约主体：甲乙双方，通常甲方为需求方（企业），乙方为供方（航司、TMC 等）。

（2）服务相关：

✈ 服务内容及费用说明：

甲方委托乙方负责有关商务旅行及相关的产品服务，主要包含查询、预订、代订、退改变更及其他服务。

- 常规标准化，如国内机票、国际机票、酒店、火车票的查询、预订及代订、退改签、行程单或标准财务票据整理等服务。
- 免费增值服务，如按 ×× 周期提供基础信息报表、登机牌办理及选座、餐食预订服务，协助企业差旅政策的落地执行工作。
- 其他收费服务项目，如 VIP 机场指引及接待安排服务。

✈ 服务方式：

- 工作时间内 ×× 专组服务，非工作时间可使用 7*24 小时呼叫中心，电话 ××××××。
- 提供在线自动化预订方式，同时也可选择其他方式，如电话、服务群和邮件方式预订。
- 团队及 VIP 行程，提供专人专项服务。

✈ 细则：

各项资源预订及服务过程中，以双方对重点要求达成一致的细则说明作为背书。

（3）收费计价相关：

①净价：代理人与航空公司结算的票面价格（不含税）。

②酒店服务费单价 × 元 / 单：系统订单可按每单 1 间房进行系统拆单，按订单数收费。

从规则上讲，越简单的规则越利于核算及系统规则匹配，考虑如果能源制造业一次住宿 30~90 天甚至更久，那么以间夜为单位收费显然不合理，酒店代订服务是以订单为单位进行处理的，与间夜无关，并不需要按每个间夜都进行服务而收费，显然此收费方式不合理，不建议采用。

服务费金额对应内容说明：

服务费对应的服务内容，包含但不限于表 4-8 和表 4-9。

表 4-8　甲方指定的第三方金融垫资

业务类别		报价方式	服务费（元）
国内机票	出票	净价	×× 元 / 张
	退改	—	无
国际机票	出票	净价	×× 元 / 张
	退改	净价	×× 元 / 张
酒店	乙方协议	综合	无
	甲方托管	净价	×× 元 / 张
火车票	待定服务（含退改）	净价	×× 元 / 张

表 4-9　TMC 垫资月结

业务类别		报价方式	服务费（元）
国内机票	出票	净价	×× 元 / 张
	退改	—	无
国际机票	出票	综合	无
	退改	综合	无
酒店	乙方协议	综合	无
	甲方托管	净价	×× 元 / 单
火车票	待定服务（含退改）	净价	×× 元 / 张

✈ **国内机票：**

- 除工作时间按约定方式提供服务，还提供法定节假日及非工作时间的不间断服务。
- 提供日常退改变更服务。
- 航班与极端天气导致的航变播报服务。
- 影响出行的其他因素的信息反馈，如机场离进港时的防疫要求等。
- 产品及服务相关投诉的处理，服务督办联系方式 ×××。
- 票据按要求进行分类，按约定时间送达。
- 提供资源使用情况的分析报告及专业建议解析。
- 企业新员工差旅知识培训。
- 每月 × 日前，提供未使用及变更状态机票，协助企业进行资源管理，配合甲方不定期抽检复审。

→ **国际机票：**

- 所预订机票航线对应的外事相关的建议及提示。
- 转机行李、进出港中转等情况提示。
- 目的地国家相关卫生类、安全类、民俗禁忌的提示。
- 明示票规，如退改政策、机票有效期等。

→ **火车票：**

- 票据打印、收集及按要求分类整理。
- 日常代订及退改服务。

→ **酒店：**

- 与酒店前台核对确认订单，包含房型、姓名、酒店预订号、入离店日期、含几份早餐。

①异常订单处理，如 No-Show 或提前离店订单。

②对于零点后入住的订单（可依据机火大交通到达目的地时间或下单人备注信息得知），打电话告知酒店前台保留用房。

③ VIP 订单除确认上述常规问题，还需询问酒店周边或酒店内入住时段是否有施工、门口是否为交通单行线等，其他如需要还需询问酒店到机场是否有接驳车及发车时间、能否在上午提前或夜间入住、延时离店等。

④其他特殊情况，如酒店设施，是否有主副楼、是否有电梯、是否有窗。

- 辅助订单退改变更及相关查询、沟通。
- 订单纠纷投诉处理（如到店查无订单、价格疑问、到店无房等）问题需协助甲方共同解决。
- 于每月 × 日前，收集并整理票据，按时提交甲方。
- 按甲方需求落实企业差旅政策，辅助管理。
- 依据甲方要求，进行多渠道同条件的比价截屏存档，每月 × 日前通过 × 方式提供给甲方。
- 监控系统订单状态，如有异常在下单后 1 小时内反馈甲方，配合技术方进行问题查询。

- 每月 × 日前，为甲方提供问题月报（含业务、违规、其他问题及解决方案）和管理分析报告（如资源使用占比分析、成本分析、行为分析等）。

（4）对账、结算：

- 对账时效。
- 机票、酒店及服务费，每月结算 1 次，记账周期为每月 1 日至 30 日，于每月 × 日前使用甲方制定的系统上传方式提供交易明细账单。
- **发票相关：**
  - 由乙方提供航空运输电子客票行程单，正式等额增值税专用发票（仅限服务费）。
  - 甲方在收到发票及行程单（或增值税普票）后于本月 30 日前采取电汇方式完成结账工作。乙方延迟提供发票或行程单的，甲方有权延迟付款且无须承担违约责任。
- **支付时效约定：甲方确认无误后，于对账当月 × 日前支付给乙方。**

其他相关法律条款，如双方权利义务、保密条款、违约责任、免责及争议解决以企业法律机构意见为准；合同有效期及终止，财务收款账户信息等以企业财务要求为准。

- **一次性采购合同**，有效期通常为项目起止，有明确的单价数量 ，如单团单议合同。

2）无销售关系的优惠约定

航司或酒店集团的客户优惠政策虽以协议方式出现，但从某种意义上讲仅属预售优惠关系的一种承诺方式。

（五）供应商使用评估与管理

以服务商为例，是服务就没有完美的，再优质的人工服务也难免出错，只是出问题的频率低而已。

良好的应急突发问题处理能力体现在出现问题时：

- 先解决当前的问题，有担当，不耽误时间做无谓的解释。
- 事后积极总结，避免同类问题的再发生或辐射到有相同情况的企业用户。
- 在全体服务组中分享成功和失败的总结，共同分析问题症结，探讨今后如何从方法上做规避。

- 形成检查和抽查复审机制，让每次的跌倒成就更好的未来，将经验总结用到整体服务质量升级中去。

对每个合作期制定服务要求和标准，可定期做评估，通过实际用户案例及实际发生、服务运营团队的反馈、对账结算等全方面进行有标准的评估，并提出改进要求及落实标准与时效。

- 对优质的方面表示认可、表扬、感谢。
- 当每阶段的服务绩效评估和日常出问题时，企业作为需求方应及时指出，并共同梳理总结，绝不得过且过。
- 对于企业提出的疑问、要求，须在承诺时效内给出答复和实际落实时间及标准，在考评内容中清晰列出加分项、减分项及明确所需达成的目标效果。

二、供应链建设与管理

供应链的设计与组建方享有主动权和话语权，掌握资源选择权，能对信息流、资金流实现控制，从设计产品开始，经销售网络把产品送到消费者手中，将分销商和电商平台、最终用户连成一个整体的功能网链结构。它不仅是一条连接供应商和用户的物流链、信息链、资金链，还是一条增值链，指的是为终端客户提供商品、服务或信息，从最初的产品供应商一直到最终用户，与企业业务流程进行集成。

（一）供应链模式介绍

按用户类型和需求进行分类后，我们现在分析三种供应链模式。

1. 一站全包 | 用别人的

特点： 大而全，即机酒火租车等产品都有（自有出机票的资质或有丰富的供货资源），有技术，有服务，能用金融解决方案满足垫资月结要求，技术、运营相对成熟稳定。见图 4-32 和图 4-33。

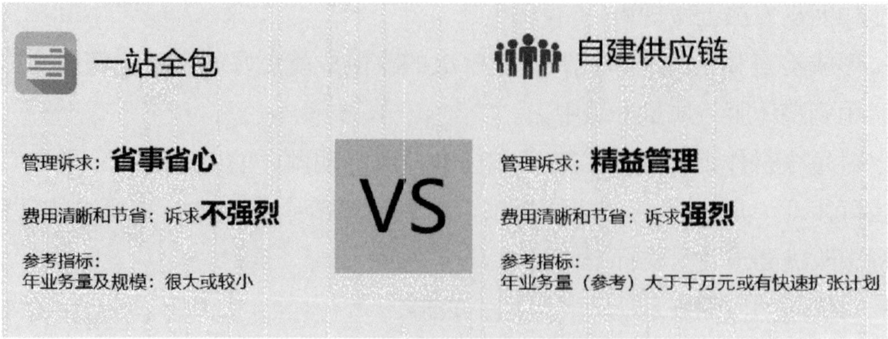

图 4-32　企业差旅 | 资源供应链模式

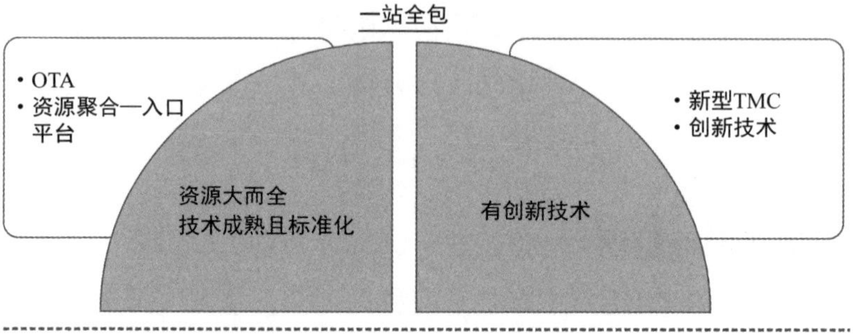

图 4-33　互联网 + 差旅方案解析

相当于去超市购物，商品琳琅满目，常用产品都能买到。

- 拿来即用的购物方式，企业需方对超市所供产品、价格和来源渠道无话语权。
- 产品陈列在视觉黄金分割线以上或以下位置，按超市方对于畅销产品和滞销库存的策略或从厂家获得收益最大化来决定。
- 卖出的货如需退换，是否免费退换，店铺有话语权。
- 超市有自己的盈利收益体系。
- 各超市因进货渠道不同，同产品在不同品牌超市会存在价格差异。

市场上满足一站全包的渠道：

- OTA 电商平台。
- 资源聚合入口平台：贴近生活吃住行的平台，如地图、订餐、租车平台等，也是近年来市场中热度高的入口平台。

✈ 有技术的新型 TMC：传统 TMC 自有或租用了第三方技术，解决了传统形式不能适配时代发展所需的互联网 + 办公自动化需求的短板问题，不再以电话邮件方式预订，而是使用技术工具。

优势：

（1）资源大而全，够用，拿来即用。

（2）技术相对成熟，无须企业摸索和支付昂贵的技术费用进行搭建，节省企业人力资源。

（3）有 24 小时服务中心，能支持标准化服务及处理常见问题。

（4）签约一份协议，仅对一家供应商进行管理、沟通，一张发票结算即可，省心省事。

要点提示：之前提及过的需求分类图和一站式全包模式应结合分析解读。此方式较适合的企业情况，见表 4-10。

表 4-10 需求分类表

判断点		管理特点分类			
		C3	D1	D2	D3
管理诉求	关注节省吗？	√	×	×	√
	关注合规、内控吗？	√	×	×	×
	人资架构信息保密性有要求吗？	√	×	√	×
前提条件	年差旅量超千万元吗？	×	√	√	×
	具备技术能力吗？	×	√	×	×
	有能管理的人吗？	√	×	√	×
模式参考		一站式全包			

✈ C3 和 D2 企业类型注重人资架构信息安全，**若有涉密敏感信息，怎么办呢？**

应避免将有指代性的信息输出到外部资源系统，如当填写架构及成本中心、人资类管理关系等信息时，需进行**数据加密，如采用转换、映射等方式实现一定程度的信息保护**，见表 4-11。

表 4-11　示意表

编码	支出部门
98769SSy	生产部
98770SSy	高新事业部
98771SSy	数据中心
98772SSy	财务部
98773SSy	人事部
98779SSy	管理部
使用无明显指代性的数字、字母、符号等组成编码	

✈ C3 关注内控管理怎么办?

量不大，能抽出些精力来管，可通过一定比例和频次的抽检来实现。

D1 类企业自有技术能力，可将映射逻辑通过系统实现转换并供企业内部使用，如财务对账结算等实现对应关系；不具备技术能力的企业可自行维护对应数据表。

✈ 原始订单数据企业是否能留存?

如未来更换合作方，已发生的原始订单，无法留存到企业，使用账单作为留存依据；D1 类企业有技术能做简单实施开发，企业如有需要可与合作方事先商议方案。

- 成本节省空间。

D1、D2 企业有业务量，对成本节省没有强烈要求。此模式费用相对粗线条，如无法将技术费、服务费、垫资费等这些附加内容的费用单独列出，无法将产品订单净价与其他费项相互佐证，则不能实现有效分离也无法分辨哪项成本支出不合理，节省成本的空间有限；可考虑相对集中的资源，通过签署大客户协议，以托管方式来实现一定程度的成本节省。

- 损失点主要发生在退改和未使用票务场景等方面。对于 D1、D2 业务量相对高的企业，有一定影响。
- 一对一的合作方式，短板在于无其他佐证数据来校验信息的真实性、准确性。如票费和改期政策核算的退改费、酒店方给出的退改损失费或免费取消政策等，是否能真实有效地同步给企业；如住宿的报价方式为酒店 + 服务费，其实无法佐证酒店实际收的房费金额或退改损失费，因此在这样的基础上讲净价 + 服务费意义不大。在差旅采购场景中，一对一的合作方式通常会被纳入审计重点。

■ 损失场景：

- 国内机票：退票费航司实际依据票规 5% 收取，但可能实际退票收了 10%，企业较难实现每张票去核验，不容易发现成本流失；目前经过中间渠道方采购的机票退票费是无法提供实名制退票行程单的，只能开具发票，这使得核验工作难上加难，且民航系统无法实现与每个企业进行直连进而实现机票使用状态及票规的传递。
- 酒店：预订了 3 晚，因突发情况，行程提前取消，如选择是“预付或担保”的产品，又是企业月结方式，那么 3 晚房费可能全损，无法退款；如实际酒店只收取 1 晚或可以免费全退，企业也无从证实，在面对管理问询或要求提供实际酒店收取多少金额的退改费用时，因涉及供方与渠道方的合作、利润分配，属于涉及商业机密的内容，酒店供方也无法提供给企业这样的收款证明；如果因为企业的业务性质导致行程退改多，那么就是因为企业管理政策缺失导致企业要为这部分损失买单；或选择现付，后期以实际发生为准进行报销，增加财务人力成本和员工贴票走流程的人效成本，抑或支出技术成本优化报销功能。

这就是在前一篇中和大家说目标设置和需求分类的重要原因之一。

✈ 差旅采购人在面对这样的问题时是百口难辩的，该如何破局呢?

思路：合作前在平台正式环境下抽验部分常用资源，了解产品不同退改收费政策并如实向企业汇报此现象，事先说明，有理有据有效举证。适当降低管理期望值做出取舍，D1、D2 企业类型值得花时间计算投入产出比。

■ 需使用标准化管理流程模式。

一站全包方式，通常技术和服务多为标准化输出，**意味着企业需放弃部分管理要求和标准，简化管理流程，来适应通用规则。管理要求越高，对系统功能的要求也就越多，**期望系统进行功能改善有难度。平台方也是考虑投入产出比，除非功能点可满足市场共性需要，且能带来巨大商业价值，在其商业策略中迫切需要，否则不值得支出昂贵的技术成本支持小众化功能开发。

服务方面也是如此，D1、D2 类型如果业务量够大，还有可能配备专人专组的服务，差异化服务需投入大量人力来解决，业务量级低，差异化服务要求多，会产生额外服务成本。

须更换服务商时，因技术、产品、服务、结算都在一起，如更换，牵一发而动全身，企业被动，切换衔接企业需做好各方面准备工作；如前端用户（审批人、出行人等用户）需重新适应系统功能和入口，换财务对账结算等，历史订单信息清零，系统规则都需要重新配置。

特别是服务团队的变更，对用户来说要适应和接受变化，习惯和变化是服务中最痛苦的两个过程，一个需要磨合，一个需要安抚与疏导，众口难调，会有各种不同的声音，且企业也对新的合作方有更高的要求。如之前用户直接与服务团队建立了沟通和服务习惯，更换时，从联系方式到常找的服务人员都有变化，新的合作方也不了解用户习惯和企业要求。企业原来已习惯的服务内容，更容易成为服务风险点。为避免因惯性思维和习惯带来不良风险，工作中对独特案例和失败案例，会铭记于心且特别关注，反而常规的没难度的，容易被忽略也更易出问题。

思路：

部分企业为满足管理要求每一两年需更换一次合作方，此情况企业有必要**建立差旅用户服务画像及服务标准**，相当于“产品说明书”。“产品说明书”使企业与合作方能达成一致的目标；同时应简洁清晰，易理解，易判定，能用于抽检和评估，及时更新存档，同时可用于定期对合作方进行评估考核。

总结：**企业差异化需解决市场标准化、成本节省空间有限、切换供应商时用户不适应、原始订单数据留存问题，企业需提前准备好应对方案。**

2. 自建供应链 | 自己动手丰衣足食

自己 DIY 开超市（见图 4–34）：

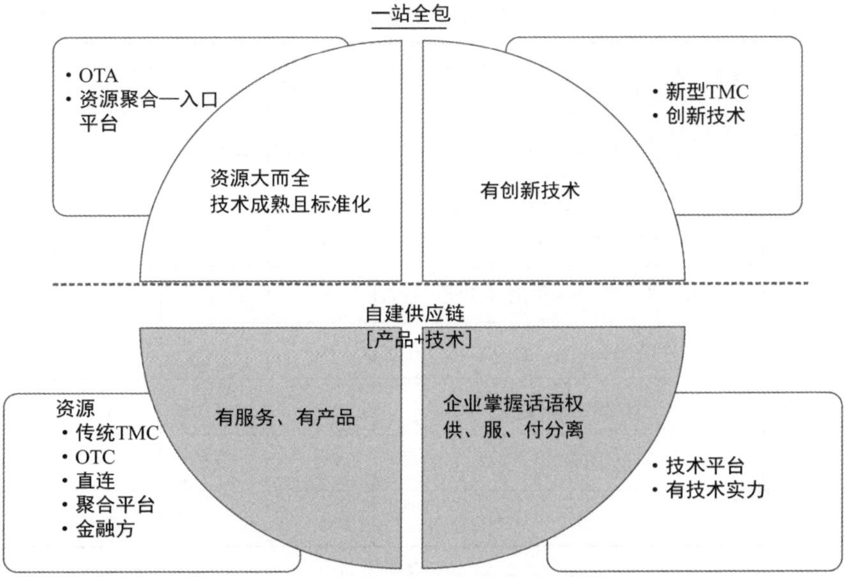

图 4-35　互联网 + 差旅方案解析

- 按需定品，企业出差需要什么就陈列什么。
- 账目清晰，自己有什么，尽在掌握。
- 优选产品如何陈列，满足业务需要和出行群体能接受和信赖的品牌按优选排序，可自行决定。
- 对于产品议价、退换条款协商，有话语权。
- 使用集中的资源，企业直接和供方签约，明确条款内容。
- 自己超市的产品与市场上的产品也存在价差，但是能有的放矢地查找原因并进行议价。

适用于：见表 4-12。

- **有量，有管理要求**。
- 有条件、**有专业和技术**，有产品经理角色的人员，有**差旅专业知识的人员**或团队，有票据收集核算对账人员，有商务洽谈及合作、供应商管理、评估等能力。系统建设需有懂 Java 语言、懂差旅业务场景的技术人员，他们做出的系统才能用。

表 4-12　需求分类表

判断点		管理特点分类			
		A	B	C1	C2
管理诉求	关注节省吗?	√	×	√	√
	关注合规、内控吗?	√	√	√	×
	人资架构信息保密性有要求吗?	√	√	×	√
前提条件	年差旅量超千万元吗?	√	√	√	√
	具备技术能力吗?	√	√	√	√
	有能管理的人吗?	√	√	√	√
模式参考		自建供应链			

✈ 真有像 B 类这样不在乎钱甚至不设置差旅成本天花板的企业吗?

有，取决于企业主营业务的产出价值和性质，相对而言可牺牲差旅成本。

✈ 还有像 C1 这样不在乎架构信息保密的吗?

这样的企业不在少数，与架构是否简单、行业特点、规模有关；另一种是管理经验和意识问题，一直没出过问题，遇到问题时再说，踩雷后再重视也很正常，从 C2 到 A 处于逐步发展和完善的路上。

优势：

（1）按需定品，贴合企业需求习惯，能快速应对业务变化，企业对管理有更高的要求，随时调整产品结构。

（2）无须迎合市场标准化，充分适配企业发展变化和内控管理需要。

（3）对管理、审核、内控、成本节省有强烈需求，满足费项清晰和提升管理，有进一步节省空间。

（4）多合作方数据信息可作为互相佐证依据，利于发现错误或漏洞及时弥补。

（5）调整供货方时，对用户影响细微，无须改变使用习惯。

（6）数据统一集中，利于企业差旅实现闭环管理的模式。

要点提示：

（1）企业需要付出人力成本、技术成本和管理成本。

（2）过程烦琐且痛苦，从确定方案、实施方案再到方案落地，用时较长，就像拎包入住和先买房子再装修才能住的区别。

（3）需与多家合作方建立商务合作关系，专业门槛高。

（4）涉及与多供应商签约、管理、对账与结算、收集整理票据等工作。

企业自建供应链，依据自身的需求和能力，选择贴合企业需求的方式，实现资源管理与分配。

哪类企业选择此方式，为什么？

- 企业需要对产品的来源、价格及条件、政策约定一清二楚且能够灵活满足不同发展时期的要求，需求多元且变化快。
- 当管理提出新要求时，能够快速对差旅资源产品、供货渠道进行增减调配，也可基于原来的合作方式做出相应改变。
- 资源的采购方式可将直接采购或委托采购相结合，资源方直供、TMC、OTA 等多种方式混搭使用，弥补单一渠道的资源覆盖度不够或价格劣势。

怎样运用系统配合实现呢？

企业规模和差旅业务量巨大，且**在具备持续性技术资金投入能力、技术能力、差旅业务能力**的情况下，具备在企业自建系统上逐一与上述各供方进行系统对接的能力。万不可贸然开始，首先要**考虑酒店数据是否具备 mapping 的能力**，还有**后期运维**能力等，毕竟各资源接口系统也在不断升级改版，并非静态。

如有一定规模和业务量，但上述能力和条件不足或管理诉求快速实现时，可选择委托一家具备差旅供应链接口和技术能力的第三方技术公司，负责对接资源接口，企业只需将在用的差旅管理系统与第三方技术平台对接一次即可。

资源维度丨产品渠道多元，DIY 搭配思路，见图 4-35。

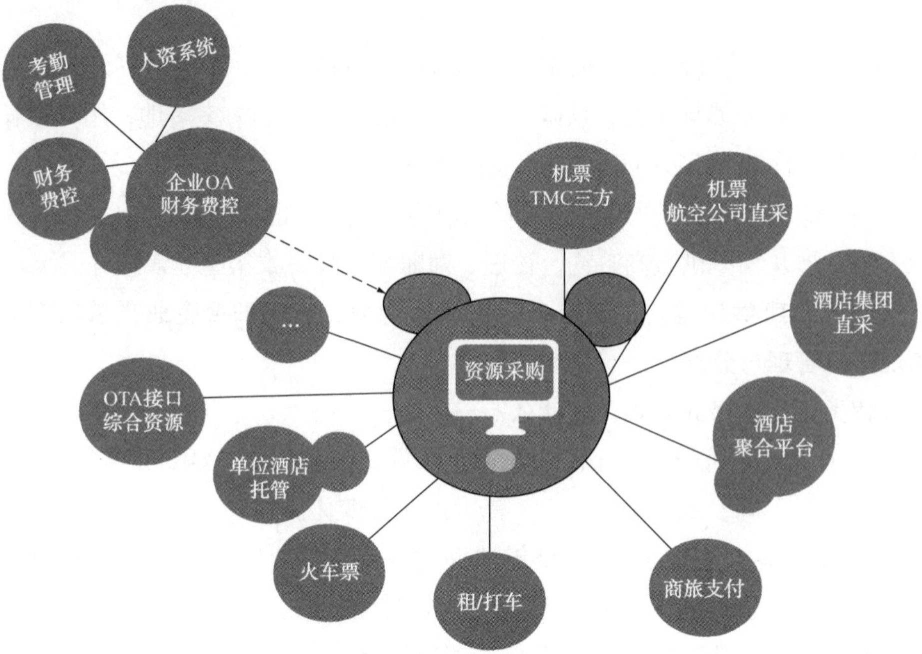

图 4-35　资源采购

如何根据不同企业需求类型 DIY 搭配资源呢?

（1）资源的组合主要依据管理要求，视企业具备条件而定。

（2）搭配资源的同时，要考虑一定的可扩展性，以免企业更换资源时被动。

资源拼配供应链建设就像玩拼图，可从简到繁，管理初期可先从 6 块拼图的低难度开始。

图块越多难度越大，也更能体现细节，激发企业管理的自我纠错能力和审视能力；当然，是需要多花些心思、时间和耐心的。

方案一　6 块拼图

特点：资源丰富，覆盖大部分需求。

适配企业：B、C1、C2（见表 4-12 需求分类表）。

方案思路：见图 4-36 和图 4-37。

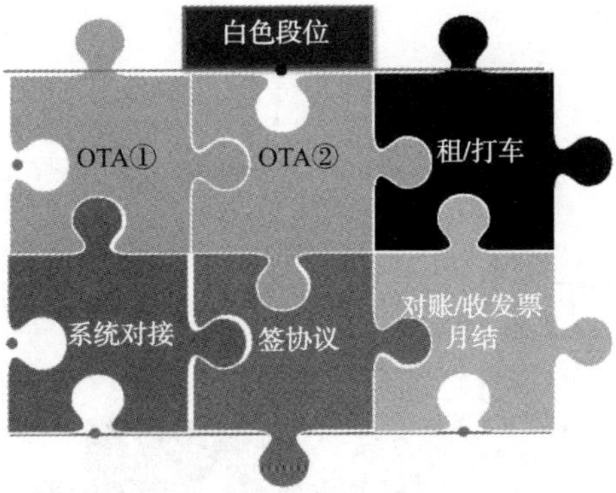

图 4-36　6 块拼图

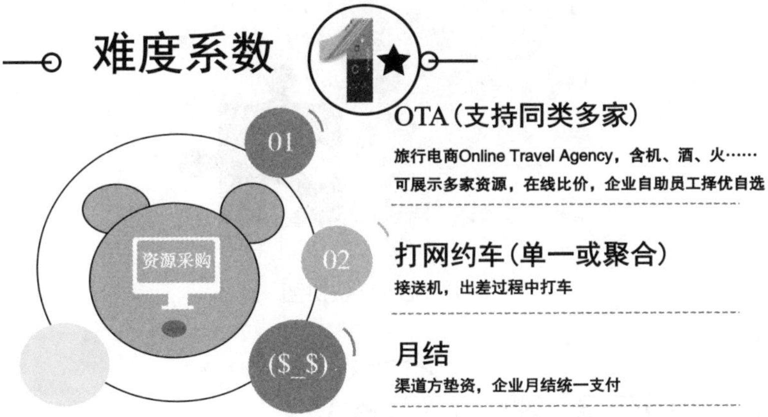

图 4-37　难度系数 1 星

- 单体酒店可选择某家 OTA 进行托管。
- 可选两家以上 OTA，满足自助员工有选择权的需求；公平竞争，避免形成垄断，缓解比价压力。
- 整合初期如希望降低上线难度和压力，可将使用占比高的主要资源优先于其他非刚需部分，可后期再迭代。

采购管理：

- 相对集中，所需签约的和管理的供应商进行规整。
- 如果企业全国分（子）公司附近有较多单体酒店，可通过托管方式解决。

方案二　9 块拼图

特点：资源丰富，合规及风控能力提升，专业的事由专业的人做。

适配企业：四类企业均可，更对应 A、B、C1 的管理要求（见表 4-12 需求分类表）。

方案思路：见图 4-38 和图 4-39。

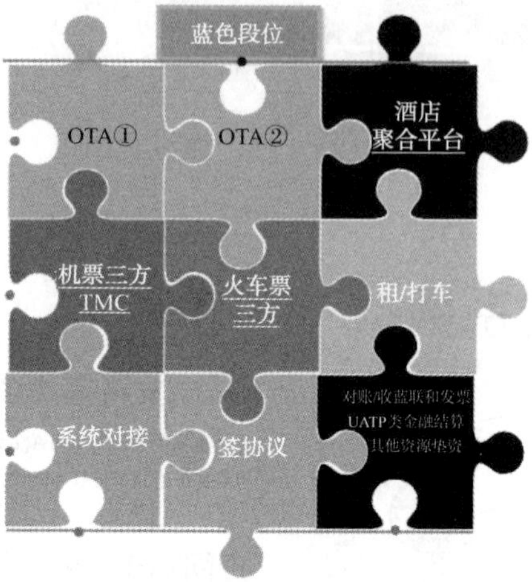

图 4-38　9 块拼图

图 4-39　难度系数 2 星

- 资源优势各有所长，企业更受益，除 OTA 资源，还丰富了酒店聚合类平台的资源和服务。
- 将机票和火车票分出来，专人做专事，服务品质从大锅饭到私房菜。
- 规范实名制标准、行业票据，利于合规，管理更规范。
- 机票业务使用国家金融体系的金融支付，结算信息更权威严谨，可用来校验申请和订单。

采购管理：

- 初步拆分后，供应商有所增加，在签约和日常管理方面，企业需投入更多管理精力。
- 数据准确度和公信力提升，数据分析为资源优化提供依据。
- 找到资源使用集中的部分，了解用量，利于与供方进一步议价。

方案三　12 块拼图

特点：清晰、可追溯、企业有主动应变能力，更接近严谨合规的管理目标。

适配企业：对应 A、B、C1 的管理要求（见表 4-12 需求分类表）。

方案思路：见图 4-40 和图 4-41。

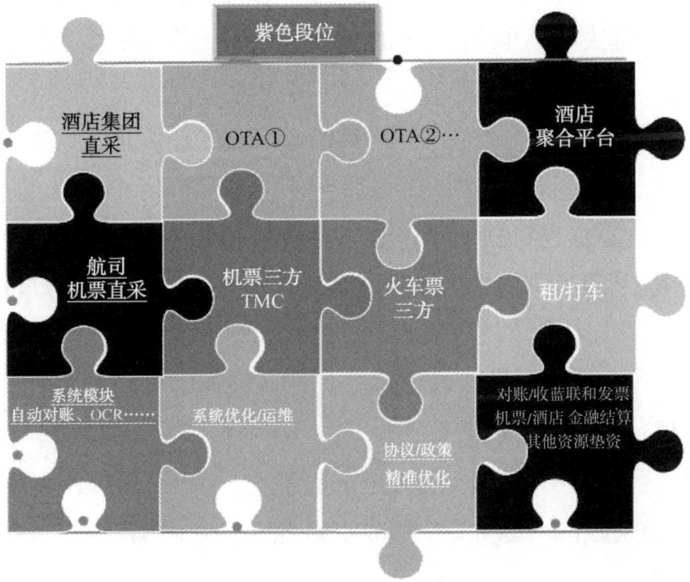

图 4-40　12 块拼图

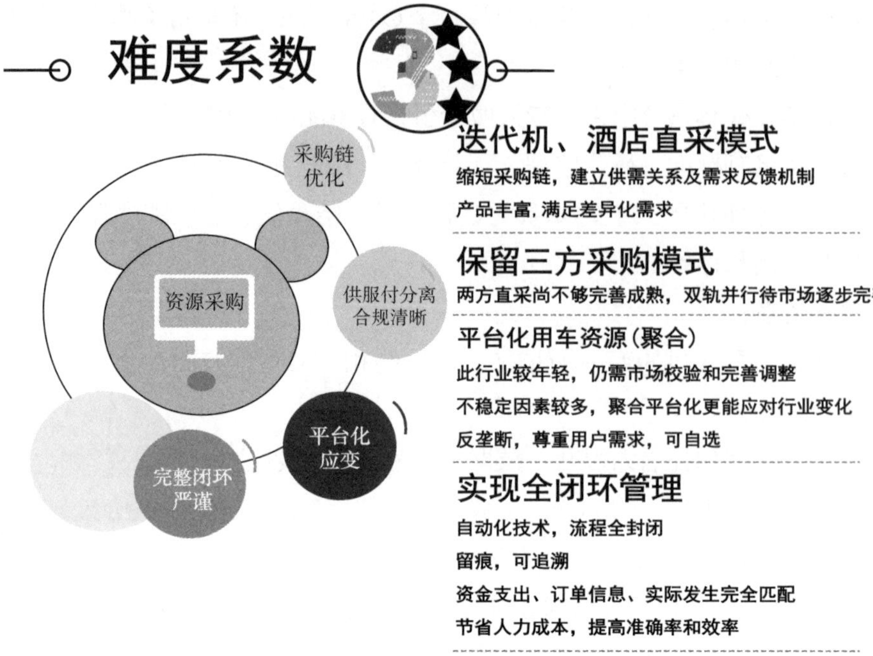

图 4-41　难度系数 3 星

- 主动应变，平台化聚合思路，各资源可随企业意愿更替，用户前台无感，实现模块化，面对灵活的差旅业务场景和市场进化，企业摆脱牵制。
- 将能满足供需双方直接采购的产品纳进来，产品更丰富，政策更有优势，使用情况也利于直接与供方反馈，使其能得到一手需求信息利于产品改进，更贴近需求也更利于建立客户的黏性。
- 当企业差旅管理不能闭环管理时，尤其是对具备一定业务规模的企业来说，在管理与财务审核压力大和风险高时，闭环管理能实现留痕，信息数据可对比和互相校验，数据来源和计算规则可完整呈现过程。

采购管理：标准化管理体系建设。

- 商务协议数量有所增加，对同类型资源统一模板和重点，可复制进行。
- 在合规的前提下，进行采购和成本管控，利于供需双方共赢和健康的市场业态发展。

- 实现企业成本支出与收益清晰，利于管理，花的每一分钱都是有计算过程的。
- 用方法解决合规问题，无须频繁换人；反之，此岗位人员调整，只要核心原则不变，按标准化方法执行，依旧可在较长的一段时期内保持风控能力。

第四节　差旅集采 | 破局

2018 年后，企业纷纷意识到差旅管理的重要性，一些企业首次差旅上线未果，项目失败，还有些案例只能做到一部分成功无法将全部资源在线上完成，导致出行人需要多个资源入口或方式在线上和线下分别进行预订，一部分月结，还有一部分摆脱不了烦琐的报销，然后烂尾或停滞不前。

常见有以下几种情况：

- 意识不到问题给企业带来困扰时就不开展差旅管理工作，到了不得不管时，工作才得以开展。当管理人员意识到差旅管理重要性时，才会有意愿关注这项工作。

相关岗位人员，有义务和责任通过业务中的问题现象和数据、案例呈现等方式客观地反馈给管理者，尊重其知情权，使其知悉差旅管理给企业带来的影响，利于其正视问题和作出正确的判断。近些年，全球卫生事件和极端天气引起的自然灾害给企业差旅带来的影响，足以说明做好此项工作的重要性。差旅和举行商业活动频次高、人员多，需关注风险点，作出预判和预案。

- 人员调动：企业管理人员变化频繁，而差旅管理启动需要漫长的过程，多数企业原本没有差旅管理的专人或团队，刚找到方法确定思路方向就换了新人，思路不同一切推翻重来，周而复始，停滞不前。

✈ 缺方法：盲目开展易呈现两个极端，导致企业走弯路甚至出师不利。

一类是别人用什么我们就用什么，人家能用的我们也能用，先用再说；

另一类是要做就要做到最完善、最专业，不但要做，未来还要能孵化成市场化产品、能赚钱，在对行业不了解、缺乏专业和经验的前提下，低估过程的难度系数。

理性管理，认清企业现状和需要解决的问题，充分调研，充分与市场和行业对话；多与走在前面的企业探讨，稳扎稳打，不操之过急、盲目地追求一步到位。

✈ 管理僵化：企业长期按原始方式进行差旅报销工作，用户习惯一时难改变；另外存在一个现实的问题，部分企业年长的员工多，对智能自动化的运用生疏，依然习惯打电话或发邮件的传统模式。

在用户体验上下功夫，从简化系统功能、规则和操作步骤上入手，让用户易理解易操作；让掌握智能自动化的群体先熟练上手，做好上线计划，有过渡期，能兼顾原有方式，顾及年长人群适应新习惯需要时间，逐步推进。

✈ 隐性成本：阳光合规的道路坎坷，阻力重重，不被认可或产生抵触情绪，工作难开展。

首先，差旅标准和政策应尊重市场消费水平的现实情况，合理设置。其次，采取边收边放的方式：一方面，提升差旅业务的服务意识，提供安全、高效、便捷、有序的差旅出行，可根据企业情况，从福利角度出发，以内部信誉积分兑现等引导的思路让平衡和鼓励并行；另一方面，做好预算和费用支出管理，采用严谨而专业的管理方式，配合复审抽检办法，逐步引导进入正轨，符合国家对廉政建设的要求。

甲、乙方责任与义务

无论当前市场处于以买方为主导的市场环境还是以卖方为主导的市场环境，主导的一方都须在享有主动权的时期，注重履行己方责任，利于中国市场整体健康、稳定、向好发展，形成良性竞争，同时利于甲、乙方之间的长期共创与共同发展。

若资源稀缺市场环境则倒向卖方市场——不愁没人买甚至抢着买；反之，资源丰富、过剩则倒向买方市场，有更多选择可精挑细选，竞争激烈、优胜劣汰，不愁买不到。企业作为需求方，虽说有钱肯花就是爷，受供方争先恐后地追捧，但这纯粹基于企业业务鼎盛时期且收益好、资金充沛，并非作为差旅采购者及管理者能人为控制的，这种方式所获得的“重视”是钱为乙方带来的盈利，而不是企业甲方本身，这一光环不能持续照耀我们，还是要发挥自身价值建立战略合作关系。

甲、乙双方的发展生存之路都未必一帆风顺。在差旅业务中通常再有银两的企业也并非可永久无上限地投入，乙方的产品优势同样不是可以永久保持的，特别是在近年我国发展和创新的速度加快和跨界竞争激烈的情况下，需清醒地认识到，任何一方在暂具优势时，不丢弃责任、尊重、专业、共赢，才能守正致远。

（一）优质买家 | 价值客户

- **所提需求合理合规，为市场规范尽到企业责任。**
- **信誉良好，采购数据真实有效，规避优质产品被贩卖、价格倒挂等现象。**
- **按期结算，无拖欠款行为。**
- **数据真实，如实反馈用户声音，利于供方建立正确产品设计思路。**
- 业务稳定。
- 管理思路清晰，严谨；需求合法合理。
- 具备专业差旅采购与管理知识，以用户视角从需到供反推，提供产品设计及可以有效落地的创新思路，并利于实现市场复制普及，拉动市场进化发展。

（二）良心卖家｜配合与责任

- 为企业差旅业务所提供的产品，在使用规则设计、定价原则等方面，需符合企业群体管理的原则底线，不侵犯企业权益，不破坏企业差旅管理战略。
- 避免向企业提出不合法不合规，侵害企业利益的要求及索要涉及企业保密类数据信息。
- 有契约精神。
- 良性竞争，不破坏市场规则。

优质客户不仅是业务量大的唯一衡量标准，供方同样追求和期望延长市场寿命，长久稳定发展。

第五章

精耕细作　差旅服务

05 秋毫之处见真知，万物育人

我自感天生不具美术天赋，却不经意成了一名空中画师。壮观的飞行抽象派画作是打工人奔波的印记，背起简单的行囊，穿梭于陌生的城市间已成为属于我们差旅人士的一种生活模式。

导言

看，那艳羡的眼神，仿佛在说“飞这么多，能换到不少里程免票吧？是金卡了吧？花着别人的钱，云游四海，走遍舌尖上的世界”。然而，多数的出差并非面朝大海，春暖花开，经常是一地鸡毛，那光鲜不过是在众人面前掩饰倦容的华丽面具，面具后面是落寞、无助、辛酸和一个个待完成的任务，真正的画面带着一抹忧伤的淡蓝色。不是去往开会的途中就是在追赶飞机的路上，便利店来个面包迅速啃完，想着“此时有杯热咖啡该多美好”。会议拖延，键盘侠秒变穿山甲，利用厕所时间给自己订好下一程机票，寒风凛冽，风雨兼程，舟车劳顿。

行走的云朵半遮半掩，阳光与云相互谐谑形成道道光影，仿佛仙家洒到凡间的彩色水果糖，可在雨季就不那么友好了。那是个悲催又熬人的周末，雨后的遭遇更是令人抓狂——滑坡断路，在颠簸泥泞的乡间小路中寻找，多次抱着希望却驶入一个个“此路不通”，每次失望后又再次带着憧憬寻找下一个可能，盼望奇迹的出现，能尽快找到一条尚可到达机场的路，坑洼、颠簸起伏都不那么重要了。

出差的人最怕听到的是航班延误时播报“起飞时间待定”，更糟糕的是备降，打开舱门又是一座陌生的城市，不同的季节，不同的方言，相同的是那明月清辉下的灯火阑珊，同是天涯沦落人就能感同身受，沿途风景再美也比不上返程时那熟悉的街景。天下美食不如家的味道，那是一种令人安心的滋味。

服务工作可以获得尊重，但这不取决于别人，而在于自己。首先要正视服务这件事，是工作，是产品，更是经自己手精雕细琢的艺术品。职场中有句老话儿“把工作当成自己的事业去做”，从字面意思上去理解觉得这只是一碗鸡汤。明明就是伺候别人的事，怎么可能当成自己的事？经历这些年的搬砖砌墙后才认识到真谛，发现说得有道理。“三百六十行，行行出状元”，设计师、建筑工程师的设计建筑是他们的成果，只因是实物，看得见摸得着，我们的工作看不见、摸不着，但一样值得尊重。

图 5-1　枫叶型大兴机场

枫叶型的大兴机场（见图 5-1）于 2019 年 10 月正式启用，在 2018 年底寒冷的冬季来临时，还没完全封顶，进到机场工地很冷，灰尘呛嗓子，到 2019 年 7 月时内装基本完成，但机场内空调系统还没有完成安装，无法供冷。当时我穿了条长裤，只进去一会，全身出汗湿透，非常闷热，看到那些穿着工作服的施工人员辛勤忙碌的身影，触及了心中的柔软。如果没有那些工匠手艺人耐着严寒酷暑，加班加点地工作，哪里来的中国速度和漂亮的 8 个 C 型柱的采光倒影呈现呢？

服务本身是软性的，成果呈现方式是感受和事情的解决结果，我们的价值往往体现在过程中，无论是实物还是虚拟的都是人生的艺术品，有工匠精神的你就是雕塑师。再豪华的硬件设施，只有搭配合适的服务，才能让建筑和空间本身更有活力，可以让人感受更好。

各领域的从业者通过日复一日的工作积累不同的技能，通常更易看到和羡慕别人有而自己没有的东西，其实自己获得的并不少，只因缺乏梳理总结。默默无闻的人有很多，如每天驻守边疆的战士、90 多岁还每天做手术的医生，显然他们的付出对国家和我们能健康平安地生活有着重要的意义。

只动手做苦力缺乏思考就会觉得周而复始、索然无味，久了就会变得机械化，靠惯性做事，这让我想到了卓别林拧螺丝的电影片段，不问为什么做，不考虑做与不做的区别，拧完螺丝就下班。这样的做事方式，从事任何领域的工作都会碌碌无为。为自己而做，取决于是否有思考总结，形成自己的方法论并不断完善，在经历这样的过程中实现自我成就，也会让自己越来越聪明，拥有智慧。服务沟通做得好的人，在处理家庭和生活中的矛盾和问题时，也更得心应手，总能主动想办法去化解和解决。在家庭生活和爱情中习惯从付出中获得幸福、有担当的人，更易认知到服务工作带来的价值和快乐，因为被需要，所以服务有价值。

第一节　服务付费与期望值

系统普及，面临着改变和行业一个新业态的开启，服务角色需完成华丽转身。

有系统 + 无专业 + 服务差评 = 零。打破惯性，改善服务品质，赚良心钱，赢优质的口碑。

像朋友一样说话，耐心、理解而不责怪。

发挥专业和经验优势，静默、及时、精准把握尺度。

靠谱，可以放心地把后背交给你。

✈ 主动重塑：

服务视角和方式经主动思考后重塑，打破行业内几十年的惯性服务不等于不需要服务。技术融入将推动思考和行业进步。

✈ 价值体现：

经历过的填坑时代让从业人员积累了丰富的经验，为服务晋级打下基础，意识先行体现软实力，易呈现服务价值。服务进化成为产品，发挥服务本身的价值。

其实，服务的及格线并非高不可攀，实现企业出行“有人管”的目标。目前的人工服务仍然需弥补自动化程度不足的现实问题，差旅行业的自动化能力虽在近些年飞速发展，却依然存在尚不能覆盖的业务环节，勿异想天开地认为系统可替代一切人工服务与必要的沟通。

与其设法改变需求，不如站在用户身边做服务，梦想着其按照我们希望的方式，能简单容易地做服务，我想到那个时候，人工服务就是时候淡出历史舞台了；与其被时代淘汰，不如运用专业和经验为用户解决问题，找到科技化未来存在的意义；平常心对待用户需求，为用户操心，其实是件幸福的事情，服务的意义在于被需要。各专业间存在的壁垒，正是我们存在的价值体现。

服务中如何体现专业如图 5-2 所示。

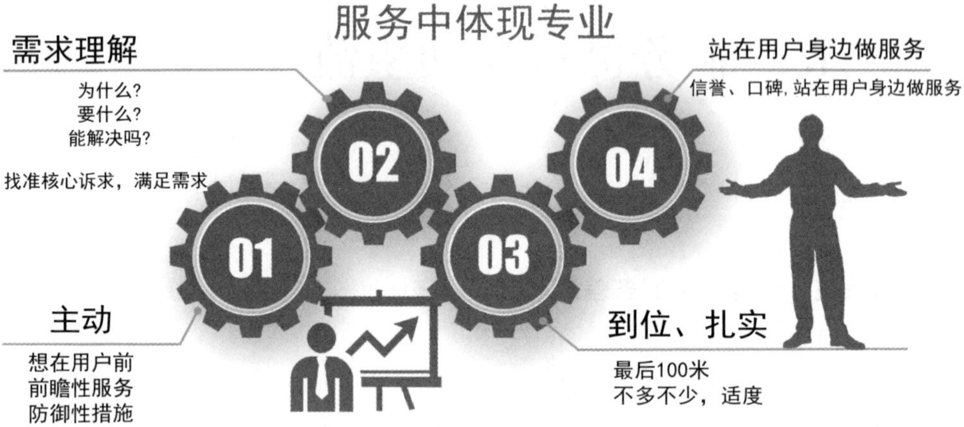

图 5-2　服务中体现专业

主动：意识上主动降低“救火率”，事前考虑得周全并有坚持实现目标的信念，实现前瞻性防御工作的意义和效果大于事后补救。在事前，有充足的时间和资源利于有效的风险控制。

到位、扎实：往往服务中出现问题，多因为前期工作不到位，留有隐患，事前多做一步，好过事后亡羊补牢。

一、服务关键点

服务关键点包含机票退改、国际业务、团队出行、突发紧急情况的辅助与保障等。

需关注 6 点问题：

（1）系统尚不能替代服务和沟通。

（2）服务参与的意义之一，弥补自动化程度不足。

（3）服务意识、方式的改变，**有效高效地沟通，用专业做服务更有价值。**

有准备、有目标地进行沟通，注重沟通结果。尽量减少服务过程中的多次往返沟通，争取一次说清楚。需要对方做什么、给出何种指示诸如此类情况的主动干预与提供服务的时点很重要。

（4）预判预防为主，当出现突发问题时积极解决，及时总结并进行完善优化。

（5）**应不同服务需求，制定相应服务标准**，包括响应时效、进度追踪、结果反馈、原因说明及备选方案。

（6）关注并尊重**用户时间和体验感**。订单成交意味着服务刚开始，而非结束。

二、非标业务是服务重点

在差旅场景中无法使用 AI 复制和系统自动化的非标产品、需求等。这是因为差旅场景存在普遍特点：灵活多变，易受各种特殊突发情况影响尚难以实现标准化，无统一规则，考验从业人员的专业水平和应变能力，凡涉及安全问题均需底线思维。

（一）国内特区业务

去往中国港、澳、台地区，经过海关出入边境要检查，因此在机票酒店票据等要求上与出入大陆城市的要求不太一样。

- 证件：香港和澳门地区，需使用内地居民往来港澳通行证；台湾地区使用大陆居民往来台湾地区通行证可购买机票，在实际出行时，需持有效的港、澳签注，入台证。
- 酒店：星级标准不同。
- 票据不同。

因往来中国特区城市，需要出入海关，服务重点与国际业务有相似之处，可在一定程度上借鉴国际差旅业务的服务内容。

（二）国际差旅业务

国际业务与国内截然不同，产生影响的综合因素多，各国国情差异大。证件方面分为因公护照、外交护照、联合国护照等，签证服务属于因公外事服务的专业服务领域；持因私护照出差的群体，须提示关注如“领事直通车”等官方公众号，便于提前关注当地情况及有效官方联系方式，在企业内部也需为出差员工设立紧急情况的联络通道。

除此以外，企业也会关心这类复杂的业务，服务环节中需要注意哪些事项。

1）国际机票

导致国际机票**运价变动的因素**更是烦琐复杂，目前在用的自动化方式计算国际多段行程的票价尚不准确可行，仍需有丰富经验的国际业务专业人员，熟练操作 eTerm 黑屏系统查询因为国际机票导致运价的因素，不是技术范畴能解决的问题。系统虽可实现有逻辑关系的基本规划线路，但是仍需人工介入，提供更有效可行的中转方案。

- **乘机证件**：与护照姓名一致，还需提供出票证件有效期、生日；需考虑时差因素，航班信息中所标注的起飞、落地时间，是目标机场所属时区的时间。
- **时差与时间**：点对点航线（如上海→曼谷→上海）需考虑到时差问题，在售票时票务信息所体现的起飞时间是出发地的时间，落地时间是目的地时间。
- **联程机票**：（如北京→旧金山）北京机场→东京成田机场→旧金山机场。
  - 经第三国转机（如东京成田机场）的签证和行李托运问题。

联程航线需注意的是签证问题会受国际政治外交的形势影响，需了解查看近期的出境和外交相关通知，近年来现行政策通则为护照的有效期从出发当天算起大于 6 个月；出发前须确定所持有签证有效，因涉及多国家、多机场的出入境规定，在联系机场或不同渠道得到的信息可能存在差异，也许到现场和提前了解到的信息有偏差，以官方对外公示的信息为准，提前做好所需的签证准备再出发。

■ 转机预留时间。

国际转机通常预留 4 个小时以上，以便办理转机及行李相关手续，还要考虑到首段航班如有晚点，如需出关再入关甚至不是同一航站楼内的转机，行李不能直挂等问题，就需留有更长的时间。出关再入关的方式，耽误的时间会比较久，具体时间要视机场的中转口所设置的位置和停留规则而定；同时会涉及是否需要第三国签证问题。

■ 行李直挂（Baggage Interline Agreement）。

对于乘客来说这是一项国际联程航班的服务，行李在不同航班或不同航司之间可转移，直接匹配所乘坐的航班运达目的地，无须乘机人在转机时从 A 航司取出再去 B 航司柜台进行二次托运。

支持此项服务的前提是联程的多航司之间有行李直挂协议（非强制条款）且同样受国际形势动态影响，不能保证为长期固定的服务项目。行李直挂在多家航司之间转移运输过程中，如出现遗失或损坏等责任问题，通常由最后一段的航司承担责任并负责解决，因此并非所有的航司都能支持这项服务。在购票时要特别详细地了解相关方面的情况，如涉及行李托运，联程票尽量同一航司或同一联盟下的航司，如遇行李丢失、损坏解决起来也容易些；如选择前后段不同航司，则要考虑不支持直挂问题，需预留足够的时间办理转机手续和行李的二次托运。

总结：转机及联程注意事项，人工服务主动给予提示说明。

✈ 了解转机流程，是否在同一航站楼内，是否需办理出关再入关等手续。

✈ 经第三国转机，出行前关注签证要求并预留足够的办理时间。

✈ 转机流程及行李是否支持直挂，会影响联程航班间隔的候机用时，通常惯例国际航线预留 4 小时以上。

✈ 联程机票的票规通常要求：从首段顺序使用，不可单独或跳过其中某段使用。

✈ 行李直挂：多段联程的情况下，首段执飞航司与之衔接的下一段行程航班，是两家不同的航司，如两家航司之间有合作或是联盟成员关系，那么彼此有行李直挂协议。乘客在首段始发地办理一次行李托运即可，中转时无须取出再办理二次托运。

2）国际酒店

国际酒店的预订渠道多而复杂，中间环节多，因此问题也较多，如退改规则不透明等。

常见问题有：

- 房型描述不清晰或多个名字难以辨识区别；从面积、楼层部署和设施都分辨不出有何区别。先与用户达成一致，再进行预订，以免产生误解。

原因 1：这可能是分销平台在做数据聚合和排重时，关联的房型信息有误，导致展示偏差；

原因 2：也可能是销售渠道的一种售卖策略。

- 同国际机票相似，也会存在酒店代当地政府收各种税费的普遍现象。
- 退改规则及房损：
  - 使用旅行社渠道预订后再取消，可能涉及全损，如出现订 5 天就损 5 天的现象。价格低的特价房条款苛刻，类似于特价机票三不准问题，这主要出现在预付的酒店产品上。
  - 当客人自己以散客身份在国内的 OTA 平台上预订时，选择信用卡支付或到店现付是不存在此问题的，取消规则通常仅需收取首晚房费，但商务预订的渠道和支付方式影响了房损收取的方式，或不排除有中间商自定义收费霸王条款模式。
- 入住障碍：
  - 使用入住人的姓名要求和护照名字相同，否则无法办理入住。
  - 曾在入住国外酒店时经历过按预付下单，但到酒店前台办理入住时表示未收到房款，要求客人在酒店前台支付房费的情况。
  - 前台确认未付款并能举证酒店收到的订单结果是未支付，这样的情况一般是下单渠道本身确实未给酒店打款。
  - 国内的 OTA 和目的地酒店的预订系统或地接社在中间环节中出现问题，导致订单信息未同步状态或未实际给酒店下单等问题。
  - 跨境汇款的时效问题。事前明确所需支付的各费项，同时明确以哪天的汇率计算金额。

以上问题需在事前沟通，预订下单后给酒店前台打电话报预订号或姓名进行订单确认，包括姓名，是否含早、含几份，是否已付费，是否包含Wi-Fi使用费、税金等，客人在酒店前台是否还需支付某些款项等。

3）文化差异

例：预订国外的酒店如果只报1个人姓名预订双床房，酒店不能理解为什么，表示1个人名只能安排大床房。对于企业商旅尤其是国际出行，可能出现先确定某1人就先把酒店定好，如同行人的签证或行程未确定，有悬念时，故选择订双床房以备还有人一同入住，也有可能因用户需要就喜欢住双床房，在这样的认知问题上沟通起来会有障碍。

当出行目的地存在文化、信仰特殊性的地域时，提示出行人，在行前了解清楚，避免误解带来安全隐患。

4）紧急联络方式

持因私护照出行的群体，需提示其提前关注“领事直通车”等国家官方公众号，掌握紧急情况的有效官方联系方式及企业内部联系人。

（三）商务用车

商务用车与乘坐飞机或火车的行业情况差异首先在于航空与铁路安全及服务都有严格的行业标准，检修也有统一的操作标准并严格落实，而商务租用车辆，尚无法保证百分之百落实；其次，飞行员、机长和铁路司机都经过专业培训、职业资格认证和政审评估等，这些在商旅租车中显然尚难以全部落实，小交通的事故率本就高于大交通。既然无法控制外界因素和条件，需尊重事实，靠我们这些企业内的非专业或半专业的人员，在可控范围内的工作过程中多些关注，预先多做些预防和预案来弥补。

企业难以掌握和评估车辆司机的调配过程。

首先，预订方式通常是企业经旅行社，旅行社又通过有合作的地接社或分支办事处及第三方资源来与各地方车队预订 / 调度带司机的商务用车。全国各城市的文化特点不同，司机和车辆条件差异化也大、不确定性强。沟通的中间环节，因为企业无法直接了解情况，遇到问题基本只能一事一议。

✈ 业务常态化现状，如：

■ 服务意识、专业水平以及职业素养参差不齐。

■ 司机、车辆与当地车队的合作方式不定，挂靠或其他形式均有可能。

■ 地域性强，很难有一家旅行社或租车公司能覆盖全国各省市的资源。

■ 车辆来源不明，车队调度与企业之间沟通中间环节多、链条过长，易出现信息不对等、不同步现象。

■ 无统一明确的价格标准，淡旺季价格差异通常大于 1 倍。

Q：那为什么不直接使用日常用的网约车或带司机租车的方式呢?

A：满足非标需求只能用非标的产品，标准化产品无法满足随机突发的需求，标准化产品的应变能力不足，如需提前 4 个小时以上或提前 1~2 天有计划预订需求，要提前告知路程 / 线路，但商务用车的客群，使用方式随机性强，事先难以预知，随出行需求而使用。在不确定用车时长、具体线路且还需有指定车或司机等一些非标要求的情况下，就无法使用市场上的标准化产品。

✈ 预订和使用过程中常见问题：

在目前市场暂无改善的过渡期内，临时应对方式思路，以下每个提示点背后，都有与之对应的风险隐患，我们来逐一解析，供大家在业务操作过程中关注参考。

■ 安全提示：

• 驾驶人需持有与所驾驶车型对应的驾驶资格证、无犯罪记录证明；不得存在酒驾等恶性违章行为记录等。

• 车辆能提供车辆保单和保养记录证明，所投保的险种所覆盖的内容，如包含车上人员责任险、不计免赔额和免赔率三者责任和车上人员驾驶人和乘坐人及保额；如遇交通事故的救援和事故处理及赔偿但不限于的各类医疗费等。

• **突发应急方案**：事前明确车辆在途期间出现的突发事件应急处置方案。

备用调配资源事前部署，同时提供有效可行的应急支持方案。

如不能及时派调换车，那么需明确产生的费用和损失赔偿的承担细则。

淡季在一线城市资源丰富的情况下，解决突发情况难度小，涉及旅游热点城市、偏远地区资源有限或跨省市的长距离用车时，须事前考虑实际情况和风险可能性，并认真准备突发应急方案 。

案例　春雪小插曲

一次出行是从一线城市到路程约 200 千米的市郊路线。4 月初春时节突遇降雪，路滑、能见度低导致高速封路，车辆只能改路线，从老的干线公路通过。因干线公路常年多行驶大货车，路基路面受损严重，一些车辆在此路段扎胎，路窄车多不具备维修更换备胎条件，也无法让客人下车于寒冷又不安全的环境中等候维修。

因事前考虑到了这种突发情况，准备了应急措施，实现了从附近临时调派接替的车辆，20 分钟内将客人转移到另 1 辆车并安全送达目的地。

案例总结：用车如为中长距离时，须在事前备选车辆和线路，突发情况虽属小概率事件但涉及安全问题决不容忽视。也正是通过对小概率事件的应对能力，来验证日常管理工作是否扎实到位。涉及安全无小事，通常安全上出问题多数是不可逆的后果，事前多做些预防，避免风险是有意义且必要的。

✈ 费用相关：

- 企业预订车辆时所报租车价格都包含的费项，如包含汽油费、过桥过路费、司机食宿补贴等。
- 起止时间限定用车时长，1 天内的行车千米上限，如从接到乘客到送达乘客，每天可使用 8 小时，不限起止时间或从早 × 点到晚 × 点，视市场情况，各地方的报价规则略有差异。
- 超时超千米及其他费用收费细则，当超出约定时限或千米数，超出部分按每小时 × 元或每千米 × 元收费。
- 按日租、包车或单趟接送计算费用。
- 通常企业在花费前要明确各支付事项，在预订前确认清楚各项计费规则，而非事后再任意报费用结算，不利于成本控制。

- 费用计算方式和包含的费用项，也会间接影响行车安全和乘车期间的服务风险，尤其是在涉及司机加班或食宿问题上，未事先明确，易出现司机们关心自己的劳动所得和不给自己带来不必要的损失，在意费用和补贴问题，如出现询问乘车人费用问题或由小情绪引发的安全问题，特别是在涉及中长途或旅游旺季时，当有更赚钱又轻松的活就会造成有选择地接单，对于服务要求高、难度大、钱少的生意，会出现更严重的资源告急问题。

- 夜间出车：超过 24 点费用的计算方式，运营车辆超过 23 点是否可上路，如有需要又不能上路如何解决。

在满足商务出行需求时，就要事前做出资源方面的适当调整方案来应对；司机超出工作时间导致疲劳驾驶会带来安全隐患，在这类情况下，需酌情考虑有备用资源交替完成工作，避免出现驾驶人和乘车人的安全问题。商务用车方式和旅游用车截然不同，从需求角度讲，一些商务用车带来的超时用车情况确实存在，不可忽视其安全问题。

➜ 服务相关：

- 订车人不一定为乘车人，可能出现订车人事先通过电话简单沟通，结果与现场实际使用效果的偏差。
- 企业差旅租车的预订通常希望能提前两三天得到司机和车辆信息，实践中发现供方难兑现，在出行前，车队还有可能临时提出更换车辆和司机，显然这类问题会给企业带来不少麻烦。
- 产生问题的因素：
- 车况问题：运营车辆使用频率高，如遇路况不好或山路多的城市，车辆故障率稍高，不能准确预估维修时间；另有些城市的运营车辆本身年限较老，车况不稳定。
- 车队的车辆资源调配：需满足多数量、多类型的客群使用需求，随客户的要求和需求变化做出灵活的应变调整，车辆及司机需同步变化，原有资源规划会被临时打乱而产生需要重新调派的问题。
- 遇旺季和大型会展会议期间，用车的问题就更多了，该如何解决呢？

■ 先梳理一下旺季常见问题：

• 城市路况拥堵，路途时长增加。

思路：需对社会新闻及相关信息有敏感度，在此特殊时期，关注道路封闭、限行、限流等各渠道的社会通知与自身工作内容的关联性，提前规划路线和备选路线，主动建议有时效要求的用车人提前出发，预留堵车用时。

• 资源紧缺，价格高，性价比低。

思路：这个问题仅为表象问题，更重要的是其背后所隐藏的隐患连锁性问题，先分析一下原因和隐藏的风险问题 。

淡季平季时，订单少，资源过剩有择优选择的可能，价格也较实惠；反之旺季时，特别是一些既是旅游城市又涉及商务出差的城市，资源稀缺时靠抢，先到先得，可选余地小，对品质和要求而言，难以兑现。

此场景环境下，需注意把握抢来的资源质量情况，资源稀缺时，不排除会从周边其他城市借调资源，在这样的情况下，驾驶人对城市环境和路况方面不够熟悉；在旺季或会展季如遇交通限行和临时管制问题，非职业司机因专业经验不足，没有提前查询和规避风险的意识，前期准备工作不足时，易导致用车人的很多麻烦，停车位置较远，绕路、堵车导致不能按时到达，耽误后续工作安排。就此情况资源没把握，就要靠沟通和服务到位来弥补，作为承担企业服务运营团队须注意给予提示；还有一些既是商务出差城市又是旅行城市，需注意一些跑固定旅游线路的司机被临时调用时，对商务需求的接待服务缺乏沟通经验。

另外，在派车时，与司机对接沟通的最好为固定专人，多人和司机联络，易导致沟通混乱，进而导致用车的接洽环节出现问题。在特殊地域，也许会出现使用普通话的沟通障碍，需通过事前与驾驶人沟通，了解沟通的顺畅度和对语言理解的情况。

在有方言特色或民族语言的特殊地域，表达理解易存在偏差，如遇这类情况，使用汉字书面的沟通和留痕能解决部分问题，但须事前有了解才能做出相应的防御措施来降低服务过程中的风险。

各地在接送站时，须注意，有些机场或火车站，从出口到能上客的位置路程较远，路线也较复杂，如乘车人首次到访不了解地形，易出现互相找或拖着行李走一条街的现象，这对用户体验感和时效有直接影响，需要在事前了解说明是地下还是地面及地标、可识别的出口标志来尽量避免此类情况。

每次租车可能都有新故事，经多次挫败得到的经验总结，事前做足工作和充分沟通是硬核。

（四）MICE

从维度可分为国内和国际，从所用场地可分为室内和户外，从形式可分为线上和线下，主会场和分会场等多种形式。涉及远道而来的宾客就需大小交通及住宿资源来支持接送接待的保障工作。见图 5–3。

✈ 室内：酒店、咖啡水吧厅、影院礼堂、体育场馆……

✈ 户外：草坪、花园、海滨沙滩、自然地貌或山林……

差旅采购和管理在 MICE 项目中，虽担负比重较小但非常重要，难度系数也远高于常规的差旅。如用不同的场地，一方面会受不同环境特点的影响；另一方面依据参加会议项目的客群需求，涉及不同的资源组合和每次都有不同的部署安排。

在此涉及差旅业务的工作，除涉及常规的机酒火、租车、用餐等资源，更需注重沟通协作、组织安排、预算执行与管理、资源衔接，不但要考虑应对突发不得不使用超预期范围的资源，还要注意在此过程中避免需求泛滥带来的成本支出失控。无论室内、户外，还是线上、线下均涉及各类的安全因素，不容忽视。

经历 3 年新冠疫情，行业原有的供应链断裂，疫情后重建，行业人员变化较大，较多新人加入，特别是导游、司机等服务行业，组织安排经验不足，服务意识不到位。近两年的出行安排，企业需对接洽服务行业的人员提出选择条件及服务内容和标准。

- 维护企业对外形象，珍惜企业商业资源，作为企业员工履行对企业的责任和义务，发挥我们的专业作用，帮衬项目发起组织的业务部门，实现共同目标，担负起自己的这部分工作。

- 保障工作是项目顺利进行的坚实后盾，如何发挥出我们的自身价值？除做必要的本职工作，还需在意识上将视角拔高，有大局观，从项目的目标和企业此次项目的商业战略角度考虑。
- 在跨部门协作过程中，虽管理需求和业务需求看似对立，但本着多部门在一起协作而实现共同目标开展工作，多沟通获得相互理解，避免过度管理，找到配合的平衡点，更利于实现大家都期望的结果，我们的工作如果仅限于采购和预订则不能发挥出我们的专业价值。

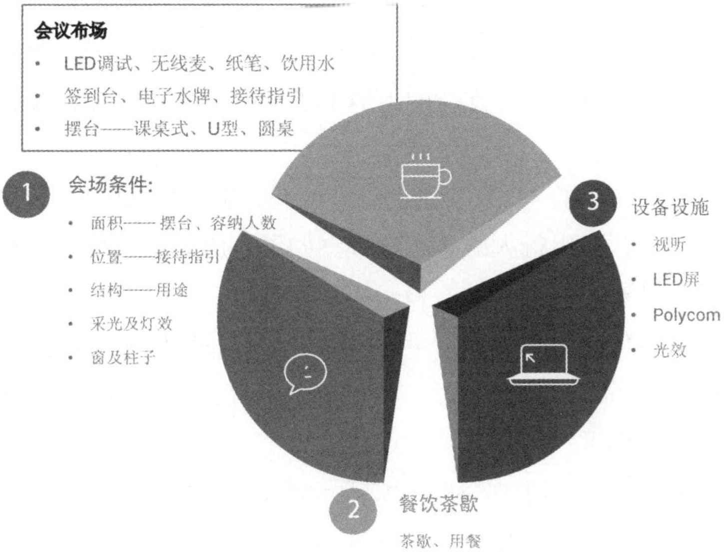

图 5-3　会场服务项目

案例与思考

象姐故事荟 | 有温度的服务会铭记于心

意识、责任、关注、主动、真实案例分享

（1）机票服务：

✈ 案例 1　事前提示。

夏季易出现雷暴天气。有次，客人出行计划是在周一上午，在上周五已订机票。周日接到服务方提示，经查询目标城市的天气预报有雷雨。

企业出行未必有精力关注到各种过程中的气候现象、环境、社会突发等因素。因收到及时有效的提示，第一时间联系出行人，重新评估此次出行，建议变更出行计划，以免大面积延误取消，导致出行人浪费时间滞留在机场而误事。每当雨季、台风季出现类似的现象，服务商都会主动关注、及时提示并沟通，通过对前序航班的状态追踪，捕捉相关的公共信息，提示是否影响出行区域城市。

为企业争取主动沟通时间，帮助出行人合理安排出行，多些安全保障。

✈ 案例 2　服务是雪中送炭。

那是一个北方初雪的周五晚高峰，从公司到机场平时约行驶 40 分钟，那天堵成了停车场，用了 3 个多小时。出行人订的是最晚班机，未提前做网上值机，起飞前两小时内也不支持网上值机了，这类突发情况导致误机只能第二天再去但又会误事。

服务方提前发现了天气和交通的综合情况，主动默默地帮客人办了值机，结果居然赶上了，给出行人减少了麻烦。如果经历 3 小时路途，人到了飞机走了，可能要哭晕。

特别是年轻化的用户群体，平时不喜欢别人替他们做选择代办值机，习惯自己选的才是好的。但面对此类突发情况，出行人首要诉求是能赶上飞机，坐什么位置并不重要。

有心地关注，有预判，分清主次，主动而聪明地服务。

✈ 案例 3　艰难时期，更检验服务商的能力。

在 2020 年第一季度，差旅几乎停摆，很多 TMC 没生意、没收入，在家办公的那段时间，体会了两类截然不同的差旅服务。

第一类，和往常一样，随时响应，积极答疑并跟进处理，不论晚上九十点钟，还是早上很早的时间，3 分钟内，定有人回复。无论是否具备出行条件，是否实际成交，也不一定能赚到钱，都保持同样积极性；不但能像往常一样用心跟进，还同时协助告知对应出行的起止机场和城市所涉及的防疫要求等。服务内容不但没减，还增加了。尤其是在这种生意不好的时期，最能考验一家服务商是否具备坚实、合格的后盾。

第二类，前 1 天下午的询问，第 2 天晚上才回复也不是有效回复，服务完全跟不上。

✈ 案例 4　和企业价值观同频。

企业希望减少浪费。作为共同目标，当出票后，在起飞当天追踪航班状态时，服务方发现票价跌了 50%，主动而及时地告知企业情况和成本测算结果，得到许可后退票重出，为企业节省 700 多元。见到太多在利益面前只为自己获益而不择手段的情况，有这样诚信，尽心为企业服务的服务商，自然而然地能获得更多的未来商机。

赶上涉及国内热门旅游线路的商务出行，需求所涉及的机票舱位，价格是 15000 元，因服务方锲而不舍的精神和长期练就的手速，抢到了 5000 多元的同舱位机票，1 张国内票为企业节省了 10000 元。

体现出人工服务的价值，帮企业省钱不是说说而已。

（2）MICE 服务：

✈ 案例 1　并肩作战。

因项目会议的特点，有乘夜航到达的情况，也有需凌晨起飞的情况。机票会随着会议节奏调整，随时应对行程变化和航变影响行程的情况，为保证出行人出行顺利，外部与内部服务团队共同坚守，持续 24 小时甚至 48 小时的服务保障工作。主动配合，态度积极才得以实现有序、顺利。

只有企业自己的服务人员坚持熬夜是无法解决需求到资源的最后 100 米的，首先企业未必有足够的人手，其次此情况需专业熟练拼手速的操作才能应对。

因项目活动出票量大，需每张票实时播报 Check in 状态及航班状态，每天提供当天出行日报，以免未使用机票失控流失，给企业带来损失。

项目活动所需资源综合且需同步衔接，大交通是行程的开始，此环节的落实到位非常重要，可有效减免后续资源的损失浪费，如酒店房损及接送用车，充分发挥企业为 MICE 资源采购成本支出能实现的最大化商业价值。

资源衔接还需服务接力不掉棒。

✈ 案例 2　台风后，第一批回家。

一次跨境的 MICE 活动，返程日期恰逢台风经过，航班大面积取消均已关闭售卖窗口。通常遇极端天气，台风当天以至第二天都在消化大批的滞留旅客，因此具备飞行条件开启售票也未必能买到票。项目完成后大家也比较辛苦希望能早点回家，人员滞留意味着最少要增加 1 晚住宿费，也浪费所有人的时间和耽误后续的工作安排。

内部服务团队关注台风云图，风速走向和预测的时间对航线途经范围的影响，做出初步预判。同时与现场的工作人员同步情况，提示预估出发去机场时间，提醒外出人员，在约定时间内退房并赶往机场。

外部服务团队紧盯系统，售票开启的第一时间拼手速抢购，关键时刻不掉链子，保证工作组的每个人都能买到票，需要每个人都尽心尽力。两个服务组拧成一股绳，确保任何环节不掉链子，因衔接得好才让工作组人员全体在当天傍晚起飞回家。

（3）租车服务：

✈ 案例 1　应急方案前置。

一次，在城市周边有活动项目，高速路因雪天封路，承接项目的用车方，因为事先做足了功课，在途经点提前部署了应急备用调配点，对临时扎胎这样的突发情况，能及时使用备选方案及资源，衔接替换车才没让客人在途中受冻等待。

✈ 案例 2　艰辛旅途中的小幸运。

在一次出行中，遇见一位称职、敬业的老司机，夜晚有出车任务，虽第二天上午安排了其休息时间，但这位老师傅依然清早和其他司机们一起守候待命，这份敬业的精神令人感动。当夜晚完成接送任务后，其他司机瞬间都跑光了，当需要一辆应急备用车时，这位老师傅又义不容辞地自愿留下了，全程无怨言和不良情绪，热心、乐观、助人为乐，在帮助客人的过程中自得其乐，尽职尽责。

在清晨备勤时，其他司机师傅都困得厉害，不太欢喜，他在霞光和双彩虹下跳起了民族舞，舞姿和笑容在彩虹映衬下像个快乐的孩子。在返程前往机场遇旺季拥堵的情况时，凭借多年的工作经验和对路线的熟悉，找到平坦又车少的线路，安全准时地完成送机任务。最可贵的是可以感受到他真诚地为客人排忧解难，从工作中获得幸福感，用自己擅长的技能解决客人不擅长的问题，也许对于他来说，这些事太平常了，但对于客人来说，真为能遇见这样一位司机师傅而感到幸运。活得单纯、眼里不是只有钱的人，反而生意会来得更容易，与那些以赚快钱为谋生手段，甚至不惜牺牲信誉的反面教材形成了鲜明的对比。他不但让旅途有了温度，也为这座城市增添了一道美丽的风景，用热情和快乐给宾客留下深刻印象，他也因此多了五湖四海的客人、朋友，有了更多的回头客，传递快乐和友善，让欢声笑语无限循环。

案例总结：抓住每一次为客户服务和解决难题的机会，在同样报酬的情况下，乐意做其他人不愿意做的辛苦事，这位老师傅值得我们做服务的人学习。做了多年的服务工作，会有些职业病，对细节的关注和规范服务有着挑剔的眼光，真正被服务打动的那一刻，才体会到服务的精髓：服务品质是产品的灵魂，用户思维 + 匠心服务 = 产品生命力。

（4）酒店服务：

✈ 案例 1　暖心的服务员。

一次在澳门的酒店，收拾房间的服务员看到我床头柜上有药品，她收拾房间时留下了手写的便签，只言片语简单的几句话，字里行间却充满像家人朋友一样的关心，让我感受到了服务的温度，提醒我旅途劳顿，注意休息。特意在放药的床头柜上放置了一瓶矿泉水，入住那几天，成了每天交流互动的方式，从入住到离店我和她虽未见过面，但正是暖心的服务让我对这家酒店记忆深刻，感受到了服务的用心，不放过每次为用户服务的机会，就抓住了商机。即使周围有很多条件更好的酒店，如再次前往此地，这家酒店还是首选。

✈ 案例 2　酒店打扫与科技应用。

陆地海拔最低的西亚国家，科技先进但国土面积不大，12 天左右可环游一圈，有机会体会到从北到南多种类型的酒店，如艺术主题民宿、公寓式、星级连锁酒店等，感受到是标准化服务和科技化自然嵌入。从该国首都到边境附近，打扫房间形成的标准化是以尊重用户需求为先的，不会像刻板的标准化那样刻意。从洗漱间、梳妆台到卧室，客人放置的洗漱化妆品、杯具、床品、小电器、充电器，在收拾完房间后，依然在原位，这样让住客有在家的感觉。刚一进房间，乍一看觉得好像没收拾，仔细一看是收拾了，毛巾都换了，水迹也已擦拭过。

尊重用户习惯，不在服务过程中制造焦虑点，为了标准化而标准化不可取。

酒店均没有取电卡，靠小小的热感仪解决照明问题，且不会在长期静止坐定的状态下自动熄灯，也不会因夜间翻身而亮起，我猜可能在遇到灾难时还可通过热感仪发现是否有人。房间里并没有各种电子语音说话的东西，无打扰，酒店服务和科技是自然融合的。

是否体验过因下雪等带来电力故障而导致酒店停电，在黑灯瞎火的情况下，所有断电的语音突然响起，全楼的 UPS 报警声响彻天际，是多么令人毛骨悚然的一件事。半夜当客人熟睡后，电力恢复了，电视自动打开播放欢迎语，又是多么刺激地被惊醒。这样的案例真实存在且亲身经历过。

第二节　服务管理之路

一、服务效果 | 成因及背后

每一次经历的“救火”任务，服务背后是管理机制和思路的实现聚力，成员多年练兵的积累经验才能得以在关键时刻发挥作用。有应急机制人员调配方案，从绩效方式上起到激励作用又促进团队协作，激发服务组人员人性积极的一面，有工作热情和团队意识，只有这样才能以最快速度启动应急机制，临时调配人员都尽心尽力。如 TMC 服务组的绩效思路是 A 组负责的客户，A 组赚提成，那 A 组为什么要为 B 组负责的团队帮忙，影响自己的收入呢？服务团队的绩效方式，如形成对立竞争关系则不利于协作。

应急突发最考验一家企业的实力。归根结底，要从管理方式上激发人性积极的一面，不但需要平日练兵和经验积累，还要实现协作。服务组之间的竞赛方式可以有但不能割裂和对立，比服务价值和协作价值，当多个团队为同一突发事件出力时所有的荣誉和好处归每个人，鼓励雷锋式的成员。有序完成紧急任务又不影响对其他企业客户的服务，有限的人力成本如何发挥最大化作用带来价值，这是管理课题，而不是服务课题。

之前，我也曾通过其他渠道订过自己因私旅游产品，当我收到酒店下单失败的短信后，无人问津，没人及时告诉我需要做什么或等什么时间以何种方式往下进行。时效性非常低，一个国内酒店的确认时间需要 24 小时才能答复。每打一次电话询问呼叫中心进度，服务生只看到我的订单上备注需 ×× 和酒店确认，其内部如何进行信息流转我并不清楚，感受到的只有效率低、服务过程脱节、接电话的人不了解情况。用户为解决一个问题，要打好几个电话询问，每打一次电话，接线的人都不同也不了解情况，一件事需要重新说好几遍，复读机一样，太浪费时间、牵扯精力。

如果你是企业，你更愿为哪种服务买单呢？哪种服务值钱显而易见。建立有效管理机制才能实现长期、有效、稳定的服务质量，在服务的接力和续力、持棒的过程中，一旦脱手掉棒，每个人都有责任，无论谁接到的需求都要完整有效地衔接解决并及时答复。让团队中每个人都饱含工作热情，积极地为彼此补位形成协作。如果，你的客户是你的，我的客户是我的，我凭什么为别人做嫁衣，为别人赢取好处，而占用自己的时间，影响收入利益？大家的利益点不在一起就不能形成聚力，出了问题互相推诿甩锅变成了第一位，没人理会企业客户，也没人思考如何避免问题再发生。与企业共同前行，提升服务质量和解决实际问题才能每年有新的升职和惊喜。

愿意做优质服务中有长期发展战略的团队，才值得企业付出心血和时间如培养自己的团队一样去培养他们。尤其是现在就业的年轻群体，更愿做能证明自己价值和有价值、对自己有积极影响的事。付出劳动参与奋斗的过程能带来成就感、能看到自己的辛苦劳动，证明其自身价值。因为参与，积累了丰富的经验，具有提升自我职场竞争力的意义，对年轻的群体来说，也能够带来正面的人生意义，这是大过眼前利益和短期目标的。培养愿意做“难事”的习惯，让其受益一生。只愿用人不愿付出心血去培养的利己管理方式与自己单打独斗很累且能量非常有限的方式，均无长久生命力。

服务元素作为业务价值的企业，可考虑建立积极的团队管理机制，输出有含金量的服务产品，让服务值钱，让每个成员能自我成就。不要嫌弃和轻视现有业务量低的企业，任何一个中大型企业都是经小规模发展而来的，还有可能背后是一个集团性公司的分支，也许只是用一小块业务先做试验田打样板的，这与“人不可貌相”差不多。

二、服务人员的自我建设

（1）服务人员角色的自我培养。

（2）服务团队的培养和用人。

（3）如何看待服务工作。

（4）如何对待服务对象的奇葩需求。

做服务的人总会觉得自己，从事的是没技术含量、难出成绩的苦差事。天天被推着走，干得又苦又累稍有闪失就被全盘否定。其实这并非服务工作本身有无价值的问题，而是有思考和没思考的两种工作方式带来的效果呈现。

曾在差旅管理的国际课程中看到无责定律是因为没做所以有责任，而我们经常因为做了而有责任，特别是做服务的人员，难免有些疏漏和不周全。我作为管理者也在反思，这样的责任界定，是否会导致大家都躺平，不利于管理目标及效果实现，也不符合管理初衷。

真诚而专业的服务和不得不去做，这两种状态做服务，显然结果会不同，服务未能赢得尊重的症结就在此。与服务对象利益目标顺向，很多看似不能理解的需求现象，背后都有原因，对于企业来说可能是曾经摔过跟头后的亡羊补牢，对于出差的员工来说或许是无奈和辛苦。不了解所以不理解，可以带着真诚通过友善的聊天方式，尽量去了解背后的原因，利于理解需求和服务对象的处境，如眼下无法理解，可先放置，正视其存在，不主观臆断去评判其合理性，无须站在道德制高点去绑架谁，正视人与人的不同和尊重人性的事实存在，经历得多了自然豁然开朗。

（一）自我成就

作为服务人员需将事情和情绪分开。将负面情绪植入心里，并非说出来发泄那么简单，一旦去评判对错就会被情绪充斥，影响对事件本身的理性判断，每次絮叨埋怨都会加深对这件事的负面情绪，与其浪费精力和时间絮叨埋怨不如考虑事情的解决方案。越是水平高、经验丰富的服务人员心态越平和、少有抱怨。因为不理解所以会批判，因为经历少才有抱怨。

服务这件事一路走来回头看时，才能体会到，越是难沟通、有难度的服务，对我们自身的成就越大。抱怨只会让别人觉得没见过世面，易暴露缺乏经验和能力的弱点。就像自认为多严重的病，临床经验丰富的医生通常觉得不是大事，他们常年见过或救治过太多更严重的病例，见怪不怪，有专业经验且健康而自信的心态，才能有那份平和淡定。

关注培养自己的良性心态利于自我化解负面情绪并与身心建立正向连接（很多人表示，说起来容易，做起来难）。平常心接受各类需求，不是上来就评判对错，该与不该地贴标签。尽量多去了解需求背后的原因，理解服务对象提出看似不可理喻的需求，了解业务情况，可能换成自己身临其境时也会有同样的要求和感受。回首这些年来，发现所做过的难事，记忆最深刻、收获的专业知识和经验最多、让自己最有成就感。因为和大家一起学习和分享，迫使自己去梳理总结才得以达到滴水穿石的自我修炼效果。

像打游戏过关或越野跑一样，积极面对、主动想办法，有韧性地去解决各种难题，无论成功还是失败都需总结，找到与各类服务对象的沟通及相处之道，能帮助他人解决难点问题，体现自己的价值与成就感时，事情才是为自己而做。主动后就不会再被催着走，应先于用户考虑该做的事，采用前置而主动的方式，减少救火效果更好。慢慢发现其中的乐趣，日久生情地把工作当成爱好（很多人表示，不可思议），会让自己获得幸福感且在这个过程中潜移默化地提升自己的沟通能力和情商，说话办事经大脑，而这些恰是在应试教育中学不到的人生财富，一切实践中的利他才能达到水到渠成的自我成就。无须在意是否能赢得眼前的一场战斗，全盘赢才是最终胜利，与其赢别人不如赢自己。

（二）实践→总结→链接

俗话说求人不如求己，想让自己优秀就对自己狠一点。一路走来最感谢过往所经历的人和事，特别是出难题的人，在服务中提出的高要求和不轻易给予的培养方式，恰是对于性格刚毅、倔强执着的人适合的塑造方式——野蛮生长。工作实践中，不知经历了多少次被逼进死胡同，撞得头破血流，不得已冷静下来思考，发现并正视自己的短板后补齐甚至超越原来长板的过程。

让我想起来小时候不听父母劝阻，一定要踩一脚地上的香蕉皮而摔倒，又有哪个拳手不是经历过无数次被打败后，周而复始躺倒又站起来，才拥有得到金腰带的资格。在体验和试错的人生旅途中慢慢成长，日积月累后才是豁然开朗的美丽新世界，在经历痛苦至暗的过程中构建出属于自己的方法论和价值观。不给予反而是最大的给予，有多少行业是在经历逆境甚至“卡脖子”后，弯道超车、王者回归的。

习惯靠头脑想办法，无论是在工作还是生活中独立能力都逐步提升，少有弱小又无助的时候。反而觉得一些东西或资源多余，工作中总在最初就指望用钱、物来解决问题，会让脑子变笨、变懒也不利于“人”的价值呈现。手无寸铁，四两拨千斤时更易急中生智。

历史是最好的老师，咱中国的地道战、地雷战、游击战，都是著名的以少胜多的战役，在没有先进武器的条件下成立了新中国。靠的是精神和智慧，有武器、有资源是好事，主宰工具仍然是人的智慧，不可本末倒置。

三、服务团队建设

因人的成长环境、经历、兴趣特长等综合因素形成人员的特点，初入职场的新人和有工作经验的人各有优势。记得有一次安排新人去盖合同章，我叮嘱道：记得盖骑缝章。她过了一会问我“齐凤”是谁？怎么没找到这个员工的名字？虽然已交代得很详尽但发现我还是忽略了新人特点。

（一）选人

选人要考虑与团队成员的取长补短，队员之间也需要互补，单纯的人在一起虽适合做实战型工作，团队内可以良性沟通，协作配合较好，但也要根据队长类型而搭配。不同性格特征的队员各有千秋：

- 创造型：追求快乐和有趣，善于举一反三及知识间连线，有艺术天赋悟性好，同时有艺术家的“小脾气”、兴趣爱好广泛、情商高、沟通交际主动、反应快、头脑灵活。有趣的灵魂当然适合做创新性需要头脑风暴的工作，如方案设计、急于实现的短期目标工作、公关等工作。
- 付出型：热心，甘愿迁就别人，绝世好脾气，有耐心、语速慢，亲和、不骄不躁，适合做服务和解答咨询类等工作。
- 学习型：通常踏实、细心、有条理、自律、专注、善于学习、原则边界及自我要求较高。适合从事账务、严谨细致的数据或文案工作，沟通交际相对被动，有时执拗、不解风情。

（二）育人

招聘面试水平再高的伯乐，能识千里马也是有概率的，即使千里马也需要培养才能成为千里马。各类性格特征的人都有长板，用其长板能够承担起岗位工作。各位队员之间互相学习，取长补短也是一种培养方式，更会让队员有成就感。在工作中发现其短板或可能带来职业瓶颈的问题，队长在不影响当前工作目标的前提下，有必要“强人所难”激发队员的潜能，培养其逐步接近综合能力，育人是队长的责任，虽然累心也需要耐心，但只有这样才能让团队中的每个人不掉队，同时提升团队整体能力。

- 做事节奏慢半拍的人，虽想使其变快有难度，但可侧重培养其细心、逻辑分析和沟通技能。
- 做事快的人，手比脑快，需压节奏，先慢下来，建立起先思考后动手的习惯，有质量、有速度会更好。此类型的队员易出现毛躁、粗心的问题，需提示，让其意识到问题，思考清楚、理解后再动手，培养其检查方法和意识，来规避短处。

第六章 差旅管理系统

06

漫长的历史长河中，人类的进化之路，离不开动脑思考所碰撞出的智慧火花。每一阶段的变革都为人们的生产生活带来颠覆性的改变。从直立行走到使用工具，从旧石器时代到新石器时代，如今我们正在步入人工智能科技未来的新时代的路上。生产工具升级和信息自动化系统的运用给原有工作方式带来积极影响。数据，作为新增生产要素，系统工具的介入使“劳动者”从原本机械、重复的工作中释放出精力，转而注重思考、分析、创新，经营谋略、管理，带来更宽广的新视野和新领域价值，形成更强的综合战力。

第一节　差旅管理系统介绍

一、主要作用

差旅管理系统从如下几个方面，体现其主要作用。

- 指引：以自动化方式引导出行人做差旅计划，并提供自动化流程指引和政策引导。
- 执行：帮助流程、规则、标准的落地，系统执行相对统一的规则，辅助管理效果的实现。
- 提效：数据的高效交互与传递，有助于提高工作效率、管理效率、出行效率。
- 记录：有过程记录，全流程各节点的无缝衔接，将各环节建立联系，形成完整的数据链，供调阅与追溯状态，提供管理依据，提升决策能力。
- 联系：建立数据之间联系，将业务环节串联起来，呈现各环节之间的关系。与其他管理模块建立联系，打破数据壁垒，如人资（考勤、绩效）、财务（预算管理、费用支出、报销、记账、收益计算）、差旅供应链模块（需求统筹与资源分配）等。

二、主体结构

差旅业务是需要内部管理运营与市场产品运营相结合的一项业务。企业内部管理和市场均为动态变化。

形成双引擎结构，能降低两部分各自发生变化的相互影响，特别是在差旅业务量中型以上或企业管理有要求的情况下，较大程度地保证企业管理不受市场变化和资源渠道调整带来的牵制与限制。当管理变化和业务发生调整时能更灵活主动地应对。当需要对差旅的渠道、产品进行调整时，更灵活主动地避免陷入被绑定的困局，资源渠道动态调整而不影响企业出差用户的体验。

企业管理与外部供应链管理如图 6-1 所示。

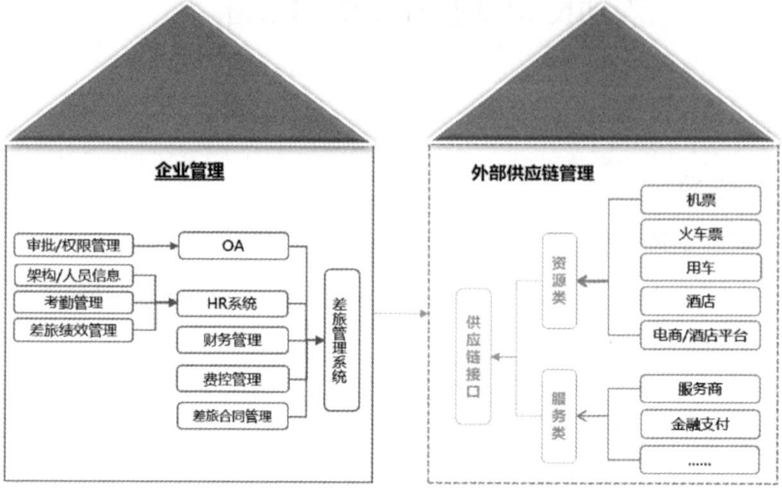

图 6-1　企业管理与外部供应链管理

（一）差旅管理模块

含 OA 办公自动化模块、电子人力资源管理系统模块（Electronic Human Resource，EHR）、财务管理、费控系统四个模块，作为主要承担管理职责与核心数据交互。

主要功能：差旅申请填报，差旅预算生成与关联，审批，对账记账，支付与报销，差旅流程管理与标准执行。

（1）组织架构及人员信息是差旅场景必备的信息元素，出差所需的人员信息、联系方式、证件信息、职级对应权限及政策，均以组架信息为基础；另外，差旅工作期间可由差旅模块同步考勤记录或多地办事处门禁系统的权限关联，减少重复性工作。

（2）差旅与费控模块的数据主要交互。

✈ 差旅预算管理：事前的差旅预算关联与占用、事中的预算执行、事后的预算释放。

- 发票凭证管理：票据的上传、收纳管理及在线校验。
- 付款及报销：差旅统结对公付款，差旅的补贴类报销填写申报及审批。

（3）差旅与财务管理模块：差旅产生的费用支出及退款，依据各费用承担主体单独生成账单并进行财务记分账，对应财务记账科目进行记账与内部转记、合并等。

（4）差旅结合 OA 办公自动化系统的功能，实现差旅邮件短信通知的发布、文档管理、追踪审批节点的进度状态等。

（二）供应链管理模块

主要实现企业所需的资源部署、渠道整合、查询及预订；供应方的产品管理、展示、预订、对账结算、必要的信息传递和数据库管理等功能。

主要功能：产品与渠道信息，价格展示，查询筛选、预订、运价配置、订单状态、资源使用状态、订单支付方式与状态。

第二节　差旅管理自动化建设

各企业处于不同发展阶段，依据业务规模、管理要求与目标设置，基于第一节提到的作用、结构、功能进行增配或减配。随着管理要求的逐步提高，对系统功能的要求也越来越高。

一、阶段性管理目标与系统建设

在系统建设初期，依据管理要求和目标，确定主线流程，综合考虑在未来一段时期内的业务与管理要求变化，功能扩展空间与条件。

- 0 → 1.0 阶段：企业内部有申请、审批的过渡流程，自行预订后报销或提前借款还款报销。

- 1.0 → 2.0 阶段：基于 1.0 阶段的管理基础提出了进一步的要求，望提供统一的预订入口，预订并结算。
- 2.0 → 3.0 阶段：在 2.0 阶段发现的问题，将在此阶段迫切需要修复，当无法修复时，只能被迫重构。此阶段企业已有相对成熟的管理体系和政策流程，有预算管理执行的要求，因业务类型丰富多元、差旅业务量增大、数据量多，对管理执行效果、系统的控制能力、数据处理提出了更高的要求。
- 3.0 → 4.0 阶段：对各企业内部管理数据共享、流程优化做减法、校验政策合理性、系统的用户体验、使用效率提出了更高的要求。

如图 6-2 所示。

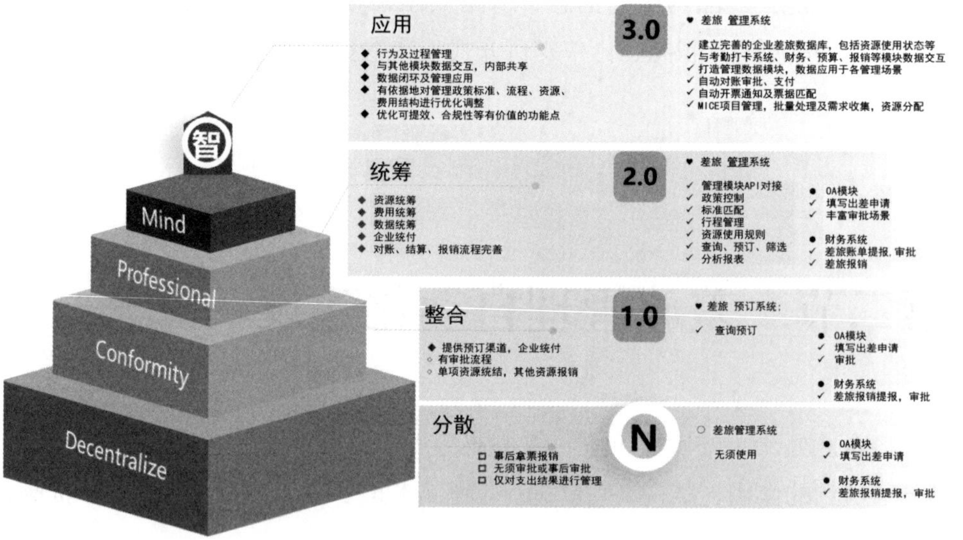

图 6-2　管理系统进化阶段

二、现象解析

现象：当企业处于差旅管理转型阶段，涉及差旅系统重构时，不知从何入手或选择哪类系统产品。近年来与企业沟通时，此类疑问较集中。

解析：此问题源于企业在 1.0 阶段经使用成熟的差旅电商或其他差旅预订平台，实现了初步的集中管理后，从实践中发现了问题，管理意识随之提升。当企业规模继续扩大，需求增多，企业不得不完善管理政策与流程，进一步提升管理水平，此时就进入了差旅管理 2.0 阶段，这是差旅管理重要的转型阶段。

追求更高的管理水平和价值呈现，是推动系统能力提升的动力。因此，意味着差旅系统的定位，要从原本侧重票务预订转变为侧重管理。在差旅管理方式上，要考虑管理策略，如何布局，组建管理模型、服务模型，如何通过系统实现，需考虑以下四方面：

- 差旅业务特点：占比高的差旅需求与复杂程度，是否属于可通过系统自动化来实现的，如 15 天以上的长期出差，国内或国际差旅，团队出行等，确定是标准化业务多还是以非标的业务为主，因此需要系统承担哪部分的工作，具备的功能。
- 系统与数据安全：结合现有的系统环境，如人力资源系统、财务系统等与差旅会产生高频数据交互的模块目前的部署方式，是否具备对接条件；与差旅管理模块所涉及的数据输出与输入等交互，采取哪种方式才能符合企业对数据安全的管理要求，全链数据的存储位置及调用要求。
- 供应链设计与部署方式：供应链管理模块是选择综合或单一渠道接口的，与其他差旅管理功能一体化的，还是模块化可灵活调整的。

企业能力与条件：企业是否有能力在管理转型后配有专项人才，如差旅专业人才、运维等方面技术人员，如企业不具备必要的能力和现实条件，就对系统商的能力要求更高或被迫简配，牺牲部分管理要求，修正阶段性管理目标。

第三节　云开丨星光

差旅系统的自动化建设，需要结合企业差旅业务情况、差旅管理的方式、对系统功能的定义，同时从成本投入能力等方面进行综合考虑。

比如：

（1）员工差旅是采取在线自助预订的方式吗？是统一在差旅集采体系内预订，还是允许部分情况可以事后报销？

（2）国内的差旅业务和国际的占比哪个更高？国际部分也希望实现员工在线自助预订吗？

（3）整体差旅业务量是高于还是低于 2000 万元 / 年，近年来企业内差旅业务趋势呈增或减？

（4）差旅采购渠道是频繁更换的吗？近两年有更换或增减调整吗？在更换资源渠道时，如果需要改变入口或用户操作系统的习惯，企业能否接受？

（5）还要考虑近几年行业与市场变化的可能性，及对系统带来的变化和影响。

（6）对于系统建设所需投入的一次性和持续的技术成本，企业需评估技术成本的投入与产出是否符合企业既定的目标。

一、知己丨企业自身情况复盘

定目标、盘需求，量力而行。

（1）企业需要的是一个查询预订系统还是管理系统，决定了系统职责与功能定位。

（2）系统安全等级、数据交互方式与时效频率、存储位置、部署方式，决定了前期技术成本投入。

（3）基于企业管理要求及流程、差旅业务的变化程度，考虑系统的迭代应变能力。资源渠道调整如对用户造成直接影响，企业能否接受，决定了系统结构是按一体化还是模块化设计。

（4）依据企业差旅现有业务量与未来3~5年的增减趋势，结合管理目标，评估系统的规模与复杂程度。

（5）系统不是做完就固化静止的，需要与时俱进地变化和调整。企业是否具备专业技术人员，能长期负责迭代运维。

（6）涉及的差旅业务及问题，哪些能用技术来解决，哪些是行业技术薄弱的环节，需投入人工来弥补，决定了持续性人力投入成本。

（7）评估上述的投入产出，是否符合企业目标。

（一）系统角度前期思考与准备

1. 定义系统作用

（1）企业对差旅系统的定位是查询预订系统还是管理系统？

（2）如定位为管理系统，所需的功能模块及各模块的作用如下：

① HR系统涉及架构、人员信息、出勤管理、差旅绩效。

② OA办公涉及申请填报、审批流，监管业务流程是否按差旅政策标准执行。

③用户角色与权限管理模块。

④财务与费控模块，涉及预算执行与结算、报销。

⑤差旅供应链与查询预订系统。

⑥数据报表及看板模块。

⑦风险预警模块。

2. 现有系统环境评估

（1）以上功能模块是否都需要，已有部分与计划加入的差旅管理相关模块如何衔接与协同？模块是全自建，还是通过第三方系统做对接或接受部分二次开发？

（2）差旅资源供应链部分，是采用一体化还是集成方式建设？是否有必要逐一对接各资源方的系统？

3. 系统安全与部署设想

根据企业对数据安全级别的要求，决定数据存储位置及安全要求；设想各系统之间如何衔接部署与各模块数据如何交互。

4. 系统稳定性及后期运维

如涉及多模块或多系统间数据交互，需考虑各独立组件的迭代更新导致对系统稳定性的影响；对后期运维所需投入的技术和人力成本进行评估。

5. 功能内部调研

（1）核心用户：找全、找准实际用户，聚焦每个环节的实际用户，如出差的人、审批人员、差旅采购与运营管理者、财务管理与审计管理者等。了解现有操作方式及流程，需要哪些功能。

（2）需求内容：充分调研各业务环节的内容及流程。

（3）需求分类：在上述各角色各业务场景中，了解各类用户现有操作方式，及其需要迫切解决的痛点问题。

（4）场景分类：普遍性及代表性业务案例均需考虑。处于上升期、业务变化大的企业，需特别关注前瞻性业务发展方向趋势，以便应对未来一段时期内系统的规划与调整。

（二）差旅管理规划与准备工作

因企业管理、分工存在差异，企业内与差旅涉及各相关职能部门如财务、差旅采购、管理或行政管理角色，需达成共识准则。明确定义规则与执行要求，避免后续花费大量精力答疑，同时也影响管理效果。当企业不使用系统时，问题或许还不明显，但在使用系统后，曾经模糊的问题会逐渐凸显。企业要对差旅管理事情越做越多的现象做好应对准备，因为数据打开了视野，曾经的盲区与隐性问题会逐步得到显现，这也是使用系统工具的价值之一。

1. 业务边界

要明确定义差旅业务场景，如下列场景企业是否判定为差旅行为，是否需提报出差申请，以及费项是否纳入差旅成本。

（1）长时间出差超过 30 天，采用当地租房方式解决住宿问题。

（2）工作城市在 A 地，产生的 A 地酒店费用。

（3）自驾从 A 地到 B 地并产生了住宿费和餐费。

（4）外请人员从 C 地到企业 A 地，开展该企业的专业培训工作，企业担负其路费和住宿费。

（5）专家人员先行垫付购票后，企业在事后履行承诺为其支付费用。

（6）企业在培训前，统一为讲师预订机票和酒店。

2. 管理目标与期望值

1）认知与意识

差旅系统上线的意义不仅仅是“把原来的线下方式搬到线上，变成移动审批和在线预订”。最有意义的是借助于搭建系统这个契机，复盘现有的流程与政策。管理方式的改变，迫使企业去优化原有的管理模式，从人为判断变为系统逻辑判断，需要清晰的流程和业务逻辑，实现由系统通过运算执行规则。

简洁的操作页面的背后是复杂的代码逻辑，代码如何写，功能如何设计，来源于用户需求。差旅运营、服务、用户体验等方面的效果，是基于背后严谨而复杂的业务逻辑，这两件事是相辅相成的。系统工具带给用户的体验不好，也会影响到管理和服务效果。

2）明确管理目标与程度

系统做到什么程度？系统与人需各自承担哪些工作？系统所需功能与要解决的问题是仅需满足在线填写、审批、预订，有基本的流程及差标控制，还是有更高的管理要求？如突发社会性卫生防疫、极端自然现象等，企业管理是否需了解某日某地有哪些员工，共多少人，及人员安全情况等。面对这样的问询，在这样急迫的情况下，作为差旅管理者，能在 10 分钟内给出清晰准确的信息吗？如差旅系统定位为企业差旅管理系统，需考虑到防患于未然的应急作用。

企业管理要求决定了系统建设和功能设计，企业希望差旅管理到何种程度，呈现怎样的效果，系统辅助承担什么角色，是在做系统建设前要明确的。

3. 梳理事项和流程

1）明确业务类型和内容，按场景推演梳理各业务环节

例如：按业务维度、时间维度、标准化或非标准化等维度进行区分，依据各项业务的标准或非标的情况进行场景模拟。

2）依据业务环节，细化各项业务的流程

流程需满足 3 个统一：

（1）书面与系统流程政策规则统一。

（2）不同结算方式的流程、审批授权统一，如企业统付和报销，无论使用哪种结算方式，流程需统一。

（3）同类业务的票据类型要求统一。

思路：做之前，先画清楚业务流程图，如图 6-3 所示。参照流程图规则走向，充分进行业务场景推演，满足多数管理者和用户需要，再由技术方画出对应的技术流程图，两者都能走通再继续前行。不要试图用系统功能去改变普遍性用户习惯。市场上成熟的功能多数经过了几十年充分的市场磨合与试错过程，在企业内缺乏专业人员的情况下，直接复用比自己闭门造车更好，没必要冒险付出高额成本和用户掰手腕，因为那样成功率不高。建议在适用的基础上，贴合用户习惯再进行优化。

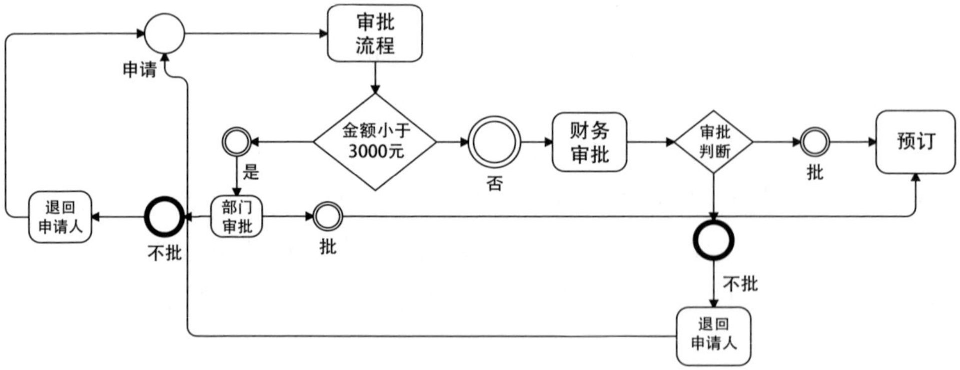

图 6-3　业务流程示意图—申请

值得提示大家的是：

化繁为简：差旅是对时效性要求较高的业务，审批节点多而烦琐，就要

牺牲审批人及出差人的时间。原有的线下流程转换到线上流程，需考虑哪些流程可以简化或通过系统功能来实现简化。

全面调研：上线后再调整节点，对整体流程影响大，在流程设计上尽量提前将业务可能性调研全面。

分清主次：如果上线后反而环节复杂，影响效率，审批人和员工怨声载道，并不是建设系统的初衷。所以系统环节要简明清晰，分清主次矛盾，以提高效率为目标。另外，小众的业务场景需明确是否要一次性涵盖全面，还是可以放在后期逐步优化。

4. 总结

企业在项目启动后，开始寻找适配的产品，做市场调研、同行业企业调研，但是发现常在过程中受各类杂音干扰，被洗脑失去方向，被各种思路牵着走，极为被动，好像讲得都有道理最后却不知如何是好；调研其他企业后，看到其他企业用着好的方式，用在自己企业却翻车或蹩脚；在系统组建过程中出现需求泛滥现象，导致什么都想要，最后的结果却并不满意。类似的案例比比皆是。

问题根源：其实很好理解，就像漫无目的地逛街，看到琳琅满目的商品，又有热情的店员用各种促销手段推广吸引关注，于是这个也想买那个也想要，买了一堆东西，回家一看，真正缺的东西一样都没买钱却花光了。同理，企业尚未做到“心中有数”，便急于开始“逛”；企业间存在一定的管理相似度，需关注的是差异，某个流程存在一处细节差异可能需做出颠覆性调整。差旅管理系统要适用于本企业土壤，因地制宜。市场的产品丰富多样，百花齐放，急于开展外部调研，易导致误入歧途。所以“逛街”前，先关起门来，分门别类，列出“购物清单”。

参考别人家企业可行吗？

同行业、业务特点相似的前提下，可参考不可全复制。企业间必定存在差异，如别的企业经济实力雄厚，资金投入能力强或差旅业务多在下沉城市，长期工程项目每次出差几个月，而您的企业每次出差一两天，各企业的差旅业务不同，不一定别人的就合理，没准人家也是拍脑门拍出来的或十几年没更新过。

在开始市场调研寻找系统产品或考虑如何建设时，先设立准则，明确需求——用户、场景分类，确定流程规则、管控节点、角色与权限的对应关系，复审现行差旅政策能否适配计算机技术的二进制数制逻辑。如图 6-4 所示，四核心作为前期准备工作，必须倾注精力，认真对待，严谨、准确地精挑细选。

图 6-4　四驱 | 核心引擎

二、知彼 | 看市场

看市场、选产品，量体裁衣

系统产品特点更侧重哪方面，系统方的主要收益来源决定系统功能优势，根据自己的企业需求，基于对市场产品的调研，能识别出供应商各自的长短处，划定选品领域，选择适合企业的产品。

（一）市场产品介绍

市场上主要有这 4 类差旅系统类型：

（1）代理人或 OTA 提供的差旅系统。

（2）财务管理或费控软件提供的差旅系统。

（3）标准 OA 系统提供的差旅系统。

（4）企业自建或自用的差旅系统。

（二）系统产品的区别

第一类由代理人或OTA等资源代理售卖方所提供的系统产品，主要在查询预订功能方面的成熟度较高，用户体验较好。系统商的收益来源也主要来自资源销售。

第二类由财务或费控软件衍生出来的差旅系统，报销支付等结账对算的功能更强大，更侧重费用管理与财务票据合规等方面。

第三类指一些做标准化OA办公软件方也支持差旅模块，侧重标准化的办公流程管理。

第四类是企业自行研发的差旅系统，是基于自身企业的管理需要，从申请、审批、预算管理、行为管理等各方面管理所需构建的系统体系。更关注“人”“事”“行为”，有人员角色和场景分类的概念，从差旅业务起始到结束，企业注重闭环管理体系的打造。这是以企业作为绝对利益归属方进行的管理系统建设。

（三）选品注意事项

经上述三步，确定首选和备选厂商后，签约前，还需将之前梳理的功能、部署方式、数据交互内容及方式等具体方案细节，进行逐一反复推敲，企业需明确阐述功能所需实现程度和细节要求，系统商需提供符合企业使用要求的方案，这是为避免双方在不同认知频道和理解角度导致的偏差。

初筛时期，企业抱着货比三家、开拓思路没坏处的心理，划定范围的系统商数量较多，企业内的管理特色、流程、政策类涉及敏感的部分不适合对广大系统商逐一公开探讨且花费过多精力。

在尚无目标选项时，双方都没走到开诚布公阶段，涉及实质性细节的探讨非常有限。功能点“有”和“能用、怎么用”在实际场景落地中存在程度上的偏差，所谓的“有”，不等于能用或与企业期待相符；另外，对功能的理解上，企业内使用系统的人与研发、售卖系统的人，对业务的理解和视角往往不一致。

在此环节中，要将功能需求进行深度剖析，企业与系统方，逐条细致地探讨清楚。如少部分功能，无法适配则在有偿二次开发和调整优化管理流程之间进行权衡。系统商需了解详细的要求，避免沟通盲点导致理解上的偏差。

成品系统主要以标准化通用功能为主，要兼顾大多数的通用功能，因此改动空间有限，企业自身的特色管理所涉及的功能，除非对系统能力整体有提升且具备市场普遍性，否则系统商不会为个例而去改变系统功能。如改动太多，企业要评估开发成本能否接受，而且上线时间可能遥遥无期。

总之，在启动前进行调整，甚至重新选择系统商还来得及，相比项目启动半途夭折烂尾，这样对双方的损耗也是最小的。

三、后系统时期的提示

（一）工作重心

因数据的清晰体现，对于原本工作方式中所缺失或不合理的部分，有查缺补漏的作用，初期事务性的工作可能不减反增，磨合期不适合一刀切地急于减少人工参与；应待系统运行顺畅，与业务及管理平稳磨合后，视情况合理调整。

从管理上节省，合规内控有效止损，优化流程政策，提升效率；差旅业务规模越大的企业，在账期与资金的方案中越能得到直观可见的成本降低，差旅成本节省空间约 30%~50%，占比高的 3 项成本为：人力成本、内控管理成本、资金成本。

人力成本是企业成本支出中名列前茅的费项，系统替代部分人工，承担机械化重复性工作的同时，人的精力得以释放，转移投入到必要的人员参与环节，如专业性技术性较强，需经过分析思考才能完成的工作，发挥人类智慧显然更有价值；差旅成本的支出会随着管理合规，效率的提升而呈现成本节省的效果。上述所及任意项均离不开“人”，差旅管理与系统建设均需围绕人和需求开展。

因：人为核心【人身安全和行为管理】，防患未然【底线思维】，需求导向【用户思维】。

果：

（1）可控——虽不能避免意外，但可争取到主动应变的时机，降低风险。

（2）合规——政策、流程、标准、预算的有效执行，减少浪费，成本清晰。

（3）高效——有序和高效，减少过程环节，让业务跑得更快。

（4）需求——理解产生需求的核心原因，找到较优的系统方案。

（二）磨合及查漏补缺

（1）用户习惯——系统的加入会改变甚至颠覆原来的管理模式及人员分工，为应对变化提前做好规划和准备，给出行人、审批人等相关人员带来用户习惯上的变化。

（2）应用与系统的磨合——上线初期处于应用和系统的磨合调整期，跑顺后随着漏洞的减少，功能可以贴合需求时，会越来越轻松。

（3）补漏洞——系统作用显现，产生数据后，通过数据分析发现管理缺失和漏洞，后续工作重点关注漏洞并及时维护。

第四节　月明 | 正传

差旅系统产品设计与企业管理

差旅系统是用于企业在因公出行场景下的管理工具，帮助企业提效，实现财务、内控、运营管理的简约便捷，更利于管理要求的执行和政策的落地。差旅管理的两个主引擎——差旅管理模块和供应链模块，是实现差旅在线化完整闭环管理的两个重要构成，两个组件内部均由多个功能模块关联、交互、相辅相成。使用差旅系统意味着开启了新的工作模式和管理模式，而非结束。

一、差旅系统 | 功能详解

从企业人**用户视角**来讲，差旅系统的功能主要有出差申请填报、预算管理、审批流配置及审批、查询预订、报表生成。其他还有诸多创新功能点，如提高工作效率和决策效率、提升准确率等。

差旅元素：事件类型、人数规模、时间周期、地域范围。

- **事件类型**：常规业务、培训会议 / 项目。
- **人数规模**：5 人以下相对分散或批量集中的多人参与。
- **时间周期**：15 天以内短期或大于 15 天的长期出差。
- **地域范围**：境内 / 外、跨州等。

（一）系统结构

前台、中台、后台承担的作用分别为：

- **前台**：操作层直接供用户操作使用。
- **中台**：逻辑层模块间数据调用、交互、规则管理、开关控制、机制切换（如变轨触发器的作用）。
- **后台**：主要用于各类管理所需及服务运营辅助、监控预警、数据的场景应用。

如图 6-5 所示。

图 6-5　差旅系统功能

（二）差旅系统常见的标准化功能

差旅用户展示页面如图 6–6 所示。每个按钮负责触发不同的指令与任务，静态页面背后是复杂的逻辑运算，牵动着各方数据交互。

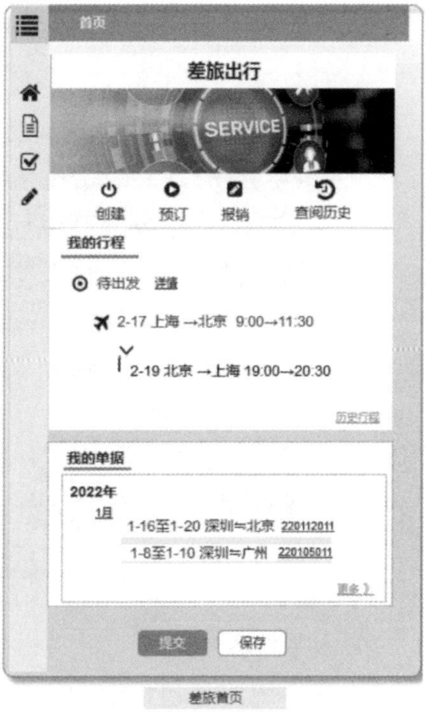

图 6–6　差旅首页

（1）**差旅申请填报**：新增、变更及取消或超规超标等场景的填报。

（2）**预算管理**：关联、占用、核销、释放。

（3）**流程政策配置**：流程引导、执行，政策标准的匹配、控制。

（4）**审批流程配置**：依据差旅政策及标准，触发相应审批流，满足加签、会签等各类审批场景需要。

（5）**财务管理**：账单生成、对账与分发，结算与报销，凭证核验及上传、收集管理、关联。

（6）**预订**：查询、筛选、预订、订单及资源使用、状态反馈。

（7）**其他**：

①文本及通知：系统、公告及其他页面提示、支持二维码及链接、邮件短信关键信息通知。

②过程状态：过程节点及资源使用状态。

③数据应用：各类相关数据的交互与协同。

④差旅运营管理辅助工具。

⑤报表模块。

（三）数据调用

差旅系统的运行与三个数据元素密不可分——人员信息、财务数据、差旅产品及订单数据。

差旅管理系统与人力资源系统、OA办公系统的联系最为密切（见图6-7）。

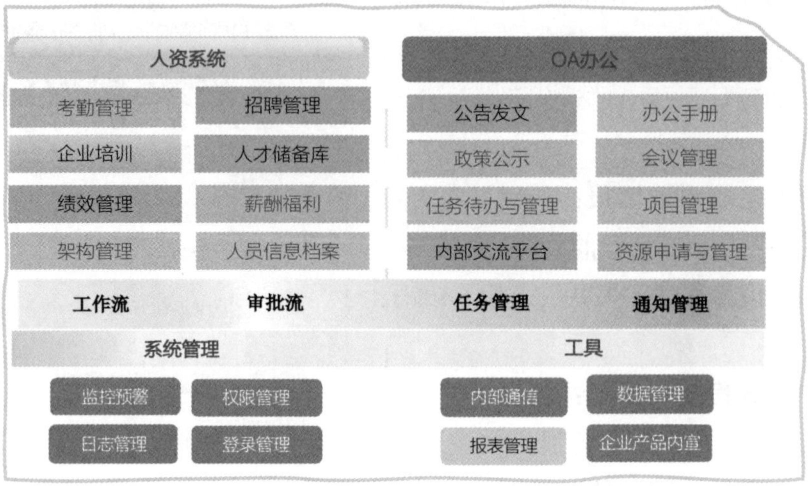

图6-7　与差旅系统联系密切的2个模块

1. 人员信息数据

人资系统信息包含架构和雇员信息与汇报关系。需建立统一的写入规则、变更规则，利于各管理模块调用的雇员信息同步一致；雇员作为企业出差人，雇员信息是差旅系统基础数据之一。

（1）涉及人员角色，审批权限，用于识别和判断登录差旅模块时的用户身份。

（2）依据人员信息，自动准确地匹配相应差旅政策、标准、出差补贴额度。

（3）实现考勤与出差数据的关联。

2. 财务数据

财务数据来自财务管理模块（见图6-8），差旅系统数据与财务管理数据之间是需要深度交互的。

例如：

（1）从财务管理系统中调用差旅预算或从差旅系统生成差旅预算同步财务预算管理。

（2）差旅申请单中，涉及的出差天数同步到财务系统用于计算差旅补贴。

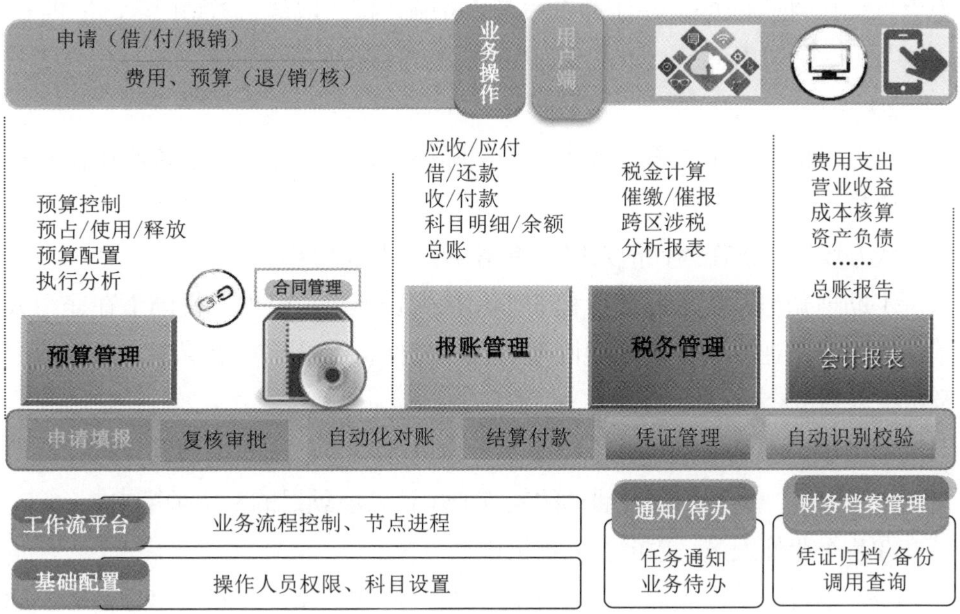

图 6-8　财务管理模块

（3）差旅订单金额回传财务系统，用于预算执行、结算报销，票据管理与归档，依据出差申请中的费用承担主体进行财务记账。

3. *差旅订单数据*

差旅订单的数据应包括产品内容及预订金额、订单 ID 单号，以便多模块之间建立索引与关联关系，资源使用状态如已使用、已离店等。

（四）场景页面及功能详解

1. *差旅申请*

1）内容

明确出差目的及事由，向企业报备；提前规划行程线路，预估所需资源及因而产生的费用并申请批准，见图 6-9。

（1）明确出差目的，规划日程线路，确定参与出差的人员，计划所需资源、费用情况，

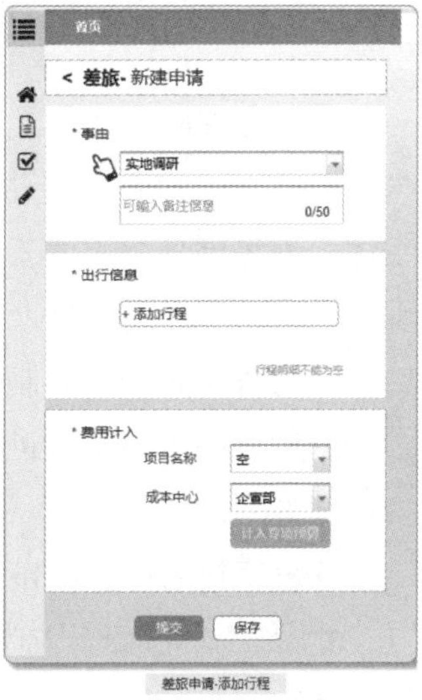

图 6-9　差旅申请

为审批提供判断依据，并作为事后差旅补贴、相关报销、考勤记录的依据。

（2）明确费用承担主体，准确找到有相应权限的费用审批人。

2）用户

（1）申请人：本人参与或不参与实际出行，有企业内部系统使用权限的企业雇员。

代办场景：仅作为代他人提交单据并不参与实际出行。

①助理角色：代为办理行程安排和相关资源申请。如出行同事在途中或不便填报时，在办公室的其他同事可代为操作，尤其是对于管理方式为填报及审批前置的企业。

②由项目组织部门代其他跨机构单位的参与人员统一申请及审批，以便资源统筹安排，也利于项目活动的差旅成本计入该项目的专用预算中。

③为企业外人员、邀请客人提报申请。

（2）出行人：出差雇员信息来自企业人资信息库，非雇员信息需手工添加。历史填写的信息是否留痕供再次使用，涉及个人信息保护法及信息授权，在信息流转过程中可采用脱敏保护措施等处理方式，此类信息安全问题在功能设计时需要考虑。

因公出差人员包含雇员和非雇员，人员类型会影响企业管理和财税管理，例如：

①**安全保障**：雇员是在本企业人资、社保体系内的人员；非雇员应邀参与本企业组织的业务活动，不在本企业社保范围内，企业作为组织方和责任主体，需考虑其相应的安全保障问题，特别是当涉及户外、野外、极端自然现象，活动内容包含专业运动及极限运动等时。

②**财税管理**：实名制交通增值税发票抵税，现行政策是仅雇员的票据可参与抵税；在申请阶段进行身份区分标识，以便对应后期进行票据区分及财税管理等问题。

③**差旅补贴**：企业雇员涉及差旅的补贴发放、报销等问题。

员工出行自企业内人资信息数据库取值，操作方式为查询、选择，见图 6-10。

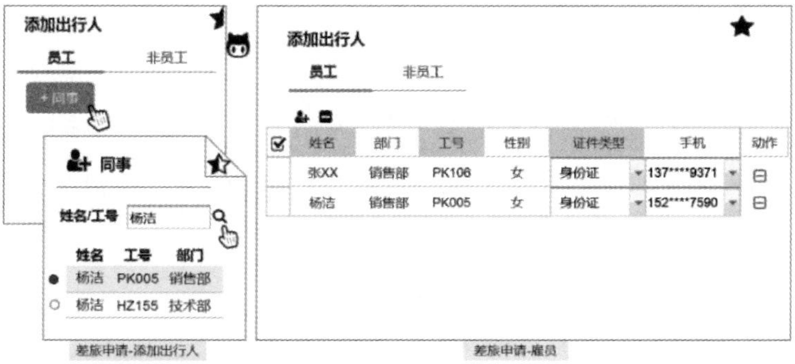

图 6-10 出差申请—雇员

非员工：

参与出差乘坐大交通、住酒店所需证件姓名及证件信息、联系方式，涉及国际行程需证件首页上传图文信息等；操作方式为手工录入。见图 6-11。

图 6-11 出差申请—非雇员

3）主要功能及流程

因事前管控的方式所涉及功能点较全面，也更易达成企业管理理想的信息闭环效果，以此作为案例，拟流程梳理系统功能设计思路。如企业采用事后审批或无需审批的管理方式，可在此基础上做减法。

A. 入口及创建

- 入口方式：PC 页面端和手机移动端。
- 设计思路：

方式一：登录企业 OA →日历→创建出差申请→编辑填写→提交；

方式二：登录企业 OA →工作台→出差→创建并填写→提交→审批→同步日历。

B. 差旅申请 | 功能

a）基础信息与功能

系统功能需按内容，选择便捷的操作方式，减少非必要的手工填写，必填项显示字段数限制；定义信息的必填项与非必填项。如图 6-12 和表 6-1 所示。

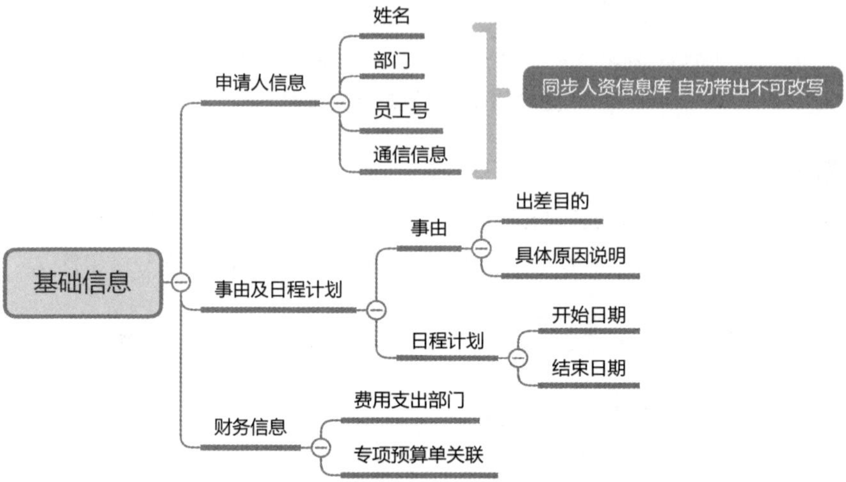

图 6-12 基础信息

表 6-1 功能 | 基础信息

功能大类	功能模块	功能点	功能		
			操作方式	内容	要求
账户识别	校验	申请人信息	校验同步	当前账户人员姓名、部门及电话信息	
基础信息	出差日期	开始日期	点选	今日起往后任意日期	必填项
		结束日期	点选	自开始日期起往后任意日期	必填项
	出差事由信息	差旅目的	下拉列表	固定配置项	必填项可选择，不可编辑；按常用优先级排序
		具体原因说明	手工输入	文本输入，限制 80 个字	必填项
	财务信息	费用承担主体单位	默认、可选	默认为申请人部门	三选一
				可基于人资系统的部门名称选择	
				关联项目制预算单时，默认为预算单的费用主体	

b）人员信息

企业可依据差旅业务所涉及的人员进行分类，以便区分可调用信息或手工录入，对于有团体出行的企业，需考虑到批量人员信息收集及批量处理功能，来实现效率提升，减少重复劳动，如图 6–13 和表 6–2 所示。

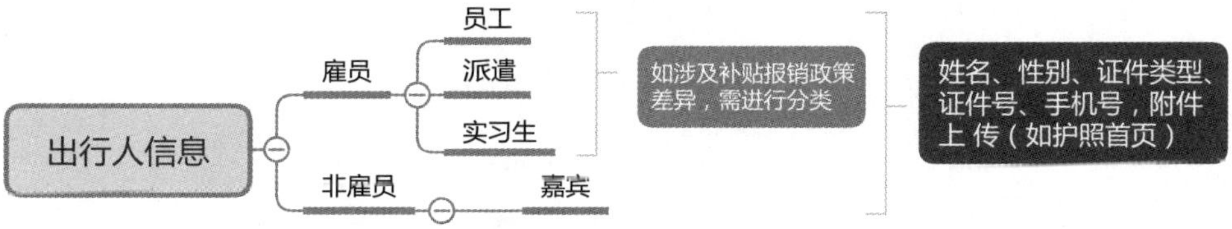

图 6–13　出行人信息

表 6–2　功能 | 人员信息

功能大类	功能模块	功能点	功能		
			操作方式	内容	要求
出行人信息	雇员	添加及删除	搜索查询及选择	可根据姓名 / 工号搜索员工姓名后进行添加	设置单据人数上限
	嘉宾	添加及删除	手工输入	填写姓名、性别、身份证等必填信息	操作人，历史填写过可调用
			批量操作	增加、删除，支持批量操作	—
	人员列表	预览及调整	选择及新增，修改	证件类型及证件信息修改	—

c）行程计划及管理

此项功能应利于出差行程信息的高效填报与清晰呈现。将出行人、出行规划与资源产品之间建立明确的关系，如图 6–14 和表 6–3 所示。

（1）呈现行程计划及出差时间线路安排，有利于审批角色从业务及管理角度做出高效判断，如出差的必要性，对应出差所需完成的工作目标，用时合理性，出差的人员分工及参与必要性等。

（2）供审批人掌握管辖范围内的员工出勤及外出情况。

（3）作为精准匹配差旅政策标准、生成预算、资源分配、后续报销补贴的计算依据。

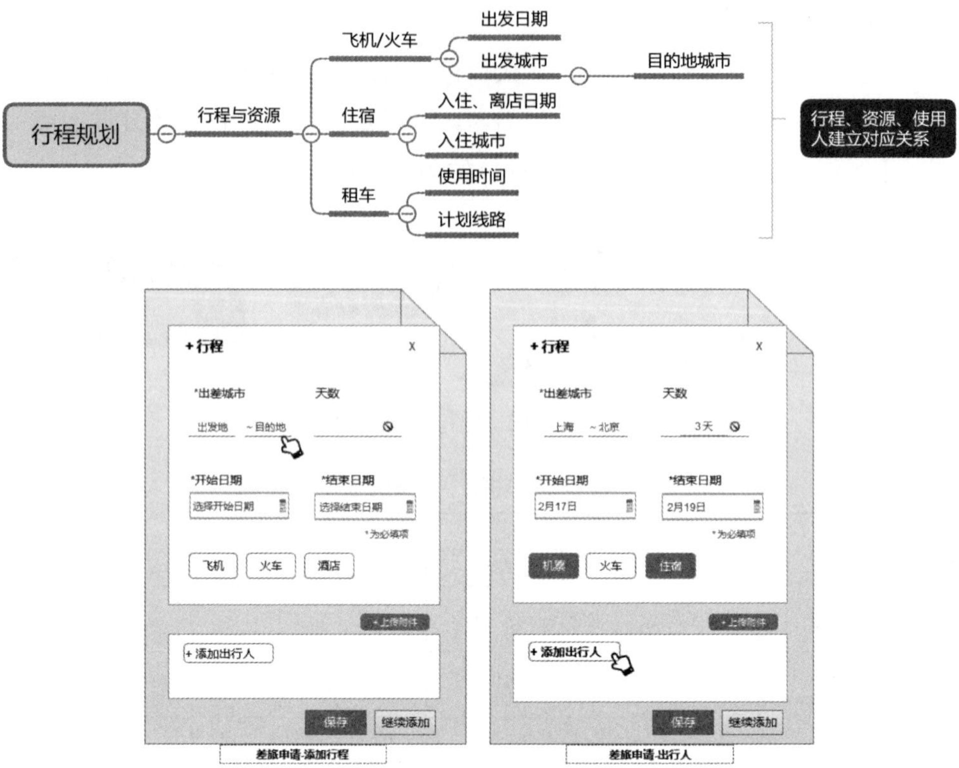

图 6-14　行程规划

表 6-3　功能｜行程规划

功能大类	功能模块	功能点	功能		
			操作方式	内容	要求
行程规划	行程计划	出发日期	点选	选择提交差旅起止日期	历史日期不可选
		出发城市	点选	选择城市	—
		新建行程	添加	创建新行程，可选择日期、城市，关联出行人，所需“机酒火”资源	—
		添加返程	点选及带出	默认为上段行程的结束日期及城市	—
		添加行程	添加	在原行程基础上有联程线路，在此单据中创建新行程	—
		冲突校验	判断	“机酒火”如有日期重叠，进行冲突提示	硬校验或软校验
		删除	点选按钮	删除本段行程时，连同资源、预算、人全部删除	—

续表

功能大类	功能模块	功能点	功能		
			操作方式	内容	要求
行程规划	差旅资源	飞机、火车	点选	选择目的地城市及单选 / 多选 / 全选相关人员	—
		备注说明	手工输入	填写起飞时间 / 航班 / 个人预订说明	非必填项
		酒店	点选	选择入住城市 / 离开日期 / 人员选择 / 是否合住	可与交通到达城市不同
		备注说明	手工输入	可填写特殊需求或需人工支持的需求说明	非必填项

d）出差天数计算规则

考虑到出差天数涉及差旅定额补贴计算，可参考下列计算逻辑；如一趟行程提交了两张以上申请单，可考虑经单据关联功能准确计算出差天数。如表 6-4 所示。

表 6-4　出差天数计算规则

单据中行程及资源的五类场景			计算逻辑
一	往返交通 + 酒店入住、离店	常规	返程日期 – 去程日期 +1
二	往返交通	无住宿	返程日期 – 去程日期 +1
三	去程交通 + 酒店	无返程交通	离店日期 – 去程日期 +1
四	酒店 + 返程	无去程交通	返程日期 – 入住日期 +1
五	酒店	无往返交通	离店日期 – 入住日期 +1

e）总览与提交

此功能是为填写出差申请后进行总览检查与返回调整，如暂不提交可先保存为草稿，如图 6-15 和表 6-5 所示。

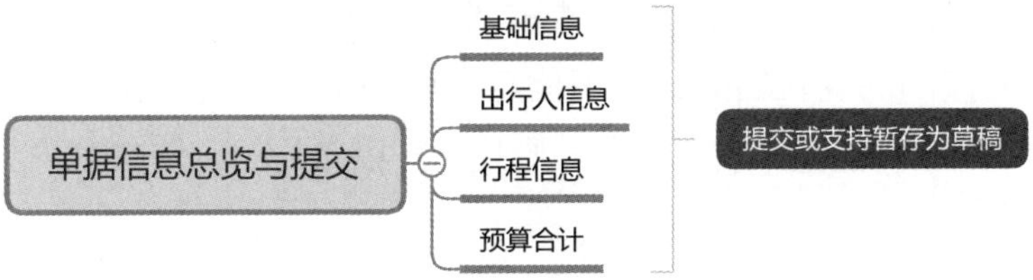

图 6-15　单据信息总览与提交

表 6-5 功能丨单据信息汇总与提交

功能大类	功能模块	功能点	功能		
			操作方式	内容	要求
单据信息汇总与提交	汇总展示	单据信息	信息核对	基础信息 / 出差人员 / 财务信息 / 行程信息	—
				核对人员及行程日期，预算，同步计算出差考勤天数及差补天数	—
	保存及提交	提交触发审批流	点击提交	员工提交审批	—
		暂存不提交	自动保存草稿	—	可修改

注：为提高申请单填写效率，可考虑增加“单据复制”功能，适用于出行人、线路相对固定的行程。

C. 出差申请丨主流程及判断点

判断点与流程分类：

企业的差旅业务常见有三个维度。第一个维度是人群类型的维度，企业内部人员的管理与非管理人员可能涉及差旅管理与政策区分。第二个维度是出差地区的维度，中国（含港、澳、台地区）、国际差旅出行，在企业内部管理中会涉及不同的差旅标准与审批流程。在差旅行业中对不同区域所需提供的证件类型不同，财务票据形式不同。第三个维度是常规差旅业务与企业执行项目的区分，以便实现项目管理，项目预算执行与成本核算。因此会导致系统流程、审批节点的区别，系统后台进行逻辑判断，准确地依据行程规划中的目的地、人员职级、已立项的项目标签，对应触发相应的流程，见图 6-16。

申请提交，触发审批环节，判断点的“是与否”将业务分类，触发系统功能及流程控制的变轨转向，数据信息会分门别类地传递到各路流程节点。因此，看似简单的出差申请单，背后则是星罗棋布的信息传递枢纽。

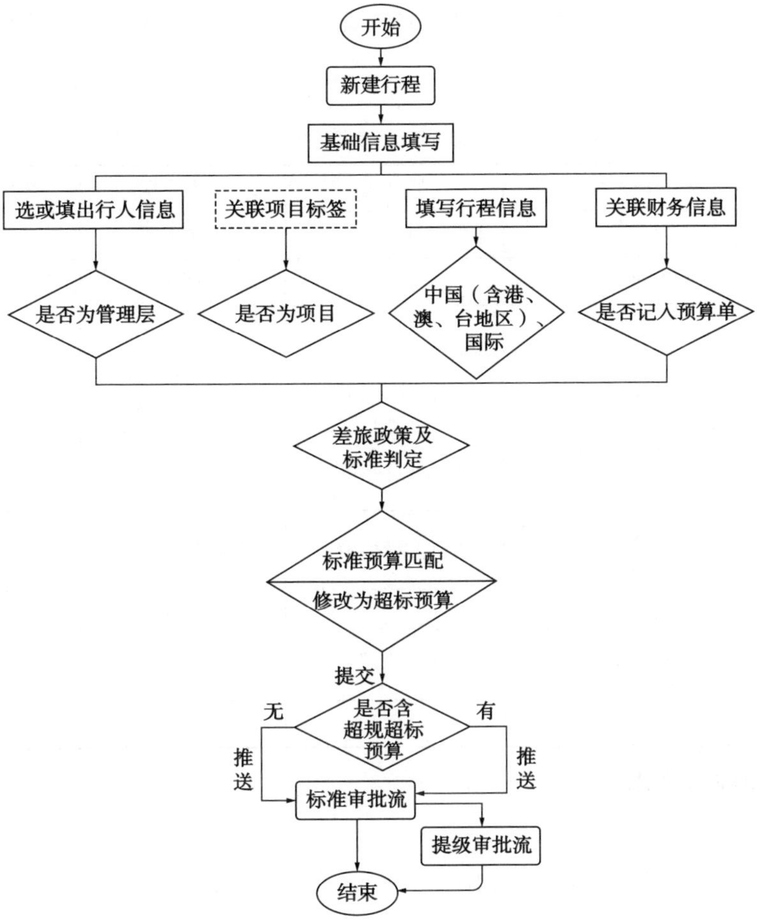

图 6-16　出差申请业务流程图

如前往不同距离的地区、出差用时天数不同、各地消费水平差异等因素，影响差旅成本投入的多少。如国际业务相对单次成本高，可能涉及提级审批或增加审批节点。又如企业项目类差旅出行涉及多部门协同完成任务的出行，就可能涉及会签方式。所涉及业务的差旅所属行业情况的不同决定后续操作方式的不同，如国际差旅的复杂程度，目前还无法实现全程系统自动化，那么就会出现使用国内差旅的自动流程无法解决的问题，需增加人工干预的节点，如人工报预算，系统无法算出真实可靠的结果；因无法通过线上预订，需要人工介入，就会导致订单预订结果需要人工录入或手工导入来实现。这也就是按三个维度在前台同一个页面呈现，在后台进行流程分类的作用（见表 6-6）。

表 6-6　判断点

类项		出行人员分类	地域分区	业务分型	费用记分账
判断↓		雇员或非雇员	国内出行及城市分区	日常出差	计入部门日常
		人员职级（或职能）	港澳台	项目	计入预算单
		所属部门	国际出行	MICE 活动	—
影响	审批流	事由审批流	提级审批流	审批流方式（单一 / 会签）	费用审批流
	政策执行	配置差标及补贴标准	配置差标及补贴标准	是否执行常规差标	预算执行与管理
	功能	人员信息（获取或录入）	证件首页上传	项目管理功能	分别记账和对账、支付
		是否执行政策控制及硬校验	预算生成方式（自动获取 / 人工录入）	预算及订单（自动获取 / 人工录入）	—
		—	—	信息批量处理	—

D. 差旅变更申请

a）业务思路

因企业的业务需要导致在出差行程调整的情况，依据企业对行为管理的要求进行在事前或事后管理。从利于实现系统数据全链闭环的目标来看，行程变更申请是必要的，特别是出行频率高涉及人员多的情况，有必要将过程中的变化视同新的差旅需求进行管理。需要明确定义哪些变更内容需发起申请及补充审批。变更场景的逻辑较为复杂，是否能将变更纳入在线管理，要视企业的专业能力、技术条件和系统能力而定。

b）申请 | 主流程

见图 6-17。

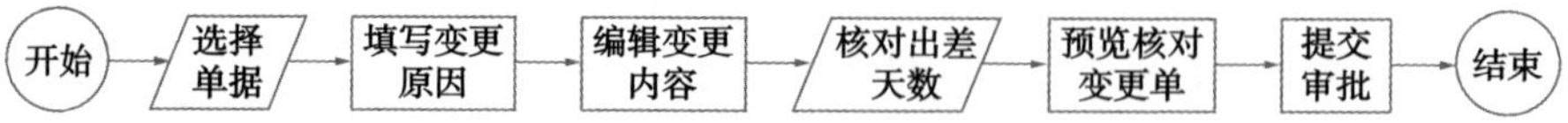

图 6-17　申请 | 主流程

c）系统功能点

如企业差旅管理允许线上和线下两种预订方式的情况下，是最为复杂的，要考虑分类处理。要判断线上是否已有涉及变更的人或行程的产品订单及费用损失计算。还要考虑变更申请被拒绝的节点退回的环节定位。其他方面还需考虑：

- 对未审批的差旅申请进行变更。

  已发起审批并触发了审批者通知的情况下，需要考虑是否允许撤回。

  - 在允许撤回的场景下，需考虑审批人已见审批通知的异常显示，可设置状态为“申请人修改中”或“已撤回”。
  - 在不允许撤回场景下，需先走完初次审批流再发起变更，涉及二次审批。

- 对已审批的差旅申请进行主动变更。
  - 仅涉及行程变化，未涉及预算变化，可仅考虑出发事由行程审批。
  - 当预算增加，需二次触发费用审批。
  - 行程及预算同时变化，需二次触发事由和费用审批。
  - 人员变更涉及人员信息含证件信息的删除与新增。

见表 6-7。

表 6-7　系统功能点

变更 / 取消场景内容类项				功能点	功能说明
场景分类	变更	原因描述	填写变更具体原因，限制 50 字	必填项	—
		日期	行程起止日期	自行程起始日期后的任意一天	可在变更后的起止时间内新建机酒火行程
		线路	起止城市	—	必填项
		人员	调换或加减人员	—	删除 / 新增
		交通方式	机、火互换	—	删除 / 新增
		预算	超规超预算	—	—
			以上变更导致预算增加	预计最大损失额	差旅变更损失费用
			已预订后，由上述变更导致损失费用		

续表

<table>
<tr><th colspan="4">变更 / 取消场景内容类项</th><th>功能点</th><th>功能说明</th></tr>
<tr><td rowspan="3">场景分类</td><td rowspan="3">取消</td><td rowspan="2">全部行程取消</td><td>已订，有订单</td><td>行程删除，订单退订未占用的预算失效</td><td rowspan="3">①点击取消该行程，不可变更；②涉及考勤、预算费用，需触发审批流</td></tr>
<tr><td>未订，无订单</td><td>行程删除，预算失效</td></tr>
<tr><td>部分行程取消</td><td>酒店，提前离店</td><td>有无退订损失</td></tr>
<tr><td rowspan="8">页面功能</td><td rowspan="2">页面信息</td><td rowspan="2">展示</td><td>基本信息、出差人员、行程信息</td><td>—</td><td>—</td></tr>
<tr><td>预算增加部分、已发生费用、预估退改损失</td><td>—</td><td>—</td></tr>
<tr><td>新建</td><td>增加</td><td>—</td><td>将变更后的差旅单据提交审批</td><td>—</td></tr>
<tr><td>删除</td><td>取消</td><td>—</td><td>恢复修改前信息</td><td>—</td></tr>
<tr><td rowspan="2">预算</td><td rowspan="2">增加</td><td>加人、加行程，有损失费用</td><td>新增预算 + 原单预算</td><td>变更单据的预算合计全额，按一次出行的完整费用计算</td></tr>
<tr><td>超标超规</td><td>—</td><td>超出部分高亮</td></tr>
<tr><td>重置</td><td>页面重置</td><td>—</td><td>—</td><td>—</td></tr>
<tr><td>提交</td><td>提交审批</td><td>—</td><td>—</td><td>—</td></tr>
</table>

d）审批流

如企业考虑因退改有额外损失费用，导致的预算占用，那么审批流就会复杂，见图 6-18。

例如：已在线预订过机票，需要退旧票出新票。原机票预算为 1000 元，收取 30% 退票费，还需预订另一张机票。那么此单费用超最初申请时的单据预算。

此时，系统审批流就需要判断在线有无订单，来计算已有订单，退旧出新后追加的预算金额。如企业不计损失预算，即可简化为不判断有无订单的因素。

对于系统功能和流程的设计，取决于管理精细度和严谨度要求，要求越高逻辑越复杂。需结合实际情况，评估合规与效率哪个优先级更高，来决定此类流程能否精简。

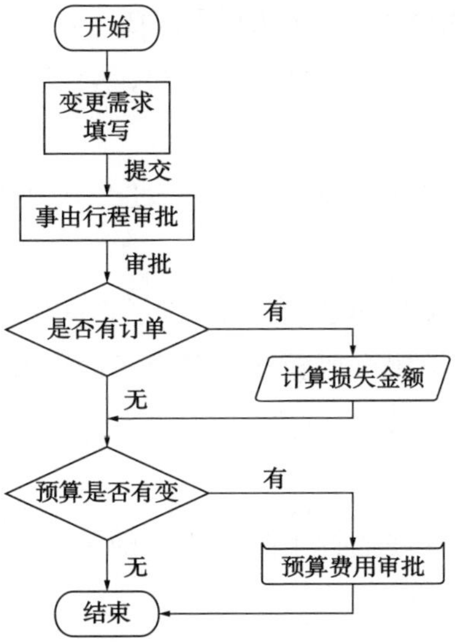

图 6-18　审批流

e）酒店变更场景分析

之所以在这里要特别提到酒店变更，是因为酒店变更场景多，显得更复杂。企业和出行人通常认为的“改”，在行业的实操中是删除和新增。对于酒店店面的一些普遍操作方式，用户不理解。在功能设计上，需考虑到这些问题点，才能得到准确的数据及关联关系，见图 6–19。

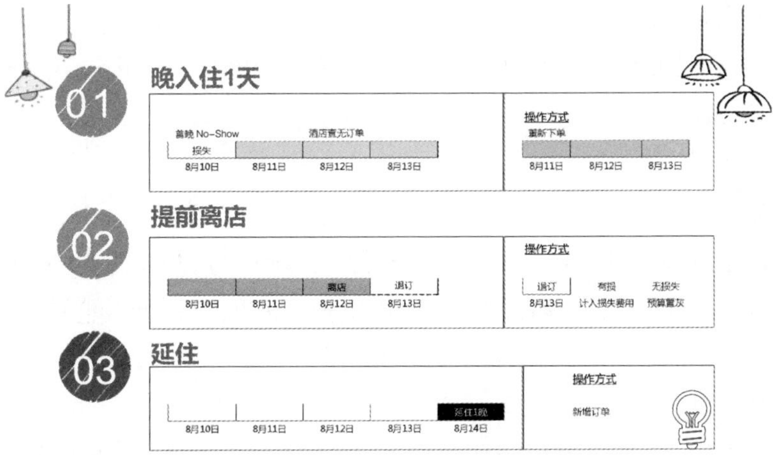

图 6–19　酒店变更场景分析

场景① 首晚 No show，实际晚到店入住

场景说明：入住人第 2 天到酒店入住时，会发现酒店查无订单，无法办理入住。

酒店方操作方式：通常会默认第 1 晚没住，后几晚也不会来，会按整单失效处理。

第 2 天人员到店要求入住时，须重新预订，产生新的订单才可办理入住。

系统功能提示：此场景会导致产生两个酒店订单号，系统数据需能够识别 No-Show 和正常入住的订单状态。

场景② 提前离店

场景说明：入住人在住宿订单结束日的前 1 天在酒店约定离店时间前办理完退房手续。

✈ 系统功能提示：

- 在酒店原订单中变更了离店日期及订单金额，需重新从预订系统推送新的订单结果至企业差旅管理模块；
- 出差中如涉及多段联程情况，第一段入住提前离店，第二段行程提前，将导致两段住宿日期均需调整。

场景③ 延住

场景说明：原定离店日期需向后顺延，增加入住天数。

✈ 系统功能提示：

涉及预算追加及产生新的订单，前后两个订单的日期段相关联，能计算准确的出差天数。

f）行程取消

场景说明：

出于企业自身业务计划日期变化或出行人意愿的行程取消称为**主动取消**；因极端天气等不可抗因素导致的机、火班次被大面积取消而不能前往，**属被动取消**。

✈ 系统功能提示：

在设计系统功能时，需考虑是否有必要设计全部或部分行程取消的变更申请功能。同时需考虑产生的损失费用，支持订单相应操作功能，特别是多次变更的单据，需能追溯历史版本信息，形成紧密关联的行程信息轨迹。

功能点，见表 6-8。

表 6-8　功能点

功能	动作	功能说明	
控制	发起	仅可取消未来日期的行程	—
取消原因	编辑	填写或选择取消原因	除下拉列表选项的其他原因，编辑限 50 字
基础信息	展示	出差人员、行程信息	—
费用信息	展示	有订单	原预算、已发生费用、预估损失金额
费用信息	展示	无订单无费用	无线上或线下预订，未产生费用
费用信息	展示	无订单有费用	有线下预订，有损失需报销
预算	失效	无订单、无费用，不参与报销及补贴计算	—
审批流	触发	仅事由审批或事由 + 费用审批	—

g）超标超规

场景说明：

一类情况是在新申请时已确定需使用超规超标资源，可一次提交申请审批，如图 6-20 所示。

图 6-20　一次提交申请审批

另一类情况是在申请已审批后，因特殊原因需进行调整，可选择已审批的单据，进行二次提交申请、审批，如图 6–21 所示。

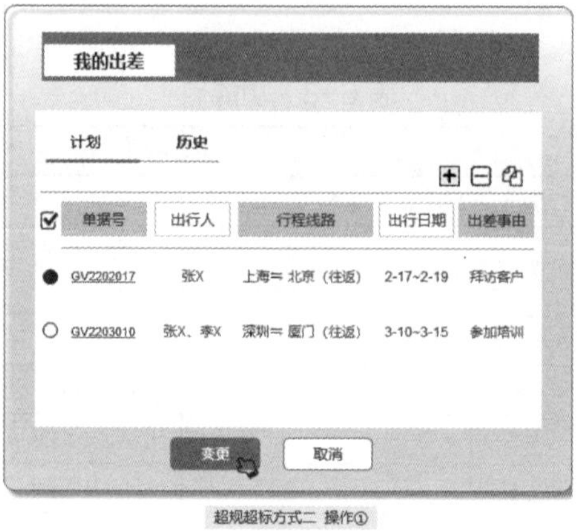

图 6–21　二次提交申请审批

功能点，见表 6–9。

表 6–9　功能点

<table>
<tr><th>类别</th><th colspan="3">超规超标场景类型</th><th colspan="3">功能说明</th></tr>
<tr><td>原因说明</td><td colspan="3">超规超标的原因描述，供审批环节判断</td><td>可写</td><td>填写超标原因，50 字以内</td><td>必填项</td></tr>
<tr><td rowspan="7">预算配置</td><td rowspan="4">国内</td><td>机票</td><td>公务舱、头等舱</td><td rowspan="2">数据拉取</td><td rowspan="2">自动拉取预算金额</td><td rowspan="2">—</td></tr>
<tr><td>火车票</td><td>一等座 / 软卧、商务座</td></tr>
<tr><td rowspan="2">酒店</td><td rowspan="2">超出差旅标准</td><td>下拉选项</td><td>设定分档预算金额</td><td>—</td></tr>
<tr><td>可写</td><td>选择“其他额度”可自定义</td><td>可设置自定义金额上限</td></tr>
<tr><td rowspan="3">国际</td><td rowspan="3">机票、酒店</td><td rowspan="3">超出差旅标准、超出国内同等水平</td><td>差标配置</td><td>可依据企业国际差旅标准进行预算配置</td><td>—</td></tr>
<tr><td>可写</td><td>未详细定义国际资源差标预算上限或不在差标范围内的，可自定义</td><td>—</td></tr>
<tr><td>权限配置</td><td>由申请人填写或由差旅运营授权人员填写</td><td>—</td></tr>
</table>

续表

类别	超规超标场景类型			功能说明		
预算配置	校验	预算单	余额	复核	申请单据如有关联的预算单，需校验其余额是否大于出差超标申请后金额	当关联的预算单余额不足时，依据企业要求，进行软校验提示或硬校验控制
页面功能	预览	申请单	预览、提交	信息展示	点击“保存”展示完整的单据信息	—
				高亮	超规超标信息高亮突出	—
	提示	提级审批	提示	弹窗	超规超标内容，会触发提级或跨级审批时，弹窗提示	申请人需点击”确定”按钮
	信息核对	—	—	—	超标信息及整单信息核对	—

2. *差旅预算及系统功能*

差旅预算是在差旅行为发生前进行的成本计划，事前合理设定预算，预订过程中通过系统功能辅助预算落地执行，事后费项清晰，数据链完整分布式校验，票据合规，这种事前、事中、事后的管理方式更有利于差旅成本的有效节省，对于中大型业务规模的企业来说，效果明显。

差旅费用可能会由本企业全部承担，还可能出现企业不承担或部分承担的情况，见图 6-22。

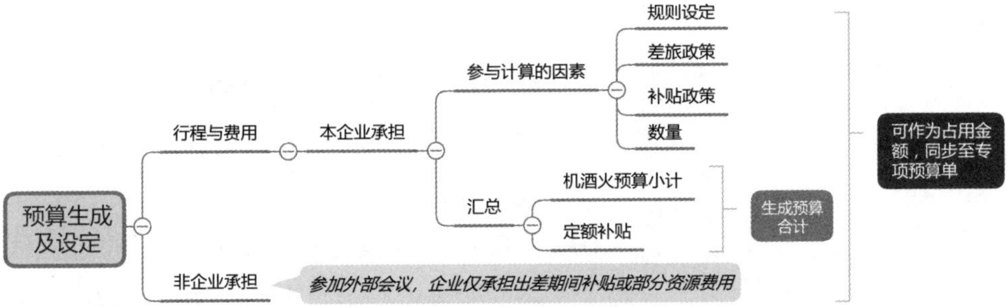

图 6-22　预算生成及设定

差旅预算的 3 种方式：

场景说明：

企业常见的差旅预算方式包含：年 / 季度制是以会计周期为预算有效期；

项目制是以项目启动与结束日期为周期；行程制是以 1 次差旅行程的起止日期为周期。

统一报批的预算内容中包含的“差旅预算”，有些差旅费用不在预算内的偶发出行，可依据出差申请中填报的所需资源，参考差旅政策标准等条件，设定预算上限。

➜ 系统功能提示：

A. 年 / 季度制预算

为企业内各成本独立核算单位，每年 / 季度向财务部门报批的差旅预算计划，在预算使用人群范围内的人员，在出差申报时与之关联，事前以行程预算方式进行预占用，事后以实际发生进行预算扣减并释放剩余预占用，得出扣减后的年 / 季度制的预算结余。

B. 项目制预算

当出差申请的事由中，关联项目名称及项目预算单时，需进行预占用、支出、释放、预算结余等数据同步与计算，见图 6-23。

C. 行程制预算

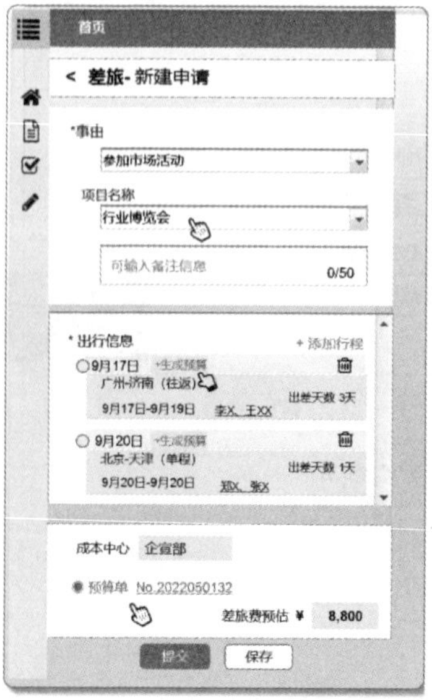

图 6-23　项目制预算关联

➜ **作用**：作为**短期预算制**，对于每次出行进行成本上限控制。差旅管理方式为事前管控，所生成的预算为此次出差的费用支出上限、供审批费用节点的判断条件；行程预算相比于年 / 季度预算的颗粒度更小，这样的前置预算规划，更利于实现支出合理及节省成本。

➜ **思路**：把依据差旅申请中填写的行程线路、所需资源结合市场参考价上限或企业差标、企业与资源方签署的大客户协议折扣上限作为预算制定思路。不建议用实时价格作为预算生成规则，以免因多次审批导致降低效率，或超出已审批预算进行预订导致审批失效的不合规问题。

✈ **规则**：在出差申请填报过程中，当填写了行程线路、天数、人员级别及所用资源后，自动生成各资源预算与单据预算总额。见图 6-24。

图 6-24　差旅申请—预算生成

行程制预算的执行率是与市场资源的价格水平相关的，机票火车票的预算执行率的高低一方面代表市场价格水平的高低；另一方面可反向验证行程预算的制定是否符合市场价格水平，现行差旅标准是否合理。

功能点：

事前申报差旅预算计划，关联、预占、扣减、释放、结余，见表 6-10。

表 6-10　预算设定

功能大类	功能模块	功能点	功能		
			操作方式	内容	要求
预算设定	预算生成及占用	按规则计算	生成	以每段行程为单位，按规则生成所用资源预算	—
			规则说明	酒店为企业差标 机票为各舱位的全价 × 航司协议折扣或指定折扣上限 火车票为差旅行程及差标规定座次的上限	—
		释放	自动	依据流程节点及固定时效进行预算释放	行程取消已审批及行程结束日的 T+1

续表

<table>
<tr><th rowspan="2">功能大类</th><th rowspan="2">功能模块</th><th rowspan="2">功能点</th><th colspan="3">功能</th></tr>
<tr><th>操作方式</th><th>内容</th><th>要求</th></tr>
<tr><td rowspan="2">预算设定</td><td>特殊场景</td><td>不占用企业预算</td><td>无须生成</td><td>企业仅承担出差补贴，无须承担交通或住宿费用时，仅需选择目标城市和人员</td><td>自动生成为 0，各资源类可单独应用</td></tr>
<tr><td>预览展示</td><td>汇总预览</td><td>生成</td><td>行程起止日期及各资源项，同步差旅政策及标准生成出各项预算及预算总额</td><td>重点项及问题项高亮提示</td></tr>
</table>

3. *差旅审批*

1）功能

差旅申请提交后，触发审批待办消息提示到事由行程、预算管控、超规及特殊场景的审批环节，申请人及实际出行人可见过程进度与审批结果，审批结果经各申请入口反馈。

功能说明：

- **退回节点**：当单据涉及变更等有多次、多审批人、2 个以上审批环节时，需依据业务情况设置退回节点规则，如退到初次提交状态或上一审批节点。
- **审批结果**：依据筛选条件供审批人和出行人调阅过往审批记录，进行追溯。
- **多场景审批**：特定的业务场景的审批流与常规业务有所区别，需匹配相应的审批规则，如重点项目、涉及前往风险地区等，依企业管理要求进行提级审批或满足有特殊审批规则的需要，如图 6-25 和表 6-11 所示。

表 6-11　功能与进度状态

<table>
<tr><th colspan="2" rowspan="2">对应用户</th><th colspan="7">功能与进度状态</th></tr>
<tr><th colspan="3">审批过程</th><th colspan="3">审批结果</th><th>审批结果存档</th></tr>
<tr><td>系统</td><td>触发</td><td colspan="3">待办提示</td><td colspan="3">结果反馈</td><td>申请人、出行人、日期、支出部门、目的地</td></tr>
<tr><td>审批人</td><td>操作</td><td>审批及意见描述</td><td>加签</td><td>会签</td><td>通过</td><td colspan="2">退回</td><td rowspan="2">依据筛选条件调阅</td></tr>
<tr><td>申请人 / 出行人</td><td>节点状态</td><td colspan="3">审批中</td><td>已审批</td><td>已退回</td><td>退回节点</td></tr>
</table>

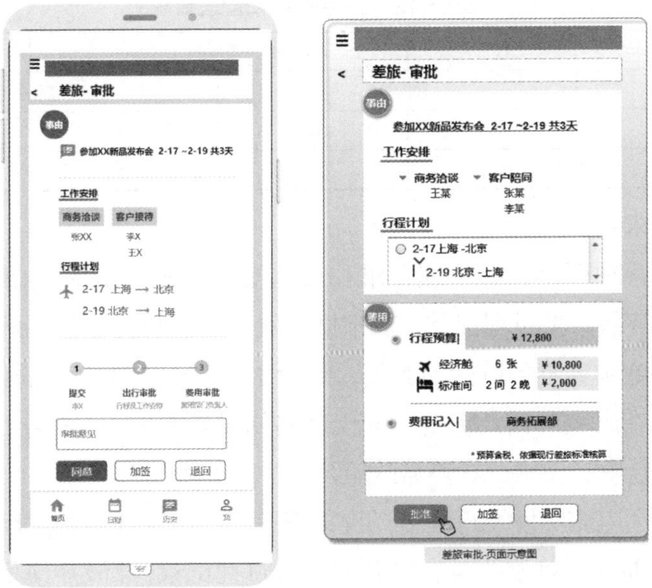

图 6-25　差旅审批—页面示意图

2）审批环节设计思路

审批用户群体多数作为企业中的重要管理角色，效率成本更贵，审批页面直观可见的功能少而简单，因此也易被忽视；将审批角色作为重要用户，通过突出明确的审批依据，屏蔽无关信息等方式，减少审批判断用时，为审批人减负，节省其宝贵的时间，也是差旅成本节省的方式之一，值得在内容展示上精心打磨。

差旅审批流程的设计，直接影响着差旅系统主流程。**结合业务特点，符合管理要求**，普遍存在事前、事后、事前 + 事后三种审批流程。选择**适用自身企业**的方式即可。

结合业务与管理。

业务特点分为相对固定和动态多变。一类为差旅具有相对固定的周期性、有规律，提前 4 天以上可确定出差计划；第二类是业务变化快，随机突发的出差较普遍，提前 2 天内确定出差计划。

✈ **业务特点**，如表 6-12 所示。

表 6-12　业务特点和管理要求

分类	A	B	C	D
业务特点	固定		动态多变	
计划性	强	强	弱	弱
管理要求	强	弱	强	弱

✈ **管理要求：**

A 类：管理严格，有管理要求和行为管理要求。事前 + 事后结合审批，审批要求有逐级审批过程记录，对审批权限、角色的设定严谨而详尽。

B 类：更注重业务目标的实现，给予员工较大自由度，弱化管理，审批节点后置，在出差申请及审批方面无严格的时效要求，仅需事后费用支出或报销时，符合财务要求，在差旅政策及标准内即可。

C 类：因差旅突发及行程变动现象普遍，在满足业务相对自由度的同时，管理有明确要求：差旅业务有序开展，有过程记录，行为可追溯，关注预算执行及成本管理。

此类型特点为临时突发行程多、预留时间不足，因此流程需相对精简，注重效率；满足管理的底线准则，抓大放小，找准关键点，既满足管理要求，又不对业务拓展形成阻力，因此在流程设计过程中需更加巧妙，保证出行效率及管理效果。

3）审批功能优化思路

思路 1　精简审批节点，缩短审批用时。

设置关键点审批，在线触发审批节点，有审批留痕，其他审批环节经线下沟通确认；如出现会签，可考虑并行触发审批，缩短审批用时。

思路 2　适度合理地设置有效审批时点。

事前申请，适度放宽审批时效，可在行程结束前或在结算前完成在线审批。

思路 3　找到症结，有效解决。

分析审批时效低的原因，如流程合理性优化、审批收放权、展示及操作体验。

思路 4　考虑审批量。

对于出差频次高的团队，要考虑差旅审批权限设置是否合理，以免审批人花大量的时间在审批单据上，可考虑适当收放权或集中汇报等方式，在无风险的前提下，分担审批人压力。

4）**有效审批及流程思路**

审批留痕并非有审批记录就合规，审批人具有该项审批内容及权限，在审批授权范围内，即为“有效审批”。

行程审批与行为管理、考勤管理相关；预算审批与预算管理及执行相关；费用审批关系到实际成本支出。需从资源采购合作模式所对应的结算方式、财务记账的费用承担主体，反推思路进行审批流的设计。

A. 相同业务统一入口统一流程

两种支付方式的审批流程需要一致，如图6–26所示。差旅业务的流程，预订渠道及结算方式不同，导致在流程中途分流。实现差旅的管理一致性，最有效的方式是从流程起始环节，归集需求形成统一数据源和完整的信息链。

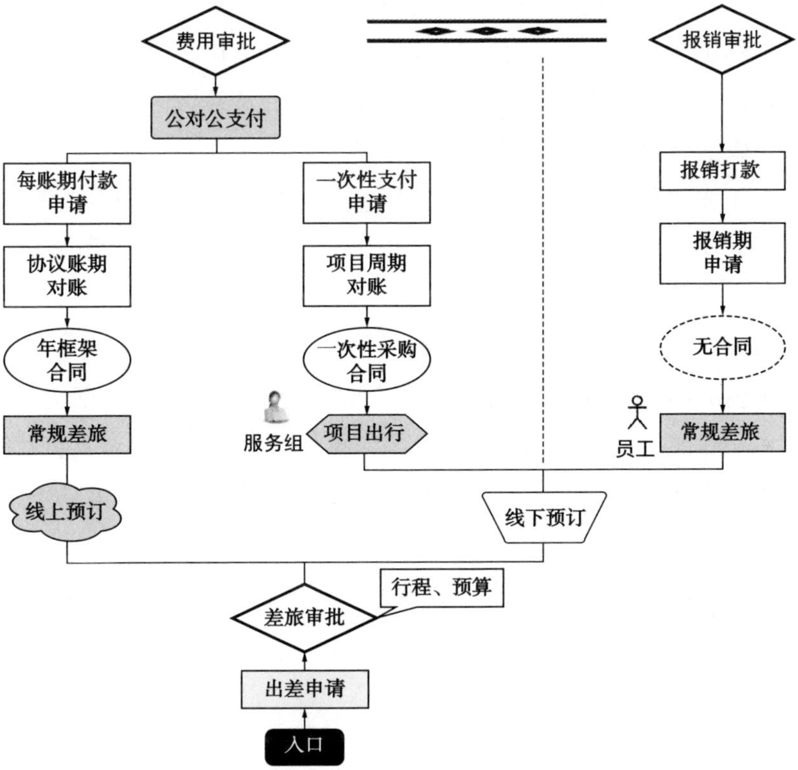

图6–26　统一入口统一流程

B. 先定时点，后定流程

审批时点放在事前还是事后或事前事后都需审批，事前审批可以设置预算控制，审批决策更主动。新增出差和行程调整均在事前审批或行程调整可后置审批。

明确审批内容、意义和目的，对标企业对审批有效性的要求即可。

以下 3 种审批流程方式是依据不同企业的管理要求及业务特点来决定的、适用即可。

➜ 方式一　事前审批结合事后辅助：

- 审批时点：在行为和费用发生前。
- 业务范围：包含新增及调整计划。
- 审批重点：审批角色对于出差目的、参与人员、行程计划与对应预算上限进行审批。
- 涉及“事后辅助审批”的两种情况。

特殊因素导致实际发生与计划有差异时，如在企业渠道统一预订结算，因市场价格变动出现实际发生超出事前审批的预算或因不可抗因素导致实际发生与事前行程计划存在差异。

员工先垫付，后报销的方式；因全国各地涉及差旅的发票情况需审核真实合规，应各企业所在城市的税务管理要求，所需提供的明细账单与发票及实际发生一致。如图 6–27 所示。

➜ 方式二　事前、事后两次审批：

事前的第一次审批同方式一，不同的是事后二次审批的意义：

- 员工主动发起报销申请的动作，起到自主认定行程真实有效的作用。
- 采取此方式的企业，多数尚未启用过程中的变更审批功能，因此设置事后二次审批有其必要性。
- 因上述两点，预订无论以何种方式发生，是否由员工垫资预订，审批流程都相同。如图 6–28 所示。

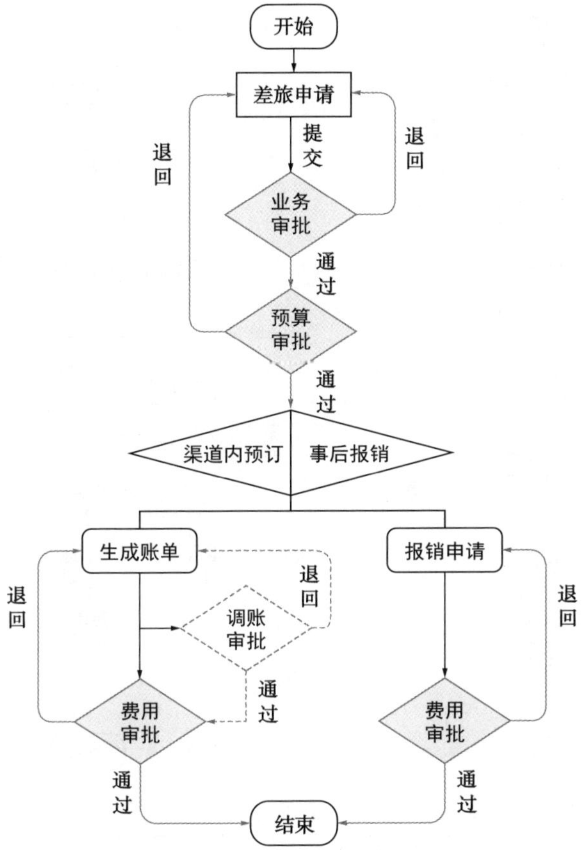

图 6-27　方式一　事前审批结合事后辅助

➔ 方式三　事后审批：

- 有出差申请或不设差旅标准。
- 有建议性或强制性的差旅标准。
- 支持企业采购渠道内预订，按账期统结统付，也可员工垫付先预订，事后报销。
- 企业不对差旅行为进行管控，员工有“说走就走”的权利。
- 如出现事后认定出差目标未达预期或费用超出标准行为，存在无法报销的风险。如图 6-29 所示。

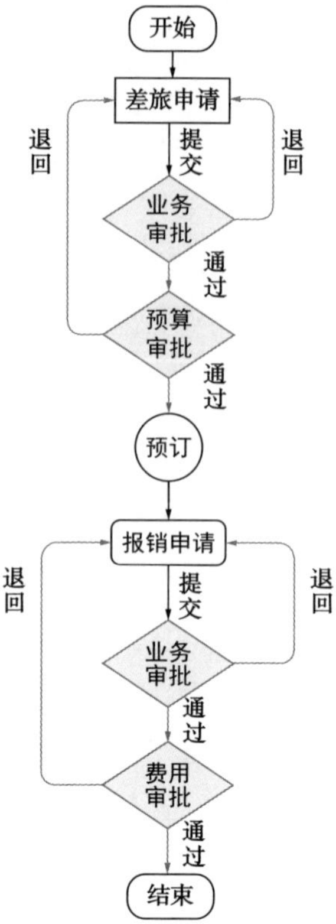

图6-28　方式二　事前+事后两次审批

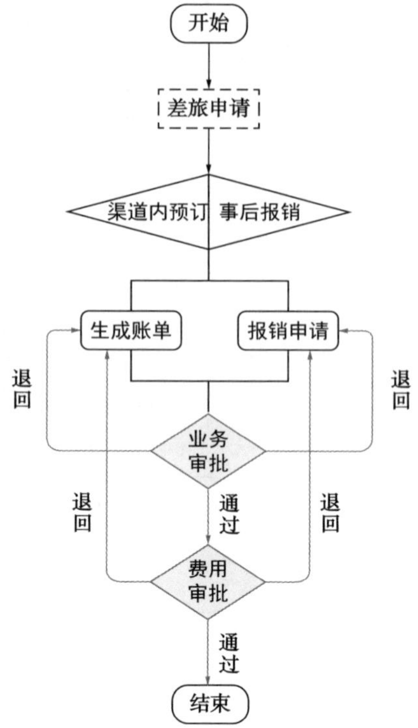

图6-29　方式三　事后审批

提示：

企业对于人资架构、汇报关系信息、财务涉及的成本中心和财务权限等变更，需有信息标准化的权限管理流程。当企业的系统功能模块越来越多、越来越完善时，最终会涉及不同功能模块的同数据源数据进行共享。**如企业的部门、成本中心名称或映射编码随意变更、增减，会导致审批流的匹配错误或无法找到相关对象出现报错等使用障碍及数据库数据无法准确匹配的问题。**这是企业管理系统的数据基础，选择使用系统前期，须重视此问题——**操作权限的责任人及审批，同时对其他内部共享使用该数据的所有组织成员发送通知，以便各相关领域的系统应用判断及复盘是否涉及联调，或判断自动流是否能精准同步、是否需同步调整映射关系及条件等连锁问题。**

4. 差旅预订

预订模块除具备展示、筛选等在市面上常用的标准化功能基础上，根据企业系统模块的部署方式，约定信息传递内容及方式，既满足查询预订所需，又满足合规管理，依据差旅管理政策及标准，设定系统自动化实现控制指令触达、软 / 硬校验、通知提示等功能点，见图 6-30。

图 6-30　差旅预订

在预订环节，需关注以下要点：

- 预订环节起点是审批流结束并显示“审批通过”，方可操作预订。
- 触发预订按钮：定位到预订模块的相应资源界面。
- 参数只读或可改：涉及预订的关键参数在传输到预订模块后，能否修改需依据管理程度设置规则。
- 数据记录完整集中：过程中应注意数据的出入口统一，数据记录完整汇集，以便为后续数据分析及应用时，提供完整准确的数据。

注意：规避双刃剑效应。

系统规则设置得恰到好处可以帮助实现管理目标，过度或设置得不合理即会导致效率降低。操作便捷的系统，更易被快节奏的商务人士所接受。规则过多错综复杂，易形成矛盾点导致流程卡死；希望系统操作体验好，同时能兼顾管理作用，在逻辑校验等规则设置上需有取舍，同时配合简洁的互动问答，引导用户快速找到下一步准确的流程入口，提效的同时，避免给用户带来焦虑。

- 预订场景下的有效管控要建立在流程通顺的基础上，当遇到特殊场景如超政策/超预算预订进行硬校验时，须指引用户坚持按此需求预订的后续流程或返回依据已审批的内容进行预订。
- 当人员、行程线路及日期、交通方式在审批后预订环节可改写，如涉及预算变化、考勤管理，即会影响原审批的有效性；有合规管理要求的企业，须关注此风险点。
- 数据准确是实现最终数据应用的前提条件，如实现损失等费项与实际使用订单的信息进行有区别记录，将会影响后续报表结论的有效性。

5. 通知节点及内容

差旅系统的通知，须明确触发节点、作用和受众角色。忌泛滥、非必要通知过多，否则会干扰用户对有效信息的捕捉和关注，影响关键性通知的作用。见表 6-13。

表 6-13　通知节点及内容

受众角色	目的	接收内容	
申请人/出行人	申请单	审批结果	可否出行、预订及审批意见
	预订确认单	预订结果	需求资源可否使用，预订是否成功
	预订失败说明		订单失败的原因
审批人	申请单	审批待办	需进行审批的内容及判断依据
	账单		就调账内容及特殊情况市场不可抗因素，进行补充审核
	付款/报销		对事后所结算或报销的内容是否符合要求，进行补充审核

6. 接口调用

用于查询和预订所需通过模块之间接口的参数往来与系统部署方式相关，特别是纯 SAAS 与混合部署的方式，务必在系统建设前考虑企业架构、人员信息、差旅预算模块、财务管理、费控这些企业核心信息的输出及存储，在本节的“二、差旅系统选型定品”中，会详述差旅系统部署方式，见表 6-14。

表 6-14　接口调用

<table>
<tr><th>业务环节</th><th>内容</th><th colspan="2">差旅管理模块</th><th colspan="2">资源模块</th></tr>
<tr><td rowspan="3">预算查询</td><td>申请</td><td rowspan="3">推→</td><td rowspan="3">· 行程日期
· 起止城市
· 资源类型</td><td rowspan="3">←返回</td><td rowspan="3">对应各类资源预算</td></tr>
<tr><td>变更</td></tr>
<tr><td>超规超标</td></tr>
<tr><td rowspan="2">触发预订</td><td>出行人员信息</td><td rowspan="2">推→</td><td>· 同步账号
· 证件信息
· 联系方式
· 差标或职级参数</td><td rowspan="2">收</td><td rowspan="2">—</td></tr>
<tr><td>行程信息</td><td>· 起止日期
· 起止 / 目标城市
· 资源类型</td></tr>
<tr><td rowspan="5">已预订</td><td rowspan="5">预订结果</td><td rowspan="5">收</td><td rowspan="5">—</td><td rowspan="5">←返回</td><td>订单结果</td></tr>
<tr><td>成功</td></tr>
<tr><td>失败及原因</td></tr>
<tr><td>结算方式及支付状态</td></tr>
<tr><td>订单信息</td></tr>
<tr><td rowspan="3">已预订</td><td rowspan="3">预订结果</td><td rowspan="6">收</td><td rowspan="6">—</td><td rowspan="3">←返回</td><td>机票——订单号、乘机人姓名、航班号、乘机日期、起落时间、票号、舱位、折扣、票面金额、基建及税金</td></tr>
<tr><td>火车票——订单号、乘车人姓名、车次、乘车日期、出发及到达时间、座次、票面金额</td></tr>
<tr><td>酒店——订单号、入住人姓名、入住和离店日期、酒店信息、房型及包含条件如是否含早餐、退改政策</td></tr>
<tr><td rowspan="3">行程结束</td><td rowspan="3">资源使用情况</td><td rowspan="3">←返回</td><td>资源使用结果</td></tr>
<tr><td>机票——已乘坐 Check in、改期 Change、未用和过往未用 Open</td></tr>
<tr><td>酒店——已离店、未入住 No-Show 及损失金额</td></tr>
</table>

（五）进化与未来

经历了企业自研差旅系统从 1.0 到 3.0 版本的坎坷，一个能用、好用的系统，至少需要先满足如下非功能性的要求：

- 安全性：抗攻击、防泄露。
- 承载力：峰值迸发。
- 扩展能力：稳定、寿命长。
- 存储能力：读写、缓存、存储。
- 性能：吞吐、加工、交互、响应、恢复。
- 界面：易理解、简洁、避免误操作。

通常多数用户认为好用的系统具备几方面特征：

- 系统稳定性。
- 入口清晰，界面简洁，易于理解，按钮位置符合大多数用户习惯。
- 系统逻辑合理，流程连贯、顺畅、化繁为简。
- 迭代和扩展性强，在一段年限内，能灵活应变。

基于企业管理诉求对市场尚未满足的功能点进行开荒创新，同时期待 5.0 版本的实现。除市面上常见的功能，还有很多企业需要的亮点功能等待填补空白，就这些亮点设计的思路与大家分享。

1. *后期迭代点*

1）自动对账

自动对账功能是实现企业差旅闭环管理最关键的 100 米，对管理方面的意义不仅是提效，更重要的是提供审批依据、可留痕、追溯。

什么是自动对账?

简单理解就是通过系统规则运算，实现自动化对账，显而易见的意义是省事，减少人工投入。

主要解决多数据源、多维度的批量数据处理问题。

从申请到结算，将事件、行为、费用、票据紧密联系，使信息呈现清晰的脉络关系，形成完整的数据链，数据准确才能用于分析、为实战提供依据。

核心价值：

企业在进行差旅集中整合时，对多主体或成本单独核算的分（子）公司进行对结账，每到账期，对账人员面对上千条账单信息，如何实现高效精准核对？靠大量投入人工来解决吗？差旅业务的管理闭环怎样才能实现呢？

同时，审批人对于少则几十万元，多则过亿元的差旅费用和账单明细能做到逐条审阅吗？依据什么评估标准判断是否该批呢？

审批动作如果只是例行公事，日积月累后将是巨大的风险，那么带给管理角色的是惴惴不安。如能提供有效的审批依据，那么将准确实现心中有数的审批且高效便捷。

提效减负：

部分企业因没精力对账，所以形成了对差旅管理顾虑之一：要省钱还要省事。

原始对账方式：

原始对账方式，效率低错误率高，成本记账中心多，靠人工始终难保证高准确率，特别是大型企业集采时，几百甚至几千个分（子）企业都加入集团统一管理前，须优先解决对账自动化问题，才能保证每笔费用的准确。

原理逻辑：

对比功能参照 Vlookup 函数功能用法。差异部分进行人工核对找到原因，大部分订单匹配无误，无须人工干预。

必要条件

- ✈ 申请单与订单有统一能对应的 DBI（Database Index）编码或单号，通过数据通道实现一路带到各合作方，如资源方、服务方、金融方、技术方。作为订单唯一的身份证号，主要有索引项，另有姓名、证件号、订单金额，或依据需要录入出行日期（或入住、离店日期）或起止地（或目标城市）做辅助索引值，利于准确匹配。

注：DBI（Database Index）编码，数据库索引码，每条资源订单生成数据库索引码就像身份证号的唯一对应码。

产品设计思路

- 企业自有技术能力，可开通账单上传页面，由账单提供方直接上传至数据缓存区。尽量避免企业自行用邮件接收账单手工上传，实现自动对账核心价值：严谨合规符合审计要求。
- 设置对账起止日期：可依企业对账周期设置开放上传日期段，如每月25—28日对供方开放账单上传，29日关闭启动上传系统自动对账，按记账中心自动分账。
- 在进入财务模块前可设置审批节点，对差异人工确认及特殊业务内容经审批再推送至财务共享中心。提交审批后所有订单和账单均不可改，订单打标签“已过账”。
- 自动生成付款单，无须手工再输入，从方法上直接有效地规避人工错误。
- 企业自有办公系统可嵌入此功能模块，技术实施难度不高，掌握原理实现索引匹配，也可由第三方技术开发。

2）MICE业务场景相关功能

企业组织MICE活动，除包含常规差旅出行的“机酒火”，还包含场地、搭建、用餐、接待、接送机和活动城市用车等。当流程无序不完整时，涉及业务多，易导致暗箱操作不合规问题，如虚报人数、实际出行人和审批结果不符。预算制定审批缺乏依据，人多涉及资源费项多，账目票据不易核对，供应商管理、合同管理、财务支出、申请模块之间信息缺乏共享通路导致各角色所见信息不对等。参与人员职能及角色复杂、费用高、易成为审计点。既然常规差旅出行能采用管理结合技术解决闭环合规问题，那么MICE大型活动也可实现有序合规，为项目制预算审批提供依据，为企业降低风险。

目标

- **价值最大化**：在资源限定条件下将商业效果最大化或超预期实现；组织规划、选人和项目组建设；为项目任务实施有效落地组成临时项目团队，让每位参与人的能力得到充分发挥；合理用人，明确分工，减少浪费。
- **合规**：把握首尾环节，前端的申请审批与尾端的实名制票据和酒店系统中的原始单对应，信息交互共享对等。

- **有序高效**：统筹协调资源，使资源整合、协调、跨行业各资源衔接紧密不脱手。

企业对 MICE 系统功能的要求，侧重项目管理功能，实现需求与资源统筹，利于活动组织的高效有序，实现各功能模块信息建立关联关系。数据项可包含任务计划与分发、需求收集与整合、预算管理执行、数据处理。

业内的 MICE 管理系统侧重产品，例如酒店设施、会议场地面积条件、设备租用、餐饮茶歇等包含条件和费用。

3）实时数据看板

基于准确完整的数据，使用多维数据功能，呈现数据看板，基于数据直观展示，给出管理建议和结论分析作用和影响，将数据能力与人的专业和经验结合，产出有效的数据分析可用于管理优化；还可以将管理与运营情况进行实时展示，当涉及风险区域时可直观了解到涉及该区域的人员情况，便于企业快速有效地启动应急管理预案，将来或许能通过人工智能技术有更好的表现。

多维度的数据分析，可依据不同角色的关注点设定数据范围及分析维度，最终起到用数据说话，提升管理和决策能力的作用。从申请到结算，将事件、行为、费用、票据紧密联系，信息呈现清晰的脉络关系、完整的数据链，数据准确才能用于分析为实战提供依据。

二、差旅系统选型定品

2007—2018 年，中国步入移动互联时代，随着企业发展和管理意识的转变，企业逐渐关注系统工具的开发和运用；此时这三款核心产品已有各自成熟的产品，如图 6-31 所示。不同专业方向的厂商为补充和兼顾更多功能，获得更强的市场竞争力，整合后企业用一家系统即可满足需求，减少系统对接工作量及实施运维风险。基于 OA 和费控系统，厂商在原生产品方向外，补充其他专业模块，在初始研发阶段（约 2000—2010 年），已决定了系统厂商、产品的基因及主营方向，长板仍在本专业领域。而采购管理系统在 20 世纪 90 年代初期已被制造业、物流业行业的企业广泛使用，但与现在我们所说的企业差旅管理系统不同，采购管理系统不能实现行为管理，同时企业差旅系统思路是以需求为始，以人为核心，以费用为果。

图 6-31　三核模块

系统选品的思路及步骤：

当企业在选品阶段不知何去何从时，到底选哪个，应该怎么选。请先放下这个念头，回到企业自身，明确目标需求。

企业差旅系统建设心得体会：理性、主次、严谨。

✈ 源于管理初心，以人为核心，始于需求才有对应功能的系统产品，逆向不成立。

如今的市场，产品越发丰富，急于选品，盲目建设，陷入过程，万劫不复。

✈ **定位及使命：**企业做差旅，角色定位、使命清晰。

通过本章第三节的内容，可以看出企业的差旅管理系统更侧重管理类功能和审批流、工作流等内部管理功能的设计，而不是订票订酒店。差旅业务确实需要采购资源产品，那么需考虑企业现有的内部管理系统与差旅供应链模块的衔接方式，各类数据如何流转、存储、调阅更有利于信息安全。

见图6-32。

图6-32 差旅系统建设

（一）选前三步走

在进行系统产品选型前，首先，须明确企业管理的诉求和目标，管到什么程度，要解决的核心问题，对差旅管理要求及需求标准做到心中有数，明确后再步入下一环节。

其次，差旅管理模块需适配当前系统架构。因企业原有管理系统的环境不同，有的企业使用办公和管理系统较早，如无改造或重建计划，需在原有系统架构上新增差旅管理系统或模块，就需考虑新增部分与原本的系统架构如何适配。经近年来的企业调研得知企业管理功能模块组合方式存在如表6-15所示的几种情况。

表6-15 功能模块组合方式

系统现状	人力资源	权限管理	财务管理	费控	OA
全自建	自有				
部分自建	自有		租用		
全租用—独家	租用 本地化或SAAS部署				
全租用—多家	租用1		租用2		租用3

在原本使用OA和费控系统，已对接并稳定运行的基础上，需新增差旅管理功能的企业，优先考虑两者之一是否可扩展差旅管理模块，且满足企业需求是最理想的；如不能满足，再增加一套系统时，需考虑几套系统之间数据如何交互。多系统数据交互与运维，稳定性等问题会带来焦灼的长痛，是承担风险还是管理减法或是忍痛断舍离而重建，这是目前诸多中型以上规模企业的痛点。

还需考虑管理模块与差旅供应链模块怎样结合，一体化还是可灵活集成，见表6-16。有重点和方向，再去调研，就不易被各路想法带偏，各企业管理方式存在差异，其他企业的思路方式在清楚自身情况的前提下可借鉴用于开拓思路。

表6-16　三类供应链建设模式

<table>
<tr><th colspan="2" rowspan="3">类项</th><th rowspan="3">一站式全包</th><th colspan="2">自建供应链</th></tr>
<tr><th>全自建</th><th>平台化</th></tr>
<tr><th>企业自建</th><th>第三方技术平台</th></tr>
<tr><td rowspan="7">运营模式</td><td>目标</td><td>商家利润最大化</td><td>企业保障或盈利</td><td>企业保障</td></tr>
<tr><td>系统来源</td><td>租/买合作或自有平台</td><td>自研</td><td>与平台对接</td></tr>
<tr><td>产品来源</td><td>不可控</td><td>可控</td><td>可控</td></tr>
<tr><td>盈利方式</td><td>中间商资源分销差价</td><td>自营服务费</td><td>技术服务及转让</td></tr>
<tr><td rowspan="3">利益主导</td><td>商家</td><td>企业</td><td>企业</td></tr>
<tr><td>打包价</td><td>供、服、付分离</td><td>供、服、付分离</td></tr>
<tr><td>独家</td><td>多商户，自由组合</td><td>共享，多商户，自由组合</td></tr>
</table>

同时，要考虑数据安全与存储要求，未来系统运营的数据作为企业资产的一部分，包括订单原始数据，需在企业内部进行存储备份，部署在何处来满足企业对数据资产的保护及对历史数据的调用和管理。

➜ 对选品的影响及考虑：

- 人员职级，组织架构，财务数据库存储位置，差旅系统申请等前、后端功能及规则判断部署在企业内或外，影响整体系统的设计，各系统间的接口对接或跳转。

- 各模块间的哪些数据涉及穿透、交互，来自不同系统主体的各节点数据交互及数据结构验证，存储空间及算力支持，分布式节点共识算法生成，更新数据只读或可写。
- 分类输出，可直接输出数据与需加密转码输出的数据。
- 审批使用表单还是审批流配置，审批流与工作流的部署位置。

✈ 场景功能实现，见图 6-33。

图 6-33　系统管理模块

方式 1　拿来即用。

使用成品系统标准化功能，系统能力可满足以上各管理模块的功能及数据云存储。

方式 2　系统对接。

部分企业的 HR 管理或财务管理模块现用系统不具备差旅管理功能，无重建计划，又希望差旅管理实现系统化管理，可考虑现用系统与其他差旅 SAAS 成品系统对接作为企业发展期的过渡方案。此方式需考虑几套系统接口适配，数据交互及存储等各类技术问题。

思路步骤 | 部署与安全

企业搭建差旅管理平台时，选择怎样的部署方式，要看企业自身的技术实力及成本投入；另外，对架构信息及财务信息数据的安全性要求，同时考虑实施周期及后期运维量。

差旅系统部署将主数据库的存储位置区分为 **SaaS 部署、混合部署、独立部署**；这 3 种部署方式，各有千秋，企业在选择部署方式时，可参考表 6-17 的要点列项考量，图表中的高、中、低，可作为相对值以供参考，具体情况要视企业的需求所涉及的实施及是否有二次开发的情况而定。

表 6-17　3 种部署方式的特点

模式	特点							
	人力及成本投入	硬件建设	建设风险	实施周期	运维 / 升级	资源接口共享	数据安全	差异化管理
SaaS 部署	低	×	低	短	及时	√	中	部分满足
混合部署	中	√	中	中	低频	√	高	满足
独立部署	高	√	高	长	低频	×	高	满足

- **SaaS 部署**也就是市场上常见的简约管理标准化系统，相当于租房拎包入住。
- **混合部署**：实现企业双引擎功能，将内部管理进行自建或利用已有系统，外接 SaaS 部署的供应链管理或预订平台。混合部署是企业核心数据，如架构信息、差旅申请及审批、结算等，凡是涉及企业运营、财务管理的数据，均存储在企业内，必要数据经参数或加密方式传输到供应商或供应链的系统，可依据所配置的差标政策，查询预订功能及产生的订单信息，先缓存在 SaaS 部署后，企业可定时下载到本地进行存储。
- **本地化（独立）部署**或纯自建按企业要求量体裁衣地定做，相当于自己盖房。

本地化部署是主数据库及查询资源预订功能及订单信息，均部署在企业内，因此，企业需购置大量的服务器用于各类功能数据的存储和运维，实施周期较长。

各类部署对应到节点和功能方面，部署在企业内部还是外部，怎样更符合企业对核心数据安全性要求，利于对管理流程主动权的把握，部署方式的区别见表 6–18。

表 6–18　部署方式的区别

类别	模式	预订前端 Web/ 移动 /H5		登录	订单 / 清算 / 审批结果管理平台		供应链管理平台		服务商管理平台		旅客 / 订单 / 支付数据库	
		企业内	企业外		内	外	内	外	内	外	内	外
租 / 买	SaaS 部署		√	单点登录或直接登录		√		√		√		√
	混合部署	√		员工账号	√			√		√		√
	独立部署	√			√		√		√		√	
自有	企业自建	√			√		√		√		√	

当管理发生变化时，由企业自主维护还是委托外部技术方来维护管理，需约定各技术方责任、权限、分工。

何为 SaaS？即软件布局方式之一，Software-as-a-Service，可为企业提供办公信息化管理所需的基础设施和软、硬件平台。SaaS 技术方可提供前期实施及后期运维等技术服务，基于网络实现企业用户所需的部署及对接，按需定品（On-Demand Software）和托管；通过 Web 和移动端软件前端展示，企业以租用形式使用软件服务，无须自建机房。

SaaS 模式于 2004—2008 年开始在我国市场进行孵化并运用，真正在企业差旅管理中普及使用。

1. SaaS 部署

相当于租房拎包入住交租金，用水用电需付费，住地灵活可调换，房屋修缮不操心。

1）适配企业类型

（1）企业的管理及流程简约，与其他企业存在高度共性，且管理方式相对稳定，业务变化小。

（2）企业所涉及信息安全管理等级要求相对基础。参照《中华人民共和国计算机信息系统安全保护条例》《信息安全等级保护管理办法》第七条规定中的一级。

2）优点及提示

☆**优点**：

（1）**实施周期短，节省 IT 硬件购买成本，**企业也无须投入技术力量进行系统建设，能快速实现有系统可用，通常数据采用云存储，主数据库不在企业的服务器中，因此企业也无须购置和部署本地服务器及后期运维，实施周期短。SAAS 平台承担了全场景功能。市场上的大部分具备差旅模块的 SAAS 系统产品以标准化为主，具备一定的可配置空间。

（2）**应变**：系统的管理、运维、迭代由系统厂商统一解决，当差旅行业及市场发生普遍性变化时，能快速迭代，同步更新满足需求变化。

（3）**灵活**：企业处于不同的发展阶段，管理需求和业务方向会发生变化。可采用模块化落地来解决，对于极特殊的差异化管理要求，可通过少量的二次开发解决。

（4）**实惠**：对企业来说相对经济实惠，通用类功能的迭代无须企业另付费；可以有效地降低部署和运维成本，企业释放人工使其发挥更大的作用，同时节省管理成本。

（5）**高效**：实施周期短；可远程解决大部分运维问题，处理时效相对高。

（6）**共享**：

①硬件设备：无须企业各自投资购买成套的硬件服务器。

②模块功能：用户越多，软件越好用，基于多场景和管理共性需求，可作为公共需求来开发，提高软件能力，在迭代和优化中，其更具有市场竞争力。

③思路方法：使用相同工具，管理模式相似。企业的先进成功案例思路可借鉴使用。

如图 6–34 和图 6–35 所示。

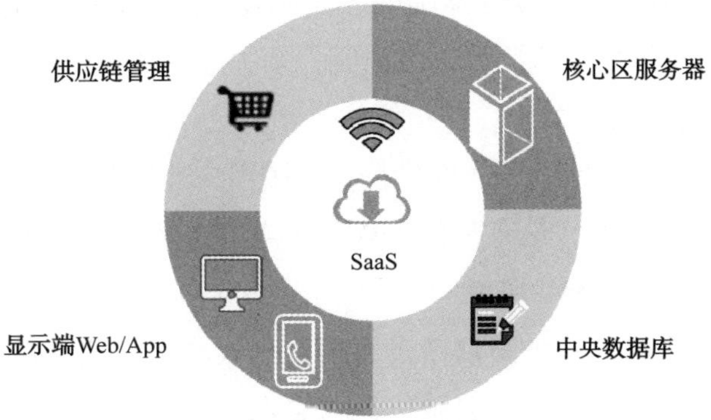

图 6-34　差旅模块组成元素

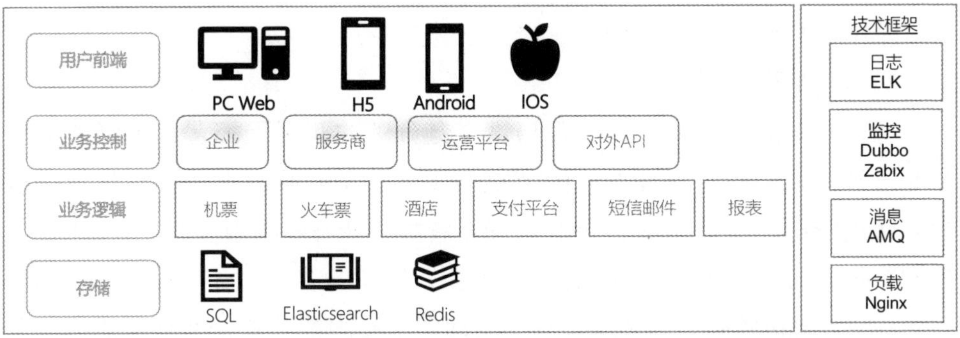

图 6-35　外部平台 | 技术架构

此方式也有较大的局限性，如企业须满足差异化管理及功能支持，就需综合考虑能否在基于原成品系统的标准功能基础上，进行二次开发及后期运维。

△ **提示：**

（1）**数据安全：**对数据资产所有权、信息保护的安全级别进行考虑再决定是否适用此类模式。

（2）**稳定性：**迭代更新快的副作用是会对系统稳定性带来一定隐患。

应对措施：运维规范管理，版本管理规范，打版前充分测试，打版后密切关注。

✈ 系统厂商，须提前通知用户打版时间和升级包含的功能内容。

✈ 企业用户在新版本上线后的一段时间，须关注系统运行情况。

3）技术收费方式

按订单计费，如年费、一次性付费，也按用户数计费。

对企业来说，如果“免费”使用软件本身具备的基础功能，那么免费系统的开发成本应该由谁来买单呢？

需了解提供系统的一方采取了怎样的盈利模式和营销策略。既然不收取技术类费用，那么一定会通过其他方式来盈利。对系统工具提供方来说，相当于提供入口产品实现引流，通过售卖“机酒火”等差旅资源盈利或收取资源产品售后服务费，也就是TMC运营模式；对企业来说这意味着技术费用转换为管理成本支出费用。此方式已不属技术范畴。

2. 混合部署

将企业内部运营及核心管理与供应链分离的双引擎部署，更好地适配企业管理体系，应对管理方式的调整与变化，又能兼顾市场动态及供应链中各渠道资源的灵活搭配，企业管理系统如同火车的车头，交易预订系统就像车厢，接口就相当于车厢间的车钩，这样在应对变化时，才更灵活。因此，中大规模的企业为适应自身的管理要求和内部调整，通常更适合混合部署。

1）适配企业类型

（1）相对成熟的企业，已形成自有的成熟管理体系，对管理效果有较高要求，且业务达到一定规模。

（2）业务变化快，需求相对动态化。

（3）企业信息安全管理要求适中。参照《信息安全等级保护管理办法》第七条规定中的二级。

✈ **企业内部运营及核心管理：**

①核心管理及数据存储，如差旅申请、审批流管理、预算配置、差标控制规则、对账结算及报销。

②在企业内部办公系统的前端，做资源信息及查询展示。

③审批结果、订单信息及状态、流程进度、最终订单信息数据均汇集到企业内部数据库存储。

➔ 资源查询预订及供应链配置与管理：

涉及使用市场资源的管理调配、查询预订，通过 API 接口，单点登录进入预订模块或第三方差旅 SaaS 系统，预订完成生成订单结果及状态数据返回企业内部数据库进行存储。

场景功能实现如图 6-36 所示。平台 / 业务支持如图 6-37 所示。

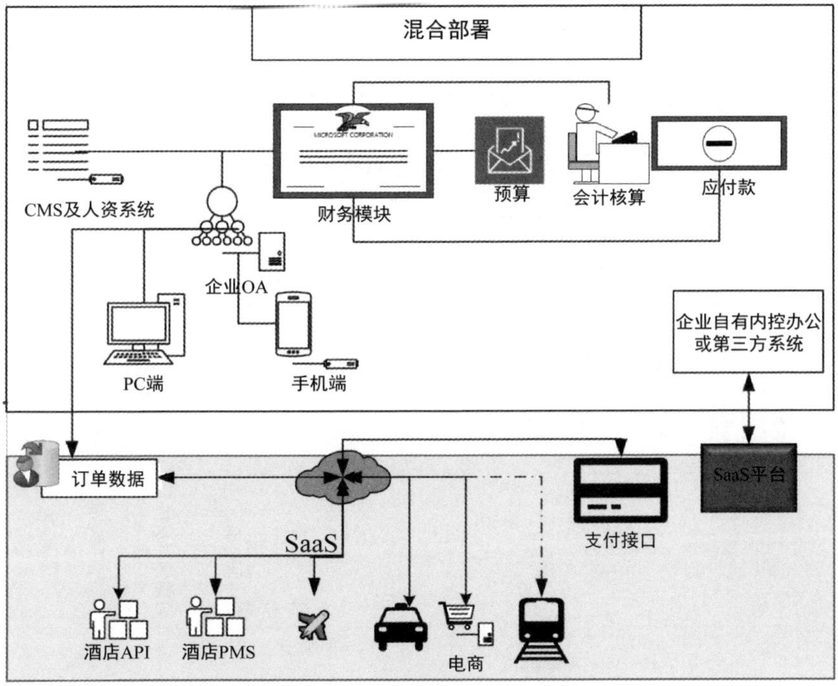

图 6-36　混合部署场景功能

SAAS 部署和混合部署是目前应用极为普遍的两种模式。实现资源接口共享，供应链搭建及资源接口由平台方对接一次，使用平台的用户均可用。为企业减负，技术门槛降低，企业无须重复对接，同时又能灵活配置，适应变化。内外兼顾，对企业来说较经济实用。借助于系统工具减负后，主要精力可投入内部服务运营、日后资源优化及政策流程优化。

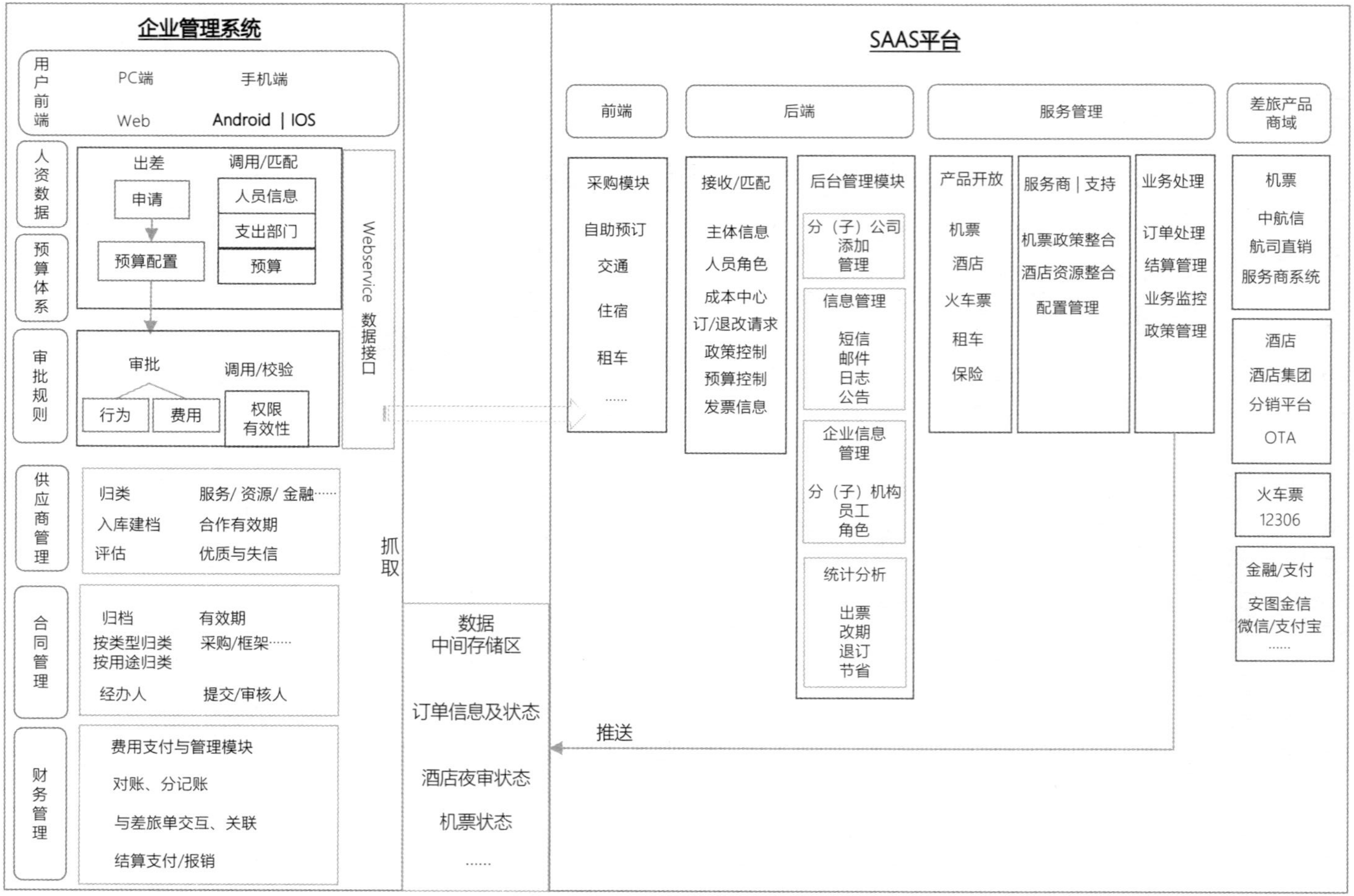
企业管理系统
用户前端
PC端
Web
手机端
Android | IOS
人资数据
预算体系
出差
申请
预算配置
调用/匹配
人员信息
支出部门
预算
审批规则
审批
行为
费用
调用/校验
权限
有效性
Webservice 数据接口
供应商管理
归类
入库建档
评估
服务/ 资源/ 金融……
合作有效期
优质与失信
合同管理
归档
按类型归类
按用途归类
经办人
有效期
采购/框架……
提交/审核人
财务管理
费用支付与管理模块
对账、分记账
与差旅单交互、关联
结算支付/报销
抓取
数据
中间存储区
订单信息及状态
酒店夜审状态
机票状态
……
推送
SAAS平台
前端
采购模块
自助预订
交通
住宿
租车
……
后端
接收/匹配
主体信息
人员角色
成本中心
订/退改请求
政策控制
预算控制
发票信息
后台管理模块
分（子）公司
添加
管理
信息管理
短信
邮件
日志
公告
企业信息
管理
分（子）机构
员工
角色
统计分析
出票
改期
退订
节省
服务管理
产品开放
机票
酒店
火车票
租车
保险
服务商 | 支持
机票政策整合
酒店资源整合
配置管理
业务处理
订单处理
结算管理
业务监控
政策管理
差旅产品
商域
机票
中航信
航司直销
服务商系统
酒店
酒店集团
分销平台
OTA
火车票
12306
金融/支付
安图金信
微信/支付宝
……

图 6-37　平台 / 业务支持

2）提示

（1）管理要求：企业须有较成熟的管理体系，政策标准及流程相对完善。

（2）能力：相比于单纯 SAAS 部署，混合部署对企业有一定要求，实施有一定难度，需要企业具备一定的技术能力和差旅管理、供应链建设与管理等方面的能力。

（3）成本：需采购内部用服务器，投入一定的硬件建设成本承担后期内部模块运维。

3）技术收费方式

常见的方式有对接实施费用一次性收取、以订单用量收取、后期的维保费用。三类收费项依据实际情况，可能均需收取或仅对其中一两项收取。

4）SAAS 部署与混合部署的对比（见图 6–38）

部署模式	查询/预订条件信息	开发成本	保密级别	预订结果反馈方式
混合部署	推至SaaS接口	偏高	中高	本地
SaaS部署	SaaS平台	偏低	中	取回
两种方案结果导向： ①企业需承担的工作管理责任 ②需设立相应管理制度	规则权限配置 后期运维 数据同步 数据库管理	双方均需 考虑实施周期	需设立 管理规则 授权审批	校验、收控 异常预警

图 6–38　SaaS 部署 vs 混合部署

【相同 vs 区别】

相同：最终订单都要通过 SaaS 部署到资源接口，实质将订单信息传递到终端资源方，如航司、酒店等。

区别：预订前端及工作流管理后台的部署位置不同。

【部署思路对比】

“差旅管理模块”混合部署在企业内，SaaS 部署在企业外。

见图 6–39。

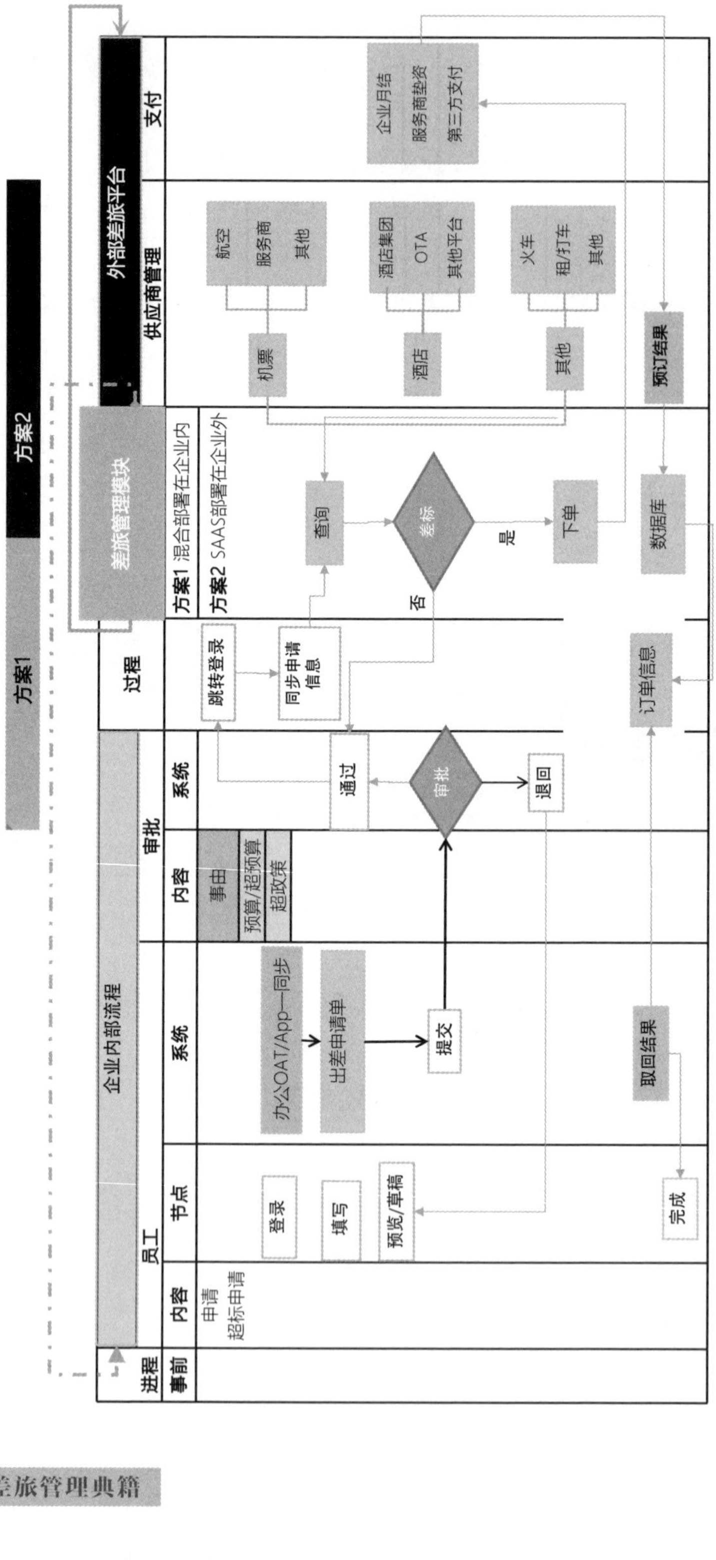

图 6-39 方案 1 vs 方案 2

3. 独立部署

独立部署又称本地化部署，是将供应链和服务管理等模块及数据库，全链部署在企业本地的服务器部署方式，需要企业购买整套的硬件服务器等设备。数据存储在企业自有的服务器中，使对软件的操作及数据传输在企业内部网络中实现。系统部署在企业自有的服务器上，数据所有权属于企业。见图 6-40。

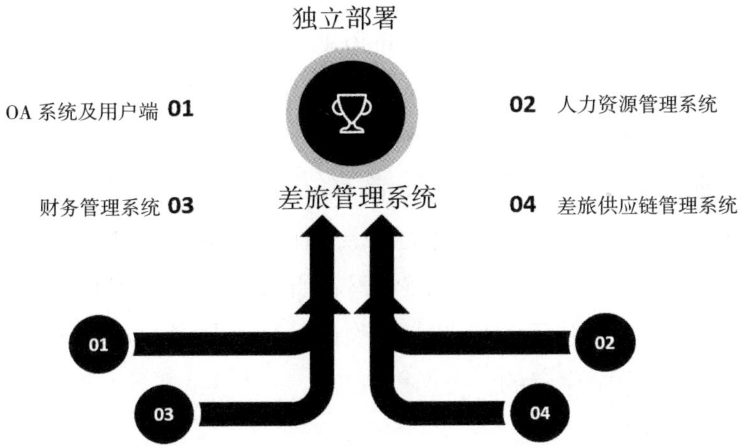

图 6-40 独立部署系统

1）适配企业类型

选择独立部署方式的企业，企业规模须达到大型和巨型，差旅年业务量在亿元以上。企业具备足够的技术能力，打造企业自主自用的系统，力求避免企业信息风险。适用于信息保密要求极高、管理体系相对稳定的企业。

2）优点与提示

✈ 优点：

- 数据安全性——本地私有化部署的数据均储存在企业本地服务器，所有数据企业自主管控，订票订酒店所需输出的必要人员信息，可通过数据摆渡或高级别加密方式处理，实现企业对核心数据保密性达到高级别的安全要求。
- 满足差异化——基于企业管理和差旅业务需求，进行量体裁衣的定制化开发。可依托企业信息系统基础及技术要求对标业务和管理要求打造。

✈ 提示：

- 开发周期长——对上线时间安排难有准确预估。实施过程中，各种看似简单场景的新增需求，都会加大开发难度，导致实施周期变长。
- 建设成本高——此方案较其他成本高，硬件设备成本、软件一次性及持续投入技术成本都很高。
- 能力与精力——企业须有足够的专业、技术能力及精力。
- 风险——如采取将系统源代码买回，由企业自己的技术人员实施改造需考虑，源代码能提供到何种程度，能否实现按企业的想法进行改造。

每个代码工程师所编写的代码，都有自己的特点。企业在选择前需谨慎评估，实施风险较高，还涉及后期的运维工作，需要长期的大量的成本投入。确认源代码能提供到何种程度，每个码农所编写的代码都有自己的特点和方式。自有技术能否基于源代码进行改造，是否具备足够的差旅行业技术能力来实现，也是应注意的。

3）技术收费方式

一次性支付费用，按源代码或非源代码采购。

注释：

①非源代码部署是使用成品系统原有的可执行代码，支持运行，不支持企业自主改造。

②源代码部署是指购买系统源代码后支持企业自行改造。

4. 关于系统搭建中的其他事项

1）登录方式

直接登录

（1）适用于无须对接、员工行为自由度高无须精细化管控或企业自身无办公系统。

（2）企业不具备 OA 管理系统条件，需直接使用 SAAS 平台自带的申请审批功能，仅在一个平台内实现全流程信息留痕。通过报表导出等功能实现有限的必要数据留存给企业。

注意：此方式登录，员工手工录入内容，不慎会有一定错误率如助理角色代他人预订时录错人员信息，导致出错客票或人名错误等导致损失。

单点登录

SSO，Single Sign On，是在多个应用系统实现互信认证功能，所有应用系统共享统一身份认证体系。认证逻辑是将登录信息和用户信息库对比认证校验其有效性。企业 OA 与 SAAS 平台对接，在企业内部，办公管理系统用户仅可登录 1 次，触发预订指令时，通过单点登录方式从 OA 跳转到 SAAS 平台。

（1）网址和页面会发生变化，预订所需信息（姓名、证件号、手机号、单据 ID、行程日期及起止目标城市）需同步 SaaS 平台，在一定需求范围内下单预订时，在避免手工输入导致错误的前提下，可实现对标需求的自动出票，无须人工录入和干预，以形成封闭的系统环境。

（2）如需对人员、架构信息脱敏，可通过如映射转码等加密技术手段实现信息保护。

（3）政策和审批流程在企业 OA 中自行配置，经转码方式推送到 SAAS 端审批结果状态，接收后执行指令实现同步和政策落地。

（4）订单状态更新可同步，企业可定时抓取或更新本地数据库及订单信息。

（5）中间管理平台设置存储区，实现 SAAS 推入中间存储区，差旅管理系统可定时并指定内容项将数据移至企业自有数据库进行存储及数据整合，企业留存完整的过程记录也便于后期数据分析及应用。

2）系统间主要连接方式

（1）API（Application Programming Interface）对接。

即应用程序**接口**，其应用特点的最直观的体验是在同一操作系统内，可浏览来自多个应用平台的数据，无须跳转系统即可实现数据共享和用户操作。大致原理类似管道作用，通过预设条件发送业务请求，远程调用多方接口，接收来的数据文档信息像来自四面八方的水源，信息和数据分层分次响应，最终完成数据传输，汇集到数据库中。这一方式让系统实现灵活、可维护，可扩展，因此在差旅管理和电商等众多领域中广泛应用。

（2）H5（HTML5）。

它是一种网页形式，描述网页标准语言的第 5 个版本。与 API 接口效果的区别是，H5 相当于超链接的使用方式，会从原应用平台跳转到另外的平台上进行操作。

AI 智能应用：目前差旅场景可运用 AI 智能实现较成熟的是客服、票据识别能力提升，工作流、审批流及数据处理及应用模型。

3）部署方式与架构设计决定系统产品

因企业原有管理系统的情况不同。有的企业使用办公和管理系统较早。后续需在原有系统架构上新增差旅管理系统或模块，就需考虑新增部分与原本的系统架构如何适配。

为什么要先确定部署方式，再进行调研？

确定模式的过程，对于宏观数据有一定了解，有了重点和方向再去调研，就不容易被很多想法带偏。商业套路多，其他企业也有各自的环境土壤及管理特色。不确定方向目标时就去调研，易走弯路。

思路步骤 1 | 核心管理模块部署与数据安全

见图 6-41。

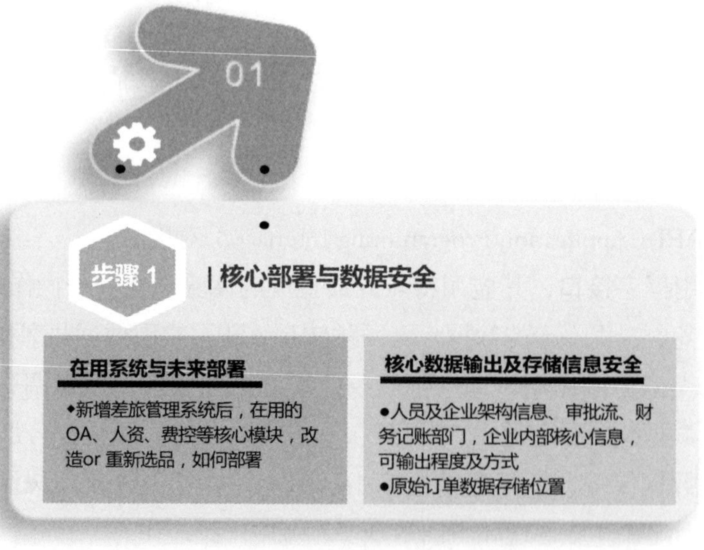

图 6-41　步骤 1 | 核心部署与数据安全

思路步骤 2 | 资源与管理模块部署

见图 6-42。

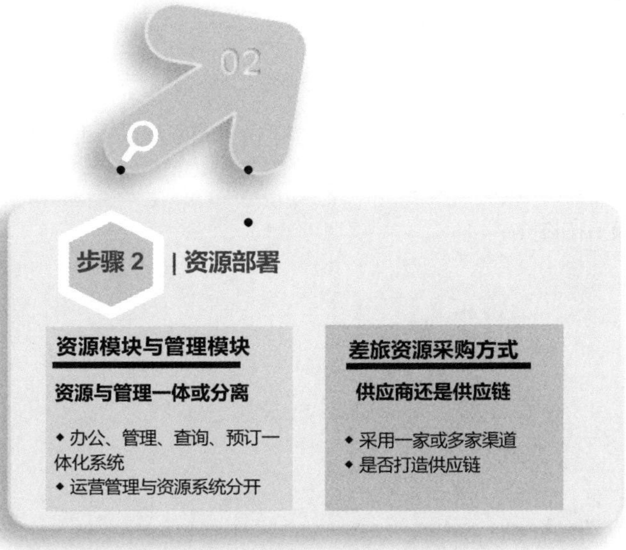

图 6-42　步骤 2 | 资源部署

对接单一供方渠道时，需考虑未来一段时期内，企业内部管理要求、架构、运营方式、业务调整等变化或对资源渠道及资源结构进行调整时，哪种方式能最大限度地减少对用户的影响，选择一种企业可接受的方式；依据企业管理及用户体验的愿景，评估是否有必要为企业量身打造贴合自身情况的供应链，为应对将来变化能主动应变，灵活调整；对接单一供方渠道时，需考虑能否接受因资源渠道发生调整，需要重新对接新的资源平台；是否会导致入口变化，用户需要重新适应操作习惯。

（1）资源模块与管理模块的关系布局。

差旅资源查询预订与企业日常运营、办公、财务管理部署在同一系统内，还是集成按内外管理拆分，便于主动应变。

差旅产品的采购方式影响系统供应链如何部署，如何与管理模块衔接，切换供应渠道时对用户有无影响。

（2）对选品的影响。

选择以技术盈利的纯系统商，还是以资源销售盈利的电商或有系统的差旅服务商？这取决于企业侧重的适配管理要求及业务发展变化。

受差旅行业历史时代的特点与近年来发展变革因素的影响，现实是现有市场产品的基因及系统逻辑情况难以两全。企业应考虑好如何取舍，再进行选品，特别是发展速度越快、规模越大的企业改变起来难度越高。

思路步骤 3 | 形成系统设计蓝图

见图 6-43 和图 6-44。

图 6-43 步骤 3 | 功能需求

系统设计蓝图是对系统的规划和框架设计的全面详尽系统方案。明确系统各功能模块组成、数据走向，与整体架构之间的关系，还包含从差旅需求分析与功能要求到后期维护，扩展预留、系统安全及性能等全面方案。

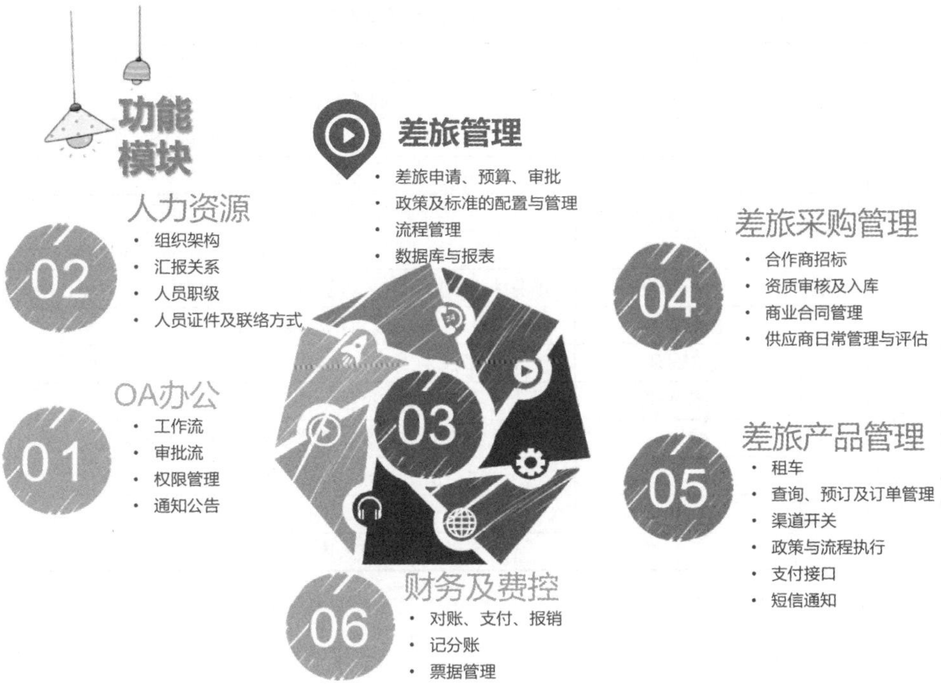

图 6-44　差旅管理的功能模块

参与差旅管理系统的企业内部各方需先理解差旅业务的需求，有明确的架构设计，对各模块作用需定义清晰，要求各方理解业务需求和管理方式，在目标一致的前提下，避免理解偏差导致难以弥补的错误，利于跨专业跨部门的高效协作，共同完成差旅管理系统从选品到建设实施并能够成功上线，实现未来前瞻性规划如各模块之间的数据共享、数据的管理应用、延长系统使用寿命。

管理的意义是管行为、理事项。规范行为可有效实现风险控制；事项理清楚，可提高效率，还可以减少不必要的成本浪费，实现有效管理。从因到果形成完整的差旅场景闭环，过程有记录，效果有呈现（见表 6-19）。系统工具是帮助落实上述内容，因此先理清差旅管理逻辑再确定系统功能需求，管理要求越高越细致，系统功能需求也就越多；反之，管理做减法，系统功能也可相应简约。

表 6-19　企业差旅管理逻辑

维度	差旅管理要素		内容说明
因	人	角色分类	人员类型、角色与职能分工
	事	行程规划、资源申请	差旅事由、计划及变化、预算内或超规
过程	审	合规、分类、留痕	分层或分角色审批
	管	执行及管控	差旅政策标准的执行控制及过程管理
	订	查询预订	飞机票、酒店、火车票的查询预订及状态通知
果	费用	合法合规	预算执行、财税、凭证管理、对账、记分账、结算、报销
	效果	出差业务	计划、执行情况
		人员管理	出差期间人身安全管理、行为管理、考勤制度执行
		效率管理	出差过程效率，运维服务效率
		费用	人工成本、金融成本、资源预订支出及损失
		政策及制度	执行情况、导致不合规的问题点及解决方式
		采购管理	差旅供应链管理
			供应商审核入库、绩效评估、合同管理

因：人员与事件

- 人：支持按雇员（在编、实习、派遣）、管理层、非雇员等分类。依据人员类型匹配相应的差旅政策、标准、差旅产品。
  - 不同角色的人员，出差时所承担的职责及分工不同，可选择的资源品类有标准限定，如商务头等舱 / 座、机场休息室、酒店套房、商务包车等。
  - 各企业对于在编或非在编员工的差旅补贴及福利方面可能存在差异。
- 事：
  - 行程管理需与资源建立关联关系，但不可混为一谈；**企业所说的“行程管理”等于一张机票吗？**显然不能视同。部分成品系统的功能在此是有缺失或混淆的。

企业管理所说的出差行程管理是工作日程管理的范畴之一，一张机票是某天某时，而行程管理是日期段，是以时间管理维度来记录某日、人在哪、做什么。每位员工的工作日程，关系到与其他同事间的协作，对于紧急重要又需在现场完成的工作，需提至出差前完成，那么其他与之配合完成工作的同事也会涉及日程安排调整。因此，很多企业有工作日程管理系统模块，在有差旅安排及外出工作、已确定会议的计划时，通过日程管理系统公示分享信息给有工作关联的同事或领导，以便大家有序合理地安排工作时间，按时完成工作计划。

行程管理：11 月 3—9 日，李 × 和王 × 因 × × 事由从北京前往上海，为完成 × × 工作目标。至于乘坐几点的火车、飞机或汽车，关系到所需支出预算，让同事知晓旅途期间几点能保持正常联系。

- 使用国标城市库，实现城市、资源、行程预算之间的自动准确匹配。

此项功能 3 领域做差旅资源的系统功能较完善，但对于 1、2 领域较欠缺。只有行程与资源准确关联，才能准确计算差旅的行程预算，有些城市没有机场或火车站，有些城市和其他城市的行政区名称相同或相近，当用户直接输入某个关键词，非标数据库或索引不准确都会导致预算匹配及城市定位偏差，从而导致后续预订、报销等一系列问题。

如输入中山会出现广东中山市与辽宁大连市中山区；输入河东区会出现天津市、山东省临沂市，都设河东区；输入滨海则会出现江苏省盐城市下辖滨海县、天津市滨海新区；等等。

过程：审、管、订

✈ 审：审批场景对应审批流程。

- 企业负责审批差旅的人员，涉及审批业务和费用等多个职能场景区分的审批，对应批事和批钱的人员需对相应的审批内容进行展示，依据审批场景对应的审批重点。

差旅业务具有较强的时效性，时效性强的业务类型不适合逐级审批，但也不可简单粗暴地仅支持 1 个审批节点，为满足企业不同的管理要求，需要支持按审批场景区分。

- 采用有规则的审批流程方式，同时可支持特殊情况设置定向审批。

✈ 管：政策匹配及控制。

- 行：企业在设置大交通的行程预算时，配置的资源价格上限较配置为下限或时价更合理。

预算设置首先是有依据且可行的原则。差旅大交通的票价为动态变化是基本行业常识，因此不宜设置固定折扣或以最低价作为预算，以免导致非必要的重复审批或审批无效预算并未起到作用。预算控上限，实际预订控下限，规则相对合理。

- 住：如企业酒店差标带有合住、就高或就低住宿、超预算审批政策，评估审批流程规则能否支持。
  - 合住政策：部分企业为减少浪费，鼓励同性别合住，设定稍高于正常标准的额度。
  - 就高或就低住宿政策：在同一张出差申请中，跨职级人员共同出行，差标跨度大，因工作需要住在同一家酒店，企业为此设置了迁就差标级别最高或最低人员的差旅标准。

✈ 订：政策标准内，合规性控制。

- 预订资源时，须将以上节点的结果有效传递。
  - 申请及审批的结果对应预订的资源类型，并执行审批结果，确保审批的有效性。

部分系统的预订环节不受控制，与之前的申请及审批脱节，导致申请、审批、预算设置形同虚设，如之前的流程未能有效执行，也就失去了设置的意义，不满足企业对过程可控的要求。应同步对各资源设定的目标城市、线路、预算、舱位政策、差旅预算标准、人员信息、审批结果，预订环节需进行有效的信息接力，进行准确的规则同步及有效执行。

- 当市场资源不足，需展示超规超标的资源产品时，需有政策规则的流程引导，如返回系统定位，在原申请的基础上做超标审批。当无超规超标审批时，对所展示的超规、超标资源限制为不可预订或自付费预订。
- 将申请单据信息与资源信息做 ID 索引关联，同步成本中心，以便满足对账、财务独立核算及内部记账、分账的要求。
- 订单状态、资源使用状态需回到企业数据库，以便企业核算损失费用以及进行有效的行为管理；问题订单需挂起并及时有效地通知企业，进行人工干预，判断处理，便于后续对结账提效。

果：实际发生费用与结果、效果及问题呈现

✈ 账单与结算：

对于每笔单据的预算执行是否有特殊原因超出审批结果的异常数据呈现。

涉及凭证管理与企业财税相关的雇员、非雇员分类。

按各定向的成本中心分别对账及结算记账，差旅补贴、无线上订单，由个人线下预订所垫付部分的报销。

✈ 报表：

以上各环节所产生的数据严谨准确、完整，决定报表的基础数据有效性。数据有效是生成有实际价值报表结论的前提条件。作为全流程管理和执行效果的呈现，利于后期从数据中发现管理缺失及过程行为问题，便于分析后进行管理体系的完善。

（二）如何选品

进入选品的环节，依据功能需求充分地进行产品调研。在相应的领域中寻找适合企业的产品。

1. 市场成品系统的调研分享

1）市场环境分析

见图 6-45。

图 6-45　差旅管理系统

差旅行业的流行语是“疫情催生了差旅行业的进步发展，2021 年后进入差旅行业的元年时代”。

需求导向，企业成为差旅的消费主体。为何产生此行业现象，需求发生了怎样的变化？背后的原因是什么？

A. 技术条件

- **1990 年后：**1992 年财务管理系统开始普及应用。在 1995—2010 年，已具规模的企业在此阶段已开始使用财务管理和 OA 办公系统；**约 1997 年前后，中国互联网进入蓬勃发展期，**旅游行业 OTA 的网页版上线，社交聊天软件兴起。那时的“差旅管理”较基础，系统功能无法有效地起到管理的作用，差旅申请、审批还是用书面或邮件的方式来解决，以人工方式为主，企业以线下方式与传统旅行社、票代进行预订，以电话、短信或邮件作为信息传递的方式。
- **2000 年后：**2008 年 3G 智能与移动社交软件的普及助力了如今的智能数智化，为移动办公提供了土壤条件，旅游电商、网购进入蓬勃发展期，年轻的主流消费群体登上舞台；企业在资源渠道选择方面多了 OTA 这个选项。
- **2010 年后：**智能手机开始普及应用，OA 系统在原有基础上迭代发挥协同作用，手机移动端可用于丰富场景，满足办公与信息及时传递的需要；2014 年，差旅管理的厂商才开始崭露头角，经过 3~5 年的用户认知期，在 2017 年企业纷纷热情高涨地投入差旅系统的建设中，同时处在票据 OCR 与电子化的过渡期，费控管理软件流行起来，补齐传统财务管理系统不能普及更多功能与场景短板。差旅金融产品已相对成熟，相关的行业政策陆续出台，姗姗来迟的东风，终于就位。

差旅系统建设的主要难点在于行业和企业需求均处于活跃调整期，而系统打造并非一朝一夕的事。在企业内外部环境均动态变化的情况下，建得不如变得快。对于 OA、费控、产品预订的供应系统，市场上已有相对成熟的产品。差旅管理系统还处于探索期，以简约标准化产品为主，大部分产品先有资源供给或财务费控模块，侧重满足机票、酒店等资源的查询预订功能或始于财务报销管理，而差旅管理注重的是人的行为管理。

B. 管理意识与更高要求

以往，大家总是零散地订票出差，认为没有必要花费精力进行管理，无论管与不管，出差该花的钱总是要花的。疫情虽然过去，但也留下了值得思考的问题——增强企业运营的抗风险能力。企业追求高效，做好应变才能形成相对稳定的发展环境。

- 在 2009—2018 年这过往的 10 年中，大部分企业处于差旅管理的初识阶段，管理诉求尚不强烈，未进入差旅管理系统的普及应用阶段。
- 2019 年第二季度交通票据的增值税改，从国家层面逐步优化各方面的标准规范，重视合规，同样推动了差旅工作的合规。
- 2020 年进入新冠疫情常态化阶段，全球及各行业被迫面对这突如其来的变化所带来的危机和冲击，不断带来新课题——抗风险能力的提升、企业的稳定经营和生存发展问题。企业需考虑以往忽视的问题，要做曾经未完成的难事，**晦暗与艰难的 3 年是值得被记住的**。

有共识，有价值～光明而辽阔 Every cloud has a silver lining。

2）差旅成品系统

本小节分享对成品系统产品实际调研后的总结，供企业们了解各场景领域差旅系统的特点，回答大家心中的“为什么”。

目前常见的差旅系统，主要源自这 2 个行业的系统产品。

- **2 个行业——技术行业、旅游产品代理行业：**
  - **企业管理软件**属于技术行业，以软件研发、技术服务与销售、租卖及系统开发、部署实施、运维服务等作为主要盈利方向。立足于为企业打造以协同办公、财务及费控管理为主的企管类软件，其中涵盖差旅管理模块功能，如差旅申请填写、审批、预算管理、工作流程、审批流程、对账结算、报表等，如需“机酒火”产品由企业集中采购，统一月结，就需对接电商 OTA 或科技 TMC 等可提供旅游产品查询、预订的平台。
  - 还有部分企业所用的差旅软件是由 OTA 电商或科技型 TMC 免费提供使用的或收取少许流量使用费。主要满足企业差旅所需的资源采购，在线查询预订“机酒火”的功能完善成熟，页面展示及操作功能友好。顺带提供给企业差旅涉及的基础功能应用，如填写申请、审批、差标配置等基础功能，以机酒火产品售卖作为其主要盈利点。

见表6-20。

表6-20 2个行业

工商信息	2个行业	
	技术行业	旅游产品代理行业
营业执照所属行业	● 软件开发、转让、咨询服务、软件外包服务 ● 技术开发、转让，基础软件服务 ● 数据处理	● 旅游业务 ● 旅游产品开发 ● 票务代理、服务 ● 商业服务业
发票凭证内容	● 技术服务费 ● 现代服务费，研发服务费 ● 信息服务费	● 服务费 ● 经纪代理服务费·代订住宿费 ● 旅游服务费

✈ **3个领域模块——OA协同、财务及费控、差旅产品供应链资源，**见图6-46。

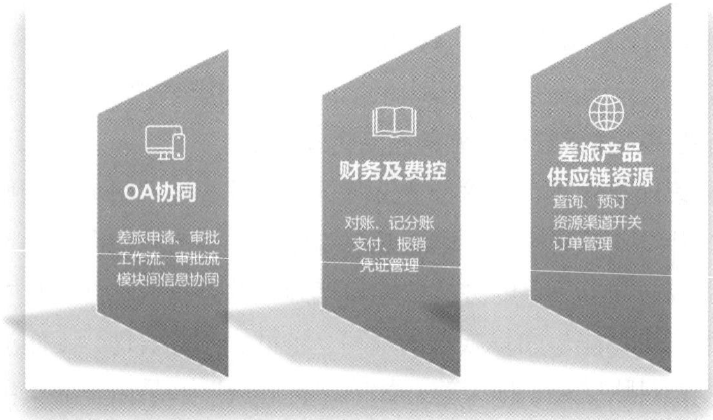

图6-46 3个领域

从功能上讲，要想满足差旅管理全场景应用，主要涉及这3个业务领域功能，包括企业办公、财务管理、差旅供应链与查询、预订等。因此，主流的差旅成品系统，也是自这3个领域衍生或扩展而来的。

怎样选择及运用才能发挥各领域模块的作用以满足差旅管理要求？

面对市场产品的现状，企业应该怎样取舍？

- 第 1、2 领域的作用是为实现差旅场景中涉及企业内部运营及管理的需要。原理是通过领域 1 的 OA 协同功能实现出差申请的填写及审批。出行及提交申请人信息来自企业自己的 HR 数据库，包括姓名、证件信息、联系方式等作为自然人乘坐公共交通出行及住宿所需提供到航司、酒店等资源端的必要信息；架构、汇报关系、权限管理是满足审批管理的需要；政策标准规则与职能角色建立关系，实现差旅管理对出差发生的必要性及合理性判断，也利于差旅政策标准落地。过程留痕记录，以便结合考勤管理进行差旅行为管理。领域 2 财务管理及费控模块是用来实现差旅预算管理、对账、结算、凭证管理的，实现企业对合规内控的要求，判断预算计划与最终费用发生的差异及原因分析，从而优化差旅的成本管理。
- 第 3 领域供应链资源模块是为实现企业资源整合集中采购并统一结算的管理方式，便于差旅资源的在线查询、预订、订单及资源使用情况有记录。是否在线预订、预订及使用结果将决定后续的企业统付或员工差旅报销。

系统厂商的主营方向及盈利方式，决定了系统设计思路；系统诞生所处时期及场景领域，决定了系统基因——核基因是原生时的基础构造、底层逻辑及该时代的差旅业态，后期由于市场环境、需求导向、商业战略变化等诱因，在核基因的基础上复制、裂变重组、传承，所呈现出的跨领域、多元化的功能延展。

第 1 类　OA 领域的差旅管理系统

【特征】

其核心用户为企业，深耕于办公及管理场景，延展差旅管理模块，有行为管理概念以及纯定制化或标准化的两极思路。定制化可完全贴合企业管理要求进行功能设计打造，差旅资源的查询预订方面需与其他资源平台合作、对接。此领域系统厂商一类是本地化部署 OA，以 PC 端应用入口为主，另一类为基于传统 OA 的创新升级，侧重移动端应用入口。

OA 协同办公（Office Automation）

【本地化】

2010 年，随着经济发展和企业具备中等以上规模，管理需求日渐明朗且追求更高水平的管理愿景，从粗放向精细转变，那时大部分企业自有技术能力尚欠缺，又需技术自动化工具参与辅助，为管理减负，实现自动化信息搬运。此时，多数企业尚未认识到差旅管理的概念及重要性，因此没有明确的差旅管理诉求和标准，决定了那个时期所谓的差旅系统功能也就相对基础，主要将线下填写挪到线上，当时的审批功能主要以**表单方式**硬代码写死，无法灵活应变，尚不能实现以流程管理的方式实现审批并进行某种数据关系的匹配和流转。审批时，普遍采用短信、邮件等审批方式。

传统 OA 本地化系统产品，差旅模块也是定制化开发，量体裁衣**能最大限度地满足企业所需，数据安全性高。**但这也带来了另一个挑战——系统快速应变能力。差旅行业在我国尚处于发展期，市场各方面处在活跃调整状态，相关政策逐步完善，差旅业务特性灵活多变，场景丰富。因此，牵一发而动全身，当市场发生风吹草动的变化时，就波及企业内差旅管理体系，不得不同步做出调整，再加上企业自身的发展变化，这些因素非常挑战系统的快速应变能力，也需要企业投入高额的技术成本及后期运维成本。

✈ 差旅管理模块特点，**可定制。**

- 从企业管理需求出发，可满足特色管理需要。
- 基本满足差旅的行为管理及过程管理。
- 本地化部署。
- 系统商无自有的差旅产品查询预订功能，一般是通过与外接第三方资源预订系统合作，来弥补不足。

注：表单方式主要以指定专人的固定方式，而审批流是流程步骤，可支持人资架构调整及人员变化动态调整，实现按层级审批、汇报关系、架构上下级动态关系。

【移动办公平台】

2008年，随着各领域技术日渐成熟，智能手机普及，形成良好的条件土壤；2015年后，在传统OA的基础上延展升级，有了共享、云端理念的移动办公平台，打破了时间以及空间的局限，无须守在电脑前也可随时随地办公。信息传递效率提升，使用自动化软件真正体现出效率。标准化功能可共享，差异化采用低代码定制，降低了企业建设系统的门槛和成本。

✈ 差旅管理模块特点**标准**：

- **以简版通用**功能为主。
- 系统轻运营，软件使用成本低。
- 各类业务数据间实现互联互通、共享，初步呈现了数字化运营效果。
- 页面清晰简洁，易用性强，可快速上手使用。
- 不支持差异化定制。
- 捆绑单一资源渠道或无渠道。

以企业为核心用户，核心功能是围绕管理及办公的主要场景，有丰富的企业案例经验积累作为产品创新研发的思路，相关功能优势突出，**可满足企业差旅管理共性需求**，使用SAAS部署方式。在此基础上，如需进行非标准化的定制开发，存在一定局限性，因为要兼顾大多数企业的共性需求，当评估少数企业特色功能可能影响到主标准化框架，则无法定制。部分移动OA厂商可支持本地化部署。差旅管理功能也同样仅有简约通用功能，如填写申请、审批、同步考勤记录等。功能虽然有，但深挖功能细节时就会发现，它不一定能满足企业的差异化管理需要。

第2类　财务及费控系统领域的差旅管理系统

传统财务管理系统在1992年开始普及应用，主要用于记账、分账、核销、税务管理，呈现结果记录的作用。而**费控管理系统**在2015年后逐步普及，比传统财务管理系统迟来了20多年，是基于对传统财务管理系统功能的辅助补充，满足数字化管理的需要。从预算计划与实际支出的过程管理和控制出发，实现信息对称、同步，利于评估预算执行与实际支出的合理性，实现精细化管理与合规，主要功能如预算管理、支付及报销、电子化凭证分类归档管理。

此领域产品扩展的差旅系统，逻辑是从费用结果反推到差旅计划，侧重财务管理视角，聚焦于费用结果的“差旅管理”。

- 目前带有差旅模块的成品普遍有两种类型：
  - 第 1 种基于 SaaS 通用功能，可进行一定程度的差异化功能定制。
  - 第 2 种定义了企业差旅管理模式的弱管和强管两套较极端的模式功能，符合其中之一即满足使用条件，不支持定制。

由财务及费控类系统扩展的差旅模块特点：

- 差旅预算执行情况与年季度预算关联，同步及时，超预算的追加、预算审批功能完善。
- 差旅费用支付、记账、凭证管理的功能相对健全。
- 基于财务传统的预算类型，缺少差旅场景行程预算，差旅前置预算管控较弱。
- 缺少差旅过程管理，如差旅各类场景的变更与审批。
- 自动化对账及审批，自动触发开票通知，自动创建付款单据及合同关联功能弱或缺失。
- MICE 等企业、租车差旅业务场景扩展性弱。
- 差旅场景化落地不足，如审批缺失、多部门项目制联合出差的会签审批，差旅政策的相关控制功能弱或缺失。
- 无差旅资源及查询预订或有较固定的资源合作方，可提供对接，但资源单一，覆盖度不足。见表 6-21。

第 3 类　差旅预订系统

此类系统厂商，多数是来自深耕差旅供应链或票务代理中的成员。在 10 多年前，主要从事差旅资源供应链的某部分，也可能服务 C 端旅游或卖方代理人。懂业务，行业经验丰富，以此为前提条件打造的系统，查询、预订、产品设计及展示类的功能完善成熟。经历漫长的意识转变过程，如今建立“企业用户”概念后，逐步形成除 C 端卖货模式，辅助企业买家实现管理、服务，提供差旅管理整体方案思路以满足企业差旅的需要，同时实现更高的销量及利润目标。

表 6-21 场景类别 | 功能项

场景类别		功能项	OA 协同		费控系统
			传统	移动	
方式		SaaS	○		
用户端		移动端			
		PC 端			
申请及审批	申请	人员信息同步、录入	○		
		批量、证件首页等上传		○	○
		超标		○	
		变更		○	
		代申请			
		企业 MICE（含租车）	○	○	○
	审批	事由			
		费用			
		加签		○	
		会签		○	○
		自动流 / 手工配		○	
内控	功能	日期（出差 / 行程资源）			
		国标城市库			
		飞机		○	
		火车		○	
		酒店			
	政策控制	预算生成或关联	○	○	
		舱位 / 座次		○	
		酒店差标			
		合住及就高		○	○
结算	自动对账	匹配	○	○	○
		调整	○	○	○
		审批		○	
	差旅报销	餐补		○	
		可关联多张申请单		○	○
		回传信息支持员工垫付报销			
		缺失	6	17	7

注：“○”代表该项功能缺失。

系统特点有两个方向：

一个是满足差旅“机酒火”预订，成品供应链，供企业使用，如 OTA、科技 TMC。

另一个是差旅平台化管理系统，除了满足资源产品预订，还支持企业自主选择资源供应渠道及服务商，利于更主动灵活地应对企业内部管理及市场环境变化。

- 差旅资源查询预订功能完善，系统相对成熟、稳定。
- 满足企业资源供应链管理需要，实现将业务、基础管理与市场资源，差旅业务及数据链的全场景打通。
- 企业管理，财务管理、内控及办公运营、审批流、工作流等涉及企业管理及运营部分的功能缺失较多，即使有，功能也相对简约。

3）系统功能调研

经实际调研，对 27 家有差旅功能的系统产品进行分析总结，各领域系统在差旅场景化落地，均具有某方面的突出表现，也存在不足，没有完美的系统，不满足自研条件的企业，在管理和需求上需有取舍。企业在明确差旅管理目标的前提下，可避免在选品过程中投入过多精力做无意义的纠结。

经调研，总结目前市场主流的系统产品，对企业**管理与需求影响较大的功能缺失项（带 * 号），也是企业考虑的取舍点**，见表 6-22。

表 6-22　基础功能

类别		功能描述	缺失项	内容说明
基础功能	部署方式	SAAS 部署、混合部署、本地部署	—	—
	用户端	移动端	—	—
		*PC 端	○	PC 端仅支持审批，不支持填单
	申请	人员信息同步、录入	—	雇员信息同步，非雇员支持填写
		批量、附件上传	○	① MICE 商务项目参与人员多，支持批量处理 ②图片截图、邮件等上传附件
		*超标	○	超标二次审批
		*变更	○	事前审批，过程中审批
		*代申请	○	影响业务需求提交
		企业 MICE（含租车）	○	MICE 的企业项目管理，行业空白点
	*行程计划与资源管理	行程管理（出差行程与资源）	○	行程管理需与资源建立关联
		国标城市库	—	—
		机、酒、火、租车	—	—

内容一　基础功能的缺失项与影响

1）缺失 PC 端

有的系统是基于移动端优先进行开发的，PC 端尚缺失。出差期间虽然移动办公更便捷，但对于多人多段行程来说，所需填写或选择的信息项较多，还是在 PC 端填写及展示更优，也为日后扩展更为复杂、批量处理的 MICE 业务打下基础。因此，在没有新技术方式突破的情况下，PC 端还是无法摒弃的。

2）变更和超标

业务及需求描述：对初次出差申请审批后又发生变化，因人员、行程调整等变化导致预算追加需要再次提交申请。对于事前审批方式的企业，过程记录是必要的，否则初次申请与最终发生之间存在差异，导致对账障碍，难以形成准确完整的闭环信息链；对于允许事后补提补批的企业，也存在同样的功能需求。时效节点设置在行程前或结束后，很多企业都希望降低差旅退改率，损失浪费现象能有所改善。总的来说，行前效果更明显。企业需对变更的原因、业务特点有无计划性进行分析。结合这两点设计合理的管理流程，系统功能辅助实现管理有效性。

市场分析：目前市场中的系统产品，能够支持变更功能的较稀缺。对企业差旅而言，更关心事件本身的变化及带来的影响，当行程改变缺失过程记录时，即差旅出行计划与实际发生不一致，将导致数据缺失，数据链不能完整闭环。

3）代申请

业务及需求描述：全员均可代他人申请功能，依据企业的业务普遍情况，可归为权限配置类功能，也可纳入基础功能。如企业的业务，常有因企业项目出差，费用承担主体相对统一，出差同行人员涉及跨业务，多部门之间联合出差的情况，会用到代申请功能。由费用承担部门的审批决定和控制，而不限制谁来提交申请，这样能更主动地应对需求变化，也能有效地减少审批频次和审批人的重复工作，提高效率。

市场分析：大部分系统产品可支持此类功能，也有些系统逻辑尚不支持，这主要源于系统基因及最初的底层设计思路是在申请节点进行控制的基础上，防止出现误提等人为错误问题。目前差旅系统具备角色分类进行权限配置的功能不完善。企业在调研时，须依据业务特点对该项功能的实际情况加以了解，以免无法支持业务所需。

4）行程计划与资源

业务及需求描述：差旅计划与所选资源两者存在关联关系，但不能等同，见图 6-47。

图 6-47　差旅申请

底层数据标准化：在调研中，发现有些系统的城市信息库使用的是非国标的信息，此情况会导致实际场景中的诸多使用障碍。如索引不出城市信息，城市与对应的“机酒火”产品信息匹配出现障碍等异常情况。而城市信息库属于底层数据信息，在应用上线后再进行调整容易导致历史数据出现异常。不同行业属性的企业所涉及的差旅城市差异性较大，除了共性的商旅城市，还涉及偏远城市。多系统模块对接，不同业务场景，凡涉及提取城市信息均应使用相同标准的城市信息库，对于我国日新月异的发展，火车站、机场调整的实时数据可自动匹配。

市场分析：在进行系统厂商调研时，发现部分产品采用的是国标数据库，也有采用手工维护的产品，那么在手工维护库中没有的城市需临时添加时，运维压力与及时性能否支持企业用户需求；企业也可依据自身业务的发展变化和所涉及的差旅城市特点综合考虑，是否对此有标准化要求。

内容二　管理类功能

➜ 内部管理与控制：

内控效果体现在结果上，要想起到实质性作用需在事前和事中进行把控，确保起始流程的数据记录有效并连续传递至事中、事后的数据环环相扣，连贯准确。行前计划与事中预订资源信息要建立数据联系，各环节的数据接力棒要连续传递至最后一环的费用支付结果，在这样的过程中，一旦出现缺失或间断，数据之间就会断了联系，也就失去了数据结果的有效性。

⋆数据结果有效性：不仅单一数据合理，多方数据共同形成佐证结果的全链数据，放在一起也能对得上、讲得通。

对市场系统产品差旅管理类的功能常见缺失项详解如下，见表 6-23。

表 6-23　内部管理与控制

类别		功能描述	缺失项	内容说明
内部管理与控制	政策控制	⋆预算　生成与关联	○	财务及费控管理功能相关
		⋆差标　住宿	○	合住提额、职级就高等，采用互斥或兼顾
		舱位 / 座次	○	如机票舱位限制，火车预算百元内，不限座次
	审批	自动流 / 手工配	○	—
		事由	○	能满足不同企业的审批管理方式，进行配置
		费用	○	预算及费用支出审批
		政策	○	差旅政策审批
		加签、会签	○	不同业务场景，联合出差等多种业务类型

1）**预算配置**

行程预算是与人员职级、政策约定挂钩，从城市、座次舱位、住宿标准、金额几方面综合得到的，有依据的预算标准。在企业管理中经常遇到一种有趣的现象，预算设置偏高的折扣，金额高得看起来不能接受，于是设置一个可以接受的金额，在真正支出时又无法起到有效控制的作用。因为差旅资源的市场价格呈动态变化，且不受企业或个人的左右，预算偏高只要有逻辑依据，可每年依据数据结果以及市场行情进行比例调整，好过配置一个形同虚设的预算。

业务及需求描述：

- 目前有些管理意识较强的企业已考虑到差旅预算前置管理的必要性，在设置以行程为单位所生成的预算时，通常以某种计算规则或定额标准进行预算上限的配置，再结合以成本中心为单位的年、季度制财务预算相关功能的关联、占用、释放、使用，实时结余展示，更合理地分配及使用差旅预算，形成更行之有效的前置预算管理。
- 企业差旅行程预算，常规设定的几类情况如下。

• 机票、火车票的预算关联出行人员职级对应的差旅政策。

方式一，按舱位等级全价，如经济或头等舱、一等或商务座。

方式二，结合方式一进行更精准的预算管理，基于机票经济舱设定折扣上限（如依据大客户政策折扣为上限）和退改损失比例上限，如八折（含）以上损失比例为 20%，五折（含）至八折以下损失比例为 50%，五折以下损失比例为 100%。除了有座位等级明确限制的企业，其他企业购买短途火车票时，在金额小于 100 元或 150 元的情况下，可适当放宽对座位等级的限制，以便保持一定的灵活性应对资源短缺情况和提升出行舒适度。

• 住宿标准差异化或多元化政策的系统产品功能不足。

方式一，以每人每间或每夜设置住宿定额标准上限。

方式二，基于标准进行引导性政策补充，如合住、就高（低）政策等。一方面减少浪费，如酒店合住政策，尽量共享资源充分发挥价值，另一方面节省了审批人员重复劳动的成本。

总结预算设置的原则：

- “机酒火”租车等不同资源的标准明确、合理，抓大放小的政策思路及管理方式。
- 充分发挥资源价值，尽量降低审批人工成本投入。
- 系统规则与数据关系结合，进行有效控制，满足政策及预算落地。

市场分析：

目前系统产品的差旅预算功能较简约粗放，人员职级、住宿定额标准以及舱位控制功能尚可，关于折扣及金额上限的功能薄弱，系统思路相对传统。对于预算的占用、使用、释放的及时性与同步性存在一定欠缺。如企业在管理和成本控制时有明确要求，便会对行程预算这类有效的差旅前置管理方式更注重，使用到预算控制功能。

2）**审批场景缺失**

业务及需求描述：

出差事件审批以两类关系为主：汇报制、架构制。主要审批出差行为的必要性，关系到部门业务目标。

费用审批场景：成本中心负责制、项目组织负责制。

差旅费限额执行：财务标准权限或特殊收放权。

需升高审批级别的场景：公务舱及商务座，五星级酒店及套房，境外、长期出差或存在安全风险的地区等。

各企业在架构、汇报关系设定时存在差异。审批角色的区分是由企业的业务及管理方式决定的，1 个审批人未必能同时具备上述 3 种权限的审批权力，因此会导致多个审批节点的区分。有的企业管理环境能支持尽量统一，多权限职能集中的方式，减少审批节点，也有诸多企业的管理情况无法进行统一。审批出差业务事件的审批人可能无财务差旅费用权限（如差旅付款、报销）及超出政策标准的相关权限（如头等舱、套房），审批事件的审批人无该记账成本中心的费用审批权，在此种情况下就会导致业务事件与成本费用审批分为 2 个审批节点；反之，当审批人员也具备该成本中心费用的审批权限，则为同一个审批节点。

随着企业所处发展时期的不同，其对管理效果的要求也在发生变化，出于对审批合规性及有效性的管理要求，差旅也从粗放型转向精细化管理，系统的审批功能需满足分类或分层等节点设计，如一层或多层审批，加签、并行或串行会签，都需要对相应的审批内容进行精准展示，突出与其相关的审批依据，屏蔽无关内容，利于相关的审批快速做出审批判断。任何在系统方看来难以理解的方式，在企业管理环境中都有其存在的必然性与合理性。

市场分析：遗憾的是目前市场系统产品关于此方面的功能与企业管理契

合度较低，以以下 2 类情况为主。

- 审批流：使用审批流的方式代替传统表单手工维护固定值，有审批角色设定，通过逻辑规则判断和流程走向的方式更灵活易适配多元的审批场景。
- 预设规则：支持企业使用系统已设定好的管理方式，有较强局限性的企业不支持场景分类及灵活配置。

①两极管理程度定义：不管——无须审批，严管——逐级审批。

②财务审批方式：把财务审批思路方式套用到差旅申请的审批，相对单一仅控费用支出结果，忽视其他审批意义。

对于企业来说，差旅管理并非或严或松的两极，随着企业理念和管理理念逐步成熟，更多企业会选择收放有度、抓大放小的管理方式。近些年，很多企业都在关注一个问题——“如何平衡差旅的管理和体验”，包括差旅政策与业务情况的契合度，说明企业们在思考和摸索寻找适合所处发展阶段的管理方式，动态调整适合自身情况的方式。因此，在系统功能设计上的两极化定义和让企业放弃的简单粗暴的管理要求，也导致系统产品在能力上有较大的迭代局限性。

➜ 结算表（见表 6-24）。

表 6-24　结算表

类别		功能描述	缺失项	内容说明
结算	自动对账	匹配	○	—
		调整	○	—
		审批	○	—
	差旅报销	餐补	○	—
		关联多张出差申请	○	回传订单信息，支持垫付后报销

3）**自动对账**

业务及需求描述：

目前市场产品自动对账功能缺失或薄弱。越来越多中大型企业选择供应链或多供应商的管理方式，带来了对多账单方对账的需求。

合规高效的对账结算是企业在差旅集采过程中的焦虑点之一，往往考虑到没人也没精力对账，而人工错误又在所难免，因而踌躇不决。对于审批人来讲，面对大量的账单数据，希望准确高效地审批，在成千上万条数据中以最快速度精准地做出审批判断，不出纰漏。为推动企业集采而排除顾虑，提供称手的工具，是非常有价值的功能点。

4）小结

企业管理系统：企业运营及管理的功能较完善，差旅机酒火资源产品缺失或单一。

（1）办公协同标准化云系统：通用简约功能，满足共性需求，二次开发局限性强，对系统通用架构带来影响的需求是无法满足的。

（2）财务共享生态系统：财务差旅报销模块扩展、费控及差旅场景。

（3）差旅专项系统：差旅资源产品丰富，查询预订及订单处理，出行用户体验感好。

作为资源预订入口系统，能满足查询筛选预订需求，城市库信息匹配、房型聚合等功能完善，操作易用性相对好。管理类功能可塑性空间有限，业务和管理变化快的企业易被牵制，涉及企业管理方面的功能、流程，思路相对老旧、迭代较慢。

近些年来，笔者奔走于各城市与供需方进行分享讨论后的心得总结：

经与我国多地的企业探讨调研后的结论：企业管理方式只有相近，没有相同。业务特点、管理方式，没有绝对的标准和正确，存在即合理。

企业差旅管理，追求的是管理结果，订票订酒店等资源参与、数据信息作为生产资料参与业务场景、查询预订动作及订单处理、数据整理等均属于表面事务性工作。怎样的企业有采购差旅系统的需求？**有规模，有管理合规及提效诉求，才会考虑使用系统工具**。C端（Customer）面向的是因私旅游的消费者，旅游产品做的是目的地，产品特色以观光、度假娱乐为主，以满足精神领域的追求为噱头，从视觉、味觉入手以吸引游客。从营销策略上讲，有应季和反季或搭车蹭主题热度等，营销方式层出不穷，以各类打包促销等营销策略实现销售和利润目标。因私旅游以销售为主，具有市场客群庞大、产品成熟、成交变现快等特点。面向企业因公出差，消费主体是企业，即是需要获得与物有所值相应的预期回报的。因此企业对系统的功能使用聚焦在管理方面。

✈ **采购差旅系统的目的**：有共享管理平台**更利于推动需求整合**，实现资源统筹，数据聚合与有效应用，促进**管理显效与价值体现。**

✈ **系统定位**：大部分厂商更愿成为有规模的名企合作方，而系统功能却难与中大型规模名企的管理思路对标。有规模的企业，各有管理体系，难以摒弃原则性的管理要求迁就系统，同时业务、管理要求变化快，虽有功能项，但开发思路及功能灵活程度有限，与企业期望值存在较大偏差。

预设管理方式本身就意味着局限性强。重资打造出的系统能走多远？所谓的低代码甚至零代码的技术方式，前提是业务原理及思路关系清晰，找相同与差异项，能否准确匹配逻辑关系，实现差异化部分的可配置是核心。

不同规模的企业所选择的系统建设方式，从最初的两极分化严重逐步趋于理性和明朗，见图 6-48。

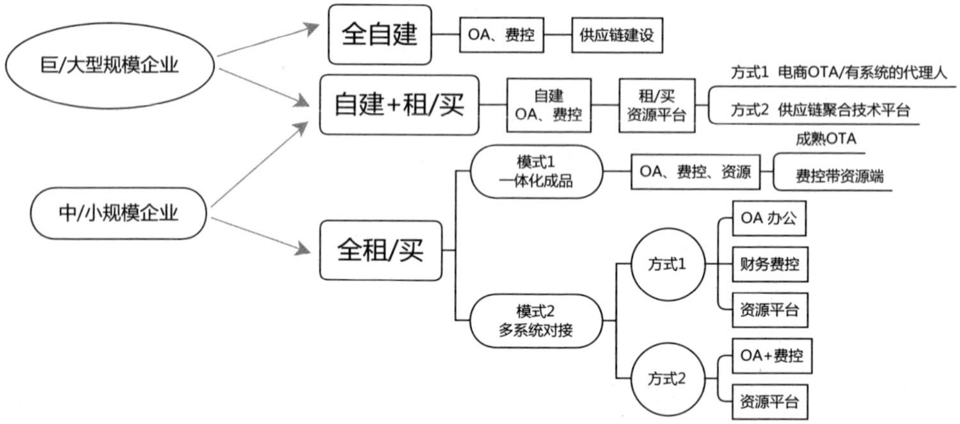

图 6-48　差旅系统建设

破局思路：

壁垒：诸多成品系统，大多是基于收益的本位思路，从企业视角来看，供应资源及财务类系统，是从差旅业务的结果端倒叙开发，难以满足企业使用系统的初衷——用系统的企业是有管理要求的，那么系统就需要对标管理目标以解决管理中的实际问题，如在市场产品能覆盖企业需求的前提下，企业会更愿意选择市场成品系统。

思路：打造生态圈，共赢共生。

具备差旅模块的系统厂商，建立多元化的合作模式。低代码这条路是比较艰难漫长的，在此之前，可充分发挥技术领域的积淀和优势，帮助不具备系统的代理人或企业补齐技术短板，同时最大化地发挥系统价值，合作共享系统资源。为企业和代理人都节省出开发所需投入的金钱和时间，把有限的资金投入到自己擅长的主营领域，降低开发风险。

- 建立多元化合作和 API 接口，互相赋能，无论是机酒火丰富的资源供方，还是合法合规的垫资金融解决方案，都赋予了系统更强的生命力。
- 支持企业依据自身的管理环境和业务需要，自主选择：
  - 选渠道——独家或多元。
  - 选产品——按需选品。
  - 选合作方式——依据企业意愿，支持其与供应链各方建立两两直采或打包采购的方式。

尊重并满足企业对自主、合规、提效的管理诉求，助力企业集采管理落地。作为企业管理类系统，不仅是数据传输、记录的工具，更需发挥管理作用，根据差旅合作成功的案例，相似情况依企业意愿建立企业圈，企业间沟通更容易理解业务原理，互帮互助，相互借鉴，助力集采建设中的企业缩短焦灼期，高效找到适合自己的方式方案，达成目标。

2. 系统选品实操步骤

方法总结：

当企业进入差旅系统选品阶段，要想快速有效地选到适合企业的系统产品，且尽量降低招标评估与实际情况差异大的风险，各环节应有明确的需求目标，分块分步地进行。

（1）确定选品领域，收集备选系统商信息，做初步调研，了解各类系统厂商情况。

（2）企业为被邀约系统商提供系统功能需求列表，填表反馈企业。

（3）较符合要求的厂商进入初筛，在其测试环境配置相应功能，提供测试环境账号。见表 6-25。

表 6-25　调研访谈

日期 202× 年

类别		功能项	系统商 A
基础	方式	SAAS	
	用户端	移动端	
		PC 端	
申请（含审批）	申请	人员信息同步或手工录入	
	审批流	事由	
		费用	
		审批级别分类	
		会签	
		自动流 / 手工配	
内控	功能	日期（出差 / 行程资源）	
		国标城市库［中国（含港、澳、台地区）、国际］	
		机票	
		火车票	
		酒店	
		租车	
	政策标准控制	预算提供及关联	
		舱位 / 座次	
		酒店差标	
	非标流程控制	超标	
		变更	
		代理申请	
结算	自动对账	匹配	
		调整	
		审批	
	差旅报销	餐补	
		可关联多张申请单	
		回传信息支持员工垫付报销	

（4）企业设定常规及有代表性业务场景的测试用例和评估标准，自行测试操作。见表 6-26。

表 6-26　评估标准

功能（项）	34	建议参考值	
有	≥	70%	24
需开发	≤	20%	7
无	＜	10%	3

（5）选较符合要求的厂商入围，提供相应证照及行业资质，进行深入背调。通知符合要求的厂商提供报价模式及报价区间。

（6）企业细化功能列表，按场景更细颗粒度地确定对功能细节的要求标准；同时总结自测情况，列疑问清单。

（7）邀约入围厂商，现场逐一答疑并确认功能细节。

（8）精选出的厂商，进一步拟合作细节、实施周期、运维等问题，进入议价环节。

（9）求证与其他用户调研，包括在用及停用的用户，含企业用户及其合作用户，调研使用，运维中的问题。

3. *方案提报思路*

如图 6-49 所示。

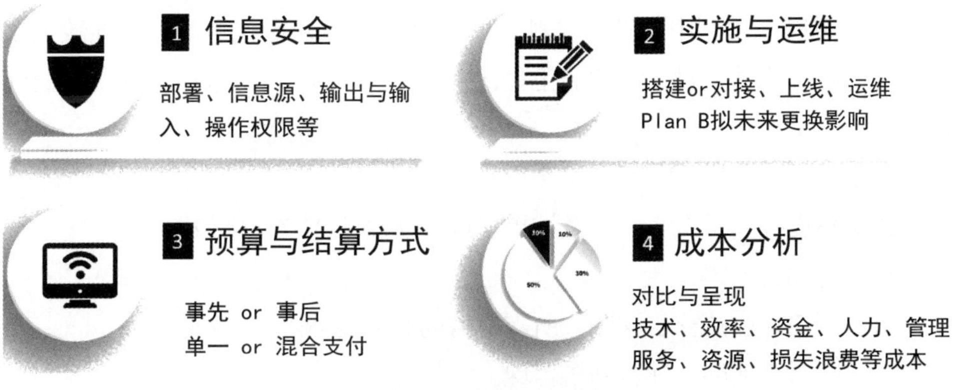

图 6-49　方案提报看点

技术成本：依据议价结果，对技术成本的前中后期投入制定成本方案；差旅管理部门依据原有模式可知数据与新模式估算，进行对比呈现；提供预估新旧模式的成本分析及节省空间分析，作为确定模式参考依据，完整的差旅管理方案及人员分工，适配系统工具参与后的新管理模式。

三、建设实施与上线筹备

（一）业务与技术的融合

在系统建设的过程中，易误入歧途的两个突出问题点：

- 从业务与技术视角，如何才能同频高效沟通，免于深陷其中或形成对立面导致沟通无果。
- 在陷入“如何做”的细节争论时，忽视实际用户的需求及感受。

共识

（1）管理与需求导向：企业管理目标及业务需求决定系统的建设思路。管理角色先决定要不要管，管到什么程度，该不该管，明确管理目标、重点、颗粒度以及希望达到的管理结果，对主要管理用户充分调研再决定方案。

（2）实际用户：在每个环节之前都要先明确谁是实际用户。再从实际场景出发，考虑系统功能是否便于用户理解，是否具备高易用性。系统是否好用只有实际用户才有话语权，臆想揣测用户的用法习惯是大忌，对实际用户进行分类，精准调研，以结果为准。如系统功能设计与实际业务应用不符，导致用户在操作过程中花费过多精力琢磨使用方法，寻找入口，将导致大量处理还需线下方式解决，管理流程独立规则过于烦琐，就违背了使用系统的初衷。

边界

业务角度应注重核心问题及结果呈现，切忌陷入“如何做”。

要明确如下内容：

（1）所需解决的核心问题，所需覆盖的业务场景。

（2）所需实现的目标及结果呈现。

（3）业务逻辑与所得的各类数据的关联关系。

从技术角度评估可行性，优选方案，预估实施周期。在充分理解需求和场景的前提下进行技术评估，提供化繁为简、经济可行、高效实施的产品方案。

业务角度 | 差旅体系建设注意事项

企业建设办公管理系统工具的功能看似是实现"管"，但最终"管"的目的是为企业目标服务，为高效运营提供辅助支持，实现有序和提效。在系统建设过程中，要把握方向和定位，在满足管理和需求的前提下化繁为简；前期工作扎实严谨，才能具备系统成功上线的前提条件。

提示一　统筹整合

企业在用的人资系统、财务及费控、OA 系统等办公系统的组合方式多样化。全自建或租用同一家系统满足多模块功能相对容易，如本身在用模块是不同系统商的产品或各子单位所用系统不统一，在差旅系统建设或对接时，需优先结合当前的系统架构情况进行评估，各系统商的接口标准存在差异，多个不同的系统模块在对接及数据交互、逻辑等方面能否适配，是不得不慎重考虑的问题，业务方与技术方均需进行各系统的相关内容梳理，评估能否统筹。

提示二　聚焦核心

作为企业的差旅业务管理人员需明确管理目标及核心需求。如图 6-50 所示。

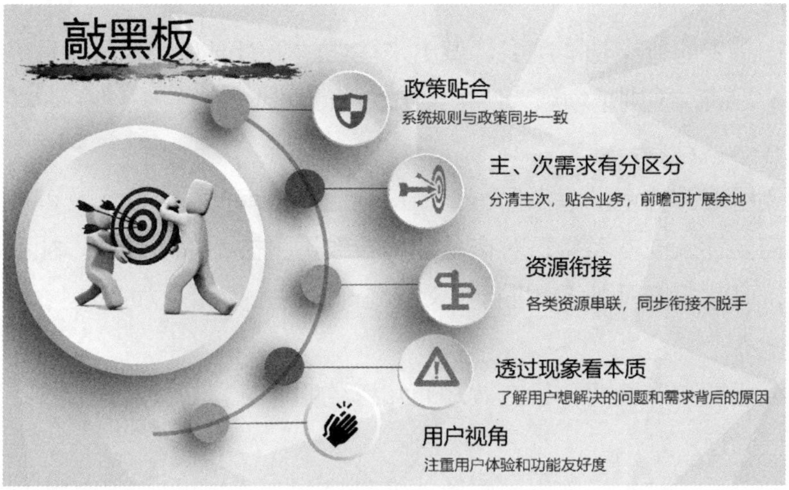

图 6-50　统筹整合

忌泛滥

问题现象：在体系搭建初期，差旅业务场景复杂，因企业缺乏经验，易出现需求泛滥。尤其是涉及多部门协同，多专业角色参与讨论和决策，头脑风暴阶段，每个人都从自己的专业角度表达。每个领域各提一个做法必然难以达成共识，各专业间存在壁垒，对系统设计的理解各有不同。很少有企业行政和财务人员能懂如何写技术代码，各方在表述中聚焦在表面做法时最易争论不休且无果。

破局方法：规避此现象需从改善沟通和表述角度做起，各专业部门只表述自己业务领域内希望呈现的底线结果，不谈做法。

- 项目负责人控场，把握讨论主题，充分理解各部门的顾虑和背后的原因及愿景。在讨论过程中如果跑偏出现争论，应立即叫停，带回主频道。
- 列出问题清单，由技术评估设计方案后，校准能否得到大家要的结果。
- 跳出问题清单，审视全局合理性，有无其他重点疏漏。
- 系统主逻辑，流程必要节点，须事前确定后期不易改，因为这些方面的修改牵一发而动全身，易导致全部推翻重做，这样投入的时间和成本太高。

提示三　易用易懂

功能

起初想要的分支功能越多，做出来往往越不能很好地满足。系统配置规则应化繁为简，规则越烦琐，使用中出现的问题越多。

流程

必要可追溯的审批节点保留，尽量避免重复审批，出行人及审批人的人力成本需要计入成本考量；对市场环境导致不可抗因素如旺季、社会性会议会展等，可考虑将规则分类进行定义及统一报批，降低人力成本。

通知类

- 区分必要和非必要，虽有效却通知泛滥的信息容易被用户忽视，与垃圾短信同理。
- 必要通知应精准、简练、有效。仅留对出行或审批人有影响需操作类的通知，明确触发时点和受众人群。

- 了解用户群体惯用接收信息的方式，找到有效的触达方式。
- 减少非必要及重复性弹窗，尤其是移动端，牺牲用户体验，降低效率。

备注类

页面中的备注栏需斟酌，切记不可任意放置。在系统建设过程中，因担心后期一些有记录需求，但字段可能不易增加，于是预留备注栏作为备用。在系统正式使用后，系统中存在过多的备注栏。用于记录哪方面内容，存于何处，用在哪里，前台是否显示，哪些用户可见，需要在后期的哪些表中体现。若在建设过程中不慎重，那么在后期则需要重新梳理出以上列项，以免带来使用障碍。

文案

文案内容对应位置在多前端页面显示，场景、位置等有技术备案，以免文案调整后在不同页面内容不一致；尽量减少文案类说明，一旦内容有变化，多点位均需维护。

- Web 和移动端及 H5 所涉及同步的公告及提示语，语言要精准简练，需照顾移动端体验，字多屏小，可读性不强；在此过程中，总是难以取舍，结果是让读者捕捉不到重点，所以还是建议突出。
- 涉及邮件、短信等所有推送到用户的文案内容主题，需要具有通知意义和明确指令。

提示四　数据关系

技术存档

- 配置点和需求内容技术应建档，以免因人员变化或时间久远而导致将来系统迭代时无法判断是否保留或改动。
- 有映射和转码关系的数据，有对应关系文档。
- 企业 OA 推出外部系统的各项数据用途去向，需备案并纳入技术协议。

系统存在多种运价体系以及多种结算方式，配套规则需标准化建档及更新；系统流程在迭代更新后，业务需同步更新业务流程，很多打造系统时期的需求历经时过境迁后被遗忘，或人员调整后对于当初为何而设置无法追溯。任意改动都会造成与实际运营或市场业务情况不适配从而导致技术成本浪费，同时也会给系统带来隐患。这是在使用系统后不容忽视的一项重要工作；此类建档不仅需要记录，还需要利于查找和满足追溯使用，如果只是一堆会议纪要，没办法索引查阅就是形同虚设。

精准索引

各方订单数据应有统一索引编码和编码规则，利于识别匹配和实现三流合一。

过程记录

- 上线所配置规则及审批控制点和判断点，双方须有技术备案。
- 划定主流程及节点、授权调整等应经书面审批留痕，确保事后可追溯。
- 任何封闭流程如人工操作空间都需书面授权，如人工操作部分需经审批存档。

提示五 通顺、闭环

流程设计时需以各角色做业务场景模拟，上线前应充分测试，避免用户被卡在系统流程中或形成死循环。

提示六 平稳过渡

一些企业在使用系统之后反馈，觉得工作非但没减少反而变多了，开始怀疑系统是否真的能解放人工。导致这种情况主要有两方面原因：

一方面，处于系统使用的磨合期；另一方面，有数据后发现管理上的缺失和不足，此时开始忙于亡羊补牢。这是好现象，说明系统的加入对管理产生了作用；劳动工具进化后得到新的生产资料——数据，我们要开始学习运用数据和新模式并体现系统价值。

（二）上线筹备

- 分类分批上线——降低上线风险压力。分批的维度可按成本中心、小单位组织，尽量为出行人提供统一入口。
- 考虑用户习惯——新工具的加入会影响用户原有习惯，考虑操作便捷性，为申请、审批、查询预订减负，同时避免多个资源在不同入口预订导致的衔接问题。

如图 6-51 所示。

图 6-51　启航之路

- 有效传达——涉及原有政策、流程的调整变化，提前有效传达至目标用户群体。上线前可安排宣讲答疑，并在系统相关功能位置、页面提供示意图或小视频进行帮助指引。
- 创建有效信息通路——当用户在使用中遇到困难或在使用中需要指导时，有效的信息通路便于问题的及时传递和快速响应。
- 高效处理——差旅运营及系统运维服务人员特别关注用户反馈，并对未考虑到的问题障碍给予及时解决，对于使用障碍详细记录或录屏，便于技术人员快速复现，找到核心问题，高效处理 BUG 类问题。功能缺陷需配有详细的业务场景说明及目前影响，利于进行技术评估排期及在对业务正确理解的前提下进行完善开发。
- 充分测试——技术测试与业务测试的用例还是有区别的，直接服务用户，直接负责差旅运营业务的群体，有必要选用实际发生的各类业务场景，进行充分的业务测试并记录，测试中的问题及时反馈技术部门，特别是影响主流程顺畅、合规问题、大面积使用障碍等 BUG 和功能缺陷，建议优化测试后再上线更为稳妥。
- 新上线的系统即使经过测试期，在正式上线后也还会出现一些问题。技术迭代版本较密集，此时也是系统不稳定的时期，业务与技术做好信息同步，打版到正式环境前，需明确优化的内容和可能预见的影响，对上线时间达成共识，降低对用户和业务的影响。

总结　新征程

系统上线并非终点，实现系统自动化，意味着我们已踏上新的征程，在人类进化的漫长历史长河中，生产工具从无到有，从低到高，系统作为劳动工具，人依然是劳动者，是系统工具的研发和使用者。我们已从信息化时代迈向智能化时代，生产工具进化的同时，人脑的智慧发挥也将随之进入更高级的进化阶段。提升人工质量，需要我们不断提升专业水平，发挥脑力工作的价值。

差旅管理与系统建设到基本成熟的阶段，需要如此大的投入，如何服务好企业的主营业务，如何与合作伙伴实现共创战略，如何让你团队中的每个人发挥出自己的价值意义，成为差旅从业人员亟须考虑的问题。

第七章 差旅管理数据分析与应用

07

企业使用差旅系统，满足了数据聚合提高准确率与及时同步的需求。企业为实现自动化系统建设所投入的成本及精力，应如何在后期充分呈现作用和价值？建设和使用系统工具开启了新的管理模式，数据作为新的生产资料只有真正参与到生产过程中才能实现生产力的提高。

差旅系统主体建设完成，已形成准确的闭环数据链，可与其他管理模块打通，实现数据内部共享交互，打破数据孤岛，将不同业务领域的数据建立联系，为实现转向数智化奠定基础。将人的智慧与数据价值结合，从管理要求、政策标准、差旅行为、资源、系统功能等方面能更贴合需求，从而充分发挥数据的服务和应用作用。

企业差旅数据可分析的场景及人群很多，有着丰富广阔的应用天地，下述思路作为抛砖引玉，帮助大家在传统模式报表的基础上深度思考，充分探索和挖掘数据的更多潜在价值。

思考与总结

（1）为何报表看起来专业美观，但企业却看着无感甚至用不上？

（2）面对大量的差旅数据，怎样才能呈现数据价值？

（3）数据应用模块的建设思路。

第一节　从报表、报告到应用

传统差旅报表主要是聚合大量数据并展示计算结果，如依据时间段并结合某种特定条件的数据明细。通常与某个周期结合如周、月、季度、年，以固定模板生成展示大而全的数据，可用于回顾查询数据记录，表达数据层面的问题。

差旅分析报告是基于报表的数据呈现，提炼出对业务规律等的分析总结和对某种业务现象的解释说明，通过报表数据挖掘进行多角度和不同层面的分析解读。差旅行业普遍使用的传统差旅报告模式，机票分析报告（见图 7-1）和酒店分析报告（见图 7-2）是至今仍普遍使用的模板。

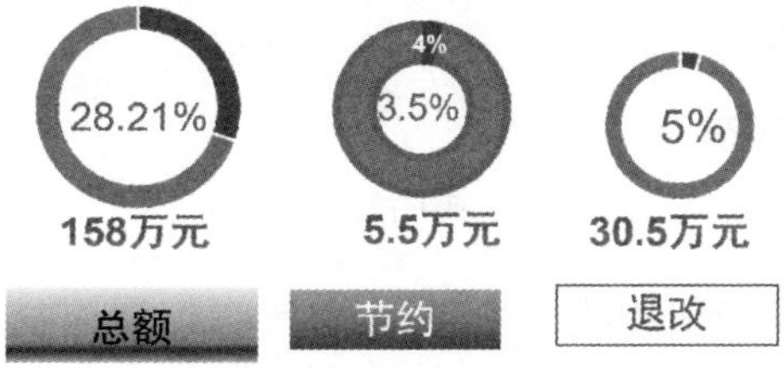

平均折扣：77%

机票：

✓ X航班、D航班、F航班航司及协议关联航司订单量占据需求总量的60.5%； 协议航司，**节约5.5万元。**其中X航班机票占比高，节约金额较少。F航班虽然只有X航班的三分之二，但节约金额是X航班的2.5倍，而F航班本身在机票定价方面略低，建议在可选择航班的前提下尽量选择F航班。在2020年和航班的续约中也要尽量地争取拿到更好的协议。

✓ 机票退改费用**30.5万元**，占机票费用总额的**5%**，退改比例明显**高于市场平均水平。**在提前一天内预订比例达到78%的情况下，上半年的退改比例依然达到了**29%**，员工对出差任务的计划性安排较差，产生大量退改浪费。要加强员工的计划性出差，避免频繁退改造成的不必要浪费，比如，增加员工退改期填写原因以降低员工的退改操作。

✓ 机票预订有**30%**的比例是24小时内预订，导致整体折扣高。

图 7-1　机票分析报告

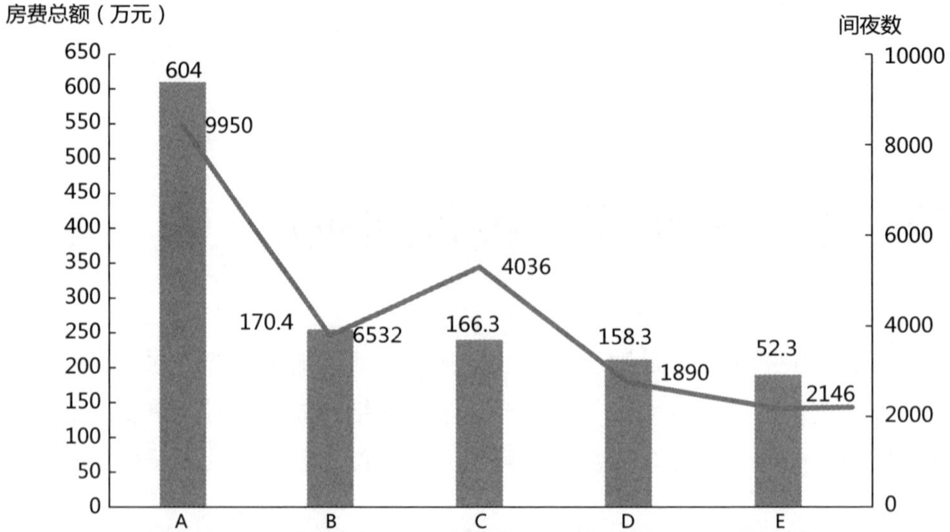

酒店集团	房费总额	费用占比	订单占比	间夜数	间夜占比	平均房价
A	604万元	51%	28.44%	9950	38.62%	607.04万元
B	170.4万元	14.35%	12.76%	6532	25.35%	260.87万元
C	166.3万元	14%	17.88%	4036	15.66%	412.04万元
D	158.3万元	13.33%	9.23%	1890	7.34%	837.57万元
E	52.3万元	4.4%	7.30%	2146	8.33%	243.71万元
总计	1151.3万元	—	—	24554	—	—

均价468.88元/间夜

图 7-2　酒店分析报告

20 多年过去了，差旅报告依然拘泥于对资源和费用两方面进行各式各样的分析，如今系统已成为多数企业工作日常所用的工具，这样的分析报告显然不够用了，这种形式的报表也将企业管理人员带入了“不需要关注差旅数据”的误区。虽然差旅数据在企业整体战略中只占据了微乎其微的一个小环节，但差旅行为、过程、结果与很多业务方面都有联系，并非为了出差而出差的孤立存在。因此，并不是管理群体不需要关注，而是没能提供其关心的风险、影响与价值。

谈到“**应用**”就**离不开用户**、**场景**、**用途**。随着社会和科技的迅速发展，系统已深度参与到生产中，提供准确的数据仅是系统工具的必备功能。从有依据地求证论点或得出某种作用结论，校验认知与实际发生的偏差，进化到智慧与数据结合，通过数据将专业知识、经验输出，这时需要定义新一阶段的工作目标——从数字化到数智化，人类智慧参与并发挥主导作用。企业管理和差旅管理希望数据能用于工作中，体现价值作用。从企业数据应用角度来说，**关注管理者的职能角色分工和工作目标，通过数据解决其关注或工作效果的影响，能切实解决问题**。企业所处的发展期不同，随着业务不断地变化，管理者的关注点也会调整改变。数据应用不像传统的报表报告所采用的十年如一日的固化模式，更需要定义好小单元的数据组，支持灵活集成，那么重点就要放在数据逻辑关系的建立。不仅能传达反馈执行结果，还可作用于风险预警，开辟新的管理思路，孤岛数据只有实现**破壁**，与其他相关业务数据建立**联系**实现**融合**，才有更广阔的**价值**天地。为了让大家直观地理解所谓的数据应用，举个简单的例子：

曾经在国内乳业的知名企业参加研讨会时，了解到此行业的产业链及数据化情况，乳业与畜牧业是息息相关的。消费者最终买到的成品奶及其他奶制品，要经过畜牧产区，涉及奶牛品种及饲养管理，再到生奶的取奶过程、质量、产量。生奶作为各类乳品加工的主要生产原材料，需要进行灭菌等一系列的生产加工过程。之后还要经过灌装、包装、仓储、运输到商家店铺进行销售，最后送到消费者手中。从畜牧养殖数据可用来追溯生奶作为原材料的安全，也可追溯产区批次及奶牛、饲料和饲养过程。最终的产销全链数据的应用结论，再作用回归于其中的各环节，进行管理及运营的校验与能力提升。如依据各地区的销量调整产区及加工产区，缩短运输仓储的环节，既能保证奶制品的新鲜度也能有效地节省过程成本，依据销售数据调整产量和仓储，实现高质、高产、低耗。

通过这个举例，能够了解所谓数据应用，是能让数据真正作用落地，与用户和实际业务产生密切关系。且数据与企业目标和风险是有联系的。各行各业的不同场景，不同企业有各自的思考点和价值发现，因此需换个视角看待差旅数据的作用意义。差旅所产生的全链数据同样也可作用于与战略业务目标有关的任意环节，进行管理检验能力提高，保障安全生产与商业价值提升。

我们回到差旅场景中来看，出差是企业为了实现战略目标所采用的一种工作方式。无论是实业制造业还是一般商业性企业都会涉及出差行为。出差工作的绩效目标与企业的业务目标以及战略目标一致，差旅数据应用价值虽与实物商品产销的场景不同，也不直接作用于原材料，但差旅数据间接作用于产销产值，本质存在共性。为了差旅出行的安全、高效、顺利，需要涉及必要的差旅资源产品参与，如吃住行、差旅服务、金融、系统产品等。差旅行业有自己的生态产业链，对于交通住宿的资源实体方而言，机票和酒店房间是库存商品。企业仅作为资源使用方时，不涉及库存问题，转而侧重过程管理。

企业中工作职责涉及差旅资源及成本管理的岗位，会关注资源分配及成本投入，但企业**决策和管理**层面更**关心**的是经营**目标和风险**可控，因而需要了解企业目标所涉及决策的各方面及涉及哪方面的风险管理，与差旅有关的事项内容。

从数据中挖掘出对企业的价值点是人的价值体现，**让数据能用、有用、融合，赋予其生命。只有数据有效作用于实际业务，才能利于企业目标实现。**

第二节　差旅数据的应用思路

以往的差旅领域数据分析，主要是在面对大而全的数据围绕资源和费用分析得出的结论。那我们现在从企业视角找到数据应用思路。

用户及用途都是变量，所涉及的数据范围和内容，分析思路和数据逻辑需配合联动，数据应用是动态灵活的，相对而言传统报表报告是静态定向的。

步骤与思路：

（1）先确定读者：关注者即读者，或作为差旅数据分析者希望谁关注。

（2）确定用途与论点：围绕不同读者所关注的，是作为答疑或求证，还是给予提示或征求意见，先确定论点和目的。包括读者群体关注的数据内容及为何关注，看数据是为求证和解决哪些问题。另外，作为差旅数据分析者是希望通过数据给与对方哪些风险提示和建议，如数据呈现出某个现象问题，带来何种影响，对此提供管理思路和建议；或是征求其意见、确认新阶段工作目标，如是否有必要做，如果做，提供哪几个解决方案。

（3）确定数据范围及呈现方式：确定哪些数据项可作为论据参与分析；选择适用于本企业和相应读者预览习惯的呈现方式，直观易懂、逻辑清晰。

（4）数据源和数据处理：确认相应数据取值源，区分可以拿来即用和需要加工的数据。当然再加工的数据越少越好，但是因差旅系统初期设计时，采集数据颗粒度不够细或数据模块共享功能不健全等原因，需增加某种关联与对应关系。

一、目标思路

了解企业决策和管理所关注的**目标和风险**，还要结合企业所处的**发展阶段及大环境**。差旅管理人员要基于对自身企业业务和管理侧重点变化的了解，结合数据明示风险及新阶段的管理建议。基于以上方面，企业管理者、差旅管理者、财务管理人员、业务部门管理者关注点是什么，差旅管理相应做出调整，依据数据求证结论。如疫情时期，企业焦点在于出差的安全性及连带企业楼宇运营的防疫风险；疫情后企业考虑差旅出行的投入产出价值，成本及效率，如出差的有效性，参与出差人员的分工是否合理，差旅绩效目标是否达成，成本的投入产出价值。结合外在因素，涉及合规管理与风险控制，对此确定新阶段的差旅管理目标及侧重点，促进企业战略目标的实现。每次数据分析角度与结论作用点，是随用户及应用场景的变化而进行相应调整的。盲目固化的差旅产品采购看板，所发挥的作用有限，无法满足企业管理所需。

（1）**企业战略目标价值**决定企业差旅目标关注点，安全、合规、效率、需求及体验、节省成本，相比而言哪个更重要。涉及的是国家和社会价值，还是一般性商业价值，这些都影响差旅管理方式及关注点。

（2）企业所处的**发展阶段**不同，也会影响差旅管理目标。在企业高速拓展业务竞争市场的时期，差旅成本节省的诉求就没那么强烈，但是也不等于不需要进行差旅管理。节省成本不是差旅管理的唯一作用，不注重节省成本的时期不等于企业不重视合规、效率及员工安全和感受。当企业步入成熟期，业务相对平稳时，关注点就会随之转变。

（3）外在**环境因素**也决定着差旅管理阶段性的侧重点。如差旅触达的国家城市是和平稳定的，还是有战争的；和平国家出现突发阶段性事件，如卫生事件、极端天气等，启动差旅应急管理机制的同时，关注点也会随之调整，对于安全的关注度以及优先级一定是最高的。

二、需求与用途

找到涉及企业目标及风险管理的业务及岗位角色，了解其职责职能与分工。涉及对企业目标决策和风险管理有影响的数据结论是有价值的，影响点即“读者”的关注点。

企业职能分为三类：战略、管理、事务。不同职能角色的视角区别鲜明，分工职责的不同也决定关注的数据分析视角及结论的区别，参与数据分析的论点和论据不同，需要的频度频率不同。确定“读者”，将其职责职能、工作目标及管辖事务与数据之间建立作用联系，从而有的放矢地实现数据应用。如图 7-3 所示。

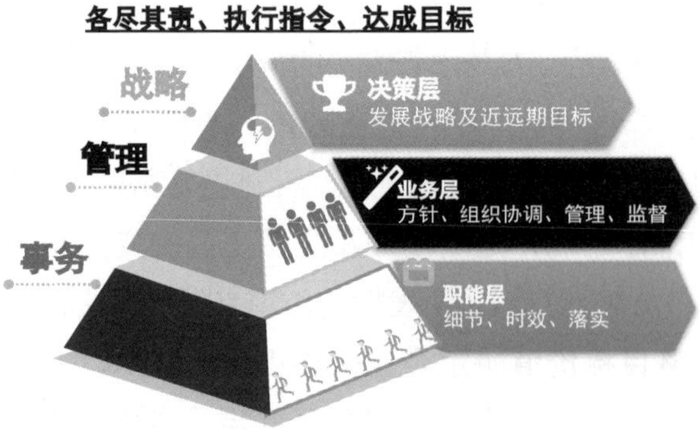

图 7-3　角色分类

差旅相关的数据对管理和事务层发挥直接作用。那么我们应先找到这两层所涉及的人员角色，再依据具体分工对应数据关系和场景进行应用。

步骤 1　用户分类

（一）管理

1. 管理相关的角色及职责（见图 7-4）

（1）**业务管理：**是企业中负责主要业务的负责人，如需要背负销售业绩及利润指标的部门管理者，重视收益和利润。

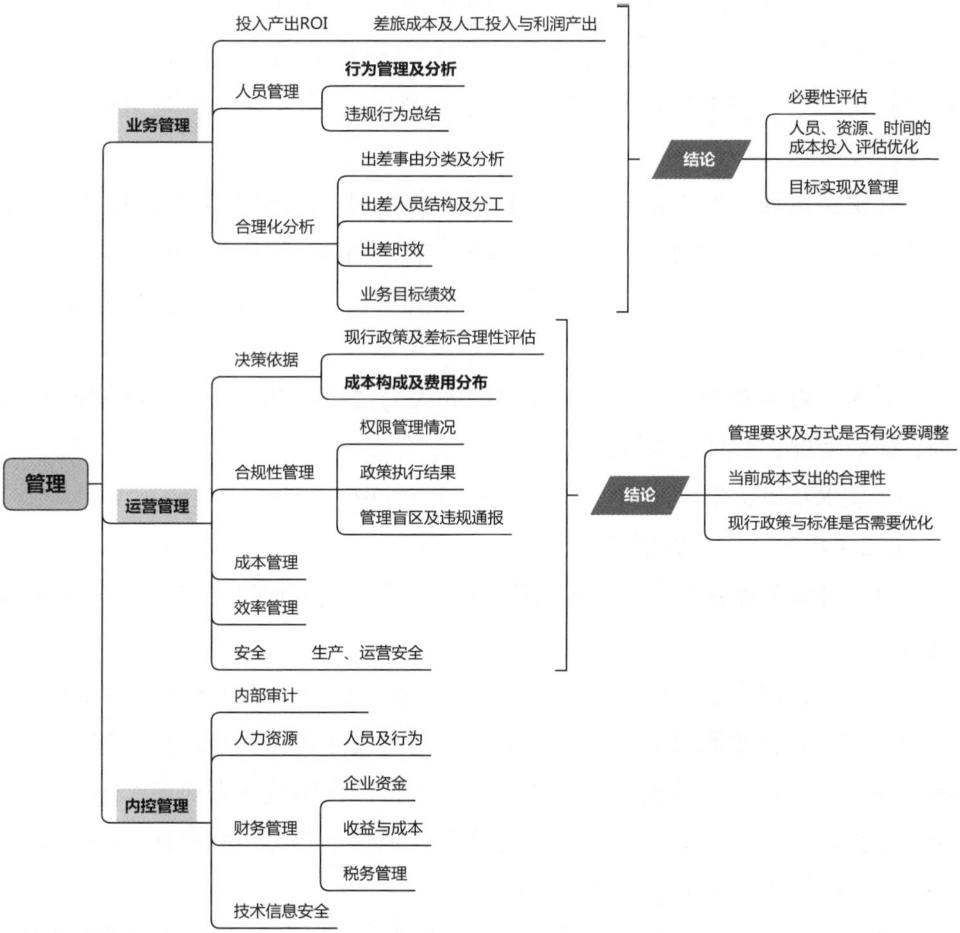

图 7-4　管理角色分类

（2）**运营管理**：为推动企业战略目标的实现，协调人、财、物，有计划地组织运营，制定规章政策及流程标准，并推进落实。调动人员的积极性，改善工作方式，优化流程，建立组织间协作的信息通道，关注资源及成本投入及使用分配，实现目标的快速达成。企业的运营能力直接影响企业竞争力。

（3）**内控管理**：包括内部审计、财务管理、技术信息安全、人力资源管理。

①内部审计对内部制度及各方面线上系统、线下手工形式的工作流程的合规、有效进行评审评估；制定、实施和监督内控制度的执行，并对遗漏及风险提出完善的要求和意见。帮助企业在合法性、合规性和风险可控的前提下生产经营。

②**财务管理**：负责企业的资金管理、收益分配与成本支出、财务报告，现金流平稳，遵守法律法规。财务管理关注支出的真实、准确、完整，票据、费用的合法、合规、合理，树立企业信誉，为企业的中长期发展稳固基础。

③**人力资源管理**：负责企业或组织的人力资源管理工作，包括招聘、培训、绩效管理、薪酬福利等。

④**技术及信息安全**：包括信息安全、数据保护、网络管理等。

（二）事务（与差旅相关的）

（1）**差旅管理者**指负责差旅运营、服务、商务采购管理的人员。如图7-5所示。

①需要**掌握需求**变化，当企业的业务产生变动导致差旅需求发生变化时，需要考虑现有**资源部署**能否满足新需求。同时关注市场环境及价格趋势，在满足现有差旅标准的前提下提升资源性价比，符合出差客群对资源城市位置及产品的需要。选择具备信誉、能力及价值观与企业契合的合作方进行资源采购及渠道优化以满足差旅业务需要。

②对差旅订单及资源使用情况设立检查及抽检机制，满足日常**运营监管**，收集需求意见及建议，配合数据结论进行**相关政策与流程的调整**。

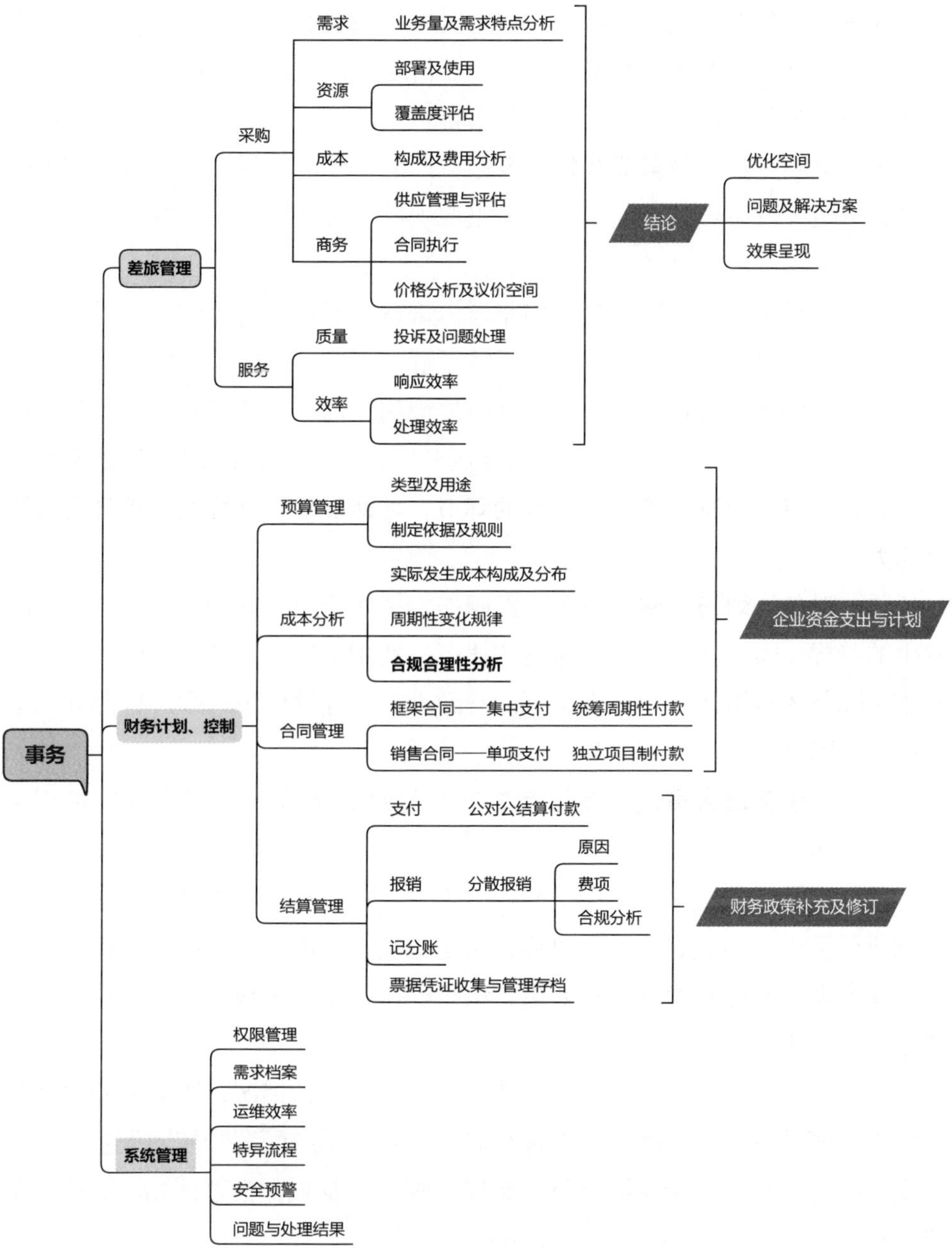

图 7-5 事务角色与职能分类

③关注实际发生及成本管理，依据资源渠道情况及所需的服务等人工投入，寻找内外兼顾的**节省空间**，资源市场价格的挤压是有限的，更大的节省空间是在企业合规有序的管理中才能获取的。

④对必须参与的**服务成本投入**及服务产品资源的使用，必须进行相应的部署，满足突发应急处理、退改及为重要项目和客群提供必要的保障性服务支持。

⑤因日常工作通常直接面对出差群体进行沟通答疑等工作，同时具备差旅专业能力，对差旅行业及市场情况较了解，具备对差旅系统功能及为产品设计思路提供专业意见的能力，能及时反馈用户需求，便于联动系统技术进行有效的调研并进行功能改善以贴合业务需求。还需**找出信息不能及时同步，导致信息不对称、流程不一致的环节，才能发现管理盲区，提升合规管理能力。**

（2）**财务计划与控制**：基于职责职能，关注企业差旅的预算计划与实际发生的差异、财务审批权限及流程的执行、费用支出满足三流合一要求——差旅实际行为与费用支出凭证票据的一致性。实际操作执行须严格遵守国家相关法律规定。

（3）**系统管理人员**包括差旅系统产品经理、运维人员等系统技术相关人员。

系统产品经理的主要工作是与业务需求对接，梳理需求档案，在进行实际调研后提供产品规划及设计思路，制定方案，协调内部资源推动需求及技术方案实现，把控开发进度和效果，组织安排测试及上线与上线后用户反馈意见收集，便于后续迭代完善。

运维人员的主要工作是监控系统生产环境的运营情况，遭遇故障时能及时排查问题并及时对故障和数据进行修复；熟悉系统配置和权限配置，当发生变更时能及时做出相应的调整；制订发版计划及版本管理计划。这便于系统能够平稳、安全地运行。如图 7-6 所示。

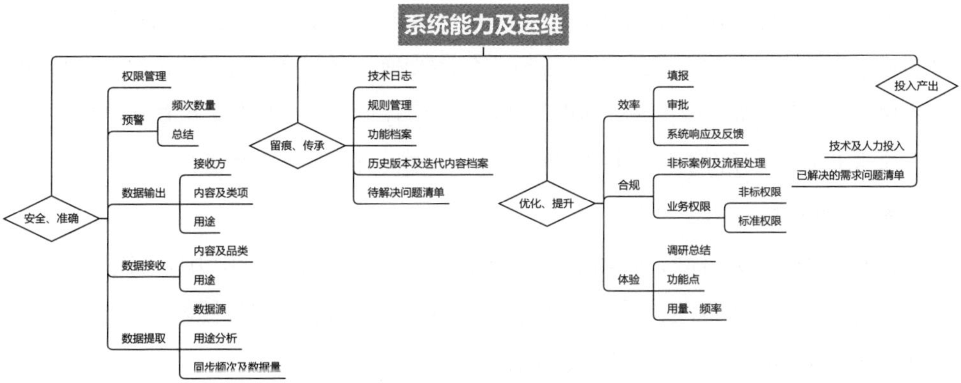

图 7-6 系统能力及运维

目前的系统管理存在共性问题，一味追求快速的迭代，疏于沉淀总结和记录过程。诸多系统功能的设计点和规则配置是基于当时要解决怎样的问题，如未建档，则追溯困难。随着技术人员的高频流动、版本的迭代，以及每个编程人员都有各自写代码的习惯，不断修补更改功能，系统规则被改动牵一发而动全身，导致系统稳定性弱，根基疏松，不利于传承优良的系统基因，缩短系统寿命，也易导致合规性问题。因此。制定总结周期和技术建档是非常必要的，其清晰、可追溯且便于查询，更利于对问题的高效排查及解决，提高运维效率。

➜ 系统复盘：

- ■ 功能性复盘。
- 现阶段功能评估：是否依然适用及优化方案；是否有新的用户、新的业务项，能否满足需求。
- 优化项：系统流程未能覆盖或在运行中出现障碍的优化建议；各节点设置复盘合理性，是否存在可提高效率的优化空间；待解决问题清单与必要性、优先级；系统流程未能覆盖的特殊、临时方案是否合规。
- 角色、权限管理设置与其他模块的同步。
- 功能日志与需求档案：复盘梳理，与现有系统功能、逻辑是否相符。

因部分中大型企业自用的系统，涉及差旅管理模块的部分自建或全自建，又不作为市场化系统产品，不由市场及收费用户评估审视，管理要求与系统功能迭代快。差旅管理要求越高，系统逻辑越复杂，问题越不易被发现。因习惯使用系统工具后，人就对系统有较大依赖，系统管理缺乏总结，隐藏的系统风险越来越高，反而给差旅管理带来双刃剑后果，成为不可信赖的管理工具。企业自建自用的系统，阶段性复盘、自审、调研尤为重要。

■ 非功能性复盘。

包括系统的安全性，页面展示、按钮、信息呈现等影响用户体验的易用性，运营情况与可靠性，系统底层数据与结构，数据完整性及历史数据的备份存储调用权限管理，系统扩展需求与能力评估等。

步骤 2　数据内容及分类

梳理我们所能得到的数据有哪些，每个功能模块及节点又会产生怎样的数据记录留痕。以差旅业务场景的数据为例，与之相关的数据项非常丰富，此时我们需明确数据源取值，并考虑如此丰富的数据哪些更能说明想要论证的问题，依据读者，用途、论点，有选择地选取数据项来参与分析。

（一）差旅业务场景的数据记录

如图 7-7 所示。

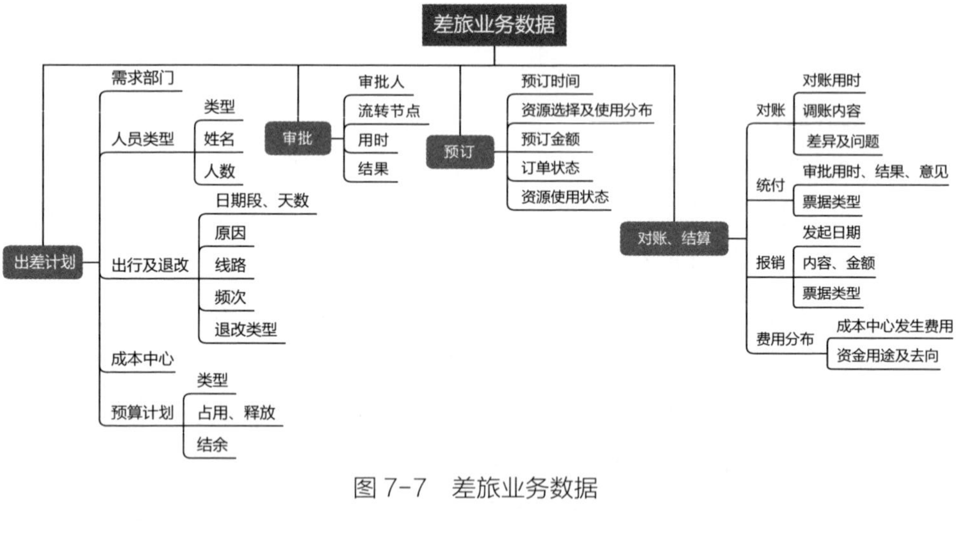

图 7-7　差旅业务数据

✈ 需求及计划，也就是差旅申请中所包含的内容。

■ 需求部门也就是提出需要出差的部门。

- 人员范围：雇员（正式、实习、派遣）、外请人员。
- 架构及成本中心：成本中心及分（子）单位机构。
- 需求特点：出差申请中的需求计划、时间范围、对应的出差事件原因、国内外日常或项目出行情况。
- 差旅预算：出差需求计划而产生的费用计划，包括行程、年季度预算、项目制预算。

✈ 审批环节能体现流转节点有几个，从提交审批到审批流结束所需的用时，每个节点审批，浏览及做出决策判断时所用的时间效率。

✈ 预订环节能够体现出是距离出发日期提前几天进行的预订，包括所选择的资源产品有哪些，哪些航线城市及品牌占主导，涉及在哪些渠道采购、价格情况及规律分析。

✈ 财务管理环节：
- 账单调整的内容及原因。
- 涉及人力、服务、技术、资金等费用成本及资源使用所产生的机票、酒店、火车票、租车、出差补贴、打车费等订单费用。
- 多种不同结算方式支出的差旅费，统结统付、事后报销、单项合同付款。
- 对账效率及准确率。

（二）其他管理模块的数据记录

如图 7-8 所示。

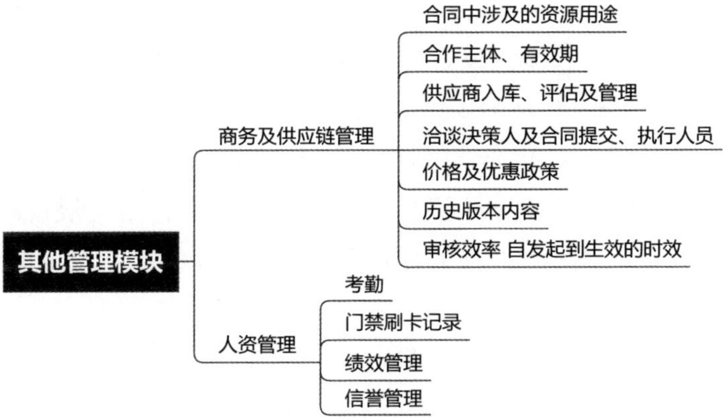

图 7-8　其他管理模块

步骤3　分析与应用

差旅数据分析，需差旅管理者将论点与论据结合，呈现问题现象的说明并提供管理预警与完善管理的思路方案。需要差旅管理人员熟悉除差旅业务外的企业业务情况，从企业管理视角，将差旅与业务结合，与企业管理战略结合，将差旅与其他业务部门共创的价值、对企业战略目标的价值呈现出来才有意义。这里提到的“其他业务部门”可以是财务等管理与风险控制部门，也可以是负责企业主营业务的营收部门，还可以是负责企业运营管理的部门等。共创价值可以是直接成本、间接成本或企业良好形象的树立和维护，促进企业产品推广、用户维护等多方面的工作。不局限于“机酒火”等产品采购数据，而是打开视野，优先考虑我们所做的、产出的价值，对企业的价值和作用，对企业的能力提升，对现有问题解决，新阶段的工作目标实现有何帮助。从供应商、电商等渠道商拿到的机票酒店资源采购数据及看板，仅作为参与分析的一部分数据素材来使用，这些数据直接摆放出来，对企业管理者来说是没有意义的。

差旅数据的应用可直接作用在系统功能优化，管理规则和系统流程的指引和控制逻辑中，还可作为企业管理政策和流程、标准的优化依据，作为绩效达成、利润计算的参与数据项。

（1）企业运营管理涉及差旅管理及差旅系统管理，可从以下思路进行分析，见图7-9差旅运营管理。

根据不同企业的管理程度、要求，进行数据组合。从运营管理角度来讲，此阶段是校验政策合理性、流程调整、企业管理合规性自查自审的重要阶段，也是系统技术成本投入的价值体现。从另一角度来讲，系统功能虽然可以满足需求，但作为刚加入进来的新兴生产工具，虽然能解决曾经的问题但是也会带来新问题，这时就要审视系统权限管理、信息录入、不必要的人为操作所带来的新风险和管理盲区，要严谨科学地用好新工具。

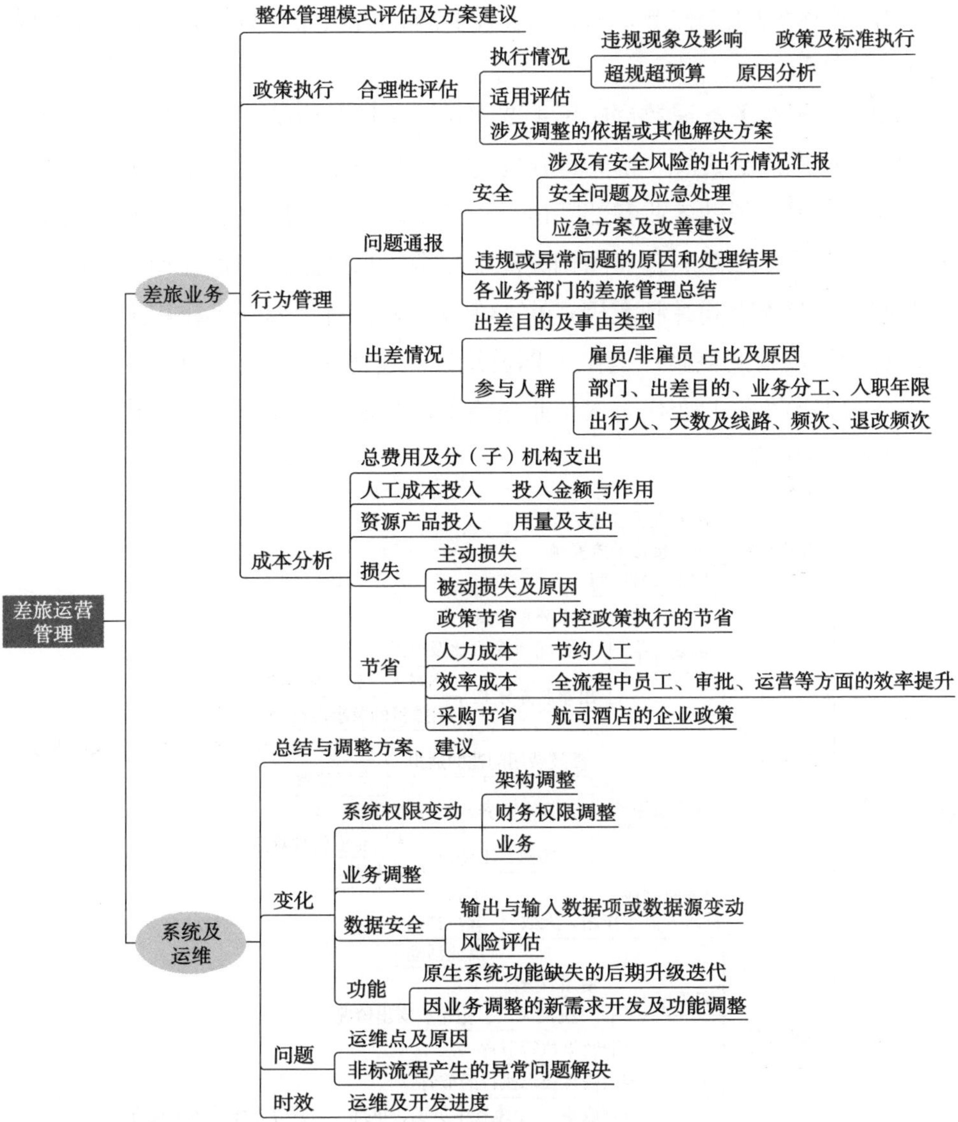

图 7-9　差旅运营管理

目前，差旅数据应用的行业难点是对数据应用工具的系统产品研发设计人员的需求，是更需要懂企业管理，有丰富的企业管理经验，了解各类企业管理目标及不同职能管理者所关心事务的人才。差旅数据的管理应用和资源的关联度不高，更为密切且有价值的是企业对于满足合规、行为、安全、效率等方面的管理能力提升，将包含差旅数据的各类业务数据融合，合力助力企业实现战略目标。

（2）差旅业务管理数据应用主要作用于渠道及资源优化，基于企业业务需求调整相应产品资源，提升运营能力、服务质量；通过数据发现违规的问题并及时上报，帮助各业务部门执行管理要求；对于出差期间的安全突发问题的应急解决，积极与企业内相关部门配合；从差旅整体管理模式内控管理中发掘成本节省空间并制定相应的方案或计划，对于损失类费用进行原因分析，给管理政策调整修订提供依据及建议。还需掌握市场动向及行业资讯，同步考虑市场及行业变化对本企业差旅出行管理的影响及相应调整方案与执行。如图 7–10 所示。

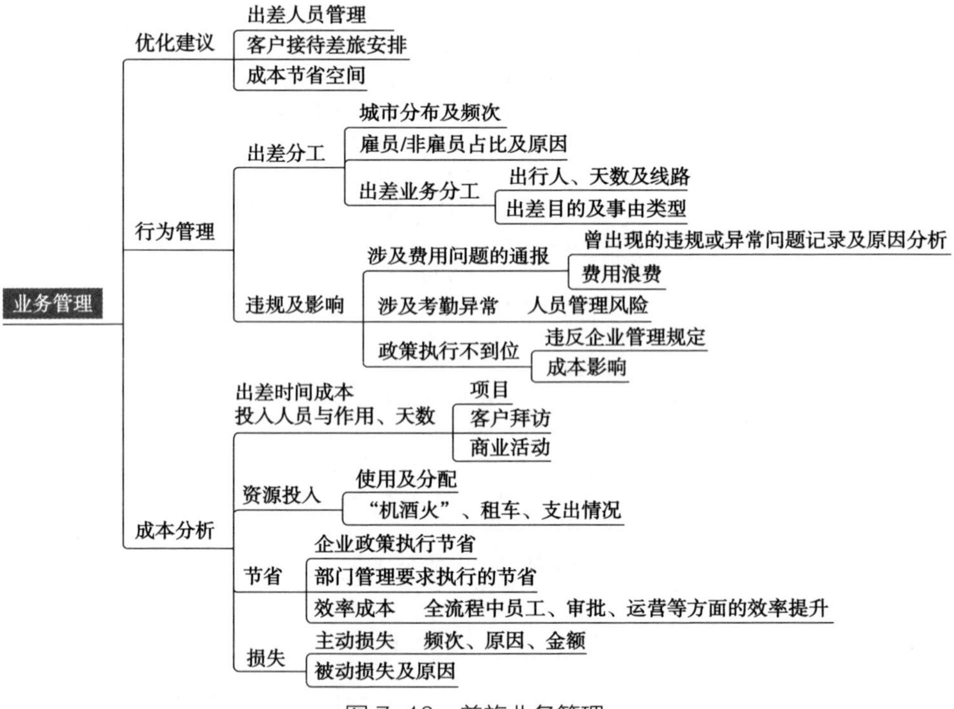

图 7–10　差旅业务管理

（3）财务管理涉及差旅相关费用，发掘重复费项进行排除屏蔽，调整相关的报销政策，对差旅业务产生的财务凭证进行标准化；明确涉及差旅费用的项目制预算制定与使用原则，优化预算配置的合理性；保障采用不同支付方式的相同的差旅费用的审批权限、流程统一；使用系统工具、相关数据，清晰高效地进行费用验证，提高包括财务合同及支付、记分账准确度及效率。如图 7-11 所示。

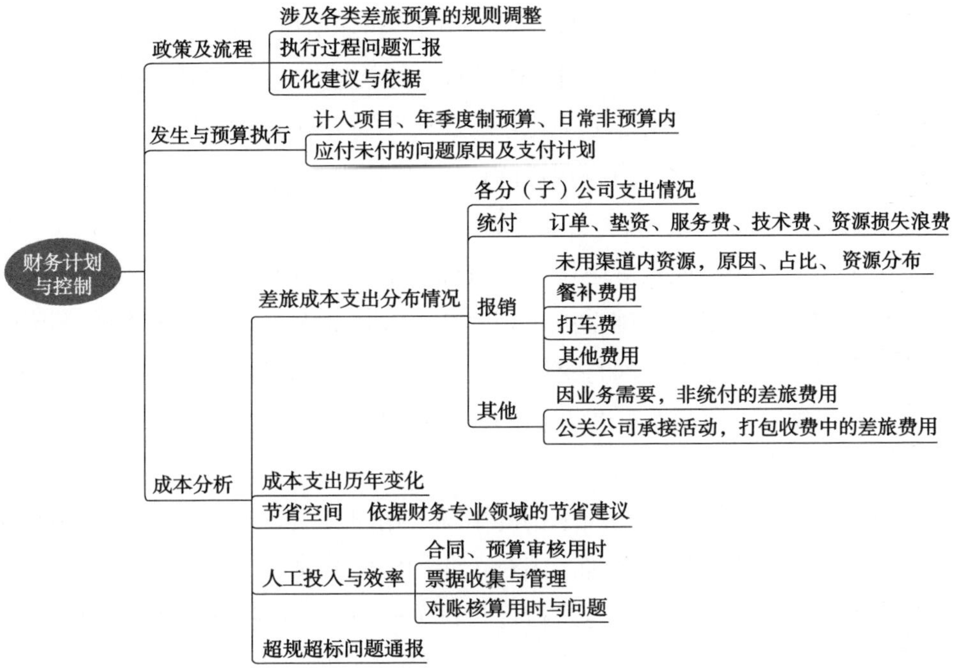

图 7-11　差旅管理与财务管理

第三节　数据分析案例

本节对差旅业务产生的相关数据及大家关注的数据分析场景进行梳理，并分析思路。

一、差旅成本

（一）成本构成

谈到差旅成本，首先需要明确企业为差旅管理所投入的主要成本项，其中包括人工成本、资金成本、技术成本、资源成本。

- 人工成本：为满足差旅管理、运营及服务企业所投入的人力成本。
- 资金成本：统结统付，依据付款周期，资金提供方产生的垫资成本。
- 技术成本：差旅系统自建或租（买）第三方技术的费用投入。
- 资源成本：机酒火等资源预订的订单票面含税金额、退改损失费；为满足服务要求的服务产品产生的费用。

以上 4 项费用，最直观呈现的是资源成本，且市场上各通用的报表分析工具相对成熟，如多维表格功能。相对缺乏的是对人工及资金成本的分析及测算的思路方法，随着技术的成熟，技术产品的丰富，缺的不再是办公工具，而是思路与规则。在此就对这两个难点，进行思路方法的分享。

1. 人工成本

企业人工成本的投入与所承担的事项、用时有关。一方面，通过评估事务频次及内容的必要性，明确产出对企业的价值意义，对于不必要的人工投入，可通过自动化解决的事务进行优化；另一方面，依据各项人工操作投入的工作用时，进行效率评估及工作方式及操作流程的合理性优化。

差旅业务场景

一部分是出差人员的过程用时及实际出差办公的有效工时，综合计算这部分的人员成本，可能还涉及出差期间加班等其他费项。另一部分是结合企业差旅管理及运营服务的各环节，所投入的人力和时间，同时阐明产出内容与价值作用，结合企业人资的人员成本投入计算方法，进行成本测算。着重考虑占比高、用时多的部分，评估是否有继续优化的空间。

见表 7–1 和表 7–2。

表 7-1　差旅服务成本测算

角色类型	事务		平均用时 a（分钟）	月均 b 处理量（单或次）	月人工成本			用时依据	解决问题	价值产出
	频次	内容			工时（小时）$c=a\times b/$60 分钟	单价 d	金额 $e=c\times d$			
差旅服务	每日	单据审核	3	5000	250.00	86.21	21,551.72	实操 + 系统用时记录	—	降低错误，检查系统流程执行
		价格监控与抽查	10	5000	833.33	86.21	71,839.08	操作用时统计	—	检查产品价格，利于后续资源优化
		保障性服务	15	60	15.00	86.21	1,293.10		关键环节辅助员工顺利出行	安全有序出行，有效控制风险
		退改环节介入	10	50	8.33	86.21	718.39			减免损失
		流程政策答疑指导	7	20	2.33	86.21	201.15	线上问答及话务系统记录	政策流程宣导，差旅业务答疑	管理合规落地
对账与支付	每月	对账	1080	1	18.00	86.21	1,551.72	—	—	账目清晰减免损失
		发票收集	480	1	8.00	86.21	689.66	—	与账单相符	符合税务管理规定
		付款提报	10	30	5.00	86.21	431.03	—	采购合同执行，合规财务管理	配合财务管理要求

说明：d=1.5 万元 /21.75 天 /8 小时；月人均 1.5 万元的人工支出含社保等，不包含房租及工位、水电等运营成本。

表 7-2　服务成本

例：部门出差人数 7 人，平均每周 1 次，假设企业为出差人支出的人工成本为 3 万元 / 人・月，在途过程占用的月人工成本为 2385 元 ×7 人 ×4 次共 6.68 万元。

角色		单据处理用时（分钟）			往返在途用时（分钟）		办入离店 f 用时（分钟）	过程用时（小时）$G=a+b+c+d+e+f$	人工成本（元）	
		填报申请 a	改期申请 b	报销 c	地面交通用时 d 出发地→机场；落地机场→目的地	候机 / 乘机用时 e			每小时 h	1 趟出差 $I=h\times G$
出行人	普通员工	10	10	10	240	540	20	14	172	2408

说明：h=3 万 /21.75 天 /8 小时；月人均 3 万元的人工支出含社保等。

执行项目场景

原理是相似的，设定参与项目的人员分工类型，此期间具体的工作内容及用时可以依此数据进行应用。得到工作效率、绩效目标、时间及资源投入的合理性与优化方案建议。

- 人力成本测算：依据工作量及时效的投入，结合办公设施成本、薪酬福利投入进行综合测算。如表 7-3 所示。在分析报告中，还要结合人工投入的产值给予说明，有些人工是为弥补自动化程度不足，不得不投入的，另需总结所投入的人工服务保障等，为企业带来的价值，规避了何种风险，人工所做的工作如何促进企业战略目标的实现。

表 7-3　企业人工成本测算

角色模拟数据		月薪（元）*a*	企业付社保（元）*b*	其他福利（元）*c*	培训成本（元）*d*	办公运营费（元）*e*	1 天 *f*	1 小时 *g*
出差人	员工	20,000	7,600	350	500	3,500	2,234	279
审批人	管理层	45,000	11,110	—	600	5,500	3,361	420
差旅运营	员工	9,000	3,420	—	200	3,500	886	111
核算	员工	13,000	4,940	—	200	3,500	1,140	142

说明：人工成本 = 工资总额 + 社保 + 福利 + 教育培训 + 劳保及其他补助 + 资产及工位成本；依据劳动法月计薪天数为（365 天 −104 天）/12 个月 =21.75 天（不扣除法定节假日）日工资为月收入 /21.75 天，社保上限及各项成本可通过企业内部人资等部门查询；f=（$a+b$）/（21.75+$e\times$12 个月）/（365 天 +$c+d$）。

2. 资金成本

以酒店为例，传统方式由 TMC 等服务商垫资变为第三方金融支付方案，依据实际发生，将资金成本对比呈现。如费用审批及付款周期较长，找到耗时环节进行相应的管理或流程调整。即可如表 7-4 所示。

表 7-4　酒店集采节省测算案例

举例：企业住宿差标为全国 400~600 元 / 间夜，年间夜数 1.64 万个，住宿费用共 820 万元，账期为 60 天（30 天记账周期 +30 天付款周期）。传统管理方式进行优化后，酒店订单 60% 将来源于与酒店集团直接采购，原本由 TMC 垫资优化为由专业的第三方金融垫付并进行资金管理。依据日常的订单价格核查与监控记录得知，订单价格有所下降且优化资金解决方案后，在账期不变的前提下，垫资成本大幅节省。

方式	订单成本			资金成本			总金额（元）$f=c+e$	
	平均单价（元）*a*	间夜数（个）*b*	订单金额（元）$c=a\times b$	垫资方	比例 *d*	垫资成本（元）$e=c\times d$		
传统	500	16400	8,200,000	TMC	7%	574,000	$f1$	8,774,000
优化后（平台化管理）	420	16400	6,888,000	第三方金融	0.06%	4,132.80	$f2$	6,892,132.80
节省金额			1,312,000			569,867.20	$f3=f1-f2$	1,881,867.20
总金额节省比例 $G=f3/f1$			21.45%					

二、企业差旅标准的合理化评估

一些企业提到，设定的差旅标准是否有参考标准或制定依据，怎样才合理？政策为大家画了一条道路和标线。10 年前的政策标准用在当今的市场无疑是不合理的。差旅政策要和市场接轨，我们要看内也要看外。既要利于成本节约和规矩做事，也要合理，否则难以落地，并非企业期望的结果。在安全、便捷、高效的前提下，省该省的钱。

3 个因素决定差旅标准的合理性——企业、需求、市场

- **决定性因素：**企业的战略价值与发展时期决定成本投入。如战略价值为一般性商业价值，企业会考虑投入能力和意愿，企业处于高速发展或平稳调整阶段决定成本投入。如企业战略价值非一般性商业价值，会优先考虑保障目标价值不受影响前提下的相对成本控制。结合不同管理体制的企业对应相应的政策及管理要求，对标资源定位范畴内的成本投入。
- **基本原则：**对因公出行的业务定义与差旅资源的分配方式。

（一）住宿标准评估

住宿差标的数据应用及评估思路可以参考如下方式进行。

1. 需求因素

可通过企业出差的事由目的、业务特点、分（子）单位的城市位置这几方面的数据进行需求分析。从一般性的商业企业来讲，住宿位置较分散，但也能发现有相对集中的位置点。如分公司、企业每年例行参加市场活动的场馆、固定拜访的合作单位；作为以实业为主业的企业，承接建设项目、开采，企业内部组织培训述职、项目会议涉及的主基地，确定需求对应的资源范围。同时制定及调整企业选择目标酒店的标准，如地段位置、距离、设施条件、开业年限、品质定位、环境舒适、价格。

2. 市场因素

企业一看到市场价格想到的就是全市场的平均价格，因此纷纷找行业数据希望获得价格标准的参考。先不谈所获得的这个数据信息源及得出的金额是否真实有效，这个均价与企业需求并不对标。市场均价通常包含大部分 C

端需求，诸多度假旅游所使用的住宿与差旅所用资源不对标，因此不具备参考价值。那么企业的住宿差标应如何找到与市场价格的契合点呢？

我们已定位相对集中的需求范围，就此关注目标资源的价格情况，结合该城市的行情，如既是差旅城市又是旅游热门城市或商业会展集中的城市，淡旺季波动还是平稳，市场资源紧俏还是充裕。依据企业历史发生事件，参考分析价格波动情况，找到与市场的契合点。

（二）机票、火车票的标准评估

企业提到较多的疑问如下，这几种设定条件是否合理？

（1）小于 × 千米限制只支持火车或大巴的方式。

（2）仅夕发朝至可乘坐卧铺。

（3）两位数金额的火车票不限制座位类型。

（4）仅能预订机票 × 折或 × 元以下的资源。

对此，企业依据历史差旅发生的城市点位及相应铁路和民航资源，是否有高铁、行程时长，考虑航线是否需转机及航班量与季节性航班调整。结合企业的业务成本与时效要求，进行资源配置，相应进行政策合理化设置及系统控制规则的设计。企业需结合内部情况与外部因素，来评估政策的覆盖比例，是否违背市场的现实情况，考虑政策设立的合理性与可行性。

①**需求因素**：对交通方式的选择主要根据业务对时效的要求，商务出行涉及的距离远近成本要求；如业务为先，注重效率或需保持联络畅通，工作时间内要能随叫随到等业务管理要求。企业需依据实际业务情况，设定标准和资源使用要求。成本问题，企业可依据实际发生，对比看车票与机票的金额差异区间，政策限制的覆盖度与能否起到实质上节省的作用。还需要考虑到安全因素，起止地是否受周期性突发极端天气和自然现象影响，导致某种交通方式不能满足出行需要。

②**市场因素**：如涉及商务热门线路或节假日热门旅游城市，资源紧张导致无票或价格上涨不得不超政策超标准等情况，企业需评估其给差旅带来的影响。

第八章

企业关切的十问『实』答

第一节　价格挑战如何破局

“比价”魔咒应该如何破局？陷入价格挑战困局的同学，当你忙于周而复始地解释，不停地比价，和用户博弈，绞尽脑汁证明到底谁的贵时，就已处于魔咒的黑洞中了。作为企业是否思考过陷入其中，专注比价所需投入的人工成本和双方争论不休的差价，哪个贵？周而复始的比价能给企业带来什么好处，又能为出差的核心用户带来什么实质性改善呢？不如停下来，先找到现象背后真正的原因，再决定选择哪种举措有效。

企业差旅常遇到“比价”挑战，导致这样的局面有以下几个因素：

（1）资源渠道单一，缺乏公开透明，形成垄断局面，员工无选择空间。

（2）企业渠道资源不能覆盖需求，性价比低相当于拉低了差旅标准。

（3）在资源有缺失，服务跟不上，系统操作体验度不好等情况下，管理又急于收口，形成了矛盾点，出差人员以“贵”为由，为自己争取选择权。

（4）在企业渠道预订，个人会员利益受损失，不能享受会员权益。

破局思路：

✈ 差旅量达到中等以上规模。

- 可采用多渠道供应商产品公开展示，为用户提供自主选择空间。
- 与采购渠道进行商务合作时，协商通过企业与商家会员体系的双标签认证方式，既保留个人会员权益又满足企业差旅集采大客户条件，持有双标签认证的群体，精准投放优质的产品。
- 制定有针对性的订单抽检方法，不定期调整抽检规则。
- 差旅标准设定应与时俱进，考虑主要差旅业务发生地的市场价格水平。

- 企业应从看价格进化到看价值。价格是市场决定的，不是企业能决定的，优化供应链，进行采购合规化管理后，在价格上对抗市场规律，是无意义的。更多地考虑差旅管理相对完善后，差旅如何与业务共创，产出对企业有实质意义的价值。做与不做，如何做是企业可自主决定的，有明确的目标和看得见、体会得到的价值呈现。

第二节　评估差旅合规的标准是什么

- 遵守国家相关法律法规。
- 流程及信息闭环，多方数据对等可验证。
- 同类业务、费用、系统权限有效管理，不同入口相同费项的审批权限一致。
- 费用支出有依据。
- 行为真实，与费用和凭证一致。
- 差旅业务、服务等方面的需求合规。
- 差旅政策、标准、预算能落实。
- 过程记录真实完整，所有改动有痕迹、有审批。
- 无重复费项，资金用途及对象可追溯。
- 资源采购、系统规则配置等方案、方式公开公正，有标准，有依据。

第三节　如何评估差旅标准设定是否合理

内观企业，外观市场，找到目标资源与市场价格的契合点，再进行纵向与横向对比。

- 内观企业：业务决定需求，需求决定所用资源的方向，产品及服务要求定位，相对集中的地域范围及考虑企业投入产出比，生存、盈利情况，能为此项支出的成本上限。
  - 找共性 ：无论分散或集中，都能从历史中找到需求的某种共性，如涉及的主要品牌、地理位置、设施等，确定需求对应的资源范围。
  - 标准与原则：依据需求特点，设定目标资源与选择标准。如地段位置、距离、设施条件、开业年限、品质定位、环境、价格。
- 外观市场：有目标范围地衡量与市场价格的差异程度，依据“内观企业”中所述，关注目标资源的价格情况。

城市属性，如既是经济、商业会展集中的城市，还是旅游的热门城市，淡旺季波动还是平稳，市场资源紧俏还是充裕。依据企业历史发生事件参考分析价格波动情况。

- 相似企业间对比：把行业、业务规模相似的其他企业标准，作为对比参考。

第四节 企业如何选择差旅系统

选择什么样的差旅系统，需要先弄清楚打算如何管理，在有清晰的管理目标的前提下，结合现有的管理系统环境，综合考虑差旅系统的选择标准。

（1）模式：系统＋接口，系统＋资源（是否支持自主选择资源渠道）。

（2）部署与数据安全：如企业有在用的 HR、OA、财务与费控等管理系统的部署方式，数据存储要求。

常见的 3 种部署类型：SAAS 部署、混合部署、独立部署。

需考虑以下因素：

①结合成本投入与价值产出，评估是否具备持续性技术成本投入的能力与必要性。

②企业自身的技术与运维能力。

③系统迭代能力。

④系统安全性要求。

⑤各功能模块的数据传输、交互、存储方式。

⑥预案：

a. 与差旅产品、服务产品资源的管理与衔接方式，未来涉及更换渠道与品类调整或增减，管理运营是否受影响。

b. 系统故障时的线下流程，便于快速切换线下模式进行衔接等预案；恢复后，线下处理的数据应如何回到系统中。

（3）系统功能：中大型规模的企业有必要考虑内外运营分开进行，这样更灵活，可以有效地降低相互影响的风险。

✈ 企业内部管理：

■ 出行计划：线路与费用的计划。差旅申请（新增、退改、超标）。

■ 差旅政策的控制与规则配置。

■ 差旅业务场景判断：地域方面（国际、国内），人群常规与重要保障，单一零散与团队批量。

■ 差旅预算生成与关联（行程预算、年季度制预算、项目制预算）。

■ 预算管理：占用、释放、结余。

■ 审批：

• 时点：差旅事前、事后、事前 + 事后补充审批。

• 分类：事由与费用一次审批或分别两次审批（常规、会签、加签）。

• 差旅账单业务审批。

• 对账与付款、报销。

• 管理员等系统权限的收放权审批。

■ 其他功能：差旅对账、调账、分记账功能，报表功能，安全管理系统。

✈ 外部运营："机酒火" 租车等差旅产品的查询（条件展示、排序、筛选）、预订、差标控制、状态反馈、通知。

（4）系统厂商的资质与背调。

✈ 证照，技术与数据相关行业资质。

✈ 生存能力，可通过企业内部风控背调渠道、工商企业信息、其合作伙伴等多方验证。系统建设需源源不断地投入成本，企业租买系统也希望能保障尽可能长的使用周期。

✈ 运维能力与时效，可与其实际系统用户（包括 TMC 等渠道方、企业方）进行调研求证。

第五节　中小企业如何进行差旅管理

轻运营或业务量低的企业，可依据企业所处发展时期的管理程度以及业务拓展情况，采取抓大放小、基本的管理准则，实施符合管理要求的简单流程。以引导为主，培养员工为将来打基础的习惯，随着企业发展，循序渐进地调整。

第六节　为何订好的酒店，还会出现入住障碍

在与其他企业伙伴讨论时，大家对此有共同的痛点。以往技术不成熟，信息传递的问题更多一些。但近年来随着信息自动化相对成熟，出现的问题更多在于人为操作的环节。如表 8-1 所示。

这个问题给差旅运营管理带来了较大的压力和服务风险。在以卖方为主导的市场，需求过剩、资源稀缺的时期，仅从产品、渠道把关是方式之一，可能要因此而多付出一定的价格成本。事后追责不如在事前尽量降低发生的概率，那么应该如何尽量在事前降低风险呢？

表 8-1　环节及现象

酒店是否有订单	因素	环节		现象
有	人为	酒店前台	查询技巧	姓名生僻字、漏查渠道
				到店时间过夜里 0 点，夜审日期翻篇，如前台人员操作不熟练导致查不到订单
		酒店管理	超售	因旺季超售，如住客到店晚，订单显示却无房可住
有	系统、信息展示	酒店系统	前后台数据不同步	订单未在前台显示，却在后台预订系统中显示
无	人为	中间商	操作错漏，下单未成功或未下单	企业经中间渠道预订并答复企业预订完成结果，实际在酒店无订单
		中间商或酒店管理	非标产品用于企业差旅	因私旅游的产品，商业玩法丰富，为获取更大利润空间将此类产品用于企业差旅。 各酒店集团对非标产品的使用要求不同，不确定性因素较多，导致入住受阻，带来合规问题，不适用于企业差旅场景
		住客	未按约定日期入住，延后 1 天到店	首晚 No-Show 酒店方会判定取消入住，为了止损多数情况酒店会将订单取消，如需入住要重新下单

✈ 方法一　直采：差旅占比高的酒店资源，需把握酒店产品来源，如采取直连或托管直连的方式。

✈ 方式二　服务：如企业的重点保障项目或群体，需投入一定的人工服务成本，建立服务标准化来降低风险。

操作思路：

- 在得到预订确认单的同时，索要酒店订单号（酒店订单号是指能在酒店前台办理入住用的 PMS 系统中可识别的单号）。
- 在入住前 1 天或当天给酒店前台打电话确认订单中所包含的信息。报姓名或酒店确认单号，与前台人员核对信息，确认房费是否已支付，到店时间如跨 0 点或有其他服务要求，可告知酒店前台一并备注。

其他注意事项：同时考虑事故善后、追责及赔偿方案。渠道商管理与评估体系建立健全。

第七节 如何防止集采机票被套现问题

企业统付集中采购的机票，在退改环节由出行人自行选择其他方式进行退改，跳出了原有渠道会产生此现象，且退改后的信息企业难以追溯。最根本的解决办法就是航司能够按支付源退款，企业大客户编码出票由谁付款，退给谁，个人通过航司客服或官网 App 支付的部分退还个人。

在航司不能彻底规避此问题前，企业应该如何发现与处理呢？

- 即时处理方式：
  - 选择在较短的排查周期，对 eTerm 黑屏中的客票状态 EXCHANGE 的票进行重点排查，有必要时可提供票号与航司进行核实。
  - 当涉及购票与退改费用事后报销环节发现问题时，应通过行程真实性核验与提供登机牌等方式。

因个人通过航司渠道改了的票即使没使用，企业和 TMC 也无法操作退票了。企业依据内部差旅管理规定，在短时间内追回票款。此方式，企业要完善相应的管理政策和无法追回票款的相关管理措施。

- 责任界定方式：部分企业的管理制度，即使是企业统结统付，也是在行程结束后由员工报销，表示对已发生的差旅行为真实性做出责任承诺。不在事件当时核查与处理，而是通过日后的倒查审核机制做后置处理。

第八节　怎样选择机票供应商

首先要满足企业需求及管理要求。选择前期要充分求证，向航司、企业伙伴以及竞争或合作伙伴多方面充分了解，有效求证。如图 8-1 所示。

图 8-1　甄选机票供应商的方法

第九节　差旅集采能否强制收口

企业投入很大的精力和成本打造差旅系统，发现短期内引导员工尽量使用差旅系统，效果并不理想。这样的企业投入就没有产出价值，为此考虑强制收口进行约束。具备哪些条件可进行强制收口呢？

（1）以管理诉求为前提，自上而下地要求与推动。

（2）有相关政策作为执行依据。

（3）系统流程、政策、标准、结算方式、系统接口，能适应企业子集单位的差异化使用。

（4）资源能完全覆盖业务需求，产品丰富，多渠道供用户自行选用。即使是在市场资源稀缺的情况下企业自有供应链渠道也能订到资源，如春运、旅游旺季、节假日等一票（一房）难求的情况下。

（5）有足够的服务及运营、对账结算等相关专业、经验、精力、能力支撑来解决差旅各场景、各类用户群体的日常保障服务、答疑和投诉解决，还需考虑突发情况线上转线下的操作流程与模式。

（6）具备严谨的集采管理体系和有效的管理方法以及求证核查方式，禁得起挑战与推敲。

★其他：依据企业管理体制的要求，如管理要求允许，符合企业文化，重视员工归属感，可尽量降低损失，员工作为自然人所享受的会员权益或作为企业福利的一部分，这样更友好一些。

第十节　后系统时代，还能做些什么

后系统时代，任务清单

一、差旅管理

（1）政策与标准优化（长期）：当企业的业务集中点位出现调整，企业所处发展阶段、业务与管理要求发生变化时，结合系统需求与实际发生数据以及近期市场环境进行差旅政策和标准的校验与合理性调整。

（2）流程优化（阶段）：使用系统后，预设的流程通过实际应用一段时间后，出现过度或缺失的流程进行优化，特别是通过非标准流程才能解决的特异性问题是优化关注点；另外，企业对审批流程、预算与支付流程产生变化等涉及差旅业务时需做出相应调整，补充各类突发应急场景的操作流程机制。

（3）效率提升（长期）：差旅全链各环节的效率提升，有以下几方面。

①出行人填写、审批、后期报销等内控要求流程。

②审批时，有效的判断依据应精准突出展示，提升审批效率。

③便捷出差，过程中的无效时间浪费，如入（离）店障碍问题、航变等应及时通知并主动预警，调整行前规划。

（4）服务优化（阶段性）：

①企业内部服务团队，对原有的人工服务可做减法，为提升效率和体验，调整服务以解决切实问题。

②外部服务协同：当资源渠道调整时，服务重点及衔接流程要明确，确定对服务商的服务要求及标准。

③差旅客群出现新增，须及时补充缺失的服务标准。

④建立服务应急机制，以便在系统不能使用时可快速切换到线下流程及人工服务方式，不影响出行。

（5）差旅安全（阶段性）：

①企业投保的团体意外险是否能覆盖企业差旅出行的内容，涉及内部或对外商业活动时应作为组织方对参会非雇员的安全进行保障；不能覆盖的应做出必要补充或风险预估及预案。

②目的地涉及安全风险的措施预案，随政策及情况及时调整。

③设立适用于不可抗自然现象、公共卫生事件等特殊时期的差旅机制。以便能快速做出调整，满足企业运营及安全风险控制，如评估能否前往的依据及标准，建立信息通路，获取信息的来源控制，实现真实有效的信息输入与输出要求，必须安排有风险的差旅出行，可适当提升审批级别，并同步信息到负责此项安全管理的人员知晓或审批。

（6）管理盲区排查与改善（长期）：

①集中采购：通过使用系统后体现的过程记录，找到数据传递时效偏差、

数据链有间断、涉及人工录入操作的环节具体内容评估合规性；对集中采购的凭证票据的要求，对账流程与支付要求，关注合同约定与实际发生金额的一致性、合同执行有效期等风险点。

②集采外：对于同类资源，依然在线下预订不通过差旅统一管理的采购预订，对原因着重分析。核查点：需与集采的流程、权限，管理规则保持统一。关注行为及过程的真实性，必要时，可要求提供必要的佐证材料进行验证。

（7）资源优化与备份：

①依据需求及实际发生，集采未能覆盖的需求要重点关注，做出资源合理补充以满足需求。

②使用单一供应商，要有备选方案及快速切换方案。

二、系统管理（见图 8-2）

（1）功能完善，模块互联。

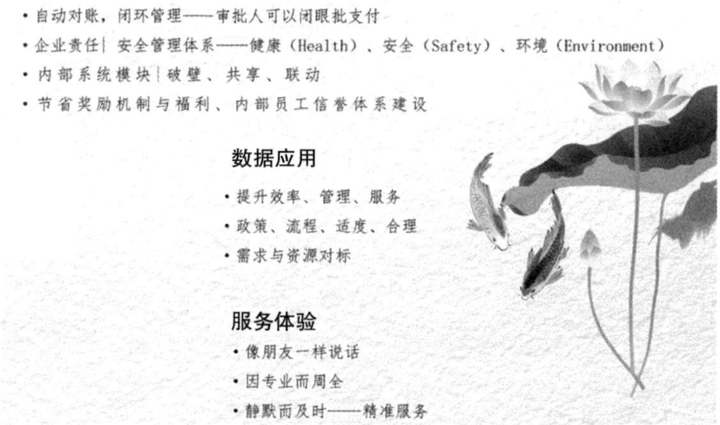

图 8-2　系统管理

（2）优化系统功能与流程，合理降低运维压力。

（3）功能需求建档：可用于回顾、了解系统功能设计的原因，如需求提出人为解决怎样的业务场景问题，以便在后期优化迭代时降低对业务的影响，提升系统稳定性。

（4）规范系统操作权限，收放权分类与审批流程。

（5）文字提示内容及展示位置，建档，以便业务有调整时能对所有相关提示同步调整。

（6）通知触发优化：对各类通知的受众用户的触发方式、作用、文案进行建档。人与系统磨合期间，如发现通知泛滥或无意义的，应及时做减法，减少干扰，利于必要的通知能被有效关注。

（7）如企业涉及多方系统对接使用的情况，有必要建立打版前的通知机制，有效告知其他与之对接的系统，提前关注，降低影响。

三、数据管理

（1）涉及人工操作、对数据扩写和修改等，可开放权限的内容及可编辑程度，应开启操作留痕记录，在需要排查时才能快速调阅。

（2）如有经业务管理进行手工修改的设置，操作授权及内容范围应尽量优化以减少类似情况，通过模块互联降低人为操作比例，降低人为错误率。

（3）多模块数据共享，考虑无关信息隐藏或脱敏简化展示，明确数据间隔离展示的内容，以便信息保护。

（4）对于数据调用、输出的内容、去向发生变化的应建立申报及审批机制。

提醒：成熟的系统开发商要有相对严谨且健全的管理机制和标准，但对于非软件技术行业的企业，可能因缺乏对系统的管理意识而导致新的风险点，无法仅使用系统就绝对解决合规的问题。

四、共创与价值呈现

差旅管理可结合企业自身业务，做好管理、运营和风控，差旅管理目标需与企业战略目标一致，与业务部门联合共创，促进主营业务开展和战略目标实现。

第九章 企业诉求与行业优化

一、合规性

（1）退票因无实名制票据（无行程单）导致目前第三方采购的退票发票是由 TMC 开具的，费用透明度欠佳。

（2）企业差旅管理失控点，如火车票电子化程度不足，导致无法求证行为与票据的真实性。

（3）机票 CHANGE 后，企业追溯困难，尚无可普及、更高效的方式能彻底解决此类套现问题，不合规且易导致企业损失。

（4）虚开发票问题，对于资源方来说是实际营业收入，但对企业来说则不是，求证困难，不合规且容易造成企业损失。

二、行业待优化

（1）酒店行业的信息化程度还有待提高，信息传递不及时，对称不同步的问题亟须解决；建立国内酒店的分销系统平台更能利于解决企业集中采购的难点问题，减小统一管理的阻力。

（2）企业在与航司和 TMC 签署三方企业客户协议时，有些航司还硬性要求企业必须提供“白名单”。

航空公司(航司)和企业之间提到的“白名单”通常是指预先报备的企业人员信息。需要注意的是，被列入白名单的人员并不一定代表他们是航司重点服务的对象，而是为了保证企业员工在出差时能够合规地享受到协议中的优惠待遇。

向企业索要“白名单”的初衷是什么?

主要因大型企业协议价格优于市场价格，在中间环节，此类协议价格容易被滥用贩卖，造成不合理使用，扰乱市场价格。因此，希望企业提供公司全体员工的名单，证明名单内的人员是企业的员工，试图通过此方式来解决类似违规问题。这是很多年前信息化程度不够时所采取的无奈之举。

思考：经过多年的使用，此问题是否因这一举措得到了有效解决呢？此举带来了其他问题吗?

（1）初衷：大客户协议是航司对于销量贡献大的企业做出的让利优惠，

以建立长期友好的合作关系为初衷。

（2）使用范围定义模糊：大客户协议的使用范围是对于企业承担费用的购票，还是定义为企业雇员的机票？要求不明确，执行上就存在问题。对于企业差旅而言，费用承担主体为消费权益的归属对象。

（3）合理性：人员流动性因素未被考虑在其中，行业与企业的不同致使人员变化的频率也存在较大差异，如技术、互联网等年轻化企业，人员流动性较大，每周都存在一定程度的调整变动，多久提供一次较为合适呢？

（4）合法性：2021 年 11 月 1 日，《中华人民共和国个人信息保护法》正式生效，企业为了降低票价，要承担把全员信息都给出去的风险，还需逐一征得员工的同意，政策好的大型企业雇员数量成千上万，操作起来可行吗？

（5）结果不符合初衷：如果只提供有出差记录的人员信息，那么尚未出过差的人员就一定不会出差吗？若名单上人员与不在名单上的人员共同出行，票价不同，为此要进行解释，必然会为企业带来麻烦，员工体验感受也不好，显然违背第（1）条中的初衷。

寻求有效的解决办法，使用范围定义清晰，通过其他方式佐证。在信息如此发达的时代，一定有更为有效的方式可以解决此类问题，历史原因遗留下来的产物，如果已不符合时代情况，应当适当做出与时俱进的调整以利于供需方的长期合作。

打通双标签认证，与企业共同打造更有质量的品牌会员体系，促进资源方对标用户需求，创新打造优质产品，更好地服务商务出行群体。

结语 “未完成”的乐章

洗尽铅华 致远辽阔

【未来可期 | 盲盒体验】1 个支点，1 场变革

2020 年，突如其来的疫情催生了行业变化，全球旅游业遭遇挫折和危机，进入了一个充满不确定性、需要未雨绸缪的时期。对于中国差旅市场来说，这是关上了一扇门又打开了一扇窗，原本聚焦于国际市场的众多资源和营销重心回归国内市场，这让市场资源变得特别丰富，用户选择空间变大，市场竞争越发激烈以促进发展；疫情虽带来了困难，却也促成了很多积极的方面。疫情加快了很多长远目标的步伐以致其提前到达，就像水越是受到挤压和堵截反而突破动力越大，最终找到新的流向，带来更美的风景。这对于驱动一个庞大且历史悠久的差旅行业蜕变同样起到很多积极作用，很多事情被推着走，不得不走，不得不解决，动起来经历涅槃重生之后，反而迎来豁然开朗的美好未来。起初在疫情后的一年内还会出现报复性出行的现象，但并不意味着这 3 年的晦暗可以像一场梦一般醒了就过去了，它警醒行业在可以吃饱穿暖时仍要有危机意识和一定的抗风险能力。

一直以来，业内存在以追求短、平、快的方式来赚取利润，注重快速变现、利益最大化的盈利方式，当聚焦于眼前利润时，会忽略其他更有价值的部分，也会阻碍很多有潜力的创新创造。 信息不对称会牺牲并毁掉供需之间的信任关系，如同自断命脉、自废武功般，赚快钱不但上瘾而且滋长了人性的贪婪，结果只会像狗熊掰苞米——瞎忙活。

现代营销，是主动寻找目标客群以了解其需求，打造解决用户核心需求的产品。以拉近用户的方式实现最终销售且注重用户黏性的培养和品牌的传承，而不是将产品草率地推销卖货，不尊重用户，不对标需求，做一锤子买卖——愿买就买，不买就算了。因此，品质、美誉度以及苦练内功，用优质的服务赋能产品，如今信息传递高效、透明，企业也越来越务实，更需要拼实力，应当建立长期共享、共创、共赢的合作关系。

在科技、AI智能等先进技术的加持下，跨界竞争和颠覆往往就在眨眼之间发生了，类似电子地图、打车软件、订餐平台等各种更贴近日常生活的媒介入口，更易成为跨界颠覆创新未来的可能，且像呼吸一样顺理成章。近年来的市场以平台入口竞争为主，资源同化日渐明显。像变形机器人一样，打碎再组合出新的形态，然后在转瞬之间又被聚合颠覆甚至再次裂变。唯一不变的是无论形态发生怎样的变化，差旅的每个环节都围绕着人与需求。

部分产品和服务形成标准化，当然，差异化的产品和服务仍需存在。一些传统形式的存在迫在眉睫地需要考虑如何超赛道或跟跑生存，或者另辟蹊径。说到这里，突然想起20年前奋力考下的珠算等级证书，现在只能作为见证那个时代的文化遗产纪念品了。

系统工具替代复制性基础人工，最终没有被工具替代的必要人工，一定是靠脑力实现匠心精湛的。建设系统信息化的“高速路”利于规范市场和提效，当其对于买、卖双方的权益都不受侵害且在市场良性循环的前提下时，供方才愿将“埋藏在弄堂深处的良心好酒”送到有需要的买方客群手上，实现精准营销，买方可以以极为便捷的方式找到对标自己需要的产品，快速成交。供、需方需要加强对标连线，在企业差旅这个场景下，很多良心产品还没能最终落地实现销售，如信息通路、入口不明确或产品本身与用户定位和需求不对标。

随着票据电子化时代的临近，从环保、合规、提效等多因素来看，无纸化已是众望所归，尤其是差旅对账结算。企业负责对账结算的伙伴盼着早日摆脱每个月一捆捆寄递、分类、核对行程单票据的悲剧时光，同时完成在线同步验证使用状态，顺带迭代不合规问题，相信无纸化的到来会进一步规范市场，逐渐满足降本增效的诉求。

曾经的我们一直在学习，在跟从和模仿，如今颠覆和务实的创新才能满足我国市场量体裁衣的特点。创造贴合中国特色市场的产品以及新模式，建立各项行业标准，填补行业空白是未来每个行业人需要做的事。

后疫情时代，面对逆境，差旅行业需要完成超越自我和共生共赢意识形态的蜕变；在经济双循环的格局中，不但要做好国内市场，树立国有品牌培养消费习惯，设计贴合需求的产品，夯实自身，满足时代发展的需要，同时对疫情期间经历过的差旅突发应急事件所采取的应对方式进行总结。事件可能渐渐远去，慢慢被淡忘，但在那 3 年中，企业是如何在启用突发应对机制来满足有特殊因素的情况下，还能尽量安全有序地做好因公出行的工作，对此次的应急模式进行完善，作为预案优化后保留，以备涉及其他类似情况时能快速启用该模式平稳应对。如图 A-1 所示。

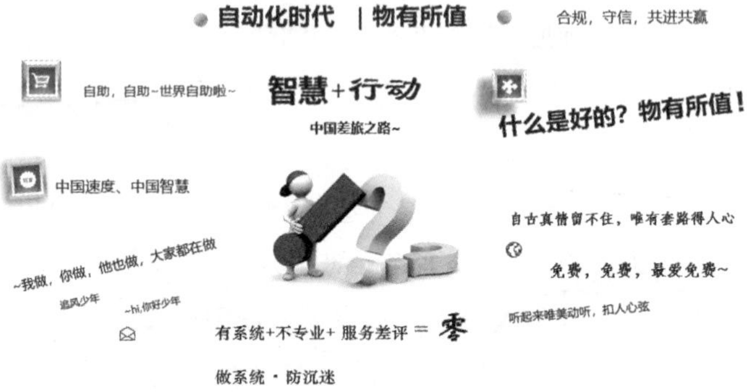

图 A-1　自动化时代

在这条布满荆棘的路上，痛过也爱过，在经历每一次挫折、迷茫、黯然时，依然憧憬温暖又神秘的未来，心中的希望之光不曾熄灭。随着行业的进步革新，相信眼下的难点问题将逐步得到解决。各位深耕行业的同仁，只因有你们付出的青春和毕生的执着坚持，一步步地艰难前行，成就了过往，也换来了更值得期待的明天。

书中的内容虽是历经坎坷后的深度思考与总结，却依然有诸多细节未能做到直观易懂地呈现。此时，既是一种与过往的告别也是与明天相聚的开始，读者们如需要进一步答疑和交流或因行业新变化而颠覆现有认知时，欢迎大家通过线上新媒体与线下行业活动时的美好“偶遇”当面沟通探讨。

重磁位场线性化稳定正反演理论体系

安玉林　张春灌　编著

中国石化出版社

图书在版编目(CIP)数据

重磁位场线性化稳定正反演理论体系/安玉林，张春灌编著.—北京：中国石化出版社，2022.11
ISBN 978-7-5114-6866-6

Ⅰ.①重… Ⅱ.①安… ②张… Ⅲ.①地球物理反演-研究 Ⅳ.①P31

中国版本图书馆 CIP 数据核字(2022)第 195154 号

中国石化出版社出版发行
地址:北京市东城区安定门外大街 58 号
邮编:100011 电话:(010)57512500
发行部电话:(010)57512575
http://www.sinopec-press.com
E-mail:press@sinopec.com
北京柏力行彩印有限公司印刷
全国各地新华书店经销
*
710×1000 毫米 16 开本 13.25 印张 216 千字
2022 年 11 月第 1 版 2022 年 11 月第 1 次印刷
定价:68.00 元

自序　锲而不舍助事成

本书包括《区域磁异常定量解释》(以下简称为《区域磁》)、《局部重磁场源全方位成像》(以下简称为《成像》)、《局部重磁场源全方位成像(续)》[以下简称为《成像(续)》]和《高阶球函数直接算法与区域位场定量解释》(以下简称为《高 & 区》)4 部著作的核心内容，且均为自主研创，另外，简述笔者自主创新过程中失败与成功的心路历程。其目的在于：一方面，让从事重磁勘探方法技术的年轻研究者易于理解，进而掌握数学难度较大的 4 部著作的基本理论与方法；另一方面，使其明白，部分创新甚至系统性创新，并不只是天才们的事，智力平平者，只要广泛阅读、勤奋学习、严谨治学、坚毅专一、锲而不舍、初心不移，也能参与其中，并获得成功。

笔者相信，仔细阅读自序，读者能够大体了解该 4 部著作各自的核心理论和理论之间的密切联系(图 1)。

图 1　已出版的专著

《区域磁》(1991)是原地矿部两项理论方法研究“三等奖”项目的结晶。《成像》(1997)被《计算地球物理丛书》主编遴选为第三集，成为畅销的专业图书。《成像(续)》(2003)是国家自然科学基金面上项目的“A 级研究成果”，同时得到了“具有中国特色优秀成果”的中国地质调查局方法技术研究项目的资助。而《高 & 区》(2016)是中国地质调查局数据室和中国地质大学(北京)地球物理与信息技术学院专家们共同研究成果，并被纳入“中国地质调查成果”出版系列，排号为 CGS2016－085。

1966 年笔者毕业于北京地质学院，1967 年 9 月分配到甘肃张掖物探与化探大队，参加野外找矿工作，直到 1979 年 10 月。在此期间，无论是参加航磁异常检查，作普查性矿产预测，还是有幸多次主导已知磁铁矿区异常解释，指导钻探，对矿区做出最终评价，均不断遇到各种需亲自研究解决的问题。例如：①如何不用格值仪测垂直磁力仪格值。②如何用垂直磁力仪测量勘探剖面方向上磁异常水平分量，辅助磁异常反演。③如何以他人研究的“导电纸模拟曲化平方法”为基础，进一步对勘探剖面上的垂直磁异常进行高精度曲化平和向下延拓。④如何在有明显背景异常叠加的情况下，直接反演下延无限二度薄板状体产状。⑤如何布置磁铁矿区勘探剖面第一钻，使之达到最佳效果。⑥如何对起伏剖面上磁异常直接进行反演等。笔者深知，在学校学到的专业知识，不足以解决实践中遇到的各种问题。因而在业余时间，不仅阅读参考文献中的专业书刊(熊光楚，1962；黄树棠、顾学新，1964；沙拉耶夫等，1966)，还广泛阅读了参考文献中数学著作(斯米尔诺夫，1956；拉普伦捷夫、沙巴特，1963)以及积分方程、微分方程、变分法、高等代数、概率论与数理统计、特殊函数论、泛函分析(南京大学本科教材)、计算方法(北京大学、南京大学和吉林大学共同编著)、算法语言等，提高了自身数学水平和解决问题的能力。故此，上面遇到的问题①～⑤均获得相当好的研究成果和应用，并先后发表了 4 篇论文。但是面对第⑥问题，笔者于 1974 年，采用复变函数论方法，独立研究数月，因不得要领而停止。云南大学数学系和云南物探大队(1974)和后来的许明七(1981，1983)、徐世浙(1982)等专家的类似研究，同样不得要领，因而没能得到“突破性”的研究成果。

1979 年 10 月到 1982 年 10 月，笔者在武汉地院北京研究生部，在导师谭承泽和管志宁指导下，完成了硕士研究生学业。在此期间，研究内容属于管老师主持的“磁性单界面反演与华北深部地质构造推断”项目。正值地矿部北京计算中心重磁室与北京师范大学合作，把国外快速离散傅里叶变换方法引入国内重磁勘探，而国内外磁性单界面正反演理论方法研究正处于初期阶段，该两方面研究与应用并不成熟。笔者的硕士论文以波数域常 J 磁性单界面稳定正反演理论方法研究和应用为主，引用了计算中心的“快速离散傅里叶变换子程序”和吉洪诺夫“不适定问题解法”(吉洪诺夫、阿尔先宁，1979)理论，提出了：①严格的波数域常J磁性单界面正反演理论公式，并依据“隐函数定理”证明反演结果的多解性，明确指出，必须给定界面磁化强度J和平均深度h两个定解条件，不能用其他数学方法求解；②具有理想低通滤波器特征的“正则化稳定因子”，除了能实现稳定反演之外，还可构成效果良好的低通、高通与带通滤波器；③如下“定量关系”，即“任意形态磁性体磁场频谱严格正演值，经离散化后，作快速离散反傅里叶变换，所得到的该磁性体的空间域场正演值，恰等于以$\lambda_x = M \cdot \Delta x$，$\lambda_y = N \cdot \Delta y$为周期，把该磁性体向全平面开拓后，所得无穷多个同样磁性体的空间域场值之和”。这一“定量关系”改变了重磁专家的认知，为磁性体空间域磁异常先扩边，再作快速离散傅里叶正反变换提供了数学依据。参考文献中，5篇成果性论文(Guan、An，1984；安玉林、管志宁等，1985)和4篇批评性论文(安玉林、管志宁，1987；安玉林等，1992)均反映了上述研究结果。

1983年到1989年底，笔者全身心参加管老师主持的科研项目，特别是联合国资助我国地矿部的“029方法技术研究项目”子课题“磁化强度模值填图理论方法研究和应用”。在此期间，国内外重磁勘探学科处于大发展时期。重磁场的曲化平、分量间互换、化向地磁极、地壳磁性居里面深度反演、地壳密度或磁化强度填图以及建立地球卫星重磁场模型等，成为研究热点。笔者和管志宁老师发表了与两个研究项目无关的4篇论文(管志宁等，1985；安玉林等，1988)。安玉林(1988)的“重要创新”之处在于：磁场的等值互换、矩阵表达式和规格化公式对任意形态和非均匀磁化强度模值分布的三度体均成立，因而具有普遍意义，且推导简便、篇幅短小、可大大简化重磁勘探教科书中的相关论述。值得特别一提的是，文中重要公式 $\tilde{V}_P = \frac{\mu_0}{4\pi}\iiint_V \frac{J_Q}{r_{PQ}}\mathrm{d}v$ 与“引力位V_P”形式完全相同，可命名为“拟引力位”，通过“G与$\mu_0/4\pi$”和“ρ_Q与J_Q”替换，使重力异常正反演方法“完全成为磁异常正反演方法的特例”。然而，管志宁等(1985)和其他单位作者同年分别发表在《地球物理学报》上的3篇有关曲化平的论文各有优缺点。故此，笔者与柴玉璞、张明华等，在时隔28年后的2013年，又在《地球物理学报》发表了关于位场曲化平方法的中、英文论文(安玉林等，2013)。该中、英文论文认为，Hanson、Miyazaki(1984)采用的“倾斜平行四边形偶层位模型”是“最佳位场曲化平用模型”，但二位作者没能给出该模型的“单位位场表达式”的推导过程。笔者们中、英文论文的“突出创新”之处在于，根据模型与其位场正演表达式之间的映射关系(泛函分析用语)，提出了推导其正演表达式的“模型变换法”(即平行四边形在 Oxy 平面投影不变，而面积随其面中心法线方向 $\vec{n}$ 与 x 轴、y 轴夹角变化而伸缩，即模型在变)，解决了公式推导难题，并获得准确结果。

在此期间，管老师、笔者和研究生阳明等重点进行了“029 项目子课题 — 磁化强度模填图及应用”研究工作。该子课题的主要目标是：解决国内专家采用从国外引进的“地壳密度或磁化强度模值填图方法”进行填图时，总出现大量负密度或负磁化强度模值问题。管志宁等(1990)、安玉林等(1990)均发表了此项目取得的研究成果。后者主要阐述方法理论成果，即阐述“地壳内磁化强度方向垂直向下、模值沿水平方向变化的三维起伏磁性层”垂直磁异常 $Z_{\perp}(x, y)$(化极场)波数域正演表达式的推导，并由该表达式出发，分别给出反演磁性层上层面深度、下层面深度和磁化强度模值分布等具有高度统一性的方法。正演公式推导中，不同于国外专家的推导思路，通过把磁化强度模值表示为 $J(\xi, \eta) = J + \Delta J(\xi, \eta)$ 方式，引入多解性，得到形式上全新且严谨的正演表达式。由该式推导出的反演方法，解决了前人反演结果总是出现大量负磁化强度模值问题。在此子课题研究成果的启发下，按照完全相同的思路，笔者进一步顺利地推导出了“球壳型磁性层磁异常正反演方法”(安玉林、管志宁，1990)，并进行了低阶次球谐分析理论模型验证。另外，鉴于直角坐标系内赤道化极[即求取 $Z_{\perp}(x, y)$]是至今仍未有效解决的难题，笔者们又参考 Arkanni Hamed 和 Strangway(1985)的论文，在球坐标系内推导出了化向地磁极方法(管志宁和安玉林，1991)，为实现高阶次球壳型磁性层磁异常正反演方法奠定了理论基础。

在此期间，由管志宁老师主持的两个磁法勘探方法技术研究课题，均获得了地矿部科技成果三等奖，并发表了专著《区域磁异常定量解释》(管志宁、安玉林，1991)。

1989 年 8 月到 1992 年 1 月约两年半时间，笔者放弃了在职博士论文答辩，先后考取了赴苏联进修参访资格，参加为期约 5 个月的俄语培训和约 15 个月的进修访问(图 2)。在 1991 年 5 月下旬于列宁格勒召开的“全苏地球物理勘探科技大会”上，用俄语宣读了参考文献中的论文(安玉林，1992)，得到大会专家认可。通过进修参访得知，苏联专家(也包括多数欧美专家)在重磁异常反演理论方法研究方面，仍未进入“起伏地形条件下，二维、三维复杂重磁异常直接反演问题”研究，笔者因此明确了未来进行系统研究的大方向。

图2　笔者在苏联进修期间合影(笔者为前排左三)

1992 年 2 月至 1998 年 6 月是笔者独立开展“起伏地形上重磁异常直接反演”(后来称为“局部重磁场源全方位成像”)研究的第一阶段。在此阶段，因国家科研经费不足，研究工作处于最困难时期。为了完成全年有规定数额的教师工作量，不得不争取更多指导本科生的教学实习和毕业论文，努力开讲研究生学位课“位论、地球物理反演和泛函分析”三门课程；为有科研经费的大学(柴玉璞、张先、谭保华)与研究生时同学(高德臻、赵磊等)作重磁异常解释技术研究或服务、与中科院地球物理所专家好友(王谦身、滕吉文)一起承担其他单位科研项目子课题等；加上自己拟定的课题研究，艰苦程度不言而喻。有幸的是：在本科生、自带研究生、同学和中科院好友的支持帮助下，自研课题取得系列研究成果，于 1997 年 6 月出版了专著《局部重磁场源全方位成像》(简称《成像》，下同)，并被选为中科院地球物理研究所研究员李幼铭主编的《计算地球物理丛书》第三集。

局部重磁场源全方位成像理论方法研究，是从二维问题开始获得突破性进展的。非常幸运的是，Страхов 和 Лучнцкий(1980)(安玉林、管志宁。1986)，解决了二度体复磁场正演问题，为笔者解决线性化稳定反演问题提供了重要的理论基础。这是因为：①在复坐标系内(或说在极坐标系内)，观测点和场源点的坐标均为(r, φ)，不受观测剖面是否起伏的影响；②任意形态、下延有限二度体复磁场面积分表达式的线性化泰勒级数展开式极为简单，而且其复系数积分表达式又具有重要的物理意义，在获得有实用价值的二维场源全方位成像中发挥了关键作用；③采用复变函数理论，Страхов 和 Лучнцкий(1980)文献给出三种规则二度体复磁场推导方法，据此，笔者在《成像》和《复重磁场》(安玉林，2003，物探与化探，1 ~4 期连载)中，推导出几乎所有二度体及其组合体的极其简单的复磁场正演表达式。虽有坚实牢靠的研究基础，在面对探索全新的反演问题时，仍节节遇难点，处处遭煎心，攻关之路长漫漫，《复重磁场》对这点体现得淋漓尽致，以致《成像》一书也只阐述了“二维重磁场源全方位成像”课题的多半内容，而其中的第 3 章“倾斜椭圆柱体复场反演”亦隐存失误。

在初步“突破”二维成像问题之后，笔者开始探索三维成像问题。此时，根据解决二维问题的经验，在球坐标系内，推导出任意三度体重磁场的线性化通用球谐级数正演表达式，这成了重要突破口。也就是说，一切需要从“零”开始。当时，最先推导出的三度体磁位、磁场球谐级数正演表达式，称为磁场第二类正演表达式，但该类表达式的球谐系数，仅限于反演三度体总磁矩模值和磁化倾角与偏角，不能用于三度体全方位成像，因而成为“第一个难关”。之后，由“拟引力位” $\tilde{V}(P) = \iiint\limits_V \frac{M_Q}{r_{PQ}}\mathrm{d}v$ 出发推导，在求取 $\tilde{V}(P)$ 沿测量方向和磁化方向的方向导数时，也曾一度陷入歧途，推倒重来，这成为“第二个难关”。最终找到正确推导方案，求得磁场第一类正演表达式，但该类表达式的系数，仅限于三度体全方位成像，不能用于反演三度体总磁矩模值和磁化倾角与偏角，这成为“第三个难关”。直到把磁场第二类与第一类正演表达式做对比，发现第二类的磁场表达式与第一类的磁位表达式形式上完全相同。这就是说，首先用第一类磁位的球谐分析正演表达式，对观测磁场进行第一次球谐分析，用求得的球谐系数解出三度体的磁化倾角和偏角；其次把该倾角和偏角代入第一类磁场的球谐分析正演表达式，用其对观测磁场进行第二次球谐分析，得到新的球谐系数，该系数就是磁场第一类正演表达式中所有公式共同的球谐系数；最后即可实施三度体全方位成像过程。因此，三度体磁场第一类 5 个正演表达式本身构成了用于全方位成像(即线性化正、反演)的完备公式序列。至此，三度体磁场正演问题得以解决，使研究课题取得了突破性进展。至于后续的全方位成像(即求解反演问题)研究，仍然难点多多，困难重重，致使《成像》一书也只阐述了三维重磁场源全方位成像课题的多半内容。

1998 年 7 月至 2004 年 1 月是笔者对“局部重磁场源全方位成像”深化研究阶段。在《成像》出版后，笔者开展了“二维三维局部重磁梯度场源全方位成像”研究工作。

1999 年，据已经发表的参考文献所列(1994 ~ 1999)5 篇论文和《成像》专著成果，笔者向中国地质调查局提出了复杂条件下局部重磁场源全方位成像理论实用化研究立项申请，经背对背用 10 个复杂重磁异常考试通过，获得批准。同年，笔者又向国家自然科学基金委提出了面上项目“复杂条件下局部重磁场源全方位成像理论深化研究”立项申请，也得到 5 位评审专家全票支持和国家科学基金委批准。从 2000 年初到 2002 年底，历时 3 年，两个项目研究圆满完成。项目报告均通过专家组正式评审。大调查项目建成了实时性可视化全方位成像(QFWCX)程序系统，被评为“具有中国特色的优秀研究成果”；科学基金项目实现了局部重磁梯度场场源全方位成像研究和具有任意凸型光滑边界与物性连续变化二度体和三度体重磁场正反演理论研究，被评为科学基金项目 A 级成果。

2000 年和 2001 年，在执行上述两项目研究时，笔者们又发表了参考文献所列出的 4 篇论文(安玉林，2000，2001；安玉林、黄金明，2001)。为集中精力搞好两个项目研究，笔者放弃 2000 年博士生导师申请，于 2001 年 10 月准时退休。直到 2003 年 6 月，综合两个优秀项目和上面 4 篇论文研究成果，出版了专著《局部重磁场源全方位成像(续)》(简称《成像(续)》，下同)。

《成像(续)》第 1 章是《成像》著作中最具实用价值的理论概要，并被大调查项目成果“QFWCX 程序系统”实用化。其余各部分均为科学基金项目研究成果。

在《成像(续)》第 2 章局部重磁梯度场场源全方位成像中，难度最大的是第 5 节推导三度体磁场梯度的第一类球谐级数正演通式，该式简化列出的推导过程长达 9 页，需步步小心，如果出错，检查起来令人头痛。

在《成像(续)》第 3 章和第 4 章，分别阐述了“任意凸型光滑边界与物性连续变化有限二度体和三度体重磁场正反演理论”。为此，选定复坐标和球坐标原点为形体重心或磁矩中心。形体重磁场的线性化级数型正演表达式中的复系数 C_K 和球谐系数(a_n^m，b_n^m)，均为只与场源边界和物性参数模值分布有关的场源内部点的积分表达式。只要给定场源边界点位置(或边界函数)和内部物性泰勒级数型分布模式(即带有各阶泰勒系数的公式)，通过复杂积分过程，即可推导出复系数 C_K 和球谐系数(a_n^m，b_n^m)的线性化正演表达式。根据前面由观测场成像过程得到的 C_K、(a_n^m，b_n^m)、二维场源 360 个边界点位置或三维场源 1630 个边界点位置，即可通过稳定线性反演方法，求得物性分布模式中的各阶泰勒系数，进而实现场源物性成像。

需要重点指出的是，任意凸型光滑边界与物性连续变化三度体磁场球谐系数（a_n^m，b_n^m）的线性化正演表达式的推导非常困难，其中涉及如下独自推导的纯数学公式，分别为：

$$P_n^m(\cos\theta) = \sqrt{\frac{C_m}{C_n^m C_{n+m}^m}} \frac{1}{C_{2m}^m} \frac{1}{2^{2n}} \sum_{j=0}^{[m/2]} (-1)^{[m/2]+j} c_j C_m^j \sum_{k=0}^{n-m} C_{n-k}^m C_{m+k}^m C_{2(n-k)}^{(n-k)} C_{2(m+k)}^{(m+k)} \cdot$$

$$\begin{Bmatrix} \cos(n-2k-2j)\theta + \cos(n-2m-2k+2j)\theta, m = m_{ou} \\ \sin(n-2k-2j)\theta - \sin(n-2m-2k+2j)\theta, m = m_{ji} \end{Bmatrix} =$$

$$\begin{Bmatrix} \sum\limits_{k=n,n-2,n-4,\cdots,} A_{nm_{ou}k} \cdot \cos(k\theta), m_{ou} \text{ 为偶数} \\ \sum\limits_{k=n,n-2,n-4,\cdots,} A_{nm_{ji}k} \cdot \sin(k\theta), m_{ji} \text{ 为奇数} \end{Bmatrix} \tag{1}$$

$$I_{nm} = \int_{\theta_1}^{\theta_2} P_n^m(\cos\theta)\sin\theta d\theta = \int_{\theta_1}^{\theta_2} \left\{ \sum_{k=n,n-2,\cdots,} \begin{pmatrix} A_{nm_{ou}k} \cdot \cos k\theta \\ A_{nm_{ji}k} \cdot \sin k\theta \end{pmatrix} \right\} \sin\theta d\theta$$

$$= \sum_{k=n,n-2,\cdots,} \frac{1}{2} \begin{Bmatrix} A_{nm_{ou}k} \cdot \left(\dfrac{\cos(k-1)\theta}{k-1} - \dfrac{\cos(k+1)\theta}{k+1} \right) \\ A_{nm_{ji}k} \cdot \left(\dfrac{\sin(k-1)\theta}{k-1} - \dfrac{\sin(k+1)\theta}{k+1} \right) \end{Bmatrix}_{\theta_1}^{\theta_2} \tag{2}$$

$$\int_0^\pi \sin k\theta \cos\hat{k}\theta \sin\theta d\theta = \int_0^\pi \cos k\theta \sin\hat{k}\theta \sin\theta d\theta = 0 \tag{3}$$

$$\int_0^\pi \cos k\theta \cos\hat{k}\theta \sin\theta d\theta = \begin{cases} -\left(\dfrac{1}{(k+\hat{k})^2 - 1} + \dfrac{1}{(k-\hat{k})^2 - 1} \right), (k+\hat{k}) - even \\ 0, (k+\hat{k}) - odd \end{cases} , m \text{ 为偶数}$$

$$\int_0^\pi \sin k\theta \sin\hat{k}\theta \sin\theta d\theta = \begin{cases} +\left(\dfrac{1}{(k+\hat{k})^2 - 1} - \dfrac{1}{(k-\hat{k})^2 - 1} \right), (k+\hat{k}) - even \\ 0, (k+\hat{k}) - odd \end{cases} , m \text{ 为奇数} \tag{4}$$

上述 4 个重要公式，(1)～(2)式属于中外首次出现，(3)～(4)式亦未见于笔者之前参阅的文献资料，而是先后出现在笔者们《成像(续)》中。

上述 4 式为笔者完善专著《区域磁》理论方法研究和建立专著《高 & 区》第 4 章到第 10 章理论及其重要应用的算法基础。

在《成像(续)》出版同年，笔者发表了仅次于本书 4 部中文专著的另一重要论文，即《复重磁场》。同年，又在中国地质大学学报《地球科学》增刊上，发表了重要论文(安玉林、黄金明，2003)，其中涉及上面(1)式和(4)式。

2004 年 1 月，笔者们在欧洲 SCI 核心期刊《地球物理勘探》上，还免费发表了更为重要的英文论文(An YuLin 等，2004)，该论文阐述了《成像》和《成像(续)》两部专著关于“磁性三度体全方位成像”的核心内容，包括磁性三度体磁场和磁场梯度的两个重要的球谐级数正演表达式、带泰勒展开式系数的球谐系数(a_n^m，b_n^m)高精度正演表达式以及(1)式和(2)式。因此，《成像》和《成像(续)》中的理论方法得到西方审稿专家的认可。由西方审稿专家提出的问题可见，除笔者外，国外无人研究这套“全方位成像理论体系”。

2004 年至 2008 年年底，笔者参加了中国地质调查局数据中心张明华主持的青藏高原区域重磁异常解释课题。笔者研创的三维磁性层和密度层的重磁异常正反演程序系统和局部重磁场源全方位成像程序系统(QFWCX)均被广泛应用。

根据大范围区域重磁异常解释理论方法研究的迫切需要，以及长期以来中外专家采用浮点数递推算法不能精确计算高阶球谐函数 $P_n^m(\cos\theta)$ 和其关于 θ 的 1 ~ 3 阶导数及重要积分 $\int_{\theta_1}^{\theta_2} P_n^m(\cos\theta)\sin\theta \mathrm{d}\theta$ 等数值的事实，2011 年初至 2016 年 12 月，以笔者和张明华为代表的地质大学(北京)地信学院和地质调查局数据中心的多名同行，开展了长达 5 年的合作研究，并于 2016 年 12 月出版了专著《高 & 区》。该书代前言和附录一中，阐述了上述问题的迫切性和球函数值等“浮点数递推算法”极不精确等事实。

《高 & 区》第 1 ~ 3 章阐述了“球坐标系内全球地壳质量重力校正值高精度计算”成果。包括高精度计算方法推导、对应计算程序使用说明以及计算成果，如全球重力校正值等值线图和中国大陆重力校正值等值线图说明等。其相关研究成果和图件发表在《物探与化探》(安玉林等，2015)。

《高 & 区》第 4 章、第 5 章是施密特型球函数、重要积分和各阶导数“直接算法”实现的最为困难的章节。体现在以下几方面：第一，从《特殊函数论》(王竹溪、郭敦仁，1965)和《特殊函数》(刘式适、刘式达，1988)两部著作中，找到用于推导 $P_n^m(\cos\theta)$ 的母函数关系式 $\mathrm{d}^m P_n(\cos\theta)/\mathrm{d}(\cos\theta)^m$ 之母函数关系式耗费了相当长时间。第二，推导出 $P_n^m(\cos\theta)$ 及其系数 $A_{nm_{ou}k}$、$A_{nm_{ji}k}$ 的严格表达式[(1)式]，经历时间也相当长。第三，先后自行设计亿进制整数加、减、乘运算 FORTRAN 子程序和系数 $A_{nm_{ou}k}$、$A_{nm_{ji}k}$ 计算的亿进制高精度高速度整数算法 FORTRAN 程序，进而用惠普 800 和惠普 820 两台工作站，加上多核笔记本，日夜不停，计算出 0 ~3600 阶双倍精度系数数据库”和 0 ~ 3000 阶四倍精度系数数据库，时间竟长达约 2.5 年之久。第四，又花费相当长时间，用于设计 $P_n^m(\cos\theta)$、重要积分、各阶导数等“直接算法”程序以及系数值重排序等程序，为建立各种数据库做好准备。这是本书“首创性的重要贡献”。

《高 & 区》第 6 章阐述施密特型球函数直接算法的重要应用(一)，从理论上解决了完全规格化型球函数、其重要积分、1 ~ 3 阶导数”以及“含有该球函数与其 1 ~ 2 阶导数的 10 个复杂积分的高精度“直接算法”，属于本书的重要创新。《高 & 区》第 7 章阐述施密特型球函数直接算法的重要应用(二)，给出由地磁场径向分量 $Z(\lambda, \theta)$、东向分量 $Y(\lambda, \theta)$ 和北向分量 $X(\lambda, \theta)$ 求解地磁位 $U(\lambda, \theta)$ 球谐系数(a_n^m, b_n^m)(进而可实现磁场分量转换)的传统解法和笔者提出的非传统解法。尤其是，以 8 页之长，从理论上，重点阐述了唯有采用非传统解法才能由地磁场北向分量 $X(\lambda, \theta)$ 求得地磁位 $U(\lambda, \theta)$ 的球谐系数(a_n^m, b_n^m)，这突显了“直接算法”的独到之处。求得地磁位的球谐系数，进而有可能推导出更为简洁而严谨的地磁场化向地磁极的方法，解决困扰重磁勘探专家几十年、至今未有效解决的地球表面低纬度区(特别是赤道地区)“地磁场化向地磁极”的难题。

《高 & 区》第 8 章、第 9 章内容至今仍是重磁勘探学科的前沿，有待后人来实现。《高 & 区》第 10 章，给出了几个重要问题的初步研究。也就是，在球坐标系内，原则上提出了高精度、高速度实现 1 : 20 万大区域重磁异常解释方法(第 8、第 9 章内容)的初步方案。

《高 & 区》代后语中，指出书内未完成的研究内容，提出需进一步研究的“六个重要课题”，期待年轻专家来实现。否则，《高 & 区》著述也只是“纸上谈兵”，有效成果依旧是“零”。除该书第 1 章成果见于期刊之外，涉及第 4、第 5、第 6、第 7、第 10 章的研究成果，没有一篇论文面世，而是把机会留给年轻学子。该“六个重要课题”出色完成后，将为整个地球和太阳系其他行星的区域重磁位场高精度高速度定量解释，奠定坚实的算法和数据基础。

本书自序中已经概略论述了 4 部著作中有关理论方法的核心内容，即本书正文的第 1 章、第 2 章、第 4 章。

为了研制计算机程序，把上述理论方法实用化，使其在重磁资料解释中有效发挥作用，须借助重磁资料转换处理和不适定问题解法等辅助性理论和方法，对程序运行保驾护航，实现运算稳定，提高反演精度。这就是本书第 3 章的核心内容。

本书第 3 章共 5 节，包括：磁性体离散谱正演值反变换与该形体空间域正演场值的数值关系，行之有效的滤除高频干扰的正则化稳定因子，严谨的磁场转换和线性化稳定算法，位场解析延拓和直角坐标系内最佳曲化平方法；比较复杂却不完善的地磁场化向地磁极方法等。

该章各节中，为了在求解各种系数时实现“运算稳定”，提高“反演精度”，笔者根据吉洪诺夫《不适定问题解法》(吉洪诺夫、阿尔先宁，1979)研制并采用了“正则化稳定因子”，又采用了来自美欧学者的“地球物理反演理论”(杨文采，1989；王家映，1998)中“超定长方形矩阵的奇异值分解定理”，加上笔者的“修改小奇异值”方法。另外，为了消除低缓背景场，采用二阶泰勒级数对该场加以拟合，把对应二维或三维的 6 个或 10 个泰勒展开式系数代入将进行奇异值分解的超定矩阵方程的未知数向量中；在反演凸型三度体内连续磁化强度模值分布系数时(见《成像(续)》)，增加了对方程组进行恒等变换，大大提高了系数反演精度；而更为重要的提高系数求解精度、并实现拟引力位、拟引力场高精度向磁矩中心(即球坐标原点)全方位延拓，这是在精确求得磁矩中心、并把坐标原点选在磁矩中心情况下，重新构建超定矩阵方程，再次采用稳定算法，高精度求解各种系数之后取得的。

由上述多种实现运算稳定、提高反演精度和全方位延拓精度的方法可见，局部重磁场场源全方位成像是一种集正演、反演、转换处理和稳定运算于一体的高度统一、密不可分的理论方法体系。

自 1979 年以来，随着科研工作的进展，笔者几乎与不适定问题解法和地球物理反演理论寸步不离，否则将一事无成。

笔者认为，重磁场反演理论方法研究者，必须学习、掌握和采用来自前苏联学者的不适定问题解法理论(吉洪诺夫、阿尔先宁，1979；栾文贵，1989)以及来自欧美学者的地球物理反演理论(杨文采，1989；王家映，1998)。为了给本书读者提供方便，笔者特添加了本书第 5 章，这是 1995 年到 2000 年期间，笔者为研究生讲授“地球物理反演”学位课讲义的核心内容。

下面，笔者精炼而完整地阐述关于重磁位场的核心问题。根据如下内容：①本书第 1 章第 3 节中的二度体重磁场的复泊松公式；②本书第 1 章第 4 节关于拟引力位、拟引力场、磁位、磁场和磁场方向导数5个形式化“定义”的引入；③《成像(续)》第4章第5节的论述；④著作《高 & 区》第9章9.4节的论述等，均明确指出，只要把磁场正反演公式中的参数与重力场参数对比，并作相应修改，可转换成相应的重力场正反演公式。另外，还指明重力场正反演公式仅为磁场正反演公式的特例。由此可见，笔者在此段说明中，同样阐述了重力场的核心问题。

常言道，有心栽花花不开，无心插柳柳成行，本书出版完全由机缘巧合促成。2021年秋，先是受到《高阶球函数直接算法和区域位场定量解释》第二作者张明华教授一句不经意之言启发；接着得到姚长利教授和郑圆满博士支持；之后笔者用了约5个月时间，执笔撰写了“重磁位场线性化稳定正反演理论体系概述”电子文档。“概述”成文之后，笔者打算将其捐赠给国内包含“地球物理专业”的大学数字图书馆。但相关图书馆规定不接收非正式出版的电子著述文档，并且建议找相关专业在职年轻人出面立项申请，获得出版费资助，然后联系出版社按照正规出版书号出版。笔者不大愿费周折，只想通过熟悉的同行专家，直接把该“概述”电子文档发送给有兴趣的在读研究生。然而，在西安石油大学任教的张春灌教授，也就是本书的第二作者得知此种情况后，毫不犹疑地提出由他联系并负责后续的出版事宜。中国石化出版社编辑建议：作为书名删掉“概述”更为贴切；但是需按正规专业著作出版要求提交本书书稿。

张春灌教授曾和笔者一起参加过张明华教授负责的“青藏高原重磁资料处理解释项目”，还曾和笔者共同承接河北第一地质大队多次磁法找矿技术服务，故对这4部著作比较了解。为了尽快实现本书的正式出版，他在完成个人教学的和科研任务的同时，负责对本书全部图件进行清绘，还全程参与本书初稿Word文档的修改，并负责后续的出版事宜。

本书由国家自然科学基金项目(42172224)资助，由中国石化出版社出版。西安石油大学研究生韩梅、张冕、赵敏、周磊等参加了部分文字录入、校对及部分插图清绘工作。

笔者在此向对本书编著给予支持和帮助的上述人员表示衷心感谢！特别感谢中国石化出版社编审专家们，是他们的诸多建议提高了本书的质量。

笔者期望，本书能对有兴趣的读者有所助益。其论述有错之处，敬请斧正！

最后，笔者在此给出如下两点重要说明。

第一，为了便于读者参阅文献，特此提供参阅信息：一是《区域磁》《成像》和《高 & 区》在中国地质大学(北京)数字图书馆内，均有正规出版的电子文档。二是《复重磁场》中有《物探与化探》发布的连载期刊电子文档，但公式美观度欠佳。

第二，包含理论体系核心公式最多的《成像(续)》一书，至今没检索到正规出版的电子文档。这是笔者的失误，即为了节省科研经费，没有选择国家正规出版书号出版，深感遗憾。有幸在中国地质图书馆存有地震出版社出版的纸质专著，另外在孔子旧书网有纸质著作出售。为了弥补这一遗憾，本书对《成像(续)》内容的引用占据了较长篇幅。

安玉林　2022 年 6 月 30 日

参考文献

[1]斯米尔诺夫 В И. 高等数学教程[M]. 北京：人民教育出版社，1956.

[2]雷日克 ИМ，格拉德什坦 ИС. 重要函数表和积分表[M]. 北京：高等教育出版社，1959.

[3]拉普伦捷夫 МА，沙巴特 ВА. 复变函数论方法[M]. 施祥林，夏定中，译. 北京：人民教育出版社，1963.

[4]熊光楚. 磁铁矿床上磁异常的解释推断[M]. 北京：中国工业出版社，1962.

[5]黄树棠，顾学新. 地球物理与地球化学研究报告文集(第二册)：斜磁化条件下磁测资料的推断解释[M]. 北京：中国工业出版社，1964.

[6]王竹溪，郭敦仁. 特殊函数论[M]. 北京：科学出版社，1965.

[7]吉洪诺夫 АН，阿尔先宁 ВЛ. 不适定问题解法[M]. 王秉忱，译. 北京：地质出版社，1979.

[8]沙拉耶夫 СВ. 利用位场奇点解释地球物理资料[J]. 物化探译丛，1966，3.

[9]云南大学数学系，云南物探大队. 物探数学专辑：复变函数在磁法勘探中的应用[J]. 云南物化探，1974，2.

[10]地面磁测资料解释推断手册编写组. 地面磁测资料解释推断手册[M]. 北京：地质出版社，1979.

[11]数学手册编写组. 数学手册[M]. 北京：人民教育出版社，1979.

[12] Страхов ВН，Лучнцкий АН. О решении прямых двухмерных задач гравиметрии и Магнитометрии[J]. Физика Земли，1980，8.

[13]蔡宗熹．一个积分公式的证明[J]．地质计算技术，1981，4.
[14]管志宁，安玉林．频率域磁性单界面反演方法[J]．地球物理学报，1984，27(2)：190－204.
[15]Guan Z N，An Y L. Inversion of magnetic boundaries and the study of deep geologic structures of North China Area[A]. USA：Annual of International Geophysic Annual Meeting in Atlanta state，1984：752－755.
[16]管志宁，安玉林．"匹配滤波"方法某些应用的可靠性分析[J]．物化探计算技术，1984，6(1)：20－26.
[17]安玉林，管志宁．滤除高频干扰的正则化稳定因子[J]．物探化探计算技术，1985，7(1)：13－23.
[18]Hanson R O，Miyazaki Y. Continuation of potential fields between arbitrary surfaces[J]. Geophysics，1984，49(6)：787－795.
[19]管志宁，安玉林，陈维雄．曲线与曲面上磁场向上延拓和分量转换[J]．地球物理学报，1985，28(4)：419－428.
[20]安玉林，管志宁．居里面反演方法介绍——Buckus－Gilbert 线性反演加迭代拟合法[J]．国外地质勘探技术，1985，1：14－19.
[21]管志宁，安玉林，谭应佳．利用华北航磁异常反演磁性界面推断深部地质构造[C]．勘探地球物理专集第一册：磁法勘探．北京：地质出版社，1985.
[22]Arkanni－Hamed J，Strangway D W. Laterral variations of apparent magnetic susceptibility of lithosphere deduced from Magsat data[J]. Journal of Geophysical Research，1985，90(B3)：2655－2664.
[23]安玉林，管志宁．系统介绍苏联学者二度磁性体复位复场正演理论方法及应用[J]．国外地质勘探技术，1986，8：17－29.
[24]安玉林，管志宁．评求解磁性单界面 J、h 值的"概率统计"方法[J]．物探与化探，1987，11(3)：225－229.
[25]管志宁，安玉林，吴昭钧．磁性界面反演及华北地区深部地质构造推断[C]．勘查地球物理勘查地球化学第 6 集．北京：地质出版社，1987.
[26]安玉林．磁性体磁场的等值互换、矩阵表达式和规格化公式[J]．现代地质，1988，2(2)：266－270.
[27]刘式适，刘式达．特殊函数[M]．北京：气象出版社，1988.
[28]栾文贵．地球物理中的反问题[M]．北京：科学出版社，1989.
[29]杨文采．地球物理反演与地震层析成像[M]．北京：地质出版社，1989.
[30]管志宁，阳明，安玉林．视磁化强度填图方法及应用[J]．物探与化探，1990，14(3)：172－181.
[31]安玉林，管志宁，阳明．三维磁性层正反演方法[J]．地球物理学报，1990，33(z1)：

265 – 278.
[32]安玉林，管志宁．球壳形磁性层磁异常正反演方法[J]．现代地质，1990，4(2)：116 – 129.
[33]宁津生，邱卫根，陶本藻．地球重力场模型理论[M]．武汉：武汉测绘科技大学出版社，1990.
[34] Rapp R. H.，Pavlis N. K. The development and analysis of geopotential coefficient models to spherical harmonic degree 360 [J]. Journal of Geophysics Research，1990，95 (13)：21885 – 21911.
[35]安玉林，管志宁．区域长波航磁异常定量解释中值得注意的几种倾向[J]．物探与化探，1991，15(2)：134 – 140.
[36]管志宁，安玉林．区域磁异常定量解释[M]．北京：地质出版社，1991.
[37]安玉林．评 Spector 等效论及有关居里面反演方法[J]．地球物理学报，1992，35(z1)：431 – 438.
[38]安玉林，管志宁．地球坐标系内的磁场转换方法[J]．现代地质，1993，7(1)：118 – 124.
[39]安玉林．二维重磁场源全方位成像[C]．中国地球物理学会年刊．北京：地震出版社，1994.　朱光亚、周光召主编，《中国科学技术文库》《天文学・地球科学》卷(1092 – 1094页)．第2版．
[40] Nico Sneeuw. Global spherical harmonic analysis by least – squares and numerical quadrature methods in historical perspective[J]. Geophysical Journal International，1994，118：707 – 716.
[41]安玉林，李黎明．起伏面下三度体磁化方向反演方法[C]．“八・五”地质科技重要成果学术交流会议论文选集．北京：地震出版社，1995.
[42] Nico Sneeuw，Richard Bun. Global spherical harmonic computation by two dimensional Fourier methods[J]. Journal of Geodesy，1996，70：224 – 232.
[43]安玉林．三度剩余重力异常源全方位成像的理论和方法[J]．地球物理学报，1997，40(3)：402 – 413.
[44]安玉林，谭保华．局部重磁场源全方位成像[M]．北京：地质出版社，1997.
[45]王家映．地球物理反演理论[M]．武汉：中国地质大学出版社，1998.
[46]安玉林，眭素文．三度剩余磁力异常源全方位成像的理论和方法[J]．地球物理学报，1998，41(z1)：394 – 403.
[47]安玉林．椭圆柱体反演中复函数 $C(S)$ 值的计算方法[J]．现代地质，1999，13：103 – 106.
[48]安玉林．三度体梯度磁异常全方位正反演方法[J]．现代地质，2000，14(1)：85 – 90.
[49]安玉林．局部重磁场源全方位成像理论概要[J]．物探与化探，2000，24(6)：401 – 411.

[50]安玉林．局部重磁场源全方位成像理论概要(续)[J]．物探与化探，2001，25(6)：401－409.

[51]安玉林，黄金明．施密特型连带勒让德函数的准确计算公式及其重要应用[C]//2001年中国地球物理年会年刊——中国地球物理学会第十七届年会论文集，2001.

[52]蔡宗熹．曲面上的位场理论及其在地球物理中的应用[M]．郑州：河南科学技术出版社，2002.

[53]安玉林、陈玉东、黄金明，重磁勘探正反演理论方法研究的新进展[J]．地学前缘，2003，10(1).

[54]安玉林，黄金明．局部重磁场源全方位成像(续)[M]．北京：地震出版社，2003.

[55]安玉林．起伏地形上规则二度体复重磁场正演和直接反演[J]．物探与化探，2003，27(1—4)连载.

[56]安玉林，黄金明．一类复杂三度体磁场的解析正演方法[J]．地球科学，2003，28.

[57]An Yulin，Huang Jinming，Chen Yudong. Forward computation of the magnetic field of a 3D body with arbitrary boundary and continually varying magnetization[J]. Geophysical Prospecting，2004，52：49－63.

[58]张传定，许厚泽，吴星．地球重力场调和分析中的“轮胎”问题[C]．大地测量与地球动力学进展．武汉：湖北科学技术出版社，2004.

[59]彭富清，夏哲仁．超高阶扰动场元的计算方法[J]．地球物理学报，2004，47(6)：1023－1028.

[60]吴兴，张传定．一类球谐函数与三角函数乘积积分的计算[J]．测绘科学，2004，28(6)：54－57.

[61]管志宁．地磁场与磁力勘探[M]．北京：地质出版社，2005.

[62]吴星，刘雁雨．多种超高阶次缔合勒让德函数计算方法的比较[J]．测绘科学技术学报，2006，23(3)：188－191.

[63]王建强，赵国强，朱广彬．常用超高阶次缔合勒让德函数计算方法对比分析[M]．大地测量与地球动力学，2008，29(2)：126－130.

[64]Fantino E，Casotto S. Methods of harmonic synthesis for global geopotential Models and their first－，second－and third－order gradients[J]. Journal of Geodesy，2009，83：1159－1161.

[65]吴星．卫星重力梯度数据处理理论与方法[D]．郑州：解放军信息工程大学，2009.

[66]安玉林，张明华，黄金明，等．纯球坐标系内各项重力校正值计算方案和计算过程[J]．物探与化探，2010，34(6)：697－705.

[67]艾伯哈德·蔡德勒，等．数学指南—实用数学手册[M]．李文林，等，译．北京：科学出版社，2012.

[68] Toshio Fukushima. Numerical computation of spherical harmonics of arbitrary degree and order by extending exponent of floating point numbers[J]. Journal of Geodesy, 2012, 86: 271 – 285.

[69] Toshio Fukushima. Recursive computation of finite difference of associated Legendre functions[J]. Journal of Geodesy, 2012, 86: 745 – 754.

[70] 安玉林，柴玉璞，张明华，等. 曲化平用最佳等效源模型及其单位位场表达式推导的新方法[J]. 地球物理学报，2013，56(7)：2473 – 2483.

[71] AN Yulin, CHAI Yupu, ZHang Minghua et. al. An optimal model of the equivalent source for reduction – to – plane of potential field data on uneven surface and the new method to deduce its unit potential field expression. Chinese Journal of Geophysics, 2013, 56(4): 471 – 483.

[72] 安玉林，郭良辉，张明华. 169km 以远地壳质量的重力校正值高精度计算及其数值特征[J]. 物探与化探，2015，39(1)：1 – 11.

[73] 安玉林，张明华，黄金明，等. 高阶球函数直接算法与区域位场定量解释[M]. 北京：地质出版社，2016.

[5] Fukushima T. Numerical computation of [illegible] of arbitrary degree and order by [illegible] floating point numbers[J]. Journal of Geodesy, 2012, 86: 271–285.

[6] [illegible] Fukushima T. [illegible] and [illegible] Journal of Geodesy, 2012, 86: 745–758.

[7] [illegible] 地球物理学报, 2013, 56(7): 2471–2483.

[8] [illegible] Zhang [illegible] model [illegible] and [illegible] Journal of Geophysics, 2013, [illegible]: 471–488.

[9] [illegible] 2015, [illegible]: 1–11.

[10] [illegible] 2004.

前　言

本书是4部著作的作者们，耗时长达37年，自主研创的“具有中国特色重磁场线性化稳定正反演理论体系”的总结。该理论体系是4部著作的核心内容。令人敬佩的是，第一作者不仅是该理论体系的编著者，还是该理论体系的研创者，故担负起撰写本书的责任。

除《起伏地形上规则二度体复重磁场正演和直接反演》(安玉林，2003)(以下简称为《复重磁场》)涉及各类规则二度体外，“局部重磁场理论体系”的理论基础是“复坐标系”(二维问题)、“球坐标系”(三维问题)和“位场拉普拉斯方程的基本解”，不涉及重磁场源的具体形态。线性化的核心方法是把“基本解”“重磁背景异常”、具凸型光滑边界的重磁场源内“连续磁化强度分布”等展开成泰勒级数。稳定算法采用由吉洪诺夫“不适定问题解法”推导出的具有理想低通滤波特性的“正则化稳定因子”和西方学者“超定矩阵奇异值分解和修改小奇异值”方法。推导出来的线性化正演公式同样是用于反演的线性化反演公式。反演结果为场源质心或磁矩中心、总质量或总磁矩及其磁化方向、场源形态和边界位置，以及凸型边界内连续质量或磁化强度模值分布。这是一套集重磁场正演、转换处理、全方位向场源延拓和反演于一体高度统一密不可分的线性化理论体系，且重力场问题只是磁场问题的特例。该理论体系原来称为“局部重磁场源全方位成像”，能够在起伏地形或非规则观测网条件下，直接反演具有背景叠加和高频干扰的各种局部重磁异常分量场。

“区域磁场理论体系”的基础公式是“地壳区域磁场化极场”的频谱分析或球谐分析通用级数表达式。理论模型分别是“直角坐标系内三维磁性层”和“球坐标系内球壳型磁性层”。两类模型磁场的正演公式包含无穷个等价公式，其简化模型是磁性单界面和居里面。而具有变磁化强度的单界面或居里面的正反演公式，与中外采用的公式存在原则性差异。在给定必要的定解条件情况下，上述界面正反演公式的应用解决了中外已有界面公式在反演过程和反演结果中存在的问题。在正演和反演方法线性化方面，三维磁性层方法线性化采用快速离散傅里叶变换和泰勒级数展开方法，球壳型磁性层方法线性化采用球谐分析和球谐级数展开方法。稳定反演采用由“吉洪诺夫不适定问题解法”导出的具有理想滤波特性的低通、高通和带通滤波器。

“区域重力场”是指向地心的力场，其场源模型、线性化稳定正反演依然是磁场问题的特例。

《高 & 区》著作为求解地球低纬度地区或全球面“区域磁异常的化极场”提供了算法基础，同时，有望给出“高精度高速度高阶次球谐分析与球谐合成算法”，使地球及其他太阳系行星重磁场“高阶次高精度资料处理、正演、反演”得以实现。为此，本书还提出需进一步研究并解决的“几项核心技术”。

为了使读者了解或掌握“稳定算法”，本书第 5 章比较完整地阐述了“地球物理线性化稳定反演理论”，简称“地球物理线性反演理论”。

目　录

1　磁场线性化通用级数表达式

1.1　重点研究区域和局部磁场场源模型

1.1.1　地壳区域磁场场源模型

1.1.1.1　引言

《区域磁》第1章“地壳区域磁场场源及其模型”中，前4节先后阐述了区域磁场场源浅成论、深成论、居里面或莫霍面成因论和地壳磁化强度均衡论，这些论述主要是苏联学者完成的。我国古地磁和磁法勘探专家多数接受了深成论和地壳磁化强度均衡论，承认居里面和莫霍面的存在及其部分重合状态。

第5节阐述了笔者和导师管志宁关于“地壳区域磁场场源模型”的认识：①水平尺度处于50千米范围内的磁异常(注意：是磁异常分布范围，局部场源体分布范围小得多)一般是由局部磁场场源产生的。②大于50千米范围分布的磁异常是地壳区域磁场场源引起。③居里面深度处于20千米到70千米之间，因为青藏高原的莫霍面深度可达70余千米，而居里面可能与其重合。④由于地壳区域磁异常尺度相对居里面深度而言过大，故理论上，向下延伸无限的磁性单界面不存在。⑤“地壳区域磁场场源模型”应如图1－1所示，其磁化强度方向沿天然地磁场方向；上界面为磁性结晶基底与上覆无磁性沉积层之间的分界面，最浅可达地表；下界面是居里面，深度在20千米与70千米之间。⑥该模型可以简化为如图1－2所示的4个类别，其中类别C在多数情况下，其上、下界面起伏并不同步。

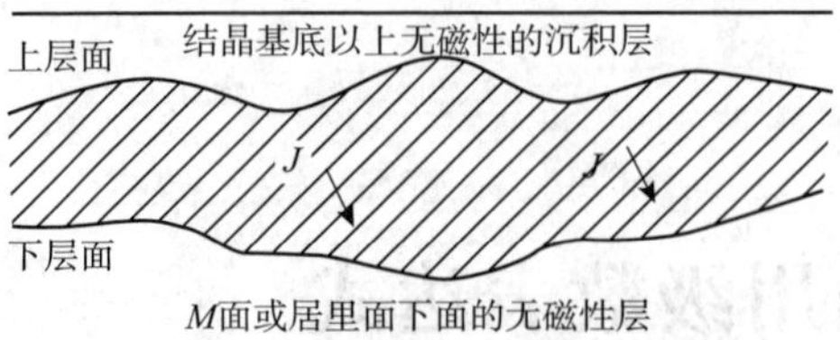

图 1－1　地壳区域场场源体模型

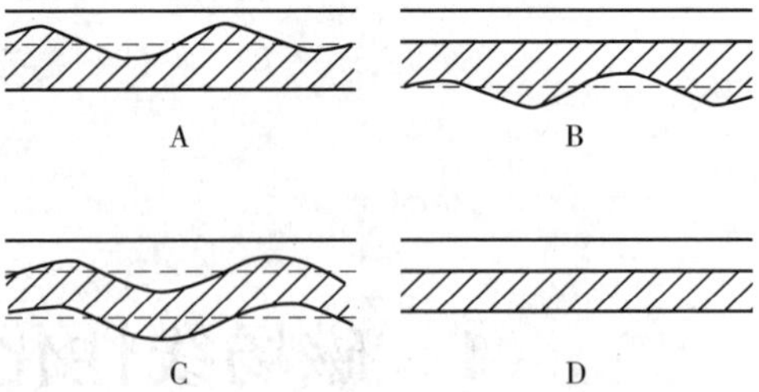

图 1－2　地壳区域场场源

1.1.1.2　水平无限延展、层面起伏的三维磁性层

在直角坐标系内，三维磁性层模型断面图，如图 1－3 所示，其中符号意义易于理解，不再赘述。当区域磁异常经纬度跨度过大时，此模型并不适用。

该模型代表了图 1－1 展示的地壳区域磁场源模型，包括图 1－2 中 4 种简单场源类型。在给定定解条件情况下，由化极场出发，反演上、下层面起伏深度或沿水平方向变化的磁化强度模值。

1.1.1.3　球壳型起伏磁性层

在地球坐标系内，球壳型起伏磁性层图，如图 1－4 所示。该模型上、下界面的平均半径分别为 r_2、r_1（埋深为 $R-r_2$、$R-r_1$）；磁化强度 $J_{\lambda'\theta'}$ 方向指向地心，为常量，随经纬度变化而变化；$P_{\lambda\theta}$、$Q_{\lambda'\theta'}$ 分别为磁异常测点坐标和磁性层内场源点坐标；其他符号意义易于理解，不再赘述。该模型在部分地区或者大部分地区内，上、下层面起伏可以为 0。

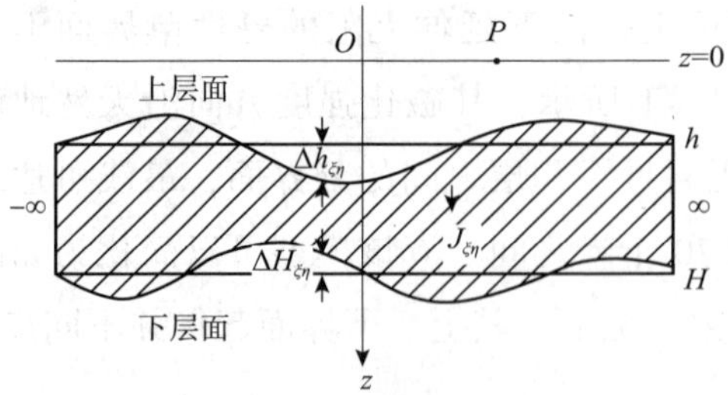

图 1－3　三维磁性层模型断面图

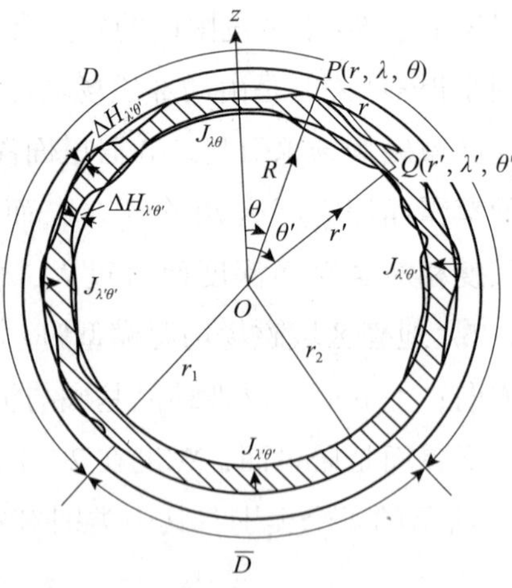

图 1－4　球壳形磁性层模型断面图

1.1.2 地壳局部磁场场源模型

1.1.2.1 有限或无限延伸规则形二度体及其组合体

文献《复重磁场》中，在复坐标系内研究反演问题涉及的众多规则场源模型，包括长轴倾斜椭圆柱体、n 棱水平柱体、无限延伸薄板状体及其组合体、有限延伸倾斜薄板状体及其组合体、水平圆柱体及其组合体、两翼非对称背斜、断层等。图 1－5 展示了部分形体。

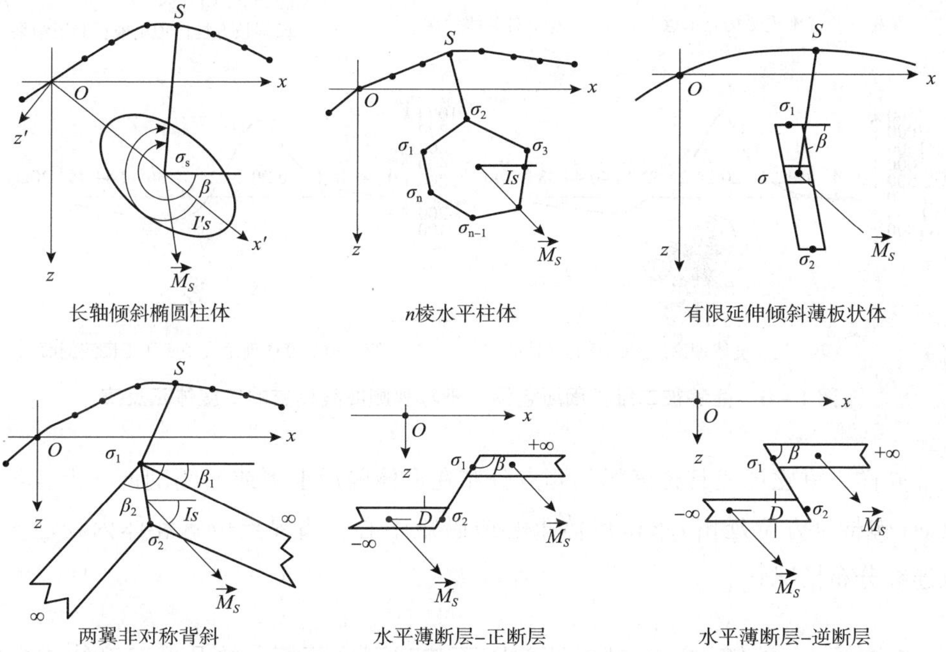

图 1－5 有限或无限延伸规则形二度体模型示意图

图中，S 为磁异常观测点复坐标，σ_0 为椭圆柱体中心复坐标，σ_1、σ_2、…、σ_n 为 n 棱柱体角点复坐标，$\vec{M}_S$ 为有效复磁化强度，其余符号意义恕不赘述。

由分布在形体角点（场的奇异点）前后上下或封闭剖面线上的磁场，经正反演得到各形体奇点位置和物性参数。

1.1.2.2 能够被二维柱面所包围、不与观测曲线相交的单体或多体组成的二度体

在复坐标系内，研究该类二度体正反演问题，其形体如图 1－6 所示。图中

符号意义，恕不赘述。

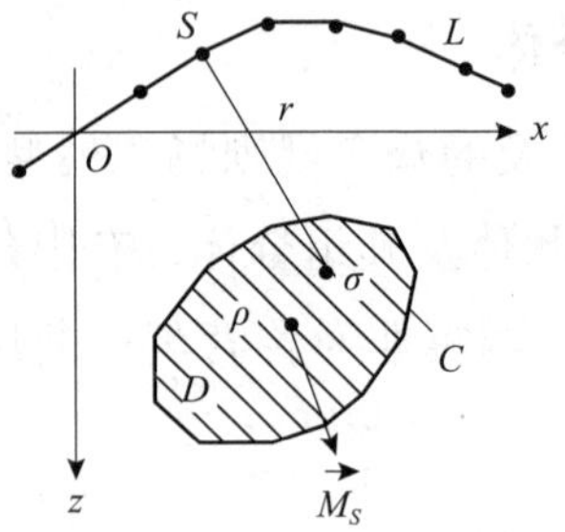

坐标系与二维重磁场源示意

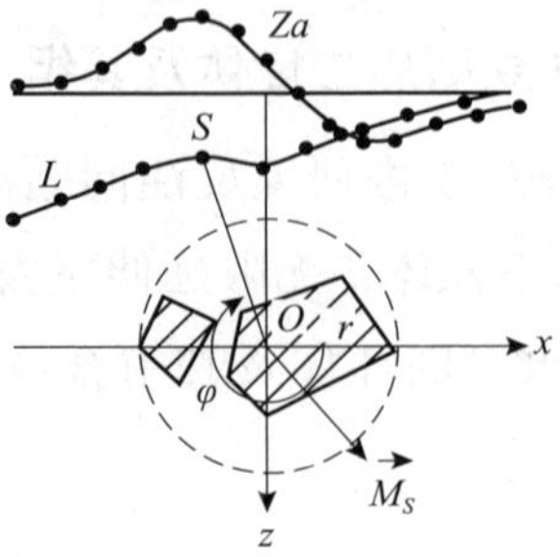

Za负幂分解示意

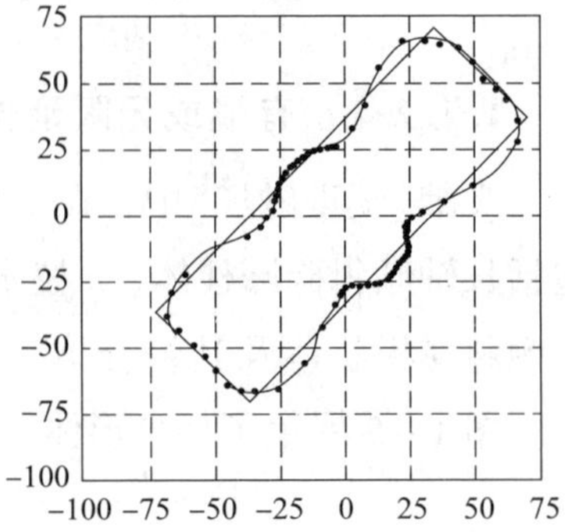

倾斜长方柱体理论模型验证结果

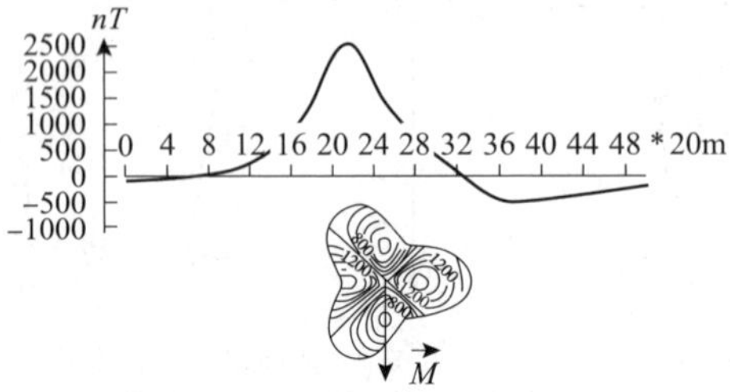

第二类二度体理论模型磁场正演剖面

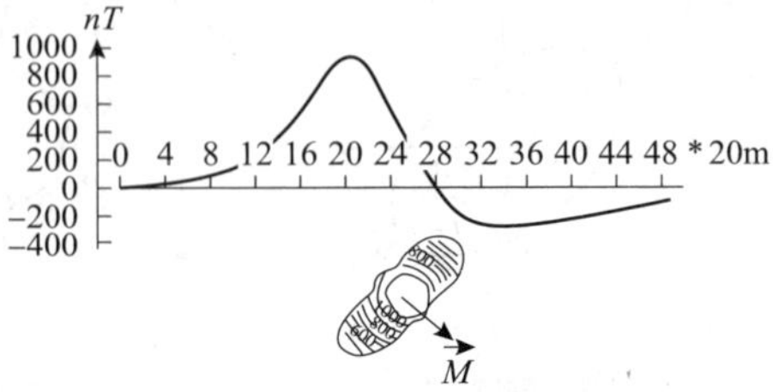

第一类二度体理论模型磁场正反演剖面

图 1－6　能够被二维柱面所包围且不与观测曲线相交的二度体正反演

同样，重磁场或其梯度场的测点分布在形体前后上下或封闭剖面线上，经正反演(包括全方位延拓)求得形体重心或磁矩中心、边界点位置和体内物性参数或连续分布情况。

1.1.2.3　能够被一大球面所包围不与观测曲面相交的凸型三度体或多体组合体

磁性三度体和观测曲面或垂直观测剖面如图 1－7 和图 1－8 所示。

类似二维情况，重磁场或其梯度场的测点分布在形体(小到地下一般三度形体，大到整个地球)前后左右上下或封闭曲面上，经正反演(包括全方位向场源延拓)求得形体重心或磁矩中心、边界点位置和体内物性参数或连续分布特征。

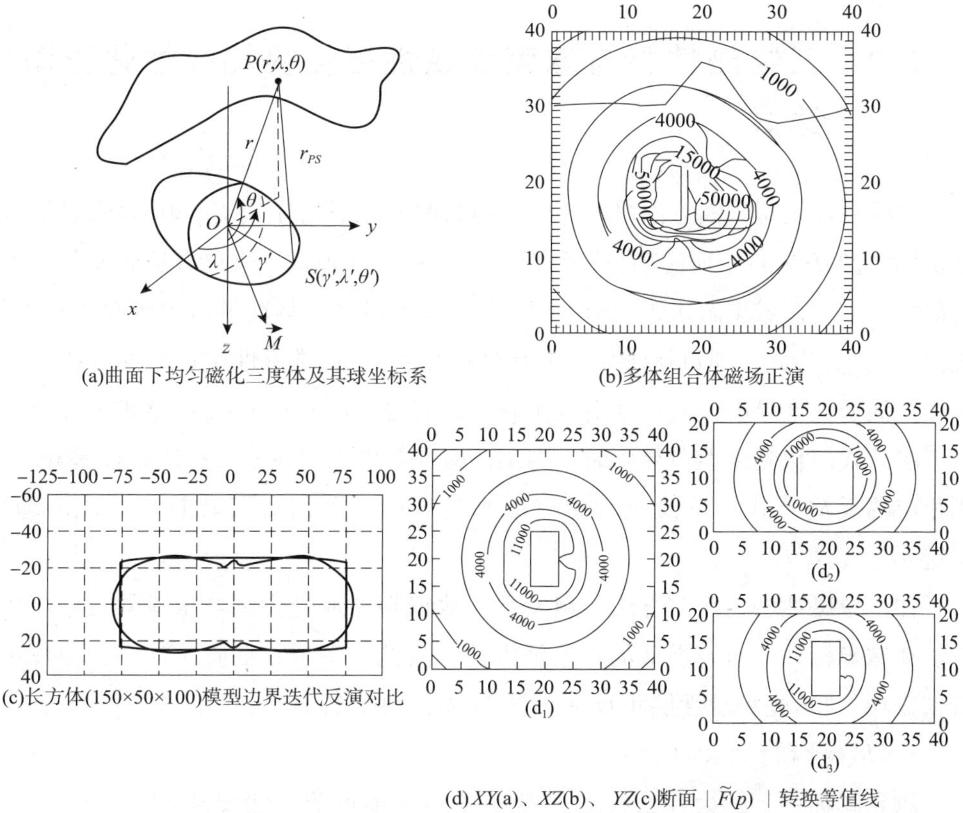

图 1-7　能够被一大球面所包围且不与观测曲面相交的凸型三度体或多体组合体正反演

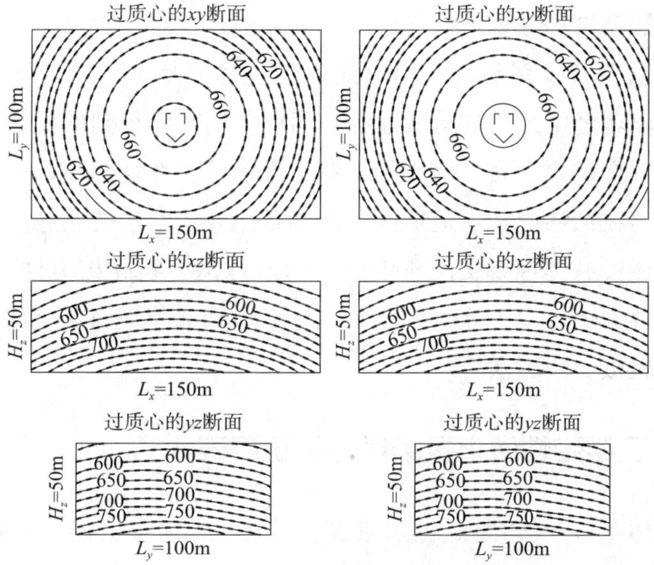

图 1-8　反演得到的磁化强度等值线(实线)和模型理论值等值线(虚线)对比(左 20、右 15)

1.2 三维磁性层与球壳型磁性层化极场线性化正演表达式

三维磁性层正反演方法(安玉林等，1990)是由管志宁负责、联合国资助我国地矿部“029 方法技术研究项目”子课题“磁化强度模值填图理论方法研究和应用”的研究成果。该成果解决了“国内大区域磁性界面磁化强度模值填图总出现大量负值问题”。为此，项目组研究了更有普遍意义的“三维磁性层正反演方法”。由于在正演公式推导中，发现并引入了新的多解性[见下文(1-2-4)式]，所得到的正演公式简化到磁性单界面时，与国外磁性单界面正演公式有原则性差异，从而相应的反演公式和反演过程也有原则性区别，因而成了有效解决该问题的关键。

在三位磁性层正反演方法的启发下，认识到在地壳大区域重磁异常解释中，应该在球坐标系内研究类似的正反演方法。故此，笔者在低阶次球函数范围内，研创成功了“球壳型磁性层正反演方法”(安玉林、管志宁，1990)，并全文纳入专著《区域磁》和《高 & 区》中。

重点解释一下，为什么推导两类磁性层磁场正演方法要从“化极场”出发?这是因为：①两类磁性层模型化极场表达式的推导较简单。如果推导具任意磁化方向磁性层的任意磁场分量正演表达式，其复杂程度难以想象，或许不可能。即使推导出来，也难以研究出对应的反演方法。②把复杂科研课题分成几部分解决，是科研工作者经常采用的有效途径。因此，由观测得到的磁场分量换算出化极场，就成为一个重要步骤。该步骤针对三维磁性层在地球中、高纬度地区近似地得以解决，而在低纬度和赤道地区，依然是迄今未解决的难题。对球壳型磁性层来说，迄今还没有实现有实用价值的高阶次球谐分析化极方法。③《高 & 区》和本书作者正致力于寻找人才，推动研创位于地球部分表面或全球面上的地磁场高阶次化向地磁极实用方法。

1.2.1 三维磁性层化极场线性化正演表达式

设直角坐标系 $Oxyz$ 的原点位于观测平面上，z 轴垂直向下，观测点坐标为 $P(x,\ y,\ 0)$，磁性层内点的坐标为 $Q(\xi,\ \eta,\ \zeta)$。令 $J_{\xi\eta}$、J、$h_{\xi\eta}$、h、$H_{\xi\eta}$、H 等分

别表示磁化强度、磁化强度平均值、上层面深度、上层面深度平均值、下层面深度、下层面深度平均值。而以 $\Delta J_{\xi\eta}=J_{\xi\eta}-J$、$\Delta h_{\xi\eta}=h_{\xi\eta}-h$、$\Delta H_{\xi\eta}=H_{\xi\eta}-H$ 等表示相应的磁化强度和上、下层面深度的变化值。磁性层断面如图 1 -9 所示。

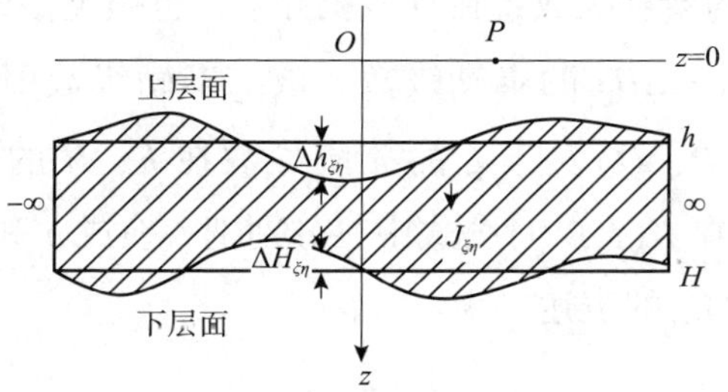

图 1 -9 三维磁性层断面图

设：

$$K(P,\ Q)=\frac{2\zeta^2+[(x-\xi)^2+(y-\eta)^2]}{[(x-\xi)^2+(y-\eta)^2+\zeta^2]^{5/2}} \tag{1-2-1}$$

则水平连续无限延展磁性层垂直磁场 Z_{xy} 积分表达式为：

$$Z_{xy}=\frac{\mu_0}{4\pi}\int_{-\infty}^{\infty}\int_{-\infty}^{\infty}\left\{\int_{h+\Delta h_{\xi\eta}}^{H+\Delta H_{\xi\eta}}J_{\xi\eta}K(x-\xi,y-\eta,\zeta)\mathrm{d}\zeta\right\}\mathrm{d}\zeta\mathrm{d}\eta = \mathrm{I}+\mathrm{II}+\mathrm{III} \tag{1-2-2}$$

式中，Ⅰ、Ⅱ、Ⅲ分别表示(1 -2 -2)式中大括号内 $h\to H$ 积分、$h+\Delta h\to h$ 积分和 $H\to H+\Delta H$ 积分。经积分，Ⅰ的显式结果为：

$$\mathrm{I}=J_{\xi\eta}\left\{\frac{h}{[(x-\xi)^2+(y-\eta)^2+h^2]^{3/2}}-\frac{H}{[(x-\xi)^2+(y-\eta)^2+H^2]^{3/2}}\right\}=J_{\xi\eta}G(h,\ H) \tag{1-2-3}$$

进一步，与其有关的积分结果是：

$$\begin{aligned}\int_{-\infty}^{\infty}\int_{-\infty}^{\infty}J_{\xi\eta}G(h,H)\mathrm{d}\xi\mathrm{d}\eta &= \int_{-\infty}^{\infty}\int_{-\infty}^{\infty}(J+\Delta J_{\xi\eta})G(h,H)\mathrm{d}\xi\mathrm{d}\eta \\ &= \int_{-\infty}^{\infty}\int_{-\infty}^{\infty}JG(h,H)\mathrm{d}\xi\mathrm{d}\eta(=0)+\int_{-\infty}^{\infty}\int_{-\infty}^{\infty}\Delta J_{\xi\eta}G(h,H)\mathrm{d}\xi\mathrm{d}\eta \\ &= \int_{-\infty}^{\infty}\int_{-\infty}^{\infty}\Delta J_{\xi\eta}G(h,H)\mathrm{d}\xi\mathrm{d}\eta\end{aligned} \tag{1-2-4}$$

(1 -2 -4)式是一个影响正、反演全局的重要关系式。之前，中外重磁专家均未注意到，因而正、反演公式存在问题。

为了使 Z_{xy} 的正演表达式线性化：在Ⅱ号积分中，令 $\zeta_{\xi\eta}=h+\Delta h_{\xi\eta}$ 和 $d\zeta_{\xi\eta}=d(h+\Delta h_{\xi\eta})=d\Delta h_{\xi\eta}$，在 $\Delta h_{\xi\eta}\ll h$ 的条件下，把(1-2-1)式的 $K(P,Q)$ 在 h 处展开成关于 h、$\Delta h_{\xi\eta}$ 的泰勒级数；在Ⅲ号积分中，也做类似处理，即把 $K(P,Q)$ 在 H 处展开成关于 H、$\Delta H_{\xi\eta}$ 的泰勒级数。该二泰勒级数中，出现的 $K^{(n)}(h)$ 与 $K^{(n)}(H)$，分别是 $K(P,Q)$ 关于 ζ 的 n 阶导数在 h、H 的值；而当 $n=0$ 时为 $K^{(0)}(h)$ 与 $K^{(0)}(H)$。在 $K(P,Q)$ 公式中，分别把 ζ 换成 h 和 H。

于是，最后得到 Z_{xy} 的表达式为：

$$Z_{xy}=\frac{\mu_0}{4\pi}\int_{-\infty}^{\infty}\int_{-\infty}^{\infty}\left\{\Delta J_{\xi\eta}G(h,H)-\sum_{n=0}^{\infty}\frac{1}{(n+1)!}\left[(J_{\xi\eta}\Delta h_{\xi\eta}^{n+1})K^{(n)}(h)-(J_{\xi\eta}\Delta H_{\xi\eta}^{n+1})K^{(n)}(H)\right]\right\}d\xi d\eta \tag{1-2-5}$$

(1-2-5)式右端式褶积型积分容易给出 Z_{xy} 的频谱表达式，即：

$$Z_{uv}=\frac{\mu_0}{4\pi}\left\{2\pi\Delta J_{uv}(e^{-2\pi fh}-e^{-2\pi fH})+2\pi\sum_{n=1}^{\infty}\frac{(-2\pi f)^n}{n!}\left[(J_{\xi\eta}\Delta h_{\xi\eta}^{n})_{uv}e^{-2\pi fh}-(J_{\xi\eta}\Delta H_{\xi\eta}^{n})_{uv}e^{-2\pi fH}\right]\right\} \tag{1-2-6}$$

式中，$f=\sqrt{u^2+v^2}$ 为径向频谱，其他的 $(\cdots)_{uv}$ 均为小括号内函数的频谱。(1-2-6)式可简化为适合多种情况的正演表达式。

1.2.2 球壳型磁性层化极场线性化正演表达式

1.2.2.1 坐标系和磁性层模型

设球坐标系原点 O 位于地球中心，观测点位于地球表面或球面外半径为 R 的球面上，为 $P(R,\lambda,\theta)$。设地壳内存在一个球壳型封闭磁性层，磁性层内点的坐标记为 $Q(r',\lambda',\theta')$。磁性层磁化强度处处指向地心，其幅值不随 r' 变化，仅是 λ'、θ' 的函数，记为 $J_{\lambda'\theta'}=J+\Delta J_{\lambda'\theta'}$，其中，$J$ 为平均值，$\Delta J_{\lambda'\theta'}$ 为变化值。令其上界面和下界面深度分别为：$r_{1\lambda'\theta'}=r_1+\Delta h_{\lambda'\theta'}$、$r_{2\lambda'\theta'}=r_2+\Delta H_{\lambda'\theta'}$，其中，$r_1$、$r_2$、$\Delta h_{\lambda'\theta'}$、$\Delta H_{\lambda'\theta'}$ 分别为上、下界面平均深度和起伏变化值。球壳型磁性层断面如图1-10所示。

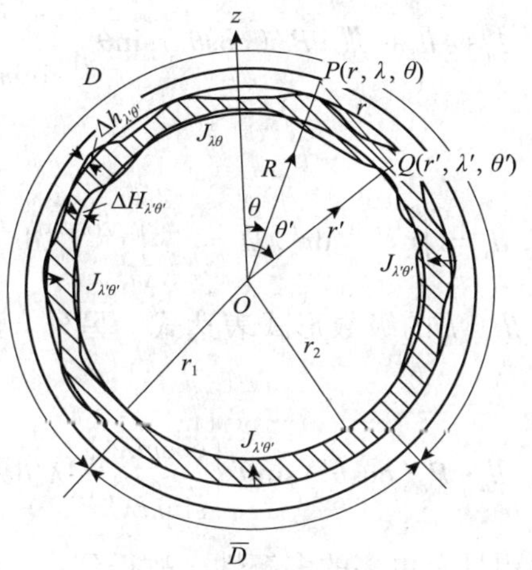

图 1-10　球壳形磁性层断面图

1.2.2.2　磁性层磁位 U_P 和磁场垂直分量 Z_P 的球谐分析表达式

由专著《高 & 区》第 9 章可知，磁性层磁位 U_P 球谐级数表达式为：

$$U_P = -\sum_{n=1}^{\infty}\sum_{m=0}^{n}\frac{1}{R^{n+1}}\{a_n^m\cos m\lambda + b_n^m\sin m\lambda\}P_n^m(\cos\theta) \qquad (1-2-7)$$

其中：

$$\begin{Bmatrix} a_n^m \\ b_n^m \end{Bmatrix} = \frac{n}{4\pi}\int_0^{\pi}\int_0^{2\pi}\int_{r_{2\lambda'\theta'}}^{r_{1\lambda'\theta'}} J_{\lambda'\theta'}r'^{(n+1)}P_n^m(\cos\theta')\sin\theta'\begin{Bmatrix} \cos m\lambda' \\ \sin m\lambda' \end{Bmatrix}\mathrm{d}r'\mathrm{d}\lambda'\mathrm{d}\theta' \qquad (1-2-8)$$

由 U_P 可求得 Z_P 级数表达式：

$$Z_P = -\frac{\partial U_P}{\partial R} = \sum_{n=1}^{\infty}\sum_{m=0}^{n}(n+1)\{g_n^m\cos m\lambda + h_n^m\sin m\lambda\}P_n^m(\cos\theta) \qquad (1-2-9)$$

其中：

$$g_n^m = \frac{\mu_0}{R^{n+2}}a_n^m,\ h_n^m = \frac{\mu_0}{R^{n+2}}b_n^m \qquad (1-2-10)$$

1.2.2.3　球谐系数 g_n^m、h_n^m 的正演表达式

(1-2-8)式可以写为：

$$\begin{Bmatrix} a_n^m \\ b_n^m \end{Bmatrix} = \frac{n}{4\pi}\int_0^{\pi}\int_0^{2\pi}J_{\lambda'\theta'}\left\{\int_{r_{2\lambda'\theta'}}^{r_{1\lambda'\theta'}} r'^{(n+1)}\mathrm{d}r'\right\}P_n(\cos\theta')\sin\theta'\begin{Bmatrix} \cos m\lambda' \\ \sin m\lambda' \end{Bmatrix}\mathrm{d}\lambda'\mathrm{d}\theta'$$

$$= \frac{n}{4\pi}\int_0^{\pi}\int_0^{2\pi} J_{\lambda'\theta'}\{ I_n + II_n + III_n\} P_n^m(\cos\theta')\sin\theta' \begin{Bmatrix}\cos m\lambda' \\ \sin m\lambda'\end{Bmatrix} d\lambda' d\theta' \quad (1-2-11)$$

其中：

$$I_n = \int_{r_1}^{r_1+\Delta h_{\lambda'\theta'}} r'^{(n+1)} dr',\ II_n = \int_{r_2}^{r_1} r'^{(n+1)} dr',\ III_n = \int_{r_2+\Delta H_{\lambda'\theta'}}^{r_{21}} r'^{(n+1)} dr' \quad (1-2-12)$$

通过积分求得 I_n、II_n、III_n的级数形式表达式。另外，经积分得到有重要意义的关系式：

$$\int_0^{\pi}\int_0^{2\pi} J \cdot II_n \cdot P_n(\cos\theta')\sin\theta' \begin{Bmatrix}\cos m\lambda' \\ \sin m\lambda'\end{Bmatrix} d\lambda' d\theta' = 0 \quad (1-2-13)$$

该式导致正反演问题具有更多的多解性，故得到：

$$\begin{Bmatrix}a_n^m \\ b_n^m\end{Bmatrix} = \frac{n}{4\pi}\int_0^{\pi}\int_0^{2\pi}\Big\{\frac{\Delta J_{\lambda'\theta'}}{n+2}(r_1^{n+2} - r_2^{n+2}) + \sum_{k=1}^{n+2}\frac{(n+1)!}{k![(n+2)-k]!} \cdot$$

$$[r_1^{(n+2)-k}(J_{\lambda'\theta'}\Delta h_{\lambda'\theta'}^k) - r_2^{(n+2)-k}(J_{\lambda'\theta'}\Delta H_{\lambda'\theta'}^k)]\Big\}$$

$$P_n^m(\cos\theta')\sin\theta' \begin{Bmatrix}\cos m\lambda' \\ \sin m\lambda'\end{Bmatrix} d\lambda' d\theta' \quad (1-2-14)$$

设 $\Delta J_{\lambda'\theta'}$、$(J_{\lambda'\theta'}\Delta h_{\lambda'\theta'}^k)$、$(J_{\lambda'\theta'}\Delta H_{\lambda'\theta'}^k)$，$k=1,2,3,\cdots,(n+2)$，均展开为(1－2－9)式形式的球谐级数，其球谐系数分别为：$\{\Delta\tilde{g}_{n'm'}^{00},\ \Delta\tilde{h}_{n'm'}^{00}\}$、$\{\tilde{g}_{n'm'}^{1k},\ \Delta\tilde{h}_{n'm'}^{1k}\}$、$\{\Delta\tilde{g}_{n'm'}^{2k},\ \Delta\tilde{h}_{n'm'}^{2k}\}$，则有：

$$\Delta J_{\lambda'\theta'} = \sum_{n'=1}^{\infty}\sum_{m'=0}^{n'}(n'+1)\{\Delta\tilde{g}_{n'm'}^{00}\cos m'\lambda' + \Delta\tilde{h}_{n'm'}^{00}\sin m'\lambda'\} P_{n'}^{m'}(\cos\theta')$$

$$J_{\lambda'\theta'}\Delta h_{\lambda'\theta'}^k = \sum_{n'=1}^{\infty}\sum_{m'=0}^{n'}(n'+1)\{\tilde{g}_{n'm'}^{1k}\cos m'\lambda' + \tilde{h}_{n'm'}^{1k}\sin m'\lambda'\} P_{n'}^{m'}(\cos\theta')$$

$$J_{\lambda'\theta'}\Delta H_{\lambda'\theta'}^k = \sum_{n'=1}^{\infty}\sum_{m'=0}^{n'}(n'+1)\{\tilde{g}_{n'm'}^{2k}\cos m'\lambda' + \tilde{h}_{n'm'}^{2k}\sin m'\lambda'\} P_{n'}^{m'}(\cos\theta')$$

$$(1-2-15)$$

把(1－2－15)式代入(1－2－14)式，再利用 $\cos m\lambda$、$\sin m\lambda$、$P_n^m(\cos\theta)$等函数的正交关系，可以得到：

$$\begin{Bmatrix}a_n^m \\ b_n^m\end{Bmatrix} = \sum_{k=0}^{n+2} = \frac{n(n+1)(n+1)!}{(2n+1)k![(n+2)-k]!}\left\{r_1^{(n+2)-k}\begin{pmatrix}g_{nm}^{1k} \\ h_{nm}^{1k}\end{pmatrix} - r_2^{(n+2)-k}\begin{pmatrix}g_{nm}^{2k} \\ h_{nm}^{2k}\end{pmatrix}\right\}$$

$$(1-2-16)$$

为了公式更简单，(1－2－16)式中，$g_{nm}^{10}=g_{nm}^{20}=\Delta g_{nm}^{00}$，$h_{nm}^{10}=h_{nm}^{20}=\Delta h_{nm}^{00}$ 均为 $\Delta J_{\lambda'\theta'}$ 的球谐系数。由(1－2－10)式，得到：

$$\begin{Bmatrix} g_n^m \\ h_n^m \end{Bmatrix} = \sum_{k=0}^{n+2} S_{nk}\left\{D_{1n}r_1^{-k}\begin{pmatrix} g_{nm}^{1k} \\ h_{nm}^{1k} \end{pmatrix} - D_{2n}r_2^{-k}\begin{pmatrix} g_{nm}^{2k} \\ h_{nm}^{2k} \end{pmatrix}\right\} \quad (1-2-17)$$

其中：

$$S_{nk}=\mu_0\,\frac{n(n+1)(n+1)!}{(2n+1)k!\,[(n+2)-k]!},\ D_{1n}=\left(\frac{r_1}{R}\right)^{(n+2)},\ D_{2n}=\left(\frac{r_2}{R}\right)^{(n+2)} \quad (1-2-18)$$

1.2.2.4 g_{nm}^{1k}、g_{nm}^{2k}、h_{nm}^{1k}、h_{nm}^{2k} 的确定

(1－2－17)式和(1－2－18)式中，g_{nm}^{1k}、h_{nm}^{1k}、g_{nm}^{2k}、$h_{nm}^{2k}(k=1,2,3,\cdots,n+2)$ 等均作为已知值。由 $\Delta J_{\lambda'\theta'}$、$J_{\lambda'\theta'}\Delta h_{\lambda'\theta'}^{k}$、$J_{\lambda'\theta'}\Delta H_{\lambda'\theta'}^{k}(k=1,2,3,\cdots,n+2)$ 确定上述球谐系数的公式可以看到，(1－2－9)式和(1－2－15)式形式相同，若令：$f(\lambda,\theta)$ 代表 $Z_P(\lambda,\theta)$、$\Delta J_{\lambda'\theta'}$、$(J_{\lambda'\theta'}\Delta h_{\lambda'\theta'}^{k})$、$(J_{\lambda'\theta'}\Delta H_{\lambda'\theta'}^{k})$；$G_n^m$、$H_n^m$ 代表 g_n^m、h_n^m、g_{nm}^{1k}、h_{nm}^{1k}、g_{nm}^{2k}、$h_{nm}^{2k}(k=1,2,3,\cdots,n+2)$，该二式可以写成统一形式：

$$f_{\lambda'\theta'}\sum_{n=1}^{\infty}\sum_{m=0}^{n}(n+1)\{G_n^m\cos m\lambda + H_n^m\sin m\lambda\}P_n^m(\cos\theta) \quad (1-2-19)$$

于是，问题变为由 $f_{\lambda'\theta'}$ 给出确定 G_n^m、H_n^m 的公式，容易得到(王竹溪、郭敦人，1965)：

$$\begin{Bmatrix} G_n^m \\ H_n^m \end{Bmatrix} = \frac{2n+1}{4\pi(n+1)}\int_0^{\pi}\int_0^{2\pi} f(\lambda,\theta)P_n^m(\cos\theta)\begin{Bmatrix} \cos m\lambda \\ \sin m\theta \end{Bmatrix}\sin\theta\,d\lambda\,d\theta \quad (1-2-20)$$

可以认为，(1－2－19)式和(1－2－20)式构成一种特殊的球谐分析对。

综上所述，可以得到磁性层磁场的正演步骤如下：先按(1－2－20)式对 $\Delta J_{\lambda'\theta'}$、$J_{\lambda'\theta'}\Delta h_{\lambda'\theta'}^{k}$、$J_{\lambda'\theta'}\Delta H_{\lambda'\theta'}^{k}(k=1,2,3,\cdots,n+2)$ 作球谐分析，求得 g_{nm}^{00}、h_{nm}^{00}、g_{nm}^{1k}、h_{nm}^{1k}、g_{nm}^{2k}、$h_{nm}^{2k}(k=1,2,3,\cdots,n+2)$ 代入(1－2－17)式，求得 g_n^m、h_n^m 代入(1－2－9)式，即得 Z_P。计算结果表明，该算法速度较快。

1.3 二度体复磁场线性化正演表达式

1.3.1 引言

笔者进行二度体复磁场线性化正演表达式的推导，是从 1992 年 1 月由参访

苏联回国后立即开始的。该研究的理论基础基于拉普伦捷夫和沙巴特(1963)、Страхов 和 Лучнцкий(1980)、安玉林和管志宁(1986)等的参考文献，高等代数以及国内已有的求解高阶复方程、复线性方程组的开源 Fortran 程序等。

在推导出规则二度体及其组合体复磁场与导数正演表达式和部分反演公式，又在3名本科生毕业论文的初步验证基础上，笔者向大学同学柴玉璞和张先所在单位提出了“二维局部重磁场源全方位成像”立项申请，均获得了小额资助。与此同时，笔者又提出“国家自然科学基金面上项目”申请，但因该课题没有参考依据，未能得到国家资金支持。后来，大学同班同学谭保华也加入了支持笔者研究的行列。

同学及其单位的支持，使笔者的后续研究(包括“二维成像”方法和程序研制，以及开始“三维局部重磁场源全方位成像”研究)得以进行。在 1994 年中国地球物理年会上，笔者发表了有关“二维局部重磁场源全方位成像”核心研究成果(安玉林，1994)。

本节阐述的二度体包括下延有限二度体和下延无限二度体。下延有限二度体又分为各类规则形态二度体和非规则形态二度体；下延无限二度体只研究各类规则形态二度体及其组合体。下延有限二度体定义为：能被一个不与观测剖面相交的水平圆柱面包围、由具有均匀或非均匀密度或磁化强度、走向无限长的单体(如有限薄板)或多体组成的集合体。该定义同时也是其成像理论的应用条件(即包围条件)。

在下延有限非规则形态二度体情况下：①需要选取有限二度体磁矩中心点为原点，建立复坐标系 Oxz，推导出复磁场泰勒级数型正演表达式及其复系数积分表达式，从而实现场源边界全方位成像。②假设该二度体内磁化强度模值在复坐标原点处展开成带泰勒级数，并反演求得或给定边界点距离原点的距离，可进一步导出磁场复系数的正演表达式，这为该二度体内磁化强度模值成像奠定基础。③如此选取复坐标原点，也可以实现“下延有限或无限规则二度体及其组合体奇点位置全方位成像”(见《成像》上篇第 1 章第 2 节)。

如果选取观测剖面上某一点为坐标原点 O，建立复坐标系 Oxz，像《复重磁场》推导下延有限或无限规则二度体及其组合体复磁场那样，推导其各类正演表达式，则这些正演公式只能采用全方位任意点复重磁场反演方法实现下延有限或无限规则二度体奇点位置全方位成像。笔者最初推导复场正演公式就是这样开始的。

本节将分上述两类情况加以阐述。

这里需要重点指出的是：一般情况下，观测场只是磁场的垂直分量，或者是沿地磁场方向的 ΔT_a，甚至是 ΔT_a 的方向导数，因此，需要由观测场换算出复磁场。这些问题将在“第 3 章第 5 节”加以阐述。

1.3.2 规则二度体及其组合体复磁场线性化正演表达式

如图 1－11 所示，在起伏观测剖面上某一点为坐标原点 O，建立直角坐标系 Oxz，Z 轴垂直向下。设起伏观测剖面上测点为 $S(x, z)$，二度体内部点为 $\sigma(\xi, \zeta)$；有效磁化强度 $M_S(\sigma)$ 在 Ox 方向和 Oz 方向上的投影值分别为 $M_\xi(\sigma)$ 和 $M_\zeta(\sigma)$。该二度体为一般形态的凸型体。

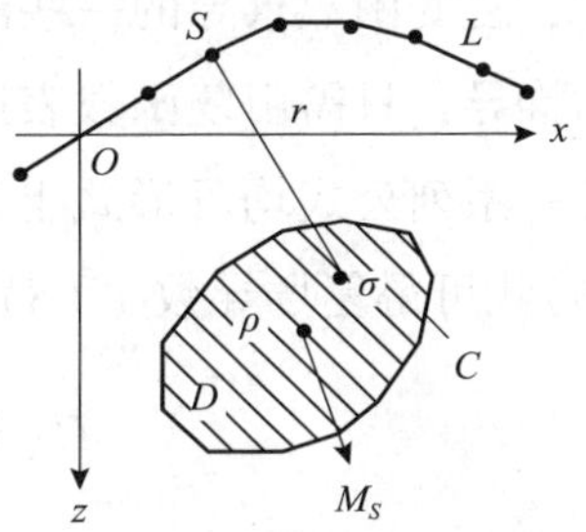

图 1－11 剖面线下磁性二度体及其复坐标系示意图

1.3.2.1 复磁场 $T(S)$ 及其导数 $T'(S)$ 的面积分表达式

设一般形态二度体在观测剖面上 S 点处产生的磁场分量分别为 $H_a(x, z)$、$Z_a(x, z)$。

由《复重磁场》中的(2.3)式、(2.4)式，复磁场强度面积分表达式为：

$$T(S) = H_a(S) - \mathrm{i}Z_a(S) = \frac{\mu_0}{2\pi}\iint_D \frac{M_\xi + \mathrm{i}M_\zeta}{\{(x - \mathrm{i}z) - (\xi + \mathrm{i}\zeta)\}^2}\mathrm{d}\xi\mathrm{d}\zeta \tag{1-3-1}$$

若点坐标 $S(x, z)$、$\sigma(\xi, \zeta)$ 和有效磁化强度 $M_S(\sigma)$ 均用复数表示，且设二度体内有效磁倾角 I_S 为常量，则有：

$$\left.\begin{aligned} S &= S(x, z) = x + \mathrm{i}z = r\mathrm{e}^{\mathrm{i}\varphi} \\ \sigma &= \sigma(\xi, \zeta) = \xi + \mathrm{i}\zeta = r\mathrm{e}^{\mathrm{i}\varphi} \\ M_S(\sigma) &= M_\xi(\sigma) + \mathrm{i}M_\zeta(\sigma) = \hat{M}(\sigma)\mathrm{e}^{\mathrm{i}I_S} \end{aligned}\right\} \tag{1-3-2}$$

式中，$\hat{M}(\sigma)$ 为 $M_S(\sigma)$ 的模值，为场源体内点的函数。则复磁场表达式变为：

$$T(S) = \frac{\mu_0}{4\pi}\iint_D \frac{2\hat{M}(\sigma)\mathrm{e}^{\mathrm{i}I_s}}{(s - \sigma)^2}\mathrm{d}\xi\mathrm{d}\zeta \tag{1-3-3}$$

上式为复磁场的面积分表达式，是磁场在复数域中的拉普拉斯方程的基本解。若令二度体为均匀磁化，有效复磁化强度为：

$$M_S = \hat{M}e^{iI_S} \tag{1-3-4}$$

式中，$\hat{M}$ 和 I_S 分别为有效磁化强度模和有效磁倾角。此时，复磁场表达式变为：

$$T(S) = \frac{\mu_0}{4\pi}(2M_S)\iint_D \frac{d\xi d\zeta}{(S-\sigma)^2} \tag{1-3-5}$$

复变函数理论指出，复变函数可微的定义与实变函数可微的定义是一样的。因此，复变函数求导的一些法则、公式在形式上一样。按该结论，复函数导数公式的推导，只需由复函数表达式直接对 S 求导即可。而有关实函数级数展开、积分等一系列公式均可形式上用于复函数级数展开和积分运算中。故此，由(1-3-5)式可得复场导数 $T'(S)$ 表达式为：

$$T'(S) = \frac{-\mu_0}{4\pi}(4M_S)\iint_D \frac{d\xi d\zeta}{(S-\sigma)^3} \tag{1-3-6}$$

另外，对(1-3-5)式关于 S 求积分，再除以 μ_0，可得如下复磁位 $U(S)$ 的积分表达式：

$$U(S) = \frac{1}{4\pi}(2M_S)\iint_D \frac{d\xi d\zeta}{(S-\sigma)} \tag{1-3-7}$$

1.3.2.2　二度体重磁场的复泊松公式

参考《复重磁场》中(2.2)式、(2.7)式、(2.8)式，可分别到如下复重力场、复重力场一次导数、复重力场二次导数等3个面积分表达式：

$$G(S) = (2G\rho)\iint_D \frac{d\xi d\zeta}{(S-\sigma)}, G'(S) = (2G\rho)\iint_D \frac{d\xi d\zeta}{(S-\sigma)^2}, G''(S) = -(4G\rho)\iint_D \frac{d\xi d\zeta}{(S-\sigma)^3}。$$

式中，G 为引力常数。

把该3式分别与(1-3-7)式、(1-3-5)式、(1-3-6)式作对比，得到重磁场之间的复泊松关系式：

$$G(S) = 4\pi\frac{G\rho}{M_S}U(S),\quad G'(S) = \frac{4\pi}{\mu_0}\frac{G\rho}{M_S}T(S),\quad G''(S) = \frac{4\pi}{\mu_0}\frac{G\rho}{M_S}T'(S) \tag{1-3-8}$$

复泊松关系式(1-3-8)是由复磁位、复磁场、复磁场导数表达式组成，反过来得到复重力场、复重力场一次导数、复重力场二次导数等表达式。

因此，本书只阐述复磁场正反演问题，复重力场正反演为其特例。

1.3.2.3 推导规则二度体及其组合体复磁场及其导数正演表达式的方法

《复重磁场》中，第3节"复场的线积分表达式"和第4节"柯西积分法和光滑柱体复磁场公式"是苏联院士BH斯特拉霍夫等(Страхов、Лучнцкий，1980)，为推导二维重磁场及其导数正演表达式做出杰出贡献。笔者尽管阅读过BA拉普伦捷夫、BA沙巴特著《复变函数论》中译本(拉普伦捷夫、沙巴特，1963)，在1974年的研究工作中，仍不得要领。尤其是他们推导出的长轴倾斜椭圆柱体的复磁场及其导数(4.12)~(4.14)式，令人叫绝，因为在直角坐标系内，该3个表达式极其复杂和冗长。这正是吸引笔者的地方，使笔者相信，完全在复坐标系内研究二度体磁场正反演问题，定能取得一系列出色"成果"。按照上述两类方法推导出了下面多种规则二度体及其组合形体。

(1)"水平圆柱组合体复磁场"表达式。

$$T'(S)=\frac{\mu_0}{4\pi}\sum_{j=1}^{n}\frac{2M_m}{(S-\sigma_0)^2},M_m=\pi R^2M_S \qquad (1-3-9)$$

(2)"长轴倾斜椭圆柱体复磁场导数"表达式。

$$T'(S)=\frac{\mu_0}{4\pi}2M_m\frac{c_*^2}{[(S-\sigma_0)^2+c_*^2]^{3/2}},\quad M_m=2\pi\frac{ab}{c^2}\hat{M}e^{i(I_S-2\beta)},\quad c_*^2=c^2e^{i2\beta} \qquad (1-3-10)$$

(3)"水平n棱柱体复磁场导数"表达式。

$$T'(S)=\frac{\mu_0}{4\pi}2M_m\sum_{j=1}^{n}\frac{(\bar{\sigma}_{j+1}-\bar{\sigma}_j)}{(\sigma_j-S)(\sigma_{j+1}-S)},M_m=-i0.5M_S,\sigma_{n+1}=\sigma_1 \qquad (1-3-11)$$

水平n棱柱体能简化表示许多"二角点无限"形体、向斜、背斜等。

在《复重磁场》第6节"分段积分法"中指出，这种分段线积分方法是一种研究复场正演问题极为有效的方法。

在《复重磁场》中，第5节与第7节是重磁科技人员所熟悉的普通积分法，不同的是，这里的积分变量是场源点复坐标σ，不用分开其实部和虚部，直接用其进行公式推导。采用此方法易推导出许多二度规则形体复场正演公式。

1.3.3 下延有限二度体复磁场的泰勒级数型正演通用表达式

如引言中所述，需选取有限二度体磁矩中心点为原点O，建立复坐标系Oxz。下延有限二度体复磁场积分表达式(在复数域中的拉普拉斯方程的基本解)是

(1－3－3)式，即：

$$T(S) = \frac{\mu_0}{4\pi}\iint\limits_D \frac{2\hat{M}(\sigma)\mathrm{e}^{\mathrm{i}I_S}}{(S-\sigma)^2}\mathrm{d}\xi\mathrm{d}\zeta \tag{1-3-12}$$

当条件 $r'_{\max} < r_{\min}$ 成立时，(1－3－12)式可写为：

$$T(S) = \frac{\mu_0}{4\pi}\iint\limits_D \frac{2\hat{M}(\sigma)\mathrm{e}^{\mathrm{i}I_S}}{S^2}\left\{1+\left(-\frac{\sigma}{S}\right)\right\}^{-2}\mathrm{d}\xi\mathrm{d}\zeta \tag{1-3-13}$$

把因子 $\{1+(-\sigma/S)\}^{-2}$ 作泰勒级数展开并取到 N 次，得到：

$$T(S) = \sum_{k=1}^{N}\frac{C_k^{\mathrm{T}}}{S^{k+1}},\ C_k^{\mathrm{T}} = \frac{\mu_0}{2\pi}\mathrm{e}^{\mathrm{i}I_S}\iint\limits_D k\hat{M}(\sigma)\sigma^{k-1}\mathrm{d}\xi\mathrm{d}\zeta \tag{1-3-14}$$

(1－3－14)式是下延有限二度体复磁场 $T(S)$ 的泰勒级数正演通用表达式，C_k^{T} 为其复系数，只与磁性体磁化强度模 $\hat{M}(\sigma)$ 和有效磁倾角 I_S 有关。该表达式为复杂条件下有限二度体磁异常的反演理论和方法奠定了基础。

在矿产勘探和工程物探中，均匀磁化凸形边界有限二度体具有广泛的代表性和重要应用价值。当给定磁化强度模值时，对这类形体，(1－3－14)式可作如下改写：

$$T(S) = T(r,\varphi) = \sum_{k=1}^{N}\frac{C_k^{\mathrm{T}}}{r^{k+1}}\mathrm{e}^{-\mathrm{i}(k+1)\varphi},\ \varphi = \arctan^*\left\{\frac{z}{x}\right\} \tag{1-3-15}$$

$$C_k^{\mathrm{T}} = \frac{\mu_0}{2\pi}M_S\int_0^{2\pi}\left\{\int_0^{R(\varphi')} kr'^k\mathrm{e}^{\mathrm{i}(k-1)\varphi'}\mathrm{d}r'\right\}\mathrm{d}\varphi' = \frac{\mu_0}{4\pi}\int_0^{2\pi}\left\{\frac{2kM_S}{k+1}R^{(k+1)}(\varphi)'\right\}\mathrm{e}^{\mathrm{i}(k-1)\varphi'}\mathrm{d}\varphi' \tag{1-3-16}$$

式中，$R(\varphi)'$ 为二度体边界点模值。

假设在以磁矩中心为复坐标原点、以 R 为半径的包围场源的柱体截面上计算复场值。把(1－3－16)式代入(1－3－15)式，且以 R 代替 r，得 $T(R,\ \varphi)$ 的正演表达式：

$$T(R,\varphi) = \sum_{k=1}^{N}\frac{C_k^{\mathrm{T}}}{R^{k+1}}\mathrm{e}^{-\mathrm{i}(k+1)\varphi} = \frac{\mu_0}{4\pi}\sum_{k=1}^{N}\frac{\mathrm{e}^{-\mathrm{i}(k+1)\varphi}}{R^{k+1}}\int_0^{2\pi}\left\{\frac{2kM_S}{k+1}R^{(k+1)}(\varphi)\right\}\mathrm{e}^{\mathrm{i}(k-1)\varphi}\mathrm{d}\varphi \tag{1-3-17}$$

1.3.4 具有凸型光滑边界和连续磁性变化二度体复磁场系数积分表达式

1.3.4.1 第一类有限二度体磁场复系数的积分表达式

从任意单值边界与变磁化强度二度体复系数 $C_k^{\mathrm{T}}(k\geqslant 1)$ 的面积分表达式：

$$C_k^{\mathrm{T}} = A_k + \mathrm{i}B_k = \frac{\mu_0}{2\pi}\mathrm{e}^{\mathrm{i}I_S}\iint_D k\hat{M}(\sigma)\sigma^{k-1}\mathrm{d}\xi\mathrm{d}\zeta = \frac{\mu_0}{2\pi}\mathrm{e}^{\mathrm{i}I_S}\int_0^{2\pi}\left\{\int_0^{R(\varphi)} k\hat{M}(\sigma)\sigma^{k-1}\mathrm{d}r\right\}\mathrm{d}\varphi$$

(1－3－18)

式中，$k=1,\ 2,\ 3,\ \cdots$；$\sigma = r\mathrm{e}^{\mathrm{i}\varphi}$；$I_S$ 为沿剖面方向的有效磁化倾角。

以该二度体磁矩中心 σ_0 为复坐标原点，参见《成像(续)》(3.2.2)式和(3.2.3)式，对磁化强度模 $\hat{M}(\sigma)$ 作泰勒级数展开，令 C_{ji} 为展开式系数，可得到如下形式：

$$\hat{M}(\sigma) = \hat{M}(r,\varphi) = M_0 + \Delta M(r,\varphi) = M_0 + \sum_{j=1}^{N_1}\sum_{l=0}^{j} c_{jl}\cos^{j-l}\varphi\sin^{l}\varphi r^{j}$$

(1－3－19)

式中，M_0 为 $\hat{M}(0)$ 的磁化强度模值，并且应满足关系式 $|\Delta M(r,\ \varphi)| \ll M_0$，以保证 $\hat{M}(\sigma)$ 为正值。当趋于无穷大时，$\hat{M}(\sigma)$ 的表达式可以表示任何正值连续函数。例如，①若(1－3－19)式只有常数项 M_0，则表示磁性体均匀磁化。②若该式仅包含一次项，则表示磁性体呈线性磁化状态。③若该式仅包含二次项，则表示磁性体呈空间曲线形磁化状态等。这些磁化情况下磁性体复系数的计算下一节阐述。若取 $M_0 = c_{00}$，(1－3－19)式变为：

$$\hat{M}(\sigma) = \sum_{j=0}^{N_1}\sum_{l=0}^{j} c_{jl}\cos^{j-l}\varphi\sin^{l}\varphi r^{j} \qquad (1-3-20)$$

在上述磁化强度假设下，把(1－3－20)式代入(1－3－15)式，则有：

$$C_k^{\mathrm{T}} = \frac{\mu_0}{2\pi}\mathrm{e}^{\mathrm{i}I_S}k\int_0^{2\pi}\left\{\int_0^{R(\varphi)}\left[\sum_{j=0}^{N_1}\sum_{l=0}^{j} c_{jl}\cos^{j-l}\varphi\sin^{l}\varphi r^{j}\right]r^{k}\mathrm{e}^{\mathrm{i}(k-1)\varphi}\mathrm{d}r\right\}\mathrm{d}\varphi = \frac{\mu_0}{2\pi}\mathrm{e}^{\mathrm{i}I_S}\left\{\hat{C}_k^{\mathrm{T}}\right\}$$

(1－3－21)

其中，$\hat{C}_k^{\mathrm{T}}(k\geqslant 1)$ 表达式为：

$$\hat{C}_k^{\mathrm{T}} = \int_0^{2\pi}\left\{\sum_{j=0}^{N_1}\frac{kR^{(k+1+j)}(\varphi)}{k+1+j}\sum_{l=0}^{j} c_{jl}\cos^{j-l}\varphi\sin^{l}\varphi\right\}\mathrm{e}^{\mathrm{i}(k-1)\varphi}\mathrm{d}\varphi \qquad (1-3-22)$$

若给定 c_{jl}，并以数值形式给定 $R(\varphi)$，采用数值积分法，容易得到系数 $\hat{C}_k^{\mathrm{T}}$ 的正演值。

在(1－3－21)式和(1－3－22)式中，进一步假设 $R(\varphi)$ 为关于正交函数系 $\{\cos m\varphi,\ \sin m\varphi\}$ 的有限项傅里叶展开式，令 A_m、B_m 为展开式系数，则有：

$$R(\varphi) = R_0 + \Delta R(\varphi) = A_0 + \sum_{m=1}^{N_2} \{A_m \cos m\varphi + B_m \sin m\varphi\} \quad (1-3-23)$$

式中，$A_0 = R_0$；$\Delta R(\varphi) = \sum_{m=1}^{N_2} \{A_m \cos m\varphi + B_m \sin m\varphi\}$，当 N_2 趋于无穷大时，该式可以表达[0，2π]之间的关于 φ 的任意连续函数。取 $|\Delta R(\varphi)|_{\max} < 0.70R_0$，以保证三度体具有单值边界，而 R_0 相当于 $R(\varphi)$ 的平均值。记：$n_j = (1+k+j)$，则有：

$$\begin{Bmatrix} \hat{A}_k^{\mathrm{T}} \\ \hat{B}_k^{\mathrm{T}} \end{Bmatrix} = \int_0^{2\pi} \left\{ \sum_{j=0}^{N_1} \frac{k}{n_j} \left[\sum_{m=0}^{N_2} \{A_m \cos m\varphi + B_m \sin m\varphi\} \right]^{n_j} \sum_{l=0}^{j} c_{jl} \cos^{j-l}\varphi \sin^l \varphi \right\} \begin{Bmatrix} \cos(k-1)\varphi \\ \sin(k-1)\varphi \end{Bmatrix} \mathrm{d}\varphi$$

$$= \int_0^{2\pi} \left\{ \sum_{j=0}^{N_1} \frac{k}{n_j} \left[\sum_{m=0}^{N_2} D_m \cos(m\varphi - \varphi_m) \right]^{n_j} \sum_{l=0}^{j} c_{jl} \cos^{j-l}\varphi \sin^l \varphi \right\} \begin{Bmatrix} \cos(k-1)\varphi \\ \sin(k-1)\varphi \end{Bmatrix} \mathrm{d}\varphi$$

$$(1-3-24)$$

其中，$k \geqslant 1$；D_m 和 φ_m 分别为余弦谐波的振幅和相位(取值为 0 ~ π)，表达式为：

$$D_0 = R_0,\ \varphi_0 = 0,\ D_m = \sqrt{A_m^2 + B_m^2},\ \varphi_m = \arctan^*(B_m / A_m) \quad (1-3-25)$$

由(1-3-24)式适当地给定 N_1、N_2、C_{ji}、A_m、B_m 后，理论上，采用二项展开式和三角函数积化和差公式，可以解析地求得该光滑单值边界与变磁化强度二度体磁场复系数值，但异常繁琐，难于实现。但是可以给出一种严谨、巧妙、简单、快速的傅里叶分析算法。而对于特别选定的简单光滑二度体，采用三角函数积化和差公式，不作数值积分运算，即可快速求得复系数 C_k^{T}[见《成像(续)》第 3 章第 4 节]。

1.3.4.2 第二类有限二度体磁场复系数的积分表达式

假设磁化强度模 $\hat{M}(\sigma)$ 为：

$$\hat{M}(\sigma) = \hat{M}(r,\theta) = M_0 + \Delta M(r,\varphi) = M_0 + \Phi(\varphi) \sum_{j=1}^{N} C_j r^j$$

$$(1-3-26)$$

式中，M_0 为 $\hat{M}(0,0)$ 的磁化强度模值，并且应满足关系式 $|\Delta M(r,\varphi) \ll M_0|$，以保证磁化强度为正值；$\sigma = r\mathrm{e}^{\mathrm{i}\varphi}$；$I_S$ 为沿剖面方向的有效磁化倾角。

首先，阐述一下公式(1-3-26)所表示的磁性体磁化状态：只有 M_0 项时，磁性体属于均匀磁化；取 $C_1 = 1$、其余 $C_k = 0$，$\Phi(\varphi)$ 为倾斜直线转换式，即取：

$$\Delta M(r,\varphi) = \Phi(\varphi)\sum_{k=1}^{K} C_k r^k = (d_{11}\cos\varphi + d_{12}\sin\varphi)r^1 \tag{1-3-27}$$

此时，磁性体属于线性磁化，即过坐标原点 O 的倾斜线上，磁化强度模相同，且均为 M_0；在其他所有平行于该直线的直线上，磁化强度也相同；不同直线间磁化强度呈线性变化。

取 $C_2=1$、其余 $C_k=0$，$\Phi(\varphi)$为二次曲线转换式，即取：

$$\Delta M(r,\varphi) = \Phi(\varphi)\sum_{k=1}^{K} C_k r^k = (d_{21}\cos^2\varphi + d_{22}\sin^2\varphi + d_{23}\cos\varphi\sin\varphi)r^2 \tag{1-3-28}$$

此时，磁性体属于中心在原点 O 的二次曲线型磁化，包括：圆、椭圆、双曲线、抛物线等。类似地，该式可以表示磁性体呈任何中心在原点的高次曲线型磁化形式。但是，该式不能表示磁性体呈上述组合磁化形式。取该式的其他形式，可以表示磁性体呈相当复杂形式的磁化状态。因此，该式同样具有普遍性。

在上述磁化强度假设下，由(1-3-26)式可得：

$$\begin{aligned} C_k^{\mathrm{T}} &= \frac{\mu_0}{2\pi}\mathrm{e}^{\mathrm{i}I_S} k\int_0^{2\pi}\left\{\int_0^{R(\varphi)}\left[M_0 + \Phi(\varphi)\sum_{j=1}^{N} C_j r^j\right] r^k \mathrm{e}^{\mathrm{i}(k-1)\varphi}\mathrm{d}r\right\}\mathrm{d}\varphi \\ &= \frac{\mu_0}{2\pi}\mathrm{e}^{\mathrm{i}I_S}\left\{(C_k^{\mathrm{T}})_0 + (C_k^{\mathrm{T}})_\Phi\right\} \end{aligned} \tag{1-3-29}$$

其中：

$$(C_k^{\mathrm{T}})_0 = k\int_0^{2\pi}\left\{\int_0^{R(\varphi)} M_0 r^k \mathrm{d}r\right\}\mathrm{e}^{\mathrm{i}(k-1)\varphi}\mathrm{d}\varphi = \int_0^{2\pi}\frac{kM_0}{k+1}R^{(k)+1}(\varphi)\mathrm{e}^{\mathrm{i}(k-1)\varphi}\mathrm{d}\varphi \tag{1-3-30}$$

$$\begin{aligned} (C_k^{\mathrm{T}})_\Phi &= k\int_0^{2\pi}\left\{\int_0^{R(\varphi)}\Phi(\varphi)\sum_{j=1}^{N} C_j r^{(k+j)}\mathrm{d}r\right\}\mathrm{e}^{\mathrm{i}(k-1)\varphi}\mathrm{d}\varphi \\ &= \sum_{j=0}^{N} C_j\int_0^{2\pi}\frac{k\Phi(\varphi)}{(k+j+1)}R^{(k+j+1)}(\varphi)\mathrm{e}^{\mathrm{i}(k-1)\varphi}\mathrm{d}\varphi \end{aligned} \tag{1-3-31}$$

因为 $\mathrm{e}^{\mathrm{i}(k-1)\varphi} = \cos(k-1)\varphi + \mathrm{i}\sin(k-1)\varphi$，上面二式可以改写与合并，用 $(C_k^{\mathrm{T}})^*$ 表示，即：

$$(C_k^{\mathrm{T}})^* = \begin{Bmatrix} A_k^{\mathrm{T}} \\ B_k^{\mathrm{T}} \end{Bmatrix} = \int_0^{2\pi}\left\{\frac{kM_0}{k+1}R^{(k+1)}(\varphi) + \sum_{j=1}^{N} C_j\frac{k\Phi(\varphi)}{(k+j+1)}R^{(k+j+1)}(\varphi)\right\}\begin{Bmatrix}\cos(k-1)\varphi \\ \sin(k-1)\varphi\end{Bmatrix}\mathrm{d}\varphi \tag{1-3-32}$$

进一步假设：

$$R(\varphi)=R_0+\Delta R(\varphi)=R_0\left[1+\frac{\Delta R(\varphi)}{R_0}\right] \tag{1-3-33}$$

式中，取 $|\Delta R(\varphi)|_{\max}<0.5R_0$，以便保证三度体具有单值边界，而 R_0 相当于 $R(\varphi)$ 的平均值。

再令 $n_j=(1+k+j)$，则有：

$$R^{k+1}(\varphi) = R_0^{(k+1)}\left[1+\frac{\Delta R(\varphi)}{R_0}\right]^{(k+1)} = R_0^{(k+1)}\sum_{i=0}^{k+1}C_{k+1}^i\left[\frac{\Delta R(\varphi)}{R_0}\right]^i \tag{1-3-34}$$

$$R^{n_j}(\lambda,\theta) = R_0^{n_j}\left[1+\frac{\Delta R(\varphi)}{R_0}\right]^{n_j} = R_0^{n_j}\sum_{i=0}^{n_j}C_{n_j}^i\left[\frac{\Delta R(\varphi)}{R_0}\right]^i \tag{1-3-35}$$

式中，$C_{k+1}^i=\dfrac{(k+1)!}{i!\,[(k+1)-i]!}$，$C_{n_j}^i=\dfrac{n_j!}{i!\,(n_j-i)!}$（后面有同样类型的符号，可以类似写出）。

把(1-3-32)式、(1-3-33)式分别代入(1-3-27)式，并令 $k\geqslant1$，得到：

$$(C_k^{\mathrm{T}})^* = \begin{Bmatrix}A_k^{\mathrm{T}}\\B_k^{\mathrm{T}}\end{Bmatrix} = \int_0^{2\pi}\left\{R_0^{(k+1)}\frac{kM_0}{k+1}\sum_{i=0}^{k+1}C_{k+1}^i\left[\frac{\Delta R(\varphi)}{R_0}\right]^i + \sum_{j=1}^{N}C_j\frac{k}{n_j}R_0^{n_j}\sum_{i=0}^{n_j}C_{n_j}^i\Phi(\varphi)\left[\frac{\Delta R(\varphi)}{R_0}\right]^i\right\}\begin{Bmatrix}\cos(k-1)\varphi\\\sin(k-1)\varphi\end{Bmatrix}\mathrm{d}\varphi \tag{1-3-36}$$

通过对 N、C_j、$\Phi(\varphi)$、R_0、$\Delta R(\varphi)$ 进行选择，可以得到任意单值边界与变磁化强度二度体磁场复系数的傅里叶分析式。如果采用数值积分法，不难求得该二度体磁场的复系数值。然而，对于选定的特殊二度体，不作数值积分运算，即可快速求得复系数 C_k^{T}。

最后，笔者着重指出：本节所有线性化正演表达式均基于复磁场 $T(S)$ 和其导数 $T'(S)$ 给出的。而实际观测磁场一般是 $\Delta Z_a(x, y)$、$\Delta T_a(x, y)$ 或其沿 $\vec{\tau}$ 方向的方向导数 $\Delta T_a^{\tau}(x, y)$。为此，应该给出由 $\Delta Z_a(x, y)$、$\Delta T_a(x, y)$ 或 $\Delta T_a^{\tau}(x, y)$ 换算出复磁场 $T(S)$ 的方法。笔者把此换算过程，归结为磁场转换处理，将在本书第 3 章第 3 节阐述。

1.4　三度体磁场线性化正演表达式

1.4.1　三度体磁场等值互换、矩阵形式及其频谱表达式

三度体磁场等值互换、矩阵形式在揭示三度体磁场“鲜为人知”的重要性质方面，具有重要理论意义和实用价值。

三度体频谱表达式中重要的是拟引力位频谱，是三度体磁场波数域拉普拉斯方程基本解。该频谱表达式对于简化三度体波数域磁场正演问题完整表述来说意义较大，但对于研究反演问题来说，仍仅限于磁场位于平面上和规则三度体，实用价值较小。

1.4.1.1　磁场等值互换

设磁性体内磁化方向点点相同，记为 $\vec{l}=l\vec{i}+m\vec{j}+n\vec{k}$，$l$、$m$、$n$ 为 $\vec{l}$ 的方向余弦。再设场的测量方向为 $\vec{t}$，$\vec{t}=L\vec{i}+M\vec{j}+N\vec{k}$，$L$、$M$、$N$ 为 $\vec{t}$ 的方向余弦。记磁性体内点为 $q(\xi,\ \eta,\ \zeta)$，观测点为 $p(x,\ y,\ z)$，p、q 两点之间的距离为：

$$r=\{(x-\xi)^2+(y-\eta)^2+(z-\zeta)^2\}^{1/2} \qquad (1-4-1)$$

式中，再记磁化强度为 $\vec{M}_q$，$\vec{M}_q=M_q\vec{l}$，M_q 为 q 点处磁化强度模值，随 q 点而变。

在上述记号下，沿 $\vec{l}$ 方向磁化的三度体在 P 点产生的沿 $\vec{t}$ 方向的磁场为：

$$T_l^t(p)=\vec{\boldsymbol{t}}\times\nabla_p(\vec{\boldsymbol{l}}\times\nabla_P\tilde{V}_P) \qquad (1-4-2)$$

式中，∇_q 为梯度算子，$\tilde{V}_P$ 可称为“拟引力位”，其空间域积分表达式为：

$$\tilde{V}_P=\frac{\mu_0}{4\pi}\iiint_V\frac{M_q}{r_{pq}}\mathrm{d}v=\iiint_V\frac{\tilde{M}_q}{r_{pq}}\mathrm{d}v,\tilde{M}_q=\mu_0M_q/4\pi \qquad (1-4-3)$$

式中，$\tilde{M}_q=\mu_0M_q/4\pi$。上式对应的“引力位”表达式为：

$$V_P=G\iiint_V\frac{\rho_q}{r_{pq}}\mathrm{d}v=\iiint_V\frac{\tilde{\rho}_q}{r_{pq}}\mathrm{d}v,\tilde{\rho}_q=G\rho_q \qquad (1-4-4)$$

若忽略 $\tilde{M}_q=\mu_0M_q/4\pi$ 和 $\tilde{\rho}_q=G\rho_q$ 的物理意义，数学形式上，(1－4－3)式和(1－4－4)式一样均为对场源点 q 的积分。当二者均为常向量时，积分变为

$\iiint\limits_V \frac{1}{r_{pq}}\mathrm{d}v$，该积分是"三度体位场空间域拉普拉斯基本解"，也是对应于磁场的 $\tilde{V}_P$ 称为拟引力位的原因。显然，由"拟引力位"出发进行系列研究，包含对引力位的系列研究。

(1－4－2)式进一步写为：

$$T_l^t(p) = \frac{\mu_0}{4\pi}\iiint\limits_V \frac{M_q}{r^5}\{3(\vec{l}\times\vec{r})(\vec{t}\times\vec{r}) - r^2(\vec{t}\times\vec{l})\}\mathrm{d}v$$
$$= \iiint\limits_V \frac{\tilde{M}_q}{r^5}\{3(\vec{l}\times\vec{r})(\vec{t}\times\vec{r}) - r^2(\vec{t}\times\vec{l})\}\mathrm{d}v \quad (1-4-5)$$

(1－4－5)式是公认的三度体磁场的积分表达式。根据矢量点乘积的性质可知：

$$(\vec{t}\times\vec{l}) = (\vec{l}\times\vec{t}),\ (\vec{l}\times\vec{r})(\vec{t}\times\vec{r}) = (\vec{t}\times\vec{r})(\vec{l}\times\vec{r}) \quad (1-4-6)$$

把(1－4－6)式代入(1－4－5)式，磁场变为 $T_t^l(p)$，是 $\vec{t}$ 方向磁化的三度体沿 $\vec{l}$ 方向测量的磁场，且有关系式：

$$T_t^l(p) = T_l^t(p) \quad (1-4-7)$$

(1－4－7)式为三度体磁场的"等值互换"关系。这表明任意形态、任意磁化强度模值分布的三度体，其沿 $\vec{t}$ 方向磁化在 P 点产生的 $\vec{l}$ 方向的磁场值，恰等于其沿 $\vec{l}$ 方向磁化在 P 点产生的沿 $\vec{t}$ 方向的磁场值。

在特殊情况下，有关系式：

$$T_j^i(p) = T_i^j(p),\ T_j^k(p) = T_k^j(p),\ T_i^k(p) = T_k^i(p),\ T_j^j(p) = -[T_i^i(p) + T_k^k(p)] \quad (1-4-8)$$

1.4.1.2 磁场矩阵形式

(1－4－5)式可以进一步写为：

$$T_l^t(p) = \iiint\limits_V \vec{l}\cdot\frac{\tilde{M}_q}{r^5}\{3\vec{r}(\vec{t}\times\vec{r}) - r^2\vec{t}\}\mathrm{d}v = lT_i^t + mT_j^t + nT_k^t \quad (1-4-9)$$

把 $\vec{t} = \vec{L}i + \vec{M}j + \vec{N}k$ 代入 T_i^t、T_j^t、T_k^t，得到：

$$\begin{cases} T_i^t = LT_i^i + MT_i^j + NT_i^k \\ T_j^t = LT_j^i + MT_j^j + NT_j^k \\ T_k^t = LT_k^i + MT_k^j + NT_k^k \end{cases} \quad (1-4-10)$$

再把(1－4－10)式代入(1－4－9)式，即可得到三度体磁场的“矩阵形式”，即：

$$\boldsymbol{T}_l^t(p)=\vec{l}^T\boldsymbol{T}\vec{t}=\vec{t}^T\boldsymbol{T}\vec{l}=\boldsymbol{T}_t^l(p) \tag{1-4-11}$$

$$\vec{l}=\begin{pmatrix}l\\m\\n\end{pmatrix},\ \boldsymbol{T}=\begin{bmatrix}T_i^i=T_i^j+T_i^k\\T_j^i=T_j^j+T_j^k\\T_k^i=T_k^j+T_k^k\end{bmatrix},\ \vec{t}=\begin{pmatrix}L\\M\\N\end{pmatrix} \tag{1-4-12}$$

考虑到“等值互换”(1－4－9)式，可知矩阵 $\boldsymbol{T}$ 是对称矩阵。

矩阵元素 $\boldsymbol{T}_i^i$ 实际上是三度体沿 x 轴方向磁化的 x 轴方向的水平分量 $\boldsymbol{H}_i^x=\tilde{V}_{xx}$，而元素 $\boldsymbol{T}_k^k$ 实际上是三度体沿 z 轴方向磁化的 z 轴方向的垂直分量 $\boldsymbol{Z}^k=\tilde{V}_{xx}$。类似地，有：

$\boldsymbol{T}_j^i=\boldsymbol{H}_j^x=\boldsymbol{T}_i^j=\tilde{V}_{xy}$，$\boldsymbol{T}_k^j=\boldsymbol{H}_k^y=\boldsymbol{T}_j^k=\tilde{V}_{yz}$，$\boldsymbol{T}_j^j=\boldsymbol{H}_j^y=-(\boldsymbol{H}_i^x+\boldsymbol{Z}^k)=-(\tilde{V}_{xx}+\tilde{V}_{zz})=\tilde{V}_{yy}$。

因此，三度体磁场对称矩阵 $\boldsymbol{T}$ 形式变为：

$$\boldsymbol{T}=\begin{bmatrix}H_i^x+H_i^y+H_i^k\\H_j^x+H_j^y+H_j^k\\H_k^x+H_k^y+Z^k\end{bmatrix}=\begin{bmatrix}\tilde{v}_{xx}+\tilde{v}_{xy}+\tilde{v}_{xz}\\\tilde{v}_{xy}+\tilde{v}_{yy}+\tilde{v}_{yz}\\\tilde{v}_{xz}+\tilde{v}_{yz}+\tilde{v}_{zz}\end{bmatrix} \tag{1-4-13}$$

式中，$\tilde{v}_{xx}$、$\tilde{v}_{xy}$、$\tilde{v}_{xx}$、$\tilde{v}_{yz}$、$\tilde{v}_{zz}$为 $\tilde{V}$ 的5个彼此独立的“磁场方向＆磁化方向”的“双向方向导数”，其中，下角标字母不同的项，传统称为“混合方向导数”。

1.4.1.3　磁场频谱表达式

记 $\tilde{V}_P$ 和 $T_l^t(p)$的傅里叶变换分别为 $\tilde{v}(u,\ v)$和 $T_l^t(u,\ v)$，由傅里叶变换微分定理，可得三度体磁场线性化通用频谱表达式：

$$T_l^t(u,\ v)=\vec{l}^{\mathrm{T}}\begin{bmatrix}\mathrm{i}2\pi u\mathrm{i}2\pi u & \mathrm{i}2\pi u\mathrm{i}2\pi v & \mathrm{i}2\pi u\mathrm{i}2\pi f\\\mathrm{i}2\pi v\mathrm{i}2\pi u & \mathrm{i}2\pi v\mathrm{i}2\pi v & \mathrm{i}2\pi v\mathrm{i}2\pi f\\\mathrm{i}2\pi f\mathrm{i}2\pi u & \mathrm{i}2\pi f\mathrm{i}2\pi v & \mathrm{i}2\pi f\mathrm{i}2\pi f\end{bmatrix}\vec{t}\,\tilde{v}(u,\ v)$$

$$=(l,\ m,\ n)\begin{pmatrix}\mathrm{i}2\pi u\\\mathrm{i}2\pi v\\\mathrm{i}2\pi f\end{pmatrix}(\mathrm{i}2\pi u\quad \mathrm{i}2\pi v\quad \mathrm{i}2\pi f)\begin{pmatrix}L\\M\\N\end{pmatrix}\tilde{V}(u,\ v)=q_lq_t\tilde{V}(u,\ v) \tag{1-4-14}$$

其中：

$$\begin{cases} f = \sqrt{u^2 + v^2} \\ q_l = 2\pi[\mathrm{i}(lu + mv) + nf] \\ q_t = 2\pi[\mathrm{i}(Lu + Mv) + Nf] \end{cases} \tag{1-4-15}$$

式中，q_l、q_t 分别称为磁化方向因子和测量方向因子。

由(1-4-14)式可见，为了推导出具体的 $T_l^t(u, v)$ 线性化通用频谱表达式，只需推导出 $\tilde{v}(u, v)$ 表达式，这将大大简化 $T_l^t(u, v)$ 的推导过程。$\tilde{v}(u, v)$ 表达式称为三度体拟引力位波数域拉普拉斯方程基本解。

1.4.1.4 拟引力位 $\tilde{V}_P$ 的傅里叶变换一般频谱表达式及其实例

拟引力位 $\tilde{V}_P$ 是褶积型积分，其表达式为：

$$\tilde{V}_P(x,y,z) = \iiint_V \frac{\tilde{M}_q}{r_{pq}} \mathrm{d}v = \iiint_V \frac{\tilde{M}_q(\xi,\eta,\zeta)}{\{(x-\xi)^2 + (y-\eta)^2 + (z-\zeta)^2\}^{1/2}} \mathrm{d}\xi \mathrm{d}\eta \mathrm{d}\zeta \tag{1-4-16}$$

如果把被积函数看作位于一个 Q 点处的“拟磁化强度模”产生的“拟引力位”，则有：

$$\tilde{V}_{q(\xi,\eta,\zeta)}(x, y, z) = \frac{\tilde{M}_q(\xi, \eta, \zeta)}{\{(x-\xi)^2 + (y-\eta)^2 + (z-\zeta)^2\}^{1/2}} \tag{1-4-17}$$

其二维傅里叶变换为：

$$\tilde{V}_{q(\xi,\eta,\zeta)}(u,v,z-\zeta) = \int_{-\infty}^{\infty}\int_{-\infty}^{\infty} [\tilde{V}_{q(\xi,\eta,\zeta)}(x,y,z)] \mathrm{e}^{-\mathrm{i}2\pi(ux+vy)} \mathrm{d}x\mathrm{d}y \tag{1-4-18}$$

只对含 x、y 变量的函数作变换，由变换表(Erdelyi, 1954)和位移定理相结合给出，则有：

$$\begin{aligned} \tilde{V}_{q(\xi,\eta,\zeta)}(u,v,z-\zeta) &= \tilde{M}_q(\xi,\eta,\zeta) \int_{-\infty}^{\infty}\int_{-\infty}^{\infty} \frac{\mathrm{e}^{-\mathrm{i}2\pi(ux+vy)}}{\{(x-\xi)^2 + (y-\eta)^2 + (z-\zeta)^2\}^{1/2}} \mathrm{d}x\mathrm{d}y \\ &= \tilde{M}_q(\xi,\eta,\zeta) \left\{ \frac{1}{\sqrt{u^2 + v^2}} \mathrm{e}^{2\pi(z-\zeta)\sqrt{u^2+v^2}} \right\} \mathrm{e}^{-\mathrm{i}2\pi(u\xi+v\eta)} \end{aligned} \tag{1-4-19}$$

把(1-4-18)式、(1-4-19)式代入(1-4-17)式，得到一个点的拟磁化强度模产生的拟引力位 $\tilde{V}_P$ 的傅里叶变换一般表达式。

当 M_q 在三度体内为常量时，$\tilde{M}_q = \mu_0 M_q / 4\pi = \tilde{M}$ 也是常量。

实例 1：直立长方体(管志宁，2005)。

设三度体为直立长方体，即：宽 $=2L_x$、长 $=2L_y$、高 $=H_z$、埋深 $=h$ 时，选取长方体顶面中心为坐标原点，ox、oy、oz 轴分别为宽度方向 x、长度方向 y、向下方向 z。

再设 $u = m/\lambda_x = m/M\Delta x$，$v = n/\lambda_y = n/N\Delta y$，$\lambda_x$、$\lambda_y$ 分别为计算区宽度和长度，或基波波长，Δx、M 分别为沿 ox 方向点距和总点数，Δy、N 分别为沿 oy 方向点距和总点数。则有：

$$\tilde{V}_P(x,y,z) = \iiint\limits_V \frac{\tilde{M}}{r_{pq}} \mathrm{d}v = \tilde{M} \int_h^{2H_z} \int_{-L_y}^{L_y} \int_{L_x}^{L_x} \frac{1}{\{(x-\xi)^2 + (y-\eta)^2 + (z-\zeta)^2\}^{1/2}} \mathrm{d}\xi \mathrm{d}\eta \mathrm{d}\zeta \tag{1-4-20}$$

因此有：

$$\begin{aligned} \tilde{V}(u,v,z) &= \tilde{M} \int_h^{h+H_z} \left[\int_{-L_y}^{L_y} \int_{L_x}^{L_x} \left(\frac{1}{\sqrt{u^2+v^2}} \mathrm{e}^{2\pi(2-\zeta)\sqrt{u^2+v^2}} \right) \mathrm{e}^{-\mathrm{i}2\pi(u\xi+v\eta)} \mathrm{d}\xi \mathrm{d}\eta \right] \mathrm{d}\zeta \\ &= \tilde{M} \times \frac{2L_x 2L_y}{2\pi\sqrt{u^2+v^2}} \frac{\sin(2\pi u L_x)}{2\pi u L_x} \frac{\sin(2\pi u L_y)}{2\pi u L_y} \{ \mathrm{e}^{2\pi(z-h)\sqrt{u^2+v^2}} - \mathrm{e}^{2\pi[z-(h+H_z)]\sqrt{u^2+v^2}} \} \end{aligned} \tag{1-4-21}$$

式中，$\tilde{M} = \frac{\mu_0}{4\pi} M$，$M$ 为磁化强度模。(1-4-21)式为长方体“拟引力位”通用频谱表达式。

把(1-4-21)式代入(1-4-14)式，得到长方体磁场通用频谱表达式：

$$\begin{aligned} T_l^t(u,\ v) &= q_l q_t \tilde{M} \times \frac{2L_x 2L_y}{2\pi\sqrt{u^2+v^2}} \frac{\sin(2\pi u L_x)}{2\pi u L_x} \frac{\sin(2\pi v L_y)}{2\pi v L_y} \{ \mathrm{e}^{2\pi(z-h)\sqrt{u^2+v^2}} - \mathrm{e}^{2\pi[z-(h+H_z)]\sqrt{u^2+v^2}} \} \\ &= q_l q_t \tilde{M} \times \frac{2L_x 2L_y}{2\pi\sqrt{u^2+v^2}} \frac{\sin(2\pi u L_x)}{2\pi u L_x} \frac{\sin(2\pi v L_y)}{2\pi v L_y} \times \mathrm{e}^{2\pi(z-h)\sqrt{u^2+v^2}} \{ 1 - \mathrm{e}^{2\pi H_z\sqrt{u^2+v^2}} \} \end{aligned} \tag{1-4-22}$$

直立长方体的长、宽、高尺度变化，可以模拟下延无限直立板状体、下延有限直立矩形二度体、似二度体、半无限长二度体、半有限长二度体等形体。他们的磁场频谱表达式均可以由(1-4-22)式转化出来。代入 $u = m/\lambda_x = m/M\Delta x$，

$\upsilon = n/\lambda_{\upsilon} = n/N\Delta y$ 后，(1-4-22)式变为磁场周期化离散正演值计算公式。

实列 2：侧面倾斜平行六面体(管志宁，2005)。

设侧面倾斜平行六面体倾斜面长度为 $2l$，斜面倾角为 β，其余参数与直立长方体一致。则其磁场频谱表达式为：

$$T_l^t(u,\ \upsilon) = q_l q_t \tilde{M} \times \frac{2L_x 2L_y}{2\pi\sqrt{u^2+\upsilon^2}} \frac{\sin(2\pi u L_x)}{2\pi u L_x} \frac{\sin(2\pi \upsilon L_y)}{2\pi \upsilon L_y} \left(\frac{\sin\beta}{\mathrm{i}u\cos\beta + \sqrt{u^2+\upsilon^2}\sin\beta} \right) \times \left\{ \mathrm{e}^{2\pi(z-h)\sqrt{u^2+\upsilon^2}} \mathrm{e}^{-\mathrm{i}2\pi uh} - \mathrm{e}^{2\pi[z-(h+2l\sin\beta)]\sqrt{u^2+\upsilon^2}} \mathrm{e}^{-\mathrm{i}2\pi u(h+2l\cos\beta)} \right\} \tag{1-4-23}$$

当 $z=0$ 时，上式变为：

$$T_l^t(u,\ \upsilon) = q_l q_t \tilde{M} \times \frac{2L_x 2L_y}{2\pi\sqrt{u^2+\upsilon^2}} \frac{\sin(2\pi u L_x)}{2\pi u L_x} \frac{\sin(2\pi \upsilon L_y)}{2\pi \upsilon L_y} \left(\frac{\sin\beta}{\mathrm{i}u\cos\beta + \sqrt{u^2+\upsilon^2}\sin\beta} \right) \times \left\{ \mathrm{e}^{-2\pi h\sqrt{u^2+\upsilon^2}} \mathrm{e}^{-\mathrm{i}2\pi uh} - \mathrm{e}^{2\pi(h+2l\sin\beta)\sqrt{u^2+\upsilon^2}} \mathrm{e}^{-\mathrm{i}2\pi u(h+2l\cos\beta)} \right\} \tag{1-4-24}$$

1.4.2 三度体磁场球谐级数通用正演表达式

1.4.2.1 任意凸型三度体磁场球谐级数正演通式系统

设球坐标原点位于任意边界三度体内磁矩中心或其附近，$q(r',\ \lambda',\ \theta')$为三度体内场源点坐标，$p(r,\ \lambda,\ \theta)$为三度体外计算点坐标，$r_{pq}$为 p、q 之间的距离，$M_q = \hat{M}(r,\ \lambda,\ \theta\ )$为三度体内磁化强度模值，$R(\lambda',\ \theta'\ )$为三度体的边界点向径长度，如图 1-12 所示。

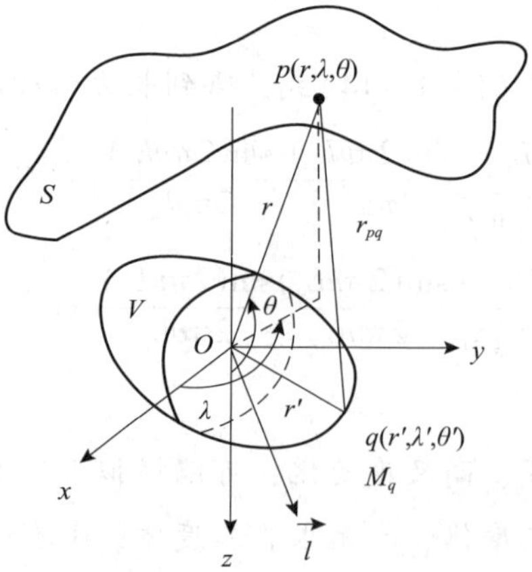

图 1-12　曲面下磁性三度体及其球坐标系示意图

在《成像(续)》第4章第1节，列出了任意三度体磁场球谐级数正演通式系统，即：

$$\left.\begin{matrix}\tilde{V}(r,\lambda,\theta)\\ \tilde{F}(r,\lambda,\theta)\\ U_l(r,\lambda,\theta)\\ T_l^t(r,\lambda,\theta)\\ \{T_l^t(r,\lambda,\theta)\}_\tau\end{matrix}\right\}=\sum_{n=0}^{\infty}\sum_{m=0}^{n}\left\{a_n^m\begin{bmatrix}A_{nm}^V(r,\lambda,\theta)\\ A_{nm}^F(r,\lambda,\theta)\\ A_{nm}^U(r,\lambda,\theta,\vec{l})\\ A_{nm}^{\mathrm{T}}(r,\lambda,\theta,\vec{l},\vec{t})\\ A_{nm}^{\mathrm{T}'}(r,\lambda,\theta,\vec{l},\vec{t},\vec{\tau})\end{bmatrix}+b_n^m\begin{bmatrix}B_{nm}^V(r,\lambda,\theta)\\ B_{nm}^F(r,\lambda,\theta)\\ B_{nm}^U(r,\lambda,\theta,\vec{l})\\ B_{nm}^{\mathrm{T}}(r,\lambda,\theta,\vec{l},\vec{t})\\ B_{nm}^{\mathrm{T}'}(r,\lambda,\theta,\vec{l},\vec{t},\vec{\tau})\end{bmatrix}\right\}\tag{1-4-25}$$

式中，$\tilde{V}(r,\ \lambda,\ \theta)$、$\tilde{F}(r,\ \lambda,\ \theta)$、$U_l(r,\ \lambda,\ \theta)$、$T_l^t(r,\ \lambda,\ \theta)$、$\{T_l^t(r,\ \lambda,\ \theta)\}_\tau$ 分别为三度体的拟引力位、拟引力场、沿 $\vec{l}$ 方向磁化的磁位、沿 $\vec{l}$ 方向磁化与沿 $\vec{t}$ 方向测量的磁场分量、磁场分量沿 $\vec{\tau}$ 方向上的方向导数。把直角坐标系内的常向量 $\vec{l}$、$\vec{t}$、$\vec{\tau}$ 变为球坐标系内向量，并取$\mathrm{grad}_p(\ )$为球坐标系中的梯度算子，则这些场的定义式分别为：

$$\left.\begin{aligned}\tilde{V}(p)&=\iiint_V\frac{M_q}{r_{pq}}\mathrm{d}v=\sum_{n=0}^{\infty}\sum_{m=0}^{n}\frac{a_n^m\cos m\lambda+b_n^m\sin m\lambda}{r^{n+1}}P_n^m(\cos\theta)\\ \tilde{F}(p)&=-\mathrm{grad}_p\tilde{V}(p)\\ U_l(p)&=\frac{1}{4\pi}\vec{l}\times\tilde{F}(p)\\ T_l^t(p)&=-\mu_0\vec{t}\times\mathrm{grad}_pU_l(p)\\ \{T_l^t(p)\}_\tau&=\vec{\tau}\times\mathrm{grad}_pT_l^t(p)\end{aligned}\right\}\tag{1-4-26}$$

(1-4-26)式中的第一个表达式是三度体磁场的拟引力位，是在球坐标系内的拉普拉斯方程基本解。其推导过程见《成像(续)》(2.2.1)~(2.2.6)式，也是采用泰勒级数展开方法得到的。

(1-4-25)式中的 a_n^m、b_n^m 为所有场的共同的球谐系数，其体积分表达式为：

$$\begin{Bmatrix}a_n^m\\ b_n^m\end{Bmatrix}=\int_0^{\pi}\int_0^{2\pi}\int_0^{R(\lambda',\theta')}\hat{M}(r',\lambda',\theta')r'^{(n+2)}P_n^m(\cos\theta')\begin{Bmatrix}\cos m\lambda'\\ \sin m\lambda'\end{Bmatrix}\sin\theta'\mathrm{d}r'\mathrm{d}\lambda'\mathrm{d}\theta'\tag{1-4-27}$$

式中，三度体边界点的向径模值 $R(\lambda',\ \theta')$ 永远大于0。$R(\lambda',\ \theta')$ 可以给定

任意连续函数，也可以给定具体数值。

任意三度体磁场球谐级数正演通式(1－4－25)的重要意义在于：由该式出发，成功地导出了“起伏地形条件下任意三度体磁场全方位直接反演方法”(即三度体全方位成像)。

(1－4－27)式表示的球谐系数 a_n^m、b_n^m 具有明确的物理意义，在“三度体全方位成像”中起了重要作用。同样，在任意边界与磁化强度连续变化三度体磁场正演中，(1－4－27)式表达的球谐系数也将起非常重要作用。

由(1－4－25)式和(1－4－27)式可见：与球谐系数 a_n^m、b_n^m 相乘的函数 $A_{nm}(\quad)$、$B_{nm}(\quad)$，分别为计算点球坐标、磁化方向 $\vec{l}$、测量方向 $\vec{t}$ 和梯度方向 $\vec{\tau}$ 的函数，与三度体几何参数和磁化强度模无关，对任何三度体的都适用；而球谐系数 a_n^m、b_n^m 正相反，只与三度体几何参数和磁化强度模有关，代表具体的三度体。因此，只要对具体三度体确定了 a_n^m、b_n^m 值，代入(1－4－25)式，可求得该三度体的各种磁场。这样，任意边界与磁化强度连续变化三度体磁场正演问题则变为其 a_n^m、b_n^m 值的正演计算问题。这是实现该类三度体磁场正演的关键。

磁性三度体磁场和梯度球谐级数表达式[(1－4－26)式]中，含有磁化方向矢量 $\vec{l}$、测量方向 $\vec{t}$ 和梯度测量方向 $\vec{\tau}$。下面给出在直角坐标系和球坐标系坐标轴上的投影公式。

设：$\vec{l}$、$\vec{t}$、$\vec{\tau}$ 的倾角和偏角分别为 I_l、D_l、I_t、D_t、I_τ、D_τ，则有：

$$\left.\begin{aligned}
&\vec{l}=l_x\vec{i}+l_y\vec{j}+l_z\vec{k}, \quad l_x=\cos I_l\cos D_l, \quad l_y=\cos I_l\sin D_l, \quad l_z=\sin I_l\\
&t=t_x\vec{i}+t_y\vec{j}+t_z\vec{k}, \quad t_x=\cos I_t\cos D_t, \quad t_y=\cos I_t\sin D_t, \quad t_z=\sin I_t\\
&\vec{\tau}=\tau_x\vec{i}+\tau_y\vec{j}+\tau_z\vec{k}, \quad t_x=\cos I_\tau\cos D_\tau, \quad \tau_y=\cos I_\tau\sin D_\tau, \quad \tau_z=\sin I_\tau
\end{aligned}\right\} \tag{1－4－28}$$

$$\left.\begin{aligned}
&\vec{l}=l_r\vec{e}_r+l_\lambda\vec{e}_\lambda+l_\theta\vec{e}_\theta, \quad l_r=l_x\sin\theta\cos\lambda+l_y\sin\theta\sin\lambda+l_z\cos\theta\\
&l_\lambda=-l_x\sin\lambda+l_y\cos\lambda, \quad l_\theta=l_x\cos\theta\cos\lambda+l_y\cos\theta\sin\lambda-l_z\sin\theta
\end{aligned}\right\} \tag{1－4－29}$$

$$\left.\begin{aligned}
&\vec{t}=t_r\vec{e}_r+t_\lambda\vec{e}_\lambda+t_\theta\vec{e}_\theta, \quad t_r=t_x\sin\theta\cos\lambda+t_y\sin\theta\sin\lambda+t_z\cos\theta\\
&t_\lambda=-t_x\sin\lambda+t_y\cos\lambda, \quad t_\theta=t_x\cos\theta\cos\lambda+t_y\cos\theta\sin\lambda-t_z\sin\theta
\end{aligned}\right\} \tag{1－4－30}$$

$$\left.\begin{array}{ll}\vec{\tau}=\tau_r\vec{e}_r+\tau_\lambda\vec{e}_\lambda+\tau_\theta\vec{e}_\theta, & \tau_r=\tau_x\sin\theta\cos\lambda+\tau_y\sin\theta\sin\lambda+\tau_z\cos\theta \\ \tau_\lambda=-\tau_x\sin\lambda+\tau_y\cos\lambda, & \tau_\theta=\tau_x\cos\theta\cos\lambda+\tau_y\cos\theta\sin\lambda-\tau_z\sin\theta\end{array}\right\} \tag{1-4-31}$$

(1－4－28)～(1－4－31)式及其偏导数将用于磁性三度体磁场和磁场梯度球谐级数表达式中。

采用符号$\mathrm{grad}_p\{T_l^t(p)\}$表示三度体任意方向磁场分量$T_l^t(p)$梯度的一般表达式，则有：

$$\mathrm{grad}_p\{T_l^t(p)\}=\left\{\vec{e}_r\frac{\partial}{\partial r}+\vec{e}_\theta\frac{1}{r}\frac{\partial}{\partial\theta}+\vec{e}_\lambda\frac{1}{r\sin\lambda}\frac{\partial}{\partial\lambda}\right\}T_l^t(p) \tag{1-4-32}$$

式中，把$T_l^t(p)$代换成$\tilde{V}(p)$、$\tilde{F}(p)$、$U_l(p)$均成立。

1.4.2.2 任意三度体磁位、磁场和磁场梯度的球谐级数正演通式

首先要指出：由$\tilde{V}(p)$出发推导$\tilde{F}(p)$、$U_l(p)$和$T_l^t(p)$时，要严格按照(1－4－26)式给出的定义式来推导，其中“点积 · ”左、右矢量不可拆开，这是笔者由实际失败教训得来的(见《成像》)。也就是说，先把右边梯度矢量的三个分量分头准确求出，再与左边矢量$\vec{l}$或$\vec{t}$或$\vec{\tau}$的对应的三个分量两两分头进行点积 · 。该过程可能简单、可能相当繁杂，需细心和耐心。下面直接引用结果。

现在，把《成像(续)》中(1.3.1)式中的磁位表达式作如下改写，即：

$$U_l(p)=-\frac{1}{4\pi}\vec{l}\cdot\mathrm{grad}_p\tilde{V}(p)=-\vec{l}\cdot\mathrm{grad}_p\left\{\frac{1}{4\pi}\iiint_V\frac{M_q}{r_{pq}}\mathrm{d}v\right\}$$

然后与《成像(续)》中(1.3.14)式第一行对比。可见：如果用$\vec{l}$、$1/4\pi$、M_q分别代替《成像(续)》中(1.3.14)式中$\vec{t}$、$\mu_0/4\pi$、σ_s，即可得到“磁位的第一类球谐级数正演通式”，即：

$$\begin{aligned}U_l(p)&=-\frac{1}{4\pi}\vec{l}\cdot\mathrm{grad}_p\tilde{V}(p)=-\vec{l}\cdot\mathrm{grad}_p\left\{\frac{1}{4\pi}\iiint_V\frac{M_q}{r_{pq}}\mathrm{d}v\right\}\\&=\frac{1}{4\pi}\sum_{n=0}^{\infty}\sum_{m=0}^{\infty}\{a_n^mA_n^m(r,\lambda,\theta,\vec{l})+b_n^mB_n^m(r,\lambda,\theta,\vec{l})\}\end{aligned} \tag{1-4-33}$$

$$\left.\begin{array}{l}A_n^m(r,\lambda,\theta,\vec{l})=\cos m\lambda\Phi_1(r,\lambda,\theta,\vec{l})+\sin m\lambda\Phi_2(r,\lambda,\theta,\vec{l})\\B_n^m(r,\lambda,\theta,\vec{l})=\sin m\lambda\Phi_1(r,\lambda,\theta,\vec{l})-\cos m\lambda\Phi_2(r,\lambda,\theta,\vec{l})\end{array}\right\} \tag{1-4-34}$$

(1-4-34)式中，$\Phi_1(r,\lambda,\theta,\vec{l})$和$\Phi_2(r,\lambda,\theta,\vec{l})$表达式分别为：

$$\Phi_1(r,\lambda,\theta,\vec{l})=\frac{1}{r^{n+2}\sin\theta}\{\sqrt{n^2-m^2}\,\vec{l}_\theta P_{n-1}^m(\theta)+ [(n+1)\sin\theta\vec{l}_r-n\cos\theta\vec{l}_\theta]P_n^m(\theta)\} \tag{1-4-35}$$

$$\Phi_2(r,\lambda,\theta,\vec{l}_\lambda)=\frac{1}{r^{n+2}\sin\theta}m\vec{l}_\lambda P_n^m(\theta) \tag{1-4-36}$$

设磁场的测量方向为$\vec{t}$，μ_0为真空中的导磁率，由《成像(续)》可知，任意方向磁场分量$T_l^t(p)$表达式为：

$$\begin{aligned}T_l^t(p)&=-\mu_0\vec{t}\times\mathrm{grad}_pU(p)=\vec{t}\times\mathrm{grad}_p\left\{\frac{\mu_0}{4\pi}\vec{l}\times\mathrm{grad}_p\tilde{V}(p)\right\}\\&=\frac{\mu_0}{4\pi}\sum_{n=0}^{\infty}\sum_{m=0}^{n}\{a_n^mA_n^m(r,\lambda,\theta,\vec{l},\vec{t})+b_n^mB_n^m(r,\lambda,\theta,\vec{l},\vec{t})\}\end{aligned} \tag{1-4-37}$$

$$\left.\begin{aligned}A_n^m(r,\lambda,\theta,\vec{l},\vec{t})&=\cos m\lambda\Phi_1(r,\lambda,\theta,\vec{l},\vec{t})+\sin m\lambda\Phi_2(r,\lambda,\theta,\vec{l},\vec{t})\\B_n^m(r,\lambda,\theta,\vec{l},\vec{t})&=\sin m\lambda\Phi_1(r,\lambda,\theta,\vec{l},\vec{t})-\cos m\lambda\Phi_2(r,\lambda,\theta,\vec{l},\vec{t})\end{aligned}\right\} \tag{1-4-38}$$

其中$\Phi_1(r,\lambda,\theta,\vec{l},\vec{t})$和$\Phi_2(r,\lambda,\theta,\vec{l},\vec{t})$表达式分别为：

$$\begin{aligned}\Phi_1(r,\lambda,\theta,\vec{l},\vec{t})=\frac{1}{r^{n+3}\sin^2\theta}\{&\sqrt{(n^2-m^2)[(n-1)^2-m^2]}\,l_\theta t_\theta P_{n-2}^m(\theta)+\\&\sqrt{n^2-m^2}[(n+2)\sin\theta(l_\theta t_r+l_rt_\theta)-\cos\theta l_\lambda t_\lambda-\\&2(n-1)\cos\theta l_\theta t_\theta]P_{n-1}^m(\theta)+[(n+1)(n+2)\sin^2\theta l_rt_r-\\&n(n-2)\sin\theta\cos\theta(l_\theta t_r+l_rt_\theta)-((m^2+n+1)-(2n+1)\cos^2\theta)l_\lambda t_\lambda-\\&((2n-1)-(n^2+n+1)\cos^2\theta)l_\theta t_\theta]P_n^m(\theta)\}\end{aligned} \tag{1-4-39}$$

$$\begin{aligned}\Phi_2(r,\lambda,\theta,\vec{l},\vec{t})=\frac{1}{r^{n+3}\sin^2\theta}m\{&\sqrt{(n^2-m^2)}(l_\theta t_\lambda+l_\theta t_\lambda)P_{n-1}^m(\theta)+\\&[(n+2)\sin\theta(l_\lambda t_r+l_rt_\lambda)-(n-1)\cos\theta(l_\theta t_\lambda+l_\lambda t_\theta)]P_n^m(\theta)\}\end{aligned} \tag{1-4-40}$$

设磁场的测量方向为$\vec{\tau}$，由《成像(续)》可知，任意方向磁场分量$T_l^t(p)$的梯度表达式如下：

$$\{T_l^t(p)\}_\tau = \frac{\mu_0}{4\pi}\sum_{n=0}^{\infty}\sum_{m=0}^{n}\{a_n^m A_n^m(r,\lambda,\theta,\vec{l},\vec{t},\vec{\tau}) + b_n^m B_n^m(r,\lambda,\theta,\vec{l},\vec{t},\vec{\tau})\} \tag{1-4-41}$$

$$\left.\begin{aligned} A_n^m(r,\ \lambda,\ \theta,\ \vec{l},\ \vec{t},\ \vec{\tau}) &= \cos m\lambda\Omega_1(r,\ \lambda,\ \theta,\ \vec{l},\ \vec{t},\ \vec{\tau}) + \\ &\quad \sin m\lambda\Omega_2(r,\ \lambda,\ \theta,\ \vec{l},\ \vec{t},\ \vec{\tau}) \\ B_n^m(r,\ \lambda,\ \theta,\ \vec{l},\ \vec{t},\ \vec{\tau}) &= \sin m\lambda\Omega_1(r,\ \lambda,\ \theta,\ \vec{l},\ \vec{t},\ \vec{\tau}) - \\ &\quad \cos m\lambda\Omega_2(r,\ \lambda,\ \theta,\ \vec{l},\ \vec{t},\ \vec{\tau}) \end{aligned}\right\} \tag{1-4-42}$$

式中，$\Omega_1(r,\ \lambda,\ \theta,\ \vec{l},\ \vec{t},\ \vec{\tau})$和$\Omega_2(r,\ \lambda,\ \theta,\ \vec{l},\ \vec{t},\ \vec{\tau})$表达式分别为：

$$\left.\begin{aligned} \Omega_1(r,\ \lambda,\ \theta,\ \vec{l},\ \vec{t},\ \vec{\tau}) &= \tilde{\Phi}_1(\underline{H_1}) + (m\tau_\lambda)\tilde{\Phi}_2(\underline{R_2}) + \tau_\theta\tilde{\Phi}_1(\underline{\Theta_1}) \\ \Omega_2(r,\ \lambda,\ \theta,\ \vec{l},\ \vec{t},\ \vec{\tau}) &= \tilde{\Phi}_2(\underline{H_2}) + (m\tau_\lambda)\tilde{\Phi}_1(\underline{R_1}) + \tau_\theta\tilde{\Phi}_2(\underline{\Theta_2}) \end{aligned}\right\} \tag{1-4-43}$$

式中，小括号内带下划线的符号代表向量，下脚标为 1 的有 13 个分量，下脚标为 2 的有 5 个分量；向量$\underline{H_1}$和$\underline{H_2}$的表达式中，含有τ_r、τ_λ、τ_θ等$\vec{\tau}$的方向因子；函数可采用算子形式表示，即有$\tilde{\Phi}_1(\cdots)$、$\tilde{\Phi}_2(\cdots)$。算子$\tilde{\Phi}_1(\cdots)$和算子$\tilde{\Phi}_2(\cdots)$表达式为：

$$\begin{aligned} \tilde{\Phi}_1(\cdots) = \frac{1}{r^{n+4}\sin^3\theta}\{ & \sqrt{(n^2-m^2)[(n-1)^2-m^2]}(\cdots)(\cdots) + \\ & \sqrt{n^2-m^2}[(n+2)\sin\theta(\cdots) - \cos\theta(\cdots) - 2(n-1)\cos\theta(\cdots)](\cdots) + \\ & [(n+1)(n+2)\sin^2\theta(\cdots) - n(n+2)\sin\theta\sin\theta(\cdots) - \\ & ((m^2+n+1)(\cdots) - (2n+1)\cos^2\theta(\cdots)) - \\ & ((2n+1)(\cdots) - (n^2+n+1)\cos^2\theta(\cdots))](\cdots)\} \end{aligned} \tag{1-4-44}$$

$$\begin{aligned} \tilde{\Phi}_2(\cdots) = \frac{1}{r^{n+4}\sin^3\theta}m\{ & \sqrt{(n^2-m^2)}(\cdots)(\cdots) + \\ & [(n+2)\sin\theta(\cdots) - (n-1)\cos\theta(\cdots)](\cdots)\} \end{aligned} \tag{1-4-45}$$

为了后面需要，下面给出几个简化表达式的含义，即：

$$\left.\begin{aligned}
[P_n^m(\theta)]_\theta &= n\cos\theta P_n^m(\theta) - \sqrt{n^2-m^2}P_{n-1}^m(\theta)\\
[P_{n-1}^m(\theta)]_\theta &= (n-1)\cos\theta P_{n-1}^m(\theta) - \sqrt{(n-1)^2-m^2}P_{n-2}^m(\theta)\\
[P_{n-2}^m(\theta)]_\theta &= (n-2)\cos\theta P_{n-2}^m(\theta) - \sqrt{(n-2)^2-m^2}P_{n-3}^m(\theta)
\end{aligned}\right\}\tag{1-4-46}$$

$$\left.\begin{aligned}
A &= l_\theta t_\theta, \quad B=(l_\theta t_r + l_r t_\theta), \quad C = l_\lambda t_\lambda\\
D &= l_r t_r, \quad E=(l_\lambda t_r + l_r t_\lambda), \quad F=(l_\theta t_\lambda + l_\lambda t_\theta)
\end{aligned}\right\}\tag{1-4-47}$$

式中，下角标表示单位方向矢量 $\vec{l}$、$\vec{t}$ 在 $p(r,\lambda,\theta)$ 点沿球坐标矢量 $\vec{e}_r$、$\vec{e}_\lambda$、$\vec{e}_\theta$ 的投影。

向量$\underline{\boldsymbol{R}_1}$、$\underline{\boldsymbol{R}_2}$、$\underline{\boldsymbol{\Theta}_1}$、$\underline{\boldsymbol{\Theta}_2}$ 的具体形式如下：

$$\underline{\boldsymbol{R}_1} = (A,\ P_{n-2}^m(\theta),\ B,\ C,\ A,\ P_{n-1}^m(\theta),\ D,\ B,\ C,\ C,\ A,\ C,\ P_n^m(\theta))^{\mathrm{T}}\tag{1-4-48}$$

$$\underline{\boldsymbol{\Theta}_1} = (A,\ [P_{n-2}^m(\theta)]_\theta,\ B,\ C,\ A[P_{n-1}^m(\theta)]_\theta,\ D,\ B,\ C,\ C,\ A,\ A,\ [P_n^m(\theta)]_\theta)^{\mathrm{T}}\tag{1-4-49}$$

$$\underline{\boldsymbol{R}_2} = (F,\ P_{n-1}^m(\theta),\ E,\ F,\ P_n^m(\theta))^{\mathrm{T}}\tag{1-4-50}$$

$$\underline{\boldsymbol{\Theta}_2} = (F,\ [P_{n-1}^m(\theta)]_\theta,\ E,\ F,\ [P_n^m(\theta)]_\theta)^{\mathrm{T}}\tag{1-4-51}$$

向量$\underline{\boldsymbol{H}_1}$ 的具体形式如下：

$$\begin{aligned}
(\underline{\boldsymbol{H}_1})_1 &= -\sin\theta\{(n+3)\tau_r A + \tau_\theta B\} + \cos\theta\{\tau_\lambda F - 2\tau_\theta A\}\\
(\underline{\boldsymbol{H}_1})_2 &= P_{n-2}^m(\cos\theta)\\
(\underline{\boldsymbol{H}_1})_3 &= \sin\theta\{-(n+3)\tau_r B + \tau_\lambda F + 2\tau_\theta(A-D)\} + \cos\theta\{\tau_\lambda E - \tau_\theta B\}\\
(\underline{\boldsymbol{H}_1})_4 &= -\sin\theta\{(n+3)\tau_r C + \tau_\lambda E\} - \cos\theta\{\tau_\lambda F + \tau_\theta C\} - \cos^{-1}\theta\tau_\theta C\\
(\underline{\boldsymbol{H}_1})_5 &= -\sin\theta\{(n+3)\tau_r A + \tau_\theta B\} + \cos\theta\{\tau_\lambda F - \tau_\theta A\} - \cos^{-1}\theta\tau_\theta A\\
(\underline{\boldsymbol{H}_1})_6 &= P_{n-1}^m(\cos\theta),\ (\underline{\boldsymbol{H}_1})_7 = \sin\theta\{-(n+3)\tau_r D + \tau_\lambda E + \tau_\theta B\}\\
(\underline{\boldsymbol{H}_1})_8 &= \sin\theta\{-(n+3)\tau_r B + \tau_\lambda F + 2\tau_\theta(A-D)\} + \cos\theta\tau_\lambda F - \cos^{-1}\theta\tau_\theta B\\
(\underline{\boldsymbol{H}_1})_9 &= -\sin\theta\{(n+3)\tau_r C + \tau_\lambda F\} - \cos\theta\{\tau_\lambda F + 2\tau_\theta C\}\\
(\underline{\boldsymbol{H}_1})_{10} &= -\sin\theta\{(n+3)\tau_r C + \tau_\lambda F\} + \cos\theta\tau_\lambda F - 2\cos^{-1}\theta\tau_\theta C\\
(\underline{\boldsymbol{H}_1})_{11} &= -\sin\theta\{(n+3)\tau_r A + \tau_\theta B\} + \cos\theta\{\tau_\lambda F - 2\tau_\theta A\}\\
(\underline{\boldsymbol{H}_1})_{12} &= -\sin\theta\{(n+3)\tau_r A + \tau_\theta B\} + \cos\theta\tau_\lambda F - 2\cos^{-1}\theta\tau_\theta A\\
(\underline{\boldsymbol{H}_1})_{13} &= P_n^m(\cos\theta)
\end{aligned}\tag{1-4-52}$$

向量$\underline{\boldsymbol{H}_2}$的具体形式如下：

$$(\underline{\boldsymbol{H}_2})_1 = -\sin\theta\{(n+3)\tau_r F + \tau_\lambda B + \tau_\theta E\} + 2\cos\theta\{\tau_\lambda(C-A) + \tau_\theta F\}$$

$$(\underline{\boldsymbol{H}_2})_2 = P_{n-1}^m(\theta)$$

$$(\underline{\boldsymbol{H}_2})_3 = \sin\theta\{-(n+3)\tau_r E + 2\tau_\lambda(C-D) + \tau_\theta F\} - \cos\theta\{\tau_\lambda B + \tau_\theta F\}$$

$$(\underline{\boldsymbol{H}_1})_4 = -\sin\theta\{(n+3)\tau_r F + \tau_\lambda B + \tau_\theta E\} + \cos\theta\{2\tau_\lambda(C-A) - \tau_\theta F\} - \cos^{-1}\theta\tau_\theta F$$

$$(\underline{\boldsymbol{H}_2})_5 = P_n^m(\theta)$$

(1－4－53)

1.4.3 具有凸型光滑边界和连续磁性变化三度体球谐系数积分表达式

抄录任意凸型三度体磁场球谐级数正演通式系统的球谐系数积分表达式，即：

$$\begin{Bmatrix} a_n^m \\ b_n^m \end{Bmatrix} = \int_0^\pi \int_0^{2\pi} \int_0^{R(\lambda',\theta')} \hat{M}(r',\lambda',\theta') r'^{(n+2)} P_n^m(\cos\theta') \begin{Bmatrix} \cos m\lambda' \\ \sin m\lambda' \end{Bmatrix} \sin\theta' \mathrm{d}r' \mathrm{d}\lambda' \mathrm{d}\theta'$$

(1－4－54)

1.4.3.1 第一类三度体磁场球谐系数面积分表达式及其数值计算

为了简单，下面推导中去掉积分变量r'、λ'、θ'的右上角角标。

在直角坐标系中，三维连续函数$f(x, y, z)$，在原点附近，可以采用关于坐标原点O展开的N阶泰勒级数来逼近，即《成像(续)》中(4.2.1)式。式中，$K=(k+1)(k+2)/2$；系数a_{kj}是函数$f(x, y, z)$在(0, 0, 0)处的k阶偏导数(包括混合偏导数)和导数前面系数$\{1/k!\}$的乘积。

在球坐标系中，$x = r\sin\theta\cos\lambda$、$y = r\sin\theta\sin\lambda$、$z = r\cos\theta$，则《成像(续)》中(4.2.1)式变为：

$$f(x,y,z) = f(r,\lambda,\theta) = f(0,0,0) + \sum_{k=1}^{N} \sum_{\substack{j=1 \\ p+q+s=k}}^{K} c_{kj} r^k (\sin\theta\cos\lambda)^p (\sin\theta\sin\lambda)^q (\cos\theta)^s \qquad (1-4-55)$$

设磁化强度模$\hat{M}(r, \lambda, \theta)$用(1－4－55)式的形式表示，即：

$$\left.\begin{aligned} \hat{M}(r,\lambda,\theta) &= M_0 + \sum_{k=1}^{N} r^k \Phi(k,\lambda,\theta), \\ \Phi(k,\lambda,\theta) &= \sum_{\substack{j=1 \\ p+q+s=k}}^{K} c_{kj} (\sin\theta\cos\lambda)^p (\sin\theta\sin\lambda)^q (\cos\theta)^s \end{aligned}\right\} \qquad (1-4-56)$$

式中，M_0 为 $\hat{M}(0,0,0)$ 处的模值，并且应满足关系式 $\left|\sum_{k=1}^{N} r^k \Phi(r,\lambda,\theta)\right| \ll M_0$，以保证 $\hat{M}(r,\lambda,\theta)$ 均为正值。$\hat{M}(r,\lambda,\theta)$ 的表达式可以表示许多反映三度体内磁化强度分布的连续函数。例如：①若该式只有常数项 M_0，则表示磁性体均匀磁化。②若该式包含 M_0 和一次项，则表示磁性体呈线性磁化状态。③若该式包含 M_0、一次项和二次项，则表示磁性体呈空间二次曲面型磁化状态等。N 值越大，$\hat{M}(r,\lambda,\theta)$ 表示连续函数越复杂。

于是，取 $M_0=\Phi(0,\lambda,\theta)$，并把(1-4-55)式代入(1-4-54)式，得到：

$$
\begin{aligned}
\begin{Bmatrix} a_n^m \\ b_n^m \end{Bmatrix} &= \int_0^{\pi}\int_0^{2\pi} P_n^m(\theta)\begin{Bmatrix}\cos m\lambda \\ \sin m\lambda\end{Bmatrix}\sin\theta\left\{\int_0^{R(\lambda,\theta)}[\hat{M}(r,\lambda,\theta)]r^{(n+2)}\mathrm{d}r\right\}\mathrm{d}\lambda\mathrm{d}\theta \\
&= \int_0^{\pi}\int_0^{2\pi} P_n^m(\theta)\begin{Bmatrix}\cos m\lambda \\ \sin m\lambda\end{Bmatrix}\sin\theta\left\{\int_0^{R(\lambda,\theta)}\left[M_0+\sum_{k=1}^{N} r^k\Phi(k,\lambda,\theta)\right]r^{(n+2)}\mathrm{d}r\right\}\mathrm{d}\lambda\mathrm{d}\theta \\
&= \int_0^{\pi}\int_0^{2\pi} P_n^m(\theta)\begin{Bmatrix}\cos m\lambda \\ \sin m\lambda\end{Bmatrix}\sin\theta\left\{\sum_{k=0}^{N}\Phi(k,\lambda,\theta)\int_0^{R(\lambda,\theta)} r^{(n+2+k)}\mathrm{d}r\right\}\mathrm{d}\lambda\mathrm{d}\theta \\
&= \int_0^{\pi}\int_0^{2\pi} P_n^m(\theta)\begin{Bmatrix}\cos m\lambda \\ \sin m\lambda\end{Bmatrix}\sin\theta\left\{\sum_{k=0}^{N}\frac{\Phi(k,\lambda,\theta)}{(n+3+k)}R^{(n+3+k)}(\lambda,\theta)\right\}\mathrm{d}\lambda\mathrm{d}\theta
\end{aligned}
\tag{1-4-57}
$$

这是第一类任意边界与磁化强度连续变化三度体磁场球谐系数的面积分表达式。

下面给出球谐系数的高精度数值计算方法。

计算球谐系数 a_n^m、b_n^m 时，把(1-4-57)式在整个面积分区间的双重积分，变为经特殊选取的中心具有固定(λ,θ)坐标的1628个小积分区间的积分和($\theta=0$ 和 $\theta=\pi$ 位于小积分区间的边界上)，再进行近似积分，得到：

$$
\begin{aligned}
\begin{Bmatrix} a_n^m \\ b_n^m \end{Bmatrix} &= \int_0^{\pi}\int_0^{2\pi} P_n^m(\theta)\begin{Bmatrix}\cos m\lambda \\ \sin m\lambda\end{Bmatrix}\sin\theta\left\{\sum_{k=0}^{N}\frac{\Phi(k,\lambda,\theta)}{(n+3+k)}R^{(n+3+k)}(\lambda,\theta)\right\}\mathrm{d}\lambda\mathrm{d}\theta \\
&= \sum_{i=1}^{1628}\int_{\theta_{1i}}^{\theta_{2i}}\int_{\lambda_{1i}}^{\lambda_{2i}} P_n^m(\theta)\begin{Bmatrix}\cos m\lambda \\ \sin m\lambda\end{Bmatrix}\sin\theta\left\{\sum_{k=0}^{N}\frac{\Phi(k,\lambda,\theta)}{(n+3+k)}R^{(n+3+k)}(\lambda,\theta)\right\}\mathrm{d}\lambda\mathrm{d}\theta \\
&\cong \sum_{i=1}^{1628}\left\{\sum_{k=0}^{N}\frac{\Phi(k,\lambda_i,\theta_i)}{(n+3+k)}R^{(n+3+k)}(\lambda_i,\theta_i)\right\}\int_{\theta_{1i}}^{\theta_{2i}}\int_{\lambda_{1i}}^{\lambda_{2i}} P_n^m(\theta)\begin{Bmatrix}\cos m\lambda \\ \sin m\lambda\end{Bmatrix}\sin\theta\mathrm{d}\lambda\mathrm{d}\theta
\end{aligned}
\tag{1-4-58}
$$

下面精确求取(1 -4 -58)式右端的积分值。为了简单，省掉下标 i，则有：

$$\int_{\theta_1}^{\theta_2}\int_{\lambda_1}^{\lambda_i} P_n^m(\theta)\begin{Bmatrix}\cos m\lambda\\ \sin m\lambda\end{Bmatrix}\sin\theta \mathrm{d}\lambda \mathrm{d}\theta = \int_{\theta_1}^{\theta_2} P_n^m(\theta)\sin\theta \mathrm{d}\theta \int_{\lambda_1}^{\lambda_2}\begin{Bmatrix}\cos m\lambda \mathrm{d}\lambda\\ \sin m\lambda \mathrm{d}\lambda\end{Bmatrix}$$

$$= \begin{Bmatrix}(\sin m\lambda_2 - \sin m\lambda_1)/m\\ -(\cos m\lambda_2 - \cos m\lambda_1)/m\end{Bmatrix}\int_{\theta_1}^{\theta_2} P_n^m(\theta)\sin\theta \mathrm{d}\theta \tag{1-4-59}$$

当 $m=0$ 时，(1 -4 -59)式变为：

$$\int_{\theta_1}^{\theta_2}\int_{\lambda_1}^{\lambda_2} P_n^m(\cos\theta)\begin{Bmatrix}\cos(0)\\ \sin(0)\end{Bmatrix}\sin\theta \mathrm{d}\lambda \mathrm{d}\theta = \begin{Bmatrix}\lambda_2-\lambda_1\\ 0\end{Bmatrix}\int_{\theta_1}^{\theta_2} P_n^m(\cos\theta)\sin\theta \mathrm{d}\theta \tag{1-4-60}$$

在已有文献中，积分 $\int_{\theta_1}^{\theta_2} P_n^m(\cos\theta)\sin\theta \mathrm{d}\theta$ 值的求取是一个复杂而不稳定的计算过程。笔者采用自主研创得到的 $P_n^m(\cos\theta)$ 准确计算公式，即：

$$P_n^m(\cos\theta) = \begin{cases}\sum\limits_{k=n,n-2,\cdots} A_{kc}(n,m)\cos k\theta, & m\ 为偶数\\ \sum\limits_{k=n,n-2,\cdots} A_{ks}(n,m)\sin k\theta, & m\ 为奇数\end{cases} \tag{1-4-61}$$

式中，$A_{kc}(n,\ m)$ 和 $A_{ks}(n,\ m)$ 为(1 -4 -61)式的高精度系数。把该式代入积分，并采用三角函数积化和差公式，得到：

$$\int_{\theta_1}^{\theta_2} P_n^m(\theta)\sin\theta \mathrm{d}\theta = \int_{\theta_1}^{\theta_2}\begin{Bmatrix}\sum\limits_{k=n,n-2,\cdots} A_{kc}(n,m)\cos k\theta\\ \sum\limits_{k=n,n-2,\cdots} A_{ks}(n,m)\sin k\theta\end{Bmatrix}\sin\theta \mathrm{d}\theta$$

$$= \left.\begin{Bmatrix}\sum\limits_{k=n,n-2,\cdots}\dfrac{A_{kc}(n,m)}{2}\left[\dfrac{\cos(k-1)\theta}{k-1} - \dfrac{\cos(k+1)\theta}{k+1}\right], m\ 为偶数\\ \sum\limits_{k=n,n-2,\cdots}\dfrac{A_{ks}(n,m)}{2}\left[\dfrac{\sin(k-1)\theta}{k-1} - \dfrac{\sin(k+1)\theta}{k+1}\right], m\ 为奇数\end{Bmatrix}\right|_{\theta_1}^{\theta_2} \tag{1-4-62}$$

式中，当 $k=1$ 时，要对中括号第一项取极限，或者按下式求积分，可得相同结果，即：

$$\int_{\theta_1}^{\theta_2}\begin{Bmatrix} A_{1c}(n,m)\cos\theta\sin\theta\mathrm{d}\theta \\ A_{1s}(n,m)\sin\theta\sin\theta\mathrm{d}\theta \end{Bmatrix} = \begin{Bmatrix} A_{1c}(n,m)[-\cos2\theta]/4, m\text{ 为偶数} \\ A_{1s}(n,m)[2\theta-\sin2\theta]/4, m\text{ 为奇数} \end{Bmatrix}_{\theta_1}^{\theta_2}$$

(1－4－63)

把(1－4－62)式代入(1－4－61)式，再把(1－4－59)式代入(1－4－58)式，即可求得任意边界与磁化强度连续变化三度体的高精度的球谐系数 a_n^m、b_n^m。

1.4.3.2　第二类三度体磁场球谐系数面积分表达式及其数值计算

在任意边界与变磁化强度三度体球谐系数 a_n^m、b_n^m 体积分表达式(1－4－54)中，令磁化强度模为：

$$M_q = M(r,\lambda,\theta) = M_0 + \Delta M(r,\lambda,\theta) = M_0 + \Phi(\lambda,\theta)\sum_{k=1}^{K} C_k r^k$$

(1－4－64)

上式中，M_0 是 $M(0,\ \lambda,\ \varphi)$ 处的值，并且应满足关系式 $|\Delta M(\lambda,\ \theta)| \ll M_0$，以保证 M_q 均为正值或均为负值。

(1－4－64)式表示的以下几方面磁性体磁化状态：①只有 M_0 项时，磁性体属于均匀磁化。②取 $C_1=1$、其余 $C_k=0$，$\Phi(\lambda,\ \theta)$ 为空间平面转换式，即取：

$$\Delta M(r,\lambda,\theta) = \Phi(\lambda,\theta)\sum_{k=1}^{K} C_k r^k = (\mathrm{d}_{11}\sin\theta\cos\lambda + \mathrm{d}_{12}\sin\theta\sin\lambda + \mathrm{d}_{13}\cos\theta)r^1$$

(1－4－65)

此时，磁性体属于线性磁化，也就是：过坐标原点 O 的空间平面上，磁化强度模相同，而且都等于 M_0；在其他所有平行于该平面的空间平面上，磁化强度也相同；不同空间平面间磁化强度呈线性变化。③取 $C_2=1$、其余 $C_k=0$，$\Phi(\lambda,\ \theta)$ 为空间二次曲面转换式，即取：

$$\Delta M(r,\lambda,\theta) = \Phi(\lambda,\theta)\sum_{k=1}^{K} C_k r^k = (d_{21}\sin^2\theta\cos^2\lambda + d_{22}\sin^2\theta\sin^2\lambda + d_{23}\cos^2\theta +$$

$$d_{24}\sin^2\theta\cos\lambda\sin\lambda + d_{25}\sin\theta\cos\lambda\cos\theta d_{26}\sin\theta\sin\lambda\cos\theta)r^2 \quad (1-4-66)$$

此时，磁性体属于中心在原点 O 的空间二次曲面型磁化，包括：球面、椭球面、单叶双曲面、双叶双曲面等。类似地，该式可以表示磁性体呈任何中心在原点的高次空间曲面型磁化形式。该式不能表示磁性体呈上述组合磁化形式。取该式的其他形式，可以表示磁性体呈相当复杂形式的磁化状态。因此，该式同样具有普遍性。

把(1－4－64)式代入三度体球谐系数体积分表达式(1－4－59)，则有：

$$\begin{Bmatrix} a_n^m \\ b_n^m \end{Bmatrix} = \int_0^{\pi}\int_0^{2\pi} P_n^m(\theta)\begin{Bmatrix}\cos m\lambda \\ \sin m\lambda\end{Bmatrix}\sin\theta\left\{\int_0^{R(\lambda,\theta)}\left[M_0 + \Phi(\lambda,\theta)\sum_{k=1}^{K}C_k r^k\right]r^{(n+2)}\mathrm{d}r\right\}\mathrm{d}\lambda\mathrm{d}\theta$$

$$= \int_0^{\pi}\int_0^{2\pi}\left\{\int_0^{R(\lambda,\theta)}\left[M_0 r^{(n+2)} + \Phi(\lambda,\theta)\sum_{k=1}^{K}C_k r^{(n+2+k)}\right]\mathrm{d}r\right\}P_n^m(\theta)\begin{Bmatrix}\cos m\lambda \\ \sin m\lambda\end{Bmatrix}\sin\theta\mathrm{d}\lambda\mathrm{d}\theta$$

$$= \int_0^{\pi}\int_0^{2\pi}\left\{\frac{M_0}{n+3}R^{(n+3)}(\lambda,\theta) + \sum_{k=1}^{K}C_k\frac{\Phi(\lambda,\theta)}{(n+3+k)}R^{(n+3+k)}(\lambda,\theta)\right\}P_n^m(\theta)\begin{Bmatrix}\cos m\lambda \\ \sin m\lambda\end{Bmatrix}\sin\theta\mathrm{d}\lambda\mathrm{d}\theta$$

$$= \left\{\frac{1}{n+3}F_{ab}\left[M_0R^{(n+3)}(\lambda,\theta)\right] + \sum_{k=1}^{K}C_k\frac{1}{n+3+k}F_{ab}\left[\Phi(\lambda,\theta)R^{(n+3+k)}(\lambda,\theta)\right]\right\} \tag{1-4-67}$$

其中：

$$\left.\begin{aligned} &F_{ab}\left[M_0R^{(n+3)}(\lambda,\theta)\right] = \int_0^{\pi}\int_0^{2\pi}\{M_0R^{(n+3)}(\lambda,\theta)\}P_n^m(\theta)\begin{Bmatrix}\cos m\lambda \\ \sin m\lambda\end{Bmatrix}\sin\theta\mathrm{d}\lambda\mathrm{d}\theta \\ &F_{ab}\left[\Phi(\lambda,\theta)R^{(n+3+k)}(\lambda,\theta)\right] = \\ &\int_0^{\pi}\int_0^{2\pi}\{\Phi(\lambda,\theta)R^{(n+3+k)}(\lambda,\theta)\}P_n^m(\theta)\begin{Bmatrix}\cos m\lambda \\ \sin m\lambda\end{Bmatrix}\sin\theta\mathrm{d}\lambda\mathrm{d}\theta \end{aligned}\right\} \tag{1-4-68}$$

上式进一步假设，则有：

$$R(\lambda,\ \theta) = R_0 + \Delta R(\lambda,\ \theta) = R_0\left[1 + \frac{\Delta R(\lambda,\ \theta)}{R_0}\right] \tag{1-4-69}$$

式中，取 $|\Delta R(\lambda,\ \theta)|_{\max} < 0.5R_0$，以便保证三度体具有星形边界，而 R_0 相当于 $R(\lambda,\ \theta)$ 的平均值。再令 $n_k = (3+n+k)$，则有：

$$R^{(n+3)}(\lambda,\theta) = R_0^{(n+3)}\left[1 + \frac{\Delta R(\lambda,\theta)}{R_0}\right]^{(n+3)} = R^{(n+3)}\sum_{j=0}^{n+3}C_{n+3}^j\left[\frac{\Delta R(\lambda,\theta)}{R_0}\right]^j \tag{1-4-70}$$

$$R_k^n(\lambda,\theta) = R_0^{n_k}\left[1 + \frac{\Delta R(\lambda,\theta)}{R_0}\right]^{n_k} = R_0^{n_k}\sum_{j=0}^{n_k}C_{nk}^j\left[\frac{\Delta R(\lambda,\theta)}{R_0}\right]^j \tag{1-4-71}$$

式中，$C_{n+3}^j = \dfrac{(n+3)!}{j!\,[(n+3)-j]!}$；$C_{nk}^j = \dfrac{n_k!}{j!\,(n_k-j)!}$(后面有同样类型的符号，

可以类似写出)。

把(1－4－68)式和(1－4－71)式代入(1－4－67)式，得到：

$$= \left\{\frac{R_0^{(n+3)}}{n+3}\sum_{j=0}^{n+3} C_{n+3}^{j} F_{ab}\left[M_0\left(\frac{\Delta R(\lambda,\theta)}{R_0}\right)^{j}\right] + \sum_{k=1}^{K} C_k \frac{R_0^{n_k}}{n_k}\sum_{j=0}^{n_k} C_{n_k}^{j} F_{ab}\left[\Phi(\lambda,\theta)\left(\frac{\Delta R(\lambda,\theta)}{R_0}\right)^{j}\right]\right\} \tag{1-4-72}$$

这是第二类任意边界与磁化强度连续变化三度体磁场球谐系数的面积分表达式。

在(1－4－72)式中，通过对 K、C_k、$\Phi(\lambda,\theta)$、R_0、$\Delta R(\lambda,\theta)$ 进行选择，可以得到众多具有特殊边界与变磁化强度三度体磁场球谐系数的面积分式。

若记(1－4－72)式右端方括号内函数的面积分结果分别为 $(A_n^m)_0^j$ 和 $(B_n^m)_0^j$、$(A_n^m)_\Phi^j$ 和 $(B_n^m)_\Phi^j$，即：

$$\{(A_n^m)_0^j,\ (B_n^m)_0^j\} = F_{ab}\left[M_0\left(\frac{\Delta R(\lambda,\ \theta)}{R_0}\right)^{j}\right] \tag{1-4-73}$$

$$\{(A_n^m)_\Phi^j,\ (B_n^m)_\Phi^j\} = F_{ab}\left[\Phi(\lambda,\ \theta)\left(\frac{\Delta R(\lambda,\ \theta)}{R_0}\right)^{j}\right] \tag{1-4-74}$$

其中：

$$\{a_n^m, b_n^m\}_0 = \frac{R_0^{(n+3)}}{n+3}\sum_{j=1}^{(3+n)} C_{3+n}^{j}\{(A_n^m)_0^j, (B_n^m)_0^j\} \tag{1-4-75}$$

$$\{a_n^m, b_n^m\}_\Phi = \sum_{k=1}^{K} C_k \frac{R_0^{n_k}}{(3+n+k)}\sum_{j=1}^{n_k} C_{n_k}^{j}\{(A_n^m)_\Phi^j, (B_n^m)_\Phi^j\} \tag{1-4-76}$$

$$\{a_n^m,\ b_n^m\} = \{a_n^m,\ b_n^m\}_0 + \{a_n^m,\ b_n^m\}_\Phi \tag{1-4-77}$$

如果采用已有的数值积分法，不难求得该三度体磁场的球谐系数值。因此，这里实际上给出了该类复杂三度体磁场的数值计算方法，限于篇幅，不作具体阐述。

然而，通过对 K、C_k、$\Phi(\lambda,\theta)$、R_0、$\Delta R(\lambda,\theta)$ 进行选择，可以得到众多“具有特殊光滑边界与磁化强度连续变化”三度体磁场球谐系数的面积分公式。这些特殊三度体，可以看成是复杂类型的规则形体。由这些形体的球谐系数的面积分式出发，可以解析地求得对应的 $(A_n^m)_0^j$、$(B_n^m)_0^j$、$(A_n^m)_\Phi^j$、$(B_n^m)_\Phi^j$ 数值，并最终求得球谐系数 a_n^m、b_n^m 和三度体外部磁场。这在直角坐标系内难于实现的。

继续推导下去，笔者最终推导出如下重要公式：

$$\int_0^{\pi} A_{lc}\cos l\theta A_{kc}\cos k\theta \sin\theta \mathrm{d}\theta = \begin{cases} 0, & (l+k)\text{ 为奇数} \\ -A_{lc}A_{kc}\left(\dfrac{1}{(l+k)^2-1}+\dfrac{1}{(l-k)^2-1}\right), & (l+k)\text{ 为偶数} \end{cases} \tag{1-4-78}$$

$$\int_0^{\pi} A_{ls}\sin l\theta A_{ks}\sin k\theta \sin\theta \mathrm{d}\theta = \begin{cases} 0, & (l+k)\text{ 为奇数} \\ A_{ls}A_{ks}\left(\dfrac{1}{(l+k)^2-1}-\dfrac{1}{(l-k)^2-1}\right), & (l+k)\text{ 为偶数} \end{cases} \tag{1-4-79}$$

以上两式在《高 & 区》著作中，发挥了重要作用。

参考文献

[1]拉普伦捷夫 MA，沙巴特 BA. 复变函数论方法[M]. 施祥林，夏定中，译. 北京：人民教育出版社，1963.

[2]熊光楚. 磁铁矿床上磁异常的解释推断[M]. 北京：中国工业出版社，1962.

[3]黄树棠，顾学新. 地球物理与地球化学研究报告文集(第二册)：斜磁化条件下磁测资料的推断解释[M]. 北京：中国工业出版社，1964.

[4]沙拉耶夫 CB. 利用位场奇点解释地球物理资料[J]. 物化探译丛，1966，3.

[5]云南大学数学系，云南物探大队. 物探数学专辑：复变函数在磁法勘探中的应用[J]. 云南物化探，1974，2.

[6]地面磁测资料解释推断手册编写组. 地面磁测资料解释推断手册[M]. 北京：地质出版社，1979.

[7]数学手册编写组. 数学手册[M]. 北京：人民教育出版社，1979.

[8] Страхов ВН, Лучнцкий АН. О решении прямых двухмерных задач гравиметрии и Магнитометрии[J]. Физика Земли, 1980, 8.

[9]安玉林，管志宁. 系统介绍苏联学者二度磁性体复位复场正演理论方法及应用[J]. 国外地质勘探技术，1986，8：17-29.

[10]安玉林. 磁性体磁场的等值互换、矩阵表达式和规格化公式[J]. 现代地质，1988，2(2)：266-270.

[11]安玉林，管志宁，阳明. 三维磁性层正反演方法[J]. 地球物理学报，1990，33(z1)：265-278.

[12]安玉林，管志宁. 球壳形磁性层磁异常正反演方法[J]. 现代地质，1990，4(2)：116-129.

[13]管志宁，安玉林．区域磁异常定量解释[M]．北京：地质出版社，1991.

[14]安玉林，谭保华．局部重磁场源全方位成像[M]．北京：地质出版社，1997.

[15]安玉林，陈玉东，黄金明．重磁勘探正反演理论方法研究的新进展[J]．地学前缘，2003，10(1)。

[16]安玉林．三度体梯度磁异常全方位正反演方法[J]．现代地质，2000，14(1)：85－90.

[17]安玉林．局部重磁场源全方位成像理论概要[J]．物探与化探，2000，24(6)：401－411.

[18]安玉林．局部重磁场源全方位成像理论概要(续)[J]．物探与化探，2001，25(6)：401－409.

[19]安玉林，黄金明．局部重磁场源全方位成像(续)[M]．北京：地震出版社，2003.

[20]安玉林．起伏地形上规则二度体复重磁场正演和直接反演[J]，物探与化探，2003，27(1－4)连载．

[21]安玉林，黄金明．一类复杂三度体磁场的解析正演方法[J]．地球科学，2003，28.

[22]An Yulin，Huang Jinming，Chen Yudong. Forward computation of the magnetic field of a 3D body with arbitrary boundary and continually varying magnetization[J]. Geophysical Prospecting，2004，52：49－63.

[23]管志宁．地磁场与磁力勘探[M]．北京：地质出版社，2005.

2　磁场线性化反演方法

2.1　磁性层上、下层面深度与层内磁化强度模值反演

2.1.1　三维磁性层上、下层面深度反演

第1章第2节(1－2－4)式中有关系式 $\int_{-\infty}^{\infty}\int_{-\infty}^{\infty} JG(h,H)\,\mathrm{d}\xi\mathrm{d}\eta$，把该式代入(1－2－5)式中，可得到 Z_{xy} 表达式：

$$Z_{xy} = \frac{\mu_0}{4\pi}\int_{-\infty}^{\infty}\int_{-\infty}^{\infty}\left\{J_{\xi\eta}G(h,H) - \sum_{n=0}^{\infty}\frac{1}{(n+1)!}\left[(J_{\xi\eta}\Delta h_{\xi\eta}^{n+1})K^{(n)}(h) - (J_{\xi\eta}\Delta H_{\xi\eta}^{n+1})K^{(n)}(H)\right]\right\}\mathrm{d}\xi\mathrm{d}\eta \tag{2-1-1}$$

参考与(1－2－5)式对应的(1－2－6)式，三维磁性层 Z_{xy} 的频谱表达式也可表示为：

$$Z_{uv} = \frac{\mu_0}{4\pi}\left\{2\pi J_{uv}(\mathrm{e}^{-2\pi fh} - \mathrm{e}^{-2\pi fH}) + 2\pi\sum_{n=1}^{\infty}\frac{(-2\pi f)^n}{n!}\left[(J_{\xi\eta}\Delta h_{\xi\eta}^{n})_{uv}\mathrm{e}^{-2\pi fh} - (J_{\xi\eta}\Delta H_{\xi\eta}^{n})_{uv}\mathrm{e}^{-2\pi fH}\right]\right\} \tag{2-1-2}$$

式中，$f=\sqrt{u^2+v^2}$为径向频谱，其他的$(\cdots)_{uv}$均为小括号内函数的频谱。(2－1－2)式是用于反演三维磁性层上、下层面深度的出发公式。

进行层面深度反演，需要给定定解条件：①上层面深度 $h_{\xi\eta}$ 反演，必须给定上层面平均深度 h、下层面的深度 $H_{\xi\eta}$ 和磁化强度模 $J_{\xi\eta}$，故此，反演对象为

$\Delta h_{\xi\eta}$。②下层面深度 $H_{\xi\eta}$ 反演，须给定下层面的平均深度 H、上层面的深度 $h_{\xi\eta}$ 和磁化强度模 $J_{\xi\eta}$，故此，反演对象为 $\Delta H_{\xi\eta}$。

给定定解条件之后，需要计算与定解条件有关的磁场频谱值 $\overline{Z}_{uv}$：①上层面深度 $h_{\xi\eta}$ 反演时，令 $\overline{Z}_{uv}$ 为 $\overline{Z}_{uv}^{上}$。②下层面深度 $H_{\xi\eta}$ 反演时，令 $\overline{Z}_{uv}$ 为 $\overline{Z}_{uv}^{下}$。二者分别为：

$$\overline{Z}_{uv}^{上} = \frac{\mu_0}{4\pi}\left\{2\pi J_{uv}(e^{-2\pi fh} - e^{-2\pi fH}) - 2\pi\sum_{n=1}^{\infty}\frac{(-2\pi f)^n}{n!}[(J_{\xi\eta}\Delta H_{\xi\eta}^n)_{uv}e^{-2\pi fH}]\right\} \tag{2-1-3}$$

$$Z_{uv}^{下} = \frac{\mu_0}{4\pi}\left\{2\pi J_{uv}(e^{-2\pi fh} - e^{-2\pi fH}) + 2\pi\sum_{n=1}^{\infty}\frac{(-2\pi f)^n}{n!}[(J_{\xi\eta}\Delta h_{\xi\eta}^n)_{uv}e^{-2\pi fh}]\right\} \tag{2-1-4}$$

接着，求得与 $\Delta h_{\xi\eta}$ 和 $\Delta H_{\xi\eta}$ 对应的磁场频谱值 $\Delta Z_{uv}^{上}$ 和 $\Delta \overline{Z}_{uv}^{下}$ 分别为：

$$\Delta Z_{uv}^{上} = Z_{xy} - \overline{Z}_{uv}^{上} = \frac{\mu_0}{4\pi}\left\{-2\pi e^{-2\pi fh}\sum_{n=1}^{\infty}\frac{(-2\pi f)^n}{n!}(J_{\xi\eta}\Delta h_{\xi\eta}^n)_{uv}\right\} \tag{2-1-5}$$

$$\Delta Z_{uv}^{下} = Z_{xy} - \overline{Z}_{uv}^{下} = \frac{\mu_0}{4\pi}\left\{+2\pi e^{-2\pi fH}\sum_{n=1}^{\infty}\frac{(-2\pi f)^n}{n!}(J_{\xi\eta}\Delta H_{\xi\eta}^n)_{uv}\right\} \tag{2-1-6}$$

该过程称为“场的提取”。

下面，阐述三维磁性层上、下层面深度反演过程。

下层面深度 $H_{\xi\eta}$ 反演：在(2-1-6)式中，把 $n=1$ 项分离出来，且令 $M_H^{\xi\eta} = -J_{\xi\eta}\Delta H_{\xi\eta}$，而 M_H^{uv} 为其频谱，可以给出反演 M_H^{uv} 的方程式为：

$$M_H^{uv} = -\frac{4\pi}{\mu_0}\frac{\Delta Z_{uv}^{下}}{4\pi^2 f}e^{2\pi fH} - \sum_{n=1}^{\infty}\frac{(-2\pi f)^n}{(n+1)!}(\Delta H_{\xi\eta}^n \cdot M_H^{\xi\eta})_{uv} \tag{2-1-7}$$

(2-1-7)式可用于迭代求解 M_H^{uv}。如果只取其第一项作为 M_H^{uv} 反演近似解，称之为直接反演。求得 M_H^{uv} 后，经反傅里叶变换，可求得 $M_H^{\xi\eta}$，最后得到：

$$\Delta H_{\xi\eta} = -\frac{1}{J_{\xi\eta}}M_H^{\xi\eta},\ H_{\xi\eta} = H + \Delta H_{\xi\eta} \tag{2-1-8}$$

上层面深度 $H_{\xi\eta}$ 反演：按照同样处理，可由(2-1-5)式，令 $M_h^{\xi\eta} = -J_{\xi\eta}\Delta h_{\xi\eta}$，可以给出反演 M_h^{uv} 的方程式：

$$M_h^{uv} = -\frac{4\pi}{\mu_0}\frac{\Delta Z_{uv}^{上}}{4\pi^2 f}e^{2\pi fh} - \sum_{n=1}^{\infty}\frac{(-2\pi f)^n}{(n+1)!}(\Delta h_{\xi\eta}^n \cdot M_h^{\xi\eta})_{uv} \tag{2-1-9}$$

由(2－1－9)式经迭代反演可求得 M_h^{uv}。如果只取第一项作为 M_h^{uv} 反演近似解，称之为“直接反演”。再经反傅里叶变换，可求得 M_h^{uv}，最后得到：

$$\Delta h_{\xi\eta} = -\frac{1}{J_{\xi\eta}} M_h^{\xi\eta}, \quad h_{\xi\eta} = h + \Delta H_{\xi\eta} \tag{2-1-10}$$

2.1.2 三维磁性层层内磁化强度模值反演

由第1章第2节三维磁性层 Z_{xy} 的频谱表达式(1－2－6)出发求解磁化强度模值 $J_{\xi\eta}$，必须给定的定解条件有：磁化强度平均值 J、上层面的深度 $h_{\xi\eta} = h + \Delta h_{\xi\eta}$ 和下层面的深度 $H_{\xi\eta} = H + \Delta H_{\xi\eta}$。

与定解条件有关的磁场频谱值 $\overline{Z}_{uv}$ 为：

$$\overline{Z}_{uv} = \frac{\mu_0}{4\pi} 2\pi J \sum_{n=1}^{\infty} \frac{(-2\pi f)^n}{n!} \left[(\Delta h_{\xi\eta}^n)_{uv} e^{-2\pi f h} - (\Delta H_{\xi\eta}^n)_{uv} e^{-2\pi f H} \right] \tag{2-1-11}$$

于是，求得 $\Delta Z_{uv} = Z_{uv} - \overline{Z}_{uv}$ 为“场的提取”过程。ΔZ_{uv} 的频谱表达式为：

$$\Delta Z_{uv} = \frac{\mu_0}{4\pi} \left\{ 2\pi \Delta J_{uv} (e^{-2\pi f h} - e^{-2\pi f H}) + 2\pi \sum_{n=1}^{\infty} \frac{(-2\pi f)^n}{n!} \left[(\Delta J_{\xi\eta} \Delta h_{\xi\eta}^n)_{uv} e^{-2\pi f h} - (\Delta J_{\xi\eta} \Delta H_{\xi\eta}^n)_{uv} e^{-2\pi f H} \right] \right\} \tag{2-1-12}$$

把(2－1－12)式左、右端同除$(\mu_0/4\pi)$，再把左端移到等号右边，把右端第一项移到等号左边，两端均乘以负号，然后，两端同除$[2\pi(e^{-2\pi f h} - e^{-2\pi f H})]$，得到：

$$\Delta J_{uv} = \frac{4\pi}{\mu_0} \frac{\Delta Z_{uv}}{2\pi(e^{-2\pi f h} - e^{-2\pi f H})} - \frac{1}{2\pi(e^{-2\pi f h} - e^{-2\pi f H})} \cdot \sum_{n=1}^{\infty} \frac{(-2\pi f)^n}{n!} \left[(\Delta J_{\xi\eta} \Delta h_{\xi\eta}^n)_{uv} e^{-2\pi f h} - (\Delta J_{\xi\eta} \Delta H_{\xi\eta}^n)_{uv} e^{-2\pi f H} \right] \tag{2-1-13}$$

(2－1－13)式是用于反演 ΔJ_{uv} 的频谱公式。

作为 ΔJ_{uv} 的近似解，称其为“直接反演”。而迭代反演是提高反演结果精度的有效步骤，因此，最好采用迭代反演方法。最后对 ΔJ_{uv} 作反傅里叶变换，求得 $\Delta J_{\xi\eta}$，则三维磁性层磁化强度模值为：

$$J_{\xi\eta} = J + \Delta J_{\xi\eta} \tag{2-1-14}$$

2.1.3 球壳型磁性层上下层面深度反演

由第1章第2节(1-2-17)式、(1-2-18)式出发，研究球壳型磁性层上、下层面反演问题。

为进行反演而需要给定的参数和连续函数称为定解条件。已知 Z_P 做反演：任意层情况下，若反演对象是 $\Delta h_{\lambda'\theta'}$，定解条件是给定 $J_{\lambda'\theta'}$、r_1、$r_{2\lambda'\theta'}$，若反演对象是 $\Delta H_{\lambda'\theta'}$，定解条件是给定 $J_{\lambda'\theta'}$、r_2、$r_{1\lambda'\theta'}$。

假设：$g_n^m = \bar{g}_n^m + \Delta g_n^m$，$h_n^m = \bar{h}_n^m + \Delta h_n^m$，$\{\bar{g}_n^m, \bar{h}_n^m\}$ 是由定解条件确定的球谐系数；Δg_n^m、Δh_n^m 是与待求函数直接有关的球谐函数，可用于反演。把从 $\{g_n^m, h_n^m\}$ 中去掉 $\{\bar{g}_n^m, \bar{h}_n^m\}$，求得 $\{\Delta g_n^m, \Delta h_n^m\}$ 的过程称为场的提取。下面给出 $\{\bar{g}_n^m, \bar{h}_n^m\}$、$\{\Delta g_n^m, \Delta h_n^m\}$ 的表达式。

任意层情况下，由第1章第2节(1-2-17)式和(1-2-18)式得：

(1)求 $\Delta h_{\lambda'\theta'}$ 时：

$$\begin{Bmatrix} \bar{g}_n^m \\ \bar{h}_n^m \end{Bmatrix} = S_{n0}\{D_{1n} - D_{2n}\} \cdot \begin{pmatrix} \Delta\bar{g}_n^m \\ \Delta\bar{h}_n^m \end{pmatrix} - \sum_{k=1}^{n+2} S_{nk} D_{2n} \cdot r_2^{-k} \cdot \begin{pmatrix} g_{nm}^{2k} \\ h_{nm}^{2k} \end{pmatrix} \tag{2-1-15}$$

$$\begin{Bmatrix} \Delta g_n^m \\ \Delta h_n^m \end{Bmatrix} = \sum_{k=0}^{n+2} S_{nk} D_{1n} \cdot r_1^{-k} \cdot \begin{pmatrix} g_{nm}^{1k} \\ h_{nm}^{1k} \end{pmatrix} \tag{2-1-16}$$

(2)求 $\Delta H_{\lambda'\theta'}$ 时：

$$\begin{Bmatrix} \bar{g}_n^m \\ \bar{h}_n^m \end{Bmatrix} = S_{n0}\{D_{1n} - D_{2n}\} \cdot \begin{pmatrix} \Delta\bar{g}_n^m \\ \Delta\bar{h}_n^m \end{pmatrix} + \sum_{k=1}^{n+2} S_{nk} D_{1n} \cdot r_1^{-k} \cdot \begin{pmatrix} g_{nm}^{1k} \\ h_{nm}^{1k} \end{pmatrix} \tag{2-1-17}$$

$$\begin{Bmatrix} \Delta g_n^m \\ \Delta h_n^m \end{Bmatrix} = -\sum_{k=1}^{n+2} S_{nk} D_{2n} \cdot r_2^{-k} \cdot \begin{pmatrix} g_{nm}^{2k} \\ h_{nm}^{2k} \end{pmatrix} \tag{2-1-18}$$

下面阐述层面位置反演问题解法。

由(2-1-16)式和(2-1-18)式分离出 $k=1$ 项，可写出由 Δg_n^m、Δh_n^m 反演 g_{nm}^{11}、h_{nm}^{11}、g_{nm}^{21}、h_{nm}^{21} 的公式。此处，$\{g_{nm}^{11}, h_{nm}^{11}\}$、$\{g_{nm}^{21}, h_{nm}^{21}\}$ 分别为 $J_{\lambda'\theta'}\Delta h_{\lambda'\theta'}$ 和 $J_{\lambda'\theta'}\Delta H_{\lambda'\theta'}$ 的球谐系数。简记：

$$M_1^{\lambda'\theta'} = J_{\lambda'\theta'}\Delta h_{\lambda'\theta'},\ M_2^{\lambda'\theta'} = J_{\lambda'\theta'}\Delta H_{\lambda'\theta'} \tag{2-1-19}$$

求得$\{g_{nm}^{11},\ h_{nm}^{11}\}$和$\{g_{nm}^{21},\ h_{nm}^{21}\}$后，由第1章第2节(1-2-15)式可求得$M_1^{\lambda'\theta'}$和$M_2^{\lambda'\theta'}$，其中：

$$\Delta h_{\lambda'\theta'} = M_1^{\lambda'\theta'}/J_{\lambda'\theta'},\ \Delta H_{\lambda'\theta'} = M_2^{\lambda'\theta'}/J_{\lambda'\theta'} \tag{2-1-20}$$

任意层情况下：

(1)由(2-1-16)式，可得：

$$\begin{Bmatrix} g_{nm}^{11} \\ h_{nm}^{11} \end{Bmatrix} = \frac{r_1}{S_{n1}D_{1n}}\begin{Bmatrix} \Delta g_n^m \\ \Delta h_n^m \end{Bmatrix} - \sum_{k=2}^{n+2}\frac{S_{nk}r_1}{S_{n1}r_1^k}\begin{Bmatrix} g_{nm}^{1k} \\ h_{nm}^{1k} \end{Bmatrix} \tag{2-1-21}$$

(2)由(2-1-18)式，可得：

$$\begin{Bmatrix} g_{nm}^{21} \\ h_{nm}^{21} \end{Bmatrix} = \frac{r_2}{S_{n1}D_{2n}}\begin{Bmatrix} \Delta g_n^m \\ \Delta h_n^m \end{Bmatrix} + \sum_{k=2}^{n+2}\frac{S_{nk}r_2}{S_{n1}r_2^k}\begin{Bmatrix} g_{nm}^{2k} \\ h_{nm}^{2k} \end{Bmatrix} \tag{2-1-22}$$

(2-1-21)式和(2-1-22)式均可通过迭代反演求解，称为迭代反演。若取右端第1项作为近似解，称为直接反演。

2.1.4 球壳型磁性层层内磁化强度反演方法

这里仍从第1章第2节(1-2-17)式、(1-2-18)式出发，研究磁化强度反演问题。

1)磁化强度反演的定解条件和场的提取

由第1章第2节(1-2-14)式和(1-2-17)式可知，反演磁化强度时，反演对象应该是$\Delta J_{\lambda'\theta'}$，而不是$J_{\lambda'\theta'}$。因而，定解条件就是既要给定$r_{1\lambda'\theta'}$、$r_{2\lambda'\theta'}$，还要给定磁化强度平均值$J$。

给定$r_{1\lambda'\theta'}$、$r_{2\lambda'\theta'}$和J后，若令：① $J\Delta h_{\lambda'\theta'}^k$、$J\Delta H_{\lambda'\theta'}^k(k=1,2,3,\cdots,n+2)$的球谐系数为$\{\bar{g}_{nm}^{1k},\ \bar{h}_{nm}^{1k}\}$、$\{\bar{g}_{nm}^{2k},\ \bar{h}_{nm}^{2k}\}(k=1,2,3,\cdots,n+2)$。②$\{J_{\lambda'\theta'}\Delta h_{\lambda'\theta'}^k\}$、$\{J_{\lambda'\theta'}\Delta H_{\lambda'\theta'}^k\}(k=1,2,3,\cdots,n+2)$的球谐系数为$\{g_{nm}^{1k},\ h_{nm}^{1k}\}$、$\{g_{nm}^{2k},\ h_{nm}^{2k}\}(k=1,2,3,\cdots,n+2)$，则有：

$$\begin{Bmatrix} \bar{g}_n^m \\ \bar{h}_n^m \end{Bmatrix} = \sum_{k=0}^{n+2} S_{nk} \times \left\{ D_{1n}r_1^{-k}\begin{pmatrix} \bar{g}_{nm}^{1k} \\ \bar{h}_{nm}^{1k} \end{pmatrix} - D_{2n}r_2^{-k}\begin{pmatrix} \bar{g}_{nm}^{2k} \\ \bar{h}_{nm}^{2k} \end{pmatrix} \right\} \tag{2-1-23}$$

$$\begin{Bmatrix} \Delta g_n^m \\ \Delta h_n^m \end{Bmatrix} = S_{n0}(D_{1n} - D_{2n}) \begin{pmatrix} \Delta \bar{g}_n^m \\ \Delta \bar{h}_n^m \end{pmatrix} + \sum_{k=0}^{n+2} S_{nk} \times \left\{ D_{1n} r_1^{-k} \begin{pmatrix} \Delta g_{nm}^{1k} \\ \Delta h_{nm}^{1k} \end{pmatrix} - D_{2n} r_2^{-k} \begin{pmatrix} \Delta g_{nm}^{2k} \\ \Delta h_{nm}^{2k} \end{pmatrix} \right\} \tag{2-1-24}$$

2)磁化强度反演问题的解法

由(2－1－24)式，可写出反演 $\Delta J_{\lambda'\theta'}$ 的球谐系数 $\{\Delta \bar{g}_n^m, \Delta \bar{h}_n^m\}$ 的公式。任意层情况下：

$$\begin{Bmatrix} \Delta \bar{g}_n^m \\ \Delta \bar{h}_n^m \end{Bmatrix} = \frac{1}{S_{n0}(D_{1n} - D_{2n})} \begin{pmatrix} \Delta g_n^m \\ \Delta h_n^m \end{pmatrix} + \sum_{k=1}^{n+2} \frac{S_{nk}}{S_{n0}(D_{1n} - D_{2n})} \times \left\{ D_{1n} r_1^{-k} \begin{pmatrix} \Delta g_{nm}^{1k} \\ \Delta h_{nm}^{1k} \end{pmatrix} - D_{2n} r_2^{-k} \begin{pmatrix} \Delta g_{nm}^{2k} \\ \Delta h_{nm}^{2k} \end{pmatrix} \right\} \tag{2-1-25}$$

采用迭代法求解(2－1－25)式，称迭代反演。直接取右端第一项作近似解，称“直接反演”。把 $\{\Delta \bar{g}_n^m, \Delta \bar{h}_n^m\}$ 代入第 1 章第 2 节(1－2－15)式，可求得 $\Delta J_{\lambda'\theta'}$，最后得到反演结果：

$$J_{\lambda'\theta'} = J + \Delta J_{\lambda'\theta'} \tag{2-1-26}$$

重要说明：本节反演方法为线性化迭代反演，这涉及方法的“稳定性”和“收敛性”。只有满足迭代“收敛条件”时，反演的“稳定算法”才能取得良好效果。

2.2 直角坐标系内三度规则磁性体各参数的纯频谱反演

本节只原则性阐述由其频谱线性化反演三度规则磁性体各参数方法。而由其频谱线性化反演二度规则磁性体各参数方法更为简单，参照即可。

这里阐述“规则三度体磁场形体参数和磁参数反演”两个实例。他们的频谱正演表达式见第 1 章。

实例 1：直立长方体

已知长方体磁场的测量方向因子 q_t 和 $z=0$，频谱表达式 $T_l^t(u, v)$ 为：

$$T_l^t(u, v) = q_l q_t \tilde{M} \cdot \frac{2L_x 2L_y}{2\pi\sqrt{u^2+v^2}} \frac{\sin(2\pi u L_x)}{2\pi u L_x} \frac{\sin(2\pi v L_y)}{2\pi v L_y} \cdot e^{-2\pi h\sqrt{u^2+v^2}} \{1 - e^{2\pi H_z\sqrt{u^2+v^2}}\}$$

$T_l^t(u, v)$ 左端除 q_t 和乘以 $2\pi\sqrt{u^2+v^2}$，则有：

$$\left(2\pi\sqrt{u^2+v^2}\cdot\frac{T_l^t(u,\ v)}{q_t}\right)=\left[2\pi\sqrt{u^2+v^2}\cdot\frac{\mathrm{Re}T_l^t(u,\ v)+\mathrm{i}\mathrm{Im}T_l^t(u,\ v)}{2\pi N\sqrt{u^2+v^2}+\mathrm{i}2\pi(Lu+Mv)}\right]$$

$$=\left[\frac{\mathrm{Re}T_l^t(u,\ v)+\mathrm{i}\mathrm{Im}T_l^t(u,\ v)}{N+\mathrm{i}[(Lu+Mv)/\sqrt{u^2+v^2}]}\right]$$

$$=\left[\frac{\mathrm{Re}T_l^t(u,\ v)+\mathrm{i}\mathrm{Im}T_l^t(u,\ v)}{N+[(Lu+Mv)^2/(u^2+v^2)]}\right]$$

$$=\left(\frac{ac+bd}{c^2+d^2}\right)+\mathrm{i}\left(\frac{bc-ad}{c^2+d^2}\right)=A+\mathrm{i}B=\begin{pmatrix}A\\ \mathrm{i}B\end{pmatrix} \tag{2-2-1}$$

其中：

$$a=\mathrm{Re}T_l^t(u,\ v),\ b=\mathrm{Im}T_l^t(u,\ v),\ c=N,\ d=(Lu+Mv)^2/(u^2+v^2)$$

$$A=\left(\frac{ac+bd}{c^2+d^2}\right),\ B=\left(\frac{bc-ad}{c^2+d^2}\right) \tag{2-2-2}$$

$T_l^t(u,\ v)$ 右端也除 q_t 和乘以 $2\pi\sqrt{u^2+v^2}$，则有：

$$\begin{pmatrix}A\\ \mathrm{i}B\end{pmatrix}=\begin{pmatrix}n\\ \mathrm{i}\dfrac{lu+mv}{\sqrt{u^2+v^2}}\end{pmatrix}\cdot 2\pi\sqrt{u^2+v^2}\cdot\tilde{M}\cdot(2L_x2L_y)\cdot\frac{\sin(2\pi uL_x)}{2\pi uL_x}\cdot\frac{\sin(2\pi vL_y)}{2\pi vL_y}\cdot e^{-2\pi h\sqrt{u^2+v^2}}\{1-e^{2\pi H_z\sqrt{u^2+v^2}}\}$$

上式两端同除 $2\pi\sqrt{u^2+v^2}$，得到：

$$\begin{pmatrix}A/2\pi\sqrt{u^2+v^2}\\ \mathrm{i}B/2\pi\sqrt{u^2+v^2}\end{pmatrix}=\begin{pmatrix}n\\ \mathrm{i}\dfrac{lu+mv}{\sqrt{u^2+v^2}}\end{pmatrix}\cdot\tilde{M}\cdot(2L_x2L_y)\cdot\frac{\sin(2\pi uL_x)}{2\pi uL_x}\cdot\frac{\sin(2\pi vL_y)}{2\pi vL_y}\cdot e^{-2\pi h\sqrt{u^2+v^2}}\{1-e^{2\pi H_z\sqrt{u^2+v^2}}\} \tag{2-2-3}$$

(2-2-3)式两端实部等于实部、虚部等于虚部，两端实部、虚部都取对数，得到：

$$\begin{pmatrix}\ln(A/2\pi\sqrt{u^2+v^2})\\ \mathrm{i}\ln(B/2\pi\sqrt{u^2+v^2})\end{pmatrix}=\begin{pmatrix}\ln n\\ \mathrm{i}\ln\left\{\dfrac{lu+mv}{\sqrt{u^2+v^2}}\right\}\end{pmatrix}+\ln\tilde{M}+\ln(2L_x2L_y)+$$

$$\ln\left[\frac{\sin(2\pi uL_x)}{2\pi uL_x}\cdot\frac{\sin(2\pi vL_y)}{2\pi vL_y}\right]+\ln(e^{-2\pi h\sqrt{u^2+v^2}})+\ln\{1-e^{2\pi H_z\sqrt{u^2+v^2}}\}$$

$$(2-2-4)$$

进而有如下任意谱点处的正反演线性表达式：

$$\begin{Bmatrix}DA_{lm}\\DB_{lm}\end{Bmatrix}=\begin{Bmatrix}X_{1n}\\X_{1lm}\end{Bmatrix}+X_2+X_3+X_4+X_{5l}+X_{6m}+X_{7lm}+X_{8lm} \qquad (2-2-5)$$

其中：

$$DA_{lm}=\ln(A/2\pi\sqrt{u^2+v^2}),\ DB_{lm}=\ln(B/2\pi\sqrt{u^2+v^2}),$$

$$X_{1n}=\ln(n),\ X_{1lm}=\ln\left\{\frac{lu+mv}{\sqrt{u^2+v^2}}\right\},\ X_2=\ln(\tilde{M}),\ X_3=\ln(2L_X),\ X_4=\ln(2L_Y),$$

$$X_{5l}=\ln\left(\frac{\sin(2\pi uL_x)}{2\pi uL_x}\right)_l,\ X_{6m}=\ln\left(\frac{\sin(2\pi vL_y)}{2\pi vL_y}\right)_m,$$

$$X_{7lm}=\ln[e^{-2\pi h\sqrt{u^2+v^2}}],\ X_{8lm}=\ln[1-e^{-2\pi H_z\sqrt{u^2+v^2}}] \qquad (2-2-6)$$

(2-2-5)式中，只有q_l、$\tilde{M}$、$2L_x$、$2L_y$、h和H_z等6个未知数待求解，分别为：磁化方向、磁化强度模、宽度、长度、埋深和高度，计算步骤如下。

把(2-2-5)式写成下面4个方程式：

$$\begin{Bmatrix}DA_l\\DA_m\\DB_l\\DB_m\end{Bmatrix}=\begin{Bmatrix}X_{1n}+X_2+X_3+X_4+X_{5l}+X_{7l}+X_{8l}\\X_{1n}+X_2+X_3+X_4+X_{6m}+X_{7m}+X_{8m}\\X_{1l}+X_2+X_3+X_4+X_{5l}+X_{7l}+X_{8l}\\X_{1m}+X_2+X_3+X_4+X_{6m}+X_{7m}+X_{8m}\end{Bmatrix} \qquad (2-2-7)$$

其中：

$$DA_l=\ln(A/2\pi u),\ DA_m=\ln(A/2\pi v),\ DB_l=\ln(B/2\pi u),\ DB_m=\ln(B/2\pi v)$$

$$X_{1l}=\ln(l),\ X_{1m}=\ln(m),\ X_{7l}=\ln(e^{-2\pi uh}),\ X_{8l}=\ln(1-e^{-2\pi uH_z}),$$

$$X_{7m}=\ln(e^{-2\pi vh}),\ X_{8m}=\ln(1-e^{-2\pi vH_z}) \qquad (2-2-8)$$

实际上，第1个和第3个方程分别是沿Ox轴的垂直分量频谱和水平分量频谱；第2个和第4个方程分别是沿Oy轴的垂直分量频谱和水平分量频谱。

这就是说，通过对磁场进行傅里叶变换求得长方体磁场傅里叶系数，就可以实现反演问题中间变量线性化，最终解出长方体磁参数和长度、宽度、高度和埋深。

实例2：侧面倾斜平行六面体。

当 $z=0$ 时，有：

$$T_l^t(u,\ v)=q_t\tilde{M}\frac{2L_x2L_y}{2\pi\sqrt{u^2+v^2}}\cdot\frac{\sin(2\pi uL_x)}{2\pi uL_x}\cdot\frac{\sin(2\pi vL_y)}{2\pi vL_y}\cdot$$

$$q_l\frac{\sin\beta}{(iu\cos\beta+\sqrt{u^2+v^2}\sin\beta)}\cdot\left\{e^{-2\pi h\sqrt{u^2+v^2}}e^{-i2\pi uh}-e^{-2\pi(h+2L\sin\beta)\sqrt{u^2+v^2}}e^{-i2\pi u(h+2L\cos\beta)}\right\}$$

(2-2-9)

令 $u=0$，上式因子变为：

$$q_l=2\pi n\sqrt{u^2+v^2}+i2\pi(lu+mv)=2\pi v(n+im)$$

$$\frac{\sin\beta}{(iu\cos\beta+\sqrt{u^2+v^2}\sin\beta)}=\frac{\sin\beta}{v\sin\beta}=\frac{1}{v}$$

$$\left\{e^{-2\pi h\sqrt{u^2+v^2}}e^{-i2\pi uh}-e^{-2\pi(h+2L\sin\beta)\sqrt{u^2+v^2}}e^{-i2\pi u(h+2L\cos\beta)}\right\}=\left\{e^{-2\pi hv}-e^{-2\pi(h+2L\sin\beta)v}\right\}$$

则(2-2-9)式变为：

$$T_l^t(v)=(N+iM)\tilde{M}2L_x2L_y\frac{\sin(2\pi vL_y)}{2\pi vL_y}\cdot 2\pi(n+im)\cdot\left\{e^{-2\pi hv}-e^{-2\pi(h+2L\sin\beta)v}\right\}\tag{2-2-10}$$

(2-2-10)式求解步骤参考直立长方体频谱求解磁化参数和形体参数方法。下面针对一般情况加以阐述。

首先，计算如下几个复数式：

$$q_l=2\pi n\sqrt{u^2+v^2}+i2\pi(lu+mv)=2\pi\sqrt{u^2+v^2}\left(n+i\frac{lu+mv}{\sqrt{u^2+v^2}}\right)\tag{2-2-11}$$

$$\left[\frac{\sin\beta}{(iu\cos\beta+\sqrt{u^2+v^2}\sin\beta)}\right]=\left[\frac{\sin\beta(\sqrt{u^2+v^2}\sin\beta-iu\cos\beta)}{(\sqrt{u^2+v^2}\sin\beta)^2+(u\cos\beta)^2}\right]$$

$$=\left[\frac{\sqrt{u^2+v^2}\sin^2\beta}{\{(\sqrt{u^2+v^2}\sin\beta)^2+(u\cos\beta)^2\}}-i\frac{u\sin\beta\cos\beta}{\{(\sqrt{u^2+v^2}\sin\beta)^2+(u\cos\beta)^2\}}\right]$$

$$=A_{lm}^{\beta}-iB_{lm}^{\beta}\tag{2-2-12}$$

$$\left\{e^{-2\pi h\sqrt{u^2+v^2}}e^{-i2\pi uh}-e^{-2\pi(h+2L\sin\beta)\sqrt{u^2+v^2}}e^{-i2\pi u(h+2L\cos\beta)}\right\}$$

$$=\left\{e^{-2\pi h\sqrt{u^2+v^2}}[\cos(2\pi uh)-i\sin(2\pi uh)]-e^{-2\pi(h+2L\sin\beta)\sqrt{u^2+v^2}}\cdot\right.$$

$$\left.[\cos(2\pi u(h+2L\cos\beta))-i\sin(2\pi u(h+2L\cos\beta))]\right\}$$

$$=\left\{\left[\cos(2\pi uh)e^{-2\pi h\sqrt{u^2+v^2}}-\cos(2\pi u(h+2L\cos\beta))e^{-2\pi(h+2L\sin\beta)\sqrt{u^2+v^2}}\right]-\right.$$

$$\mathrm{i}[\sin(2\pi uh)\mathrm{e}^{-2\pi h\sqrt{u^2+v^2}}-\sin(2\pi u(h+2L\cos\beta))\mathrm{e}^{-2\pi(h+2L\sin\beta)\sqrt{u^2+v^2}}]\}$$

$$=A_{lm}^{\beta hL}-\mathrm{i}B_{lm}^{\beta hL} \quad (2-2-13)$$

$$[A_{lm}^{\beta}-\mathrm{i}B_{lm}^{\beta}][A_{lm}^{\beta hL}-\mathrm{i}B_{lm}^{\beta hL}]=[(A_{lm}^{\beta}A_{lm}^{\beta hL}+B_{lm}^{\beta}B_{lm}^{\beta hL})-\mathrm{i}(A_{lm}^{\beta}B_{lm}^{\beta hL}+B_{lm}^{\beta}A_{lm}^{\beta hL})] \quad (2-2-14)$$

将(2－2－11)式与(2－2－14)式相乘得到：$[2\pi N\sqrt{u^2+v^2}+\mathrm{i}2\pi\cdot(lu+mv)](A_{lm}^{\beta}-\mathrm{i}B_{lm}^{\beta})(A_{lm}^{\beta hL}-\mathrm{i}B_{lm}^{\beta hL})$

$$=[2\pi N\sqrt{u^2+v^2}+\mathrm{i}2\pi(lu+mv)][(A_{lm}^{\beta}A_{lm}^{\beta hL}+B_{lm}^{\beta}B_{lm}^{\beta hL})-\mathrm{i}(A_{lm}^{\beta}B_{lm}^{\beta hL}+B_{lm}^{\beta}A_{lm}^{\beta hL})]$$

$$=2\pi\sqrt{u^2+v^2}\cdot\left[n+\mathrm{i}\left(\frac{lu+mv}{\sqrt{u^2+v^2}}\right)\right]\cdot[(A_{lm}^{\beta}A_{lm}^{\beta hL}+B_{lm}^{\beta}B_{lm}^{\beta hL})-\mathrm{i}(A_{lm}^{\beta}B_{lm}^{\beta hL}+B_{lm}^{\beta}A_{lm}^{\beta hL})]$$

$$=2\pi\sqrt{u^2+v^2}\cdot\left[\left\{n(A_{lm}^{\beta}A_{lm}^{\beta hL}+B_{lm}^{\beta}B_{lm}^{\beta hL})-\frac{lu+mv}{\sqrt{u^2+v^2}}\cdot(A_{lm}^{\beta}B_{lm}^{\beta hL}+B_{lm}^{\beta}A_{lm}^{\beta hL})\right\}_{\Psi}-\right.$$

$$\left.\mathrm{i}\left\{n(A_{lm}^{\beta}B_{lm}^{\beta hL}+B_{lm}^{\beta}A_{lm}^{\beta hL})-\frac{lu+mv}{\sqrt{u^2+v^2}}\cdot(A_{lm}^{\beta}A_{lm}^{\beta hL}+B_{lm}^{\beta}B_{lm}^{\beta hL})\right\}_{\Omega}\right]$$

$$=2\pi\sqrt{u^2+v^2}\cdot[\{n,l,m,\beta hL\}_{\Psi}-\mathrm{i}\{n,l,m,\beta hL\}_{\Omega}] \quad (2-2-15)$$

类似于处理“直立长方体”情况，有：

$$\left\{T_l^t(u,v)\cdot\frac{2\pi\sqrt{u^2+v^2}}{q_t}\right\}=\tilde{M}2L_x2L_y\frac{\sin(2\pi uL_x)}{2\pi uL_x}\cdot\frac{\sin(2\pi vL_y)}{2\pi vL_y}\cdot$$

$$q_l\frac{\sin\beta}{(\mathrm{i}u\cos\beta+\sqrt{u^2+v^2}in\beta)}\cdot\{\mathrm{e}^{-2\pi h\sqrt{u^2+v^2}}\mathrm{e}^{-\mathrm{i}2\pi uh}-\mathrm{e}^{-2\pi(h+2L\sin\beta)\times\sqrt{u^2+v^2}}\mathrm{e}^{-\mathrm{i}2\pi u(h+2L\cos\beta)}\} \quad (2-2-16)$$

对应(2－2－1)式与(2－2－2)式，有：

$$\left(2\pi\sqrt{u^2+v^2}\frac{T_l^t(u,v)}{q_t}\right)=\left(\frac{ac+bd}{c^2+d^2}\right)+\mathrm{i}\left(\frac{bc-ad}{c^2+d^2}\right)=A+\mathrm{i}B=\begin{pmatrix}A\\ \mathrm{i}B\end{pmatrix} \quad (2-2-17)$$

其中：

$$a=\mathrm{Re}T_l^t(u,v),\ b=\mathrm{Im}T_l^t(u,v),\ c=N,\ d=(Lu+Mv)^2/(u^2+v^2)$$

$$A=\left(\frac{ac+bd}{c^2+d^2}\right),\ B=\left(\frac{bc-ad}{c^2+d^2}\right) \quad (2-2-18)$$

$T_l^t(u,v)$ 右端也除 q_t 和乘以 $2\pi\sqrt{u^2+v^2}$，有：

$$\begin{pmatrix} A \\ \mathrm{i}B \end{pmatrix} = \left(n + \mathrm{i}\frac{lu + mv}{\sqrt{u^2 + v^2}} \right) \cdot 2\pi\sqrt{u^2 + v^2} \times \tilde{M} \cdot (2L_x 2L_y) \cdot \frac{\sin(2\pi u L_x)}{2\pi u L_x} \cdot \frac{\sin(2\pi v L_y)}{2\pi v L_y} \cdot [(A_{lm}^{\beta} A_{lm}^{\beta hL} + B_{lm}^{\beta} B_{lm}^{\beta hL}) - \mathrm{i}(A_{lm}^{\beta} B_{lm}^{\beta hL} + B_{lm}^{\beta} A_{lm}^{\beta hL})] \tag{2-2-19}$$

(2－2－19)式两端同除 $2\pi\sqrt{u^2+v^2}$，得到：

$$\begin{pmatrix} A/2\pi\sqrt{u^2 + v^2} \\ \mathrm{i}B/2\pi\sqrt{u^2 + v^2} \end{pmatrix} = \tilde{M} \cdot (2L_x 2L_y) \cdot \frac{\sin(2\pi u L_x)}{2\pi u L_x} \cdot \frac{\sin(2\pi v L_y)}{2\pi v L_y} \left(n + \mathrm{i}\frac{lu + mv}{\sqrt{u^2 + v^2}} \right) \cdot [(A_{lm}^{\beta} A_{lm}^{\beta hL} + B_{lm}^{\beta} B_{lm}^{\beta hL}) - \mathrm{i}(A_{lm}^{\beta} B_{lm}^{\beta hL} + B_{lm}^{\beta} A_{lm}^{\beta hL})] \tag{2-2-20}$$

即有：

$$\begin{pmatrix} A/2\pi\sqrt{u^2 + v^2} \\ \mathrm{i}B/2\pi\sqrt{u^2 + v^2} \end{pmatrix} = \begin{bmatrix} \{n, l, m, \beta hL\}_{\Psi} \\ -\mathrm{i}\{n, l, m, \beta hL\}_{\Omega} \end{bmatrix} \cdot \tilde{M} \cdot (2L_x 2L_y) \cdot \frac{\sin(2\pi u L_x)}{2\pi u L_x} \cdot \frac{\sin(2\pi v L_y)}{2\pi v L_y} \tag{2-2-21}$$

(2－2－13)式两端实部等于实部、虚部等于虚部，两端实部、虚部都取对数，得到：

$$\begin{pmatrix} \ln(A/2\pi\sqrt{u^2 + v^2}) \\ \mathrm{i}\ln(B/2\pi\sqrt{u^2 + v^2}) \end{pmatrix} = \begin{bmatrix} \ln\{n, l, m, \beta hL\}_{\Psi} \\ -\mathrm{i}\ln\{n, l, m, \beta hL\}_{\Omega} \end{bmatrix} + \ln\tilde{M} + \ln(2L_x 2L_y) + \ln\left[\frac{\sin(2\pi u L_x)}{2\pi u L_x}\right] + \ln\left[\frac{\sin(2\pi v L_y)}{2\pi v L_y}\right] \tag{2-2-22}$$

进而有如下任意谱点处的正反演线性表达式：

$$\begin{Bmatrix} \mathrm{D}A_{lm} \\ \mathrm{D}B_{lm} \end{Bmatrix} = \begin{Bmatrix} X_{\psi}\{n, l, m, \beta hL\} \\ X_{\Omega}\{n, l, m, \beta hL\} \end{Bmatrix} + X_2 + X_3 + X_4 + X_{5l} + X_{6m} \tag{2-2-23}$$

其中：

$$\mathrm{D}A_{lm} = \ln(A/2\pi\sqrt{u^2 + v^2}),\ \mathrm{D}B_{lm} = \ln(B/2\pi\sqrt{u^2 + v^2}),$$

$$X_2 = \ln(\tilde{M}),\ X_3 = \ln(2L_X),\ X_4 = \ln(2L_Y),\ X_{5l} = \ln\left(\frac{\sin(2\pi u L_x)}{2\pi u L_x}\right)_l,$$

$$X_{6m}=\ln\left(\frac{\sin(2\pi\upsilon L_y)}{2\pi\upsilon L_y}\right)_m,\quad \begin{Bmatrix}X_\psi\{n,\ l,\ m,\ \beta hL\}\\X_\Omega\{n,\ l,\ m,\ \beta hL\}\end{Bmatrix}=\begin{bmatrix}\ln\{n,\ l,\ m,\ \beta hL\}_\Psi\\-\ln\{n,\ l,\ m,\ \beta hL\}_\Omega\end{bmatrix} \tag{2-2-24}$$

(2-2-23)式中，只有q_l、$\tilde{M}$、$2L_x$、$2L_y$、h、倾角β和$2l$共7个未知数待求解，分别为：磁化方向、磁化强度模、宽度、长度、埋深、倾角和倾斜面长度。建立超定方程组，能够求得未知数。

现在给出重要提示如下：在前面的推导中，取对数运算时，分别对公式左端和右端复函数的实部和虚部取对数运算，并令其分别相等。这可能是错误的，因为复数(包括复函数)取对数的计算方法是：

$$\ln(A+\mathrm{i}B)=\ln|A+\mathrm{i}B|+\mathrm{i}\{\mathrm{Arg}(A+\mathrm{i}B)+2k_i\pi\},$$
$$k_i=0,\ \pm1,\ \pm2,\ \cdots,\ \pm n \tag{2-2-25}$$

其值域位于多页黎曼曲面上。

按照(2-2-25)式取(2-2-3)式和(2-2-13)式的左端和右端的振幅谱[即取$\ln|A+\mathrm{i}B|=\ln(\sqrt{A^2+B^2})$]，再令其相等。需要注意：只求(2-2-3)式和(2-2-13)式左端和右端第一项的振幅，其他项均是实数。之后，令左端与右端的振幅相等，再继续进行反演即可。

若仍有问题，就要对(2-2-3)式和(2-2-13)式的左端和右端，分别考虑虚部谱(即复角)的多值性质，如(2-2-25)式所示，消除复角的不连续特征(安玉林，1999)。此种情况下，是比较困难的。

对年轻重磁勘探专家的期望：直到笔者退休为止，国内外专家没有发表过本节提出的反演思路，这点由管志宁(2005)得到印证。笔者正是最近再次阅读该文献时，突然产生这种反演思路的。

笔者认为，如果上面两个反演实例成立，则所有二度和三度磁性体形体参数和磁性参数，均可由其频谱表达式导出反演方法加以反演。笔者希望，年轻重磁勘探专家者能尽快实现这种反演方法。

2.3 各类规则二度体全方位任意点复磁场反演

在阅读本节之前，希望读者先阅读《成像》的引言，会大有助益。

2.3.1 简单反演实例：水平3棱柱体全方位任意点复磁场反演

该二度体的反演是相对简单的，笔者用这一反演实例，阐述该反演方法线性化和求解的重要步骤，使读者了解“高阶复方程”系数 x_1，x_2，x_3，…，x_n 等是如何出现，而“复联立方程组”又是怎样建立起来的。

3棱水平柱体复磁场导数公式为：

$$T'(S) = \tilde{M} \cdot \sum_{j=1}^{3} \frac{\bar{\sigma}_{j+1} - \bar{\sigma}_j}{(S-\sigma_j)(S-\sigma_{j+1})}, \sigma_j = x_j - \mathrm{i}z_j, \bar{\sigma}_j = x_j + \mathrm{i}z_j \tag{2-3-1}$$

式中，$\tilde{M} = \frac{\mu_0}{4\pi}M_S$，$\sigma_{3+1} = \sigma_1$。采用通分，进而把上式展开，则有：

$$T'(S) = \frac{\tilde{M}}{(S-\sigma_1)(S-\sigma_2)(S-\sigma_3)}\{(\bar{\sigma}_2-\bar{\sigma}_1)(S-\sigma_3)+(\bar{\sigma}_3-\bar{\sigma}_2)$$

$$(S-\sigma_1)+(\bar{\sigma}_1-\bar{\sigma}_3)(S-\sigma_2)\} = \tilde{M}\cdot\{\Phi_{21}+\Phi_{32}+\Phi_{13}\}/\Phi(S) \tag{2-3-2}$$

式中，分母经仔细乘开、合并同类项，得到：

$$\Phi(S) = (S-\sigma_1)(S-\sigma_2)(S-\sigma_3) = S^3 - x_1S^2 + x_2S - x_3 \tag{2-3-3}$$

式中，$x_1 = \sigma_1+\sigma_2+\sigma_3$，$x_2 = \sigma_1\sigma_2+\sigma_2\sigma_3+\sigma_3\sigma_1$，$x_3 = \sigma_1\sigma_2\sigma_3$。其分子表达式为：

$$\Phi_{21} = (\bar{\sigma}_2-\bar{\sigma}_1)\{S-x_{1(12)}\},\ \Phi_{32} = (\bar{\sigma}_3-\bar{\sigma}_2)\{S-x_{1(23)}\},\ \Phi_{13} = (\bar{\sigma}_1-\bar{\sigma}_3)\{S-x_{1(31)}\} \tag{2-3-4}$$

为便于读者理解《复重磁场》中更复杂的递推公式，采用如下写法：

$$x_{1(12)} = x_1-(\sigma_1+\sigma_2) = \sigma_3,\ x_{1(23)} = x_1-(\sigma_2+\sigma_3) = \sigma_1,\ x_{1(31)} = x_1-(\sigma_3+\sigma_1) = \sigma_2$$

令(2-3-3)式等于0，则有：

$$(S-\sigma_1)(S-\sigma_2)(S-\sigma_3) = S^3 - x_1S^2 + x_2S - x_3 = 0 \tag{2-3-5}$$

(2-3-5)式表明，角点 σ_1、σ_2、σ_3 为三阶复方程(即该式右半部)的根，且由高等代数定理，该三根是唯一的。

把 $\Phi(S)$、Φ_{21}、Φ_{32}、Φ_{13} 等代入(2-3-2)式，移项，合并，整理可得：

$$S^3 - x_1S^2 + x_2S - x_3 = \frac{\tilde{M}}{T'(S)}\left(S\sum_{j=1}^{3}(\bar{\sigma}_{j+1} - \bar{\sigma}_j) - \sum_{j=1}^{3}(\bar{\sigma}_{j+1} - \bar{\sigma}_j)x_{1(jk)}\right)$$
(2－3－6)

式中，$k=j+1$。因为 $\sum_{j=1}^{3}(\bar{\sigma}_{j+1} - \bar{\sigma}_j) = 0$，且当 $S=0$ 时，有：

$$\tilde{M}\cdot\sum_{j=1}^{3}(\bar{\sigma}_{j+1} - \bar{\sigma}_j)x_{1(jk)} = T'(0)\cdot x_3, k = j+1, k = 1(j = 3)$$
(2－3－7)

$$S^3 - x_1S^2 + x_2S - x_3 = \frac{1}{T'(S)}\cdot\{-x_3\} - \frac{T'(0)}{T'(S)}\cdot x_3 \quad (2-3-8)$$

再经整理，得：

$$S^2x_1 - Sx_2 + \left\{1 - \frac{T'(0)}{T'(S)} - \frac{1}{T'(S)}\right\}x_3 = S^3 \quad (2-3-9)$$

(2－3－9)式是由复场导数推导出的以 x_1，x_2，x_3 为未知数的3阶复方程式。下面，确定角点复坐标 σ_1、σ_2、σ_3。

除 $S=0$ 点(即复坐标原点)外，再取 S_i、$T'(S_i)$，$i=1$，2，3，共4个点处的复场导数值，由(2－3－9)式推演得到3阶复线性方程组：

$$A\times X = B,\ X = (x_1,\ x_2,\ x_3)^{\mathrm{T}},\ B = (S_1^3,\ S_2^3,\ S_3^3)^{\mathrm{T}} \quad (2-3-10)$$

式中，A 为 3×3 个系数组成的方阵，即：

$$A = \begin{bmatrix} S_1^2, & S_1, & \{\}_1 \\ S_2^2, & S_2, & \{\}_2 \\ S_3^2, & S_3, & \{\}_3 \end{bmatrix},\ \{\} = \left\{1 - \frac{T'(0)}{T'(S)} - \frac{1}{T'(S)}\right\} \quad (2-3-11)$$

由(2－3－10)式解出 X，取 x_1，x_2，x_3，形成3阶复方程：

$$S^3 - x_1S^2 + x_2S - x_3 = 0 \quad (2-3-12)$$

式中，3个复根为 σ_1、σ_2、σ_3，且唯一。求解该复方程，即可得到3棱水平柱体角点位置。

最后，确定复磁化强度 $\tilde{M}$。

在求解复磁化强度 $\tilde{M}$ 前，需要对3个角点进行排序。当棱柱体为凸形时，按顺时针排序的方法包括：①求出角点的平均复坐标 $\sigma_0 = (\sigma_1 + \sigma_2 + \sigma_3)/3$(即磁矩中心)，必然位于棱柱体内部。②按任意顺序求出幅角。

$$\phi_k = \arctan * \left\{ \frac{\mathrm{Im}(\sigma_k - \sigma_0)}{\mathrm{Re}(\sigma_k - \sigma_0)} \right\}, \quad k = 1, 2, 3 \tag{2-3-13}$$

(2-3-3)式按 ϕ_k 值的大小重新对角点进行排序。然后由(2-3-7)式求出 $\tilde{M}$，即：

$$\tilde{M} = \frac{\mu_0}{4\pi} M_S = \frac{T'(0)}{\dfrac{\bar{\sigma}_2 - \bar{\sigma}_1}{\sigma_1 \sigma_2} + \dfrac{\bar{\sigma}_3 - \bar{\sigma}_2}{\sigma_2 \sigma_3} + \dfrac{\bar{\sigma}_1 - \bar{\sigma}_3}{\sigma_3 \sigma_1}} \tag{2-3-14}$$

再求 I_S、M_S 模：因 $M = 2M_m = -\mathrm{i}\hat{M}\mathrm{e}^{\mathrm{i}I_S}$，故有：

$$\hat{M} = |M|, \quad I_S = \arctan * \left\{ \frac{\mathrm{Im}(iM)}{\mathrm{Re}(iM)} \right\} \tag{2-3-15}$$

2.3.2 水平 *n* 棱柱体与三种组合形体全方位任意点复磁场反演

2.3.2.1 水平 *n* 棱柱体

上面阐述的是具有三个“角点”［或称为 *CB* 沙拉耶夫定义的“奇点”（沙拉耶夫，1966）］的“水平 3 棱柱体”复磁场的反演问题。如果角点有 4 个，5 个，…，n 个，其反演方法与上面完全类似（见《复重磁场》）：① 在(2-3-1)式中，把“3”改为“n”，得到《复重磁场》中(12.1)式。②通分，分母 $\Phi(S)$ 是 n 个因子连乘，分母是 Φ_{21}，Φ_{32}，Φ_{43}，…，$\Phi_{n(n-1)}$，Φ_{1n} 等 n 个之和。③展开，这一过程非常繁杂，需推导出《复重磁场》中(9.1)～(9.5)式和(9.10)～(9.13)式等。④ 把 $\Phi(S)$ 和 Φ_{21}，Φ_{32}，Φ_{43}，…，$\Phi_{n(n-1)}$，Φ_{1n} 等代入《复重磁场》(12.2)式，经移项、合并、左端变右端分母、右端分母变左端（这几步很重要），得《复重磁场》(12.3)式。⑤设置复方程组未知数，除复系数 x_1，x_2，x_3，…，x_n 外，还要设置 x_{n+1}，x_{n+2}，x_{n+3}，…，x_{2n-3} 等。⑥然后再经左右移项，建立求解该 $2n-3$ 个未知数的复联立方程组，并求解。⑦以 x_1，x_2，x_3，…，x_n 为系数，建立并求解 n 阶复方程，得到 σ_1，σ_2，…，σ_n 等角点位置。⑧求出磁化强度模值 $\tilde{M}$ 和磁倾角 I_S。

2.3.2.2 *n* 个无限延伸薄板组合体

由《复重磁场》中(13.1)式，n 个无限延伸薄板组合体复磁场表达式为：

$$T(S) = \sum_{j=1}^{n} \frac{\tilde{M}_j}{\sigma_j - S} = -\sum_{j=1}^{n} \frac{\tilde{M}_j}{S - \sigma_j} \tag{2-3-16}$$

其通分为《复重磁场》(13.2)式。而展开式中 $\Phi(S)$ 和 Φ_1，Φ_2，Φ_3，…，$\Phi_{(n-1)}$，Φ_{1n}等列于(13.2)式下面，展开过程采用(9.1)～(9.9)式。展开式经整理得(13.3)式，又借助(13.4)式和(13.5)式，变为(13.6)式。然后，增设 $n-1$ 个新未知数，并建立求解 $2n-1$ 个未知数的复联立方程组。求解该复联立方程组后，以前面 x_1，x_2，x_3，…，x_n 系数建立 n 阶复方程(13.8)。求解该 n 阶复方程，就得到了 n 个薄板顶端位置 σ_1，σ_2，…，σ_n。上述过程要比“水平 n 棱柱体”较为简单。

但是，求解 n 个薄板磁化强度模值却相对复杂些：①联立《复重磁场》(13.5)式和(13.7)式，他们均含有 $\hat{M}_1$，$\hat{M}_2$，$\hat{M}_3$，…，$\hat{M}_n$。②建立起求解的联立方程组，见(13.11)～(13.13)式。求解该联立方程组，即可得到 $\hat{M}_1$，$\hat{M}_2$，$\hat{M}_3$，…，$\hat{M}_n$ 值。

2.3.2.3 n 个有限延伸薄板组合体

由《复重磁场》中(14.1)式，n 个有限延伸薄板组合体复磁场表达式为：

$$T(S) = \sum_{j=1}^{n} \tilde{M}_j \frac{\sigma_{2j} - \sigma_{2j-1}}{(S - \sigma_{2j})(S - \sigma_{2j-1})} \tag{2-3-17}$$

把(2－3－17)式与水平 n 棱柱体磁场导数(2－3－1)式(其中，“3”改为“n”)对比，形式有类似之处，例如，把分子处的 $\sigma_{2j}-\sigma_{2j-1}$ 换成 $\bar{\sigma}_j-\bar{\sigma}_{j-1}$，把分母处的 $\sigma_{2j}-\sigma_{2j-1}$ 换成 $\sigma_j-\sigma_{j-1}$，把 $\tilde{M}_j$ 换成 $\hat{M}$ 并提到求和号前面。因此，二者反演过程有类似之处，例如，均用到《复重磁场》(9.1)～(9.5)式和(9.10)～(9.13)式。

若不改换，(2－3－17)式比(2－3－1)式复杂得多，例如，(2－3－17)式分子与分母 σ 的是一类(无有共轭之分)，而且分子与分母的 σ 序号是一致的，$\tilde{M}_j$ 位于求和号内，奇点数是(2－3－1)式的 2 倍，未知数 X 又多了 $(2n+1)$ 个。因此，每一步推导过程的表示形式更复杂。但是，只要细心阅读，又有对前面二组合体反演过程的正确理解，是可以明白 n 个有限延伸薄板组合体复场反演方法的。

2.3.2.4 n 个水平圆柱组合体

由《复重磁场》中(15.1)式，n 个水平圆柱组合体复磁场表达式为：

$$T(S) = \sum_{j=1}^{n} \frac{\tilde{M}_j}{(S-\sigma_j)^2} \tag{2-3-18}$$

如果对(2-3-18)式求积分，得到不带负号的下延无限薄板柱体复磁场(2-3-16)式。故可以采用“下延无限薄板柱体复磁场”反演方法，对 n 个水平圆柱组合体复磁场作反演。

但是，若按照前面两类薄板组合体求解反演过程作推导，即：①复磁场展开。②建立复联立方程组和确定 n 个水平圆柱中心复坐标 σ_1，σ_2，…，σ_{n-1}，σ_n。③确定 n 个水平圆柱复磁参数 $\ddot{M}_1$，$\tilde{M}_2$，$\tilde{M}_3$，…，$\tilde{M}_n$ 值。④给定定解条件求得磁化强度模值 $\hat{M}_1$，$\hat{M}_2$，$\hat{M}_3$，…，$\hat{M}_n$ 等。可以看到，其复杂程度出乎意料。

推导复杂的关键在于(2-3-18)式分母中出现了 $(S-\sigma_j)^2$ 项。尽管该推导中，与无限薄板柱体一样，只用到《复重磁场》(9.1)~(9.9)式，相对简单些。但因分母 $\Phi(S)$ 平方和分子 Φ_1，Φ_2，Φ_3，…，$\Phi_{(n-1)}$，Φ_n 平方出现，导致关于系数 x_1，x_2，x_3，…，x_n 和新增系数 $x_{1(j)}$，$x_{2(j)}$，…，$x_{(n-1)(j)}$ 的《复重磁场》关系式(15.4)和关系式(15.7)出现，其中 Y_1，Y_2，…，Y_{2n}，Y_{2n+1}，…，Y_{4n-2} 成了中间变量，出现在复方程(15.11)式中。

后面的反演过程，特别是对于《复重磁场》(15.18)式递推公式的导出，仍然需要认真琢磨，甚至亲自采用(15.17)式验证，之后方可明白其中道理。

2.3.3 长轴倾斜椭圆柱体全方位任意点复磁场反演

该形体的反演过程见《复重磁场》。

该形体的反演难度依次为水平 n 棱柱体、n 个无限薄板组合体反演、n 个有限薄板组合体反演、n 个水平圆柱组合体反演、长轴倾斜椭圆柱体反演。

在《成像》中阐述的长轴倾斜椭圆柱体复场导数反演公式，除(3.3.4)式内 C_S $[\{T'(0)/T'(S)\}^{\frac{2}{3}}-1]$ 式[即《复重磁场》中(11.4)式]的计算方法外，其他公式和算法均正确无误。出现问题的根本原因在于，复数或复函数开方运算时，其计算公式应该是：

$$\left\{\frac{T'(0)}{T'(S_i)}\right\}^{\frac{2}{3}} = \exp\left\{\frac{2}{3}\ln\left[\frac{T'(0)}{T'(S_i)}\right]\right\}$$

$$= \exp\left\{\frac{2}{3}\left[\ln\left\{\left|\frac{T'(0)}{T'(S_i)}\right|\right\} + \mathrm{i}\left\{\mathrm{Arg}\left(\frac{T'(0)}{T'(S_i)}\right) + 2k_i\pi\right\}\right]\right\},$$

$$k_i = 1, 2, 3, \cdots, n \tag{2-3-19}$$

这表明，$\{T'(0)/T'(S)\}^{\frac{2}{3}}$是多值函数，用数学语言来说，其值处于多页黎曼曲面上。因此，以前计算程序中取值是错误的，故反演结果不总是正确。现在看来，这一错误，竟困扰笔者多年，直到1999年。究竟如何解决问题的，见《复重磁场》11.4节。

2.3.4 各类形体复场反演过程关键点

第一，笔者在探索《复重磁场》阐述的“二度规则磁性体及其组合体全方位任意点复磁场反演”过程中，未参考前人任何文献，完全是模着石头过河，自主努力而为。可谓是节节逢难点，处处遭“煎心”，关前疑惑无路，破关喜悦连连，感谢以前阅读广泛，提高了智慧、磨炼了毅力。

第二，通过对水平 n 棱柱体和 n 个无限薄板组合体的复磁场求和式进行通分、展开两步骤，使笔者获得了《复重磁场》中(9.1)～(9.13)式研究结果，为后续反演公式的推导、表达和反演程序研制奠定了坚实基础。

第三，把 $\Phi(S)$ 与 $T'(S)$ 或 $T(S)$ 式位置互换，使方程式左、右两端线性化，继而实现了形体复磁场反演问题线性化。

第四，把线性化方程式中包含形体“奇点”与“磁参数”信息的中间变量数 x_1，x_2，x_3，…，x_n 和新设变量 x_{n+1}，x_{n+2}，…，x_{2n-3}（或 x_{2n-1}）等变成复方程未知数建立起了复联立方程组，继而求得所有未知数。

第五，把求得数值 x_1，x_2，x_3，…，x_n 代入复高阶复方程[即《复重磁场》中(9.4)式]，解出 n 个复根，即可求得 n 个“奇点”复坐标 σ_1，σ_2，…，σ_{n-1}，σ_n。

第六，把求得的 x_{n+1}，x_{n+2}，…，x_{2n-3}（或 x_{2n-1}）等值求解磁化参数[见《复重磁场》中(12.12)～(12.14)式]，或建立求解 $\hat{M}_1$，$\hat{M}_2$，$\hat{M}_3$，…，$\hat{M}_n$ 的联立方程组[见《复重磁场》中(14.13)～(14.15)式]。

第七，n 个有限薄板组合体和 n 个水平圆柱柱体的反演过程复杂，其主要关键步骤与上面第二到第六关键步骤一致。

第八，长轴倾斜椭圆柱体复磁场反演难度最大，并不仅仅是反演公式和反演过程复杂，而是对复数或复函数求对数时易发生错误。但是，这一教训值得读者切记！

第九，其他“二角点形体”和“断层”等复磁场反演方法非常简单，不足为虑。

2.4 凸型二度体全方位成像及其边界内连续磁化强度模值反演

2.4.1 凸型二度体全方位成像

2.4.1.1 有限二度体磁矩重心、总磁矩模和磁化方向反演的方法原理

由第1章第3节复场级数表达式(1-3-14)系数 C_k^{T} 可见(为了简单，后面省去上角标T)，当 $k=1$，2时，$\boldsymbol{C}_1$、$\boldsymbol{C}_2$ 分别为：

$$\boldsymbol{C}_1 = \frac{\mu_0}{2\pi}\mathrm{e}^{\mathrm{i}I_S}\iint_D \hat{M}(\sigma)\mathrm{d}\xi\mathrm{d}\zeta, \boldsymbol{C}_2 = \frac{\mu_0}{2\pi}\mathrm{e}^{\mathrm{i}I_S}\iint_D 2\hat{M}(\sigma)\sigma\mathrm{d}\xi\mathrm{d}\zeta \qquad (2-4-1)$$

式中，$\boldsymbol{C}_1$ 为二度体的总磁矩 $\boldsymbol{M}_S$；$\boldsymbol{C}_2$ 为二度体的磁矩的一阶原点矩。因此，有限二度体的总磁矩模 $|M_S|$、磁矩重心 σ_0 和有效磁倾角 I_S 分别为：

$$|M_S| = |C_1|, \ \sigma_0 = \frac{1}{2}\frac{\boldsymbol{C}_2}{\boldsymbol{C}_1}, \ I_S = \arctan * \left\{\frac{\mathrm{Im}\boldsymbol{C}_1}{\mathrm{Re}\boldsymbol{C}_1}\right\} \qquad (2-4-2)$$

式中，arctan * { }表示角度取值为0~180°。若取磁矩重心为坐标原点，即取 $\sigma_0=0$，则：

$$\boldsymbol{C}_2 = 0 \qquad (2-4-3)$$

上式可用于作为迭代法精确确定二度体磁矩重心的标志之一。

2.4.1.2 近似确定凸型二度体形态和分布范围的方法原理

第1章第3节凸型二度体复磁场模(即总磁场模)值表达式为：

$$|T(S)| = \left|\frac{\mu_0}{4\pi}\iint_D \frac{2\hat{M}(\sigma)}{(S-\sigma)^2}\mathrm{d}\xi\mathrm{d}\zeta\right| \qquad (2-4-4)$$

总磁场模的等值线与二度体分量场的测量方向和二度体的磁化方向均无关，而与二度体的几何尺度、形态和磁化强度模值分布有关。当二度体为均磁单体时，其复场模值等值线仅与二度体的几何尺度和形态有关，靠近二度体边界的等值线可较好地确定其形态和边界位置；当二度体为均磁多体组合时，靠近其边界的复场模值等值线也可大体确定其形态与分布范围；当二度体为非均磁化多体时，靠近其边界的复场模值等值线可在总体平均的意义上近似确定其分布范围。因此，通过复场全空间延拓求得全空间复场模值等值线，可根据靠近二度体边界的等值线形态及其畸变特征，近似确定有限二度体形态、边界位置或分布范围。大量理论模型实验证实了该结论。

2.4.1.3 定量确定均磁凸形体边界 $R(\varphi')$ 的方法

在矿产勘探和工程物探中，均匀磁化凸形边界有限二度体具有广泛的代表性和重要应用价值。当给定磁化强度模值时，对这类形体，不仅可以近似确定其形态和边界，还可以给出其边界各点位置的定量反演方法。原理如下：

第 1 章第 3 节 (1－3－17)式，可变换为：

$$T(R,\varphi)=\sum_{k=1}^{N}\frac{C_k}{R^{k+1}}\mathrm{e}^{-\mathrm{i}(k+1)\varphi}=\sum_{k=1}^{N}\frac{\mathrm{e}^{-\mathrm{i}(k+1)\varphi}}{R^{k+1}}\int_0^{2\pi}\left\{\frac{2kM_S}{k+1}R^{(k+1)}(\varphi)\right\}\mathrm{e}^{\mathrm{i}(k-1)\varphi}\mathrm{d}\varphi \tag{2-4-5}$$

现假定：在以复坐标原点为中心、以 R 为半径的包围二度体的柱面上，经“全空间解析延拓”给定了二度体的复场值 $T(R,\ \varphi)$，由此去求解该二度体的边界 $R(\varphi')$。此时，柱面上复场可以写成：

$$T(R,\varphi)=\sum_{k=1}^{N}\frac{C_k}{R^{k+1}}\mathrm{e}^{-\mathrm{i}(k+1)\varphi}=\sum_{k=1}^{N}\tilde{C}_k\mathrm{e}^{-\mathrm{i}(k+1)\varphi},\quad \tilde{C}_k=\frac{C_k}{R^{k+1}} \tag{2-4-6}$$

对(2－4－6)式中的前一等式两端乘以 $\mathrm{e}^{\mathrm{i}(k+1)\varphi}\mathrm{d}\varphi$，并对 φ 由 0 到 2π 积分，则有：

$$\int_0^{2\pi}T(R,\varphi)\mathrm{e}^{\mathrm{i}(k+1)\varphi}\mathrm{d}\varphi=\int_0^{2\pi}\left\{\sum_{k=1}^{N}\tilde{C}_k\mathrm{e}^{-\mathrm{i}(k+1)\varphi}\right\}\mathrm{e}^{\mathrm{i}(k+1)\varphi}\mathrm{d}\varphi=\sum_{k=1}^{N}\int_0^{2\pi}\tilde{C}_k\mathrm{e}^{\mathrm{i}(k-k)\varphi}\mathrm{d}\varphi=2\pi\tilde{C}_k \tag{2-4-7}$$

其中：

$$\tilde{C}_k=\int_0^{2\pi}\frac{T(R,\varphi)}{2\pi}\mathrm{e}^{\mathrm{i}(k+1)\varphi}\mathrm{d}\varphi \tag{2-4-8}$$

而由(2－4－6)式中的后一等式和(2－4－5)式得到：

$$\tilde{C}_k=\int_0^{2\pi}\frac{2kM_S}{k+1}\frac{R^{(k+1)}(\varphi)}{R^{k+1}}\mathrm{e}^{\mathrm{i}(k-1)\varphi}\mathrm{d}\varphi=\int_0^{2\pi}\frac{2kM_S}{k+1}\frac{R^{(k+1)}(\varphi)}{R^{k+1}}\mathrm{e}^{-\mathrm{i}2\varphi}\mathrm{e}^{\mathrm{i}(k+1)\varphi}\mathrm{d}\varphi \tag{2-4-9}$$

对比(2－4－7)式和(2－4－8)式，可得：

$$\int_0^{2\pi}\left\{\frac{T(R,\varphi')}{2\pi}-\frac{2k'M_S}{k'+1}\frac{R'^{(k'+1)}(\varphi')}{R^{k'+1}}\mathrm{e}^{-\mathrm{i}2\varphi'}\right\}\mathrm{e}^{\mathrm{i}(k'+1)\varphi'}\mathrm{d}\varphi'=0 \tag{2-4-10}$$

由上式得到：

$$\frac{T(R,\ \varphi')}{2\pi}=\frac{2k'M_S}{(k'+1)}\frac{R'^{(k'+1)}(\varphi')}{R^{k'+1}}\mathrm{e}^{-\mathrm{i}2\varphi'},$$
$$R'^{(k'+1)}(\varphi')=\frac{(k'+1)R^{(k'+1)}}{2k'M_S}\frac{T(R,\ \varphi')}{2\pi}\mathrm{e}^{\mathrm{i}2\varphi'} \tag{2-4-11}$$

进而有下式成立：

$$|R'^{(k'+1)}(\varphi')| = \left|\frac{(k'+1)R^{(k'+1)}}{2k'|M_S|}\frac{T(R,\ \varphi')}{2\pi}e^{i2\varphi'}\right| = \frac{(1+1/k')R^{(k'+1)}}{4\pi|M_S|}|T(R,\ \varphi')| \tag{2-4-12}$$

把(2－4－10)式中的k'、φ'换为k、φ，且当$k=1$时，得到：

$$R(\varphi) = \left\{\frac{|T(R,\ \varphi)|}{2\pi|M_S|}\right\}^{\frac{1}{2}} R = R_0(\varphi) \tag{2-4-13}$$

由(2－4－11)式得到：

$$T(R,\ \varphi) = \frac{2M_S\pi R_0^2(\varphi)}{R^2}e^{-i2\varphi},\quad |T(R,\ \varphi)| = \frac{2|M_S|\pi R_0^2(\varphi)}{R^2} \tag{2-4-14}$$

(2－4－14)式为水平圆柱体复场$T(R,\ \varphi)$的表达式。由此可见：近似取值公式(2－4－12)柱面上某一点的复场$T(R,\ \varphi)$被看成是由中心在坐标原点、半径为$R_0(\varphi)$的柱体引起，并把$R_0(\varphi)$作为待反演三度体于该点处对应的边界值。不难看出，这种近似取值公式，导致待反演二度体边界值大的位置的初值偏小，而边界值小的位置的初值偏大。因此，应该对该近似取值公式进行校正。为此，可先求出柱面上复场的平均值$\bar{T}(R,\ \varphi)$，然后取：

$$R_0(\varphi) = \left\{\frac{|T(R,\ \varphi)|}{2\pi|M_S|}\right\}^{\frac{1}{2}} R\left\{\frac{|T(R,\ \varphi)|}{|\bar{T}(R,\ \varphi)|}\right\}^{ks} \tag{2-4-15}$$

式中，$ks=3$，2，1，由程序自动决定。

现对上式带指数ks项的合理性加以说明：①当二度体为水平圆柱体时，柱面上复场$T(R,\ \varphi)$处处相同，该项无论ks取何值均为1，上式为准确反演结果。②当场源各方向尺度相差不大时，位的平均值与最大值、最小值相差不大，该项最大值与最小值也相差不大。当场源各方向相差较大时，该项最大值与最小值相差较大。③选取柱面半径R时，需考虑使柱面位于非奇变区，但又使R尽量小。此时ks取值要保证使最大边界初值小于R，于是，程序顺序取$ks=3$，2，1，直到选定某值为止。④增加ks项后，将使$R(\varphi)$值大的更大，小的更小，使其初值更接近于真实值。

为了求得准确的二度体边界值，需要对边界$R_0(\varphi)$值精确化。为此，采用迭代方法，即：①把前段所取初值$R_0(\varphi)$代入(2－4－6)式进行正演数值计算，求得对应于由该初值圈定的二度体的复场模$|T_0(R,\ \varphi)|$。②由柱面上给定的复

场模 $|T(R,\varphi)|$ 中减去 $|T_0(R,\varphi)|$，得：

$$\Delta|T(R,\varphi)| = |T(R,\varphi)| - |T_0(R,\varphi)| \quad (2-4-16)$$

再由 $\Delta|T_0(R,\varphi)|$ 确定 $R(\varphi)$的修改值 $\Delta R(\varphi)$：

$$|\Delta R(\varphi)| \approx \frac{1}{sk}\left\{\frac{|\Delta|T(R,\varphi)||}{2\pi|M_S|}\right\}^{\frac{1}{2}}\{R-R_0(\varphi)\} \quad (2-4-17)$$

式中，$sk=10, 20, \cdots$，由程序自动决定；修改值的符号取决于 $\Delta|T(R,\varphi)|$ 的符号。(2-4-17)式的含义为：把 $\Delta|T(R,\varphi)|$ 当作由位于以 $R_0(\varphi)$ 为边界的二度体表面上，且以(φ)为中心的许多小水平圆柱引起，而(φ)处的小圆柱半径为(2-4-15)式中的 $\Delta R(\varphi)$，并把该半径作为 $R_0(\varphi)$ 的修改值。把 $R_0(\varphi)$ 与 $\Delta R'(\varphi)$相加，得 $R(\varphi)$的1次近似值 $R_1(\varphi)$，即有：

$$R_1(\varphi) = R_0(\varphi) + \Delta R(\varphi) \quad (2-4-18)$$

把 $R_1(\varphi)$ 代入(2-4-7)式作正演，求得 $T_1(R,\varphi)$及其模。再重复(2-4-16)~(2-4-18)式及其步骤，直到 $\max|\Delta|T(R,\varphi)||$ 小于给定的一个量为止。

凸型规则二度体边界反演示例如图2-1所示。

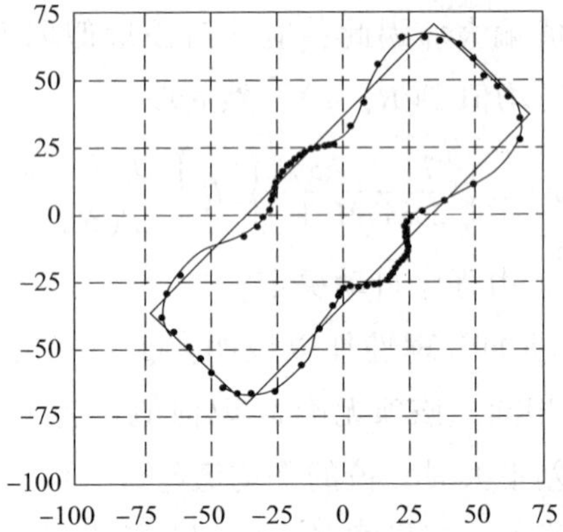

图2-1　倾斜长方柱体理论模型和反演结果对比图

2.4.2　凸型二度体边界内连续磁化强度模值反演

现在讨论磁性体内部磁化强度分布反演问题。反演问题的定义为：已知观测点坐标、观测场值、模型体360个边界向径 $R(\varphi)$ 值和向径起算点相对观测点的空间位置，求解模型体内连续磁化强度分布，具体为求解磁化强度分部函数 $M(r,\varphi)$的系数 c_{jl}值。

反演的步骤包括：①取二度体向径值的起算点坐标为复坐标原点，首先采用“成像程序系统”中的程序，由模型体分量场求得其有效磁化倾角 I_S 并精确确定复系数 $\hat{C}_k^{\mathrm{T}} = \hat{A}_k + \mathrm{i}\hat{B}_k$，反演中，采用了“奇异值分解”算法和“正则化法压制小奇异值”措施，得到稳定解。②采用求得的复系数 $\hat{C}_k^{\mathrm{T}} = \hat{A}_k + \mathrm{i}\hat{B}_k$ 及其线积分表达式［即第 1 章第 3 节(1－3－21)式］，建立线性方程组，进一步反演系数 c_{jl} 值。③把系数 c_{jl} 代入磁化强度分部函数 $M(r,\ \varphi)$ 表达式［即第 1 章第 3 节(1－3－20)式］，正演出模型体内磁化强度分布。

下面是由 $\hat{C}_k^{\mathrm{T}} = \hat{A}_k + i\hat{B}_k$ 反演 C_{jl} 的方法。把第 1 章第 3 节(1－3－21)式改写成如下形式：

$$\hat{C}_k^{\mathrm{T}} = \frac{2\pi}{\mu_0}\mathrm{e}^{-\mathrm{i}I_S}C_k^{\mathrm{T}} = \mathrm{Re}\{\hat{C}_k^{\mathrm{T}}\} + \mathrm{iIm}\{\hat{C}_k^{\mathrm{T}}\} \tag{2-4-19}$$

$$\begin{aligned} C_k^{\mathrm{T}} &= \int_0^{2\pi}\sum_{j=0}^{N_1}\sum_{l=0}^{j} c_{jl}\cos^{j-l}\varphi\sin^l\varphi\left\{\frac{k}{k+1+j}R^{(k+1+j)}(\varphi)\right\}\mathrm{e}^{\mathrm{i}(k-1)\varphi}\mathrm{d}\varphi \\ &= \sum_{j=0}^{N_1}\sum_{l=0}^{j} c_{jl}\int_0^{2\pi}\left\{\frac{kR^{(k+1+j)}(\varphi)}{k+1+j}\cos^{j-l}\varphi\sin^l\varphi\right\}\mathrm{e}^{\mathrm{i}(k-1)\varphi}\mathrm{d}\varphi = \sum_{j=0}^{N_1}\sum_{l=0}^{j} c_{jl}A_{jl}^k \end{aligned} \tag{2-4-20}$$

式中，$A_{jl}^k = \mathrm{Re}\{A_{jl}^k\} + i\mathrm{Im}\{A_{jl}^k\}$ 是对应于 k 和 c_{jl} 的复系数。

其中：

$$\begin{aligned} A_{jl}^k &= \int_0^{2\pi}\left\{\frac{kR^{(k+1+j)}(\varphi)}{k+1+j}\cos^{j-l}\varphi\sin^l\varphi\right\}\mathrm{e}^{\mathrm{i}(k-1)\varphi}\mathrm{d}\varphi \\ &\approx \frac{2\pi}{360}\sum_{m=1}^{360}\frac{kR^{(k+1+j)}(\varphi_m)}{k+1+j}\{\cos^{j-l}\varphi_m\sin^l\varphi_m\}\mathrm{e}^{\mathrm{i}(k-1)\varphi_m} \\ &= \frac{2\pi}{360}\sum_{m=1}^{360}\frac{kR^{(k+1+j)}(\varphi_m)}{k+1+j}\{\cos^{j-l}\varphi_m\sin^l\varphi_m\}[\cos(k-1)\varphi_m + \mathrm{i}\sin(k-1)\varphi_m] \\ &= \mathrm{Re}\{A_{jl}^k\} + \mathrm{iIm}\{A_{jl}^k\} \end{aligned} \tag{2-4-21}$$

其中：

$$\mathrm{Re}\{A_{jl}^k\} = \frac{2\pi}{360}\sum_{m=1}^{360}\frac{kR^{(k+1+j)}(\varphi_m)}{k+1+j}\{\cos^{j-l}\varphi_m\sin^l\varphi_m\cos(k-1)\varphi_m\} \tag{2-4-22}$$

$$\mathrm{Im}\{A_{jl}^k\}=\frac{2\pi}{360}\sum_{m=1}^{360}\frac{kR^{(k+1+j)}(\varphi_m)}{k+1+j}\{\cos^{j-l}\varphi_m\sin^l\varphi_m\sin(k-1)\varphi_m\}$$

(2 –4 –23)

于是可以建立如下求解 c_{jl} 的超定方程组：

$$\left.\begin{aligned}\mathrm{Re}\{\hat{C}_k^{\mathrm{T}}\}&=\sum_{j=0}^{N_1}\sum_{l=0}^{j}c_{jl}\quad\mathrm{Re}\{A_{jl}^k\},\ k=1,2,\cdots,K\\ \mathrm{Im}\{\hat{C}_k^{\mathrm{T}}\}&=\sum_{j=0}^{N_1}\sum_{l=0}^{j}c_{jl}\quad\mathrm{Im}\{A_{jl}^k\},\ k=1,2,\cdots,K\end{aligned}\right\}\qquad(2-4-24)$$

因为高阶复系数值远远大于低阶复系数值，使得不论采用哪种方程组解法均存在很大的误差。为了获得高精度的反演结果，对方程组两端进行加权，其具体步骤包括：用二度体边界向径 $R(\varphi)$ 平均值 R 的 k 次幂 R^k，除方程组中与 k 对应的方程的两端，突出小 k 值的系数 $\hat{A}_k$ 和 $\hat{B}_k$ 在求解中的作用。然后，采用不压制小奇异值的"奇异值分解"算法，由经过加权的方程组求解 c_{jl}。理论模型实验结果表明，其效果非常明显，反演得到的所有大的 c_{jl} 值($\geqslant n*10^{-2}$)与理论值相对误差均小于 0.0001。

由于采用的是"奇异值分解"方法求解方程组，解的矩阵表达式为 $\boldsymbol{C}=\boldsymbol{A}^*\boldsymbol{B}$，其中，$\boldsymbol{C}$ 为由未知的 c_{jl} 值组成的向量，$\boldsymbol{A}^*$ 为广义逆矩阵，$\boldsymbol{B}$ 为由复系数 $\hat{A}_k$ 和 $\hat{B}_k$ 组成的向量。假设 $\boldsymbol{B}$ 的分量的相对误差均为 η，则误差向量为 $\eta\boldsymbol{B}$，c_{jl} 的误差向量 $\Delta\boldsymbol{C}=\boldsymbol{A}^*\eta\boldsymbol{B}=\eta\boldsymbol{C}$，故 c_{jl} 的相对误差也是 η，这表明 c_{jl} 的反演问题稳定。

2.5 凸型三度体全方位成像及其边界内连续磁化强度模值反演

该三度体具有广泛的代表性和实用价值，教科书中的三度体(包括凸多面体)多数属于这类形体。

2.5.1 凸型三度体全方位成像

本书第 1 章中，(1 –4 –25)式是任意三度体磁场"完备的线性化球谐级数正演通式序列"。(1 –4 –27)式中的 a_n^m、b_n^m 是(1 –4 –25)式所有场的共同的球谐系数，在凸型三度体全方位成像中有重要作用。(1 –4 –33)式、(1 –4 –37)式和(1 -4 -41)式及其各自的附属公式，分别给出了沿 $\vec{l}$ 方向磁化的磁位，沿 $\vec{l}$ 方向磁化、沿 $\vec{t}$ 方向测量的磁场和沿 $\vec{\tau}$ 方向测量的磁场的方向导数。

$\vec{t}$ 方向和 $\vec{\tau}$ 方向是已知的。$\vec{l}$ 方向是未知的，应该首先反演该向量。

$\vec{l}$ 方向只出现在本书第 1 章第一类磁位球谐级数正演通式(1 -4 -33)中。而(1 -4 -33)式 又与《成像(续)》中第二类磁场球谐级数正演通式中的、沿 $\vec{l}$ 方向磁化、沿 $\vec{t}$ 方向测量的磁场表达式(1. 3. 14)形式上完全相同。(1. 3. 14)式中的球谐系数 a_n^m、b_n^m 如(1. 3. 13)式所示，而其中的系数 a_1^0、a_1^1、b_1^1 如《成像(续)》(1. 3. 23)式所示，分别为三度体总磁矩 M_m 沿 Z 轴、X 轴、Y 轴的投影，可用于反演总磁矩模值 M_m、磁化倾角 I 和磁化偏角 D，从而求得磁化方向 $\vec{l}$［见《成像(续)》(1. 3. 24)式］。

这就是说，如果把本书第 1 章(1 -4 -25)式中的磁位 $U(p)$ 也按(1 -4 -26)式中第一式展开，则(1 -4 -33)式就相当于磁场表达式，可用于对观测场作球谐分析，所得到的球谐系数 a_1^0、a_1^1、b_1^1 就可用于反演总磁矩模值 M_m、磁化倾角 I 和磁化偏角 D，从而求得磁化方向 $\vec{l}$。磁化方向 $\vec{l}$ 确定之后，就可以代入到第 1 章(1 -4 -25)式中后面磁位、磁场和磁场梯度等 3 个表达式。此时，(1 -4 -25)式又成为一套可用于三度体磁场线性化反演的“完备的反演公式序列”，即：

$$\left\{\begin{array}{l}\tilde{V}(r,\lambda,\theta)\\ \tilde{F}(r,\lambda,\theta)\\ U_l(r,\lambda,\theta)\\ T_l^t(r,\lambda,\theta)\\ \{T_l^t(r,\lambda,\theta)\}_\tau\end{array}\right\} = \sum_{n=0}^{\infty}\sum_{m=0}^{n}\left\{\begin{bmatrix}A_{nm}^V(r,\lambda,\theta)\\ A_{nm}^F(r,\lambda,\theta)\\ A_{nm}^U(r,\lambda,\theta,\vec{l})\\ A_{nm}^T(r,\lambda,\theta,\vec{l},\vec{t})\\ A_{nm}^{T'}(r,\lambda,\theta,\vec{l},\vec{t},\vec{\tau})\end{bmatrix}\cdot a_n^m + \begin{bmatrix}B_{nm}^V(r,\lambda,\theta)\\ B_{nm}^F(r,\lambda,\theta)\\ B_{nm}^U(r,\lambda,\theta,\vec{l})\\ B_{nm}^T(r,\lambda,\theta,\vec{l},\vec{t})\\ B_{nm}^{T'}(r,\lambda,\theta,\vec{l},\vec{t},\vec{\tau})\end{bmatrix}\cdot b_n^m\right\} \tag{2-5-1}$$

式中，$A_{nm}^{()}$、$B_{nm}^{()}$为已知函数值，a_n^m、b_n^m 为未知量。

下面具体阐述凸型三度体全方位成像过程。

2.5.1.1 确定凸型三度体的磁化方向 $\vec{l}$

选取三度体“磁矩中心或其附近一点”为“球坐标原点”。把磁位公式(1 -4 -33)当作测量方向为 $\vec{l}$ 的磁场公式，由在观测曲面上测量得到的磁场值，建立求

解 a_n^m、b_n^m 的联立方程组，$n=0,1,2,\cdots,N$，$m=0,1,2,\cdots,n$，N 是截断值，对于凸型三度体来说，$7\leqslant N\leqslant 10$。待求 a_n^m、b_n^m 的个数对应为 36、45、55、66。一般情况下，应建立超定方程组来求解。所得到的 a_n^m、b_n^m 中，$a_0^0=b_0^0=b_1^0=0$，则：

$$a_1^0=M_{mZ},\ a_1^1=M_{mX},\ b_1^1=M_{mY} \tag{2-5-2}$$

式中，a_1^0、a_1^1、b_1^1 分别为三度体总磁矩 $\vec{M}_m$ 在 z 轴、x 轴、y 轴上的投影。理论上可以证明(见《成像》第 134 页)这些球谐系数值与球坐标系原点选择无关。由上式可以得到磁性三度体总磁矩模 M_m、磁化倾角 I 和磁化偏角 D，其表达式分别为：

$$M_m=\sqrt{(a_1^0)^2+(a_1^1)^2+(b_1^1)^2},\ I=\arctan*\left\{\frac{a_1^0}{\sqrt{(a_1^1)^2+(b_1^1)^2}}\right\},\ D=\arctan*\left\{\frac{b_1^1}{a_1^1}\right\} \tag{2-5-3}$$

式中，arctan * {} 的取值区间是[$-\pi$，π]。等比定理可证明(见《成像》第 135～136 页)，上面 (2-5-2)式、(2-5-3)式对于磁化方向相同、分块均匀磁化和均匀磁化多体均适用，因此，(2-5-3)式可以用于具有固定磁化方向的非均匀磁化单体或多体的磁化方向反演。当磁性体内各点磁化方向不同时，可采用(2-5-3)式求得三度体平均磁化方向。

2.5.1.2 确定凸型三度体的磁矩中心（即球坐标系内原点 *O*）

求得磁化方向 $\vec{l}$ 后，(2-5-1)式成为一套可用于三度体磁场线性化反演的“完备的正、反演公式序列”。此时，再选取球坐标系磁矩中心或其附近为“球坐标系原点 O”，再由实际在观测曲面上测量得到的磁场值，采用沿 $\vec{l}$ 方向磁化、沿 $\vec{t}$ 方向测量的磁场公式 $T_l^t(r,\ \lambda,\ \theta)$ [即(2-5-1)式的第 4 式]，建立求解(2-5-1)式中的 a_n^m、b_n^m 的联立方程组。所得到的 a_n^m、b_n^m 中，

$$a_0^0=\iiint_V M_q\mathrm{d}v=M_m,b_0^0=0 \tag{2-5-4}$$

式中，M_m 为三度体总磁矩模值。当球坐标系原点没有准确达到三度体磁矩中心时，1 阶球谐系数表达式为：

$$\left.\begin{aligned} a_1^0&=\iiint_V M_q z'\,\mathrm{d}v,\quad b_1^0=0\\ a_1^1&=\iiint_V M_q x'\,\mathrm{d}v,\quad b_1^1=\iiint_V M_q y'\,\mathrm{d}v \end{aligned}\right\} \tag{2-5-5}$$

上式分别为三度体的1阶原点矩。由(2-5-4)式和(2-5-5)式可以得到如下反演结果：

$$M_m = a_0^0,\ X_0 = a_1^1/a_0^0,\ Y_0 = b_1^1/a_0^0,\ Z_0 = a_1^0/a_0^0 \qquad (2-5-6)$$

式中，X_0、Y_0、Z_0表示凸型三度体磁矩中心的直角坐标。当球坐标系原点准确达到磁矩中心时，因为$(X_0,\ Y_0,\ Z_0)=(0,\ 0,\ 0)$，则有：

$$a_1^1 = b_1^1 = a_1^0 = 0 \qquad (2-5-7)$$

(2-5-7)式是反演到磁矩中心的判别标志。上述过程类似迭代反演，又非最优化方式的迭代反演，需2~3步直接反演方式完成。

2.5.1.3 实现“拟引力场”全空间延拓和三度体形态近似成像

求得三度体球谐系数a_n^m、b_n^m之后，可分别代入$T_l^t(p)$、$\{T_l^t(p)\}_\tau$的球谐级数正演通式，在原观测曲面上计算出其正演值与观测值的差值、差值的代数平均值、均方误差和最大绝对误差。如果这些参考值均很小，可进行全方位解析延拓。如果这些参考值较大，则说明$r'_{\max} < r_{\min}$这一重要条件不满足，停止全方位解析延拓，并考虑采取新的措施。

假定$r'_{\max} < r_{\min}$这一重要条件满足，又求得了高精度的球谐系数a_n^m、b_n^m。可以以质心为球坐标原点，在观测面下面(除坐标原点外的)区域选定计算网格点，把球谐系数a_n^m、b_n^m代入(2-5-1)式中第2式，计算出网点处的“拟引力场”$\tilde{F}(p)$正演值。这是拟引力场$\tilde{F}(p)$全空间延拓。这种延拓结果，位于三度体边界外略远处的值是相当精确的，称为高精度绕场源全方位解析延拓。靠近场源边界的延拓值则发生畸变，但可用来近似确定场源形态和边界。场源内的延拓值是不正确的，只表明场源赋存的位置。

当观测点与三度体的相对位置固定不变时，无论三度体在坐标系中怎样旋转，拟引力场模值$|\tilde{F}(p)|$始终保持不变，这叫做旋转不变性。而观测场$T_l^t(p_k)$等不具有这种特性。由这种“旋转不变性”可以断定，$|\tilde{F}(p)|$的等值面能够有效地反映三度体的形态，用来近似确定其形状。

实际模型计算表明，在异常源边界附近，$|\tilde{F}(p)|$等值面很快变密，其形态和位置能较好地反映异常源的形态和略大一些的分布范围。因此，利用这一特征，可实现场源近似成像。此时，更里面及密集的等值线可看成异常源的图象。

2.5.1.4 求解“均匀凸形三度体”边界位置

假定：在以三度体磁矩中心为中心、以 R 为半径的包围异常源的大球面上，经全方位解析拓，给出了三度体拟引力位 $\tilde{V}(R,\lambda,\theta)$ 值。由此去求解该三度体边界 $R(\lambda,\theta)$。经理论推导，可得到 $R(\lambda,\theta)$ 的一个近似取值公式：

$$R(\lambda,\theta)\approx\left\{\frac{3V(R,\lambda,\theta)}{4\pi M_m}R\right\}^{\frac{1}{3}}=R_0(\lambda,\theta),\ \tilde{V}(R,\lambda,\theta)\approx M_m\frac{4\pi R_0^3(\lambda,\theta)}{3R}\tag{2-5-8}$$

(2－5－8)式的注解公式实际上是球体拟引力位 $\tilde{V}(p)$ 的表达式。这种近似取值公式导致待反演三度体边界值大的位置处的初值偏小，而边界值小的位置处的初值偏大，需要对该初值公式进行校正。为此，先求出大球面上 $\tilde{V}(R,\lambda,\theta)$ 平均值 $\bar{V}(R,\lambda,\theta)$，再取：

$$R'(\lambda,\theta)\approx\left\{\frac{3V(R,\lambda,\theta)}{4\pi G\rho\ 或\ |\vec{M}|}R\right\}^{1/3}\left[\frac{V(R,\lambda,\theta)}{\bar{V}(R,\lambda,\theta)}\right]^{ks}\tag{2-5-9}$$

式中，指数 $ks=2,1$，可由计算机自动决定。为了进一步提高 $R(\lambda,\theta)$ 反演精度，可以采用迭代方法。取 $R(\lambda,\theta)$ 的第 L 次修改值 $\Delta R_L(\lambda,\theta)$ 为：

$$\Delta R_L(\lambda,\theta)\approx\frac{1}{sk}\left\{\frac{3V(\lambda,\theta)-V_{L-1}(\lambda,\theta)}{4\pi G\rho\ 或\ |\vec{M}|}[R-R_{l-1}(\lambda,\theta)]\right\}^{1/3}\tag{2-5-10}$$

式中，$ks=10,20,\cdots$，由程序自动决定，以保证正常绝对收敛。迭代至满足精度要求为止。实践表明，当下式成立时，即可结束迭代：

$$|V(R,\lambda,\theta)-V_{L-1}(R,\lambda,\theta)|<\bar{V}(R,\lambda,\theta)/10\tag{2-5-11}$$

凸型规则三度体边界反演示例如图2－2所示。

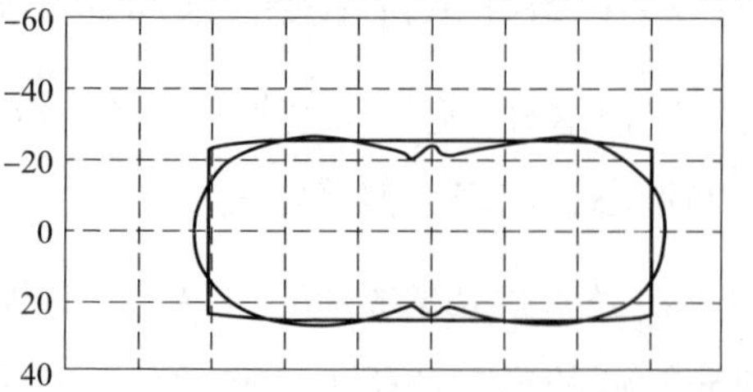

图2－2 长方体(150＊50＊100)模型边界反演结果对比图

2.5.2 凸型三度体边界内连续磁化强度模值反演

现在讨论模型体内磁化强度分布反演问题。反演问题的定义是：已知观测点坐标、观测场值、模型体1628个边界向径 $R(\lambda, \theta)$ 值和向径起算点相对观测点的空间位置，求解模型体内连续磁化强度分布，具体地说，求解磁化强度分部函数 $M(r, \lambda, \theta)$ 的系数 C_{kj} 值。

反演的步骤包括：①取三度体磁矩中心坐标为球坐标原点，首先采用前面凸型三度体全方位成像过程中反演磁化方向步骤，由模型场精确求得模型体磁化方向；再把磁化方向代入(2－5－1)式，经反演，精确求得"拟引力位"球谐系数；反演中采用"奇异值分解"算法和"正则化法压制小奇异值"措施，得到了精确稳定解。②采用精确求得的球谐系数及第1章面积分表达式(1－4－29)，建立线性方程组，进一步反演系数 C_{kj} 值。③把系数 C_{kj} 代入第1章磁化强度函数 $M(r, \lambda, \theta)$ 表达式(1－4－28)，正演出模型体内磁化强度分布。

下面是由球谐系数 a_n^m、b_n^m 反演 C_{kj} 的方法。把(1－4－29)式改写成如下形式：

$$\begin{Bmatrix} a_n^m \\ b_n^m \end{Bmatrix} = \int_0^{2\pi}\int_0^{2\pi} P_n^m(\theta)\begin{Bmatrix} \cos m\lambda \\ \sin m\lambda \end{Bmatrix}\sin\theta \cdot$$

$$\sum_{k=0}^{N}\frac{R^{(n+3+k)}(\lambda,\theta)}{(n+3+k)}\sum_{\substack{j=1\\p+q+s=k}}^{K} C_{kj}(\sin\theta\cos\lambda)^p(\sin\theta\sin\lambda)^q(\cos\theta)^s$$

$$= \sum_{k=0}^{N}\sum_{\substack{j=1\\p+q+s=k}}^{K} C_{kj}\int_0^{\pi}\int_0^{2\pi}\left\{\frac{(\sin\theta\cos\lambda)^p(\sin\theta\sin\lambda)^q(\cos\theta)^s}{(n+3+k)}R^{(n+3+k)}(\lambda,\theta)\right\}P_n^m(\theta)\begin{Bmatrix} \cos m\lambda \\ \sin m\lambda \end{Bmatrix}\sin\theta\,\mathrm{d}\lambda\,\mathrm{d}\theta$$

$$= \sum_{k=0}^{N}\sum_{\substack{j=1\\p+q+s=k}}^{K} C_{kj}\begin{Bmatrix} A_{nm}(k,j) \\ B_{nm}(k,j) \end{Bmatrix} \tag{2-5-12}$$

这是用于反演 C_{kj} 的表达式。其中：

$$\begin{Bmatrix} A_{nm}(k,j) \\ B_{nm}(k,j) \end{Bmatrix} = \int_0^{\pi}\int_0^{2\pi}\left\{\frac{(\sin\theta\cos\lambda)^p(\sin\theta\sin\lambda)^q(\cos\theta)^s}{(n+3+k)}R^{(n+3+k)}(\lambda,\theta)\right\}P_n^m(\theta)\begin{Bmatrix} \cos m\lambda \\ \sin m\lambda \end{Bmatrix}\sin\theta\,\mathrm{d}\lambda\,\mathrm{d}\theta$$

$$\cong \sum_{i=1}^{1628}\left\{\frac{(\sin\theta_i\cos\lambda_i)^p(\sin\theta_i\sin\lambda_i)^q(\cos\theta_i)^s}{(n+3+k)}R^{(n+3+k)}(\lambda_i,\theta_i)\right\}\cdot$$

$$\int_0^{2\pi}\int_0^{2\pi} P_n^m(\theta)\begin{Bmatrix} \cos m\lambda \\ \sin m\lambda \end{Bmatrix}\sin\theta\,\mathrm{d}\lambda\,\mathrm{d}\theta \tag{2-5-13}$$

具体反演 C_{kj}的过程包括：①由(2－5－12)式建立求解模型磁化强度系数的方程组，采用的球谐系数 a_n^m、b_n^m 的个数等于或略大于 C_{kj}的个数。②因为高阶球谐系数值远远大于低阶球谐系数值，使得不论采用哪种方程组解法均存在较大误差，导致正演所得的磁化强度分布与模型体内设定的磁化强度分布相比面目全非。③为了获得高精度的反演结果，采取了对方程组进行加权的措施：首先求取三度体平均向径 R，然后对具有 n 阶球谐系数的方程(共 $n+1$ 个)左右端各项均除以 R^{n+3}，使高阶球谐系数值大大缩小，用以突出代表场的低缓成分的低阶球谐系数在反演中的作用，这是恒等变换，并未改变方程组与解之间的关系，但能够防止反演过程中大数吃小数现象的发生。④采用不压制小奇异值的奇异值分解算法，求解经过加权处理过的方程组。模型实验结果表明这种提高反演精度的措施十分有效，这也说明经过加权处理过的方程组的广义逆矩阵是稳定的。

由于采用的是奇异值分解方法求解方程组，解的矩阵表达式为 $\boldsymbol{C}=\boldsymbol{A}^{*}\boldsymbol{B}$，其中，$\boldsymbol{C}$ 是由 35 个未知 C_{kj}值组成的向量，$\boldsymbol{A}^{*}$ 为广义逆矩阵，$\boldsymbol{B}$ 是由 36 个球谐系数组成的向量。由于 $\boldsymbol{A}^{*}$ 是相当稳定的，假设 $\boldsymbol{B}$ 的分量的相对误差均为 $\boldsymbol{\eta}$，则误差向量为 $\boldsymbol{\eta B}$，C_{kj}的误差向量 $\Delta\boldsymbol{C}=\boldsymbol{A}^{*}\boldsymbol{\eta B}=\boldsymbol{\eta C}$，故 C_{kj}的相对误差也是 $\boldsymbol{\eta}$。这表明 C_{kj}的反演问题是稳定的。

2.6 国外专家在求解反演问题方面存在的部分失误

20 世纪 70 年代笔者仔细阅读过一些参考文献(熊光楚，1962；黄树棠、顾学新，1964；云南大学数学系和云南物探大队，1974；地面磁测资料解释推断手册编写组，1979)，大大提高了笔者重磁勘探专业水平。这些文献中，有我国专家研究的理论方法，也包含大量苏联专家和欧美专家的理论方法研究成果。笔者并没有发现有哪个理论方法存在着原则性错误。20 世纪 80 年代，国内专家引进并加以应用的国外专家有关重磁反演理论方法论文，存在着原则性的失误。在专著《区域磁》中，管志宁和笔者对有关失误做了较详细的阐述。例如，第 4.5 节中前人方法中存在问题讨论，包括：①关于 A. Gerand 求解常 J 单界面 J、h 值方法存在的问题。②匹配滤波方法用于航磁资料反演界面的可靠性问题。第 5.4 节评 Spector 等效论及有关居里面反演方法。第 6.3 节评用于磁化强度分层反演的向上延拓滤波和窄带滤波方法。

引进国内并加以应用的国外专家的有关重磁反演理论方法论文存在原则性失误的原因，主要有如下几个方面。

第一，重磁勘探反演问题(包括最简单的球体和顺层磁化薄板状体反演问题)均具有“多解性”，需要“定解条件”，才能获得“唯一解”；而“定解条件”只能根据已有的地质与地球物理实际资料予以给定，不能采用任何数学方法来求解。

这是数学上的“欠定反演问题”。有人会说，欠定问题可以采用地球物理反演方法中的“最小长度解法”求得“唯一解”。笔者认为，该方法用于无源空间内重磁场的彼此换算(如地球坐标系内“化向地磁极”方法)是可以的。而用于重磁场反演，给出的解只是无穷解中的一个解，与模型体本身物性与形体参数，可能有很大差别。因此，该解法的反演结果只能作参考而已。

具常磁化强度 J 的磁性单界面各点深度反演，需要的定解条件是给定 J 和界面平均深度 h。而 AGerand 等却硬要用概率统计方法把 J、h 求解出来，很具有“迷惑性”，尤其是得到了美国地球物理学会主席 BK 布哈塔卡亚的承认和引用，对世界重磁勘探专家影响很大。但该方法等效于说“常 J 单界面深度反演具有唯一解”，这违反了该“反演问题的多解性”，必然存在“原则性错误”。

还有，国内专家引进的磁性单界面变磁化强度模填图方法，反演结果总出现大量负值，显然是有问题的。因此，在执行“联合国资助 029 项目子课题磁化强度模值填图理论方法研究和应用”中，找到了国外方法总出现大量负值的根本原因。其原因在于：作为该反演方法出发点的正演公式未考虑公式中隐藏的多解性问题，导致隐含的“定解条件”被忽略，即“给定磁化强度模平均值 J”被忽略，进而导致反演过程和反演结果出现错误。

给定“定解条件”令一些重磁专家特别反感，如与 Spector 等效论有关的居里面反演方法。

第二，磁化强度分层反演的向上延拓滤波方法的提出者，既没有给出“N 个厚度均为 Δh、能谱均为 $S(r)$ 的水平薄层组成的、顶深为 h_t、底深为 $h_b = h_t + N\Delta h$ 的磁化强度分层模型”磁场的严格正演表达式和理论模型验证，也未给出如何由观测场判断其所设的磁化强度分层模型在测区内是否存在的方法，仅凭主观推导，得出磁化强度分层反演的向上延拓滤波方法，好像具有普遍性。该反演方法不需要“定解条件”，故得到国内某些重磁专家的青睐。该方法似乎“突破性”

地成了“重磁场测深法”。这种与磁场基本理论相违背的存在主观主义设想反演方法实在是不可取的！

第三，上述反演方法没有设置严格的理论模型，亦未对方法有效性进行理论模型验证。众所周知，理论模型验证结果，对于重磁勘探来说，是检验反演方法是否成立的标准；除此，还没有找到更好的判别方法。没有通过这一检验环节，就发表这样的磁测资料解释方法，实在缺乏科学态度。这也是采用上述反演方法解释实际磁测资料时出现问题的重要原因。

参考文献

[1]熊光楚．磁铁矿床上磁异常的解释推断[M]．北京：中国工业出版社，1962.

[2]黄树棠，顾学新．地球物理与地球化学研究报告文集(第二册)：斜磁化条件下磁测资料的推断解释[M]．北京：中国工业出版社，1964.

[3]沙拉耶夫 CB. 利用位场奇点解释地球物理资料[J]．物化探译丛，1966，3.

[4]云南大学数学系，云南物探大队．物探数学专辑：复变函数在磁法勘探中的应用[J]．云南物化探，1974，2.

[5]地面磁测资料解释推断手册编写组．地面磁测资料解释推断手册[M]．北京：地质出版社，1979.

[6]数学手册编写组．数学手册[M]．北京：人民教育出版社，1979.

[7]管志宁，安玉林．频率域磁性单界面反演方法[J]．地球物理学报，1984，27(2)：190－204.

[8]Guan Z N，An Y L. Inversion of Magnetic Boundaries and the Study of Deep Geologic Structures of North China Area[A]．USA：Annual of International Geophysic Annual Meeting in Atlanta state，1984.

[9]管志宁，安玉林．“匹配滤波”方法某些应用的可靠性分析[J]．物化探计算技术，1984，6(1)：20－26.

[10]安玉林，管志宁．评求解磁性单界面 J、h 值的“概率统计”方法[J]．物探与化探，1987，11(3)：225－229.

[11]安玉林，管志宁，阳明．三维磁性层正反演方法[J]．地球物理学报，1990，33(z1)：265－278.

[12]安玉林，管志宁．球壳形磁性层磁异常正反演方法[J]．现代地质，1990，4(2)：116－129.

[13]安玉林，管志宁．区域长波航磁异常定量解释中值得注意的几种倾向[J]．物探与化探，1991，15(2)：134-140.
[14]管志宁，安玉林．区域磁异常定量解释[M]．北京：地质出版社，1991.
[15]安玉林．评 Spector 等效论及有关居里面反演方法[J]．地球物理学报，1992，35(z1)：431-438.
[16]安玉林，李黎明．起伏面下三度体磁化方向反演方法[C]．“八·五”地质科技重要成果学术交流会议论文选集．北京：地震出版社，1995.
[17]安玉林．三度剩余重力异常源全方位成像的理论和方法[J]．地球物理学报，1997，40(3)：402-413.
[18]安玉林，谭保华．局部重磁场源全方位成像[M]．北京：地质出版社，1997.
[19]安玉林，眭素文．三度剩余磁力异常源全方位成像的理论和方法[J]．地球物理学报，1998，41(2)：394-403.
[20]安玉林．椭圆柱体反演中复函数 $C(S)$ 值的计算方法[J]．现代地质，1999，13：103-106.
[21]安玉林．三度体梯度磁异常全方位正反演方法[J]．现代地质，2000，14(1)：85-90.
[22]安玉林．局部重磁场源全方位成像理论概要[J]．物探与化探，2000，24(6)：401-411.
[23]安玉林．局部重磁场源全方位成像理论概要(续)[J]．物探与化探，2001，25(6)：401-409.
[24]安玉林，陈玉东，黄金明．重磁勘探正反演理论方法研究的新进展[J]．地学前缘，2003，10(1).
[25]安玉林，黄金明．局部重磁场源全方位成像(续)[M]．北京：地震出版社，2003.
[26]安玉林．起伏地形上规则二度体复重磁场正演和直接反演[J]．物探与化探，2003，27(1-4)连载．
[27]安玉林，黄金明．一类复杂三度体磁场的解析正演方法[J]．地球科学，2003，28.
[28]An Yulin，Huang Jinming，Chen YuDong. Forward computation of the magnetic field of a 3D body with arbitrary boundary and continually varying magnetization[J]. Geophysical Prospecting，2004，52：49-63.
[29]管志宁．地磁场与磁力勘探[M]．北京：地质出版社，2005.

3　磁场线性化转换处理方法

3.1　磁性体磁场离散谱正演反变换与其空间域磁场之间的定量关系

3.1.1　定量关系的发现过程

矿区磁法勘探中，常常遇到整个勘探区位于大岩体之上。相对于勘探区范围来说，岩体下底深度较大，顶面深度较浅，起伏平缓，磁性较弱，易产生区域性宽缓异常。而矿体位于岩体浅部，磁性强，往往产生局部强磁异常。平缓起伏异常可以看成由无限延深磁性单界面所引起。因此，无限延伸磁性单界面常作为研究对象。

下面阐述磁性单界面等价模型及其磁场离散频谱正演值反变换所得的正演结果。

设勘探区内有 $M \times N$ 个观测点，点线距为 ΔX、ΔY。以每个观测点为中心，在其下方放置一个深度为 h_{kl}、长宽分别为 ΔX 和 ΔY、磁化强度为方向向下的常数 J、下延无限的直立矩形棱柱体。这样，$M \times N$ 个棱柱体构成了勘探区常 J 磁性单界面模型。其“等效模型”如图 3－1 所示。把 J 改为 J_{kl}，得到“变 J 等效磁性单界面模型”。

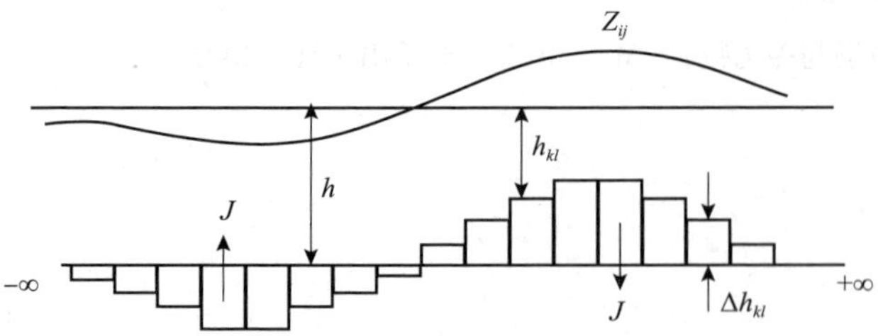

图 3－1　等效单界面模型剖面图

下延无限变 J 单界面磁场垂直分量 Z_{xy} 的频谱正演表达式为：

$$Z_{uv} = CS_{uv}\sum_{k,l}^{M,N} J_{uv}\mathrm{e}^{-2\pi fh_{kl}}\mathrm{e}^{\mathrm{i}2\pi(u\xi_k+v\eta_l)}, C = (\mu_0/4\pi)2\pi\Delta x\Delta y, S_{uv} = \{\cdots\} \tag{3-1-1}$$

该模型的空间域正演值计算方法是：先按上式计算出 $M\times N$ 个离散频谱值，再采用离散傅里叶反变换，得到位于每个柱体上方的 $M\times N$ 个空间域磁场值。把该 $M\times N$ 个空间域磁场值与其真正的空间域正演值对比后，发现两套正演值并不相等，差值明显；而且离散谱反变换所得正演值的平均值，恰等于具有平均磁化强度 $\bar{J}_{kl}$ 的无穷大水平面产生的磁场值，即 $\bar{Z}_{xy}=2\pi\bar{J}_{kl}$(单位：nT)；另外，在等效界面四周的场值不存在明显的下降梯度带，这说明两套正演值不相等不可能由计算错误引起。

当时，离散傅里叶变换刚刚引入国内，这种现象令人不解。笔者经认真思考认为，这种现象的产生可能是离散傅里叶变换把等效界面及其磁场，周期化到了整个水平面，并采用反证法加以证明。

下面阐述“磁性体离散谱正演值反变换与该形体空间域正演场值的数值关系”的发现过程。

3.1.2 直立长方体组合构成的界面模型及其磁场离散谱正演值反变换特点

3.1.2.1 界面模型频率域周期化特征

本小节仅讨论等效界面模型。在频率域反演界面时，首先要通过离散傅里叶变换使 $M\times N$ 个场的离散值在全平面周期化，导致界面周期化。把整个 Oxy 平面分割为大小相等、面积为 $\lambda_x\times\lambda_y$ 的无穷多个矩形区域，其(0，0)区域为研究区，而且各个区对应的界面形式完全相同。这时，常 J 单界面“周期化等效界面模型”的空间域场正演表达式为：

$$Z_{ij} = \sum_{k,l}^{M,N}\{Z_{ij}^{kl}\} \tag{3-1-2}$$

式中，$\sum\limits_{k,j}^{M,N}$ 为简写求和记号；(i, j) 为(0，0)区内观测点编号；(k, l) 为(0，0)区内棱柱体编号；$\{Z_{ij}^{kl}\}$ 表示(0，0)区内(k, l)号棱柱体和与其对应的所有区

的棱柱体构成的(k, l)号的柱体组在$(0, 0)$区(i, j)的空间域场；模型的柱体组共有$M \times N$个。

同样可得变J_{kl}单界面周期化等效界面模型。其空间域场正演表达式为：

$$Z_{ij} = \sum_{k,l}^{M,N} \{Z_{ij}^{kl}\}^{*} \tag{3-1-3}$$

式中，$\{Z_{ij}^{kl}\}^{*}$与$\{Z_{ij}^{kl}\}$差别仅在于其磁化强度分别为J_{kl}和J。

(3-1-1)式和(3-1-2)式表示周期化场与周期化界面的关系。

3.1.2.2 频率域界面正演磁场值的特点

频率域界面具有周期化特点，而其相应的磁场相当于界面周期化开拓到整个Oxy平面后产生的结果。进一步可以采用“反证法”证明下面定量关系。

设与空间域直角坐标系Oxy对应的频率域直角坐标系为Ouv，则有：$u = m/\lambda_x$，$v = n/\lambda_y$，$\lambda_x = m \times \Delta x$，$\lambda_y = n \times \Delta y$，$f = (u^2 + v^2)^{1/2}$。

即：任意形态磁性体磁场谱函数正演值，经离散反变换的结果，恰等于以λ_x和λ_y为周期，把该磁性体向整个Oxy平面开拓后所得无穷多同样形态磁性体空间域场之和(管志宁、安玉林，1984)。

上述定量关系表明，频率域周期化界面模型更接近实际。这是因为：实际界面的延展范围比测区大，当空间域界面模型等于测区大小时，对实际界面进行了人工截断，这时位于测区边部的磁场测区以外界面受到影响，因此，取有限界面空间域正演的磁场值具有边缘损失，造成边部场值突变。在频率域中，界面磁场谱函数正演值经离散反变换的结果，相当于把界面以测区大小为周期，向整个Oxy平面开拓后所得无限周期化延展界面产生的空间域磁场，因此，更符合航磁异常延展范围大、测区边部不出现场值突变的实际情况。应指出的是，实际界面并不按照测区内界面形态做周期化延展，此种界面模型仍为一种近似的界面模型。

图3-2给出了上述定量关系理论模型验证的例子。图3-2(a)为正方形柱体位置、参数、点线距与计算区示意图，其中：柱体位于计算区中心点；长$L =$宽$B = 300$m；上顶深$h = 200$m；下底无限深；磁化强度$J = 100 \times 10^{-2}$ A/m；点线距$\Delta x = \Delta y = 100$m；计算区长、宽$\lambda_x = \lambda_y = 17 \times 100\text{m} = 1700$m。图3-2(b)为围绕计算中心的正方形柱体个数及其磁场曲线示意图，其中：①1个柱体场；②9个柱体场。③ 49个柱体场。④ 离散谱反变换场。

图3-2(a)中位于中心的单个棱柱体谱函数正演值经离散反变换，所得场值

表示于图 3 - 2(b)的④中。再对位于中心以及围绕中心对称分布的 3×3 个、7×7 个棱柱体，用空间域磁场公式计算出图 3 - 2(a)中计算区的中心剖面上的场值 Z_{ij}，并把 Z_{ij} 示于图 3 - 2(b)的①、②、③中。从图 3 - 2(b)可以看出，单个棱柱体谱函数正演值离散反变换场比空间域计算的单个棱柱体的场以及 9 个、49 个棱柱体的合成场均大，而且随着棱柱体个数增加其空间域合成场愈接近于单个棱柱体的谱正演值反变换场。这说明上述定量关系的准确性。

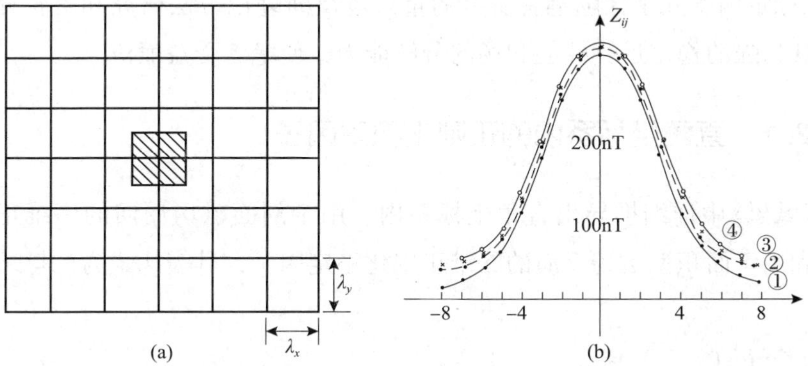

图 3 - 2　磁场频谱正演值经离散反变换结果与空间域正演场值对比图

显然，当计算区范围相对磁性体长和宽而言极大，且在其边界处磁性体磁场趋近于 0 时，则其谱函数正演值离散反变换磁场值近似为空间域正演磁场值。

验证上述定量关系的另一个有说服力的例子是：把一个由 $M \times N$ 个柱体组合构成的界面模型，沿 x 方向放在自身的右侧。形成由两个相同模型拼接起来的新模型。此模型柱体个数为 $2M \times N$ 个，$\lambda_x = 2M \times \Delta x$，$\lambda_y = N \times \Delta y$。严格按照前述离散谱值反变换算法计算拼接模型空间域磁场。可以发现，在拼接模型中，每个模型上方空间域磁场值完全相同。这是因为，拼接模型与原单个模型均周期化后的界面模型完全一样，导致所有模型区在原单个模型区上方产生的叠加磁场完全一样。

3.1.3　定量关系的实用意义

快速离散傅里叶变换在重磁正反演与转换处理中发挥着重要作用，但其引起的混迭效应也令人诟病。该定量关系可获得区域外模型场折叠入本区的磁场数值。另外，可以根据重磁场数值规律，把待处理的测区内磁场向外扩展，直到近似为“零”，俗称“位场扩边”。之后，对扩展后的大区域内磁场进行处理，可以清除混迭效应影响，取得良好效果。

3.2 滤除高频干扰的正则化稳定因子

笔者有幸较早地学习了 A H 吉洪诺夫等《不适定问题解法》(吉洪诺夫、阿尔先宁，1979)理论，并于硕士研究生阶段推导出了一维、二维“正则化稳定因子”。该稳定因子几乎伴随笔者所有的重磁场反演理论方法研究和资料处理解释过程，其超强的稳定运算性能和场的分解能力，使笔者受益匪浅。

3.2.1 直角坐标系内的正则化稳定因子

《区域磁》中详细推导出直角坐标系内、用于剖面磁场反演的一维正则化稳定因子和用于面积型磁场反演的二维正则化稳定因子，其表达式为(其中，$\beta=2/3/4$)：

$$f_{\alpha}^{m}=1/\left\{1+\alpha e^{-\beta(|u_m|-u_0)}\right\},\ f_{\alpha}^{m}=1/\left\{1+2.8e^{-3(|u_m|-u_0)}\right\} \tag{3-2-1}$$

$$f_{\alpha}^{mn}=1/\left\{1+\alpha e^{-\beta(f_{mn}-f_0)\lambda_x}\right\},\ f_{\alpha}^{m}=1/\left\{1+2.8e^{-3(f_{mn}-f_0)\lambda_x}\right\} \tag{3-2-2}$$

式中，f_{α}^{m} 为一维正则化稳定因子，即一维滤除高频干扰的“理想低通滤波器”。

作为滤波器，f_{α}^{m}具有如下优良特征：①对变量 $|u|$ 有各阶导数，是极为光滑的连续函数；②形式简单，能迅速求得 α 值，或者直接取 $\alpha=2.75$，构成形式具体；③可以通过对 u_0 的灵活选择，使 f_{α}^{m}具有较强的适应能力；④具有理想抵通滤波特征，其右半支频率特性曲线 $f_{\alpha}^{m}-m$ 如图 3-3 所示；⑤能同等用于一切采用傅立叶变换求值的物理量的低通滤波，可获得稳定近似值。

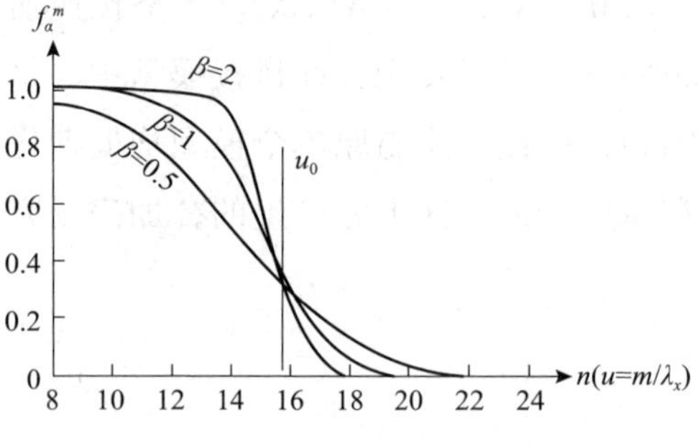

图 3-3 一维稳定因子 f_{α}^{m}的频率特征曲线

二维正则化稳定因子 f_{α}^{mn}的剖面特征同图 3-3 相似，平面似圆形，也是理想低通滤波器。

正则化稳定因子中，参数 u_0 与 f_0 具有重要意义，均表明要消除的局部异常场的尺度。这两个参数可以直接从原始 磁异常剖面图或平面等值线图上量取。下面以具体图形加以说明。

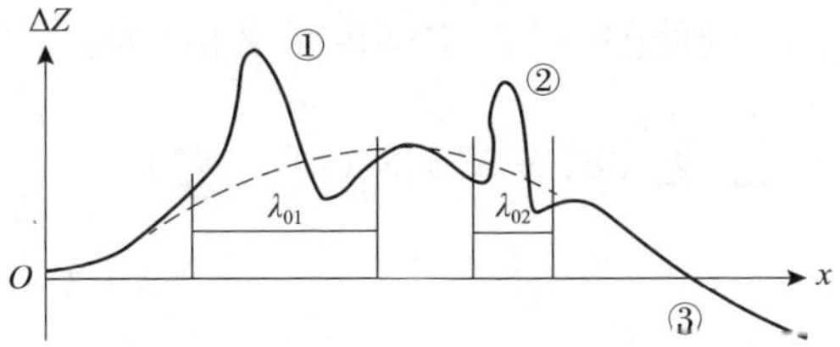

图 3－4　ΔZ 剖面图

图 3－4 为原始观测场 ΔZ 的剖面曲线图。图中 ΔZ 曲线既包含区域场③，又包含大小不同的区域局部异常场①和②。如果要消除所有区域局部异常场，则选取 $f_0 = 1/\lambda_{01}$；如果仅消除区域局部异常场②，则选取 $f_0 = 1/\lambda_{02}$。被保留的部分将做为区域异常场。

图 3－5 是原始观测场 ΔZ 的平面等值线图。ΔZ 等值线包含有明显的区域局部异常场①和②。若全部消除该二区域局部异常场，则选取 $f_0 = 1/\lambda_{02}$；若仅消除区域局部异常场①，则选取 $f_0 = 1/\lambda_{01}$。根据经验，对于仅有正值或仅有负值出现(其反号异常因彼异常此叠加影响看不出来)的区域局部异常场来说，λ_0 值约为异常最外圈等值线宽度的 2 倍。

图 3－5　ΔZ 平面等值线图

重要说明：应用表明图 3－4 和图 3－5 中的 λ_{01} 和 λ_{02} 应该适当加长。

3.2.2　球坐标系内的正则化稳定因子

根据《成像》或《高 & 区》，标准正交归一函数系 $\{\psi_n^m(\lambda, \theta)\}$ 和复球谐系数 d_n^m 求函数 $f(\lambda, \theta)$，属于求广义傅里叶级数和的问题。当复球谐系数 d_n^m(尤其是高阶次系数)存在误差时，必导致级数和 $f(\lambda, \theta)$ 产生较大误差。根据吉洪诺夫《不适定问题解法》第 6 章的理论，如果函数 $f(\lambda,\ \theta)$ 的偏差以连续函数空间 C 的度量来估计，而复球谐系数 d_n^m 的偏差以 l_2 空间的度量来估计，求级数和 $f(\lambda,\ \theta)$ 对系数 d_n^m 改变不大的情况是不稳定的。因此，d_n^m 需采用吉洪诺夫不适定问题解法。

设不划有误差的系数为 $\tilde{d}_n^m$，与真值 d_n^m 的偏差(以 l_2 空间度量来估)为：

$$\rho_{l_2}^2[d_n^m] = \sum_{n=0}^{\infty}\sum_{m=-n}^{n}|\tilde{d}_n^m - d_n^m|^2 = \sum_{n=0}^{\infty}\sum_{m=-n}^{n}(\tilde{d}_n^m - d_n^m)\times(\overline{\tilde{d}_n^m} - \bar{d}_n^m) \tag{3-2-3}$$

上式称为偏差泛函。再设一稳定泛函，即：

$$\Omega[d_n^m] = \sum_{n=0}^{\infty}\sum_{m=-n}^{n}|d_n^m|^2\cdot\xi_n = \sum_{n=0}^{\infty}\sum_{m=-n}^{n}d_n^m\cdot\bar{d}_n^m\cdot\xi_n \tag{3-2-4}$$

式中，$\{\xi_n\}$ 为正值序列，当 $n\to\infty$ 时，其增长阶不低于 $n^{2+\varepsilon}(\varepsilon>0)$。

不难看出，$\Omega[d_n^m]$是 d_n^m 的二次凸泛函。借助“正则参数”α，构造一个光滑泛函，即：

$$\begin{aligned}M_\alpha\left[d_n^m\right] &= \rho_{l_2}^2\left[d_n^m\right] + \alpha\Omega\left[d_n^m\right]\\ &= \sum_{n=0}^{\infty}\sum_{m=-n}^{n}(\tilde{d}_n^m - d_n^m)\cdot(\overline{\tilde{d}_n^m} - \bar{d}_n^m) + \alpha\sum_{n=0}^{\infty}\sum_{m=-n}^{n}d_n^m\cdot\bar{d}_n^m\cdot\xi_n\\ &= \sum_{n=0}^{\infty}\sum_{m=-n}^{n}\{(\tilde{d}_n^m - d_n^m)\cdot(\overline{\tilde{d}_n^m} - \bar{d}_n^m) + \alpha\cdot d_n^m\cdot\bar{d}_n^m\cdot\xi_n\}\end{aligned} \tag{3-2-5}$$

(3-2-5)式中需找到一套系数$\{d_n^m\}$，在限制 $\rho_{l_2}^2[d_n^m]=\delta_0^2$，使光滑泛函(或稳定泛函)取极小值。

由光滑泛函，按其关于 d_n^m 的偏导数为 0(即尤拉方程)的条件，参考《区域磁》中的公式推导，进一步得到：

$$d_n^m(\alpha) = \tilde{d}_n^m\times W_n(\alpha),\quad W_n(\alpha) = \frac{1}{1+\alpha\,\xi_n} \tag{3-2-6}$$

式中，$W_n(\alpha)$称为系数 $\tilde{d}_n^m$ 的圆滑因子或正则化稳定因子。

选取正值序列$\{\xi_n\}$为：

$$\xi_n = \mathrm{e}^{\beta(n-n_0)},\quad \beta = 2/3/4 \tag{3-2-7}$$

再给定 δ_0^2，由 $\rho_{l_2}^2[d_n^m]=\delta_0^2$，参考专著《区域磁》中的公式推导，可以解出 α。但据经验，可以取 $\alpha=2.8$，于是得到：

$$W_{n0}(\alpha,\ \beta)=\frac{1}{1+\alpha e^{\beta(n-n_0)}},\quad W_{n0}\cong\frac{1}{1+2.8\cdot e^{3(n-n_0)}} \qquad (3-2-8)$$

需要指出的是，一般情况下，$n_0=\lambda_0^{-1}$，λ_0是消除的干扰中所含的最小波数成分的波长，可以从异常等值线图上来量取，如图3－4和图3－5所示。经验表明，λ_0最好略长于该二图中所示的长度。

3.2.3 由正则化稳定因子形成的磁场分解滤波器

本小节以球坐标系内异常分解滤波器为例。

与直角坐标系中一样，球坐标系中的曲化平、延拓和化极运算也是不稳定的。这主要是由高阶次 n、m 的球谐函数 $P_n^m(\cos\theta)$ 和高次三角函数 $\cos m\lambda$、$\sin m\lambda$ 等成分所引起。因此，必须压制其干扰。完全类似平面波数域正则化稳定因子 f_α^{uv} 推导过程，可导出球坐标系球谐分析的正则化稳定因子 $W_{n0}(\alpha,\ \beta)$，即：

$$W_{n0}(\alpha,\ \beta)=1/\{1+\alpha e^{\beta(n-n_0)}\} \qquad (3-2-9)$$

式中，一般取 $\beta=3$；n_0 为要消除的干扰因素或不稳定因素的最小球谐阶数；α 为正则参数，一般取 $\alpha=2.8$，得到：

$$W_{n0}=1/\{1+2.8e^{3(n-n_0)}\} \qquad (3-2-10)$$

因为 $m\leqslant n$，W_{n0}同样压制掉 $m>n_0$ 的三角函数影响，其类似于平面二维似圆形正则化稳定因子，具有理想低通滤波特征，能有效地压制高频干扰成分和运算不稳定因素，有效地保护区域重磁异常中的主要成分，可构制如下高通(F_{n01})和带通 $D(n01,\ n02)$滤波器：

$$F_{n01}=1-W_{n01},\quad D(n01,\ n02)=W_{n02}\cdot F_{n01},\quad n01<n02 \qquad (3-2-11)$$

该式可用于重磁异常的分解：把低频背景异常、高频局部异常和中频带通异常提取出来。

经验表明，该三类异常分解，不是一次 n_{01} 和 n_{02} 参数选取就能达到满意的效果，需要根据地质与地球物理资料，反复进行多次。因此，必须把异常分解步骤与异常反演步骤分开。当在反演中用于实现稳定运算时，才能把正则化稳定因子直接嵌入到反演程序中。

3.3 局部磁场转换和线性化稳定算法

BH 斯特拉霍夫由拉普拉斯方程基本解出发，提出了在复坐标系内(对应二维）和球坐标系内（对应三维）把异常展成负幂级数、进而实现异常全空间延拓的重要方案，但因没能给出起伏地形条件下求解异常源磁矩中心（即极坐标系或球坐标系原点）的方法，以致有实用价值的全空间延拓一直未能实现。

3.3.1 由航磁 ΔT 及其梯度换算二度体复磁场 $T(S)$ 的稳定算法

有限二度体磁异常源全方位成像的理论和方法，是由有限二度体复磁场 $T(S)$ 及其模值全空间延拓出发建立起来的，但实际观测场通常是 $Z_a(S)$ 或 $\Delta T_a(S)$，甚至是任意方向梯度分量 $\Delta T_a^\tau(S)$。那么，如何由起伏观测面上实测异常场分量 $Z_a(S)$、$\Delta T_a(S)$ 或 $\Delta T_a^\tau(S)$，未经过专门曲化平和分量转换，直接确定复场 $T(S)$ 并实现其模值全空间延拓呢？

下面进行详细介绍。

3.3.1.1 确定复磁场 $T(S)$ 的原理

假设复系数 $C_k = A_k + \mathrm{i}B_k$，由(1－3－14)式左式，复场 $T(S)$ 变为：

$$T(S) = \sum_{k=1}^{N} \frac{C_k}{S^{k+1}} = \sum_{k=1}^{N} \frac{A_k + \mathrm{i}B_k}{r^{k+1}} \mathrm{e}^{-\mathrm{i}(k+1)\varphi} \tag{3-3-1}$$

已知观测场为 $Z_a(S)$ 或 $H_a(S)$：此时，上式可进一步写为：

$$T(S) = \sum_{k=1}^{N} \frac{(A_k + \mathrm{i}B_k)[\cos(k+1)\varphi - \mathrm{i}\sin(k+1)\varphi]}{r^{k+1}}$$

$$= \sum_{k=1}^{N} \frac{A_k\cos(k+1)\varphi + B_k\sin(k+1)\varphi}{r^{k+1}} - \mathrm{i}\sum_{k=1}^{N} \frac{(-B_k)\cos(k+1)\varphi + A_k\sin(k+1)\varphi}{r^{k+1}} \tag{3-3-2}$$

因为 $H_a(S)$ 和 $Z_a(S)$ 分别为复场实部和虚部，应分别与(3－3－2)式实部和虚部相等。若 $Z_a(S)$ 和 $H_a(S)$ 均取如下级数形式：

$$\{Z_a(S), H_a(S)\} = \sum_{k=1}^{N} \frac{g_k\cos(k+1)\varphi + h_k\sin(k+1)\varphi}{r^{k+1}} \tag{3-3-3}$$

式中，g_k 和 h_k 为实系数，可由 $Z_a(S)$ 或 $H_a(S)$ 的实测值求出。于是得到下面对应关系：

$$\left.\begin{aligned} H_a(S):\ A_k = g_k,\ B_k = h_k \\ Z_a(S):\ A_k = h_k,\ B_k = -g_k \end{aligned}\right\} \tag{3-3-4}$$

上式表明，若已求得 $H_a(S)$、$Z_a(S)$ 的系数 g_k、h_k，可确定 A_k、B_k，因而也

就确定了复场的复系数 C_k 和 $T(S)$。

已知观测场为 $\Delta T_a(S)$。设 $\Delta T_a(S)$ 磁倾角为 I_0，与 Ox 轴正向夹角为 A，则有：

$$\Delta T_a(S) = H_a(S)\cos A\cos I_0 + Z_a(S)\sin I_0 \tag{3-3-5}$$

再设 $\Delta T_a(S)$ 的级数形式也为(3-3-3)式，并把 $H_a(S)$、$Z_a(S)$ 的等效级数形式[即(3-3-2)式的实部和负虚部]代入(3-3-5)式，有：

$$\begin{aligned}\Delta T_a(S) &= \sum_{k=1}^{N}\frac{g_k\cos(k+1)\varphi + h_k\sin(k+1)\varphi}{r^{k+1}}\\ &= \sum_{k=1}^{N}\frac{1}{r^{k+1}}\{(A_k\cos A\cos I_0 - B_k\sin I_0)\cos(k+1)\varphi +\\ &\quad (A_k\sin I_0 + B_k\cos A\cos I_0)\sin(k+1)\varphi\}\end{aligned} \tag{3-3-6}$$

对比系数可得：

$$g_k = A_k\cos A\cos I_0 - B_k\sin I_0,\ h_k = A_k\sin I_0 + B_k\cos A\cos I_0 \tag{3-3-7}$$

进而得到由 g_k、h_k 确定 A_k、B_k 的关系式：

$$A_k = \frac{g_k\cos A\cos I_0 + h_k\sin I_0}{\cos^2 A\cos^2 I_0 + \sin^2 I_0},\ B_k = \frac{h_k\cos A\cos I_0 - g_k\sin I_0}{\cos^2 A\cos^2 I_0 + \sin^2 I_0} \tag{3-3-8}$$

而系数 C_k 和复场 $T(S)$ 随之确定。当 $I_0 = 0°$ 和 $A = 90°$ 时，$\Delta T_{\mathrm{a}}(S) = 0$，则 $g_k = 0$、$h_k = 0$，因此，C_k 和 $T(S)$ 也为 0。

3.3.1.2 求解实系数 g_k、h_k 和实现复场模值全空间延拓的方法

首先，由(3-3-3)式建立求解系数 g_k、h_k 的联立方程组。因此，取一近似原点，以 S_i 表示第 i 个观测点复坐标，$S_i = r_i e^{i\varphi_i}$，$i = 1, 2, \cdots, m$，且以 d_i 代替 $H_a(S)$、$Z_a(S)$ 和 $\Delta T_a(S)$ 的单分量观测场在第 i 点的场值，于是有：

$$\sum_{k=1}^{N}\left\{\frac{\cos(k+1)\varphi_i}{r_i^{k+1}}\cdot g_k + \frac{\sin(k+1)\varphi_i}{r_i^{k+1}}\cdot h_k\right\} = d_i, i = 1,2,\cdots,m \tag{3-3-9}$$

可写成矩阵方程：

$$\boldsymbol{AX} = \boldsymbol{B} \tag{3-3-10}$$

$$\boldsymbol{X} = (g_1, g_2, \cdots, g_N, h_1, h_2, \cdots, h_N)^{\mathrm{T}},\ \boldsymbol{B} = (d_1, d_2, \cdots, d_m)^{\mathrm{T}} \tag{3-3-11}$$

$$\left.\begin{array}{l}\boldsymbol{A}=[\underline{\boldsymbol{A}_1}\ \underline{\boldsymbol{A}_2}],\ (\underline{\boldsymbol{A}_1})_{ik}=\dfrac{\cos(k+1)\varphi_i}{r_i^{k+1}},\ (\underline{\boldsymbol{A}_2})_{ik}=\dfrac{\sin(k+1)\varphi_i}{r_i^{k+1}}\\ i=1,2,\cdots,m,\ k=1,2,\cdots,N\end{array}\right\}\quad(3-3-12)$$

另外，采取“奇异值分解”方法求解方程组(3－3－10)可得到 g_k、h_k，进而由(3－3－4)式求得复系数 C_k。

第三，采取迭代方法，由《成像(续)》中(1.2.7)式与(1.2.8)式准确确定磁矩重心。再取该重心为坐标原点，准确确定复系数 C_k，$k=1,2,\cdots,N$。

第四，除原点外，在整个空间取计算点，按(2－4－4)式计算出 $T(S)$ 模值。该正演值既包含解析区复场延拓值，也包含场源区“假延拓值”，真假延拓值均可用于近似确定二度体形态与分布范围。

3.3.1.3 提高确定复系数和复场模全空间延拓精度的措施

精度是一种方法有效性的保证。这里采取了四种提高精度的重要方案。

(1)准确确定复坐标原点，最大限度扩大满足 $r'_{\max}<r_{\min}$ 条件的计算区范围，增加近场源区计算值的可靠性。应该说，这是最为关键的方法。

(2)在求解复系数同时，采用位场泰勒级数展开的方法，消除任意二次曲线形背景叠加场的影响，突出目标场源的异常场。应该说，这也是一种分离叠加场的方法。

众所周知，在解析区内，位场可以展成泰勒级数，低频背景异常可以近似用二次泰勒级数来表示。设在二度体内的点(x_0，z_0)对剖面上的背景异常进行泰勒级数展开，仅取二次项，得：

$$f_{背景}(x,\ z)=f(x_0,\ z_0)+\frac{1}{1!}\left\{\left(\frac{\partial f}{\partial x}\right)^0\cdot(x-x_0)+\left(\frac{\partial f}{\partial z}\right)^0\cdot(z-z_0)\right\}+$$

$$\frac{1}{2!}\left\{\left(\frac{\partial^2 f}{\partial x^2}\right)^0\cdot(x-x_0)^2+\left(\frac{\partial^2 f}{\partial x\partial z}\right)^0\cdot(x-x_0)\cdot(z-z_0)+\left(\frac{\partial^2 f}{\partial x^2}\right)^0\cdot(z-z_0)^2\right\}$$

$$=A+B\cdot\Delta x+C\cdot\Delta z+D\cdot\Delta x^2+E\cdot\Delta x\Delta z+F\cdot\Delta z^2\quad(3-3-13)$$

式中，A、B、C、D、E、F 为展开式的系数，其意义由(3－3－13)式即可看出。

反演时，对应 $f(p_k)$，可以取 $\{1,\ \Delta x,\ \Delta z,\ \Delta x^2,\ \Delta x\Delta z,\ \Delta z^2\}_k$ 等6个数值为展开式系数，A、B、C、D、E、F 为展开式的待定值。为了消除背景异常，可以对求解系数 g_k、h_k 的矩阵方程(3－3－10)中的 $\boldsymbol{X}$ 和 $\boldsymbol{A}$ 作如下修改，即：

$$\boldsymbol{X}^{\mathrm{T}}=(A,\ B,\ C,\ D,\ E,\ F,\ g_1,\ \cdots,\ g_N,\ h_1\cdots,\ h_N)\quad(3-3-14)$$

$$\boldsymbol{A}=(\underline{\boldsymbol{A}_0},\ \underline{\boldsymbol{A}_1},\ \underline{\boldsymbol{A}_2}),\ \underline{\boldsymbol{A}_{0i}}=(1,\ \Delta x,\ \Delta z,\ \Delta x^2,\ \Delta y\Delta z,\ \Delta z^2)_i \tag{3-3-15}$$

采用前述方法求解对应的矩阵方程 $\boldsymbol{AX}=\boldsymbol{B}$，就可在精确求解复系数 C_k 和二度体磁化方向、重磁质心、总质量或总磁矩的同时，消除纵向或横向低频背景异常。

(3)以正则化方法修改“奇异值分解”运算时所得到的“小奇异值”，提高复系数 C_k 的求解精度。对每个奇异值乘上如下放大因子：

$$W_j=1+2.75\mathrm{e}^{\beta(j-f_0)} \tag{3-3-16}$$

式中，j 为奇异值序号，该成像系统中，j 的最大值为 20；f_0 为修改参数；$\beta\geqslant2$，一般取 3。(3-3-16)式能有效保护小于 f_0 的奇异值，极大地放大大于 f_0 的奇异值，达到稳定运算的目的。

(4)采用消除高频干扰的正则化稳定因子，压制计算误差和局部干扰场，提高向场源延拓运算的稳定性。极坐标系内的“正则化稳定因子”表达式为：

$$W_k=\frac{1}{1+2.75\mathrm{e}^{\beta(k-f_0)}} \tag{3-3-17}$$

式中，$\beta\geqslant2$，一般取 3；f_0 为压制参数，一般取 2.5 ~ 3.5；k 为复系数的阶数，该成像系统中，最大值为 10。

3.3.1.4 在剖面断面内 $\Delta T_a(S)$ 沿 $\vec{\tau}$ 方向方向导数 $\Delta T_{\mathrm{a}}^{\tau}(S)$ 的级数表达式

令 $\Delta T_a(S)$ 在剖面断面内的梯度用符号 $\Delta T_a^{(g)}(S)$ 表示，在极坐标内的通式为：

$$\Delta T_a^{(g)}(S)=\mathrm{grad}_p\{\Delta T_a(S)\}=\left\{\vec{e}_r\frac{\partial}{\partial r}+\vec{e}_\varphi\frac{1}{r}\frac{\partial}{\partial\varphi}\right\}\Delta T_a(S) \tag{3-3-18}$$

把 $\Delta T_a(S)$ 的级数表达式(3-3-6)的第一行代入(3-3-18)式，经求导得到：

$$\begin{aligned}\Delta T_a^{(g)}(S)&=\left\{\vec{e}_r\frac{\partial}{\partial r}+\vec{e}_\varphi\frac{1}{r}\frac{\partial}{\partial\varphi}\right\}\sum_{k=1}^{N}\frac{g_k\cos(k+1)\varphi+h_k\sin(k+1)\varphi}{r^{k+1}}\\&=-\sum_{k=1}^{N}\frac{k+1}{r^{k+2}}\{[g_k\cos(k+1)\varphi+h_k\sin(k+1)\varphi]\vec{e}_r+\\&\quad[g_k\sin(k+1)\varphi-h_k\cos(k+1)\varphi]\vec{e}_\varphi\}\end{aligned} \tag{3-3-19}$$

(3-3-19)式为 $\Delta T_a(S)$ 在剖面断面内梯度 $\Delta T_a^{\tau}(S)$ 的级数表达式。

设在剖面断面内梯度测量的方向用矢量表示为：

$$\vec{\tau}=\tau_x\vec{i}+\tau_z\vec{k},\quad \vec{i}=\cos\varphi\vec{e}_r-\sin\varphi\vec{e}_\varphi,\quad \vec{k}=\sin\varphi\vec{e}_r+\cos\varphi\vec{e}_\varphi \tag{3-3-20}$$

式中，τ_x、τ_z 分别表示在 Ox 和 Oz 轴上的方向余弦。则 $\vec{\tau}$ 在极坐标内的表达式为：

$$\vec{\tau}=\tau_x\vec{i}+\tau_z\vec{k}=\tau_x(\cos\varphi\vec{e}_r-\sin\varphi\vec{e}_\varphi)+\tau_z(\sin\varphi\vec{e}_r+\cos\varphi\vec{e}_\varphi)=\tau_r\vec{e}_r+\tau_\varphi\vec{e}_\varphi \tag{3-3-21}$$

$$\tau_r=\tau_x\cos\varphi+\tau_z\sin\varphi,\tau_\varphi=-\tau_x\sin\varphi+\tau_z\cos\varphi \tag{3-3-22}$$

$\Delta T_a^{(g)}(S)$在剖面断面内沿 $\vec{\tau}$ 方向梯度分量就是 $\Delta T_a^\tau(S)$，则有：

$$\Delta T_a^\tau(S)=\vec{\tau}\times\Delta T_a^{(g)}(s)=-\sum_{k=1}^{N}\frac{k+1}{r^{k+2}}\{[g_k\cos(k+1)\varphi+h_k\sin(k+1)\varphi]\tau_r+[g_k\sin(k+1)\varphi-h_k\cos(k+1)\varphi]\tau_\varphi\} \tag{3-3-23}$$

(3-3-23)式进一步写为：

$$\Delta T^\tau(S)=\sum_{k=1}^{N}\{g_kG_k(r,\varphi,\tau_r,\tau_\varphi)+h_kH_k(r,\varphi,\tau_r,\tau_\varphi)\} \tag{3-3-24}$$

$$G_k(r,\varphi,\tau_r,\tau_\varphi)=-\frac{k+1}{r^{k+2}}\{\cos(k+1)\varphi\tau_r+\sin(k+1)\varphi\tau_\varphi\} \tag{3-3-25}$$

$$H_k(r,\varphi,\tau_r,\tau_\varphi)=-\frac{k+1}{r^{k+2}}\{\sin(k+1)\varphi\tau_r-\cos(k+1)\varphi\tau_\varphi\} \tag{3-3-26}$$

3.3.1.5 由 $\Delta T^\tau(S)$ 确定复磁场 $T(S)$

首先，由(3-3-2)式建立求解 $\Delta T_a(S)$ 系数 g_k、h_k 的联立方程组。为此，取一近似原点，以 S_i 表示第 i 个观测点复坐标，$S_i=r_i\mathrm{e}^{\mathrm{i}\varphi_i}$，$i=1,2\cdots,m$，且以 d_i 代替 $\Delta T^\tau(S)$观测场在第 i 点的场值，以 $G_{ik}(r,\varphi,\tau_r,\tau_\varphi)$、$H_{ik}(r,\varphi,\tau_r,\tau_\varphi)$ 表示第 i 点 $G_k(r,\varphi,\tau_r,\tau_\varphi)$、$H_k(r,\varphi,\tau_r,\tau_\varphi)$值。于是得到：

$$\sum_{k=1}^{N}\{G_{ik}(r,\varphi,\tau_r,\tau_\varphi)g_k+H_{ik}(r,\varphi,\tau_r,\tau_\varphi)h_k\}=d_i,\ i=1,2,\cdots,m \tag{3-3-27}$$

(3-3-27)式可写成矩阵方程：

$$\boldsymbol{AX}=\boldsymbol{B} \tag{3-3-28}$$

$$\boldsymbol{X}=(g_1,g_2,\cdots,g_N,h_1,h_2,\cdots,h_N)^{\mathrm{T}},\ \boldsymbol{B}=(d_1,d_2,\cdots,d_m)^{\mathrm{T}} \tag{3-3-29}$$

$$\left.\begin{array}{l}\boldsymbol{A}=[\underline{\boldsymbol{A}_1}\underline{\boldsymbol{A}_2}],\ (\underline{\boldsymbol{A}_1})_{ik}=G_{ik}(r,\ \varphi,\ \tau_r,\ \tau_\varphi),\ (\underline{\boldsymbol{A}_2})_{ik}=H_{ik}(r,\ \varphi,\ \tau_r,\ \tau_\varphi)\\ i=1,\ 2,\ \cdots,\ m,\ k=1,\ 2,\ \cdots,\ N\end{array}\right\}\tag{3-3-30}$$

其次，采取“奇异值分解”方法求解方程组(3－3－27)，得到 g_k、h_k。

再次，由(3－3－8)式求得 A_k、B_k，即：

$$A_k=\frac{g_k\cos A\cos I_0+h_k\sin I_0}{\cos^2 A\cos^2 I_0+\sin^2 I_0},\ B_k=\frac{h_k\cos A\cos I_0-g_k\sin I_0}{\cos^2 A\cos^2 I_0+\sin^2 I_0}\tag{3-3-31}$$

进一步求得复系数 $C_k=A_k+\mathrm{i}B_k$ 和复场 $T(S)$：

$$T(S)=\sum_{k=1}^{N}\frac{C_k}{S^{k+1}}=\sum_{k=1}^{N}\frac{A_k+\mathrm{i}B_k}{r^{k+1}}\mathrm{e}^{-\mathrm{i}(k+1)\varphi}\tag{3-3-32}$$

需要指出，必须采用迭代方法，把梯度场场源磁矩中心和复系数 C_k 的求解结合起来，以便提高计算复系数 C_k 和复场 $T(S)$ 的精度。清除低频背景异常的方法前面已阐述。

3.3.2 三度体磁场球谐系数线性化稳定反演方法

本段可参考《成像(续)》。

3.3.2.1 球谐系数反演及其精确化

由(2－5－3)式和(2－5－6)式可知，要直接精确求得三度体磁化方向、总磁矩、磁矩中心坐标，就必须首先精确求出所需要的球谐系数 a_n^m、b_n^m。

令：$f_k(k=1,\ 2,\ \cdots,\ K)$ 代表在曲面上 p_k 点观测得到的 $T_l^t(p_k)$ 值，A_n^m、B_n^m 代表正演通式(1－4－33)、通式(1－4－37)中对应于 a_n^m、b_n^m 的因子(见《成像(续)》)，N 代表所选定的最高球谐阶数。这 5 个正演通式均为 a_n^m、b_n^m 的线性表达式，据此可以建立求解 a_n^m、b_n^m 的矩阵方程：

$$\boldsymbol{AX}=\boldsymbol{B}\tag{3-3-33}$$

$$\left.\begin{array}{l}\boldsymbol{X}=(a_0^0,\ a_1^0,\ a_1^1,\ \cdots,\ a_N^N,\ b_1^1,\ b_2^1,\ \cdots,\ b_N^N)^{\mathrm{T}},\ \boldsymbol{B}=(f_1,f_2,\cdots,f_k)^{\mathrm{T}}\\ \boldsymbol{A}=[\boldsymbol{A}_1^{\mathrm{T}},\ \boldsymbol{A}_2^{\mathrm{T}},\ \cdots,\ \boldsymbol{A}_k^{\mathrm{T}}]^{\mathrm{T}},\ \boldsymbol{A}_k^{\mathrm{T}}=(\boldsymbol{A}_0^0,\ \boldsymbol{A}_1^0,\ \cdots,\ \boldsymbol{A}_N^N,\ \boldsymbol{B}_1^1,\ \boldsymbol{B}_2^1,\ \cdots,\ \boldsymbol{B}_N^N)_k\end{array}\right\}\tag{3-3-34}$$

精确求解 a_n^m、b_n^m 的过程如下。

(1)在三度体内取一点为坐标原点，使其满足条件 $r'_{\max}<r_{\min}$，建立矩阵方程(3－3－33)。其中，不为 0 的球谐系数(即未知数个数)共有 $(N+1)^2$ 个，$K\geqslant$

$(N+1)^2$。

(2)采取"奇异值分解+正则化法修改小奇异值方法"解方程组(3-3-33)，压制观测数据误差和高频干扰，稳定地求得包括 a_0^0、a_1^0、a_1^1、b_1^1 在内的所有待求的球谐系数。对每个奇异值乘上如下放大因子：

$$W_j = 1 + 2.75e^{\beta(j-f_0)} \quad (3-3-35)$$

式中，j 为奇异值序号，本成像系统中，j 的最大值为36；f_0 为修改参数；$\beta \geqslant 2$，一般取3。(3-3-35)式能有效保护小于 f_0 的奇异值，极大地放大大于 f_0 的奇异值，达到稳定运算的目的。

(3)若求得的第一类球谐系数中，a_1^1、b_1^1、a_1^0 近似为0或与 a_0^0 相比很小，说明所选原点就是质心或与质心距离很近，因而很好地满足条件 $r'_{\max} < r_{\min}$，则求得的球谐系数比较精确，并且由(2-5-6)式可求得可靠的质心坐标。否则，进一步选由(2-5-6)式求得的(x_0，y_0，z_0)为新的坐标原点，重复步骤(1)、步骤(2)，再求得新的坐标原点(x_0，y_0，z_0)，直到(2-5-7)式近似成立为止。

(4)若求得的第二类球谐系数中，a_0^0 近似为0或与 a_1^1、b_1^1、a_1^0 相比很小，也说明所选原点与质心距离很近，因而很好地满足条件 $r'_{\max} < r_{\min}$，则求得的球谐系数比较精确。否则，选新的坐标原点，重复步骤(1)、步骤(2)。选具有较小 a_0^0 值的几组球谐系数取平均，即可得到精度较高的 a_n^m、b_n^m 值。

有了高精度的等低阶系数值 a_0^0、a_1^1、b_1^1、a_1^0，即可精确解出三度体磁化倾角与偏角、重磁质心坐标(x_0，y_0，z_0)、总质量或总磁矩等重要参数。

3.3.2.2 纵向或横向低频背景异常的消除

当曲面上观测异常 $f(p)$ 中存在难以分辨的纵向或横向低频背景异常时，传统的异常分离方法失效，导致传统的反演方法(包括选择法)难以取得好的结果。这种情况下，"成像"理论在消除低缓背景异常、提高反演精度方面取得进展。

众所周知，在解析区内，位场可以展成泰勒级数，低频背景异常可以近似用二次泰勒级数来表示。设在三度体内的点(x_0，y_0，z_0)处对曲面上的背景异常进行泰勒级数展开，仅取二次项为：

$$f_{背景}(x, y, z) = f(x_0, y_0, z_0) + \frac{1}{1!}\left\{\left(\frac{\partial f}{\partial x}\right)^0 \times (x-x_0) + \left(\frac{\partial f}{\partial y}\right)^0 \times (y-y_0) + \left(\frac{\partial f}{\partial z}\right)^0 \times (z-z_0)\right\} + \frac{1}{2!}\left\{\left(\frac{\partial^2 f}{\partial x^2}\right)^0 \times (x-x_0)^2 + \left(\frac{\partial^2 f}{\partial y^2}\right) \times (y-y_0)^2 + \left(\frac{\partial^2 f}{\partial z^2}\right)^0 \times (z-z_0)^2\right\} + \frac{1}{2!}\left\{\left(\frac{\partial^2 f}{\partial x \partial y}\right)^0 \times (x-x_0)(y-y_0) +\right.$$

$$\left(\frac{\partial^2 f}{\partial x \partial z}\right)^0 \times (x-x_0) \times (z-z_0) + \left(\frac{\partial^2 f}{\partial y \partial z}\right)^0 \times (y-y_0) \times (z-z_0)\Bigg\}$$

$$= A + B\Delta x + C\Delta y + D\Delta z + E\Delta x^2 + F\Delta y^2 + G\Delta z^2 + H\Delta x\Delta y + P\Delta x\Delta z + Q\Delta y\Delta z \tag{3-3-36}$$

式中，A、B、C、D、E、F、G、H、P、Q 为展开式系数，其意义由上式可看出。

反演时，对应 $f(p_k)$ 可以取 $\{1, \Delta x, \Delta y, \Delta z, \Delta x^2, \Delta y^2, \Delta z^2, \Delta x\Delta y, \Delta x\Delta z, \Delta y\Delta z\}_k$ 等10个数值为展开式系数，A、B、C、D、E、F、G、H、P、Q 为展开式的待定值。为了消除背景异常，可以对求解球谐系数 a_n^m、b_n^m 的矩阵方程(3－3－33)中的 $\boldsymbol{X}$ 和 $\boldsymbol{A}$ 作如下修改，即：

$$\boldsymbol{X}^{\mathrm{T}} = (A, B, C, D, E, F, G, H, P, Q, a_0^0, \cdots, a_N^N, \cdots, b_N^N) \tag{3-3-37}$$

$$\boldsymbol{A}_k^{\mathrm{T}} = \begin{pmatrix} 1, \Delta x, \Delta y, \Delta z, \Delta x^2, \Delta y^2, \Delta z^2, \Delta x\Delta y, \\ \Delta x\Delta z, \Delta y\Delta z, \boldsymbol{A}_0^0, \cdots, \boldsymbol{A}_N^N, \cdots, \boldsymbol{B}_N^N \end{pmatrix}_k \tag{3-3-38}$$

采用前述方法求解对应的矩阵方程 $\boldsymbol{AX} = \boldsymbol{B}$，可在精确求解球谐系数 a_n^m、b_n^m 和三度体磁化方向、重磁质心、总质量或总磁矩的同时，消除纵向或横向低频背景异常。

求得三度体球谐系数 a_n^m、b_n^m 之后，可分别代入 $\Delta g(p)$、$T_l^t(p)$、$\{T_l^t(p)\}_\tau$ 的球谐级数正演通式，在原观测曲面上计算其正演值与观测值的差值、差值的代数平均值、均方误差和最大绝对误差。如果这些参考值均很小，就可进行全方位解析延拓。如果这些参考值较大，说明 $r'_{\max} < r_{\min}$ 这一重要条件不满足，则停止全方位解析延拓，并考虑采取新的措施。

假定 $r'_{\max} < r_{\min}$ 这一重要条件满足，又高精度求得了球谐系数 a_n^m、b_n^m。可以质心为球坐标原点，在观测面下面(除坐标原点外的)区域选定计算网格点，把球谐系数 a_n^m、b_n^m 代入《成像(续)》中(1.3.5)式和(1.3.2)式，计算网点处的拟引力场 $\tilde{F}(p)$、拟引力位 $\tilde{V}(p)$ 等三度体磁场的正演值，即全空间延拓。这种延拓结果，位于三度体边界外略远处的值是相当精确的，称为高精度绕场源全方位解析延拓。靠近场源边界的延拓值则发生畸变，但可标的用来近似确定场源形态和边界。场源内的延拓值不正确，但可标的场源赋存的位置。

为了进一步提高向场源延拓精度和突出场源形态信息，采用球坐标系内的正则化稳定因子压制高阶球谐系数。球坐标系内“正则化稳定因子”表达式为：

$$W_n = \frac{1}{1 + 2.75 e^{\beta(n - f_0)}} \tag{3-3-39}$$

式中，$\beta \geqslant 2$，一般取 3；f_0 为压制参数，一般取 2.5～3.5；n 为球谐系数的阶数，本成像系统中最大值为 5。

3.4 起伏曲面或球面上位场曲化平方法

在专著《区域磁》中，三维磁性层磁场正反演方法是由其上方“同一平面上的化极”$Z_{\perp}(x, y)$导出的，而球壳型磁性层磁场正反演方法是由其上方“同一球面上的化极场”$Z_r(r, \lambda, \theta)$导出的。一般情况下，实际观测磁场为$\Delta T_a(x, y)$或$\Delta T_a(r, \lambda, \theta)$。因此，首先必须由观测场换算出“同一平面或同一球面磁场”，即进行“曲化平”转换；然后再由“曲化平”磁场换算出“化极场”，为区域性磁性层磁场正反演做好准备。

本节阐述磁场曲化平理论和方法。

3.4.1 起伏曲面上位场最佳曲化平方法

本小节阐述的起伏曲面上位场最佳曲化平方法是柴玉璞教授级高工负责的“复杂区重力外部校正技术研究”项目子课题 和 张明华教授级高工负责的“青藏高原比如和可可西里区域重力资料处理和解释”项目子课题的共同研究成果。2003～2006 年，笔者先后参加了以上两个项目的工作。按项目子课题要求，笔者先是收集、阅读和评价了 39 篇国内外专家涉及曲化平方法的论文，确定“Hansen and Miyazaki(1984)的位场曲面间延拓方案”为最佳方案；然后，成功地研制出了能够同时实现高精度、高速度、大数据量和便于接图与使用的曲化平程序，并从泛函分析中的映射原理出发，初步解决了下文中(3-4-11)积分式求解难题。最后，经过认真推敲，有关成果论文于 2013 年在中国《地球物理学报》中文版和英文版同时发表。

3.4.1.1 曲化平用最佳等效源模型

首先定义曲化平用最佳等效源模型(安玉林等，2013)。曲化平用最佳等效源模型是指位于观测曲面近下方、平行于测点切平面、中心投影与测点重合、平面投影为矩形、偶极矢量沿测点切平面外法线方向的空间平行四边形偶层面。该最佳等效源模型定义中的“近下方”指“≤2 个点距”；矩形指由测线距 Δx 和测点距 Δy 形成的矩形。曲化平的定义是指观测曲面上的实测位场向位于观测曲面最高点或其上方水平面的解析延拓计算。

通常称上述等效源模型为最佳。原因在于：一是认真比较了中外文献中发表的大量曲面延拓和曲化平方法的优、缺点之后而得出；二是采用该最佳等效源模型研创出位场曲化平实用程序之后而确认。

3.4.1.2 最佳等效源模型的单位位场积分表达式

假设(Hanson 和 Miyazaki，1984)：直角坐标系的 z 坐标及其对应坐标 ζ 和 γ 向上为正；观测曲面为 E，观测网格为矩形，观测点为(α, β, γ)，$\gamma=\gamma(\alpha, \beta)$，线距、点距分别为 Δx 和 Δy，线数、点数分别为 M 和 N，观测位场记为 $U(\alpha, \beta, \gamma)$；延拓曲面为 C，其上点的坐标为(x, y, z)，位场函数记为 $U(x, y, z)$；起伏偶层面为 D，其上点为(ξ, η, ζ)，$\zeta=\zeta(\xi, \eta)$；D 上偶极强度模为 $\mu(\xi, \eta)$，偶极方向与测点切平面外法线重合，单位矢量为 $\vec{n}(\xi, \eta)$；三个面由上至下为 C、E、D。矢量 $\vec{r}=(x-\xi, y-\eta, z-\zeta)$ 或 $\vec{r}=(\alpha-\xi, \beta-\eta, \gamma-\zeta)$，$r=|\vec{r}|$。在上述条件下，该起伏偶层面的位场(重磁场均视为位场)可表示为：

$$\left\{\begin{matrix} U(x,y,z) \\ U(\alpha,\beta,\gamma) \end{matrix}\right\} = \iint_D \frac{\mu(\xi,\eta)\vec{n}(\xi,\eta)\vec{r}}{r^3}\mathrm{d}S, \mathrm{d}S = \sqrt{1+\left(\frac{\partial \zeta}{\partial \xi}\right)^2+\left(\frac{\partial \zeta}{\partial \eta}\right)^2}\mathrm{d}\xi\mathrm{d}\eta \tag{3-4-1}$$

可以把该偶层面近似表示成“曲化平用最佳等效源模型”组合。采用这种近似，式中 $U(x, y, z)$变为：

$$U(x,y,z) = \sum_{i=1}^{M}\sum_{j=1}^{N}\mu_{ij}\int_{\eta_j-\Delta y/2}^{\eta_j+\Delta y/2}\int_{\xi_i-\Delta x/2}^{\xi_i+\Delta x/2}\frac{\vec{n}_{ij}\cdot\vec{r}}{r^3}\mathrm{d}S \tag{3-4-2}$$

而当 $\mu_{ij}=1$ 时，第 ij 个最佳等效源模型的单位位场积分表达式可写为：

$$I_{ij}(x,y,z) = \int_{\eta_j-\Delta y/2}^{\eta_j+\Delta y/2}\int_{\xi_i-\Delta x/2}^{\xi_i+\Delta x/2}\frac{\vec{n}_{ij}\cdot\vec{r}}{r^3}\mathrm{d}S \tag{3-4-3}$$

此时，$I_{ij}(x, y, z)$的积分表达式为是：

$$I_{ij}(x,y,z) = \iint_S \frac{\vec{n}_{ij}\cdot\vec{r}}{r^3}\mathrm{d}S = \iint_S \vec{n}_{ij}\cdot \mathrm{grad}_p\left(\frac{1}{r}\right)\mathrm{d}S = \iint_S \frac{\partial}{\partial \vec{n}_{ij}}\left(\frac{1}{r}\right)\mathrm{d}S \tag{3-4-4}$$

根据偶层位理论(蔡宗熹，2002)可知，该积分值是第 ij 最佳等效源模型对观

测点所张立体角 Ω_{ij} 的负数，即：

$$I_{ij}(x,y,z) = \iint_S \frac{\partial}{\partial \vec{n}_{ij}}\left(\frac{1}{r}\right)\mathrm{d}S = -\Omega_{ij} = -\arctan(\ ) \qquad (3-4-5)$$

显然，当观测点位于第 ij 最佳等效源模型面上时，$\Omega_{ij}=2\pi$，而当观测点位于其向外的延展面上时，$\Omega_{ij}=0$。

$I_{ij}(x, y, z)$的积分表达式可以具体化。为了简单，且不失一般性，假定：第 ij 空间平行四边形偶层面中心置于坐标系原点(0, 0, 0)，该面上点的坐标仍以(ξ, η, ζ)表示。则(3-4-3)式的积分应改写为：

$$I_{ij}(x,y,z) = \int_{-\Delta y/2}^{+\Delta y/2}\int_{-\Delta x/2}^{+\Delta x/2} \frac{\vec{n}_{ij}\cdot\vec{r}}{r^3}\cdot\sqrt{1+\left(\frac{\partial \zeta}{\partial \xi}\right)^2+\left(\frac{\partial \zeta}{\partial \eta}\right)^2}\mathrm{d}\xi\mathrm{d}\eta \quad (3-4-6)$$

因为：

$$(\partial \zeta/\partial \xi)=A_{ij},\ (\partial \zeta/\partial \eta)=B_{ij},\ \zeta=A_{ij}\xi+B_{ij}\eta \qquad (3-4-7)$$

则有：

$$\vec{r}=(x-\xi)\vec{i}+(y-\eta)\vec{j}+(z-A_{ij}\xi-B_{ij}\eta)\vec{k} \qquad (3-4-8)$$

$$\vec{n}_{ij}=-\frac{A_{ij}}{\sqrt{1+A_{ij}^2+B_{ij}^2}}\vec{i}-\frac{B_{ij}}{\sqrt{1+A_{ij}^2+B_{ij}^2}}\vec{j}+\frac{1}{\sqrt{1+A_{ij}^2+B_{ij}^2}}\vec{k} \quad (3-4-9)$$

把(3-4-6)式和(3-4-8)式代入(3-4-5)式，再为了简便而舍掉下角标，得到：

$$I_{ij}(x,y,z) = \int_{-\Delta y/2}^{+\Delta y/2}\int_{-\Delta x/2}^{+\Delta x/2} \frac{-A(x-\xi)-B(y-\eta)+(z-A\xi-B\eta)}{\left\{(x-\xi)^2+(y-\eta)^2+(z-A\xi-B\eta)^2\right\}^{3/2}}\mathrm{d}\xi\mathrm{d}\eta$$

$$= \int_{-\Delta y/2}^{+\Delta y/2}\int_{-\Delta x/2}^{+\Delta x/2} \frac{z-Ax-By}{\left\{(\xi-x)^2+(\eta-y)^2+\left[(z-Ax-By)-A(\xi-x)-B(\eta-y)\right]^2\right\}^{3/2}}$$

$$\mathrm{d}(\xi-x)\mathrm{d}(\eta-y) \qquad (3-4-10)$$

令：$u=\xi-x,\ v=\eta-y,\ Z=z-Ax-By;\ \mathrm{d}u=\mathrm{d}\xi,\ \mathrm{d}v=d\eta;$

$$u_1=\xi_1-x=-\Delta x/2-x,\ u_2=\xi_2-x=+\Delta x/2-x;$$

$$v_1=\eta_1-y=-\Delta y/2-y,\ v_2=\eta_2-y=+\Delta y/2-y$$

$$(3-4-11)$$

则 $I_{ij}(x, y, z)$变为：

$$I_{ij}(x,y,z)=\int_{v_1}^{v_2}\int_{u_1}^{u_2}\frac{Z}{\left\{u^2+v^2+[Z-Au-Bv]^2\right\}^{3/2}}\mathrm{d}u\mathrm{d}v \qquad (3-4-12)$$

式中，Z、A、B 与积分变量无关，所以 $I_{ij}(x, y, z)$ 的被积函数在形式上看起来相当简单。

由(3－4－12)式可知，当计算点位于 $|x| \leqslant \Delta x/2$ 与 $|y| \leqslant \Delta y/2$ 范围之外的 $Z=z-Ax-By=0$ 平面上时，即当计算点位于最佳等效源模型向外的延展面上时，$I_{ij}(x,y,z)=0$，这与前面由偶层位理论得出的结论相同。

3.4.1.3 采用“模型变换法”得到的积分结果

虽然 $I_{ij}(x, y, z)$的被积函数在形式上看起来相当简单，但是求积分却相当困难。因此，Hanson RO 和 Miyazaki Y 的数论文并没有给出积分结果(3－4－13)式，仅提供了用于推导的参考文献。笔者按其指出的参考文献求解该积分时，因过于复杂，也无法得到(3－4－13)式而放弃。后来又采用变量置换法求积分，得到的仍然是极其复杂的显式表达式，再次放弃。

此后，在进一步推导该模型单位位场正演表达式的过程中，另辟蹊径，根据模型与其位场正演表达式之间的映射关系，提出了求解该最佳等效源模型单位位场积分表达式的模型变换法。采用该方法终于导出了该模型的形式简单的“单位位场正演表达式”，即：

$$I_{ij}(x, y, z)=\left\{\arctan\left(\frac{\dfrac{(1+A^2+B^2)uv}{Z}-Av-Bu}{\sqrt{u^2+v^2+[Z-Au-Bv]^2}}\right)\Bigg|_{V_1}^{V_2}\right\}\Bigg|_{u_1}^{u_2} \qquad (3-4-13)$$

将(3－4－12)式代入(3－4－2)式，即得观测点位场表达式：

$$U(\alpha,\beta,\gamma)=\sum_{i=1}^{M}\sum_{j=1}^{N}\mu_{ij}\cdot I_{ij}(\alpha,\beta,\gamma) \qquad (3-4-14)$$

笔者推断，Hanson 和 Miyazaki 可能是从几何学立体角原理出发给出公式(3－4－13)。

3.4.1.4 场曲化平的具体实现

实现位场曲化平的关键是由观测位场值 $U(\alpha, \beta, \gamma)$求解偶极强度 μ_{ij}。根据(3－4－13)式可以建立求解 μ_{ij} 的联立方程组，其系数矩阵元素由 $I_{ij}(\alpha, \beta, \gamma)$形成。根据本节前面对 $I_{ij}(\alpha, \beta, \gamma)$取值的分析可知：整个等效源组合面在第 ij 观测点产生的位场主要是第 ij 偶层面的贡献。其原因为：①坡度 A、B 的变化具有连续性，第 ij 面周围紧邻的面在第 ij 个观测点产生的位场值要小得多。②远离第 ij 面的面在第 ij 观测点产生的位场值，随距离增大而迅速变小。据此可知，最佳等效源模型与观测曲面相当近的情况下，方程组系数矩阵的主对角线元素具有绝对优势。即使最佳等效源模型与观测曲面有一定距离(≤2 个点距)，方程组系数矩阵的主对角线元素仍具有较大优势。

求得所有组合单元的偶极强度 μ_{ij} 后，在选定的起伏面或平面上的计算点，按(3 - 4 - 14)式进行计算，即可得到位场曲面延拓或曲化平结果。

3.4.1.5 该偶层等效源模型为最佳的原因

该偶层等效源模型之所以最佳,主要是因为具有如下综合优势。

第一，各测点下放一模型。按照偶层位理论(蔡宗熹，2002)，该等效源模型组合对于观测曲面的接近程度优于其他形式的离散型等效源模型组合。在观测面起伏不是特别大的情况下，该“等效源模型”组合可与观测曲面近距离地同步起伏，因而等效效果不仅优异，而且全区一致。

第二，除偶极子等少数模型外，该等效源模型的单位位场表达式 $I_{ij}(x, y, z)$ (即偶极强度 $\mu_{ij}=1$ 的位场表达式)最简短，且没有需要特殊处理的奇异计算点，因而在建立求解偶极强度 μ_{ij} 的联立方程组时，生成系数 $I_{ij}(x, y, z)$ 矩阵的计算量很小，大大提高了计算速度。

第三，系数 $I_{ij}(x, y, z)$ 矩阵的主对角线元素具有绝对优势或明显优势，因而可以采用高斯 - 赛德尔迭代法，求解所建立的巨大维数方程组，其算法稳定，收敛速度快。

第四，在上述三方面优势的基础上，还可以进一步采取如下技术方案：①61 × 61 或更大的对称窗口逐点滑动方案。②方程组系数矩阵的非零 $I_{ij}(x, y, z)$ 元素以“二进制”存储于硬盘中的压缩存储方案。③ μ_{ij} 初次反演值与由迭代反演得到的多次剩余反演值累加方案。采用这些技术方案，提高了计算精度，保证了算区边部严格接图。

3.4.2 起伏球面上位场曲化平与延拓方法

本小节参见《高 & 区》。由不在同一球面上磁场换算出同一球面磁场，称为磁场曲化平。把不同球面上磁场互换，称为磁场解析延拓。

球面函数 $f_{\lambda\theta}$ 的球谐合成与球谐分析对为：

$$f(\lambda,\theta)=\sum_{n=1}^{\infty}\sum_{m=0}^{n}\left(a_n^m\cos m\lambda+b_n^m\sin m\lambda\right)\cdot P_n^m\cos\theta \quad (3-4-15)$$

$$\begin{Bmatrix}a_n^m\\b_n^m\end{Bmatrix}=\frac{2n+1}{4\pi}\int_0^{\pi}\int_0^{2\pi}f(\lambda,\theta)\begin{Bmatrix}\cos m\lambda\\\sin m\lambda\end{Bmatrix}\cdot P_n^m\cos\theta\sin\theta\mathrm{d}\lambda\mathrm{d}\theta \quad (3-4-16)$$

3.4.2.1 起伏地球表面重磁异常曲化平

一般情况下，磁测观测点 $P(R,\ \lambda,\ \theta)$并不在同一个球面上。为了便于解释，首先应由起伏球面上磁场换算出同一球面上的磁场。

众所周知，在无源空间，磁位和磁场均为位函数，磁场曲化平可借助磁位曲化平方法来实现。已知磁位 $U_{R\lambda\theta}$的球谐展开式(即球谐合成)为：

$$U_{R\lambda\theta}=\sum_{n=1}^{\infty}\sum_{m=0}^{n}\frac{1}{R^{n+1}}\cdot\left(\hat{a}_n^m\cos m\lambda+\hat{b}_n^m\sin m\lambda\right)\cdot P_n^m\cos\theta \quad (3-4-17)$$

$$\begin{Bmatrix}\hat{a}_n^m\\\hat{b}_n^m\end{Bmatrix}=\frac{1}{4\pi}\int_0^{\pi}\int_0^{2\pi}\int_0^{R(\lambda,\theta)}\rho_{r'\lambda'\theta'}\cdot r'^n\cdot P_n^m(\cos\theta')\begin{Bmatrix}\cos m\lambda'\\\sin m\theta'\end{Bmatrix}\sin\theta\mathrm{d}\lambda\mathrm{d}\theta$$

(3-4-18)

式中，$\rho_{r'\lambda'\theta'}$为磁源体的体磁荷密度，$\begin{Bmatrix}\hat{a}_n^m\\\hat{b}_n^m\end{Bmatrix}$仅与磁源有关，为常数。

$\begin{Bmatrix}\hat{a}_n^m\\\hat{b}_n^m\end{Bmatrix}$也可以由同一球面 $R=R_0$ 上的 $U_{\lambda\theta}$值，通过球谐分析确定。

(3-4-17)式中，令 $R=R_0$，则有：

$$U_{\lambda\theta}=\sum_{n=1}^{\infty}\sum_{m=0}^{n}\frac{1}{R_0^{\ n+1}}\times\left(\hat{a}_n^m\cos m\lambda+\hat{b}_n^m\sin m\lambda\right)\cdot P_n^m\cos\theta$$

$$=\sum_{n=1}^{\infty}\sum_{m=0}^{n}\left(a_n^m\cos m\lambda+b_n^m\sin m\lambda\right)\cdot P_n^m\cos\theta \quad (3-4-19)$$

式中，$\begin{Bmatrix}a_n^m\\b_n^m\end{Bmatrix}=\left\{\hat{a}_n^m/R_0^{n+1},\ \hat{b}_n^m/R_0^{n+1}\right\}$。

而$\begin{Bmatrix}a_n^m\\b_n^m\end{Bmatrix}$需在(3-4-16)式中代入$f(\lambda,\theta)=U_{\lambda\theta}$确定。定义算子：

$$\hat{Q}(U_{\lambda\theta})=\begin{Bmatrix}\hat{a}_n^m\\\hat{b}_n^m\end{Bmatrix}=R_0^{n+1}\cdot\begin{Bmatrix}a_n^m\\b_n^m\end{Bmatrix}=R_0^{n+1}\cdot\frac{2n+1}{4\pi}\int_0^{\pi}\int_0^{2\pi}U_{\lambda\theta}P_n^m\cos\theta\begin{Bmatrix}\cos m\lambda\\\sin m\theta\end{Bmatrix}\sin\theta\mathrm{d}\lambda\mathrm{d}\theta$$

(3-4-20)

$\begin{Bmatrix}\hat{a}_n^m\\ \hat{b}_n^m\end{Bmatrix}$由(3－4－20)式确定。

设：起伏封闭面上的位场值为 $\tilde{U}_{\lambda\theta}$，且设：

$$R=R_0+\Delta R_{\lambda\theta},\ \Delta R_{\lambda\theta}\ll R_0 \tag{3－4－21}$$

采用泰勒展开式，可得：

$$\frac{1}{R^{n+1}}=\frac{1}{R_0^{n+1}}\left\{1+\sum_{k=1}^{n+1}\frac{(n+1)n(n-1)\cdots(n+2-k)}{k!}\cdot\left(-\frac{\Delta R_{\lambda\theta}}{R_0}\right)^k\right\} \tag{3－4－22}$$

把(3－4－22)式代入(3－4－17)式，得：

$$\begin{cases}\tilde{U}_{\lambda\theta}=U_{\lambda\theta}+\Delta\tilde{U}_{\lambda\theta}\\ U_{\lambda\theta}=\sum\limits_{n=1}^{\infty}\sum\limits_{m=0}^{n}\dfrac{1}{R_0^{\ n+1}}\cdot\left(\hat{a}_n^m\cos m\lambda+\hat{b}_n^m\sin m\lambda\right)P_n^m(\cos\theta)\\ \Delta\tilde{U}_{\lambda\theta}=\sum\limits_{n=1}^{\infty}\sum\limits_{m=0}^{n}\dfrac{\Phi_{n\lambda\theta}}{R_0^{\ n+1}}\cdot\left(\hat{a}_n^m\cos m\lambda+\hat{b}_n^m\sin m\lambda\right)P_n^m(\cos\theta)\\ \Phi_{n\lambda,\theta}=\sum\limits_{k=1}^{n+1}\dfrac{(n+1)n(n-1)\cdots(n+2-k)}{k!}\cdot\left(-\dfrac{\Delta R(\lambda,\theta)}{R_0}\right)^k\end{cases} \tag{3－4－23}$$

求解$\begin{Bmatrix}\hat{a}_n^m\\ \hat{b}_n^m\end{Bmatrix}$：由(3－4－22)式，则有：

$$\hat{Q}(U_{\lambda\theta})=\hat{Q}(\tilde{U}_{\lambda\theta})-\hat{Q}(\Delta U_{\lambda\theta}) \tag{3－4－24}$$

$$\begin{Bmatrix}\hat{a}_n^m\\ \hat{b}_n^m\end{Bmatrix}=\hat{Q}(\tilde{U}_{\lambda\theta})-\hat{Q}\left\{\sum_{n=1}^{\infty}\sum_{m=0}^{n}\frac{\Phi_{n\lambda\theta}}{R_0^{\ n+1}}\cdot\left(\hat{a}_n^m\cos m\lambda+\hat{b}_n^m\sin m\lambda\right)\cdot P_n^m(\cos\theta)\right\} \tag{3－4－25}$$

该方程可以通过迭代法求解$\begin{Bmatrix}\hat{a}_n^m\\ \hat{b}_n^m\end{Bmatrix}$：先把 $\hat{Q}(\tilde{U}_{\lambda\theta})$ 作为$\begin{Bmatrix}\hat{a}_n^m\\ \hat{b}_n^m\end{Bmatrix}$的初值，代入(3－4－25)式右端第二项，得到$\begin{Bmatrix}\hat{a}_n^m\\ \hat{b}_n^m\end{Bmatrix}$的第一次近似值；再把该近似值代入(3－4－

25)式右端第二项，得到$\begin{Bmatrix}\hat{a}_n^m\\ \hat{b}_n^m\end{Bmatrix}$的第二次近似值；如此重复，直至计算结果不变为止，即可求得可靠的系数$\begin{Bmatrix}\hat{a}_n^m\\ \hat{b}_n^m\end{Bmatrix}$。在上述迭代过程中，包含着大量球谐分析计算[见(3－4－20)式和(3－4－25)式]。

把所求得的$\begin{Bmatrix}\hat{a}_n^m\\ \hat{b}_n^m\end{Bmatrix}$代入(3－4－21)式，得到半径为$R_0$的球面上的位场值，即为曲化平结果。

3.4.2.2 球面重磁异常上下延拓

已知半径为R_1的球面上观测场$U_{1\lambda\theta}$，求半径为R_2的球面上观测场$U_{2\lambda\theta}$，即称为场的延拓。在曲化平方法的基础上显然极易实现，只需先由$U_{1\lambda\theta}$确定$\begin{Bmatrix}\hat{a}_n^m\\ \hat{b}_n^m\end{Bmatrix}$，即：

$$\begin{Bmatrix}\hat{a}_n^m\\ \hat{b}_n^m\end{Bmatrix} = \hat{Q}(U_{1\lambda\theta}) \tag{3－4－26}$$

再由$\begin{Bmatrix}\hat{a}_n^m\\ \hat{b}_n^m\end{Bmatrix}$确定$U_{2\lambda\theta}$，即：

$$U_{2\lambda\theta} = \sum_{n=1}^{\infty}\sum_{m=0}^{n}\frac{1}{R_2^{n+1}} \times \left(\hat{a}_n^m\cos m\lambda + \hat{b}_n^m\sin m\lambda\right) \times P_n^m(\cos\theta) \tag{3－4－27}$$

3.5 同一球面上地磁场化向地磁极方法

在专著《区域磁》中，三维磁性层磁场正反演方法是由其上方“同一平面上的化极场”$Z_{\perp}(x, y)$导出的，而球壳型磁性层磁场正反演方法是由其上方“同一球面上的化极场”$Z_{\vec{r}}(r, \lambda, \theta)$导出的。一般情况下，实际观测磁场是$\Delta T_a(x, y)$或$\Delta T_a(r, \lambda, \theta)$。因此，首先必须由观测场换算出同一平面或同一球面磁场，即进行曲化平转换；然后再由曲化平磁场换算出化极场，为区域性磁性层磁场正反演做好准备。

本节阐述实测磁场化向地磁极的理论和方法(见《高 & 区》第8.1和8.3节)。

3.5.1 球坐标系内有关公式

设：地球坐标系的中心位于地球中心；地球半径为 R_0；中心与地磁南极连线为 Z 轴，垂直向下，余纬角 $\theta=0°$；地球起伏面上观测点位置记为 $P(R,\lambda,\theta)$；地壳内场源位置位置记为 $Q(R',\lambda',\theta')$；P 与 Q 的距离为 r_{PQ}；P 点处单位球坐标矢量为 $\vec{e}_R$、$\vec{e}_\lambda$、$\vec{e}_\theta$。磁场转换断面示意如图 3-6 所示。

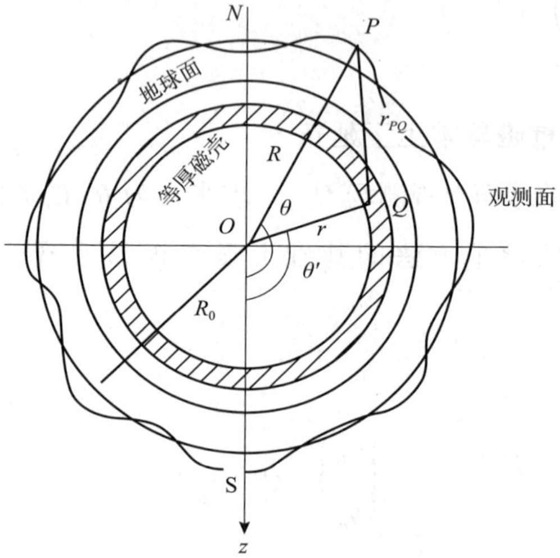

图 3-6 球坐标系内磁场转换断面示意图

下面列出本章公式推导中将要用到的基本关系式。

(1) P 点基本地磁场单位方向矢量 $\vec{t}_P$：

$$\vec{t}_P=\frac{1}{\sqrt{1+3\cos^2\theta}}(2\cos\theta\cdot\vec{e}_R+\sin\theta\cdot\vec{e}_\theta) \qquad (3-5-1)$$

(2) t_P 与球坐标梯度算子 ∇_P 的点积：

$$\vec{t}_P\cdot\nabla_P=\frac{1}{\sqrt{1+3\cos^2\theta}}\cdot\left(2\cos\theta\cdot\frac{\partial}{\partial R}+\frac{\sin\theta}{R}\cdot\frac{\partial}{\partial\theta}\right) \qquad (3-5-2)$$

(3) 球面函数 $f_{\lambda\theta}$ 的“球谐合成”与“球谐分析”对为：

$$f(\lambda,\theta)=\sum_{n=1}^{\infty}\sum_{m=0}^{n}(a_n^m\cos m\lambda+b_n^m\sin m\lambda)\cdot P_n^m(\cos\theta) \qquad (3-5-3)$$

$$\begin{Bmatrix}a_n^m\\b_n^m\end{Bmatrix}=\frac{2n+1}{4\pi}\int_0^{\pi}\int_0^{2\pi}f(\lambda,\theta)\begin{Bmatrix}\cos m\lambda\\\sin m\lambda\end{Bmatrix}P_n^m(\cos\theta)\sin\theta\mathrm{d}\lambda\mathrm{d}\theta \qquad (3-5-4)$$

(4)施密特型球函数 $P_n^m(\cos\theta)$ 与 $\cos m\lambda$、$\sin m\lambda$ 的正交关系式：

$$\int_0^{\pi} P_n^m(\cos\theta) P_{n'}^{m'}(\cos\theta)\sin\theta \mathrm{d}\theta = \begin{cases} 0, & m' \neq m \\ \dfrac{4}{2n+1}, & m' = m \end{cases} \tag{3-5-5}$$

$$\begin{cases} \displaystyle\int_0^{2\pi} \cos m\lambda \cos m'\lambda \mathrm{d}\lambda = \int_0^{2\pi} \sin m\lambda \sin m'\lambda \mathrm{d}\lambda = \begin{cases} 0, & m' \neq m \\ \pi, & m' = m \end{cases} \\ \displaystyle\int_0^{2\pi} \cos m\lambda \sin m'\lambda \mathrm{d}\lambda = \int_0^{2\pi} \sin m\lambda \cos m'\lambda \mathrm{d}\lambda = 0 \end{cases} \tag{3-5-6}$$

(5)施密特型球函数 $P_n^m(\cos\theta)$ 的导数公式和递推公式：

$$(-\sin^2\theta)\cdot \frac{\mathrm{d}P_n^m(\cos\theta)}{\mathrm{d}\cos\theta} = n\cos\theta P_n^m(\cos\theta) - \sqrt{n^2-m^2}\cdot P_{n-1}^m(\cos\theta) \tag{3-5-7}$$

$$\cos\theta P_n^m(\cos\theta) = \frac{\sqrt{(n+1)^2-m^2}}{2n+1}\cdot P_{n+1}^m(\cos\theta) + \frac{\sqrt{n^2-m^2}}{2n+1}\cdot P_{n-1}^m(\cos\theta) \tag{3-5-8}$$

(6)$(1/r_{PQ})$ 的球谐展开式为：

$$\frac{1}{r_{PQ}} = \sum_{n=1}^{\infty}\sum_{m=0}^{n} \frac{r'^n}{R^{n+1}}\cdot P_n^m(\cos\theta)P_n^m(\cos\theta')\cos m(\lambda-\lambda') \tag{3-5-9}$$

(3-5-1)~(3-5-8)式由 $P(R, \lambda, \theta)$ 给出，但同样适用于 $Q(R', \lambda', \theta')$，只需把 R、λ、θ 用 R'、λ'、θ' 替换即可。

3.5.2 同一球面上地磁场化向地磁极方法

由磁化方向、测量方向与基本地磁场方向一致的磁场 T_P，换算出磁化方向与测量方向均指向地心的磁场 Z_P，对于简化磁场定量解释具有重要意义，称这种换算方法为化向地磁极方法。

可以采用等效源原理来实现这种转换。假设观测场为沿径向磁化状态相同的等厚球壳所引起，如图 3-6 所示。通过对曲化平后的磁场 T_P 作球谐分析，求得球壳磁化强度变化值 $\Delta J_{\lambda'\theta'}$，进而求得该球壳点的向心磁化时的磁场分量 Z_P，Z_P 即为化极场。

3.5.2.1 等厚球壳磁位 U_P 的球谐分析

等厚球壳磁位 U_P 的积分表达式为：

$$U_P = \frac{1}{4\pi}\iiint_v \vec{J}_Q \cdot \nabla_Q\left(\frac{1}{r_{PQ}}\right)\mathrm{d}v = \frac{1}{4\pi}\int_0^{\pi}\int_0^{2\pi}\int_{r_1}^{r_2} \vec{J}_Q \cdot \nabla_Q\left(\frac{1}{r_{PQ}}\right)\cdot r^2\sin\theta'\mathrm{d}r'\mathrm{d}\lambda'\mathrm{d}\theta' \tag{3-5-10}$$

假设：磁化强度矢量 $\vec{J}_Q = J_Q\vec{l}_Q = (J + \Delta J_{\lambda'\theta'})\vec{l}_Q$。其中，$J$ 为 $J_Q = J_{\lambda'\theta'}$ 的平均值，$\Delta J_{\lambda'\theta'}$ 为 J_Q 的变化值，$\vec{l}_Q$ 为 Q 点的基本地磁场方向(该方向随纬度 θ 变化而变化)。然后，按顺序利用(3-5-9)式、(3-5-2)式、(3-5-7)式、(3-5-8)式，再对 r 作积分，可以得到：

$$C_{n+1}^m = \frac{3n}{2n+1}\cdot\sqrt{(n+1)^2 - m^2},\ C_{n-1}^m = \frac{n-1}{2n+1}\cdot\sqrt{n^2 - m^2} \tag{3-5-11}$$

$$U_P = \frac{1}{4\pi}\int_0^{\pi}\int_0^{2\pi}\frac{\Delta J_{\lambda'\theta'}}{\sqrt{1+3\cos^2\theta'}}\cdot\sum_n\sum_m\frac{P_n^m(\cos\theta)}{R^{n+1}}\cdot\frac{r_2^{n+2} - r_1^{(n+2)}}{n+2}\cdot$$
$$(\cos m\lambda\cos m\lambda' + \sin m\lambda\sin m\lambda')\{C_{n+1}^m P_{n+1}^m(\cos\theta') + C_{n-1}^m P_{n-1}^m(\cos\theta')\}\sin\theta'\mathrm{d}\lambda'\mathrm{d}\theta' \tag{3-5-12}$$

(3-5-12)式中，$\Delta J_{\lambda'\theta'}$ 原来为 $(J + \Delta J_{\lambda'\theta'})$。但是，其中关于 J 的积分为0，即有下式成立：

$$U_P = \frac{J}{4\pi}\int_0^{\pi}\frac{1}{\sqrt{1+3\cos^2\theta'}}\sum_n\sum_m\frac{P_n^m(\cos\theta)}{R^{n+1}}\cdot\frac{r_2^{n+2} - r_1^{(n+2)}}{n+2}\cdot$$
$$\{C_{n+1}^m P_{n+1}^m(\cos\theta') + C_{n-1}^m P_{n-1}^m(\cos\theta')\}\sin\theta'\mathrm{d}\theta'\cdot\int_0^{2\pi}(\cos m\lambda\cos m\lambda' +$$
$$\sin m\lambda\sin m\lambda')\mathrm{d}\lambda' = \frac{J}{4\pi}\sum_n\sum_m\int_0^{\pi}[\cdots]\sin\theta'\mathrm{d}\theta'\cdot\int_0^{2\pi}(\cdots)\mathrm{d}\lambda' = 0 \tag{3-5-13}$$

因而 J 不出现，U_P 仅与 $\Delta J_{\lambda'\theta'}$ 有关，故此，(3-5-13)式是一个极为重要的关系式。令：

$$\Delta J_{\lambda'\theta'}^* = \Delta J_{\lambda'\theta'}/\sqrt{1+3\cos^2\theta'}$$

再把(3-5-4)式、(3-5-3)式作球谐分析，其球谐系数为$\{\Delta a_{n'}^{*m'}, \Delta b_{n'}^{*m'}\}$(因 $\Delta J_{\lambda'\theta'}$ 未知，该系数是待求解值)，代入(3-5-12)式，得到：

$$U_P = \sum_{n=1}^{\infty}\sum_{m=0}^{n}\frac{1}{R^{n+1}}\cdot(a_n^m\cos m\lambda + b_n^m\sin m\lambda)\cdot P_n^m\cdot(\cos\theta) \tag{3-5-14}$$

$$\begin{Bmatrix} a_n^m \\ b_n^m \end{Bmatrix} = \frac{r_2^{n+2} - r_1^{(n+2)}}{n+2} \cdot \frac{1}{4\pi}\int_0^{\pi}\int_0^{2\pi}\left\{ \sum_n \sum_m (\Delta a_{n'}^{*m'}\cos m'\lambda' + b_{n'}^{*m'}\sin m'\lambda') \cdot P_{n'}^{m'} \cdot (\cos\theta') \right\} \cdot \{ C_{n+1}^m P_{n+1}^m(\cos\theta') + C_{n-1}^m P_{n-1}^m(\cos\theta') \} \begin{Bmatrix} \cos m\lambda' \\ \sin m\lambda' \end{Bmatrix} \sin\theta' \mathrm{d}\lambda' \mathrm{d}\theta' \tag{3-5-15}$$

利用(3－5－5)式、(3－5－6)式的正交关系式，(3－5－15)式变为：

$$\begin{Bmatrix} a_n^m \\ b_n^m \end{Bmatrix} = \xi_n^m \begin{Bmatrix} \Delta a_{n+1}^{*m} \\ \Delta b_{n+1}^{*m} \end{Bmatrix} + \eta_n^m \begin{Bmatrix} \Delta a_{n-1}^{*m} \\ \Delta b_{n-1}^{*m} \end{Bmatrix} \tag{3-5-16}$$

$$\xi_n^m = \frac{r_2^{n+2} - r_1^{(n+2)}}{n+2} \cdot \frac{3n\sqrt{(n+1)^2 - m^2}}{(2n+1)(2n+3)},\quad \eta_n^m = \frac{r_2^{n+2} - r_1^{(n+2)}}{n+2} \cdot \frac{(n-1)\sqrt{n^2 - m^2}}{(2n+1)(2n-1)} \tag{3-5-17}$$

3.5.2.2 等厚球壳磁场 T_P 的球谐分析

$$T_P = -\mu_0 \vec{t}_P \cdot \nabla_P(U_P) = -\mu_0 \vec{t}_P \cdot \nabla_P \left\{ \frac{1}{4\pi} \iiint_V \vec{J}_Q \cdot \nabla_Q \left(\frac{1}{r_{PQ}} \right) \mathrm{d}v \right\} \tag{3-5-18}$$

把(3－5－14)式、(3－5－2)式按顺序代入(3－5－18)式，再利用(3－5－7)式和(3－5－8)式。得到：

$$T_P = \mu_0 \frac{1}{\sqrt{1+3\cos^2\theta}} \sum_n \sum_m \frac{1}{R^{n+2}} \cdot (a_n^m \cos m\lambda + b_n^m \sin m\lambda) \cdot \{ d_{n+1}^m P_{n+1}^m(\cos\theta) + d_{n-1}^m P_{n-1}^m(\cos\theta) \} \tag{3-5-19}$$

其中：

$$d_{n+1}^m = \frac{n+2}{2n+1} \cdot \sqrt{(n+1)^2 - m^2},\quad d_{n-1}^m = \frac{3(n+1)}{2n+1} \cdot \sqrt{n^2 - m^2} \tag{3-5-20}$$

再令：$\tilde{T}_P = \sqrt{1+3\cos^2\theta} \cdot T_P$，对 $\tilde{T}_P$ 作球谐分析，且令$\{\tilde{a}_{\tilde{n}}^{\tilde{m}},\ \tilde{b}_{\tilde{n}}^{\tilde{m}}\}$为其球谐系数，则有：

$$\begin{Bmatrix} \tilde{a}_{\tilde{n}}^{\tilde{m}} \\ \tilde{b}_{\tilde{n}}^{\tilde{m}} \end{Bmatrix} = \frac{2\tilde{n}+1}{4\pi} \int_0^{\pi} \int_0^{2\pi} \tilde{T}_{\lambda\theta} P_{\tilde{n}}^{\tilde{m}}(\cos\theta) \begin{Bmatrix} \cos\tilde{m}\lambda \\ \sin\tilde{m}\lambda \end{Bmatrix} \sin\theta \mathrm{d}\lambda \mathrm{d}\theta$$

$$= \mu_0 \frac{2\tilde{n}+1}{4\pi} \sum_n \sum_m \frac{1}{R^{n+2}} \left\{ d_{n+1}^m \int_0^{\pi} \int_0^{2\pi} [a_n^m \cos m\lambda + b_n^m \sin m\lambda] \cdot \right.$$

$$P_{n+1}^m(\cos\theta) P_{\tilde{n}}^{\tilde{m}}(\cos\theta) \begin{Bmatrix} \cos\tilde{m}\lambda \\ \sin\tilde{m}\lambda \end{Bmatrix} \sin\theta \mathrm{d}\lambda \mathrm{d}\theta + d_{n-1}^m \int_0^{\pi} \int_0^{2\pi} [a_n^m \cos m\lambda +$$

$$\left. b_n^m \sin m\lambda] \cdot P_{n-1}^m(\cos\theta) P_{\tilde{n}}^{\tilde{m}}(\cos\theta) \begin{Bmatrix} \cos\tilde{m}\lambda \\ \sin\tilde{m}\lambda \end{Bmatrix} \sin\theta \mathrm{d}\lambda \mathrm{d}\theta \right\} \quad (3-5-21)$$

再次利用正交关系式(3-5-5)式、(3-5-6)式，得到：

$$\begin{Bmatrix} \tilde{a}_{\tilde{n}}^{\tilde{m}} \\ \tilde{b}_{\tilde{n}}^{\tilde{m}} \end{Bmatrix} = X_{\tilde{n}}^{\tilde{m}} \cdot \begin{pmatrix} a_{\tilde{n}+1}^{\tilde{m}} \\ b_{\tilde{n}+1}^{\tilde{m}} \end{pmatrix} + Y_{\tilde{n}}^{\tilde{m}} \cdot \begin{pmatrix} a_{\tilde{n}-1}^{\tilde{m}} \\ b_{\tilde{n}-1}^{\tilde{m}} \end{pmatrix} \quad (3-5-22)$$

$$X_{\tilde{n}}^{\tilde{m}} = \mu_0 \cdot \frac{3(\tilde{n}+2)\sqrt{(\tilde{n}+1)^2 - \tilde{m}^2}}{R^{\tilde{n}+3}(2\tilde{n}+3)}, \quad Y_{\tilde{n}}^{\tilde{m}} = \mu_0 \cdot \frac{(\tilde{n}+1)\sqrt{\tilde{n}^2 - \tilde{m}^2}}{R^{\tilde{n}+1}(2\tilde{n}-1)} \quad (3-5-23)$$

因此有：

$$T_P = \mu_0 \times \frac{1}{\sqrt{1+3\cos^2\theta}} \sum_n \sum_m \left(\tilde{a}_{\tilde{n}}^{\tilde{m}} \cos\tilde{m}\lambda + \tilde{b}_{\tilde{n}}^{\tilde{m}} \sin\tilde{m}\lambda \right) P_{\tilde{n}}^{\tilde{m}}(\cos\theta) \quad (3-5-24)$$

3.5.2.3 磁异常化向地磁极

设$\begin{Bmatrix} \tilde{a}_n^m \\ \tilde{b}_n^m \end{Bmatrix}$是 $\tilde{T}_P$ 的球谐系数[注意：为了简化下面公式中的符号，这里去掉了 $\tilde{T}_P$ 球谐系数中 n，m 上面的符号“~”，故对应地也要去掉(3-5-22)式、(3-5-23)式 n、m 上面的符号“~”]，再设$\{\Delta a_n^{*m}, \Delta b_n^{*m}\}$ 是 $\Delta J_{\lambda'\theta'}^{*}$ 的球谐系数。把(3-5-16)式代入(3-5-22)式可得：

$$\begin{Bmatrix} \tilde{a}_n^m \\ \tilde{b}_n^m \end{Bmatrix} = c_n^m \cdot \begin{Bmatrix} \Delta a_{n-2}^{*m} \\ \Delta b_{n-2}^{*m} \end{Bmatrix} + d_n^m \cdot \begin{Bmatrix} \Delta a_n^{*m} \\ \Delta b_n^{*m} \end{Bmatrix} + e_n^m \begin{Bmatrix} \Delta a_{n+2}^{*m} \\ \Delta b_{n+2}^{*m} \end{Bmatrix} \quad (3-5-25)$$

其中：

$$c_n^m = Y_n^m \eta_{n-1}^m, \quad d_n^m = Y_n^m \xi_{n-1}^m + X_n^m \eta_{n+1}^m, \quad e_n^m = X_n^m \xi_{n+1}^m \quad (3-5-26)$$

通过求解联立方程组(3－5－25)，由$\{\tilde{a}_n^m,\ \tilde{b}_n^m\}$可以求得$\{\Delta a_n^{*m},\ \Delta b_n^{*m}\}$，进而求得$\Delta J_{\lambda'\theta'}$的表达式：

$$\Delta J_{\lambda'\theta'} = \sqrt{1+3\cos^2\theta}\Delta J^*_{\lambda'\theta'} \tag{3-5-27}$$

下面给出求解$\{\Delta a_n^{*m},\ \Delta b_n^{*m}\}$的方程组的具体形式。(3－5－25)式改写为：

$$c_n^m \cdot \begin{Bmatrix} \Delta a_{n-2}^{*m} \\ \Delta b_{n-2}^{*m} \end{Bmatrix} + d_n^m \cdot \begin{Bmatrix} \Delta a_n^{*m} \\ \Delta b_n^{*m} \end{Bmatrix} + e_n^m \cdot \begin{Bmatrix} \Delta a_{n+2}^{*m} \\ \Delta b_{n+2}^{*m} \end{Bmatrix} = \begin{Bmatrix} \tilde{a}_n^m \\ \tilde{b}_n^m \end{Bmatrix} \tag{3-5-28}$$

进一步写为：$A_{n-2}X_{n-2}+A_nX_n+A_{n+2}X_{n+2}=B_n$。于是有：

$$\begin{aligned}
&A_1X_1+A_3X_3+A_5X_5=B_3\\
&A_2X_2+A_4X_4+A_6X_6=B_4\\
&A_3X_3+A_5X_5+A_7X_7=B_5\\
&A_4X_4+A_6X_6+A_8X_8=B_6\\
&A_5X_5+A_7X_7+A_9X_9=B_7\\
&A_6X_6+A_8X_8+A_{10}X_{10}=B_8\\
&\cdots\cdots\quad\cdots\cdots\quad\cdots\cdots\quad\cdots\cdots
\end{aligned} \tag{3-5-29}$$

联立方程组(3－5－28)是带状对角线型，属于欠定带状联立方程组，可以参照 Arkanni－Hamed 和 Strangway(1985)的文献，给定类似的定解条件。当然，由于是等效源方法，不给定定解条件，具有无穷多个精确满足观测数据的解，故求取其具有最小长度($m^{\mathrm{T}}m$)的解即可。该求解方法同样属于“单次 m 球谐系数降阶解法”。

令：$\vec{t}_P=-\vec{e}_R$，$\vec{t}_Q=-\vec{e}_{r'}$，以$\Delta\vec{J}_Q=-\Delta J_Q\vec{e}_{r'}$代替$\vec{J}_Q$，均代入(3－5－18)式，即得化极场$Z_P$。经推导得到：

$$Z_P = \sum_n \sum_m (1/R^{n+2}) \cdot (a_n^m\cos m\lambda + b_n^m \sin m\lambda) \cdot P_n^m(\cos\theta)$$

$$\begin{Bmatrix} a_n^m \\ b_n^m \end{Bmatrix} = \mu_0 \cdot \frac{n(n+1)}{2n+1} \cdot \frac{r_2^{n+2}-r_1^{n+2}}{n+2} \cdot \begin{Bmatrix} \Delta a_n^m \\ \Delta b_n^m \end{Bmatrix} \tag{3-5-30}$$

式中，$\{\Delta a_n^m,\ \Delta b_n^m\}$为$\Delta J_{\lambda'\theta'}$的球谐系数。

最后的重要说明：前面阐述的地磁场化向地磁极方法是在 Arkanni－Hamed、Strangway(1985)的文献基础上提出的。该方法所用观测磁场值处于相同球面上，即所谓“曲化平磁场值”。笔者对给出的所有公式均进行了核查，改正了所有录入错误。对于多数重磁方法技术研究者来说，读懂本文内容是很困难的，因为本节列出的所有公式只是方法的核心公式，其推导过程极其繁杂，均已省略。若有读书对本方法感兴趣，笔者可以提供该方法推导的全文。

参考文献

[1]雷日克 ИМ，格拉德什坦 ИС. 重要函数表和积分表[M]. 北京：高等教育出版社，1959.

[2]吉洪诺夫 A H，阿尔先宁 ВЛ. 不适定问题解法[M]. 王秉忱，译. 北京：地质出版社，1979.

[3]数学手册编写组. 数学手册[M]. 北京：人民教育出版社，1979.

[4]安玉林，管志宁. 滤除高频干扰的正则化稳定因子[J]. 物探化探计算技术，1985，7(1)：13－23.

[5]Hanson R O，Miyazaki Y. Continuation of potential fields between arbitrary surfaces[J]. Geophysics，1984，49(6)：787－795.

[6]管志宁，安玉林，陈维雄. 曲线与曲面上磁场向上延拓和分量转换[J]. 地球物理学报，1985，28(4)：419－428.

[7]Arkanni Hamed J，Strangway D W. Laterral variations of apparent magnetic susceptibility of lithosphere deduced from Magsat data[J]. Journal of Geophysical Research，1985，90(B3)：2655－2664.

[8]栾文贵. 地球物理中的反问题[M]. 北京：科学出版社，1989.

[9]杨文采. 地球物理反演与地震层析成像[M]. 北京：地质出版社，1989.

[10]管志宁，安玉林. 区域磁异常定量解释[M]. 北京：地质出版社，1991.

[11]安玉林，管志宁. 地球坐标系内的磁场转换方法[J]. 现代地质，1993，7(1)：118－124.

[12]安玉林，谭保华. 局部重磁场源全方位成像[M]. 北京：地质出版社，1997.

[13]王家映. 地球物理反演理论[M]. 武汉：中国地质大学出版社，1998.

[14]安玉林，黄金明. 局部重磁场源全方位成像(续)[M]. 北京：地震出版社，2003.

[15]安玉林，柴玉璞，张明华，等. 曲化平用最佳等效源模型及其单位位场表达式推导的新方法[J]. 地球物理学报，2013，56(7)：2473－2483.

4 高阶球函数直接算法及其重要应用

4.1 研究高阶次球函数直接算法的迫切性

1990 年，笔者们提出了“球壳型磁性层磁异常正反演方法”(安玉林，管志宁，1990)，并载入专著《区域磁》中，仅采用低阶次的施密特型球谐函数 $P_n^m(\cos\theta)$ 对该正反演方法做了验证。另外，限于当时的计算机(包括日本产 160 大型磁带计算机)没有能力胜任高精度球函数计算研究。

在《成像》中，笔者研创成功三度体线性化球谐级数正反演理论和实用化方法。但是，该理论和方法仍采用低阶次施密特型球谐函数，只适合局部重磁异常解释，不能用于大经纬度跨度区域甚或整个地球重磁场转换处理和正反演。仅把地球当作一个简单的球形磁性体而采用低阶球函数时，由球面巨大区域上分布的磁异常，可进行少数参数反演。

施密特型球函数 $P_n^m(\cos\theta)$ 的特点是：$|P_n^m(\cos\theta)|\leqslant 1$。其有限项正弦或余弦展函数开式见本章(4-2-2)式。该式中系数 $A_{nm_{ou}k}$、$A_{nm_{ji}k}$ 的绝对值均≤1。

2000 年，笔者认真研究过该球函数有限项正弦或余弦展开式的计算方法(见《成像(续)》)，其中包含本章(4-2-1)式。研究结果认为：即使采用“双精度浮点数”，也无法得到符合要求的结果，甚至在其阶数 n 大于 200 时，函数值不是“向下溢出”，就是“向上溢出”。

2000 年以后，中外专家按美国 IEEE 计算标准(双精度浮点数有效值可显示 $n\times 10^{-18}$ 量级)，采用“各自改进的递推算法”和“群体值精度评价方法”，计算高阶次“完全规格化球函数”值(其值等于 $\sqrt{2n+1}$ 倍“施密特型球函数”值)的最高精度只能达 $n\times 10^{-14}$ 量级(见《高 & 区》)。

至于中外专家计算“完全规格化球函数”的重要积分和各阶导数值的递推算

法公式本身(见《高 & 区》)，随函数阶次增大，其计算的不稳定性越来越大，故其对于精度的评价仅针对低阶次范围。

笔者认为，上述情况不能再继续下去，必须研究“高速度高精度巨大整数算法”，计算高阶次高精度施密特型球函数 $P_n^m(\cos\theta)$ 系数 $A_{nm_{ou}k}$ 与 $A_{nm_{ji}k}$，进而计算出高精度函数值及其重要积分和各阶导数值。笔者称该算法为“直接算法”。

高阶球函数等高精度直接算法，能为彻底解决地球低纬度地区或全球面磁场化向地磁极问题提供算法基础；同时有望给出“高精度高速度球谐分析与球谐合成算法”，进而推动实现地球全球面或部分球面“球壳型磁性层磁异常正反演”，也为太阳系其他行星重磁资料解释奠定算法基础。

4.2 施密特型球函数“直接算法”公式

关于本节内容，请参阅《高 & 区》中4.3、4.4 和4.5 等3 节。

为了研究高阶次施密特型球函数“直接算法”，严格推导出“施密特型连带勒让德函数”新的展开式，见下面(4-2-1)式。该式只有双重求和，而且关于 $i=0\to n$ 求和，根据求和号内4 个组合乘积的对称关系(见《高 & 区》表4.1 和表4.2)，只有半数计算量。

“施密特型连带勒让德函数”新的展开式如下：

$$P_n^m(\cos\theta)=\frac{1}{\sqrt{C_n^m C_{n+m}^m/(2-\delta_{0m})}}\cdot\frac{1}{C_{2m}^m\cdot 2^{2n}}\sum_{j=0}^{[m/2]}(-1)^{[m/2]+j}c_jC_m^j\sum_{i=0}^{n-m}C_{n-i}^mC_{m+i}^mC_{2(n-i)}^{(n-i)}C_{2(m+i)}^{(m+i)}\cdot\begin{cases}\cos[n-2(i+j)]\theta+\cos[2(m+i-j)-n]\theta, m=m_{ou}\\ \sin[n-2(i+j)]\theta+\sin[2(m+i-j)-n]\theta, m=m_{ji}\end{cases}\tag{4-2-1}$$

式中，δ_{0m}为 δ 函数，$m=0$ 时，$\delta_{00}=1$，$m\neq0$ 时，$\delta_{0m}=0$，$(2-\delta_{0m})$代替了《高 & 区》4.2 节(4.43)式中的二值常数 C_m。

(4-2-1)式第一行是几位整数到数千位巨大整数的连乘、加、减、开方和相除。该式是最基本的“施密特型球函数 $P_n^m(\cos\theta)$”的“直接算法”公式。

令 $m^*=[m/2]$，可以把(4-2-1)式简记如下：

$$P_n^m(\cos\theta)=\sum_{j=0}^{m^*}\sum_{i=0}^{n-m}W_{nm}(i,j)\begin{cases}\cos(n-2(i+j)\theta+\cos(2(m+i-j)-n)\theta, m=m_{ou}\\ \sin(n-2(i+j)\theta+\sin(2(m+i-j)-n)\theta, m=m_{ji}\end{cases}\tag{4-2-2}$$

其中：

$$W_{nm}(i,\ j)=\left(\frac{1}{\sqrt{C_n^m C_{n+m}^m/(2-\delta_{0m})}}\times\frac{1}{C_{2m}^m}\times\frac{1}{2^{2n}}\right)(-1)^{m^*+j}c_j C_m^j\times C_{m+i}^m C_{n-i}^m C_{2(m+i)}^{(m+i)} C_{2(n-i)}^{(n-i)} \tag{4-2-3}$$

(4－2－1)式右端第一行相当于(4－2－2)式右端大括号之前部分。(4－2－2)式左、右两端 n、m 固定后 $W_{nm}(i,\ j)$ 值和大括号内 $\cos(i,\ j)\theta\&\sin(i,\ j)\theta$ 均是 i, j 的函数。故在(4－2－2)式每一个求和项中，$W_{nm}(i,\ j)$ 是 $\cos(i,\ j)\theta\&\sin(i,\ j)\theta$ 的系数。

在《高 & 区》4.3 节已证明，(4－2－1)式能够进一步简化为如下有限项傅里叶级数展开式：

$$P_n^m(\cos\theta)=\begin{cases}\sum\limits_{k=n,n-2,n-4,\cdots} A_{nm_{ou}k}\cos k\theta, m_{ou}\ \text{为偶数}\\ \sum\limits_{k=n,n-2,n-4,\cdots} A_{nm_{ji}k}\sin k\theta, m_{ji}\ \text{为奇数}\end{cases} \tag{4-2-4}$$

式中，$A_{nm_{ou}k}$和 $A_{nm_{ji}k}$ 分别是与 $\cos k\theta$ 和 $\sin k\theta$ 项对应的“施密特型球函数 $P_n^m(\cos\theta)$”的展开式系数。$A_{nm_{ou}k}$、$A_{nm_{ji}k}$表达式为：

$$A_{nm_{ou}k}=2\cdot\sum\left\{W_{nm_{ou}}(i,j)_{k=|n-2(i+j)|}\right\}^{(m^*+1)\times(n-m_{ou}+1)} \tag{4-2-5}$$

$$A_{nm_{ji}k}=2\cdot\sum\left\{F(n-2(i+j))\cdot W_{nm_{ji}}(i,j)_{k=|n-2(i+j)|}\right\}^{(m^*+1)\times(n-m_{ji}+1)} \tag{4-2-6}$$

(4－2－6)式中：$F(n-2(i-j))$ 为符号函数，取值为 ±1；大括号上角标为矩阵的行、列数；大括号内下角标 $k=|n-2(i+j)|$为取值条件。(4－2－5)式和(4－2－6)式分别称为系数 $A_{nm_{ou}k}$和 $A_{nm_{ji}k}$的“矩阵元素条件求和表达式”。

(4－2－1)式第一行是用于计算(4－2－4)式系数。由此可以看到，该行“分子是一个带有正负号的巨大整数”，分母是巨大整数 $C_{2m}^m\cdot 2^{2n}$乘以巨大整数开方值$\sqrt{C_n^m C_{n+m}^m/(2-\delta_{0m})}$，整数计算不存在误差。(4－2－4)式系数计算误差中，分母值的误差只取决于开方值误差乘以 $C_{2m}^m\cdot 2^{2n}$，该值写成双精度巨大浮点数，仍为双精度浮点数，精度没有损失；而作为巨大整数的分子写成双精度浮点数，自然满足双精度要求。两个均满足双精度要求的浮点数相除，其商值亦满足双精度浮点数要求。上述论证对于任意阶 n 次 m 的(4－2－4)式系数均成立。因为施密特型球函数系数绝对值≤1(只前3个系数等于1)，所以分母大于分子的绝对值，对于分子的舍入误差有缩小作用，故其系数计算精度极高。

由(4－2－4)式可知，由绝对值≤1的双精度系数，分别乘以双精度绝对值≤1的正弦或余弦值，再求和，则施密特型球函数值可达双精度要求。

对(4－2－5)式和(4－2－6)式说明如下：以$j=0,1,\cdots,m^*$为行号，共(m^*+1)行，$i=0,1,\cdots,(n-m)$为列号，共$(n-m+1)$列；$\{W_{nm_{ou}}(i,\ j)\}$和$\{F(n-2)(i+j))W_{nm_{ji}}(i,\ j)\}$为对应于第$j$行第$i$列的元素$(i,\ j)$的计算值(即系数值)，其下脚标$k=|n-2(i+j)|$对应于元素$(i,\ j)$；把所有元素计算值(即系数值)排列成两个$\{m^*+1\}$行×$\{(n-m)+1\}$列的长方形矩阵，即$\{W_{nm_{ou}}(i,\ j)\}^{(m^*+1)\times(n-m_{ou}+1)}$和$\{F(n-2(i+j))*W_{nm_{ji}}(i,\ j)\}^{(m^*+1)\times(n-m_{ji}+1)}$。二矩阵中，多个不同的$(i,\ j)$元素对应相同的$k$值；(4－2－3)式和(4－2－4)式是对二矩阵中所有k值相同的系数求和，故下脚标$k=|n-2(i+j)|$称为“矩阵元素求和条件”。而且要求$k=n,n-2,n-4,\cdots,3/2,1/0$是$k$的所有取值，3和1对应$n=n_{ji}$，2和0对应$n=n_{ou}$。故此，该2式称为系数$A_{nm_{ou}k}$和$A_{nm_{ji}k}$的“矩阵元素条件求和表达式”。

笔者找不到开源的巨大整数四则运算的Fortran程序，只好自主研创亿进制整数加减乘子程序，用以实现施密特型球函数系数高精度高速度直接计算。笔者采用2台多线程惠普工作站，加上多线程笔记本电脑，日夜不停运算约300天，计算出了0～3600阶次“双倍精度”和0～3000阶次“四倍精度”的施密特型球函数系数值。

4.3　高阶球函数直接算法计算精度评价

关于本节内容，请参阅《高＆区》5.5节。

4.3.1　系数$A_{nm_{ou}k}$、$A_{nm_{ji}k}$值计算精度评价表

(4－2－1)式第一行为双重求和结束后得到的作为第k系数$A_{nm_{ou}k}$、$A_{nm_{ji}k}$分子的巨大整数的符号S_{nmk}，$k=n$，$n-2$，$n-4$，…，1/0。将其改为：

$$S_{nmk} \cdot \sqrt{\left| \left(2 \cdot \sum_{j=0}^{[m/2]} \sum_{i=0}^{n-m} \cdots \right)_{k=|n-2(j+i)|} \right|^2 \Big/ \left\{ \left[C_n^m C_{n+m}^m / (2 - \delta_{0m}) \right] (C_{2m}^m \cdot 2^{2n})^2 \right\}}$$

(4 -3 -1)

式中，第 k 系数的分子平方除以分母平方(两个无误差巨大整数相除)，其商再开方，最后得系数值。为了验证系数值计算精度，笔者自主研制了子程序包括：①两个巨大整数万进制算数除法子程序，所得商输出为 80 位整数和对应的指数值。②80 位整数的万进制算数开平方子程序，输出为无误差的“40 位有效数字”和对应的“指数值”。

$P_{500}^{249}(\cos\theta)$和$P_{500}^{250}(\cos\theta)$共 501 个系数值 $A_{500.249.k}$和$A_{500.250.k}$。“亿进制程序”计算精度评价：40 个数字的数是由“带万进制除法和开平方程序”计算的；最右列数字是误差($n \cdot 10^{-15}$)，即小数点后第 15 位数字减去 40 位数 4 舍 5 入成 16 位数之差值。

表 4 -3 是以采用带“万进制算数除法程子序”和“百进制算数开平方子程序”的“万进制系数计算程序”计算出的无误差系数值为标准，对“亿进制系数计算程序”计算精度评价给出的信息和结论。可见，系数值计算精度极高，达到或高于双精度要求，其误差主要是由 4 舍 5 入所引起。

表 4 -3　系数 *Anmouk*&*Anmjik* 值计算精度评价表

500	249	156	8.392735591213886E -004	-3
500	249	156	8.392735591213888660863280419468912070250	
500	249	219	6.426991870041318E -003	3
500	249	219	6.426991870041315205422228492631953029248	
500	250	50	8.323060607379388E -004	4
500	250	50	8.323060607379383893602230920959765723310	
500	250	65	9.344345886016730E -004	5
500	250	65	9.344345886016724866736815797752463502800	
500	250	207	8.684394547223617E -003	6
500	250	207	8.684394547223611183623311084217119295107	

-3(5)；　-2(8)；　-1 (66)；　0 (183)；　1 (160)；(括号外数为差值)
2(52)；　3(19)；　4(6)；　5(1)；　6(1)(括号内数为个数)

有效数字算数平均误差：249/501 =5.2 E -15；有效数字绝对平均误差：

453/501 =9.0E -15。双精度数有效数字第16位数字的最大误差是6(1个)；183个数的第16位数字没误差；409个数的第16位数字的误差绝对值≤1；461个数的第16位数字的误差绝对值≤2。如果再考虑上面双精度值的指数位数值，即E -003→E -004，系数值的计算精度极高，其算数平均和绝对平均误差达10^{-18}量级!!

4.3.2 $P_n^m(\cos\theta)$函数值计算精度评价表

为了评价$P_n^m(\cos\theta)$双精度函数值的计算精度，首先，将“双精度系数值亿进制整数算法程序”和“双精度函数值直接算法程序”略加修改，变为“四倍精度系数值亿进制整数算法程序”和“四倍精度函数值直接算法程序”。其次，再设计$P_n^m(\cos\theta)$的“四倍精度函数值递推算法程序”，用以辅助证明“四倍精度函数值直接算法程序”的正确性(即只要两种算法有相当数量函数值几乎相同，即证明直接算法程序正确无误)。然后，通过把“双精度函数值计算结果数组”与四倍精度常量“LING =0.00000000000000000000000000000001”相加，得到与四倍精度函数值有效数字位数相同的双精度函数值新数组。在此基础上，求取“具有相同指数的四倍精度函数值数组元素与双精度函数值新数组元素”的误差，进行统计分析，得到如表4 -3所示精度评价。

表4 -3 $P_n^m(\cos\theta)$函数值计算精度评价表

-2.846300365534656486151451457879075E -0004	四倍精度函数值
-2.846300365534557008651006526533864E -0004	双倍精度函数值
9.947750044493134521072350567866415E -0018	“双 -四”差值
1.614920370113672006709238546310162E -0008	四倍精度函数值
1.614920368712121968967788447122471E -0008	双倍精度函数值
-1.401550037741450099187691155522487E -0017	“双 -四”差值
3.138855577557697399938017186347117E -0011	四倍精度函数值
3.138853924040587723724428489584393E -0011	双倍精度函数值
-1.653517109676213588696762724107628E -0017	“双 -四”差值
2.563388110509723915379309956877898E -0015	四倍精度函数值
2.565189755593603071723315478854029E -0015	双倍精度函数值
1.801645083879156344005521976130583E -0018	“双 -四”差值
JJ = 20150	统计数值个数

续表

AV1 = -1.70366259323389409816160226579O449E-0018	代数平均误差
AV2 = 5.85614488878649954337456506201979 8E-0017	绝对平均误差
CHAmax = 1.391308717335566E-015	误差 最大值

由精度评价可见，函数值计算精度很高，达到或高于双精度要求。绝对平均误差小于5.857×10^{-17}级次。取得如此高的计算精度，得益于系数值的计算精度极高！

作为“直接算法”数值计算成果，已建立施密特型球函数$P_n^m(\cos\theta)$两个系数值数据库：①0 ~ 3600 阶次“双倍精度”系数值数据库。②0 ~ 3000 阶次“四倍精度”系数值数据库。

4.4 施密特型球函数重要积分与导数的高精度直接算法

关于本节内容，请参阅《高 & 区》5.6 节。

由(4-2-2)式，经推导得到关于$P_n^m(\cos\theta)$重要积分的直接计算公式：

$$
\begin{aligned}
I_{nm} &= \int_{\theta_1}^{\theta_2} P_n^m(\cos\theta)\sin\theta \mathrm{d}\theta \\
&= \int_{\theta_1}^{\theta_2}\left\{\sum_{k=n,n-2,\cdots}\begin{pmatrix} A_{nm_{ou}k}\cdot\cos k\theta \\ A_{nm_{ji}k}\cdot\sin k\theta\end{pmatrix}\right\}\sin\theta\mathrm{d}\theta \\
&= \sum_{k=n,n-2,\cdots}\frac{1}{2}\left\{\begin{aligned} &A_{nm_{ou}k}\cdot\left[\frac{\cos(k-1)\theta}{k-1}-\frac{\cos(k+1)\theta}{k+1}\right] \\ &A_{nm_{ji}k}\cdot\left[\frac{\sin(k-1)\theta}{k-1}-\frac{\sin(k+1)\theta}{k+1}\right]\end{aligned}\right\}_{\theta_1}^{\theta_2}
\end{aligned}
\tag{4-4-1}
$$

式中，$k=1$ 时，按下式求积分，即：

$$
\int_{\theta_1}^{\theta_2}\begin{Bmatrix} A_{nm_{ou}1}\cdot\cos\theta\sin\theta\mathrm{d}\theta \\ A_{nm_{ji}1}\cdot\sin\theta\sin\theta\mathrm{d}\theta\end{Bmatrix} = \begin{Bmatrix} A_{nm_{ou}1}\cdot[-\cos2\theta]/4 \\ A_{nm_{ji}1}\cdot[2\theta-\sin2\theta]/4\end{Bmatrix}_{\theta_1}^{\theta_2} \tag{4-4-2}
$$

由(4-2-2)式，很容易推导出$P_n^m(\cos\theta)$关于θ的一次导数、二次导数和三次导数直接计算公式：

$$P_{nm}^{(1)}(\cos\theta)=\frac{\mathrm{d}P_n^m(\cos\theta)}{\mathrm{d}\theta}=\begin{cases}\sum\limits_{k=n,n-2,n-4,\cdots}(-k)\cdot A_{nm_{ou}k}\cdot\sin k\theta\\ \sum\limits_{k=n,n-2,n-4,\cdots}(+k)\cdot A_{nm_{ji}k}\cdot\cos k\theta\end{cases}\tag{4-4-3}$$

$$P_{nm}^{(2)}(\cos\theta)=\frac{\mathrm{d}^2P_n^m(\cos\theta)}{\mathrm{d}\theta^2}=\begin{cases}\sum\limits_{k=n,n-2,n-4,\cdots}(-k^2)\cdot A_{nm_{ou}k}\cdot\cos k\theta\\ \sum\limits_{k=n,n-2,n-4,\cdots}(-k^2)\cdot A_{nm_{ji}k}\cdot\sin k\theta\end{cases}\tag{4-4-4}$$

$$P_{nm}^{(3)}(\cos\theta)=\frac{\mathrm{d}^3P_n^m(\cos\theta)}{\mathrm{d}\theta^3}=\begin{cases}\sum\limits_{k=n,n-2,n-4,\cdots}(+k^3)\cdot A_{nm_{ou}k}\cdot\sin k\theta\\ \sum\limits_{k=n,n-2,n-4,\cdots}(-k^3)\cdot A_{nm_{ji}k}\cdot\cos k\theta\end{cases}\tag{4-4-5}$$

可以断定，上述积分和导数的直接算法计算精度很高。

例如：$k\neq1$ 的(4－4－1)式中，可以认为带有正号或负号的系数除以$(k-1)$或$(k+1)$后，再除以2，所得数的绝对值小于(或大大小于)系数本身绝对值，而正弦和余弦值有正负、绝对值≤1.0。参照前面关于计算精度的阐述，可知整个积分计算过程极其稳定，计算结果达到双精度数值要求，即相对误差不大于10^{-16}级次。

理论上，导数计算不稳定。其中 k、k^2、k^3 为误差放大因子，是导数理论值计算所必需，且自身没有误差，与浮点数表示的高精度系数的乘积，再写成浮点数时(即整数1位和小数15位)，指数值变大，但有效数字的舍入误差很小。例如：令 $k^3=3000^3$，则有：

$1.614920368712122\ \mathrm{E}-002\times3000^3$

$=1.614920368712122\ \mathrm{E}-002\times27000000000$

$=(1.614920368712122\times27)\mathrm{E}+007$

$=43.602849955227294\ \mathrm{E}+007$

$=(4.360284995522729\ +\ 0.0000000000000004)\mathrm{E}+008$

$=4.360284995522729\ \mathrm{E}+008$

可见，乘积的有效数字的舍入误差为“4.0 E－016”，故乘积值是准确的双精度浮点数。另外，当 n、m 和 k 均较大时，小于1.0的系数 $A_{nm_{ou}k}$、$A_{nm_{ji}k}$ 值衰减加快。此时，系数为理想低通滤波因子，又可进一步提高导数值计算精度。再者，直接算法不存在递推算法的大量传递误差。由此可知，导数值计算结果可达双精度要求，即相对误差不大于 10^{-16} 级次。

在双倍精度计算条件下，无论阶 n 次 m 多么大，施密特型球函数、其重要积分和1～3阶导数等“直接算法”均能够取得满足双倍精度要求的计算结果（即得到其“真值”）。这是施密特型球函数算法上的“突破性”进展。该突破为球坐标系内区域重磁位场高精度转换处理和定量解释提供了重要的算法支撑。

4.5　施密特型球函数直接算法的重要应用（一）

关于本节内容，请参阅《高 & 区》第6章。

4.5.1　三类球函数值高精度高速度直接算法公式

原定义型球函数（*LF*）表达式（Fantino E，Casotto S，2009）为：

$$P_n^{(m)}(\cos\theta)=\frac{\sin^m\theta}{2^{2n}n!}\cdot\frac{\mathrm{d}^{n+m}}{\mathrm{d}(\cos\theta)^{n+m}}\cdot(\cos^2\theta-1)^n \tag{4-5-1}$$

完全规格化型球函数（*ALF*）是中外大地测量专家共同采用的重要函数。其定义式（Fantino E，Casotto S，2009）为：

$$\overline{P}_n^m(\cos\theta)=\sqrt{(2-\delta_{0m})\cdot(2n+1)\cdot\frac{(n-m)!}{(n+m)!}}\cdot P_n^{(m)}(\cos\theta) \tag{4-5-2}$$

施密特型球函数（SLF）定义式（《高 & 区》中4.18式）为：

$$P_n^m(\cos\theta)=\sqrt{(2-\delta_{0m})\cdot\frac{(n-m)!}{(n+m)!}}\cdot P_n^{(m)}(\cos\theta) \tag{4-5-3}$$

对比（4-5-1）式、（4-5-2）式和（4-5-3）式，分别得原定义型球函数（LF）和完全规格化型球函数（ALF）与施密特型球函数（ALF）之间的关系式，即：

$$P_n^{(m)}(\cos\theta)=\sqrt{\frac{1}{(2-\delta_{0m})}\cdot\frac{(n+m)!}{(n-m)!}}\cdot P_n^m(\cos\theta) \tag{4-5-4}$$

$$\overline{P}_n^m(\cos\theta)=\sqrt{2n+1}\cdot P_n^m(\cos\theta) \tag{4-5-5}$$

把（4-5-1）式代入（4-5-4）式，经化简得到原定义型球函数“直接算法”公式：

$$P_n^{(m)}(\cos\theta) = \frac{m!}{C_{2m}^m} \cdot \frac{1}{2^{2n}} \sum_{j=0}^{[m/2]} (-1)^{[m/2]+j} c_j C_m^j \sum_{i=0}^{n-m} C_{n-i}^m C_{m+i}^m C_{2(n-i)}^{(n-i)} C_{2(m+i)}^{(m+i)}$$

$$\cdot \begin{Bmatrix} \cos[n-2(i+j)]\theta + \cos[2(m+i-j)-n]\theta, m = m_{ou} \\ \sin[n-2(i+j)]\theta + \sin[2(m+i-j)-n]\theta, m = m_{ji} \end{Bmatrix} \tag{4-5-6}$$

式中，除 $m!$ 外，各数值元素与(4－2－1)式的对应元素相同，可见(4－5－6)式最简短。

4.5.2 完全规格化型球函数及其 1～3 导数的高精度直接算法

最重要的完全规格化型球函数 $\overline{P}_n^m(\cos\theta)$ 直接算法基础公式是(4－5－5)式和 施密特型球函数 $P_n^m(\cos\theta)$ 直接算法公式(4－2－1)式、(4－2－2)式及(4－4－1)～(4－4－5)式共 7 个公式。为了写法方便，本小节用 $P_{nm}(\cos\theta)$ 和 $\overline{P}_{nm}(\cos\theta)$ 球函数符号代替原来的 $P_n^m(\cos\theta)$ 和 $\overline{P}_n^m(\cos\theta)$。

由(4－2－1)式、(4－2－2)式、(4－4－1)～(4－4－5)式、(4－5－5)式，可得 $\overline{P}_{nm}(\cos\theta)$ 及其 1～3 阶导数的直接算法公式为：

$$\overline{P}_{nm}(\cos\theta) = \sqrt{2n+1} \times P_{nm}(\cos\theta) \tag{4-5-7}$$

$$\overline{P}_{nm}^{(1)}(\cos\theta) = \sqrt{2n+1} \times P_{nm}^{(1)}(\cos\theta) \tag{4-5-8}$$

$$\overline{P}_{nm}^{(2)}(\cos\theta) = \sqrt{2n+1} \times P_{nm}^{(2)}(\cos\theta) \tag{4-5-9}$$

$$\overline{P}_{nm}^{(3)}(\cos\theta) = \sqrt{2n+1} \times P_{nm}^{(3)}(\cos\theta) \tag{4-5-10}$$

根据上节的重要结论，即真值浮点数乘以任何数仍为真值浮点数，可知等于真值浮点数的 $P_{nm}(\cos\theta)$、$P_{nm}^{(1)}(\cos\theta)$、$P_{nm}^{(2)}(\cos\theta)$、$P_{nm}^{(3)}(\cos\theta)$ 值乘以 $\sqrt{2n+1}$ 后，再写成浮点数，可变为新的真值浮点数。于是上述完全规格化型球函数 $\overline{P}_n^m(\cos\theta)$ 和 1～3 阶导数“直接算法”计算结果必为“真值”。

4.5.3 完全规格化型球函数 10 个重要积分的高精度直接算法

4.5.3.1 完全规格化球函数 10 个重要定积分

以下为 10 个有关完全规格化球函数的重要积分。

$$\bar{I}_{nm}^{i} = \int_{\theta_i}^{\theta_{i+1}} \bar{P}_{nm}(\cos\theta)\sin\theta \mathrm{d}\theta, m \geqslant 0,$$

$$\bar{I}_{nm}^{\hat{k}} = \int_0^{\pi} \bar{P}_{nm}(\cos\theta)\begin{pmatrix}\cos\hat{k}\theta, m = m_{ou}\\ \sin\hat{k}\theta, m = m_{ji}\end{pmatrix}\sin\theta \mathrm{d}\theta, m \geqslant 0;$$

$$\bar{J}_{nm}^{i} = \int_{\theta_i}^{\theta_{i+1}} \bar{P}_{nm}^{(1)}(\cos\theta)\sin\theta \mathrm{d}\theta, m \geqslant 0,$$

$$\bar{J}_{nm}^{\hat{k}} = \int_0^{\pi} \bar{P}_{nm}^{(1)}(\cos\theta)\begin{pmatrix}\sin\hat{k}\theta, m = m_{ou}\\ \cos\hat{k}\theta, m = m_{ji}\end{pmatrix}\sin\theta \mathrm{d}\theta;$$

$$\bar{K}_{nm}^{i} = \int_{\theta_i}^{\theta_{i+1}} \frac{m \cdot \bar{P}_{nm}(\cos\theta)}{\sin\theta}\sin\theta \mathrm{d}\theta, m > 0,$$

$$\bar{K}_{nm}^{\hat{k}} = \int_0^{\pi} \frac{m \times \bar{P}_{nm}(\cos\theta)}{\sin\theta}\begin{pmatrix}\sin\hat{k}\theta, m = m_{ou}\\ \cos\hat{k}\theta, m = m_{ji}\end{pmatrix}\sin\theta \mathrm{d}\theta, m > 0;$$

$$\bar{L}_{nm}^{i} = \int_{\theta_i}^{\theta_{i+1}} [2\bar{P}_{nm}^{(2)}(\cos\theta) + n(n+1)\bar{P}_{nm}(\cos\theta)]\sin\theta \mathrm{d}\theta, m \geqslant 0;$$

$$\bar{L}_{nm}^{\hat{k}} = \int_0^{\pi} [2\bar{P}_{nm}^{(2)}(\cos\theta) + n(n+1)\bar{P}_{nm}(\cos\theta)]\begin{pmatrix}\cos\hat{k}\theta, m = m_{ou}\\ \sin\hat{k}\theta, m = m_{ji}\end{pmatrix}\sin\theta \mathrm{d}\theta, m \geqslant 0;$$

$$\bar{M}_{nm}^{i} = \int_{\theta_i}^{\theta_{i+1}} \frac{\mathrm{d}}{\mathrm{d}\theta}\left(\frac{m \cdot \bar{P}_{nm}(\cos\theta)}{\sin\theta}\right)\sin\theta \mathrm{d}\theta, m > 0;$$

$$\bar{M}_{nm}^{\hat{k}} = \int_0^{\pi} \frac{\mathrm{d}}{\mathrm{d}\theta}\left[\frac{m \cdot \bar{P}_{nm}(\cos\theta)}{\sin\theta}\right]\begin{pmatrix}\cos\hat{k}\theta, m = m_{ou}\\ \sin\hat{k}\theta, m = m_{ji}\end{pmatrix}\sin\theta \mathrm{d}\theta, m > 0$$

$$(4-5-11)$$

采用(4-2-2)式的“直接算法”，严格推导出了(4-5-11)式中前8个重要积分的显式表达式，分析其计算精度认为采用美国 IEEE 标准浮点数双精度计算，各式计算结果均可达到甚至高于“双精度浮点数”。

4.5.3.2 含参数 $\hat{k}$ 积分 $\bar{I}_{nm}^{k}$，$\bar{J}_{nm}^{k}$，$\bar{K}_{nm}^{k}$& $\bar{L}_{nm}^{k}$的直接算法

(1) $\bar{I}_{nm}^{\hat{k}}$积分直接算法及其计算精度。

$\bar{I}_{nm}^{\hat{k}}$的直接算法解析表达式为：

$$\bar{I}_{nm}^{\hat{k}} = \sqrt{2n+1} \times \begin{cases} \sum\limits_{k=n,n-2,n-4,\cdots} -A_{nm_{ou}k} \cdot \left[\dfrac{1}{(k+\hat{k})^2-1} + \dfrac{1}{(k-\hat{k})^2-1}\right], (k \pm \hat{k})\text{为偶数}, \\ \sum\limits_{k=n,n-2,n-4,\cdots} +A_{nm_{ji}k} \cdot \left[\dfrac{1}{(k+\hat{k})^2-1} - \dfrac{1}{(k-\hat{k})^2-1}\right], (k \pm \hat{k})\text{为偶数}, \end{cases}$$

(4 -5 -12)

式中，$\hat{k}=0,1,\cdots,N_{截断值}$；$(\hat{k}\pm k)$为偶数；$(\hat{k}\pm k)$为奇数，$\bar{I}_{nm}^{\hat{k}}=0$，因而没有奇异性。

该式小括号内两项均≤1.0 又有系数 A≤1.0，故 $\bar{I}_{nm}^{\hat{k}}$必为真值浮点数。

(2) $\bar{J}_{nm}^{\hat{k}}$积分直接算法及其计算精度。

$\bar{J}_{nm}^{\hat{k}}$的直接算法解析表达式为：

$$\bar{J}_{nm}^{\hat{k}} = \sqrt{2n+1} \times \begin{cases} \sum\limits_{k=n,n-2,n-4,\cdots} (-k) \cdot A_{nm_{ou}k} \cdot \left[\dfrac{1}{(k+\hat{k})^2-1} - \dfrac{1}{(k+\hat{k})^2-1}\right] \\ \sum\limits_{k=n,n-2,n-4,\cdots} (-k) \cdot A_{nm_{ji}k} \cdot \left[\dfrac{1}{(k+\hat{k})^2-1} + \dfrac{1}{(k-\hat{k})^2-1}\right] \end{cases}, (k \pm \hat{k})\text{ 为偶数}$$

(4 -5 -13)

式中，$\hat{k}=0,1,\cdots,N_{截断值}$；$(\hat{k}\pm k)$为偶数；$(\hat{k}\pm k)$为奇数，$\bar{J}_{nm}^{\hat{k}}=0$，因而没有奇异性。该式求和号内每一项都是真值浮点数，总和必为真值浮点数，该数再乘以 $\sqrt{2n+1}$，结果定为新的真值浮点数。故 $\bar{J}_{nm}^{\hat{k}}$必为真值浮点数。

(3) $\bar{K}_{nm}^{\hat{k}}$积分直接算法及其计算精度 。

$\bar{K}_{nm}^{\hat{k}}$的直接算法解析表达式为：

$$\bar{K}_{nm}^{\hat{k}} = m\ \sqrt{2n+1} \cdot \begin{cases} \sum\limits_{k=n,n-2,n-4,\cdots} A_{nm_{ou}k} \dfrac{2\hat{k}}{\hat{k}^2-k^2}, (k-\hat{k})\text{ 为奇数} \\ \sum\limits_{k=n,n-2,n-4,\cdots} A_{nm_{ji}k} \dfrac{2k}{k^2-\hat{k}^2}, (k-\hat{k})\text{ 为奇数} \end{cases}$$

(4 -5 -14)

式中，$\hat{k}=0,,\cdots,N_{截断值}$；$(\hat{k}\pm k)$为奇数；$(\hat{k}\pm k)$为偶数；$\bar{K}_{nm}^{\hat{k}}=0$，因而没有奇异性。除 $|(k-\hat{k})|=1$ 外，$\left|\dfrac{2\hat{k}}{\hat{k}^2-k^2}\right| = \left|\dfrac{2\hat{k}}{(\hat{k}+k)(\hat{k}-k)}\right| < 1$ 和 $\left|\dfrac{2k}{k^2-\hat{k}^2}\right| = \left|\dfrac{2k}{(k+\hat{k})(k-\hat{k})}\right| < 1$，故 $\bar{K}_{nm}^{\hat{k}}$为真值浮点数。

(4) $\bar{L}_{nm}^{\hat{k}}$积分直接算法及其计算精度。

$\overline{L}_{nm}^{\hat{k}}$的直接算法解析表达式为：

$$\overline{L}_{nm}^{\hat{k}} = n(n+1)\sqrt{2n+1}\cdot\begin{cases}\sum\limits_{k=n,n-2,n-4,\cdots} -A_{lm_{\alpha}k}\cdot\left[\dfrac{1}{(k+\hat{k})^2-1}+\dfrac{1}{(k-\hat{k})^2-1}\right],(k\pm\hat{k})\text{ 为偶数}\\ \sum\limits_{k=n,n-2,n-4,\cdots} +A_{lm_{\beta}k}\cdot\left[\dfrac{1}{(k+\hat{k})^2-1}-\dfrac{1}{(k-\hat{k})^2-1}\right],(k\pm\hat{k})\text{ 为偶数}\end{cases}$$

$$+2\sqrt{2n+1}\cdot\begin{cases}\sum\limits_{k=n,n-2,n-4,\cdots}(+k^2)\cdot A_{nm_{\alpha}k}\cdot\left[\dfrac{1}{(k+\hat{k})^2-1}+\dfrac{1}{(k-\hat{k})^2-1}\right],(k\pm\hat{k})\text{ 为偶数}\\ \sum\limits_{k=n,n-2,n-4,\cdots}(-k^2)\cdot A_{nm_{\beta}k}\cdot\left[\dfrac{1}{(k+\hat{k})^2-1}-\dfrac{1}{(k-\hat{k})^2-1}\right],(k\pm\hat{k})\text{ 为偶数}\end{cases}$$

(4－5－15)

式中，$\hat{k}=0,1,\cdots,N_{截断值}$；$(\hat{k}\pm k)$为偶数；$(\hat{k}\pm k)$为奇数，$\overline{L}_{nm}^{\hat{k}}=0$，因而没有奇异性。$\overline{L}_{nm}^{\hat{k}}$的第 1 项中求和式计算结果为真值浮点数，该数乘以 $n(n+1)\sqrt{2n+1}$后，再写成浮点数，必为新的真值浮点数。$\overline{L}_{nm}^{\hat{k}}$的第 2 项求和式中，每项均为真值浮点数，总和必为真值浮点数，该数再乘以$(2\sqrt{2n+1})$，结果为新的“真值浮点数”。故 $\overline{L}_{nm}^{\hat{k}}$为真值浮点数。

4.5.3.3 复杂积 $\overline{M}_{nm}^{i}$和 $\overline{M}_{nm}^{k}$直接算法及其计算精度

(4－5－11)式中后两个重要积分 $\overline{M}_{nm}^{i}$和 $\overline{M}_{nm}^{\hat{k}}$极其复杂。该 2 积分式中包含定积分类型$\int_0^{\pi}\mathrm{ctg}\theta P_{nm}(\cos\theta)\,\mathrm{d}\theta$。借助(4－2－2)式，进一步引出定积分类型：$\int_{\theta_1}^{\theta_2}\mathrm{ctg}\theta\cdot\begin{pmatrix}\cos\tilde{k}\theta\\ \sin\tilde{k}\theta\end{pmatrix}\mathrm{d}\theta$，其中：

$$\begin{cases}\tilde{k}=k,\ (k+\hat{k}),\ (k-\hat{k})\\ [\theta_1,\ \theta_2]=[\theta_i,\ \theta_{i+1}],\ (0<|\theta|<\pi)\end{cases}\qquad(4-5-16)$$

对(4－5－16)式求积，再把 ctgθ 在 $\theta=0$ 处展开成无穷泰勒级数，即：

$$\begin{cases}\mathrm{ctg}\theta=\dfrac{1}{\theta}-\dfrac{1}{3}\cdot\theta-\dfrac{1}{45}\cdot\theta^3-\dfrac{1}{945}\cdot\theta^5-\dfrac{1}{4725}\cdot\theta^7-\dfrac{2}{93555}\cdot\theta^9-\cdots\\ -\dfrac{2^{21}B_l}{(2l)!}\cdot\theta^{2l-1}-\cdots=\dfrac{1}{\theta}-\sum\limits_{l=1}^{\infty}\dfrac{2^{2l}B_l}{(2l)!}\cdot\theta^{2l-1}\\ B_l(l=1,2,\cdots,10)\text{ 伯努利数}\dfrac{1}{6},\dfrac{1}{30},\dfrac{1}{42},\dfrac{1}{30},\dfrac{5}{66},\dfrac{691}{2730},\dfrac{7}{6},\dfrac{3617}{510},\dfrac{43867}{798},\dfrac{174611}{330},\\ 0<|\theta|<\pi\end{cases}$$

(4－5－17)

(4 -5 -17)式中，B_l 为伯努利数。于是得到：

$$\int_{\theta_1}^{\theta_2} \operatorname{ctg}\theta \cos\tilde{k}\theta \mathrm{d}\theta = \int_{\theta_1}^{\theta_2} \frac{\cos\tilde{k}\theta}{\theta} \times \mathrm{d}\theta - \sum_{l=1}^{\infty} \frac{2^{2l}B_l}{(2l)_!} \int_{\theta_1}^{\theta_2} \theta^{2l-1}\cos\tilde{k}\theta \mathrm{d}\theta, 0 < \theta_1, \theta_2 < \pi \tag{4-5-18}$$

$$\int_{\theta_1}^{\theta_2} \operatorname{ctg}\theta \sin\tilde{k}\theta \mathrm{d}\theta = \int_{\theta_1}^{\theta_2} \frac{\sin\tilde{k}\theta}{\theta} \times \mathrm{d}\theta - \sum_{l=1}^{\infty} \frac{2^{2l}B_l}{(2l)_!} \int_{\theta_1}^{\theta_2} \theta^{2l-1}\sin\tilde{k}\theta \mathrm{d}\theta, 0 \leqslant \theta_1, \theta_2 \leqslant \pi \tag{4-5-19}$$

南北极点是(4 -5 -18)式的不可去的“奇异点”，需要避开。由《高 & 区》中(6. 30) ~ (6. 33)式 4 个定积分公式最终可以得到：

$$\int_{\theta_1}^{\theta_2} \operatorname{ctg}\theta \cdot \cos\tilde{k}\theta \mathrm{d}\theta = \Big\{(6.30) - (6.31)\Big\}_{\theta_1}^{\theta_2} \tag{4-5-20}$$

$$\int_{\theta_1}^{\theta_2} \operatorname{ctg}\theta \cdot \sin\tilde{k}\theta \mathrm{d}\theta = \Big\{(6.32) - (6.33)\Big\}_{\theta_1}^{\theta_2} \tag{4-5-21}$$

借助(4 -5 -20)式和(4 -5 -21)式，经推导分别得到对应 $\overline{M}_{nm}^{i}$ 和 $\overline{M}_{nm}^{\hat{k}}$ 的无穷级数型解析表达式，即《高 & 区》中(6. 45)式和(6. 46)式，南北极点是(6. 46)式的不可去的奇异点，需要避开。同样分析，理论上(6. 45)式的直接算法在全球面收敛，只要截断阶数 N 足够大，结果可以达到“双精度”。而(6. 46)式的直接算法，只要截断阶数 N 足够大，在舍去以南北极点为中心小球面外面做计算，结果也达到“双精度”。

4.6　施密特型球函数直接算法的重要应用(二)

关于本节内容，请参阅《高 & 区》第 7 章。

4.6.1　地磁场三分量球谐表达式(管志宁，2005)

众所周知，球谐合成和球谐分析 的双重求和一般表示为 $\sum_{n=0}^{N}\sum_{m=0}^{n}\{\cdots\}$。由表 4 -6 -1 可知，$n$ 由上到下增加，m 由左到右增加；每个小格内是(n, m)值。上面的双重求和中，n 固定，m 由 0→12 求和，属于先沿水平方向顺序求和。如果改换求和顺序，变为 $\sum_{m=0}^{N}\sum_{n=m}^{N}\{\cdots\}$，即 m 固定，n 由 0→12 求和，属于先沿上到下方向顺序求和，为 $\sum_{m=0}^{N}\sum_{n=m}^{N}\{\cdots\}=\sum_{n=0}^{N}\sum_{m=0}^{n}\{\cdots\}$。为了便于理解，常采用后面的求和方式。

表 4-6-1　验证两种顺序求和值相等(即 $\sum_{m=0}^{N}\sum_{n=m}^{N}\{\cdots\}=\sum_{n=0}^{N}\sum_{m=0}^{n}\{\cdots\}$) 的数据表

$N\downarrow$													
0	0, 0												
1	1, 0	1, 1											
2	2, 0	2, 1	2, 2										
3	3, 0	3, 1	3, 2	3, 3									
4	4, 0	4, 1	4, 2	4, 3	4, 4								
5	5, 0	5.1	5, 2	5, 3	5, 4	5, 5							
6	6, 0	6.1	6, 2	6, 3	6, 4	6, 5	6, 6						
7	7, 0	7, 1	7, 2	7, 3	7, 4	7, 5	7, 6	7, 7					
8	8, 0	8, 1	8, 2	8, 3	8, 4	8, 5	8, 6	8, 7	8, 8				
9	9, 0	9, 1	9, 2	9, 3	9, 4	9, 5	9, 6	9, 7	9, 8	9, 9			
10	10, 0	10, 1	10, 2	10, 3	10, 4	10, 5	10, 6	10, 7	10, 8	10, 9	10, 10		
11	11, 0	11, 1	11, 2	11, 3	11, 4	11, 5	11, 6	11, 7	11, 8	11, 9	11, 10	11, 11	
12	12, 0	12, 1	12, 2	12, 3	12, 4	12, 5	12, 6	12, 7	12, 8	12, 9	12, 10	12, 11	12, 12
$M\rightarrow$	0	1	2	3	4	5	6	7	8	9	10	11	12

地磁场径向分量、东向分量和北向分量球谐表达式为(管志宁，2005)：

$$Z(\lambda,\theta)=-\sum_{n=1}^{N}\sum_{m=0}^{n}\left(\frac{R}{r}\right)^{n+2}(a_n^m\cos m\lambda+b_n^m\sin m\lambda)(n+1)P_n^m(\cos\theta)$$

$$=\sum_{m=0}^{N}\sum_{n=m}^{N}\{\cdots\},n\geqslant 1$$

$$Y(\lambda,\theta)=\sum_{n=1}^{N}\sum_{m=0}^{n}\left(\frac{R}{r}\right)^{n+2}(a_n^m\sin m\lambda-b_n^m\cos m\lambda)\frac{m}{\sin\theta}P_n^m(\cos\theta)$$

$$=\sum_{m=0}^{N}\sum_{n=m}^{N}\{\cdots\},n\geqslant 1$$

$$X(\lambda,\theta)=\sum_{n=1}^{N}\sum_{m=0}^{n}\left(\frac{R}{r}\right)^{n+2}(a_n^m\cos m\lambda+b_n^m\sin m\lambda)\frac{\mathrm{d}}{\mathrm{d}\theta}P_n^m(\cos\theta)$$

$$= \sum_{m=0}^{N} \sum_{n=m}^{N} \{\cdots\}, n \geqslant 1 \tag{4-6-1}$$

式中，R 为地球的国际参考半径；$r>R$ 是观测点到地心的距离，在地磁场作"曲华平"处理后，$r=R_2$ 是大于 R 的大圆半径；$\{a_n^m, b_n^m\} = \{\mu_0 R^{-(n+2)} A_n^m, \mu_0 R^{-(n+2)} B_n^m\}$ 为磁位球谐系数；$P_n^m(\cos\theta)$ 是施密特型球函数。该函数值及其 1 阶导数值均采用"直接算法"计算，或者直接取自预先计算好的数据库内函数值。

以下 3 小节将分别阐述由地磁场垂向分量 $Z(\lambda, \theta)$、东向分量 $Y(\lambda, \theta)$ 和北向分量 $X(\lambda, \theta)$ 求解磁位 $U(\lambda, \theta)$ 球谐系数，$\{a_n^m, b_n^m\} = \{\mu_0 R^{-(n+2)} A_n^m, \mu_0 R^{-(n+2)} B_n^m\}$ 的传统或非传统解法。这是施密特型球函数直接算法的重要应用。

传统解法是指"分量场 $* \left\{ \left(\dfrac{2\hat{n}+1}{4\pi} \right) \begin{pmatrix} \cos\hat{m}\lambda \\ \sin\hat{m}\lambda \end{pmatrix} P_{\hat{n}}^{\hat{m}}(\cos\theta)\sin\theta \right\}$"进行的球谐分析，无论 $P_{\hat{n}}^{\hat{m}}(\cos\theta)$ 是否采用(4-2-4)式求和。而"分量场 * 其他形式的公式"进行的球谐分析，均称为非传统解法。

无论是传统解法，还是非传统解法，其球谐分析对象的表达式相同，求解对象(即磁位球谐系数)亦相同。因此，理论上不同解法解出的"磁位球谐系数"必然相同，球谐合成的结果也必然相同。

不同解法的不同之处在于：开始作球谐分析得到的球谐分析式左端的球谐系数$\{\hat{a}_{\hat{n}}^{\hat{m}}, \hat{b}_{\hat{n}}^{\hat{m}}\}$的数值彼此不同，由该球谐系数$\{\hat{a}_{\hat{n}}^{\hat{m}}, \hat{b}_{\hat{n}}^{\hat{m}}\}$值求解"磁位球谐系数$\{a_{\hat{n}}^{\hat{m}}, b_{\hat{n}}^{\hat{m}}\}$"的反演公式不同。

由北向分量 $X(\lambda, \theta)$ 求解"磁位球谐系数"的"非传统解法"，体现了"直接算法"独特的解题能力。而按"传统解法"由北向分量 $X(\lambda, \theta)$ 却无法求得"磁位球谐系数"值。

为了易于理解后面 3 小节的推导过程，只需记住：球谐分析包含的关于 λ 和 θ 的积分式是彼此分开的。但是，要使总积分不为"0"，两个积分式均要满足共同条件 $m=\hat{m}(=\hat{m}_{ou}$或$=\hat{m}_{ji})$；反过来说，$m \neq \hat{m}$ 的含 θ 的积分式永远等于"0"。

4.6.2 由地磁场径向分量 $Z(\lambda, \theta)$ 求解磁位球谐系数

采用传统模式的求解方法，地磁场垂向分量 $Z(\lambda, \theta)$ 表达式为(4-6-1)式的第 1 式：

$$Z(\lambda,\theta) = -\sum_{n=1}^{N}\sum_{m=0}^{n}\left(\frac{R}{r}\right)^{n+2}(a_n^m\cos m\lambda + b_n^m\sin m\lambda)(n+1)P_n^m(\cos\theta) \tag{4-6-2}$$

式中，$\{a_n^m, b_n^m\} = \{\mu_0 R^{-(n+2)}A_n^m, \mu_0 R^{-(n+2)}B_n^m\}$为磁位 $U(\lambda, \theta)$的球谐系数。

(4－6－2)式两端同乘以$\left(\frac{2\hat{n}+1}{4\pi}\right)\begin{pmatrix}\cos\hat{m}\lambda\\ \sin\hat{m}\lambda\end{pmatrix}P_{\hat{n}}^{\hat{m}}(\cos\theta)\sin\theta$，则有：

$$\begin{pmatrix}\hat{a}_{\hat{n}}^{\hat{m}}\\ \hat{b}_{\hat{n}}^{\hat{m}}\end{pmatrix} = -\int_0^{2\pi}\int_0^{\pi}Z(\lambda,\theta)\left(\frac{2\hat{n}+1}{4\pi}\right)\begin{pmatrix}\cos\hat{m}\lambda\\ \sin\hat{m}\lambda\end{pmatrix}P_{\hat{n}}^{\hat{m}}(\cos\theta)\sin\theta\mathrm{d}\theta\mathrm{d}\lambda,$$

$$= -\int_0^{2\pi}\int_0^{\pi}\left(\sum_{n=1}^{N}\sum_{m=0}^{n}(n+1)\left(\frac{R}{r}\right)^{n+2}[a_n^m\cos m\lambda + b_n^m\sin m\lambda]P_n^m(\cos\theta)\right)\left(\frac{2\hat{n}+1}{4\pi}\right)\begin{pmatrix}\cos\hat{m}\lambda\\ \sin\hat{m}\lambda\end{pmatrix}P_{\hat{n}}^{\hat{m}}(\cos\theta)\sin\theta\mathrm{d}\theta\mathrm{d}\lambda \tag{4-6-3}$$

(4－6－3)式中，关于 λ 的积分为：

$$\int_0^{2\pi}(a_n^m\cos m\lambda + b_n^m\sin m\lambda)\begin{pmatrix}\cos\hat{m}\lambda\\ \sin\hat{m}\lambda\end{pmatrix}\mathrm{d}\lambda$$

$$= \begin{cases} a_n^m\cdot\int_0^{2\pi}\cos m\lambda\cos\hat{m}\lambda\mathrm{d}\lambda + b_n^m\cdot\int_0^{2\pi}\sin m\lambda\cos\hat{m}\lambda\mathrm{d}\lambda \\ + a_n^m\cdot\int_0^{2\pi}\cos m\lambda\sin\hat{m}\lambda\mathrm{d}\lambda + b_n^m\cdot\int_0^{2\pi}\sin m\lambda\sin\hat{m}\lambda\mathrm{d}\lambda \end{cases} \tag{4-6-4}$$

当 $m\neq\hat{m}$ 时，上式的 4 个积分均为 0；当 $m=\hat{m}$ 时，上式的第 2 积分和第 3 个积分为 0，第 1 积分和第 4 个积分等于 π。因此，该积分变为：

$$\int_0^{2\pi}\sum_{m=0}^{n}(a_n^m\cos m\lambda + b_n^m\sin m\lambda)\begin{pmatrix}\cos\hat{m}\lambda\\ \sin\hat{m}\lambda\end{pmatrix}\mathrm{d}\lambda$$

$$= \sum_{m=\hat{m}}^{\hat{m}}\int_0^{2\pi}(a_n^{\hat{m}}\cos\hat{m}\lambda + b_n^{\hat{m}}\sin\hat{m}\lambda)\begin{pmatrix}\cos\hat{m}\lambda\\ \sin\hat{m}\lambda\end{pmatrix}\mathrm{d}\lambda = \pi * \begin{pmatrix}a_n^{\hat{m}}\\ b_n^{\hat{m}}\end{pmatrix} \tag{4-6-5}$$

式(4－6－4)很重要，将被后文多处直接参考。于是(4－6－9)式变为：

$$\begin{pmatrix}a_{\hat{n}}^{\hat{m}}\\ b_{\hat{n}}^{\hat{m}}\end{pmatrix} = -\int_0^{2\pi}\int_0^{\pi}Z(\lambda,\theta)\left(\frac{2\hat{n}+1}{4\pi}\right)\begin{pmatrix}\cos\hat{m}\lambda\\ \sin\hat{m}\lambda\end{pmatrix}P_{\hat{n}}^{\hat{m}}(\cos\theta)\sin\theta\mathrm{d}\theta\mathrm{d}\lambda$$

$$= -\sum_{n=1}^{N}\left[\left(\frac{R}{r}\right)^{n+2}(n+1)\cdot\pi\cdot\begin{pmatrix}a_n^{\hat{m}}\\ b_n^{\hat{m}}\end{pmatrix}\left(\frac{2\hat{n}+1}{4\pi}\right)\int_0^{\pi}P_n^{\hat{m}}(\cos\theta)P_{\hat{n}}^{\hat{m}}(\cos\theta)\sin\theta\mathrm{d}\theta\right]$$

（当 $n \neq \hat{n}$ 时，积分为 0）

$$= -\sum_{n=\hat{n}}^{\hat{n}}\left[\left(\frac{R}{r}\right)^{\hat{n}+2}(\hat{n}+1)\cdot\begin{pmatrix}a_{\hat{n}}^{\hat{m}}\\ b_{\hat{n}}^{\hat{m}}\end{pmatrix}\left(\frac{2\hat{n}+1}{4}\right)\int_0^{\pi}P_{\hat{n}}^{\hat{m}}(\cos\theta)P_{\hat{n}}^{\hat{m}}(\cos\theta)\sin\theta\mathrm{d}\theta\right]$$

（当 $n = \hat{n}$ 时，积分不为 0）

$$= -\left[\left(\frac{R}{r}\right)^{\hat{n}+2}(\hat{n}+1)\cdot\begin{pmatrix}a_{\hat{n}}^{\hat{m}}\\ b_{\hat{n}}^{\hat{m}}\end{pmatrix}\right]\left(\frac{2\hat{n}+1}{4}\right)\left(\frac{4}{2\hat{n}+1}\right) = -(\hat{n}+1)\cdot\left(\frac{R}{r}\right)^{\hat{n}+2}\begin{pmatrix}a_{\hat{n}}^{\hat{m}}\\ b_{\hat{n}}^{\hat{m}}\end{pmatrix}$$

$$(4-6-6)$$

最后得到：

$$\begin{pmatrix}a_{\hat{n}}^{\hat{m}}\\ b_{\hat{n}}^{\hat{m}}\end{pmatrix} = -\begin{pmatrix}\hat{a}_{\hat{n}}^{\hat{m}}\\ \hat{b}_{\hat{n}}^{\hat{m}}\end{pmatrix}\Big/\left\{(\hat{n}+1)\left(\frac{R}{r}\right)^{\hat{n}+2}\right\} \tag{4-6-7}$$

上式是由 $Z(\lambda, \theta)$ 求解磁位球谐系数 $\{a_n^m, b_n^m\}$（也就是 $\{a_{\hat{n}}^{\hat{m}}, b_{\hat{n}}^{\hat{m}}\}$）的最为简洁的方法。

4.6.3 由地磁场东向分量 $Y(\lambda, \theta)$ 求解磁位球谐系数

地磁场垂向分量 $Y(\lambda, \theta)$ 表达式为(4－6－1)式的第 2 式。

采用函数转换模式的直接算法，是一种非传统解法。

把 $Y(\lambda, \theta)$ 式两端均乘以 $\sin\theta$，得到：

$$\tilde{Y}(\lambda,\theta) = Y(\lambda,\theta)\sin\theta = \sum_{n=1}^{N}\sum_{m=0}^{n}\left(\frac{R}{r}\right)^{n+2} m\cdot\left(a_n^m\sin m\lambda - b_n^m\cos m\lambda\right)P_n^m(\cos\theta)$$

$$(4-6-8)$$

令 $\tilde{Y}(\lambda, \theta)$ 的球谐系数为：

$$\begin{pmatrix}\tilde{a}_{\tilde{n}}^{\tilde{m}}\\ \tilde{b}_{\tilde{n}}^{\tilde{m}}\end{pmatrix} = \frac{2\hat{n}+1}{4\pi}\int_0^{2\pi}\int_0^{\pi}\tilde{Y}(\lambda,\theta)\left\{\frac{2\hat{n}+1}{4\pi}\begin{pmatrix}\sin\hat{m}\lambda\\ -\cos\hat{m}\lambda\end{pmatrix}P_{\hat{n}}^{\hat{m}}(\cos\theta)\sin\theta\right\}\mathrm{d}\theta\mathrm{d}\lambda$$

$$(4-6-9)$$

则有：

$$\begin{pmatrix}\tilde{b}_{\tilde{n}}^{\tilde{m}}\\ \tilde{a}_{\tilde{n}}^{\tilde{m}}\end{pmatrix} = \int_0^{2\pi}\int_0^{\pi}\tilde{Y}(\lambda,\theta)\left\{\left(\frac{2\hat{n}+1}{4\pi}\right)\begin{pmatrix}\sin\hat{m}\lambda\\ -\cos\hat{m}\lambda\end{pmatrix}P_{\hat{n}}^{\hat{m}}(\cos\theta)\sin\theta\right\}\mathrm{d}\theta\mathrm{d}\lambda$$

$$= \int_0^{2\pi}\int_0^{\pi}\left(\sum_{n=1}^{N}\sum_{m=0}^{n}\left(\frac{R}{r}\right)^{n+2} m(a_n^m\sin m\lambda - b_n^m\cos m\lambda)P_n^m(\cos\theta)\right)$$

$$\left\{\left(\frac{2\hat{n}+1}{4\pi}\right)\begin{pmatrix}\sin\hat{m}\lambda\\-\cos\hat{m}\lambda\end{pmatrix}P_{\hat{n}}^{\hat{m}}(\cos\theta)\sin\theta\right\}\mathrm{d}\theta\mathrm{d}\lambda$$

$$=\int_0^{2\pi}\int_0^{\pi}\left[\sum_{n=1}^{N}\sum_{m=0}^{n}\left(\frac{R}{r}\right)^{n+2}m\cdot(a_n^m\sin m\lambda-b_n^m\cos m\lambda)\cdot\begin{pmatrix}\cos\hat{m}\lambda\\\sin\hat{m}\lambda\end{pmatrix}\right]\left(\frac{2\hat{n}+1}{4\pi}\right)P_n^m(\cos\theta)P_{\hat{n}}^{\hat{m}}(\cos\theta)\mathrm{d}\theta\mathrm{d}\lambda$$

$$=\sum_{n=1}^{N}\left[\left(\frac{R}{r}\right)^{n+2}m\cdot\pi\cdot\begin{pmatrix}a_n^{\hat{m}}\\b_n^{\hat{m}}\end{pmatrix}\left(\frac{2\hat{n}+1}{4\pi}\right)\int_0^{\pi}P_n^{\hat{m}}(\cos\theta)P_{\hat{n}}^{\hat{m}}(\cos\theta)\sin\theta\mathrm{d}\theta\right]\text{[采用(4-6-5)式得到]}$$

$$=\sum_{n=1}^{N}\left[\left(\frac{R}{r}\right)^{n+2}m\cdot\begin{pmatrix}a_n^{\hat{m}}\\b_n^{\hat{m}}\end{pmatrix}\left(\frac{2\hat{n}+1}{4\pi}\right)\int_0^{\pi}P_n^{\hat{m}}(\cos\theta)P_{\hat{n}}^{\hat{m}}(\cos\theta)\sin\theta\mathrm{d}\theta\right]\text{(当}n\neq\hat{n}\text{时,积分为0)}$$

$$=\sum_{n=\hat{n}}^{\hat{n}}\left[\left(\frac{R}{r}\right)^{\hat{n}+2}m\cdot\begin{pmatrix}a_{\hat{n}}^{\hat{m}}\\b_{\hat{n}}^{\hat{m}}\end{pmatrix}\left(\frac{2\hat{n}+1}{4\pi}\right)\left(\frac{4}{2\hat{n}+1}\right)\right]\text{[当}n=\hat{n}\text{时,上行内积分等于}4/(2\hat{n}+1)\text{]}$$

$$=m\cdot\left(\frac{R}{r}\right)^{\hat{n}+2}\begin{pmatrix}a_{\hat{n}}^{\hat{m}}\\b_{\hat{n}}^{\hat{m}}\end{pmatrix}$$

(4-6-10)

最后得到：

$$\begin{pmatrix}a_{\hat{n}}^{\hat{m}}\\b_{\hat{n}}^{\hat{m}}\end{pmatrix}=\begin{pmatrix}\tilde{a}_{\hat{n}}^{\hat{m}}\\\tilde{b}_{\hat{n}}^{\hat{m}}\end{pmatrix}\Big/\left[m\left(\frac{R}{r}\right)^{\hat{n}+2}\right] \tag{4-6-11}$$

上式是由 $Y(\lambda,\ \theta)$ 求解磁位球谐系数 $\{a_n^m,\ b_n^m\}$（也就是 $\{a_{\hat{n}}^{\hat{m}},\ b_{\hat{n}}^{\hat{m}}\}$）的最为简洁的方法。

4.6.4　由地磁场北向分量 $X(\lambda,\ \theta)$ 求解磁位球谐系数

4.6.4.1　采用传统模式的直接算法

将 $P_{nm}^{(1)}(\cos\theta)$ 的表达式（4-4-3）代入地磁场北向分量球谐分析表达式（4-6-1）的第3式，得到：

$$X(\lambda,\theta)=\sum_{m=1}^{N}\sum_{n=m}^{N}\left(\frac{R}{r}\right)^{n+2}\left(a_n^m\cos m\lambda-b_n^m\sin m\lambda\right)\frac{\mathrm{d}}{\mathrm{d}\theta}P_n^m(\cos\theta)$$

$$=\sum_{m=0}^{N}\sum_{n=m}^{N}\left(\frac{R}{r}\right)^{n+2}(a_n^m\cos m\lambda-b_n^m\sin m\lambda)\begin{pmatrix}\sum\limits_{k=n,n-2,n-4,\cdots,1}(-k)\times A_{nm_{ou}k}\cdot\sin k\theta\\\sum\limits_{k=n,n-2,n-4,\cdots,1}k\times A_{nm_{ji}k}\cdot\cos k\theta\end{pmatrix} \tag{4-6-12}$$

上式的 $\{a_n^m,\ b_n^m\}=\{\mu_0R^{-(n+2)}A_n^m,\ \mu_0R^{-(n+2)}B_n^m\}$ 是磁位 $U(\lambda,\ \theta)$ 的球谐系数。

按照传统，(4-6-11)式左、右两端均乘以$\left\{\frac{2n+1}{4\pi}\cdot\begin{pmatrix}\cos\hat{m}\lambda\\ \sin\hat{m}\lambda\end{pmatrix}P_{\hat{n}}^{\hat{m}}(\cos\theta)\sin\theta\right\}$，再作积分，得 $X(\lambda,\theta)$ 的球谐系数$\begin{Bmatrix}\hat{a}_{\hat{n}}^{\hat{m}}\\ \hat{b}_{\hat{n}}^{\hat{m}}\end{Bmatrix}$为：

$$
\begin{aligned}
\begin{Bmatrix}\hat{a}_{\hat{n}}^{\hat{m}}\\ \hat{b}_{\hat{n}}^{\hat{m}}\end{Bmatrix} &= \int_0^{2\pi}\int_0^{\pi}X(\lambda,\theta)\cdot\left\{\frac{2\hat{n}+1}{4\pi}\cdot\begin{pmatrix}\cos\hat{m}\lambda\\ \sin\hat{m}\lambda\end{pmatrix}\cdot P_{\hat{n}}^{\hat{m}}(\cos\theta)\sin\theta\right\}\mathrm{d}\theta\mathrm{d}\lambda \\
&= \int_0^{2\pi}\int_0^{\pi}\left\{\sum_{m=1}^{N}\sum_{n=m}^{N}\left(\frac{R}{r}\right)^{n+2}\cdot(a_n^m\cos m\lambda+b_n^m\sin m\lambda)P_{nm}^{(1)}(\cos\theta)\right\}\left\{\begin{pmatrix}\cos\hat{m}\lambda\\ \sin\hat{m}\lambda\end{pmatrix}\cdot\frac{2\hat{n}+1}{4\pi}\cdot P_{\hat{n}}^{\hat{m}}(\cos\theta)\sin\theta\right\}\mathrm{d}\theta\mathrm{d}\lambda \\
&= \sum_{m=0}^{N}\sum_{n=m}^{N}\left(\frac{R}{r}\right)^{n+2}\int_0^{2\pi}(a_n^m\cos m\lambda+b_n^m\sin m\lambda)\cdot\begin{pmatrix}\cos\hat{m}\lambda\\ \sin\hat{m}\lambda\end{pmatrix}\mathrm{d}\lambda\left(\frac{2\hat{n}+1}{4\pi}\right)\int_0^{\pi}P_{nm}^{(1)}(\cos\theta)P_{\hat{n}}^{m}(\cos\theta)\sin\theta\mathrm{d}\theta \\
&= \sum_{n=m}^{N}\left(\frac{R}{r}\right)^{n+2}\cdot\pi\cdot\begin{Bmatrix}a_n^{\hat{m}}\\ b_n^{\hat{m}}\end{Bmatrix}\cdot\frac{2\hat{n}+1}{4\pi}\cdot\int_0^{\pi}P_{nm}^{(1)}(\cos\theta)P_{\hat{n}}^{\hat{m}}(\cos\theta)\sin\theta\mathrm{d}\theta\text{[由(4-6-5)式得到]}
\end{aligned}
\tag{4-6-13}
$$

(4-6-13)式中关于 θ 的积分，两个球函数具有相同次数(即：$m=\hat{m}$，这是由关于 λ 的积分决定的)；否则该积分不存在。

根据(4-6-12)式和(4-6-13)式，(4-6-13)式关于 θ 的积分进一步表示为：

$$
\begin{aligned}
&\int_0^{\pi}P_{nm}^{(1)}(\cos\theta)P_{\hat{n}}^{\hat{m}}(\cos\theta)\sin\theta\mathrm{d}\theta \\
&= \int_0^{\pi}\begin{pmatrix}\sum\limits_{k=n,n-2,n-4,\cdots}(-k)\times A_{nm_{ou}k}\times\sin k\theta\\ \sum\limits_{k=n,n-2,n-4,\cdots}k\times A_{nm_{ji}k}\times\cos k\theta\end{pmatrix}\begin{pmatrix}\sum\limits_{\hat{k}=\hat{n},\hat{n}-2,\hat{n}-4,\cdots}A_{\hat{n}\hat{m}_{ou}\hat{k}}\cos\hat{k}\theta\\ \sum\limits_{\hat{k}=\hat{n},\hat{n}-2,\hat{n}-4,\cdots}A_{\hat{n}\hat{m}_{ji}\hat{k}}\sin\hat{k}\theta\end{pmatrix}\sin\theta\mathrm{d}\theta \\
&= \begin{cases}(a)=\begin{cases}\sum\limits_{k=n,n-2,n-4,\cdots}(-k)\cdot A_{nm_{ou}k}\times\sum\limits_{\hat{k}=\hat{n},\hat{n}-2,\hat{n}-4,\cdots}A_{\hat{n}\hat{m}_{ou}\hat{k}}\cdot\int_0^{\pi}\sin k\theta\cos\hat{k}\theta\sin\theta\mathrm{d}\theta\\ +\sum\limits_{k=n,n-2,n-4,\cdots}(-k)\cdot A_{nm_{ou}k}\times\sum\limits_{\hat{k}=\hat{n},\hat{n}-2,\hat{n}-4,\cdots}A_{\hat{n}\hat{m}_{ji}\hat{k}}\cdot\int_0^{\pi}\sin k\theta\sin\hat{k}\theta\sin\theta\mathrm{d}\theta\end{cases}\\ (b)=\begin{cases}\sum\limits_{k=n,n-2,n-4,\cdots}k\times A_{nm_{ji}k}\cdot\sum\limits_{\hat{k}=\hat{n},\hat{n}-2,\hat{n}-4,\cdots}A_{\hat{n}\hat{m}_{ou}\hat{k}}\cdot\int_0^{\pi}\cos k\theta\cos\hat{k}\theta\sin\theta\mathrm{d}\theta\\ +\sum\limits_{k=n,n-2,n-4,\cdots}k\times A_{nm_{ji}k}\cdot\sum\limits_{\hat{k}=\hat{n},\hat{n}-2,\hat{n}-4,\cdots}A_{\hat{n}\hat{m}_{ji}\hat{k}}\cdot\int_0^{\pi}\cos k\theta\sin\hat{k}\theta\sin\theta\mathrm{d}\theta\end{cases}\end{cases}
\end{aligned}
\tag{4-6-14}
$$

由自序中的(3)式，[4－6－14(a)]式中第1个积分为0；[4－6－14(b)]式中第2个积分为0。由“自序”(4)式，[4－6－14(a)]式中第2个积分和[4－6－14(b)]式中第1个积分，$(k+\hat{k})$为奇数时，等于0；$(k+\hat{k})$为偶数时，不等于0。但是，该两式中 $m\neq\hat{m}$，实际上均为0。

由此得出重要结论：(4－6－14)＝0！这表明采用“传统＋直接解法”的球谐分析方法不能求得地磁场北向分量的球谐系数$\{\hat{a}_{\hat{n}}^{\hat{m}},\ \hat{b}_{\hat{n}}^{\hat{m}}\}$，也不能求得磁位球谐系数$\{a_{\hat{n}}^{\hat{m}},\ b_{\hat{n}}^{\hat{m}}\}$。

4.6.4.2 采用非传统模式的直接算法

(4－6－11)式左、右两端均乘以$\left\{\begin{pmatrix}\cos\hat{m}\lambda\\ \sin\hat{m}\lambda\end{pmatrix}\cdot P_{\hat{n}}^{\hat{m}}(\cos\theta)\right\}$，再作积分，则有：

$$\begin{Bmatrix}\hat{a}_{\hat{n}}^{\hat{m}}\\ \hat{b}_{\hat{n}}^{\hat{m}}\end{Bmatrix}=\int_0^{2\pi}\int_0^{\pi}X(\lambda,\theta)\left\{\begin{pmatrix}\cos\hat{m}\lambda\\ \sin\hat{m}\lambda\end{pmatrix}\cdot P_{\hat{n}}^{\hat{m}}(\cos\theta)\right\}\mathrm{d}\theta\mathrm{d}\lambda$$

$$=\int_0^{2\pi}\int_0^{\pi}\left\{\sum_{m=1}^{N}\sum_{n=m}^{N}\left(\frac{R}{r}\right)^{n+2}(a_n^m\cos m\lambda+b_n^m\sin m\lambda)P_{nm}^{(1)}(\cos\theta)\right\}\begin{pmatrix}\cos\hat{m}\lambda\\ \sin\hat{m}\lambda\end{pmatrix}\cdot P_{\hat{n}}^{\hat{m}}(\cos\theta)\mathrm{d}\theta\mathrm{d}\lambda$$

$$=\sum_{m=0}^{N}\sum_{n=m}^{N}\left(\frac{R}{r}\right)^{n+2}\int_0^{2\pi}(a_n^m\cos m\lambda+b_n^m\sin m\lambda)\begin{pmatrix}\cos\hat{m}\lambda\\ \sin\hat{m}\lambda\end{pmatrix}\mathrm{d}\lambda\int_0^{\pi}P_{nm}^{(1)}(\cos\theta)P_{\hat{n}}^{\hat{m}}(\cos\theta)\mathrm{d}\theta$$

$$=\sum_{n=m}^{N}\left(\frac{R}{r}\right)^{n+2}\pi\begin{Bmatrix}a_n^{\hat{m}}\\ b_n^{\hat{m}}\end{Bmatrix}\int_0^{\pi}P_{n\hat{m}}^{(1)}(\cos\theta)P_{\hat{n}}^{\hat{m}}(\cos\theta)\mathrm{d}\theta\text{[由(4－6－5)式得到]}\tag{4－6－15}$$

(4－6－15)式中关于θ的积分，两个球函数应具有相同次数(即：$m\neq\hat{m}$，这是由关于λ的积分决定的)；否则，该积分不存在。根据(4－6－12)式和(4－2－2)式，(4－6－15)式关于θ的积分进一步表示为：

$$\int_0^{\pi}P_{n\hat{m}}^{(1)}(\cos\theta)P_{\hat{n}}^{\hat{m}}(\cos\theta)\mathrm{d}\theta$$

$$=\int_0^{\pi}\begin{pmatrix}\sum\limits_{k=n,n-2,n-4,\cdots}(-k)A_{n\hat{m}_{ou}k}\sin k\theta\\ \sum\limits_{k=n,n-2,n-4,\cdots}kA_{n\hat{m}_{ji}k}\cos k\theta\end{pmatrix}\begin{pmatrix}\sum\limits_{\hat{k}=\hat{n},\hat{n}-2,\hat{n}-4,\cdots}A_{\hat{n}\hat{m}_{ou}\hat{k}}\cos\hat{k}\theta\\ \sum\limits_{\hat{k}=\hat{n},\hat{n}-2,\hat{n}-4,\cdots}A_{\hat{n}\hat{m}_{ji}\hat{k}}\sin\hat{k}\theta\end{pmatrix}\mathrm{d}\theta$$

$$
=\begin{cases}\sum\limits_{k=n,n-2,n-4,\cdots}(-k)A_{n\hat{m}_{ou}k}\sum\limits_{\hat{k}=\hat{n},\hat{n}-2,\hat{n}-4,\cdots}A_{\hat{n}\hat{m}_{ou}\hat{k}}\int_0^{\pi}\sin k\theta\cos\hat{k}\theta\mathrm{d}\theta\\ \sum\limits_{k=n,n-2,n-4,\cdots}(+k)A_{n\hat{m}_{ji}k}\sum\limits_{\hat{k}=\hat{n},\hat{n}-2,\hat{n}-4,\cdots}A_{\hat{n}\hat{m}_{ji}\hat{k}}\int_0^{\pi}\cos k\theta\sin\hat{k}\theta\mathrm{d}\theta\end{cases}
$$

$$
=\begin{cases}\sum\limits_{k=n,n-2,n-4,\cdots}(-k)\cdot A_{n\hat{m}_{ou}k}\sum\limits_{\hat{k}=\hat{n},\hat{n}-2,\hat{n}-4,\cdots}A_{\hat{n}\hat{m}_{ou}\hat{k}}\cdot\dfrac{2k}{k^2-\hat{k}^2},(k-\hat{k})\text{ 为奇数}\\ \sum\limits_{k=n,n-2,n-4,\cdots}(+k)\cdot A_{n\hat{m}_{ji}k}\sum\limits_{\hat{k}=\hat{n},\hat{n}-2,\hat{n}-4,\cdots}A_{\hat{n}\hat{m}_{ji}\hat{k}}\cdot\dfrac{2\hat{k}}{\hat{k}^2-k^2},(\hat{k}-k)\text{ 为奇数}\end{cases}
\tag{4-6-16}
$$

(4-6-16)式中：上式对应于 $\hat{m}=\hat{m}_{ou}$ 和 $(k-\hat{k})$ 为奇数；由 $(k-\hat{k})$ 为奇数必要求 $(n-\hat{n})$ 为奇数；再由 $(n-\hat{n})$ 为奇数，若 $\hat{n}=n_{ou}$，则须 $\hat{n}=n_{ji}$，若 $\hat{n}=n_{ji}$，则必须 $n=n_{ou}$。下式对应于 $\hat{m}=\hat{m}_{ji}$ 和 $(\hat{k}-k)$ 为奇数；由 $(\hat{k}-k)$ 为奇数要求 $(\hat{n}-n)$ 为奇数；再由 $(\hat{n}-n)$ 为奇数，若 $\hat{n}=n_{ou}$，则必须 $n=n_{ji}$，若 $\hat{n}=n_{ji}$，则必须 $\hat{n}=n_{ou}$。由此可见，对于上式和下式，均存在两种情况，即 $(n,\ \hat{n})=(n_{ji},\ \hat{n}_{ou})$ 或 $(n,\ \hat{n})=(n_{ou},\ \hat{n}_{ji})$，即(4-6-16)式又分4种情况。(4-6-15)式也分为4种情况，即有：

$$
\begin{pmatrix}\hat{a}_{\hat{n}_{ou}}^{\hat{m}_{ou}}\\ \hat{b}_{\hat{n}_{ou}}^{\hat{m}_{ou}}\end{pmatrix}=\pi\cdot\sum_{n=n_{ji}=\hat{m}_{ou}+1}^{N_{ou}}\left(\frac{R}{r}\right)^{n_{ji}+2}\cdot\begin{pmatrix}a_{n_{ji}}^{\hat{m}_{ou}}\\ b_{n_{ji}}^{\hat{m}_{ou}}\end{pmatrix}\sum_{k=n_{ji},\cdots,3,1}(-k)A_{n_{ji}\hat{m}_{ou}k}\cdot\sum_{\hat{k}=\hat{n}_{ou},\cdots,\hat{2},\hat{0}}A_{\hat{n}_{ou}\hat{m}_{ou}\hat{k}}\cdot\frac{2k}{k^2-\hat{k}^2}
$$

$$
\begin{pmatrix}\hat{a}_{\hat{n}_{ji}}^{\hat{m}_{ou}}\\ \hat{b}_{\hat{n}_{ji}}^{\hat{m}_{ou}}\end{pmatrix}=\pi\cdot\sum_{n=n_{ou}=\hat{m}_{ou}}^{N_{ou}}\left(\frac{R}{r}\right)^{n_{ou}+2}\cdot\begin{pmatrix}a_{n_{ou}}^{\hat{m}_{ou}}\\ b_{n_{ou}}^{\hat{m}_{ou}}\end{pmatrix}\sum_{k=n_{ou},\cdots,2,0}(-k)A_{n_{ou}\hat{m}_{ou}k}\cdot\sum_{\hat{k}=\hat{n}_{ji},\cdots,\hat{3},\hat{1}}A_{\hat{n}_{ji}\hat{m}_{ou}\hat{k}}\cdot\frac{2k}{k^2-\hat{k}^2}
$$

$$
\begin{pmatrix}\hat{a}_{\hat{n}_{ou}}^{\hat{m}_{ji}}\\ \hat{b}_{\hat{n}_{ou}}^{\hat{m}_{ij}}\end{pmatrix}=\pi\cdot\sum_{n=n_{ji}=\hat{m}_{ji}}^{N_{ji}}\left(\frac{R}{r}\right)^{n_{ji}+2}\cdot\begin{pmatrix}a_{n_{ji}}^{\hat{m}_{ji}}\\ b_{n_{ji}}^{\hat{m}_{ji}}\end{pmatrix}\sum_{k=n_{ji},\cdots,3,1}(+k)A_{n_{ji}\hat{m}_{ji}k}\cdot\sum_{\hat{k}=\hat{n}_{ou},\cdots,\hat{2},\hat{0}}A_{\hat{n}_{ou}\hat{m}_{ji}\hat{k}}\cdot\frac{2\hat{k}}{\hat{k}^2-k^2}
$$

$$
\begin{pmatrix}\hat{a}_{\hat{n}_{ji}}^{\hat{m}_{ji}}\\ \hat{b}_{\hat{n}_{ji}}^{\hat{m}_{ij}}\end{pmatrix}=\pi\cdot\sum_{n=n_{ou}=\hat{m}_{ji}+1}^{N_{ji}+1}\left(\frac{R}{r}\right)^{n_{ou}+2}\cdot\begin{pmatrix}a_{n_{ou}}^{\hat{m}_{ji}}\\ b_{n_{ou}}^{\hat{m}_{ji}}\end{pmatrix}\sum_{k=n_{ou},\cdots,2,0}(+k)A_{n_{ou}\hat{m}_{ji}k}\cdot\sum_{\hat{k}=\hat{n}_{ji},\cdots,\hat{3},\hat{1}}A_{\hat{n}_{ji}\hat{m}_{ji}\hat{k}}\cdot\frac{2\hat{k}}{\hat{k}^2-k^2}
\tag{4-6-17}
$$

由上面公式推导可见，采用非传统的直接算法，试图由 $\{\hat{a}_{\hat{n}}^{\hat{m}},\ \hat{b}_{\hat{n}}^{\hat{m}}\}$ 求解出磁位球谐系数 $\{a_{\hat{n}}^{\hat{m}},\ b_{\hat{n}}^{\hat{m}}\}$，进而实现磁场之间的转换处理。这凸显了直接算法的独特的解题能力。

最后，笔者着重指出一点：在(4-4-7)式、(4-4-11)式和(4-4-17)式中，包含有因子$(R/r)^{\hat{n}+2}$。该因子的出现，是前人采取的一种"等效源方法"。通过对地球陆地所占面积、海拔平均值与海洋所占面积、深度平均值的分析，取加权平均，得地壳岩石圈上界面平均半径$R \approx 6369\text{km}$，而$r \approx (6369 + H)\text{km}$，$H$为观测场曲化平后的平面高度，于是该因子得以近似确定。

地磁场由地幔下界面内深部似球形磁性体和地幔上界面外地壳磁性层共同引起。前人认为绝大部分地壳磁性层磁场是沿着强大的深源磁场方向磁化产生的，需要对这两部分场分开进行反演。因此，前人对于全部地磁场作初步球谐分析认为，13 阶次以内的球谐级数之和代表深源磁场。而中、高阶球谐级数之和代表地壳浅源磁场，是否真的如此需要进一步研究。

本节研究的是地壳内浅源磁位球谐系数反演问题，继而可用于实现浅源磁场化向地磁极，这里采用的是等效源方法。等效源是连续分布在半径约 6369km 的大球面上的磁偶层，对于磁场换算来说，具有唯一解。

本书的重要意义和实用价值已在自序中指出，这里不再重复。

4.7 确定位场高阶次球谐分析截断阶数 N 的方法

4.7.1 根据任意球面函数的傅里叶分析

施密特型球函数可以写成三角函数展开式：

$$P_n^m(\theta) = \begin{cases} \sum\limits_{k=n,n-2,\cdots} A_{nm_{ou}k}\cos k\theta \\ \sum\limits_{k=n,n-2,\cdots} A_{nm_{ji}k}\sin k\theta \end{cases} = \begin{cases} \sum\limits_{k=n,n-2,\cdots} C_{nm_{ou}k}\cos k\theta \\ \sum\limits_{k=n,n-2,\cdots} S_{nm_{ji}k}\sin k\theta \end{cases} \tag{4-7-1}$$

式中，$C_{nm_{ou}k} = A_{nm_{ou}k}$和$S_{nm_{ji}k} = A_{nm_{ji}k}$称为$P_n^m(\cos\theta)$的展开式系数。

由上式可见，施密特型球函数$P_n^m(\cos\theta)$为有限项傅里叶展开式。其中，阶数n等于展开式中三角函数幅角系数k的最高值。而k值在频率域为频率，在波数域为波数。重磁异常是稳定场，没有随时间变化的频率，只有随尺度变化的波数。因此，k值在重磁勘探中称为波数。

一个平方可积的球面函数$f(\lambda, \theta)$的球谐合成(SHS)与球谐分析(SHA)对为：

$$f(\lambda,\theta) = \sum_{n=0}^{\infty}\sum_{m=0}^{n}(a_n^m\cos m\lambda + b_n^m\sin m\lambda)P_n^m(\cos\theta) \tag{4-7-2}$$

$$\begin{Bmatrix} a_n^m \\ b_n^m \end{Bmatrix} = \frac{2n+1}{4\pi}\int_0^{\pi}\int_0^{2\pi} f(\lambda,\theta)\begin{Bmatrix}\cos m\lambda \\ \sin m\lambda\end{Bmatrix} P_n^m(\cos\theta)\sin\theta \mathrm{d}\lambda \mathrm{d}\theta \tag{4-7-3}$$

(4-7-2)式和(4-7-3)式可以改写为：

$$f(\lambda,\theta) = \sum_{m=0}^{\infty}\sum_{n=m}^{\infty}(C_{nm}\cos m\lambda + S_{nm}\sin m\lambda)P_n^m(\cos\theta) \tag{4-7-4}$$

$$\begin{Bmatrix} C_{nm} \\ S_{nm} \end{Bmatrix} = \int_0^{\pi}\left\{\int_0^{2\pi} f(\lambda,\theta)\begin{Bmatrix}\cos m\lambda \\ \sin m\lambda\end{Bmatrix}\mathrm{d}\lambda\right\} P_n^m(\cos\theta)\sin\theta \mathrm{d}\theta \tag{4-7-5}$$

其中：

$$\{C_{nm}\text{或}S_{nm}\} = \left\{\left(\frac{4\pi}{2n+1}\right)\cdot a_n^m\text{或}\left(\frac{4\pi}{2n+1}\right)\cdot b_n^m\right\} \tag{4-7-6}$$

(4-7-6)式能够采用如下两个步骤加以实现(Nico Sneeuw 和 Richard Bun, 1996)：

$$\left.\begin{matrix} A_m(\theta) \\ B_m(\theta) \end{matrix}\right\} = \int_0^{2\pi} f(\theta,\lambda)\begin{Bmatrix}\cos m\lambda \\ \sin m\lambda\end{Bmatrix}\mathrm{d}\lambda \tag{4-7-7(a)}$$

$$\left.\begin{matrix} C_{nm} \\ S_{nm} \end{matrix}\right\} = \int_0^{\pi}\begin{Bmatrix} A_m(\theta) \\ B_m(\theta) \end{Bmatrix} = P_{nm}(\cos\theta)\sin\theta \mathrm{d}\theta \tag{4-7-7(b)}$$

采用两个步骤，球谐合成反过来得出：

$$\left.\begin{matrix} A_m(\theta) \\ B_m(\theta) \end{matrix}\right\} = \sum_{n=m}^{\infty} P_{nm}(\cos\theta)\begin{cases} C_{nm} \\ S_{nm} \end{cases} \tag{4-7-8(a)}$$

$$f(\theta,\lambda) = \sum_{m=0}^{\infty}\{A_m(\theta)\cos m\lambda + B_m(\theta)\sin m\lambda\} \tag{4-7-8(b)}$$

[4-7-7(a)]式和[4-7-7(b)]式是沿纬线圈(即在经度方向)的一维傅里叶变换。如果傅里叶方法也用于纬度方向，则施密特型勒让德函数 $P_{nm}(\cos\theta)$ 写成正弦-余弦级数：

$$P_{nm}(\cos\theta) = \sum_{k=0}^{n} a_{nmk}\begin{cases}\cos k\theta, m\text{ 为偶数} \\ \sin k\theta, m\text{ 为奇数}\end{cases} \tag{4-7-9}$$

式中，当 $n-k$ 为奇数时，a_{nmk} 为 0 值。因此，(4-7-9)式与(4-7-1)式完全相同。把(4-7-9)式代入[4-7-8(*a*)]得到：

$$A_m(\theta) = \sum_{n=m}^{\infty}\sum_{k=0}^{n} a_{nmk}C_{nm}\begin{Bmatrix}\cos k\theta \\ \sin k\theta\end{Bmatrix} = \sum_{k=0}^{n} D_{mk}\begin{cases}\cos k\theta, m\text{ 为偶数} \\ \sin k\theta, m\text{ 为奇数}\end{cases} \tag{4-7-10(a)}$$

$$B_m(\theta) = \sum_{n=m}^{\infty}\sum_{k=0}^{n} a_{nmk}S_{nm}\begin{Bmatrix}\cos k\theta\\ \sin k\theta\end{Bmatrix} = \sum_{k=0}^{n} E_{mk}\begin{cases}\cos k\theta, m \text{ 为偶数}\\ \sin k\theta, m \text{ 为奇数}\end{cases}$$

[4-7-10(b)]

其中：

$$\left.\begin{matrix}D_{mk}\\ E_{mk}\end{matrix}\right\} = \sum_{n=\max(m,k)}^{\infty} a_{nmk}\begin{cases}C_{nm}\\ S_{nm}\end{cases} \tag{4-7-11}$$

显然，D_{mk}和E_{mk}是二维傅里叶系数，再把[4-7-10(a)]式和[4-7-10(b)]式代入[4-7-8(b)]式后，这一结论会变得更加清晰，代入结果为：

$$f(\theta,\lambda) = \sum_{m=0}^{\infty}\sum_{k=0}^{n}\{D_{mk}\cos m\lambda + E_{mk}\sin m\lambda\}\begin{cases}\cos k\theta, m \text{ 为偶数}\\ \sin k\theta, m \text{ 为奇数}\end{cases} \tag{4-7-12}$$

中间结果(4-7-11)式表示从球谐系数到二维傅里叶系数的变换。忽略掉由混叠现象引起的问题，则在快速傅里叶变换(即FFT)算法中，最大阶数为N的截断方案(4-7-11)式变为：

$$\left.\begin{matrix}D_{mk}\\ E_{mk}\end{matrix}\right\} = \sum_{n=\max(m,k)}^{N} a_{nmk}\begin{cases}C_{nm}\\ S_{nm}\end{cases} \tag{4-7-13}$$

因为施密特型球函数$P_n^m(\cos\theta)$的次数m和系数a_{nmk}的序号k，与阶数n之间有关系式m，$k=0$，1，2，…，n，所以$f(\lambda,\theta)$的二维傅里叶变换式(4-7-12)关于m和k的截断也是$N=n_{\max}$，则(4-7-12)式变为：

$$f(\theta,\lambda) = \sum_{m=0}^{N}\sum_{k=0}^{N}\{D_{mk}\cos m\lambda + E_{mk}\sin m\lambda\}\begin{cases}\cos k\theta, m \text{ 为偶数}\\ \sin k\theta, m \text{ 为奇数}\end{cases} \tag{4-7-14}$$

在截断后的二维快速傅里叶变换中，包含的最短波长就是$(2\times\Delta\lambda)$或$(2\times\Delta\theta)$，其中，$\Delta\lambda$和$\Delta\theta$分别为沿纬线圈(λ方向)和沿经线圈(θ方向)的观测点的角度间隔。因为(4-7-14)式关于m和k的截断也是$N=n_{\max}$，即在地球重磁总场或重磁异常的球谐分析和球谐合成中，应取等角网格$\Delta\lambda=\Delta\theta$，则最高截断阶数$N=n_{\max}$与观测点角度间隔$\Delta\theta$有关系式：

$$N = \pi/(2\times\Delta\theta) \tag{4-7-15}$$

换算成距离单位，设Δ和R分别为θ方向点距和观测球面半径，则有普遍关系式：

$$N = \pi \times R/(2\Delta\theta \times R) = \pi R/2\Delta \qquad (4-7-16)$$

由(4－7－16)式可得如下数值规律：①N与Δ成反比，即R为常量，Δ越小，N越大，Δ越大，N越小。②N与R成正比，即Δ为常量，R越大，N越大；R越小，N越小。

例如：目前中国地质调查局部署的重力1：20万面积测量工作，点距$\Delta=2\mathrm{km}$。如果球坐标系原点选在地球中心，地球半圈长约20000km，则$N\cong 20000\mathrm{km}/4\mathrm{km}=5000$。

青藏高原1：20万重力资料处理表明：重力异常等值线图中，重力异常包括：①含有大量高密度或低密度三度岩体引起的局部重力异常，一般是由波长小于40km的波数成分合成得到的。②滤除局部重力异常后的区域重力异常，对应地由波长大于40km的波数成分合成，一般认为是由分布面积大的连续重力密度分界面所引起。

为了定量反演三度岩体的质量中心、总质量、1630个边界点向径长度，采用“三维局部重力异常源全方位成像”方法(安玉林、谭保华，1997)。该方法的球坐标系原点选在三度体质量中心(该质心由“直接反演＋迭代修改方法”准确得到)，其边界径向长度一般小于10km，故此，取$N=5$，共有$(N+1)^2=36$个非0球谐系数，符合“R越小，N越小”的数值规律。

为了反演区域性的密度分界面深度，必须选球坐标系原点位于地球中心，并选$\Delta=20\mathrm{km}$(最小波长40km)，于是，得到$N\cong 500$。当然，也可以选$\Delta=10\mathrm{km}$(最小波长20km)，于是，得到$N\cong 1000$。这符合“R越大，N越大”和“Δ越小，N越大”的数值规律。

4.7.2 根据位场球谐分析需满足的条件

以磁矩中心或质量中心为球坐标系原点；$p(r,\lambda,\theta)$、$q(r,\lambda,\theta)$和分别表示观测点、场源点和距离；M_q、ρ_q和G分别表示场源总磁化方向、点处的磁化强度模、密度和万有引力常数。则三度体引力位、“拟引力位”表达式分别为：

$$V(p)=\iiint_V \frac{G\rho_q}{r_{pq}}\cdot \mathrm{d}v,\tilde{V}(p)=\iiint_V \frac{M_q}{r_{pq}}\cdot \mathrm{d}v \qquad (4-7-17)$$

r_{pq}的空间域表达式为：

$$r_{pq}=\sqrt{r^2+r'^2-2r\cdot r'\cos\psi}=r\sqrt{1-2\left(\frac{r'}{r}\right)\cos\psi+\left(\frac{r'}{r}\right)^2} \qquad (4-7-18)$$

当满足条件“$(r'/r<1)$”时，r_{pq}^{-1}可以展开为 r 的无穷负幂级数：

$$\frac{1}{r_{pq}}=\frac{1}{r}\sum_{n=0}^{\infty}\left(\frac{r'}{r}\right)^n P_n(\cos\psi)$$

$$\begin{cases}P_n(\cos\psi)=\sum\limits_{n=0}^{\infty}P_n^m(\cos\theta)P_n^m(\cos\theta')\cos m(\lambda-\lambda')\\ \cos m(\lambda-\lambda')=\cos m\lambda\cos m\lambda'+\sin m\lambda\sin m\lambda'\end{cases}\tag{4-7-19}$$

把(4－7－19)式代入(4－7－17)式，得到“引力位”和“拟引力位”关于 r 的负幂级数为：

$$\{V(p),\tilde{V}(p)\}=\sum_{n=0}^{\infty}\sum_{m=0}^{n}\frac{a_n^m\cos m\lambda+b_n^m\sin m\lambda}{r^{n+1}}P_n^m(\cos\theta)\tag{4-7-20}$$

式中，$P_n^m(\cos\theta)$为 n 阶 m 次施密特型球函数；a_n^m、b_n^m 为其球谐系数，表达式为：

$$\begin{Bmatrix}a_n^m\\ b_n^m\end{Bmatrix}=\iiint_V\{G\rho_q 或 M_q\}r'^{n+2}\begin{Bmatrix}\cos m\lambda'\\ \sin m\lambda'\end{Bmatrix}P_n^m(\cos\theta')\sin\theta'\mathrm{d}r'\mathrm{d}\lambda'\mathrm{d}\theta'\tag{4-7-21}$$

(4－7－21)式和(4－7－20)式分别为“引力位”和“拟引力位”的“球谐分析”和“球谐合成”表达式。

设：$(r'/r)<1.0$，$r'=R_0$，$r=R=c\cdot R_0$，$c>1.0$，则有：

$$\begin{aligned}\{V(p),\tilde{V}(p)\}&=\sum_{n=0}^{\infty}\sum_{m=0}^{n}\frac{a_n^m\cos m\lambda+b_n^m\sin m\lambda}{(c\cdot R_0)^{(n+1)}}\cdot P_n^m(\cos\theta)\\&=\sum_{n=0}^{\infty}c^{-(n+1)}\sum_{m=0}^{n}\frac{a_n^m\cos m\lambda+b_n^m\sin m\lambda}{(R_0)^{(n+1)}}\cdot P_n^m(\cos\theta)\end{aligned}\tag{4-7-22}$$

(4－7－22)式中，$c^{-(n+1)}=1/c^{(n+1)}$，因为 $c>1.0$，相当于一个低通滤波因子，对公式右端关于 m 的求和进行压制。设：ε 为“双倍精度”或“四倍精度”的最小有意义数绝对值。当下式成立时：

$$c^{-(n+1)}\cdot\sum_{m=0}^{n}\frac{a_n^m\cos m\lambda+b_n^m\sin m\lambda}{(R_0)^{(n+1)}}P_n^m(\cos\theta)<c^{-(n+1)}\cdot\sum_{m=0}^{n}\frac{(|a_n^m|+|b_n^m|)}{(R_0)^{(n+1)}}<\varepsilon\tag{4-7-23}$$

即有：

$$\sum_{m=0}^{n}(|a_n^m|+|b_n^m|)<\varepsilon(cR_0)^{(n+1)}\tag{4-7-24}$$

$$N = n_{\min} > \left(\left\{\log\left(\sum_{m=0}^{n}\left(|a_n^m| + |b_n^m|\right)\right) - \log\varepsilon\right\} \Big/ \log(cR_0)\right) - 1$$

(4 – 7 – 25)

式中，N 为对应于 $r = R = cR_0$ 和 $c > 1.0$ 的截断阶数，而且 c 越大，N 越小。

如果在半径为 R_0 的球面上，沿经线圈（θ 增加方向）点距 $\Delta = 2\text{km}$，如上所述，$N = 5000$，但在半径 $r = R = cR_0$ 和 $c > 1.0$ 的球面上进行"球谐分析"和"球谐合成"，只要场源仍位于半径为 R_0 的球面以内和 $\Delta\theta$ 相同，则有 $N_{\min} < 5000$。

4.8 球壳型磁性层磁异常正反演方法在球面有限区域内的应用

4.8.1 问题的提出和假设条件

平面上建立的波数域正、反演理论和方法采用傅立叶变换在整个平面上导出，但实际应用时往往限于有限区域，因此，要作某些假设。如假设计算区边界磁异常为0，若不为0，通过数据扩充使在扩充边界上磁异常为0。另外，忽略计算区外磁性体对计算区内的异常数据的影响等。球壳型磁性层正、反演方法借助球谐分析理论在整个球面上建立，若能在一定假设条件下应用于范围有限区域将有实际意义。

为了推广应用于有限区域，设该区域为 D。假定：①Z_P 在 D 内直至边界连续，且在边界上为0，而在 D 外（称为 $\bar{D}$）恒为0。②$\Delta J_{\lambda'\theta'}$、$\Delta h_{\lambda'\theta'}$ 和 $\Delta H_{\lambda'\theta'}$ 与 Z_P 具有相同的分布特征。在此假定下，磁性层断面在 $\bar{D}$ 内为同心圆环，且磁化强度为常数 J，其与 D 内同心圆环部分共同产生的 Z_P 在环外合处均为0。

4.8.2 有限区域内球面函数的球谐分析

任何在球面上连续的函数 $f(\lambda, \theta)$，可用球谐分析方法展开为一个平均收敛的级数，即能进行球谐分析的函数包括有限区域内分布的连续球面函数。前面对 Z_P、$\Delta J_{\lambda'\theta'}$、$\Delta h_{\lambda'\theta'}$ 和 $\Delta H_{\lambda'\theta'}$ 等函数所作的假设符合连续函数要求，尽管为"有限球面区域分布"，仍能作球谐分析。

若 $f(\lambda, \theta)$ 为前述局部函数，由《高 & 区》（安玉林，张明华等，2016）中

(9.21)式，其球谐系数$\{G_n^m,\ H_n^m\}$为：

$$\begin{Bmatrix} G_n^m \\ H_n^m \end{Bmatrix} = \frac{2n+1}{4\pi(n+1)}\int_0^{\pi}\int_0^{2\pi} f(\lambda,\theta)P_n^m(\cos\theta)\begin{Bmatrix}\cos m\lambda \\ \sin m\lambda\end{Bmatrix}\sin\theta\mathrm{d}\lambda\mathrm{d}\theta$$

$$= \frac{2n+1}{4\pi(n+1)}\left\{\iint_D[\cdots\cdots]\mathrm{d}\lambda\mathrm{d}\theta + \iint_{\bar{D}}[\cdots\cdots]\mathrm{d}\lambda\mathrm{d}\theta\right\}$$

$$= \frac{2n+1}{4\pi(n+1)}\iint_D f(\lambda,\theta)P_n^m(\cos\theta)\begin{Bmatrix}\cos m\lambda \\ \sin m\lambda\end{Bmatrix}\sin\theta\mathrm{d}\lambda\mathrm{d}\theta \qquad (4-8-1)$$

式中，第二个积分为0值，是因为$f(\lambda,\ \theta)$在$\bar{D}$内为0值，而其他函数是有界连续的。

(4-8-1)式说明：$f(\lambda,\ \theta)$函数在D内的积分所得球谐系数，即在整个球面积分所得的球谐系数。$\{G_n^m,\ H_n^m\}$为$f(\lambda,\ \theta)$的严谨的球谐系数，代入《高&区》中(9.20)式所得的函数值，理论上为$f(\lambda,\ \theta)$，在$\bar{D}$为0值。

4.8.3　球壳型磁性层正反演公式的准确性

为了论证磁性层正反演公式在有限区域内应用的准确性，只需指出《高&区》中(9.14)式或(9.16)式给出的球谐系数$\{a_n^m,\ b_n^m\}$的严谨性。

因为$\Delta h_{\lambda'\theta'}$、$\Delta H_{\lambda'\theta'}$在$\bar{D}$内为0，故函数$(J_{\lambda'\theta'}\Delta h_{\lambda'\theta'}^k)$、$(J_{\lambda'\theta'}\Delta H_{\lambda'\theta'}^k)$，$k=1,2,3,\cdots,(n+2)$，在$\bar{D}$内为0。于是$\Delta J_{\lambda'\theta'}$也为0，则在$\bar{D}$内，《高&区》中(9.14)式右端大括号内的函数值为0，则有：

$$\begin{Bmatrix} a_n^m \\ b_n^m \end{Bmatrix} = \frac{n}{4\pi}\int_0^{\pi}\int_0^{2\pi}\{\cdots\cdots\}\begin{Bmatrix}\cos m\lambda' \\ \sin m\lambda'\end{Bmatrix}P_n^m(\cos\theta')\sin\theta'\mathrm{d}\theta'\mathrm{d}\lambda'$$

$$= \frac{n}{4\pi}\iint_D\{\cdots\cdots\}\begin{Bmatrix}\cos m\lambda' \\ \sin m\lambda'\end{Bmatrix}P_n^m(\cos\theta')\sin\theta'\mathrm{d}\theta'\mathrm{d}\lambda' \qquad (4-8-2)$$

再从《高&区》中(9.16)式分析，根据(4-8-2)式确定的$\Delta\tilde{g}_n^m$、$\Delta\tilde{h}_n^m$、g_{nm}^{1k}、h_{nm}^{1k}、g_{nm}^{2k}、$h_{nm}^{2k}[k=1,2,3,\cdots,(n+2)]$也是严谨的球谐系数，则由《高&区》中(9.16)式右端给出的亦为严谨的球谐系数$\{a_n^m,\ b_n^m\}$。

由$\{a_n^m,\ b_n^m\}$的严谨性，推导出由《高&区》中(9.17)式确定的$\{g_n^m,\ h_n^m\}$严谨性。将其代入《高&区》中(9.20)式，可得一有限区域内分布的函数，符合对Z_P的假定。进而推出所有反演公式的严谨性。由此得出结论，在对Z_P、$\Delta J_{\lambda'\theta'}$、$\Delta h_{\lambda'\theta'}$和$\Delta H_{\lambda'\theta'}$等函数所作的假设条件下，磁性层正反演公式在有限区域内是正确的。

4.8.4 不采用重磁场球冠谐分析方法的原因分析

重磁场球冠谐分析方法(Haines G V，1985)是建立有限区域内重磁场模型的严谨的球谐分析与球谐合成的理论和方法。在该方法实施过程中，需要把测区的中心位置变换成北极点或南极点，其周围测点坐标则相应变换为以新的极点为中心的新的坐标，构成一个球冠形区域。

笔者认为球冠谐分析对建立地面重磁资料转换处理和定量解释方法来说有许多不便之处：①在球冠谐分析理论中，重磁位场包含的实数阶球函数的加权正交公式和位的北向、东向和径向导数(即北向、东向和径向场分量)等公式复杂。②需根据边界条件求解实数阶 $n_k(m)$ 值。③非以南北极轴为对称的似矩形重磁测区内测点，需借助球面坐标变换，变成以假设的极轴为对称的球冠形区域内对应测点；此时，磁场观测值能否直接转移到球冠区对应侧点上，需研究清楚，特别是在需进行磁场化极计算时。④球冠区是以球冠中心点对称的圆形球壳区，其等角结点网格为扇形球壳，越靠近球冠中心，扇形壳面积越小，沿经线越狭长。1:20 万似矩形重磁测点网格变换到球冠区内，越靠近球冠中心，网格形态与球冠网格形态差距越大，大量网格点上没有场值分布。相反，离球冠中心越远，扇形球壳网格内观测值的数量越大，会有大量观测值被舍弃。在这种情况下，球冠谐分析很难采用类似于传统的球谐分析方法，只能采用最小二乘法求解重磁位场球谐系数。⑤笔者研创的“施密特型球函数及其重要积分和各阶导数的直接算法”和安玉林、管志宁(1990，1993)建立的“球壳型磁性层正反演方法”与“地球坐标系内磁异常转换方法”等不能直接引进到球冠谐分析算法中。⑥更值得关注的是，球冠中心区为球冠谐分析的重点区，但该区恰恰可以看成平面区域，不必采用复杂的球冠谐分析方法。

最后强调一点：本小节的原则也适用于其他有限区域磁测资料的转换处理和反演方法。

4.9 “直接算法”在研制高精度高速度 SHA 与 SHS 程序中的应用

在《高 & 区》第 10 章，作为高阶球函数直接算法的重要应用，笔者初步设计两种球谐分析与球谐合成高速算法。但该方法实际操作还有困难，因此，不在这里阐述。采用高阶球函数直接算法能够设计出“高精度高速度球谐分析与球谐合成”程序，研创该程序并推广应用，对我国科学技术的发展具有重要贡献。

研制“高精度高速度球谐分析和球谐合成直接算法”的关键是预先高精度计算出所需的能“批量、连续、快速读取的数据库”，以便省去大量重复计算量和重复计算期间内的“中间存储量”，从而极大提高计算速度和节省内存。

参考文献

[1]雷日克 ИМ，格拉德什坦 ИС. 重要函数表和积分表[M]. 北京：高等教育出版社，1959.

[2]王竹溪，郭敦仁. 特殊函数论[M]. 北京：科学出版社，1965.

[3]数学手册编写组. 数学手册[M]. 北京：人民教育出版社，1979.

[4]Haines G V. Spherical Cap Harmonic Analysis[J]. Journal of Geophysical Research，1985，90(B3)：2583 -2591.

[5]刘式适，刘式达. 特殊函数[M]. 北京：气象出版社，1988.

[6]安玉林，管志宁. 球壳形磁性层磁异常正反演方法[J]. 现代地质，1990，4(2)：116 -129.

[7]宁津生，邱卫根，陶本藻. 地球重力场模型理论[M]. 武汉：武汉测绘科技大学出版社，1990.

[8]Nico Sneeuw，Richard Bun. Global spherical harmonic computation by two dimensional Fourier methods[J]. Journal of Geodesy，1996，70：224 -232.

[9]安玉林，黄金明. 局部重磁场源全方位成像(续)[M]. 北京：地震出版社，2003.

[10]安玉林，黄金明. 一类复杂三度体磁场的解析正演方法[J]. 地球科学，2003，28.

[11]An Yulin，Huang Jinming，Chen Yudong. Forward computation of the magnetic field of a 3D body with arbitrary boundary and continually varying magnetization[J]. Geophysical Prospecting，2004，52：49 -63.

[12]吴兴，刘雁雨. 多种超高阶次缔合勒让德函数计算方法的比较[J]. 测绘科学技术学报，2006，23(3)：188 -191.

[13]王建强，赵国强，朱广彬. 常用超高阶次缔合勒让德函数计算方法对比分析[M]. 大地测量与地球动力学，2008，29(2)：126 -130.

[14]Fantino E，Casotto S. Methods of harmonic synthesis for global geopotential Models and their first -，second - and third - order gradients[J]. Journal of Geodesy，2009，83：1159 -1161.

[15]吴兴．卫星重力梯度数据处理理论与方法[D]．郑州：解放军信息工程大学，2009.

[16]安玉林，张明华，黄金明，等．纯球坐标系内各项重力校正值计算方案和计算过程[J]．物探与化探，2010，34(6)：697－705.

[17]Toshio Fukushima. Numerical computation of spherical harmonics of arbitrary degree and order by extending exponent of floating point numbers[J]. Journal of Geodesy，2012a，86：271－285.

[18]Toshio Fukushima. Recursive computation of finite difference of associated Legendre functions[J]. Journal of Geodesy，2012b，86：745－754.

[19]艾伯哈德·蔡德勒．数学指南—实用数学手册[M]．李文林，译．北京：科学出版社，2012.

[20]安玉林，郭良辉，张明华．169km 以远地壳质量的重力校正值高精度计算及其数值特征[J]．物探与化探，2015，39(1)：1－11.

[21]安玉林，张明华，黄金明，等．高阶球函数直接算法与区域位场定量解释[M]．北京：地质出版社，2016.

5　地球物理线性反演理论

5.1　地球物理反演问题的基本理论

5.1.1　地球物理反演问题的表述方式

5.1.1.1　描述地球物理的偏微分方程及其部分解析解

(1)磁位的泊松方程及其积分解。

描述磁位的泊松方程为：

$$\Delta U = \frac{\partial^2 U}{\partial x^2} + \frac{\partial^2 U}{\partial y^2} + \frac{\partial^2 U}{\partial z^2} = \rho_q (p - q) \tag{5-1-1}$$

式中，$\rho_p = \mathrm{div}\vec{M}_q$ 为场源点 q 处的磁荷密度；$\vec{M}_q$ 为磁化强度矢量。

无源区内，观测点 p 处位 $U(p)$ 和场分量 $T(p)$ 的表达式为：

$$U(p) = \frac{1}{4\pi}\iiint\limits_V M_q \frac{\vec{l}_q \cdot \vec{r}_{pq}}{r_{pq}^3} \cdot \mathrm{d}v, T(p) = \frac{\mu_0}{4\pi}\iiint\limits_V M_q \cdot \left\{\frac{(\vec{t} \cdot \vec{r}_{pq})(\vec{l} \cdot \vec{r}_{pq})}{r_{pq}^5} - \frac{(\vec{t} \cdot \vec{l})}{r_{pq}^3}\right\} \cdot \mathrm{d}v \tag{5-1-2}$$

(2)引力位的泊松方程及其积分解。

该方程为：

$$\Delta U = \frac{\partial^2 U}{\partial x^2} + \frac{\partial^2 U}{\partial y^2} + \frac{\partial^2 U}{\partial z^2} = -4\pi G\rho_q\delta(p - q) \tag{5-1-3}$$

式中，ρ_q 为 q 点的体密度；G 为万有引力常数。

无源区内，观测点 p 处位 $U(p)$ 和引力场垂直分量 $\Delta g(p)$ 的表达式为：

$$U(p) = G\iiint\limits_V \frac{\rho_q}{r_{pq}}\mathrm{d}v, \Delta g(p) = \frac{\partial U(p)}{\partial z} = -G\iiint\limits_V \rho_q \frac{\vec{k} \cdot \vec{r}_{pq}}{r_{pq}^3} \cdot \mathrm{d}v \tag{5-1-4}$$

(3)均匀各向同性完全弹性介质中的地震声波方程及其解析解。

地震声波方程为：

$$\Delta U(p,\ t) - \frac{1}{v^2}\frac{\partial^2 U(p,\ t)}{\partial t^2} = P_q\delta(t)\delta(p-q) \tag{5-1-5}$$

式中，v 为波速，纵波速度 $v=\sqrt{(\lambda+2\mu)/\rho}$（$\lambda$、$\mu$ 为拉梅常数，ρ 为密度）。

对声波方程作正反拉氏变换和傅立叶变换，可得到满足条件 $U(p,\ t)=\partial U(p,\ t)/\partial t=0(t\leqslant 0)$ 的解析表达式为：

$$\Delta U(p,t) = \frac{1}{4\pi}\iiint\limits_V P_q\cdot\frac{\delta(t-r_{pq}/v)}{r_{pq}}\mathrm{d}v \tag{5-1-6}$$

式中，v 为包含震源的区域；P_q 为压力。

(4)各向同性、完全弹性、非均匀介质中地震声波方程。

当仅考虑波的传播时，得到 $v(p)=\sqrt{[\lambda(p)+2\mu(p)]/\rho(p)}$、$U(p,\ t)=\partial U(p,\ t)/\partial t=0(t\leqslant 0)$ 和变系数齐次微分方程：

$$\Delta U(p,\ t) - \frac{1}{v(p)^2}\cdot\frac{\partial^2 U(p,\ t)}{\partial t^2}=0 \tag{5-1-7}$$

5.1.1.2 反演问题的经典表述方式

本段阶梯函数 Π_q 是笔者引入的。

以(5-1-2)式、(5-1-4)式、(5-1-6)式为例。设阶梯函数为：

$$\Pi(q)=\begin{cases}1, & \text{当 } q \text{ 属于 } V \text{ 时}\\ 0, & \text{当 } q \text{ 不属 } V \text{ 时}\end{cases} \tag{5-1-8}$$

则上述3式变为：

$$T(p) = \frac{\mu_0}{4\pi}\int_0^{\infty}\int_{-\infty}^{\infty}\int_{-\infty}^{\infty}\Pi_q M_q\left\{\frac{(\vec{t}\cdot\vec{r}_{pq})(\vec{l}\cdot\vec{r}_{pq})}{r_{pq}^5}-\frac{(\vec{t}\cdot\vec{l})}{r_{pq}^3}\right\}\mathrm{d}v \tag{5-1-9}$$

$$\Delta g(p) = -G\int_0^{\infty}\int_{-\infty}^{\infty}\int_{-\infty}^{\infty}\Pi_q\rho_q\left\{\frac{(\vec{k}\cdot\vec{r}_{pq})}{r_{pq}^3}\right\}\mathrm{d}v \tag{5-1-10}$$

$$U(p,t) = \frac{1}{4\pi}\int_0^{\infty}\int_{-\infty}^{\infty}\int_{-\infty}^{\infty}\Pi_q P_q\left\{\frac{\delta(t-r_{pq}/v)}{r_{pq}}\right\}\mathrm{d}v \tag{5-1-11}$$

式中，M_q、ρ_q、P_q 为场源函数 m_q；Π_q 代表由几何参数描述的场源形态；大括号内为观测点坐标(x, y, z)或(x, y, z, t)（用 X 表示）的函数。

上述(5－1－2)式、(5－1－4)式、(5－1－6)式可以统一写为：

$$D(X)=G(X,\ m_q,\ \Pi_q) \tag{5-1-12}$$

式中，$D(X)$为X处的场的数据$T(p)$、$\Delta g(p)$、$U(p,\ t)$；G代表积分算子。

经典反演问题可以分成如下两种方式陈述：①在X处给定场的观测值$D(X)$和场源函数m_q，反求场源的几何参数Π_q。②在X处给定场的观测值$D(X)$和场源的几何参数Π_q，反求场源函数m_q。

5.1.1.3 反演问题的现代表述方式——间接方式

事实上，遇到的地球物理反演问题远不止上述经典表述方式所能概括的。如由(5－1－7)式、初始条件、边界条件$U|_{z=0}=f(x,\ y,\ z,\ t)$和某时刻某曲面上的观测值确定$p$点的速度$v(p)$，这是地震的速度成像问题，于是出现了反问题的现代表述方式。

地球物理反演问题的现代表述方式是将其化为微分方程反演问题。求解微分方程的关键是寻找其定解问题的解，相对于这个问题，微分方程反问题是由微分方程解的某种泛函确定方程的系数、右端项或解的定义域。

由前面所列的微分方程可见，地球物理反演问题现代表述方式陈述如下：①给定方程解的观测值，推算方程的右端项或定解域的形状。②给定方程解的观测值，重建方程的系数。

5.1.2 场的延拓－符合现代提法的地球物理反演问题及其解

5.1.2.1 场与地震波场向下延拓是在求解反演问题

(1)位场。

重磁位场满足的微分方程可以统一写为：

$$\Delta U=\begin{cases}0, & \text{在场源外}\\ Q(x,\ y,\ z), & \text{在场源内}\end{cases} \tag{5-1-13}$$

式中，$Q(x,\ y,\ z)$为源函数。

按照反演问题的现代提法，要推算场源$Q(x,\ y,\ z)$的位置，只需求得使上面方程右端项不为0的点，由此引出位场反演问题一种数学化的提法：“已知位场在地面上的观测值，要求确定其在下半空间全部奇点。”

根据解析延拓理论：给定了解析函数的奇点，即可确定解析函数的存在区域及其函数值；反之，已知某一封闭(可以在无穷远点封闭)曲线上单值解析函数值，也可唯一确定其全部奇点。

这种反演问题可用另一种方式表述："根据在地面上的观测值，寻求确定拉普拉斯方程的定义域。"即寻求位场函数奇点的另一种方法——解析延拓。

(2)地震波场。

众所周知，在人工地震方法中，弹性波异常是通过爆破发出的入射波从地下间断面反射上来的反射波产生的。利用入射波和反射波到达观测区域的时间差，可以直接测量得到反射波场的值，这时反射波场的场源是地下间断面。因此，地震波场的解释问题，实质上是根据地面上所记录到的反射波场的值推算地下间断面的结构和位置。在间断面以外，反射波场处处精确地或近似地满足波动方程(5-1-7)式。因此，地震资料的解释可采用波场向下延拓的方法。其实质可视为寻求波场函数的奇点，该奇点也可理解为在其上失去光滑性或不满足相应波动方程的点。

5.1.2.2 位场和地震波场向下延拓公式

为了简化二阶线性微分方程定解问题的求解，在平面直角坐标系内，笔者采取了波数域微分方程正、反变换的推导思路。

(1)二阶常系数微分方程的解法。

该类微分方程及其特征方程为：

$$Y''(x)+pY'(x)+qY(x)=0,\ r^2+pr+q=0 \tag{5-1-14}$$

当特征方程的根 $r_1 \neq r_2$ 时，微分方程的通解为：

$$Y(x)=c_1e^{r_1x}+c_2e^{r_2x} \tag{5-1-15}$$

当 $p=0$ 时，上面两式变为：

$$Y''(x)+qY(x)=0,\ r^2+q=0 \quad (r_{1,2}=\pm\sqrt{-q}) \tag{5-1-16}$$

$$Y(x)=c_1e^{-\sqrt{-q}\,x}+c_ce^{-\sqrt{-q}\,x} \tag{5-1-17}$$

(2)位场下延的定解问题的通解。

位场下延的定解问题为：

$$\Delta U=\frac{\partial^2 U}{\partial z^2}+\left\{\frac{\partial^2 U}{\partial x^2}+\frac{\partial^2 U}{\partial y^2}\right\}=0,\ U=U(x,\ y,\ z) \tag{5-1-18}$$

对 U 关于变量 x、y 作傅立叶变换，其谱函数为 $\tilde{U}(u,\ y,\ z)$，简记为 $\tilde{U}(z)$，则关于变量 z 的微分方程为：

$$\tilde{U}''_{zz}(z)+\left\{(\mathrm{i}2\pi u)^2+(\mathrm{i}2\pi v)^2\right\}\tilde{U}(z)=0 \qquad (5-1-19)$$

即二阶常系数微分方程为：

$$\tilde{U}''_{zz}(z)-(2\pi f)^2\tilde{U}(z)=0,\qquad f=\sqrt{u^2+v^2} \qquad (5-1-20)$$

其特征方程及方程通解为：

$$r^2-(2\pi f)^2=0,\qquad r_{1,2}=\pm 2\pi f \qquad (5-1-21)$$

$$\tilde{U}(z)=c_1\mathrm{e}^{2\pi fz}+c_2\mathrm{e}^{-2\pi fz}=\tilde{U}(0)=\mathrm{e}^{2\pi fz} \qquad (5-1-22)$$

(5-1-22)式两个等号中间的“+”左边项代表地球内部场源产生的位场，而右边项为地球外面星体(特别是太阳)产生的位场。当只研究地球内部场源的位场时，则得到该式右端项。

对 $\tilde{U}(u,\ v,\ z)$ 作反傅立叶变换，得到位场下延定解问题的解为：

$$\begin{aligned}U(x,y,z)&=\int_{-\infty}^{\infty}\int_{-\infty}^{\infty}\tilde{U}(u,v,z)\mathrm{e}^{\mathrm{i}2\pi(ux+vy)}\mathrm{d}u\mathrm{d}v\\&=\int_{-\infty}^{\infty}\int_{-\infty}^{\infty}\tilde{U}(u,v,0)\mathrm{e}^{2\pi fz}\mathrm{e}^{\mathrm{i}2\pi(ux+vy)}\mathrm{d}u\mathrm{d}v\end{aligned} \qquad (5-1-23)$$

(3)地震波场下延的定解问题的通解。

地震波下延的定解问题为：

$$\Delta U=\frac{\partial^2 U}{\partial Z^2}+\left\{\frac{\partial^2 U}{\partial x^2}+\frac{\partial^2 U}{\partial y^2}-\frac{1}{v^2}\times\frac{\partial^2 U}{\partial t^2}\right\}=0,\qquad U=U(x,\ y,\ z,\ t)$$

$$(5-1-24)$$

式中，$\tilde{U}$ 为地震波的振幅或压力。

对 U 关于变量 x、y、t 作傅立叶变换，其谱函数为 $\tilde{U}(u,\ v,\ \omega,\ z)$，简记为 $\tilde{U}(z)$，则关于变量 z 的微分方程为：

$$\tilde{U}''_{zz}(z)+\left\{(\mathrm{i}2\pi u)^2+(\mathrm{i}2\pi v)^2-\frac{1}{v^2}\times(\mathrm{i}2\pi\omega)^2\right\}\tilde{U}(z)=0 \quad (5-1-25)$$

即二阶常系数微分方程为：

$$\tilde{U}''(z)-\{[(2\pi u_x)^2+(2\pi v_y)^2]-(2\pi\omega_t)^2/v^2\}^2\tilde{U}(z)=0 \quad (5-1-26)$$

则其特征方程及方程通解为：

$$r^2-(2\pi)^2\{(u_x^2+v_y^2)-\omega_t^2/v^2\}=0,\qquad r_{1,2}=\pm 2\pi\sqrt{(u_x^2+v_y^2)-\omega_t^2/v^2}$$

$$(5-1-27)$$

$$\tilde{U}(z)=c_1\mathrm{e}^{2\pi z\sqrt{(u_x^2+v_y^2)-\omega_t^2/v^2}}+c_2\mathrm{e}^{-2\pi z\sqrt{(u_x^2+v_y^2)-\omega_t^2/v^2}}=\tilde{U}(0)\mathrm{e}^{2\pi z\sqrt{(u_x^2+v_y^2)-\omega_t^2/v^2}} \tag{5-1-28}$$

(5－1－28)式两个等号中间的“＋”左边项代表地球内部场源产生的波场，而右边项为地球外面星体(包括太阳)产生的波场。当只研究地球内部场源的波场时，则必然得到该式右端项。

对 $\tilde{U}(u,\ v,\ \omega,\ z)$ 作反傅立叶变换，得到地震波场下延定解问题的解为：

$$\begin{aligned}U(x,y,t,z) &= \int_{-\infty}^{\infty}\int_{-\infty}^{\infty}\tilde{U}(u,v,\omega,z)\mathrm{e}^{\mathrm{i}2\pi(ux+vy+\omega_t t)}\mathrm{d}u\mathrm{d}v\mathrm{d}t\\ &= \int_{-\infty}^{\infty}\int_{-\infty}^{\infty}\tilde{U}(u,v,\omega,0)\mathrm{e}^{2\pi z\sqrt{(u_x^2+v_y^2)-\omega_t^2/v^2}}\mathrm{e}^{\mathrm{i}2\pi(ux+vy+\omega_t t)}\mathrm{d}u\mathrm{d}v\mathrm{d}\omega\end{aligned} \tag{5-1-29}$$

5.1.3 反演问题的算子方程表示及其分类

5.1.3.1 反演问题的算子方程

把反演寻求的对象称为地球物理模型，并用 m 表示。在重磁勘探中，对规则几何形体的参数进行反演时，m 由几个孤立参数组成，每个参数均为其分量，则 m 可表示成 N 维向量形式 $m=(m_1,\ m_2,\ \cdots,\ m_N)^{\mathrm{T}}$。这是离散地球物理模型。

由(5－1－9)式、(5－1－10)式、(5－1－11)式反演 M_q、ρ_q、P_q 时，或由(5－1－11)式、(5－1－29)式确定位场和地震波场的下延场时，m 分别代表 M_q、ρ_q、P_q、$U(x,\ y,\ z)$ 和 $U(x,\ y,\ z,\ t)$ 等函数。此时，m 是连续模型，可以表示为$m=\{m(q),\ m(q,\ t)\}$。然而为了反演方便，连续模型 m 常常被分割成离散小块，每块内的 m 为常量，此时连续模型变为离散模型。如果每个小块的尺寸趋于无穷小，则连续模型被分割成的块数 N 趋于无穷大，连续模型可以表示为无穷维向量。

N 维向量或无穷维向量分别是 N 维空间或无穷维空间中的点。模型 m 所处的 N 维或无穷维空间称为模型空间，用 M 表示。

场的观测值称为地球物理资料，用 d 来表示。一般说来，d 总是离散的、有限的。但为了进行连续模型反演，也可以认为 d 是连续无限的。类似于 m，也可以把 d 分别表示为 N 维空间限量(点)或无穷维空间向量(点)，即 $d=(d_1,\ d_2,\ \cdots,\ d_N)^{\mathrm{T}}$ 或 $d=\{d(p),\ d(p,\ t)\}$。把 d 所处的 N 维或无穷维空间，称为“资料空间”，并用符号 D 表示。

地球物理正演问题是已知模型 m，通过按场的表达式运算求得场值 d，或者通过一系列运算求得 d。把实施的运算称为“算子”，并用符号 G 表示。正演问题可以用算子方程表示，即有：

$$Gm = d, \quad m \in M, \quad d \in D \tag{5-1-30}$$

例如：对应于(5－1－9)式、(5－1－10)式、(5－1－11)式，给定 m 为 M_q、ρ_q、P_q，则算子分别为：

$$G = \frac{\mu_0}{4\pi}\int_0^{\infty}\int_{-\infty}^{\infty}\int_{-\infty}^{\infty}\Pi_q\left\{\frac{(\vec{t}\cdot\vec{r}_{pq})(\vec{l}\cdot\vec{r}_{pq})}{r_{pq}^5}-\frac{(\vec{t}\cdot\vec{l})}{r_{pq}^3}\right\}[\,]\mathrm{d}v \tag{5-1-31}$$

$$G = -G\int_0^{\infty}\int_{-\infty}^{\infty}\int_{-\infty}^{\infty}\Pi_q\left\{\frac{\vec{k}\cdot\vec{r}_{pq}}{r_{pq}^3}\right\}[\,]\mathrm{d}v \tag{5-1-32}$$

$$G = \frac{1}{4\pi}\int_0^{\infty}\int_{-\infty}^{\infty}\int_{-\infty}^{\infty}\Pi_q\left\{\frac{\delta(t-r_{pq}/v)}{r_{pq}}\right\}[\,]\mathrm{d}v \tag{5-1-33}$$

可以直接写出较简单形式的线性算子式。例如：许多规则性体重磁场的表达式，与模型参数呈非线性关系。采用有限元法正演，采用有限元＋边界元法正演等，其算子难以用一个表达式写出。

算子 G 可以看成是一种影射，把模型空间 M 中的点映射到资料空间 D 中。其概念有点像复变函数论中的保角映射。

有了正演问题的算子方程(5－1－30)式，反演问题的算子方程在形式上容易写出。最简单的情况下，设 G 有逆算子 G^{-1}，则反问题算子方程为：

$$m = G^{-1}d, \quad d \in D, \quad m \in M \tag{5-1-34}$$

例如：作为位场、地震波场反演问题的向下延拓，其正演问题是向上延拓，其算子 G 为(5－1－31)～(5－1－33)式对应的逆算子 G^{-1}，由(5－1－23)式和(5－1－29)式，分别得：

$$G^{-1} = \int_{-\infty}^{\infty}\int_{-\infty}^{\infty}\mathrm{e}^{2\pi fz}\mathrm{e}^{\mathrm{i}2\pi(ux+vy+\omega_t t)}\mathrm{d}u\mathrm{d}v\mathrm{d}\omega \tag{5-1-35}$$

$$G^{-1} = \int_{-\infty}^{\infty}\int_{-\infty}^{\infty}\mathrm{e}^{2\pi\sqrt{(u_x^2+v_y^2)-\omega_t^2/v^2}\,z}\mathrm{e}^{\mathrm{i}2\pi(ux+vy+\omega_t t)}\mathrm{d}u\mathrm{d}v\mathrm{d}\omega \tag{5-1-36}$$

以上算子均为较简单的线性算子式。如果对(5－1－31)～(5－1－33)式均作正算子离散化，则 G 由积分算子变为矩阵 $\boldsymbol{A}$，$\boldsymbol{A}$ 为方阵且满秩时，则有逆矩阵 $\boldsymbol{A}^{-1}$。而有的反演算子与正演算子 G 没有直接关系，如重磁勘探的特正点法、切线法、最优化选择法等；由于与 G 有关联，反演过程仍可用 G^{-1} 来表示；故反演问题仍可以用算子方程(5－1－34)式表示。

G^{-1}算子可以看成是由资料空间 D 向模型空间 M 的映射，称为算子 G 的逆映射。

为了避开反演算子难以写出的困难，反演问题的算子方程同样可以用(5－1－30)式表示。此时地球物理反演问题为：已知场的观测数据 d，可借助于(5－1－24)式求解模型 m。

5.1.3.2 反演问题的分类

反演问题的分类，据模型 m 的类型，分为离散型反演和连续型反演；根据算子 G 或 G^{-1}类型，分为线性反演和非线性反演；根据资料类型，分为确定性反演和随机型反演。

把上面3组类型组合起来，反演问题可分为8类，即：连续模型确定型线性反演、连续模型确定型非线性反演、离散模型确定型线性反演、离散模型确定型非线性反演、连续模型随机型线性反演、连续模型随机型非线性反演、离散模型随机型线性反演、离散模型随机型非线性反演。

5.1.4 有限数据连续型反演问题离散化和规一化

5.1.4.1 有限数据连续型反演问题离散化

(5－1－2)式、(5－1－6)式关于连续的解模型 M_q、ρ_q、P_q 可以写成褶积形式。在场的观测数据有限时，即：

$$d_j = \iiint_V g(p_j - q)m(q)\mathrm{d}p, \quad j = 1,2,\cdots,M \qquad (5-1-37)$$

为了近似求解该褶积方程组，可以把连续模型 $m(q)$ 离散化。其作法为：将积分区域 V 分成 N 个体机型区域，并设每个区域内，模型 $m(q)$ 为常量，则上式可以写为：

$$d_j = \sum_{i=1}^{N} G_{ji}m_i, \quad j = 1,2,\cdots,M \qquad (5-1-38)$$

式中：

$$G_{ji} = \iiint_{V_i} g(p_j - q)\mathrm{d}q, \quad j = 1,2,\cdots,M, \quad i = 1,2,\cdots,N \qquad (5-1-39)$$

把(5－1－38)式写成矩阵形式，则有：

$$d = Gm, \quad d = (d_1, d_2, \cdots, d_M)^T, \quad m = (m_1, m_2, \cdots, m_N)^T \tag{5-1-40}$$

$$\boldsymbol{G} = \begin{bmatrix} \boldsymbol{G}_{11} & \boldsymbol{G}_{12} & \cdots & \boldsymbol{G}_{1N} \\ \boldsymbol{G}_{21} & \boldsymbol{G}_{22} & \cdots & \boldsymbol{G}_{2N} \\ \cdots & \cdots & \cdots & \cdots \\ \boldsymbol{G}_{M1} & \boldsymbol{G}_{M2} & \cdots & \boldsymbol{G}_{MN} \end{bmatrix} \tag{5-1-41}$$

方程组(5－1－40)是连续型反演问题(5－1－37)的离散化形式。

5.1.4.2 有限数据连续型反演问题规一化

假设有限个观测数据 d_j 之间相互独立，每个数据均为服从高斯分布的随机变量，均方差为 σ_j。此时，反演问题(5－1－37)属于“连续模型随机型线性反演”。因为观测数据 d_j 之间的数值差距可能很大，为了防止大数吃小数、降低反演精度等现象发生，需用均方差 σ_j 去除观测数据 d_j，则方程组(5－1－37)变为：

$$d_j/\sigma_j = \iiint_V \{g(p_j - q)/\sigma_j\} m(q)\mathrm{d}q, \quad j = 1,2,\cdots,M \tag{5-1-42}$$

若令：$\bar{d}_j = d_j/\sigma_j$，$\bar{g}(p_j - q) = g(p_j - q)$，则上面方程组变成规一化方程组：

$$\bar{d}_j = \iiint_V \bar{g}(p_j - q)\} m(q)\mathrm{d}q, \quad j = 1,2,\cdots,M \tag{5-1-43}$$

式中，新的数据 $\bar{d}_j$ 的均方差 $\sigma_j = 1$。

该处理为恒等变换，虽未改变解模型与数据之间的关系，但提高了反演精度。

在反演问题为离散模型随机型线性反演 $d = Gm$ 时，可采用同样的规一化处理。此时，相当于采用对角线矩阵 $\boldsymbol{E} = diag(\sigma_1, \sigma_2, \cdots, \sigma_M)$ 左乘矩阵的左端和右端，则有：

$$\boldsymbol{E}d = \boldsymbol{E}Gm, \quad \bar{d} = \bar{G}m, \quad \bar{d} = \boldsymbol{E}d, \quad \bar{G} = \boldsymbol{E}G \tag{5-1-44}$$

式中，$\bar{d} = \bar{G}m$ 为新的矩阵方程，新的数据 $\bar{d}_j$ 的均方差 $\sigma_j = 1$。

5.1.5 非线性反演问题线性化

将非线性反演问题线性化，简化为线性反演问题，是当今解决非线性反演问题的一条重要途径和方法。下面介绍两种非线性问题的线性化方法。

5.1.5.1 参数置换法

参数置换是通过参数置换，将非线性的地球物理方程线性化，以便应用线性反演方法求解地球物理模型的参数。

例如：某地(x, y, h)发生天然地震后，在其附近的地震观测站$(x_k, y_k, 0)$观测到直达P波的到达时刻$t_{Pk}(k=1,2,\cdots,N)$。假定地球介质是均匀的，发震时刻为t_0，P波速度为v_p，则成立如下方程：

$$(x-x_k)^2+(y-y_k)^2+h^2=(t_{\mathrm{P}k}-t_0)^2 v_{\mathrm{P}}^2,\ k-1,\ 2,\ \cdots,\ N \quad (5-1-45)$$

对于地震模型m参数$(x, y, h, t_0, v_{\mathrm{P}})$而言，上式是一个非线性方程。把上式右端移到左端，然后展开再合并，得到：

$$(x^2+y^2+h^2-t_0 v_{\mathrm{P}}^2)-2x_k x-2y_y k+(x_k^2+y_k^2)-t_{\mathrm{P}k}^2 v_{\mathrm{P}}^2+2t_{\mathrm{P}k}t_0 v_{\mathrm{P}}^2=0 \quad (5-1-46)$$

令系数为：

$$a_{k1}=1,\ a_{k2}=-2x_k,\ a_{k3}=-2y_k,\ a_{k4}=-t_{\mathrm{P}k}^2,\ a_{k5}=2t_{\mathrm{P}k},\ b_k=x_k^2+y_k^2 \quad (5-1-47)$$

新待求参数：

$$m_1=(x^2+y^2+h^2-t_0 v_{\mathrm{P}}^2),\ m_2=x,\ m_3=y,\ m_4=v_{\mathrm{P}}^2,\ m_5=t_0 v_{\mathrm{P}}^2 \quad (5-1-48)$$

则方程组(5-1-45)变为线性方程组：

$$a_{k1}m_1+a_{k2}m_2+a_{k3}m_3+a_{k4}m_4+a_{k5}m_5+b_k=0,\quad k=1,2,\cdots,N \quad (5-1-49)$$

只要$N>5$，由(5-1-49)式即可解出m_1-m_5，再进一步由(5-1-47)式解出$(x, y, h, t_0, v_{\mathrm{P}})$。

5.1.5.2 泰勒级数展开法

由级数理论可知，任何一个函数$f(x)$如果满足条件：①在点a的某邻域$|x-\alpha|<\delta$内有定义。②在此邻域内，从1阶直到$n-1$阶的导数$f'(x)$，$f''(x)$，$\cdots$，$f^{n-1}(x)$存在。③在a处有n阶导数$f^{(n)}a$。那么$f(x)$在点a的邻域内可表述为如下泰勒级数：

$$f(x)=f(a)+f'(a)(x-a)+\frac{1}{2!}f''(a)(x-a)^2+\cdots+\frac{1}{n!}f^{(n)}(a)(x-a)^n+0(|x-a|^n) \quad (5-1-50)$$

式中，$0(|x-a|^n)$为 n 阶无穷小。

如果仅取前两项作为$f(x)$的一阶近似，则有：

$$f(x)=f(a)+f'(a)(x-a)+0(|x-a|),\ f(x)=f(a)+f'(a)(x-a) \tag{5-1-51}$$

若 $x=(x_1,\ x_2,\ x_N)^T$和 $a=(a_1,\ a_2,\ \cdots,\ a_N)^T$ 均为 N 维向量，则有：

$$f(x)=f(a)+\sum_{i=1}^{N}\frac{\partial f(a)}{\partial x_i}\times(x_i-a_i) \tag{5-1-52}$$

将上式应用于非线性地球物理问题。设：m 为 N 维向量，共 M 个观测值，第 j 个观测值为 $d_j=f(m,\ x_i)$，$f(\ )$是非线性函数，得到：

$$d_j=d_j^0+\sum_{i=1}^{N}\frac{\partial f_j(m^0)}{\partial m_i}\times\Delta m_i,\quad \Delta d_j=\sum_{i=1}^{N}\frac{\partial f_j(m^0)}{\partial m_i}\times\Delta m_i,\quad j=1,2,\cdots,M \tag{5-1-53}$$

式中，m^0 为模型初始向量，$\Delta m_i=m_i-m_i^0$；$d_j^0=f(m^0,\ x_j)$，$\Delta d_j=d_j-d_j^0$；$\partial f_i(m^0)/\partial m_i$ 为初始模型 m^0 处，第 j 个观测值对第 i 个模型参数的偏导数。

将该式写成矩阵方程，则有：

$$\Delta d=G\Delta m,\quad \Delta d=(\Delta d_1\ \Delta d_2\cdots\ \Delta d_M)^T,\quad \Delta m=(\Delta m_1\ \Delta m_2\cdots\ \Delta m_N)^T \tag{5-1-54}$$

式中，$\boldsymbol{G}$ 为雅可比矩阵，表达式为：

$$\boldsymbol{G}=\left\{\begin{matrix}\partial f_1(m^0)/\partial m_1 & \partial f_1(m^0)/\partial m_2 & \cdots & \partial f_1(m^0)/\partial m_N\\ \partial f_2(m^0)/\partial m_1 & \partial f_2(m^0)/\partial m_2 & \cdots & \partial f_2(m^0)/\partial m_N\\ \cdots & \cdots & \cdots & \cdots\\ \partial f_N(m^0)/\partial m_1 & \partial f_N(m^0)/\partial m_2 & \cdots & \partial f_N(m^0)/\partial m_N\end{matrix}\right] \tag{5-1-55}$$

由此可见，将非线性地球物理函数线性化，可以得到(5-1-54)式。采用线性反演理论，经反复迭代，求得一个能拟合观测资料的模型。

将(5-1-52)式用于下面泛函，将其线性化，也可以用线性反演理论实现观测资料的反演。该函数为：

$$\Phi(m)=\sum_{j=1}^{M}\left(\frac{d_j-d_j^0}{d_j}\right)^2=\sum_{j=1}^{M}\left\{\frac{f(m,x_j)-f(m^0,x_j)}{f(m,x_j)}\right\}^2 \tag{5-1-56}$$

在初始模型 m^0 附近，将该函数展开为泰勒级数，并略去 3 次以上的高阶项，得到：

$$\Phi(m) = \Phi(m^0) + \sum_{i=1}^{M}\left\{\frac{\partial\Phi(m)}{\partial m}\right\}^0 \times \Delta m_i + \frac{1}{2}\sum_{i=1}^{N}\sum_{l=1}^{N}\left(\frac{\partial^2\Phi(m)}{\partial m_i \partial m_l}\right)^0 \times \Delta m_i \Delta m_l \tag{5-1-57}$$

将上式写成矩阵形式，则有：

$$\Phi(m) = \Phi(m^0) + \Psi^{\mathrm{T}}\Delta m + \Delta m^{\mathrm{T}} Q \Delta m \tag{5-1-58}$$

式中，$\Psi^{\mathrm{T}} = [(\partial\Phi/\partial m_1)^0 (\partial\Phi/\partial m_2)^0 \cdots (\partial\Phi/\partial m_N)^0]$；$\Delta m = (\Delta m_1\ \Delta m_2 \cdots\ \Delta m_N)$，则有：

$$Q = \begin{bmatrix} \partial^2\Phi(m)/\partial m_1\partial m_1 & \partial^2\Phi(m)/\partial m_1\partial m_2 & \cdots & \partial^2\Phi(m)/\partial m_1\partial m_N \\ \partial^2\Phi(m)/\partial m_2\partial m_1 & \partial^2\Phi(m)/\partial m_2\partial m_2 & \cdots & \partial^2\Phi(m)/\partial m_2\partial m_N \\ \cdots & \cdots & \cdots & \cdots \\ \partial^2\Phi(m)/\partial m_N\partial m_1 & \partial^2\Phi(m)/\partial m_N\partial m_2 & \cdots & \partial^2\Phi(m)/\partial m_N\partial m_N \end{bmatrix} \tag{5-1-59}$$

若定义泛函 $\Phi(m)$ 的极小化函数 m 为反演问题的解，则(5－1－58)式存在极值的必要条件为 $\partial\Phi(m)/\partial\Delta m = 0$，即：

$$\Psi = -Q^{\mathrm{T}}\Delta m = -Q\Delta M \tag{5-1-60}$$

(5－1－60)式和(5－1－54)式相同。均可求得 Δm，即求得模型的修改量。但仍不是待求的模型参数 m，还必须对初始模型进行校正。校正后的模型也不一定是待求的模型(不一定能拟合观测数据)。因此，还必须以校正后的模型作为初始模型，重复上述步骤，反复迭代，直至拟合观测数据为止。

5.1.6 地球物理反演的不适定性

5.1.6.1 反演问题的适定与不适定提法

适定与不适定的概念，最早是从研究数学物理方程定解问题时产生的。在数学物理方法中，描述物理状态的微分方程称为泛定方程，确定外来影响的附加条件称为定解条件，由确定的泛定方程和定解条件构成的问题称为定解问题。

讨论定解问题的求解方法是数学物理方程的中心任务，但解决问题的理论基础是定解问题的适定性。在数学物理方法中，同时满足下列 3 个条件的定解问题称为适定问题：①问题的解存在。②问题的解唯一。③定解条件的无穷小变化，相应的解也做微小变化，换言之，解必须连续地依赖于定解条件或解稳定。

一个定解问题只要不满足上述 3 条件中的任何一个，称为不适定问题。特别是对于不满足第3个条件的定解问题，称为阿达码意义下的不适定问题。目前在数学物理方法中，通常所说的不适定问题指后者。

5.1.6.2 地球物理反演的多解性

地球物理反演的多解性是人所共知的事实。引起多解性的根本原因是不同的地球物理模型产生相同的外部场，可以从以下3个方面阐述。

第一，观测资料无限且精确给定时，算子方程 $Gm=d$ 会有无穷解。因为常遇到如下正演问题：$Gm_1=d$，$Gm_2=d$，$G(m_2-m_1)=0$。从反演问题考虑：$Gm=0$ 表明齐次算子方程有非零解，即有 $m=G^{-1}0$，为算子方程的通解。此时，如果 $m_1=G^{-1}d$，则有：

$$m_2=m_1+m=G^{-1}d+G^{-1}0=G^{-1}(d+0)=G^{-1}d \tag{5-1-61}$$

从空间映射角度看：此时相当于模型空间 M 中许多点，均被映射到资料空间 D 的0点，即许多模型得不到映像；反之，资料空间 D 中任何一个点相当于一个矢量，尽管 $d_1+0=d_1$，但在模型空间 M 中，d_1 对应着 m_1+m 和 m_1+m，m 处于 m_1 所在空间的正交补空间内。

第二，观测资料有限时，资料属于有穷维空间。如果用其求解具无穷维的连续模型，则属于欠定问题，反演必有无穷解；如果用于求解离散化模型，但模型分量个数大于观测资料个数，则也属于欠定问题，也有无穷解。

第三，当观测资料为具有误差的数据 $\tilde{d}$ 时，无论其个数有限还是无限，把其当作精确资料用于反演，或者导致解 m 具有很大误差，或者导致无解。因此，要采用与 $\tilde{d}$ 有一定偏差的较好的数据 d 作反演。这里的 d 处于 $\tilde{d}$ 的邻域内，且可以很多，故将对应于模型空间 M 中许多点，反演出现多解性。

5.1.6.3 地球物理反演解的存在性

由观测资料 d 反演模型 m 既然存在多解性，说明解总是存在的。然而多解性使得不给定定解条件时，反演无法进行，往往把注意力集中于划分具有唯一解的模型类型上，这就导致反演的解是否存在的问题。有如下几种情况：①如果 d 确实是所选模型中某一 m 引起，则在此类模型中寻求解，解存在且唯一；②如果 d 不是所选模型中某一 m 引起，则在此类模型中寻求解，解就不存在。③特别值得注意的是，当观测资料为有误差的 $\tilde{d}$ 时，既使其精确值属于所选模型类某个 m 所引起，由于误差的存在，也往往不存在完全拟合 $\tilde{d}$ 的经典意义解。④若不但观测资料有误差，所选模型类与真实解所属模型类不符，则解就更不存在了。

如果用算子方程 $Gm = d$ 说明解的存在性，即：(1) $m \in M$，$d \in D$，$d = Gm$，此时解存在且唯一；(2) $m \in M$，$d = Gm$ 不属于 D，则解不存在。

5.1.6.4 地球物理反演解的不稳定性

所谓解的稳定与否的概念，简单地说，是指算子方程 $m = G^{-1}d$ 的 d 有小的误差 Δd 时，如果解 m 的偏差 Δm 也很小，则解稳定，否则解不稳定。解的稳定性的度量取决于 Δd 和 Δm 采用什么样的空间度量。因此，需在具体的度量空间中讨论解的稳定与否的问题。

(1)位场和地震波场向下延拓的不稳定性。

这类问题的不稳定性，在连续函数空间 C 内，可以直接由(5－1－23)式和(5－1－29)式看出。因为：在上述二式中，分别有因子 $e^{2\pi fz}$ 和 $e^{2\pi\sqrt{u_x^2+v_y^2-\omega_t^2/v^2}\,z}$；当 $z \Rightarrow \infty$，或者 $f(u_x^2+v_y^2) \Rightarrow \infty$，且 $u_x^2+v_y^2 \gg \omega_t^2/v^2$ 时，他们是无界算子；可对误差谱 $\Delta d(\ )$(主要为高频成分)急剧放大，导致 Δm 很大，或者趋于无穷大。在 L_2 空间中也一样。

(2)褶积型积分方程解的不稳定性。

现在阐述连续解模型 M_q、ρ_q、P_q 的褶积型积分方程的不稳定性。假定观测资料为连续函数 $d(p)$，则方程组(5－1－37)变为如下褶积型积分方程：

$$\iiint_V g(p-q)m(q)\mathrm{d}q = \mathrm{d}(p) \qquad (5-1-62)$$

设：$\Delta d(p) = \tilde{d}(p) - d(p)$，采用 L_2 空间进行度量；而 $\Delta m(q) - \tilde{m}(q) - m(q)$，采用 C 空间进行度量。于是有：

$$\rho(\tilde{d}, d) = \|\Delta d(p)\|_{L_2} = \left\{\iiint_{V'}[\tilde{d}(p) - d(p)]^2 \mathrm{d}v'\right\}^{1/2},$$

$$\rho(\tilde{m}, m) = \|\Delta m(p)\|_C = \max|\tilde{m}(q) - m(q)| \qquad (5-1-63)$$

那么，如果设：

$$\tilde{m}(q) = m(q) + N\sin(\omega\xi\eta\zeta) \qquad (5-1-64)$$

右端项为：

$$\tilde{d}(p) = d(p) + N\iiint_D g(p-q)\sin(\omega\xi\eta\zeta)\mathrm{d}\xi\mathrm{d}\eta\mathrm{d}\zeta \qquad (5-1-65)$$

(5－1－62)式的解为：

$$\Delta d(p) = N\iiint_D g(p-q)\sin(\omega\xi\eta\zeta)\mathrm{d}\xi\mathrm{d}\eta\mathrm{d}\zeta \qquad (5-1-66)$$

$$\rho(\tilde{d},d) = \| \Delta d(p) \|_{L_2} = \left| N \right| \left\{ \iiint_{V'} \left[\iiint_{V} g(p-q)\sin(\omega\xi\eta\zeta)\,\mathrm{d}\xi\mathrm{d}\eta\mathrm{d}\zeta \right]^2 \mathrm{d}x\mathrm{d}y\mathrm{d}z \right\}^{1/2} \tag{5-1-67}$$

因为 $\sin(\omega\xi\eta\zeta)$ 是以 2π 为周期的正负交替、取值区间为 $[-1, 1]$ 的函数，当 ω 为足够大正数时，其值交替频繁，积分求和后，$\rho(\tilde{d}, d)$ 可无限小。但是解的偏差为：

$$\rho(\tilde{m}, m) = \max | N\sin(\omega\xi\eta\zeta) | = | N | \tag{5-1-68}$$

当 N 足够大时，其解无限大。可见这类反演问题的解不稳定。

还应指出，即使 $\Delta m(q)$ 采用 L_2 空间度量，反问题的解也是不稳定的。因为：

$$\rho(\tilde{m},m) = \| \Delta m \|_{L_2} = | N | \left\{ \iiint_V \sin^2(\omega\xi\eta\zeta)\,\mathrm{d}\xi\mathrm{d}\eta\mathrm{d}\zeta \right\}^{1/2} \tag{5-1-69}$$

式中，大括号内值为正，当 N 足够大时，$\| \Delta m \|_{L_2}$ 亦足够大。

不止上述几例，几乎地球物理反演问题的解均不稳定。

(3) 矩阵方程的不稳定性。

矩阵方程 $Gm=d$ 形式的反演问题中，当系数矩阵奇异或病态严重时，即 G 的条件数 $Comd(G) = \| G \| \| G^{-1} \|$ 很大时，反演问题不稳定。

(4) 观测数据不足的不稳定性。

数据不足也加剧反演的不稳定性。因为有限个点位处的场值不能反映解的全部特征；而其分布位置不合理会导致场值几乎呈线性相关，则反演问题的方程组几乎线性相关，病态严重。

5.1.7 反演问题适定性的新概念——条件适定性

地球物理反演问题的不适定性，给地球物理反演带来极大的困难。应用地球物理学家从实用的观点出发，根据物理上的直观和已知地区的地质资料，给所论的反演问题加上必要的限制，成功地解决了一系列实际问题。这就使数学家重新考虑数学物理问题的适定性，提出适定性的新概念。适定性的新概念，首先由 A H 吉洪诺夫在研究位论反演问题时提出的。后来，M M 拉普伦杰夫又对这一概念作了详细地阐述和解释。E K 伊万诺夫引进“拟解”概念，也属于该问题范畴。

从反演问题考虑，算子方程 $Gm=d$ 通常只对狭窄的一类 d 有解存在。但在实际问题中，一般总是通过观测获得 d 的近似值 $\tilde{d}$。

因此，为了避开方程解的存在性，通常不是求方程的精确解，而是在满足条件：

$$\rho_D(Gm,\ \tilde{d})\leqslant\delta \tag{5-1-70}$$

式中，δ 为已知误差的 m 的集合 $\tilde{M}$ 中，求算子方程的近似解。

在许多情况下，$\tilde{M}$ 又显得过于宽广，特别是对于不适定问题，$\tilde{M}$ 中存在按定义的度量(距离)相差任意大的解。这样，就需要对算子方程 $Gm=d$ 的解 m 关于右端项 d 的连续性进行研究。

另一方面，在实践中，往往不能判断方程 $Gm=d$ 是否有解存在，即算子 G 有无逆算子 G^{-1}存在；即使有逆算子存在，通常也不可能求出该逆算子。因此，常常是陷于不能直接算子方程 $Gm=d$。为了克服这个困难，一个最简单的办法为采用一个满足条件，即：

$$\rho_T(\overline{G},\ G)\leqslant\eta \tag{5-1-71}$$

式中，η 为已知误差，T 为算子空间的可逆算子 $\overline{G}$ 去逼近算子 G，并且 $\overline{G}$ 的逆算子 $\overline{G}^{-1}$又容易确定。

然后用算子方程的解 $\overline{m}$ 去逼近算子方程 $Gm=d$ 的解 m：

$$\overline{G}m=d,\ m\in\overline{M},\ d\in\overline{D} \tag{5-1-72}$$

式中，$\overline{M}$、$\overline{D}$ 分别表示 M、D 的近似集合。

因此，笔者期望当 $\overline{G}$ 和 G 相差很小时，$\overline{m}$ 和 m 也相差很小。这样就要求原方程 $Gm=d$ 的解 m 关于算子 G 的连续性进行讨论。

总之，上述两方面的问题在广泛的意义下归结为同一类问题。前者要求 m 对资料空间 D 中元素 d 具有连续依赖性；后者要求 m 对算子空间 T 中的算子 G 具有连续依赖性。为了处理这类问题，在问题的提法上出现了与阿达玛的古典适定性概念不同的要求。

数学物理问题(包括地球物理反问题)适定性新概念，应满足下列 3 个条件：①假设问题的解 m 对于某一原始数据类 D 存在，且属于泛函空间中某一给定的集合 M。②对于某一原始数据类 D，在属于 M 的解类中，问题的解是唯一的。③问题的原是数据的无穷小变化(此类变化不致使解 m 超出 M 的范围)对应的解也做无穷小变化。

满足上述条件的任何问题，称为条件适定问题或称 A H 吉洪诺夫意义下的适定问题。集合 M 称为适定性集合。

现在考察算子方程 $Gm=d$ 对其右端的适定性问题。设 G 是由 M 到 D 的一一对应的连续算子。如果 M 是列紧集，根据泛函分析中的逆算子定理，G 的逆算子 G^{-1} 也是连续的；若 M 使紧致空间，则 G^{-1} 还是连续的。据此得出，若方程 $Gm=d$ 在紧致空间 M 的解存在且唯一，而且 G 为连续算子，则其解 m 必一致连续地依赖于右端项 d。由此推知，存在 $\delta>0$ 的一个连续递减函数 $\Theta(\delta)$，当 $\delta\to 0$ 时，$\Theta(\delta)\to 0$，使得对于任意的 d_1，$d_2\in D$，只要 $\rho_D(d_1, d_2)<\delta$，则有：

$$\rho_M(m_1, m_2)<\Theta(\delta), \quad m_1=G^{-1}d_1, \quad m_2=G^{-1}d_2 \tag{5-1-73}$$

再考察算子方程 $Gm=d$ 对其算子的适定性问题。设模型空间 M 和资料空间 D 都是紧致空间，而 $C(M, D)$ 表示由 M 到 D 的一切连续算子 G 构成的连续算子空间。如果 $C(M, D)$ 中的算子 G 还是同等连续的，则 $C(M, D)$ 也是一个紧致空间。只要 M 到 $C(M, D)$ 的算子 T 是一一对应的连续算子（即 T 使 m 和 G 一一对应），则其逆算子 T^{-1} 是连续的，而且解 m 必一致连续地依赖于算子 G。由此推知，存在 $\delta>0$ 的一个连续递减函数 $\Theta(\delta)$，当 $\delta\to 0$ 时，$\Theta(\delta)\to 0$，使得对于任意的 G_1，$G_2\in D(M, D)$，只要 $\rho_C(G_1, G_2)<\delta$，则有：

$$\rho_M(m_1, m_2)<\Theta(\delta), \quad m_1=T^{-1}G_1, \quad m_2=T^{-1}G_2 \tag{5-1-74}$$

显然，上面两式中的 $\Theta(\delta)$ 表征算子方程 $Gm=d$ 的解 m 分别对于 d 和 G 的依赖性状态。

5.1.8 不适定问题的求解方案及其解的评价理论

5.1.8.1 吉洪诺夫求取稳定解的重要方案

为了求解不适定问题，在提出“适定性新概念”前提下，A H 吉洪诺夫等采取了如下重要方案。

（1）尽可能地获取和利用已知的地质与地球物理先验信息，对待求模型进行约束，缩小解的自由度。

（2）引入关于解的泛函，定义使该泛函取极小值的模型为广义解 m^*，定义获得该广义解的算子为广义逆算子 G_*^{-1}，则有：

$$m^*=G_*^{-1}d \tag{5-1-75}$$

（3）广义逆算子往往仍是不稳定的算子，需要采取稳定化措施，购置稳定的广义逆算子 G_0^{-1}，其所对应的解 m^0 称为广义近似解。

通过上述措施，使问题的解存在、唯一且稳定，把在阿达玛意义下的不适定问题，变为吉洪诺夫意义下的适定问题。

5.1.8.2 Backus & Gilbert 关于广义解的线性评价理论

为了对不适定问题的广义解作出评价，Backus & Gilbert 提出了广义解的线性评价理论，假设 $\tilde{d}$ 是带有误差 Δd 的观测数据，则：

$$m^* = G_*^{-1}d = G_*^{-1}(d+\Delta d) = G_*^{-1}(Gm+\Delta d) = G_*^{-1}Gm + G_*^{-1}\Delta d = Rm + \Delta m \tag{5-1-76}$$

$$d^* = Gm^* = GG_*^{-1}\tilde{d} = \tilde{P}d \tag{5-1-77}$$

其中：

$$R = G_*^{-1}G \tag{5-1-78}$$

$$P = GG_*^{-1} \tag{5-1-79}$$

算子 R 称为“模型(或解)分辨算子”，表示广义解 m^* 反映真解 m 的程度；当 $R=\boldsymbol{I}$($\boldsymbol{I}$ 为单位矩阵)或者 $R = \int\delta(\xi-\xi_0)[\quad]\mathrm{d}\xi$[$\delta(\xi-\xi_0)$ 是 δ - 函数]时，R 称为全分辨算子，此时 $m^*=m$。算子 P 称为“数据分辨算子”，表示 d^* 反映 $\tilde{d}$ 的程度；当 $P=\boldsymbol{I}$($\boldsymbol{I}$ 为单位矩阵)时，称为完全分辨算子，此时 $d^*=\tilde{d}$。

观测数据误差 $\Delta d_i = (i=1,2,\cdots,M)$ 为随机变量。当 Δd_i 的平均值为 0、均方差为 σ_i 并彼此独立无关时，其协方差矩阵为：

$$Cov(\Delta d) = \langle \Delta d \times \Delta d^{\mathrm{T}} \rangle = \begin{bmatrix} \langle \Delta d_1\Delta d_1 \rangle & \langle \Delta d_1\Delta d_2 \rangle & \cdots & \langle \Delta d_1\Delta d_M \rangle \\ \langle \Delta d_2\Delta d_1 \rangle & \langle \Delta d_2\Delta d_2 \rangle & \cdots & \langle \Delta d_2\Delta d_M \rangle \\ \cdots & \cdots & \cdots & \cdots \\ \langle \Delta d_M\Delta d_1 \rangle & \langle \Delta d_M\Delta d_2 \rangle & \cdots & \langle \Delta d_M\Delta d_M \rangle \end{bmatrix}$$

$$= \begin{bmatrix} \sigma_1^2 & & & 0 \\ & \sigma_2^2 & & \\ & & \ddots & \\ 0 & & & \sigma_M^2 \end{bmatrix} = V_{ar}(\Delta d) \tag{5-1-80}$$

式中，$V_{ar}(\Delta d)$ 为 Δd 的方差矩阵，简写为：

$$V_{ar}(\Delta d) = diag(\sigma_1^2,\ \sigma_2^2,\ \cdots,\ \sigma_M^2) \tag{5-1-81}$$

在上述条件下，解的误差也是随机变量，则有：

$$V_{ar}(\Delta m) = \langle \Delta m \times \Delta m^{\mathrm{T}} \rangle = G_*^{-1}V_{ar}(\Delta d)(G_*^{-1})^{\mathrm{T}} \tag{5-1-82}$$

在观测数据规一化后，$V_{ar}(\Delta m) = G_*^{-1}(G_*^{-1})^{\mathrm{T}}$。

5.2 吉洪诺夫正则化反演理论及其应用

5.2.1 正则化反演理论简介

在不适定问题解法中，提出最早、应用最广、理论最完善的方法，是解线性不适定问题的正则化方法。该方法的一般理论是由 A H 吉洪诺夫等俄罗斯学派创立的。具既可以用于连续型模型反演，又可用于离散化的模型反演；既可用于空间域反演，又可用于频率域反演。本章只介绍 3 种最简单的正则化反演方法。

5.2.1.1 正则算子和正则解

这里，首先阐述连续函数集合和平方可积函数集合自列紧的条件：

(1)空间 M 中函数集合 $\overline{M}$ 是自列紧集，如果该函数集合中任何函数序列 $\{m_n\}$ 包含着收敛子序列，当收敛子序列的极限属于集合 $\{m_n\}$ 使，$\{m_n\}$ 称为自列紧集。

(2)连续函数集合 $\overline{M}$ 是自列紧集，必须所有 m 均匀有界和一致连续，即：$\max = |m(x)| < C(m \in \overline{M})$；对于任何正数 $\varepsilon > 0$，存在正数 $\delta(\varepsilon)$，若 $|\Delta x| < \delta(\varepsilon)$，有 $|m(x+\Delta x) - m(x)| \leqslant \varepsilon$。

(3)平方可积函数集合 $\overline{M}$ 是自列紧集，必须所有 m 满足条件：①存在正数 C，即：$\| m(x) \|_{L_2} = \left\{ \int_a^b m^2(x)\mathrm{d}x \right\}^{1/2} \leqslant C$。②对于任何正数 $\varepsilon > 0$，存在正数 $\delta(\varepsilon)$，若 $|\Delta x| < \delta(\varepsilon)$，则有 $\left\{ \int_a^b [m(x+\Delta x) - m(x)]^2 \mathrm{d}x \right\}^{1/2} \leqslant \varepsilon$。

地球物理反演问题的算子方程 $Gm = d$(或 $m = G^{-1}d$)对于 m 来说不稳定，就在于：①由资料空间 D 到模型空间 M 的映射不连续。②可能的解 m 的集合 M 不是自列紧集。正则化方法就是对算子方程引入正则算子 $R_\alpha[\ ]$ 法。正则算子是一种广义逆算子，在其映射下，解集合是自列紧集。

假设算子方程 $Gm = d$ 对于精确的右端项 d，存在唯一的精确解 m。实际观测资料为带有误差为 δ 的 $\tilde{d}$，即 $\rho_D(\tilde{d}, d) = \delta$。很明显近似解不能按公式 $\overline{m} = G^{-1}\tilde{d}$ 来确定，因为这样的 $\overline{m}$ 与 m 的差距可能很大。所以，借助于与参数 α 有关的广义逆算子来确定 $\overline{m}$ 是很自然的；而该参数 α 因该按照观测资料的误差 δ 确定，且当 $\delta \to 0$ 时，使近似解 $\overline{m} \to m$。

定义：与参数 α 有关、实现由资料空间 D 到模型空间 M 映射的算子 $R_\alpha[\ ]$，

称为方程 $Gm=d$ 的相对于精确解 m 的“正则算子”，如果具有如下性质：①存在正数 $\delta_1>0$、$\alpha_1>0$，使得算子 $R_\alpha[\ ]$ 对于任意 $\alpha\in[0,\ \alpha_1]$ 和每个满足条件 $\rho_D(\tilde{d},\ \delta)\leqslant\delta_1$ 的 $\tilde{d}$ 有定义。②存在着函数 $\alpha=\alpha(\tilde{d},\ \delta)$（即根据 $\tilde{d}$ 和 δ 给定参数 α 的函数），对于任何一个 $\varepsilon>0$，存在数 $\delta(\varepsilon)\leqslant\delta_1$，使得如果 $\tilde{d}\in D$ 和 $\rho_D=(\tilde{d},\ d)=\delta\leqslant\delta_1$，则有解 $m_\alpha=R_{\alpha(\tilde{d},\delta)}[\tilde{d}]$，满足 $\rho_M(m_\alpha,\ m)\leqslant\varepsilon$。

在这个定义中，并未假设正则算子 $R_\alpha[\ ]$ 是唯一的。根据定义，解 m_α 是借助于正则算子 $R_\alpha[\ ]$ 对于近似右端项 α^2 得到的 m_α 称为“正则解”，α 称为“正则参数”。既然当 $\delta\to0$ 时，$m_\alpha\to m$，那么，m_α 就可以被认为是 m_α 算子方程的稳定近似解。

正则化的方法就在于：①建立正则算子 $R_\alpha[\ ]$。②根据关于问题的补充信息。例如，根据和右端项 $\tilde{d}$ 给定的误差 δ，确定正则参数 α。

5.2.1.2 偏差泛函、稳定泛函和光滑泛函

范数 $\|Gm-\tilde{d}\|^2=\rho_D^2(Gm-\tilde{d})$ 称为方程 $Gm=\tilde{d}$ 在解 m 上的偏差平方，当 m 在 M 中变化时，称为偏差泛函。

泛函数 $\Omega(m)$ 称为解 m 的稳定泛函，如果：①精确的解 m 属于他的定义域。②对任何正数 $a>0$，满足条件 $\Omega(m)\leqslant a$ 的函数 m 构成的集合是自列紧集。稳定泛函 $\Omega(m)$ 可以作为解的选择标准。

然而，正则化方法常常定义由偏差泛函和稳定泛函以如下形式组成的泛函为光滑泛函。其表达式为：

$$\Phi_\alpha(m,\ d)=\|Gm-d\|^2+\alpha\Omega(m),\ \alpha>0 \tag{5-2-1}$$

如果稳定泛函 $\Omega(m)$ 定义在自列紧集 $\overline{M}\in M$ 上，那么对于任何右端项 $\tilde{d}\in D$ 和任何参数 $\alpha>0$，可以证明必然存在函数 $m_\alpha\in\overline{M}$，使得光滑泛函 $\Phi_\alpha(m,\ \tilde{d})$ 在 $\overline{M}$ 达到最小值，即：

$$\Phi_\alpha(m_\alpha,\ \tilde{d})=\inf\Phi_\alpha(m,\ \tilde{d}),\ m\in\overline{M} \tag{5-2-2}$$

因此，对于给定的 $\alpha>0$，由 $\tilde{d}$，借助于求光滑泛函 $\Phi_\alpha(m,\ \tilde{d})$ 极小值的办法可以确定 m_α。可以证明，当 $\delta\to0$ 时，$m_\alpha\to m$，故 m_α 为 m 的稳定近似解。把获得的 m_α 看成是算子 $R_\alpha[\ ]$ 对 $\tilde{d}$ 运算的结果，即 $m_\alpha=R_\alpha[\tilde{d}]$，则 $R_\alpha[\ ]$ 为正则算子，α 为正则参数。

上述3种泛函的定义，完全是为了获得不适定问题广义解(这里是正则解)而引入的，而通过求光滑泛函极小值去定义广义解。α 参数的引入与确定约束极小值问题时引入拉格朗日乘子 λ 完全一样。

对于具体的反演问题，将有具体的偏差泛函、稳定泛函和光滑泛函。偏差泛函实际上是算子方程 $Gm = d$ 两端的偏差；泛函 $\Omega(m)$ 起到限制解的类型的作用，故称为稳定泛函。求 m_α 时，光滑泛函极小函数 m_α 与稳定泛函极小函数一致。

5.2.1.3 正则参数 α 的确定

反问题的解 m_α 实际上依赖于正则参数 α。如果 α 很大，则由稳定泛函的作用，解 m_α 可能与精确解 m 的偏差很大。而当 α 很小时，稳定泛函的作用大为减小，解 m_α 可能与精确解偏差较小，但很不稳定。这就产生了与方程右端项 $\tilde{d}$ 的精度 δ 相符合的最佳正则参数的问题。通常由以下方程式来确定正则参数 α：

$$\| Gm_\alpha - \tilde{d} \|_D = \delta \tag{5-2-3}$$

确定 α 的过程为：给出 $\alpha_1 < \alpha_2 < \cdots < \alpha_n$，找到 α_m 使方程(5－2－3)成立；也可以采用一维最优寻查方法(如0.618法)确定。

由确定 α 的方程可见，α 可看成 $\tilde{d}$ 和 δ 的泛函 $\alpha = \alpha(\tilde{d}, \delta)$。

当 α 确定后，正则算子 $R_\alpha[\ ]$ 才最终确定，而正则解随之确定，即 $m_\alpha = R_{\alpha(\tilde{d},\delta)}[\tilde{d}]$。

5.2.2 几个不适定地球物理反问题的正则化解法

5.2.2.1 关于褶积型第一类积分方程的正则化解法

如前面所述，在地球物理反演问题中，所遇到的第一类积分方程常常是褶积型方程：

$$\int_{-\infty}^{\infty} g(x-\xi)m(\xi)\mathrm{d}\xi = d(x) \tag{5-2-4}$$

采用傅立叶变换，在波数域求解该类积分方程是非常方便的。为此，假设 $g(\omega)$、$m(\omega)$ 和 $d(\omega)$ 分别为方程的核函数 $g(x)$、解密 $m(x)$ 和观测值 $d(x)$ 的波谱。根据褶积定理，方程(5－2－4)变为：

$$g(\omega)m(\omega) = d(\omega) \tag{5-2-5}$$

如果方程(5-2-1)的右端近似已知，即 $\tilde{d}(p)=d(p)+\Delta d(p)$，则有：

$$\tilde{M}(\omega)=\frac{d(\omega)}{g(\omega)}+\frac{\Delta d(\omega)}{g(\omega)}=m(\omega)+\Delta m(\omega) \tag{5-2-6}$$

$$\tilde{m}(x)=m(x)+\int_{-\infty}^{\infty}\frac{\Delta d(\omega)}{g(\omega)}\mathrm{e}^{\mathrm{i}2\pi\omega x}\mathrm{d}\omega \tag{5-2-7}$$

如果上式中的积分存在，则要求 $\omega\to\infty$ 时，$\Delta d(\omega)$、$g(\omega)$&$\Delta d(\omega)/g(\omega)\to 0$。但是，常常因为 $\Delta d(x)$ 具有随机值，而且 $1/g(\omega)\to\infty$ ($\omega\to\infty$)，上面积分值可以随便多么大。例如，位场、地震波场向下延拓就是褶积型积分，其下延公式中的因子 $\mathrm{e}^{2\pi z\sqrt{u^2+v^2}}$、$\mathrm{e}^{2\pi z\sqrt{(u_x^2+v_y^2)-\omega_t^2/v^2}}$ 为 $1/g(u,v,\omega)$，当 z 和 $\omega\to\infty$ 时，就是无界因子。因此，(5-2-7)式中的积分是不稳定的。为此，应该采用正则化稳定解法。

偏差泛函(根据巴色瓦公式)：

$$\| g(x)\times m(x)-\tilde{d}(x)\|_{L_2}^2=\left\{\int_{-\infty}^{\infty}\left[\int_{-\infty}^{\infty}g(x-\xi)m(\xi)\mathrm{d}\xi-\tilde{d}(x)\right]^2\mathrm{d}x\right\}$$

$$=\int_{-\infty}^{\infty}|g(\omega)m(\omega)-\tilde{d}(\omega)|^2\mathrm{d}\omega \tag{5-2-8}$$

稳定泛函：

$$\Omega[m(\omega)]=\int_{-\infty}^{\infty}M(\omega)|m(\omega)|^2\mathrm{d}\omega,\quad M(\omega)=\sum_{n=0}^{P}q_n\omega^{2n} \tag{5-2-9}$$

式中，$q_n>0$&$M(\omega)>0$，$M(\omega)$ 称为“P 阶稳定子”。泛函 $\Omega(\,)$是 $m(\omega)$的二次形式的积分，为凸泛函，最小值和最小解均为0，具有稳定作用。

光滑泛函：

$$\Phi_\alpha(m(\omega),\tilde{d}(\omega))=\int_{-\infty}^{\infty}|g(\omega)m(\omega)-\tilde{d}(\omega)|^2\mathrm{d}\omega+\alpha\int_{-\infty}^{\infty}M(\omega)|m(\omega)|^2\mathrm{d}\omega$$

$$=\int_{-\infty}^{\infty}\left\{|g(\omega)m(\omega)-\tilde{d}(\omega)|^2+\alpha M(\omega)|m(\omega)|^2\right\}\mathrm{d}\omega=\int_{-\infty}^{\infty}F\{M(\omega)\}\mathrm{d}\omega \tag{5-2-10}$$

采用变分法求光滑泛函的极小函数 $m_\alpha(\omega)$：光滑泛函只是解 $m(\omega)$的函数，其极小函数的尤拉方程为 $\partial F[m(\omega)]/\partial m(\omega)=0$。因为：

$$\partial F[m(\omega)]/\partial m(\omega)=\left\{[g(\omega)m(\omega)-\tilde{d}(\omega)][\bar{g}(\omega)\bar{m}(\omega)-\bar{\tilde{d}}(\omega)]+\alpha M(\omega)m(\omega)\bar{m}(\omega)\right\}'_{m(\omega)}=0 \tag{5-2-11}$$

式中，$\bar{g}(\omega)$、$\bar{m}(\omega)$&$\bar{\tilde{d}}(\omega)$代表共轭谱。如果不把 $\bar{m}(\omega)$看作 $m(\omega)$的函数，

则有：

$$g(\omega)[\bar{g}(\omega)\bar{m}(\omega)-\bar{\tilde{d}}(\omega)]+\alpha M(\omega)\bar{m}(\omega)=0$$

$$m_{\alpha}(\omega)=\frac{\bar{g}(\omega)}{g(\omega)\bar{g}(\omega)+\alpha M(\omega)}\cdot\tilde{d}(\omega) \tag{5-2-12}$$

$m_{\alpha}(\omega)$为褶积型积分方程的正则解。由上式得到正则算子 $R_{\alpha}[\ ]$的表达式为：

$$R_{\alpha}[\ ]=\frac{\bar{g}(\omega)}{g(\omega)\bar{g}(\omega)+\alpha M(\omega)} \tag{5-2-13}$$

由偏差范函，根据误差 δ 求正则参数 α。把 $m_{\alpha}(\omega)$带入偏差范函表达式，得到：

$$\rho_D^2=[m_{\alpha}(\omega),\tilde{d}(\omega)]=\int_{-\infty}^{\infty}|g(\omega)m_{\alpha}(\omega)-\tilde{d}|(\omega)^2\mathrm{d}\omega$$

$$=\int_{-\infty}^{\infty}\frac{\alpha^2M^2(\omega)|\tilde{d}(\omega)|^2}{\{g(\omega)\bar{g}(\omega)+\alpha M(\omega)\}^2}\mathrm{d}\omega=\Phi(\alpha) \tag{5-2-14}$$

显然，$\Phi(0)=0,\Phi(\infty)=\int_{-\infty}^{\infty}\left|\tilde{d}(\omega)\right|^2\mathrm{d}\omega=\|\tilde{d}(\omega)\|_{L^2}^2$，而且$\Phi(\alpha)$是单调增函数，即$0=\Phi(0)<\Phi(\alpha)<\Phi(\infty)=\|\tilde{d}(\omega)\|_{L_2}^2$。因为稳定范函 $\Omega[m_{\alpha}(\omega)]$的极小函数 $m_{\alpha}(\omega)$为0，而偏差范函值 $\leqslant\delta$，综合考虑这两方面取值情况，则有：

$$\Phi(\alpha)=\delta^2 \tag{5-2-15}$$

根据上式，采用数值算法，可确定正则参数 α。

下面给出波数域正则解 $m_{\alpha}(\omega)$的分辨形式表达式和分辨算子。

(5-2-12)式可以改写为：

$$m_{\alpha}(\omega)=\frac{g(\omega)\bar{g}(\omega)}{g(\omega)\bar{g}(\omega)+\alpha M(\omega)}\cdot\frac{\tilde{d}(\omega)}{g(\omega)}=f_{\alpha}^{\omega}\tilde{m}(\omega) \tag{5-2-16}$$

上式是波数域正则解 $m_{\alpha}(\omega)$的分辨形式表达式。

其中：

$$f_{\alpha}^{\omega}=\frac{g(\omega)\bar{g}(\omega)}{g(\omega)\bar{g}(\omega)+\alpha M(\omega)}=1/\left\{1+\alpha\cdot\frac{M(\omega)}{g(\omega)\bar{g}(\omega)}\right\} \tag{5-2-17}$$

正则解在波数域的分辨算子称为正则化稳定因子。正则化稳定因子即通常所说的滤波器。

经反傅立叶变换，可得正则解的空间域表达式：

$$m_\alpha(x) = \int_{-\infty}^{\infty} f_\alpha^\omega \cdot \frac{\tilde{d}(\omega)}{g(\omega)} \cdot e^{i2\pi\omega x} d\omega \tag{5-2-18}$$

5.2.2.2 求具有以 l_2 度量为近似系数的傅立叶级数和的稳定算法

根据给定的标准正交函数系$\{\psi_n(x)\}$求广义傅立叶级数和的问题在于根据傅立叶系数求函数 $m(x)$。根据前期的研究成果，以 $\hat{m}(x) = B^T\psi = \sum_{n=1}^{M} \tilde{b}_n\psi_n(x)$ 为例，其中，$\psi_n(x)$为已知的两两正交规一函数系，$\tilde{b}_n = \frac{1}{\sqrt{\lambda_n}} \sum_{j=1}^{M} r_{jn}\tilde{d}_j$ 为与具有误差的观测数据 $\tilde{d}$ 有关的傅立叶系数。因特征值 λ_n 处于系数表达式分母位置，小的 λ_n 将产生很大的误差，则系数是不精确的。这就产生了求傅立叶级数和 $\hat{m}(x)$ 是否稳定的问题。

A H 吉洪诺夫给出了如下结论：如果和的偏差以连续函数空间 C 的度量来估计，对傅立叶系数改变不大(以 l_2 空间度量)的情况，求傅立叶级数和的问题不具稳定性。简单证明如下：设 $m(x) = \sum_{n=1}^{\infty} b_n\psi_n(x)$，$b_n$ 为精确系数；$\tilde{b}_n + b_n + \frac{\varepsilon}{n}$为具有误差的系数，其傅立叶级数和为 $\hat{m}(x) = \sum_{n=1}^{\infty} \tilde{b}_n\psi_n(x) = \sum_{n=1}^{\infty}(b_n + \frac{\varepsilon}{n})\psi_n(x)$。这两个级数的系数之差取 l_2 空间度量 为 $\Delta = \left\{\sum_{n=1}^{\infty}\left(\frac{\varepsilon}{n}\right)^2\right\}^{1/2} = \varepsilon\left\{\sum_{n=1}^{\infty}\frac{1}{n^2}\right\}^{1/2} = \varepsilon\sqrt{\frac{\pi^2}{6}}$。$\Delta$ 值可用选取 ε 的方法使其无限小。但是，这两级数的差值 $\Delta m = \hat{m} - m$ 取 C_D空间度量，则有：$|\Delta m| = \max\left|\varepsilon\sum_{n=1}^{\infty}\frac{\psi_n(x)}{n}\right|$ 且可无限大，特别是当 $\psi_n(x) = 1$ 时，$|\Delta m|$ 发散。可见，这类问题不稳定。

A H 吉洪诺夫给出了这类问题的稳定解法。把求傅立叶级数和的问题当作解一个关于函数 $m(x)$的算子方程的问题来讨论。事实上，如果使空间 M 中每一个连续函数 $m(x)$对应于 l_2 空间中由傅立叶系数组成的元素 $d = \{b_n\}$，令算子 G 同样表示傅立叶分析算子，则该对应关系同样可以表示成反演问题的算子方程形式，即：

$$Gm = d \tag{5-2-19}$$

在连续函数空间内，解该算子方程求 $m(x)$ 具有唯一解。

在已知 $\tilde{b}_n$ 和误差限 δ 的条件下，求得一套稳定的傅立叶系数。以(5－1－37)式为例，求得 $b_{\alpha n}$。采用正则化方法，求算子方程(5－2－19)的稳定近似解：

偏差泛函：

$$\rho_{l_2}^2(Gm,\ \tilde{d}) = \| Gm - \tilde{d} \|_{l_2}^2 = \sum_{n=1}^{\infty} (b_n - \tilde{b}_n)^2 \tag{5-2-20}$$

式中，b_n 为函数 $m(x)$ 关于函数系 $\{\psi_n(x)\}$ 的权为 $\rho(x)>0$ 的傅立叶系数，即：

$$b_n = \int_D m(x)\rho(x)\psi_n(x)\mathrm{d}x \tag{5-2-21}$$

稳定泛函：

$$\Omega[m(x)] = \sum_{n=1}^{\infty} b_n^2 \xi_n \tag{5-2-22}$$

式中，$\xi_n > n^{2+\varepsilon}$，$n=1,2,\cdots,\infty$，为正值序列。

容易看出 $\Omega[m(x)]$ 为 b_n 的二次凸泛函，对于任何正数 a 来说，若 $\Omega[m(x)] \leqslant \alpha$，函数 $m(x) \in C_D$ 的集合 C_D 中的列紧集。$\Omega[m(x)]$ 起到选择 $m(x)$ 为列紧集中元素的作用。

光滑泛函：

$$\Phi(b_n) = \sum_{n=1}^{N} (b_n - \tilde{b}_n)^2 + \alpha \sum_{n=1}^{N} \xi_n b_n^2 = \sum_{n=1}^{N} \{(b_n - \tilde{b}_n)^2 + \alpha \xi_n b_n^2\} \tag{5-2-23}$$

由 $\partial\Phi(b_n)/\partial b_n = 0$，得到：

$$b_{\alpha n} = \frac{\tilde{b}_n}{1+\alpha\xi_n} = \frac{1}{1+\alpha\xi_n} \cdot \tilde{b}_n = r(n,a) \cdot \tilde{b}_n$$

$$r(n,\alpha) = \frac{1}{1+\alpha\xi_n} \tag{5-2-24}$$

$$\hat{m}_\alpha(x) = \sum_{n=1}^{M} b_{\alpha n}\psi_n(x) = \sum_{n=1}^{M} r(n,\alpha) \cdot b_n \psi_n(x) \tag{5-2-25}$$

$r(n,\ \alpha)$ 称为正则化稳定因子，是系数 $b_{\alpha n}$ 的分辨算子或滤波器。

正则参数 α，可由下面关于 α 的方程式来求得，即：

$$\Phi(\alpha) = \sum_{n=1}^{M} (b_{\alpha n} - b_n)^2 = \sum_{n=1}^{M} \frac{\alpha^2 \xi_n^2 b_n}{(1+a\xi_n)^2} = \delta^2 \tag{5-2-26}$$

有关对 $\Phi(\alpha)$ 单调增性质和取值为 δ^2 的原因的阐述与前面的反演方法相同。

5.2.2.3 关于退化的与劣条件的线性代数方程组的稳定解法

已知这类方程组求解具有不稳定性，故此处直接阐述其正则化解法。

设两种类型方程组为：

$$Ax = \tilde{b}, \qquad \tilde{A}x = \tilde{b} \tag{5-2-27}$$

式中，$x = (x_1, x_2, \cdots, x_N)^{\mathrm{T}}$；$\tilde{b} = (\tilde{b}_1, \tilde{b}_2, \cdots, \tilde{b}_N)^{\mathrm{T}}$，$\tilde{b}$ 为带有误差 δ 的右端项，满足：$\| \tilde{b} - b \|_{l_2}^2 = \sum_{n=1}^{N} (\tilde{b}_n - b_n)^2 \leqslant \delta^2$；$\tilde{A}$ 为不精确给定的矩阵，满足：$\| \tilde{A} - A \|_{l_2}^2 = \sum_{i=1}^{N} \sum_{j=1}^{N} (\tilde{a}_{ij} - a_{ij})^2 \leqslant \hat{\delta}^2$；$A$ 和 $\tilde{A}$ 为奇异阵或降秩矩阵。

下面，直接给出上面二方程组的正则化解法。

偏差泛函：

$$\| Ax - \tilde{b} \|^2 = \sum_{i=1}^{N} \left\{ \sum_{j=1}^{N} a_{ij}x - \tilde{b}_i \right\}^2, \| \tilde{A}x - \tilde{b} \| = \sum_{i=1}^{N} \left\{ \sum_{j=1}^{N} \tilde{a}_{ij}x - \tilde{b}_i \right\}^2 \tag{5-2-28}$$

稳定泛函：

$$\Omega(x) = \| x - x_0 \|^2 = \sum_{i=1}^{N} (x_i - x_{0i})^2, \Omega(x) = \| x \|^2 = \sum_{i=1}^{N} x_i^2 \tag{5-2-29}$$

式中，x_0 为决定于问题提法的已确定元素，或者由先验信息确定的解的近似估计。

光滑泛函：

$$\Phi(x_\alpha) = \| Ax - \tilde{b} \|^2 + \alpha \| x - x_0 \|^2 = (Ax - \tilde{b})^{\mathrm{T}} \times (Ax - \tilde{b}) + \alpha(x - x_0)^{\mathrm{T}}(x - x_0) \tag{5-2-30}$$

$$\Phi(x_\alpha) = \| \tilde{A}x - b \|^2 + \alpha \| x \|^2 = (\tilde{A}x - \tilde{b})^{\mathrm{T}} \times (\tilde{A}x - \tilde{b}) + \alpha x^{\mathrm{T}} x \tag{5-2-31}$$

求 x_α：由 $\partial \Phi(x) / \partial x^{\mathrm{T}} = 0$，得到：

$$A^{\mathrm{T}} = (Ax - \tilde{b}) + \alpha(x - x_0) = 0, \ \tilde{A}^{\mathrm{T}}(\tilde{A}x - \tilde{b}) + \alpha x = 0 \tag{5-2-32}$$

$$(A^{\mathrm{T}}A + \alpha I)x = A^{\mathrm{T}}\tilde{b} + \alpha x_0, \ (\tilde{A}^{\mathrm{T}}\tilde{A} + \alpha I)x = \tilde{A}^{\mathrm{T}}\tilde{b} \tag{5-2-33}$$

故有：

$$x_\alpha = (A^{\mathrm{T}}A + \alpha I)^{-1} \times (A^{\mathrm{T}}\tilde{b} + \alpha x_0),\ x_\alpha = (\tilde{A}^{\mathrm{T}}\tilde{A} + \alpha I)^{-1}\tilde{A}^{\mathrm{T}}\tilde{b} \quad (5-2-34)$$

5.2.3 吉洪诺夫正则化反演理论的应用

5.2.3.1 磁性界面反演的正则化方法

图 5－1 为埋藏在地下的一个磁性分界面 S，其埋深为 $h_{\xi\eta} = h + \Delta h_{\xi\eta}$，其中，$h$ 为平均埋深，$\Delta h_{\xi\eta}$ 为起伏变化。设 S 面以下磁化强度为常数 J，方向向下。

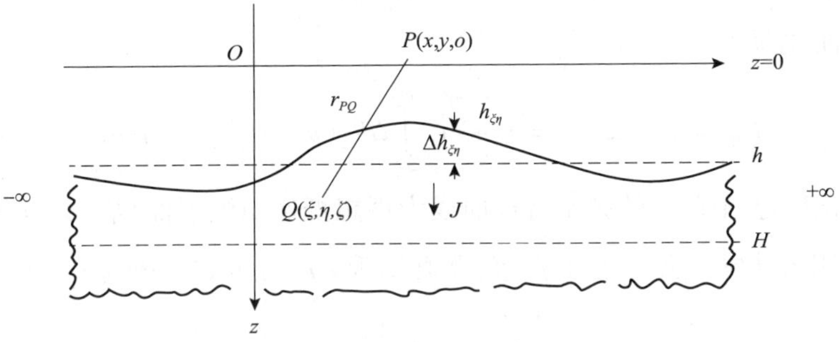

图 5－1 磁性单界面示意图

在一定条件下，该磁性分界面在 Oxy 面的 $P(x,y)$ 点产生的垂直磁异常近似表达式：

$$Z(x,y) = \int_{-\infty}^{\infty}\int_{-\infty}^{\infty}\{-J\Delta h_{\xi\eta}\}g(x-\xi,y-\eta,h)\mathrm{d}\xi\mathrm{d}\eta,$$

$$g(x,y,h) = \frac{2h^2 - \{(x-\xi)^2 + (y-\eta)^2\}}{\{(x-\xi)^2 + (y-\eta)^2 + h^2\}^{5/2}} \quad (5-2-35)$$

上面的反问题为：

$$\int_{-\infty}^{\infty}\int_{-\infty}^{\infty} g(x-\xi,y-\eta,h)m(\xi,\eta)\mathrm{d}\xi\mathrm{d}\eta = Z(x,y),m(\xi,\eta) = \{-J\Delta h_{\xi\eta}\}$$

$$(5-2-36)$$

这是一个褶积型积分方程，可采用吉洪诺夫正则化方法求解。g( )的频谱为：

$$g(u,\ v,\ h) = 4\pi^2 f\mathrm{e}^{-2\pi fh} \quad (5-2-37)$$

选择最简单的 P 阶稳定子为：

$$M(u,\ v) = q_P f^{2P},\ q_P = 1/f_0^2 \quad (5-2-38)$$

把 $g(u, v, h)$、$M(u, v)$ 代入(5-2-1)式，即可得到界面反演的正则化稳定因子：

$$f_\alpha^{uv} = 1/\left\{1 + \frac{1}{16\pi^4} \times \frac{1}{f^2} \times \left(\frac{f}{f_0}\right)^{2P} e^{4\pi fh}\right\} \tag{5-2-39}$$

正则解的频谱 $M_\alpha(u, v)$ 和 $\Delta h_{\xi\eta}$ 频谱 $\Delta h_\alpha(u, v)$ 分别为：

$$M_\alpha(u, v) = \{-J\Delta h_\alpha(u, v)\} = \frac{m(u, v, h)}{4\pi^2 f} \cdot e^{2\pi fh} \cdot f_\alpha^{uv},$$

$$\Delta h_\alpha(u, v) = -\frac{m(u, v, h)}{4\pi^2 fJ} \times e^{2\pi fh} f_\alpha^{uv} \tag{5-2-40}$$

则界面埋深为：

$$h_{\xi\eta} = h + \Delta h_{\xi\eta} = h + \int_{-\infty}^{\infty}\int_{-\infty}^{\infty} \Delta h_\alpha(u,v) e^{i2\pi(ux+vy)} du dv \tag{5-2-41}$$

正则化稳定因子 f_α^m 的频率特性曲线为理想抵通滤波器曲线。在其表达式中，参数 f_0 的引入非常重要，他使 f_α^{uv} 变得很灵活。P 为阶数，P 越大，f_α^{uv} 曲线在 f_0 处越陡。

5.2.3.2 平面上滤除高频干扰的正则化稳定因子

(1)一维正则化稳定因子。

设：信号谱为 s_m、干扰谱为 N_m，则混合信号为 $s_m^* = s_m + N_m$。按照吉洪诺夫理论，求和值 $s(x) = \sum_m^M s_m^* e^{i2\pi(m/M)x}$ 是不稳定的。需要求得信号的稳定近似谱 s_m^α，才能获得稳定的近似信号。为此，采用如下正则化方法。

光滑泛函：

$$\Phi(s_m) = \sum_m^M |s_m - s_m^*|^2 + \alpha\sum_m^M \xi_m |s_m|^2 = \sum_m^M \{(s_m - s_m^*)(\bar{s}_m - \bar{s}_m^*) + \alpha\xi_m s_m \bar{s}_m\} \tag{5-2-42}$$

式中，$\xi_m > n^{2+\sigma}$，为止值序列。

由方程组 $\partial\Phi(s_m)/\partial s_m = 0$，$\sum_m^M |s_m^\alpha - s_m^*|^2 = \delta^2$，可以求得 s_m^α，即：

$$s_m^0 = \frac{s_m^*}{1 + \alpha\xi_m} = f_\alpha^m s_m^*,\quad f_\alpha^m = 1/\{1 + \alpha\xi_m\} \tag{5-2-43}$$

按下面公式确定正值序列 ξ_m 和误差限 δ^2：

$$\xi_m = e^{\beta(|u_m| - u_0)\lambda_x}, N_m = \begin{cases} s_m^*, & |u_m| \geqslant u_0 \\ 0, & |u_m| < u_0 \end{cases}, \delta^2 = \sum_m^M |N_m|^2 \quad (5-2-44)$$

则有：

$$f_\alpha^m = 1/\{1 + \alpha e^{\beta(|u_m| - u_0)\lambda_x}\} \quad (5-2-45)$$

式中，$\beta \geqslant 2$，λ_x 为计算区长度，$u_0 = 1/\lambda_0$（λ_0 为要消除的干扰信号长度）。

(2) 二维正则化稳定因子。

对应的二维正则化稳定因子－二维滤除高频干扰的理想低通滤波器的频谱表达式为：

$$f_\alpha^{mn} = 1/\{1 + \alpha e^{\beta(f_{mn} - f_0)\lambda_x}\} \quad (5-2-46)$$

式中，$f_{mn} = \sqrt{u_m^2 + v_n^2}$，$u_m = \dfrac{m}{\lambda_x}$，$v_n = \dfrac{n}{\lambda_y}$，$\lambda_x$、$\lambda_y$ 分别为计算区的长和宽；$\beta \geqslant 2$；$f_0 = 1/\lambda_0$ 为要消除的高频干扰信号的最小波数，λ_0 为要消除的二维信号沿轴方向最大水平尺寸的长度；α 可以取 2.75。作为滤波器，f_α^{mn} 具有和 f_α^m 一样的优良特征。

5.2.3.3 位场、地震波场向下延拓的正则化方法。

(1) 位场下延的稳定算法。

褶积方程的算法：

$$g(u, v, z) = \bar{g}(u, v, z) = e^{-2\pi f_{mn} z}, \ m(u, v) = \left(\frac{f_{mn}}{f_0}\right)^{2P} \quad (5-2-47)$$

$$f_\alpha^{mn} = 1/\left\{1 + \alpha \times \left(\frac{f_{mn}}{f_0}\right)^{2P} \times e^{4\pi f_{mn} z}\right\}, \ U_\alpha(u, v, z) = \tilde{U}(u, v, 0) e^{2\pi f_{mn} z} f_\alpha^{mn} \quad (5-2-48)$$

求傅立叶级数和的算法：

$$\tilde{U}(u, v, z) = \tilde{U}(u, v, 0) e^{2\pi f_{mn} z} \quad (5-2-49)$$

$$\xi_{mn} = e^{\beta(f_{mn} - f_0)\lambda_x}, \ f_\alpha^{mn} = 1/\{1 + \alpha e^{\beta(f_{mn} - f_0)\lambda_x}\} \quad (5-2-50)$$

$$\tilde{U}_\alpha(u, v, z) = \tilde{U}(u, v, 0) e^{2\pi f_{mn} z} f_\alpha^{mn} \quad (5-2-51)$$

(2) 地震波场下延的稳定算法。

只讨论 $u_x^2 + v_y^2 > \omega_t^2/v^2$ 情况。此时，公式为：

$$\tilde{U}(u_x, v_y, \omega_t, z) = \tilde{U}(u_x, v_y, \omega_t, 0) e^{2\pi z \sqrt{(u_x^2 + v_y^2) - \omega_t^2/v^2}} \quad (5-2-52)$$

式中，$e^{2\pi z \sqrt{(u_x^2 + v_y^2) - \omega_t^2/v^2}}$ 为不稳定的无界算子。为了设计出适合此种情况的稳定因

子，设$f_{mn}^{*}=\sqrt{f_{mn}^{2}-\omega_{t}^{2}/v^{2}}\geqslant 0$，$f_{mn}^{2}=u_{x}^{2}+v_{y}^{2}$，$f_{0}^{*}=\sqrt{f_{0}-\omega_{t}^{2}/v^{2}}$为常数。

褶积方程的算法：

$$M(u,\ v)=\left(\frac{f_{mn}^{*}}{f_{0}^{*}}\right)^{2P},\quad f_{\alpha}^{mn}=1/\left\{1+\alpha\cdot\left(\frac{f_{mn}^{*}}{f_{0}^{*}}\right)^{2P}\cdot \mathrm{e}^{2\pi f_{mn}^{*}z}\right\}\quad (5-2-53)$$

$$U_{\alpha}=(u_{x},\ v_{y},\ \omega_{t},\ z)=\tilde{U}(u_{x},\ v_{y},\ \omega_{t},\ 0)\mathrm{e}^{2\pi z\sqrt{(u_{x}^{2}+v_{y}^{2})-\omega_{t}^{2}/v^{2}}}f_{\alpha}^{mn}\quad (5-2-54)$$

求傅立叶级数和的算法：

$$\xi_{mn}=\mathrm{e}^{\beta(f_{mn}^{*}-f_{0}^{*})\lambda_{x}},\quad f_{\alpha}^{mn}=1/\{a+\alpha \mathrm{e}^{\beta(f_{mn}^{*}-f_{0}^{*})\lambda_{x}}\}\quad (5-2-55)$$

$$U_{\alpha}(u_{x},\ v_{y},\ \omega_{t},\ z)=\tilde{U}(u_{x},\ v_{y},\ \omega_{t},\ 0)\mathrm{e}^{2\pi z\sqrt{(u_{x}^{2}+v_{y}^{2})-\omega_{t}^{2}/v^{2}}}f_{\alpha}^{mn}\quad (5-2-56)$$

5.3　地球物理线性反演理论概要

5.3.1　地球物理反演基本理论

5.3.1.1　地球物理正、反演问题的算子方程

地球物理正、反演问题的算子方程为：

$$Gm=d\quad (5-3-1)$$

式中，m为待反演的对象，即地球物理模型，简称“模型”或算子方程的解，分为连续模型和离散模型；d为观测数据，分为确定型数据和随机型数据；G为算子，分为线性算子和非线性算子。m、d、G分别处于模型空间M、资料空间D和算子空间G中。离散模型为有穷维空间中的点，连续模型为无穷维空间中的点。

根据算子方程(5-3-1)，地球物理反演问题分为8类：连续模型确定型线性反演、连续模型确定型非线性反演、离散模型确定型线性反演、离散模型确定型非线性反演、连续模型随机型线性反演、连续模型随机型非线性反演、离散模型随机型线性反演和离散模型随机型非线性反演。

本小节主要讨论线性反演问题的理论。

5.3.1.2　模型线性反演理论通常要求

该反演理论的要求为：一是线性模型离散化，也称参数化；二是非线性反演

问题线性化，通常采用参数置换法和泰勒级数法；三是算子方程数据规一化，即 $EGm=Ed$。其中，E 通常是由数据 d 的均方差 $\sigma_i(i=1,2,\cdots,M)$ 组成的对角线矩阵，这是恒等变换，而算子方程变为 $G'm=d'$，d'具有单位均方差($\sigma_i=1$)。

5.3.1.3 地球物理反演问题的不适定性

地球物理反演问题的解总是存在的，但具有多解性和不稳定性，总体称为不适定性。

反问题多解的根本原因是不同模型可以产生相同的外部场。从数学上说，即 $Gm_1=Gm_2=d$，$G(m_2-m_1)=0$，后者表明，齐次算子方程具有非 0 解，即通解。通解 + 特解，构成无穷解。

反演问题的不稳定性是指：①观测数据 d 具有微小的误差 Δd，可以使解 m 产生很大的误差 Δm。②算子 G 具有微小的误差 ΔG，也可以使解 m 产生很大的误差 Δm。实际上，产生不稳定的主要原因，是逆算子或广义逆算子往往是“无界算子”。

例如：①向下延拓的指数因子 $e^{2\pi z\sqrt{u^2+v^2 z}}$、$e^{2\pi z\sqrt{u_x^2+v_y^2-\omega_t^2/v^2}}$。②特征值或奇异值处在逆算子的分母上，此时小特征值或小奇异值的倒数趋于无界。

5.3.1.4 求解“不适定问题”

A H 吉洪诺夫等提出了“适定性新概念”，即如果在某种类型数据空间和模型空间(如自列紧的 C 空间和 L_2 空间)中求解反演问题时，反演问题的解存在、唯一和稳定，反问题就是适定的。

为了求解不适定问题，A H 吉洪诺夫等采取了如下重要方案：

(1)尽可能地获取和利用已知的地质与地球物理先验信息，对待求模型进行约束，缩小解的自由度。

(2)引入关于解的泛函，定义使该泛函取极小值的模型为广义解 m^*，定义获得该广义解的算子 为 广义逆算子 G_*^{-1}。其表达式为：

$$m^*=G_*^{-1}d \qquad (5-3-2)$$

(3)广义逆算子往往仍是不稳定的算子，需要采取稳定化措施，购置稳定的广义逆算子 G_0^{-1}，其所对应的解 m^0 称为广义近似解。

5.3.1.5 E Backus & Gilbert 提出了广义解的线性评价理论

设 $\tilde{d}$ 是带有误差 Δd 的观测数据，则：

$$m^* = G_*^{-1}\tilde{d} = G_*^{-1}(d+\Delta d) = G_*^{-1}(Gm+\Delta d) = G_*^{-1}Gm + G_*^{-1}\Delta d = Rm + \Delta m \quad (5-3-3)$$

$$d^* = Gm^* = GG_*^{-1}\tilde{d} = P\tilde{d} \quad (5-3-4)$$

其中：

$$R = G_*^{-1}G \quad (5-3-5)$$

$$P = GG_*^{-1} \quad (5-3-6)$$

算子 R 称为模型(或解)分辨算子，表示广义解 m^* 反映真解 m 的程度；当 $R=\boldsymbol{I}$($\boldsymbol{I}$ 为单位矩阵)或者 $R=\int\delta(\xi-\xi_0)[\ ]d\xi$($\delta(\xi-\xi_0)$是 δ - 函数)时，R 称为全分辨算子，此时 $m^*=m$。算子 P 称为数据分辨算子，表示 d^* 反映 $\tilde{d}$ 的程度；当 $P=\boldsymbol{I}$($\boldsymbol{I}$ 为单位矩阵)时，称为完全分辨算子，此时 $d^*=\tilde{d}$。

观测数据误差 $\Delta d_i(i=1,2,\cdots,M)$是随机变量，当 Δd_i 的平均值为0、均方差为 $\sigma_i(i=1,2,\cdots,M)$，而且彼此独立无关时，他们的协方差矩阵 $Cov(\Delta d) = <\Delta d\cdot\Delta d^{\mathrm{T}}>$ 将等于其方差矩阵 $Var(\Delta d)$，则有：

$$Var(\Delta d) = diag(\sigma_1^2,\ \sigma_2^2,\ \cdots,\ \sigma_M^2) \quad (5-3-7)$$

在上述条件下，解的误差也是随机变量，则有：

$$Var(\Delta m) = <\Delta m\cdot\Delta m^{\mathrm{T}}> = G_*^{-1}Var(\Delta d)(G_*^{-1})^{\mathrm{T}} \quad (5-3-8)$$

5.3.2 吉洪诺夫正则化反演理论及其应用

5.3.2.1 吉洪诺夫正则化反演理论

在自列紧的连续函数函数空间(即 C 空间)、平方可积函数空间(即 l_2 空间)和离散的但自列紧的 l_2 空间内，求取稳定近似解 m_α，因为该解与一个正则参数 α 有关，故称为正则解。由具有误差的观测数据 $\tilde{d}$ 直接求取 m_α 的运算，称为“正则算子”，记为 $R_\alpha[\ ]$。

为了求解正则解 m_α，吉洪诺夫采用了3个泛函，即：

偏差泛函：算子方程左右两端之差的2范数平方 $\rho(m_\alpha) = \|Gm_\alpha - \tilde{d}\|^2 \leqslant \delta^2$。

稳定泛函：定义在包含真解在内的自列紧集合上的泛函，起到限制解的类型、实现稳定反演的作用，记为 $\Omega(m_\alpha)$，其为凸泛函，极小解为0。

光滑泛函：偏差泛函相当于约束泛函，稳定泛函相当于极小化泛函，用拉格朗日乘子将其连接，构成无约束的泛函，即：

$$\Phi(m_\alpha) = \| Gm_\alpha - \tilde{d} \|^2 + \alpha\Omega(m_\alpha) \tag{5-3-9}$$

光滑泛函的解——正则解为：

$$m_\alpha = R_\alpha[\tilde{d}] \tag{5-3-10}$$

5.3.2.2 地球物理中褶积型积分方程的正则化解法

褶积型积分方程为：

$$\int_{-\infty}^{\infty} g(t-\tau)m(\tau)d\tau = d(t) \tag{5-3-11}$$

在频率域求解时，上式变为：

$$g(\omega)\cdot m(\omega) = d(\omega) \tag{5-3-12}$$

光滑泛函：

$$\Phi(m_\alpha) = \int_{-\infty}^{\infty}\left\{ |g(\omega)m(\omega) - d(\omega)|^2 + \alpha M(\omega)|m(\omega)|^2 \right\}\mathrm{d}\omega = \int_{-\infty}^{\infty} F(\omega, m(\omega))\mathrm{d}\omega$$

$$F(\omega, m(\omega)) = \{g(\omega)m(\omega) - d(\omega)\}\{\tilde{g}(\omega)\overline{m}(\omega) - \overline{d}(\omega)\} + \alpha M(\omega)m(\omega)\overline{m}(\omega) \tag{5-3-13}$$

其中：

$$M(\omega) = \sum_{n=0}^{P} q_n\omega^n, (q_n > 0) \tag{5-3-14}$$

该函数为 P 阶稳定子，是实函数。

令 $\partial F[m(\omega)]/\partial m(\omega) = 0$，得到 $\{g(\omega)\tilde{g}(\omega) + \alpha M(\omega)\}\overline{m}(\omega) = g(\omega)\overline{d}(\omega)$，即：

$$m_\alpha(\omega) = \frac{\overline{g}(\omega)}{\overline{g}(\omega)g(\omega) + \alpha M(\omega)}\cdot d(\omega) = R_\alpha(\omega)d(\omega)$$

$$= \frac{\overline{g}(\omega)g(\omega)}{\overline{g}(\omega)g(\omega) + \alpha M(\omega)}\cdot\frac{d(\varepsilon)}{g(\omega)} = \frac{1}{1 + \alpha\dfrac{m(\omega)}{\overline{g}(\omega)g(\omega)}} = m(\omega) = f_\alpha(\omega)m(\omega) \tag{5-3-15}$$

其中：

$$f_\alpha(\omega) = \frac{1}{1 + \alpha M(\omega)/\overline{g}(\omega)g(\omega)} \tag{5-3-16}$$

正则参数 α，可由下式求得，其表达式为：

$$\Phi(\alpha)=\left\|Gm_{\alpha}-\tilde{d}\right\|^{2}=\frac{1}{2\pi}\int_{-\infty}^{\infty}\frac{\alpha^{2}M^{2}(\omega)\mid d(\omega)\mid^{2}}{\{g(\omega)\bar{g}(\omega)+\alpha M(\omega)\}^{2}}\times \mathrm{d}\omega=\delta^{2} \tag{5-3-17}$$

5.3.2.3 求具有以 l_2 度量为近似系数的傅立叶级数和的正则化方法

根据前人研究成果，以 $\hat{m}(\xi)=B^{\mathrm{T}}\Psi=\sum_{n=1}^{M}b_n\Psi_n(\xi)$ 为例，式中 $\Psi(\xi)$ 为两两正交的规一函数系，$b_n=\frac{1}{\sqrt{\lambda_n}}\sum_{j=1}^{M}r_{jn}\tilde{d}_j$ 是与具有误差的观测数据 $\tilde{d}$ 有关的傅立叶系数，故求和值 $\hat{m}(\xi)$ 不稳定，必须采用稳定算法。再如，$f(x)=\sum_{n=1}^{N}c_n\mathrm{e}^{\mathrm{i}2\pi(n/N)x}$，$C_n$ 为复系数，有误差，该级数和也不稳定。其目的在于，在 b_n 或 C_n 和误差限 δ^2 的已知条件下，求得稳定的傅立叶系数。以 $\hat{m}(\xi)=B^{\mathrm{T}}\Psi=\sum_{n=1}^{M}b_n\Psi_n(\xi)$ 求 $b_{\alpha n}$ 为例，光滑泛函：

$$\Phi(b_{\alpha n})=\sum_{n=1}^{N}(b_{\alpha n}-b_n)^2+\alpha\sum_{n=1}^{N}\xi_n b_{\alpha n}^2=\sum_{n=1}^{N}\{(b_{\alpha n}-b_n)^2+\alpha\xi_n b_{\alpha n}^2\} \tag{5-3-18}$$

式中，$\xi_n>n^{2+\varepsilon}$，为正值序列，于是得：

$$b_{\alpha n}=\frac{b_n}{1+\alpha\xi_n}=\frac{1}{1+\alpha\xi_n}\cdot b_n=r(n,\ \alpha)\cdot b_n,\quad r(n,\ \alpha)=\frac{1}{1+\alpha\xi_n} \tag{5-3-19}$$

$$\hat{m}_{\alpha}(\xi)=\sum_{n=1}^{M}b_{\alpha n}\psi_n(\xi)=\sum_{n=1}^{M}r(n,\alpha)\cdot b_n\psi_n(\xi) \tag{5-3-20}$$

正则参数 α，可由下式求得，其表达式为：

$$\Phi(\alpha)=\sum_{n=1}^{M}(b_{\alpha n}-b_n)^2-\sum_{n=1}^{M}\frac{\alpha^2\xi_n^2 b_b}{(1+\alpha\xi_n)^2}=\delta^2 \tag{5-3-21}$$

5.3.2.4 关于退化与劣条件的线性代数方程组的稳定解法

设方程组为：

$$Ax=\tilde{b},\qquad \tilde{A}x=\tilde{b} \tag{5-3-22}$$

其光滑泛函为：

$$\Phi(x_\alpha)=\|Ax-\tilde{b}\|^2+\alpha\|x-x_0\|^2=(Ax-\tilde{b})^{\mathrm{T}}(Ax-\tilde{b})+\alpha(x-x_0)^{\mathrm{T}}(x-x_0) \tag{5-3-23}$$

$$\Phi(x_\alpha)=\|\tilde{A}x-\tilde{b}\|^2+\alpha\|x\|^2=(\tilde{A}x-\tilde{b})^{\mathrm{T}}(\tilde{A}x-\tilde{b})+\alpha x^{\mathrm{T}}x \tag{5-3-24}$$

令 $\partial\Phi(x_\alpha)/\partial x=0$，得到稳定近似解：

$$x_\alpha=(A^{\mathrm{T}}A+\alpha I)^{-1}(A^{\mathrm{T}}\tilde{b}+\alpha x_0) \tag{5-3-25}$$

$$x_\alpha=(\tilde{A}^{\mathrm{T}}\tilde{A}+aI)^{-1}\tilde{A}^{\mathrm{T}}\tilde{b} \tag{5-3-26}$$

再由下式确定正则参数 α，其表达式为：

$$\Phi(\alpha)=\|Ax_\alpha-\tilde{b}\|^2=\delta^2 \text{ 和 } \Phi(\alpha)=\|\tilde{A}x_\alpha-\tilde{b}\|^2=\delta^2 \tag{5-3-27}$$

5.3.2.5 正则化理论的应用－滤除高频干扰的“理想低通滤波器”

设信号谱为 s_m、干扰谱为 N_m，则混合信号为 $s_m^*=s_m+N_m$。按照吉洪诺夫理论，求和值 $s(x)=\sum\limits_m^M s_m^*\mathrm{e}^{\mathrm{i}2\pi(m/M)x}$不稳定。需求得信号的稳定近似谱 s_m^0，才能获得稳定近似信号。为此，采用正则化方法。

光滑泛函：

$$\Phi(s_m^0)=\sum_m^M|s_m^0-s_m^*|^2+\alpha\sum_m^M\xi_m|s_m^0|^2=\sum_m^M\{(s_m^0-s_m^*)(\bar{s}_m^0-\bar{s}_m^*)+\alpha\xi_m s_m^0\bar{s}_m^0\} \tag{5-3-28}$$

式中，$\xi_m>n^{2+\varepsilon}$，为正值序列。

由方程组 $\partial\Phi(s_m^0)/\partial s_m^0=0$，$\sum\limits_m^M|s_m^0-s_m^*|^2=\delta^2$，可以求得 s_m^0，即：

$$s_m^0=\frac{s_m^*}{1+\alpha\xi_m}=f_\alpha^m s_m^*,\qquad f_\alpha^m=1/\{1+\alpha\xi_m\} \tag{5-3-29}$$

按下面公式确定正值序列 ξ_m 和误差限 δ^2：

$$\xi_m=\mathrm{e}^{\beta(|u_m|-u_0)\lambda_x},\quad N_m=\begin{cases}s_m^*,|u_m|\geqslant u_0\\0,|u_m|<u_0\end{cases},\quad \delta^2=\sum_m^M|N_m|^2 \tag{5-3-30}$$

于是得到：

$$f_\alpha^m=1/\{1+\alpha e^{\beta(|u_m|-u_0)\lambda_x}\} \tag{5-3-31}$$

式中$\beta \geqslant 2$，λ_x为计算区长度，$u_0 = 1/\lambda_0$（λ_0为要消除的干扰信号长度），而f_α^m就是一维"正则化稳定因子"－一维滤除高频干扰的"理想低通滤波器"。

对应的有二维滤除高频干扰的理想低通滤波器表达式为：

$$f_\alpha^{mn} = 1/\{1 + \alpha e^{\beta(f_{mn} - f_0)\lambda_x}\} \tag{5-3-32}$$

5.3.3 参数化模型的最小长度解

5.3.3.1 超定方程组和欠定方程组 $\boldsymbol{Gm} = \boldsymbol{d}$ 的解

超定方程组是矛盾方程组，不存在满足观测数据的精确解，故定义其解为最小方差解。欠定方程组具有无穷多个精确满足观测数据的解，故取具有最小长度$m^T m$的解。为此，分别取泛函的极小解，其表达式为：

$$E(m) = (d - Gm)^{\mathrm{T}}(d - Gm) \tag{5-3-33}$$

$$E(m) = m^{\mathrm{T}}m + \lambda^{\mathrm{T}}(d - Gm) \tag{5-3-34}$$

由$\partial E(m)/\partial m = 0$，得到最小方差解、最小长度解，以及对应的广义逆算子：

$$m = (G^{\mathrm{T}}G)^{-1}G^{\mathrm{T}}d, \qquad G_*^{-1} = (G^{\mathrm{T}}G)^{-1}G^{\mathrm{T}} \tag{5-3-35}$$

$$m = G^{\mathrm{T}}(GG^{\mathrm{T}})^{-1}d, \qquad G_*^{-1} = G^{\mathrm{T}}(GG^{\mathrm{T}})^{-1} \tag{5-3-36}$$

5.3.3.2 求解混定方程组（超定降秩方程组）的阻尼最小二乘法

定义广义解为如下泛函的极小解，即：

$$E(m) = (d - Gm)^{\mathrm{T}}(d - Gm) + \varepsilon^2 m^{\mathrm{T}}m \tag{5-3-37}$$

由$\partial E(m)/\partial m = 0$，得到最小长度解和广义逆算子：

$$m = (G^{\mathrm{T}}G + \varepsilon^2 I)^{-1}G^{\mathrm{T}}d, \qquad G_*^{-1} = (G^{\mathrm{T}}G + \varepsilon^2 I)^{-1}G^{\mathrm{T}} \tag{5-3-38}$$

5.3.3.3 先验信息在模型反演中的应用

(1)对模型参数的限制。

在求解欠定问题时，已知模型的平均值$< m >$时，此时的解的长度泛函定义为：

$$E(m) = (m - < m >)^{\mathrm{T}}(m - < m >) = \Delta m^{\mathrm{T}}\Delta m \tag{5-3-39}$$

方程组变为$G\Delta m = \Delta d = d - Gm$。参考(5－3－36)式，可得：

$$m - < m > = G^{\mathrm{T}}(GG^{\mathrm{T}})^{-1}(d - Gm), \qquad G_*^{-1} = G^{\mathrm{T}}(GG^{\mathrm{T}})^{-1} \tag{5-3-40}$$

如果认为模型的某些参量重要，另一些参量不重要，可以引入加权矩阵$\boldsymbol{D}$。此时解的长度定义为$(\boldsymbol{D}m)^{\mathrm{T}}(\boldsymbol{D}m)$，而极小化泛函为：

$$E(m)=(\boldsymbol{D}m)^{\mathrm{T}}(\boldsymbol{D}m)+\lambda^{\mathrm{T}}[d-G(\boldsymbol{D}m)] \tag{5-3-41}$$

参考(5－3－36)式，可得：

$$m=\boldsymbol{D}^{-1}G^{\mathrm{T}}(GG^{\mathrm{T}})^{-1}d,\quad G_*^{-1}=\boldsymbol{D}^{-1}G^{\mathrm{T}}(GG^{\mathrm{T}})^{-1} \tag{5-3-42}$$

(2)对观测数据的限制。

在解超定问题时，可以采用对角线型矩阵 $\boldsymbol{D}$，对方程组两端进行加权。此时，矩阵方程变为 $\boldsymbol{D}Gm=\boldsymbol{D}d$，或写为 $G'm=d'$。参考(5－3－35)式，则最小方差解为：

$$m(G'^{\mathrm{T}}G')^{-1}G'^{\mathrm{T}}d=(G^{\mathrm{T}}W_dG)^{-1}G^{\mathrm{T}}W_dd,\quad W_d=\boldsymbol{D}^{\mathrm{T}}\boldsymbol{D} \tag{5-3-43}$$

$$G_*^{-1}=(G^{\mathrm{T}}W_dG)^{-1}G^{\mathrm{T}}W_d \tag{5-3-44}$$

采用彼此独立无关数据的均方差倒数组成的对角线矩阵，对矩阵方程两端加权，属于这种限制。该做法为恒等变换。

(3)等式限制条件的应用。

设等式限制条件以矩阵方程表示，即 $Fm=h$，例如：条件 $m_1=h_1$，$m_2=h_2$，则矩阵 $F=diag[1,1,0,\cdots,0]$。此时，超定方程组的极小化泛函为：

$$E(m)=(d-Gm)^{\mathrm{T}}(d-Gm)+\lambda^{\mathrm{T}}(Fm-h) \tag{5-3-45}$$

由 $\partial E(m)/\partial m=-d^{\mathrm{T}}G+m^{\mathrm{T}}G^{\mathrm{T}}G+\lambda^{\mathrm{T}}F=0$ 和 $Fm=h$，得到联立方程：

$$\begin{cases}G^{\mathrm{T}}d-G^{\mathrm{T}}Gm-F^{\mathrm{T}}\lambda=0\\ Fm=h\end{cases},\quad \text{即}\begin{bmatrix}G^{\mathrm{T}}G & F^{\mathrm{T}}\\ F & 0\end{bmatrix}\begin{pmatrix}m\\ \lambda\end{pmatrix}=\begin{pmatrix}G^{\mathrm{T}}d\\ d\end{pmatrix} \tag{5-3-46}$$

求解上式，即可得到解 m。

5.3.3.4 解的分辨矩阵 R、解的方差 Var(m)和数据分辨矩阵 P(也称信息密度矩阵)

在数据独立无关时，由 $\boldsymbol{R}=G_*^{-1}G$、$Var(m)=G_*^{-1}<dd^{\mathrm{T}}>(G_*^{-1})^{\mathrm{T}}=G_*^{-1}Var(d)(G_*^{-1})^{\mathrm{T}}$ 和 $P=GG_*^{-1}$，把 G、G_*^{-1} 和 $Var(d)$ 代入，即可得到解的分辨矩阵 $\boldsymbol{R}$、解的方差 $Var(m)$ 和数据分辨矩阵 $\boldsymbol{P}$。

5.3.4 广义反演理论

5.3.4.1 对称矩阵的正交分解

设 G 是实对称、非奇异矩阵，则 G 具有特征值 λ_i 和特征向量。

$r_i=(r_{1i}\ r_{2i}\cdots\ r_{Mi})^{\mathrm{T}}$，满足 $\boldsymbol{G}r_i=\lambda_i r_i$，$\boldsymbol{GR}=[\lambda_1 r_1\ \lambda_2 r_2\cdots\ \lambda_M r_M]=R\boldsymbol{\Lambda}$，其中：

$$\boldsymbol{\Lambda}=\left\{\begin{matrix}\lambda_1 & & & 0\\ & \lambda_2 & & \\ & & \ddots & \\ 0 & & & \lambda_M\end{matrix}\right],\quad \boldsymbol{R}=[r_1\quad r_2\quad\cdots\quad r_M]=\begin{bmatrix}r_{11} & r_{12} & \cdots & r_{1M}\\ r_{21} & r_{22} & \cdots & r_{2M}\\ \cdots & \cdots & \cdots & \cdots\\ r_{M1} & r_{M2} & \cdots & r_{MM}\end{bmatrix} \tag{5-3-47}$$

式中，$|\lambda_1|\geqslant|\lambda_2|\geqslant\cdots\geqslant|\lambda_M|$。当 $\boldsymbol{G}$ 为正定对称矩阵时，特征值均为正值；而且 $\sum\limits_{k=1}^{M} r_{ki}r_{kj}=\begin{cases}0, & j\neq i\\ 1, & j=i\end{cases}$，即特征向量为两两正交的单位向量。$\boldsymbol{R}$ 为单位正交矩阵，且有关系式 $\boldsymbol{R}^{\mathrm{T}}\boldsymbol{R}R=\boldsymbol{RR}^{\mathrm{T}}=\boldsymbol{I}$，可以得到正交分解定理：

$$\boldsymbol{G}=\boldsymbol{GRR}^{\mathrm{T}}=\boldsymbol{R\Lambda R}^{\mathrm{T}} \tag{5-3-48}$$

5.3.4.2 长方形矩阵 G 的奇异值分解定理

由 $M\times N$ 阶（$M>N$ 或者 $M<N$）的长方形矩阵 $\boldsymbol{G}$，可以购置如下 $(M+N)\times(M+N)$ 对称矩阵 $\boldsymbol{S}=\begin{bmatrix}0 & G\\ G^{\mathrm{T}} & 0\end{bmatrix}$。于是，$\boldsymbol{S}$ 具有特征值 λ_i 和特征向量 $\overrightarrow{W}_i=(U_i,\ V_i)^{\mathrm{T}}$，并成立关系式：

$$\begin{bmatrix}0 & G\\ G^{\mathrm{T}} & 0\end{bmatrix}\begin{pmatrix}\overrightarrow{U}_i\\ \overrightarrow{V}_i\end{pmatrix}=\lambda_i\begin{pmatrix}\overrightarrow{U}_i\\ \overrightarrow{V}_i\end{pmatrix},\quad \boldsymbol{G}V_i=\overrightarrow{\lambda}_i\overrightarrow{U}_i,\quad \boldsymbol{G}^{\mathrm{T}}\overrightarrow{U}_i=\boldsymbol{\lambda}_i\overrightarrow{V}_i \tag{5-3-49}$$

式中，$\overrightarrow{U}_i$、$\overrightarrow{V}_i$ 分别是 M 维和 N 维单位正交向量。

分别用 $\boldsymbol{G}^{\mathrm{T}}$ 和 $\boldsymbol{G}$ 左乘（5-3-49）后面两式：

$$\boldsymbol{G}^{\mathrm{T}}\boldsymbol{G}\overrightarrow{V}_i=\lambda_i\boldsymbol{G}^{\mathrm{T}}\overrightarrow{U}_i=\lambda_i^2\overrightarrow{V}_i,\quad \boldsymbol{GG}^{\mathrm{T}}\overrightarrow{U}_i=\lambda_i\boldsymbol{G}\overrightarrow{V}_i=\lambda_i^2\overrightarrow{U}_i \tag{5-3-50}$$

$\boldsymbol{G}^{\mathrm{T}}\boldsymbol{G}$、$\boldsymbol{GG}^{\mathrm{T}}$ 分别是 $N\times N$ 和 $M\times M$ 阶的实对称矩阵，λ_i^2 为其共同的正特征值。

设 $\overrightarrow{V}$、$\overrightarrow{U}$ 是由特征向量组成的、对应于 $\boldsymbol{G}^{\mathrm{T}}\boldsymbol{G}$、$\boldsymbol{GG}^{\mathrm{T}}$ 的单位正交矩阵，即有：

$$\overrightarrow{V}^{\mathrm{T}}\overrightarrow{V}=\overrightarrow{V}\overrightarrow{V}^{\mathrm{T}}=\boldsymbol{I},\quad U^{\mathrm{T}}U=UU^{\mathrm{T}}=\boldsymbol{I} \tag{5-3-51}$$

由（5-3-49）后面两式易推出：

$$\boldsymbol{G}\overrightarrow{V}=\overrightarrow{U}\boldsymbol{\Lambda},\quad \boldsymbol{G}^{\mathrm{T}}U=V\boldsymbol{\Lambda} \tag{5-3-52}$$

由（5-3-52）式的任何一式，可得到：

$$\boldsymbol{G}=\overrightarrow{U}\boldsymbol{\Lambda}V^{\mathrm{T}} \tag{5-3-53}$$

式中，$\boldsymbol{\Lambda}$ 为奇异矩阵，奇异值是 $\boldsymbol{S}$ 矩阵的特征值 λ_i，可以记为 α_i，其等于 $\boldsymbol{G}^{\mathrm{T}}\boldsymbol{G}$ 或 $\boldsymbol{G}\boldsymbol{G}^{\mathrm{T}}$ 的特征值 λ_i 的开方，即 $\alpha_i=\sqrt{\lambda_i}$。

(5－3－53)式的普遍表达式为：

$$\boldsymbol{G}=\vec{U}^r\boldsymbol{\Lambda}_r\vec{V}_r^{\mathrm{T}} \tag{5－3－54}$$

式中，$r\leqslant\min(M,\ N)$，$\vec{U}=[\vec{U}_r,\ \vec{U}_0]$，$\vec{V}=[\vec{V}_r,\ \vec{V}_0]$。

5.3.4.3　采用奇异值分解的广义反演方法

基于(5－3－54)式有：

$$\boldsymbol{G}m=d,\ m=\vec{V}_r\boldsymbol{\Lambda}^{-}\vec{U}_r^{\mathrm{T}}d=\boldsymbol{G}^{+}d,\ \boldsymbol{G}^{+}=\vec{V}_r\boldsymbol{\Lambda}^{-1}\vec{U}_r^{\mathrm{T}} \tag{5－3－55}$$

(1)满秩适定情况，$r=M=N$。则有：

$$\boldsymbol{G}\boldsymbol{G}^{+}=\vec{U}\boldsymbol{\Lambda}\vec{V}^{\mathrm{T}}\vec{V}\boldsymbol{\Lambda}^{-1}\vec{U}^{\mathrm{T}}=\boldsymbol{I},\ \boldsymbol{G}^{+}=\boldsymbol{G}$$

(2)超定情况，$r=N<M$。则有：

$$\vec{V}_r^{\mathrm{T}}\vec{V}_r=\vec{V}_r\vec{V}_r^{\mathrm{T}}=\boldsymbol{I},\ \vec{U}_r^{\mathrm{T}}\vec{U}_r=\boldsymbol{I}、\vec{U}_r\vec{U}_r^{\mathrm{T}}\neq\boldsymbol{I}$$

此时有：

$$\boldsymbol{G}^{+}=\vec{V}_r\boldsymbol{\Lambda}^{-1}\vec{U}_r^{\mathrm{T}}=\vec{V}_r\boldsymbol{\Lambda}^{-2}\vec{V}_r^{\mathrm{T}}\vec{V}_r\boldsymbol{\Lambda}^{-1}\vec{U}_r^{\mathrm{T}}=(\boldsymbol{G}^{\mathrm{T}}\boldsymbol{G})^{-1}\boldsymbol{G}^{\mathrm{T}} \tag{5－3－56}$$

(3)欠定情况，$r=M<N$。则有：

$$\vec{U}_r^{\mathrm{T}}\vec{U}_r=\vec{U}_r\vec{U}_r^{\mathrm{T}}=\boldsymbol{I},\ \vec{V}_r^{\mathrm{T}}\vec{V}_r=\boldsymbol{I}\ 或\ \vec{V}_r\vec{V}_r^{\mathrm{T}}\neq\boldsymbol{I}$$

此时有：

$$\boldsymbol{G}^{+}=\vec{V}_r\boldsymbol{\Lambda}^{-1}\vec{U}_r^{\mathrm{T}}=\vec{V}_r\boldsymbol{\Lambda}^{-1}\vec{V}_r^{\mathrm{T}}\vec{U}_r\boldsymbol{\Lambda}^{-2}\vec{U}_r^{\mathrm{T}}=\boldsymbol{G}^{\mathrm{T}}(\boldsymbol{G}\boldsymbol{G}^{\mathrm{T}})^{-1} \tag{5－3－57}$$

(4)特征值对观测数据和模型参数的影响。

正演计算关系式为：

$$\hat{d}_i=\sum_{j=1}^{r}\vec{U}_{ij}\lambda_j\sum_{k=1}^{N}\vec{V}_{jk}m_k \tag{5－3－58}$$

小奇异值对正演计算数据的贡献很小，而解的表达式为：

$$m_i=\sum_{j=1}^{r}\vec{V}_{ij}/\lambda_j\sum_{k=1}^{N}\vec{U}_{jk}d_k \tag{5－3－59}$$

因为奇异值位于分母处，故小奇异值越小，对模型参数的影响越大，使解变得极不稳定。

(5)解的方差。

在数据误差彼此独立、具有相同方差 σ^2 的条件下，解的方差表达式为：

$$\vec{V}_{ar}(m)=\sigma^2\vec{V}_r\boldsymbol{\Lambda}^{-2}\vec{V}_r^{\mathrm{T}},\quad \vec{V}_{ar}(m)_i=\sigma^2\sum_{k=1}^{r}\vec{V}_{jk}^2/\lambda_k^2 \tag{5-3-60}$$

上式说明，小奇异值可产生很大方差。

(6)稳定解法。

由(5－3－59)式和(5－3－60)式可知，稳定算法应该能够压制小奇异值的影响。为此，可采用小奇异值截除法、小奇异值阻尼法和正则化修改小奇异值法，实际上这3种方法均为修改小奇异值方法。

5.3.4.4　由模型分辨矩阵、数据分辨矩阵和模型方差导出的广义反演方法

5.3.1.5小节介绍了广义解的 *BG* 线性评价理论，指出模型分辨算子 R、数据分辨算子 P 越接近单位矩阵 $\boldsymbol{I}$，广义解对解的分辨和数据分辨越高。下面按照该理论，给出确定分辨率最高的广义逆算子 G^+ 的方法，因此定义下面两个极小化泛函：

$$S_P(G^+)=\{\|P-\boldsymbol{I}\|^2\}_{迹}=Z(P-\boldsymbol{I})^{\mathrm{T}}(P-\boldsymbol{I})\}_{迹}=\{(GG^+-\boldsymbol{I})^{\mathrm{T}}(GG^+-\boldsymbol{I})\}_{迹} \tag{5-3-61}$$

$$S_R(G^+)=\{\|R-I\|^2\}_{迹}=\{(R-\boldsymbol{I})^{\mathrm{T}}(R-\boldsymbol{I})\}_{迹}=\{(G^+G-\boldsymbol{I})^{\mathrm{T}}(G^+G-\boldsymbol{I})\}_{迹} \tag{5-3-62}$$

如果把解的方差 $V_{ar}(m)$ 也作为确定最佳广义逆算子 G^+ 的标准，则具有单位数据方差的解 m 的方差为：

$$V_{ar}(m)=\{G^+(G^+)^{\mathrm{T}}\}_{迹} \tag{5-3-63}$$

(1)超定情况。

采用极小化泛函(5－3－61)式。由 $\partial S_p(G^+)/\partial G^+=0$，得到：

$$\partial S_p(G^+)/\partial G^+=\frac{\partial\{\}_{迹}\partial\{\}}{\partial\{\}\ \partial G^+}$$

$$=\frac{\partial\{\}_{迹}}{\partial\{\}}\{(G^+)^{\mathrm{T}}G^{\mathrm{T}}GG^+-GG^+-(G+)^{\mathrm{T}}G^{\mathrm{T}}+\boldsymbol{I}\}'_{G^+}=\frac{\partial\{\}_{迹}}{\partial\{\}}\{(G^+)^{\mathrm{T}}G^{\mathrm{T}}G-G\}=0 \tag{5-3-64}$$

该式只能是大括号内等于0，得到：

$$G^+=(G^{\mathrm{T}}G)^{-1}G^{\mathrm{T}} \tag{5-3-65}$$

(2)欠定情况。

采用极小化泛函(5－3－62)式。由 $\partial S_R(G^+)/\partial G^+=0$，得到：

$$\partial S_R(G^+)/\partial G^+ = \frac{\partial\{\}_{迹}\partial\{\}}{\partial\{\}\ \partial G^+}$$

$$= \frac{\partial\{\}_{迹}}{\partial\{\}}\{G^T(G^+)^T G^+ G - G^+ G - G^T(G+)^T + \boldsymbol{I}\}'_{G^+} = \frac{\partial\{\}_{迹}}{\partial\{\}}\{G^T(G^+)^T G - G\} = 0$$

(5-3-66)

该式只能是大括号内等于0，得到：

$$\boldsymbol{G}^+ = \boldsymbol{G}^T(\boldsymbol{G}\boldsymbol{G}^T)^{-1} \quad (5-3-67)$$

(3)混定情况。

具有最高分辨率的解，缺乏稳定性，解的方差很大，不可靠。因此，必须寻求折中解。取如下极小化泛函：

$$E(G^+) = S_P(G^+) + \varepsilon^2\{G^+(G^+)^T\}_{迹} \quad (5-3-68)$$

由 $\partial E(G^+)/\partial G^+ = 0$，得到：

$$\partial E(G^+)/\partial \boldsymbol{G}^+ = \frac{\partial\{\}_{迹}\partial\{\}}{\partial\{\}\ \partial G^+}$$

$$= \frac{\partial\{\}_{迹}}{\partial\{\}}\{(G^+)^T G^T G G^+ - G G^+ - (G+)^T G^T + I + \varepsilon^2 G^+(G^+)^T\}'_{G^+}$$

$$= \frac{\partial\{\}_{迹}}{\partial\{\}}\{(G^+)^T G^T G - G + \varepsilon^2(G^+)^T\} = 0$$

(5-3-69)

该式只能是大括号内等于0，得到：

$$\boldsymbol{G}^+ = (G^T G + \varepsilon^2 I)^{-1} G^T \quad (5-3-70)$$

5.3.5 Backus-Gilbert 反演理论

5.3.5.1 具有误差和个数有限数据反演连续介质模型的谱展开方法

(1)设：观测数据 $\tilde{d}_i(i=1,2,\cdots,M)$ 具有误差、彼此统计无关、均方差为 σ_i；待反演的对象是连续模型 $m(\xi)$。用于反演的线性方程组为：

$$\int_{r_0}^{r}\tilde{g}(\xi,\tau_i)m(\xi)\mathrm{d}\xi = \int_{r_0}^{r}\tilde{g}_i(\xi)m(\xi)d\xi = \tilde{d}_i,\quad i=1,2,\cdots,M$$

(5-3-71)

为了使每个数据在反演中都发挥作用，提高反演精度，需用 σ_i 除方程两端，得到：

$$\int_{r_0}^{r} \frac{\tilde{g}_i(\xi)}{\sigma_i} m(\xi) d\xi = \frac{\tilde{d}_i}{\sigma_i} \Rightarrow \int_{r_0}^{r} g_i(\xi) m(\xi) d\xi = d_i,\ i = 1,2,\cdots,M \quad . \tag{5-3-72}$$

上式为恒等变换，但每个数据的均方差均变为1。

由有限个数据反演连续介质模型，属于欠定问题。因此，在(5-3-69)式的约束条件下，求加权最小模型解，即 $\Phi[m(\xi)] = \frac{1}{2}\int_{r_0}^{r} f^2(\xi) m^2(\xi) d\xi_i$。则无约束极小化泛函为：

$$\begin{aligned} E[m(\xi)] &= \frac{1}{2}\int_{r_0}^{r} f^2(\xi) m^2(\xi) d\xi_i + \sum_{i=1}^{M} \alpha_i \left[d_i - \int_{r_0}^{r} g_i(\xi) m(\xi) d\xi \right] \\ &= \int_{r_0}^{r} \left\{ \frac{1}{2} f^2(\xi) m^2(\xi) - \sum_{i=1}^{M} \alpha_i g_i(\xi) m(\xi) - \frac{\sum \alpha_i d_i}{r - r_0} \right\} d\xi = \int_{r_0}^{r} F\{\,\}\, d\xi \end{aligned} \tag{5-3-73}$$

由 $\partial F\{\,\}/\partial m(\xi) = 0$，得到最小模型解为：

$$\hat{m}(\xi) = \sum_{i=1}^{M} \alpha_i g_i(\xi) / f^2(\xi) = \frac{1}{f^2(\xi)} \alpha^{\mathrm{T}} g \tag{5-3-74}$$

其中：

$$\alpha = (\alpha_1,\ \alpha_2,\ \cdots,\ \alpha_M)^{\mathrm{T}},\ g = (g_1(\xi) g_2(\xi) \cdots g_M(\xi))^{\mathrm{T}} \tag{5-3-75}$$

将(5-3-71)式代入(5-3-69)式，得到：

$$d_i = \int_{r_0}^{r} g_i(\xi) m(\xi) d\xi = \sum_{k=1}^{M} \alpha_k \int_{r_0}^{r} \frac{g_i(\xi) g_k(\xi)}{f^2(\xi)} = \sum_{k=1}^{M} \alpha_k G_{ik},\ i = 1,2,\cdots,M \tag{5-3-76}$$

$$G_{ik} = \int_{r_0}^{r} \frac{g_i(\xi) g_k(\xi)}{f^2(\xi)} d\xi,\ d = G\alpha,\ \alpha = G^{-1} d \tag{5-3-77}$$

当取 $f(\xi) = 1$ 时，得到如下重要公式：

$$G_{ik} = \int_{r_0}^{r} g_i(\xi) g_k(\xi) d\xi,\ \alpha = G^{-1} d,\ \hat{m}(\xi) = \alpha^{\mathrm{T}} g \tag{5-3-78}$$

(2)$\boldsymbol{G}$ 是对称矩阵，可以进行正交分解，即：

$$\boldsymbol{G} = R\boldsymbol{\Lambda} R^{\mathrm{T}},\ G^{-1} = R\boldsymbol{\Lambda}^{-1} R^{\mathrm{T}},\ \alpha = R\boldsymbol{\Lambda}^{-1} R^{\mathrm{T}} d。 \tag{5-3-79}$$

则最小模型解为：

$$\hat{m}(\xi) = d^{\mathrm{T}} R\boldsymbol{\Lambda}^{-1} R^{\mathrm{T}} g = (\boldsymbol{\Lambda}^{-1/2} R^{\mathrm{T}} d)^{\mathrm{T}} (\boldsymbol{\Lambda}^{-1/2} R^{\mathrm{T}} g) = B^{\mathrm{T}} \psi = \sum_{i=1}^{M} b_i \psi_i(\xi) \tag{5-3-80}$$

$$b_i = \frac{1}{\sqrt{\lambda_i}}\sum_{j=1}^{M} r_{ji}d_j, \quad \psi_i(\xi) = \frac{1}{\sqrt{\lambda_i}}\sum_{j=1}^{M} r_{ji}g_i(\xi) \tag{5-3-81}$$

可以证明：①$\psi_i(\xi)$是一组两两正交的规一化函数系。②b_i 也两两正交，均方差 $\sigma(b_i)=1/\sqrt{\lambda_i}$。③观测数据拟合误差为一个自由度为 M 的统计量。其表达式为：

$$k^2 = \sum_{i=1}^{M}(d_i - \hat{d}_i)^2 = \sum_{i=1}^{M}\left(d_i - \int_{r_0}^{r} g_i(\xi)\hat{m}(\xi)d\xi\right)^2 \tag{5-3-82}$$

当 $M>5$ 时，$k^2 \cong M$。因为 G 的特征值 λ_i 处在分母上，最小模型解 $\hat{m}(\xi)$ 不稳定。

(3)稳定算法。

① 第一种方法是“小特征值截除法”，截除个数应使 $k^2 = \sum_{i=\bar{m}+1}^{M}\lambda_i b_i^2 \cong M$，其中，$\bar{m}$ 是保留的特征值的个数。

② 第二种方法是小特征值阻尼法，即由公式 $(G+\varepsilon^2 I)\alpha = d$ 求解 α 向量，得到 $R(\Lambda+\varepsilon^2 I)R^{\mathrm{T}}\alpha = d$，则有：

$$\alpha = R(\Lambda+\varepsilon^2 I)^{-1}R^{\mathrm{T}}d \tag{5-3-83}$$

③ 第三种方法是“正则化小特征值修改法”：

$$f(i) = 1 + 2.75\mathrm{e}^{\beta(i-i_0)}, \quad 2 \leqslant \beta \leqslant 4 \tag{5-3-84}$$

谱展开方法可以同时求解所有点处的稳定近似解，因而实用价值较大。

5.3.5.2 最平缓模型方法

最平缓模型方法的极小化泛函为：

$$\Phi[m(\xi)] = \frac{1}{2}\int_{r_0}^{r} f^2(\xi)m'^2(\xi)d\xi_i \tag{5-3-85}$$

而最光滑模型方法，极小化泛函为：

$$\Phi[m(\xi)] = \frac{1}{2}\int_{r_0}^{r} f^2(\xi)m''^2(\xi)d\xi_i \tag{5-3-86}$$

式中，$m'(\xi)$、$m''(\xi)$ 为解模型的一次和二次导数。

这两种方法需要分别需要给定 $m(r)$ 和 $m'(r)$。

5.3.5.3 BG 线性评价(一)

设 ξ_0 处模型分辨算子为：

$$R(\xi_0) = \int_{r_0}^{r} A \cdot (\xi,\xi_0) \cdot [\ ] \cdot d\xi \tag{5-3-87}$$

式中，$A(\xi,\ \xi_0)$称为平均函数。

再假定平均函数为反问题(5－3－72)式的核函数 $g_i(\xi)$ $(i=1,2,\cdots,M)$ 的线性组合，并满足单模条件，即有：

$$A(\xi,\xi_0) = \sum_{i=1}^{M} \alpha_i(\xi_0) g_i(\xi) = \alpha^{\mathrm{T}}(\xi_0) g(\xi), \int_{r_0}^{r} A(\xi,\xi_0) d\xi = \alpha^{\mathrm{T}}(\xi_0) u = 1 \tag{5-3-88}$$

$A(\ )$满足单模条件，因为 $\int_{r_0}^{r} \delta(\xi,\xi_0) d\xi = 1$。(5－3－88)式中：

$$g(\xi) = [g_1(\xi) g_2(\xi) \cdots g_M(\xi)]^{\mathrm{T}}, u_i = \int_{r_0}^{r} \delta(\xi) d\xi, \quad u = (u_1 u_2 \cdots u_M)^{\mathrm{T}} \tag{5-3-89}$$

此时，ξ_0 处解模型平均值 $\hat{m}(\xi_0)$ 为：

$$\hat{m}(\xi_0) = \int_{r_0}^{r} A(\xi,\xi_0) m(\xi) d\xi = \sum_{i=1}^{M} \alpha_i(\xi_0) \int_{r_0}^{r} g_i(\xi) m(\xi) d\xi = \sum_{i=1}^{M} \alpha_i(\xi_0) d_i = \alpha^{\mathrm{T}}(\xi_0) d \tag{5-3-90}$$

该式右端向量 $\alpha^{\mathrm{T}}(\xi_0) = [\alpha_1(\xi_0),\ \alpha_2(\xi_0),\ \cdots,\ \alpha_M(\xi_0)]$构成了广义逆算子，获取该广义逆算子是本方法的关键。

(1)狄拉克准则。

①该准则中，第一准则的极小化泛函是：

$$E(\dot{\alpha}_i) = \int_{r_0}^{r} \{A(\xi,\xi_0) - \delta(\xi,\xi_0)\}^2 d\xi = \int_{r_0}^{r} \left\{ \sum_{i=1}^{M} \alpha_i(\xi_0) g_i(\xi) - \delta(\xi,\xi_0) \right\}^2 d\xi \tag{5-3-91}$$

取 $\partial E(\alpha_i)/\partial \alpha_i = 0$，得到：

$$\alpha(\xi_0) = \tilde{G}^{-1} g(\xi_0), g(\xi_0) = [g_1(\xi_0) g_2(\xi_0) \cdots g_M(\xi_0)]^{\mathrm{T}}, \tilde{G}_{ij} = \int_{r_0}^{r} g_i(\xi) g_j(\xi) d\xi \tag{5-3-92}$$

②该准则中，第二准则的极小化泛函是：

$$E(\alpha_i) = 12 \int_{r_0}^{r} \left\{ \int_{r_0}^{\xi} A(u,\xi_0) du - \int_{r_0}^{\xi} \delta(u-\xi_0) du \right\}^2 d\xi$$

$$= 12\int_{r_0}^{r}\left\{\sum_{i=1}^{M}\alpha_i(\xi_0)\int_{r_0}^{\xi}g_i(u)du - H(\xi - \xi_0)\right\}^2 d\xi \qquad (5-3-93)$$

式中，$H(\xi - \xi_0) = \int_{r_0}^{\xi}\delta(u - \xi_0)du$ 为 ξ_0 跃变为 1 的阶梯函数。

由 $\partial E(\alpha_i)/\partial\alpha_i = 0$，得到：

$$\alpha(\xi_0) = \hat{G}^{-1}\beta(\xi_0),\quad \beta_i(\xi_0) = 2\int_{\xi_0}^{r}u_i(\xi)d\xi = 2\int_{\xi_0}^{r}\left[\int_{r_0}^{\xi}g_i(u)du\right]d\xi$$

$$u_i(\xi) = \int_{r_0}^{\xi}g_i(u)du,\hat{G}_{ij} = 2\int_{r_0}^{r}u_i(\xi)u_j(\xi)d\xi \qquad (5-3-94)$$

③定义 $W(A) = 1/A(\xi_0,\ \xi_0)$ 为 ξ_0 处解的分辨宽度，他相当于平均函数 $A(\xi,\ \xi_0)$ 的主瓣的半峰值宽度。而平均模型解的方差为 $V_{ar}[\hat{m}(\xi_0)] = \alpha^{\mathrm{T}}(\xi_0)V_{ar}(d)\alpha(\xi_0)$。

(2)展布准则。

展布准则是要求得一个函数值集中于 ξ_0 附近的平均函数 $A(\xi,\ \xi_0)$，因而像吉洪诺夫取正值序列 ξ_n 一样，取如下凸泛函，即：

$$\Phi(\alpha_i) = 12\int_{r_0}^{r}(\xi - \xi_0)^2A(\xi,\xi_0)d\xi = W(A) \qquad (5-3-95)$$

加上单模条件 $\int_{r_0}^{r}A(\xi,\xi_0)d\xi = 1$，采用拉格朗日乘子 λ，构成无约束极小化泛函：

$$E(\alpha_i) = 12\int_{r_0}^{r}(\xi - \xi_0)^2A(\xi,\xi_0)^2d\xi + \lambda\left[1 - \int_{r_0}^{r}A(\xi,\xi_0)d\xi\right]$$

$$= \sum_{i=1}^{M}\sum_{j=1}^{M}S_{ij}(\xi_0)\alpha_i(\xi_0)\alpha_j(\xi_0) + \lambda\left(1 - \sum_{i=1}^{M}\alpha_i(\xi_0)u(\xi)\right) \qquad (5-3-96)$$

其中：

$$u_i(\xi) = \int_{r_0}^{\xi}g(u)du,S_{ij} = 12\int_{r_0}^{r}(\xi - \xi_0)^2g_i(\xi)g_j(\xi)\mathrm{d}\xi \qquad (5-3-97)$$

(5-3-96)式写成矩阵形式，则有：

$$E[\alpha(\xi_0)] = \alpha^{\mathrm{T}}(\xi_0)S\alpha(\xi_0) + \lambda[1 - \alpha^{\mathrm{T}}(\xi_0)u(\xi)] \qquad (5-3-98)$$

由 $\partial E(\alpha)/\partial\alpha = 0$ 和单模条件，不难得到：

$$\alpha = (u^{\mathrm{T}}Su)^{-1}S^{-1}u \qquad (5-3-99)$$

如果 $A(\xi, \xi_0)=\alpha^{\mathrm{T}}(\xi_0)g(\xi)=L^{-1}$，代入(5－3－95)式，则 $W(A)=L$，故 $W(A)$ 相当于分辨宽度，也相当于平均函数 $A(\xi, \xi_0)$ 的半峰值宽度。

5.3.5.4 BG 线性评价(二)

(1)只考虑分辨宽度时，在观测数据有误差的情况下，平均解模型很不稳定，将具有很大方差。因此，求解向量 $\alpha(\xi_0)$ 的极小化泛函应包含其方差部分，即要在分辨和方差之间取折中，这是 BG 线性评价折中准则。取展布准则的 $W(A)=\alpha^{\mathrm{T}}S\alpha$、平均解模型的单位方差 $V_{ar}[\hat{m}(\xi)]=\alpha^{\mathrm{T}}\alpha$、单模条件和折中参数 θ，构成无约束泛函为：

$$E(\alpha)=\alpha^{\mathrm{T}}S\alpha\cos\theta+\alpha^{\mathrm{T}}\alpha\sin\theta+\lambda(1-\alpha^{\mathrm{T}}u) \tag{5-3-100}$$

由 $\partial E(\alpha)/\partial\alpha=0$ 和单模条件，再把对称矩阵 $\boldsymbol{S}$ 进行正交分解($\boldsymbol{S}=O\boldsymbol{\Lambda}O^{\mathrm{T}}$)，令：$\bar{\alpha}=O^{\mathrm{T}}\alpha$、$\bar{u}=O^{\mathrm{T}}u$ 和 $\bar{d}=O^{\mathrm{T}}d$，可以得到：

$$\bar{\alpha}=\frac{(\cos\theta\boldsymbol{\Lambda}+\sin\theta I)^{-1}\bar{u}}{\bar{u}(\cos\theta\boldsymbol{\Lambda}+\sin\theta I)u},\ W(A)=\bar{\alpha}^{\mathrm{T}}\boldsymbol{\Lambda}\bar{\alpha},\ V_{ar}[\hat{m}(\xi)]=\bar{\alpha}^{\mathrm{T}}\bar{\alpha},\ \hat{m}(\xi_0)=\bar{\alpha}^{\mathrm{T}}\bar{d} \tag{5-3-101}$$

(2)对于不同 θ 值，计算向量 $\bar{\alpha}$、分辨宽度和方差，绘制折中曲线，从折中曲线上选择最佳折中参数 θ，再按(5－3－101)式求解向量 $\bar{\alpha}$、$W(A)$、解的方差和最佳折中解。表示对解的线性评价结果，可以在 $\hat{m}(\xi_0)-\xi_0$ 曲线对应点上，绘制表示解的分辨宽度的水平线段和表示解的方差的垂直线段。

参考文献

[1]A H 吉洪诺夫，B Л 阿尔先宁.《不适定问题解法》[M]. 王秉忱，译. 北京：地质出版社，1979.

[2]安玉林，管志宁. 居里面反演方法介绍(Buckus－Gilbert 线性反演加迭代拟合法)[J]. 国外地质勘探技术，1985.

[3]安玉林. 磁性体磁场的等值互换、矩阵表达式和规格化公式[J]. 现代地质，1988，2.

[4]栾文贵. 地球物理中的反问题[M]. 北京：科学出版社，1989.

[5]杨文采. 地球物理反演与地震层析成像[M]. 北京：地质出版社，1989.

[6]安玉林. 地球物理反演理论基础[Z]. 北京：中国地质大学(北京)研究生院，1998.

[7]王家映. 地球物理反演理论[M]. 武汉：中国地质大学出版社，1998.

后记　体系完善待来人

自2016年12月出版《高阶球函数直接算法与区域位场定量解释》以来，又过去了近6年。

习总书记号召全党全民，开启新时代，奋战新征程；坚持中国特色社会主义道路自信，理论自信，制度自信，文化自信；并努力创建中国的科学技术体系。

正是在这种背景下，“具有中国特色的重磁位场线性化稳定正反演理论体系”——本书机缘巧合，出版在即。这是因为：第一，这正好符合了国家发展战略要求；第二，创建中国科学技术体系要求更加坚定了各位编著者的信心。

本书阐述的重磁位场线性化稳定正反演理论体系冠以“具有中国特色”一词，来源于中国地质调查局的5名专家评价“复杂条件下局部重磁场源全方位成像理论体系实用化研究”项目成果水平的用语——“具有我国特色的优秀成果”。

中国特色重磁勘探教科书主要包括：《原始观测资料整理》《观测资料转换处理》《模型重磁场正演问题》《重磁场反演问题与模型验证》和《重磁资料解释成果实例》5部。中间3部为纯理论教科书。本书第1～3章遵循了这种传统。近些年，把重磁勘探教科书传统章节笼统称为“重磁资料处理”，不利于重磁勘探学科发展。

本书阐述的理论体系特征略加阐述如下。

第一方面，局部重磁位场线性化稳定正反演理论体系具有突破性和首创性。

(1)二维问题纯粹采用复坐标系，三维问题纯粹采用球坐标系，各观测点坐标彼此独立，可以分布在场源体之外各个方位，完全避开了“直角坐标系”内，z是x、y函数这一困扰正反演公式推导的难题和场值向下延拓不能过场源的禁忌。更重要的是，消除了地球赤道及低纬度区磁场化极这一世界难题，把难点局限在地磁南北极及其附近的小范围区内，而其内观测场绝对值即化极值。该坐标系转换本身就是一种“突破性”方案。

(2)只需采用复变函数理论推导出的复磁场和复磁场导数两类表达式，就能基本解决所有有限或无限延伸规则二度体及其组合体的各项反演问题；只需采用复磁场泰勒级数通用表达式及其复系数的积分表达式两个公式，就能相当完满地解决下延有限二度体(包括规则形体)的各项反演问题；只需采用球谐分析研创的三度体拟引力位、拟引力场、沿 $\vec{l}$ 方向磁化的磁位、沿 $\vec{l}$ 方向磁化与沿 $\vec{t}$ 方向测量的磁场分量、磁场分量沿 $\vec{\tau}$ 方向上的方向导数5个球谐级数通用表达式再加上球谐系数积分表达式共6个公式，就能构成一套完备正反演公式序列，相当完满地解决凸型三度体(包括规则形体)的各项反演问题。这些均是“首例性”重要成果。

(3)在垂直断面内，在以坐标原点(即磁矩中心)为中心，由外向内正方形网格点处，作正演计算，得到复磁场模值等值线图；在以坐标原点(即磁矩中心)为中心，由外向内立方形网格点处，作正演计算，得到拟引力场等值面图；可以分别近似确定有限延深二度体和凸型三度体形态与大体位置。这等效于采用正演计算方法，把与磁化方向无关的场值等值线或等值面向场源延拓，且其精度前所未有，这在直角坐标系内作解析延拓不可能达到的。

(4)再指出很重要的一点，2000年，笔者为了推导凸型三度体边界内连续磁化强度模值反演方法，意外地推导出自序中展示的4个纯数学公式。其中，自序公式(2)中的积分 $\int_{\theta_1}^{\theta_2} P_n^m(\cos\theta)\sin\theta \mathrm{d}\theta$ 的求解方法，直到2012年，仍困扰着采用“递推算法”的国外大地测量专家。而研创成功的施密特型球函数 $P_n^m(\cos\theta)$ 有限项正弦或余弦函数展开式[即自序中(1)式]，及其系数值直到3600阶次的高精度“直接算法”，同样体现了该理论体系的突破性和首创性特点。该4个数学公式还为“地球坐标系”内“岩石圈区域磁异常定量解释”奠定了“算法基础”。

第二方面，岩石圈区域重磁位场线性化稳定正反演理论体系呈突破性、前沿性和首创性单独或并存的特点。

(1)20世纪80年代，在平面直角坐标系内，笔者研创了理论严密且被应用广泛的“二维或三维磁性层正反演理论和方法”，有效地解决了国外专家研创的“起伏磁性单界面横向变磁化强度模值反演方法”(简称“磁化强度填图”方法)存在的问题，因而具有“突破性”。以该研究成果为参照，在地球坐标系内，领先国内外专家，研创并得到低阶次理论模型验证的球壳型磁性层磁场正反演理论和方法，因而具有前沿性和首创性。

(2)依据 Hanson R O 和 Miyazaki Y(1984)任意曲面间位场延拓方法，2003 ~ 2006 年，又研创出能够"同时实现高精度、高速度、大数据量和便于接图与使用的曲化平程序"。这是一项在"区域重磁位场转换处理"方面的重要成果，而且在推导积分式(3 - 4 - 12)解析解方面取得了"理论性突破"。

(3)从自序中的 4 个重要数学公式出发，2011 ~ 2016 年，笔者研创成功《高 & 区》第 4 ~ 6 章所阐述的、涉及施密特型和完全规格化型两类球函数、1 ~ 3 阶导数和 10 个重要积分等高达 3600 阶次的真值直接算法。这一成果具有突破性和首创性的特点，不仅可以推进区域重磁位场线性化稳定正反演方法在地球表面广大区域，或全球面，乃至太阳系其他行星表面应用，而且对于大地测量专业的发展同样会有助益。

然而，笔者在感到欣慰之余，内心依然感到相当遗憾。因为时间已经过去了 5 年多，而本书阐述的理论体系，仍停留在 2016 年底的水平，诸多问题尚未解决，导致理论体系并不完善。需要解决的问题如下。

第一，"球壳型磁性层正反演理论和方法"是由位于同一大球面上的中、高阶次化极场建立起来的。因此，首先需要研创《高 & 区》中 3. 4. 2 阐述的中、高阶次"曲化平程序"，由包围地球的起伏面上观测磁场换算出同一大球面上磁场；其次需要研制 3. 5. 2 阐述方法的中、高阶次化极程序，或者根据 4. 6. 2 阐述的方法，研创更为简单的中、高阶次化极程序。

第二，"球壳型磁性层正反演方法"程序、化平程序和化极程序中，均需大量调用球谐分析程序。因此，必须研创出中、高阶次高精度高速度球谐分析程序。

第三，要使球谐分析程序具有高精度，必须采用球函数、其 1 ~ 3 阶导数和其重要积分等"直接算法"计算的数值；要使球谐分析程序具有高速度，必须避免大量重复计算。为了满足这两方面的必须要求，就需要参考《高 & 区》中 10. 1. 2 提出的两种快速球谐分析算法方案，预先计算出需要大量重复计算的数据，储存在能够实现"直接批量顺序快速读取的数据库"内，以便加以调用。

第四，最好能建立起"施密特型和完全规格化型球函数、1 ~ 3 阶导数及其 10 个重要积分等数值的基本数据库，为研创其他球坐标系内重磁区域位场定量解释程序随时调用做好准备。

在解决上述“4 个课题”时，要反过来按由易到难的顺序：建立中、高阶次基本数据库，研创中、高阶次高精度、高速度球谐分析程序、曲化平程序、化极程序和球壳型磁性层磁场正反演程序。基本数据库和 4 个应用程序研创成功，并得到应用，本书阐述的理论体系才算基本完善。

科学技术研究的竞争就是年轻人才的竞争。而要想留住或吸引年轻人才，则需要足够的科研经费支持。本“后记——体系完善待来人”，正是再次呼吁年轻科研人才参与，呼吁该理论体系后续研究中能够得到国家经费资助。

后续研究属于实质性科学技术创新。研究中借助计算机编程和计算，有可能发现原来技术方案存在的不足或错误，甚至发现前述理论体系存在的问题，进而加以纠正。应用软件研创和准确性检验过程，正是年轻人才学习学科理论和地球物理反演理论，提高编程技术和创建新的解释方法过程的预演，其研创的应用软件是一种实实在在的创新成果，也是笔者的殷切期待！

如果有年青科技人才参与该理论体系后续研究，笔者将无偿提供《成像(续)》《高 & 区》《复重磁场》等完整的 Word 文档 和 与“球函数直接算法”有关的 Fortran 程序。

最后，向 20 世纪 80 年代以来，指导本人研究工作的导师、长辈、专家，支持本人研究工作的学术好友与同窗同学，参与本“理论体系”研究工作的其他作者，以及研究生与大学生们，一并表示真诚谢意！向《地球物理学报》《地学前缘》《现代地质》《地球科学》《物探与化探》《地质出版社》《地震出版社》《中国石化出版社》等给与本人指导和建议的责任编辑、编审们，一并表示真诚谢意！

参考文献

[1]安玉林，陈玉东，黄金明．重磁勘探正反演理论方法研究的新进展[J]．地学前缘，2003，10.

科技报告与书稿写作

王中华　编著

中国石化出版社

内容简介

全书共5章，内容包括科技报告与书稿的写作以及由报告转化成书稿的方法。简要介绍了科技报告及书籍的基本知识、有关写作规范要求；具体介绍了科技研究、科研开题、科技总结、科技考察与调查、科技实验与试验、科技综述与述评等不同类型科技报告的格式、撰写要点与要求，同时介绍了口头报告的准备与技巧；针对科技书籍的特点，详细介绍了科技书稿的写作准备、辅文和正文的撰写、修改与定稿，并结合实践介绍了从科技报告、课件等向书稿转化的步骤和要求，以及专业技术书稿的撰写方法。力求简明扼要，立足实践，突出实用。

本书可供企事业单位、科研院所的科研和工程技术人员，大专院校研究生及教师，以及其他对科技报告与书稿写作有兴趣的读者阅读。

图书在版编目（CIP）数据

科技报告与书稿写作/王中华编著.—北京：中国石化出版社，2023.4

ISBN 978-7-5114-7039-3

Ⅰ.①科… Ⅱ.①王… Ⅲ.①科学技术-技术报告-写作 Ⅳ.①G312

中国国家版本馆CIP数据核字（2023）第063221号

中国石化出版社出版发行

地址：北京市东城区安定门外大街58号

邮编：100011 电话：(010) 57512500

发行部电话：(010) 57512575

http：//www.sinopec-press.com

E-mail：press@sinopec.com

北京柏力行彩印有限公司印刷

全国各地新华书店经销

*

710×1000毫米16开本20.25印张362千字

2023年5月第1版 2023年5月第1次印刷

定价：128.00元

前　言

科技报告是科学研究成果、生产实践、创新经验和学术成果表述的重要方式，并已成为日常科研管理、开题论证、项目验收、成果评审、成果申报、成果转化、归档，以及促进科技交流、科技知识传播的重要方法和途径。而科技专著、科技手册、科普读物等科技书籍，是科学技术和知识的载体，一直受到世人的关注。对于科研和工程技术人员来说，科技报告与书稿写作是有效地完成研究工作，积累知识、总结经验、传播信息、推广技术、承前启后等所必须掌握的最基本的能力之一，也是提高研究人员自身能力、素养和学术水平，展示取得成果和收获的重要途径。

在科学研究和技术工作中，当需要开展某项研究或建设某一项工程时，就需要提交开题或可行性研究报告，作为项目开题或建设的可行性论证依据；当完成了一项研究，取得了一项成果，推广了一项技术，获得了一定经验，以及成果、技术在推广应用中得到了进一步提高时，则需要写成总结报告，以反映成果和技术的应用情况、推广意义和保存价值；当科研和知识积累到一定程度，需要进行成果交流、记录辉煌和成就，需要对原有技术或知识或经验进行完善总结时，则需要写成专著。

尽管专门介绍科技报告写作的书籍很少，但大部分人对其写作并不陌生，因为在日常科技工作中经常应用，且在一些科技写作类书籍中可见到相关介绍，同时也有专门的格式供参考。尽管如此，在项目开题和验收等过程中，常常遇到一些原本很有意义或成果很突出的项目，由于报告没有写好，使最终的评审结果并不理想，可见写好科技报告非常重要。相比于科技报告，有关科技书稿写作的书籍则更少。两者虽有共同之处，但也有很大差别。如何把报告转化为书稿，并顺利转变成公开出版物，也是有其方法和技巧的。

尽管科技报告与书稿写作是科技工作者的必备技能，但仍然有许多人员，尤其是从事现场工作的工程技术人员，由于在科技报告与书稿写作方面缺少基本方法和技巧，无形中影响了科技报告与书稿的写作质量与水平，这就需要借助于提高写作能力的书籍作为学习参考。恰时，中国石化出版社程天阁老师适时提出如何写好科技报告、如何由科技报告向书稿转化的选题建议。于是，基于长期的科研、生产、写作实践，以及报告、书稿撰写的经验积累，结合有关文献，从实用的角度出发，编写了《科技报告与书稿写作》一书。希望该书能够帮助科研人员、工程技术人员了解和掌握科技报告与书稿撰写的一些基本知识和方法，从而提高科技写作能力。

本书共五章：第一章绪论；第二章科技报告的写作；第三章科技书稿写作基础；第四章如何由科技报告转化成书稿；第五章科技报告与书稿写作规范。本书在写作过程中参考了许多有关科技写作方面的文献资料和有关标准等，在此向有关文献的作者或标准起草者表示衷心的感谢。同时，感谢程天阁老师在书稿选题、编写中给予的支持和帮助，也要感谢吕跃滨高级工程师在书稿打印、修改中给予的帮助。由于所涉及的文献较多，若某些文献资料由于作者疏忽等原因没有标注其出处，也请相关文献作者和提供者予以谅解。

本书适合企事业单位、科研院所的科研和工程技术人员、大专院校研究生和教师，以及想了解科技报告与书稿写作的有关读者阅读。本书对非科技类报告与书稿写作也具有一定的参考价值。

限于个人的学识和理解力，书中自然还不能尽善尽美，也难免存在疏漏之处，敬请各位读者朋友在使用中多提宝贵意见。

目　录

第一章　绪论

科技报告是描述科研活动的过程、进展和结果，并按照规定格式编写的科技文献，或者是科技工作者围绕某一科技专题进行研究的正式科研成果报告。科技报告一般内容翔实、专深，附有图表、数据、研究方法等，能如实、完整、及时地描述科研和技术开发的基本原理、方法、技术、工艺和过程等，科技人员依据科技报告中的描述能重复实验过程、设计结果或了解科研成果。所以，科技报告的质量和水平不仅反映了科研项目或科技工作完成的质量和创新程度，也能反映出项目承担人的科研能力和技术水平，是科研工作承上启下的重要保障。科技报告的持续积累也为科研和技术人员提供有效的信息资源。

科技书籍是发展科学技术的源泉，是推动生产发展的动力，由于科技书籍具有新颖性、技术性、专业性和实用性，因而在科研、工程、生产，以及产品开发、设计、制造和应用中发挥着重要的作用。科技书籍通过图书市场实现流通，并在流通过程中使其内容得到广泛传播，从而使科技书籍的使用价值得以实现，达到推动生产发展、科学技术进步的目的。

科技报告和科技书籍都是用于反映科学技术研究和传播科学技术的载体，但两者也存在着根本的差别。科技报告是以告知科学技术研究、考察、实验的经过与结果为目的，通常只是一般性研究成果的反映。而科技书籍是把科技信息用书面等形式存储起来，对人们科学发展观和世界观的形成，不断认识世界、改造世界，促进科学技术向生产力的转化具有重要作用，是成熟技术知识的集合。而一个系统完整的科技报告常常可以很容易转化为科技书籍。

本章主要介绍科技报告与科技书籍的有关概念、科技报告与书稿写作中信息资料的获取，以及写作的表达与逻辑。

第一节　科技报告的有关概念

一、科技报告写作的意义与作用

（一）科技报告写作的意义

科技写作是提高科技人员能力、开发智力、培养人才的一种实践训练方法，是科技工作者自身发展的需要。科技报告作为一种重要的科技写作文体，其写作的意义包括如下四个方面。

第一，为了研究的继续。前人的工作或研究成果往往是新的实验或研究的基础，也是技术开发的源文献，正是前人的研究和积累，才使我们在人类求知的记录里揭开了一个又一个新篇章。从这一点来讲，任何种类真正的研究、真正的科学工作都需要继承，都是在过去研究工作基础上的继续和发展。

第二，为了研究成果的交流。通常我们把口语看成分享知识和经验的重要工具，因为它直接、迅速、方便。对于简单内容或含义的领会确实可以用口语传递，但重要的科学观察和推论就不能仅靠口语，必须要有系统的科技报告才能真正地实现成果交流。

第三，为了研究结果的验证。真正科学的成果、有价值的经验和认识，必须是可以进行严格的反复检验和经得起评价的，同时对其他相近的科研和技术工作不仅有指导和帮助，而且能够实践，这就要求成果或经验必须验证。

第四，为了研究成果的发表。任何一项科学研究或实验，无论取得多么重大的研究成果，在发表之前，就不能说它是完整的。有创造性的研究成果或有价值的实践经验必须发表，而成果或认识的发表是研究过程和科学实践的一个重要组成，成果只有发表，才能得到社会认可，只有得到社会认可，才能成为真正意义上的成果或经验。

（二）科技报告的作用

概括起来，科技报告的作用如下。

一是有利于对科技产出效果的全面评估。科技报告可以展示科技项目研究的实际水平和进展，也反映项目承担单位的研发实力。对项目承担单位科技报告进行统计分析，并对项目研究领域、项目承担数量、项目研究结果、科技报告内容质量以及科技报告所包含的论文、专利、成果等信息进行综合分析，是评估科研机构科研能力的重要指标。同时，依据项目研究过程和结果撰写和呈交各类科技报告，是科技人员科研业绩的重要体现。科研人员承担项目的数量和参与程度，完成科技报告的数量和质量，以及项目产出的相关成果等，都能够体现科研人员的创新能力和实际水平，有助于量化人才评价指标。

二是有利于实现与其他科技产出的集成与关联。科技报告源于相关科研活动或项目，这些活动或项目除产出科技报告外，还产生论文、专利、标准等成果，以及软件、工法、样机和相关仪器设备等。科技报告往往还是多机构、跨领域、跨地区人员的协同合作之结晶，科技报告内容中包含了大量的图表、数据、参数、设计、技术、产品等知识要素，通过科技报告各种属性的信息关联，可以组织成为强大的知识网络和社会网络结构。同时，科技报告不但需要进行常规的元数据加工和检索服务，还要通过内容抽取、知识标注、数据挖掘等技术手段，将其中的内容、数据、知识产权信息与主题进行集成关联，实现科技报告的知识链接与发布，对科研人员、科技管理部门和社会公众都具有参考价值。

三是有利于对科技活动相关要素进行系统分析。科技报告不仅包含内容丰富的科研细节和成果信息，还包括了计划类别、技术领域、项目名称以及项目承担单位和承担人等基本信息，对这些信息进行交叉统计和综合分析，可以为计划项目的过程管理、进展监控、绩效评估等提供真实依据，为科技计划的发展规划、重点方向、领域（专业）布局、立项评估等提供决策参考信息，实现对科技要素的综合统计。通过对科技报告部门分布、领域分布、机构分布、平均数量和时间进度等基本指标统计分析，结合项目任务合同书对研究内容、实施进度、科技报告提交的要求进行比对，可以获得项目执行情况、阶段进展、项目产出、成果质量等方面的基本判据。

四是有利于实现细分科技领域趋势预测和发现科研团队。科技报告能够充分反映当前我国各行各业科学技术的最新发展。因此，采用数据挖掘和主题分析的方法，对科技报告技术内容及其相关产出成果进行分析，使用科技报告中所蕴含的领域数据和技术数据，建立技术预测模型，形成各学科领域和专项技术的研发主题和研发状况的关系图谱，有利于发现影响我国社会经济发展所需要的重大技术、核心技术和薄弱技术，识别技术发展的趋势、状态和路径，有利于识别和发现优秀的科研团队，为科技管理部门分析评价科技发展现状、选择优先资助领域、优化科技投入结构、科学设置计划项目指南提供决策依据。

五是有利于形成知识产权凭据避免重复投入。科技报告作为项目产出和科研成果的一种重要形式，也是科研人员主持或参与科研项目的有效凭据，经过多级审查并进入有关保存体系的科技报告作品，具有包含课题编号和基层单位编号的完整编码，也是科技报告及其所涉及的创新性研究结果的产权标识，可与论文、专著、科技成果同等对待，形成一种新型的著作权形式。同时科技报告发布是技术内容的首发权象征，在知识产权纠纷或侵权案例中，可作为相关知识产权内容拥有的凭证。科技报告可以形成跨部门的相对完整的项目信息数据库，作为项目查重、科技查新的重要信息源，根据科技报告所蕴含的技术内容和最新研究进展，对立项项目进行深度查新查重，从而减少不同科研管理体系中的重复立项和重复投入，逐步改变政府或企业多头科技投入、封闭运行的状况。

六是有利于对科研活动实施过程监控和规范管理。年度报告、中期报告、进展报告、最终报告等类型的科技报告，包含更多的技术内容和研究细节，并配备完整的数据、图表、照片等内容，可以有效监督项目实施的过程和进展，检验项目阶段研究任务的完成情况，评估研究成果的真实水平。通过科技报告对科研项目过程和结果的公示效果，增加科研工作的透明性，促进科研人员树立诚信务实的科学精神，推动我国科研生态环境的健康发展。也能为公众提供科技成果的线索，提高科技成果的转化效率。科技报告作为科技人员系统完整地记录科研过程、凝练科研结果、总结科研经验、表述科研心得、分析科研数据、归纳科研方法的一种重要手段，是科技人员从事科研工作的一项基本业务能力，是规范科研活动过程的有效管理方式。通过科技报告能够强化科研（科技）档案的归档和保存，避免本单位技术和知识随着时间流逝或者人员变动而流失，促进机构内部隐性知识的显性化，个人知识的机构化，零散知识的整合化，是机构知识管理工具，也是机构知识库建设的重要组成内容。

二、科技报告的性质和特点

（一）科技报告的性质

科技报告是以记录、说明、论述为主要表达方式，反映科技领域中某些现象的特征、本质及其规律性的科技应用文体。它将科学技术知识和科学研究成果记录在一定的物质载体上，使之长久保存和广泛流传。具体地讲，它是以记录科研过程与结果为重点的文书，是科研过程的实录，是实验、试验结果的记载，是调查、考察的小结，是陈述看法、建议的方式。它记述了科技工作者的辛勤劳动，是形成科技论文的重要环节。

广义地讲，科技报告是在科研工作不同阶段所产生和提交的各种类型的科研成果报告，如研究报告、技术报告、实验和试验报告、学术论文和学位论文等，产品说明书、仪器手册、散页的资料和专利申请书也可以看作是科技报告。

国家标准《科技报告编写规则》(GB/T 7713.3—2014)中把科技报告定义为：是进行科研活动的组织或个人描述其从事的研究、设计、工程、试验和鉴定等活动的进展或结果，或描述一个科学或技术问题的现状和发展的文献。科技报告中包含丰富的信息，可以包括正反两方面的结果和经验，用于解释、应用或重复科研活动的结果或方法。科技报告的主要目的在于积累、交流、传播科学技术研究与实践的结果，并提出有关的行动建议。

（二）科技报告的特点

归纳起来，科技报告具有如下特点。

一是告知明确专一，真实性强。科技报告侧重于报道客观事实，全面、具体地反映科研工作的全过程，报送对象明确。科研人员向上级主管部门或资助机构报告科学研究的进展情况、结果、经费的使用及建议等，自觉接受检查和督促；同时也让社会同行或合作者了解科研成果的新信息，以促进学术交流和技术合作。因此，告知性不仅要明确而且要专一，这是科技报告的根本特点与属性。科技报告以客观的科学研究或技术研究的事实作为写作对象，所以它首先是对客观事实的真实反映，具有很强的真实性。科技报告持续积累所形成的科技资源，为科技管理部门提供真实的信息支撑，为科技人员提供有效信息保障。

二是叙述为基本手法，目的性强。撰写科技报告的目的是客观地叙述事实，以叙述和说明作为基本的手法，从事实出发，经过分析和综合而达到理性的认识。这就要求报告撰写中要客观地、准确地报道事实，全面、具体地叙述科研和技术工作的全过程，从而能真实、质朴地反映事实的本质规律；在客观的叙述中，作者应能从事实出发，经过分析和综合，从中寻找出事物发生、发展的规律，并尽可能升华为理性的认识(这种认识并不要求一定是创造性的论点)。因此，作者撰写科技报告一定要目的明确，即以告知科研工作的经过与结果为目的，以解决科研工作中的某一问题为落脚点，不必对所发现的现象得出的结果进行系统的分析和归纳(但也不排除有的科技报告有这部分内容)，也不能像文学作品那样进行演绎和修饰，体现出很强的叙述性和目的性。

三是专业性、灵活性和时效性强。科技报告的内容可以涉及不适宜公开发表的关键技术、核心技术、工艺方法等涉限、涉密信息，科技报告的技术含量和使用价值远高于公开发表的期刊、会议等文献。科技报告侧重于事实，用成熟的理论来解决涉及试验、工艺、设备、材料等技术问题，是解决实际工作问题的经验和教训的总结，可用于指导今后管理、科研和生产工作，具有很强的专业性。科技报告产生于科研工作和项目的进程中，不受研制周期节点的限制，写作中可以灵活掌握，可以在科研项目的实施过程中随时形成和呈交，不必等到项目结束。科技报告的种类很多，写作格式不限，篇幅可长可短。可以是介绍国外产品、科研和生产情况的长篇考察报告，也可以是几百字的某种产品的性能试验报告或技术说明报告，还可以是介绍科研项目研究的某个研制阶段情况的报告等。因此，科技报告能反映最新的科学研究进展和结果，可以快速地进行共享、交流与使用，体现出很大的灵活性和时效性。

四是技术性、实用性和新颖性强。在科学技术研究过程中，所有的科研和技术工作都可以或都应该写成科技报告。科技报告作为一种内部的科研和技术工作的记录，描述的内容专深、具体，具有很强的技术性。科技报告在科学技术的发展中起着保存资料、交流情况和快速反映科技动态的积极作用，具有较强的实用性。可见，实用性和技术性是科技报告的基本要求。由于科技报告能及时反映科研过程、进展和技术进步成果，代表项目研制的最新状况和水平，体现项目的创造性内容在保密安全的范围内交流和使用，能够提升科研工作起点，形成成果阶梯，促进科技发展与创新。科技报告主要来源于科研项目，内容涉及国家、地方和企业等层面的战略尖端领域、重大科技问题、核心关键技术、新兴产业技术等方面，因此，在具有实用性的同时，还具有较强的新颖性和前沿性。

五是编写规范标准，内容完整具体。科技报告是由科研项目承担者或主要科研人员按照规定格式编写，题名、目录、摘要、正文等都有相应的格式规范标准，对内容也有较完整的要求。科技报告的编写是科研成果和科技档案文献化、隐性知识显性化的过程，内容翔实，论述完整、规范，可读性强，有利于交流与共享。科技报告工作是一种强制行为，它要求每一个科研项目都必须及时呈交科技报告，且集中收藏管理和提供使用，这就使得几乎所有的科研投资都产生和积累了科技报告。因此，科技报告作为一个科研项目的系列文献，基本涵盖科研项目所有的研究内容和技术进展。科技报告这种宏观上的完整性，使得它能完整、系统地反映科研、生产的进展和全貌，从而保证了以科技报告为载体进行知识积累的完整性与系统性。

三、科技报告的类型

科技报告常见类型有：科技研究报告、科研开题报告、科技总结报告、科技调查与考察报告、科技实验与试验报告，以及科技综述和述评等。

1. 科技研究报告

科技研究报告是一种应用范围很广的科技报告。它是以科技工作中归纳出的需要解决的问题为专题研究对象，主要描述研究过程和记录研究结果，并将这些结果应用于科技实践。它分为专题研究报告、综合研究报告、可行性论证报告等，开题报告、结题报告等也可以看作研究报告。

无论是专题研究报告，还是综合研究报告，都归结于研究事实的科学研究报告。研究报告不是“历史的账本”，它总是有逻辑的，而不是按时间先后来组织的材料。

2. 科研开题报告

科研开题报告是指在确定研究主题以后，或可行性研究报告批准后，由项目负责人组织撰写的有关项目研究目标、内容、进度与组织安排、技术基础等内容的科技文体。其目的是向专家和上级主管部门表述清楚选题的必要性、技术的可实现性、项目承担者具有的组织实施能力等。科研开题报告是科研立项论证或审查的依据。

3. 科技总结报告

科技成果总结报告是表述某项科技研究的进展情况以及研究结果（包括阶段性成果）或某一研制、试验的评价结果，或是论述某个科技问题的现状及发展的文章，如某种新产品研制总结报告、结题报告、QC成果报告、技术改造或革新报告等。它应明确地反映研究工作中取得的成果、创新点、应用情况、取得的经济和社会效益，存在的不足和下步方向，以及推广应用前景等。这些报告通常用于成果鉴定或评审、成果申报等。

4. 科技调查与考察报告

科技调查与考察报告是一种报告调查与考察结果的文体。调查与考察的目的都是对未知领域进行探索。调查着重于对情况的了解，考察则侧重于思考。例如：某一钻井复杂事故的调查报告，对某种新研制钻头的现场应用考察报告等。

5. 科技实验与试验报告

科技实验是指在科学上为阐明某一现象的变化过程、验证某种理论或假设所进行的实验。反映科技实验情况的报告就是科技实验报告。

科技试验是指对某种科研产品（如钻头、螺杆、随钻测量仪、钻井液体系、钻井液处理剂等）的性能及功能所进行的试验活动。记录这些活动及其结果的文体就是科技试验报告。科技试验报告在科技工作中广泛应用，如钻井液产品的各种现场或室内评价试验报告等。

6.科技综述与述评

科技综述是反映当前某一领域中某分支学科或重要专题的最新进展、学术见解和建议的科技报告文体，它往往能反映出有关问题的新动态、新趋势、新水平、新原理和新技术等等。介绍原文献所论述的事实、数据、论点等，一般不加评述，这种类型综述适用于某些学术、技术问题的概要介绍，尤其适用于某些问题刚发现还尚无定论时。

科技述评是一种对学科发展状况及发展趋势进行论证、预测的导向性文献，由于述评作者在本学科的权威地位，所以他对学科发展的预测一般是较准确的。述评文献对学科的发展通常应起指挥棒的作用，可指导科技工作者确立科研课题，预测新的学科生长点，可为有关科研管理部门确定方针、政策，确定科技发展方向和制定规划时提供参考。

四、科技报告的结构

科技报告的结构格式一般包括：标题、作者及单位、摘要、目录、引言、正文、结论、致谢、参考文献、附录及其他等部分。

《科技报告编写规则》(GB/T 7713.3—2014)附录A规定，一份完整的科技报告由前置、正文和结尾三部分组成。前置部分，包括封面、封二、题名页、辑要页、序或前言、致谢、摘要、目次、插图和附表清单、符号和缩略语说明。正文部分，包括引言、主题、结论、建议、参考文献。结尾部分，包括附录、索引、发行列表、封底。各部分的具体构成及相关元数据信息见表1-1。

表1-1　科技报告构成元素表

组成		状态	功能
前置部分	封面	必备	提供题名、作者等描述元数据及密级、使用范围等管理元数据信息
	封二	可选	提供权限等管理元数据信息
	题名页	可选	提供描述元数据信息
	辑要页	必备	提供描述和管理元数据信息
	序或前言	可选	描述元数据
	致谢	可选	内容
	摘要页	可选	提供关键词等描述元数据信息
	目次	必备	结构元数据
	插图和附表清单	可选，图表较多时使用	结构元数据
	符合和缩略语说明	可选，符号等表较多时使用	结构元数据

续表

组成		状态	功能
正文部分	引言部分	可选	内容
	主题部分	必备	内容
	结论部分	必备	内容
	建议部分	可选	内容
	参考文献	有则必备	结构元数据
结尾部分	附录	有则必备	结构元数据
	索引	可选	结构元数据
	发行列表	可选，进行发行控制时使用	管理元数据
	封底	可选	可提供描述元数据等信息

五、科技报告与专著的关系

专著一般是比较系统地阐述某一科技领域成熟的原理，尤其注重理论阐述。而科技报告是科研人员对某一特定领域科学研究的具体实践的总结，这些研究者一般都已掌握这个领域里相应的专著中所叙述的基本原理，并在此基础上深入进行一些研究，以满足社会需求。对于从事相同或相近研究的科研和专业技术人员，阅读科技报告对开阔眼界促进研究和技术推广有较强的针对性，所以科技报告与专著的主要区别是特殊性与一般性的关系。在形式上，专著一般都以公开出版物的形式与读者见面，在编排和印制上的质量要求较高，出版周期较长；而科技报告大部分都是非公开出版物，在编排、制作成本和制作周期上都有较大的自由度。在使用上，专著一般不受限制，读者面广，而不同群体能够使用某类科技报告的全部还是部分，是有明显的区分的。

第二节　科技书籍的有关概念

一、科技书籍的含义

什么是书籍？书籍是把有一定篇幅的系统的思想知识内容，用符号系统记录于一定载体上，并通过一定复制手段得到的有特定组成与形式的出版物。书籍是一个不会说话而教人们知识的老师，是精神食粮，“书籍是巨大的力量”。

人们在日常用语中常把书籍称为图书。实际上书籍和图书并非同一概念。我国统计图书出版数量时，图书包括书籍、课本和图片三类。课本是一种特殊类型的书籍。所以图书至少含有书籍和图片。图书馆的图书还包含期刊、报纸、缩微读物等。可见书籍只是图书的一种。

在出版业产生以前，作者写成的著作就称之为“书”，至今人们所谓“著书立说”的“书”也指的是著作。“书”和“书籍”可以通用。前者通常指单本书，后者是总称，有时也用以指单本书。在出版业产生以后，作者的著作成为出版前的原稿（或书稿），成为编辑工作的对象，经过物质生产过程复制出版后的出版物才称之为书籍。

出版物是用一定生产手段（印刷或电子技术）复制得到的用于传播一定信息量的物质载体（产品）。书籍、期刊、报纸、图画等都是出版物。所以，书籍只是出版物的一种。现代概念的书籍必须是出版物，且人们习惯的书籍概念是以纸为载体的。自从17世纪期刊问世以来，以纸为载体的文化传播媒介就不仅仅是书籍，同时还包括报纸和期刊。

随着载体和复制手段的变革，近几十年来又涌现出众多非纸载体的出版物，如录音制品、录像制品、幻灯片、缩微制品等。这些出版物目前还未被称之为书籍，但是与书籍有密切关系。近30年来由于电子出版物的出现，电子书的名称已非新鲜，传统的书籍概念正面临新的挑战，界定书籍的概念也更加复杂。

科技书籍是书籍的一大门类，具有书籍的共性，当然也有其特性。科技书籍是科技写作工作的重要部分，科技书籍的性质、内容和形式直接影响着科技书稿写作的内容和方法。

二、科技书籍的特点

科技书籍就是把科技信息用书面等形式存储起来，而科技写作的结果是形成科技著作。科技书籍的内容是科学技术或科学知识，同其他书籍相比具有以下特点。

第一，普及性与实用性。科技事业的发展，要求全民学科技、用科技，普及科技知识，只有把科研成果转化为生产力，用科普著作对国民进行普及，才能做到科技兴国、科技强国，这便体现了科技书籍的普及性。实用性就是可用于生产实践。人类认识世界的目的在于改造世界，科学本身的发展要求基础理论最终为经济建设服务。由于科学技术飞速发展，今天具有实用性的选题，很可能明天就失去意义，因此，科技书籍选题时要充分考虑到实用性原则的时效性。当前，我国科技和工业领域存在大量亟待解决的问题，基于这些问题尽快研究取得成果形成科技专著是坚持实用性原则的关键。

第二，科学性与专业性。科技成果是以科学的世界观和方法论为指导，以科学理论和科研实践为基础，采用严谨的科学态度探索未知而获得的成果。科技书稿写作的内容是立足于客观存在的事物记录科学技术信息，不容许任何的虚构和妄想，它的生命在于科学性，一切从实际出发，在实践中验证。科技书籍是对研究对象的本质和规律的总结，是对发明、发现、创造的科学表述。随着科学技术的飞速发展，学科的专业不断分化，新的学科不断涌现。一部科技书籍在理论、技术、方法和应用方面的总结与描述，都具有很强的专业性。也就是说，科技书籍一般均归属某一学科范畴。在语言文字叙述上，名词、术语、概念、定律、定理等，都突出不同专业的各自特征。

第三，客观感知和认知性。科学是老老实实的学问，科技书籍使人们得到感知和认知，对科学孜孜不倦地探索和追求；科学是客观存在的真理，来不得半点虚假。科技书籍的内容是对科学原理、理论或技术的阐述，表述的客观准确性是科技书籍的突出特点。作为反映科学思想、科学方法和科学知识的科技书籍，内容的真实客观是其生命。因此，科技书籍的内容必须真实反映客观实际，符合科学规律，所使用的资料数据必须准确无误。科技书籍如果脱离了客观、真实，缺乏客观的感知和认知，也就失去了自身存在的价值。

第四，系统性和逻辑性。系统性是一切书籍的重要特征，也是区别于其他出版物的重要标志。它在一个主题下，通过一定的章节层次结构，把知识内容组成一个完美的、系统的整体。科技书籍记录的知识内容反映了自然界的物质形态及其运动的客观规律，是人类在认识自然和改造自然的实践中积累而成的知识体系。每一本科技书籍都以某一学科或某一分支学科或某一学科的某一方面为主要内容，各有其明确的主题和客观的科学体系结构。从上一层次到下一层次，从一个概念、定理、理论，到另一个概念、定理、理论，都有一定的逻辑内在联系。因此，科技书籍呈现出更强的系统性和更严密的逻辑性。包括内容结构的系统性、遣词造句的严密性和论证的严谨性。

第五，规范性和可读性。科技书籍内容的各个学科门类在其长期发展过程中形成了各自的表述方式（如概念、定理、公式等的表述）、人工语言（不同学科有不同惯用符号，如文字符号和图形符号等）和在实用中建立起来的种种规范（如计量单位、技术规范等），这些可概括为规范性。规范性也是一种统一性。由于科学技术的国际性，尤其在当今信息时代，各国的科学技术相互交流频繁，许多规范性规定已成为国际通用性规范。科技书籍都必须采用这些规范，不然就会“语言不通”，发挥不了科技书籍的作用。科技书籍要深入浅出，通俗易懂，体现出良好的可读性。这就要求书籍中的文字、图形、表格、照片、公式、记录的科技信息，要符合语言文字、图形符号的规范要求，使本专业的读者感到条理分明、文字通顺、可读性强。

第六，创新性和先进性。创新性也是科技书籍应有的一个重要特征。创新不仅是指书籍的科学内容上，还包括其表达的形式和方式上。例如科普书籍，不一定在内容上有新知和创见，但作为一种传播普及科技知识的出版物而言，在传播方式上仍有创新性。科技专著则突出创新的特点，无论是创新性研究成果，还是实验性的获取新知识的科学著作，或者是科学原理在实际应用中取得新进展的科学总结，对所研究的问题有新观点、新见解、新的研究方法、新的结论等，均体现出创新性的特点。对于科技书籍而言，不论是用以推动科技进步，还是转化为生产力，还是培养人时，都要为读者所用，都要求拿出最新的科学技术知识来，因此，科技书籍必须具有较强的先进性。由于科学技术总在不断进步，知识在不断创新，因此，反映最先进的科学成果和科学思想的科技书籍，在内容上也必然具有较强的创新性和先进性。

第七，继承性和前瞻性。科学技术内容具有继承性和积累性。每一项科学技术的进步都是建立在前人成果的基础上。一部科学技术发展史，是由人类对自然的认识和改造的绵延不断的科学成果一步步地积淀下来的。在这个知识长链中，先进的科学成果总是通过出版物公之于世，才得到社会、时代和历史承认，才能被继承、积累和发展。一切流传至今的科技书籍无不反映了当时最先进的科学成果与思想。所谓前瞻性，不是近期先进，而是在若干年内都不会落后，有较长的生命周期。这就要求作者有一定的眼光和预见性。始终跟踪科技发展的前沿，做前人没有做过的，向未知领域挑战，敢于探索未知，才能具有前瞻性。

三、科技书籍的性质和作用

（一）书籍的性质

书籍的性质是指它作为一种产品的属性。书籍是书稿经过编辑加工、出版等过程得到的复制品。书稿是一种创作，是精神生产劳动的成果，是编辑加工的过程，也是一个精神生产过程；而复制则是物质生产过程。故，书籍既是精神产品，又是物质产品，具有双重性。在这双重性中，精神产品是书籍的本质属性。

首先因为书籍是精神内容的物质载体，精神内容是内核，物质载体是外壳，一旦失去精神内容，外壳就成为一堆废纸。书籍的质量和水平从根本上说也决定于作者和编辑的精神生产劳动，物质生产过程虽然也起重要作用，但却无法和前者相比。

从书籍的使用价值看，它是以其精神内容来满足社会需要的，而不是以物质载体的自然属性来满足消费者需要的。精神内容的价值越高，对社会发挥的作用就越大。而科技书籍内容所含有的潜在价值更是难以估量的。

同时，书籍作为物质产品，和其他物质产品一样要进入流通领域实行交换，因而也就成为一种商品，具有一般商品所具有的商品属性。但是，书籍的商品性是非本质属性。从历史发展看，书籍的商品性并非自它形成之始就天生带来的，是社会发展到一定阶段，书籍市场形成之后才滋生的。即使在现代也不是所有的书籍都一定是商品，例如由国家出资出版免费发给学生用的义务教育教材，只用于个人馈赠的某种特殊书籍等。

因此，书籍是一种特殊的商品，精神产品是本质属性，是第一位的；物质产品的商品性是第二位，必须从认识上和实际工作中正确摆正两者的关系。与此相关的是社会效益和经济效益的关系问题。一般情况下社会效益和经济效益往往是一致的。书籍只有通过流通领域销售出去才能发挥其社会作用，才能产生社会效益。对于一切有益于社会进步的书籍来说，经济效益越高，社会效益也越好。即使是学术水平高、印数少的科技专著，表面上看两个效益似乎有矛盾，实质上仍然是一致的。因为这种学术著作的内容一旦为人们所掌握而转化为生产力，其潜在经济价值很高，产生的影响很大。问题在于这种潜在经济价值为社会所有，而不为书籍生产者所获得，对于书籍生产者而言出版这种书籍显然就产生了经济效益差的矛盾，但这不是根本性矛盾。

（二）科技书籍的作用

科技书籍在社会进步的历史过程中起到了不可磨灭的重要作用。归纳起来主要体现在以下几个方面。

第一，解放人类思想，推动社会进步。从人类进步的历史看，科学始终是社会进步的革命力量。自然科学领域里每一次划时代意义的科学成就，都使人类从旧的思想桎梏中解放出来，产生一次思想革命，使社会向前跨越一大步。“书是人类进步的阶梯”。科技书籍对人类进步的阶梯作用是十分明显和巨大的。科技书籍的写作，是以科学研究、科学实践与应用为基础的。一本科技书籍的问世，一切见解和观点，一切创造与发明，都可应用到生产实际中，解决生产中的实际问题，促进社会发展。可以说，完整的科技写作过程，是同整个科学研究、生产实践相一致的，科技书稿的写作过程也就是将科学技术的理论、科学试验、生产实践、新工艺、新经验进行总结的过程，从而奠定了促进社会进步的技术和知识基础。

第二，促进知识创新与科技进步。科技书籍对知识创新和科技进步具有巨大的推动作用，一方面表现为促进科学理论的创新，另一方面表现为促进技术创新与进步。首先，科技书籍可以促进科学理论创新。任何新的科学发现和新的理论形成均是以前人已有知识为前提，一切创新都是在已有知识体系基础上的创新。而前人的科学发现和科学理论正是由于科技书籍等出版物累积下来，并得到传播，使后人得以学习、借鉴和应用，并从中得到新的启发、新的发现，新启发、新发现再次被传播、应用，引起新一轮知识创新，周而复始，永无止境，从而使人类对自然界的认识不断深化，不断升华。其次，科技书籍可以推动技术进步。科技书籍除了概括总结新的科学发现和新的科学理论外，许多是以传播新发明、新技术为目的。这些技术成果和发明通过广泛传播，可给更多的人以新的启迪，促进新的技术发明，推动技术进步。

第三，促进科技成果向生产力转化。技术创新以技术的应用为最终目的。与理论创新不同，技术创新成果具有很强的实用性和应用价值，可直接用于生产和经济建设，通过科技书籍传播普及后转化为现实生产力，创造出更多的价值，增加社会财富，提高科技贡献率和社会生产力水平，推动人类物质文明进步。此外，人类把通过科技书籍等出版物获得的技术成果应用于实践，促进获得更多的新发现、新发明、新创造，并通过对其概括总结形成新的理论，丰富人类知识宝库。

第四，提高劳动者科学文化素质。科学技术的发展从根本上讲关键是人才，而另一方面还依赖于良好的社会环境，其中包括全民族的科学文化素质。这是科学技术长期持续高速发展的基础。科技书籍对社会生产力发展和社会进步的作用，还表现为促进劳动者素质的提高。科技书籍通过普及科技知识、传播科学方法，使科学技术为广大劳动者所掌握，从而提高劳动者素质，促进生产力发展和社会进步。科技书籍已成为广大劳动者的重要智力源泉，阅读科技书籍是劳动者提高自身科技文化素质的重要途径。

第五，普及科技知识的重要手段。科技书籍是将先进的科学技术转化为生产力的重要媒介。严格地讲，科学和技术是有区别的，科学回答的是“是什么”“为什么”，技术回答的是“做什么”“怎么做”。对于科学来说，技术是科学的延伸；对于技术来说，科学是技术的升华，科学技术只有为生产者所掌握，直接进入生产过程，并且制造出产品或得到应用，才能成为社会的生产力。但先进的科学技术成果如果不及时向社会普及，就不可能为社会所接受，不能变成创造性的物质力量。而科技书稿写作与出版正是向社会传播科学技术的重要手段，是最简便最适用的载体。实践表明，任何一名科技工作者，对某一课题的研究，并非事事都是从头开始，而是在吸取别人研究成果的基础上起步、发展的，如果没有科技书籍这个工具，许多科技工作者就不可能吸取别人的先进经验而研究出更高水平的科技成果。

第六，科技文化积累和交流的重要途径。书籍作为知识的结晶，对文化积累发挥着重要作用。而文化的积累构筑了当今人类文明的大厦，同时又为未来人类文明进步奠定了新的基础。科学技术是整个文化的重要组成部分。科技书籍作为科技知识的载体发挥着科技文化积累的功能，而科技文化的积淀对人类文明进步发挥着不可替代的重要作用。科技成果一旦用文字等书面符号表达出来，就作为人类科技知识的一小分子而具有新的性质，在人类共同的知识宝库中增添了新的财富，实现了知识的社会化、国际化。科技工作者主要通过阅读科技书籍、文献资料来了解前人已经做过的研究和他人正在做的研究，从中汲取成果、经验、教训，在已有成就的基础上继续前进。因此，科技书籍对于整个科技事业的发展有着巨大的推动作用。

四、科技书籍的分类

科技书籍可按照不同的体系标准进行分类。

（一）按学科分

按学科可以将科技书籍粗略地分为理、工、农、医四大类。若按中国图书馆图书分类法划分，所有书籍被分成22类，其中科技书籍则包括自然科学总论、数理科学和化学、天文学和地球科学、生物科学、医药卫生、农业科学、工业技术、交通运输、航空航天、环境科学10类，还有部分科技书籍属于综合类和教育类等。每一个类别中还可以细分成若干小类别，这是图书管理中采用的基本分类方法。

这种分类方法充分体现了科技书籍的专业性和学科属性。

（二）按书籍的介质分

按书籍的介质，科技书籍目前可分为纸介书籍、磁介音像、电子书籍等。

（三）从编辑出版行业角度分

从编辑出版行业角度，科技书籍一般分为科技专著、科普书籍、科技教材、科技工具书和技术标准等。

1.科技专著

科技专著是对科学技术中某一专业领域的研究成果（或理论成果，或应用成果，或两者兼备）进行系统、全面、深入地总结、概括和提炼后形成的作品。它具有内容系统、分析深入、概括完整、专业性强或具有探索性等特点。

2.科普书籍

科普书籍是以科学技术普及和推广为目的的书籍。科普书籍具有通俗性、生动性、趣味性、实用性、表现形式的多样性和受众的广泛性等特点。

3.科技教材

科技教材一般指高等和中等专业教育理工科专业与职业技术技能教育使用的教学用书，包括教科书、教学参考书、辅导教材等。科技教材具有科技知识的先进性、系统性、完整性和成熟性等特点。

4.科技工具书

科技工具书是指提供科学技术的基本事实、基本概念、基本理论、基本方法、基本资料、基本数据等信息以供人查阅的具有参考性、检索性、实用性和指导性的书籍，包括百科全书、科技词典、年鉴、手册、名录等。

5.技术标准

技术标准是生产某一产品及其生产过程等所遵循的技术规范文件，包括国际标准、国家标准、行业标准和地方标准等。技术标准一般由专门的组织或机构制定和颁布。

五、科学技术与科技书籍的关系

科学技术的发展需要科技书籍的出版，没有科技书籍的出版，科学技术就难以进步。这是因为科学技术的发展需要有信息交流、成果积累和人才继承。历史上书籍是主要的传播文化科学信息的媒介，即使是报纸、广播、电视、网络等大众传媒得到广泛应用的今天，书籍仍是主要的有效的传播媒介。中外科技书籍逐年快速增长本身就说明其在信息交流中的作用。

当今科学技术发展的特点是高度分化又高度综合，由于学科交叉、知识交叉、方法交叉而不断萌生出各种交叉学科、边缘学科以及综合学科。一项科学研究课题往往涉及众多学科领域，研究人员仅查阅科技资料的时间几乎要占科研工作时间的一半。如果没有大量科技书籍及快速检索的手段，科研活动几乎无法顺利开展。科技书籍是科学研究阶段成果的系统化和理论化，因此是最系统完整地积累科技成果的手段。科技人才的培养更离不开大量的科技教学用书，科技人员的知识更新，全民文化科学素质的提高，都离不开科技书籍。

科技书籍是科学技术的组成部分。它既是科研成果和科学实践经验的总结提高，又是新的科研活动的起点，与科研活动紧密相连，不可分割。许多学科的科研成果本身就是一本学术专著。有些科技书籍的编写过程就是科学研究的过程。由此可以看到科技书籍对科学技术发展具有更深层次的推动作用。

总而言之，书籍是人类社会发展的记录，知识的海洋，也是人们表述思想、记录事物、总结经验、传播知识的工具，对于科学技术的发展起着重要作用。科学技术的发展，为科技书籍的写作积累了更多、更新的坚实素材。而科技书籍又将科学技术和科学知识进一步存储和传承下来，使不同领域的科学技术、科学理论逐渐系统化、理论化，形成系统的科学技术和知识体系，从而促进社会进步。进一步讲，科学技术与科技书籍是一个统一体，两者不可分割。没有科学技术的发展，就不会产生产出科技书籍，没有科技书籍的这一载体，就无法存储、传播和继承科学技术和科学知识。

六、科技书籍的结构

一本科技书籍一般应由封面、内封、内容简介、版权页、前言或序（原序、译者的话）、目录、正文（包括图稿）、参考文献、封底等组成。必要时，正文前还可加物理量及其符号表，正文后可加附录、索引、后记等。

（一）封面

封面上一般应列出书名、作（译）者姓名、出版社名以及能反映书中内容的关键词。

1. 书名

书名包括正书名、副书名、丛书名、卷次（册次）、版次及说明书名的文字（如高等教育“十三五”教材）等，书名一般不加标点符号。

2. 作（译）者姓名

作（译）者在2人以上时，应标明排列次序。封面作（译）者署名一般不多于3人，超过3人时，只列前3人，在第三作（译）者后加“等”字。翻译稿一般列出原作者国籍、姓名及译者姓名。原作者国籍加方括号，放在原作者姓名前，原作者姓名一般可不译出。

根据稿件编著的性质，在作（译）者姓名后应注明著、编著、编、主编、编译、译等字样。

对著、编著、编、主编几类著作方式的划分说明如下：

（1）著。书稿的主要观点、技术内容、素材等来自作者的研究成果，并有证明材料的才能称为“著”。

（2）编著。书稿的主要观点、技术内容、参考资料等虽来自他人，但作者在编写中有所创新，并用自己的观点对素材有所发挥，包含自己的思想和观点的称为“编著”。

（3）编。以收集到的他人的著作、资料等编写而成，没有自己的观点、思想而编写的书稿称为“编”。

（4）主编。在编写过程中承担主要角色的称为主编（第一作者），主编一般只有一人，有时也可有多人，其他均为参编。

3. 出版社名

封面上要写上出版社名，如书写“中国石化出版社”“化学工业出版社”等。

（二）内封（扉页）

内封上的书名、出版社名应与封面上的完全一致，封面上未列出的著、编著、编、主编、译、校者姓名（包括封面上已列出过的）可在内封上列出。

（三）内容简介

内容简介主要供读者了解本书的内容、特点和读者对象，以便选购。

（四）版权页

版权页按出版社的标准格式填写。翻译稿应同时填写原版外文版权页和中文版权页。原文版权页内容包括作者、书名、版次、出版单位、出版时间、版权说明及著作权登记号等。

（五）前言或序

编著稿一般应有前言或自序，用以说明编写意图、本书特点、适用范围、编写方法、编者分工、审校人以及其他需要说明的事项。

（六）目录

目录必须与正文标题一致。目录列到哪个层次，可根据具体情况决定，一般书籍采用2~3级。多卷书除在本卷列出本卷详细目录外，还应在适当位置列出其他卷简要目录。

（七）正文

正文是一本书的核心部分，要做到主题鲜明、结构完整、脉络清晰、层次分明、逻辑严谨、语言流畅。正文中需要插图时，插图直接排在正文适当的位置，并按照规范要求编号。如果图旁边有足够的空间时，还可以考虑在其旁边串排文字。

（八）附录

附录只收录与本书有关的数据、资料。一般通用手册或书籍上可查到的不必编入。

（九）参考文献

编著稿中正文所引用的参考文献一般按正文中出现的先后次序，全书统一编号列于书后，或按篇、章编号列于各篇、章之后，但全书应统一。保密资料勿列入。参考文献著录要符合规范要求。

（十）封底

封底是书的最后一页，它与封面相连，除印有书号和定价、条形码外，一般是空白，有的还会有内容提要、说明和作者介绍等内容。

第三节　科技报告与书稿写作中信息资料的获取

科技报告与书稿撰写是科学研究活动中的重要工作，具有继承性和探索性。前人的研究成果和认识，构成了接替知识体系和科学基础。对于每个科技工作者而言，前人和他人的研究所达到的终点，往往成为今天研究工作的起点。只有获取量多质优的科技信息，才能奠定科技工作的基础，有了科研成果和认识，加之丰富的相关文献，才能写出高质量的科技作品，显然，积累资料和经验对写好科技报告与书稿至关重要。“立言之要，在于有物”，可见，科学信息（材料）的获取是科技报告与书稿写作的基础，尤其是科技书稿，它的选材必须以占有丰富的信息资料为基础。这些信息资料，从它的性质和搜集的方式上来看，一般有直接信息和间接信息两类。在信息资料的获取中，要把握资料的真实性、相关性、新颖性和充分性，以有力地支撑科技报告与书稿的写作。

一、直接信息的获取途径

直接信息是指科技工作者亲临的、直接观察的、通过实验等活动所得到的第一手材料，只有获得足够的直接信息，科技报告与书稿写作才能达到理想的结果。因此，直接信息在科技报告与书稿写作中非常重要。直接信息的获取通常可以采用如下途径。

（一）通过科学观察获取直接信息

科学观察是获取直接信息的重要途径，是人们在自然发生的条件下，通过感官或借助于观测仪器，对研究对象按预定目的进行考察的一种方法。科学观察的基本任务是要从观察对象中获取正确的感性材料与科学事实，以用于科学研究的基础材料或作为验证科学假说、发展科学理论的事实依据。观察的意义在于它是科学获取感性材料的基本途径，是检验科学假说或检验科学认知真理性的一个重要标准，是许多新学科创立的基础，可以得到科学新发现，从而推动科学进步。观察方法作为一种最基本的科学方法，贯穿于整个科学研究过程中，它是对运动着的各种物质形式的直观反映、直接描述。

观察通常包括对自然界的观察、自然发生条件下对自然的观察和人为条件下对自然的观察三种类型。不同类型的观察方法尽管关注点稍有不同，但其目的都是一样的，均是对自然界、自然事物和现象进行观察。为了提高科学观察效果，保证观察结果的可靠性，在观察中必须遵循客观性、全面性、典型性和相对性等基本原则。

（二）通过考察获取直接信息

考察就是科技工作者对研究对象在不施加任何干涉的条件下进行观察的过程。与实验不同，考察时科技工作者对自然现象不加干预。

考察的主要手段是观察。因此，和实验一样，观察既要细心周到地注意每一个细节变化，还要有目的地选好观察点。在考察中可能会遇到十分复杂的情况，由于考察不可能像实验那样突出主要因素使现象再现，因此在获取信息时必须注意两点：一是选取信息要有很强的针对性，即针对科研题目所提出的问题，进行周密细致的考察；二是所取得的直接信息一定是事实。考察报告是尊重客观实际的，它得到的结论必须以考察事实为基础，这是因为直接信息存储于事实中。所以，考察报告是以充分的确凿的事实为依据，用事实去阐明道理，说明问题。

需要强调的是，对自然现象的考察活动并不是一件轻而易举的事，要想观察并弄清一个有科学价值的现象，也并非一朝一夕就能做到的。这往往需要观察者有足够的耐心，具备必要的考察经验，并具有不畏艰险和吃苦耐劳的精神，所以说在考察中收集到的直接信息往往都渗透着科技工作者的艰辛和汗水。

（三）通过科学实验获取直接信息

科学实验是人们根据一定的研究目的，运用适当的物质手段、科学仪器和设备，人为地控制、模拟或创造自然现象，排除干扰，突出主要因素，在有利条件下研究自然规律，从而获取科学事实的研究方法。在科技报告与书稿写作中，实验成果和数据是直接信息资料的重要来源。

实验与观察既有联系又有区别。在实验中必须观察，这是它们联系的方面。但是，作为一种独立的认知方式，实验和观察又有着本质的区别，观察对自然过程或自然现象虽有选择但不加干预；实验却是积极干预研究过程，以暴露事物运动的本质和规律。

实验一般包括定性实验、定量实验、析因实验、比较实验（对照或对比实验）、中间实验（扩大实验）和模拟实验等。

科学实验的特点是可以简化和纯化研究对象，可以强化研究对象使之处于极端的状态，可以延缓、加速或再现自然过程，是人类认识自然的一种比较经济、可靠、便捷的手段。

为了保证实验的可行性、可靠性和再现性，从而保证直接资料的价值，在实验中要注意：①由于实验是在人为控制的环境中或特定的条件下对研究对象的一种观察，因此科学实验必须遵循科学观察的原则和要求；②要根据实验任务和目的要求，结合现实条件所提供的可能性，运用与某个研究课题有关的知识，进行创造性的实验设计。主要包括选择恰当的仪器和设备，选择合适的场地，确定合适的实验方法，制定正确的实验步骤，做好整个实验工作计划等；③实验过程中，操作必须准确细致，观察记录和实验数据记录必须准确、全面、可靠，不可涂改或篡改；④任何实验中的新发现，都应该能够被其他人的重复实验所证实，对不能重复的实验要做进一步的分析，为便于分析和复核实验结果，必须要有科学的态度和详细周密的实验记录；⑤由于任何实验都存在系统误差和偶然误差，在表述实验结果时，只有同时指出对实验误差范围的估计，才是具有科学价值的实验结果；⑥实验结果是否精确、可靠，在很大程度上取决于对实验条件的控制。要尽最大的可能排除实验过程中的各种偶然和次要因素的干扰；⑦运用实验方法所得到的研究结果往往是近似的、经验性的，为了使研究结果精确化，并得出具有普遍意义的结论，就必须借助于理论思维和数学工具。

二、间接信息的获取途径

科技工作者通过手工检索和计算机检索等途径收集到的各种文献资料等属于间接信息。间接信息的来源主要是图书馆及其他情报源所收藏的文献。所谓文献，是记录有知识的一切载体。载体是一种物质形态，如纸、胶片、磁盘、光盘、硬盘、云盘等，凡是具有存贮和传递知识功能的一切载体都称为文献。

文献检索是获取间接信息的重要途径，也是研究工作和科技报告与书稿写作中的基础和重要部分，可见只有掌握文献检索的方法和技巧，才能更好地占有间接信息资料。

当今信息时代，检索工作除过去使用的传统手工检索外，更多的是采用计算机检索。尤其是随着计算机和通信技术的发展，网络数据库越来越完善，计算机检索逐步成为获得文献的主要途径，因此，掌握计算机检索更显重要。

（一）文献信息检索的方法

文献信息检索的方法很多，应根据课题或选题需要、检索要求和设备条件等，采取相应的检索方法。在实践中常用的检索方法包括工具法、追溯法和综合法三种。

1. 工具法

工具法也称常用法，即以主题、分类、书名与著者等为检索标志，通过检索工具（如索引文摘等）查找文献资料的方法。使用这种方法，首先要明确检索目的和检索范围，并且需要熟悉各种检索工具的内容、性质、用途与排检方法，熟悉各种检索途径。这样才能从不同的角度有效地检索所需要的文献。工具法可以分为顺查法、逆查法、抽查法三种。

（1）顺查法。顺查法是根据检索课题的起始年代由远及近逐年查找的一种检索方法。其优点是查找的文献全面、系统，适用于对专题文献的普查。缺点是工作量大，费时费力。

（2）逆查法。逆查法与顺查法相反，是由近及远逆时间顺序查找文献的方法。逆查法多用于了解一些新课题、新观点、新理论或新学科发展的现状、动态，重点放在查找近期文献上，求新不求全，能满足需要即可。其优点是查找文献省时，可以保证文献的新颖，但查到的文献不够全面系统。

（3）抽查法。抽查法是根据学科发展的特点，抽查该学科发展较快、发表文献较多的年代，进行这段时期的查找。使用该方法，可用较少的检索时间获得较多的文献，但是，必须在熟悉该学科发展特点和发展阶段的情况下才能使用。

2. 追溯法

追溯法是以原始文献后所附的参考文献为线索进行追溯检索的一种方法，也称"引文法"。它可以借助原始文献所附的参考文献不断地跟踪追溯，扩大检索线索和检索范围，如滚雪球般地获得有关文献。在没有或检索工具不全的情况下，采用该方法仍然可以获得一批相关文献，但其缺点是所引用的参考文献有限，且比较陈旧，也不齐全。

3. 综合法

综合法又称循环法，实际上是上述两种方法的综合使用。综合法既要利用检索工具进行常规检索，又要利用原始文献后所附的参考文献进行追溯检索，分期分段地交替使用这两种方法，即先利用检索工具（系统）检索到一批文献，再以这些文献末尾的参考文献为线索进行查找，如此循环进行，直至满足需求为止。

综合法兼有工具法和追溯法的优点，可以查到较为全面而准确的文献，因此，该方法在实践中采用较多。

（二）文献信息检索的途径

一般来讲，检索途径可以分为五种：题名途径，著者途径，分类途径，主题途径和其他途径。

（1）题名途径。题名途径即根据文献的名称（书名、刊名、篇名等）查找文献的途径，它适用于某一文献名称的专指性检索。常用的检索工具有《书名目录》《馆藏期刊目录》等。这类目录按图书期刊的名称字母顺序编排和检索，一般多用于查找图书和期刊。

（2）著者途径。著者途径即根据已知文献著者姓名，或以研究机构团体为标志的检索途径。一般检索工具都有著者途径，有的还有团体著者（机构）索引，它们都按著者姓氏笔画顺序编排。

（3）分类途径。分类途径是按学科分类体系检索文献的常用途径之一。在科学研究或技术工作中，需要搜集某一专业、某一课题的所有文献时，可用分类目录或分类索引检索。其优点是根据学科体系和知识门类的逻辑顺序进行概念划分，同一类的资料能集中于一处，不仅检索方便，而且搜集的资料比较全面、系统；其缺点是具有滞后性，新学科、新理论和新技术不能得到及时反映，加之学科复杂，相互交叉、渗透，容易误检或漏检。

（4）主题途径。主题途径是指通过文献资料的内容主题进行检索的途径，它依据的是主题索引或关键词索引，检索者只要根据课题项目确定检索词（主题词或关键词），便可以实施检索。主题检索途径使用比较方便，适用性、专指性强，能集中搜索与课题有关而又分散在各个学科的文献，但不如分类途径那样具有系统性和稳定性。主题途径检索文献的关键在于分析项目、提炼主题词。

（5）其他途径。其他途径主要是利用检索工具的专用索引检索的途径。专用索引的种类有很多，常见的有专利号、报告号和入藏号等各种号码索引，分子式、结构式等专用符号代码索引和地名、机构名称、商品名称等专用名词索引。

（三）文献检索的步骤

文献检索是科学研究的重要组成部分，也是科技报告与书稿写作的基础，是一项实践性和经验性很强的工作，是由诸多环节紧密相连形成的一个有规律的检索流程。要想得到良好的检索效果，就必须按照一定的程序，使整个流程最优化。

文献检索步骤因检索课题或选题等要求不同而有所不同，一般可分为以下步骤。

（1）分析检索课题，明确检索需求。分析检索课题的目的有两个：一是分析检索课题的主题要求，将检索课题分解为多个层次的主题概念，明确课题对查全、查准、查新方面的具体要求；二是明确检索课题所要求的各种范围或限定条件，包括要求的文献类型、语种、年代跨度等，以及对检索费用、检索时间等其他方面的要求。

（2）选择检索工具或检索系统。根据检索课题的分析，以课题的检索范围和要求选择检索工具和检索系统。选择恰当的检索工具和检索系统是成功实施检索的关键步骤。要使检索工具选择得恰当、对口，必须事先熟悉检索工具。要熟悉各种检索工具（目录、索引文摘等）及其收录的文献类型、学科范围、专业性质、起讫年代和排检方法等，以便选择适合检索课题的检索工具。

（3）确定检索途径与检索方法。一般的检索工具都根据文献的内容特征和外部特征提供多种检索途径，如题名检索途径、著者检索途径、分类检索途径、主题检索途径以及其他检索途径（分子式检索途径、专利号检索途径、标准号检索途径等)。要根据检索需求和目前具备的检索条件来确定检索途径。根据检索的目的、期望的文献数量以及有关主题在学科中的发展状况选择适当的检索方法。要注意对这些方法的综合运用，以获得较好的检索结果。

(4)选择合适的检索词。检索词是表达文献信息需求的基本元素，也是计算机检索系统中进行匹配的基本单元。在计算机检索系统中，检索词一般有两种形式：一种是受控词(规范词)，是经过规范化处理的词或词组，取自主题词表、叙词表和分类表等。另一种是非受控词(自由词)，是未经规范化处理的自然语言词汇。

(5)构造检索式。检索提问式是在计算机信息检索过程中用来表达用户检索提问的逻辑表达式，由检索词和各种连接组配符号按照特定检索系统的语法规则组配在一起。当前，许多网络检索系统已经帮助用户简化了检索式的构建过程，用户不再需要记住若干的连接组配符号，只需在下拉框中进行选择即可。从下拉框中选择检索词的字段限定在著者、标题、关键词、文摘和全文中，而不再需要记住每个字段的缩写字符。

(6)根据文献线索获取全文。应用检索工具实施检索后，获得的检索结果即为文献线索。对文献线索进行整理，分析其相关程度，根据需要，可利用文献线索中提供的文献出处获取原文。

(7)评价检索结果调整检索策略。检索结束后，对检索结果进行评价，若检索结果不能满足检索需求，则需要对检索策略进行调整，以改善检索结果。这个过程实质上是不断重复上述各个步骤的过程，直至检索结果满足需求为止。

(四)数据库

下面是一些常用的数据库，可以在检索中根据需要选用。

1. 光盘数据库

光盘数据库检索系统是以CD-ROM为数据库存储介质的检索系统。目前，也是一种重要的文献系统，国内外有几千种光盘数据库产品。

光盘数据库检索系统是一个独立的计算机检索系统，不受远程服务器是否开机、网络是否畅通等问题困扰，可随时检索。缺点是更新周期长、受容量限制，信息量有限，目前有被网络数据库取代的趋势。与石油工程相关的光盘数据库主要有：美国石油文摘(PA)光盘数据库、美国化学文摘(CA)光盘数据库、石油工程师学会(SPE)技术论文全文光盘数据库和中文科技期刊光盘数据库等。

2. 网络数据库

随着计算机、网络和通信技术的发展，网络数据库越来越受到重视，由于数据库资源丰富、检索方便、检索速度快、效率高、下载保存方便等特点，已成为现代文献检索的主要途径。网络信息检索一般分为数据库信息检索和文件信息检索两部分，前者称为网络综合信息检索系统，后者称为搜索引擎。

1）网络综合信息检索系统

随着网络应用的发展及Internet信息传播渠道的强大作用，在全球范围内开发了许多网络综合信息检索系统，即网络数据库。下面是一些常用的中外文网络数据库：

（1）中文数据库。如：中国知网（https：//www.cnki.net/）；万方数据知识服务平台（https：//www.wanfangdata.com.cn/index.html）；维普中文期刊服务平台（http：//qikan.cqvip.com/）；中国国家图书馆数字资源（http：//dportal.nlc.cn：8332/zylb/zylb.htm）；国家科技图书文献中心数据库（https：//www.nstl.gov.cn/）；中国专利文献检索系统（http：//pss-system.cnipa.gov.cn/sipopublicsearch/ portal/uiIndex.shtml）等。

（2）外文数据库。如：EI Compendex数据库（https：//www.engineeringvillage.com/）；Web of Science数据库（http：//apps.webofknowledge.com/）；Elsevier ScienceDirect数据库（http：//www.sciencedirect.com/）；Springer电子期刊数据库（https：//link.springer.com/）；美国专利数据库（http：//www.uspto.gov）；欧洲专利检索系统（http：//www.epo.org/）等。

2）搜索引擎

搜索引擎（Search Engine）是帮助Internet用户查询信息的搜索工具。它以一定的策略在Internet中搜集、发现信息，对信息进行理解、提取、组织和处理，并为用户提供检索服务，从而起到信息导航的作用。如：谷歌学术、百度学术、读秀学术，此外还有搜狗、360搜索、新浪、网易等。

尽管光盘和电子网络数据库使用非常方便，但也不能忽视图书馆藏资源，充分利用图书馆资源，以获取尽可能全面的信息资料。

三、科技报告与书稿写作中材料的运用

在科技报告与书稿写作中，只有充分收集、占有，并运用好材料，将他人的观点融入自己的论证中或总结归纳他人的观点构建自己的论证，以恰当的实例来说明或支撑观点或论点的正确，才能具有较强的说服力，才能反映事物内在联系和它特有的发展规律。可见，收集好、运用好材料是科技报告与书稿写作中一项十分重要的工作。

（一）材料运用的原则

材料作为科技报告与书稿写作的基础，能不能充分获得并运用好，决定着科技报告与书稿的质量和水平，在材料运用中一般要把握如下原则。

一是既要丰富，又要符合论点。科技报告与书稿写作中所有的论点都需要用论据说明，而材料则是构成论据的重要基础之一。如果基础材料缺乏，则论证就缺乏说服力，因此，要使论证充分有力，就必须从收集到的大量材料中筛选出符合论点、能够准确地说明问题的材料。要使材料符合论点，就应注意做到：①选用的原始材料与作品论点一致，但并不强求完全“符合”，在引用材料时，切忌掐头去尾，只截取与自己观点相吻合的部分；②选用的材料应与作品论点密切联系，属于同一范畴；③不能以点代面，离弦走板。

二是既力求充分，又要引用恰当。撰写科技报告与书稿需要有充分的材料，不掌握充分的材料就难以得出可靠的结论。为此，作者在写作之前，首先应根据报告与书稿内容的需要，通过工作实践、考察或调查研究或科学试验，以及查阅有关文献资料，广泛收集材料，尽可能充分掌握证明有关论点的材料或素材，特别是重要的、有代表性的材料。有了充分的材料，就打下了写作的基础，但要使之成为足以证明论点的论据，还必须在选定主题、明确论点之后，对有关某一问题的材料进行广泛地分析比较，区分哪些是研究对象中大量的、普遍的、主要的材料，哪些是少量的、个别的、次要的材料。再根据主题和论点的需要精心选择，选出最能说明问题并有典型意义的材料加以引用。当然，强调材料充分，并不是愈多愈好，而是要对材料进行去粗取精、去伪存真的选择取舍，用少而得当的材料充分有力地说明问题。至于材料引用多少为好，关键在于作者对材料的得当取舍，即以既能说明作者的论点，又不至于造成烦琐或冲淡作者自己的观点和独特见解为准。

三是应尽量采用一手材料。在科技报告与书稿写作中，应尽可能选取第一手材料，因为这种材料属于直接材料或原始材料，没经过别人之手，可靠性大，论证力强。即便如此，也不能忽视第二手或间接材料的应用。有些二手材料作为他人研究的成果，只要有利于支撑论点，也要积极吸收。为了保证写作中所引用的材料准确无误，采用二手材料时应尽力做到：对材料的可靠程度考查清楚后再用；任何材料都要有根据，有出处；引文要与原著核对准确，以防出现失误；运用历史材料要符合历史本来面目。

四是把握好主题、观点和材料的结合。材料或素材是为观点服务的，它们之间应当有必然的逻辑推理关系和因果关系。观点是为主题服务的，是主题的支撑点。如果主题、观点和材料之间的关系不明朗、不对应、不关联、不支持，或者没有本质的逻辑推理关系，那么，观点和主题的树立就很勉强，基础就不会牢固，观点也不可能准确有力。有时，一个材料或素材可以和几个观点都有关联，但只有从整体上考虑将其用在最合适、最恰当的地方，才能真正发挥其最大作用。

五是材料使用中避免“观点+例子”的形式。在科技报告与书稿写作的材料使用中，应避免出现简单的“观点+例子”的现象，观点和例子之间必须有逻辑上的必然联系和融为一体的流畅的文字表述，使材料真正变成文章的一个有机而非孤立的部分。在现代科学技术飞速发展的今天，材料越新，越有助于进行创造性思考，越有可能产生新的创见，形成新的论断。为此，在材料应用中不能简单罗列，而要尽量运用以数学手段为主的定量分析，通过分析回归出事物的内在联系或规律，以达到对事物更为精准的认识。

（二）材料的应用方法

在科技报告与书稿写作中，除把握材料运用的原则，还要掌握材料运用的方法，一般包括如下几方面。

一是围绕作品的论点进行材料取舍。在科技报告与书稿写作中，按照最初的设想将材料收集起来后，必然会出现以下几种情况：其一，原设计选定的项目或指标观察充分，实验数据完备；其二，项目或指标发生偏差、分散或不够充分；其三，有的项目或指标看来意义不大，有的还出现原设计没有预料到的数据和现象。因此，需要根据写作的实际情况对获得的材料进行合适的取舍，使所保留的材料全部以论点为主线，分层分段地构建起来，集中成为论证的论据材料。科技报告与书稿中的材料不宜庞杂或使材料游离于论点之外。报告与书稿的水平总是体现在质上，而不是在文字的数量上。不管原来设计和实（试）验过程中获取多少材料，写作时都要围绕论点进行取舍，只要包括能说明验证论点的内容就可以，不必贪多求全。

二是深入认识材料，充分利用材料。对于所获得的一些材料不应仅满足于表面现象，而要深入思考、反复推敲，以深化对现有材料的理解和认识。只有这样才有可能对论点得以补充、完善或提高，为新论点提供新的内容和依据。切不可轻易满足材料已说明的问题，而使材料的作用不能得到充分发挥。在写作中，同样的材料，由于思路不同，处理方法不同，说明问题的深度也会完全不同。

三是科学处理异常或非预期实（试）验数据或结果。有的实（试）验结果、数据统计经处理后可能与原来的设想不符，甚至完全相反。对于这些材料切不可随意舍去，要从深层次上进行认真的处理和分析，其结果很可能从另一个角度或侧面阐明研究题目中的某个问题，甚至得到意想不到的收获。在科研实践中，还经常会出现按设计开展的实（试）验或观察，其结果虽然没有达到预期的实（试）验或观察目的，但却积累了许多偏离或不合原设想或假说的、可能要废掉的材料。对于这些没有达到预期目标的材料不要轻易扔掉，要充分研究这些材料，看其中是否隐含着有用的素材，是否能从中提取出有用的材料，经过归纳集中，用于说明另外一个问题，说明大问题不行，是否可解释小问题，使看似无用的东西又获得新用途、发挥新作用。

第四节　科技报告与书稿写作的表达和逻辑

科技报告与书稿写作中表达方法是基本要求。表达就是将思维所得的成果用语言语音语调、表情、动作等方式反映出来的一种行为。表达以交际、传播为目的，以物、事、情、理为内容，以语言为工具，以听者、读者为接收对象。逻辑就是事情的因果规律，从狭义来讲，逻辑就是指形式逻辑或抽象逻辑，是指人的抽象思维的逻辑。广义来讲，逻辑还包括具象逻辑，即人的整体思维的逻辑。而逻辑性则是实现有效、正确表达的基础。可见掌握表达与逻辑方法，是决定科技报告与书稿写作质量和水平的关键。

一、科技报告与书稿写作的基本表达方法

科技报告与书稿写作的基本表达方法，实际是指写作过程中使用文字的方法，一般包括叙述、议论、描写和说明四种。

（一）叙述

叙述就是记录和陈述某一事件的发生背景、发展变化以及结果结局全过程的一种表述方法。科技报告与书稿写作的叙述，就是把科技工作者的经历或科技事件的发展或事物的变化过程表述出来的一种方法。在科技报告与书稿中，运用叙述方法可表述事物发展的全过程，给读者一个完整的印象，还可以用来表述作者的论点和论据，为取得合理的论证提供依据。科技报告与科技书籍等文体，一般用叙述的方法概括事实，为论点提供论据材料。在科技写作中常用的叙述方法有如下几种。

1. 顺叙与倒叙

顺叙是依照事件发生、发展或变化的先后次序进行叙述的一种方法，主要是以时间为线索。这种叙述方法条理清晰，应用广泛。用这种叙述，文章的层次、段落与事件的发展过程、时间的先后次序基本上一致。可使所叙述的事件有头有尾，过程清晰，便于读者了解事件发生的来龙去脉，前因后果。

倒叙是把事件的结果提到文章前面，然后再按事件发展的先后次序进行的叙述。采用倒叙可以突出结论，或造成悬念，提高读者继续阅读的兴趣，同时也有利于克服平铺直叙的弊病。在科普作品、科技新闻、科技报告等文体的写作中，常常采用倒叙，尤其在科技成果报告中应用更普遍。

2. 插叙与补叙

插叙是指在叙述的过程中，由于表达的需要，中断原来的叙述，而插入的另外一些叙述，待插入的这段叙述结束后，再继续原来的叙述的方法。其目的是把事件发生、发展的过程交代得更清楚、更全面。有些科技报告或科技书籍，在叙述某种情况时，常常要插入部分叙述，以便使情况更具体、明白。插叙应注意衔接，插入的文字不能过多。

补叙是在叙述过程中，由于某些事物或情况的需要，所作的某些补充或解释。但为了保持主线叙述的完整性和连续性，不中断主线的叙述，而在主线结束后再作补充或解释。补叙可以使内容更加完整和突出。

插叙的内容一般不是事件本身的一部分，删去插叙的内容只影响主题的深刻性和内容的充实性，而不影响主题的完整性。补叙则相反，它是事件本身的组成部分，删去它则会影响主题的完整性。

3. 概叙与细叙

概叙，即概括地、粗线条地叙述，对客观事物作抽象的、本质的叙述。在科技报告与书稿写作中，有时只需要读者对某一事物有一个总的印象或大致的了解，这就要求叙述时使用简洁的文字，它对强调本质，突出重点有重要的作用，可以给读者以整体的印象。

细叙，即详细、具体地叙述。在科普作品和科技新闻等文体中，人物的事迹、事件的发展过程，往往用具体的叙述，在科技报告中创造性研究的叙述，也常常把节奏放慢，把重点的细节写全，关键地方用具体、细致的语言交代清楚，给读者以具体的强烈的印象。

概叙与细叙是由面到点的两种互补的叙述方法，这两种方法的巧妙运用，可以使文章粗细相间，快慢有致，详略得当，既有深度又有广度。

在科技写作中，有时上述叙述方法可以单独使用，但大多数情况下，要根据主题的需要综合运用。叙述是其他各种表达方法的基础，掌握了各种叙述方法，也就掌握了科技写作的最基本的表达方式。

（二）议论

议论是作者对某个科学技术领域中的问题进行分析研究，并通过一定的材料和逻辑方法来表明自己观点的一种表达方法。这种表达方法多用在科技报告和论文等文体写作中，在科普作品中也常常用作辅助的表达手段。

科技报告与书稿写作中的议论，一般由论点、论据、论证三个部分构成。

论点，又叫论断，是对所论述的问题提出的见解、主张和表示的态度。它在整个议论过程中起主导作用，对论据和论证起着限定和制约作用。论点又分为中心论点和分论点。中心论点也叫基本论点或总论点，是对所论述的问题持有的最主要、最基本的看法和主张；分论点则是从中心论点中衍生出来的小的思想观点，它从属于中心论点，并为阐述中心论点服务。

论据，是用来证实论点的依据。一段完整的议论，不仅要有论点而且要有论据的强有力的支持，论据是议论的基础。论据的类别很多，一般以事实论据和理论论据为主。

论证，是运用论据来证实论点的过程。其主要作用在于揭示论点与论据之间的逻辑关系，使论据为论点服务。一般而言，论点解决的是“证明什么”的问题；论据解决的是“用什么证明”的问题；而论证则解决“怎样证明”的问题。

科技报告与书稿写作中的议论分为立论与驳论两种。立论，是作者用充分、有力的论据来证明自己观点正确的一种方法；驳论是作者利用充分、有力的证据来驳斥反面论点的一种方法。

1. 立论

立论的方法多种多样，常用的有归纳法、演绎法、类比法和例证法四种：

（1）归纳法。即从许多“个别”事例中归纳出一个“一般”结论的方法。在运用这种方法时，人们往往把实验、观察和测试等得到的第一手材料加以概括，从中找出具有规律性的结论。归纳法用途极广，它的论证形式最典型的是从“个别”到“一般”，但有时在实际应用中也会发生变化，即先说“结论”，再举“事例”，或举完“事例”后重复“结论”，予以强调。

（2）演绎法。即从“一般”性结论演绎出许多“个别”论断的方法。运用这种方法时人们往往从一般原理、原则、定理、公理等出发，着重从数字推算，逻辑证明，推论到某个特殊步骤，从中得出结论。只要推理的前提正确，形式合乎逻辑，推出的结论就必然可靠。

（3）类比法。也叫“比较法”，即通过讲故事，打比方的办法，将相类似的两件事进行比较，说“此”言“彼”，自然而然得出新的结论的形象论证方法。类比论证是从“个别”到“个别”的论证方法。在运用这种方法时，一定要多方面地掌握研究对象和用来作比较对象的知识，以及事物间相类似或相同点，只有这样，才能提出正确的结论。

（4）例证法。就是以事实作为论据，举例证明论点的方法。它是运用归纳推理的形式来进行论证的，其优点是说服力强，易于被读者接受。运用例证法，对所用的诸如理论、事实、公理、原理、数据、图表、照片等事例要反复核实，不可有误，所用的论据必须具有典型性。

2. 驳论

常用的驳论方法有三种：

（1）反驳论点。指直接或间接揭示对方论点的荒谬、错误、虚假之处。论点是一篇文章的核心，一经驳倒，整个立论则不成立。

（2）反驳论据。通过论证对方论据的错误与荒谬，使对方论点失去支持而被驳倒。论据有理论论据和事实论据两种，在反驳论据时，也有反驳事实论据和反驳理论论据两种。

（3）反驳论证。通过指出论点和论据之间逻辑关系上的错误，证明其论点不能成立。只要是对方在论证中出现的逻辑错误，如大前提、小前提与结论的矛盾，推理过程中的不合理，偷换论题或偷换概念，等等，都可以抓住要害进行驳斥。

在议论的应用中，要强调说服力、讲究论证技巧、安排有序，做到立论、驳论相辅相成，议论的语言要准确生动。

（三）描写

描写，是指在科技报告与书稿等写作过程中，对客观事物的特征、状貌和形象进行的描绘和摹写。它侧重于写实，使读者对所描绘、摹写的对象有一个鲜明的印象，从而获得准确、完整、感性的认识。

普及性文体的描写，一般较为形象、生动，要求通俗易懂，在给人以美感的同时，使人获得知识教益；学术性文体的描写，一般都是专门的、技术的、提供事实性的描写，要求准确、实在，使人获得准确的概念、明确实在的内容。从描写对象看，普及性文体的描写用途广泛，而学术性文体的描写就很受局限，从描写方法上看，普及性文体的描写既可以正面描写，又可以侧面描写，既可以工笔描写，又可以白描，而学术作品的描写，必须是正面的、写实的、直截了当的，并且准确无误，不可虚构的。

描写的基本要求是目的明确、特点突出、形神兼备。由于客观事物错综复杂，这就决定了再现客观事物状貌情态的描写方法也多种多样，从不同的角度，可以将描写划分出多种方法：

（1）从描写的笔法上划分，有白描与细描两种。白描，是指用朴素洗练的笔法，寥寥几笔将描写对象的主要特征勾勒出来，是一种比较接近于叙述的描写方法。在科技文章的描写上，它是一种简练朴实、重在传神的描写方法。细描，也叫工笔描写，即用细腻的笔法，对描写对象进行细致入微的描写的一种方法。它要求精细、详尽、完整地摹写事物的原貌，常常浓墨重彩地描绘客观事物，给人以立体感和真实感。

（2）从描写的角度可以分为直接描写和间接描写两种。直接描写，也叫正面描写，是对描写对象进行的直接、具体的描写。这是科技文体写作过程中最常见、最基本的描写方法。间接描写，也叫侧面描写，它对描写对象不进行直接的描写，而是通过对与之相连的周围事物的描写，来映衬、烘托被描写的对象。

（3）从作者和描写对象的关系，描写又可以分为主观描写和客观描写两种。主观描写，即作者带着主观情感去描写事物，在再现客观对象状貌的过程中，渗透着作者主观上的喜怒哀乐的思想情绪。这种描写方法，一般多用于形象性文章的写作。客观描写，即依据客观事实去描写事物，如描写形状，描写大小，描写颜色，描写位置，描写构造，等等，是多种科技文体常用的一种表达手段。运用这种手段时，作者极力避开主观感受，客观地、准确地描摹对象的本来面貌。

总之，科技写作的描写有上述各种方法，但值得注意的是，在具体使用过程中，要充分掌握科技写作中常用的描写词汇的特点，注意与文学作品描写的不同之处，这样才能在科技报告与书稿写作过程中充分发挥描写的特殊作用，达到提高写作水平的目的。

（四）说明

说明是一种重要的表达方法。它用简洁的文字对科学事物的性质、特征、成因、形态、构造、种类、功能、异同，或对科学理论的概念、特点、原因、方法、关系、演变等进行解说、剖析、介绍、限定，以帮助读者增长科学知识，掌握科学技能，了解科学事物规律，并认识其本质特征。

科技报告与书稿写作中的说明，一般是用来表达知识性较强的事物或事理的。在说明中要做到科学性与知识性统一，灵活性与简明性统一。由于说明是以“说”为手段，以明晰、准确为目的，其内容必须具有强烈的科学性，且要做到表述明晰、准确无误，态度客观。把握事物的本质特征，用准确、明晰的语言传达给读者，这是说明的宗旨。表述明晰，主要是指在解说事物或事理时必须把握所要说明内容的要点，按照被说明对象本身固有的规律，有次序地安排材料，加以说明；表述准确，主要是用语准确，即说明的语言要简洁、明确、不含糊，用尽可能精练的词句，明确而恰当地说明事物的本质特征，以保证解说内容的科学性，同时，说明过程中使用的数据、图表、引用的资料要准确无误；态度客观，就是在写作的说明过程中，作者必须站在冷静客观的立场上，对事物进行实事求是的解释，极力避免主观臆想。

由于客观事物复杂多变，这就决定了说明方法多种多样。科技报告与书稿写作常见的说明方法有以下几种：

（1）定义说明。即给事物下定义。下定义就是规定被说明事物的性质特点和本质规律，以便确定范围界限，与相关或相近的其他事物区别开来的方法。一般在解释科学概念、名词、术语时，用定义说明的方法。此外，由于事物的本质和特征不同，说明的对象不同，下定义的角度也不同，定义说明往往有三种形式：直接定义，即定义跟在被定义词的后面；自然定义，即定义插在文章的说明之中，定义在被定义词的前面；脚注定义，即定义放在脚注里。

（2）举例说明。就是用具体事例帮助读者认识事物的特征，了解事物的属性和本质的方法。在举例说明时，所举的实例应具有一定的代表性和启发意义。

（3）分类说明。所谓分类说明，就是把同类事物划分为几个小的类别，然后对每一小类加以说明的方法。在科技报告与书稿写作过程中，常常会遇到复杂的现象和数量较多的材料。为了使写作工作头绪清楚，常用分类说明。

（4）比较说明。是指对两种以上的同类事物，根据一定的标准把彼此有某种联系的地方加以对照，从而确定其异同或高低的方法。通过比较说明可以把本来抽象的或读者感到陌生的事物，解释得比较鲜明、突出。比较说明的方法主要有相同事物之间的比较和不同事物之间的比较。前者的目的在于让读者从比较与对照中进行选择，后者则在于帮助读者理解那些不易理解和掌握的内容。在科技报告与书稿中，比较说明的方法常常与图表结合起来使用。

（5）数字说明。即用确凿的数字来说明事物的一种方法。其特点是具体、简明，可以把某些事物的特征和本质，用数字说明得更简约、清晰。

（6）图表说明。就是借助于图、表等辅助书面语形象地说明某一事物及现象的方法。图表语言有时可以比自然语言更鲜明、更有力，甚至更准确地表现某事物与现象。在写作中图表不仅较文字更清晰、更准确、更形象地对抽象的概念有特殊的说明作用，而且对说明一个复杂变化的过程也具有鲜明、直观的特点。尽管如此，图表说明仍然离不开文字说明。

（7）注释说明。就是对事物的概念、性质、特征、成因等以简要的注释加以说明，有助于读者更具体、更深入地理解说明对象。有时给一个抽象的事物或现象下定义很困难，或者没有必要给它下确切的定义，这就要从不同的角度，多方面地详细解释说明。

二、科技报告与书稿写作中的逻辑和思维方法

写文章一定要讲究逻辑，写科技文章更是如此，因为科技报告与书稿，尤其是书稿中的语言逻辑问题直接影响内容的可信度，也直接关系着书籍的水平和质量。逻辑方法不仅对于科学实践有着非常重要的指导作用，对于科技写作也亦然。思维是科技写作的基础，而科技写作影响思维的传达，逻辑思维能力又是衡量一个人的科学素养的重要标志之一。因此，掌握逻辑和思维，并在科技报告与书稿写作中正确地使用逻辑和思维方法是非常重要的。

（一）逻辑方法

"逻辑"有时指客观事物的发展规律，有时指思维的规律。通常则是指逻辑学，即关于思维规律和思维形式的科学。

逻辑方法是按照逻辑学所揭示的思维规律和思维规则，正确地进行思维和正确地表达思想所使用的各种方法。逻辑方法是使我们思维清晰、表达准确、结构严密、论证有力的辅助工具。在自然科学中，逻辑方法可以帮助我们有效地整理科学材料，揭露逻辑矛盾和发现科学真理。

科研和科技写作离不开紧张的思维活动，在从事科技报告与书稿写作时，必须研究或掌握这种思维活动的特点与规律，熟练地掌握各种逻辑方法，并自觉地运用它。自然科学中常用的逻辑方法很多，但最为常用的是概念、判断和推理这三种基本形式。

1.概念

概念是思维对象本质、范围的概括。概念的逻辑特征是内涵与外延。内涵是概念所反映对象的本质属性和特征，具有普遍性、重现性。它是区别不同概念的根本标准。外延是概念所包括的对象，可以量化，即具有相同内涵的对象都是外延。概念的内涵与外延必须一致。明确概念内涵的逻辑方法有定义和分类等。这些方法是科技写作必须使用的逻辑方法。定义就是用精练的语句将被定义概念的特有属性或本质属性揭示出来。为了准确地表达概念，还要通过分类的方法来明

确概念能够适用于哪些对象。对事物分类是根据事物的本质属性或显著特征进行的。分类的原则是一次划分只能按一个标准进行，划分出的子项外延之和必须等于母项（被分类的概念）的外延。分类后的子项应是互相排斥的，不允许有兼容的现象，不然就会犯子项相容的错误。

概念是思维的细胞，是形成科学理论体系的最基本的构造单元。每一门科学都有一系列的基本概念作为其知识体系的逻辑出发点。无论写文章还是讲话都要使用大量的概念，正确地使用概念的逻辑方法，是使思路清晰、文章流畅的必要条件之一。

2. 判断

判断是人们运用概念对事物之间是否具有必然联系作出肯定或否定的断定。断定具有必然联系的，称为肯定判断；断定不具有必然联系的，称为否定判断。判断是由概念组成，比概念大的逻辑思维形式。科技报告与书稿写作中经常运用判断，或对研究的内容作出肯定或否定的抉择、表明态度；或对研究对象的性质、特点作出断定，揭示研究对象的本质。

判断的特征是必有断定，或肯定或否定。判断有真、假之分，要按概念之间的关系来鉴别。我们在形成观点、论点及认定事实时必须特别注意判断的准确性，在科技报告与书稿写作中，只有对客观材料或研究对象做出准确合乎实际的判断，写出的文章才有分量、有价值。

3. 推理

推理是由已知判断推导出新判断的思维形式，是概念、判断的发展与深化的必然结果。是人们深化认识、得出结论、获得新知识的主要方法。任何推理都是由前提和结论两部分构成。前提是推理所依据的判断，是推理的基础。推理是科研出成果、写作进行论证必须运用的逻辑思维的复杂形式。

推理分为直接推理和间接推理。根据推理前提的性质不同，间接推理又分为归纳推理、演绎推理和类比推理。

1）归纳推理

归纳推理是由个别的或特殊的事物知识为前提，提出一般性知识或原理、原则的推理形式。归纳推理可分为完全归纳推理和不完全归纳推理。

（1）完全归纳推理。是根据对某事物中每一个对象进行研究，而做出关于该事物的一般性结论的推理。

（2）不完全归纳推理。以关于某类事物中部分对象的判断为前提，推出关于某类事物全体对象的判断做结论的推理。不完全归纳推理又分为简单枚举归纳推理和科学归纳推理。简单枚举归纳推理，又称“简单枚举法”，是根据对某类事物的部分对象的考察，发现它们具有某种共同属性，而又没有遇到与此相矛盾的情况，从而推出该类事物的全体都具有某种属性的结论；科学归纳推理，是根据对某类事物中部分对象及其属性之间的因果关系的认识，进而推出该类事物的一般性结论。

2）演绎推理

演绎推理是从一般性的道理推出个别事物的道理的方法，也就是从一般到特殊的一种思维过程。演绎推理又称“演绎法”。

演绎推理包括大小两个前提和一个结论：一个是作为推理出发点的大前提，如一般公理、原理、定理、定律；一个是代表个别事物同一般原理关系的判断，叫小前提；最后是结论。演绎推理又可分为：选言推理、联言推理和关系推理。

3）类比推理

类比推理是根据两个事物某些属性相同，推出它们在其他属性上也可能相同。这是一种从特殊至特殊的间接推理，简称类比法或类推法。

（二）思维方法

思维是一种复杂的心理现象，也是认识世界的一种高级的反映形式，它是在表现概念的基础上进行分析、综合、判断、推理等认识活动的过程，是人类特有的一种精神活动，是从社会实践中产生的。从思维的字面上看，思维中的“思”可理解为思考或想；“维”可理解为方向或序。因此得出：思维就是沿着一定方向进行的思考，或者是有一定顺序的想。

思维方法是人们通过思维活动为了实现特定思维目的所凭借的途径、手段或办法，也就是思维过程中所运用的工具和手段。思维方法属于思维方式范畴，是思维方式的一个侧面，是思维方式具体而集中的体现，一般有多种不同的思维方法。

1.逻辑思维和非逻辑思维

从逻辑学的角度来说，一个人的思维方法主要分为两种，一种叫作逻辑思维，另一种叫作非逻辑思维。

（1）逻辑思维。又称抽象思维，或科学思维，包括普通逻辑思维（或叫普通思维）和辩证逻辑思维（或叫辩证思维）。它是人们在认识中，以概念、判断、推理方式，对事物的本质属性进行概括和抽象。作者在进行抽象思维时，必须遵循从个别到一般、从现象到本质、从具体到抽象的原则，冷静、客观地对移入人脑的全部感性材料进行由此及彼，由表及里，去粗取精，去伪存真的加工制作，使感性认识上升到理性认识。在科技报告与书稿写作中，鉴别材料，确立主题，建构文章，论证问题，说明事物，阐明事理，都需要运用逻辑思维。

（2）非逻辑思维。也叫形象思维，它包括直觉思维、想象思维和灵感思维等多种思维形式。非逻辑思维是不包含在逻辑思维过程中发生作用的各种非逻辑因素的作用过程。科学研究人员在考虑问题，进行发明创造时，经常会在逻辑思维的基础上涉及非逻辑思维。许多科学家在建立一种新学说或进行一项新发明时，非逻辑思维的因素起着十分重要的作用。非逻辑思维不受固定的格式约束，不受时间、空间和条件的限制。

其实，在人们的现实生活中，逻辑思维和非逻辑思维既是对立的，又是统一的，这两种思维方式是不能独立表现的。如果不按科学规律办事、不尊重客观事实、不总结经验教训，或者总是不切实际想入非非、没有一个奋斗目标的话，社会就不会进步，人类就不会发展。

在科技报告与书稿写作中，由于研究对象、目的和载体的某些特殊性，逻辑思维是最基本的思维方式，但非逻辑思维（形象思维）在整个研究和写作活动中也起到一定的作用。

2. 创造性思维

在科技报告与书稿写作中，还常用到创造性思维。创造性思维是在已有知识、经验的基础上，进行想象、推理，创造出新概念、新形象、新产品、新方法的高级思维活动。科学研究和科技写作本身就是一种创造活动。就科技报告与书稿写作而言，选择课题，构思谋篇，遣词造句无不要求创新，若不具备创造思维能力，就难以胜任。可以说，创造性思维能力的高低，是科技工作者创造力大小的标志。创造性思维包括发散思维、集中思维和逆向思维。

（1）发散思维。又称扩散思维、辐射思维、求异思维，即在思考问题时，不受固有思维习惯的束缚，多角度、多渠道、多层次展开思索。它具有开放性、创造性和灵活性的特点，目的在于获得多种解决问题的独创方案。写作中运用发散思维，对观察事物、选择材料、提炼主题、安排结构、构思作品，常可突破常规、独辟蹊径，提出新颖的见解和创新的方法。

（2）集中思维。又称收敛式思维、求同思维，即把发散思维提出的各种方案、设想集中起来，通过比较、分析、鉴别，从中选择一种最佳的方案或办法。其特点是多方面思考，旨归于一，目的在于通过筛选，找到解决问题的理想方案。

（3）逆向思维。就是在思考时，遇到障碍，或是思维定式，或是固有成见，便将思路逆转，向相反方向进行思维。这种“反过来想一想”的方法，不受传统观念和思维习惯的约束，往往会有独到、新颖的见解。

创造性思维的方法具有主动性、求异性和创新性的特点，这就决定了创造性思维所使用的不是单一的某种思维形式，而是多种思维形式的综合。发散思维要借助形象思维中的联想和想象；集中思维离不开逻辑思维中的归纳和演绎、分析和综合；一个独特、新颖的发现常常有灵感思维在起作用。

在科技报告与书稿写作中，创造性思维的运用是大量的、多方面的、贯穿始终的，而在课题和书稿题目的选取上尤为突出。我们知道，要想提出一个没有现成答案的、创新的课题，单靠重复、模仿，按常规和传统方法是不行的。它要求作者善于在没有路的地方走出一条新路来。创造性思维是达到这一目的最主要的依靠。实践证明，现实中经常会出现这样的情形：有时紧张的逻辑思维活动并没有找到合适的创新的课题，而当高度紧张的思维意识松弛下来的时候，潜意识的潜伏活动发生了作用，灵感突如其来地、戏剧性地出现，于是，头脑中原来就有的丰富的记忆储备，在外来刺激之下，飞速联想而出现有效组合，一个别开生面的有创新的课题或书稿的题目便出现了。

由于科技报告与书稿写作始终伴随着主观能动的辩证思维活动，其思维的运用水平，决定着科研成果的价值，最终影响报告与书稿的质量与水平。因此，在写作中，作者可以运用创造性思维方法，尽量放开思路，大胆构思，以寻求新的选题和写作方法。

第二章　科技报告的写作

科技报告作为一种反映科技领域中某些现象的特征、本质及其规律性的科技应用文体，具有很高的史料价值和一定的学术研究价值，是重要的科技信息资源。科技报告的质量和水平不仅是科技工作者能力和水平的直接体现，而且直接影响着科技活动的评价效果。无论是在开题立项，还是在项目（课题）验收或鉴定等评审过程中，常常会遇到一些由于报告质量不高或表述欠佳，使本来很有研究前景和价值的选题无法顺利通过立项论证，使研究成果比较突出、创新性很强，应用效果及推广前景也很好的项目（课题）评审结果并不理想，或评审给出的结论远低于项目的实际水平，如此等等。可见，写好科技报告对科技工作者来讲非常重要。

本章在科技报告的材料组织、写作程序、写作要求等简述的基础上，从科技研究报告、科研开题报告、科技总结报告、科技考察与调查报告、科技实验与试验报告，以及科技综述与述评等方面对科技报告的基本格式和写作要求进行详细介绍，同时还对口头报告进行了简述。

第一节　概述

一、科技报告的材料组织

科技报告材料组织的过程一般是作者确定了写作目的后，收集或整理材料（包括直接材料和间接材料）、理顺思路、安排写作程序、考虑写作结构方式、拟定写作提纲的过程。科技报告的材料组织一般有三种方式。

一是以报告对象在空间位置的变换顺序来组织材料。这种方式宜于表现并列的事物，特别是在科技考察报告中使用得比较多。在科技实验报告中，当说明实验装置的时候，也必须采用这种结构。

二是以报告对象的时间先后顺序来组织材料。这种方式常用在科技实（试）验报告中，因为实（试）验的每一个步骤都必须循序渐进，颠倒了，就很可能出现错误。

三是以学科本身的内在联系来组织材料。它既不考虑时间的先后顺序，也不考虑空间位置的转换，只考虑学科本身的内在联系，把同类的情况归到一起，逐类进行阐述。这种方式宜于表现逻辑性较强的内容，它在科技研究报告和科技总结报告中应用广泛。

当然，在实际写作时，很少单独以某一种方式来组织材料，往往是多种方式结合使用。

二、科技报告的写作程序

撰写科技报告，必须经过计划、起草、修改等步骤，在具体写作过程中，一般有两种方法：一种是依据编写的提纲，自然排列顺序，从绪论写起，接着写本论、结论和建议；另一种是从本论写起，写好本论、结论部分再回过头来写绪论。

（一）拟定提纲

首先，在起草报告之前，即便是一个短篇报告，也应该先写一个提纲。这是由于撰写报告不仅工作量大，而且需要快速地高质量完成，不能随随便便地“即兴”写作。有时这个提纲可能仅是若干关键词经过整理的一组句子的排列，也可以是各章的清单加以展开，包括最明显的各个题目。

写提纲是组织构思的方法，它有利于使思想的表达顺畅，符合逻辑顺序。写提纲的目的在于做到一步不落地提出论点，避免不必要的反复叙述。对于科技报告，尤其是长篇幅报告，写作前花时间拟定适当的提纲能大大节省撰写时间。因为它构筑了一个框架，是报告撰写过程中的“导航”，有利于以后的写作沿着明确的方向进行。

对于篇幅较长的报告，拟定提纲时应该考虑分节。这样使每一节都有提供信息的标题，便于写作时填写内容。报告的篇幅越长，就越要重视它的章节的划分或设计。

最初拟定的大纲，在组织材料、分析结果和查阅资料等的过程中会逐渐变化，也就是在对研究结果、数据、调查资料等进行深入细致的分析研判、取舍后就有了报告的详细结构，即最终的大纲。

由于科技报告一般都有固定的格式或模板，提纲的一、二级标题可以参考一般格式或模板来拟定，所以在拟定提纲时关键是三、四级或段落标题以及相关内容的安排。

（二）初稿的写作

当拟定了一个完整、有条理、足够详细、符合要求的提纲之后，就可以开始报告的初稿（或第一稿）写作。写初稿的时候，只要开了头，就必须连续写下去，注意力集中对于所写报告的逻辑性和文体的一贯性起决定性的作用。初稿一般只是将有关的内容（实验记录、分析讨论记录，关键的方法、原理，经过分析筛选的结果、制作的数据图表等）填写在相应的标题下面，尽管只是暂时、粗略地近似于最后要完成的文章，但它却是在提纲的基础上跨出的一大步，基本具备了报告的雏形。在这一阶段，思想逐步展开，成为完整的句子。这些句子自然地集合起来便成为许多段落，段落是构成报告正文的基本单位，是论证的主体，而每个或几个段落则用来说明提纲中的一个小标题。

为了保证初稿写作的质量，在初稿写作中要注意如下几点：

（1）要清楚报告的主题是什么，想要得出怎样的结论，要表达什么见解。以什么为目标来写报告，在报告里自己想要论证什么。

（2）报告里除了结论这一章节以外，不要写出自己的意见。报告的主要目标是按照自己的目的去排列、连接已经获得的实验结果（事实材料）和讨论，不能掺杂自己的主观想法。

（3）叙述事实要用具体的实验数据（直接材料）或例子或文献（间接材料）来证明，以提高论证的说服力。

（4）在报告中，每引用一本书或一篇文章的内容时都必须清楚标明出处，即按照参考文献的规范格式标引。

（5）在以“取得的研究成果”“完成的主要工作”为标题时，标题下的内容不能用研究或工作过程的介绍方式，要直接说明结果，也就是要说明“是什么”或“做了什么”，而不是“如何做的”。

（6）报告的篇幅一般都有限制的，执笔前要了解有关要求。

总之，科学研究是一个求真的过程，因而研究者必须在科技报告写作中有严谨的态度。要用准确的语言表达完整内容，如条件、过程、结论等。从逻辑性来讲，科技报告必须围绕核心问题展开论证。科技报告肯定有一个核心观点，因而在论证过程中就必须是围绕这个核心观点展开，所有材料的目标都是指向这个核心观点的，而不是从核心观点延伸出去。一旦延伸出去就有可能偏离主题，因此，在初稿写作中要特别注意。

（三）报告的修改

未经修改的初稿，难免会有作者忽略了的晦涩难解之处，故写好的报告初稿必须经过修改才能定稿，这是由于：首先，想清楚与写清楚是两码事。写作中常犯的错误是词不达意，修改报告就是为了让其论述符合表达初衷。其次，自己想的和大家想的也是两码事。有时候，报告的撰写者对于研究结果或事情的观察和判断往往会掺杂一部分个人的主观臆断，这样一来，报告就与实际情况有所出入，为此，有必要将报告先给同课题组人员或同行阅读、审查，以使报告中可能存在的问题得到改进或修正。

任何情况下，要写出一篇完整的、结构合理的、真正使人满意的稿子，需要反复思考、斟酌，很难一次成稿。即使一次成稿，作者的工作也绝不是已经结束了。即使在最好的情况下，报告仍然需要润饰。润饰至少要花费与原来写作一样多的时间和精力，或许还会更多些。在“微调”一篇初稿时，应该记住使用简洁的句子一般比复杂的句子效果更好些。当然也不是所有的句子都越短越好，最好是长短变化有致。归结到结构调整，就是要理顺作者的思路，检查正文各层次、各段落是否围绕中心论点进行严密的逻辑论证，中心论点放射出的若干分论点是否符合事理，论证层次之间的关系是否严谨清晰，详略是否得当，各部分的过渡、照应、衔接是否自然顺畅，全文是否构成一个完整的、有机的论证整体。调整结构的基本原则和要求主要是看是否有利于突出中心论点，服务于中心论点。

在报告的修改过程中，应把握报告的核心目标在于阐述清楚论点的中心思想，因此，对报告的所有修改都应围绕这个核心目标，凡是与阐述论点有关的、有助于阐述论点的材料，都应保留，并进一步深化、提升，而凡是与阐述论点无关的材料都应该删除。这是由于报告的材料是论点的来源，论证的依据，也是论点成立的基础，只有材料充分有力，论证才能科学，观点才能鲜明突出。故修改时应根据具体情况对材料进行适当的增加、删减和调整，力求达到论点与材料的和谐统一，保证报告科学精练。能够用简短的话讲清楚的内容，最好不要长篇大论。“水分”太多而“干货”不足的内容，会降低报告的质量。

语言的锤炼也是科技报告修改的一个重要方面，它直接影响到报告内容和观点的准确表达。科技报告要求用词十分精确，句法完整严密。因此，要使报告写得准确、流畅，就必须对语句进行字斟句酌、千锤百炼，确保字词的选择准确、鲜明和生动，句子简明、精练，句式富于变化，长短相间，上下贯通，标点符号使用准确无误，行文符合规范，从而使文章的观点得到准确、鲜明、简练、生动的表达。某个词，尤其是一个科技术语，有时候不可避免地要重复使用，但要注意前后表述的一致性，不能此处是“电动机”，彼处是“马达”。

如果报告中涉及引用他人的内容时，修改时一定要认真核实，准确标引，避免出现将别人的工作混为自己工作的现象。

这里需要加以强调的是，当完成了初步修改工作后，还需要按照以下几方面对报告进行深入细致的修改：

（1）看阐述是否完整，也就是说，是否把需要讲述的论点、需要引用的材料（实验结果或文献）、需要使用的图表等表述过程都写完整了；

（2）所写事实是否客观，数据是否真实可靠，是否做到实事求是；

（3）报告中的观点和想法是否清楚地表明了它们来自何处；

（4）各个段落是否有反映主题的中心句，段落所写的内容是否是围绕中心句来展开的，正文的段落、句子是否把所希望表达的意思都表达到位了，有没有说得过分或不足的地方，是否足够精准、恰当；

（5）看句子的排列组合是否合乎逻辑，句子的连接方式是否会很突然，使读者有所抵触；

（6）看看是否有一些句子第一次读时读不懂，只有经过反复读才能读懂；

（7）是否存在我们自以为能理解的、省略说明的地方，却让读者感觉迷惑；

（8）文章的格式、注释是否规范，是否符合报告的相关要求。

只有把这些修改做到位了，报告的质量和水平才能有保证，才能在评审中得到认可。

值得一提的是，修改报告最好进行整体性修改，即“一遍一遍”的修改，对报告自始至终、笼而统之、上上下下地进行整体性修改，而不要单单进行局部性修改。只进行局部性的小修小补，报告就会像打了补丁的衣服，扎眼、突兀不说，也很难达到修改初衷，甚至会出现上下文相冲突的情况。

（四）报告的定稿

当报告在各方面都很完美的时候，就可以定稿了。这时可以打印一份，进一步阅读看看是否还存在其他问题，有问题立刻改正，没有问题就可以最终定稿。

修改后报告的原稿在定稿前，最好再请其他人（老师，同事，同学，专家等）阅读一遍，以帮助查看是否还存在不清楚的含义、不严谨的叙述或需要改进的地方。所谓旁观者清，当局者迷。若让一个对报告所涉及内容或背景大致了解的人去看会比较好。如果这个人又对报告内容感兴趣的话，那就更好了。若是找不到能看你报告的合适人选时，那就把原稿暂时放置一段时间（尽可能长时间），然后自己再看一次。时间间隔能让人耳目一新，能清楚地找出报告中存在的缺点和不足。

最终定稿的科技报告，要有独到的见解或发现，有比较精确的论据来支撑的理论分析，以达到有效地阐述获得的理论和应用成果。报告的长短要结合实际，按论证或论述问题的具体情况而定，该短则短，该长则长。在修改定稿中要服从于论证或论述问题的客观需要，结合具体情况对论述内容进行适当的增加或压缩，并使报告行文符合有关标准和规范要求，以尽可能地确保形成的定稿完美无缺。

一篇好的报告，不仅可以反映作者所做的工作、获得的成果和认识等，也能够反映其能力和水平，更有利于项目、成果的评审和传播。

三、科技报告的写作要求与注意事项

（一）写作要求

科技报告的写作可以按照科技论文的写作过程，以科技论文的写作方法来写。但是，由于科技报告具有告知性的特点，所以在写作上还有它的特殊要求。主要体现在：

一是告知必须客观、准确、忠实可靠。对于科技报告来讲，不论是告知科学研究、考察和实验的经过，还是告知科学研究、考察和实验的资料和成果，都必须实事求是，符合客观事实，经得起实践的检验，而且要准确无误，忠实可靠。科技报告的科学价值在于提供忠实可靠的科学研究、考察和实验的情况。

二是告知必须简洁明了。科技报告必须写得简洁明了，使读者一目了然。科技报告一般分为开头、主体、结尾三大组成部分。开头部分要写得简短，主体部分要抓住要点、重点，分条列项，眉目清晰，还可以借助于照片、图、表等来说明，结尾部分要意尽言止，不要画蛇添足。

三是告知必须诚实公正。科技报告的作者，必须以诚实、公正、客观的态度说明报告中的见解、材料、思想方法和研究方法，哪些是引用别人的，哪些是自己的，要严格加以区别。报告的结论要如实，不虚夸，有创新就说有创新，无发现就说无发现。避免出现“国际（内）领先（先进）”“国内首创”“首次提出”“填补空白”等自我评价语言。

四是告知要区分事实和意见。报告中往往会既有事实又有意见。所谓事实，就是可以举出证据证明的内容，而意见是某人对某一事物所下的判断（其他人可能同意也可能不同意该判断）。事实叙述是一篇报告的基本框架，离开了事实叙述也就失去了报告的意义。因此，科技报告要以事实叙述为主，意见为辅。因此，在写作中要将事实和意见（自己和他人的想法）严格区分，准确把握。

（二）注意事项

在撰写不同类型科技报告的过程中，还要注意如下几点。

（1）要注意“研究目的”与“研究目标”在使用上的区别。“研究目的”旨在解决立项必要性问题，通常在立项报告（或立项申报书、项目建议等）中使用；而“研究目标”旨在明确项目分阶段或分类研究期望达到的具体目标值，阐述的是在给定研究周期内准备做成哪些工作、达到哪些预期目的目标或效果等，通常撰写开题报告（或项目任务书、项目指南）中使用。而在不同类型科技报告的撰写中常常出现研究目的与目标的混用、错用现象，这在一定程度上影响了项目报告质量，因此，在报告撰写中要重视，做到研究目的与目标的正确、准确使用。

（2）要避免出现项目时序逻辑问题。科研项目从立项到结题一般都有其时序逻辑，即项目报告有前后时序，相应内容也有顺序逻辑，只有符合时序逻辑才有可能写出好报告。有时，在撰写开题报告时即谈“创新点”、撰写结题报告时还谈“研究方案和技术路线设想”等，这显然违背了项目时序逻辑。项目开题时不可能预料能取得哪些创新，故开题报告通常只谈“拟突破的关键技术”或“拟解决的关键问题”等，项目结题时有可能会取得了某些创新，故可在项目研究报告（技术总结）或结题报告中再专门谈“创新点”问题；同理，“项目研究方案和技术路线”也应在开题报告中介绍，不应出现在结题总结报告中，即使有些单位或部门的总结报告格式模板明确要求有“研究方案和技术路线”，在撰写时也应按照“完成时态”来写，与开题报告相应部分前后呼应，写出研究方案和技术路线是如何实施或执行的。

（3）要做到前后紧密呼应。某个项目从立项申报开始，到开题评审、阶段审查、结题验收、总结报奖或整理归档整个过程，先后大概需要撰写不同类型的报告。尽管不同类型的报告功能作用各异，但应当是一个有机的整体。即科研项目的不同类型报告，要按照时序前后呼应对照，形成一个完整的逻辑闭环。而实际上常发现有些项目的不同类型报告之间前后衔接呼应不够紧密，导致结题验收时专家评价不高。如，立项时在项目立项的必要性阐述中，关于研究现状问题和影响制约因素等所做的分析，在研究报告（技术总结）或结题报告中没有进行逐一回应；项目立项时所提研究目的，也没有在研究报告（技术总结）或结题报告的

“预期效益”或“应用前景分析”中给予明确回答，对项目预定研究目的实现程度、原有短板问题的解决程度也缺乏阐述。

（4）要对任务完成情况进行汇总。项目结题验收时主要审查任务“完成度”、成果“符合度”和工作“规范性”。其中“完成度”即规定研究内容是否全部完成、所有要求是否逐一响应；因此研究报告（技术总结）或结题报告中应明确回答“研究内容是否全部完成”“所有要求是否逐一响应”。最好能列出“项目完成情况汇总表”一一明确作答，有些还要注明相应的证明材料是什么、在什么页码位置等。这样做不仅可以减小结题验收时评审专家的对照审查工作负担，还有利于支撑应对后续有关工作的相关要求。

四、科技报告写作中常见问题

目前，尽管在科技报告的撰写方面已有规范的格式可供参考，但在科技实践活动中仍然经常见到各种不同类型的科技报告或多或少地存在一些问题，归纳起来主要表现在以下方面。

一是摘要不符合要求。有些科技报告的摘要写得过于简单，要素不全，包含的信息太少，或者只摘录报告中的部分章节，摘要无法反映出报告的主要概貌，不符合全面性原则，起不到摘要的指示作用；有些报告摘要写得太啰唆，语句不简练，重点不突出，不符合针对性和简明性原则；还有一些报告的摘要中存在主观评论，甚至出现言过其实的评价词语，如“填补了空白”“达到国际领先水平”“实验取得了理想的结果”等，不符合客观性原则。

二是引言不规范，或过于简单或大而全。在有些科技报告的引言中，常会出现不加选择地罗列大量前人的工作，而自己想要研究解决的问题及解决办法却不明确，没有根据研究课题的具体情况来确定阐述研究工作重点，常常从传统观点写到近十几年的观点，在引用了多篇参考文献后，才涉及研究的目的、背景、方法、手段以及预期结果；引言与摘要雷同，涉及研究的数据或结论，与正文重复，没有起到介绍背景、提出问题、引出话题的作用；引言中出现图表、公式和结构式等非文字语言。

三是正文中罗列大量科普基础知识。在科技报告写作中，有些作者常将大量的科普知识写入文中，如在正文中介绍方法原理时，对科普知识、基础知识、一般的实验操作过程介绍得太多；有些作者为体现理论的系统性和完整性，往往用大量篇幅介绍一些已知的基本原理、定理、方法，甚至一些公式的推导过程等。让人对报告有“注水”的感觉。

四是只重视获得成果的描述，缺乏对存在问题的分析。科技报告的内容往往是最原始的，是研究工作或成果的真实体现。报告不能修饰，一个完整的、科学的、实事求是的报告，要用最朴实的语言如实描述科学研究的方法、过程（包括论证）、成果（结果）、效果、存在的问题等。尤其对存在问题的描述更为关键。因为在研究工作中，往往会有一部分研究、实验是失败的，而这些失败的经验也是一笔财富，值得借鉴，所以科技报告也应该对失败的经验进行记录、讨论。有时能够找出存在的问题比总结成果更重要。只有能发现问题，才能在已有工作的基础上不断提高。科研工作往往是在发现问题、解决问题，再发现问题、再解决问题的过程中不断深入的。但人们在科技报告写作中往往对存在问题的分析不够重视，这就不可避免地影响了科技报告的水平和质量。

五是图表过度使用、图与表或与文字重复。有的报告中不加选择地罗列大量图表，一些不相干的图表不仅不能增加报告论证的说服力，反而使报告显得繁杂、缺乏主题、杂乱无章。有时，作者还在报告中过多地引用参考文献中的图表，由于研究报告是自己研究成果的反映，如果大量引用文献的图表，会冲淡报告主题，并显得作者是在重复前人的工作。有些作者对实验结果已绘制了曲线图，但同时又将结果列表，甚至出现同一组数据（结果）既有图、有表，又有文字叙述。为避免任何重复，保证报告的简洁，在实际写作中应根据需要对图表文字恰当使用，能用文字说明清楚的不用表，能够用表表达清楚的不用图。

六是内容空泛、不精练，讨论不充分或简单重述数据。有些报告正文内容空泛，技术点分散，对项目的研究意义大书特书，而对主要的研究过程、实验过程以及技术流程则一笔带过，文章整体华而不实，可参考性不强。有的报告内容拖沓、多余，正文涉及大量财务状况、知识产权信息以及项目组织管理等方面的内容。有些报告中的讨论过于简单，仅对实验结果进行简单重述，没有通过充分的讨论达到对研究进行分析和界定、论述成果的先进性和科学性，使研究成果在理论上得到升华的目的。有一些作者在讨论时只是简单地用文字重新叙述图表中所有数据，讨论不充分不深入，缺乏实质性内容，论证没有力度。有些作者在讨论中，与前人所开展的工作比较分析不够，作者研究成果与前人的成果是否一致或不一致，是否有所创新不明确，没有指出自己工作的局限性或欠缺或存在的问题。

七是参考文献引用不当。有的报告引用参考文献数量太多。甚至在研究结果中出现引文现象。一些作者在文后不分主次地罗列了大量参考文献，个别作者还把自己并没查阅的参考文献也列出；有些报告中文献综述所占篇幅过大，并存在大量的与报告主题不相关或过时的陈旧文献。有的报告没有引用文献或引文很少。有的明明是引用了文献的内容，却没有正确标引。从报告中反映不出哪些是前人的研究成果，哪些是作者的研究成果。也有些作者仅仅列出一些读者难以查找到的非公开发表的文献，起不到文献应有的作用。同时还存在参考文献项目不全，外文缩写不规范等现象。

八是撰写或排版格式不规范。报告结构要素不完整、次序颠倒混乱，章节序号、标题、页码格式不符合要求，措辞不符合科技报告的形式，习惯性地在正文中运用“本论文”“本课题”“本项目”等措辞（而是应该称“本研究”“本报告”）。报告名称、关键词格式不规范，图、图题、表、表题放置顺序错乱，字体、字号、段落、间距、大纲级别等格式混乱。管理部门或单位有统一的模板及写作要求时，却不按照要求进行。

除上述八项外，在科技报告中还常会出现如下一些问题：①同一组数据或由其制作的图表，以及同样的实验方法、现场处理工艺、要点等在报告的不同部分（章节）重复出现；②现场试验或应用报告中存在大量与主题不相干的内容，存在大量的单井试验结果的罗列，缺乏归纳总结；③引言中提出的问题在正文中没有体现，实验研究与理论分析不对应，现场应用与室内研究不对应，前后缺乏逻辑；④技术关键、创新点或创新内容表达不准确，没有结合研究成果而提炼、归纳，常将报告（课题或项目）名称、章节标题作为技术关键或创新点，显得内容空泛；⑤结构明确且组成简单的聚合物处理剂给出红外光谱、核磁共振谱图，以及与产品应用性能无关的实验结果与分析等。

第二节 科技研究报告

科技研究报告是用于全面、综合地描述某种研究过程并告知研究成果的文体。它有一定的创新性，发表出去，与学术论文相差无几。因此，科技研究报告是科技报告文体中较复杂的类型，它的学术价值和情报价值最高，因而对它的写作要求也比较高。

与其他科技报告相比，科技研究报告具有如下特点：一般来说，内容具有一定的先进性和创新性，因此，它更接近于学术论文，不同的只是它对研究过程的反映比学术论文更全面；它是以表达研究成果为中心，对研究工作的全面、系统的总结，一般应向读者提供全面了解研究工作的充分信息；通常篇幅都比较长，大量采用单行本的形式发表。有些刊物上发表的研究报告，或是对主要内容的摘要报告，或是经过改写的，突出了研究成果的分析和说明。

科技研究报告通常可分为专题研究报告、综合研究报告和可行性研究报告三种。

一、专题研究报告

专题研究报告作为一种科技报告，它是科研任务的承担者对自己新研究的某一课题的成果提出的书面报告。写作时要注意不能把它写成科技论文。

（一）专题研究报告的概念

专题研究报告，也叫单项研究报告、专项研究报告，它是根据新产品、新技术开发的需要，对某项新产品或新技术开发中的重要问题或关键性问题等进行专门的、重点的研究后，提出的书面文字材料。它的内容集中、单一，一事一题，研究问题比较深透，反映问题及时迅速，形式比较灵活。

专题研究报告也可以按照科技论文的要求撰写并进行发表。由于专题研究报告有一定的创新性，因此它有较高的学术价值。

专题研究报告的特点是针对性强、论据充分、结论明确、综合程度高。它可以把主、客观的看法和国内外情况密切结合起来，形成有情况、有分析、有观点、有建议、有明确结论、有解决问题的建议性意见和办法或措施的综合研究成果。

专题研究报告的种类很多，主要有技术政策的专题调查研究报告、技术（或技术经济）专题研究报告、新产品（技术）研制（开发）报告，学位论文、技术考察专题报告、预测性调研报告等也可以看作是专题研究报告。不同专题研究报告，在写法上也有区别。

（二）专题研究报告的作用

专题研究报告的作用可以概括为三个方面：

第一，促进情报交流。专题研究报告作为一次性文献，直接报道新产品开发中的新技术、新工艺、新材料、新产品、新发明，传播和交流新产品的开发信息，为同行提供资料，避免重复劳动，这对节约人力、物力和财力，促进新产品的发展起着积极的作用。

第二，迅速确认成果。新产品开发者为了让自己的成果早点通过鉴定，早点投产使用，常以新产品专题研究报告的形式发布，便于早点占领学术前沿或取得专利优先权。

第三，利于资料保存。研究人员把由实验、观察、考察等方式得来的第一手资料，写成专题研究报告，丰富了人类的知识宝库。将这些研究出来的新技术、新工艺、新材料、新数据等汇编成册，既可以为有关研究提供支撑，也可以为社会服务。

（三）专题研究报告的写作格式

专题研究报告在写作格式上与专题研究论文大体相似，通常包括：题目，作者及单位，摘要（或者写成外文摘要，此部分也可放文尾），前言，正文，结论或讨论，致谢（可放在结论部分），文献综述，参考文献。其中，前言、正文、结论三部分是专题研究报告的重要部分。

（四）专题研究报告写作要点

结合专题研究报告的特点，将各部分的写作要点归纳如下。

1. 题目

题目应直截了当、简洁、醒目、规范，准确反映科研课题或研究项目的主题。有时可视需要加副标题。标题之下应注明报告编写者、所在单位、日期等，这些项目可根据要求书写。

2. 作者及作者单位

给出作者真实姓名和所在单位的全称，多作者或单位时按照贡献依次排序。

3. 摘要

专题研究报告的摘要一般应包括动机（研究工作要解决什么问题）、问题陈述（对要解决的问题进行描述，适当突出问题的重要性和目前存在的不足）、方法（为解决问题采用了什么模拟、分析、测量和测试等方式）、成果（得到了什么数据、规律和发现等）、结论（研究结果有什么含义、影响和意义）。

4. 前言

前言主要是提出问题，介绍研究梗概，指明它在学科领域中的地位和作用，这一部分既要概括全面，又要写得简明扼要，通俗易懂，看完能够对研究背景、目的等一目了然。主要内容一般包括：课题研究目的和意义，并且进行必要性分析；介绍项目背景（包括国内外相关领域现状，技术发展过程）；阐述研究的依据和理论（包括前人做过的工作、取得的成绩，有哪些成熟的理论）；指出研究方法和创新性（前人工作尽量简写，主要介绍本项目的研究特点和创新性）；明确课题的成果将产生的价值和作用；等等。注意不要把本项目得出的结果和结论放在前言。

5. 正文

正文是专题研究报告的主体部分，主要详细说明课题研究中的新发现，如新技术、新工艺、新材料、新创造等，要求概念准确、判断恰当、推理有逻辑性，论证有说服力。正文通常包括研究方法、结果和讨论。

1）研究方法

对研究方法的描述应尽可能详细，特别是一种新方法或对原有方法的修正，一定要描述细节。如果所用方法已在别处介绍过，就不必再详述，只需列出参考文献即可。但要避免把一些熟悉的项目和过程叙述得过于详尽。在介绍研究方法时，要注意尽可能按逻辑顺序叙述。

2）结果

结果部分一般包括对研究的总轮廓的描述和实验数据两方面内容。总的要求是要表达清楚、前后连贯、富有逻辑性。描述实验结果目的是阐述论点，因此，只采用与论点紧密相关的实验或观察数据，切忌不加归纳地罗列实验数据。

如果只有一种或几种观察测定数据，只在文中加以描述即可。如果获得了较多的数据，应以表格或插图的方式来表达。但要注意，不要在正文里重复表格和插图中的数据，尤其不要枯燥乏味地解说这些表格和插图的内容。

在结果部分一般不加任何评论，只客观地说明事实。

3）讨论

在讨论部分要把结果部分论据中的各条思路合乎逻辑地贯穿起来，自然而然地引出结论。由于讨论的主要目的是进一步阐述论点，证明所观察到的各种事实之间的联系，评价其意义。因此，讨论绝不是仅以不同的顺序简单地重述结果一节已经说过或证明过的内容，而应设法提出实验结果所依据的和要论证的原理及相互间的关联。对于相反的结果或自己的工作与别人不一致之处，要加以解释，或者直接说明暂时还无法解释，也可以在讨论中提出建议、研究设想及未解决的问题。引用别人论点之前一定要认真阅读原文，看看他做了什么，是怎样做的，得出了什么结论，以保证你的理解绝对正确，没有断章取义。

讨论部分可以对研究结果的实践应用性进行合乎逻辑的推测，推测要与实验或观察密切相关，并且要能够验证。不能夸大其词、生拉硬扯。

视具体情况，有时也可以将“结果”与“讨论”合并为一部分，即“结果与讨论”或“结果分析与讨论”。

6. 结论

结论要简短鲜明，高度概括，说明研究取得的主要成果（结果）或认识即可，不能简单重复摘要、结果等部分的内容。结论也可不单列，而是附于正文之后，迅速收束。

7. 文献综述与参考文献

文献综述、参考文献也是必不可少的组成部分，即对所依据的科学原理或所否定的前人结论，都应做出客观评述，并在文尾逐一列出篇名。这既是对自己研究成果的证明，也是对他人劳动的尊重。文献综述也可以合并在前言中，或放在前言的后面。

二、综合研究报告

综合研究报告是适应科学研究和技术实践中高度综合化趋势的需要而出现的一种新文体。由于边缘学科不断涌现，许多研究一时难以形成系统理论，在这种情况下，综合研究报告就能扬长避短，做到既有创造性又有时效性，及时向社会告知自己的研究成果。

（一）综合研究报告的概念

所谓综合研究报告，就是运用综合的方法，对科学理论、技术事实进行全面的研究后，将其研究结果用书面形式报告出来，是以理论的综合为标志，事实的综合为内容和方法的综合为特点的研究性质的文体。综合研究报告是介于科技论文和科技综述之间的文体。它在内容上比专题研究报告的要求更高，写作的难度更大。这是因为现代的科学研究，已经从单一组织结构或国家组织协调的规模，进一步发展到多个组织结构或国际的规模，几个国家或国际性的科研协作愈来愈多。除了进行多学科联合攻关式的“横向综合”，还有一种叫“纵向综合”。它或者是对某一学科领域前人的成果进行概括，或者是运用前人的成果，结合自己在实验、考察中得到的大量数据资料，进一步说明、论证新问题。

由于综合研究报告反映的研究结果很有学术价值，所以，也属于科技报告的范畴。其作用与专题研究报告大体相同，规范格式后往往可以直接作为科技论文进行发表。

（二）综合研究报告的写作格式

综合研究报告的特点在于其综合性，在写作格式上，综合研究报告与专题研究报告基本相同，所以说，综合研究报告实际上就是若干专题研究报告的有机结合。其一般写作格式为：题目、作者及单位、摘要、引言、文献综述、正文、结论或讨论、致谢、参考文献。其中，引言、正文和结论是其核心。

（三）综合研究报告的写作要点

标题、作者及单位、摘要与专题报告要求基本相同。其他各部分的写作要点如下。

1. 引言

引言或前言是综合性研究报告的起始部分，主要介绍综合研究的目的、意义，使用什么理论进行综合研究的，在本课题研究领域的价值怎么样。同时还须简要说明综合事实的内容及构成方式，以及运用哪种方法进行测试、计算或推导分析等。这部分内容一般点到为止，不需要详述。

2. 文献综述

文献综述是在选择研究主题之后，对相关文献进行回顾，确立研究论题，再提出进一步的研究方向，从而建立一个研究项目。它要求作者既要对所查阅资料的主要观点进行综合整理、陈述，还要根据自己的理解和认识，对综合整理后的文献进行比较专门、全面、深入、系统的论述和相应的评价，而不仅仅是相关领域学术研究成果的“堆砌”。

3. 正文

正文部分是写作的重点，一般可以分设若干小标题，分段述说。从不同角度围绕主题逐一阐述。由于综合研究报告涉及的领域往往很广泛，为了使报告既结构得当、内容丰富，又层次分明，写作时既要考虑空间的横向综合，又要考虑时间的纵向综合，尽可能把多学科之间交叉渗透关系表述清晰，达到体现综合性研究成果的目的。归纳起来，在综合研究报告的正文写作中，要重点注意以下几点：

一是以理论综合为依据进行论证。综合性研究报告作为一种科技文体，其综合原理往往是继承和发展前人的研究理论，即把从局部事实抽象出来的规律加以推广，使其带有普遍性。同时，综合多种学科的理论或技术，来进行某一事实，或多种事实的研究。实践表明，没有理论的综合，就没有事实的综合，研究报告就缺乏根基。自己的观点树立不起来，就难以形成具有一定学术价值的科技报告。

二是以事实综合为内容进行构建。在理论的指导下，综合对象是大量的具体事实。没有事实，任何理论的延伸或发展都无法进行。综合研究报告的内容，主要是对大量具体事实的综合。这种综合不是形而上学的、机械的混合或凑合，而是建立在深刻辩证关系基础上的联合或组合。由此，一个既有这一本质与那一本质，又有较为深刻的本质和不太深刻的本质，主要和次要、一般和个别统一起来，综合成具有更新内涵意义上的有机整体，这就是事实综合的成果。由于事实的综合为理论的抽象奠定了基础，为综合方法的运用创造了条件，所以，在综合研究报告中，便构建了以事实综合为内容的论证体系。

三是以方法综合为手段进行表达。综合法是按照研究对象各要素之间的有机联系，从整体上把握事物本质的一种方法，是对事物各要素有机联系的反映，也是以各要素原型为根据的。它不是对客观事物进行机械相加，而是相乘；不仅是数量上的增添，而且是本质上的突破和对主题的深化。综合与分析是相辅相成的，善于综合就要立足于深入的分析。只有在深入透彻分析的基础上，才能实现高度的综合。综合性研究报告的写作更是离不开分析，因为综合需要分析，认识的深化也是在边分析边综合、边综合边分析的过程中一步步完成的。

4.结论

对综合研究的结果不仅要给予肯定，还需要进行推广应用。有时还要一条一条地列出研究结果的特点及使用范围，或研究方法的科学性及最优化程度等。总之，结论是全文的收束，也表示本课题研究告一段落，故要写得实在具体。

综合研究报告的致谢和参考文献引用，可以按照科技论文的格式。

三、可行性研究报告

可行性研究报告，就是经过调查研究，运用科学技术知识和一定的价值观念，对某一项目实施的可能性，从经济上的合理性和技术上的先进性进行全面的调查研究、分析、测算和评估论证后，按照规定的格式要求提出的书面报告，简称可行性报告，它是投资决策和科技项目立项的重要依据。

可行性研究的适用范围非常广泛，凡是重大科研课题或攻关项目，科技发展方向预测，技术引进以及大型兴建，扩建和改建工程等，都应在事前进行可行性研究，并写出可行性研究报告。

可行性研究报告要回答的是一个项目“能不能干”“在什么地方干”“什么时间干”“怎么干”，以及“干的结果将会如何”等关键问题。因此，报告中必须对该项目的实施是“可行”还是“不可行”作出最终的结论或建议。

（一）可行性研究报告的特点

任何类型的可行性研究报告都有一些共同的特点，主要包括如下四方面：

第一，政策性。可行性研究报告具有很强的政策性，必须从党和国家的方针、政策出发，服从国家经济建设的总体规划和安排，争取最好的经济效益和社会效益。

第二，综合性。可行性研究报告是多学科、多因素、多方位、多层次的，是在充分调查研究、分析、比较、归纳、综合的基础上得出的，无论在运用科学知识方面，还是在测试手段、研究方法方面，都具有很高的综合性。

第三，科学性。可行性研究报告的结论一般要建立在定量分析的基础上，而这些量化的数据是根据有关原理，在调查研究的基础上经过认真计算得出的。也就是说，可行性研究报告的各种数据虽然是估算和预测的，但是具有高度的科学性和客观性，能经得起时间考验。可行性研究报告要得出“可行”或“不可行”的明确结论，就必须有确凿的材料、数据等坚实的根据。

第四，时效性。可行性研究报告强调现实实用性，因此，进行项目的可行性研究和撰写可行性研究报告都要力求及时、迅速，有很强的时效性。尤其是在当今科技飞速发展的时代，今天可行的项目，明天可能就会失去意义，认识其时效性非常重要。

（二）可行性研究报告的作用

可行性研究报告是一种重要的报告文体，其作用主要体现在以下一些方面。

第一，作为项目立项或投资决策的依据。可行性研究报告应对科技立项或项目建设目的、规模、投资数额、经济效益、市场竞争能力等重大问题都作出具体研究，提出一系列论证方案，并提供合理性和可行性的依据，给出明确的评价意见。因此，它可以作为领导（或投资或主管）部门决策的依据。投资者可以依据这一报告所提供的信息，决定投资的意向，做出投资与否的决策，或是否应该采纳报告中的某种方案。

第二，作为编制计划任务书的依据。根据可行性研究报告决定新建某一项目或开展某一课题研究，或者决定采用可行性报告中的某一方案后，主管部门要以计划任务书的形式，责成有关单位负责实施。此时，可行性研究报告就成为编制计划任务书的依据。

第三，作为银行贷款或财经部门拨款的依据。一些大的建设项目，资金来源多是贷款。银行或财经部门有责任支持和帮助一些重要的、具有科技含量的项目实施。但投资的目的也是为了取得一定的投资效益，这就需要对项目的各个方面进行了解，以能否收回成本、得到多少经济效益等方面的论证结果作为做出投资与否的决定依据。

第四，作为与新建项目有关部门签约的依据。新建项目确定以后，为了保证能如期实施或执行，并为市场创造条件，项目新建单位应与有关部门签订诸如原材料、燃料、水电等有关协议。而签订这些协议的依据就是可行性研究报告。

第五，作为新产品开发、新技术采用的依据。对新产品的开发和新技术的应用，要经过可行性研究来证明这项新产品的开发、新技术的应用在技术上可行、经济上合理，以及能够符合环保要求之后，方能制订计划实施。

第六，作为进行项目设计和施工的依据。由于可行性研究报告对与项目有关的各个方面的问题都进行了调查研究，提出了原则性的意见，所以，它就自然而然地成了进行项目设计和施工时必须依靠的基础。

第七，是重要的科技参考文件。可行性研究报告是开展科学研究、技术革新、设备改造、技术引进的重要参考文件。

（三）可行性研究报告的种类

根据不同行业的不同项目内容的区别，可行性研究报告可分为不同的种类，一般有以下六种类型。

（1）科研或开发项目可行性研究报告。对投资较大的科研项目或拟立项的重大项目要求提供可行性研究报告（有时是立项报告、开题论证报告等形式）。报告对科研项目的质量、水平、经费、时间、方案等进行预测、论证。

（2）工业生产建设项目可行性研究报告。该类可行性研究报告是针对新建工矿等生产性项目而写的可行性研究报告。报告对生产能力、市场需求、经济效益、技术来源等进行预测，并对建厂方案进行分析、评价。

（3）改建或扩建工程项目可行性研究报告。这类可行性报告是为已有生产性项目进行改建或扩建而写的。报告对改（扩）建后新的生产能力、市场需求、经济效益等进行预测，并对改（扩）建方案进行阐述、比较。

（4）商业建设项目可行性研究报告。为建设商业性项目而写的可行性研究报告。如：商场、超市、旅游景点等建设项目，报告对货源和游客、顾客的来源，销售营业、经济效益等情况进行预测。

（5）设备引进可行性研究报告。为引进新设备或新装备或新工具等而写的可行性研究报告。报告阐述必须引进新设备或新装备或新工具的观点，从技术、经济方面作出欲引进设备或新装备或新工具的可行性结论。

（6）申请银行贷款可行性研究报告。为申请银行贷款的建设项目或重点科技项目而写的可行性研究报告。报告对贷款的目的、用途、项目完成后的经济效益以及使用贷款的措施等进行阐述。

在科研和技术工作中涉及的主要是科研或开发项目、工业生产建设项目、改建或扩建工程项目和设备引进项目的可行性研究报告，而最常用的是科研或开发项目。

（四）可行性研究报告的形成过程

可行性研究报告，尤其是大型项目的可行性研究报告的形成大体经历三个阶段。

1. 准备阶段

在准备阶段，首先要建立一个研究或起草班子。为了保证可行性研究报告的质量和编写的顺利实施，要选择一名精通业务，有组织能力，有权威的人担任负责人，以及一个擅长科技写作和一个负责资料整理和保管的人员。其次是进行调查研究。主要是分析调查对象，制定调查方案，编制调查计划，明确调查任务及完成的时间。第三是编制统筹图表或运行计划。通过统筹图表或运行计划统筹全局，及时抓住关键环节，确保工作顺利进行。第四是材料准备。要通过不同渠道尽可能全地搜集资料，并进行整理和分析。

2. 起草阶段

在准备工作完成后就可以开始可行性报告的起草了。可根据项目的具体情况，采用一人起草多人修改的方式，或多人起草一人统稿或修改的方式来起草报告。

一般情况下，采用多人起草一人统稿的方式有利于集思广益，加快完成报告的速度，而其缺点是执笔人各有自己的表述特点，报告很难形成一致的风格。而采用一人起草多人修改的方式，写出的报告容易做到格调统一、观点一致、结构严整，但其缺点是对于牵涉面广的项目可行性报告，由一人起草往往难度太大，论证不容易深透。所以，对于大、中型项目宜采用多人起草一人修改的方式，小型项目宜采用一人起草多人修改的方式。

3. 修改阶段

报告的草稿完成以后，要经多次讨论，反复修改才能最终定稿。修改主要从内容和表现形式两方面进行，并以内容修改作为重点。在内容修改时，要反复通读报告草稿，纵观全局，从大处着眼、把握关键。重点看布局是否合理，论点是否鲜明，论据是否充分、可靠，论证是否科学、严密，分析是否全面、深入，数字是否准确，结论是否正确。从表现形式上修改时，要看语句是否通顺，段落的衔接是否紧密，图表是否符合规范，用词是否准确，符号、标点是否有误，参考文献的著录格式是否合乎规范，附录或附件是否齐全，书写格式是否符合要求，等等。

报告经修改后，再由多人进行通读，尽可能发现问题，进一步完善修改后方可定稿。

（五）可行性研究报告的内容

根据项目的性质、类型、规模和具体构成不同，可行性研究报告的内容会有所不同。通常情况下，一个较完整的可行性研究报告包括以下几个方面的基本内容。

1. 项目概况

项目概况主要是概述可行性研究报告的基本内容，一般包括项目提出的背景和依据，项目投资的必要性和经济技术意义，项目的具体名称、起止年限、承担单位、项目研究或开发的目的和内容，以及通过可行性研究所得出的结论或建议等。向银行或投资机构申请贷款的可行性研究报告，还要在概况部分写明项目由来，介绍主管部门有关技术、经济的政策等。

2. 承担单位的基本情况及条件

项目承担者的基本情况主要包括人员情况和技术设施。不同种类的可行性研究报告，该项内容有所不同。科研项目的可行性研究报告，主要应写明承担课题的人员构成情况、本学科的学术梯队状况、课题负责人在国内外的学术地位、研究成果、实验设备仪器情况、具备开发的实验潜力、现代化实验手段与技术等。产品开发项目的可行性研究报告，则重点介绍产品生产的总体工艺技术或关键技术及其来源、生产技术的先进性和经济性、市场开拓的能力和局限性等。

3. 可行性分析论证

分析论证是可行性研究报告的主体，其内容主要有以下三个方面：

（1）项目的宏观背景研究。对国内外相关或相近项目的研究水平与发展趋势的介绍和研究，是一个大项目特别是重大项目不可缺少的内容。介绍国内外同类项目的有关技术和经济现状、开发研究能力、国际国内地位和影响等情况，目的是勾画出研究项目的大背景，从而可以客观地比较分析所要开发或研究项目的起点水平和基础能力。

（2）项目技术方案分析及论证。项目的承担者要对所承担项目的技术方案、施工方案或经营方式作初步拟定。对于科研项目要对所用的基础理论或拟采用的实验方法和步骤，进行多种方案的比较分析。对于建设性项目应对项目地址的选择、设计方案、建设规模、资源采集、原材料供应、能源供给以及环境保护等诸多方面的问题予以分析论证。

（3）项目的经济效益分析及预测。经济效益的分析及预测包括国内外市场的需求情况，产品的竞争能力，成本估算等。对整个项目的经费测算及来源，经费管理和使用等，都要进行详细的分析，充分的论证，最后把整个项目所需经费加以概算，以便主管部门或投资部门心中有数。对于大型项目，要把“经费概算”单列一节，进行各个阶段的经费估算与分析，最后计算出所需经费总额。

4.计划与进度

计划和进度本身就是项目可行性的一个方面。特别是大型项目，其计划和进度安排的科学性如何，与项目的可行性直接相关。特殊情况下，除了项目的总计划和进度以外，有时还需要有每个阶段的进度报告，以便分阶段进行验收和鉴定。

（六）可行性研究报告的格式与写作要点

因项目大小不同，可行性研究报告有简单和复杂之分。对于一些小的项目，包括小规模的投资，涉及面不大的常规科技开发项目和单项的科学研究课题的可行性研究报告，因其内容较为单一，论证和评价相对简单，引用的文件数据较少，所以报告就不需要太长，也不用太复杂。而对一些复杂的项目，包括规模大、投资多、涉及面广的重大科技开发项目或科学研究课题等，由于项目内容繁多，论证和评价较为复杂，要求较高。因此，这类项目的报告内容一般比较长。

由于可行性研究报告因课题内容或项目类型不同，在结构上，尤其是在正文结构的设置上有很大差异，在写法上有很大的灵活性，一般应根据需要确定报告的结构，通常都参考《科技报告编写规则》（GB/T 7713.3—2014）要求编写。就一般的可行性研究报告而言，大体包括：封面、摘要、目录、图表目录、术语表、前言、正文、结论和建议、参考文献和附录等内容。其中摘要、目录、图表目录、术语表、参考文献、附录等六项，并不是每份报告中必不可少的，可根据报告的需要进行选择。

1.封面

关于可行性研究报告的封面，没有固定的格式要求，复杂的报告封面要求的项目细一些，但不管简单还是复杂，项目名称、报告人或报告单位、报告时间等几项是必须要写的。

其中，项目名称或标题通常有一般式标题和变通式标题两种。一般式标题，通常由“项目承担单位+项目名称+文种”组成。变通式标题的写法相对灵活和自由，但是要求主旨明确、突出。

2.摘要

可行性研究报告的摘要是对报告内容不加注释和评论的简短陈述，一般应简明扼要，客观、真实地说明研究目的、方法、结果和最终结论等，其中重点是结果和最终结论。摘要字数一般为300~600字。如遇特殊需要字数可以略多。

可行性研究报告应选取3~8个关键词。关键词应反映报告的研究对象、学科范围、研究方法、研究结果等，并应尽量采用《汉语主题词表》或各专业主题词表提供的规范词。

3. 目录、插图和附表清单、符号和缩略语说明

（1）目录。又称目次。目录排列要非常准确详细，一般列至正文的第二层级或第三层级的章节。若目录中列出了某一层级的章节，则应列出该层级所有章节的编号、标题和页码。目录宜另起一页，置于摘要页之后。

（2）插图和附表清单。插图和附表较多时，应分别列出插图和附表清单。插图清单在前，应列出图序、图题和页码。附表清单在后，应列出表序、表题和页码。插图较多而附表较少，或者插图较少而附表较多，可将插图和附表合在一起列出图表清单，插图在前、附表在后。插图和附表清单宜另起一页，置于目录之后。

（3）符号和缩略语说明。符号、标志、缩略词、首字母缩写、计量单位、名词、术语等的注释说明较多时，应汇集成表，置于插图和附表清单之后。符号和缩略语说明宜另起一页。

以上三项内容并不是每份报告都要有，也不是不可缺少的部分，而应视可行性研究报告本身的具体情况来定，较长的复杂的报告，每项都要有；而较短的简单的报告可视具体情况灵活掌握。如果要写则一定要做到非常规范。

4. 前言

前言主要是为了让读者或评审专家或主管部门人员了解本报告的来龙去脉和报告的主要内容。简明扼要地交代项目提出的背景、投资或立项的有利因素和经济意义，它包括项目的由来、目的、范围以及本项目的承担者和报告人，可行性研究的依据和范围及对工作人员的要求等。还要写明相关领域前人的工作和知识空白、理论基础和分析、研究设想、研究方法和实验设计、预期结果和意义等。

前言应言简意赅，简单明白，直截了当，不能与摘要雷同或重复。切忌出现一般教科书中有的知识。写作时还应注意不解释基本理论，不推导基本公式，不介绍基本方法，篇幅一般为500~600字，对于特别复杂的报告可适当长些，字数可以灵活掌握。

5. 正文

由于研究工作或建设项目等涉及的学科、选题、研究方法、工作进程、结果表达方式等有很大的差异，对正文内容一般没有统一的规定。但必须实事求是、

客观贴切、准备完备、合乎逻辑、层次分明、简练可读。

正文部分是可行性研究报告的主体，要求列举事实，运用系统分析方法，综合考虑各方面的因素，对项目实施的可行性做出客观、全面、准确的预测。从写作内容上讲，包括项目方案的论证和投资效益的分析预测两大部分。具体应该包括该课题的国内外技术水平及发展趋势、国内引进技术情况和本研究技术方案的分析论证等。其中，方案的论证是报告的核心部分，要求用系统分析的方法，以经济效益为核心，围绕影响项目的各种因素，运用大量的资料、数据分析，论证拟开展或拟上项目的可行性，并做到论证理由充分，论证数据精确，有科学性；投资效益的分析是预测项目未来是否能够产生良好的经济和社会效益，它对于决定某一研究或开发项目是否能够通过具有关键作用，要对其要进行科学的分析。

不同类型项目的研究或开发，其"方案论证"中的重点也有不同，对于基础研究要指出自己的研究或开发方法、技术路线、实验方案是否合理、可行，能否通过所提出的研究方法与技术途径保证获得最终预期成果，要提供令人信服的事实；对于投资较大的应用研究，还应说明立项的必要性（该应用研究在国计民生中的地位和作用）和开展研究的可行性（包括申请人及其单位所具备的条件）；"投资效益分析"中包括国内需求和国内外未来市场需求的经济效益分析，要有风险意识，要有规避风险的措施等。具体到不同种类的可行性研究报告，这两部分的写法差异很大，应根据实际情况灵活安排。

6.结论（或讨论）和建议

结论（或讨论）和建议是可行性研究报告全文的归纳结束。除对项目建设的必要性、可行性明确表态外，还要对项目的各种建设条件、经济效益、社会效益进行综合分析评述，提出推荐方案和需采取的措施。作为可行性研究报告的重要一项，结论和建议是主管部门进行决策投资的依据，它要回答项目干还是不干，或者是在众多方案中选择哪一种方案来干的问题。因此应在调查研究和数据计算的基础上，经过客观的、科学的论证，做出肯定或否定的结论，并阐明自己的观点，提出明确的建议。

在结论（或讨论）和建议的写作中，要从项目的总体出发，归纳各部分所研究问题的主要结论，优缺点和总的评价，主要经济指标，目前存在的问题等。虽然项目或课题不同，结论和建议中的内容及写法也不尽相同，但都是对客观情况进行科学的分析以后得出的，结论一定要明确，要直接表明报告人的主张和建议。

结论（或讨论）和建议可分条款逐项进行说明，并配以图和表格，也可用小结方式说明。总之，必须揭示其研究的结果。

7. 参考文献

报告研究过程中参考过的文献要正确标引。一般只有最新近的、最重要的、作者起草报告时直接阅读或参考过的，并在文中直接引用了文献的文字、数据、表格、公式等方面的内容，才能把它放到参考文献中去。在引用时按原文献的语种著录。参考文献的格式及排列规则等可参考本书第五章第七节。

8. 附件

主要是那些不宜安排在正文中，但又有一定参考价值的书面材料，一般包括：各种实（试）验数据、论证材料、统计图表、设计图纸、明细清单、篇幅较长的专题性文字等。

（七）可行性研究报告撰写注意事项

可行性研究报告是政策性、技术性、经济性很强的技术文件，涉及面很广，必须充分了解项目的历史与现状，进行认真细致的调查研究，实事求是地起草表达。在可行性研究报告的撰写中一般应注意以下几点。

一是要目的明确，从实际出发，实事求是。要明确可行性研究项目的范围和目的，了解投资者或委托者的意图和要求。可行性研究报告的质量直接关系到项目能否立项以及项目实施的成败。因此，在整个可行性研究的过程中，要广泛征求意见，对客观条件进行实地考察、分析论证，不能任意夸大或者缩小事实，要以精益求精的科学态度对待研究中出现的各种问题。在撰写可行性研究报告时，要从实际出发，实事求是，在论证时要立场客观，尊重客观事实，注意研究内容的全面性、完整性、准确性和可靠性，不回避实际问题，报告中涉及的各种数据和有关内容必须绝对真实可靠。

二是内容要全面具体，观点鲜明，论证充分有力。撰写可行性研究报告要进行大量的数据核算和理论与事实的论证。因此，要讲究科学性，所用的资料数据要准确无误。在提出若干方案供决策者参考时，要观点鲜明，除了剖析各种方案的长处和不足之外，还要表明自己明确的意见，切忌态度暧昧，模棱两可，不能让读者产生歧义。具体写作时，要做到论据充分、数据准确、事实可靠、论证严密、不浮夸、不虚构。引用资料时应注意鉴别真伪和准确程度，应分析数据产生时的社会背景和条件，避免以假当真。要按照系统性原则，把项目分解为若干部分，并且按照步骤进行分析论证，做到既有精细的分析研究，又有综合的论证和评定，最终得出项目是否可行的结论。

三是行文要精练，条理清晰，格式规范。可行性研究报告一般具有相对的固定模式，在写作时必须严格遵守。要根据项目的具体内容和行文要求，合理安排写作结构，力求做到结构严谨、行文精练、文理清晰、语句通顺、通俗易懂、符合逻辑。无论引用理论、陈述事实，还是罗列数字、展示图表、分析研判，都要力求文字简洁凝练，善用短句完成分析论证。同时，要善于将艰涩的专业术语、技术术语转化为明白易懂的语言，便于阅读者理解。避免观点主次不分，材料杂陈罗列。

（八）科技开发研究项目可行性研究报告格式举例

对于科技开发项目的可行性研究报告，为撰写规范及对项目可行性清晰陈述，常常结合行业或专业特点，形成了一些典型的或约定俗成的报告结构模板。下面列举一些常用的科技开发研究项目可行性研究报告（或立项论证报告）正文的格式与要求，可以结合具体情况选用。

例 1

1. 立项的背景与意义

简述本项目的社会经济意义，申请立项的必要性等（为什么要做？）。

2. 国内外研究现状与发展趋势

简述本项目国内外发展现状，存在的主要问题及近期发展趋势，并将本项目与国内外同类技术或产品进行对比说明（别人做得怎么样，还有什么问题没有解决？）。

3. 项目主要研究内容、技术关键与创新点、预期目标

1）主要研究内容

详细说明本项目实施的主要技术内容，拟解决的关键技术，描述项目的技术或工艺路线。

2）技术关键与创新点

重点预测本项目的技术关键与创新点，创新点包括学术思想创新、技术创新、产品结构创新、生产工艺创新、产品性能及使用效果的创新等。

3）预期目标

说明项目完成后预期取得的主要技术成果（包括新技术、新工艺、新产品等）、技术水平及相应技术指标等。产业化项目可以是成果工程化或中试成果，以及产业化过程中的技术创新、产品创新、机制创新等。基础研究项目主要是学术论文、著作、软件等。

4. 应用或产业化前景与市场需求

主要说明本项目技术或产品市场需求。目前主要使用领域的需求量，未来市场预测。分析项目国内外市场竞争能力、预测市场占有份额。

5. 现有工作基础、条件和优势

说明本项目已开展的前期工作，项目实施在技术、设备、人才、资金等方面具备的条件和优势，项目实现预期目标的基础条件。

6. 项目实施方案、组织方式与课题分解

简述项目实施方案、组织方式、管理措施、课题分解等。

7. 进度安排与年度计划内容

分年度列出项目实施进度安排、年度主要工作内容和主要目标。该部分可以采用表格方式表述。

8. 承担单位和主要研究人员简况

说明项目承担单位基本情况（产业化项目还应重点说明企业的财务经济状况）、项目组主要研究人员的基本情况，重点介绍项目负责人情况。同时应列出项目负责人及项目组成员姓名、性别、年龄、单位、学历、职称及从事专业简表。

9. 经费预算、使用计划及还款能力分析

简述项目总投资及资金筹措渠道，根据项目进度和筹资方式，编制资金使用计划。对申请周转金或贷款的项目，应对还款能力进行分析。

10. 经济、社会效益分析

基础研究和单纯科技攻关项目可对项目完成后预期的经济社会效益作简要分析。中试和产业化项目，应对项目完成后的规模及产品生产成本和销售收入情况的估算、新增产值、利润、税收、创汇、投资回报情况以及社会效益进行分析，并就项目的风险性进行分析。

11. 有关上级单位或评估机构的意见

例 2

1. 目的和意义

（1）描述与项目研究内容紧密相关的实际技术水平和今后的发展方向。

（2）阐述项目成果对该领域（选题）和技术发展的作用。

（3）分析成果应用和推广的途径。

（4）分析成果推广后的直接和间接效益。

2. 国内外研究水平综述

（1）与项目研究内容紧密相关的技术发展历史的简要回顾。

（2）国内外研究水平的现状和发展趋势。

（3）介绍国外研究机构或者公司对本项目的研究情况。

（4）介绍国内其他研究单位对本项目的研究情况。

3. 项目的理论和实践依据

（1）项目研究内容的原理简述。

（2）项目研究内容的理论或者实践依据。

（3）项目研究的关键和难点。

4. 项目研究内容和实施方案

（1）项目研究内容的详细说明（可分专题或按内容序号描述）。

（2）要描述具体的理论研究步骤，现场试验的地点和试验计划。需要建设试验手段的项目，要给出试验手段的结构和作用。

（3）理论研究和试验内容与项目总目标的因果关系。

（4）写明理论和试验研究的工作量。

（5）需要多家单位共同承担的项目，需要写明各家的分工，职责和提供的成果，如何组织和协调；项目的组织方式；合作方式，知识产权和成果分享的范围。

（6）需要与国外合作，要写明与外方的合作方式，知识产权和成果分享的范围，及以前的工作联系。

（7）注明本项目研究需要购买仪器，设备的型号产地、性能及需要购买的原因。

（8）外委的工作内容和工作量。

（9）对于装置、设备开发的项目，要提出装置或设备的开发计划及设计方案。

5. 预期目标和成果形式

（1）阐明项目研究预期达到的目标。

（2）明确叙述提交研究成果的形式，理论研究报告、全套设计制造技术或合成工艺包、实用装置或工程样机或软件等；要求成果提供的形式能够被其他研究人员掌握，使成果的使用权具有可转移性。

6. 合作单位或依托工程单位落实情况

（1）如需同其他单位进行合作，说明合作单位的落实情况，并出具合作单位承诺进行合作的证明文件。

（2）如需结合依托工程进行试点研究，说明依托工程及其与本项目结合的情况，出具依托工程单位承诺提供相关条件的证明文件。

7. 项目承担单位的条件

（1）项目负责人的情况介绍。

（2）项目承担人员（研究人员）的专业，特长，工作量和在本项目中的作用。

（3）各承担单位具有的与本项目有关的工作业绩、实验室条件、理论研究环境。

8. 进度安排

（1）列出分年度计划研究内容和人员、设备安排。

（2）分年度提供成果的内容和形式，要具有可检查性。

9. 项目经费预算

1）直接费用

（1）人工费。包括专职研究人员费、临时性研究人员费。

（2）设备费。包括仪器、设备使用费、仪器设备试制费、软件使用费。

（3）业务费。包括材料费、资料费、印刷出版费、专利与知识产权事务费、会议费、差旅费、培训费等。

（4）场地使用费。包括场地物业费、场地使用租金。

（5）专家咨询费。

2）间接费用

3）外委支出

包括外委研究支出、仪器设备租赁费、外协测试试验与加工费。

4）税金

10. 有关科技管理部门意见

例 3

1. 概述

1）项目提出背景、意义及必要性

2）攻关目标和内容

3）项目形成成果、知识产权及完成时间

2. 项目立项的必要性及市场需求分析

1）项目技术攻关的必要性

2）项目的市场需求分析

3. 相关领域国内外技术现状、发展趋势及国内现有工作基础

1）国内外技术现状、专利等知识产权情况分析和国内现有的工作基础

2）国内外技术发展趋势

4. 项目计划目标及主要研究内容

1）主要目标

2）研究与开发内容

3）项目的技术关键（包括技术难点、创新点）

5.技术、经济效益分析

1)技术经济效益分析(含经济效益、社会效益)

2)推广应用前景分析(产业化可行性)

3)项目实施的风险分析(含市场风险、技术风险、管理风险等)

6.计划实施年限、经费预算及来源渠道

1)年度计划

2)经费预算

3)经费来源

7.必要的支撑条件、组织措施及实施方案

1)必要的支撑条件

2)组织管理的措施

3)组织实施的方案

8.其他说明

9.科技行政主管部门意见

有时也可以用项目(课题)申报书的形式提交给立项论证会，作为可行性论证的依据，具体采取什么形式，可以针对具体情况来定。

下面是两种典型的项目(课题)申报书的一般格式实例：

例1

1.国内外现状、发展趋势及开题意义

1)国外相关产业和技术现状、发展趋势

2)国内相关产业和技术现状、发展趋势

3)与企业或区域主业发展的关联度

4)项目的创新性

2.研究开发的目标、内容、关键、技术方法和路线、技术经济指标

1)技术目标

2)技术内容

3)技术关键

4)技术方法、路线

5)技术经济指标

3.知识产权状况

1)已有知识产权情况

2)相关国内外专利检索结果

3)国内外文献查询结果

4）中国授权或公开的相关专利分析
5）国外公开文献和未在中国申请的相关国外专利分析
4. 市场前景分析
1）国内外市场现状和需求分析
2）经济效益和社会效益预测
5. 开题条件
1）技术准备
2）人员情况
3）现有仪器设备及实验室条件
6. 计划进度和考核目标
7. 项目经费预算
8. 经费使用计划
9. 申请单位审查意见

例 2

1. 研究现状、研究意义和参考文献
1）研究现状
2）理论意义
3）实践意义
4）参考文献
2. 研究目标、研究内容和拟突破的重点、难点
1）研究目标
2）研究内容
3）拟突破的重点和难点
4）创新点
3. 研究思路、研究方法、计划进度、前期研究基础及资料准备情况
1）研究思路
2）研究方法
3）计划进度
4）前期研究基础
5）资料准备情况
4. 研究成果的形式及应用前景
1）研究成果的形式
2）应用领域及前景

5. 预期经费

6. 成员分工

7. 单位审查意见

立项申报书通常强调“为什么”（背景、意义、目标等），重视“有什么”（条件、人员、决心、前期成果等），关注“应怎样”（假设、论述）或“别人有什么问题”（诊断、分析）。其目的是争取认可、关注和支持等。因此，在撰写时要围绕让他人（专家）觉得该课题很重要（有必要）、有意义（有价值）、有思路（有设想）、有可能（有条件、有能力、有基础）完成这个目标，才容易获得通过。

第三节　科研开题报告

科研开题报告也是一类重要的科技报告，它是指在确定研究主题以后，或可行性研究报告批准后，由项目负责人组织撰写的有关项目研究目标、内容、进度与组织安排、技术基础等标准文书，其目的是向专家和上级主管部门表述清楚选题的必要性、技术的可实现性、项目承担者具有组织实施的能力等，是上级科技管理部门组织立项审查或立项论证和计划下达的依据。重点回答好“为什么干”“干什么”“怎么干”“达到什么目标”。在日常科研工作中，科研开题报告的应用比较普遍。

一、科研开题报告概述

撰写科研开题报告与研究项目的顺利开展有十分密切的关系。审题者可以根据开题报告的内容及论述做出判断，对投资的预期有个基本的展望，而研究者可依托开题报告的目标和步骤有条不紊地开展研究工作，避免盲目性。

（一）开题报告的内容与作用

通常开题报告总体分为技术和项目管理两部分，具体包括：生产需求和需要解决的关键技术问题、研究目标和主要研究内容、技术创新点和研究路线、预期成果和考核指标、研究进度计划、前期研究基础情况和支撑条件分析、国内外合作研究及技术引进相结合的情况、研究团队与人力资源及申报审查审批意见等方面内容。这些内容一般都规范在统一模板中。

科研开题报告的主要目的是：根据当前科技发展的水平和趋势，充分阐述其立项研究的理由和意义，力求取得政府和企业等有关部门或委托单位、招标单位的理解、批准和支持；对研究课题进行合理的有效的总体设计，尽量能使项目在研究过程中以较少的投入，实现最好的效果。

开题报告的作用主要有以下几方面：

（1）为评审者提供一个较为确定的开题依据。通过对课题的论证，同行的评议，广泛听取意见，可随时发现不当或不完善之处，作为及时修正课题的依据。

（2）积极争取上级主管部门和委托单位对研究项目的批准，并在经费、设备、人力上予以支持，以此供上级主管部门和委托单位检查科研进展、经费使用和人员、设备等情况的文件依据。

（3）是完成研究项目的总体设计、科技人员顺利开展课题计划研究的重要依据。可以帮助科技人员明确科研任务和目标，从而有计划、有步骤地开展科研工作。

（4）通过科研开题报告，开题者可以把自己对课题的认识、理解程度和准备工作情况加以整理、概括，以便使具体的研究目标、步骤、方法、措施、进度、条件等得到更明确的表达。从而申述某项课题研究的重要性、可行性和主要内容，为科研部门领导等检查督促课题的开题和进展情况提供依据。

（5）是科研领导（管理）部门等审核课题承担人的学术水平、研究能力、选题价值、获得成果可能性的重要依据，也是决定能否批准立项的依据。

（6）是提高选题质量和水平的重要环节，是科研工作中常用的一种重要技术文件。

总而言之，科研开题报告有两种主要功用：研究者依此进行研究，按计划步骤如期完成，开题报告成为研究者一个最好的蓝本；审批者可以依此报告对项目进行研究、论证、审批，所有的意见都要依据报告来做出。

（二）科研开题报告与可行性研究报告的关系

可行性研究报告是一个课题尚未确定之前，对科研项目或方向进行的“可行性”的论述，其目的就是要得到有关单位或部门领导或资金所有人的重视和批准，认为有开发和研究的必要。因此可行性研究报告要对所关注的项目尽可能详尽地用调查研究的事实和数据对可行性来进行阐述。

而科研开题报告的起草一般是在可行性研究报告得到认可，批准了课题以后进行的。要在课题开始研究之前写出开题报告，向有关单位领导及投资方等就开题准备情况和研究计划做出一个概括的陈述，不论是批准方还是研究方，都可以把开题报告作为研究进度及过程的一个操作蓝本，做到心中有数。可以说，可行性研究报告是解决“能不能研究”的问题；而开题报告则是确立“怎样来研究”的问题。从这两个报告的内容来看，可行性研究报告是探索性的，开题报告则是实施性的。有时对于单一的、目标比较明确的项目，也可以将可行性论证与开题报告合并，直接用于立项论证报告。这在一些企业自行设立项目的立项论证中经常用到。

二、科研开题报告的撰写格式与要求

开题报告包含的内容比较多，针对实际情况可以将其内容归纳为三部分，即标题、正文和结尾。

（一）标题部分

标题部分也叫标题页或首页，主要包括：标题（项目名称），承担者，协作者，项目负责人和合作者，起止时间和开题报告日期等。

在这一项内容中，需认真对待的是标题，一般标题是由课题名称+文种构成的，例如《页岩气水平井高性能水基钻井液研究开题报告》。

标题要准确、规范、简洁明了。一般不要超过20个字，尽可能表明研究对象、研究问题和研究方法。

（二）正文部分

正文部分的内容主要包括：立项依据、研究目标和主要研究内容、课题拟采取的研究方法和步骤、研究路线和预期的技术创新点、预期的成果和考核指标、研究条件，以及经费来源及概算。

1.立项依据

立项的依据主要阐述“做什么”“为什么做”的问题，一般从以下两方面组织撰写：

（1）项目的目的和意义。项目研究的目的、意义也就是为什么要研究、研究它有什么价值。一般从现实需要方面去论述，指出现实当中存在什么问题需要去研究、去解决，本课题的研究有什么实际作用，然后，再写课题的理论和学术价值。这些都要写得既具体又有针对性。

（2）国内外研究的现状、水平和发展趋势。该部分起到引出研究问题、铺垫研究方案的作用。在这一部分，不仅要实事求是地介绍国内及国外进行了或正在进行着哪些与本课题有关的研究，他们采用的是什么方法、已取得了哪些成果、达到了什么深度和广度等，还要有理有据地分析目前研究已达到的水平、还有哪些关键性的问题没有解决、今后此项研究的主要发展方向是什么等等。同时，还需要说明本课题研究与国内外研究相比，先进性和创新之处体现在哪里。这些简述和分析用于说明项目研究的重要性和必要性，从而为研究课题的获准提供充分的依据。

2. 研究目标和主要研究内容

1）研究目标

研究目标是项目最后要达到的具体目的，要解决的具体问题。一般要明确列出两个层次的研究目标，一是总体研究目标，二是年度研究目标，年度研究目标是总体研究目标按照年度的分解。完成目标的标志是获得并应用了相应的成果，解决事先提出的问题。因此，每个研究目标至少对应一项成果。研究目标的主体内容一般与技术性能、经济效益、知识产权等相对应。确定课题研究目标时，应围绕主题，既要考虑课题本身的要求，又要考虑课题组实际的工作条件与工作水平或能力。

2）主要研究内容

研究内容是为了实现目标需要完成的具体工作任务，要根据课题的主题和研究目标来确定。研究内容要比研究目标写得更具体、明确，要紧扣研究目标进行层层分解，可按照课题、专题以研究主题归类分解，也可以按照总体设计、基础原理与理论研究、室内实验及放大实验、推广应用等科研过程分解，还可以采取混合分解方法。无论采用哪些方法，分解的目的都是既保证相应研究内容产生的成果作为目标实现的一个节点与支撑，又为项目任务的下达和完成情况的跟踪考核奠定基础。一个目标可能要通过几方面的研究内容来实现，它们不一定是一一对应的关系，在确定研究内容时，应考虑充分、具体，避免写出来的研究内容特别笼统、模糊，也不要把研究的目的、意义当作研究内容。

研究内容的写作要与立项依据、目的等相关联。研究内容是项目的基础和依托。没有具体的内容，研究项目再新颖也不能成立，目标再明确也不能实现。因此研究内容与立项依据应统一连贯。

对主要内容的陈述，一定要注意其内容表达上的顺序，要写得渐次深入，逻辑严谨，详略得当，抓住关键，突出重点。要在报告中整体地逻辑地体现这些不同的内容，而不是把它们写成单个的条目，简单地罗列在一起。

必要时，在这一部分中还需要提出拟解决的关键问题，即课题的关键、难点之所在。

3.课题拟采取的研究方法和步骤

对主要研究内容还需要明确其采取的主要研究方法、具体的步骤和计划等。

1）课题拟采取的研究方法

课题研究的方法主要反映课题的研究通过什么方法来验证提出的假设，为什么要用这个方法以及要“做什么”“如何做”。具体的研究方法有观察法、调查法、实验法、经验总结法、个案法、比较研究法、文献资料法等等。一个大的课题往往需要多种方法，小的课题可能主要是一种方法，但也要利用其他方法。为了更科学有效，通常使用综合的研究方法。

2）课题研究的步骤和计划

课题研究的步骤和计划，即课题研究在时间和顺序上的安排。研究步骤要充分考虑研究内容的相互关系和难易程度，一般是从基础性问题开始，分阶段进行，每一阶段从什么时间开始、至什么时间结束都要有规定。每一阶段的工作任务和要求都要落实到书面计划中，从而保证课题研究按时保质保量完成，也可据此对课题研究进行检查、督促和管理。

对于具体采取的方法和途径，要经过对大量与课题相关内容的检索，占有第一手资料，并通过实验得到的可靠数据来确定。由于科学研究的途径多种多样，在实际撰写中应根据课题的具体情况选择最佳方法和路径。

4.研究拟采用的技术路线和预计的技术创新点

1）技术路线

技术路线是指获取技术手段、具体步骤及解决关键性问题的方法等。一般采用流程图形式描述研发过程和相关节点的逻辑关系。对于重大项目可采用包括时间、相关技术、技术指标、技术首席和团队等要素的技术路线图表述。通过绘制技术路线的流程图，系统地回答如何开展研究计划、通过何种方式或方法、采用哪些关键技术、应用范围等问题，展现项目的技术组织路线及优化比选后的技术攻关方案，最终实现预期的目标任务。

2）预计的技术创新点或创新内容

也就是项目完成后预计产生的技术创新点或创新内容，应结合当前技术和拟采用的技术路线来写。

创新点的提取与创新活动内容密不可分，这里还要将创新与发明区分开来。发明是新工具或新方法的发现，创新则是新工具或新方法的应用。技术创新是指把一种从来没有过的关于生产要素的“新组合”引入生产体系。这种新的组合包括引进新产品、引用新技术、采用一种新的生产方法或解决具体问题的措施、开辟新的市场（以前不曾进入），等等。因此创新点不仅仅包括新发明，还应包括引用或采用新理念、新原理、新方法、新工艺、新工具、新产品、新结构、新材料、新流程等改进现有或创新生产过程和服务方式。

预计的创新点或创新内容可以分条目描述。如果是技术创新，要说明目前一般采用什么技术，本项目拟对什么技术进行创新；如果是结构创新、工艺创新，需进行新旧结构或工艺对比，并画出新旧结构图和工艺流程图等；如果是新发明，可以用查新报告结论或授权发明专利作为创新点认定的依据，但也不完全如此，因为有发明专利并不一定就有创新点。

5. 预期成果和考核指标

1）课题预期的成果与表现形式

预期成果主要预测项目预期取得成果的属性、形式、名称和数量。即研究过程可能出现哪些情况、问题和突破，研究会带来什么成果，有什么对策。成果属性包括新技术、新工艺、新材料、新产品、新思想、软科学、装备等。成果的形式有知识产权（专利、技术秘密、软件等）、样机、样品、中试装置或产品、工业试验装置或产品、工艺方法或流程、软件或产品、标准或技术（施工、作业）规范、操作手册、配方、论文、专著、研究报告等。

如果项目是理论成果，应写明在理论上解决哪些问题及其科学价值；如果是技术应用类成果，应写明技术指标及效益分析以及应用前景。无论哪种类型的项目，都要说明预期成果提供的形式，如报告、图纸、实物、标准等。对于新产品研究开发一般要求提供工艺包及详细的实施说明。

2）技术经济考核指标

技术经济考核指标主要包括技术和经济两个方面的考核指标，即成果的性能描述指标和成果应用后的效能指标，最重要的就是要把指标量化，使其具有很强的可操作性，便于科技管理部门在组织科技项目验收时对照技术经济指标进行逐项考核，落实完成情况。可采用数字或百分率等具体指标表示，也可采用对比量化表达的方式。最忌讳的就是用诸如“应用前景广阔”或“经济效益显著”或“性能明显提高”或“抗温抗盐能力强”等定性模糊地表达考核指标。

科技项目研究过程中会使用到核心技术和常规技术，技术经济考核指标应主要针对核心技术进行设置。对于技术考核指标，应说清楚与国内外同类技术相比，在某一具体的关键指标上实现的突破量；而经济考核指标，应说清楚本项目研究成果实施应用后，将为企业创造的效益量或节约的资金量。

3）知识产权考核指标

知识产权考核指标主要包括专利权、版权和其他知识产权指标。专利权包括发明专利、实用新型专利和外观设计专利，版权包含软件著作权登记、公开发表的论文、出版的专著等，其他知识产权指标如技术秘密、专有技术等。

4）预期应用前景

主要是对项目研究成果在未来实际应用中的适用范围、效果和价值进行预测。应科学有据地分析预测应用前景，重点论证项目能否达到规模或工业化应用及取得的效果，并简要说明如何达到。可参考目前国内外同类产品或技术的市场供需情况、未来的需求前景、竞争对手分析等来进行说明。

6. 研究条件

1）承担本课题的条件

（1）基础条件。包括过去的研究工作基础、现有的主要仪器设备、研究人员及协作条件等。对在室外进行的研究课题，应当说明试验地或研究对象所处的自然条件和特点，特别要强调那些对研究对象影响最深刻、最敏感的因素。此外，对进行该项研究已具备的测试工具、依托工程等条件也应予以说明。

（2）研究工作基础。开题报告中应尽量详尽地阐述现有研究人员在过去开展的相关研究工作情况、获得的成果和奖励情况，研究团队人员的知识结构、年龄结构、学科结构、学历构成以及具体涉及此项研究工作的历史情况和人员构成。对开展和已经进行工作的现有仪器和将要采用和购进的仪器等也应作相应的介绍。如果有好的协作单位和人员参与，并有更先进的配套设备时，应特别予以强调和介绍。

2）课题研究的组织机构和人员分工

（1）研究的技术力量及分工。主要写此项研究是由什么单位或个人主持，由哪些单位或个人参加。说明这些人员的技术专长和职称、职务。还要注明协作分工的情况，落实各项研究内容和负责的单位和个人，以明确职责。

（2）课题组成员的分工合作。在方案中要确定项目（课题组）长、副项目（组）长、项目（课题）首席、项目（课题）组成员以及所有成员如何分工合作。同时，还要注意课题组成员的整体素质与水平，尤其是课题负责人的水平。

7. 经费来源及概算

这一项包括申请资助的总金额和其他渠道已得到的资金，以及已申请或拟申请的经费来源及金额等。经费具体的使用情况有如下几个方面：

（1）科研业务费。差旅费，计算、测试、分析费，国内调研和学术会议费，资料、报告、论文印刷费，成果评审鉴定费，临时用工劳务费等。

（2）实验材料费。原材料、试剂、药品等耗材购置费，标本、样本采集加工费，运输包装及杂务费。

（3）仪器设备费。仪器设备购置费，搬运包装安装费，自制仪器设备材料费，自制配件外加工费。

（4）协作费。外单位协作者所需经费。

（5）实验室改装费。根据项目研究的需要，进行实验室改造修缮等所需费用。

（6）管理费。与拨款同步分年度提取的费用。一般规定每个项目不得超过经费金额的5%，并且不得层层重复提取。

课题经费的预算要合理，对各项开支要合理预测，在各项费用中材料费、调研费、资料费、咨询费的预算可以宽裕一点，会议费、劳务费的预算则不宜过多。

以上七项是科研开题报告正文部分的内容及写作应包括的事项。对于开题报告来说，正文部分是报告最关键的部分，占的字数也最多，所以应尽量写好。在大项目中七项内容可以完整地体现在报告中，如果不是特大或特别复杂的项目，则不必面面俱到，只要把项目主要的关键部分展示出来，达到目的即可，因此在内容安排的取舍上可以灵活掌握。

（三）结尾部分

结尾部分包括项目负责人和主要合作者的业务简历。这部分内容有的在承担课题的条件一栏或部分中已涉及。但对表格式的开题报告，专门留有填写项目人员的栏目，如果是这种类型，就可依格填写。主要填写学历、工作简历、发表论著、科研成果、获奖情况等。如果项目较大较复杂，开题报告也较长，仅用表格不能全面反映项目人员情况时可在正文中列专项详细介绍，但要突出重点人员和重点成果。

结尾部分的内容还有报送单位（加盖公章）、课题负责人签名、报送日期三个部分，写在报告最后的右下方。

三、科研开题报告写作注意事项

无论是研究者还是审题者对开题报告写作的要求都是一致的，即要思路清晰、重点突出、论证翔实、数据准确、前景广阔，这样才有可能顺利开题，并取得成果。

开题报告一般根据不同专业不同功用，采取与之相应的表现形式，一般有文字表达和表格填写两种形式。文字表达形式的开题报告比较有利于充分地进行论述，并以内在的逻辑性来展示出报告的内容特色。表格式开题报告相对简单些，有很多内容已列成栏目表格，只要按照要求填写即可。对表格式的开题报告应注意在有限的栏目表中以最简洁精确的语句表现丰富的内容。无论是文字表达还是表格式，在撰(填)写时都要注意以下事项：

第一，要充分体现出开题的必要性、迫切性和可行性。撰(填)写科研开题报告时，最重要的是写好课题立项的必要性和迫切性。为充分体现开题的必要性、迫切性，在项目(课题)的目的和意义中要重点回答两个问题：一是阐明为什么要选定这个项目，它对国民经济和科学技术的发展或企业技术进步、解决现场瓶颈问题、提高市场竞争力等有何重大意义，能产生什么影响，本领域或本地区或本部门由于没有解决这个问题给发展带来了哪些困难，项目本身的科学依据和理论基础是什么；二是讲清所选项目在国内外的研究现状、学术前沿、进展程度、发展趋势、同行研究的新动向等，并附上主要参考文献，使评审者具体了解开展本项目研究的必要性和迫切性，以有利于研究项目开题顺利通过。项目开题的可行性主要体现在开题报告中拟采取的研究方法、技术路线和承担本项目(课题)的条件等内容里。可行性的阐述一定要脚踏实地，实事求是，不能有任何夸大、过分、抽象等的表达。阐明项目的可行性应把握：研究者是否具备完成这个项目所需的知识和能力；是否已具备了完成该项目所必需的人力、物力、财力；时间是否充裕，时间的安排是否合理，是否有按预定计划开展研究的依据；等等。

第二，要充分体现课题研究的创新性和科学性。撰(填)写科研开题报告，除充分体现立项的必要性、迫切性和可行性外，还要充分体现出所开课题的科学性、创新性。从创新性的角度讲，要突出本课题研究的特色，即与国内外同行相比本课题研究有什么不同或特别之处，着重讲明他人未曾有过的新思想、新理论、新观点和新的研究方法、手段以及应用前景等。创新性主要在研究内容和技术指标中集中体现。撰(填)写时，要把本项目与国内外同类项目进行比较，阐明拟研究的项目与国内外开展的研究相比将会有哪些创新性内容，可能会取得什么突破，继续研究下去的学术价值和应用价值，对推动科学技术进步有什么作用等(即预期成果)。课题的科学性主要体现在拟采取的研究方法和技术路线，只有方法和路线科学才能保证课题科学。课题所依据的理论论据和事实论据是课题整体水平和科学性的体现。为充分体现课题的科学性，开题报告所陈述的项目应在正确的定理、定律、理论的指导下开展。如被认为是不正确的理论或是已被人们质疑的不成熟理论，不可作为开题报告的理论基础。

第三，开题报告内容要简洁、明确、具体，有说服力。对科研开题报告中的各项(栏)目所撰(填)写内容，一定要做到简洁、明确、具体、周密、完整、概括，避免出现常识性或放之四海而皆准的内容。在写作时要认真推敲文字，使行文合乎规范，一目了然。因为开题报告的读者包括有关专业人员和上级主管部门的领导，有的人不一定十分熟悉专业知识，因此，写作时语言一定要通俗，避免使用专业术语，非用不可时要加以注释。只有通俗地给读者讲清所依据的原理及开题的重要性和紧迫性，有足够的说服力，才有可能引起共鸣，使主管部门或审题专家深信开展此项研究势在必行，而且有望成功，以使其做出决断。

第四，课题内容要紧扣主题前后呼应。撰（填）写开题报告要结合研究背景，针对研究目标等主要研究内容进行设计，并层层分解。各项内容之间的逻辑关系要清晰，围绕一条主线，从开头到结尾，前后呼应，自然而得体，完整地表达出课题的主题，以及“为什么做、做什么、如何做、达到什么效果、取得什么突破”等等。研究内容的多少要视具体情况而定，该多则多，该少则少，不能一概而论。对于内容很单一的项目（课题），就没有必要写得太多，只要能够说明主题即可，如果不管不顾地写上一些与主题不相干的内容，反而会淡化关键内容，让人感觉不知道想要做什么，如果这些内容确实有助于说明主题，则可放在附件中。研究内容各项（条）之间不能存在交叉和重复，要各自说明一个问题，各项之间放在一起，应恰到好处地表达一个完整的主题。

四、常用可行性论证作用的开题报告格式

例 1

用于立项或开题论证，除项目名称、撰写人及承担单位、呈报日期外，主要包括如下内容。

1. 立项依据与目的意义

1）立项依据

2）立项目的意义

2. 主要研究内容、技术路线、技术关键、创新性

1）主要研究内容

该部分是开题论证重点，应围绕存在的技术问题及立项研究目标，合理设置拟定的研究内容。

研究内容设置要把握好技术思路、技术方法之间的逻辑性与相互关联性，避免偏离项目研究技术目标。

2）技术路线

根据不同项目研究的特点，建议以流程框图形式或流程框图结合文字的形式

表达，表达思路与逻辑要清晰。

3）技术关键

技术关键是项目中最核心和最关键的技术，即重要的、有意义的、必须解决的技术。特别要注意的是关键点。

4）创新点或创新性

创新点的归纳是项目的重要部分，结合所研究的内容在领域、观点、方法及应用等方面的突破与创新，进行归纳，语言表达要高度概括、凝练。

3. 项目达到的总目标、技术指标及效益预测

1）总目标

2）技术经济指标

技术经济指标要与研究内容相呼应，应以具有可考核性，可量化指标为宜。专利应作为“技术经济指标”之一，或单列知识产权指标。

3）效益预测

4. 计划进度安排及考核目标

该部分应分年度按季度填写。

5. 研究条件

人员情况、现有设备仪器条件、技术准备、依托工程落实情况。

6. 经费预算

7. 经费使用计划

8. 外协说明

若有外协项目，应说明需要外协方单位简介、承担的研究内容、时间及进度安排。

9. 单位审查意见

例 2

作为开题报告，除课题名称、项目负责人及承担单位、呈报日期外，主要包括如下内容。

1. 国内外现状、发展趋势及开题意义

1）国内外相关产业和技术现状、发展趋势

2）与某行业或企业主业发展的关联度

3）课题的创新性

2. 研究开发的目标、内容、技术方法和路线、技术经济指标

1）技术目标

2）技术内容和技术关键

（1）主要技术内容（或研究内容）。

（2）技术关键。

3）技术方法、路线及其可行性分析

（1）技术方法。

（2）技术路线。

（3）可行性分析。

4）提交的成果及技术经济指标

（1）提交的成果。

（2）主要技术经济指标。

3. 知识产权状况

1）已有知识产权情况

专利号、专利申请号、申请人、专利名称。

2）相关国内外专利检索结果

检索主题词、检索数据库名称、相关专利号、专利申请号、申请人、专利名称。

3）国内外文献查询结果

文献名称、来源、发表人。

4）中国授权或公开的相关专利分析

给出本研究目前是否和国内已公开专利相冲突的分析结论，对有冲突可能的专利，给出专利号、专利申请号、申请人、专利名称、法律状态、专利权利要求，提出相应的创新或规避对策。

5）国外公开文献和未在中国申请的相关国外专利分析

概述这些文献和专利的创新和效果，提出本课题予以借鉴、利用的设想。

4. 市场前景分析

1）国内外市场现状和需求分析

2）经济效益和社会效益预测

5. 开题条件

1）技术准备

前期开展相关研究或经验积累的情况。

2）人员情况

人员情况系指专题负责人和主要参加人的姓名、职务、专业技术职称及主要科技成就。

3）现有仪器设备及实验室条件

6. 计划进度和考核目标

按季度写出各季度安排，跨年度的内容分年度填写；承担单位应包括协作单位。

7. 课题经费预算

8. 经费使用计划

9. 申请单位审查意见

例 3

作为开题报告，除课题名称、项目负责人及承担单位、呈报日期外，主要包括如下内容。

1. 课题的由来、研究的目的和意义

2. 准备情况和主要措施

写明主要的参考文献资料、人员选择、所需仪器设备、材料及加工实验条件等准备情况，并且把完成研究任务拟采取的技术措施和组织措施交代清楚。

3. 研究方案的选择与论证

阐述选定某个研究方案的依据，对所选研究方案的合理性和可行性进行论证。

4. 课题研究的主要内容、主要方法和技术关键

主要内容是指需要进行的考察、调研、实验、设计，以及研究途径；技术关键是指课题研究的主要技术环节、关键技术、技术难点、技术指标、预期研究成果。

5. 地点、试验规模和进度安排

分阶段安排试验地点、试验规模、试验进度等，以便明确各阶段要达到的研究、试验目标。

6. 承担单位和主要协作单位及其分工

如果课题研究是由几个单位合作进行的，应有牵头单位，单位之间应有明确的分工。

7. 具体进度和完成时间

进度要求具体、明确。

8. 所需仪器设备及其解决途径

说明科研需添置的仪器设备的名称、规格、型号、数量等，并且写明哪些仪器设备要从国外引进，哪些在国内购置等。

9. 项目主持人和主要成员

写明项目长、副项目长或首席，以及主要成员的姓名、单位、职称以及业务

简历等情况及任务分工。

10.经费预算及其来源

预先概算出研究中所必需的材料、仪器设备、资料、差旅、基金等费用，写明预期的经费总额及各阶段所必需的经费数额，同时注明经费来源。

11.有关专家（组）的评议意见

凡是重点科学技术项目都必须经过有关专家评议，一般由科研主管部门委托或组织有关专家填写。

12.科研主管部门审查意见

第四节　科技总结报告

科技总结报告是科技工作者围绕所承担的课题，或者是根据对某项课题研究或技术改造（革新）进行的实际记录而写出来的汇报材料。其作用是对所承担的任务作出客观的、恰当的、负责的评价。它一般是指令性的，由课题的承担者按上级机关或资助部门的要求进行书面报告，用于反映科研课题研究进展和完成情况，以及科研和技术工作的创新或革新情况。本节主要介绍科研进度报告、结题报告和技术改造总结报告。

一、科研进度报告

科研进度报告是科技人员运用叙述、说明等表达方式，向科研项目主管部门或课题资助（委托）机构如实汇报研究工作或工程技术革新或改造进展情况的书面报告，它是一个科研项目在某段时间内的历史进程的纪实性文体。它对整个科研过程的某一阶段的工作进行总结，肯定成绩，提出问题，做出评价，同时还要解释怎样分配时间，如何保证项目进度和质量，如何使用资金，并阐明在项目研究的计划中，完成了哪些工作，剩下哪些工作，取得了什么突破，存在什么问题，下一步应如何做，等等。

（一）科研进度报告的作用

科研进度报告作为报告科研项目进展或过程中获得的新认识、新进展的科技实用文体，其作用如下：

（1）向上级主管部门或资助（委托）单位汇报情况，今后的发展方向，总结经验教训。便于主管部门或委托单位了解、检查项目进展和计划完成情况，发现问题及时解决。

（2）可使研究人员估计研究所需要的总时间和可达到的效果，已完成的工作量、未完成的工作量。便于承担者及时总结前阶段的工作，筹划下阶段的研究事宜，及时调整自己的研究方法和进度。

（3）向课题的协作单位和合作者通报信息，便于协作单位了解对方进度，搞好协作配合，以加强相互之间的联系和协作。

（4）促使研究人员整理（积累）资料（材料），集中注意力，把握工作重点，为以后撰写科技论文或课题终结报告提供或积累素材。

（二）科研进度报告类型

科研进度报告可分为定期和不定期两大类。其中：

定期报告有月报、季报、半年小结、年度或年终总结、阶段总结或中期（检查）总结等。

不定期报告一般是在课题研究或技术革新遇到困难或取得一定成果时所写的阶段性小结报告、终结性总结报告或临时要求编写的报告。

（三）科研进度报告的特点

科研进度报告的特点主要体现在如下方面：

一是读者对象专一。进度报告的读者主要是主管部门的工作人员、决策者、合同单位的有关人员或与课题有关的协助者，人数一般较少。

二是作者是研究者。进度报告的作者是研究课题或革新项目的负责人，或者课题组中的某一文字能力、总结能力较强的研究者，能够对报告内容负责。

三是以记实为主。这是与其他技术报告的主要区别之处。进度报告主要是记叙客观事实及其发展的过程、任务的完成情况、尚存在的问题，以及下一步的打算等。

四是以叙述为基本方法。作者用质朴的语言，如实地将客观事物的发生、发展过程，最后的结局叙述下来即可，无须论证。

（四）科研进度报告的规范格式和撰写方法

1.科研进度报告的格式

科研进度报告一般由以下九部分组成（除年度报告外，可以视具体情况简化）：

1）课题名称

即研究课题的全称，不能缩写。

2）课题概述

包括课题任务来源、起止时间、课题要求、主要内容及目标、分阶段计划、完成时间等等。这一项内容只在科研任务开始后的第一次进度报告中写，后续的进度报告中不再写出。

3）本阶段研究工作的内容、情况和尚存在的问题

在这一部分中计划完成情况是重点，应按照科技工作计划上规定的本阶段任务条款，或按上一次进度报告中所拟的“下阶段工作计划”的内容，逐条检查，真实撰写。同时要写明尚存在的问题，包括原计划没有完成的内容，存在的困难等。还应分析问题的性质，产生的原因，解决问题的办法，解决时必须具备的条件以及这些条件中哪些已经具备，哪些尚不具备，不具备的条件又如何去创造等（如果要单独列出存在问题、建议及需要说明的问题一项，可以将本部分存在问题分析放该处）。在这一部分中，既要提出问题，又要分析和解决问题。这部分是衡量进度报告质量高低的关键，要认真写好。

4）本阶段工作进度的总体评价

这部分包括成绩和问题的评价。说明本阶段研究工作中取得了哪些经验，有哪些做法值得借鉴或推广；同时也应指出存在的主要问题，并分析产生问题的原因。

5）下阶段工作计划

既要参照科研工作计划写出下阶段将要进行的工作，又要针对本阶段工作的经验教训，写出完成下阶段工作应采取的具体措施。本阶段任务未完成的部分，应转入下一阶段的研究工作内；若科研工作计划有变动，应写明如何根据新情况来安排下一步的工作。

6）当年或当前经费使用情况和下年度或阶段经费安排

一般按原计划用款额度安排，如确需调整，须加以说明。对于月度、季度报告可不写经费使用情况。

7）存在问题、建议及需要说明的问题

认真查找研究工作中存在的问题，给出解决问题的具体措施、建议。其他需要说明的内容也要如实写出。

8）研究成果和论著目录

获得的阶段性研究成果、申请或获得的发明专利、发表的论文、论著列表。

9）参加课题人员姓名、职称及进度报告的时间

月度报告的人员情况可以不写，其他一般都要写。

2. 进度报告编写方法

对于科研进度报告一般有三种写法：

1）任务法

也称任务分项式，它是以所承担的任务作为小标题，逐项加以说明的方法。这种写法的优点是重点突出，特别适用于几项任务需要在同一时间完成的情况，其不足之处是时间性体现得不太明显。但是，由于进度报告所经历的时间都不太长，所以影响不太大。任务法较为实际、客观，主管部门或人员能一目了然地判定每一任务的完成工作量和未完成工作量，几项任务同时执行时，进度报告最适于用任务法编写。

2）时间法

也称时间顺序式，它是以时间为主线，叙说工作的过程、成果、问题、计划等。可以使读者清楚地看到在各段时间里作者完成的任务及其遇到的问题等。按时间顺序编写的优点是实际步骤清晰，文章脉络连贯，写起来容易。其缺点是重点不突出，过程写得多，易使内容琐碎。但是，由于它的优点远超过缺点，所以使用比较广泛。

由于该方法的动态特征，使它所陈述的情况具有积累的效果，很少引起各部分文字脱节的问题。它给人的印象往往是某个项目或工程正在逐步完成。

3）结合法

结合法是将时间法和任务法结合在一起的一种表达方法。这样可以将所开展的工作表达得更清晰、具体。在实际工作中，可以根据需要选择合适的方法。

3. 不同进度报告写作的具体要求

1）月报

除较大的科研项目外，一般不要求填（撰）写月报。它一般以“报表”的形式出现，规定了固定的填写格式。内容详略程度因各主管部门的要求而异，多数不要求具体内容，只进行概括性的介绍，以数字作说明。如完成了计划工作量的百分数，在哪些方面有进展、遇到了什么困难等。文字力求简明扼要，数字务必准确、可靠，不能使用“大概”“左右”之类含糊不清的词。

2）季报

季报比月报要求的内容详细，除有的按上级主管部门的要求填报外，一般要求成文；字数无具体规定，分条列项，条目之间在语法上可以不互相衔接。只要求报告主要内容，如计划的大体执行情况，有无新的发现等。对一些进展较快、有显著成就的项目或国家、省部级或集团公司级重点项目，可以写得多些，以便主管部门做出新的决策，或及时给予帮助。

3）半年报告

有些科研课题要提交半年总结报告，其具体形式与季度报告相近，但对一些研究周期比较短（如1年期）的项目，一般要求在进展到一半时提交进展报告，也相当于中期报告。对于一些进展比较快的项目可以按照科技论文的格式撰写报告。

4）年度报告

无论承担什么类型的科研课题，都应撰写年度报告。对于重要的年度报告，篇幅不小于一般科技研究报告，可以单独成册。其写作格式是：题目、呈报单位（或课题组）、项目概述、项目执行情况评价、项目存在问题与解决措施、今后设想。其中项目概述主要包括项目的目标、任务及主要考核指标等基本情况；项目执行情况评价，包括项目年度目标、任务完成情况，经济指标完成情况，项目取得的阶段成果和创新性，以及资金使用情况等。

5）中期报告

也叫中期检查报告，对于项目研究周期比较长的或重点项目，为了掌握项目进展情况，有时还需要对项目进行中期检查，为中期检查撰写的报告即为中期（检查）报告。其篇幅一般比年度报告多。基本格式是：项目名称、作者、概述、项目任务、项目执行情况。其中项目任务重点描述项目申请书或合同所述任务及目标；项目执行情况主要包括项目计划进度完成情况，项目实施过程中存在的问题及解决措施等，成果转化、资金使用情况。项目执行情况是项目中期检查的重要部分，要认真撰写。

6）阶段小结

对一般的科研项目不作要求，只有国家重点建设工程或重要的科技攻关项目，才由任务承担者作简要的报告。即在项目进行到某一阶段时，由于某种需要（如，项目遇到问题、需要提前进入现场试验等）而临时进行的总结，重点是明确报告的目标，介绍研究进展情况、取得的主要成果或认识、存在的主要问题，以及下一步工作建议等。

7）终止总结

终止总结也可以看作研究工作报告，它是科研课题已经完成或因某种原因结束课题的研究而撰写的报告。包括正常终止和非正常终止总结两类。

（1）正常终止总结。当每一项科研选题已达到预期目的，完成了预定任务，经过鉴定或评审，得到主管部门认可正常终止时，都应写出终止总结报告，有时在成果鉴定时要求提供总结报告或研究工作报告，用于对研究工作情况、获得的成果、经验、存在的问题、建议等进行介绍。它的篇幅，相当于一般公开发表的科技论文。它的通用格式是：题目、作者（或单位）、导言（引言）、基本情况、基本经验、问题探讨、结语。

（2）非正常终止总结。有时因计划失误造成困难，或因不可抗拒的因素无法继续，或因国内外同行的同一课题已取得研究成果，失去原先计划的意义，课题被迫终止（非正常终止）时，也要写终止报告。对于非正常终止课题的终止总结，要对研究过程中各环节的技术性问题进行分析论证和加工整理，说明终止的原因等，阐述获得的主要成果、经验、教训，以及对今后类似项目的参考和借鉴意义。

（五）科研进度报告的写作注意事项

科研进度报告是汇报科研工作的告知性文体，根据不同的课题内容，采用不同的编写方法。对单一课题，可采用时间法，按任务完成时间的先后撰（填）写，但重点应放在本阶段研究工作的进展和结果上，避免写成流水账。对项目比较多的科研课题，可采用任务法，一项一项地撰（填）写。也可把时间法和任务法结合起来编写。无论采用哪种方式来写，写作时都要注意如下几方面：

第一，目的明确，内容新颖。撰写科研进度报告的主要目的是让科研主管部门或课题委托部门，以及参加课题研究的全体成员，及时了解科研工作进展，反映科研进程中的问题等。因此在科研进度报告撰写时应该紧紧围绕这一目的和宗旨。对于某一项课题每一次的进度报告都要有新的内容，只有这样才能引起科研主管部门或课题委托部门的兴趣。切忌套用模板只是改变日期和数据，只有保持每次报告都有新内容，才有实际价值，才能引起有关部门或人员的注意和重视，而要做到这一点，作者必须对研究工作开展情况进行深入了解，精心构思和组织材料，并注意吸收新的思想和素材。

第二，通俗易懂，增强信心。科研进度报告要尽量写得深入浅出，文字精练简洁，内容简单明了，叙述严谨通顺、合乎逻辑。能用数字准确说明的一定要用数字说明，不能用俗语或习惯用语代替规范的科技词语。阐明的问题有根有据，列出的数据有说服力，让科研主管部门或任务委托单位的领导或管理人员读后能够坚定任务如期完成的信心。进度报告的重点应放在成绩叙述方面，对实施中的困难要客观分析，不能作片面地强调，对承接项目难和易两个方面要做到恰当平衡。

第三，分析透彻，言之有物。科研进度报告主要是汇报研究工作进度和任务完成情况，因而，要强调用事实和数据说明问题，而不必过多地阐述过程和细节。一份好的科研进度报告，不是简单的流水账，而要提出问题、分析问题，并找出有指导意义的或者是带规律性的东西，以便从中得到启示，以指导科研工作。在报告中，进展过程与事实的叙述要协调，每一份进度报告都应该是动态性的，应如实地反映研究工作和工程项目的活动和进度，并采用一些含有数量、数字、名称、日期、规格和具体事例的数据等事实内容来说明问题。因此，撰写进度报告时，应留心具体数据与过程描述的比例，一般事实内容至少要占20%。简单的进度报告可用表格形式叙述，有些比较复杂的进度报告还列有图、表等。

第四，实事求是，恰到好处。科研进度报告的特点和功用决定了它所反映的情况必须真实可靠，要客观、如实地反映情况，讲成绩不夸大，讲经验要恰当，讲问题不回避，提建议要慎重，要有针对性，使主管部门能从报告中看到成绩，但撰写人员不可对下阶段的计划作不切实际的安排。当上阶段任务顺利完成了以后，立即把重点转移到下阶段的任务上来。这样才有利于上级主管部门或委托单位及时了解情况，适时给予指导和帮助。

二、课题结题报告

结题报告是一项课题研究结束，研究者客观地、概括地介绍研究过程，总结、解释研究成果，向有关部门（机构）申请结题验收的文体。它是课题研究所有材料中最主要的材料，也是科研课题结题验收最主要的依据。重点要回答好“为什么做”“做了什么”“如何做的”“获得了什么成果”“存在什么问题”“效果及前景如何”。

（一）结题报告的类型与作用

结题报告一般分为应用性研究课题结题报告和实验性研究课题结题报告。一篇规范的结题报告，其主要作用是：

第一，用于阐述选择该项课题进行研究的意义。即研究这项课题有什么理论意义和现实意义。通过结题报告能够让读者清楚为什么要研究这个课题，以及在研究时处于一个什么样的大背景之中。由于一个课题一般只能在一个特定的范围中进行研究，其成果也就只能在某一方面行之有效，所以在报告中还要对课题进行界定，特别是对课题中一些关键词的概念进行界定。

第二，用于介绍所承担的课题是如何进行研究的。结题报告一般要着重对研究的理论依据、目标、内容、方法、步骤进行阐述，讲清研究的主要过程，通过课题运转情况的简单回顾，使读者能够清楚该课题是如何开展研究的。介绍一般包括两个方面，一是对课题研究的几个阶段做一个简要介绍，简单说明每一阶段的研究重点是什么，具体是如何做的；二是对课题的主要子课题的研究侧重和运行情况做一介绍。

第三，用于报告课题研究取得的主要成果。报告成果是结题报告的重要作用，结题报告能否将研究成果有效地表达出来，不仅会影响到课题的成功与否，还会影响结题能否顺利通过专家审核或项目评审验收。为了让读者或专家认可所获得的成果，并留下深刻印象，报告在思想理念层面要有所升华，应当提出一些能为大家所接受的具有个性特色的思想理念，在实践操作层面，可从方法与途径、数据图表统计与分析等角度将课题的创新性和科学性表述出来，以突出创新性研究成果和方法。

第四，用于报告课题研究中所存在的问题，并提出下步工作或攻关方向。任何课题的研究，无论取得多么重大的成果和认识，或多或少都会存在一些不尽人意的问题或不足。这些问题或不足要在结题报告中如实地反映出来，只有能够看到或认识到存在的问题或不足之处，课题的结题报告才能算得上客观的和真实的。要结合存在的问题，找到产生这些问题的原因和解决问题的办法，并在分析取得的成果和存在问题的基础上提出下一步的工作方向，为今后深入开展研究奠定基础。

（二）结题报告撰写格式与写作要点

一篇规范的结构完整的应用性研究课题结题报告，一般包括前置、正文和结尾部分。下面就报告格式和写作要点简要介绍，在实际写作中可以视具体情况灵活调整，但总体写作要点是一致的。

1. 前置部分

前置部分主要包括：

1）报告标题

课题名称+结题报告。

2）署名

单位+姓名（负责人或撰写人），署在标题的下面。

3）目录

如果必要，还应列出报告的目录。目录一般列至三级标题。

2. 正文部分

1）课题提出的背景

对于这部分内容的陈述，一般要求用两三段简洁的文字讲清选择这项课题进行研究的原因、理由，回答好“为什么要选择这项课题来研究”这个问题。

2）课题研究的意义

课题研究的意义包括理论意义和现实意义，这部分既可以单独作为一个部分来陈述，也可以归入“课题提出的背景”来陈述。这样处理的好处是能更充分地回答“我们为什么要选择这项课题来研究”这个问题。

3）课题研究的理论依据

理论依据是课题研究的理论指导。理论依据的陈述要具体，要围绕课题研究的需要，有针对性地列出课题研究所依据的若干个具体的理论观点或政策。所依据的理论要具科学性和先进性，所选择的政策要具时代性。在陈述理论依据时，应避免将某一专家、学者的整篇著作或某一个文件当作理论依据。一般情况下这部分也可以不写。

4）课题研究的目标

研究目标体现的是本课题研究的方向，是本课题研究最终所要达到的目标。对于这部分的陈述要注意两点：一是课题研究目标不要过于空泛，过于原则，或没有扣紧课题题目，即本课题所确定的研究目标，最终必须落实到研究成果中去。对于一个课题的研究是否达到要求或完成任务，能不能通过验收，关键看在研究中所取得的成果是否达到了预期的研究目标；二是结题报告结构的内在联系，即在陈述所取得的研究成果时，一定不能忽略研究目标与研究成果之间的内在联系。

5）课题研究的主要内容

这部分主要是陈述课题研究的范畴与着力点。对主要研究内容的表述应当紧扣主题和研究目标，简明扼要，准确中肯。有时在陈述主要内容时，也可以将子课题表述成研究的内容，由于课题研究的主要内容与研究成果有着密切的内在联系，主要内容的研究结果必须在研究成果中予以体现，做到前后呼应，脉络清晰。

6）课题研究的方法

课题的研究方法指的是该项课题在研究时所采用的科研方法。研究方法的先进性和可靠性会影响研究内容的先进性和可靠性。一项课题的研究往往要采用多种科研方法。在这部分一般将采用的科研方法简单列出，稍加说明即可，不必花费太多的笔墨。而对于研究中所用的具体的实验方法，如果是自己设计的则应该详述，采用文献方法时注明引用文献即可。

7）课题研究的步骤

这部分的陈述比较简单。一般将课题研究分成准备、实施、总结三个阶段，也有的分成四五个阶段。在每个阶段中简要陈述做了几项工作，简明扼要，不必详细陈述。

8）课题研究的主要过程

这部分需要花费较多的笔墨来陈述。要通过回顾、归纳、提炼，即具体陈述采取哪些措施、策略或基本的做法来开展研究。这部分也可以与课题研究步骤合在一起叙述，在每一个阶段中具体陈述所做的几项工作，所采取的研究策略或措施等。撰写这部分内容时，应注意不要用总结式的语气，不要将这部分写成经验总结或研究体会。

9）课题研究成果

这部分是整个结题报告中最为重要的部分。一个好的结题报告应能全面、准确地反映课题研究的基本情况，充分体现出课题研究成果的推广和借鉴价值。一般来说，这部分的文字内容所占的篇幅可为整篇报告的一半左右。在这部分内容的写作中要把握好四个方面：

第一，既要讲实践成果，又要讲理论成果。一个结题报告的研究成果应当包括实践成果和理论成果两部分。实践成果是在项目的研究和实际应用中取得的新进展、新经验、新技术、新产品、新认识，发现和解决的新问题，以及成果应用后获得的经济和社会效益等。理论成果通常是通过研究得到的新观点、新思想，或者新的策略、新的机理等等，它对推进技术进步和促进专业学科发展的作用远大于实践成果，由此可见，成果的借鉴和推广价值往往体现在理论成果部分。因此，在结题报告中，既要突出实践成果（实践性），也要突出理论成果，只有将实践成果和理论成果都总结到位，才能体现出结题报告的理论、学术和实用价值。

第二，研究成果的陈述不能过于简略。在结题报告研究成果部分，不能简单地将做了哪几项研究或多少次实验、获得了多少组数据、申请多少件专利、现场应用了多少口井或多少吨产品，获得几项奖励，在刊物和学术会议上发表了几篇文章等作为主要研究成果。要将通过实验数据分析得到的规律论证的结论陈述出来，将这些论文的主要观点或发明专利的发明点或现场应用中取得的认识和体会提炼、归纳出来，要概述研究所取得成果的主要观点，以及获得的理论成果。如果一个课题分为几个子课题研究时，在成果表述中也要将每个子课题研究的成果进行提炼、归纳。在提炼、归纳时，应注意不要只是简单地罗列每个子课题的主要成果是什么，而应融会所有子课题的主要研究成果，归纳出几点。同时也应注意这些子课题的研究成果必须体现所确定的研究目标。

第三，对项目的技术创新程度和先进性的陈述要客观、准确。研究成果的创新程度，主要是新颖性与独创性，要说明是开创性的、是综合技术的集成、是技术延展还是应用领域的开拓等等。必要时要结合课题研究成果归纳提炼出项目的创新点。创新点是主要技术内容的高度浓缩和提炼，是项目实现技术指标先进性的关键（核心）技术措施和途径。创新点不要太多，一般2~3点即可，最多不要超过5点。创新点要用技术语言、陈述语言描述，做到客观、准确、精练，不能采用商业和评价语言。不能把项目技术指标的先进性作为创新点，也不能将课题名称或层级标题作为创新点。对于技术先进性的评价，需要有数据分析、对比，恰如其分地给出结论，一般不能随便下结论。创新点的关键在于创新的“点”上，所以在撰写时要认真把握，要紧扣课题关键和创新主题，不能泛泛而谈。

第四，有关课题的研究经验或研究体会不要出现在研究成果部分。这些内容可以单独介绍。但在介绍中要把握关键，紧扣主题，恰如其分。且不可空发议论，或将常规的做法、基本常识或原理、机理等作为研究中获得的经验和体会。有多就多写，有少就少写，没有就不写。

总之，要写好课题研究成果这一部分，必须掌握充分的材料，然后对材料进行分析、综合、整理，经过概念、判断、推理的逻辑过程，最后得出正确的观点。要防止出现罗列大量材料，平铺直叙，看不出其主要论点是什么的现象。为了科学、准确、生动形象地表达研究成果，提高说服力和可信性，应采用图、表、照片等来集中反映数据和关键的情节，尽可能减少不必要的文字叙述。当然，选用的图、表、照片也要注意少而精，并准确无误。

10）研究结论

结论部分是作者经过反复研究后形成的总体论点，它是整篇结题报告的归宿。应总结全文，深化主题，揭示规律，而不是正文部分内容的简单重复。结论撰写必须措辞严谨、逻辑严密、文字简明、结论具体，不能模棱两可，含糊其词。当然，有时候也不必要将研究结论单列，而是将其与研究成果融合在一起来写，即将结论合并在“课题研究成果”部分。

11）课题研究存在的主要问题及今后的设想

这部分内容的写作要力求简单，但所找的主要问题要准确、中肯。对于今后设想的陈述应主要放在准备如何开展后续或深入研究，或者如何开展推广性研究和应用等方面，要有针对性和可操作性。

3. 结尾部分

1）参考文献

参考或引用他人的成果要按照引用先后在正文中标注清楚。参考文献则附在后面，参考文献需要按照规范的格式列出。

2）附录

不便列入正文的原始材料等。如一些调查或考察记录，一些统计过的数据，一些典型的案例，获奖情况，专利申请或授权证明，现场应用或效益证明，一些照片等材料可放在附录里。这部分内容需要精简，不能将什么东西都往这里放，以防淡化结题报告的关键内容。

3）致谢

对于给予本课题帮助的人进行致谢。

前面介绍的是应用性研究课题结题报告的结构，对于实验性研究课题结题报告，其结构与应用性研究课题结题报告基本相同。它们之间的差别主要体现在正文中的三个地方：即研究报告中的“课题研究目标”部分，在实验报告中应改为“实验假设”；研究报告中的“课题研究成果”部分，在实验报告中应改为“实验结果与分析”；研究报告中其他部分的标题中的“课题研究”，在实验报告中应改为“课题实验”。

（三）结题报告撰写注意事项

在撰写结题报告时要注意如下几点：

一是要根据课题研究类型的要求，规范小标题的表述。由于应用性研究课题和实验性研究课题的结题报告在小标题的表述上是有所区别的，故要按照不同类型的要求来表述小标题，做到前后一致。要做到这一点，就必须分清所研究的课题属于应用性研究还是实验性研究，避免在结题报告小标题的表述中出现不应有的混乱。

二是要紧扣题目中的关键词语。题目是课题的高度概括，是课题的主题或论点的所在，故围绕科研课题题目，尤其是紧扣题目中的关键词语，是写好结题报告的基本要求。如果能切实做到紧扣题目，紧扣关键词语，就能使报告内容紧扣课题的主题，在撰写时就不会出现大的偏差，保证报告行文顺畅、前后呼应、逻辑性强。

三是要把重点放在介绍研究方法、过程和研究结果方面。结题报告的价值是以方法的科学性和可靠性为条件的，而这两者又有内在的联系，因为只有研究方法科学，才能保证研究结果可靠。读者阅读或审查结题报告，主要关心的是如何开展研究的，在研究中发现了什么问题，这些问题是否得到了解决，是如何解决的，采用的方法是否科学可靠。研究结果在现阶段达到了什么程度，还有什么问题需要继续解决等等。因此，撰写结题报告的主要精力应放在方法、过程和结果部分。

四是理论观点的阐述要与材料相结合。在结题报告中如何使自己的观点得到有力的论证，是非常重要的问题。论点的证实除了必须依靠逻辑的力量外，还需要依靠科学事实的支撑，做到论点与事实相结合。结题报告一定要有具体的材料，尊重事实，用事实说话，从事实中列出观点。在论述过程中首先要处理好论点与事实的关系，这就要求作者首先选好事实，除了要注意事实的典型性、科学性以外，还要善于用正反两方面的事实来说明问题，揭示普遍规律。其次是恰当地配置事实，用事实论证，以帮助人们理解不熟悉的论点。

五是分析讨论要实事求是，不夸大，不缩小。分析讨论要用材料说明观点，做到材料与观点的统一；要以确凿的论据来说明论点，做到论点与论据的统一；不能只限于表述自己的论点，而缺乏科学的论证。在下结论时要注意前提和条件，不要绝对化，也不要以偏概全，以点带面，把局部经验说成是普遍规律，把局部的水平说成整体的水平。

六是要保证报告的结构完整，语言文字表达要规范。要按照前置部分、正文部分和结尾部分的要求来撰写结题报告，使报告结构完整。结题报告的撰写格式不同于论文，要注意不要参照论文格式来写，一般不要在结题报告的前头增设“内容提要”“关键词”“引言”等。结题报告运用的语言应是陈述性的、报告性的，文字应当简洁流畅。结题报告也不同于经验总结，不要以经验总结的格式要求来撰写结题报告。不用第一人称。而且，要注意在结题报告语言文字的表达上，不要使用经验总结式的语言，表达必须准确、精练，切忌答非所问，累赘、重复。

此外，课题研究的组织管理、成员、各子课题承担单位及经费的支出使用等，可放在课题研究工作报告或终止报告中，而不用写在课题结题报告中。

（四）常见的作为项目验收或鉴定的结题报告格式

例 1　验收报告

验收报告主要是对照课题开题报告或立项报告（任务书），回答好是否完成了规定的任务或是否达到了预期的目标，并陈述围绕完成课题研究目标是如何做的，还存在什么问题等。通常用于结题验收，除项目名称、署名和目录外，主要包括如下内容。

1. 项目概况

1）来源及意义

（1）项目来源。简要介绍所开展项目的来源。

（2）项目意义。简要介绍所开展项目的意义。

2）主要研究内容及完成情况

围绕研究内容所开展研究工作过程中形成的实物工作量，包括调研分析、实验、测试、评价、现场试验等分条或分类进行简要阐述。

对照项目申报书（或开题报告）研究计划进度内容，对比性进行概要表述项目完成的主要工作，每项（栏）字数限定在100字左右。一般列表介绍。

3）主要技术经济指标及完成情况

列表介绍规定的经济技术指标、指标完成的具体内容、完成情况。

4）取得的创新点

（1）技术创新点是其创新内容和水平的关键点，提炼必须具体、简洁、准确，可以是重大理论、方法、关键工艺、载体（助剂、材料、工具）等创新与突破。

（2）对提出的创新点在主要内容、技术水平、支持依据等方面进行简要阐述。

2.完成的主要技术研究工作及取得的成果

（1）针对取得的每项研究成果，分条分别论述所开展的研究工作，要体现出任务书规定的研究内容。

（2）每一项研究成果论述之后，需要对本项成果进行综述，提炼出成果小结。

3.现场应用情况

介绍成果现场应用或实验的情况，重点介绍取得的效果、认识，存在的问题，下步工作计划或方向。没有现场应用的项目，该项可以省去。

4.经济效益分析

成果应用后获得的经济效益，并对今后应用可能获得的经济效益和社会效益进行预测。

5.组织管理及经费使用情况

在项目验收时提供，评定或鉴定时可以省略。

1）项目组织管理

（1）项目运行中牵头单位、参加单位、现场协作单位；项目负责人、首席及管理人员等组织管理工作。

（2）项目是否按合同要求、计划进度组织实施项目管理。

2）经费使用情况

（1）项目的总经费使用情况要由计划财务部门出具，并填写“项目经费使用报告”，加盖计划财务专用章（该项也可以放在附件）。

（2）说明经费使用是否合理。

6.结论与今后工作建议

1）结论

总结归纳项目研究取得的结论性认识，要求简要归纳，突出重点。

2）今后工作建议

分析项目的“可持续研究或推广应用前景”，提出项目今后的工作建议。

7. 参考文献

可视具体情况，有则设该项，无则不设。

附件：

（1）项目开题论证专家意见书。

（2）项目中期检查专家意见书。

（3）项目现场应用证明。

（4）项目经济效益分析报告。

（5）项目经费决算报告。

（6）其他与课题有关的附件。

例2　鉴定报告

鉴定报告主要是在结题报告或基于研究工作的基础上，用于报告或陈述获得的成果、创新内容（或创新点），这些成果是如何获得的，以及这些成果的价值、应用效果、推广应用前景等。通过报告能够让读者（评审者）清晰地感受到选题的价值、成果的创新程度和水平。用于成果鉴定的研究报告，除项目名称、署名和目录外，主要包括如下内容。

1. 项目概况

1）项目来源

2）研究背景

介绍该成果所属技术领域，陈述该领域存在的技术难点以及现有技术有何缺陷，指出为了克服现有缺陷应该采取的研究策略。

3）主要研究内容和技术关键

4）技术路线和实施方案

5）主要技术经济指标和创新点

2. 创新性研究工作及成果

（1）×××（标题为取得的成果名称）。总结所采用的技术原理、技术路线和方法，实验过程、实验结论、讨论分析及有关图表，说明该项成果有何创新点，以及所取得的论文及专利、专有技术及软件著作权等，得出该项成果的总体性能指标、有何先进性及达到的技术水平。

（2）×××（标题为取得的成果名称）。

……

3. 与国内外同类先进技术比较

说明国内外同类技术研究现状及发展趋势，通过对比说明本成果与国内外同类技术的优缺点。

4. 应用情况及经济社会效益分析

说明该成果在哪些地区得到应用，克服了哪些技术难题，取得了什么样的效果。

5. 结论与建议

1）结论

包括该成果整体技术水平的自我评价（评价要有充分的依据）。

2）建议

对下步深入研究、推广等提出针对性的意见。

6. 参考文献

可视具体情况，有则设该项，无则不设。

附件：

（1）应用证明、检测报告等。

（2）查新报告。

（3）专利、标准或规范等。

（4）知识产权分析结论。

（5）其他要求提供的附件。

三、技术改造总结报告

技术改造是科技工作者经常开展的，以现有的装备、设备、生产工艺、工具、产品和技术等为革新或改造对象，以现代科学技术为手段，以提高性能、改善操作条件、提高效率、降低消耗等为目的的一种科技实践活动。它具有鲜明的针对性和实践性，也具有很强的技术性。

技术改造总结报告，就是对某一阶段技术改造工作或某项技术改造或革新活动，进行全面、系统的检查回顾，分析研究，从中找出经验、教训，引出规律性认识，明确今后实践方向等所形成的向有关主管部门进行报告的书面材料。

（一）技术改造总结报告的特点

技术改造总结报告作为一种科技应用型文体，具有以下特点：

一是过程性。每项技术改造工作总结报告都有一个线性过程，受一定的时间制约。所以在撰写总结报告时，要把这个过程如实反映出来，包括技术改造工作是怎样开展的，中间遇到了什么困难、问题或难题，又是如何分析问题、解决问题的，后来发展到何种地步，未来的发展趋势和产生的深远影响等。

二是客观性。技术改造总结报告是对已经完成的技术改造工作的回顾和再认识，是在实践中抽象出来的观点，这就要求其内容完全符合客观实际，所用材料也必须真实可靠，来不得半点主观臆想和虚构，既不夸大也不隐瞒，完全忠实于客观事实。

三是理论性。技术改造总结报告不仅是客观事实的描述，更是规律性的提炼。因为，技术改造总结报告的最终目的是对前一阶段的技术改造工作或某项技术改造活动的经验、教训、成果等，经过分析研究上升到理论高度来认识。为此，技术改造总结报告的表述不仅要有客观性材料，还要有指导向前发展的独特的观点和见解，而且观点与观点之间，材料与材料之间的联系要符合逻辑。

四是实用性。技术改造总结报告不仅是对一个技术改造项目或工作的总结，作为技术或革新的结晶，它还应具有推广和借鉴作用，即能够对未来或其他人员开展类似的技术改造活动有所帮助，成为同类技术改造项目的模板或基础。一些有重大突破的技术改造项目，还能以总结兼报告的形式公开发表，得到同专业学科或同行研究人员的认同，使成果得以广泛地推广应用。

（二）技术改造总结报告的内容

技术改造总结报告按性质分，有综合性总结报告和专题性总结报告两类。综合性总结报告是对某企业或某科技部门的技术改造工作进行全面的回顾，多侧重于整体性的客观认识。专题性总结报告是针对某一技术改造项目的突破性进展进行的总结，其技术性较强，带有全新的发现与认识。

由于技术改造的外延性较大，包括整个技术革新与技术革命的方方面面，所以技术改造总结报告的内容十分宽泛。归纳起来通常包括如下内容。

1. 基本情况

这是技术改造总结报告的前言部分。这部分的作用是让读者对技术改造总结报告的概貌有个基本印象。因此，一般要对技术改造工作任务、背景、完成情况，包括取得的突破性进展、经验和教训，以及存在问题等，简明扼要地进行交代。

2. 突破性进展及规律性认识

技术改造工作中取得的突破性进展情况要阐述得具体、可信，一般需要用事实材料和必要的统计数字加以说明，切不可夸大事实。对获得的有关科学规律或规律性认识要准确把握，总结要客观、实在，并揭示其取得规律性认识的基础条件和主客观因素。

该部分内容作为技术改造总结报告的核心部分，要对技术改造工作进展过程进行全方位的客观描述和理论评价。在写作中要把握好因果关系的连续性，体现出规律性认识的理论高度。由于报告的关键就在这一部分，故必须下功夫写好。

3. 存在问题和教训

存在问题主要是指技术改造工作应做而未做好，或未做完的工作，或尚待解决的问题。而所谓教训则是指由于参加技术改造工作的人员指导思想有误，实验（或试验）方法不当，认识不到位或由于主观因素而导致某项技术改造工作没有达到预期目标，造成损失而得出的反面经验。这部分要在肯定成绩的基础上，找出问题，分析产生问题的原因，引以为戒。该段文字一般不宜过长。

4. 工作方向与今后设想

任何一项技术改造工作的完成，只能是阶段性终了，而不是整体性技术改造工作的完结。因此，必须把今后的目标和打算写好。无论是技术革新，还是技术革命，总是持续不断地改进与提高。这就要求对未来的技术改造措施、方法、步骤，以及技术改造任务，指标都要有所展望，使技术改造方向具体明确，设想切实可行。

作为报告的结尾，这部分应写得简洁明了、干净利落。

5. 附件

对于一些不宜列入正文，而又对正文的理解有重要参考价值的内容，可以放到附件中。

（三）技术改造总结报告的写作方法

在成文前和其他科技报告写作一样，需要调查研究、占有材料，即掌握技术改造工作开展的全部过程性材料，然后再从理论的高度来认识这些材料。在对材料有了充分的认识后，还需要进行筛选和加工，使之变成直接的写作材料，然后就可动笔行文了。一般情况下，写作步骤包括如下几方面。

1. 确立标题

标题是报告的眼睛，必须结合技术改造项目的内容与主题，认真确定，以简单明了地概括整个报告的内容。一般情况下，技术改造总结报告的标题主要有以下几种形式：

（1）直陈式标题。一般由单位名称、时限、事由和文种4部分组成，如

“×××公司××××年×××技术改造总结报告”。这种格式不是一成不变的，可根据实际情况进行调整，如“×××技术革新的总结报告”，或“关于×××技术改造情况的回顾”等等。

（2）正副式标题。一般正题是对某项技术改造项目情况的规律性概括，是总结报告的主旨体现；而副题则是显示其文种特点。例如“‘绿色革命’助推石油工程实现清洁生产——对近年来我国钻井废弃物处理技术的改进与推广应用的回顾”。

（3）不标文种式标题。写成一般文章的题目形式，虽未注明“总结”二字，但本身就体现出总结的性质或内容，如“××以来××技术改造的回顾”“××技术革新的回顾与展望”等等。

2. 正文写作

正文是指除了标题和落款之外，构成文章的文字部分。

1）开头

开头一般是概述技术改造工作的基本情况，主要包括技术改造工作的历程和条件，取得的突破性进展及体会等。还要注意揭示技术改造总结报告的中心意旨，尤其是专题性总结报告。这部分要做到高度概括，切忌拖沓。

2）主体

主体部分是技术改造总结报告的核心部分。要写得有事实、有思考、有分析，使观点与材料高度的协调统一。写作中一般要注意以下几点：

（1）分清层次，详略得当。技术改造总结报告的层次大多按材料的性质来划分，要注重它们之间的内在逻辑性。无论是技术改造的方式、方法，乃至措施、步骤的描述，还是对某项技术领域发明创造的介绍，都要从技术改造的总目标出发，使人感到材料和观点可靠、可信，需要详细说明的应尽可能详细，该省略的也绝不拖沓。并做到文字精当，富有条理。

（2）材料翔实，说理有据。一个大的技术改造项目往往需要投入大量的资金才能完成，追求的是实效，为此在总结报告中，一定要实实在在地介绍其完成的全过程，以及技术改造后的生产效益和技术效果，同时还要客观地说明存在问题和走过的弯路，为下次技术改造提供经验教训，避免重蹈覆辙，也可为他人进行技术改造提供可行性数据。这就要求总结报告的材料必须翔实无误。

（3）突出重点，主旨分明。在技术改造总结报告中一定要把技术改造工作的突破性成果放在重要位置，鲜明地表现出来。同时还要通过过程性介绍，讲清其因果关系，以及新观点、新发明、新成果产生的条件和历史背景。具体而言，重点内容可用主题句或主题段来揭示。

3. 关于落款

技术改造总结报告不仅要向上级汇报，还要发表出去为同行们借鉴，因此要有落款，落款包括实施技术改造的单位或部门、编写人和日期等。一般可将署名和日期放在标题之下。

（四）技术改造总结报告的写作要求

技术改造总结报告具有总结和报告的双重性质。所谓总结，就是探索规律的东西以资借鉴；所谓报告，就是将规律性的经验公布出去，让它产生直接的经济效益和间接的社会效益。归纳起来，技术改造总结报告的写作要求如下。

1. 结合具体实际选择适当的结构

由于内容的着重点不同，安排材料的方法也各有异同。一般的技术改造总结报告可以采用以下不同方式撰写：

（1）板块式结构。这种结构形式是将全篇按内容不同分成若干板块，并用号码（如一、二、三、四……）标其顺序。实际板块式结构就是技术改造总结报告各个部分的组合形式，如基本情况、进展和规律、问题和教训、方向和设想等部分。

（2）条目式结构。一般用在内容比较复杂，或技术改造程序繁多的总结报告中。可将技术改造的措施与方法、规律性的认识，分项分条地排列出来，使总结报告内容系列化，认识程序化，逻辑思辨具体化。最终使叙述内容以明快、简捷的方法呈现给读者。

（3）标题式结构。这种结构形式以若干个小标题引领起全篇的每一部分。其实，每个小标题就是作者（报告者）开展技术改造研究的一个思路或步骤，或某一方面的规律性认识。这样层层展开，文章结构脉络明晰，报告者思维走向也十分清楚，写起来比较灵活。

（4）贯通式结构。这种直贯到底的结构样式，虽没有引领标题的序号排列，也不用小标题来揭示，只围绕一个中心主题，先谈认识、叙述情况，后写经验体会，或边叙边议，能较好地体现事物的内部联系，使观点与材料比较紧密地结合。这种方式一般仅适用于简单的技术改造，如小改小革、“五小”成果或QC成果等报告，而在复杂的技术改造总结报告写作中不宜使用。

2. 认真总结规律并找出内在的必然联系

规律是现象的本质，是贯穿于个别、偶然现象的普遍的、必然的联系。在技术改造工作中，一些新的发现、发明和创造，往往都是在寻找必然性上总结出自身的规律特点的。所以说，“规律是基于若干的实验、观察所提出来的假说，经过后来的新实验、观察所检验，废弃某些东西，修正某些东西等过程而确定的”，这就要求技术改造总结报告的写作必须在规律性的必然联系上下功夫。只有这样，才能够摸索出一套革新的新路子，即规律性的普遍性认识。而技术改造总结报告正是以文章形式将富有规律性的东西告知于大众，以促进人类社会一步步迈向更加科学、更加文明的时代。

3. 报告情况要遵循客观性原则

如前所述，技术改造总结之所以冠以“报告”二字，就是它向人们展示某些革新进展状况和未来发展趋势。技术改造总结报告的写作，必须遵循如实反映情况的客观性原则，即要全面、客观地描述企业技术改造工作的整体情况，诸如背景条件、进展过程、遇到的问题，直到解决问题、现存问题、今后打算和设想等，都纳入报告的写作内容。最终将一幅既是宏观的，又是微观的线性蓝图展现在读者面前。撰写技术改造总结报告应养成认真研究问题的良好习惯，只有在研究问题上下功夫，才能奠定技术改造工做进一步推进的基础。

（五）常用技术改造项目总结报告格式

下面是两种典型的技术改造总结报告正文的格式。

例 1

适用于相对复杂的技术改造总结。

1. 概述

1）项目概况

2）企业基本概况

2. 项目主要内容、实施依据、项目执行及资金筹集使用情况

1）项目主要内容

2）项目实施依据

3）项目执行情况

4）资金筹集及使用情况

3. 项目经济效益情况

4. 项目环保、安全、消防、劳动卫生等实施情况

该项也可以不设，是否设该项，要视具体情况而定。

5. 主要经验及存在的主要问题

1）主要经验

2）存在的主要问题

6. 项目的总体评价

7. 附件

该项可视具体情况取舍。

例 2

适用于相对简单的技术改造总结。

1. 基本情况

1）工作目标完成情况

2）主要举措

2. 技术改造工作的成效

1）×××（成效之一的标题）

2）×××（成效之二的标题）

……

3. 存在的问题和不足

4. 认识与建议

1）认识

2）建议

5. 下步工作思路

6. 附件

该项可视具体情况取舍。

第五节　科技考察与调查报告

就词义来讲，“考察”和“调查”并无多大不同，故调查报告和考察报告也有些接近，都是为着某种目的进行实地观察、了解，进而思考研究，及时地把情况报道出来。但从文体类型上来看，两者仍然具有明显的区别：①调查报告和考察报告都有很强的针对性，但调查报告偏重解决实际问题，而考察报告则偏重对事物的了解和认识；②调查报告着重于对事物矛盾的分析和过程的了解，而考察报告则侧重于对事物现象的探索和规律的认识；③调查报告的范围小，往往只对一个问题、一个事件进行调查研究。而考察报告多从事物的整体出发，研究事物的全貌；④调查报告的写作目的是了解事物真相、阐明原因，从而得出需要的结论，而考察报告的写作目的是了解事物的状况、进展、学习别人的经验、借鉴国外的长处；⑤两者的撰写格式虽然都比较灵活，由于目的要求不同，两者都有自成系统的表达形式。

总而言之，考察报告更直观些，而调查报告趋于客观。实际上科技调查报告是在获得大量材料的基础上，着重于分析与理解，最后得出科学的结论。从表现手法上看，调查报告多以叙述的方式交代调查的事实与结果，适当带有议论的成分，而考察报告多利用介绍性的说明文字，阐述考察的各个项目。

一、科技考察报告

科技考察报告是用描述手法记录对某个事物的观察或考察后，经过研究、整理、分析本质找出规律的书面材料。科技考察报告的基本表达手段是叙述，而不是描写，只有通过客观的叙述，才能为进一步的科学研究提供真实可信的材料。它可用于总结经验、反映情况和研究问题。

（一）科技考察报告的特点

归纳起来，科技考察报告具有如下特点。

第一，科学性。科学考察，通常是科研课题研究工作的开端，考察不仅把科研工作建立在客观直接经验的基础之上，而且这些活动本身就是科学研究。针对科学考察而写出的考察报告，作为一种叙述性的科技文体，往往具有一定的科学价值，这便体现了报告的科学性。

第二，专业性。科技考察报告主要是用来反映某一学科的学术水平、科研动向等情况，或者表述某一科研课题的实地考察研究结果，或是为解决某一技术难题或瓶颈技术服务，有着明确具体的专业范围，专业化程度较高。所以，科技考察报告具有明显的专业性特点。

第三，真实性。科技考察报告是作者通过科技考察活动所得到材料的客观记述，它客观准确地如实描述考察中所见到的科技事实，反映真实情况或面貌，具有高度的真实性。

第四，时效性。撰写科技考察报告的目的是促进科学研究，加速科技发展。在当今信息时代，更应强调时间观念，一份过时的考察报告，其作用和价值都必然要降低，甚至丧失。因此，进行科技考察和撰写科技考察报告都要及时、迅速，以确保其时效性。

（二）科技考察报告的类型及结构

1.科技考察报告的类型

常用的科技考察报告有以下几种类型。

1）科技情况考察报告

该类报告是指在对某一国家某一学科、某一技术问题，或是某几个国家某一相同学科、某一技术问题，或是本国某一学科、某一技术问题进行较为全面的考察之后撰写的考察报告。报告直述所见到的科技事实，其目的是为国内科技工作者提供国内外最新的科技信息，如某一专业研究的最新水平、发展动向等。

2）学科研究考察报告

这类报告是为着科学研究的目的，针对某一学科科研课题实地考察，对考察所得材料进行归纳、分析、研究，进而得出科学结论的考察报告。通过实际的勘察、调查，对所得材料进行分析研究，然后用考察报告的形式记录下来，成为重要的科学文献。

3）学术考察报告

该类报告是指科技工作者通过参观、访问、开会、座谈、讨论等多种学术交流活动，特别是通过参加国际、国内的重大学术会议，将所了解到的本学科领域里的学术水平和发展动向以书面形式反映出来的考察报告。

4）技术考察报告

该类报告是指科技工作者针对工作中遇到的科学研究或生产建设或生产实践中的某一技术难题，通过有目的地参观、学习后写出来的考察报告。

2. 科技考察报告的结构

科技考察报告按照习惯的写法大体由标题、前言、正文和结束语四部分构成。

1）标题

也称题名，要能直接地反映考察的范围和内容。如："国外页岩气钻完井技术考察报告""×××地区页岩气开采对环境影响的考察报告"等。

2）前言

前言要简要地介绍科技考察团（组）的名称、人员、时间、地点、对象、目的、意义以及考察过程和考察方式等。前言要求简练、概括。比较短的考察报告，可以不标"前言"，而直接写出前言的内容来。

3）正文（考察项目）

正文是考察报告的主要内容。在组织材料时可根据需要，或以时空为线索，按考察的进度、地点的先后顺序安排材料；或以考察的内容为线索，按照专业性质、种类、特点来安排材料。要对被考察的现象和事实作详细说明，并进行必要的分析，要详细介绍考察所得的专业内容和考察的收获等。

4）结束语（体会和建议）

结束语应结合考察内容、考察所得材料的归纳分析和作者的体会，提出意见和建议。可专门写体会和建议，也可简单地写一段文字，置于正文之后。有些考察报告已在正文或前言中交代了考察结论，则可省去结束语部分。

5）附录

附属于正文，在考察报告结尾中出现，对正文起补充说明作用的信息材料，可以是文字、表格、照片等形式。附录不是必须要的项目，一般视具体情况取舍。

（三）科技考察报告的材料搜集

撰写科技考察报告所依据和引用的大量材料，绝大多数是直接来源于对所考察的国家、地区以及学科领域的深入调查研究。因此，进行科学的、目标明确的、系统的深入考察是撰写科技考察报告的重要环节。

科技考察大体上可以分为三个阶段，即：准备阶段、实际考察阶段和整理、分析所得材料阶段。从写作的角度而言，都属于写作前的材料搜集工作范畴。

在科技考察的准备阶段，首先要明确考察的目的和任务，然后确定考察的对象和方式。

在考察之前，必须深入了解和研究本次考察的目的和任务，明确考察要解决什么问题，为达到这一目的，应当划定多大的考察范围，确立哪些考察项目，确定考察的深度。同时，应当围绕考察的目的，广泛地搜集各种资料，包括有关考察对象的各种情况，被考察地区的地理、交通、气候条件等，初步确定考察的具体方法。

在上述工作的基础上，可拟定考察大纲，也就是详尽地列出考察的所有项目，并且按照一定的逻辑顺序系统地排列起来。同时，如果考察结果需要制成数据表格的，应事先编制调查表，以方便考察工作。

目的和任务明确以后，就可以据此确定考察的对象和采用的方式了，大体上有以下几种方式可供选择：

（1）普遍考察。所谓普遍考察就是逐一考察有关范围内的所有对象，通过全面的了解、统计和分析，从中得出普遍性或概括性的结果。由于普遍考察往往会花费大量的人力、物力和时间，一般不轻易使用，而较多采用典型考察。

（2）典型考察。所谓典型考察就是从有关范围内所有的对象中选择几个有代表性的对象进行考察。毋庸置疑，典型考察的结果是否可靠，很大程度上取决于所选取的对象是否真正具有代表性。

（3）抽样考察。所谓抽样考察就是把考察对象按照不同类型进行分类，从中任意或随机地选取若干对象作为样品，进行考察、调查和统计。这一方式是普遍考察和典型考察的结合，在考察对象太多而难以进行普遍考察时，可用它来代替典型考察。但它又不同于典型考察，因为在抽样时，恰恰应当尽量排除目的性，以保证考察的客观性。另外，还应当保证所考察的对象即样品具有一定的数量，以避免偶然性。

考察中所得到的材料应当加工整理、分析和综合，以求找出事物内部和事物之间的联系及其发展规律。整理和分析材料时，应注意三个方面：

（1）记录与整理。考察工作的主要任务是搜集材料，为使考察材料不致散失或遗忘，在考察过程中必须随时记录。记录时，可考虑依照不同的考察项目或考察对象准备若干本分类笔记本，或采用活页的笔记本或笔记本电脑，按更细的项目或按考察对象的不同分类记载。考察中搜集到的材料，必须及时整理。

（2）鉴别与补充。考察中，切忌简单地把听到和见到的一切都当作可靠的材料，不加筛选，有闻必录。而要根据材料的来源、提供材料者的身份和倾向，并将多种渠道搜集到的材料加以比较，鉴别材料的真伪和可靠程度。为便于随时订正和补充，鉴别工作应在考察地或考察中完成。

（3）分类与统计。考察后，应按照考察大纲，或依专门问题，或依考察对象，或依材料性质，分门别类，进行归纳和整理。如果考察材料中包含一些统计资料，在作初步总结前，还须把统计结果制成各种图表，以供撰写考察报告时参考或引用。

（四）科技考察报告的写作要点

由于科技考察报告的类型、考察的对象和目的不同，科技考察报告的内容与写作格式也就不同，应各有侧重。如科技情况考察报告应着重介绍考察的主要内容和收获，包括作者的体会和建议。学科研究考察报告应按考察方法及过程、考察结果及讨论两个方面进行介绍，侧重于对考察对象的了解和认识，以及探讨、揭示被考察现象和事实的本质及其发展变化的规律；既要有切实的叙述和说明，又要有科学的议论和证明。学术考察报告应着重介绍作者通过考察，在学科理论、生产技术等方面的收获。技术考察报告应详细、具体地介绍考察项目的主要内容，并提出有价值的意见和建议。下面结合科技情况考察报告、学术考察报告、技术考察报告和学科考察报告介绍科技考察报告的写作要点。

1.科技情况考察报告

科技情况考察报告基本格式是：标题，考察团名称，前言，概述，考察细目。

1）标题

标题应准确地概括出考察的主要内容，并在考察的主要内容后面写上“考察报告”的字样。标题下面隔一行居中写上考察团(组)名称。

2)前言

前言部分要介绍本考察团(组)的名称，组成，考察时间，访问国别、城市、机构，参观的具体单位等。若单位过多，只写几个有代表性的单位名称并说明单位总数。

3)概述

概述部分主要是交代考察的总体情况，这一部分要写得通俗易懂，简洁概括。

4)考察细目

考察细目部分要把考察内容分成若干条，逐条介绍考察所得的专业内容。这一部分是报告的主体，考察的主要内容都要在这里写清楚。至于考察细目究竟该列哪些，与考察目的和学科本身有着紧密联系。可以说，一切与考察的目的相联系的本学科研究的各个方面都应当列入细目。

2. 学术考察报告(会议报告)

学术考察报告的写作可以不拘一格，但常用的格式一般为：题目、作者(代表团)名称、摘要(亦可省略)、概述、收获。

其中最重要的是概述和收获两个部分。

1)概述

就是对所参加的学术活动的客观评价。要写明会议名称、主办单位、召开时间及地点、与会人员的职务职称及所代表的单位、开会方式(包括大会发言、分组讨论和参观)、提供论文情况、会议主要研究或解决的问题等。

2)收获

即报告人在学科理论等方面的收获。写作时应该着重介绍：从会议上看出本学科新的研究方向，达到了什么水平，以引起有关部门的重视；对会议主要论文进行综合介绍，可以摘取论文中最精华的部分(如重要的图表、数据、方法、论证、结论等)，以备参考；结合国内外情况，介绍本学科先进的科研管理、学科方向、实验设备、测试技术、数据处理等方面的经验，为己所用。

为了写好学术考察报告，要作好会议记录，这是会后进一步分析、研究、总结情况的重要参考材料；也要注意搜集会议纪要和简报，这些材料是写作的主要根据，且能保证其准确性。此外，除了汲取会上的收益外，还可以对自己不甚明了的地方，利用会期直接向对方讨教，甚至可以对一些共同感兴趣的问题，邀请有关人士座谈，进行学术交流和探讨。

3.技术考察报告

技术考察报告，也叫综合考察报告，它是为了解决试验技术或生产技术上的某一难题，通过参观、学习后写出来的考察报告，其目的性很强，它所形成的通用写作格式是：题目，作者（代表团）名称，前言，概述，考察细目。一般由前言、概述、考察细目和主要体会及建议等部分组成。

1）前言

前言主要用于简介。简单地介绍考察团的名称、组成人员、考察地点或访问的国别（城市或机构）及时间、考察项目、参观的具体单位等。

2）概述

主要用于介绍考察的一般情况，包括考察的原委、对象、方法过程和收获，说明考察的意义所在，使读者对这次考察有一个整体印象。对出国考察项目，还应结合国内的现状进行对比分析。这一部分要写得通俗易懂，并反映出考察的整体印象。

有的也可以将“前言”和“概述”合起来写。

3）考察细目

考察细目是报告的主体，是写作的重点。写作时应归纳和分析考察内容，分门别类列出考察项目，再逐条详细介绍。这一部分是同行专家和学者关注的内容，要力求全面和具体。行文时应采用专业词汇和专业用语，关键的地方还要辅以表格、插图和照片。

4）主要体会和建议

这一部分是在总结考察收获的基础上，结合本地区或本国的实际情况，提出考察结论，并对这些结论的可靠性和有效性加以评价，指出今后解决问题的办法。有的考察报告在分别介绍考察内容的同时，结合本国或本地区的情况作分析比较，并提出建议或体会。

4.学科研究考察报告

学科研究考察结束后，首先要整理所获得的各种数据、标本和观察到的现象，通过分析、归纳，提炼出系统的科学的内容，作为报告的主题。这类报告是为着科学研究的目的，通过考察之后写出的报告。行文介于出国考察报告和科技论文之间，既具有真实地叙述和说明的特点，也具有论证和反驳的特点。一般包括：题名，作者及其单位，摘要，引言，考察方法，结果与讨论和参考文献等。

这类报告在写作格式上比较自由，大体上可以分为以下几类：

（1）文章式。对于考察对象比较单一，内容比较集中的考察报告，可以写成一篇全文直贯到底的文章。有些专业性强而内容较多的考察报告，可采用科技论文的写作格式，即包括标题、作者及其单位、摘要、前言、考察方法、考察结果、讨论和参考文献等部分。各部分的写作内容和科技论文相应部分的要求一致。

（2）标题式。对于这种格式的考察报告，一般根据考察的目的任务分成若干个项目，每个项目有一个标题，合成一份总的报告。它多用于某一学科的综合考察报告。

（3）日记体。也就是按照日记形式（体裁）写成的考察报告。在考察过程中，每日遇到各种现象和标本，以及所观察和研究的结论，当时便记载在日记中，日记体的报告写起来真实准确，挥洒自如。

（五）科技考察报告写作注意事项

要写好一篇科技考察报告，应注意如下有关事项：

一是目的要明确具体。每个科技考察报告，都有自己的具体目的。它或者是在考察前就已确定，或者是在考察中逐步形成。不论科技考察报告的目的是怎样形成的，都是基于科学技术总结、交流的需要。

二是要广泛搜集资料切实把握主题。考察研究，必须亲自深入第一线，细致地按考察提纲一步一步地进行。在考察过程中要尽可能多地搜集第一手资料，注重查阅相关的文献资料和做好记录，这是做好考察工作和写好考察报告的基础。报告不能无主题，也不能“主题先行”。其主题应是从所调查来的大量的信息中提取出来的。这就要求既要阅读书面材料，又要了解科研单位和生产实际及某一科研课题各个方面，不能放过任何细节。

三是材料要科学合理。考察报告的灵魂是材料的科学性。因为科技考察报告要用事实说话，为增强说服力和可信度，要把考察得到的材料，经过整理、分析、归纳来说明某一问题，所运用数据如果是统计数据，应指出取样方式和样本数量。同时，还必须保证材料的具体内容以及对这些内容的表述都是科学的，才能保证报告的可行性和准确性。

四是材料要合理取舍。要根据表达主题的需要，对材料进行科学分析、提炼和取舍。对考察所得的资料以及被考察的现象、事实进行必要的筛选提炼、科学分析，得出有价值的、有意义的观点、意见、建议，切忌单纯地罗列考察所得的材料。

五是要在分析论证的基础上得出结论。在写作时要注意整篇报告和每一项内容的关系，给出的结论要准确、具体，不能模棱两可，含混不清。

六是语言要通俗易懂。科技考察报告以第三人称的叙述方式来说明观点。既要有切实的叙述和说明，又要有画龙点睛的议论和证明，尽量使语言朴实，通俗易懂，并要注意运用科技语言，结合图、表、照片、公式等表现手法，适当借助于文学技巧，将科技考察报告写得生动活泼，富有情趣，引人入胜。

二、科技调查报告

科技调查报告是指人们对科学技术领域的某一事物或某一问题，进行系统周密的调查研究之后，经过分析研究，总结归纳，提出对事物或该问题的认识以及科学的处理意见和建议的书面报告。它是科技工作中经常使用的一种科技文体。

（一）科技调查报告的特点

科技调查报告在实际工作中起着重要的作用，它可以帮助人们了解情况，弄清问题、事实，为各级领导机关制定和执行正确的科技方针、政策，指导工作或解决问题提供可靠的依据；还可以为本单位、本部门提供工作经验和教训，帮助人们正确地认识事物，提高科技工作水平。归纳起来，科技调查报告的特点如下。

第一，科学性。调查报告是一种说明和记叙相结合的文体，主要用来说明调查研究的情况和结果。其最大的特点是靠事实说话。在对科技领域的某一事物或问题进行调查研究时，要想掌握大量丰富的第一手材料，必须要有科学态度，尊重客观实际，周密细致调查。在此基础上，应用有关科学理论知识和科学方法对调查所得的材料进行分析研究，揭示出事物或问题的本质，达到正确认识事物、解决问题的目的。因而，科学性是科技调查报告的基本特征。

第二，针对性。科技调查的目的主要是针对科技领域的某一事物或问题进行调查研究，通过对调查研究得来的大量事实材料，进行认真的分析研究、总结归纳，正确认识某一事物，揭示出事物的本质和规律，从而获得正确的认识，进而提出具体合理的、切实可行的解决问题的意见和建议，达到解决问题的目的，表现出极强的针对性。

第三，专业性。科技调查报告主要是反映科学技术领域的事物或问题，在表述上以叙述情况为主，如实地表现事物的本来面目。叙述时，尽可能地反映事物的全貌，避免片面性和绝对化。调查所作的结论，必须以事实为依据，并以实际材料说明观点。虽然它的读者和影响面并不限于科技领域，但作者必须具备相关的专业知识才能写好科技调查报告。所以说科技调查报告具有较强的专业性。

第四，时效性。在科研活动和日常工作中，经常出现一些亟待解决的问题，而这些问题能否及时解决，直接影响到科研活动和生产实践的顺利开展，为此通过调查而得出的结论，必须在一定的时间内报告出来，这就要求科技调查报告必须有很强的时效性。对科技或生产领域中产生的某一事物或某一问题进行调查了解后，只有及时、迅速地写出科技调查报告，提出认识和解决问题的意见、建议或措施，才能充分发挥其指导作用，达到解决问题的目的，否则调查就失去了意义。

（二）科技调查报告的分类

按照不同方法可以将科技调查报告分为不同类型。

1.从范围上分

可分为综合调查报告和专题调查报告，专题调查报告又分为局部调查和抽样调查报告。

（1）综合性调查报告。是用于综合反映一个地区、系统、领域较为重要情况的报告。主要是根据调查研究的情况，提出具有全局性的指导意见或结论。特点是调查的课题重大，涉及面较广泛。一般是在获取大量材料的基础上，经过分析、归纳、概括而形成。有时先分别进行若干专题调查，写出专题调查报告，然后加以综合、分析而成。综合性调查报告具有普遍的指导意义，往往是制订或修订方针政策或重大科学决策的依据。

（2）专题性调查报告。是用于反映一个专业方向、一件事或一个问题等而进行的专门调查情况的报告。相对综合性调查报告而言，专题性调查报告的特征是以“点”为主，从“点”的剖析中总结规律性的经验或教训。它能及时提供情报，使管理部门或领导了解情况，具有较强的针对性，对有关部门或某个行业的工作或解决某一问题有一定的指导意义。

2.从时间上分

可分为历史情况的调查报告和现实情况的调查报告。

（1）历史情况的调查报告。是对近代的重大科学或技术发展情况进行调查，真实地反映科技发展的历史进程中所获得的成果、经验对社会发展的促进作用，以及存在的问题等，并得出科学结论。它以真实的史料为依据，将过去的科技成果或技术对当前科学技术进步的重要作用做出公正的评价，具有针对性、校正性，通过经验和教训的总结，能够指导今后的工作。

（2）现实情况的调查报告。是对当今的重大科学或技术进展情况进行调查，真实地反映当前科技发展的现状，并掌握科技发展成就、经验和存在的不足，预测今后的发展趋势，提出努力方向。它以现实的资料或事实为依据，对当前获得的成果或技术进行科学的评价，具有针对性、实用性和导向性。

3.从调查目的分

可分为总结经验的调查报告，了解研究问题的调查报告和揭露问题的调查报告。

（1）总结经验的调查报告。对某一学科、某一领域或某单位在某一时期或某一项工作的过程和成果、经验、成绩进行调查研究，从中总结出具有指导意义、普遍意义的经验而形成的调查报告。其基础是可靠的事实，关键是经验总结，目的是推而广之。

（2）了解研究问题的调查报告。是对某一领域或某一专业或某一地区存在问题或影响研究问题的因素等进行调查研究，从中得出产生问题的主要因素及原因，并给出相应的应对措施的调查报告。它是通过找到问题而达到解决问题的目的。由于这类调查报告针对性、专指性强，因此，其目标明确、具体。

（3）揭露问题的调查报告。是用于反映对某一不良现象或不当研究或不当操作进行调查的结果，陈述问题的基本情况，揭露错误并归纳出教训，提出倾向性看法，或者是揭露违法违纪或违反操作规程、违背科研道德等行为的报告。特点是在披露问题的基础上，对问题进行深刻地剖析，找出原因，提高认识，达到解决问题的目的。应特别注意的是所反映的事实和具体数字要绝对真实，调查事实有根有据，不能夸大或缩小。

（三）调查研究的方式与方法

1.调查研究的方式

调查研究的方式应服从于研究的目的任务。只要能够获得第一手材料，具体采取什么方式可因地、因时而异。下面是几种基本的调查方式。

（1）普遍调查。就是在一定的总体调查范围内，对所有的对象进行调查。它具有普遍性的特征，可直接取得比较接近实际的全面材料。这种调查在小范围内进行比较容易，而大范围就比较困难。

（2）重点调查。就是在一定的总体调查范围内，选取重点样本为对象进行调查。需要注意的是重点调查对象要有普遍代表性，否则，容易出现以偏概全的现象。

（3）典型调查。就是在一定的总体调查范围内，选取有代表性的典型样本为对象进行调查。深入、细致地调查一个（或几个）典型样本，就总体看有一定意义，但总体精确的资料却很难获得。调查时要注意选择有背景、有发展、有变化的典型材料进行调查，否则，将会由于调查的局限性而产生偏差。

（4）抽样调查。就是在一定的总体范围内，抽出部分样本作为调查对象进行调查，以它来推算全体。抽样调查应注意：样本应按随机性原则抽取，且不加任何选择；抽样的全部样本，是作为一组有代表性的样本来代表总体的，而不是以个别样本代表总体；抽样误差和总体各单位之间的差异程度成正比例，和抽样数目成反比例。它的功能远远优于重点调查和典型调查。

2. 调查研究的方法

调查研究的方法主要有历史和现状的调查、现场调查和文献调查。

（1）历史和现状的调查。任何事物的发展过程都有其历史沿革和现存条件。要想对它有个全面的、初步的印象，都要从其原始状态进行分析与印证。另外，从选择课题的角度来说，对研究课题本身的历史和现状也须进行调查了解。当课题确定之后，要全面而细致地查阅有关文献资料，看看过去的研究人员对此进行了哪些方面的研究（包括国外的研究情况），目前已经发展到了什么阶段，还有哪些难点和应该继续深入探讨的问题等等，都要了解清楚。这样既可吸收别人的经验和成果，避免重复别人的劳动，也可以从中接受别人的教训，少走弯路，防止重蹈别人的覆辙。

（2）现场调查。就是把课题研究搬到所要研究对象的生活空间进行调查了解。也就是自己通过身临其境地去现场了解，掌握直接的、生动的感性认识和真实可靠的第一手资料的调查方法。其优点是调查内容生动、直观。缺点是要花费较多调查时间，且受调查者主观因素影响较大，难以深度地了解问题。

（3）文献调查。通过对文献的搜集和摘取，以获得关于调查对象信息的方法。适用于研究调查对象在一段时期内的发展变化，研究角度往往是探寻一种趋势，或弄清一个演变过程。这种方法能突破时空的限制，进行大范围地调查，调查资料便于汇总整理和分析。同时，还具有资料可靠、用较小的人力物力收到较大效果等优点。但它一般只能作为调查的先导，而不能作为调查结论的现实依据。

（四）科技调查报告的结构与写作要点

调查报告的类型很多，结构也不尽相同。如反映情况的调查报告以情况的叙述为主，无论是以空间为序，还是以时间为序，都要围绕情况介绍来安排结构；推广经验的调查报告一般按照做法——效果的顺序安排结构；揭露倾向性问题的调查报告一般按照问题——原因的思路安排结构；研究探索性调查报告一般按照问题——对问题的分析——对策和建议的思路安排结构。由于调查的目的、内容和范围不同，调查报告主体部分的结构形式也各不相同，通常调查报告大致包括：标题、前言、正文、结束语等，其写作要点如下。

1.标题

调查报告的标题可用高度概括、简明扼要的语言表现报告的内容，科技调查报告常见的标题类型有三种：

（1）单标题。从题目中直接点明调查的主要对象和内容。有的直接标出“调查”或“调查报告”的字样，如“×××井断钻具调查”“钻井液固相控制现状调查报告”。有的标题只概括提出中心内容，不写“调查”或“调查报告”字样，如“如何提高复杂地层堵漏一次成功率”。

（2）双标题。双标题一般都是采用正、副结合的双行标题，即主标题和副标题结合。通常把调查报告反映的中心问题或作者观点概括出来作正标题，而用副标题写明调查的对象、范围或内容，同时标出“调查”或“调查报告”。如“实现绿色钻井任重道远——关于钻井废弃物处理及其对环境影响情况的调查”。

（3）提问式标题。采用提问式标题可以引起读者的关注与思考。如“钻井液处理剂质量问题为何如此严重”。

一篇调查报告至于选用哪种标题形式较好，要依据调查的内容、目的，以及读者范围而定，但都必须做到概括、醒目、准确、新颖、有吸引力和感染力。

2.前言

前言的写作要直奔主题，引导读者把握全文。即应直截了当、开门见山，以精练简洁的语言，概括地介绍调查研究的目的、调查对象、调查方法、简要经过、基本结论等最主要的内容，让读者对调查对象或调查主题有个总体印象，更好地把握调查报告的中心内容，引起阅读兴趣。

如果调查的内容集中具体，也可不写前言，直接进入正文。

3.正文

正文是调查报告的主体部分。要以典型的事例和具体、确凿的数据来介绍事物的发生、发展、变化的过程，或总结工作的成绩、经验、教训，或提出建议，或揭露问题。这一部分要求写得层次清楚，条理分明，把所占有的材料加以科学的分析和合乎逻辑的安排，有详有略，有叙有议。为了把问题说清楚，可以根据具体内容的性质分成几个小部分，每一节加一个小标题。正文安排材料的常见方法有以下几种：

（1）递进式结构。又称纵式结构，通常是按照事物发展的顺序或调查的程序安排结构层次。常见的递进式结构形式一般按照介绍情况或问题、分析原因或利弊、提出对策、意见和建议的顺序展开，可以按顺序分成三大部分来写。也可以分成两大部分，先介绍和分析情况，然后提出对策建议。如以时间为线索，可把事物的发展过程分为几个阶段，列出小标题，每个小标题表示事物发展的一个阶段，把调查中掌握的事实一个阶段一个阶段地说清楚。这种结构方式有利于说清问题，也便于读者了解事情的全过程，特别适合对某件事情发展演变过程的调查。

（2）并列式结构。又称横式结构，通常是把调查情况和对策思考结合起来安排结构层次。这种结构形式适用于内容丰富、背景广阔、综合性比较强的调查报告，即在主题形成之后，把调查的事实和形成的观点按性质和内在逻辑，分成几个并列的部分，分别叙述，从不同方面说明调查报告的主题。这种结构的特点是观点鲜明，重点突出，问题展得开，而且论述集中，条理清楚。

（3）综合式结构。又称纵横结合式结构，这种结构兼有递进式结构和并列式结构的特点，可以以纵为主、纵中有横，也可以以横为主、横中有纵。叙事用递进式结构，剖析原因、阐述经验、提出对策建议用并列式结构；或者上一层次用递进式结构，下一层次用并列式结构；或者反过来，上一层次用并列式结构，下一层次用递进式结构。综合式结构多适用于介绍经验做法、反映事故案件、推介新事物新做法的调查报告。

（4）主题分列式结构。有时也可以根据内容上的特点，把主体分成几个部分，逐个进行报告。这种结构形式最为常见。客观事物是复杂的，要把它说清楚就常常需要分别从各个侧面或从不同的角度去写，这样便于全面地、透彻地回答问题。这种安排应特别注意各部分之间的逻辑关系，各部分之间要有合理顺序和自然的承接。各部分要围绕中心，突出重点。适用于涉及面较广的大型调查报告。

在明确正文的撰写方式后，就要紧紧围绕调研目的安排观点和材料，首先要明确为什么进行调查研究，其次要坚持实事求是的原则，同时还应做到：叙事要认真完整、一丝不苟，判断要有根有据，事实不夸大也不缩小，言论恰如其分，观点分寸适当，不言过其实、任意拔高；要依据写作提纲，按照基本观点，从调查材料中找出最有说服力的事实，把精选出的有代表性、针对性的事例、引文、数据等分配到提纲中的各部分或各个层次；论证要有理有据，紧扣观点，叙议统一，要将观点和材料有机地统一，通过严谨的论证，使观点、结论站得住脚，经得起推敲；查找分析问题客观科学，提出对策措施切实可行，内容实在具体，针对性强，能抓住主要矛盾，不仅要陈述客观情况，还要研究问题的成因及提出解决问题的建议。

4.结束语

结束语要简洁有力，提示读者照应全文。调查报告的结束语主要是概括要点，深化主题或补充正文，可以采取总结式、结论式、建议式、展望式等方式。调查报告的结束语要根据写作目的和内容的需要而定，有的调查报告没有单独的结束语，以正文部分的末段自然结尾，意尽言止。总之，结语要自然、简洁、有力，有话则长，无话则短，给人思考和回味。

5. 落款

调查报告的落款要写明调查者单位名称和个人姓名，以及完稿时间。如果标题下面已注明调查者，则落款时可省略。

6. 附件

附件是调查报告正文包含不了或没有提及、但与正文有关必须附加说明的部分。附件通常包括数据汇总表、原始资料、背景材料、空白的调查问卷、第二手资料来源的目录等等。

（五）科技调查报告写作注意事项

科技调查报告的写作作为一项涉及面很广、逻辑性条理性很强、学问很深的创造性工作，在撰写时要注意如下事项：

一是深入细致地搞好调查研究。调查报告是在对事物进行调查研究的基础上写出的报告。因此，一定要对客观事物进行认真、细致、周密的调查研究。没有深入的调查研究，就不可能写出好的调查报告。要搞好调查研究，就必须根据现实需要和对调查对象的初步了解，确定调查目的。同时要全面、大量、详细地占有正、反两方面的意见和材料，以便把报告写得准确、具体、深刻。

二是要客观陈述调查的基本情况，表达准确，态度鲜明。调查报告的内容必须是确凿的事实和准确的数据，客观地描述调查对象的状况，材料中涉及的人物、事件、时间、地点、数据等要表述准确无误。必须用最确切、最恰当的词汇反映客观事物的真实情况，表达调查者的思想观点。

三是要对材料分类处理，去粗取精。调查报告绝不是材料的堆积，情况的汇总，而是要进行大量的分析，对调查得来的情况、材料要进行分类处理。筛选材料要抓住重点，围绕重点来归纳，不能面面俱到，要抓住主要情况、事件、成绩和问题，善于从不同的具体情况中找出共同的因果关系，优中选优，去粗取精，通过分类研究，使对问题的认识更加清楚。

四是要从材料中提炼观点，厘清思路。调查报告所揭示的问题，既要在当前有一定的普遍性和针对性，又要对未来有一定的预见性和指导性。写好调查报告，最关键的环节是对调查来的情况和问题进行深刻透彻的综合分析，把调查得来的零散的材料系统化，把感性认识上升到理性认识，努力从定性和定量、宏观和微观、静态和动态、纵向和横向等方面的综合分析中，把能够反映事物本质和规律的东西留下来，抓准问题，找对原因，引出规律性的观点，得出科学的结论。

五是要围绕调研目的进一步明确主题。在确定调查报告的主题时，要围绕所调研的目的，充分考虑某一单位或某一专业或某一领域的中心工作、重点工作是什么，有哪些难点和热点问题需要回答和解决，哪些新事物、新经验需要总结、推广，哪些倾向性问题需要引起注意。要认真分析事物的具体情况，努力抓住主要矛盾，提炼出正确、集中、深刻、新颖的主题。

六是概括扼要言简意明。调查报告的质量、水平和作用不在于篇幅长短，文字多少，要在概括扼要的前提下，力求写得言简意明，以增强报告的可读性。

第六节　科技实验与实验报告

所谓实验就是在一定的条件下，排除各种次要因素，突出主要因素，让现象以纯粹的典型方式重现，在实验的过程中，人们积极干预被研究的过程，以暴露现象中的特性，即根据研究的目的，利用科学仪器、设备，人为地控制或模拟自然现象，排除干扰、突出主要因素，在有利的条件下研究自然规律的一种重要方法。将实验的全部过程和结果写成文字材料就构成了实验报告。

科技实验是为了检验某种科技产品或装备的性能和功用，在规定的条件下，使用一定的设备和方法，对其进行的检验或测试。实验是检验科技产品或装备的性能、质量必不可少的步骤。记录这种结果的文体就是科技试验报告。

通常，期刊上发表的许多科技论文都是来源于科技实（试）验报告，可以看作是实（试）验报告的精简版本，而有些与论文要求相近的科技实（试）验报告则可以直接拿来发表。

一、科技实验报告

科技实验报告是描述、记录某项实验过程和结果的文件，它多用于技术和科学领域。按性质可分为检验型实验报告和创新型实验报告。前者书写简单，只需填表；后者较为复杂，则应成文。

实验报告作为实验研究工作的如实记载，包括整个工作的重要过程、方法、观测结果等细节。实验报告的内容可以重复前人工作的方法和记录，可以不要求具有明确的结论。也就是说一切实验研究都可以撰写实验报告，即使是失败的或错误的实验，也可以写实验报告，介绍失败和错误的原因。实验报告可以写成科技论文，期刊上有许多实验研究型的论文都是一个完整的实验报告。但并非所有的科学实验都可以写成科技论文，只有那些具有创造性内容的实验才有写成科技论文的价值。

（一）科技实验报告的特点

科技实验报告的特点可归纳如下：

一是科学性。主要体现在实验人员要以科学、客观的态度来进行整个实验工作，从具体的实验过程到实验报告的写作，都必须排除一切主观因素、不带任何个人偏见。实验过程、实验结果要经得起任何人的验证。

二是纪实性。写科技实验报告时，对实验过程和结果都必须如实记录，观察到什么就记录什么，要做到绝对真实可靠。在表述实验的内容、观察到的现象和做出结论的时候，都要实事求是、从客观事实出发，切不可为了印证实验结果而编造实验现象、修改实验数据。一般不用比喻、夸张等修辞手法，不追求语言的形象性；多采用符号来代替文字概念，用公式、方程式来表明事物的内部联系和变化规律，避免口语化。

三是以说明为主要表达方式。实验报告的客观性决定了其表达方式以说明为主，通常不必作完整、连贯的叙述和细致的描写，一般只是分条列项地将实验过程和结果说清楚就行了，因而是以简要的说明和叙述为主要表达方式。无论是介绍实验器材，阐释实验步骤与方法，还是对实验结果的公布，都必须直观具体，绝不能展开联想或掺杂主观色彩进行议论和描述。

四是多采用图表辅助说明。科技实验报告往往涉及复杂现象和大量数据，如果单纯用文字说明，不仅会增加实验报告的篇幅，而且往往事倍功半，很难表述清楚。采用直观的实物图、符号说明图，以及相关的表格，不仅可以节省许多描述性文字，也可获得形象生动、一目了然的效果。

五是有固定的结构和说明顺序。一份科技实验报告大致由实验名称、实验目的、实验器材、实验装置与步骤、实验结果、实验结论等组成固定的结构形式。在说明顺序上，也有自己的规律。例如：说明实验器材时，可按器材的性质分类；说明实验装置时，一般以空间为序；说明实验步骤时，多以时间为序；说明实验结果，归纳结论时，常按实验结果之间的内在联系和逻辑关系为序，这样能给读者一个鲜明、清晰的印象。

（二）实验报告遵循的原则

由于自然科学的学科种类很多，各个学科的各类实验报告的内容千差万别，但从写作的角度来讲，一切实验报告的写作都应遵循以下原则：

第一，正确性原则。就是要求实验报告的实验原理、方法、数据及结论，以及实验报告的表述是准确无误的。因此，在撰写实验报告时要严细认真，一丝不苟，不能出现任何差错。

第二，客观性原则。要求人们不仅抱着客观的态度观察实验和记录现象，同时在写作时也应当尽可能客观地、忠实地报道实验的结果，避免出现主观的臆断和主观倾向性的现象。

第三，公正性原则。是指实验人员不能带着某种对自然现象的偏见和框框去观察和理解实验现象，任何一点点先入为主的看法都会影响报告结果的公正性。只有对不论自己喜欢与否都能实实在在地观察和如实地记录，才能在描述实验和报道实验结论时表现出公正的态度。也只有这种态度才是真正的科学态度。

第四，确证性原则。就是指实验的结果应能被证实。也就是说你给出的实验结果可以让任何人在任何地方按给定的条件能够重复，能够观察到同样的现象，得到同样的结果，否则就失去了正确性。

第五，可读性原则。是指报告的写作符合各类自然语言的语法规范要求，这就要求作者具有简洁明晰的写作风格，行文逻辑性强、流畅上口，通俗易懂。

（三）实验报告的类型

科技实验报告按其性质可分为检验型实验报告和发现型实验报告。

1.检验型实验报告

检验型实验报告习惯称为报告单。如学生写的实验报告，工厂里用的产品和原料的检验分析、现场钻井液处理剂抽样化验单等均属于此类。这些实验项目单一，格式固定，只是重复前人已经做过的实验，因而没有什么保存的价值，只需要报告人逐项填写即可。检验型科技实验报告的格式、内容包括：实验名称，实验目的，实验原理，实验设备或材料，实验步骤，数据记录，计算与作图，误差分析，实验结果，结论或讨论。

由于在后面的介绍中是以创新型或发现型实验报告为例，对检验型科技实验报告中的数据记录、计算与作图、误差分析没有专门介绍，而检验型科技实验报告的实验结果、结论或讨论又有其特点，因此，这里对其所涉及的内容进行简要说明：

（1）数据记录。主要是如实记录实验得到的数据。要根据仪器的最小刻度单位或精密度来决定实验数据的有效数字位数。实验数据多用精心设计的表格来记录，以直观表现数据的变化规律及各参数间的相关性。项目栏要列出所测物理量的名称、代号及量纲单位；说明栏的数字小数点要上下对齐。

（2）计算与作图。考虑到测量仪器读数的误差，可将测得的若干组数据代入计算公式，求出平均值。有时为了寻找变量间的相互关系，可将所得结果（数据）作成曲线图。

（3）误差分析。由于各种实验因素的干扰，很可能出现测量值与真实值之间的明显误差，这就需要进行误差分析。分析时，先确定实验结果的误差范围，然后再找出影响实验结果的主要因素，并采取措施来排除影响因素。当误差过大时，要进行全面检验与分析，尽量作出合理的解释。

（4）实验结果。对非测量性实验，不需要记录数据、分析误差和进行计算，其结果部分主要是分析和描述实验中所发生的现象。如化学实验中反应速度的快慢、放热还是吸热，生成物的形态、颜色及气味等。

（5）结论或讨论。结论是根据实验结果作出的最后判断，指出通过实验证实了某一理论，讨论是从理论上对实验所得结果的分析和解释，阐明自己的新发现和新见解。对实验结果作出定性或定量分析，说明其必须性。

对于检验型科技实验报告的项目构成没有严格要求，根据实验的具体情况和目的任务的要求不同，可繁可简。

2.创新型或发现型实验报告

创新型实验报告不是重复前人所完成或做过的实验而写成的报告，而是科技工作者改正前人的实验或者完成从过程到结果都是全新的实验所写成的实验报告。由于是第一次公开自己的成果，为了令人信服，就必须尽可能写得详细一些，必须写出规范的科技实验报告。其在格式上与科技论文大体相同，不过实验报告的内容不要求作理论上的论证，只涉及实验的过程即可。主体部分包括实验原理、实验设备和实验方法。写作的一般格式是：标题，作者及其工作单位，摘要，引言，实验原理，实验设备和实验方法，实验结果，讨论，结论，参考文献等。

（四）实验报告的基本格式和写作要点

各不同学科不同门类的实验报告在写法上虽然有着一些区别，但一般的写作格式基本上是固定的。下面结合创新型或发现型实验报告介绍其格式与写作要点。

1. 封面

为二次文献目录提供信息。在封面应标明顺序编号，密级类别，实验题目全称，实验报告呈报单位或负责人，项目或课题单位或个人，主要协作者及资助者（单位或个人）、报告日期等。

以上内容不一定要求全部写出，可根据具体情况略有变化或取舍。

2. 标题

标题或实验名称，它反映做的是什么实验，要力求准确、鲜明、生动，能集中反映研究的内容。标题不要过长，一般以20个字以内为宜。

一个实验报告的标题中应有反映报告中心内容的概念，而这些主题概念的组合，应既符合逻辑顺序，又言简意赅。

3. 作者及工作单位

作者是直接参加全部实验或主要实验部分的人员，而且参加实验报告的撰写工作，对整个实验过程非常了解并对实验数据和结论负责的人员。

如果是多个人共同完成的实验，则按其分担的分量及贡献大小排列名次。作者的工作单位一般应提供永久通讯处或现工作单位。

4. 摘要

摘要是实验报告内容基本思想的缩影，是读者判断报告价值及是否值得阅读的依据。摘要内容包括研究工作目的、实验方法、实验结果和结论等。在写作时应注意：避免语言重复，避免使用俗语或专门术语、缩略语或缩写字，以及图、表等；一般不持批判态度，不表达个人的意见或看法；一般不使用化合物的结构式。

5. 关键词

对实验目的、条件、方法和所产生的变化效应等方面进行提炼，多以名词或名词词组出现。

6. 引言

引言或前言，是科技实验报告的开端，具有开宗明义的作用。这部分内容主要包括实验的背景和条件的介绍、实验的主要内容和结果的概述等。引言要概括、精练，点到即可、重要的地方可略加说明。要使用概括性的语言描述，不宜过长或过短，一般控制在300~500字。

7. 正文

正文部分是实验报告最重要的部分。它是体现整个实验报告的水平和价值的关键，一般包括如下内容。

1）实验目的

实验目的一定要明确，即着重指明为什么要进行这个实验，本实验要解决什么问题，它对研究某一课题和在某一专业领域科技进步或技术发展中有什么实际意义。

2）实验要求

写明对实验的具体要求，实验要求同实验目的一样，要简练、明确，一般可分条列出，力求条理分明。非必要时，可以省去该项。

3）实验原理

所谓实验原理，即进行该实验的理论依据。在撰写这部分时，应简单扼要地介绍实验涉及的重要概念，重要的定理、定律、公式及由此而推算的重要结果等内容。

4）实验内容

实验内容是科技实验报告中最重要的部分，在撰写这部分时，可从理论和实践两个方面来考虑。这部分要写明依据何种原理、定律算法或操作方法进行实验，并详细介绍计算过程。

5）实验设备、材料和装置

实验设备包括实验过程中使用的重要设备、特殊设备、自制设备。对于实验设备，应详细介绍其原理、结构、规格、型号、性能等。对于实验材料，应按照其性质进行分类，并详细介绍，比如，化学实验中的试剂应给出形态、浓度及化学成分等。对于实验装置，应以其在空间的位置为序进行介绍，必要时绘出草图，附以文字和符号说明。

6）实验步骤

这一部分要正确反映实验过程。一般应按时间顺序介绍实验步骤和操作方法。需要注意的是，此部分只需要写关键的操作步骤，语言要简洁明了。必要时，可附实验原理图、流程图等。

7）实验结果

实验结果是报告的价值所在和关键的部分，所以应充分说明。在描述实验结果时，对于那些分组较多的实验，为节省篇幅，可以采用表格、图解、照片等来帮助说明。这一部分要客观描述实验现象和实验结果，应根据事实客观地提出报告中的主要发现，不论是有利或是不利。

实验结果部分的内容虽是整个报告最重要的部分，但往往篇幅最短。在描述时，一般要使用科技专用术语，引用数据要真实、准确。

8）讨论

“讨论”是指根据已掌握的相关理论知识对所得出的实验结果进行解释和分析。如果实验结果和预期的结果相符，可以对其进行讨论，指出其验证了什么理论、有什么意义、说明了什么问题。需要注意的是，不能把已知的理论或生活经验硬套在实验结果上，也不能因所得到的实验结果与预期的结果或理论不相符而随意取舍甚至修改实验结果。如果实验结果与预期的结果不相符，应尽量找出问题所在。

在无必要讨论时，讨论部分也可以不写。有时也可以将讨论与实验结果合并，即将“实验结果与讨论”作为报告的一个部分。

9)结论

此部分不是对实验结果的复核，更不是对今后研究的展望，而是对实验结果做出最后的判断，此判断包括：实验验证或发展的科学理论；实验发现的新的规律；实验过程中发现的问题；实验取得的成果；实验成果的价值、作用和意义；等等。结论要简练、严谨、客观。

8.致谢

在实验研究过程中，凡是对本报告提供过重要指导和帮助的人员，都应在正文后书面致谢，以表示尊重他人的劳动，感谢他们的帮助。这部分内容也可以省略。

9.参考文献

凡报告中引用了他人的成果、实验报告、实验方法、实验设想、实验数据等都应列在参考文献中。

10.附录

对于一些不宜放入正文，而又对理解或了解实验内容有帮助的材料、方法、数据、参考文献等可以放在附录里，供需要的人员参考。

（五）科技实验报告写作注意事项

在科技实验报告写作中要注意如下五方面：

第一，做好实验，整理好数据，观察好现象。写好实验报告的关键在于做好实验，整理好实验数据，观察好实验现象。因此，实验前要尽可能多地了解和掌握相关理论知识；要明确实验原理，熟悉仪器设备，掌握操作方法；实验中要按要求、步骤进行操作，尽量排除主观因素和外界环境的各种影响，细心观察发生的现象，精确地测定和获取数据，认真做好记录，为写好实验报告准备客观、充分、精确的材料。

第二，用说明文的表达方式。实验报告是一种告知性、说明性文体，因此，在介绍实验的目的、要求、原理、步骤、装置、结果、讨论和结论等时，应采用说明文的表达方式；要用简练的文字和真实的记录，客观地表述实验过程和结果。同时要有严肃认真、实事求是的科学态度，保证数据真实可靠。分析问题和得出结论，要从实际出发，要有理论根据，要强调科学性。

第三，重视数据误差分析与有效数字位数。在实验报告写作中进行实验数据处理时，对误差分析和有效数字位数的问题应按照有关规定处理。实验数据是判断实验结果的重要根据，但在对照实验中，各组的实验数据不同，或一组里每次实验数据各异时，要认真地进行误差分析，用最有效数字位数来记录实验数据误差。

第四，把握实验结果与讨论的内在逻辑关系。科技实验报告的结论是从实验结果中判断、推导出来的。通过讨论，从理论上对实验结果进行分析和解释，是使实验报告结论具有说服力的直接表现。故在撰写科技实验报告时，这部分文字一定要精湛有力、逻辑思维严密，以科学的态度写出实验中的新发现来。

第五，要在表达中灵活运用好图表与文字。与文字叙述相比，图与表能更直观、更简便地表达实验装置、实验过程、实验结果等。故实验装置和实验路线应尽量用示意图来表示。但在说明实验材料、交代实验过程、分析实验结果时，又必须以文字说明为主。也就是说，在科技实验报告写作中要做到图表与文字兼顾，表达或叙述中该用图表用图表，该用文字用文字，通过图表与文字的合理使用，使表述简洁、清晰，一目了然。

二、科技试验报告

科技试验报告是客观地描述科学试验过程和记录试验结果，并对结果加以适当的分析与讨论等而形成的科技报告文体。在编写原则上与科技实验报告基本一致。相对于实验报告，试验报告作为期刊论文发表的情况相对要少，但好的试验报告也可以写成具有学术价值的科技论文。

（一）科技试验报告的特点

科技实验与试验可以交叉进行，都是为发现科学真理和检验科学真理服务的。但相比之下，实验“微观”些，为发现科学真理奠定基础；试验“宏观”些，为检验科学真理作出贡献。实验的结果或成功或失败；试验的结果必须成功，否则就没有试验的科学意义。从上述观点出发，科学试验更趋功利性和实际应用的价值。这就决定了科技试验报告与科技实验报告既有相同之处，又有自身的特点，归纳起来科技试验报告的特点是：

（1）为充分发挥试验的效能，要求用次数尽可能少的试验获得必要的、足够有效的信息，从而得出准确可靠的结论；

（2）科技试验报告通常以试验数据为主要根据来证明其结论的科学性，其技术性较强，使用符号、专业术语较多，通常按照统一规定，采用标准规范的符号、术语；

（3）阐述多以数字、表格等人工语言为主，行文简洁、准确、结构合理，结论实事求是。

（二）科技试验报告的写作格式

科技试验报告作为报告类的科技文体，之所以能独立于科技文体之中，是因为它以报告试验成果或结果为核心。从试验设计到检验规范，形成了一套较为固定的写作模式。

科技试验报告的基本内容和格式一般是：标题，摘要，引言，材料与方法，结果，讨论，结论，参考文献等。

1. 标题

标题或题目，即试验的名称，主要体现试验的基本内容。另外，科技试验报告日期也是科技成果的公布日期。

标题要能准确地表达报告的主要内容或基本观点，并简明扼要，准确醒目，不落俗套。

2. 作者及其单位

试验报告的作者就是试验活动的主要参与者，按其贡献大小进行排列，并在作者名字的左边或下方标出作者工作单位。有时，还须用注的形式将指导过此试验的专家或学者的名字写出来，并表示谢意。

3. 摘要

试验报告字数超过3000字的要求写摘要，放在报告最前面。摘要就是提取试验报告的要点和精华，一般不超过300字。

摘要是试验报告的简缩，重点阐释试验结果中最优试样的质量与性能，实际就是结果与分析部分的概写，多用数字和百分比来说明。

4. 引言

引言是试验报告的开头部分，可介绍试验背景和条件，也可以说明试验结果的正负效应，以及为什么要撰写此报告等等。

引言主要阐述做什么试验（试验内容），为什么要做这个试验，前人和国外同行的工作及论点等，这一段应简明扼要，一般试验报告，不加“引言”二字，正文开头一段话即可。如确有必要用较长篇幅表述时，也可加“引言”二字。这一部分还可交代一下试验起止日期及试验地点。

5.试验材料和方法

这部分是对试验材料、设备与方法的说明。

（1）试验材料。主要包括供试验用的原材料（直接视为试验的对象材料）和辅助材料（仪器设备、试剂等）。

（2）试验设计。主要指试验的客观条件，即具体进行哪些试验，如何试验等。

（3）试验方法。包括样品准备、操作程序和结果处理等内容。试验方法是保证获得可靠数据和试验成功的关键。

这部分是必不可少的内容，供试材料、试验设计、所用仪器、测试标准和方法等都要写得明确具体。否则，试验结果的可信程度就会降低，别人也无法重复和验证。如在开头一段没有写试验起止日期、地点，这里也要写上。

6.试验结果

这部分是科技试验报告写作的重点，因为试验的成功与否，主要鉴定试验结果是否理想，达到的优化程度如何等都将在这部分呈现。试验必须对每项预计指标进行科学分析与判断。

这部分作为试验报告的核心，要写得纲目清晰，条理分明，观点明确。要明确提出试验的结果，并用观察试验所得的材料，以及有关文献上的材料，经过归纳、概括和探讨，来说明事物内在的联系和客观规律。从某种意义上讲，对试验结果的分析就是对试验方法的系统化和理论化。一个最佳试验结果，必须有最佳的理论分析。

在这部分写作中，要注意避免出现如下问题：

（1）堆积原始资料，没有进行科学归纳，使人读过之后，不知所云；

（2）观点不明确，重点不突出，观点与材料不统一；

（3）层次不分明，逻辑性不强，论述不严谨，出现前拉后扯，重复脱节，甚至有前后矛盾的现象；

（4）对数据处理不认真，计算有错误，有的甚至随便取舍和更改试验数据。有时对必须谈的原始数据避而不谈，只有经过综合计算的数据，甚至根本看不出数据是如何来的。

总而言之，结果是通过试验、观察所取得的成果，是报告的主体部分。写作中应把必要的试验数据、观察结果、典型案例，通过文字、图表和照片等表达出来。记录试验结果必须真实可靠，数据必须准确无误，并应通过统计学处理。不要夹杂作者的议论、评价、分析和推理。也不要回避试验过程中的失误或失败，更不能把前人的工作写进去，混淆不清。

7. 讨论

讨论是把试验结果和观察结果，经过去粗取精，由表及里，找出内在的联系，把结果上升到理论，并通过综合分析，逻辑推理，提出自己的观点和假说，为报告的结论提供理论依据。讨论应立足试验结果，有的放矢，从深度与广度两个方面来提高对结果的认识，使结果发挥应有的作用。

在这部分写作时切忌把书本上有关论述成段地抄录下来，或是把结果原封不动地搬到讨论里来，而没有提高到理性认识，或对试验中出现的异常现象解释不清，使自己的观点软弱无力。

如果试验结果简单明确，不需要讨论时，可不设该项，有时也可以把讨论与结果合并成“结果与分析”或“结果与讨论”。

8. 结论

这部分是科技试验报告的结束部分，一般不需要长篇大论，而是实事求是地对试验所完成的目的任务进行归纳和明确。

结论要与前言和试验目的相呼应，简明扼要，观点明确。通过试验能肯定的就肯定，能否定的就否定，不能模棱两可。能使人看完结论就知道试验工作取得了什么成果，解决了哪些问题，意义大小、还存在什么问题等。

如果试验是阶段总结，或者没有取得肯定或否定的结果，可以把结论改为小结或总结。

9. 参考文献

为体现对他人的尊重，以及反映试验的理论根据，必须详细注明试验过程中参考的所有资料与文献。

（三）科技试验报告写作注意事项

在撰写科技试验报告时，要注意如下事项：

第一，做好试验是写好试验报告的前提。在试验中，要严格按照步骤操作，细心观察现象，正确测量获取数据，认真做好记录。撰写试验报告要严肃认真，不经重复试验不得修改数据；在处理数据时，遇到误差分析和有效数字位数的问题，应按有关要求执行。应充分利用图表来表达试验结果。

第二，要认真修改，使表达规范，合乎逻辑。报告完成后，要认真修改，保证表述规范、合乎逻辑。试验报告作为告知性文体，其目的既是为了总结试验成果，也是为了给读者看，如果试验报告缺乏逻辑、词语不通，就很难完整准确地表达作者的观点。所以试验报告写完之后，要细心地核对试验数据，要认真地、反复地修改。

第三，格式灵活掌握，因事而异。由于试验的内容和规模不同，其项目可以增加或改换，而不是一成不变。既不能完全抛开约定俗成的写作格式于不顾，又不要被格式束缚住手脚，生搬硬套，而是视不同情况灵活掌握。

第四，用语确切、简洁明了，看问题客观。试验报告的重点在于具体介绍试验过程中的新发现，不要求在理论上作深入细致的论证。试验报告的主要表达方式是说明，在写作中一定要做到层次清楚、叙述明了，言之有序，用字确切而简洁，内容朴实，看问题客观，切不可带有个人感情色彩，要一切从实际出发，立足试验结果，用事实说话。

第七节　科技综述与述评

科技综述和述评作为科技情报工作的高级产品，在日常科技工作中有着重要的作用，它是科研、技术和情报工作中经常应用的一种科技报告文体，具有较高的学术、情报和实用价值。科技综述必须客观地介绍课题各方面的内容而不参与评论和提出建议，是一种“叙而不议”“陈而不评”，不加评论的综合报告，而述评是综述的一种重要类型，是既进行叙述又展开评论的一种研究报告，尽管二者都属于研究性的情报产品，但两者在报道内容的侧重点、作者群、情报学价值、对参考文献的要求，以及写作格式等方面又有所不同。

一、科技综述

“综述”谓之“综”，即综合的意思，谓之“述”，即叙述的意思。

科技综述，是对一定时期内的某学科和专题的研究成果或科研成就等进行系统的较全面的分析研究，进而归纳整理进行综合叙述。它是在某一课题所涉及的范围内，从一定时期和一定数量的科学文献中，选取可供读者参考利用的情报资料，经过细致的研究分析而写成的，属于三次文献。它是在研究过程中，将科学研究与情报研究融为一体的一种表现形式。

（一）综述的特点

综述的重点在“述”，只“述”不评，即只对观点、数据、情况等作纯客观的分析和介绍，不作评价、评论。归纳起来，科技综述有以下主要特点：

一是反映科学研究的发展历史、现状及趋势。综述能比较全面系统地反映国内外某一学科或某一专业在某一时期内的发展历史、当前状况及发展趋势。它把原始文献中的大量数据、资料和主要观点进行归纳、加工、整理，使读者可以了解某学科或某专业的整体概况。

二是学术、情报和实用价值较高。综述是科学研究的重要成果，具有较高的学术情报价值，它的撰写者都是学术造诣较深的、对许多学科专业问题有独到见解的专家和学者，这样就保证了它的质量和价值。因此，综述具有引导科学研究向深度、广度拓展的功能。

三是作为科技文献具有较长的生命周期。综述的生命期较长，它被读者利用的时间比起许多原始文献要长久得多。综述凝集了大量文献的精华，包含有众多文献的观点或情报信息，因而可以长期为人们所用。

四是立足原文献，忠于原文献。综述只着重于内容的客观综合叙述，不加编写者个人的见解，不提具体建议，也不进行评论，“只述不评”，真实地反映原始文献的内容、思想和观点。

（二）科技综述的作用

科技综述的作用是多方面的，它集中、系统地概括了性质、内涵相同的信息内容，相当于一个小型专题“知识库”，其主要作用如下：

第一，为科学研究决策提供参考。综述文献的内容综合类聚、浓缩精练，是全方位、深层次揭示相关学科领域文献的高层次情报产品。读者据此可以全面了解某一特定领域的历史和当前研究状况，掌握其发生、发展的动态和趋势。因而科技综述可以作为高效率的信息资源为科研决策提供参考，为保证科研选题的先进性和新颖性提供准确依据，为科研进程中避免重复、少走弯路提供前瞻性信息。

第二，用于继承和指导创新工作。综述文献的评价、导引功能是任何文摘、书目和索引等二次文献无法比拟的。它能向科技工作者较全面地介绍国内外某一学科或专业水平的情况，有利于科技工作者了解本专业国内外的差距，以及某些关键性的问题，借鉴前人的经验。综述能帮助科技工作者选择研究课题和研究方法，并为其提供某一研究领域的目前发展水平，存在的问题和解决的办法，确定研究课题的攻关目标、应用价值和发展方向。也能够给科技工作者带来发明或创造的灵感，指引通向成功的正确路径。

第三，作为追溯性专题检索的工具。综述文献全面汇集了相关领域的众多文献信息。统计表明，多数综述文献所列参考文献的数量一般都超过20篇，甚至一篇综述可以类聚50篇以上的相关文献。这些参考文献都准确标示了有关原始文献的信息，包括文献的作者及其机构分布，文献所刊载期刊的信息，文献发表的时间等。这些信息不仅可帮助科技工作者了解有关学科领域的研究和进展状况，并且它们汇集组织起来还相当于一个专题书目，为科技工作者的追溯检索提供了一条最佳线索。需要时可以据此线索展开回溯性循环检索，从而省去逐一搜索、筛选相关文献的过程，减少时间和精力的耗费，提高工作效率。

（三）科技综述的类型

按科技综述所涉及内容的宽广度，可分为综合性综述和专业性综述两大类；按综述的对象不同，可分为文献综述、评论综述和会议综述三大类。如按科技综述所涉及的内容，一般可分为以下几类：

1.科技形势综述

是指以国内外科技的发展形势为综述内容的综述文体。编写者针对国际或国内的科技形势，某学科、某专业的科技发展情况，及时地归纳综合，将感性认识上升到理性认识，总结出带规律性的东西，使人们从中得到启发，以便更好地组织和引导人们投入新的实践，开展新的研究。

2.科技动态综述

是指以科技活动中发生的某些重要科技事件的发展变化为内容的综述文体。编写者对国内外的科学技术情况和各学科、专业所获得的科研成果等，客观地进行报道，根据主旨的需要有目的地选择和剪裁材料，不直接表明编写者的态度，用无可辩驳的事实来引导读者正确认识事件的发展变化情况、性质、特点和意义，从而确立或调整自己的工作方向。

3.科技思想综述

是指对科技活动中那些带有指导性的思想或理论进行介绍和阐述的综述文体。在科学技术发展过程中，总是会出现各种有代表性、倾向性或者萌芽状态的科技思想、理论，影响着科技发展的趋向、速度等。科技思想综述就是对这些科技思想、理论作客观地介绍、阐述，引导读者提高认识，分清是非，使科技工作能够朝着正确的方向发展。

4.科技工作综述

是指对科技工作中的成败得失予以客观地归纳、总结的综合性陈述文体。此类综述以研究科技工作的经验，揭示科技活动中的弊端，汲取正反两方面的经验教训为其内容，以改进科技工作，提高社会效益和经济效益为其目的。在改革开放和创新驱动的新形势下，科学技术日新月异，新事物、新经验、新问题不断涌现，作者抓住实际工作中亟待解决又具有代表性的问题，精心选择材料，进行综合、归纳，写出综述，以期为读者指明问题的实质、意义，让读者在实际工作中少走弯路，从而将科技创新的步子迈得更大更快。

（四）科技综述的基本格式

由于各种综述的目的和服务对象不同，撰写时的格式也不尽相同。归纳起来，一般由前言、正文、结束语、参考文献和附录五部分组成。

1. 前言

即科技综述的开头，用一段或几段文字简明扼要地说明编写本综述的原因、目的、意义、使用对象、编写原则和过程、参与单位、搜集资料范围，介绍综述正文的标题和基本内容，以吸引读者的注意，并作为下文分析问题、解决问题的依据。基本内容又包括本选题的历史渊源、目前状况、存在问题及发展趋势。前言要简短明确，重点突出。有时也可以不标明“前言”这一标题。

2. 正文

正文又称本论，是科技综述的主体，是信息量最大、价值最高的部分。它综述某一专业或课题研究所获得的全部有关的信息，可作纵向回顾性叙述，如各阶段的发展概况及主要特点，课题原有的基础、水平、条件，有关的理论、概念等；也可作横向归纳性叙述，如各方面获得的成果，科技理论上建立的新概念、新学说、新论点，科技实践工作中获得的新成绩、新经验、新模式，获得上述成果的途径、方法、条件和它们的效应、效果等，以及当前正在进行的工作、初步的结论或与某专业或课题有关的科研新苗头，能揭示发展趋向和前景的有关信息等，但不是编写者对今后发展方向的设想和推理。

根据综述的特点，要由浅入深、广泛系统地叙述，尤其是对现状和发展趋势作重点的、详细具体的叙述。要尽可能客观反映不同的观点和意见。有时为使表达更简洁、直观，可将收集到的各种数据，按内容和需要制成图表放在正文中的适当位置。

3. 结束语

一般是简要陈述科技综述研究所得的结论，概括指出本综述或课题研究的意义、存在的分歧意见和待解决的问题等。有时也可以不单列结束语而将其合并放入正文部分，在实践中可视具体情况加以选择。

4. 参考文献

主要标出重要的参考文献，这些文献须是编写者阅读过或在正文引用过的。这是综述的编写依据，也为读者核对或做进一步研究提供索引。当然，若参考文献很多，也没有必要全部列出，择重要的列出即可。参考文献的编排一般以正文中引用或出现的先后为序。

5. 附录

与综述主题相关的图表、数据、谈话记录、会议报告、考察报告等都可以根据需要作为附件附于全文之后。

（五）科技综述撰写基本要求

科技综述撰写中要注意如下五方面的基本要求：

第一，要重视选题。撰写科技综述一定要重视选题，这是决定科技综述价值的关键所在。选题要从“客观需要、现实可能、自我优势”三点出发，以保证综述的现实意义和发挥作者的特长，并最终拿出成果。一般情况下，科技综述选题的来源有：有关领导部门下达的课题；科研和生产实践中急需的课题；作者根据本人兴趣，以及广泛收集、长期积累的资料而选择的课题。不管是哪一种来源的选题，都应适应科学技术发展的总趋势，适应学科、专业发展的客观需要，对科学研究、新技术、新工艺等的开发具有促进作用，只有这样才是真正有价值的选题。

第二，广泛占有和审慎选择材料。科技综述以原始文献的情报信息为依据，需要有大量、全面、系统的材料。所以，一旦选题确定以后，就要通过各种途径，尽可能广泛地收集并占有材料，并在此基础上，有目的地将收集到的材料进行筛选、鉴别、分类、归纳，以使情报信息单元化、系列化。这样，才能恰到好处地选择材料，反映课题的本质及其内在的规律性。

第三，要在综合上下功夫。综述本质特征是“综”，是综合已有的事实、情况和研究成果，并以此为对象做进一步的研讨。它要求全面、系统地反映科技领域里某一行业、某一部门、某一学科、某一专业在某一历史时期的发展概况。在纵的方向上，能全面系统地反映所研究对象的历史、现状及其发展趋势；在横的方向上，能全面系统地反映科研机构、科技专家的研究水平等。下功夫将重要的观点和大量的数据、资料进行归纳整理，使读者花少量的时间就能了解和掌握某一行业、某一部门、某一学科和某一专业的综合状况。

第四，行文要简洁严密、条理清晰、高度概括。科技综述一定要简洁明了，言之有序，言之有物，条理清晰，易于接受和记忆。同时，科技综述是从大量原始文献中概括出来的，所以行文时要注意理论观点论述的严密性，做到观点和材料有机统一，不要有疏漏。科技综述虽然综合了所研究课题能搜集到的各种有价值的观点、知识和信息，但绝不是将所有的观点、知识和信息照录无遗，使人读后不得要领。而应精心地对所搜集到的材料进行整理、鉴别、选择、加工、提炼，舍弃那些过时的、一般的、非本质的东西，选用那些新鲜的、本质的、有代表性的、有价值的东西，对其内容进行高度的集中、浓缩和概括。也就是说，它应该是概括了所能搜集到的资料中的主要思想、基本观点和最重要的信息，也就是概括了所有原始资料后提炼出来的精髓。

第五，要客观地进行叙述。科技综述的文体特点在于“述”，它是记叙文的一种类型。主要运用叙述的表达方式表述科技主题内容，有时也用到说明。它要求作者不掺入个人主观感情色彩作纯客观地陈述和说明，不加作者的任何见解，不提任何建议，也不进行任何评论。写科技综述，对于原始文献提供的各种情报信息，应该客观、公正地加以对待，切不可对自己感兴趣的符合个人意愿的就选用，对自己不感兴趣的、不符合个人意愿的就不选用。在写作时，若利用作者本人的工作成果，要恰当处理，只有在本课题的研究范围内，作者本人的科学研究确实取得了重大成就，而且具有典型意义的材料，才能在综述里严格、适当地加以选用。

二、科技述评

“述评”谓之“述”，即叙述的意思，谓之“评”，即评论的意思。

科技述评是在科技综述的基础上，针对某一学科科研课题和科研项目等专题，全面收集国内外有关文献，经过加工整理、分析综合，然后根据相关科研政策和学科理论，进行叙述和评论的一种研究报告。它深入分析过去和现在的科学研究成果和成就，并指出目前的水平与动态以及尚未解决的问题和未来的发展方向。

（一）科技述评的特点

科技述评以科技综述为编写前提，是科技综述的延伸和发展。它与科技综述同属于科技信息研究的范畴，同属于三次文献。科技述评将最新科研成果、思想、理论、改革模式等的性质、特点、价值等作翔实、具体的介绍，有着明显的推荐作用，这种推荐不一定直接点明，而是潜含在编写者分析、评价和建议之中。

“述评”的特点是有“述”有“评”，其重点是放在“评”字上。“述评”除具有“综述”的性质和特征外，不同点在于作者要根据某一学科或专业的科研成果和成就，以及现在的水平和问题进行对比分析，提出作者自己的观点、看法、评价意见和改进建议，指出今后的发展动向。

（二）科技述评的作用

科技述评有“述”有“评”的特点，决定了它的重要作用，归纳起来包括以下几点：

一是为科技部门领导决策提供参考。科技述评是科技领域里科学研究的眼睛，是跟踪和汲取国内外最新科研成就和科技思想、科学技术现状，了解科学技术前沿动向的重要途径，能为各级领导部门在决定各学科研究发展方向、制定规划、决定方针政策时提供参考。

二是有助于科研人员了解新思想和新理念。述评可以帮助科技工作者全面、系统、扼要地掌握一次学术研讨活动或对某一学术课题探讨的一致的或争鸣的思想观点，有利于学术理论知识的更新和增强理论研究的创新。

三是为科学研究选题提供参考。述评是科研和技术人员获得新资料、新概念、新理论、新思想的重要手段。为科学研究和技术人员选择某一课题，选定研究方向提供参考，高质量的述评可以成为确定学科实验研究项目或课题的依据。

四是可用于追溯性专题检索的工具。与综述一样，能够作为追溯性专题检索的工具，以提高文献检索的效率。

（三）科技述评的类型

科技述评与科技综述一样，根据所涉及内容的宽广度，可分为综合性述评和专业性述评；依据述评的不同对象，可分为文献述评、讨论述评和会议述评；依据述评所涉及的内容，可分为科技形势述评、科技动态述评、科技思想述评、科技工作述评。

（四）科技述评的基本格式

1. 前言

前言或绪言，其内容要求与科技综述大体相同。用于阐明述评对象的基本情况，说明选择这个课题的目的和意义，在什么资料的基础上编写的，以及它在科学技术和国民经济中的重要性，并简要地说明本课题的内容、性质，读者对象等，最后还可以列举与本课题有关的“述评”名称。

2. 正文

正文一般可以从发展史、现状分析、改进建议和预测等部分叙述，并将重点放在建议和预测上。

（1）发展史。以时间为主线，叙述本述评研究的课题在各个阶段的发展情况，特别要指出重大进展阶段是在什么条件下发生的，特点和意义是什么。对这一课题的各种看法、论点、成就和国内的发展情况都要同时介绍。本课题中尚未解决的主要问题也要列出。总之，这部分是从纵的方面进行对比分析。

（2）现状分析。广泛、系统地叙述某学科或专业领域的已有成就，如理论科学研究建立的新概念、新公式、新理论、新假说，各种不同的学术观点和见解；工程技术科学研究出现的新工艺、新方法、新产品、新技术、新装备；获得这些成果的途径、方法、条件以及它们的效应、效果等。对于不同学派观点和争论的意见以及悬而未决的问题，也应进行客观的反映。

（3）改进建议。改进建议一般有四种类型，即策略性建议、技术性建议、推荐性建议和改进性建议。应根据具体情况提出相应的建议，要讲清楚采用该项建议的根据、理由、主客观条件和适用范围等，并作出可行性的研究和论证。

（4）预测。预测是对未来的展望，是一种立足于客观事实、运用推理、想象而进行的前瞻性判断。其大致有三种类型：一是发展趋向预测，即根据综述部分反映的情况和事实，推断今后的发展趋势或科研在现有基础上可能开辟的新课题；二是影响与效益预测，可以评估目前现状、发展走向对本学科、本专业、本部门的影响，可以述评本课题研究的成果对本学科、专业及其他学科、专业和各行各业乃至整个国民经济产生的影响和所起的作用，还可预测采用某一新技术、新材料、新设计、新工艺将带来什么样的社会效益和经济效益等；三是对新问题的预测，即根据技术、经济发展的内在规律、目前水平和现有条件，联系管理体制、设备条件、资金投放等，进行具体分析，揭示可能出现的新情况、新问题，可能遇到的困难、曲折等，做好思想准备，并采取相应的解决办法。

3. 结束语

大体上与科技综述相同，此部分主要是概括地说明正文的任务、工作方法、所得出的结论、意义、作用、技术经济评价和今后发展前景的展望，以及根据当前实际情况，指出应注意的若干事项等。结束语应是正文的未尽之言，而不应一味重复前言或正文中的话。

这部分写法不尽一致。可以根据具体情况确定是否设结束语。如果正文中已经有了明确详细的论述，结束语则可省去；如果正文阐述结论不够集中明确，那么也有必要在结束语中再扼要地论述一下。

4. 参考文献

这是本课题研究的依据，其编排与科技综述的参考文献的要求相同。

5. 附录

其编排与科技综述的附录部分的要求相同。

（五）科技述评撰写基本要求

在科技述评撰写中要注意以下基本要求：

第一，又“述”又“评”，以“评”为主。科技述评的重点在“评”，又“述”又“评”，“评”中有“述”，“述”中有“评”，夹“述”夹“评”，“评”“述”结合，以“评”为主，观点和材料有机统一，叙述和评论浑然一体。一方面要对课题过去和现在的情况、水平、成就、问题、发展趋势等作全面、系统、精当的介绍，另一方面又要根据当前与课题有关的具体情况，有针对性地进行分析和研究，作出科学的评价、评论，指明发展趋势和前景。可以说，科技述评是客观叙述和主观评论的有机结合，是在科技综述的基础上加进作者的主观评价、评论的一种富有创造性的高级信息研究成果。

第二，从整体出发，突出重点。撰写科技述评应坚持整体性的原则，从全局出发来安排文章的结构。同时，要明确中心，突出重点。述评的重点是预测和建议两部分。因此，对这两部分应深入分析，详细论证，篇幅可占得多一些，以增强其说服力。科技述评不仅有“述”有“评”，而且还要运用对比、判断、推理和超前展望的方法，对有关科技文献资料作深入地分析与综合、归纳与演绎、抽象与概括，指明走向，作出科学的预测，提出合理化建议。这是科技述评的现实价值之所在。

第三，要考虑不同的读者对象。科技述评是一种专业性、实用性很强的科技情报研究文体，不同的科技述评有不同的读者对象，有的是给科技领导机关和科技管理部门的领导看的，有的是给从事科技理论研究的专家、学者看的，有的是给科技工作者看的，也有兼顾几方面读者的。这就要求科技述评撰写时，在表述上应根据不同读者对象而有所区别，才能满足他们不同的需要。如果读者是同行专家、学者们，就应抓住本学科、本专业的最新进展来阐明自己的观点，提出建议，还可多用符号、公式、术语，力求简洁、准确，避免出现常识性的内容；如果读者是有关领导部门的人员，应力求简明扼要，少用符号、公式、术语，在建议部分，不仅要讲清其依据、意义，还应讲清其经济效益，以供决策时参考；如果读者是广大科技人员和一般人员，对常识性的内容应做概括的介绍，尽量不用符号、公式、术语，既要讲清本课题研究的历史渊源和现状，又要传递最新的情报信息，在文字上应努力做到深入浅出，通俗易懂。

第四，要明确区分文献本身的观点和述评者的观点。撰写科技述评时，一定要将原始文献本身的理论、观点、判断与述评者的理论、观点、判断严格区分开来，在行文时应使人对二者从立论角度和表述上一看就懂，不致产生误解。如果将原始文献本身的理论、观点、判断与述评者的理论、观点、判断混淆在一起，难以区分，使读者无所适从，就必然会降低述评的科学价值和实用价值。

第八节　口头报告

对于任何科技活动，要想全面地将科技活动的目的、内容，以及取得的成果和认识展现给人们，并给人留下深刻的印象，达到满意的效果，不仅需要坚实的科技工作基础，还需要比较强的口头表达能力。由于口头报告是科技项目立项、开题、中期检查、成果评审验收（评定/鉴定），以及学术（技术）报告会等科技活动中用于陈述科技工作和科研活动中取得收获和认识的重要手段，因此，在科研和技术工作中离不开口头表达。故本章专门用单独的一节来介绍口头报告。

一、口头报告的内容与格式

当前多数口头报告都采用PPT演示，报告的核心是交流，目的是使听众能理解并接受你所想表达的思想和观点。所以，从内容上来讲，PPT报告要尊重听众，严细认真，准确科学，消除“注水”，使报告简单精练，让听众有所收获。每一张PPT都要有一个独立的内容，且应直观、明了、赏心悦目，而不奢华。关于PPT演示文稿的一般内容和格式如下。

（一）PPT演示文稿的内容

一般用于学术报告、项目开题、验收、鉴定等的科技口头报告的PPT演示文稿，其基本内容如下。

1. 开场白

开场白，即开场时引入本题的道白。主要是介绍自己，同时，用精练的语言交代演讲或报告意图或主题，然后在主体部分展开论证和阐述。其内容包括：称呼、问候语，围绕主题，阐明主题，对下文的引出。

2. 标题

标题，即项目（课题）或报告名称。以最恰当、最简洁的词语反映报告中最重要的特定内容的逻辑组合，要求简明精练、具体确切。标题下面还要给出汇报人、单位、日期等。

3. 研究背景

这部分在于回答好为什么做这个题目，如何做的，获得了什么结果等，一般从现状和选题依据等方面陈述。

4. 主体部分（报告的具体内容）

这部分作为研究内容和成果等的介绍，主要表达实验材料、实验过程、结果和讨论以及结论。对于立项或开题报告是拟采用的、预计的结果，对于结题、验收和鉴定报告则是具体采用的、实际的结果。

在主体部分的具体内容中，图、表和文本广泛应用。图表的使用原则是文不如表，表不如图。表格能够精确、鲜明地表达数据，有助于分析对比，一张图胜于千言万语，直观、形象和生动。谈数字、论统计，最高明的方法是化抽象为具象，将数字制成图表，因为图表目的明确、简明易懂、准确美观。

5. 致谢

对听众（专家、听会者等）表示感谢，感谢倾听，并希望提出宝贵意见。

（二）口头报告的PPT格式

通常，口头报告的PPT并没有严格统一的格式，只要能够把内容讲清楚即可，在实际应用中可以根据具体情况灵活掌握。在科技项目（课题）立项、验收或鉴定中，有如下一些常用的PPT报告格式，可以参考使用。

1. 开题报告格式

开题报告的PPT一般包括如下内容：

（1）封面或标题页。包括题目、汇报人、单位、日期等。

（2）报告提纲或目录。一般只列出一级标题。

（3）立项背景。陈述立项的必要性分析，国内外技术现状与问题，拟解决的技术问题等。

（4）项目研究的总体技术思路。包括总体技术思路，项目研究技术路线。

（5）主要研究内容及具体的解决方案。分项撰写，研究内容设置要把握好技术思路、技术方法之间的逻辑性与相互关联性，避免偏离项目研究技术目标。

（6）预计的主要创新点。结合所研究的内容在领域、观点、方法及应用等方面的突破与创新，进行归纳，语言表达要高度概括、凝练。

（7）主要的技术经济指标。技术经济指标要与研究内容相呼应，应具有可考核性，以可量化指标为宜。专利应作为“技术经济指标”之一。

（8）研究条件。包括人员情况，现有设备仪器条件、技术准备、依托工程落实情况等。

（9）项目的计划进度。一般列表阐述。

（10）经费预算说明。

（11）致谢。

2. 结题验收报告格式

结题验收报告的PPT一般包括如下内容：

（1）封面或标题页。包括题目或项目名称，汇报人、单位和日期等。

（2）报告提纲或目录。一般只列出一级标题。

（3）概述。对报告涉及的内容简要介绍，有时也可以不要该项。

（4）规定研究任务及指标完成情况。包括合同规定的研究内容及指标，研究内容及完成情况，技术经济指标及完成情况。一般列表介绍。

（5）获得的创新成果或主要研究工作。包括主要创新成果，取得的创新点。

（6）项目可持续性或成果应用前景。

（7）组织管理及经费使用情况。组织管理，经费使用情况可以分别写。

（8）资料归档情况。

（9）今后工作的建议。

（10）致谢。

3. 鉴定报告格式

鉴定报告的PPT一般包括如下内容：

（1）封面或标题页。包括标题，汇报人、单位和日期等。

（2）报告提纲或目录。一般只列出一级标题。

（3）项目概况。包括项目背景简介，项目来源，主要研究内容和技术关键，技术路线、主要技术经济指标及先进性。

（4）取得的主要成果。结合研究内容对取得的成果逐条列出，如成果一、成果二……同时还要列出知识产权情况，如专利、专有技术、软件著作权、论文、专著等。

（5）主要创新点。结合取得的成果及专利、查新情况提炼出创新内容或创新点，如创新点一、创新点二……。主要创新点也可以与取得的主要成果合并为一项，即取得的主要成果及创新点。

（6）与国外同类先进技术比较。包括工艺、方法等的先进性和技术指标的先进性，以及查新情况等，要客观评价。

（7）现场应用情况。可附证明材料。

（8）经济社会效益分析。经济效益和社会效益可以分别介绍。

（9）结论及建议。

（10）致谢。

二、口头报告的准备

由于口头表达所用的方法和书面表达完全不同，这在一定程度上是因为说的词和写的词不一样，说的词在它最后的共鸣声停止后，就再也不能对它复查和进一步研究了，因此，对多数人来讲，做好口头报告并非易事。可见，要做好口头报告，就必须进行精心准备，并掌握一定的方法和技巧。准备口头报告首先要吃透书面报告内容，并在书面报告的基础上进行准备。

（一）基本要求

口头报告的结构应合乎逻辑，章节分明，报告的主题明确，内容丰富，言之有物。口头报告的内容必须紧扣书面科技报告的主题，不能超出报告研究范围，既通俗易懂，又精确无误。当从一个论点发展到下个论点的时，应该顺乎自然，不能脱节。报告的深浅程度，应该量体裁衣，以听众的水平为准。

（二）PPT讲稿（文稿）的准备

讲稿，即用于口头报告的文稿。科技活动中的口头报告并不是即兴的，绝大多数的口头报告都是经过精心准备的。准备讲稿前一定要结合书面报告吃透PPT所涉及的主题，准备的讲稿一定要条理清晰，以便在讲的过程中，不至于因为看不清楚或逻辑关系不明而影响效果。在PPT讲稿准备时一般应注意如下几点。

（1）要明确报告的时长要求。科技项目立项、验收或成果鉴定时，对口头报告时长要求一般不超过四十五分钟。有时对口头报告的时长要求控制在三十或十五分钟以内，如果口头报告不超过十五分钟，则报告的主题不要太宽泛，最好聚焦在一个主题上，结合报告的内容选择好关键语句和关键词，并利用好，以保证十五分钟以内能将主题说清楚。十五分钟的报告准备往往比三十分钟的要求更高。

（2）要简洁、精练、明了。应当明确，口头报告不是演讲，所以，千万不要长篇大论，要言简意赅，短小精悍。口头报告也不是书面报告，不能把口头报告变成“朗读”或照着念。对于一个成果或一项技术或工作总结的口头陈述，要精心安排和布局，应尽可能简洁明了地概括说明采用的方法、取得的结果（成果）和认识。要设法在报告完毕，讨论所报告项目的发现或成果或认识时，使听众（评委）有个清楚的印象。应避免把实验、研究的具体细节或技术路线说得太多。一定要记住：在口头报告里避免塞满大量的数据，少量精选的实例往往比逐一罗列的细节更能说明问题。在汇报或讲演时，任何听众都不会记住所有的东西，所以如何让听众记住你希望他们记住的东西很重要。这可以通过精心地建立演示文稿中的关键点，然后根据需要通过多次重复来实现。也就是把重点放在能让听众记住的内容概要上来，反复重申关键的论点，并对基本概念做出明确的解释也很重要。

（3）要明确报告的目的。由于不同目的的报告，关注点不同，故在准备口头报告时，明确汇报目的很重要。汇报的目的是什么，是为了立项，还是为了验收或鉴定，还是为了中期检查，还是为了在学术会议上报告成果或思想，如果你自己都不确定你汇报的目的，那么你也就不能期望听众会对你的报告感兴趣。如果是用于立项，就要去讲立项的背景、意义，做什么，为什么做，如何去做，预期的结果什么，完成的保障是什么，预期的效果或经济社会效益如何等；如果是验收，就要对照合同要求，讲清楚是否完成了各项指标，主要研究工作，获得的效果如何，是否可以转化，还存在什么问题等；如果是鉴定或评定，就要重点阐述取得的成果，应用的情况，具体的效果、创新内容、达到的水平，推广应用前景等。决不能将验收的项目按照鉴定讲，将先导或推广项目按照研究项目讲。

（4）要清楚汇报的对象。还需要明确向谁汇报，他们在这个问题上的专业水平如何，在讨论要点之前，是否需要阐述基本原则，是否需要更清晰阐述研究背景。明确受众后，就需要根据受众确定文稿内容，而不是简单地将书面报告的内容照搬过来。由于听众通常会有不同专业知识水平，因此在口头汇报中有必要简单地阐述一下基本原则，但要注意，汇报中不宜介绍基本常识或人所共知的内容。因为如果你讲的还没有听众现有的知识更深入，那么他们很有可能会失去兴趣。然而，你也可能因为在听众还没有掌握的某个问题上或不太感兴趣的方面讲了太多的细节而疏远了他们，使汇报效果变得很糟。

三、PPT的准备

在制作幻灯片时，应该注意尽量简明扼要，不要将讲稿（文稿）的内容全部呈现在幻灯片上。如果幻灯片文字繁多，听报告者会产生疲劳和烦乱的感觉，同时也很难抓住报告的重点，使得报告的作用难于有效发挥。

为了达到一个良好的汇报效果，精心的准备PPT是非常必要的。在PPT准备或制作时，一般需要重点注意如下事项：

（1）通常情况下，PPT的每张幻灯片应该在屏幕上停留2~3分钟，按照每张幻灯片停留2~3分钟的话，一般30分钟的PPT也就10~15页，这可能是大多数人难以做到的，如果无法达到这一要求，最多也不要超过45页。同时避免大段文字和字体太小，幻灯片的内容组织必须得当，不仅能让观看的人迅速抓住要点，而且即使他们一时走了神，注意力偏离了报告，但是相应的信息至少在报告结束前仍能停留在脑海里。

（2）图文设计要一目了然。为了让中等报告厅后排的人能看清楚，幻灯片上的文字要限制在6到8行，文字的高度最好控制在屏幕高度的6%。在任何情况下，幻灯片上都不能放超过8栏的表格。幻灯片上不要放无关的图片，除非这些图对理解有作用。无关的图片既影响听众的注意力，又占据版面，且显得拥挤、不美观。

（3）为使颜色和字体在整个PPT中保持一致，要给所有幻灯片确定一个通用的设计模板。如果所在的单位或部门有带有单位或部门专门设计的通用模板，可以直接使用或参考。最好是保持一个简单的背景与对比强烈的文本。不要使用太花哨的模板，可以用最简单的白底板或蓝底，字体颜色稍有对比，让受众视觉舒服为宜。PPT做得太过花哨，或使用戏剧性的幻灯片过渡或动画，尤其是动画到处飞来飞去的，并不是很适宜，要掌握好严肃与活泼之间的度。

（4）对于字体，一定要统一，不仅字体的格式、颜色、大小要统一，每一页标题的位置也要统一，否则翻页的时候标题会跳来跳去，显得不够专业。

（5）PPT里忌讳有大段文字，尤其是大段的黑色文字，图文并茂可以使听众更好地理解报告的要点。研究数据表明，如果仅仅使用图片，什么也不说，理解和记忆的内容是单纯使用文字的3倍多，图片加文字对理解和记忆的帮助是单纯使用文字的6倍左右。同时还要注意保持每张片子之间的一致性。

（6）在PPT准备时，还需要有意识地对PPT准备中的有关问题向他人请教，从更有经验的同事或有关的专家那里寻求建议，并根据他们的反馈意见来修改PPT，以达到更好的效果。

（7）通过预演发现问题，以对PPT进一步修改完善。在制作好PPT后，要提前进行预演或练习，同时在预演中如果发现问题及时修改，以保证PPT的质量及正式报告时前后连贯和流畅。特别是PPT的演示，由于计算机软件系统的不同，在运行过程中可能会遇到一些问题。因此，应提前将 PPT拷贝到报告现场使用的计算机上，进行预演。如果遇到问题，及时解决和修改，从而保证在正式报告时能正常运行。

四、口头报告的技巧

在口头报告中适当地使用演讲技巧可以增加报告的感染力。为保证口头报告的效果，增强报告的感染力，做口头报告时，应掌握一些技巧或要求。

1. 熟悉环境、受众群体及主持人的要求

汇报或讲演前首先要熟悉一下环境，看一看报告厅或会议室有哪些可用的辅助工具，如话筒、翻页器、激光笔，或其他辅助工具等。然后要了解一下受众群体，如：他们对你将要进行的口头报告所涉及内容的了解程度，以及他们希望从你的口头报告中了解到什么，等等。要根据听众的兴趣来适当调整并把握口头报告的重点，同时还应遵守主持人的要求，按照主持人的统一安排把握报告的时间长短。没有重点，脱离主题的报告不仅乏味，也无法赢得听（观）众的认可。因此，要讲关键的、听（观）众想听的内容。同时，超时往往会使汇报或讲演的效果变得很糟。

2. 精心准备一个开场白，迅速将观众带入你的汇报

报告人应该精心准备一个开场白，使听众能够从一开始就知道你将要讲些什么。在报告开始时用简洁的介绍让听众清楚地了解报告的结构，帮助听众预先推想后面要讲的内容，还可以时刻知道报告进展的程度，并在整个报告（汇报）过程中使用标题，以便在新主题开始时引起听众注意。这将有利于确保听众能够记住这些标题所重申的几个关键点。值得注意的是人们通常不会记住超过五个关键点。最后要有一个明确的结论，并以此为契机提醒听众涉及的所有要点。

在报告开始时，听众的注意力跨度往往是最大的，这也是听众会决定你的报告是否值得关注的时候。通过一个有趣的开场白或轶事，可以让听众很容易进入你将要汇报的内容中。

不要认为仅仅说了“您好”和“我是谁谁谁”就算是做了开场白，开场白自有它的精妙之处，它能把听众带进到报告中来。比如：“大家好，我是来自……单位的某某某。你是否对……有……，那么是不是有这样的可能，现在我就针对……来进行介绍（汇报）”。

3. 集中注意力把控好与听众的交流和报告时间

要想抓住听众的注意力，首先你自己需要保持高度的注意力。报告时要把握与听众的表情或目光交流，因为与更多的听众进行表情或目光交流，可以使气氛更加融洽和舒适，讲起来也会更轻松。所以，当你进行口头报告时，应面对听众。

再有就是掌握好口头报告的节奏，把控好报告时间，语速适中，不紧不慢。语速太快就会让人觉得你情绪紧张了；语速太慢会让听众昏昏欲睡，也会让听众觉得你的演讲准备得不充分。有些人做报告由于紧张，语速飞快，像抢的一样，这样不仅讲话时隔着急促的喘气声，而且听众听得也是云里雾里，在汇报或讲演

时要增加适当的停顿，不要一口气把所有的话匆匆说完，这样既可以给自己留出整理思路的时间，也可以让听众深入思考消化。讲的时候要把握好前后或主题的转折，可以用一些常用的句型，如“首先我们来看下A，接下来我们看下B，其中最关键的是……”“基于以上要素，我们得出了以下的结论……”“在做过……研究后，我们发现了……”。

还需特别注意主持人给你规定的报告时长，三十分钟，还是十五分钟？要做好一个汇报，就应该对内容进行取舍，并在规定时间内讲完全部内容。否则会让人觉得你没有做好准备。前已述及，超过规定时间会影响你的正面印象，千万要注意。

4.用图和多媒体可以更直观表达

不要在PPT上塞满一长串句子，只要有可能，就用图片（图形）来表达观点。使用的图片（图形）必须有明确的标签，有很强的自明性，以便于受众快速理解。为了清晰起见，避免使用三维及多维图表。

反映报告内容的图片（图形）是PPT的组成部分，不仅使PPT看起来更好，也方便听众理解。而有时使用一些不涉及报告内容的图片，只是为了使PPT看起来更好看。但要注意不要使用不必要图形或贴画，比如一只小猫、一对蝴蝶等等。

巧妙地运用多媒体可以达到更好的效果。对于特别复杂的内容（如原理、复杂过程等），如果多媒体使用得当，视频和声音有助于使主题变得更加生动，而且简短。然而，要确信他们有助于你表达你的观点，而并不是为了使用而使用。视频应要简短，长视频对PPT没有多大帮助，时间上也来不及。如果你使用的是视频或声音，一定事先确保它在当天要使用的计算机上能够正常播放，如果不能播放，则要有一个备用的计划，否则会适得其反。

5.适当的动作及面向听众可以起到好的效果

动作能吸引注意力，有节制地使用手势可以活跃气氛，语调的变化和偶然做一个短暂的停顿，都能有助于强调讨论的重点。报告人应不断寻求与听众保持直接的接触，也就是说，给人的印象应该是，你的话是同时讲给听众中的每个人听的。

汇报或讲演的时候要面向听众，如果需要面向屏幕讲的时候，在示意完PPT后就要转向听众，和听众进行目光接触很重要，要感觉听众的反应，注意眼神交流和保持适度的微笑，带有情感的以讲故事的方式讲述，能够加深听众对这个报告的印象。如果只是读讲稿或照着PPT念，就会影响效果，给人的印象就不像是在讲，如果念稿子还不如让听众自己去看。因为从PPT上逐字朗读是一种迅速让听众昏昏欲睡的可靠方法。

激光笔使用中不能来回乱晃。讲的时候不能结束得太突然，结尾要自然而得体。口头汇报时使用幽默来活跃气氛是很好的，但是要因人而异。如果它不适合你，就不要强迫自己去幽默。

对着装要求不是太严格，但选正规些或自己最喜欢、感觉自信且舒适的衣服即可。

6. 讨论或答辩的准备

在报告结束后会有一段讨论或答疑的时间，在听众或评委提问时一定要认真听，把大家提出的问题记好，并要经过周密思考，准备好应付种种问题的答案，包括回答批评性的问题。有经验的人员，常常用有意的“引导”听众的办法对讨论时间的基本部分作出安排：对一些明显的问题进行回答，而这些问题是故意（巧妙地）从报告中省略掉的，这样报告人似乎就能够对下面会出现什么问题保持一定的控制力。

很多人往往会担心提问这个环节，怕自己答不上来，其实大可不必，因为在这个课题或研究方向上你做了很久的工作，你应该比任何人都更了解报告所涉及的内容，你自己才是这个领域里最有发言权的专家，而且提问题的人大都自己也不一定知道答案，你可以慢慢厘清自己的思路，给出自己的想法。更何况有时候是因为时间关系没有展开来讲，或者他当时开小差根本没听到，放轻松再讲一遍就好了，这反而不占用你报告的时间。

有提问时最好不要急着回答，等主持人要求你回答时再答，因为一般都是在所有人提问完后统一作答。由于不同人的提问有时也可能会出现重复，集中回答时，除非要求，一般不要按照提问者提问题的顺序逐个作答，要把所有人的提问综合起来，按照逻辑顺序回答，可以避免重复。如果你对某一个或若干个问题没有理解或无法回答清楚，可不回答或直接说明你对此还无法给出明确的答案。

7. 一般不要急于退出报告席

报告结束，要待主持人提示可以退场后再退席，但要先留在会场或周围，以防需要修改意见或有人突然有其他问题需提问时找不到人。在多数的场合，报告人应该留在会议室，直到活动结束。

总而言之，口头报告时要注意克服紧张情绪，确保语言流畅、逻辑通顺。不论你的报告内容多么的精彩，如果你在做报告的时候紧张得说不出话来，或者说出来的话断断续续，底气不足，或结巴、口吃，或者“这个”“那个”“嗯”“然后”等口头语过多，或者不知道说什么好，思路不通顺，前言不搭后语，逻辑混乱等，那么就会使你报告的效果大打折扣。

第三章　科技书稿写作基础

科技书籍作为传播科学思想和科学技术知识的书籍，是书籍两大家族（自然科学和社会科学）之一，一般指内容为自然科学和应用科学技术方面的书籍，包括基础科学、工程科学技术、能源科学技术和高技术等各个学科及其分支学科，范围极为广泛。科技书稿则是指出版前的文稿，一本完整的书稿，应包含文稿和图稿等。

本章作为科技书稿写作的基础，简要介绍科技书籍写作的有关知识，重点介绍科技书稿的写作准备、辅文和正文的撰写，以及正文的修改与定稿，以及不同类型的科技书稿写作要点。

第一节　概述

书籍作为出版物的一种，其本质属性是满足人们的精神文化需要。一方面，书籍可以流通、交换，供人们购买，实现其价值；另一方面，书籍还可以满足人们的精神需求，丰富人类生活的境界，促进人类的文明与进步。从书稿到书籍（或出版物）不仅是作者的劳动与付出，它还是作者、编辑和出版者的密切协作过程。因为一本书从写作到出版，除了作者的努力外，编辑在其中也起着非常关键的作用，必须经过编辑选题策划、编辑加工之后，再经过一系列的活动，如排版、校对、设计、印刷、装订等，才能成为真正意义上的书籍。

一、科技书籍的写作特点

不同类型的科技书籍，其写作特点不同，下面分别介绍。

（一）科技教材

科技教材是教材的一种，是对大、中专、技工各类学校学生进行科技专业教学的主要书面依据，是师生根据国家教学大纲的规定进行教与学的主要材料。它除供学生使用外，还可供需要了解某一方面知识的人员学习使用，由于使用者通常对书中的内容知之甚少，对其中的对与错缺乏辨别能力，容易将错误的东西根深蒂固于头脑中，所以，在编写教材时一定要确保叙述严谨，不能出丝毫差错。为便于读者接受新的概念，在介绍或说明深奥难懂的概念时，一定要用比较浅显的道理、通俗的文字，由浅入深，由表及里，循序渐进。撰写教材时要牢记简明扼要、通俗易懂的基本写作要领，为便于理解，教材写作中常常通过恰当贴切，正好与所阐述的原理相匹配的举例来阐述原理。

对科技教材中的专业术语必须有严格的定义。要使用表述最准确的定义，且前后保持一致。含义相近、使用上略有区别的不同术语不能交替使用，否则会使读者阅读时如在云里雾里。

为了使师生很好地完成教与学的任务，科技教材的编写应紧扣教学大纲，深浅度要紧密结合实际，字数要与课时相匹配。教材的成熟度应该比较高，特别是基础课教材、专业基础课教材、成人自修教材、技能培训教材，更是如此。当然以新知识、新技术为主要内容的选修课教材、研究生教材则例外，因为它们的"新"比"成熟度"更重要。

科技教材通常有大量帮助读者理解所述概念的例题、开拓读者思维的思考题和(或)巩固读者所学知识的习题。

(二)教学参考书

教学参考书主要是为了帮助读者加深对教材中内容的理解而编写。所以，其中的资料必须十分具体，各种类型的实例丰富，能紧密配合教材的相关概念，目的明确，针对性强。由于教学参考书一般不受字数的限制，所以作者在写作中有一定的发挥空间。常常可以加入现实性强的新鲜趣闻，加入一些偏深、偏难的内容，以及有关的前沿研究进展或最新技术与成果，也可以加入各种流派的观点等，以适当扩大读者的视野，增加读者的学习兴趣，激发读者的思维。

写作中作者要熟悉所配合的教材内容和教学实践，准确抓住教与学的关键，知道什么地方该宽泛、什么地方该深入，什么时候需要反复、什么时候需一带而过，这样写出来的教学参考书才能受到读者的欢迎，能使读者真正感到参考书很有助于对教材内容的理解。

(三)科技专著

专著是就某一专题展开深入论述的著作，专著的特点在于专，不一定系统全面。但专著一般系统叙述某一领域的全面知识与技能，一定要讲深讲透。专著的内容深浅一般没有具体规定，完全由书籍的作者水平和读者对象而定。由于读者通常具有一定的专业基础知识，因此，科技专著中可以有尚不成熟的想法、观点、见解，而且不用像写教材那样对每个概念的来龙去脉都交代得清清楚楚。

专著可以介绍自己的成果，也可以介绍众家经验、观点，也可通过评论别人的观点来阐明自己的观点。专著的面很广，写作方式也很多。但写作中需要特别注意的是，凡不是自己的科研成果（即引用他人的成果），一定要注明引文出处，即哪些是自己的研究成果、哪些是他人的研究成果应能让读者一看就明了。科技专著的一大特点是实用，所以，科技书籍一定要详细介绍使用技术的操作、理论、效果、注意事项等。内容的深度、广度均要遵循实用的原则。

为了使书中的科研成果能够走向世界，一些学术专著中通常附有英文目录和英文简介。由于每一项科研活动都是建立在前人成果的基础之上，同时为方便其他研究者查询，参考文献在科技专著中不仅必不可少，而且要规范标引。

专著常常包含比较多的公式、复杂的图表等。研究成果若是通过一些精细的曲线、图片或微观体的照片反映出来，作者应在曲线与图片或照片的制作上多下功夫，这样才能为获得良好的印制效果创造条件。

（四）科普读物

科普读物，即科普书籍，其特征是普及性，特点是浅显易懂。没有普及性的科普书籍是绝对没有读者、没有市场的。科普书籍要能够让读者读得懂、用得上，关键是读得懂，只有能够读懂了，才会用得上。所以，读得懂是科普书籍最重要的特点。科普读物对于普及科学知识、激发学习科学与文化的兴趣具有重要的作用。

科普读物有其鲜明的写作特点，即集知识性、可读性、趣味性于一体。它的写作语言必须形象生动，可读性强。一般将专业词汇变成大众能够理解的语言。讲述的故事必须富有吸引力，必须使读者能够从中学到一定的科学知识。科普读物中的故事可以是真实的，也可以是虚构或幻想的，但必须是健康的，有意义的。科普读物不要求系统全面，可以就某一问题加以说明，一个问题一个问题地写。科普书籍中可以就某一问题举例说明、插图说明，可以用问答、讨论、叙述等形式写作。

（五）工具书

工具书是大家公认的权威的经常参考的书籍，要求比较高。它应根据使用者的需要，将某个范围内的必要资料按方便查找的次序编排在一起。字典、词典、索引、手册、年鉴、百科全书等，都属于工具书。一本好的工具书应具有权威性，释义准确，编排合理，查找方便、快捷等特点。

工具书编写用词专业，编辑整理，不加议论。归纳起来，工具书编写时要把握“全”“准”“新”“精”“便”五个字。“全”，是指工具书要在本身性质的特定范围内，针对读者对象的需要，使知识内容齐全完备。“准”，是指准确性，工具书的资料必须翔实可靠，最好直接引自一次文献，若利用二次、三次文献，要认真核实；对概念、定律的释义，对所提供的公式、图、表、数据、程序，都要准确无误。“新”，对书目类检索性工具书而言，“新”指新颖性，为读者提供最新的信息；对参考性科技工具书而言，“新”是指先进性，这类工具书对促进科技进步有其特殊的重要作用，应为读者提供先进的科学技术知识和资料，指引科学技术发展方向。“精”，是指精选内容，精心编排，文字精练。“便”，就是易检性，科技工具书必须具有迅速准确地提供信息资料的功能，有时还需要提供多途径检索的功能，以增加科技工具书的使用价值。

二、读者对象的定位

读者对象是指一种书籍所拥有的读者范围。确定读者对象与明确写作目的同样重要。从书籍的销售角度考虑，总是希望书的读者范围越宽越好，这样书的销售量就大。但从书籍的写作角度考虑，读者范围越宽越难写，因为很可能顾此失彼。

作者写书之前，首先要明确读者对象，只有明确了读者对象，有了针对性，写起来才能更知道着墨的重点所在。当然，为便于销售，读者对象范围不宜定得太窄，要在读者中做一些调查研究，能够兼顾时要兼顾尽可能多的读者。

如果已经确定了读者对象，还需要对读者对象及其需求有一个全面的了解，以便明确书稿撰写中在某些方面要写什么、写多少，是用专业语言还是用通俗语言，重点是理论探讨还是应用举例。具体来说主要考虑如下三个方面：

第一，读者想了解什么，已经了解了什么。这个问题就决定着作者写什么，明确写作的范围，确定对主题的论述深度。比如要写一本科研专著，就要弄清读者对专著中涉及的研究项目是一无所知还是有所了解。如果是一无所知，作者写书时必然要在介绍研究项目上多用些笔墨，应尽可能详细介绍背景和相关知识，以免读者读起来有时会感到莫名其妙。如果是有所了解，则在写书时就可以将读者有所了解的内容省去或一笔带过，以给其他内容留下更多的空间。

第二，读者对专业术语和行话的理解程度。有时，作者在写作中应用专业术语和行话会感到十分方便，懂行的读者读起来也感到舒畅，但有些读者却会因此而无法阅读或产生错误理解。反之，作者在书中对所用到的一些专业术语和行话做出详细解释或用已变形的替代语，有些读者对此会有多此一举或用语不确切的感觉。

第三，主要读者对象的确定。作者要想写出适合任何读者对象的书是不可能的，但满足主要的读者对象则可以很容易做到，所以作者应朝着这个目标努力。主要读者对象可以粗分为专业或非专业人士、受过高等教育或未受过高等教育者、经验丰富者或刚入门者，等等。书的主要读者对象应写入书的内容提要中，以方便读者选择。但在突出主要读者对象的时候，也仍然应当兼顾所有读者。

除正文内容写作外，书名的确定也需要结合读者对象的定位，因为书名在读者选择书时也是非常关键的方面。

三、科技书稿的写作程式

要写一本书，首先要选好题。选题决定书稿写作的大方向，当选题确定后，要针对选题准备好写作所需要的材料或素材，然后确定大纲，并在大纲的基础上形成目录。对一本书来说目录相当重要，目录不仅是书稿正文前所载的目次，是揭示和反映书籍内容的工具，也是大纲细化后得到的最终写作方向，即书稿写作的“导航仪”，是用来提醒作者在书稿写作中什么是需要坚守的、什么是可以改变的，它能够帮助作者随时检查自己的写作方向是否有偏差，可以随时对写作方向进行调整，以保证最终写出来的书稿内容更加精彩可读。当然，有时候目录也给书稿写作带来局限性，甚至还会限制思路的扩展。但无论如何，只要能够把大纲或书稿目录列好，一本书的脉络基本就成型，剩下的就是把所收集到的材料往里面填充并整合内容。

如果之前的准备工作做得足够充分的话，那么到了内容整合这一步，进行起来就会比较顺利，而且效率更高，出现的错误会更少。这将由作者在前期进行构思、整理素材、做好选题、编写目录等工作时的能力所决定。但是内容整合的过程同样重要。

在写作中可以一章一章地逐步完成，有时可能不同章节同时分别展开，在分别展开写作时，往往很难预测每一章的初稿什么时候能够写出来，也不知道哪章在先，哪章在后，而各章的进度也肯定不会一样。因此各章最好分别独立建文档，每章都有单独的文件夹，都有自己的页码，互不相干。每一份草稿的文档都要标明日期。在文件夹里每次写的原稿都要有清清楚楚的标识。从一开始就要给图表编序号，并放在正文的适当位置。这样做将有利于将来统稿。

四、科技书稿的写作特色

所谓特色，即事物所表现的独特的色彩、风格等。“特色”是与其他书相比较，某本书所能呈现出的“独一无二”之处，比如，我国目前页岩气开采均分布在山清水秀的山区，在页岩气水平井钻井中，为了确保井壁稳定，满足安全作业需要，基本上都是使用油基钻井液，这显然会对环境和作业人员的健康造成一定影响。如果能够采用水基钻井液等绿色钻井液部分或全部代替油基钻井液，无形中就能够减少钻井液对环境的影响。如果这时候能以“页岩气水平井绿色水基钻井液”作为选题，写出来的书籍，就符合时代发展的需要，也是独一无二的。这种“独一无二”呈现得越明显，该书的特色就越鲜明；“独一无二”之处越多，该书的出版价值和应用价值就越高。

书籍所具有的特色不是虚构的，也不是可以凭空编造出来的，它是事实存在，是书籍本身所具有的内涵，是由某一时期某一领域或专业科技发展和技术水平，以及书稿的内容和水平决定的。简而言之，写作背景、写作素材和写作水平决定着写作特色。

作者下笔之前，应该明确自己所写书稿要突出的特色，然后在写作中努力使其特色体现出来。如果作者在写作中要用到的资料不具特色，依据的成果或技术缺乏创新性，或自己的专业能力、写作能力有限，在书稿构思和编写技巧等方面不具特色，通常是不可能写出具有特色的科技书稿的。比如，某人想写一本某专业方面的科研专著，而他不仅对专业缺乏深入认识和独到见解，而且又没有系统地进行过科研工作，更无经验和材料的积累可言，组织写作能力又非常一般，在这种情况下写出来的书稿就不可能有特色，即使写作能力很强，因为“巧妇难为无米之炊”，也无法写出独具特色的书稿。另外，也会遇到这样的情况，作者的研究成果颇具特色，但由于材料组织不当、写作水平较差，写出来的书稿显得平平常常，导致其优秀的成果，宝贵的经验，无法使人接受，被冷落、被埋没，更难推广与交流。从这一点上来讲，只有占有充分的材料，拥有丰富的成果和经验，又有很强的组织和写作能力，善于在论证中融入他人的观点，善于通过引用原始文献增强归纳的可信度、客观性和科学性，才能写出具有鲜明特色的书稿来。

可以说，科技书稿的写作特色是其写作必须建立在作者坚实的研究或成果、占有丰富而有特色的材料等基础上，同时作者还必须具有良好的写作能力和技巧，使书稿表现出鲜明的学术思想和应用价值，符合科学技术发展的方向，不仅对当前，即使对将来都会产生积极的影响，能够使读者通过科技书籍获得知识、提高认识、增强本领。

五、科技书籍的辅文及其作用

科技书籍的组成包括正文和辅文两部分，缺少任何一部分都不能成为一本完整的书籍。正文是根据著作的主题思想和学科体系，按一定章节结构和格式组成的一个系统的、有严密逻辑关系的整体。辅文是书籍不可缺少的重要组成部分，也是书籍区别于报刊等其他出版物的重要特征。不同书籍（如科技书籍和社科、文艺书籍）的辅文也各有自己的特点。辅文是书籍撰写与编辑工作的重要内容。有些辅文是由编辑撰写或编纂的，有些是由作者撰写，再由编辑审定的，有的是由作者与编辑讨论商定后由一方撰写的。下面是科技书籍的一些主要辅文的名称、内容和功能简述：

（1）书名页。通常也称扉页，它和封面一样记载书名、著译者名和出版单位名。它起导购、责任记录的作用，又和封面一同起保护书的作用。

（2）内容简介。也称内容提要，是向读者介绍书籍的推荐材料，主要起导购作用。简短地介绍本书的主要内容、特点和读者对象等。

（3）前言。正文之前的前言、序、编者的话等可通称前言，是用以向读者交代有关本书情况的说明文字。前言内容广泛，篇幅不限，也无固定模式，一般包括编写意图、背景、主要内容和特色、需要说明的体例和编写方法等。主要为引导读者阅读和理解正文，同时也是较详细的推荐材料。

（4）目次表。又称目录，是正文章节标题和辅文名称及其页码的清单。可供读者了解全书内容及其体系结构，同时是读者检索查找正文内容的重要检索工具。

（5）符号表。是使用物理量符号较多的科技书籍，用以帮助读者熟悉书内所用符号的说明页。

（6）使用说明。是词典、手册、百科全书等科技工具书，用以说明本书籍的编排方法和检索方法的。有些工具书也称为“凡例”。主要是帮助读者迅速学会使用本书的方法。

（7）参考文献。是说明正文所引用的资料来源，引导读者追踪检索，深入理解正文内容的参考资料目录表。它是学术性或资料性较强的科技书籍的重要导读辅文，也起一定的检索作用。

（8）附录。是与正文密切相关而又不便纳入正文的各种重要参考资料的总称，是正文的延伸，都放在正文之后。

（9）注释。是对正文中某一部分加以解释补充，加深对正文理解，而又不宜作为正文叙述的附加说明文字。注释位置有在文内、页末和文后之分，视具体情况而定。

（10）索引。是供读者从不同角度快速查阅正文中有关知识内容的主要检索工具。一般放在全书之末。

（11）后记。亦称跋，与前言有类似作用。有些内容放在前言或后记都可以，但属于写完后的感想、追记、说明等只能以后记表述。后记均排在书末。

辅文种类还不止以上几种，不一一列举。每种科技书籍并不要求包罗以上各种辅文，而是视各自需要而定。但每一种辅文都要有理由存在，要有利于更好地发挥书籍的作用，不起作用的或可有可无的辅文不应列入书内。辅文的内容和形式多样，有的已经程式化，有的则不拘一格。

第二节　科技书稿的写作准备

写书不是一蹴而就的事，能够写书，说明作者一定具有深厚的专业技术基础，以及材料与经验的积累，并且也有比较好的文笔。通常，科技书稿的作者都是有多年的科研和技术工作基础、科技报告和科技论文写作经历的专家，有了多年的积累才会有写书的打算，也有了写书的基础。如果没有大量的积累就贸然写书的话，在写作过程中会非常艰难和痛苦，并且写出的书稿也很难达到出版要求。因此，如果你有写书的打算，那么在正式写一本书之前，要进行充分的准备。在准备阶段，主要的任务是在选题的基础上拟定要写作的题目和章节的内容，也就是要写什么样的东西，然后是列出提纲，收集资料，进行综合研究，编制图表，以及熟悉编写体例和有关写作与出版工作的各种规定等等。

一、开展选题调研提出书稿选题

为保证选题的针对性和可行性，在提出选题之前，要先做好充分的调查研究。选题调研不仅是书稿写作的重要步骤，也是接到任务书或确定要撰写书稿后首先要进行的工作。选题调研是检验选题是否可行的关键，调查研究的过程就是对选题进行分析、综合比较的过程，选题有无价值，别人是否做过，选题是否重复，是否有新意等都需要检验。可见，必须有计划、有步骤地进行选题调研，才能保证调查工作的效率和质量。在选题调研的基础上，通过一定的选题方法，就可以确定最终的选题。对于一些比较热门的选题，作者要从不同的角度切入，去确定最终的选题方向。无论是什么选题，可以说最终的落脚点都是有助于读者解决专业技能上的问题，学到所需要的新技术和新知识。

对书籍而言，选题就是准备出版的书籍题目。它不仅是个书名，一般还包括：①题目名称。即准备撰写的书籍的主题名称。它可以是出书时的书名，也可以是暂定名。如果是丛书，则包括全套书的总主题名称和各分卷的分主题名称。②书的性质。就是准备出版的书籍所属类型。书的类型包括专著、教材、工具书、科普读物等等。③主要内容。包括章节结构、特点、预计篇幅以及有什么辅文及辅助出版物，等等。④读者对象。对书籍读者群的定位。主要读者所属阶层、年龄段、文化程度，等等。读者对象与书的性质和内容有紧密的联系。

（一）选题调研的要求

选题调研包括问题调研和市场需求调研，其关键在于明确选题的意义和市场需求，因此在选题调研时应注意如下几方面：

一是明确选题调研的目的。选题调研的目的是围绕拟定的书稿题目了解与之有关的实际知识和技术资料，研究科研与生产中所使用的技术、产品、装备和工艺等情况，以及还存在的具体问题，进而使所存在的这些问题得到进一步改进和完善。选题调研也是深入生产实际、提高感性认识、了解从科研、设计到成果或技术的转化，以及产品生产应用的全部工艺流程，学习新技术新设备的实际应用，为解决课题任务提供必要条件的一个过程。故选题调研要紧密联系实际，深入了解选题与生产、科研之间的联系，确保选题有用，只有这样选题确定并形成书稿后才有实际价值。

二是把握选题调研的要求。选题调研的具体要求是带着选题中的问题去调研，明确为什么要进行调研，调研要解决哪些问题；制定调研的具体内容，明确调研目标；制订调研计划，即时间和进度的安排。调研的过程就是学习提高的过程，通过虚心向工人、技术人员及内行的人学习，了解先进的生产技术和手段，提高效率，从而达到客观、及时、准确、有效地确定选题的目的。

三是明确读者和市场需求。科技书籍一般专业性较强，有特定的读者群，且读者往往需要具备一定的文化基础，即使是科普读物，读者面也比一般生活用书要窄。因此，科技书籍的读者定位很重要。由于读者面较窄，科技书籍市场相对容易“饱和”，这就要求有很好的预见性，及时捕捉和发现读者的需求，把握热点问题，适时策划和组织有关选题。跟在别人后头赶“热点”，是不可能真正占领市场的。科技书籍是否有市场，关键看其是否有用，没有用的科技书籍是不会有市场的。因此，确定选题时，要时刻树立市场观念，重视科技书籍选题的适时对路。要有良好的超前意识，主动出击而不是被动追踪。关心市场需求的最新动向，研究潜在市场的需求情况，使选题决策正确、科学。

（二）选题方法

“贴近生产，贴近实际，贴近读者”是书稿选题的基本原则。基于此，通常的选题方法如下。

第一，从前人的研究成果中找选题。前人的研究成果，是我们今天工作的基础。任何科研课题的研究都不是凭空想象出的，任何学术和技术成果的取得都不是从天而降的，它来自坚实的理论基础和丰富的实践经验，来自对前人研究成果和经验的继承与发展。在继承前人的知识、经验与成果的过程中得到启迪，并选取那些具有“前沿性”的课题加以研究，这些“前沿性”课题的研究成果就构成了科技书稿的写作基础。要从前人的成果中找选题，就要善于向前人学习，系统地研究已有成果的先进性和内在联系，以及其学术和社会价值，在占有大量信息资料的基础上，与自己的成果和认识进行综合对比分析，从中找到选题的依据。能在前人研究的基础上再前进一步，就是科技书稿选题的意义所在。在继承的同时，也要敢于去研究前人提出的、还没有解决的问题，全面占有最新的材料并提出解决问题的方法，形成系统的理论或知识体系，促进学科发展。

第二，从科研工作中找选题。科研工作常是重要的选题来源。由于科学研究就是探索一个又一个新的课题，按照原定的目标计划进行研究时，经常也会有意外的发现，促使我们去偏离或改变原来的目标计划。当这种偏离和改变发生时，不要急于纠正它，或许它会给我们带来新的启发和新的思路，若坚持下去，往往会有意想不到的收获。无论是预定的结果，还是意外的收获，这些收获都可以作为选题的来源。如果成果有新的突破，内容足够完整系统的话，这样的成果报告便可以成为书稿的蓝本，可以直接转化为书稿，也可以基于报告，经过补充文献形成书稿。

第三，从生产实践活动中找选题。实践是认识的来源，实践也是科技作品创作的源泉。科技书稿的写作更是离不开生产实践，通过实践可以了解现场需求。科技书稿写作反映现代生活、生产中用到或即将用到的新技术、新成果，离开实践，书籍将变成无本之木，无源之水。有经验的作者，总会经常深入一线、深入基层，了解生产过程中存在的问题或技术瓶颈，了解广大现场技术人员所思、所想、所需，同时搜集大量的技术素材，从而创作出满足一线或基层读者需求的科技作品。

第四，从被他人忽略的地方发掘选题。人的认识总是在不断深化和提高的。人类对自然科学及自身的认识不会停留在一个水平上，而是不断地深入与发展。随着时间的推移，将会发现前人在认识上的不足之处，这些不足需要进一步地改进和完善。而同代人由于所站的角度不同，也会出现一些认识偏差和空白。选题时要在别人忽略的地方寻找焦点，发现问题，深入研究、产生灵感。任何时候被人忽略的地方是大量存在的，要从中发现选题不仅需要胆略和学识、认真和细心，更需要锲而不舍、勇于探索的精神。只要有了这种精神，好的选题就会源源不断地出现。

第五，通过已有书籍的对比联想发现选题。当今，相同或相近选题的书籍很多，但其论述的主题或论证的方法、侧重点、立意和构思、写作方法等往往存在差别。由于作者能力和水平的差异，书籍行文方式、写作质量、特色、学术水平，以及内容的深度和广度等也常有不同。因此，通过对比已经出版的相关书籍，经过思考、分析、对比、联想，就可以从中发现空白，找出优点，查出不足，找准切入点，一个好的选题就可能应运而生。

第六，在未知或新领域中寻找选题。在进行科学研究时要敢于开拓未知领域，一部科学发展史就是一部不断开拓新领域，不断产生新学科的历史。在进行科技书稿选题时也一样。也许一些现在看来毫无应用市场或前景的技术或产品，在不久的将来，将会出现广阔的市场。所以，在选题过程中，要敢于涉及过去人们没有想到的，写过去人们没有写过的，并尝试从自己熟悉的学科跨越到生疏的学科或从当前熟悉的技术转向未来的新技术，如可燃冰、干热岩开发，生物质源的利用等。

（三）选题的基本原则

就选题原则而言，选题要有用，要新，也要力所能及。选题“有用”，体现在选题要有意义。有用的选题就容易引起社会的关注，产生比较大的社会影响。选题要“新”，则体现在创新上，就是能在某一个问题上取得前所未有的进展。选题“力所能及”，也就是选题经过努力能够完成，即选题大小要具体明确，内容切实可行，要写自己熟悉的专业，要有丰富的经验积累和足够的资料支撑。在围绕“新”“有用”和“力所能及”三个方面展开选题时，应遵循如下原则。

一是学术性与实用性。学术性与实用性代表选题的两个不同的学术层次。学术性是对书稿内容在专业知识、专业技术方面可能达到的学术水平的预期程度。

实用性则是书稿内容对生产实际、学习、生活、科学与文化普及可能产生的实际帮助，如答疑解难、技术改进、工艺革新等。实用性主要体现在内容的具体、实际操作成分多，理论阐述内容较少，与现实生活联系紧密，但又高于现实水平，且可操作性、针对性强。选题中要很好地把握学术性与实用性的兼顾，因为学术性与实用性的勉强兼顾，容易顾此失彼，产生特色不明显的平庸之作。

二是创新性与科学性。书稿的内容除了具有现实意义外，还要具有一定的创新性，有独到之处，至少若干年内有一定的延续价值。创新性是书稿的价值所在，一本没有创新，内容平平的书稿其学术价值就会降低或丧失。这就要求作者在选题时要站在销售市场和科技发展的前沿，把握某一技术或学科的走向。创新性包括选题形式新、内容新，整体工作有创新，有开拓精神。科学性是科技书籍的魂，没有科学性就谈不上是科技书籍。科技书籍以科学性为原则，它的真实性、准确性、可信性不容置疑，它遵循科学规律，规范科技语言、文字、符号等，来不得半点的虚构和夸张。

三是针对性与可读性。选题的针对性，首先是指读者对象明确、单一。只有读者对象明确，才能有针对性地确定选题内容、体例安排、写作方式、字数等。这样，书稿出版后才能不是单纯追求知识量的多而全，而是急读者之所急，想读者之所想，以尽可能少的篇幅，介绍读者最急于获取的信息，也只有这样才能有的放矢，真正拥有读者群。因此，对大多数选题而言，首先要使读者对象尽量单一，若读者对象过于宽泛，往往因为内容广泛，篇幅有限而面面俱到，无法提供相对单一的详尽资料，难以满足读者对相关知识了解的需要；其次，也应考虑读者的阅读兴趣，经济承受能力、对出版物的期望程度等；最后，选题的学术层次、出版意图（传播技术，获奖或赚钱或职称评审）也要尽量单一明了。选题的可读性依赖于其针对性，取决于书稿写作风格与编排方式，以及论述的逻辑性。因读者对象不同，对科技类出版物的可读性标准评判大不一样。只有可读性强的选题，才能写出可读性强的书稿，只有那些深入浅出，厚积薄发、图文并茂、文笔流畅、逻辑性强的书稿才具有可读性。

四是一致性与系统性。一致性就是书稿各个章节体例与表达等一致。现在多人合作写书越来越多，对于多作者合作写书，由于作者水平参差不齐，表述方式不一，容易出现体例不一，系统性差的问题。在分工写作时，一定要注意事前统一书稿结构和章节层次，防止出现编写体例不清、层次混乱、图表编序方法各异、专业术语前后表达不同、目录与正文标题不对应等情况。选题的系统性主要体现在两个方面，首先是内容理论体系的全面、系统，有自己独立的编写体例与写作格式，不出现低水平的重复、交叉等现象。其次是对某一系列问题的论述全面、系统、资料丰富，信息集中，目的明确。系统性是奠定选题科学性和可读性的基础，只有保证选题的系统性，才能使书稿具有可读性。

五是正确性与可操作性。选题是否正确，要从市场销售情况及应用效果来评判。如果选题时不能把握好市场，选题不正确，写出的书稿出版后可能会没有市场。写书的主观愿望都是希望能够深受读者欢迎，都能畅销，然而事实并非如此。可见，只有保证选题的正确性，才有可能受欢迎，有市场。一本科技书籍，只有当它转化为生产力的时候，才能体现出其价值所在。那种只有耕耘没有收获的书是不受欢迎的。因此，书中内容要切实可行，具有很强的可操作性，读者能够按照书中描述的内容去实施，才能起到应有的作用。

（四）选题的基本要求

一般情况下，选题中要考虑如下基本要求：

一是选准、选好题。图书市场千变万化，技术也是不断发展、需求也是不断变化的，每一个时期的热点和需求都不同。因此，在选题时既要考虑目前，还要考虑长远，既要考虑实用，还要考虑学术，只有这样，才能选好题。尽管书的市场和对书籍的需求是变化的，但知识具有继承性、延续性，要在此基础上考虑市场变化。有时书的社会价值比市场价值更大。

二是注重长线选题。选择长线产品，才能经久不衰。一般时效性比较强的选题往往会很快过时，而一些工具性和普及性质的书籍生命周期就长，如钻井液处理剂、钻井工具手册类、技能和操作培训课程类等，属于长线产品，能够经久不衰。但为了学科发展，一些对科学技术进步有促进作用，反映当前技术发明和创新性质的学术专著、科技专著等书籍尽管读者面少，但也还是需要的。

三是注重选题的实用性。写实用性强的书会更有利于占有市场，获得读者。实践表明，实用性强的书读者面大。而理论性、专业性很强的书，读者面小，所以选题时要注意。但在突出实用性的同时，还必须强调学术性，注重实用性并不是一味迎合读者，不能只顾市场，还应考虑学术传承。唯有如此，才能发挥出书籍的科学与学术价值。

四是要注重选题的迫切性。写有用的书、紧缺的书、市场上没有的书。这就要求，在选题时要看是否符合时代特征，是否有迫切的市场需求、读者群体有多大，同时还要看内容是否新颖、实用。只有让读者感到这本书有用，值得买，才能促使读者购买。可见，当你在写一本专业性书稿的时候，要先当读者，即首先要问问自己会不会用，对自己是否有帮助，如果连你自己都不愿要的书，或者感觉没有价值的书，也就不可能有市场。

五是必须有坚实的理论和实践基础。要写自己熟悉的、有一定写作基础的书。如果你是某一领域或专业的行家里手，有着丰富的研究或现场工作经历、实践经验和成果，对专业知识、新技术和解决现场问题的实用技术和方法掌握得比较全面，且又有丰富的材料和经验积累，即有一定的写作基础，就容易写出有用的书来，否则只能是照葫芦画瓢、东拼西凑，这样是写不出高水平有价值的书的。

二、拟定书稿题目列出写作提纲

由于拟定书稿题目和列出提纲是书稿撰写的重要工作，因此，要在开展选题调研和占有充分资料的基础上，尽可能把这项工作做细致、做扎实。

（一）拟定书稿题目

作者如果想写一本书，首先需要在选题调研的基础上拟定题目。题目是进行以后工作的根据。

这里所谓的题目是书名的基础。一般在写作一本书稿以前，不可能把书名推敲得非常完美，但为了写作的进行，总是需要先拟定初步的书稿题目。由于书名是一本书的标志，是书的“眼睛”，有时从书名上读者就知道阅读这本书能够收获什么，因此，拟定题目时要进行必要的推敲，使题目尽量醒目、准确和简洁。

书名并非一开始就能完全确定下来，只是说在拟定题目时就要考虑书名问题，为最终的书名提供好的基础。书名的确定往往是在书稿完成以后，甚至更晚一些时间才能完成。关于书名的确定，在后面还要讲到，这里暂不细述。

（二）列出写作提纲

在完成选题调研并拟定题目后，就可以根据拟写作的书籍类别（如应用技术类或专著类或工具类）以及选定的读者对象，对全书的中心内容、主题思想、章节结构、资料取舍等方面，作充分的考虑，提出章节标题，写出详细的提纲了。这个提纲将作为收集资料和深入研究的依据，也为正式撰写书稿时安排章节内容打下了基础。提出的标题可以分为两个层次。第一个层次的标题表现题目的几个主要方面。而第二层次的标题，则围绕每个第一层次的标题说明它的各个方面。无论是第一层次，还是第二层次标题的提出，都应该遵循事物本身的特点和人们对其认识的过程。还可以在第二层次下列出三级、四级等层次标题，这些要视具体情况而定。

这里要强调的是，书稿提纲是全书的缩影，而不是全书的目录。提纲要提出全书的主题及中心内容，并说明写作意图，列出各项参考文献（至少有名称、著译者、出版者、版次及其特点）；接着是分单元介绍各自的中心内容，以至各章节的主要论点和基本结论。

此外，列出提纲时还应计划好书稿是分成若干部分写作或连贯写作，以及完成全部（或各部分）初稿的日期。

总而言之，写作提纲是将来成书的缩影，是目录的基础，它对书稿写作十分重要。作者在拟定提纲时，如果自己不能很好地把握，则可以与有关专业人员切磋、斟酌，并反复推敲；同时，也可以征求出版社编辑老师的意见或与他们讨论，在提纲的起草中如果能够充分汲取各方面的意见，则经过修订后的提纲就会更加完美，在写作中将起到很好的“导航”作用，这样才能真正体现出提纲的意义。

三、充分搜集材料做好分析研究

“为了写得好，必须充分地掌握题材，必须对题材有足够的思索，以便清楚地看出思想的层次，把思想构成一个连贯体，一个连续不断的链条”。在作者准备开始写书稿的时候，要充分准备好写作需要的材料，并对所收集的材料进行深入细致的分析，以作为写作的基础。

（一）收集材料

任何一本科技书籍都始于事实，是基于事实材料形成的系统的知识体系或文献，而这常常高度地依赖于先前所发表的思想或者实验数据，作者将工作中积累的素材和从参考文献中收集的各个孤立的信息，通过一定的逻辑方法编成一个系统的整体，便成为将来书稿的重要组成。可见，收集资料是书稿写作准备阶段中一项重要的基础工作。虽然收集到的材料不一定在编写时都能用得上，但是充分地占有资料是十分必要的。因为，一本书稿的质量高低，从根本上取决于它是否占有翔实的资料。只有占有了翔实的资料，才能进行比较全面的分析研究工作，进而有可能发现前人所未能认识的事物和规律；只有占有了翔实的资料，在其基础上总结的经验和认识，才是有用的、科学的和有力的。才能保证书中所叙述的认识、观点、规律、定理、结论等是可信的；经验证明，凡在实践检验中出现的一些错误观点、认识、规律、定理、结论等，往往都是由于在提出时根据就不充分，没有占有翔实的资料造成的。

当然，人们在生产实践和科学实验中不断发现新的情况，获得新的资料，这些就是据以修订或更换原来的观点、认识、规律、定理、结论等的依据。因此，在撰写一本科技书稿时，还应当尽量全面地收集并占有最新的资料。

收集资料的内容包括形式和来源两方面。在形式方面，有文字、图、表、照片、数据等。从来源方面，有从自己在生产和科研工作中整理出来的资料，总结出来的经验，获得的理论和技术成果，有从图书和期刊上找到的有关文献资料。通过借鉴文献资料可使论证更完善、论述更系统，也可以使我们在写作中少走许多弯路。

收集资料的过程，是对已积累材料的补充，也是在列出书稿提纲以后，进一步认识和研究先前拟定题目的过程。在收集资料过程中，应当注意以下三点：

一是要收集能够表现标题的材料。因为提纲中列出的各个标题，就是今后确定书稿中各个章、节的基础。在这些标题下面需要有大量的资料加以充实，特别对那些能表现标题的材料一定要收集到手，否则这个标题就言之无物，应该撤销。收集资料中如果发现了与标题不符合的地方，也可以通过综合研究对提纲中的标题进行适当调整。

二是要从能表现标题的材料中选择典型的资料。在收集资料时我们会发现，同是能表现一个标题的资料往往不止一份。这时，要对这些资料进行初步鉴别，对那些齐全的和比较新的资料要特别注意，找出典型的、具有代表性的和可靠的文献来。也就是说在收集资料过程中，对于类似的资料要进行比较，初步地去粗取精、去伪存真，以保证资料的典型性和代表性。

三是要确保资料真实可靠。在收集资料的过程中也常会发现，有些资料所根据的事实不一定可靠，要特别注意，对于经核对和验证认为是不可靠的资料，不能作为论证的根据。但是可以借鉴，看错在什么地方，从而在自己的书稿中注意避免，当然，在叙说有关问题时，还可以作为反驳的根据。

总之，收集资料的过程应该是边收集、边整理、边鉴别的过程，分门别类按照列出的提纲进行整理。特别是拟编著一本文字量很大的巨著时，做好资料收集和整理工作更是十分重要。

（二）综合研究

综合研究就是研究那些在收集资料阶段所得到的大量翔实的资料，具体而言，就是要在所收集资料的基础上，给书稿撰写提供一些观点和认识有关事物的规律。

尽管在收集资料时，已经对资料进行了鉴别，并初步地去伪存真，并且对照提纲进行了分析，但为了保证去粗取精，优中选优，在综合研究中还需视具体情况继续充实资料（进一步收集有关文献）。当对全书需要说明和论述的问题有了明确的认识以后，就可以进入编写阶段了。

综合研究的目的是明确概念和下好定义，进行演绎和归纳推理、论证或反驳某些观点和看法，提出自己的结论和认识，也就是进行逻辑推理的工作。作者往往是在综合研究阶段将他人的观点融入自己的论述中，形成自己的主要思想认识，提出新的概念，以及发现新的规律。这个阶段的工作实际上是任何一项研究工作的中心环节，整个工作都应当在逻辑学的指导之下进行。

综合研究也可以看作是深度思考的过程。写书，是一种积极主动的深度思考方式。只有沉下心来，才能够理清复杂事物之间的关系，透过现象看本质，开发大脑对纷杂的事物理顺和识别能力。当面对每一次要写作的话题、定义主题、梳理框架和遣词造句时，最难的是需要从一个新的视角切入，把一件事情的底层逻辑想明白，只有自己想明白了，写出的书稿才能让读者看明白，使读者真正的有所收获，付出的时间成本才值得。如果自己研究分析得不够深入，想得不够透彻，思路不够明晰，写的时候就会感觉到没有主线，只能东拼西凑，最终写出来的文章恐怕就是自己读起来也会觉得层次太低，缺少价值。

还要注意，通过综合研究要使书稿的架构更清晰，使章节的安排有内在逻辑。对于任何一本书稿，章节都不宜过少，一般一本科技书稿安排四章（含）以下是不合适的，但也不宜过多，过多会让人感觉根本没有章，而只有节了。

四、分析市场与读者需求

写书需要了解社会发展和读者的需求，这往往在选题调研时就有清晰的了解。社会发展需求，一般表现为宏观的变化动向，通过它可以预测读者需求的大致动向。比如自2009年以来，我国开始了非常规油气资源开发，这便对相关技术和人才有了新的需求，从那时起，各类涉及页岩油气开发等方面的人才培养和技术需要的专业科技书籍就应该有了需求。无论何时，有需求的敏感性或有长远的发展眼光往往很重要，否则就会跟不上前沿方向。

从市场需求的角度讲，要真正地满足不同群体的读者需求，科技书稿的写作应首先准确定位读者群。如：

（1）对于诸如技工操作之类的书籍，主要是满足技术工人学习某一项技能的需求，此类书籍应首先保证较低的定价，其次应保证书籍的内容应通俗易懂，尽量不出现深奥的专业知识。针对技术工人的书籍，其最主要的购书动机是为了提高技能，往往对定价比较关注，可以依专业内容的差异将书籍分为不同的分册，每本分册仅包含一类专业技术，各类技术工人只是需要各自的技术，这样可避免花多余的钱买不需要的内容。

（2）对于工具书或手册等类的书籍，相关专业的知识应尽可能齐全、准确，具有可操作性，能够满足技术工作中技术人员的检索或查阅需要，同时要立足最新，保持技术和操作工艺、方法的先进性，不能包含过时的旧知识，或已经淘汰的技术、产品等。

（3）对于学术或技术专著类书籍，鉴于其主要满足科研人员研究工作的需要，专业书籍首先应保证书籍的内容具有相应深度的专业理论知识，同时应保证专业知识的先进性。由于其专业性强，不适合一般读者群体，需求量往往较小。

读者来自多方面，每个读者的需求也不同，作者要根据不同层次读者的需求，编写各种不同层次的科技作品，满足不同读者的要求。读者的期望，就是作者、编辑的意愿，三者的利益是一致的。读者想买好书，作者就写精品书、出版社出精品书，共同服务好读者。一般来讲，读者对科技书籍需求大致包括如下方面：

（1）信息需求。这里所谓的信息包括政治、经济、文化、科技等各个方面，几乎从事每一项工作，决策每一件事情都离不开有关信息。人们对信息的这种需求是书稿写作和出版的基础。

（2）知识需求。一个人必须接受前人积累的知识才可能和这个世界相融洽，才可能进一步开拓创新，同时也积累新的知识留给后人。

（3）技能需求。人们求知的目的是应用，只有会应用，才算能知能会，这便是对技能的需求。

（4）思考需求。人的精神需求的最高层次是理性的思考。这种需求，促使人们读理论学术书籍，通过具体书籍的信息、素材思考问题。

（5）求实需求。实乃实在、实用、实惠，可操作性强。这样的书籍就应该主题鲜明、专业性强，切忌空话连篇，模棱两可，莫衷一是。

（6）创新需求。“新”往往具有时代性。诸如新知识、新观念、新方法、新工艺、新成果、新经验、新物质。

对于大部分读者总是希望书籍能够知识新颖、内容实用、价格便宜。但在某种情况下，也不完全如此，毕竟读者对象不同，需求不同，购买力也会不同。

五、做好谋篇布局

谋篇布局就是搭建书稿的“大架构”，如果仅仅修饰文字而未关注架构问题，即使文字写得再好也算不上完美之作。在书稿的写作中，首先要注重整体框架，做到通篇风格及体例一致，尤其是同一本书稿由不同作者合作完成时，更要注意保持每位作者的风格和体例一致。

（一）拟定临时目录

书稿写作中难度最大、最费时的工作是正文的写作。即便是一个很有经验的作者也不可能具有一次就能写成“定稿”的本事。事实上，也没有一个人能够做到在最初就能逻辑严谨、文字精练、自然而然地说清楚一个论点。这是由于最初把思想写成文字的时候，往往会迫使人们尽可能快地把已有的思想或想法表述出来，而不一定要深思熟虑。在写作过程中常常会突然有了新的看法和理解，而这往往就需要回过头来对原先写好的文字重新组织和修改。对于任何作者来讲，最好的原稿都是在不断的修改中逐渐形成的。

有的作者常常在一开始就按照提纲在拟写书稿的每个章节题目下，将只要能够想起来的有关思想或内容，都不论顺序地写出来。有的时候可能只是一个关键词或一个短句，但是使用短句会更有利于构成与思想实质更贴近的表述。

但无论如何，写作一开始都要先给出一个简单的目次概要，并为目次概要中每一个标题都单独留出空白，此时先不必花太多时间去考虑每个题目范围内思想的详细布局。为了保证效率，最好在已经准确地确定或清楚了整个写作工作范围以后，再进行系统的目次编写组织工作。然后在简单的目次概要的基础上，逐章逐节继续展开系统的目次概要的内容，直到形成了全书的目次概要。通过这种方式（而不是试着直接从头做到尾）来撰写目次概要，可以减少由于作者无意之中遗漏了重要的思想，或者是作者到最后才认识到或发现有些本应该是放在原稿靠近开头部分的题目，可能还没有包括进去。

当形成基本完善的目次概要后，就可以拟定临时目录或写作大纲（章节提纲）了。首先要确定必需的章、节的数量和暂定的章节题目。这时可以在概要里大致写出一些合适的题目关键词（这些关键词可以起到提醒的作用，有利于以后的写作）。至于各节详细的提纲可暂时不考虑。由于现在列出的还只是以后组装的“原料”，可以暂时不考虑逻辑顺序。在临时目录写作过程中，最初的计划可能会有许多重大的改变，但书稿的大概形式或构架已经逐渐形成，而这份临时目录或写作大纲以后将会成为目录的基础。然后就是要粗略估计每个章节原稿的页数（以及最后印刷的页数）或字数，对于科技书籍，由于大量的图表所占的版面也按照字数统计，所以实际的字数不一定就是书籍印刷后的字数。如果事先已经和出版社约定了全书的字数（篇幅），那么此时就需要结合全书的字数来估计各章的长短，并确定是增加还是减少目次中各章的标题，以达到对全书的整体布局，最后再经过修改即可形成书稿的写作大纲，即临时目录。有了这个临时目录，也就有了书稿的写作方向。只要把目录列好，书稿的脉络就基本成型，也就相当于定好了全书的基调与框架，剩下的就是往里面填充并整合内容了。

（二）设计篇章结构

在科技书籍正文内容的结构设计时，首先应了解本类书籍的性质，以及内容要求、编写要求或编写原则，然后再根据具体需要，选择一种结构方式进行结构设计。

具体来说就是要根据书籍的性质和内容的复杂程度来安排，篇幅较大、内容较多时，需要的结构层次就会比较多。一般从科学技术本身的体系、阐明和论证的方法和认识的规律性等三个方面来考虑书稿的内容结构。

一般篇章的结构层次为：篇、章、节、小节、段。而所谓的结构设计就是设计这些层次，并安排一些辅助结构，且应根据需要尽量减少结构层次。

在主题内容比较庞大，所述对象分支比较多的情况下，可采用分篇（编、部分）的方法，将几章的内容归纳为一篇，全书分成若干篇。一般科技书籍不设篇。一本科技书籍至少可以从上述设计原则的三个方面选取一种方法或综合考虑来分成若干章。在每一章中还需要划分为若干节，以便详细叙述所述对象的各个方面。在节中可以根据具体内容需要，再划分为几个小节，必要时在小节中，还可再分成若干段。篇、章、节和节下题的编序可以用不同的方式，序号的书写也有不同的文种，一般用汉字的一、二、三……和阿拉伯数字1，2，3……，而且是先用汉字后用阿拉伯数字，也可使用阿拉伯数字代表章、节、款、项。

（三）确定节的长短

章节结构确定后，就要考虑章、节标题，以及标题下节的长短。一个标题下面的文字，一般以不要超过2.5个印刷面（每面1600字）为佳，最好只有1面或1.5面。

为了防止一节的文字太长，可以在同一等级的水平上多列几节，或者再分出一个层次来。不过层次划分一般不要超过三级或四级。级别太多，编码太长，会给读者阅读带来麻烦。一本书当确实需要划分较多的层级时，为了减少章节编码体系的复杂性，可以把全书分成几个大的部分，用罗马数字标记。这样就可以使主要的阿拉伯数字分类体系“节约”一位数字。各个部分的章节仍按平常的数字系统安排。全书各章按“十进位制”连续顺序编号。

在需要进一步分解一个题目（标题）的时候，可以采用两种办法。一是在一个题目下再加一个没有号码的小标题，把这一段文字看作是它所在的有号码的标题下的一部分。另一种是在某个标题的低一级水平上加一个段落标题，用几个词或者短语直接放在这一段的最前头。它们和节的标题一样，起着说明的作用，但它们是这一段正文的一部分，只不过通过一个句号、冒号，或者简单地只是一个空格与真正的正文分隔开来。为了强调，没有号码的小标题或者段落标题一般都用醒目的字体，例如黑体或者斜体。

六、明确写作要求进行书稿试写

要知道，写一本书远比写一篇，甚至比写几篇期刊上的论文需要花更多的时间。一篇完整的期刊论文篇幅一般在5000~8000字（可能还有少数图表占有的印刷页面），而一本书的原稿常常有十几万甚至上百万字。因此，除了掌握大量的一手材料等基本素材外，还需要大量的参考文献作为支撑，而这其中可能还会包括一些作者完全不熟悉的文献。成功地写出一本书的全稿，常常要花费一年甚至数年的时间，特别是因为还有日常的工作要做，大多数科技工作者肯定不会把所有的时间都花在写作上。大多是利用工作之余，可以说是见缝插针，挤时间写作，在这种情况下如果要想写成或写好一本书，必须有严密的计划，按照一定的要求才能将写作工作安排好、组织好。

当写作提纲拟定后，能否顺利完成写作任务，必须对各种条件进行分析，包括作者对书稿所涉及主题的理解程度，材料占有情况，以及写作的时间保障和写作能力等。对于一个人难以完成的书稿，还要经过分析，来物色适当的人选分担写作任务，或者要有适当的人进行把关，甚至有可能当初提纲起草者变为非主要执笔者。要本着为读者负责的科学态度，坚持实事求是，通过具体的分析，最后确定写作方式，以及是独著还是合著。

对于重要著作、丛（套）书、工具书、多人合作的书稿写作，不仅要完成以上所说的准备工作，还有必要考虑设立主编，来负责决定全体作者的写作方案、分工协调、集中信息、组织讨论、统编定稿等工作。如果写作内容牵涉面广，或跨行业，或包含不同学科，作者人数很多时，还有必要成立编委会，设主编、副主编、编委若干人。各个专题、各个学科由责任编委分别组织作者负责完成写作任务，最后交由主编、副主编统稿。为慎重起见，在准备阶段，应集体讨论确定编写方案，然后拟定写作规范，以统一指导思想，明确写作目的、读者对象，并就书稿的章节结构、层次规格、语言格式、名词术语使用等作出规定。与此同时，应制定统一写作体例供全体作者写作时参考。

书稿修改时最好不要在电子文档的原稿上直接覆盖，而是要将原稿复制后再在复制的文稿（修改稿）上进行修改，并保留好原稿（包括经过润饰的原稿以及第一遍草稿）以备在需要参考初稿或需要将删去的内容重新补上时，可以方便地找到那些在修改中被删去了的段落或语句。

为了保证在可控的限期前完成全部工作，写作一开始可以设计一张写作工作时间表，以后可以随时记录工作进展，定期地和时间表拟定的目标进行对照检查。为应对写作中可能会有难以预料的事情发生，计划的写作时间要留有充分余地。除非有突发事件或不可抗拒的因素，一般不要更改原计划的完成日期。尤其对于由多个作者合写书稿来说，认真遵守期限特别重要，因为如果有一个人落后了，将影响到整个集体的撰写工作。

此外，端正写作态度是作者能否写好一本书的关键所在。作者的态度端正了，对自己的学术成果和读者有了敬畏之心，自然能在写作过程中更加认真、细致和专业，也能够更加用心去写书。同时，还要保证时间投入。要想写书，写好书，就必须有时间的投入，有实践、有积累，不然就只能是想想而已。

做好以上的准备工作，作者对书稿基本构架、内容、特点和水平等已经了然于心。为保证写作效率，此时可以选择最有代表性的章（节）进行试写，特别对第一次写书的作者，通过试写，可以发现作者自己的不足，也可以看出占有材料是否充分，所拟提纲是否合适，如果占有材料不足以支撑书的论点或不充分，则就应进一步查阅文献，补充材料，如果按照提纲编写的内容存在逻辑和结构不足，则可以对提纲进行修改完善，以便正式写作时能够顺利进行。

第三节　辅文的写作

书籍正文以前或以后的用于说明书籍有关问题的所有文字部分称为辅文，科技书籍的辅文一般包括内容简介、序（前言）、凡例（例言）、目录、注释、参考文献、附录、索引、跋（后记和编后）等。本节分别介绍。

一、内容简介

内容简介也叫内容摘要、内容提要，是一般书籍不可缺少的内容，是作者或编辑向读者或发行者介绍书籍主要内容的简短文字，起导购作用。一般位于版权页的上方。有的书籍将它安排在封面的勒口上、封二上或排在封底等处。科技书籍的内容简介一般用说明文写作，字数控制在300字以内，以简洁明确的文字说明书籍的内容梗概、重点，书中的重要内容或科研成果的学术价值，叙述的范围、表现特色以及读者对象。读者可以根据内容简介判断是否适合自己，决定是否购买。内容简介对书籍的宣传和销售意义重大。对于丛书、套书和多卷书，在内容简介中要注意介绍前后册的联系。再版书还要对新版书内容的变化进行评介。所有这些也是为了帮助读者选择书籍。但内容简介对于教材类书籍的作用则大大降低，因为学生不具备决定取舍教材的知识能力和权利。尽管如此，作者一定要重视内容简介的写作。

在写作内容简介时应注意：避免用套话；避免用章节目录代替内容简介；避免夸大其词；谨慎使用表示程度和性质的词；准确介绍书籍特色；准确介绍读者对象。总之，写作内容简介要做到简洁、准确、客观。

二、序（前言）

序又称序言、叙，或称引、引言、导言，也称前言。是说明书籍著述或出版意旨、编次体例和著作者情况的文章，是写在书籍正文之前的独立文字。序还介绍书籍内容并进行评价或对有关问题进行说明。

在序符合要求的情况下，与出版说明要交代的问题相同时，就不必再写内容重复的出版说明，在没有序的情况下出版说明可以作为代序。注意书籍的前言、序、出版说明的内容不要重复。

序一般分自序和他序，自序偏重说明著作宗旨、撰写经过、编写体例等，还可以就书中的重点和难点作简要阐述。他序的内容通常是推荐和评介作品，提供评介观点，指出该书的优缺点，介绍作者或书中所涉及的人物和事件，指明书中阐述的主要问题，帮助读者领会该书的内容等。他序的标题用“序”，撰写者要署名。他序排在作者序之前。他序的作者一般是对作品比较了解的同行、专家、朋友、老师等。

丛书序用来说明丛书的编写意图、内容范围、总体结构和共同体例等。丛书序可由丛书编委会、丛书主编、特约人士和出版社撰写；出版社写的丛书序一般不署名，其他情况的丛书序则要署名。丛书序的标题用“×××丛书序”或“丛书序”等。

序可以有多份，序一、序二、序三等。也可以用作序者的姓氏排为“王序”“张序”。可以自序与他序并用，也可以仅有自序或他序。

序的写作要坦率、诚实、中肯，要对读者负责，对社会负责。为他人的作品作序一定要阅读作品，了解作品，这样评价才会中肯，言之有物，言之有据。切忌不负责任地随意拔高。

序的文体一般是夹序夹议，偏于叙的有散文的特点，偏于议论的有论文的特点。

在科技著作中多数作者用前言，很少用自序，而他序才用序。对于书籍前言来讲，它能否客观、准确地表达作者的写作思想以及书的主要内容和特色，不仅直接反映出作者的文字水平和写作功底，而且在一定程度上影响书籍的销售发行。

不同的科技书籍，前言写作的侧重点往往不同。一般说来，科技书籍前言应包含以下几部分内容：

（1）读者对象。每种书籍都有自己特定的读者群体，作者在整个写作过程中是针对相应的读者群体而确定写作的深度和广度的。在前言中明确读者对象，便于读者根据自己的需要决定是否购买或阅读。

（2）编写指导思想。书籍的编写都会有一定的指导思想，尤其是一些重点书籍和各部委组织编写的规划教材，编写或修订都有明确的要求与原则，这在书籍前言中可适当加以说明。

（3）书的主要内容。前言应概括性介绍书的主要内容，没有必要写得特别详细具体，但大的方面也不应遗漏，能使读者对书的内容有一个大致的了解即可。

（4）书的特色。假如目前国内尚无同类书出版，那么“新”就是该书的最大特色；如已有同类书出版，则应重点说明该书与其他同类书有何不同；如是对已有书籍进行修订，则应指出修订版与前版相比作了哪些改进，有何提高。突出书的特色其实就是充分指出该书的价值所在，一定要下功夫写好。

（5）特殊说明。作者如果认为某些内容或写作方法需要特别指出，可在前言中说明，以引起读者注意和方便读者阅读。

（6）致谢和自谦。一本书在编写过程中往往会得到一些单位和个人的支持及帮助，他们由于未参与编写而不能在封面或内封中署名，作者可在前言中向他们表示感谢。另外，在前言中适当自谦是十分必要和有益的。

在前言写作时一般应注意如下几个问题：

一要言简意赅，忌大而空。前言的语言应高度精练，准确表达作者的写作思想，几个大方面的内容应点到，但篇幅不应过长。

二要层次清晰，忌杂乱无章。多个方面的内容应分段写出，让读者感觉条理清晰，不应无目的地想到哪写到哪，造成内容混杂。

三要客观真实，忌夸大其词。前言中提到的读者对象、书的内容和特色等一定要客观真实。不能盲目夸张书的优点，信口扩大读者群体范围。

四要因书而异，忌千篇一律。不同的书籍有不同的实际情况，作者可根据具体情况来写，如有的书籍几十年长版不衰，版次多达十几次，那么在前言中适当介绍一下该书的历史情况也是很有必要的。

再版前言要写明修改的内容和修改的理由，第1版出版后销售情况，以及读者反馈的意见和建议，便于读者更好地阅读本书。再版前言应放在前一版前言的前面，以便列写不同的版次顺序。

一句话，前言的编写要内容真实，语言简练、准确、生动、流畅。

三、凡例（例言）

凡例是说明书籍内容与编纂体例的文字，多在书的前面，也称例言或编辑大意。一般多用于字典、词典或手册、年谱、资料等具有工具书性质的书籍。除了关于内容的原则说明外，重点是介绍体例，解说比较具体。为了明确起见，通常都分条说明。常用的内容包括编选原则、条目安排、检索方法、注释体例、资料来源等项。

《现代汉语词典》中有“凡例”，用来说明词典的结构、各部分的内容以及怎么使用词典。石油化工类工具书，如石油和化工专业词典、英汉石油辞典或词汇等方面的工具书，可在正文之前用凡例来说明如何使用该书。凡例内容多少和格式没有统一要求，一般视具体情况而定。

四、目录

目录是摘录全书主要标题的名目，是揭示和报道书籍内容的工具。目录可以引导读者更顺畅、更快速地了解和浏览全书的内容，设置好目录，能使读者轻松阅读，把握书籍的脉络，掌握书籍的要点。其实，还可以把目录看作是导航仪，它能够帮助作者随时检查自己的写作方向是否有偏差，可以随时进行调整。因此，在创作之前要列好目录，但是在创作的过程中，作者并非要拘泥于目录所设的框架。

（一）定义与作用

“目录”又称“目次”，它是正文标题及页码和辅文名称及页码的总清单，可供读者了解全书的内容和结构，并为读者检索提供方便。多数书籍目录放在序后，但有的放在序前。目录是书籍各篇章节和段等标题的精练排列，目录一定包括各篇章节和段的标题，但不是全部标题。标题是构成目录的要素，没有标题就无法编排目录。

目录的作用是使读者通过它可以看到书籍章节间的逻辑关系，通过阅读目录，既能了解书籍的主要内容，又能了解各部分内容的篇幅及其所在的具体位置。目录可以在短时间内给读者提供大量有价值的信息，及时找到自己所需的答案，即可以迅速地找到所需要的部分。

（二）设置原则

目录的设置要坚持重要与需要、逻辑关系合理等有关原则，并按照这些原则认真编排。

1. 重要与需要

由于目录的基本作用是体现中心，突出重点，方便查阅，所以，设置目录的首要原则是重要与需要。重要是指某一内容在全书中的地位，需要是指某一内容对读者的实用性。一般重要的内容都是比较需要的，但某些比较次要的内容对有些读者也是需要的，这些也要编入目录，这样便构成了目录中的附录。

根据这一原则，对于不同类别的书籍其标题设置和目录编排要求有所不同。一般来讲，工具类书籍目录应详尽具体，教材类书籍目录应该系统、精练，专著类书籍目录应突出特点。

2. 逻辑关系合理

目录是一本书的总清单，是正文的中心、脸面，是书籍特色的直接反映，目录的逻辑关系又直接影响全书的结构和内容的安排，所以目录的逻辑关系十分重要。无论是目录中相同层级之间还是不同层级之间，都要体现严密的逻辑关系，逻辑关系在一定程度上决定着书稿不同内容之间的内在联系，一般在初次设置目录时就会考虑到目录的逻辑关系，但在第二次设置目录时要考虑目录的各个方面（包括表面的和内在的）都应符合逻辑。

3. 其他原则

目录由标题组成，目录编排的其他原则，如体例一致、级别科学与标题设置的要求相同，具体可参阅下一节中标题设置部分的内容。

（三）目录编排注意事项

在书稿目录编排时应注意以下几点：

（1）正文的目录一般为2~3级标题。经常查考的书籍无索引时，标题层次可以更细些，并且可在前面加一个“总目录”，只列出一二级标题。目录与正文标题应该一致。对于学术性或技术性书籍，有时标题中包含副标题，也可编入目录。标题过于繁复时，可以适当简化，但必须和正文中的标题一致。

论文集或书籍各篇、章由不同作者撰写时，应在目录中分别署名（作者不多时在前言中说明作者分工即可）。

分册出版的书籍，目录可以集中排在首册，各分册正文连续编，也可以各分册分别排目录，写明“×××册目录”，并做到各分册分级层次一致。

（2）正文前辅文标题需编入目录的，一般包括出版说明、译者的话、序或前言、凡例、符号表等，并按先后次序采用小写罗马数字编页码（每项辅文的首页为暗码），有的书籍从附书名页或扉页开始编页码（暗码），有的书籍从出版说明或序开始编页码暗码。目录前只有前言或序且篇幅较小时，一般不编入目录；有的作者序排在目录之后、正文之前，则应编入目录。

排在目录之前的辅文可以编入目录（不标注起始页码），也可不编入目录。排在目录之后、正文之前的辅文应编入目录，并标注页码。

（3）正文后的辅文均要编入目录，包括书后注释、参考文献、索引、后记等。正文后辅文与正文一起用阿拉伯数字连续编页码，并在目录中分别排出正文后辅文的起始页码。

（4）正文中辅文一般不列入目录。但有的书籍篇、章后带有辅文，应排入该篇、章的目录，并标注页码。

（5）目录中各级标题的字号和字体，可以参照正文的标题，适当加以缩小和改变。目录的页码可用小写罗马数字编排，以区别于阿拉伯数字编排的正文页码。

此外，在写作的过程中经常会发现原来设置的目录存在缺陷或不足，尤其是多作者合作时，这就需要在书稿完成后重新编排目录。第一次设置的目录可以说是一个草稿，而第二次设置目录则是根据素材和内容来仔细推敲的结果，这一步骤比第一次更重要。统揽全局，会发现原来设置的某一标题并不重要，这时就要将其降级，不列入目录。而原来的小标题没有列入目录，但其内容十分丰富，就要将该标题升级，列入目录。

五、注释

注释亦称注解，用于对文中的一些词语进行简短的解释和说明，目的是让他人容易看懂，一般只在必要时列出。注释的类型有正文夹注、脚注、尾注等。

1. 正文夹注

正文夹注是对正文某一观点或某一词汇所作的解释，用圆括号标明夹注文字的起止，并排在正文中间。夹注文字内原来已有圆括号时，用方括号标明起止。夹注文字若不是完整的句子，在后半圆括号前不加标点符号，若是完整句子则加结束标点。这种对正文解释性的夹注属于释义注，例如“亚麻籽胶（Linseed gum），又名胡麻籽胶、富兰克胶。亚麻籽胶是以亚麻（Linum usitatisssimum L.）的种子或籽皮为原料，经提取、浓缩精制及干燥等加工工艺制成的粉状制品。”

夹注有时也用来介绍参考读物、注明资料出处，或是注明引文的出处。

有的夹注是对一段正文的注释说明，夹排在该段落之后，注文也是用圆括号标明起止。

翻译书中第一次出现的外国地名、人名或生僻术语等，必要时可加附原文处理成夹注。翻译书在夹注句末加写“——原注”或“——译者（校者、编者）注”字样。

夹注使用简便，书中尽量用夹注，不便使用夹注时可用脚注。

2. 脚注

脚注亦称呼应注，通常列于本页底脚处，并加一横线与正文相隔，只有一个注释时，脚注符号可用“*”或“#”，注释多于一个时可用“①、②…”写在所标注对象的右上角。每条脚注均应另行书写。

如需要对表中某一项目进行特别说明，也可用“呼应注”列在表的下方，前空两格写出阿拉伯数字圈码，后空一格写注文，转行齐肩。同时在表中加注之处的右上角加一相应的圈码，如①、②等。呼应注的编码以本表为限。

全表需要说明时，可用“全表注”列于表的下方，前空两格写“注：”接写序号，如1.、2.等（如只有一项全表注则序号可省略），后接写注文，转行齐肩。全表注编码以本表为限。如表中既有全表注又有呼应注时，应先写全表注，后另起行写呼应注，呼应注圈码与全表注的“注”字齐肩。

3. 尾注

尾注的符号同脚注。通常用于较复杂内容的注释。这种注释的文字较长，一般列于篇末，写作形式与附录相同。

六、参考文献

参考文献是一部著作不可缺少的组成部分。用于告诉读者书稿的取材来源、材料的广博程度，以及取材的可靠程度。书稿的学术性与权威性在某种程度上取决于参考文献的水平。同时，一份著录完整的参考文献可以向读者提供有价值的信息资料，便于读者参阅参考。因此，书中所列的参考文献必须是和内容密切相关而不是无关紧要的；必须是实际存在的而不是随意杜撰的；必须是可以得到的而不是无处可查的。

正文部分引用的文献标注方法可以采用顺序编码制，也可采用“著者—出版年”制。顺序编码制是按文献在正文中出现的先后顺序连续编码，标注在正文中右上角括号内。引用多篇文献时，可将各篇文献序号在括号内列出，其间用逗号隔开；如为连续序号，可标注迄止序号，其间加范围号“~”或半字短横“-”。

在辅文中，参考文献表的编排格式，一般是按它们在正文中出现的先后顺序编排，详细内容可以参考本书第五章第七节。

七、附录

附录是附在正文之后与正文有关的文字或资料（图、表和数据等），是正文的补充部分，但不是必要部分。附录的内容必须是与正文有关的内容，但又不是有直接逻辑关系的内容。与正文有直接逻辑关系的内容不应列在附录中，而应作为正文的一部分写在正文中。编排好附录，能够弥补正文的不足，补充正文的完整性，增加书籍的实用性，方便读者。

附录与辅文既有区别又有联系。附录与辅文，两者的相同之处是均为正文以外与正文有关的稿件。辅文即附件，指书稿正文以外的所有稿件，包括正文以前和正文以后的两种稿件，而附录却仅指正文以后的稿件。附录属于辅文的一种。对于一本书而言，附录有章节的附录，也有全书的附录。对于全书的附录而言，属于后辅文的一部分；章节后的附录对于章节而言是附在正文之后，但对于全书而言却又是正文。

就附录而言，其内容大致包括：①比正文中更详尽地叙述某部分的理论根据、研究方法、技术要点等内容，建议阅读的参考资料，对了解正文有用的补充信息；②由于篇幅过长或取材于复制品而不宜写入正文的资料；③不便于写入正文的罕见珍贵资料；④一般读者并非必须阅读，但对同行有很大的参考价值的资料；⑤某些重要的原始数据、数学公式推导、计算程序、示意图、统计表等。

对附录要严格控制，凡是通用手册或书籍上可以查到的资料不必编入附录，凡是可有可无的附录一定不要编入。

在附录编排时，一般应遵循如下原则：

一是内容相关。这是设置附录时内容取舍的原则。附录的定义要求其内容与正文相关，所以，那些与正文无关或关系不大的内容就不必设置为附录。

二是位置恰当。也就是内容与谁有关就附在谁后，即附录的内容与全书均有关，就附在全书的最后，与一章内容均有关的就附在章后，与一节内容均有关的就附在节的最后，与一段内容有关的则附在段后。

三是级别明确。因为附录的内容与正文各个部分的关系不同，出现的位置不同，所以，在编排附录时必须用不同的字体字号来表示其级别，绝对不能将全书的附录用同一字体字号。附录级别的编排原则是与哪一级标题的内容相当就用哪一级标题的字体字号，即与章的内容相当就用章的字体字号，与节的内容相当就用节的字体字号。没有明确级别关系的可以设置与文中标题均不一样的字体字号。明确的级别也是体现附录与正文关系的一种形式。

附录有多项时，如“附录A”“附录B”应在所有附录前面列出“附”字。附录的序号采用A、B、C，一、二、三，甲、乙、丙均可。

附录除有序号之外，还要有题目，并把附录的题目排入全书的目录，以便读者检索。

八、索引

篇幅大、内容繁多的书籍，可编制索引。索引是把书籍中的项目和内容摘记下来，标明出处的页码，并按一定的次序排列，以利于读者快速查找正文资料。

索引有许多种，如内容索引、作者索引、名词索引、地名索引和中外文条目的对照索引等。编制什么样的索引要依书籍的内容和性质特点而定。索引的编排一般应注意如下事项：

（1）索引条目的选编原则是“精而不失其详”。中文稿由作者提供编好的索引条目，待在审读清样时再按清样补填页码。翻译稿原书有索引者，应当保留并译为中文，按中文格式重新编排，也可在中译文后附原文，以供参考。

（2）索引的编排顺序可按拼音音序、笔画字顺或按主题等。中文索引以汉语拼音顺序为准，首字相同时再按第二个字的汉语拼音顺序为准，依此类推。按笔画时，以横、竖、撇、点、折的顺序排，笔画数以《现代汉语词典》的检字表计算。

（3）索引标题下应注明编序方法。

（4）索引词必须是正文中作为主题叙述的名词。

（5）英文索引词除专有人名、地名词首字母大写外，其他一律小写。

（6）只排索引词出现的页码，不排章节号码。

九、跋

所谓跋，又称后序或后记，是置于书籍正文之后补充说明有关情况的文字，多用来说明成书的经过、出版的目的及有关情况，书籍资料来源和编写体例等。

编后（后记）是作（译）者写在书末的短文，多数情况是在校对清样后写下几句感到有必要说的话，或者由于形势的变化而写作内容跟不上，或者虽然发现本学科有新的突破而未获确切情报，或者书稿付印前得到某人的帮助、指正等，作者应该向读者交代的。再者，也有一些书籍因篇幅较少，作（译）者不准备写前言而扼要地写编后或后记的。

“跋”“编后”和“后记”宜短，不宜长篇大论，对读者针对性要强。在“前言（序）”“编者的话（出版说明）”中已说明的问题就不必再重复。写作时可采用记叙、议论、抒情、说明等各种表现手法，但需注意与正文风格一致。

科技书籍中使用跋的情况比较少。

第四节　正文的写作

书稿的正文是全书的主体，写作中不仅要把握观点鲜明、材料可靠、论述严谨、行文流畅、结构紧密、层次清楚、逻辑性强的基本要求。同时还要有明确的写作线索，即写作思路。写作线索必须从文首贯彻到文末，通过写作线索来贯穿全文。如果写作线索不能一以贯之，也就难以保证正文的完整。为了顺利地将读者带到终点，写作线索必须清楚、明确，且最好是简洁明快的直线，所有的内容都围绕一个中心来写。一次只讲一个问题，一篇、一节、一段的全部精力都集中在论述一个问题上，然后一气呵成，完整地呈现一个论题。

由于一本书的基本面貌是由正文撰写这个阶段决定的，故当一本书进入编写阶段时，必须沉下心来，全力以赴地去努力撰写。撰写阶段的主要任务是如何把需要编写的素材组织好，清晰明了地表达出来。在该阶段大部分涉及的都是写作的技术问题，如书籍正文的标题、内容结构，文字表达方式，以及标点符号、计量单位、表、图和公式的应用要求等等。本章重点从标题设置、正文的结构、句子与段落、写作要点和初稿成型等方面进行介绍。

一、标题设置

标题就是书稿中各篇、章、节、段等各层次的题目，它是文章的“眼睛”。书稿中最高层次的题目称为一级标题，依次为二级、三级……不同的书稿因其内容不同，以及不同内容的分量不同，层次也就不同，因而标题的级数也会不同。标题能够突出正文的中心思想，构筑全书的整体框架，便于读者抓住重点。由于科技书籍与科普书籍标题设置的要求相差比较大，在不同类型书稿的标题设置中要注意。

（一）标题的形式

标题的字数不应过多，应简单明确，直接反映出各篇、章、节、段等层次的中心内容。

标题一般采用名词或带修饰语的名词词组，不一定是完整的句子，如“地质构造”“流变性”“降滤失剂的制备”。书稿修改中，遇到动宾结构的标题，最好改为名词词组，如“改造固控设备”改写为“固控设备的改造”。较低层次的标题也可保留动宾结构，甚至句子形式。标题后面一律不加标点符号。

（二）设置原则

标题是一本书的某一部分（篇、章、节）的作者根据这一部分内容的需要而设置的，但这一部分内容在全书中处于什么地位，标题在目录中出现到哪一级为好，都要全盘考虑。要根据内容的多少和重要与需要的原则列出标题的级别，不能生搬硬套。归纳起来，标题设置一般按照如下原则。

1. 体现中心

标题一定要能够体现正文的中心思想，段落标题体现段落的中心思想，节标题体现全节的中心思想，这样，一本书的标题就能够体现全书的中心思想。否则就会出现文不对题的现象。

2. 逻辑关系合理

标题的逻辑关系决定着内容的内在联系，不仅体现在正文中，也体现在目录里。因为目录的逻辑关系是由标题的逻辑关系体现的，在目录的逻辑关系中讲的是标题间的逻辑关系，同一级标题间的关系应遵循标准相同、各自独立、不可互相包含，内容范围之和应相称，以及内容不能越级等原则。这是标题设置必须遵循的，否则就会出现逻辑关系不合理的现象。

3. 体例一致

标题的体例一致是指在一章或一节中的标题若用名词，尽量都用名词，若用动宾结构，都用动宾结构；可省可不省的词若省都要省，若保留都保留。

体例一致还包括同一级别的标题注意排比。但是，体例一致一定要根据内容，不能简单地为了形式的统一而将内容改错。

4. 级别科学

级别科学是指一本书的标题根据内容的多少和重要性来标级别，而不是机械地套用某一格式。在全书中要求各级标题层次分明，各级标题应包含相应的内容，前后尽量达到平衡统一。

在层次展开的过程中，如果某级层次没有相应的次级层次，而是直接出现更下一级层次，可采取跨越的办法直接写出更下一级层次。如一本书的标题级别是一、(一)、1、(1)，但当“(一)”下的内容很少时，就可以将“(一)”的级别省略，直接写“1”的一级，即标题的越级。若“一”下的内容很少也可以将“(一)”和“1”的两级标题均省略，直接写自然段，不分标题。或者将“一”与“(一)”两级全部省掉，在节下直接写“1”的一级。

对不同内容和字数的书稿，或同一书稿的不同章节，可按内容的具体情况，灵活选用不同的标题层次。根据需要可将标题升级或降级。

(三)教材与专著标题设置要求

科技教材与专著等科技书籍标题与其他书籍的标题不同，科技书籍的标题要求逻辑关系严密、合理，用词贴切、准确，词语规范。因此，在科技教材与专著等书籍标题的设置中要满足如下一些要求。

(1)标题应尽量简洁，能用词的不用词组，能用词组的不用句子。如“防止井壁发生坍塌”可修改为“防塌”，“处理剂对盐的污染不敏感”可修改为“抗盐”。

(2)要用精练的词、词组或句子，尽量避免用标点符号，标题中常用的标点符号有顿号、中圆点和破折号。即使这些能用的标点符号也要尽量避免，如将“降滤失剂、降滤失机理”修改为“降滤失剂和降滤失机理”。

(3)标题用词要有可检索性，用专业词或关键词表中的词，不带来信息的词不用。不用或少用助词、介词等虚词。

(4)标题中尽量不用注释形式，不加外文等。

(5)标题尽量用全称，不用缩写。个别的在本专业比较通用的被大多数人所接受的缩写词可以在标题中应用。

(6)善于使用标题性词语。如“概述”“小结”“其他”等词。

(7)标题要有专指性，根据内容定标题，不要小题大做，也不要大题小做。

(四)科普书籍的标题设置要求

科技专著标题的设置一般比较规范、严肃，而科普书籍标题的设置应准确、鲜明、生动。一般按照如下原则。

（1）满足读者心理。科普书籍读者的心理有求知心理、应用心理、好奇心理、消遣心理之分。可以说阅读科普书籍的主要目的是求知。如儿童想了解大自然的情况，地球与太阳、宇宙的关系，动物与植物是怎么生长，钻井工人想了解石油是如何形成的，为什么有些地方有石油，有些地方却没有等。

（2）体例一致与形式多样相结合。科普书籍的标题一般也要求体例一致，但不像科技教材和专著那样比较严格。如果严格按照体例一致的标准去要求科普作品，会显得死板。为了使科普书籍的标题有趣、生动、灵活，可以根据作品内容采取体例一致与形式多样相结合的原则。可以采用疑问句、祈使句、陈述句，运用语气的变化来吸引读者。

（3）级别灵活。科普书籍的标题级别可以比较灵活，不需要像科技教材和专著那样，一、（一）、1、（1）依次排出。可以不要序号，也可以按章节序号排列，也可以是以上两种情况的结合。

需要强调的是，在编写大纲中列出的标题，要按照所要编写书籍的性质拟定表述方法，以及是否增加或减少下一层级的标题。如果是科技专著，则要求科学的概括性和严谨性，如是科普读物，则要求知识性和趣味性。总之，各级标题都应该达到准确、醒目和简洁的要求。

二、正文的结构

书稿的内容结构是作者为了表现拟定的题目，增强表达效果，把材料加以安排而组成的一个有机的整体。结构是书稿的组织形式，它反映了书稿的部分和整体之间以及书稿各个部分之间的相互关系。结构的实质是作者对客观事物内在联系和规律认识的反映，是作者思路的具体表现。

科技书稿的正文内容一般分为绪论（或概述）和主题内容两大部分。绪论是指科技书籍开头说明全书主旨和内容等的部分。主要作用是为全书主要内容的写作起铺垫和引导、扩展和延伸作用，对本学科或领域的简介、评述，以使读者有一个全貌的了解。对于主题内容而言，不同类型的科技书籍，其侧重点不同，因而对各类书稿的要求也不同。写作时应该根据不同类型书籍的不同侧重点，采用适宜的编写方法。

（一）结构的安排

结构安排主要是安排章节结构。由于在收集材料时就列出过提纲，设置了初步的标题，在编写阶段为了安排好全书结构，应当在原来提纲的基础上结合整体思路进行适当的调整。调整的目的在于疏通思路，正确反映客观事物的规律，把书稿的结构安排得更加完整和统一。

安排结构不是单纯的方法或技巧问题，而是作者的思路问题，它反映作者对某个客观事物规律认识的深度和把握的水平。一本书稿分几部分（章），每部分分多少节、段更有利于反映主题、表达主题，而且能否将各级标题安排的内容合乎逻辑的、流畅地表述出来，则体现作者的材料组织、总结归纳提炼和写作能力。

在撰写书稿中常会由于结构安排得不好，或对主题认识、理解不透，以及一时难以清楚地认识确实存在着客观事物本来互相联系、互相制约的情况而造成重复的现象。所以，在结构安排时往往暂不要求十分仔细、应有尽有地想好安排好，只要做到在大框架上不发生结构上的重复或不符合认识规律的情况就可以了。

由于一本书的字数总是有限制的，故在安排书稿结构时，还要对全书的字数有一个大致合理的分配。应根据该书的题目重点，以及各章节内容在书中的地位或重要性等，对每个章节的字数有一个初步的设想或分配，从而呈现出一个清晰的大纲结构。一般对于重点内容应安排比较充足的字数，这样做是为了精选材料，突出重点，把那些典型的、有说服力的素材组织到自己的书稿中来，融入自己的论证中去，以提高论证的准确性、可靠性和科学性。同时，也是为了保持整个书稿各个章节在篇幅和论述的内容上相匹配，增强内容的谐调性。

（二）正文的层次安排

在文章组织形式的结构中最重要的是层次。层次就是材料在文章中的次序。而层次安排就是在写作时，把选好的素材分成为若干部分，按照一定的关系加以组织，该先写的先写，该后写的后写，一层一层地有步骤地表达出来，前后连贯，充分地表达出标题。每一层次均应有一个标题。

当一本书稿的结构确定以后，接下来就要在大结构之下安排层次。一个层次就是一个意思或一个论点。有时要表达一层复杂的意思，需要不止一个层次，形成大的层次之中还套有小层次的结构或论点。

由于层次受文章体裁的制约，因此，安排层次要把握原则，要视具体情况而定。一般科技类书籍的表述体裁分为论说文和叙说文两种。由于论说文以“理”为主，叙说文以“事”为主，表达的内容不同，因而在层次安排上也不同。一般来说，论说文应当以事物内部的逻辑关系来安排层次，叙说文是以事情的发展过程来安排层次。

正文的层次设计应合乎逻辑，篇、章、节以及节以下小标题的命名都要与内容相称，并要考虑章与章、节与节之间分量相当，以及彼此间的连带关系。层次不宜过多，有时根据内容将标题进行跳越一级处理也很正常。

层次标题应有概括力，用语简单、醒目、明确。写作时，对于应该居中书写的标题，特别是题序层次较高，即通常所指的一、二级标题，还应注意上下空行，使阅稿者一目了然。常用的题序层次举例如下。

标题层次方式一：

第一篇　△△△△

第一章　△△△△

第一节　△△△△

一、△△△△

（一）△△△△

1. △△△△

1）△△△△

（1）△△△△接正文，或（1）△△△△。正文另起。

①△△△△；②△△△△或另行。

各章节内容层次有所不同，必要时标题可以跳级处理。多数情况下可以用章、节以及节以下小标题。

标题层次方式二：

1　△△△△

1.1　△△△△

1.1.1　△△△△

1.1.1.1　△△△△

（1）△△△△接正文。

总项包括的分项，采用①、②、③…，分项可另起行，也可接正文；分项包括的小项，可用a、b、c…，写法与分项同。

标题层次方式三（混合式）：

第一篇　△△△△

1　△△△△

1.1　△△△△

1.1.1　△△△△

1.1.1.1　△△△△

（1）△△△△接正文。

总项包括的分项，采用①、②、③…，分项可另起行，也可接正文。

三、正文的段落与句子

（一）段落与句子的概念

句子是语言表达的最小单位，它由词、词组（短语）构成，能表达一个完整的意思。

在文章结构中，段落是最基本的单位，是文章内容层次的表现形式，是正文的基石，各级标题下的内容均由段落组成。一个段落由一个或一组句子组成。为了合理构建段落，首先需要掌握与段落分类有关的知识，接着需要使构成段落的句子以及构成句子的词汇和其他非文字类元素（如图形和表格等）满足规范的写作要求。

（二）段落和层次的关系

段落和层次既有联系又有区别。段落借助于一定的形式显示层次，层次主要通过段落表现出来。但是，段落和层次并不完全一致，有时一个段落表现一个层次；有时几个段落表现一个层次。在有些文章中，一个层次的起讫，可以用段落来表示，这种段落只是一两句话，有的在一个层次之前总的提一下，有的在一个层次之后小结一下。此外，还有一种承上启下的段落，在两个层次的中间起过渡作用。

一般来说，段落是在层次以下的语言单位。只能由一段或者几段表述一层含义，而不应有几层含义在一个段落之中的现象。

（三）段落的划分

在每个段落中一般表达一个意思，代表着作者的思路和文章表达中的一个步骤。通过段落的划分把作者的思路具体化，读者一段段读下去，对于内容层次的理解既省力又透彻。因此，段落的划分要在层次安排以后进行。一般情况下划分段落时，要使其有相对的完整性。

首先，每一个段落都是作者思路的一个完整步骤，都包含一个同全书主题相联系着的中心意思。全段文字围绕着一个中心意思展开说明，这就是段落的相对完整性。如果把两个或更多的中心意思硬拼在一个段落里，读者一定会感到头绪纷繁，纠缠不清。反之，如果把一个中心意思硬分在两个或更多的段落里来说，读者会产生松散零碎的感觉。在划分段落时，要防止出现这两种倾向。

其次，每段的中心意思必须表达完全、清楚和透彻。可以用一句话，也可以用几句话组成一个段落。也有一种特殊段落，在意思上和前面的段落是相联系的，本来可以并在一段里面来写，只是为了强调，并引起读者注意才使它自成一段。但这时要注意其在意思上应该能够站得住脚，自成一段后不至于影响上段意思的相对完整性。

段落一般分为正式段落和非正式段落。正式段落是指与研究或论述密切相关的专业级别的内容，而非正式段落是指用于对全文进行组织、完成不同内容过渡的一些铺垫性内容。

按段落所起作用，可将正式段落分成导航段落、主题段落、数学段落和图表段落：

（1）导航段落。即用于顺利完成一些不同主题或论点的重要段落之间的过渡与衔接的段落。

（2）主题段落。指组成一个单元且以某个主题或论点为中心的一组句子，包括指出主题和论点的主题语句、支持论点的内容以及结论。

（3）数学段落。常见的数学段落是定义、假设、引理、定理、推论和证明。无论引理、定理还是推论，它们的证明则是一个可长可短的段落或段落群，证明过程可能包含大量的数学符号与公式，交叉引用前面的引理或定理。

（4）图形段落。图形以及图形下方的题注（也称为图注）是一种特有的段落，以浮动方式出现在正文中首次引用的当页或者下一页。图形太多时，可能浮动到更远的页码。

段落、句子、图形和表格等非文字类元素可以看作正文的微观元素。

（四）过渡和照应

过渡和照应都是使文章内容严谨、连贯的重要手段。

1.过渡

过渡是指上下文之间的衔接和转换。过渡在层次和段落间，有利于分清层次，显示步骤，使思路的表达顺畅清晰，使行文更加充实和有条理。但在写作中应恰当地使用过渡，只有该过渡时过渡，才能使表述意思连贯顺畅。通常在正文由开头部分进入主体部分，或者由主体部分转入结尾部分时，可以安排过渡；当文章内容转换时，如，当由一个观点的叙述或论证转入下一个观点的叙述或论证时，一般要用过渡来衔接；当表达方式或表现方法变化时，如，由叙述转入议论，或由说明转入叙述，通常都应安排过渡，以便读者能跟上作者写作思路的变化，不至于造成其理解上的混乱。

一般过渡的方法有三种：

（1）使用关联词语。关联词语是指在复句中用来连接分句，并表明分句之间关系的连词、副词和短语。常用的关联词语有“因此”“但是”“然而”“总之”“综上所述”等，一般出现在下段起首。

（2）使用过渡句。过渡句是一种常见的句式，一般位于两处内容的连接处，起到承上启下的作用。

（3）使用过渡段。如果上下文内容差别较大，就需要安排一个过渡段承上启下。过渡段不是独立的意义段，主要功能不是表达意义，而是完成上下文内容的转换。

2. 照应

照应是指文章中不相邻的层次、段落的关照和呼应。照应的作用主要在于突出表述文章的主题思想。有助于文章脉络贯通、结构紧凑和表达清晰、透彻，还有助于读者深入地了解文章前后的关系和加深对文章主题思想的理解。

照应并不是词句简单的重复，而是根据事物内在的联系所作的有意识、有计划的强调和反复，有时还需要进行多次。照应在一定程度上表现了内容发展变化和思想的逐步深入，所以它也是文章结构中的有机组成部分，在疏通思路，安排文章的内容结构时，应重视照应手法。

在运用照应的手法时，只有明确目的从全局出发，才能有计划地安排照应。常见照应的手法有如下几种：

（1）开头与标题相照应。文章开头时写一句或几句话把主题点出来，初步地、概括地加以描述。开头的文字也可以称为“破题”。当读者看过开头文字之后，便对文章有一个提纲挈领的了解，若题破得好，会引起读者继续读下去的兴趣。若写得不好，阅读后让读者很败兴，即使后面的内容写得再好，也可能不愿再看下去了。

（2）结尾与开头照应。无论一本书，还是一个章节，在论述或记叙完了以后，往往拿出一段文字或另设一个章节，回过头来，对于开头时所提的问题，比较系统概括地加以阐述，既概括了全文，突出了主题，也使文章首尾照应，结构完整。

（3）在文章中围绕一点前后呼应。无论是论说一个问题，还是叙说一件事情，有时需要围绕某一点，一次或多次前后照应。如叙述中说到某一个问题时，常见到“这方面的问题在某章某节还要讲到”，或者“前面虽然已经讲到了

×××，这里还要对×××进行深入地探讨”等。

（五）正文句子的使用

1. 句子特点

科技书籍的语言简洁，表达含义清楚、准确，无歧义等特征，决定了其句子的特点：

（1）用陈述句，不用或少用祈使句、感叹句、疑问句。但科普书籍中可以用疑问句和感叹句。

（2）用主动句，不用或少用被动句。如，用主动句“SMP用作降滤失剂，可以有效地降低钻井液的高温高压滤失量”，不用被动句“SMP被用作降滤失剂，可以有效地降低钻井液的高温高压滤失量”。

（3）少用或尽量避免使动句。如，“在堵漏浆中加入适量的网状泡沫材料，使一次堵漏成功率明显提高”，应改为“在堵漏浆中加入适量的网状泡沫材料，明显提高了一次堵漏成功率”。

（4）尽量用单句，必要时可用复句。如，用单句“磺化沥青在钻井液中具有较强的抑制、润滑和降滤失能力”，不用复句“磺化沥青在钻井液中不仅具有较强的抑制、润滑能力，而且还能够降低钻井液的滤失量，表现出较强的降滤失能力”。有时为了强调语气也可以用复句。

（5）用书面用语的句子，不用或少用口语句子。“一般地讲”“有趣的是”“也就是说”“进行”“是……的”这些词不用或尽量少用。如：“在进行测量时”与“在测量时”“在进行钻井液维护处理时”与“在钻井液维护处理时”意义一样，此时“进行”应该删去；“废弃油基钻井液的危害是很大的”，将“是……的”删去完全可以。

（6）句子应精确，无歧义。如“当年在井队时，我跟他学过泥浆。”就容易出现歧义。如果把“跟”看作连词，就是我俩一起学过泥浆，如果把“跟”看作介词，就是我向他学过泥浆。

2. 构成段落的句子和过渡词的使用

段落由一组句子构成。例如，主题段落一般包含3~5个句子。每一个句子需要满足一些基本要求：构成一个特定段落的句子所包含的信息只与本段落的主题与论点有关；每一个句子只涉及一件事情；一句话的长度最好按一口气能够念完来确定；句子之间有意思转折时，必须采用过渡语气词来提示；如果一个句子夹带符号与数学公式，那么需要满足可读性原则，即符号与公式虽然夹在文字中，但如果把符号与公式当作术语，整个句子读起来应是语法正确、标点符号正确的句子。

3. 构成句子的词汇要清晰明了

为了清晰地表达句子的意思和避免误解，需要注意：对专业术语要进行解释；减少缩写语的使用；按约定使用数学符号并进行说明；谨慎使用代词；术语不要轻易变化。

4. 非文字类元素

非文字类元素包括图形、表格、数学公式、符号、数据等。这些非文字类元素的要求可能更偏专业，超出了写作所能够覆盖的范围。其基本要求在后面有关章节将详细介绍。

四、正文的写作要点

正文是科技书稿的主体部分，正文撰写既要中心突出、层次分明、详略得当、首尾一致、前呼后应，又要具有科学性、知识性、实用性和可读性。一般情况下，正文常由开头、中间各章和结尾构成。

（一）开头

正文的开头通常用概述作为标题。有时也用概论、总论、引论、绪论等，属于开篇，为全书或某一章、节的内容起铺垫和引导、扩展和延伸作用，并帮助读者了解全貌。概述的主要内容包括介绍对象的基本概念、特点、名词术语、技术参数、工作原理、总体结构、历史、现状和未来等。一本书的概述可以看作书的开头，而某一章、节的概述就是某章或某节的开头。

在科技书稿撰写中，开头，即概述，大多采用叙说或论说的形式，因此，一般采用开门见山的方式。为了把开头写好，必须对文章的内容吃透弄通。万事开头难，写书稿往往开头是比较难的。

要写好开头就要注意做到：紧扣主题，照顾全局，不说空话废话；文字表述新颖、流畅，能吸引读者；言简意赅，不啰唆，不拖泥带水。

关于开头的写法，最常见的有三种，即：揭示主题；提示文章的主要内容；说明写作的背景、起因和动机。这三种方法可以单独使用，也可以结合使用。

此外，在论说文中，还有提出评论或批判对象的手法，这种手法也可以和上述三种手法结合起来使用。

（二）中间各章

中间各章是一本书的主体部分，是核心，是精华。它包括文章要讲述的主要内容，要论证的主要问题和要说明的主要观点。对于不同类型的科技书籍，尽管其主体内容的侧重点不同，但思路和方法都是相通的，应结合实际情况采用合适的写作方法来达到最佳效果。

一般科技书稿正文的写作可参考如下方法，这里有些内容也包含在大纲中，和大纲关注不同的是这里更强调按照大纲填写内容：

（1）章的划分方法。围绕书稿主题，综合考虑进行分章。通过分章，读者可以从整体上看到内容的大致轮廓。各章在全书中是各自独立的，有些书稿各章是循序渐进，层层深入的。

（2）节的划分方法。在每一章中可以分为若干节，详细叙述所述对象的内容。在节中可以根据内容划分几个小节，设置标题，加以叙述，给读者一个明了清晰的感觉。在小节中，根据内容需要又分为段，使读者感到脉络贯通，层次分明。相同层次的内容各自独立，互不包含，但对于某一章下的内容又存在一定的逻辑关系，尤其是由某一专题研究报告转化得到的书稿。

（3）层次标题写法。每一个层次均要加一个标题，同一层次的标题地位相同，词组结构应尽量一致；不同层次的标题地位不同，其下层标题与上层标题有隶属关系。层次之间的关系通过标题序号来表示，还可以通过字体、字号加以区别。同一层次的标题，字体、字号排法应一致。标题应简单明了、可读性强，尽量用词或词组做标题，最好不用句子做标题。有时还可以根据相应的内容，跳级处理。

（三）结尾

如前所述，结尾实际上是照应的一种，是文章的最后一个层次，是文章内容的总收束。好文章都应有个好结尾。决定结尾好和差的最根本因素是全篇文章有好的构思，在安排文章结构时，应当重视结尾的安排。

结尾的重要性不亚于开头。有了好的开头，也要有好的结尾。好的结尾能加深读者对全文（全书或每一章、节）的理解，使其有一个完整的认识，或能启发读者去思考。总之，结尾既有利于强化主题思想，又能增强表达的效果。

在写结尾时，对全文（全书或每一章、节）要从全局着眼，疏通思路，达到自然而然的结束。写好结尾要防止草率收兵，给人以言犹未尽之意，也要防止硬加上个结尾，使人有画蛇添足之感。

常见的结尾方式有总结全文（全书或每一章、节），照应前文，以及提出一些进一步思考的问题等。当然也可以结合起来运用。

如果在开头和中间各章节已经非常明晰、完整地反映了全书或某一章节的全部内容，并自然而然收束了全文，也可以不再单设结尾。在实际写作中可视具体情况确定是否单列结尾相关标题或段落。

除上述内容外，正文写作中还要注意数字、标点符号用法，以及表格、插图和公式等非文字类元素的应用，尤其是表格和插图是科技书稿的重要组成部分，具体参见本书第五章。

五、初稿的成型

当完成了暂时性的章节安排，掌握了写作要点以后，就可以着手拟订一份句子提纲了，也就是给出一份看上去虽然粗糙但条理清楚的全书概要。当把各级标题都选定，并安排在恰当的位置后，就可以在其下展开成若干包含不同子主题的句子，可以将其看作是句子提纲。对于句子提纲来讲，由于它终究还只是个“提纲”，故并不要求做到详尽无遗。其目的在于将思路进一步条理化，而且逐步开始结合上下文的关系使它们具体化。这一阶段的主要目标是在尽可能短的时间里，尽可能广泛深入地展现出一本书的面貌。因此，在这个阶段，先不必花费精力去考虑语法、标点或者逻辑与修辞，更不要花费时间找寻“优雅”的表达方式。

但什么地方要插入图表，什么地方需要引用文献，则应该认真考虑，也就是如何用插图和表格或引用文献去帮助强化论证、说清楚概念，或者压缩那些冗长的叙述。尤其是在什么地方要插入什么图表，一定要标识清楚。同样地，有些论断可以通过引证来作为论证依据时，也要在这些地方做好标识。在这个阶段，宁愿尽可能多地引证文献，也不要因为引证文献不够而将来再花费大量的时间和精力去补充它。因为不需要的引文在以后修改时总是可以很容易去掉。对于引证文献应该尽可能详细地说明具体的来源，包括具体的引证信息，不至于因为信息不全而在将来需要补充时，再去费时费力的查找原文。

句子提纲拟订以后就可以开始撰写初稿，但最好能够搁置数日。这时可以集中精力再阅读一些背景材料，以利于使思路更加清晰。其实在拟订提纲的过程中就已经知道需要再读一些什么样的背景材料。过了一段时间后，应该批判性地检查句子提纲，以及图表和文献安排。当发现任何缺陷时，都必须立刻改正。然后在最终的句子提纲下填写更具体的内容，并展开句子提纲呈现具体论述，插图和表格的位置要在这个过程中逐一落实。要列出编上号码的图表清单，便于掌握。在这些清单中也要记录每一个插图或表格在正文里提起的时候将如何安排。此时作者应考虑要遵循的写作的常规，以及名词、概念和术语的问题，使全书在这方面始终是前后一致和正确的。

当上述工作顺利完成后，就可以开始撰写真正的第一稿，即一份完整的初稿。换句话说，这时材料组织上已经没有大的问题，接下来应该是注意文体的时候了。

需要强调的是，在写作时应该时刻想着读者，好像读者在那里听你说话或讲故事一样。努力想象未来的读者将是哪些人，他们有什么期望，而有意识地使用一种适合他们需要和期望的文体。例如，如果是要写一本教科书，论点必须详细，这样可以帮助读者自学。另一方面，如果主要的读者是工作繁忙的专家、学者，叙述得越简洁越好，并尽可能地引用文献，以减少文稿的篇幅。

用于修改的所有打印稿，四边都要多留些空白，而且最好用两倍行间隔，只打印纸的一面，方便修改时填写内容。当正文中提到图或表时，要对照原先列出的清单，保证图序和表序的正确。引用文献和脚注也要注意，掌握Word的一些实用技巧可以避免后期修改的麻烦，如，可以利用尾注标注引用文献，用脚注标注注释，这样在将来调整段落和句子结构时就可以不用总是想着引用的内容了，因为它可以自动调整，当然用一些文献管理插件会更好，但对多数人来说可能并不熟悉。脚注可以很方便地和正文文字打在一起，用一条分隔线与正文隔开，放在这一面的最下面。尾注可以放在文后，尤其对于篇幅大的原稿说来，它有非常突出的优越性。

需要强调的是，由于图表是科技书籍的重要组成部分，因此在初稿写作中还应考虑图表的制作与运用。具体内容可参见本书第五章第五节和第六节。

第五节　正文的修改与定稿

一本书完成初稿只能说是完成了一半工作，初稿犹如一块璞玉，还需要修饰和雕琢，只有经过反复修饰，才能产生一部比较完美的书稿，因此，任何书稿都需要经历修改。“善写不如善改”，因为通过修改可以避免书稿中的表达错误。对初稿进行认真的推敲修改，不仅可以保证书稿质量，而且也能够提高作者的文字表达能力。

下面围绕修改与定稿进行更详细一些的介绍。

一、初稿的修改

初稿写完后应暂时放一段时间（几天、十几天）再修改，以拉开作者和原稿思维的距离，这样做不仅有利于客观的自我批评，也有利于深化对主题的认识。

时间能够使有经验的作者深刻地意识到新完成稿子的缺点所在，并能立刻明白如何修改才能达到最佳效果。“玉不琢，不成器”，对于任何书稿来讲，修改都十分重要。完稿以后过些天再来看，差不多总能发现一些问题。可以说，原稿的许多部分，也可能每一部分都将有或多或少的改动，这就需要在初稿或原稿上大量地输入新的内容或将原稿的某些内容删去，这便产生了第二稿，第三稿，甚至更多稿。在每一次新的修改稿上，原先忽略了的诸如无力的论点、不连贯的或者放的位置不对或不恰当的段落、烦琐的句子、没有意义的词或短语、过时的、常识性内容、错别字、标点符号等问题，就都会明显地暴露出来。每当将这些内容修改后，文稿就会面目一新。

为了提高修改效率，保证修改效果，掌握一定的修改方法及修改注意事项非常重要。

（一）修改方法

书稿的修改一般经过两大步骤：一是居高临下反复诵读，谋篇审意；二是由浅入深逐章、节、段推敲，酌字斟文。具体而言，就是重点围绕调整结构、厘定观点、增删材料和锤炼句子等方面进行修改。

1.调整结构

结构的调整就是在大的方面把文章理顺，主要是哪一部分先说，哪一部分后说，哪些章节可以详细些，哪些章节应该简略些等，特别是把那些可有可无的章节或段落毫不犹豫地删去。具体而言，修改结构包括总体调整、章节的变动和层次的改变等。其目的都是为了使文稿更加严谨、畅达、匀称、完整和符合逻辑。在开始修改书稿时，首先要考虑书稿的各章各节的安排是否符合人们对客观认识的规律；其次是要考虑文章的开头、结尾，层次、段落是否能表达作者的写作意图；最后还要考虑各部分、各章节的详略和衔接，以及各部分的匀称等等。

一部书稿是一个完整的统一体，内容和形式密不可分。其结构的调整往往反映了书稿各个方面的改动。如，当深化了主题，思想观点方面有了变化时，结构上自然会有改变；材料的增删和改换，会涉及结构的变动，当增加了必要的材料会使内容更充实，而删去多余的段落，则使文章变得简洁。

在结构调整时，首先查开头与结尾，看其是否首尾相连，首尾呼应，切忌虎头蛇尾，前后矛盾；其次是查层次与段落，看其是否做到层次清楚，段落分明，逻辑性强；第三是查过渡与照应，看其是否全篇贯通，形成整体，层段之间是否衔接，前后联系；第四是查详写与略写，看其是否区分主次，详略适度，重点问题详写，写得细致、具体，一般问题略写，写得概括、简明。

2. 厘定观点

在一本书稿中，作者可能提出许多观点，包括对一些概念、定义和一些规律的认识等，每个观点都应明确、具体，概念定义要精准、贴切。

对于主要的概念和定义不仅要精确，而且要在全书中保持同一性。定义精确就是要求作者给某一概念下定义时，应当参考目前已有的研究成果和认识，结合自己书稿中的具体要求，进行分析、归纳、提炼，确定一个用字少、表达贴切、概括意思全的说法来作为某概念的定义。所下的定义应能够使读者看完后有一个明确的认识，不能模棱两可、模糊不清。

如果一本书稿有许多观点时，必须要明确总的观点，以及总观点与各个分观点之间的逻辑关系，各个观点之间不能出现冲突，每一个观点说明一个问题，但都要归结于全书要说明的问题，确保全书具有一以贯之的主线。

总之，厘定观点，就是要使其达到准确无误。也就是说基本观点要站得住脚，符合客观实际，没有片面性。观点要始终如一，不能有自相矛盾的地方。判定观点是否概括内容，观点的形式是否与所表达的内容吻合，观点是否新颖、协调等是这部分修改的重点。

3. 增删材料

材料，即素材。由于材料是说明观点的，是用事实说明作者在书稿中所论述或所记叙的观点，所以应力求观点和材料的统一。如果观点和材料不够统一，那就必须通过材料的增删来使其达到统一。在一些书稿中，常会出现由于材料堆砌太多，而淹没了观点，也就是说由于在书稿中堆砌大量的材料，对各方面的材料缺乏必要的综合、归纳和提炼，对同类的材料也缺乏必要的选择，结果必然是将所论述或记叙的观点淹没在这些材料里，对于这种情况，就要删去可有可无的材料，这正所谓“写作的技巧，其实并不是写作的技巧，而是……删掉写得不好的地方的技巧”。

有时会出现行文抽象，缺乏典型材料。例如，有些作者只是参考了一些文献，自己在实际工作中对一些问题并没有进行过研究或分析，就把别人的观点囫囵吞枣地写入自己的书稿里，由于缺乏归纳和提炼，导致观点与实际存在距离，此时，就应通过深入细致的工作，补充必要的材料，以更加有力地说明自己的观点。当书稿中的一些观点缺乏支撑材料或说服力不足时，就要结合书稿的观点去补充新的材料（增加引用文献），或用说服力更强的材料替代说服力弱的材料，使观点更能够站得住脚，增强论证的说服力，从而使表述更为准确、严密。

如果初稿或某部分存在中心不突出，目的不明确，虽然提出了要解决的问题而却没有具体的针对性的措施，让人看了不得要领，那就说明这个书稿或书稿中的某一章、某一节还不很成熟，需要进一步修改，甚至要进行大的改动或需要对素材进行重新组织。

此外，在书稿写作中，也会出现对材料缺乏分析，对具体事例分析不够的现象，该详写的没有详写，该略写的没有略写。事例看起来还完整，但没有紧扣要论证的主题，没有以观点为中心使用材料，观点不鲜明，主张什么，反对什么，缺乏针对性的论证。这些都反映了素材过泛或不够完整，研究分析不够准确、深刻，需要进一步对素材进行删减、补充、挖掘和深化，以使主题更明确、更深刻、更完整。

4.锤炼句子

由于汉语词序比较固定，虚词的作用很重要，容易由词组组成固定的组合（板块），同时汉语一般短句多，只有在科技书籍中句子稍长一些，所以，在修改句子时，要充分认识这些特点，掌握造句的规律，可以从单句结构和复句结构两方面来考虑。

一般单句结构的错误主要体现在成分残缺和搭配不当上。对于成分残缺，常常是主语、谓语和宾语残缺。如果在写作时，不注意语法，把不该省略的主语去掉了，就会造成主语残缺的错误，常见的有滥用介词，即把本来可以作为主语的词，放在介词结构中去，因而造成缺乏主语。同时由于滥用动词“使”字，使全句缺少主语；谓语残缺发生的原因较多，有时候一句话刚说了主语，还没说完，就紧接着说下一句，这就造成了谓语残缺。有时候把介词、副词当成谓语，或谓语附加成分较长，其中一些动词似乎是谓语，但却不是，也造成谓语残缺；而宾语残缺往往和谓语残缺连在一起。对于搭配不当而言，主要是主语和谓语、动词同宾语搭配不当，主语和宾语不适应，修饰语与中心语不搭配，以及修饰语的位置不对，等等。此外，还常出现句子成分重复和介词使用不当等情况。

复句中的错误主要是关联词运用不当而造成的。所以，修改时，首先注意改正关联词，使之符合规则。然后再按修改单句的办法把整个复句修改完成。关于关联词运用的规则有三条：一是关联词在意义上，必须和句子间相互适应。如并列复句中的单句在意义上是并列的。因果复句中的单句在意义上是前因后果。它们所用的关联词是不同的，不能换用；二是偏正复句采取正常语序时，可以省去前面偏句的关联词，不能省后面的关联词；三是在句子和句子关系不太明确时，一般不能省略关联词。

总之，修改句子，主要是修改不通顺的句子、删除多余的话，使其达到准确精美，让文稿语言丰实、准确、精练，合乎语法修辞。修改时应先求达意通顺，后求精美畅达，并通过理顺句子之间的逻辑联系，达到上下贯通，语气一致，通顺流畅。同时还要认真细致的锤炼词语，对文稿中的文字要进行推敲，特别是关键性词语，要字斟句酌，认真琢磨润色，使语言表达简洁、和谐、自然、贴切。

在锤炼句子时还要注意检查标点符号的使用。标点符号是文章的构成要素之一，是文章的有机组成部分，用得恰当，能够准确地表达内容；反之，就会影响内容的表达，甚至产生歧义。检查标点符号，主要是看标点符号的用法是否正确，以及调整放错位置的标点符号。修改时，要按约定俗成的用法，严格按规定的格式改正。

（二）修改注意事项

对于稿件修改来说，不同的作者会有不同的经验或习惯。一般情况下，在修改时应注意如下事项。

（1）要广泛征求意见，力求避免出现任何可能的缺陷。一些基于研究的专著都是经过科技管理部门组织专家对其成果和价值进行评审后，再在文字上反复加工和提炼，使概念更明确，研究方法更具体，论点更精炼，规律更清楚，图表更完美和统一，同时所述论题专一，这样的书稿往往更具科学性和可靠性。而一些涉及面更广的专著，往往需要引用更多他人的工作或成果，这就对作者的材料搜集和组织能力、归纳总结能力、提炼能力和逻辑思维能力等提出更高的要求，在写作中，尤其是经过一段写作过程，作者必定沉浸在自己的思路里，由于知识和修养方面的原因，在作品里往往存在着这样那样的缺陷。由于审美疲劳或思维惯性，对存在的问题、缺陷往往很难发现，这时候就需要广泛征求意见，抱着虚心学习的态度，请教同行专家、同事、老师等，尤其是从书籍的未来读者中找出代表人物，请他们对书稿进行评论，提出修改意见，这样做可能会更加切合实际，也比较容易达到更好的修改效果。

（2）要统观全局从大处着手，力求提高修改的整体效果。对于一部书稿来讲，全局性的问题首先是书名和书稿内容在总体结构上是否恰当地反映了客观事物，看它是否实事求是。因此，在广泛征求意见的基础上着手书稿修改时，首先应当从全篇着眼，从大处着手，把握主线，统观全局。当全局性的问题解决了，整个书稿也就比较完美了，若不解决全局性的问题，就匆忙在段落和句子方面下功夫，往往是事倍功半，甚至会白费精力。因为在解决全局性问题时，有可能发现结构上存在问题需要调整，也有可能发现有些段落和句子是多余或无用的，应当删掉。所以，只有首先统观全局，从大处着手，把带全局性的问题解决完了以后，再进行下一步修改，才能达到更好的效果。

要统观全局就要进行通读，通读以后，就会在整体结构上有一个完整的概念，全书先说什么，后说什么，各章节之间的衔接和转折，前后的照应关系，以及各个层次间的推进等，都会有一个比较清楚的印象，原来列出编写提纲时所想体现的意图就会更加具体化了。这时就可以参照征求来的意见，把书稿的结构、层次调整得更加符合原来的写作意图，把书名修改得更加简练、明确和醒目。

只要从全局出发，把书稿从头到尾看上几遍，认真细致地琢磨，而不是先从枝节问题入手进行修改，作者才会对自己所论述的一些事物，在认识上再有一次飞跃，也就是一次升华，从而使书稿水平大大提高。所以，每位作者在书稿修改中都应当做到统观全局从大处着手，并尽最大努力把它做得更好。

（3）要不断深化主题，力求从根本上提高书稿质量。古人云："文以意为主。""意"即主题，是文章的灵魂与生命。文章一旦偏离了主题，就失去了生命。因此主题的正误、深浅，决定文章的成败与质量高低。在涉及全局的问题中，主题是最重要的。书稿的主题就是作者要论述或叙述的客观事物。由于客观事物的复杂性，人们在认识的过程中，往往并不是一下子就能达到透彻的程度，所以在书稿修改时，有必要再次深化自己的认识。

如前所述，在统观全局时，要深化主题，完成确定书名和调整结构层次的任务。深化主题和确定书名实质上是表里关系，前者是后者的根据，后者是前者的表现。当然深化对主题的认识不仅仅是确定书名的根据，也是调整书稿结构和层次，将书稿修改得更趋完善的依据。

深化主题作为作者对书稿主题的再认识，要有深度、要具体，不能太浅显、太概括，必须将每个细节都写到位。只有对书稿中所阐述的事物认识加深了，才能在修改中从根本上提高质量。同时还要考虑升华主题，就是要求文章所表达的含义要有延伸和拓展，不能太表象和单一。

（4）要认真细致的反复修改，力求书稿尽可能完美无缺。由于客观事物是复杂的，涉及方方面面，通过一次两次认识未必能达到比较接近实际的水平。对书稿修改也是如此。对于所表达或描述的客观事物，并不能一次两次修改就能达到尽善尽美的程度，因此需要反复修改，直到自己满意为止。列夫·托尔斯泰说："不要急于写作，不要讨厌修改，而要把同一篇东西改写十遍，二十遍。"反复修改琢磨，力求达到最好的效果。

在反复修改中，除了加深认识主题以外，还应当在词汇、句子和文章层次、结构，以及图表及引用等方面进行全面修改。当然在具体修改中，可以从结构层次、句子到词汇这个顺序，一次解决一方面的问题，也可以一部分一部分地解决这些问题。总之，应当根据书稿的实际情况，采取合适的办法来解决存在的缺陷。"文章不厌百回改，反复推敲佳句来"。要使书稿写得准确、流畅，精当，还要重视语言的反复修改，应做到字斟句酌，千锤百炼。同时还要注意标题的书写、空格、小标题及序号的使用等，要符合一些约定俗成的格式和规范；数字、图表、符号和公式的书写等也要符合规范标准；认真核对引文和参考文献，对照原文逐字校对，检查引用是否有误，注释是否清楚规范，参考文献的列举是否确凿，有无遗漏等。

此外，“修改稿子不要光是看，要念，就是把全篇稿子放到口头说说看”。在读的过程中发现问题，修改完善。

二、书稿内容的统一

尽管书稿经过调整结构、厘定观点、增删材料和锤炼句子等修改工作之后，书稿的写作就基本完成，但为了使书稿进一步规范，提高书稿质量，满足出版要求，仍然需要站在全局的角度从格式、表达等方面对书稿中存在的不统一现象，进行认真细致地检查，并逐一修改统一。书稿常见不统一现象有以下几种。

（1）正文与目录不统一。主要体现在正文与目录的标题不一致，页码不对应等。目录中所收录的往往是正文的一、二级甚至三级标题，是“原封不动”地收录，而不是“大概”地收录，所以，所收录的标题应与正文的标题一模一样。但是，书稿中经常出现正文与目录个别字（或符号）不一致的现象。比如，目录是“××和××”，正文是“××与××”；目录的页码数与正文的页码数不相同，等等。有时也会出现正文中标题与标题不统一的现象，如：第一章的二级标题是“一、×××”，而第三章的二级标题是“（一）×××”，就属于标题与标题不统一。总之，这类问题一般容易被忽视，所以，要对照正文对目录标题仔细核对。

（2）正文与图、表不统一。书稿中所有的插图和表格均应该同正文有着密切的联系，并按顺序编号，格式前后一致、内容准确完整。而往往会由于写作中的时间跨度问题，或由于增加或删减了部分内容，出现正文与图、表不统一的现象。图表中将“黏度”中的“黏”写成“黏”，文中还是这个“黏度”却是“粘”，就属于文与图不统一。正文与图、表格不统一的现象还有字母大小写不统一、字母正斜体不统一、上下角标不统一、一字线与半字线不统一，以及音同字不同等方面，在统一时要特别注意。

（3）称谓不统一。称谓不统一主要体现在表述同一概念的术语，以及一些人名、地名、物名等前后不一致。比如在一本钻井液方面的书稿中，对钻井液的滤失量，一会用“滤失量”、一会用“失水量”，有时还出现“失水”“滤失”等表示方式，前后用了四种称谓。四种称谓变换着、交叉着用，使人感觉杂乱。“失水”“滤失”属于表述错误，“滤失量”“失水量”尽管不是表述错误，但作为科技书籍，这种写法肯定会使读者阅读时感觉别扭。在称谓形式较多时，首次出现时应全部给出，在后面的叙述中尽量用一种称谓形式。书稿中对同一外国人名、地名、物名等翻译成中文时，常常会出现前后称谓不一致的现象。比如前面是麦克斯韦，后面是麦可斯韦；前面是狄赛尔，后面是迪赛尔。在书稿中，应该避免这些不一致的现象，如出现不一致，则通常视为错误。

（4）体例不统一。体例不统一是指一本书中前后的体例不一致。体例不统一主要表现为标题形式不统一、图的编排形式不统一、各种注释形式不统一等方面。其中：①标题的形式不统一，除了前边谈到的两个不同章节的二级标题形式不统一外，还有同级标题中，有的标题后接排文，有的不接排文；有的标题后以句号结尾，有的无句号；有的标题居中，有的前空两格；等等。②图的编排形式不统一表现在：纵坐标物理量有的放在纵坐标之上，有的则居于纵坐标左侧，有的横放，有的竖放；横坐标物理量有的位于横坐标之下，有的位于横坐标右端；有的物理量用字母表示，有的用汉字表示；有的图注放在图中，有的放在图名之下；有的有图名，有的无图名；等等。③各种注释形式不统一表现在：页下注有的结尾有句号，有的无句号；表下注有的用“①”引出，有的用“注：”引出，有的注释前什么也没有，直接写出注释内容；图注中各注之间有的用“；”号隔开，有的用空格隔开；对公式中各物理量的注释，有的物理量与注解之间为两字线，有的为一字线，有的是“为”字。

（5）字、词使用不统一。主要表现在通用字和词的使用、书写不规范和错别字：①科技书稿写作中有许多可以通用的字和词，如：“单宁”也作“丹宁”，“腐殖酸”也作“腐植酸”，“混浊”也作“浑浊”，“报道”也作“报导”，等。通用即可以换用，有些作者认为既然如此就随意使用，一会儿“腐殖酸”，一会儿“腐植酸”；一会儿“报道”，一会儿“报导”，尽管不算错误，但显得十分混乱。书写不规范主要是把一个字分成两个字，如将“膨”写成“月彭”，将“碳”写成“石炭”等。②存在错别字或易混字的误用主要分两种情况，一种是写成了同音异形字，如将“饱和”错写成“饱合”，将“刚度”错写成“钢度”，“防塌”错写成“防蹋”，等；另一种是写成了音不同，但形似的字，如将“几率”错写为“儿率”，将“聚丙烯腈”错写成“聚丙烯晴”，将“环己烷”错写成“环已烷”，等。此外，还有写成音、形两相近的字，如将“泄漏”错写成“泻漏”，将“两个”错写成“俩个”，等等。

（6）其他不统一。公式、计量单位的使用不统一，如公式上、下角码层次，代入数据，公式中字母的大小写及正斜体，重要公式后面的编号，公式中计量单位等；数字和计量单位的用法不统一，标点符号的用法、断句不统一，标准名称和标准号不统一，参考文献标引不统一等。在修改时要特别注意。

三、书稿的最后定稿与提交

书稿写作的最后一步是拿出一份能够满足出版社要求的定稿。当书稿结构、格式和内容等经过进一步统一后，就可以定稿了（包括电子稿和打印稿）。建议对最后定稿在交出版社之前，再打印出来一份纸质文稿，并认真细致的通读全稿，以便解决可能遗留的问题，消除可能的重复内容，弥补文字疏漏（注意检查语法差错、词语误用、同音字或形似字差错。如“检”与“捡”）。在阅读中如果发现问题先在纸质稿上做完整的修改，再逐一录入改正电子文稿，录入完成后再核对一遍。再次检查并调整版面，注意插图、表格、公式位置适宜、显示完整、编号连续、呼应恰当，以保证稿件内容尽可能完美。

在定稿前按照出版社对书稿（包括图件）的要求，对定稿进一步检查也是非常必要的，因为对定稿而言，除用词准确、规范、语言流畅外，还要满足不同出版社对文稿的具体要求，由于各个出版社的要求会有些许不同，但总体要求是一致的，作者在编写书稿时，应严格按要求进行，写出合格的文稿来。定稿或书稿提交前，一般要满足如下要求：

（1）书稿应使用Word或WPS文档。由于专业排版软件操作复杂，一般不建议使用。上下角标、外文斜体应仔细设置。书稿中的标题和文字，只要能够清晰地显示出层次关系即可，不必参照正式出版物的要求排版。

（2）对于电子稿中插图、表格和公式的处理。采用Word排版时，可采用图文合一的形式供稿（打印稿样上必须有图，图的质量应符合出版要求）；采用其他排版形式时，对插图的要求与普通稿件相同。图序可以全书统一编号，也可分章编号。表格一般采用三线表。引用的表格要注明出处。在排公式时，如果公式短时在稿面上居中排，如果长时，开头缩两格开始排，如一行不够时，则应转行，转行处选择在数学式的等号和加减乘除号，化学反应式选在箭头处。转下一行的半段与上半段的相应部分对齐。

（3）交稿应达到“齐、清、定”的标准。“齐”指书稿各部件齐全，包括前言、目录等。“清”指稿面整洁，页码连续。正文一般用5号字，行间距适合编辑审改标注，可采用Word或WPS的单倍或2倍行间距，一般A4纸每面打印35~40行或20~25行。“定”指所有内容已仔细审定改正，没有遗留问题。

（4）提供与电子稿一致的打印稿样。作者在提供电子稿时应附有与电子稿内容一致的打印稿样，并在电子稿或稿样上注明对应的文件名和相关的说明。如是压缩格式文件，应提供解压方法及相应的解压软件。

（5）做好电子文档（件）的备份。作者应妥善保存好所提交电子稿的备份，待接到出版社通知后方可删除。

总之，提交出版社的稿件要做到五个“连续”，即章节序号、表号、图号、公式号、页码要连续，不应有重号或跳号；六个“统一”，即格式、层次、名词术语、符号、代号、计量单位要统一（一致）；七个“对应”，即目录与正文标题、标题与内容、文与图、文与表、呼应注与注释内容、图中标号与图注对应，书中内容前后要对应。

对于书稿的电子文件，务必确认为最终版本。电子文件采用书稿名称命名，如“科技报告与书稿写作”，或者“科技报告与书稿写作第1~2章”“科技报告与书稿写作第3~5章”。

由于编辑加工和排版校对都依据纸质稿，故纸质打印稿要确保与电子文件完全一致。作者提供纸质稿有利于防止因软件不兼容等原因造成质量事故。打印完成后，作者要浏览检查打印稿，看看是否存在差错。

交稿时，应将所有插图插入文稿中相应位置。如有必要，还应将绘图软件绘制的、可编辑修改的原始图片电子文件提交给出版社，以便排版使用。每个插图一个电子文件，文件名与图号图题一致。全部图稿电子文件存放在一个图片专用文件夹中；插图很多时，宜分章设立子文件夹。

有时还包括数字资源（可选项）和造字文件（仅在有自造字的情况下）。同时还要附上交稿说明，说明交稿组成。

第六节　不同类型的科技书稿及写作要点

科技书稿有多种类型，由于不同类型的书稿各有其特点，因此，在写作方法上会表现出一定的差异。为便于理解和掌握不同类型科技书稿的写作要领，有利于针对性地开展科技书稿写作活动，本节对专业类、手册类和丛书类书稿的特点及写作要点分别进行简要介绍。

一、专业类技术书稿

专业类技术书稿，也称专业性技术书稿，或者专著，它是针对某一专题展开深入论述的著作。由于专著一般是系统叙述某一领域的全面知识与技术，因此，一定要在把握“专”和重点的情况下讲清楚讲透彻。对专业性技术书稿内容的学术性及深浅一般没有明确的要求或规定，完全由书的定位、作者的研究、学术背景和写作水平，以及读者对象而定。

（一）专业类技术书稿的分类

按照所涉及的范围不同专业技术书稿一般包括专题性和综合性两种类型。

1. 专题性技术书稿

通常把某一学科的作者根据自己的科研实践和成果，写成的专业性强、学术价值较高、内容有新创见、对某一学科专业的发展有推动作用的书籍称为专题性技术书籍。这类科技专著一般涉及的专业领域范围较窄。围绕某一专题叙述的比较透彻，有利于对某一专题技术的理解和掌握。

专题性技术书稿一般是结合专业发展和现场实际，针对读者群确定选题和主题，并拟定书稿的主题内容。对这个类型的书稿写作，首先需要根据选题或专题研究报告的主题草拟大纲，再准备材料和搜集与主题相关的文献资料，然后再在材料研究和文献资料研读的基础上形成书稿的大致框架，进一步形成书稿。

2. 综合性技术书稿

将某一大学科中多个专业学科的科研成果或新技术综合起来，写成学术价值较高、内容新颖有创见、对整个大的学科的发展具有推动作用的书籍（不包括论文集），称为多学科综合性科技专著，即综合性技术书稿。这类科技专著涉及的专业领域范围往往较宽，常由多人结合各自特长合作撰写，由于范围广、内容多，写作周期一般较长。其特点是：大学科中若干分支学科理论的集成与综合；大学科中若干关键技术的集成与综合；概述或阐述了大学科中主要技术领域的发展状况（成果、问题、差距）、水平及趋势；内容涵盖量大、知识性强；侧重于结论，有高级科普的性质；读者对象一般层次较高，他们期望能够拓宽视野，尽可能多地掌握、了解大行业的整体情况。

综合性科技专著的编写目的是使读者大视野、全方位地站在更高的层面上，整体地了解其所在大学科的综合理论、关键技术、发展现状、目标和趋势，从中受到启发，取得借鉴，推动大学科的发展。

（二）写作特点

专业性技术书稿的写作特点可以归纳如下：

第一，有明确的读者群体，以及由读者群体决定书籍内容的深度。专业性技术书籍的内容虽然没有一定的限制，但是它的出版一定要考虑社会效益与经济效益，作者在写作时必须考虑每一本专业性技术书稿要有相对明确的读者群，而读者群决定书稿的深度和广度。例如：《×××技术员读本》写作内容一定以现场技术员的水平为起点，不能够脱离实际，否则就失去读者。《×××新技术》，内容一定要介绍国内、国际前沿理论与新技术，才能体现其学术价值，如果仅介绍一些常规知识或技术就失去了实际意义。

第二，内容突出实用。专业性技术书籍的最大特点是突出实用，实用应作为写作的目标。读者购买科技专著的唯一目的是学习知识，掌握新技术，提高技能水平，解决生产中存在的实际问题。所以，专业性技术书籍对实用技术的操作、理论、效果、注意事项等一定要详细介绍。在内容的深度和广度的把握上要遵循实用的原则。使读者能够按照书籍中的叙述去操作、去实践。

第三，语言突出专业。专业性技术书籍的语言特点与教材基本相同，只是它可以用比较多的公式、结构式或复杂的图表等。专业性技术书籍的面很广，写作方式也很多，要结合专业特点来写，写作中要使用有关专业的语言、术语等，描述要准确恰当，用事实、数字说话，用肯定的语言，不能采用修饰语言，更不能用“大概”“或许”“差不多”等不确定性语言，甚至模棱两可的语言，以至于让读者一头雾水，不知所以。

第四，排版格式灵活。专业技术书稿的格式比较灵活，可以根据需要选择不同的格式。如：①按篇章节排，与教材的格式一致；②不用数字排序，按问题的逻辑关系编排，级别高低以字体、字号来区别；③介于上述二者之间，由二者结合而成，标题用数字排序与字体、字号相结合区别层次；④采用国际统一论文格式编排。

（三）写作注意事项

在专业技术书稿的写作时一般应注意如下几点：

第一，用词要准确，不能含混不清。专业性技术书籍是供专业技术人员使用的，因此内容的描述，特别是操作过程的描述，应能让人一看就懂，不能让不同的读者对相同的内容有不同的理解。这就要求撰写中应采用科技语言、科学逻辑思维方式，并按照一定的写作格式。避免用“据估计”“据统计”“据观察”“差不多”“大概”等词，引用别人的内容应给出参考文献。书稿中所描述的对于实验、观察或用其他方式所得到的结果，要从一定的理论高度进行分析、归纳和总结，形成一定的科学见解；对自己提出的方法、见解或问题，要用事实和理论进行符合逻辑的论证、分析或说明，将实践上升为理论，并能反过来指导实践，由这些理论所支撑的技术可以让读者去应用，去解决现场问题。

第二，对于复杂的内容，能用图表表达的，尽可能不用文字。专业技术书稿比较偏向于实践和应用，所以数据信息、不同理论和技术之间的比较等内容必不可少。对于比较简单的内容，用文字能很容易描述清楚，而对于一些繁杂的内容，用文字难以描述清楚时，可采用图表等图形语言表达。一张设计非常科学清晰的图表能胜过大段的文字描述，并且更直观、更有说服力，最关键的是能让读者一目了然。但这并不是说图表越多越好，要视具体需要而定。

第三，避免出现前后重复。在章节内容安排上，有的作者习惯于先概述、再总结。每章、每节概述、小结一个不落，甚至小结和概述的描述语句都一模一样。书籍是一个系统内容，全书要贯穿一条主线，要把主要事情条分缕析讲清楚，不要反复强调细枝末节。另外，对于一本书来讲，不同读者想看的内容不同，作者认为书中某一章是重点、是核心，而读者关注的可能是其他章节。尽管不希望出现重复，但有些内容如果相隔的章节较多时，为了读者阅读的流畅性，便于对整体的把握，有时需要在后面叙述中对前文的内容适当回顾或引用（不可以完全重复）。但在回顾或引用时要对前面有关内容进行认真的总结、提炼，经过作者的再次解读，使前文的内容有所升华。

第四，不要写太基础的内容。专业性技术书稿以传播专业技术或知识为主，往往以实用、可操作为主要特点，因此要突出技术性、专业性，不能有太多基础知识。一本书的内容总是有限的，花太多的篇幅去写随处可见的基础知识，会给人以“注水”的感觉，不仅会影响原创性的核心内容部分，导致核心篇幅缩水、技术性降低，深度也会大打折扣，同时也会浪费出版资源。

第五，不要引用太过陈旧和基础性的文献。参考文献的引用要有取舍、有区分。如果什么文献都往书稿中放，与什么文献都没放是一样的。引用参考文献，一定要选择有价值的、权威的、最新的文献，太陈旧的文献，尤其是普及性的、基础性书籍文献尽可能不引用。但对于开创性的文献，即使陈旧，如果对说明主题很关键，也可以引用。

第六，要对所收集的文献进行认真、细致的分析。重点是分析文献主题之间内在的逻辑关联，找出相同（相似）或不同点，并分析它们之间的关系。对于相同点，看其间是并列关系还是从属关系，如果是并列关系则放在平行标题下，若是从属关系，则放在不同层级标题下。对于表述同一概念内容的文献要选取表述最准确、完善的直接引用，或以某一个为主题进行补充完善，必要时可将多篇文献对同一概念所描述内容进行归纳综合，重新描述。对于文献之间的不同点，要看其内容是否存在矛盾，如果不存在矛盾，且能够证实其内容可靠，则可以用其共同说明某一主题，若存在矛盾，要经过认真分析，保留能够证实的内容，若均无法证实，都要舍去。

二、手册类技术书稿

手册是一种便于浏览，介绍一般性资料或某专业基本知识（包括基本概念、基本理论、基本事实和基本方法）的简明摘要的科技书籍，或者是汇集某一学科或某一主题等需要经常查考的资料，供读者随时翻检的工具书。手册中所收的知识偏重介绍基本情况和提供基本材料，如各种事实、数据、图表等。通常按类进行编排，以便于查找。

由于手册属于工具书，是大家公认的权威的经常参考的书籍，对内容的要求比较高。因此，必须做到：内容正确、权威，没有异议；用词专业，编辑整理，不加议论；编辑方法科学，查阅方便。

科技手册不仅是专供使用者迅速简便查阅可靠的事实或数据的工具书，更是科技工作者经常查用的重要工具书。正是如此，与科技专著相比，手册读者面大。

（一）科技手册的分类

按照不同的方法可以将科技手册分为不同类型。

1. 按照性质分类

按性质可将科技手册分为资料性和指导性两类。

资料性手册主要提供直接查用的各种数据、常数、公式、图表等实用性资料。数据必须经过计算整理编成系列。这种手册不给予启示和指导，其用途近似于词典，仅为直接查用。

指导性手册不对原理、公式进行分析和推导，只给出结论。结论必须有据可查、准确可靠、表述严密，有利于读者正确理解某一方面的知识和概念等。

2. 按照内容分类

按照内容可将科技手册分为综合性和专业性手册两大类。

综合性手册是指内容涉及面较宽，使用范围相对较普遍的科技手册。主要是从一个领域、一个行业、一个工程、一项技术和一种产品所涉及的全部内容或整个工艺过程等出发编写的手册。一般涉及面广，往往包括多种学科、多个专业的内容，大多是大、中型多卷性，属于指导性的手册。

专业性手册是指内容专一，能够满足特定科技活动的现实需要的科技手册。

它是针对某一专业、某一学科或某一学科中某一专题而编写的手册，对本专业或本学科的问题做系统、简明的介绍，或提供随时需要查用的资料数据等。这类科技手册品种众多，有指导性的也有资料性的，是最主要和最普遍的一类手册。能够为本行业各类人员的学习和工作提供参考。

（二）科技手册的特点和要求

科技手册属于以寻检查问为目的的信息密集度高的工具书。一般不以词条为检索单元，而是以按学科体系分割成的知识单元的标题为检索对象，全书结构通常以篇、章、节等的标题，按学科体系编排而成。所以科技手册的目录就是基本检索系统，这和一般科技书籍的目录基本相同。科技手册的主要功能是提供理论、方法、工艺、公式、图、表、程序、数据等实用性资料，直接为生产、科研、教学等工作使用。

科技手册的结构虽然与一般科技书籍类似，但也有它自身的系统性，在内容和著述方式上和一般科技书籍又有所不同。手册提供的是各种成果和经验经过提炼、整理后的结论及其应用方法，资料性和操作性强；不拘泥于学科的完整性，不讲究理论分析推导、论证的完美性，有用则取，无用即舍。所以，与一般科技书籍相比，科技手册的突出特点是具有更强的实用性和操作性，正是科技手册的实用性和操作性的特点，这就要求其内容要具有通用性、准确性和先进性。

（1）通用性。在科技工作中，往往某一专业工作需要涉及若干科学与技术的领域；同时，一种科学知识和技术又常为许多专业工作所通用。因此，科技手册必须有一定通用性才能满足不同读者多方面的需要，才能增强手册的实用性。实用性和通用性是相互联系的。在内容上不仅要覆盖本专业、本学科的全部领域，还要适当涵盖一些紧密相连的其他专业、学科的有关内容，同时还要考虑到使用者在实际工作中可能遇到的种种问题。

（2）准确性。由于科技手册所提供的一切资料都是要直接使用的，它应具有特殊严格的准确性。科技手册要特别注意原始材料的真实性，定性的概念、资料要确切，定量的公式、图、表、数据要准确；设计、工艺、检验、名词术语、物理量符号、计量单位、图、表、程序等，若有规范可循的都要按规范使用，引用的标准应是最新的国家标准和行业标准或国际通用标准。引用他人的图表数据必须认真核对，确保准确无误，并注明出处（即参考文献标引规范）。

（3）先进性。科技手册既要反映国内科学技术的先进水平，又要吸收国外一切适合国内情况的先进经验和科技成果，既要反映当前科学技术成就，又要指引发展方向。由于国内许多科技领域与工业发达国家相比还有一定差距，在编写手册时还要从实际出发，考虑生产和技术的现实情况，处理好先进技术和现实条件的关系，做到先进与实用紧密结合。例如某些钻井液处理剂或钻井液技术手册，当前可能仍要根据国内实际和近期需要适当介绍传统材料、配方和工艺，但也应重视介绍国内已逐步采用的新产品、新工艺和引领专业发展方向的国外先进技术。

此外，科技手册同样要有高的可信度，只有在读者心目中有权威的科技手册才能立于不败之地，长期占领市场，这样的科技手册同时还会带来巨大的经济效益。

（三）科技手册的编写

1.科技手册的内容

科技手册一般以栏目形式出现，在编写中应根据使用目的、使用对象和可能搜集到的知识性材料，确定手册的内容。编写科技手册时一般可考虑选择以下栏目：①综述（现状及发展等）；②主要原理；③常用数据（常用资料、常用计算公式和定理、实用图表）；④实施原则与依据、操作方法与步骤；⑤技术措施；⑥产品规格（系列、型号、品种、尺寸等）的选用；⑦安全与防护、运输与储存；⑧典型示例；⑨常用材料和设备性能介绍；⑩技术经济指标及分析。⑪附录（有关标准、规范、条例、技术文件、试验报告、单位换算表等）；⑫索引；等等。综合性与专题性手册应该根据实际需要对栏目内容有所取舍。

由于性质不同，科技手册的内容差别会比较大，并无一个标准的模式。

一般来讲，资料性、专业性手册的内容项目要少一些，规格也单一些。如材料手册一般仅包括品名、成分、规格、性能、用途、技术指标等，并大多以表格方式表述；工具手册一般按照工具的类型分类，通常包括名称、结构、型号、性能指标、用途、维护与保养等。

指导性、综合性手册的内容项目比较多，差别也大，模式不一。如设计方面的手册通常包括基本理论简介、设计原理、设计方法、设计要求、设计步骤、计算公式和计算方法、实用图表、常用资料、常用数据、设计实例、注意事项等；如果是施工手册，则要有施工原则、施工方法、施工步骤、施工图例、质量检验指标、常用机械设备、经济指标、安全措施等等。

所以，科技手册的内容要根据手册的类型、专业性质、编者的指导思想以及主要读者对象的实际需要等具体情况而定，不可一概而论。有时还受到资料占有量或更新的限制。从手册的组成看，除正文外，还包括目录、索引、参见系统和参考文献等。手册内容尽量放在正文中，并利用参见系统，尽可能少用或不用附录。

2. 编写方案和体例

科技手册，特别是大中型手册往往由众多人员共同编写，因此在选题确定之后，也要拟订编写方案，作为编写者的统一规范。

编写方案除说明编写宗旨、手册性质与规模、读者对象等基本情况外，还要拟定编写大纲、编写体例和编写组织工作。

编写大纲是全手册的总体结构，类似于一般科技书籍的框架结构，以篇、章、节等各级标题的安排展示全手册的主要内容及其逻辑关系，保证全手册成为一个统一的整体。因为科技手册的目录就是检索目录，要具有检索功能，所以要比一般科技书籍目录层次多些。篇幅大、多卷册的科技手册每卷目录一般有篇、章、节、二级节等四个层次。结构层次的要求和一般科技书籍相同。

编写体例是编写和审稿工作的指导性文件。它规定全手册文稿的基本要求、层次格式，对公式、图、表、主要名词术语、科技符号、计量单位、数字使用、注释、参见系统、参考文献等按规范作出详细统一的技术性规定，并举以示例。

由于科技手册编写的专业性强、工作量较大，一般需要组成专门写作班子来完成。这就要加强检查协调，发现问题及时统一认识，保证和提高编写质量；通过协调，充分发挥每个编写人员的优势，保证编写工作如期完成。编写组织工作主要是确定编委会成员和组织撰稿人，不成立编委会的要确定主编。此外，同样要有具体的工作计划。

3. 检索系统

科技手册的检索系统包括目录和索引。

目录是科技手册的主要检索手段，所以要求各篇、章、节、二级节的标题具有检索词的功能，即标题要构成被检索对象。这一点比一般科技书籍的章节标题要求更严格。手册标题的文字应以名词和名词性词组为主，是一个单一的或一对相关不可分的概念，例如名词“钻头”、词组“流变参数计算公式”、联合词组“维护与处理”等。非名词结构的词组不应作为标题，如“如何提高钻井速度”“如何优选钻头”等。

索引是科技手册重要的辅助检索工具，它是较层次标题更深、更细、更分散的主题词的检索手段。它可检索到章节标题以外的各章节内容所涉及的各种主题词，指出主题词在正文中何处有解释。

索引的基本单位是索引词目，它由主题词构成的索引词和主题词所在页码组成。索引词只应表达一个单一的概念。编制索引与编辑词典类似，首先要科学合理地选择索引词，索引词的总体既要全面反映手册主要内容、涵盖主要读者对象需要而常用的主题词，又不可过多，尽量不占用太大篇幅。所以要分清主次，有所选择。正文中没有释义的不能作为索引词。

无论采用何种方法，手册索引都要根据主要内容来编排，以便于读者使用为原则。

4. 参见系统

参见系统包括书内参见和参考文献两个组成部分。参见系统能够增强信息密集度、提高手册质量，也是编辑手册的重要方法。

参见系统的主要功能是使手册的相关部分互相联系、衔接、补充、减少重复；在同样篇幅中提供更多信息。编写手册时，把有共性的同一内容集中在某一处专门叙述，在其他各处采用参见系统，这样既可减少重复，又可把分散在各处距离较远的相关内容联系起来，有利于读者对其全面了解。

参见的形式采用“参见词”（参见“被参见的卷名和章节序”），例如，密度测量（参见第 × 卷第 × 篇第 × 章第 × 节）。参见和被参见是相对的，参见词要选择得当。要拟定“参见表”，以便落实和检查，避免“参而不见”（在被参见的位置找不到相应内容）、“参此见彼”（在被参见的位置是别的参见词的相应内容）和“连续参见”（在被参见的位置是又一个参见，要再查另一个被参见位置）等等。

参考文献在科技手册中是一种“书外参见”。参考文献是能帮助读者扩大视野和获取信息资料的途径，是增强手册功能的补充手段。所以手册的参考文献必须紧扣正文内容，不可不着边际。关于参考文献的著录规则和一般科技书籍相同，详细内容可参见本书第五章第七节。

（四）科技手册编写注意事项

1. 要认真做好总体设计

科技手册的总体设计，包括全书编纂方针、编辑计划、层次结构大纲、装帧设计和编辑出版工作计划等一系列内容。对于作者而言，最关键的是总体设计的中心部分——层次结构大纲。

一个科学的层次结构大纲，对于进入具体内容的编写将起到较好的指导作用，也是全书成稿后进行审稿、定稿工作的一个重要依据，同时还能给版式设计和校对工作带来方便。

制定手册层次结构大纲时，首先必须明确：读者对象是层次结构大纲的技术要求，内容和篇幅是层次结构大纲需要满足的条件，层次结构划分是层次结构大纲的具体内容。层次结构的安排既服从于又服务于手册的内容。一个好的层次结构既能保证手册内容的确切表达，又有助于手册内容的充分发挥。

层次结构大纲在手册草创时期拟定以后，不应一成不变，而应一边实践探索，一边总结经验。随着认识的不断深化，经过不断修正使之逐渐趋于完善。但也要注意照顾现状，尽量缩小调整面，更不能轻易推倒重来。过多的反复，不仅会影响编纂的进度，也会挫伤编写人员的积极性。

2.要注意文表图结合

手册是事实资料性的工具书。为此，在编纂形式上，要尽可能做到文字、表格和插图三者相结合。文、表、图三者相辅相成。目前，我国科技手册的编纂上包括：单纯文字表述的汇编，单纯表格归类的汇编和文、表、图三者结合的综合汇编三种基本形式。通常，要使手册体系完整、内容丰富、文字简洁，最佳的形式还是文、表、图三者结合的综合汇编。

文字表述作为手册的首要要素，是编纂者通过平面的叙述为读者提供定性的知识。文字表述部分，主要是指导语的引述、主要内容的概述、必要的名词解释、基本方法的介绍、结论性内容的阐述。文字表述是手册的主干，表格和插图两项都是为它服务的。表述时，要注意行文如实、准确、简明，层次结构要顺理成章、前后呼应、格式体例一致，遣词、造句符合逻辑或语法，尽量挤“水”和去“杂”。

表格是手册编纂者通过“数”的概念为读者提供定量的知识。表格的信息容量大，通常可在有限的篇幅内反映较多的内容。因此，表格多用于资料性的统计、事物的物理特性的列表、一些常用而复杂的计算公式的列表、一些用文字叙述繁杂内容的列表、各事物之间的对比表、文字与符号的对照表、换算表、查算表、产品性能或技术指标等。表格多数用数据归类表述，资料性特别强。因此，在编制表格时必须对所选用的统计数字进行认真计算和复核，以确保准确性；采集的资料力求新颖和来自第一手，以提高实用价值和可靠程度。

插图是手册编写者通过“三维空间”为读者提供立体感形象的知识。插图是手册有机组成部分。插图的作用是以图辅文，它有助于理解手册内容，具有直观性、易接受性和简明性。形象逼真、清晰易辨的插图，能够使读者通过实物图形的对照，比较深刻地理解所介绍的概念，甚至可使文字难于表述的某些细节和事物特征跃然纸上，一目了然。在选配插图时需要注意：应图从文意，以科学性、知识性为主；有典型性和代表性；应精心制作。

3.要注意内容的广度和深度

手册介绍的内容要有一定的广度。手册是为实际工作者提供实用性资料的工具书，所介绍的本学科的知识愈多愈好。而且，由于现代科学技术的发展，各学科出现了愈来愈多的分支学科和边缘学科，这也就要求手册所囊括的知识面要广。

手册所介绍的内容要有深度，但也要防止过于专深。手册的内容是对各类专业教科书、学术专著、操作规范和词典的基本概念、基本理论、基本事实、基本方法的综合介绍。它不同于专业教科书按循序渐进的方式讲授系统而完整的知识，不同于专著提供专深的知识，也不同于操作规范那样详尽具体。因此，在编写手册时，要考虑大多数读者对手册所提供的知识的接受能力。在介绍基本概念时，要精练和要简明扼要；介绍基本理论时，只用深入浅出的方式介绍肯定的结论，不做深入的探讨和论证；介绍基本方法时，一般只列出过程，不举例；介绍基本事实时，要言简意赅，不做反复说明，读者如需要进一步了解，可另外查找有关参考书进行深入研究。

4.要注意内容的实用性

实用性是指工具书提供的知识必须切合实际，具有实用价值。实用性是一切工具书都具有的特点。但是，对于手册类工具书，它的实用性特点尤为突出。这是由于手册的主要读者对象是实际部门中从事实际工作的人员，手册提供的知识主要是供这部分读者在业务实践中检索查考的。为了加强实用性，在手册编写过程中，从内容的安排到资料的选择，都应从各自专业手册的既定的主要读者对象出发，切合他们实际应用的需要。

为有利于在实际工作中直接参考应用，在内容的安排上，最重要的一点是介绍某一事项时，既要概括，又要全面、完整，以使读者对某一事项能够窥其全貌，知其然，知其所以然。

为了使手册具有广泛的实用性，从资料的选择方面，在介绍普遍适用的基本原理的同时，还可采用“共性为主，辅以个性”的原则，有选择地介绍一些特殊情况或特定条件下的经验或方法。

三、丛书类技术书稿

丛书，又称套书，它所属的各个单独著作之间应有一定的内在联系和共同的特征。

（一）丛书的特征及作用

概括起来，丛书大体上有以下特征：

第一，内容上围绕一个中心题目。一套丛书在内容上应围绕一个中心题目，有一个统一的构思，并据此冠以总名称，它反映了丛书的内容范围和主要特色。

中心题目是丛书的灵魂，贯穿于每本单独著作之中。它规定了每本单独著作的性质、内容和著述方式，从而也就规定了丛书的读者对象和它所能起的作用。

第二，有较多的卷册。丛书一般内容丰富、全面，所收入的卷册都比较多，科技丛书多数为十几到几十册的中型丛书，如《化工百科全书》(化学工业出版社，1991~1998，正文19卷，索引1卷)，是化工领域一部重要的工具书，全国1800多名知名专家，学者和高级工程技术人员历时10年编撰，全书4800多万字，较全面、准确地反映了化工领域最新的技术和发展趋势。也有不少几册的小型丛书，如《石油工程现场作业岗位标准化建设丛书》(中国石化出版社，2020年)，由五册组成。一般说来，卷册过少，难以体现丛书的作用。卷册太多，需要投入的人力物力太大，出版周期过长，价格高，对读者也有很多不便。通常，4~7册的小型专业技术丛书，由于专业性、针对性强，价格也相对要低，更受读者欢迎。

第三，各卷册都可单独成书。丛书是书群，各卷册都应具备独立成册的特征。在内容上要各有主题，并自成体系，有单独阅读的价值，有单独的书名、作者、书号、出版者和单独的定价，可以单独出售，读者可以结合专业需要进行选购。可以单独成书是丛书区别于文集、选集、别集的一个重要特点。对于一些不能独立成书的著作即使汇辑在一起，也不能称为丛书。

第四，各卷册属于同一类型的书籍，适用同一层次的读者对象。丛书各卷册类型相同，内容上既相互独立，又互有一定的联系，能够共同支撑丛书的主题，体现系统的知识和技术。同时，一套丛书的读者对象应属于同一专业、同一层次文化水平的人。同是专业技术丛书，高深或高级专业技术和一般或初级专业技术的读者对象不同，就不能放在一起组成丛书。

第五，各卷册有一定的外观形态的统一要求。为了突出丛书的一体性，便于读者识别以及美学上的考虑，丛书各卷册往往尽量采用共同体例(决定于作者)、共同的装帧设计(决定于编辑)。许多丛书还设计专用丛书标志，印记在各卷册的封面上。

丛书上述特征决定了它在各类书籍中有其特殊的优越性，能发挥独特的作用。丛书的独特作用从根本上说是它的整体作用，这种整体作用远远超过各单独著作分别出版时的个体作用。首先，丛书有利于在一个较大的主题范围内展示一个领域的全貌和各部分之间的内在联系，因此内容更丰富，具有更高的价值，往往达到单本书难以取得的效果；其次，丛书还有利于成套保存，长远流传，完整地积累科学文化知识，是世界科学文化宝库的重要内容，同时也有利于发行宣传；最后，好的丛书还有利于促进技术进步，满足学习和技能培训的需要。

（二）丛书的类型与特点

1. 丛书的类型

可以按照不同的分类原则将丛书划分不同类型，常用的分类有四种。

1）按性质划分

按性质一般可将丛书划分为综合性丛书和专题性丛书两类。综合性丛书是围绕一个综合性的中心题目，汇集各种不同性质、不同学科、不同门类的著作，形成一个知识整体。这类丛书一般规模较大，编印时间较长，需要参加编辑和撰写的人员也较多，常常需由较高层次的领导机关或学术机构出面组织，有时也需要几家出版单位分工协作出版，一般来讲这类丛书影响较大。专题性丛书则是以一个学科、一个门类或一个专题为中心编印的。由于它也能围绕一个范围较小的中心提供系统的理论和实际知识，发挥丛书的各种优越性，而卷册可能不多，编印的工作量可能不大，时间也不致拖得很长，因而较易受到出版者和读者的欢迎。

科技丛书大多属于专题性丛书，当然，综合与专题都是相对的，有的丛书虽规模不很大，但在当今科学技术高度发达的时期，也包含着许多的分支学科和专题，在一定意义上带有综合性。

2）按读者对象划分

按读者对象一般可将丛书划分为高级、中级和初级丛书三类。初级丛书主要指适应初中以下文化程度或初级工或初级专业技术层级读者的丛书，高级丛书主要适应大学以上文化程度或高级工或高级专业技术层级的读者，中级丛书则介于以上二者之间，主要适应中等文化程度或中级工或中级专业技术层级的读者。当然，这种划分只是就主要读者对象和编写意图而言的，至于实际的读者，可能会有所不同。即使是大学以上文化水平的读者，对于非本专业的基本原理和知识，也可能并不掌握，因而也希望阅读非本专业的某些中级或初级丛书。因此，这种划分也只是相对的。

3）按编辑方式划分

按编辑方式一般可将丛书划分为以选辑、校注已有著作为主的和以新编新译为主的两大类，而在每一大类中又有一些错综复杂的小差异。古代或翻译丛书大都以选辑、校注方式编印。但有的丛书编辑者也加入自著的某些作品。现代丛书也有采取以选辑、校注已有著作为主的编辑方式的。

但是，在现代出版的丛书中，大多是采取新组织著、译，然后加以编辑的方法。这里又分全部新著、全部新译、新著与新译汇编以及选辑校注本与新著新译汇编等多种不同的编辑方式。

4）按编印规模划分

按编印规模一般可将丛书划分为小型、中型、大型或特大型丛书。划分的标准主要是根据所含卷册的多少，但很难定出一个明确的数量上限。一般几个卷册或有十几卷册的，可称为小型丛书。包含几十个卷册、学科门类比较复杂的，以及十几卷册而篇幅大的丛书，一般称为中型丛书。专题性丛书和科技方面的丛书以这种规模为多。上百卷册的丛书，一般难度都较大，可称为大型丛书。

还有一种所谓开放型的丛书，即没有确定卷册的丛书。这种丛书有一定范围，有一定选题标准，随着社会和科学的发展不断增加新选题。

2.丛书的基本特点

作为系列出版物，与一般书籍相比，丛书有以下基本特点：

一是资料性。资料一般分为学术性资料和应用技术性资料两种。其中，学术性资料则指专门为学术研究提供的科学信息，具有先进性、创新性和奇缺性。丛书收集和保存了大量的珍贵资料，有的甚至填补了某些学科领域的空白，为学术研究作出了贡献。

二是探索性。所谓探索性是指对某学科领域中的问题进行探讨、研究，在坚持正确的政治或科学导向的前提下，用新的观点或新的方法，表述该学科的研究成果，为深入研究奠定了基础。

三是系统性。所谓“系统”，即“自成体系的组织，相同或相类的事物按一定的秩序和内部联系组合而成的整体”。系统知识是按学科领域的研究对象内在固有的联系而系统阐述的知识，具有结构完整、知识全面的特点，能为读者提供其全貌和完整概念，既便于初学者学习，又便于科学研究。

四是实用性。丛书所附载的知识信息的实用性，表现在能直接服务于生产或其他社会实践，能扩充知识，增长才干，能产生相应的社会效益和经济效益。

五是规范性。现代丛书在编纂和体例方面越来越规范化。许多丛书不但著有总序、编排说明、出版目的和收录范围，而且一部丛书中每一册书的前面一般都著有该书的内容介绍、序、跋、作者简介，书后附有丛书书目，已出版丛书书目等。

（三）丛书的编写

1.制定撰写规划

由于丛书一般包括卷册较多，撰写的工作量大，持续时间较长，所以，在确定编写之前首先要制订一个编写规划，规定编写丛书的基本指导思想，并制订大体的撰写方案。

撰写丛书的指导思想一般包括撰写目的、丛书性质、读者对象以及规模和内容范围。

（1）撰写目的。撰写丛书的目的要明确，如，是以介绍某一专业基本知识或该领域技术人员应知应会为主，还是以总结现场实践经验帮助现场技术人员提高技能为主，还是对某一领域所取得的新技术、新方法、新工艺、新成果和新产品等的介绍为主，还是以职业技能培训为主，等等。

（2）丛书的性质。要明确是综合性的还是专题性的，是新编新译还是选辑已有著作，或两者兼而有之，是教材、学术专著还是一般科技书籍，是基础理论还是应用技术或二者兼顾，等等。

（3）主要读者对象。读者对象是研究人员、工程技术人员还是工人、学生，是管理干部还是一般工作人员，是初中、高中还是大学以上文化程度的人员，等等。

（4）丛书的规模和内容范围。是小型还是中型、大型丛书，或是开放型的丛书，学科范围如何划定并如何处理相关学科，有何时间、地域，等。即使是综合性的大型丛书，一般也应明确有一定的时间、地域或学科、对象的范围，避免包罗万象，内容过宽过泛。专题性丛书则应注意范围适当，不能因为过窄而失去编辑丛书的意义。

由于丛书的多卷性和复杂性，丛书，尤其是大型丛书一般需要组织一个编委会。编委会一般由丛书主题范围内有关学科的若干有权威的专家组成。编委会是丛书自始至终的设计者、组织者和把关者，主要职能是确定丛书编辑宗旨和选题标准，拟定编写体例和装帧设计的统一要求，讨论通过每个选题及其编写提纲，审查每本书稿的质量，等等。以保证丛书撰写质量和水平。

编委会成员可以是丛书分卷的作者，但编委会并不是由分卷作者组织起来的，编委会和各分卷作者之间并不存在必然联系。

对于只有若干卷的小型丛书或比较一般的丛书，可以不设编委会而只设主编，负责丛书的审定工作。也可以不设主编，但需要明确丛书的总审稿人。

2. 确定选题

丛书选题要在充分调查研究的基础上，经过综合考虑，认真准备，直至达到确实具备出版丛书条件之后再确定选题。丛书的选题分为总体选题和分卷选题两个方面。总体选题是从总体上确定丛书的中心题目，即总名称，它应能涵盖各单独著作的名称，尽可能反映丛书的性质。因为丛书投入的人力、物力、财力远比单个选题大得多，所以确定总体选题要从实际出发，重点从是不是真正的社会需要；是否具备构成丛书的条件；出版社是否有出版丛书的实力等方面考虑。

分卷（册）选题（即书的名称）应根据丛书的基本指导思想和选题标准来确定。对有确定卷数的丛书，各卷选题要围绕中心，使总体结构完整、协调，涵盖各个方面，能体现丛书的特色；要按需设题，避免因人设题造成整体结构上的不合理或偏离主题。为了保证分卷选题准确，无论什么丛书，都必须有明确具体的选题标准。需要结合主题制定明确具体的选题标准，选题标准决定什么样的著作能列入或不能列入丛书，是保证丛书整体质量的重要因素。选题的标准要从丛书的基本指导思想出发，或按分支学科，或按专项生产技术，或按时间、地域，或按学术水平，或按读者对象等。为了充分体现基本指导思想，反映丛书特色，选题标准还要考虑到能使各分卷（册）选题全面、完整地体现主题的内涵，使总体结构紧凑、均衡，各卷（册）分量不致相差过大，并避免出现重要的缺漏和交叉重复。

3. 拟定编写体例

编写体例是指导丛书各卷（册）编写、修改和审稿工作，保证丛书质量的重要依据之一。编写体例一般包括如下内容：

（1）文体及文字风格。

（2）书稿的基本格式。

（3）表格、插图、索引及参考文献、附录资料等的规范和要求。

（4）名词术语、计量单位、公式与外文符号等的选用标准等。

（5）目录列到第几级标题。

（6）注释符号及其排放位置等。

编写体例也应该体现整套丛书的指导思想。例如，学术性丛书要求科学概念严谨，文字简明扼要，还常常编出索引、参考文献，而初级读物则要在保证总的科学性的前提下力求通俗、生动、活泼、图文并茂；以选辑、校注前人著作为主的丛书要求考证准确、校勘注释恰当。

对丛书来说，规定统一的编写体例，与单独著作相比更具重要意义，对于保证全套丛书必要的统一性，以避免在编审过程中反复修改也具有重要的作用。但这些规定应先经有关人员共同讨论决定，以达到统一认识，共同遵守。当然在实施过程中也可以视具体情况采取必要的灵活措施或作必要的调整。

4. 分卷（册）大纲拟定与撰写

当总选题（或名称）确定后，各分卷（册）的作者要结合丛书总体规划拟定书稿的写作大纲。拟定好书稿写作大纲后，便可以按照统一的写作体例进行分卷（册）的编写。

该阶段要参照前面所述书稿的基本写作方法，按照编写体例进行书稿的编写、修改。写作要紧扣丛书和分卷（册）的主题，不要为了凑字数，在同一个主题中描述两个同样的论点。也不要为了字数，去写不熟悉的内容。描述某个主题的时候，涉及其他知识点时则点到为止，不要过于描述，否则会很混乱。不要为了追求高深，写一些连自己都不能充分理解的内容。

形成初稿后要进行反复修改，修改时要注意保持与其他卷（册），以及本册前后名词和书写风格的统一，尤其要注意英文名字的大小写。仔细、认真、精益求精。

5. 审稿

由于丛书各卷（册）的审稿是分别单独进行的，所以审稿的内容和要求与单本书稿基本相同。审稿方式上要适当归口，或由编委会统一负责审定，或由主编对丛书统一把关，没有编委会或主编时，可由一个责任人对全套书籍的内容进行统一审稿把关。审稿时要注意以下几个方面：

第一，看是否符合编写提纲。各分卷（册）内容要符合讨论确定的编写提纲，不应有太大偏离。除非必须，对重复或交叉的内容应只保留在某一卷（册）中，其他卷（册）中的要删除。对开放性丛书的每个新选题，更要审查其是否符合选题标准，以及与已出版各卷（册）是否存在重复或交叉、表述主题是否一致等。

第二，看是否遵守体例规范。各分卷（册）要遵守统一体例和各项科技与写作规范。各分卷（册）之间所用的同一概念、同一基本科技名词术语、同一基本物理量符号，同一人名，以及图表、文献引用格式等，要尽量保持一致。深浅程度要基本一致，适合于丛书原定的读者对象。

第三，每卷（册）字数差别应尽可能小。不要出现有的卷（册）字数多而厚，有些卷（册）字少而薄，要尽可能保持各卷（册）内容的均衡。

第四，应有统一说明。各分卷（册）除有各自的序言外，一般应有丛书的统一序言或出版说明，成立编委会的应有编委会名单等，以利于读者了解整套丛书内容和出版背景及其他有关情况等。

第四章　如何由科技报告转化成书稿

基于科研与实践，在各种成果或项目总结报告、考察与调查报告、口头报告（或课件）等科技报告的基础上，直接转化或扩充成书，是一种有效的著书途径。优秀的学术或科技报告只有出版成书之后，才能更广泛地流通，扩大创新内容的受众面，进而被别人阅读、引用和传播，对读者和相应学科或专业领域产生积极影响。

由科技报告直接转化的书稿，一般属于专业性强的科技专著，在口头报告或课件的基础上经过补充材料得到的书稿一般为普及性专业技术书籍。从报告向书稿转化的写作目标一般比较明确，关键是如何组织结构，使报告的体例符合专著的要求，为了将主题说明或描述得更加清楚，可以增加相关技术或知识性的内容，并通过与主题相关文献的引证增强书稿的系统性、普及性和可读性，不像报告那样只面对特殊读者群，使书籍更趋大众化。

本章结合实践和具体实例，对如何从科技报告转化为书稿进行介绍，同时还介绍了基于科技讲座课件（口头报告），以及生产和技术发展需要撰写书稿的一些体会和认识。

第一节　概述

科技报告作为科技工作中的常用文体，它是科研成果和新技术的表现形式。对于科技书籍而言，科技报告往往是其关键素材的主要来源，好的科技报告可以很容易地直接转化为专著，也就是专著立足于科研成果和技术的积累，它反映了某一领域的技术发展方向，将来也会为后人的工作提供有益的参考。

科技书籍与科技报告相比，更强调知识体系和结构的完善性，以及可读性、指导性和知识性，科技报告可以公开，但多数情况下是不公开的，而科技书籍必须公开出版发行，并为读者所用才能体现它的价值。由于科技报告的受众对象和受众面相对较小，报告或是为了科研项目结题、验收，或是为了向上级、同级汇报或通报工作。因此，主要是考虑表达的真实、可靠，重点阐述过程和结果，以自己所开展的工作和取得的成果作基础，只要说清楚为什么做，做了什么，如何做的，取得了什么结果，存在什么问题或不足，还需要进一步做什么就可以了。尽管科技报告一般不公开流通，但有些重大科技报告会收录于有关的科技报告数据库。而科技书籍则需要综合考虑与主题相关技术的知识背景，读者对象，受众需求，市场情况，先进性、继承性和生命周期等，它反映的不仅是所获得成果本身的内容，而且是获得成果的内在机制、原理、方法、工艺、产品和技术，还包括它们推广的前景，推广后带来的技术进步、发展和社会经济效益等。

综上所述，从科技报告到书稿并不是简单的直接转化，即书稿不是科技报告的翻版，还包含大量的创造性工作。即使一本内容非常完善，编排格式规范，语言表述准确，图表符合科技文体要求，参考文献引用合理，各层级标题设置科学的科技报告，它与科技书籍的要求总还是存在差距的。因此，首先需要结合书籍出版对书稿的要求进行思考，在报告的基础上分析主题，把握中心思想，选取论点、论据和论证，并进一步补充素材，拓宽论证范围，才能形成书稿的主题思想，最终形成书稿的构架。可见，从报告到书稿是一个再创新的过程，在忠于报告中心思想的情况下，将报告的主题内容有所发展、有所扩充、有所完善，实现由论证到论述的转化，将是由报告到书稿转化必须做的工作。

一、科技报告与科技书籍的区别

要想将科技报告顺利地、成功地转化成书籍，就需要明确两者之间的联系与区别。科技报告是书稿内容的重要来源，但在成书过程中，也需要根据书籍的需要进行一定的结构调整和内容补充，因而明白两者之间的区别非常重要。科技报告与书籍的区别主要体现在写作主体、评审主体、流通主体和阅读主体四个方面，这也就决定了两者在内容的组织和生产过程上存在不同。

1. 写作主体不同

写作主体是进入写作思维和写作行为中的人，其核心在于能动性，即作者能按照自己的意志、能力来创造。科技报告的写作主体是从事项目课题研究的主要责任者，尽管各个学科之间或同一学科不同课题之间也存在一定的差别，但总体而言，科技报告应当能够体现出研究人员对于学科核心概念和知识体系的理解并熟练运用，凸显学科相关知识获取能力、鉴别能力、创新能力以及提出问题和解决问题的能力，并能追踪前沿理论和研究进展。有时候，主管领导和科技管理部门、研究团队中关键人员的兴趣和方向也会直接影响科技项目的选题、研究方向、研究过程，以及科技报告写作形式和风格。而科技书籍的创作者从主体角度已经转变为作者，具有一定的自主性和主体性，能够有一定的自由意志，可以从自己的角度，能够自觉地、能动地以自己的方式，按照自己的风格，采用自己的语言，表达自己的思想和认识。因此，写作形式和风格一般取决于作者自身。

如果说报告写作受研究情况、计划、客观条件和管理制度限制的话，那么科技书稿则可以在报告的基础上进行主题分解、扩展，并引入其他人员的相关成果或文献作为报告内容的进一步补充和完善，这便赋予作者在写作上的自主性和灵活性。

2. 评审主体不同

科技报告主要的评价主体是主管领导和评审（审查、鉴定或验收）委员会（专家组），而唯有获得主管领导和评审（审查、鉴定或验收）委员会（专家组）认可，科技成果或报告才能够获得通过。评审主体相对局限于该学科的部分从业者或专家，很少能够突破相关群体的范围。另外，科技报告内容的组织架构以报告的形式生产，按照问题提出、文献回顾、材料收集整理、观点论证、结论的线索进行推进，并以某个创新性观点、创新方法、创新材料为最终目标，呈现研究的前沿性和探索性，突出的是过程和结果。

而科技著作的评审，不局限在某个单位的主管领导或某个学术机构。出版社立足于全国乃至全世界的学术市场来进行判断。尽管内容创新性的判断仍然基于专业同行的评审，但已经基本突破了原有科技管理部门或企业的范围，在一个更加广泛的学术生产平台上进行评审，突出系统的知识体系和实用性。出版社基于出版成本、市场销售以及价值的考虑，会更注重内容在学术市场上的表现，即成书后是否受到读者的欢迎，毕竟“销量也是一种影响力”。因此，在书籍出版发行之前，出版社是主要评审主体。

3. 流通主体不同

书籍是商品，拥有有用性、利他性、有价性、流通性、周期性等一切商品的共性。这些特性是通过书籍参与市场流通表现出来的。书籍生产的直接经济目的是参与市场流通以实现价值，书籍流通的根源在于解决供给和需求、生产和消费的时空分离的矛盾。书籍流通主体是从事书籍流通活动的行为主体，是组织书籍流通活动的能动因素，包括生产者、经营者和销售商。

科技报告基本不流通，它的传播范围基本局限在主管部门、所在单位、评审委员会、同单位课题组成员等非正式的社会网络中，由于科技报告不是正式出版物，它在流通上存在很大限制，也就影响了其传播和学术影响力。

与科技报告相比，科技书籍的流通渠道就要广泛很多，科技书籍流通市场经过不断的发展，已经形成了体系化的流通渠道和营销渠道，经过发行渠道、书店、电商而到达图书馆、最终到读者手中。每一个环节、每种流通渠道都有自己筛选相关商品的标准，都有资金的限制，科技书籍只有经过这些标准的筛选，才能在图书市场上让读者见到，在图书馆让读者借阅，从而促进新知识的传播和新技术的推广。由于发行渠道广泛，它对知识或信息的传播面及影响力远远超过科技报告。

4. 阅读主体不同

阅读主体通常指具体阅读过程中进行阅读活动的人。在阅读过程中，读者是阅读行为的发动者和操作者，而且自始至终地决定着阅读的目的、任务、方式和效果。读物也因而成为认识和把握的对象，并在阅读展开的过程中逐渐获得意义、产生价值。阅读者始终处在一个积极的主动的地位，因而成为阅读过程中的主体。阅读作为一种实践行为，也正是阅读主体（人）凭借着主观的能动意识（认知结构）去把握读物并通过读物把握其所反映的客观现实，从而达到学习知识增强本领的目的。

科技报告的阅读主体一般局限于主管领导、同单位或同课题组同事、评审委员会等有限群体中，在跨越机构或地域的影响力和阅读规模上受到很大限制。通过出版社遴选以及流通渠道建设之后，书籍的潜在阅读主体会广泛很多，如同行学者、研究成果的目标应用者，研究生、大中专师生，以及有关行业的专业技术人员等。由于进入了学术思想或知识的流通渠道，一部好的基于科技报告而产生的科技书籍可以跨越机构限制、时间限制、空间限制，甚至学科限制，从而产生更大的社会影响力。

二、从报告到书籍的着眼点

报告转化为书稿，需要面对更加广泛的学术市场和读者需求，按照书籍的特征和写作规范对报告进行系列化的定位调整，发出自己作为作者的声音，展示自己的行文风格、学术取向和写作水平，凸显自己的主体性以及作品的主体性。在成书过程中，需要更加具有读者意识、影响力意识、体系化意识和推广意识，才能实现科技报告向书稿的成功转化，并真正地实现其作用和价值。

1. 读者意识

书籍是用来读的，用来保存和流传知识的，而不仅仅是为成书而成书，为出版而出版，所以树立读者意识至关重要。科技书稿的语言风格、内容架构、表述习惯和行文方式等都要更加考虑读者的需求。同时，还需要考虑到读者是分层、分学科的，很可能不是本学科人员或专业人员在读这本书，所以要避免过多的未释义的专业术语和报告式、课题式语言、痕迹。作者在将科技报告转化、修改成书的过程中，要对书稿的内容可能涉及的读者群体及其对知识的需求有多方考虑，对不同的读者尽量都能有所照顾，以满足不同读者的阅读需求。

2. 影响力意识

只有有影响力的书籍才能有更大的价值。科技专著的销量是一种影响力的体现，这是因为销售得越多传播面越广，影响也就越大。这种影响力的构建不应仅仅局限于本学科和当前，而应该能够突破学科的限制，影响其他学科的相关专业技术人员，打破地域和时间的限制，将局限于一时、一地、一学科的发现或创新尽量提升到机制、理论的层面，能对其他相关学科的读者有所裨益，从而影响相关学科的研究和专业技术人员，使专著的作用得到充分发挥，最大限度地提高其社会影响力。

3. 体系化意识

体系化就是使事物成为体系的过程。报告和专著的区别主要在结构、内容和性质等方面。报告是对一个论题的阐述，是一种问题性的思考与总结，而专著是对一个专题的论述，是一种体系性的思考与拓展，具有较为广泛的展开和较为深入的论述。专著的深度和广度要超过报告。因而，在由报告修改成书的过程中，对于某些知识点可以进一步展开，通过引用他人的相近工作或成果（文献），进一步丰富，进一步深化，进一步升华，将文献内容融入自己的论述中，支撑起专著的广度和深度，形成一个系统的、完整的知识体系。

4. 推广意识

由科技报告转化得到的科技专著往往是科学技术的载体，在由报告转化为书稿时，要有将科技专著所承载的科技成果和技术能够为他人所用，能够有效推广，并转化为生产力的意识。科学技术是第一生产力，让科技成果尽快转化为生产力，实现商品化、产业化，在解决生产或技术难题中发挥作用，这不仅是建设我国现代化事业的迫切要求，也是各工业领域科技进步的需求。但令人遗憾的是，由于多种因素的制约和影响，我国每年新推出的许多成果或技术报告在完成评审验收后大都束之高阁，如果能够将这些科技报告转化为专著，并通过科技专著将这些成果传播并推广出去，使其转化为现实生产力，将会产生不可估量的经济和社会效益。

对于科技工作者来讲，做好研究和技术工作的同时，还要树立强烈的推广意识，将由报告向书稿的转化工作（撰写科技专著）成为一种自觉的行动，这样就能够将更多的成果和技术通过科技专著推广出去，扩大应用面，提高生产效率，促进技术革新，推动科技进步。

三、从报告到书稿的转化要点

（一）从报告到书稿应注意的问题

由于报告与书稿的写作目的、表述和结构等差异，要想顺利地将报告转化为书稿，写作中应注意如下几方面。

1. 表达与说明形式

从表达形式上来讲，报告是论证主题，即基于论点、论据的论证过程，即使存在一些缺陷，也不会造成大的影响，因为报告的读者往往是本专业领域的专家、学者或部门领导，他们审查报告或评审成果时会发现存在的问题，并提出改正意见。而书稿是说明主题，是在论证的基础上，对论证得到结果的说明，即说明事实和结果，自上而下均是肯定的表述，更强调真实性、可靠性、逻辑性、指导性、实用性和可读性，且必须都是准确的表达，因为书稿的读者可能会按照所表达的内容去理解或实践。

从说明形式而言，报告在于说明为什么做、如何做、做了什么、得到了什么结果等，属于探索未知，强调过程和结果，主要目的是用于记录或告知科研、实验、调查、考察等的过程和结果，可以存在不确定的内容。而书稿则是说明是什么、干什么、适用范围、什么效果等，在于讲好故事，即描述成熟的成果和技术，介绍成熟的知识和理论，是建立在肯定的基础上的叙述，必须是准确和正确的内容。

2. 组织构架和强调的重点

就组织架构来说，报告要形成完整的论证体系，用于说明研究工作取得的创造性成果和价值，存在问题的原因。通常具有固定的格式，以事实材料为主进行论证，说明使用的方法、研究结果（论证过程）、启发、结论等。书稿要形成完整的知识体系，这种体系是研究后固化下来的无懈可击的知识或技术。在科研论证的基础上，对相关知识或内容进行扩展、补充、完善得到，即在事实材料（实验结果）的基础上，通过引用文献资料，使内容更为完善可靠。

从强调的重点来看，报告一般只围绕一个主题，强调层层深入、环环相扣。书稿强调由点到面，由浅入深。更关注过程的连续，始于提出问题，终于回答问题。书稿往往有多个主题，即将报告中的分论点都看作一个个独立的主题，将报告中的每一个需要前后关联才能说明问题的分论点，转化成能够独立反映一个知识点的论述，既强调层层深入、相互关联，又强调独立性和自明性。

3. 背景与文献综述

报告中的背景和文献综述是为了说明研究的缘起，有利于对报告涉及的选题和研究内容的理解。一般单独成章，而书稿中这部分内容不宜单独存在，一般将这些内容合并在全书或有关章节的绪论或概述中，用于全书或章节的开头。

4. 方法、材料、原理或机理的描述

报告中常将实验方法、材料、原理或机理等集中描述，而书稿一般将这些内容分别放在相应的主题下描述，有时并不需要描述。报告中引用的方法等可以给出文献简单描述，而书稿对于引用的方法一般也给出详细的描述，以便于独立阅读，能够让大多数读者不需查找文献而直接应用，其目的是体现叙述的完整性、系统性和自明性。

5. 结果与讨论的内容

报告中结果与讨论的内容，在转化为书稿时，不再单独存在，它将成为书稿不同章节的中心论点或主题，并通过引用文献使内容更为丰富。有时为了说明或形成知识体系，还应在报告的基础上增加必要的论点（引用文献），以扩充论述的内容，保持论述过程的系统性、逻辑性和完整性，这一过程实现了从论证到论述的转变。论证注重的是事实材料，即研究结果，而论述则更注重在引用文献、综述文献的基础上对研究结果进行补充与完善，强调叙述的知识性、完整性和逻辑性，也就是实现了从专门论证到有一定普遍性的论述，以增加大众的可读性，即受众面由小到大，由专指到专业。

6. 内容的删减或扩充

报告中，有时为了便于非专业人员理解而增加了一些背景知识，可能属于专业人员熟知的基本知识，除非必要，在转化为书稿时，应删去。一些格式或模式化的无实质内容的技术路线、经济和社会效益分析、经费预算、承担项目人员的条件、有关过程的介绍等都要删去。

为了体现论述的逻辑性，在转化时，应适当增加一些承上启下的说明性的句子或段落，以增强可读性。

有时还需要进行必要的向前追溯或向后延伸。对于报告的一些只是针对研究结果的介绍，为了增强知识的系统性，可基于文献向前追溯，以作为背景的扩展，这样也更有利于对某一技术和原理或发现的深入理解。向后延伸，主要是进行可能的预测，多是应用与主体密切相关的评述型文献的展望部分。其目的是增强读者对所述内容的推广、应用前景，或对将来的影响有一个初步的了解和认识，从而达到学术或技术的传播。有时，还需要对所述主题进行横向扩充，即补充平行主题，以便读者对相关知识的学习和理解。在补充这些内容时，应注意所引用文献不能太陈旧。一般以近10年以内的为佳。

无论如何，扩充都必须把握一个原则，即有利于知识的理解和系统化，这就必须引用密切相关的文献，尽可能多的引用期刊文献，而不用书籍文献。同时还必须控制文献的引用量，不至于由于文献引用过多而将报告的主体淡化。

（二）精心准备目录

转化前首先要在报告目录的基础上，精心准备书稿目录，作为转化的导航。

书籍的目录可以起到导航全书内容的基本功能，是全书内容的骨架和地图，也是书稿的写作大纲或导航。而科技报告的目录，一般用于体现研究的思路和内容的框架，各个学科对这两点都有细致的要求。准备书稿目录时，既要有设计感，又要提供实质性内容。提供实质性内容是目录的最基本的要求。但由于科技报告以及其他课题研究成果在鉴定、验收或者课题结题中有其自身对实质性内容的定义，报告和书籍两种体裁的区别，也导致了两者在目录上的诸多差别。

科技报告一般有固定的格式或通用的模板，都有引出话题（绪论）、文献回顾、研究方法、研究内容、研究步骤（过程）、结果、数据分析、结论等。而报告的目录通常是这些内容的直接体现。因此，如果完全将报告的目录搬到书稿中，就会产生一些不好的效果。例如：将某一由科技报告目录直接转为书稿的目录，在去掉所有二级和三级标题后，呈现给读者的就是“第一章绪论”“第二章文献回顾”“第三章研究方法”“第四章研究结果”“第五章讨论与结论”。这样的目录显然很空虚，读者从目录上无法看出正文包含的实质性信息。

在由科技报告转化为书稿的目录时普遍出现的情况是，作者往往在第一章呈现研究的相关背景和理论梳理，但采用的章节题目仍然是报告式的语言。例如：

第一章　绪论

　第一节　研究背景与选题意义

　　一、研究背景

　　二、选题意义

　第二节　国内外相关研究现状

　　一、国外相关文献

　　二、国内相关文献

　　三、简要总结

　第三节　研究方法与研究内容

一、研究方法

二、研究内容

……

从章节内容看，没有能够反映主题的实质性内容，从字面无法看出书的内容，这样目录就失去了实际意义。针对这种问题，作者在编排目录时，应根据报告内容归纳、提炼出能够反映主题内容的章节名，准确传达章节内的信息。作为书稿的开头，第一章非常重要，写得好，可以吸引读者翻阅全书。而报告式的章节名称，恰恰限制了大部分读者的阅读兴趣。上述标题的国内外相关文献下面，对于读者而言，隐含着大量可参考的内容。这一点需要在目录中体现出来。如果将上述目录修改调整为：

第一章　绪论

第一节　为什么开发绿色钻井液

第二节　绿色钻井液体系进展

第三节　绿色钻井液组成及性能评价

……

尽管该目录的修改仍未能达到十分完美的程度，但基本上能够传达相关内文信息。

还有些作者在由报告转化为书稿时，除第一章绪论外，其他各章均是实验报告的格式（只是将结论改为本章小结），例如：

第二章　×××制备及其×××性能研究

第一节　引言

第二节　实验部分

第三节　结果与讨论

第四节　本章小结

……

章标题虽然反映了其主题，如果没有三级标题，节标题就无法反映出主题的实质性内容，且以后各章除章标题外，节标题完全一样，均是引言、实验部分、结果与讨论和本章小结，这样的目录看起来像报告或论文集，且各章缺乏内在的逻辑关系。

目录是全书的骨架，体现了作者对该主题研究的把握，以及该书内容的分布格局，因而需要反复思考，认真斟酌，全面权衡，对于书稿的一级、二级、三级标题要从读者和市场的角度来琢磨。章与章之间的标题在字数、结构、风格上要相对统一，层级结构前后要基本保持一致等，使其具有很强的设计感，体现出作者对书稿的精心谋篇布局，从而吸引读者阅读和传播。

（三）由报告转化为书稿的修改要点

在由报告向书稿的转化过程中，要从以下几方面把握修改要点。

1. 修改题目

将报告题目修改提炼成通行的书名，不能保留太多字符，更不宜有副标题。例如，一份研究报告的题目为：“钻井废弃物污染评价及无害化处理技术研究”，转化为书稿时可修改为《钻井废弃物处理技术》。这样就不再保留报告的风格，且简洁、明了。

2. 修改绪论（序言）

把选题依据、选题意义、研究背景、研究方法等独立章节中的相关内容提炼整合后并入绪论（序言），避免在不同部分出现类似的章节标题。

3. 删除呈独立章节的文献综述和带有评价性质的内容

对于报告中独立章节的文献综述不再单独存在，而是将其与主体研究内容紧密相关的研究成果在主体章节的开篇介绍或文中引用，并以参考文献的形式著录，并将参考文献信息放于章、节或全书正文之后。同时还要结合书稿撰写的要求补充新的引文。

报告中关于创新点、结论、建议、下步研究设想等独立章节要删除。创新点可在内容简介中以陈述性的语言表述：作者认为××（观点）、通过××，得出了××结论。在主体章节中已经对结论进行了非常详细的论述，不必赘述，实在要提自己的主要观点，可以在绪论中简述；有关建议也已经在主体章节中顺理成章地陈述，也不必再设独立章节；下一步研究设想可删去，实在想说可以在后记中三言两语表述。

4. 进一步理论化、系统化

根据项目验收或鉴定评审专家的意见，对报告中存在的不足进行认真研究分析，充实、完善专家、评委等的建议，使内容更完善、更准确。要补充项目验收或鉴定评审后取得的一些新进展情况，以使论述更完善。要在科技报告的基础上，通过适当引用他人的研究成果对内容进行系统性、理论性、完整性的补充、提高与升华，形成系统完整的知识体系。

（四）文献注释体系

引文、注释和参考文献是科技著作的重要组成部分，是区别于其他出版物的重要标志。要高度重视引文、注释和参考文献的体例化或标准化。尽管一些普通读者、科学界和学术界以外的非专业读者，可能觉得页下的脚注、后面的尾注或者文献引用是并非必要的累赘，但需要指出，这些对于尊重他人劳动，体现作者的科学精神是至关重要的，它在根本上体现着学术出版的公正性，进而大大促进了知识的积累和进步，也为读者查阅原始文献提供方便。

有关部门、科研机构或企业对科技报告或课题成果等都有相关文献注释体例的要求。但由于多种注释体例的存在，目前仍然存在一定的问题。在科技报告成书的过程中，科技书稿的作者应该根据各学科的要求以及各出版社对于该体系的要求，做出进一步的修改。

国际上一般采用三种类型的注释体例：著者-日期体例（也称著者-年份体例）；编号体例（也称为顺序编码制）和行文注释。

国内学界应用的注释体例，在具体形式上有一些微小的区别，但总体而言都沿用了上述国际标准中的体系。

国家标准《信息与文献 参考文献著录规则》（GB/T 7714—2015）推荐了顺序编码制和作者年份制两种体例格式，并区分了出版物类型，也对著录符号进行了细致规定。

第二节　由报告直接向书稿的转化方法

如果你的研究比较深入、完善，成果比较突出，形成的研究报告整体思路比较系统、具体，逻辑性比较强，而且报告写作规范，语言文字精练、准确，则可以在报告的基础上按照科技书籍出版要求，经过一定格式化和规范处理就可以形成书稿。但由于如前所述的科技报告与书籍的区别，一般不建议这样做，而是按照书稿的行文规范，经过一定的创作过程来实现报告向书稿的转化。

一、准备工作

准备工作主要包括如下内容：

一是准备报告的原文及相关的原始材料。原始材料的作用是用于核实报告内容，对于一些没有列入报告的内容，如果需要可以放在书稿里或作为书稿的附录。

二是准备与报告主题或书稿写作相关的文献或材料。包括文字、图、表、照片、数据等直接材料，以及前人与报告主题相关的文字描述或论证方面的文献、报告等间接材料。

三是准备好文献检索手段（工具）。准备好拟采用的文献检索数据库及一些可以检索的网络数据库地址（网址），便于写作中随时查阅（检索）或补充所需文献。

四是准备必需的写作工具。应准备好适用的文字处理软件，文献管理软件，以及公式编辑、分子式绘制和图形处理等软件。

五是准备好科技书稿写作的有关规范或标准，或拟投稿出版社对书稿的撰写要求（如著译者须知），以便撰写时参考。

二、写作步骤

由单篇报告为蓝本直接转化书稿时，由于已经有了基本结构，因此整体写作上就省去了大量的材料或文献获取的时间（但也不是不收集文献），主要工作是结合报告进行目录编排和层次标题的确定，然后按照目录进行写作。具体包括如下步骤。

（一）确定目录与大纲

首先要根据报告的内容和目录，进行认真思考、推敲，结合书稿内容结构要求确定书稿的目录与写作大纲。为了保证大纲的质量，要对大纲进行认真、细致的研读、推敲，使之一步步趋于完善。可以将拟好的大纲连同报告送有关专家、编辑或同事，以广泛征求意见，最后结合征求意见情况来确定目录。

大纲的内容是围绕题目和科技报告的各个方面提出的标题。由于它既用于调查研究和收集资料，也是正式编写时安排章节的依据，因此，必须结合报告认真编排。

提出的标题可以分为两个层次或多个层次。第一个层次的标题用于表现题目的主要方面或报告的分论点，而第二层次的标题则是从不同方面，对每个第一层次的标题的说明，更多层次标题是某一层级下的内容概括或具体句子。

无论是第一层次，还是第二层次标题的提出，都应包括报告的实质性内容，紧扣报告的主题或总论点，反映报告的分论点，并符合书籍的要求。在目录编排中一定要避免出现前面所述的报告格式的语言或沿用报告的标题，导致无实质性内容的现象。

（二）正文的写作

当目录或大纲确定后，就可以按照大纲进行正文的写作（转化），即使你认为报告的内容和语言已经很完善，也尽可能不要大篇幅地复制、粘贴。比较好的方法是把报告的内容按照书稿大纲中层级标题的设置，先依次排列好，然后将相应的内容复制或填写在有关的标题下。也可以将报告的内容按照大纲的设置按章切割成单独的文档，并标识清楚，然后再按照目录排序。在写入内容时，通常先从最低层级做起。但并非一成不变，具体如何做要根据具体情况而定。

在转化为书稿中常常会出现重复的现象。这一方面是由于结构转化时安排得不好造成的，另一方面是由于没有理顺逻辑关系，这时不要求尽善尽美地安排好。只要做到在大框架上使材料“各就各位”就可以。

在转化结构时，还要对转化后书稿的字数有一个大体合理的分配，并应该结合报告的具体内容对书稿每个章节的字数有一个大概的估算。因为这决定着报告转化为书稿后，是需要增加内容还是减少内容，是大幅度增加或减少，还是稍微增加或减少等。

进一步讲，对于报告中内容多且关键的部分要安排比较充足的字数，以便将关键的论题，以及那些典型的、有说服力的素材组织到书稿之中来。同时，也是为了使转化后整个书稿各个章节在篇幅和论述的内容上相匹配，也有利于对报告中涉及较少或缺乏的内容进行补充。但要注意，转为专著时对于引用或增加内容所占分量要控制，不要因为引用内容过多而“稀释”报告的主体，而由著走向了编著。

从层次安排的角度讲，在转化时，要针对报告的结构、内容，将选好的素材分成若干部分，按照一定的关系加以重新组织，也就是说报告中靠前的部分，有时要放在书稿靠后的位置，而靠后的部分，有时也可能需要放在书稿的前面。至于哪些放前，哪些放后，要视表述需要和逻辑关系，一层一层地有步骤地排列好，保证结构科学、前后连贯、逻辑清晰、语言流畅，以达到充分地表达出标题主题的目的。

在正文写作（转化）中，还要注意如下要求：

（1）引言部分、主体部分、结论部分齐全。“引言”“结论”可以作为章标题，“主体”“正文”等措辞不能作为章标题。

（2）正文中不能出现“本项目”“本课题”“项目（课题）组”等字眼。

（3）正文不宜有有关人才、专利、论文、组织管理、财务等方面的内容。

（4）引言部分可以“引言”“概述”“总论”等为标题或另立更贴切的标题。

（5）主体部分应针对主要研究内容中各个技术点，自拟标题，按照研究流程或技术点，分章节论述。

（6）有时结论部分可以“结论”或者“结论与建议”作为章标题。但一般不建议用“结论”或“结论与建议”作章标题。

（三）引用内容的确定

当按照大纲完成了书稿的基本构架后，再结合具体内容确定是否增加引文，以及引用内容占书稿的比重。

在报告的基础上形成专著时，为了突出知识的整体性和系统性，往往需要引用一些相关文献以扩充内容，支撑论点、论据和论证，使论述更完整、准确、严谨，从而保证形成完整的、系统的知识体系，并增强可读性和实用性。有时根据某一报告形成的专著，涉及的内容窄，可能只是某专业学科某一点或某一特定技术的论述，读者面往往很小，为了进一步增加专著的实用性，可以在报告的基础上，在不影响报告论点或主题表述的情况下，结合当前他人与研究主题相近的文献增加涉及面，即可以将背景材料、研究领域相关新知识、新技术与报告的核心内容结合起来，形成涉及面相对宽的专著，从而更有利于扩大读者面、增加读者数量。

在由报告直接转化为书稿时，参考文献的引用必须恰到好处，引用的内容只是更有利于对某些事实或现象的理解或证实，可以服务于主题，但不能作为主题。有时引用一些反证的文献，更能体现出科学性，但绝对不能只是为了自己的立场而选择性的引用文献。

三、转化成书注意事项

需要强调的是，在由科技报告转化为书稿的过程中，虽然有了报告的基础，但还要注意如下几方面：

（1）必须明确，你是在写书，不是报告的翻版，更不是在“拼”书。所以写作中必须先对报告进行认真思考、分析，深刻理解报告主题内容，并按照书稿的语言进行写作，这就需要掌握书稿的写作技巧，将报告的内容用书籍的行文方式和语言表达出来。

（2）对于报告中存在的一些可能会引起争议或者自己没有把握的点或部分内容，在转化为书稿时，尽可能删去。若由于论述的需要确实要保留时，必须直接说明，让读者清楚这些内容是有争议的，绝不能稀里糊涂，更不能掩盖事实，误导读者，不然将因微小的失误而影响书稿的整体水平，甚至使书稿丧失科学性和可靠性，也会影响作者的信誉。

（3）书稿行文中文字表达要准确，无错别字等，并且要符合相关语法。这是行文的基本要求。要准确定位时间节点，不宜用模糊时间用语，比如“今天”“明天”“近期”“前些时候”等。另外，当科技报告转化成书稿的形式后，课题式表达用语应全部修改为书籍用语。

（4）对于学术语言的强调是科技书稿行文的重要方面，要保证行文的准确性、客观性、价值中立性，避免带有强烈的价值倾向和价值判断，以及个人的感情色彩。学术语言也要求科技书稿要区别于工作报告用语以及日常生活用语。

（5）只有认识到实践工作的重要性，才能写出具有一定价值和较高水平的书稿。这是因为科技专著的目的是研究和解决科技工作中的实际问题，必须经过实践考验，才能体现其价值，不解决实际问题的科技书籍是毫无价值的。因此，写作要着眼于实际工作的需要，立足于实用性和指导性。科技写作过程是科技工作实践的再反映，是收集资料、做实验、分析推理的再现，科技报告是实践活动成果的体现，如果正是自己的亲身经历，转化起来更能得心应手。

（6）将过程描述修改为学术阐述，主体是研究而不是研究过程。修改由报告所指定而专著不需要的内容。合理使用原始数据和原始调查记录，不要把所有原始数据和记录都堆砌上去。对于一些与主题有关，而又不宜放在书稿正文中的数据或记录可以放在附录里。

四、书名的确定

报告的名称一般不宜直接作为书名，因此要根据报告的内容起一个新的名字。一本书的书名，尤其科技专著的书名起得是否科学、准确、恰如其分，是否具有感染力和吸引力，对一本书是否能有吸引力具有重要影响。科技书籍的书名，是全书的中心。可以说，完成一个成功的书名，就完成了书的一半。书名是一本书的闪光点，是窗口。读者购书时，首先映入眼帘的就是书名，它是一本书的缩影，是一本书的“金字招牌”，可见，起好书名至关重要。

一般对科技专著的起名除应避免出现报告式的名字外，还要注意如下几点：

（1）书名要贴切新颖，恰如其分。在当今的图书市场中，书名雷同的很多，这样就丧失了自己的特点。若要让有需求的读者对书籍内容有初步了解，在起书名时要结合报告的主题和书稿的特点和读者对象，起一个新颖别致、恰如其分的书名，给人留下深刻印象。

（2）书名字数根据内容而定，该长则长、能短则短。一般以名词或词组作为书名，也可用主谓词语，避免使用“的”字。应简单明了、朗朗上口，使读者印象深刻，便于记忆和引用，切忌长繁杂。书名一般不宜超过20个字。在保证能够准确反映“最主要的特定内容”的前提下，书名字数越少越好。例如：《面波成像技术》(中国石化出版社，2020)，仅有6个字。

(3)用词准确。书名应准确表达书中的内容，其内涵、外延应与书中内容相一致，用词专指性强。避免出现笼统的泛指，命题不准确，书名一般化，没有特点，没有感染力和吸引力，与市场上的书名雷同。

(4)完整无缺，可以是一个完整的句子或者一个完整的词组，一般不用标点符号。如果整个书名对书中的内容不能完全说明白，而且书名的字数又不宜太多，在此情况下可用副标题(一般情况下不用副标题)补充说明。例如：《化工过程分析与合成——基于Aspen Plus的应用》(中国石化出版社，2021)。

(5)突出特色。应根据报告的内容和主题拟定书名，要以人为本，体现个性特色，否则就会影响读者的选择。如果从题目看，让读者感觉离自己较远，在一定程度上将会影响销售量。

五、保密处理

保守国家的机密是每个公民的义务，由于科技报告往往或多或少地都涉及一些不同等级的机密或一些技术核心，这些内容一般不能公开。由于书稿一般要公开发行，因此，在著作中保守国家机密或企业技术秘密问题应当予以高度重视。

这方面要按照有关保密规定或条例执行。无论是编著者，还是编辑者，都应当在编写和编辑书稿时在保证论述完整、准确的情况下，做好保密处理工作，绝对不能出现失密、泄密现象。

六、书稿修改定稿

当上述工作完成后，也就基本完成了由报告向书稿的转化，即形成了书稿的初稿，转化后的书稿首先应对照报告进行认真核实，并着重注意如下问题：公式、数字、符号(尤其是上下角字)是否有误；图、表有无排错，位置是否恰当，图形是否清晰、端正，图、表注是否正确；是否漏掉段、句、单位、代号、数字、公式、图注等；如果报告稿上有错误，书稿中是否已改正；参考文献引用是否错位。当对照报告对书稿进行核对完成后，还必须对初稿从结构、观点、材料和句子等方面，经过认真修改后才能最终定稿。定稿后还需要结合书稿内容和特点撰写辅文，具体撰写要求可参考本书有关章节。

第三节　多篇科技报告作为核心章节的书稿写作

如果某一科技报告涉及的面比较小，其所包含的内容不能足以支撑一部科技书籍的主体或者对某一专业方面有关主题不能完整表达时，可以将几个专业方向相同或相近，而内容各有侧重的报告分别作为一本书的某一或部分章节的内容来共同表达一个主题，同时通过参考文献的引用完善知识体系，保证书稿的系统性和完整性。在由多篇报告作为核心章节形成书稿时，首先要做的是结合拟采用的报告内容确立书稿的主题，然后再针对主题拟定大纲，并将报告的内容放在大纲中相应章、节标题下。节下层次和段落标题按报告内容修改形成。

下面以《钻井液化学品设计与新产品开发》（西北大学出版社，2006）书稿撰写为例，介绍基于多份科技报告的书稿形成过程。

一、对计划采用报告的要求

结合书稿的主题和撰写目的，用于转化成书稿的报告应满足如下要求。

（1）所有报告的内容均要符合全书的主题（总论点），不同报告在内容上具有一定的内在逻辑关系，且不存在矛盾或缺陷。报告各自构成书稿中的某一章节的主题（分论点），共同服务于全书主题，能够形成系统完整的论证和知识体系。

（2）报告涉及的技术或成果已经过现场证实或经过评审、验收或鉴定，并经过一定时间的应用或实践，内容正确、科学、可靠和实用，符合专业发展方向，能够促进该专业知识体系发展与完善。

（3）报告涉及的内容在将来对本专业的技术或科研活动有帮助，能够成为将来科研选题或技术革新的依据。事实证明，目前聚合物钻井液处理剂的研究多是基于本书所用报告的研究成果，尤其是2-丙烯酰胺基-2-甲基丙磺酸（AMPS）共聚物，已成为聚合物处理剂，特别是抗温抗盐聚合物处理剂的研究热点。

（4）报告结构严谨，语言通顺，符合表述逻辑，阐述的内容完整，论点、论据和论证充分，思路清晰，合乎逻辑。各部分均能够完整表述总论点（主题）下的某一个分论点。

（5）报告中的数据、结论（结果）准确可靠，图表、公式、化学式、结构式、符号、物理量、单位等符合规范。

（6）有一定量与报告主题密切相关、学术水平较高的、最新发表的参考文献，且引用规范。将文献融入报告的论证中构成论述后应逻辑严谨。

（7）对于有合作单位参与的项目，报告所涉及的内容不存在知识产权纠纷。

二、书稿结构及目录或大纲拟定

调研表明，当时（2004年）国内外还没有关于钻井液处理剂合成方面的书籍，为此，针对实际需要，在所开展研究工作的基础上，拟撰写一本处理剂合成的专著，并拟定书的主体为处理剂合成设计与产品合成工艺。结合处理剂的合成、性能和应用拟定书稿的基本构架，即按照背景知识介绍、分子设计、合成与应用的思路构建书稿的大致结构：

背景介绍——绪论（第一章）。

分子设计——设计思路（第二章）。

合成与应用——几种新开发处理剂合成与应用分别作为独立的章。

按照上述构思确定了书稿的各章主题及内容构成：

第一章，绪论。为便于理解主题内容，基于研究报告的共性部分、有关基本知识（引自文献）等形成绪论。将各个报告内容基本相同的背景材料合并放在该部分统一叙述。考虑到有利于非化学专业人员的阅读，适当地补充一些与钻井液处理剂合成与应用相关的基本概念与知识，使读者通过本章阅读，能够基本了解处理剂合成原理、合成涉及的原料、处理剂性能评价方法等。

第二章钻井液用化学品设计思路。基于各报告中的分子设计部分，即将报告中与合成设计有关的共性部分抽取出来，并按照反应类型和逻辑关系排列放在该部分。通过本章阅读可以基本掌握钻井液处理剂的分子与合成设计，奠定处理剂合成的基础。

第三章用于钻井液化学品生产的新单体。单体是决定处理剂性能的关键，了解单体的性质对处理剂的合成设计至关重要，故，将单体单独设一章进行介绍。对于每一个报告中所涉及的新单体集中放在该章，并补充介绍新单体合成方法的相关内容，这些单体是高性能处理剂合成的基础。

第四章、第五章、第六章和第七章，这4章由“乙烯基磺酸盐聚合物钻井液处理剂研制报告”“两性离子磺酸盐聚合物钻井液处理剂研制报告”“无机–有机单体聚合物钻井液处理剂研制报告”和“天然材料改性钻井液处理剂研制报告”4份报告的主体内容单独成章，每章的标题分别是2–丙烯酰胺基–2–甲基丙磺酸共聚物、具阳离子型磺酸盐共聚物、无机–有机单体聚合物和接枝共聚物处理剂。

通过对前面拟定的各章进行分析，2–丙烯酰胺基–2–甲基丙磺酸共聚物、具阳离子型磺酸盐共聚物、无机–有机单体聚合物和接枝共聚物处理剂等均是

1995~2005年之间开发的产品，其应用面比较少（到2015年已经成为处理剂开发主流，并推广应用）。考虑到书稿的指导性和可读性，以及对以前处理剂的继承性，有利于形成完整的钻井液处理剂体系，为便于对处理剂系统理解，在前面各章的基础上，增加了常用钻井液处理剂作为第八章，重点对几类常用处理剂进行简要概述。该章主要基于作者发表的论文、现场应用材料及有关文献，属于报告之外的内容，通过对常规处理剂的介绍，更有利于理解钻井液处理剂及其应用。最终拟定的目录或大纲如下：

第一章　绪论

第一节　引言

第二节　高分子基本知识

第三节　钻井液处理剂的结构与性能的关系

第四节　提高处理剂水平的途径

第五节　钻井液用化学品及钻井液性能测试方法

第六节　用于钻井液化学品生产的基本原料

第二章　钻井液用化学品设计思路

第一节　概述

第二节　基本设计思路

第三节　由现场需要产生的设计思路

第四节　合成树脂磺酸盐的设计

第五节　乙烯基单体共聚物的合成设计

第六节　天然化合物或高分子材料的改性

第三章　用于钻井液化学品生产的新单体

第一节　2–丙烯酰胺基–2–甲基丙磺酸

第二节　N，N–二甲基丙烯酰胺

第三节　其他新型功能性单体

第四章　2–丙烯酰胺基–2–甲基丙磺酸共聚物

第一节　AMPS聚合物设计思路

第二节　AMPS聚合物耐温抗盐的理论依据

第三节　PAMS聚合物的合成、性能与应用

第四节　其他类型磺酸盐聚合物

第五节　AMPS聚合物的特点

第五章　具阳离子型磺酸盐共聚物

第一节　具阳离子磺酸盐共聚物设计

第二节　具阳离子磺酸盐共聚物CPS-2000
第三节　其他具阳离子磺酸聚合物
第六章　无机-有机单体聚合物
第一节　概述
第二节　分子设计
第三节　钻井液性能实验方法
第四节　抗温抗盐、抗钙的无机有机单体聚合物
第五节　具阳离子型无机-有机单体聚合物
第六节　抗温抗盐无机-有机单体聚合物
第七节　无机-有机单体聚合物的应用——钻井液体系
第七章　接枝共聚物处理剂
第一节　接枝的基本概念
第二节　引发剂选择
第三节　淀粉接枝共聚物
第四节　单宁酸接枝共聚物
第五节　木质素磺酸接枝共聚物
第六节　腐殖酸接枝共聚物
第七节　纤维素接枝共聚物
第八章　常用钻井液处理剂
第一节　降滤失剂
第二节　降黏剂
第三节　增黏剂
第四节　页岩抑制剂
第五节　润滑剂
第六节　堵漏剂
第七节　絮凝剂
第八节　其他钻井液化学品

三、转化要点与注意事项

（一）转化要点

基于所拟定的大纲，将有关报告转化为书稿的相应章、节，转化要点如下。

（1）转化时首先结合报告的主题，按照大纲将4份报告的题目由报告名改为章标题。如将“乙烯基磺酸盐聚合物钻井液处理剂研制报告”改为“2-丙烯酰胺基-2-甲基丙磺酸共聚物”，将“两性离子磺酸盐聚合物钻井液处理剂研制报告”改为“具阳离子型磺酸盐共聚物”，将“无机-有机单体聚合物钻井液处理剂研制报告”改为“无机-有机单体聚合物”，将“天然材料改性钻井液处理剂研制报告”修改为“接枝共聚物处理剂”。对每章的节和节下标题，根据报告内容和书稿逻辑表达的需要逐一确定。

（2）在大纲下，将不同的材料放在相应的章节标题下，即将报告中涉及背景、合成设计和原料介绍等部分共性的内容从各个报告中提取出来，放在第一章绪论、第二章钻井液用化学品设计思路和第三章用于钻井液化学品生产的新单体等章或相应章的节下。其中涉及一般原料的内容放第一章第六节，即“用于钻井液化学品生产的基本原料”中，而涉及的新单体统一放在第三章。将报告中涉及性能测试或评价方法的内容统一放到第一章第五节，即“钻井液用化学品及钻井液性能测试方法”中。

（3）当报告涉及的内容在大纲下各就各位后，在还存在空白或内容缺乏的有关标题下，通过引用文献内容来填充或补充，直到各标题下需要的内容都填满为止。需要强调的是，为保证引用文献的原始性，确保书稿内容的正确性，引用的文献应以一手文献（原始文献）为主，尽可能避免引用二手文献；引用的文献应是自己亲自阅读过且可靠的，没有亲自阅读过的、不可靠的不能引用。

（4）每章所引用的文献均放在该章的最后，并按照有关要求著录。

（5）将报告中涉及经费安排、人员情况、计划等不适于书稿内容的部分都要删去。

（二）注意事项

除按照转化要求进行转化外，写作成书时还要注意如下几点：

（1）每个报告的主题内容构成独立的一章，成书时对报告中的一些图表进行适当删减，并根据表述的需要引用必要的文献作为补充，以保证内容的均衡。有些图表内容，如果用一句话就很容易表达清楚的，就把图表转成文字。

（2）由于各个报告完成的时间不同，编写人员和编写背景不同，以及不同阶段对报告格式要求的差别等，每个报告的格式和写作体例稍有不同，在转化为书稿时要按照书籍的要求统一格式、体例和语言表达，以保持全书前后格式、逻辑等的统一。

（3）对于报告中涉及的实验仪器、材料、实验步骤、钻井液性能评价方法等，可视具体情况删除或保留，对于报告中单列的一些钻井液组成或配方，在书稿中为了叙述精练，可以将其放在表或图注中。

（4）书稿的核心内容是多个报告的主题，体现的是著，引用的材料只是为了更好地理解书稿内容，有利于形成完整的知识体系，从著的角度讲，用于补充和说明的引用内容要少于20%，引用内容不能影响书稿的主题，更不能作为主题。

（5）为避免转化后存在错误，报告转化形成初稿后要对照原报告进行认真核对。

四、书稿的修改与定稿

当按照转化要点和注意事项完成书稿转化后，也就完成了书的初稿。一般来讲，与由成果、经验积累和文献为素材撰写的书稿相比，由多篇报告作为主要素材转化成或通过补充文献撰写书稿时，初稿的形成往往会更容易些，但由于报告和书稿的结构层次、表述要求、写作习惯不同，尤其是当还有大量的引用内容时，对初稿的修改往往比初稿形成要费时。为保证书稿质量，书稿修改定稿时应注意把握如下几点：

首先，看整体结构是否合理顺畅。由于由多份报告作为主要素材转化的书稿内容涉及面宽，既要保证整体的逻辑性，共同服务于书稿的主题，还要做到每个章节都言之有理、言之有物、言之有序。要结合原报告检查书稿正文各层次、各段落是否围绕中心论题（书、章）进行严密的逻辑论证，中心论题放射出的若干分论题（节、节下层次）是否符合事理，论证层次之间的关系是否严谨清晰，详略是否得当，各部分的过渡、照应、衔接是否自然，全书各章（或节）是否构成一个完整的、有机的整体。

其次，看出来是否需要增、删。关于实验方法、评价方法等如果多个章节都出现，应仅保留最先出现的那一章的方法，后面的删除。报告中的一些实验方法或评价过程，如果删去后不影响对书稿内容理解时，则能删尽删。报告中一些论证过程，在不影响对书稿内容理解的情况下，也尽可能删除，只保留结果和认识。对于一些地方所给出的内容对要表达的观点或科学发现不易理解时，或易于理解反或理解偏时，要进一步补充有关材料或文献，以保证叙述的准确性和完整性。当报告和文献的论点或论证存在矛盾或不一致时，应当说清楚，如果不能说清楚，只保留更准确的，或者全部删除。

第三，看书稿格式是否统一。主要是对层级标题、结构、表达方式等，都要在报告内容的基础上进行修改统一。同时还要对报告和引自文献的图表等进行规范，以保持全书前后格式、逻辑等的统一。

第四，看语言表达是否精练。在利用多篇报告为素材转化为书稿时，稍不注意就会保留报告的语言，在修改中要将任何可能存在的报告式语言修改为书稿语言，并注意语言表达的准确性和完整性。如果出现不当的表达，将会直接影响书稿内容和观点的表达，所以必须对书稿语句进行细致斟酌提炼，使语言准确、流畅。

第五，看文献引用是否适当。由于该书引用文献量大，在修改时要对文献引用情况进一步核实。进一步分析引用文献内容是否与书稿的主题密切相关，是否科学、准确，是否存在重复，是否能够说明主题，是否引用了一些常识性和通用性知识；对主题相同或内容相近的文献是否只引用了最典型的，舍弃一般的文献；是否引用了一些陈旧文献；等等。

书稿正文完成后还要进行书稿辅文写作。本书辅文包括内容简介、前言、目录和参考文献，辅文的写作要结合书稿正文的内容与特色。

以多篇科技报告或研究成果作为核心章节的素材形成科技专著的情况是比较常见的，例如：司西强，王中华所著《钻井液用烷基糖苷及其改性产品合成、性能及应用》(中国石化出版社，2017)一书，就是在钻井液用改性烷基糖苷系列研究的基础上，将系列报告作为主要素材，并通过补充相关文献重新组织完成的。该书目录的内容如下。

顾雪凡，张洁，陈刚所著《天然高分子基钻井液体系研究》（中国石化出版社，2020）一书便是在他们多年从事“油气田化学工作液研究”工作的基础上，总结所在课题组“天然高分子基钻井液体系”相关研究成果，评述业内具有一定影响力的课题组的特色研究工作撰写所成。该书目录的内容如下：

2.5　淀粉基钻井液处理剂

2.6　烷基糖苷类钻井液处理剂

2.7　木质素基钻井液处理剂

3　天然高分子基钻井液体系研究

3.1　杂聚糖SP基钻井液体系研究

3.2　杂聚糖SJ钻井液体系研究

3.3　纤维素基钻井液体系研究

3.4　淀粉基钻井液体系研究

3.5　木质素基钻井液体系研究

4　天然高分子基钻－采通用油田工作液研究

4.1　杂聚糖SJ钻井－压裂通用工作液应用研究

4.2　杂聚糖成胶性能及其在调剖工作液中应用研究

4.3　胍胶压裂返排液配制钻井液体系研究

4.4　清洁压裂返排液配制钻井液体系研究

参考文献

第四节　基于科技讲座课件形成书稿

课件，尤其是多媒体课件是具有共同教学目标的可在计算机上展现的文字、声音、图像、视频等素材的集合，作为一种口头报告的提纲，包含比较完善的信息。内容新颖、系统完整、制作科学的专业技术课件可以作为撰写书稿的基础。从科技讲座课件转化为书稿的过程是，将课件的基本思路作为书籍的写作框架，然后形成目录，再结合该专业发展情况完善书稿的目录，以目录作为写作大纲进行书稿的初步撰写。

由于科技讲座的课件所涉及的内容一般比较专业，且总是包含着一些最新的知识、技术、产品和方法，以及新认识，尤其是一些专题讲座，尽管它包括一些为便于理解主题而存在的基础背景知识，但主题往往代表着某一专业或行业的发展方向或最新进展，课件一般是经过讲授者系统思考后形成的，具有一定的逻辑性和实用性，尤其是在吸取每次讲座所获得的经验后可以随时更新、逐步完善。有时课件作为书的构架可能会比科技报告的效果更好，也更容易，因为它的内容更广泛，读者对象也更明确。与科技报告相比，课件的受众面更多，也更容易在应用中发现问题逐步完善，内容受欢迎的情况容易掌握，如果你在某一专业方向有一个比较完整的经过教学实践的课件，课件内容又深受欢迎，而你对该专业方向的知识掌握又比较系统、全面的话，不妨在其基础上形成科技书稿。

与科技报告转化为书稿相比，由于课件的内容并不像报告那样系统、完整，且多数情况下只是有关内容的概要，或一些图表、一些关键的句子或句子提纲等，如果先前没有丰富的材料积累的话，在大纲确定后需要增加更多的内容，因此，文献查阅、总结、分析和归纳的工作量会非常大。

本节以《钻井液及处理剂新论》（中国石化出版社，2016）为例，介绍如何由课件转化为书稿的过程。

一、从课件到书稿应注意的问题

尽管课件具有如前所述的优势，但由于它的内容主要是纲要，对于一些专题性技术讲座类课件，可能会由于没有非常清晰地进行整理，其归类未必正确或准确。同时由于课件内容取材比较灵活，自由度大，带有一定的主观性，因此不像科技报告那样有固定的格式或严格的审查过程，故，在以课件为基础转化为科技书稿时，应注意处理好一些问题，以保证由课件转化所得到书稿的质量。

1.课件的思路有可能会与书稿的要求不一致

书稿强调前后统一、层次分明、表述规范，不能存在模糊问题（即模棱两可），所有的内容都必须是经过论证或证实了的，故必须有充分的论据，语言为书面表达。而课件多数情况下仅是讲授的提纲，论述层次安排时，对逻辑关系的考虑往往并无严格要求，有些具体内容中缺少证明材料，尤其是文献引用（即使有时有文献引用，但引用并不像书稿那样规范），有些观点可能来自讲授者的日常交流或一些专业会议交流。故在成书时需要按照书稿的要求对课件内容进行核实和规范，确保成书后内容的准确性、可靠性和科学性。

2.课件常带有讲授者的主观色彩和认识上的局限性

课件通常具有很强烈的个人色彩。其内容更多的是体现某一个人对某个学科知识的独到见解。其承载的更多是某个具体人员关于这个学科的私人知识。

对于某一问题的理解和认识往往可能只站在讲授者自己的角度。讲授中如果出现问题，讲授者可以随时插入纠正或解释，对于一些问题虽然存在认识上的局限性，甚至是错误的认识，这些问题在讲授时可以发起讨论，甚至质疑、商榷，也就是“说的”和“写的”不同。由于课件不具流通性，即使有问题也不会对读者造成太大影响。而书稿，特别是科技书稿，是不能带有个人感情色彩的，所有的事实都要有理、有据，在形成书稿时作者要坚持精准，不能凭感觉走，引证文献时，必须辨别文献的真伪和可靠性，绝不能引用错误文献、虚假文献、过时文献。对于自己研究中获得的实验数据，不能失真，只要数据得来是可靠的，即使你认为数据没有达到理想的目标，但也必须尊重事实，有一是一，有二是二。

3.要核实在特定环境下获得信息或数据的可靠性

课件中有时会有一些在特定环境下获得的信息或数据，在成书时要认真分析是否能够获得证明这些信息的可靠材料，尤其是先前引用的电子文献，当前是否可以获取，引用地址是否还有效，否则将来一旦成书，又无法获取的话，就会难以弥补。同时还有一些在课件制作时引用的文献，而没有或未标注清楚文献来源，成书时必须慎重，如果无法确定或找不到文献源，这些内容宁可删去。

4.课件里所用的图表要核实、重新绘制并注明来源

课件上往往会有一些图表，尤其是一些照片或图片格式的线图，一般是不能直接搬到书稿中的，应按照书稿的要求重新制作。对于一些从其他文献或媒体上获得的图表，必须注明来源，而且能足以证明对支撑叙述或论证是可靠的。就科技专题讲座课件而言，通常是为了直观、简洁、美观、逻辑性强和视觉体验好，不会让听众看着密密麻麻的字而产生乏味或者催眠感，能用图片或者图表的尽量用图表，能用表格的尽量用表格，以尽可能减少文字（这是PPT制作的要求）。而在书稿中则恰恰需要尽可能减少图表数量，也就是能够用文字表达清楚的不用图表，能够用表格表达清楚的不用图，这是由于课件是讲授者看的，是提纲，讲授者看明白就行了，工夫下在说上，而书并不是为了写书者看的，它是为了读者看的，必须表述清楚，工夫下在写上，目的是让读者能够看明白。

5.对课件所涉及内容要核实并确保准确无误

课件的内容可以随时更新，每次讲授时如果发现问题，或别人发现问题后，可以随时或下次使用时修改，包括整体结构、思路的安排等都可以及时调整。当受众不同时，虽然课件内容是固定的，但讲授时可以视具体情况，进行深浅和广度调整和逐步完善。而书一旦定稿成书，除非再版，如果发现错误是不容易修改的，即使在发行时随书附勘误表，但书的质量也会大打折扣。同时要考虑到不同层次的读者，书稿内容应做到深浅有度，既考虑对本专业熟悉的读者，也要考虑初学者和非专业人员。对于报告来讲，往往有各级主管领导、专家、课题组成员，包括鉴定（评审）委员等把关，而课件通常是讲演者自己负责，所以在成书过程中更应该注意。

6.注意口语和书面语言的区别

授课是一种高级的口语表达活动。讲授者运用口头语言表达思想和感情，阐述观点和主张，听众通过聆听这种口头语言，对讲授者的思想感情与观点主张进

行认知、理解、判断和评价，口语就成了实现讲授者与听众之间的思想沟通和感情交流的主要媒介。因此，课件是要突出语言表达的口语化特点，大量使用现实生活中具有鲜活感和生命力的口语词汇，只有这样，才能使讲授稿摆脱书面语言的负面影响，更加适合讲授现场的口头表达。同时，这种简洁明快、通俗生动的口语，也才能对听众产生更加强烈的晓示性和感染力。而书稿则是书面表达，需要采用书面语言。

与课件相比，书籍体现的是一种成熟的公共知识。这种公共知识用规范化的语言，准确清晰地表达。尽可能避免由于不恰当的措辞所产生的歧义。书籍对知识的解释具有权威性和公信力。书籍适合于不同人学习了解相关知识自学使用。

可见，在由课件转化为书稿时应结合书籍的特征和要求，注意语言特点的转换，这也是由课件向书稿转化的重点。

二、“钻井液及处理剂进展”课件转化成书背景和意义

“钻井液及处理剂进展”课件是结合国内实际情况，根据钻井液技术人员培训需要而制作的，其目的是让钻井液技术员和工程师了解国内40多年来取得的新技术、新产品，以及国外有关研究情况。先后在各级培训班讲课中应用，并逐步改进、完善，主要内容包括钻井液及处理剂的发展、新开发和应用的处理剂和钻井液体系，以及有关钻井液新的实践和认识。在讲授过程中深受学员欢迎，并有多人建议将其写成书。就课件内容看，基本涵盖了钻井液处理剂及钻井液体系的新发展，从整体结构上是完整的，与目前已出版的本专业书籍相比，在知识体系上是一个补充，是自2000年以来钻井液及处理剂发展的总结，代表了处理剂和钻井液体系的发展方向，具有成书的价值。

在计划写作之初，结合钻井液发展现状与方向，认为在“钻井液及处理剂进展”的基础上，结合作者30年来在钻井液与完井液方面取得的研究成果，并吸收国内外近期发表的有关文献，以课件的基本构架为思路，写成一本钻井液及处理剂，特别是钻井液处理剂设计、开发和应用的专著是可行的。写成书稿的目的是希望形成一本能够反映我国钻井液处理剂及钻井液体系研究方面取得的最新成果，以及作者对钻井液与处理剂新认识的科技书籍。若从钻井液处理剂现状分析出发，在对钻井液处理剂设计、合成和应用系统介绍的基础上，结合钻井液的新进展，就高性能强抑制水基钻井液、超高温钻井液、超高密度钻井液、弱凝胶钻井液及油基钻井液等进行重点介绍，可为钻井液技术人员及相关人员提供一本学

习材料，对促进钻井液技术的发展具有一定的现实意义。

同时，也希望这本书能对提高钻井液及处理剂的认识、处理剂使用及钻井液维护处理水平，尤其是促进钻井液处理剂的研制开发起到有益的启迪作用。

三、成书过程

（一）书名的确定

从“钻井液及处理剂进展”课件内容看，属于钻井液体系相关的新认识，钻井液处理剂合成方法及应用效果，如果直接用课件题目《钻井液及处理剂进展》作为书名，从题目看更像综述性文体，且有论文集的感觉，如果用《钻井液及处理剂》作为书名又感觉包括的面太大，不容易聚焦主题，考虑到既能体现论述的特征，又不至于太广泛，定名为《钻井液及处理剂新论》，将钻井液及处理剂又限定在新，以新处理剂和钻井液体系为重点，这样在写作中就比较容易把握主题了。

（二）大纲的拟定

作者在“钻井液及处理剂进展”课件的基础上（图4-1），结合自2010年以来在各类培训班上授课的“钻井液化学品分子与合成设计”“对钻井液技术发展的建议”“钻井液处理剂概论”“钻井液及处理剂有关探讨”等专题课件，以及“钻井液技术现状及发展方向”“国内外钻井液技术现状及有关分析”“抗高温钻井液处理剂研究现状”等专题综述与述评，并补充一些新推广的处理剂和钻井液相关内容来拟定书稿的大纲，“钻井液及处理剂进展”课件的章节目录与所拟定《钻井液及处理剂新论》的大纲如表4-1所示。

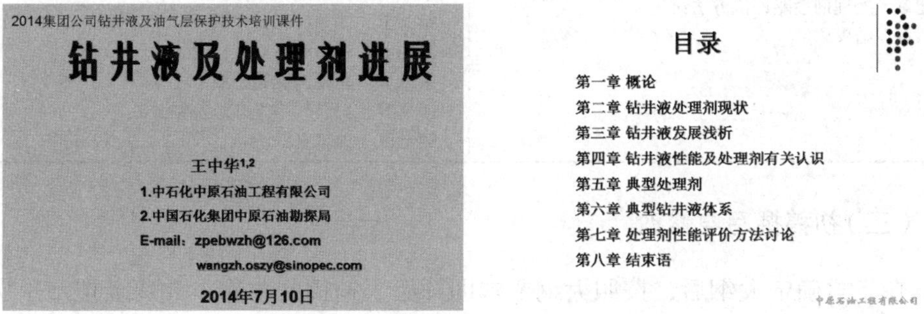

图4-1　培训课件题目与目录

表4-1 “钻井液及处理剂进展”课件内容与拟定的《钻井液及处理剂新论》大纲

<table>
<tr><th>课件提纲</th><th>拟定大纲</th></tr>
<tr><td>第一章　概论
　第一节　处理剂在油田化学品中的重要性
　第二节　处理剂在钻井液中的重要性
　第三节　学习好处理剂的重要性
　第四节　如何学习好处理剂
第二章　钻井液处理剂现状
　第一节　关于处理剂的回顾
　第二节　关于处理剂作用机理
　第三节　制约处理剂发展的因素
第三章　钻井液发展浅析
　第一节　发展现状
　第二节　发展方向
第四章　钻井液性能及处理剂有关认识
　第一节　钻井液处理的前提——与体系的针对性
　第二节　从简看待处理剂
　第三节　规范标准有利于提高处理剂质量
　第四节　复配型处理剂的优与劣
　第五节　钻井液处理剂作用分析
　第六节　钻井液处理剂选用原则
第五章　典型处理剂
　第一节　概述
　第二节　典型处理剂
第六章　典型钻井液体系
　第一节　聚合醇钻井液
　第二节　胺基抑制钻井液
　第三节　烷基糖苷钻井液
　第四节　超高温钻井液
　第五节　超高密度钻井液
　第六节　页岩气水平井水基钻井液
　第七节　油基钻井液
第七章　处理剂性能评价方法讨论
第八章　结束语</td><td>第一章　绪论
　第一节　钻井液及处理剂基本知识
　第二节　高分子基本知识
　第三节　油田化学品基本知识
　第四节　掌握钻井液和处理剂技术的重要性
　第五节　掌握钻井液处理剂的要求
第二章　钻井液及处理剂现状与发展方向
　第一节　国内外钻井液技术现状
　第二节　国内钻井液处理剂现状分析
　第三节　国内钻井液发展分析
　第四节　钻井液及处理剂发展方向
第三章　对钻井液及处理剂性能的认识
　第一节　钻井液处理剂结构与性能的关系
　第二节　国内外对钻井液认识方面的差别
　第三节　对钻井液处理剂的认识
　第四节　对钻井液的认识
　第五节　对规范钻井液处理剂及钻井液体系的认识
第四章　钻井液用聚合物处理剂设计
　第一节　处理剂设计的基本要求与基础
　第二节　重要的化学反应
　第三节　基本处理剂的设计
　第四节　抗高温钻井液处理剂设计
　第五节　高性能钻井液处理剂设计
第五章　典型处理剂
　第一节　2-丙烯酰胺基-2-甲基丙磺酸共聚物
　第二节　超高温降滤失剂
　第三节　两性离子磺化酚醛树脂
　第四节　酚醛树脂类处理剂
　第五节　反相乳液聚合物（类）处理剂
　第六节　聚合物（水）凝胶
　第七节　其他
第六章　典型钻井液体系
　第一节　聚合醇钻井液
　第二节　胺基抑制钻井液
　第三节　烷基糖苷钻井液
　第四节　超高温钻井液
　第五节　超高密度钻井液
　第六节　页岩气水平井水基钻井液
　第七节　油基钻井液</td></tr>
</table>

（三）初稿撰写与修改

在正式确定大纲后，按照大纲要求即开始了初稿的写作。并逐级拟定了层级标题，按照大纲针对实际需要查阅并引用大量的密切相关文献，形成了初稿。这一阶段中最大的工作量是核对（实）课件内容，以及查阅、筛选和分析文献，然后在不同的标题下结合标题的主题，对文献进行归类分析、总结、凝练的基础上，形成系统的知识单元，完成每一标题下的内容填写。

初稿写作完成后，在对初稿的结构进行修改时，发现第五章和第六章所占篇幅过大，且从标题级别看处理剂或钻井液体系作为二级标题与前几章相比，有降级的感觉，且对一些处理剂或钻井液的关键信息在一、二级标题中没有显示，即从层次标题看不出本书所涉及具体的处理剂内容，几种不同类型的处理剂或钻井液体系均沉在了三级标题，同时与前面各章相比，第五、第六章文字量要多得多，从篇幅看各章内容不均衡。为了使各章节内容更为均衡，最终的目录能够更直观地反映处理剂和钻井液的主要内容或相应的处理剂和具体的钻井液体系，结合书稿内容与结构，考虑各章内容分布，从有利于叙述和归类考虑，对初稿结构进行了调整，调整后得到的《钻井液及处理剂新论》目录如下：

第一章　绪论

　第一节　钻井液及处理剂基本知识

　第二节　高分子基本知识

　第三节　油田化学品基本知识

　第四节　掌握钻井液和处理剂技术的重要性

　第五节　掌握钻井液处理剂的要求

第二章　钻井液及处理剂现状与发展方向

　第一节　国内外钻井液技术现状

　第二节　国内钻井液处理剂现状分析

　第三节　国内钻井液发展分析

　第四节　钻井液及处理剂发展方向

第三章　对钻井液及处理剂性能的认识

　第一节　钻井液处理剂结构与性能的关系

　第二节　国内外对钻井液认识方面的差别

　第三节　对钻井液处理剂的认识

　第四节　对钻井液的认识

　第五节　对规范钻井液处理剂及钻井液体系的认识

第四章　钻井液用聚合物处理剂设计

　第一节　处理剂设计的基本要求与基础

　第二节　重要的化学反应

　第三节　基本处理剂的设计

第二节　纤维素类改性处理剂
第三节　木质素类改性处理剂
第四节　栲胶或单宁类改性处理剂
第五节　腐殖酸类改性处理剂
第六节　植物胶类改性处理剂
第七节　存在问题与发展方向
第十一章　强抑制剂及抑制性水基钻井液
第一节　聚合醇及聚合醇钻井液
第二节　聚胺、胺基聚醚及胺基抑制钻井液
第三节　烷基糖苷及其钻井液
第四节　页岩气水平井钻井液
第十二章　超高温及超高密度钻井液
第一节　超高温钻井液
第二节　超高密度钻井液
第十三章　油基钻井液及处理剂
第一节　油基钻井液基础
第二节　油基钻井液的应用
第三节　为什么要发展油基钻井液
第四节　发展油基钻井液需要解决的问题
第五节　油基钻井液处理剂
第六节　今后工作方向

调整结构后，全书由原来的6章增加到13章。修改后的章节目录清晰表达了本书所叙述的主题内容，各种类型的处理剂以及一些现代钻井液体系一目了然，且读者通过目录可以很容易选择自己需要阅读的内容，起到一定的索引作用。同时各章内容分布也更加均衡。

（四）书稿的完成

按照上述目录（大纲）要求，对部分结构和层级进行调整，经过进一步的完善结构、语言及逻辑性，最终完成了《钻井液及处理剂新论》书稿。书中概述了钻井液及处理剂现状与发展方向，探讨了对钻井液及处理剂性能有关认识，详细介绍了含羧酸基聚合物、含磺酸基聚合物、合成树脂类，反相乳液聚合物、聚合物凝胶，天然材料改性等处理剂合成设计及性能，同时还介绍了弱凝胶钻井液、聚合醇钻井液、胺基抑制钻井液、烷基糖苷钻井液、超高温钻井液、超高密度钻井液和油基钻井液等内容。该书于2016年12月由中国石化出版社出版发行，并获得2017年中国石油和化学工业优秀出版物奖图书奖二等奖。

第五节　基于生产实际和专业发展需要的书稿写作

除前面所述的由单份或多份科技报告或课件转化成书的科技书稿外，还有些科技书稿则是基于生产实践和专业发展需要，在融合各类科技报告和文献的基础上完成的。实践出真知，从生产实践中找选题往往是最有效的选题途径，这是由于实践是创作的源泉。

用心的作者，在认真完成自己工作的同时，常常会自觉地深入科研和生产一线，在科研和生产实践中去发现问题，并去寻找解决问题的方法，同时，在调研和与现场广大技术人员交流过程中搜集并积累大量的技术素材，通过归纳总结形成内容丰富、实用价值很高的现场技术总结、实践报告或调查（考察）报告等，从而为创作出满足读者需求的实用性作品奠定了坚实的材料和实践基础。

根据生产实际和专业发展需要作为选题依据的目的是为满足学科发展和技术进步的需要和市场需要。从学科发展和技术进步的需要来讲，要考虑选题的学术价值、技术含量和实用价值，面对哪些读者，是否满足要求，在生活、生产中有哪些作用，能够解决哪些技术问题，是否能够促进学科发展完善学科体系，推动科技进步提高生产效率；而根据市场需要选题，则要看选题的市场如何，是否面对读者的最大群体，同类书籍的销售情况如何，以前是否出版过同类书籍，销售情况如何，所选题在市场上的占有率有多大，能否产生良好的社会效益和经济效益，等等。

无论是学科发展需要，还是根据市场需要选题，都要立足需求、实用、促进技术进步和知识传播，最终目的是解决生产实践中存在的问题和专业技术发展的需要，而决不能为了写书而写书。本节结合撰写实例，简要介绍专业性、手册类和丛书类等源于生产实际和专业发展需要的书稿写作要点。

一、专业类技术书稿写作实例

专业类技术书稿一般包括专题性技术书稿和综合性技术书稿，下面分别介绍。

（一）专题性技术书稿

以《油基钻井液技术》为例，介绍专题性技术书稿的写作过程。

1. 为什么要写《油基钻井液技术》

实践表明，油基钻井液具有抗高温、抗盐、有利于井壁稳定、润滑性好和对油气层损害程度小等优点。是在高温深井、大斜度定向井、页岩气水平井、强水敏复杂地层等钻井过程中减少井下复杂情况发生的有效技术途径。国外油基钻井液体系及配套技术已比较成熟，国内在油基钻井液方面尽管早在20世纪80年代就开展了研究与应用，由于成本和环境、安全和认识等的因素，加之缺少对油基钻井液的需求，应用还比较少，在油基钻井液方面还没有形成成熟配套的处理剂和钻井液体系，并缺乏有关的经验和处理剂产品。直到近几年，随着页岩气的开发，为满足页岩气水平井钻井的需要，油基钻井液才受到重视，但却缺乏专门或系统介绍油基钻井液的书籍，可见该选题具有现实意义。

编写该书的学术价值及作用主要体现在，较全面地总结国内外油基钻井液技术成果与应用经验，为油基钻井液技术的开发和应用提供系统的参考，以不断提高油基钻井液技术水平。编写该书的目的是提高对油基钻井液的认识，促进油基钻井液发展和广泛应用，尤其对低毒或无毒油基钻井液及处理剂的研制开发能起到有益的启迪作用，从而促进我国油基钻井液技术的发展。

2. 内容确定和读者定位

正是由于国内对油基钻井液应用面不够大，因此起步较晚，由于缺乏更多的资料，尤其是目前尚无系统介绍油基钻井液的书籍，为便于更好地了解和应用油基钻井液，需要编写该书。由于是首次编写，因此应考虑能够包含油基钻井液全面系统的知识和技术。

本书将读者对象定位在从事油田化学专业的研究、生产、设计人员，以及从事钻井液研究和钻井液现场工程技术的人员和钻井液岗位操作人员、相关专业的大学生和研究生，从普及和推广油基钻井液知识和技术出发，以基本知识和最新成果与实践、认识相结合，作为入门与提高的参考书。

3. 大纲拟定

油基钻井液涉及的主题内容如图4-2所示。其中材料和处理剂是构成油基钻井液体系的关键，在应用中还涉及性能评价、钻井过程中的复杂预防与处理，以及废弃物处理等。结合油基钻井液的性质和特征，将合成基钻井液也归于油基钻井液。因此，完整的油基钻井液技术知识应包括这些内容以及由其展开或扩展的内容。

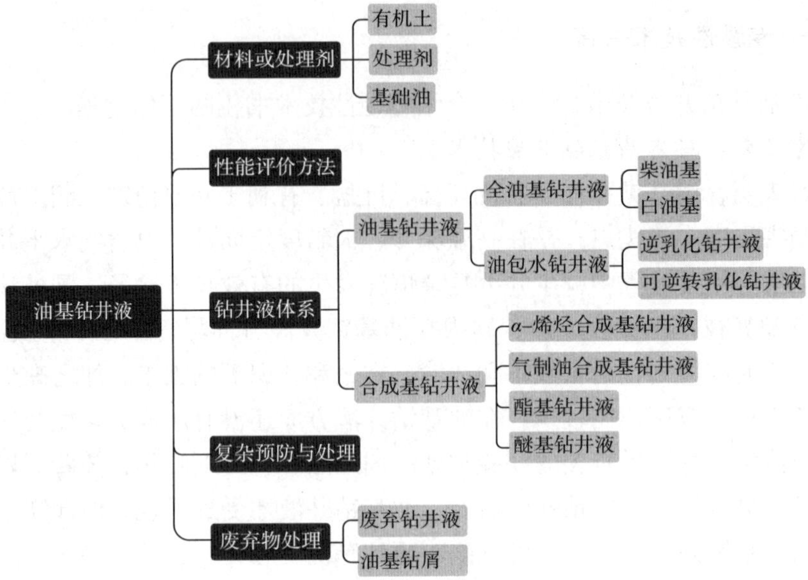

图4-2　油基钻井液相关内容

从图4-2可见，如果将材料或处理剂、性能评价、钻井液体系、复杂预防与处理和废弃物处理等各自作为一章，由于钻井液体系包括的内容多，其下面还有不同的类型细分，从结构层次上就显得不协调，为此，将油基钻井液体系所涉及的不同子类型（体系）从标题上提高一个层级处理，结合油基钻井液的组成、类型，以及实际应用情况和现场习惯等，从方便介绍出发，将书稿主体各章分为油基钻井液处理剂、油基钻井液性能、全油基钻井液、油包水乳化钻井液、合成基钻井液等，同时将油基钻井液复杂预防与处理和废油基钻井液及钻屑的处理也分别作为独立的章，这样加上绪论，全书分八章，据此所拟定大纲如下：

第一章　概论

第一节　油基钻井液基础

第二节　发展油基钻井液的意义

第三节　发展油基钻井液需要解决的问题

第四节　油基钻井液的储层损害问题

第五节　油基钻井液发展方向

第二章　油基钻井液处理剂

第一节　乳化剂

第二节　降滤失剂

第三节　润湿剂

第四节　有机膨润土

第五节　其他处理剂
第三章　油基钻井液性能
第一节　油基钻井液性能的测定
第二节　油基钻井液性能及控制
第四章　全油基钻井液
第一节　全油基钻井液基础
第二节　全柴油基钻井液
第三节　全白油基钻井液
第四节　无黏土相全油基钻井液
第五节　全植物油基钻井液
第五章　油包水乳化钻井液
第一节　油包水乳化钻井液基础
第二节　柴油基油包水乳化钻井液
第三节　低毒油包水乳化钻井液
第四节　油基泡沫钻井液
第五节　无土相油包水乳化钻井液
第六节　可逆转油包水乳化钻井液
第七节　植物油包水乳化钻井液
第六章　合成基钻井液
第一节　合成基钻井液基础
第二节　烃类合成基钻井液
第三节　酯基钻井液
第四节　醚基钻井液
第七章　油基钻井液复杂预防与处理
第一节　钻井液的稳定性
第二节　钻井液的污染
第三节　井漏的预防与处理
第四节　固井问题
第八章　废油基钻井液及钻屑的处理
第一节　废油基钻井液处理现状
第二节　废油基钻井液处理方法
第三节　油基钻屑处理技术

从大纲可以清楚地看出油基钻井液包含的相关内容，将来生成目录后可以方便读者选择想阅读或参考的内容，具有索引作用。

4. 书稿写作

在拟定大纲后，按照所涉及的内容准备写作材料（已开展的相关研究成果报告、技术总结和平常积累的材料），并针对需要进行文献查阅、审读筛选文献，在材料准备充分后，就开始了书稿初稿的写作。首先是根据内容确定每节下的层级标题，一般二到三级，最多不超过四级。

按照大纲层级标题，分别填写相应的内容，并以钻井液处理剂、钻井液体系组成和应用为主，各章节内容的素材来源尽可能以最新研究成果和文献为主，由于我国油基钻井液在近几年才开始大量应用，而国外早在20世纪80年代就已成熟，近年来国外关于油基钻井液的研究反而较少，故所引用的国外文献多是早期发表的。

为有利于对油基钻井液处理剂的系统介绍，构成完整的处理剂体系，对处理剂介绍立足于成熟并广泛应用的品种，同时兼顾新开发或试用阶段的、且具有前景的品种。对于钻井液体系，为了反映其发展过程和内在逻辑，便于从整体上理解油基钻井液，在传统体系介绍的基础上，从其存在的问题或不足出发，逐步引出不同阶段开发和应用的钻井液体系，并着重对刚投入应用和新开发的，尤其是低毒油基钻井液体系进行举例介绍，以体现油基钻井液技术的进步和时代特征。

在初稿完成后，针对本书有关章节的具体内容、要求进行书稿修改。修改中重点对取材于早期文献的内容进行思考、分析：一是看其是否还符合当前的实际需要，有无新的发展，早期使用的一些处理剂，现在是否已经不再使用，或已经淘汰，或有新的替代品；二是看钻井液配制、处理工艺，以及钻遇复杂的预防与处理措施是否与钻井工艺、技术、装备等的发展相匹配；三是看处理剂和钻井液性能测试和评价方法是否存在问题，是否满足处理剂和钻井液质量控制的需要；四是看钻井液体系（配方）是否还适应现代钻井技术，是否能够满足安全和环保的要求；等等。对近期的文献要分析其科学性、准确性和可靠性，通过分析来修正书稿中可能存在的错误，完善存在的不足，理顺引用文献内容之间的内在逻辑关系，保证表述合理、顺畅。

经过10余次修改最终形成定稿。该书于2019年由中国石化出版社出版发行。

（二）综合性技术书稿

以《油田用聚合物》（中国石化出版社，2018）一书为例。作为综合性科技书籍，该书内容是基于作者研究团队在聚合物驱油剂、钻井液处理剂、油井水泥外加剂、油田水处理剂等研究成果，并吸收国内相关领域的研究成果和文献而形成，创新性、理论性和实践性相结合，系统总结了我国油田用聚合物研究与应用情况，对国内外该领域开展新产品研究、开发、应用，具有较好的指导意义和参考价值。

油田用聚合物包括油田化学各个方向所用聚合物。如果以用途分，油田用聚合物（主题）所涉及各个应用方向（分主题）如图4-3所示。如果按照聚合物类型，油田用聚合物可以包括如图4-4所示不同品种。

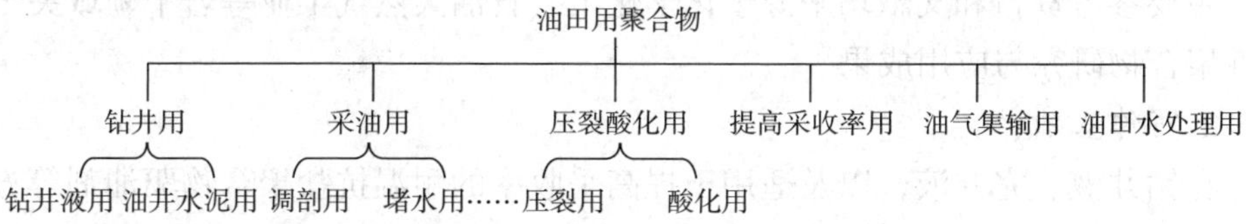

图4-3　不同用途的油田用聚合物

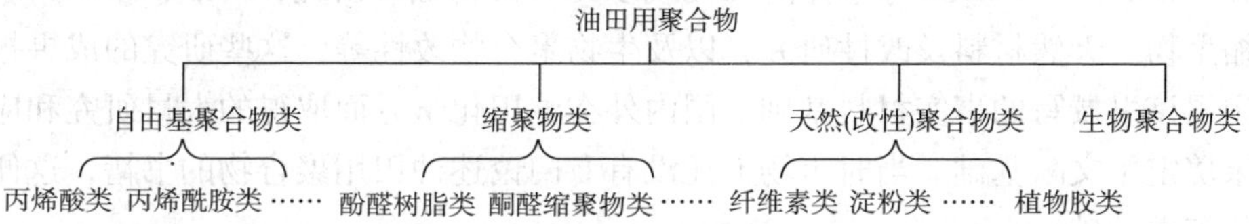

图4-4　不同类型的油田用聚合物

1.选题背景

我国油田化学经过50余年的发展，已经形成了能够满足石油勘探开发各环节作业需要的、门类齐全的油田化学作业流体和油田化学品，尤其是为了满足东部老油田稳产、深井超深井钻探、深水钻探、深层页岩气开采以及地热钻探，在深井超深井钻井、固井、酸化压裂、调剖堵水、提高采收率、原油集输、油田水处理等方面，开展了一系列新技术研究与应用，使国内油田化学技术逐步完善，并在某些方面达到了国际领先。聚合物在油田化学中占首要地位，在油田化学品中近90%的是聚合物材料，可见聚合物在油田化学中的重要性。因此，编写《油田用聚合物》的重要意义显而易见。

近年来，在一些关于油田化学品的书籍中也有关于聚合物的介绍，但关于聚合物制备及影响合成反应和产物性能的因素很少涉及，到目前为止，国内还没有专门围绕油田用聚合物制备、性能和应用方面的书籍，为此，针对国内外油田化学品发展现状，特别是国内油田化学的形成与发展的实际，基于我们在油田用聚合物方面的研究成果，结合国内油田用聚合物的研究与应用情况，并吸收相关专业文献或成果，提出编写《油田用聚合物》书稿选题。

该选题的学术价值及作用主要体现在：①总结国内油田用聚合物制备成果

与应用经验；②为油田化学品的研制、开发、生产和应用提供系统的参考，提高油田用聚合物研发与应用水平；③由于同一种聚合物可以用于油田化学各作业环节，故有利于避免重复研究，促进油田化学品的健康发展；④有利于认识天然材料改性聚合物、生物聚合物和一些特殊结构的聚合物在油田化学中应用的价值和意义；⑤为油田化学研究及工程技术人员，以及高等院校高年级本科生和研究生提供教学参考。

主要参考资料和文献均来源于化学化工、石油天然气工业等若干领域关于功能性聚合物研究与应用成果。

2. 写作基础

在钻井液、完井液，以及适用于提高采收率的耐温抗盐聚合物驱油剂等方面所开展的研究和成果报告，如丙烯酸、丙烯酰胺多元共聚物，AMPS、DMDAAC、DMC、DMAM、EMAM等单体的二元或多元共聚物相关研究，SMP、磺化丙酮甲醛缩聚物、天然材料及改性研究，以及生物聚合物改性等，这些研究的成果报告奠定了该书撰写的事实材料基础。国内外在油田化学方面取得的大量研究和应用成果奠定了文献基础。当时市场上还没有专门论述油田用聚合物的书籍，这便奠定了需求基础。

此前曾编写过《油田化学品》(中国石化出版社，2001)和《油田化学品实用手册》(中国石化出版社，2004)，不仅积累了大量素材，也有了写作的经验。

3. 基本构思

由于多数不同相对分子质量和不同组成的聚合物或缩聚物等，均可以在钻井、采油、酸化压裂、提高采收率、油气集输和油田水处理等领域应用，但在不同领域应用时，对其相对分子质量和组成又有不同要求。故在编排书稿目录或大纲时，为避免重复，应对该方面着重考虑。

最初构思时拟从钻井完井、酸化压裂、采油、提高采收率、油气集输和油田水处理等专业分类出发，以不同作业过程所用聚合物作为书的章标题。如果按照聚合物应用领域作为章标题，因大多数聚合物在多个领域均涉及，若每处都分别介绍，将会出现大量重复或交叉，这样就会由于内容分散而缺乏整体性和系统性。若对同一产品采用参见方式，阅读时就会前后来回翻找，不便于阅读，同时对于某一聚合物来讲就缺乏了整体性，不利于对其进行系统学习与理解。显然以应用目的分类介绍不宜统揽全局。

如果按照聚合物产品类型分类介绍，不仅整体性、逻辑性强，方便系统介绍，也有利于读者对某一聚合物材料的系统学习和理解，且每章的内容相对独立，方便读者选择性阅读。分析表明，以聚合物类型或种类作为章标题，为了体现某一聚合物产品的多种用途，在每章下设用途或应用一节，以对产品的用途进行专门介绍，这样就避免了重复和交叉的问题，在每一章中可以对该章所涉及的聚合物进行系统的介绍。按照聚合物类型分类介绍，也有利于体现各个方面功能的联系，可以系统理解某一聚合物的相关知识。

由于不同类型聚合物产品的研究历史、研究的深度和广度不同、成熟度不同、应用面不同，人们对它们的认识不同，在每章（即不同聚合物）介绍中也没有千篇一律，而是视具体情况而定，其目的在于方便材料组织和写作。对比较成熟、应用面广的产品详细介绍，对应用面少或刚研究出，或研究少的或将来可能会广泛应用的聚合物则简单介绍，以便初步了解。同时，对于某些聚合物如果单独作为一章内容文字较少时，则将它们合并在“其他”一章或节介绍。

4. 撰写的基本要求

结合基本构思，在书稿撰写中要重点注意如下要求：

（1）理论与实践紧密结合，既有产品制备方法、影响产品合成的因素、性能介绍，也有应用（包括一些配方）介绍，既有成熟技术也有最新成果。

（2）突出影响合成反应及产物性能因素的介绍。书中通过采用大量的图、表等反映研究结果或趋势的图形文字，让读者直观理解所述内容，且更有利于读者在实验、设计和应用时参考。

（3）取材广泛，力求全面。既要立足于油田化学专业，也要吸收大量的其他专业的研究。文献以期刊文献为主，兼顾少量专利和书籍。

（4）除合成聚合物和合成树脂等聚合物外，还要比较全面系统地介绍植物胶、生物聚合物，同时对一些具有发展前景的特殊结构聚合物、刚开展探索的聚合物进行简要介绍。

5. 书稿撰写

先结合研究和实践拟定初步的大纲：第一章绪论、第二章丙烯酸聚合物、第三章丙烯酰胺聚合物、第四章2-丙烯酰胺基-2-甲基丙磺酸聚合物、第五章马来酸酐聚合物、第六章酚醛树脂及改性产物、第七章氨基树脂及改性产物、第八章酮醛缩聚物、第九章聚醚与聚醚胺、第十章聚胺和聚季铵盐、第十一章淀粉及改性产物、第十二章纤维素及改性产物、第十三章木质素及改性产物、第十四章植物胶及改性产物、第十五章生物聚合物、第十六章聚乙烯醇、第十七章季铵盐类阳离子单体聚合物、第十八章其他类型的有机聚合物、第十九章无机聚合物。

然后结合各章主题，准备并整理素材、收集并研读文献，在整理素材和研读文献的基础上确定层次标题，进一步完善大纲，确定支撑书稿核心内容的材料和文献，开始书稿初稿的写作。

写作中，先将有关的报告所中涉及的与主题内容一致的部分（章节或段等），以及先前积累的与主题相关的素材，经过归类分析、整理后填写在相应的章节或节下标题之下，当填写完后，对仍然存在空白部分的章节或节下标题进行主题分析，然后结合主题检索所需文献，并经过阅读、筛选、归纳后，将相应的内容填入章节或节下标题之下。填入时不能将文献内容直接照搬，而要将文献内容经过总结、提炼、归纳，形成作者的表述语言。

引用多篇文献，要分析其内在的联系，将与主题相近或相同的文献，按照作者自己的思路去重新组织，形成新的句子或段落，将文献恰到好处地融入自己的论述中去，实现由文献语言转化成书稿的语言，绝不能成为文献的堆砌。转化后的语言不能存在文献痕迹。考虑到主体相适应原则，有些文献内容需要按照满足论点（论题）的需要拆分之后，放在不同章节或节下标题之下时，文献要以交叉引用的方式标引。

在文献引用时，具体需要引用的是一篇文献的部分还是全部内容，或者是引用单篇还是多篇，应根据具体情况确定，需要多引就多引，需要少引则少引，多到一章，一节，少到一段或几句……有些章节标题之下由一份报告或论文的主题内容构成，有些由多篇报告或论文有关的内容经过归纳、凝练后的综合内容构成。

无论是由一篇或多篇文献构成某一章、节或节下标题之下的内容，都要做到论述完整、严谨，逻辑性强，且任何章、节或节下标题之下的内容都不能存在重复和交叉，或存在矛盾或相互包涵，应各自表述自身的主题，并共同服务于某一节、章或全书的主题。

6. 书稿的修改与定稿

初稿完成后，首先从内容上进行增补、充实，补充内容后形成的二稿，由初稿的70万字左右（不含图表），增加到100万字左右。对二稿的修改，主要是针对文章结构，看各节或不同级别标题下的内容是否合适，逻辑性是否满足书籍出版要求，明确各层级标题间的关系，即必须明确是并列关系，还是从属关系，避免读者理解偏差，形成的三稿字数变化不大。对三稿修改的重点主要放在插图和表格的规范上，重点看图表是否需要删除，或转化为文字表达，或图表互换，或图表合并或拆分，以及图表的表达是否规范。通过这一稿的修改形成的四稿主要是精简了图表，对文字影响不大。对第四次修改主要放在语言的精练和语法规范，包括数字使用、标点符号、代号、公式（化学式）、结构式、参考文献等。经过第四次修改后书稿文字精简到80万左右，图表减少五分之一。在成稿后考虑到全书各章节内容的关联性，将无机聚合物一章删去，这样整体以有机聚合物为主。

由于该书涉及内容多，为了保证书稿质量，在进行了四次修改后，又先后将书稿打印通读7遍，用时19个月，最终经过12遍修改定稿后呈报出版社。

由于该书稿涉及的图表很多，因此图表，特别是图的准备非常关键，在撰写初稿时，先采用从文献复制的原图，到基本定稿后将确定要用的图再提取数据后重新绘制。在数据提取和图的绘制中使用了GetData和Origin软件，前者用于提取数据，后者用于曲线图绘制。对于照片或图片采用PS进行处理，以达到出版要求。

书稿修改完成后，结合书稿的主题和有关要求撰写了书稿的内容简介和前言，并编排了书稿目录。

二、科技手册写作实例

以《钻井液处理剂实用手册》（中国石化出版社，2016）为例介绍科技手册的写作。《钻井液处理剂实用手册》是出版社提出的选题，作为一本专业性科技手册，其写作相对简单。编写中，重点从确定主题、读者对象和编写原则，明确编写目的、手册具体形式和整体结构等方面着手。

（一）编写背景及目的

关于钻井液处理剂的介绍，通常散见于一些有关的精细化工、油田化学等方面的手册，或与钻井液相关的书籍，不仅涉及内容少，而且不全面，不系统，直到目前为止，还没有专门介绍钻井液处理剂性能、制备和应用等方面的手册或书籍，基于此，作者结合从事钻井液处理剂研究开发取得的成果和应用经验，并在广泛吸收国内外有关文献、产品介绍和书刊资料的基础上，编写《钻井液处理剂实用手册》一书。

该书编写的目的在于系统总结钻井液处理剂研究、制备和应用中获得的成果与经验，规范钻井液处理剂的应用，启迪新型处理剂开发思路，促进我国钻井液处理剂研究开发和应用；同时，为广大油田化学工作者及有关技术人员提供一本有价值的参考书，使钻井液的研制开发和应用更科学化和规范化，也为精细化工领域从事非油田化学专业的人员了解钻井液处理剂提供参考，进一步发挥钻井液处理剂在石油钻探中的重要作用，以满足复杂、深部地层钻探和页岩气钻井对钻井液提出的新要求。

（二）编写原则

手册尽可能包括各种类型处理剂的主要品种，并按照如下原则编写：

（1）手册要把处理剂的基本性质、制备方法、指标（或执行标准）、特点、应用范围、使用方法、安全注意事项等，尽可能全面准确的呈现出来。

（2）选用的素材和参考文献必须是经过实践检验证明了的，否则不宜采用。对于新产品或刚投入使用的一些产品，确实具有发展或应用前景或能够指导处理剂开发的，可以用展望或综述的方式简要介绍。

（3）手册所给出的内容应有利于理解处理剂产品的综合性能、特点和作用，掌握处理剂适用的体系、具体用量与用法、禁忌等。能够指导生产人员进行产品质量控制，采购人员准确地采购需要的处理剂，同时还能够指导研发人员开发新处理剂品种。

（4）通过手册中对不同产品的描述，能够指导现场人员在施工中对处理剂进行选择和有效的使用。在钻井液配制、性能维护、储层保护，以及复杂问题预防与处理中，指导现场人员正确、安全、有效地使用处理剂，并针对实际需要制定处理剂使用操作规范、安全和防护，以及环境保护措施（包括废弃物处理处置方式）。

（5）编写中要广泛征求研究人员、生产人员、现场使用者等不同人员的意见，保证内容的新颖性、先进性、针对性、实用性和可读性。

（6）整体上要做到详细、具体、精练、可操作、可执行。对于性能介绍，能用数字的用数字，能用图表的用图表，能定量的不定性，少用形容词。

（7）对每种处理剂原则上不要求面面俱到。每个产品的介绍中，有关内容（条目）的写作形式、详略程度，也不要求完全一样。要视每个产品各自的特点而灵活掌握，该详则详，该略则略，详略得当。

（三）拟定大纲

首先确定书稿的主题、关键要素、内容框架、呈现逻辑，然后针对钻井液处理剂性能、制备与应用这一主题和关键要素，按照钻井液处理剂分类习惯，结合编写目的和原则拟定书稿大纲。考虑各章的文字内容均衡，品种相对少的处理剂合并成一章介绍，这样本书大纲共分十五章，其中第一章为基本化学剂，第二章到第十一章分别为降滤失剂、降黏剂、增黏剂、页岩抑制剂、润滑剂、堵漏剂、絮凝剂、乳化剂、加重剂和解卡剂，第十二章起泡剂与消泡剂，第十三章缓蚀剂与杀菌剂，第十四章水合物抑制剂，第十五章油气层保护剂。以第二章为例，其目录如下：

第二章　降滤失剂

第一节　纤维素衍生物

1.羧甲基纤维素

……

5.CMC/AM-AMPS接枝共聚物

第二节　淀粉衍生物

1.预胶化淀粉

……

10.CGS-2具阳离子型接枝改性淀粉

第三节　腐殖酸类

1.腐殖酸钠

……

8.超高温降滤失剂

第四节　丙烯酸多元共聚物

1.水解聚丙烯腈金属盐

……

9.P（AM-AA）聚合物反相乳液

第五节　含磺酸基多元共聚物

1.PAMS601高温降滤失剂

……

7.两性离子P（AM-AMPS-DAC）聚合物反相乳液

第六节　合成树脂类

1.磺甲基酚醛树脂

……

6.两性离子磺化酚醛树脂

（四）制定编写体例

为了规范手册编写，制定了编写规范、编写体例，内容如下。

化学名称或成分：有明确化学名称的写化学名称，如羧甲基纤维素钠盐；没有明确化学名称的写组成，如丙烯酸–丙烯酰胺共聚物。

分子式：对于纯粹的化合物给出分子式。

相对分子质量：基本化学品给出相对分子质量，而一些聚合物处理剂可以给出相对分子质量范围或不写该项。

结构式：对有明确组成的聚合物类处理剂产品给出结构式。

理化性质：详细描述产品的理化性质。

制备方法：对于有明确方法的可以详细给出，有多个方法的，可以给出不同制备方法，必要时，在这部分也可以介绍影响反应的一些因素等。对于没有明确方法的可以给出反应原理和简单的过程。

质量标准：用表格形式，按照不同级别的标准指标或要求，如企业标准、行业标准、国家标准顺次列出，只有单一级别的标准时，只列一种；对于一些还没有公开标准的，根据产品具体情况给出重点项目。

检验方法：对于一些特殊的检测项目，可以简要给出检验方法。有可参照的标准方法时，给出标准名称或标准号。一般的方法不需要给出。

用途和使用方法：尽可能详细给出，也可以给出具体的应用性能评价结果，以更清晰说明其应用效果，可以结合多篇文献归纳介绍。给出的使用方法要具有可操作性。

安全与防护：根据产品性质按照有关要求给出。

包装与储运：根据产品性质按照有关规定给出包装与储运的有关要求。

参考文献：为了尊重知识产权和他人的劳动，也便于读者对某一产品的性能等深入了解，所有非常识性内容均给出参考文献，每个项目或产品后面都单独标引参考文献。参考文献放在每章最后。

（五）搜集资料

搜集资料的过程包括现有资料的收集、阅读、梳理、分类整理等。资料包括图书、手册、产品说明书、标准和论文等文献资料。对于化学试剂和基本化工原料尽可能结合最新手册选材，并尽可能追溯文献所引用的参考文献（最原始的文献），以保证数据或参数准确、完整、可靠，对于理化指标稍微差异的，要以最权威或最新的文献为准，网络文献的内容尽可能不用，若要引用必须核实。对于一些新开发或应用的处理剂，除结合产品说明书、产品标准外，还要查阅有关论文，尽可能收集所有可能收集到的文献，然后进行比较分析、综合归纳为精练、简洁易懂、无歧义的语言表达。任何找不到可靠依据或数据无法查证、成分不明的处理剂均不编入。

收集公开发布的产品标准，以国标、行标为主，无国标、行标时，可以采用企标，采用企业标准时，要选择行业知名、生产规范大、影响力大的企业。同时还要尽可能搜集处理剂产品的安全使用说明书。

（六）编写过程

按照大纲和手册写作要求，在相应的标题下填入由文献归纳、提炼的有关内容，并对每种处理剂按照体例进行介绍，对于一些新开发的产品给出相应的性能评价结果，以有利于推广。对于一些用量少的和早期的产品，考虑到延续性和继承性，也均一一列出，但介绍相对简单。

编写中按处理剂的功能，并结合在钻井液处理剂中所占的分量，分类介绍，且对于钻井液专用处理剂尽可能详细介绍，对于一些通用的化学品简要介绍。内容包括已经或在用产品和代表性的新开发产品。每种处理剂的介绍包括化学名称或成分、化学式或分子式或结构式、理化性能或产品性能、制备原理或方法、质量指标、用途、安全与防护和包装与储存等，并针对处理剂类型灵活掌握。下面列举两种典型处理剂的描述实例。

其一，氢氧化钠：

分子式　NaOH

相对分子质量　40.00

理化性质　氢氧化钠别名为烧碱、火碱、苛性钠……

制备过程　……工业上主要采用离子交换膜法电解食盐水制备烧碱。

质量指标　本品执行国家标准GB 209—2006规定的指标……

用途　本品在工业上可用于造纸……木材加工及机械工业等方面。在钻井液中主要用作钻井液的pH值调节剂……

安全与防护　本品有强烈的刺激性和腐蚀性……戴橡胶手套。

包装与储运　工业用固体烧碱用铁桶或其他密闭容器包装……运输中防潮、防雨淋。

其二，羧甲基纤维素：

化学成分　羧甲基纤维素钠盐。

结构式　……

产品性能　羧甲基纤维素钠……

制备方法　通常是由天然纤维素与苛性碱及……

（1）溶媒法。……

（2）水媒法。……

质量指标　Q/SH 0038—2007标准规定钻井液用羧甲基纤维素钠盐应符合表3-3中的要求。国家标准GB/T 5005—2010钻井液材料规范中10和11规定钻井液用CMC应符合表3-4要求。

……

用途 由于羧甲基纤维素的水溶液具有许多优良的性质……广泛用于石油……

安全与防护 小白鼠经口LD_{50}为27g/kg，低毒……

包装与储运 采用纸桶或三层牛皮纸包装，内衬塑料袋。储存于阴凉、通风、干燥处……

手册的目录中列出了每一个处理剂产品，因此可以通过目录检索，即目录代替索引。

书中同一产品可以用于不同目的，并在不同类型处理剂中出现时，为了避免重复采用参见系统，参见的形式采用："参见 ×× 章、×× 节、××"。例如：

4.聚丙二醇

参见第五章、第五节、2。适当相对分子质量的聚丙二醇……

5.聚醚二胺

参见第五章、第六节、1。可以作为深水钻井液水合物抑制剂……

在撰写时材料的选择和安排必须忠于事实，合情合理，表述简练准确，读一遍就能立刻明白，任何一个句子都不能存在可以理解成两层或多层意思的情况，总体而言要注意以下三个问题：

一是每个处理剂产品的说明要全面、完整。在使用说明中要全面、完整地说明产品的应用性能和注意事项，不能漏掉任何一项，也不能采用模棱两可的描述。否则，用户在选择、使用时就会由于对产品性能理解不准，导致使用不当，使产品不能有效地发挥作用，甚至出现与实际功能相反的结果，严重时可能导致复杂情况发生。

二是说明要通俗易懂。在说明产品的使用方法和注意事项时，要尽量采用通俗的语言，让现场人员能够看懂并能正确操作使用，突出实用性和可操作性，起到指导使用者（操作者）有效使用的目的。说明可以使用专业术语和符号。

三是使用方法要结合产品性质、用途、安全与防护等，按照操作使用程序来写，说明要条理化。要根据产品使用时各种操作（如：配制胶液、干粉加入、复合胶液、配浆、维护处理等）的先后顺序来陈述使用方法，以便于现场人员正确使用某一产品。在使用方法陈述中一般用阿拉伯数字排列各项顺序，使其说明条理化。

需要强调的是，在书稿经过修改并定稿后，应进一步对各种材料和处理剂性能参数或数据，以及一些图表内容进行核对，以确保准确无误。

关于手册的辅文，针对书稿的内容和特点，按照科技书籍辅文的有关要求撰写。

三、丛书稿写作实例

以《钻井液完井液实用技术丛书》(中国石化出版社，2020)为例介绍丛书稿的写作。

2018年中国石化出版社程天阁老师在广泛调研、分析的基础上，结合钻井液完井液技术现状及当前有关书籍的出版情况，提出了出版一套能够基本涵盖钻井液完井液、钻井废弃物处理、钻井液监督和钻井液安全使用等方面的丛书，接到该选题后，即按照丛书的特点及编写要求，着手进行书稿构思、编写等工作。

(一)确定读者对象

该丛书以现场钻井液技术人员、钻井液工(又称泥浆工)作为主要读者对象，兼顾现场钻井相关技术和管理人员。可用于钻井液技术培训教材。现场钻井液技术人员包括钻井液技术员、工程师和钻井液监督。

读者对象决定书稿的深浅程度和写作方向。

(二)确定主题拟定书名

在读者对象确定后，对丛书的技术难度进行定位：以基本知识和现场实用技术为主，兼顾新技术，对初涉该专业的人员既可以作为入门读物，也可以作为提高读物。

通过该丛书阅读与学习应能基本掌握钻井液完井液所涉及的专业范围的知识，丛书主题(总论点)为钻井液完井液，分主题(分论点)包括：钻井液与完井液体系、钻井液完井液处理剂、与钻井液相关的复杂情况预防与处理、钻井液使用安全、钻井液监督与管理、钻井废弃物处理等。力求覆盖钻井液完井液专业，但并不求面面俱到，重点以钻井液为主。结合总主题和分主题，从突出实用性考虑，围绕钻井液完井液这一主题，确定丛书名为：《钻井液完井液实用技术丛书》。

在分析总主题、分主题和目前钻井液完井液技术现状的基础上，在对已有相关书籍的书名、内容、读者对象和编写背景分析的情况下，认为目前可以从现代钻井液完井液处理剂及体系、钻井液监督及工程师应掌握的知识、钻井液安全、钻井废弃物等方面重点考虑，进行各单本书名的确定。结合拟叙述的深度及书稿的知识构成，以及丛书的编写要求，考虑到钻井液完井液各部分内容在实际应用中所占的分量、各部分的影响大小和代表性，确定各分册的具体书名及基本内容：

（1）《现代钻井液概论》。以介绍现代钻井完井液基本知识、钻井完井液体系组成与性能为主，兼顾介绍有关应用技术。

（2）《钻井液监督与工程师读本》。以基本知识和应知应会为主，既包括钻井液监督管理与规定、工作与实验方法、报告与论文写作技巧，又包括钻井液专业知识，兼顾新工艺、新技术，突出有关复杂情况预防与处理技巧。

（3）《油气井完井工作液》。以介绍油气井完井工作液基础知识为主，兼顾介绍有关应用技术。

（4）《钻井废弃物处理技术》。以基本知识和近期取得的成果为主，既包括钻井废弃物对环境的影响及评价、钻井废弃物处理的基本知识，又包括现场处理技术和实例，

（5）《钻井液安全使用必读》。内容包括钻井液基本知识，钻井液的危害及防护，钻井液处理剂的基本性质、危害及防护，废弃钻井液的危害和防护等。

在各分册的主题（书名）和基本内容确定后，拟定大纲之前，还需要认真思考如下几点：

（1）对丛书的每个作者来说，各分册的书名、主题内容是否有吸引力，自己对这些书的书名、主题内容有没有积极的兴趣？

（2）每个作者对这些书的书名、主题（内容）有没有什么想法（意见）？

（3）每个作者对这些书的主题所涉及的内容是否具备一定的预备知识或足够的积累，是否具备较强的材料获取和组织能力，是否掌握书稿的写作技巧？

（4）关于丛书主题下每个分主题的书稿有没有可能用规定的篇幅（文字）表述清楚，并在规定的时间内写完？

（三）各分册书稿的大纲拟定

拟定大纲时，应避免各分册之间或同本书稿各章节之间的内容重复。对可能有交叉、重复的时候，要对其写作内容作出特别说明和安排。要明确各分册或各章节的预计字数，同时还要估计和控制插图的数量。

编写大纲是全书写作的纲领，使编者在前后文衔接或各部分的编写时有明确的依据，避免走弯路。

大纲要在成熟考虑、构思的基础上拟出。有时一时难以拟定细目，可以先拟出大的标题，经必要的讨论、研究后再拟定。在编写时可根据实际情况进一步设置更细的标题，或对大纲标题作调整、修改，但这种调整、修改，一般应限于局部，不应改变全局，打乱体系。

丛书中每一分册大纲的拟定要以一本书的主题和性质为根本依据，对全书涉及论题的主次、先后、照应关系、篇幅比例、叙述方式、讨论深度等方面体现出最科学、合理的安排，从而保证将来写成的书稿条理清楚、结构严密、层次分明、重点突出、主次得体、不重复、不缺漏，以保证书稿的质量。

1.《现代钻井液概论》大纲

结合书稿主题，按照第一章绪论、第二章抑制性水基钻井液、第三章超高温及超高密度钻井液、第四章油基钻井液、第五章合成基钻井液、第六章气体和气液混合钻井流体、第七章海洋深水钻井液等7章结构拟定大纲，以第一章为例，内容如下：

第一章　绪论

　第一节　现代钻井技术及钻井液发展简述

　　一、现代钻井技术的发展

　　二、国内钻井液技术的发展

　第二节　钻井液体系的设计与选择

　　一、基本内容

　　二、现代钻井技术对钻井液的要求

　　三、储层保护对钻井液的要求

　　四、环境保护对钻井液的要求

　　五、钻井液性能参数设计

　第三节　钻井液性能的维护与处理

　　一、水基钻井液性能维护与处理

　　二、水基钻井液受污染时的处理

　　三、油基钻井液性能维护与处理

　　四、钻井液维护处理中应明确的若干问题

2.《钻井液监督与工程师读本》大纲

结合书稿主题，按照第一章钻井液监督与工程师实务、第二章钻井液基础、第三章钻井液材料和处理剂、第四章钻井液体系、第五章钻井液污染及井下复杂情况预防与处理、第六章钻井液固相控制、第七章钻井液对油气层的损害与防护等7章结构拟定大纲，以第七章为例，内容如下：

第七章　钻井液对油气层的损害与防护

　第一节　油气层保护基础

　　一、油气层保护的重要性

　　二、钻井完井过程中油气层损害原因

三、钻井过程中影响油气层损害程度的工程因素

四、油气层损害的评价方法

五、降低钻井过程中对油气层的损害措施

第二节　油气层保护的钻井液

一、保护油气层对钻井液的要求

二、保护油气层的钻井液体系

3.《油气井完井工作液》大纲

结合书稿主题，按照第一章绪论、第二章固井水泥浆、第三章酸化液、第四章压裂液等4章结构拟定大纲，以第二章为例，内容如下：

第二章　固井水泥浆

第一节　油井水泥外加剂

一、促凝剂

二、缓凝剂

三、降失水剂

四、分散剂

五、减轻剂

六、加重剂

七、消泡剂

八、防气窜剂

第二节　固井水泥浆体系

一、常规水泥浆体系

二、高密度水泥浆体系

三、低密度水泥浆体系

四、盐水水泥浆体系

五、防气窜水泥浆体系

六、塑性水泥浆体系

七、触变水泥浆体系

八、高温水泥浆体系

九、其他体系

4.《钻井废弃物处理技术》大纲

结合书稿主题，按照第一章绪述、第二章钻井废弃物对环境的影响评价、第三章废钻井液及钻屑的处理、第四章钻井废水的处理、第五章钻井废弃物矿场处理实例等5章结构拟定大纲，以第五章为例，内容如下：

第五章　钻井废弃物矿场处理实例
　第一节　废弃水基钻井液及钻屑处理
　　一、中原油田废弃钻井液处理
　　二、新疆油田废弃钻井液固化处理
　　三、固液分离–化学处理技术在长北气田的应用
　　四、钻井废弃物“不落地”随钻处理
　第二节　钻井废水处理
　　一、普光气田钻井废水处理
　　二、川渝气区钻井废水处理
　第三节　废弃油基钻井液及钻屑处理
　　一、含油钻屑无害化处理
　　二、页岩气钻井油基钻屑处理
　　三、废弃油基钻井液回收利用
　　四、页岩气油基钻屑热馏处理

5.《钻井液安全使用必读》大纲

结合书稿主题，按照第一章钻井液基本知识、第二章钻井液的危害及产生途径、第三章钻井液处理剂及使用安全、第四章钻井液体系与使用安全等4章结构拟定大纲，以第二章为例，内容如下：

第二章　钻井液的危害及产生途径
　第一节　钻井液及处理剂的危害
　　一、处理剂的危害
　　二、钻井液的危害
　第二节　钻井液对健康和环境的影响途径
　　一、对健康的影响途径
　　二、对环境的影响途径
　第三节　安全与防护措施
　　一、危险化学品安全管理条例
　　二、储运和使用安全
　　三、使用绿色处理剂及钻井液

（四）书稿撰写与修改

按照所拟定的大纲，首先组织写作分工，制定编写体例，然后准备资料和文献，在对文献资料研读、归类和精练的基础上，按照书稿撰写要求撰写各分册书

稿初稿。需要强调的是，在各分册书稿的撰写中，除做到丛书稿撰写的基本要求外，还要注意做到如下三点：

第一，起点要有一定的高度。该丛书针对的是具备一定技术基础的现场钻井液技术人员和监督、管理等技术人员，因此，必须从一定的高度来展开论述，组成丛书的分册书稿内容要有一定数量的新成果、新技术、新经验等相关新知识。使每本书都能满足现场技术人员提高技能和了解新知识的需要。

第二，不能简单堆砌。作者在长期从事科研和技术工作实践中，都会积累丰富的知识，拥有大量的写作素材。但是，要写作成一本高水平的书稿，不能将积累的材料或素材简单堆砌，而应按既定的主题，浓缩素材，归纳提炼，取其精华，经过精心组织撰写，使写成的书稿行文流畅、重点突出、详略得当。

第三，不能出现重复交叉。单册书稿的内容必须遵从紧扣各自主题的原则，在适当考虑系统性的前提下，要求各分册书稿之间、每一单册书稿与作者已出版书籍之间、每一分册书稿与其他作者已出版类似内容书籍之间，除非必要，一般不能出现内容重复交叉或雷同。

总而言之，在丛书写作中要注意各分册的主题关联，分主题的内在逻辑和互补性，同时紧紧围绕丛书题目或主题展开论述，既各自独立表达单本书的分主题，又相辅相成，共同呈现钻井液完井液这个总主题，让读者各取所需——既能只读其中一本，也可以读全套丛书。

初稿完成后经过多遍修改完成最终书稿。定稿时要根据丛书稿编写的技术要求，对每本书稿进行全面的修改，统一层次体例、计量单位、名词术语，纠正错别字，核对图表。同时还要重点关注如下两点：

一是认真核对材料。查核材料本身是否真实、可信、准确，包括对初稿中的论述、论断、数据、典型材料、引文出处等进行核对，发现疑点和前后矛盾之处，一定要搞清楚、整明白，如果直接引用了他人的内容，最好核对原文，把一切失误、失实和有出入的材料直接删除或改写准确，保证论述坚实可靠。

二是根据丛书总主题和各分册分主题的要求，对各分册的材料进行增、删，调整。对于缺少材料或材料单薄、论述不完整的，就要增补有代表性、典型性的新材料，使论述更加充实，系统完整。对材料杂乱、重复，或材料与观点不一致的，则要删减，以突出观点，材料不是多多益善，而是适度为佳。对于陈旧、一般化的材料，则要进行调换，换上更合适的材料。对于不同书中或同一书的不同章节中重复或交叉的材料，除非必要一般只在最适合的某一本或某一章节中保留。材料的选择关系到书稿内容的充实性、完整性，太少会让读者觉得泛泛而谈，太多则会让读者觉得赘余，所以数量上的把控也是尤为重要的。

书稿定稿后，结合书稿内容撰写了丛书前言及各单本前言。其中，丛书前言如下：

为满足现代钻井完井工艺技术发展的需要，也为了系统的总结钻井液完井液方面的成果、技术和应用经验，以利于提高对现代钻井液完井液的认识、加强钻井液现场监督、安全使用、选择与管理，以及有效地开展钻井废弃物处理，中国石化出版社策划出版了这套《钻井液完井液实用技术丛书》，以奉献给钻井液完井液专业和相关专业的广大读者。

钻井液完井液是一类重要的油田化学作业流体，是油田化学的重要组成部分，在石油勘探开发中有着重要的作用，占据重要的地位。它是保证钻井、完井以及井下作业安全顺利高效实施的关键。自20世纪70年代我国钻井液完井液技术开始系统的研究与应用以来，经过50多年的发展，钻井液完井液专业学科已趋于成熟，并逐步形成了门类齐全的钻井液完井液处理剂和系统的钻井液完井液体系，能够基本满足复杂地层和特殊工艺井等现代钻井、完井和井下作业工程的需要，从而为现代钻井完井工艺技术的成熟配套奠定了基础，也促进了石油勘探开发的进程。

为配合钻井液完井液工艺技术的学习、培训、教学和应用等，国内自20世纪70年代以来，先后出版了一些关于钻井液完井液工艺技术方面的教材及专业书籍，为钻井液完井液工艺技术和相关知识的学习和应用提供了参考。纵观50年来钻井液完井液的发展，特别是近年来，一些新型高性能钻井液完井液处理剂和钻井液完井液体系不断开发应用，钻井液完井液类型不断增加和完善，钻井完井液技术水平不断提高，尤其是随着深井超深井、页岩气水平井和深水钻井的增加，再加之对环保的要求越来越严格，对钻井液完井液的综合性能、环保性能等提出了更高的要求，同时对钻井完井废弃物排放也有了严格的限制，绿色高性能钻井液完井液成为未来的发展方向。而与钻井液完井液技术的发展相比，关于钻井液完井液专业的教材和技术参考书在内容更新方面显得有些滞后，且系统的和全面涵盖钻井液完井液各相关技术方面的书籍依然很少。显然编写一套系统完整、且能够为现场作业、监督管理、技术培训和职业技术教育等提供有益参考作用的钻井液完井液系列技术读物，已成为人们的共识和石油工程与油田化学领域的迫切要求。

这套丛书立足于实用和基础，兼顾新知识、新技术，主要面向生产一线人员，不仅介绍了钻井液与完井液基本知识及新产品、新工艺和新技术，还介绍了钻井废弃物处理技术、钻井液安全使用，以及钻井液监督和工程师需要掌握的相关知识。编者结合从事钻井液完井液研究与应用实践，并广泛吸收相关研究与应用成果、专业文献、环保法律、法规的基础上，确定了丛书的构架。该丛书包括《现代钻井液概论》《钻井液监督与工程师读本》《油气井完井工作液》《钻井废弃物处理技术》和《钻井液安全使用必读》5册。分别介绍了现代钻井液技术，钻井液监督管理和钻井液相关知识，固井水泥浆、酸化液和压裂液化学剂和体系，钻井废弃物处理技术和钻井液使用中的安全和环保要求等。

该套丛书可以作为从事石油工程、油田化学等专业的研究与现场工程技术的人员阅读，也可以作为钻井液完井液岗位操作人员的培训教材，以及石油工程相关专业的本科生的参考读物。

该丛书于2020年由中国石化出版社出版发行。

第五章　科技报告与书稿写作规范

科技报告与书籍作为一种特殊的产品，其质量是产品的生命。在科技报告与书稿写作中的规范化，是保证科技报告与书稿质量的关键，因此，科技报告与书稿的写作应严格执行国家相关的法规、标准。本章作为对科技报告与书稿写作的技术性要求，从数字的用法、量和单位、标点符号、公式和化学结构式、插图和表格的使用，以及参考文献的引用等方面，依照国家有关法规、标准进行介绍，供读者在科技报告与书稿写作中参考，以提高科技报告与书籍的标准化、规范化水平。

第一节　数字的用法

科技写作离不开用数字说话。无论是介绍一项成果，阐明一个观点，还是验证一个发现，都必须提供有关的数据。一篇科技报告或一部科技书籍，如果抽去了其中的数据，其论证就会显得无力，也会降低说服力。科技报告与书籍中，数字通常有汉字数字、阿拉伯数字两种形式。数字的应用应按照国家标准《出版物上数字用法》（GB/T 15835—2011）执行。

一、数字的形式选用

在科技报告与书稿中，可以使用阿拉伯数字，也可以使用汉字数字，但凡是可以使用阿拉伯数字而且又很得体的地方，均应使用阿拉伯数字。

（一）使用阿拉伯数字的场合

使用阿拉伯数字的场合包括用于计量、编号的数字和已经定型的含阿拉伯数字的词语中的数字，包括：

（1）公元世纪、年代、年、月、日、时刻可用阿拉伯数字。如：20世纪90年代；2021年4月18日；18时8分18秒。

“时刻”用标准化格式表示，“18时8分18秒”写为“18：08：18”。

日期与日的时间组合的表示方法是：年－月－日T时：分：秒。T为时间标志符。“时”“分”“秒”之间的分隔符是冒号（：）而不是比号（∶）。例如“2021年4月18日18时8分18秒”，可表示为“2021-04-18T18：08：18”。这种方式更多地用在图表中。

（2）计量单位和计数资料数据要用阿拉伯数字。在使用数字进行计量的场合，如正负数、小数、分数、百分数、比例，部分概数等，为达到醒目、易于辨识的效果，应采用阿拉伯数字。如：5，0.5，4/5，88%，7∶3，20多，100余。

当数值伴随有计量单位时，如：长度、容积、面积、体积、质量、温度、频率等，特别是当计量单位以字母表达时，应采用阿拉伯数字。如：食盐200g，木料5m^3，羊2只等。

（3）序数词和用于编号的数字用阿拉伯数字。如：产品型号、样品编号，以及各种代号或序号；电话号码，邮政编码，通信地址，网页地址；公文编号，图书编号，报告编号，章节编号；文后参考文献著录中的数字（古籍除外），等。

（4）已定型的含阿拉伯数字的词语。现代社会生活中出现的事物、现象、事件，其名称的书写形式中包含阿拉伯数字，已经广泛使用而稳定下来，应采用阿拉伯数字。如：5G手机，维生素B_{12}，97号汽油，“5·27”事件等。

（二）使用汉字数字的场合

适合使用汉字数字的场合包括非公历纪年、概数（约数）和已定型的含汉字数字的词语中的数字，包括：

（1）非公历纪年。干支纪年、农历月日、历史朝代纪年及其他传统上采用汉字形式的非公历纪年等，应采用汉字数字。如：丙寅年十月十五日；腊月二十三；太平天国庚申十年九月二十四日等。

（2）概数。数字连用表示的概数、含“几”的概数，应采用汉字数字。一般科技报告与书稿很少出现。如：三四个月；一二十个；四十五六岁；几万分之一等。

（3）已定型的含汉字数字的词语。汉语中长期使用已经稳定下来的包含汉字数字形式的词语，如语素构成定型的词、词组、惯用语、缩略语或具修辞色彩的语句时，应采用汉字数字。如：第一，三氧化二铝，星期五，一分为二，三心二意，七上八下，九届四次理事会。

（三）阿拉伯数字与汉字数字均可使用的场合

（1）如果表达计量或编号所需要用到的数字个数不多，选择汉字数字还是阿拉伯数字，在书写的简洁性和辨识的清晰性两方面没有明显差异时，两种形式均可使用。如：3倍（三倍）；第5个工作日（第五个工作日）；20余次（二十余次）；第25页（第二十五页）；下午4点40分（下午四点四十分）等。

（2）如果要突出简洁醒目的表达效果，应使用阿拉伯数字；如果要突出庄重典雅的表达效果，应使用汉字数字。如：北京时间2008年5月12日14时28分；六方会谈（不写为“6方会谈”）等。

（3）在同一场合出现的数字，应遵循“同类别同形式”原则来选择数字的书写形式。如果两个数字的表达功能类别相同（比如都是表达年月日时间的数字），或者两数字在上下文中所处的层级相同（比如文章目录中同级标题的编号），应选用相同的形式。反之，如果两数字的表达功能不同，或所处层级不同，可以选用不同的形式。如：2008年8月8日亦可以写成二〇〇八年八月八日（不写为“二〇〇八年8月8日”）。应避免相邻的两个阿拉伯数字造成歧义的情况。如：高三3个班，高三三个班（不写为“高33个班”）。

二、数字形式的使用

（一）阿拉伯数字的使用

1. 多位数

为便于阅读，书写和排印四位以上的整数或小数，可采用千分撇、千分空两种方式分节。

千分撇：整数部分每三位一组，以“,”分节。小数部分不分节。四位以内的整数可以不分节。

千分空：从小数点起，向左和向右每三位数字一组，组间空四分之一个汉字，即二分之一个阿拉伯数字的位置。四位以内的整数可以不加千分空。

2. 纯小数

纯小数必须写出小数点前定位的“0”，小数点是齐阿拉伯数字底线的实心点“.”。

3. 年月日

年月日的表达顺序应按照口语中年月日的自然顺序书写。如：2021年7月1

日。“年”“月”可用“-”替代，但年月日不完整时不能替代。如：2021-7-1；7月1日（不写为7-1）；2021年7月（不写为2021-7）。

四位数字表示的年份不能简写为两位数字。如：“2021年”不写为“21年”。

月和日是一位数时，可在数字前补“0”。如：2021-07-01。

4. 时分秒

计时方式既可采用12小时制，也可采用24小时制。如：11时40分（上午11时40分）；21时12分36秒（晚上9时12分36秒）。

时分秒的表达顺序应按照口语中时、分、秒的自然顺序书写。如：15时40分；14时12分36秒。

“时”“分”也可用“：”替代。如：15：40；14：12：36

5. 含有月日的专名

含有月日的专名采用阿拉伯数字表示时，应采用间隔号“·”将月、日分开，并在数字前后加引号。如：“3·15”消费者权益日。

6. 数值的有效位数

数值的有效位数必须全部写出。如：一组有3位有效数字的样品质量“2.250，4.500，5.750g”，不能写作“2.25，4.5，5.75g”。

7. 书写格式

（1）字体。出版物中的阿拉伯数字，一般应使用正体二分字身，即占半个汉字位置。

（2）换行。一个用阿拉伯数字书写的数值应在同一行中，避免被断开。

（3）竖排文字中的阿拉伯数字按顺时针方向转90度。旋转后要保证同一个词语单位的文字方向相同。

（二）汉字数字的使用

1. 概数

两个数字连用表示概数时，两数之间不用顿号“、”隔开。如：二三米；三五天。

2. 年份

年份简写后的数字可以理解为概数时，一般不简写。如：“一九七八年”不写为“七八年”。

3. 含有月日的专名

含有月日的专名采用汉字数字表示时，如果涉及一月、十一月、十二月，应用间隔号“·”将表示月日的数字隔开，涉及其他月份时，不用间隔号。如：

“一二·九”运动；五一国际劳动节。

4.“零”和“〇”

阿拉伯数字“0”有“零”和“〇”两种汉字书写形式。一个数字用作计量时，其中“0”的汉字书写形式为“零”，用作编号时，“0”的汉字书写形式为“〇”。如：“3052（个）”的汉字数字形式为“三千零五十二”（不写为“三千〇五十二”）；“95.06”的汉字数字形式为“九十五点零六”（不写为“九十五点〇六”）；“公元2012（年）”的汉字数字形式为“二〇一二”（不写为“二零一二”）。

（三）阿拉伯数字与汉字数字同时使用

如果一个数值很大，数值中的“万”“亿”单位可以采用汉字数字，其余部分采用阿拉伯数字。如：我国2020年人口普查人数为14亿零43 497 378人。

除上面情况之外的一般数值，不能同时采用阿拉伯数字与汉字数字。如：108可以写作“一百零八”，但不应写作“1百零8”“一百08”；4 000可以写作“四千”，但不能写作“4千”。

三、数字应用的具体要求

（一）数字增加与减少的表示

在科技报告与书稿中注意区别下列用法的含义，以免用错。

（1）增加为（到）过去的5倍。过去为1，现在为5；

（2）增加（了）5倍。过去为1，现在为6；

（3）增加60%。过去为100，现在为160；

（4）降低（了）60%。过去为100，现在为40；

（5）降低到60%。过去为100，现在为60；

（6）减少（了）1/5。过去为1，现在为4/5；

（7）增加（了）5个百分点。过去为1%，现在为6%。

（二）数值范围的表示

在科技报告与书稿中注意区别数值范围的表示，以免用错。

（1）表示数值范围采用浪纹号（~）。例如：120~130kg。不是表示数值范围，就不要用浪纹号，如“1995~2000年”是2个年份（不是数值），“~”应为连接号“—”。

（2）表示单位相同的数值范围时，单位可以仅在后一个数字后面列出，也可以在两个数字后均列出，无论采取哪种方式，全文应该统一。如“100g~150g”可以写作“100~150g”。

表示单位不完全相同的量值范围时，每个量值的单位应全部写出，如“3h~4h 20min”不能写作“3~4h 20min”。

（3）表示百分数的范围时两个数字均应带百分号。如5%~10%，不能写为5~10%。

（4）表示幂次相同的数值范围时幂次不能省略，如铁离子含量为$0.6\times10^{-6}\sim1\times10^{-6}$，不能写成$0.6\sim1\times10^{-6}$，可写为$(0.6\sim1)\times10^{-6}$。

（5）用“万”或“亿”表示的数值范围，每个数值中的“万”或“亿”不能省略。如“20万~30万”不能写成“20~30万”。

（三）数值公差的表示

量值与其公差的单位相同、上下公差也相等，单位可只写1次，如“12.5mm ± 0.5mm”可写作“（12.5 ± 0.5）mm”，不能写作“12.5 ± 0.5mm”。

量值的上下公差不相同时，公差应分别写在量值的右上、右下角，如“$20^{+0.3}_{-0.5}$ cm”；量值与公差的单位不相同时，单位应分别写出，例如“$20\text{cm}^{+0.3\text{mm}}_{-0.5\text{mm}}$”。

表示带百分数公差的中心值时，百分号（%）只需写1次，同时“%”前的中心值与公差应当用括号起。例如“（50 ± 5）%”任何时候都不得写作“50 ± 5%”或“50% ± 5%”。

（四）多位数的表示

小数点后面有3个以上0的纯小数或尾数有3个0以上的整数，均可改为10的幂次的形式，但应注意，属于有效数字的0必须写出。如35000的有效数字是3位时，可改写为3.50×10^4或350×10^2，不能写成3.5×10^4。

尾数是0的5位以上的数字可以用万、亿为单位的数来表示。如：1260000000可以写为12.6亿，48000000可以写为4800万。若数字后是计量单位，可以用词头来表示。常用的词头有M，k，d，c，m，分别表示兆、千、分、厘、毫，如2000g可写为2kg，0.3m可写为30cm等。

（五）数值修约

（1）数值修约的规则。数值修约规则口诀：四舍六入五看齐、奇进偶不进。

“五看齐、奇进偶不进”的意思是：欲舍弃的数字最左一位是 5，且 5 后面跟有并非全部为“0”的数字时，则进 1。如：将 20.501 修约到个数位，进 21。拟舍弃数字最左一位是 5，且其后无数字或全部为零，若所保留的末位数为奇数，则进 1，为偶数（包括“0”）则舍去。如：将 1.050 修约到 1 位小数，得 1.0；将 0.350 修约到 1 位小数得 0.4。

（2）极大值或极小值修约规则。对于极大值或极小值，换算单位后进行数字修约时，应遵循“极大值只舍不入，极小值只入不舍”的原则。因为“极大值”已经是最大的了，再入上去数值更大，那“极大值”就不是最大的值了，等于否定了原值。对“极小值只入不舍”也是同样道理。

第二节　量和单位

科技报告与书稿写作过程中，常涉及大量的量和单位。根据有关文件的要求，书刊、报纸、新闻稿、教材、产品铭牌、产品说明书等，在使用量和单位的名称、符号时，书写均应符合标准规定。因此，在科技报告与书稿写作中，应依据国家标准《量和单位》（GB 3100~3102—1993）的规定，处理好报告与书稿中所涉及的量和单位。

一、量名称及其符号

（一）量的名称

把现象、物体或物质的可以定性区别和定量确定的一种属性称为量，有时也称为物质量。量的名称一律采用SI规定的标准名称。GB 3102.1~13—93共规定了614个物理量，并对这些物理量启用了专门名称。因此，在科技报告与书稿写作中应正确使用国家标准规定的量名称，特别应注意通用的量名称，要按GB 3102.1~13—93规定选用，切勿使用已废弃的量名称。同一个量名称不应有多种写法，不得使用自造的名称，并优先采用标准化的新名称，学科或专业的量的名称应采用全国科学技术名词审定委员会审定公布的。

（二）量的符号及其使用规范和要求

在国家标准中，每个量都给出了1或2个以上符号，这些符号即标准化符号，如l（长度）、d（直径）、m（质量）、t（时间）、I（电流）、v（速度）、T（热力学温度）、n（物质的量）、Iv（发光强度）等。国家标准规定，非普及性科学书刊，尤其是在数理公式中，必须使用量符号。量符号的使用规则如下：

（1）应采用国家标准中规定的量符号。若作者用到的量符号在国家标准中没有出现，可以参照标准自己拟定量符号。自拟时要注意，量符号一般是由单个拉丁字母或希腊字母表示的（25个特征数符号例外，它们由2个字母构成，如雷诺数Re、普朗特数Pr等，另一个例外是pH值），不能用多个字母做量符号，如把“临界高温”的量符号写成CHT（critical high temperature）是错误的，正确表达应为T_c。当然，类似CHT这样的英文缩写词用在文字叙述中，而不是作为量符号用在公式或图表中也是允许的。

（2）量符号必须采用斜体字母，pH除外。

（3）矢量、张量和矩阵符号一律使用黑斜体。

（4）同一量应恰当选用量符号。如果1个量同时有2个或2个以上的符号而未加区别时，它们都处于同等的地位，则可根据情况选择1个符号使用。当量的主符号与其他量的符号发生冲突或按需要使用时，可使用备用符号。

（5）根据实际需要，量符号可以附加其他标记用以对量符号加以某些限制或说明，所加的附加标记有下角标字母、上角标星号“＊”、侧标等，用以表示某些特定的状态、条件、位置或测量方法等。

（6）量符号的上下标、正斜体与大小写的写作规则是：使用量符号及具有代表性的字母作下标时，一律用斜体表示（如Cp，p表示压力），其他均使用正体（如Cw，w表示水）；使用阿拉伯数字作下标时均采用正体；使用来源于人名的缩写作下标时采用大写字母，其他通常用小写字母；使用量符号和单位符号作下标时，其字母的大小写应与原符号相同；尽可能不用或少用复合下标，即下标的下标。

（7）不能将化学式作为量符号使用。例如：盐酸的质量不可以写成HCl=5kg，而应写成m（HCl）=5kg；铁的质量分数不可以写成Fe%=67.89%，而应写成w（Fe）=67.89%。

（8）不能把化学元素符号作为量符号使用。例如“H_2 : O_2=2 : 1”，这不仅不规范，且含义也不清楚。正确的表达方式：若指质量比，应为m(H_2) : m(O_2) = 2 : 1；若指体积比，应为V（H_2）: V（O_2）=2 : 1；若指物质的量的比，应为n（H_2）: n（O_2）=2 : 1。

（三）量符号的组合与运算

（1）两量加减法。2个量的量纲相同时才能进行加与减的运算，表示式为$x \pm y$。

（2）两量相乘法。对于由2个字母构成的量符号，为避免误解为2个量的相乘，所以当它们出现在公式中，相乘的量之间一定要加上中圆点“·”或空出1/4个字空。对于矢量相乘，不加乘号与加“·”“×”的意义不同，不能相互变换。

（3）两量相除法。2个量相除的表达式为：x/y，$\frac{x}{y}$，$x \cdot y^{-1}$，xy^{-1}。采用“/”作除号时，同一行中不能有2个“/”，但可加括号来避免混淆。当分子分母为多项式时，如果要用“/”，必须使用括号。

二、单位名称及符号

在国家标准中为每个量专门给出了单位，这些单位均为我国的法定计量单位。法定计量单位由SI单位、SI导出单位及非SI法定单位组成。正确使用法定单位是“量和单位”标准化的重要方面。

（一）国家法定计量单位

按规定，科技报告和书刊一律采用《中华人民共和国法定计量单位》。我国法定计量单位是以国际单位制（SI）单位为基础，根据我国情况加选的一些非SI单位构成的，包括SI基本单位、具有专门名称的SI导出单位、我国选定的非SI的单位、由以上单位构成的组合单位、由SI词头与以上单位构成的倍数单位。

（二）单位名称

一般单位名称有全称和简称两种。组合单位的名称按其单位符号的乘除、乘方等组合形式命名，顺序与其符号的表示一致，乘号无名称，除号的名称为“每”，且“每”只能出现1次。乘方形式的单位名称，其顺序为指数名称在前，单位名称在后，指数名称由相应的数字加“次方”构成。单位分子为1、分母有单位时，按“每单位名称”或“负几次方单位名称”命名。当长度的二次和三次幂分别用于表示面积和体积时，“二次方”改为“平方”，“三次方”改为“立方”，其他量仍用“二次方”和“三次方”表示。

书写组合单位名称时，每个单位用全称或简称，不得加任何符号。

（三）单位的符号

单位符号包括中文符号和国际符号。

单个单位名称的简称就是该单位的中文符号。组合单位的中文符号由每个单位的简称组合而成。相乘组合单位的中文符号只有加中圆点“·”1种形式，相除组合单位的中文符号有加“/”，“·”和水平线3种形式。单位的中文符号在科技报告与书稿中一般不用。

单位的国际符号是指全世界通用的用拉丁字母或希腊字母表示的单位符号，也称为标准化符号。国际符号使用规则如下：

（1）单位符号全部采用正体。

（2）通常单位符号字体为小写，若其源于人名，则首字母大写。“升”的符号“L”为大写。

（3）单位符号没有复数形式，符号上不得附加任何其他标记或符号。例如土壤中氮的质量分数单位“g/kg”不得写为“gN/kg土”。

（4）相乘的组合单位符号有2种表示方式，即N·m或N m，建议采用X·Y（N·m）形式表示。

（5）相除的组合单位符号有3种表示方式，即X/Y（m/s）、$X\cdot Y^{-1}$（$m\cdot s^{-1}$）、$\frac{X}{Y}$（$\frac{m}{s}$），一般采用前2种形式表示。当相除的组合单位分母由2个以上单位组合构成时，分母中的单位间要加间隔号，所有单位用括号括起，单位符号间的比线（/）不能多于1条，如mol/（mL·min）。分母中单位采用负指数形式表示时，每个单位之间也应加间隔号，如$mol\cdot mL\cdot min^{-1}$。分子为1的组合单位符号，通常采用负数幂的形式，例如m^{-1}。

（6）一般在公式、曲线图、数据表等需要一目了然的地方使用单位和词头的符号，叙述性文字中也可使用。

（7）一般单位的中文符号和国际符号不得同时混用在组合单位中，如“千克/m^3”。

（8）单位符号必须作为一个整体，使用时不得拆开。单位置于数值之后，二者之间应空1/4个字空。

（9）平面角的度、分、秒的符号单独使用时，要用圆括号括起，如（°）（′）（″）；与数值合用时，排在数字的右上角，如“48° 37′50″”。

（10）过去习惯称的“无量纲”已更名为“量纲一”。任何量纲一的量的SI一贯单位都是“一”，符号是“1”；在表示量值时，“1”一般不明确写出，而且不能与词头结合以构成其十进倍数或分数单位，其十进倍数或分数以10的幂表示。非法定计量单位应换算为法定计量单位。由于百分是纯数字，因此常见的把“质量分数”或“体积分数”说成“质量百分（数）”或“体积百分（数）”在原则上是无意义的，写成“%（*m*/*m*）”或“%（*V*/*V*）”是不正确的。

（11）对一些非法定计量单位，若换算为法定计量单位困难很大，且换算后会给读者带来不便，或必要时仍允许继续使用时，可在其后括注法定计量单位或在其第一次出现时加脚注注明其与法定计量单位的换算关系。

（12）在非图表的叙述文字中，某些单位是使用单位名称还是单位符号，应根据这个单位的具体情况而定。例如“年”，符号“a”，行文中不能写“3a6个月”，应写“3年6个月”。符号“a”一般用于图表、公式、组合单位，以及和词头组合成的单位中。如：图坐标“t/a”；单位面积年产量的单位“t/（m^2·a）”和与词头组合，如“500Ma”（500兆年）等。

（13）英文名词的缩写，如ppm，ppb等既不是某些单位的专门名称，也不是数学符号，更不是单位符号，因此国家标准中明确规定，不能使用此类缩写。不得已使用时，应指明其与法定单位或与10的幂的关系。例如可将200ppm改为200×10^{-6}或200mg/kg。

（四）词头

词头是用来构成十进倍数或分数单位的因数符号，它只有与单位结合才有意义。加词头后，一般使数值在0.1~1000范围内。

1. 词头的符号

词头中文名称的简称可以作为词头的中文符号使用。词头符号一律采用正体书写，并注意区分词头符号的大小写，对于因数$\geqslant10^6$的词头用大写字母表示，因数$\leqslant10^3$的词头用小写字母表示。词头符号与单位之间不留空隙，也不加任何符号。

2. 词头的使用规则

词头不能独立使用，不能重叠使用，摄氏度、平面角和时间单位（s除外）以及kg等不能使用词头构成倍数单位，乘方形式的倍数单位的指数属于包括词头在内的整个单位。

组合单位的倍数单位一般只用1个词头，并尽可能用于组合单位中的第1个单位。对通过单位相乘构成的单位，词头通常加在第1个单位前。对通过单位相除或除乘构成的组合单位，词头一般应加在分子的第1个单位前，分母一般不加词头。当组合单位的分母为长度、面积、体积单位或分子为1时，分母可以按习惯与方便选用某些词头。一般不在分子分母同时加词头。而质量单位kg例外。

第三节　标点符号

为了保证叙述的准确性和读者的正确理解，在科技报告与书稿的写作中应正确使用标点符号，标点符号的使用应以国家相关规定为准。标点符号是辅助文字记录语言的符号，是书面语的有机组成部分，不仅有表示停顿、语气、词语的性质和作用的功能，而且有辅助修辞的功能，写作中必须高度重视。

一、标点符号的用法

国家标准《标点符号用法》（GB/T 15834—2011）将其分为点号和标号两类共计17种。其中点号7种，其作用在于点断，表示句中或句末的停顿，也可表示句子的语气。标号共有10种，其作用在于表明，主要表明语句的性质和作用。

（一）点号的用法

点号主要表示停顿和语气。分为句末点号和句内点号。句末点号表示句末停顿和句子的语气。包括句号、问号、叹号；句内点号表示句内各种不同性质的停顿。包括逗号、顿号、分号、冒号。

1. 句号（。）

句号主要用于句子末尾，表示陈述语气。使用句号主要根据语段前后有较大停顿、带有陈述语气和语调，并不取决于句子的长短。有时也可表示较缓和的祈使语气和感叹语气。

在科技报告与书稿中，大量使用陈述句，鲜见感叹句、祈使句等，所以句末大多用句号结尾。有时词语虽构不成完整的句子，但因其具有标题性质，故用句号将其和后面的释文隔开。

句号还有另一种形式，即一个小圆点（.），一般在科技文体中使用。

2. 问号（？）

问号主要用于句子末尾，表示疑问语气（包括反问、设问等疑问类型）。使用问号主要根据语段前后有较大停顿、带有疑问语气和语调，并不取决于句子的长短。

选择问句中，通常只在最后一个选项的末尾用问号，各个选项之间一般用逗号隔开。当选项较短且选项之间几乎没有停顿时，选项之间可不用逗号。当选项较多或较长，或有意突出每个选项的独立性时，也可每个选项之后都用问号。

问号也有标号的用法，即用于句内，表示存疑或不详。

有的句子虽然有疑问词“什么”“怎么”等，但全句并不是疑问句，末尾不用问号。例如，我也不知道SMP是什么。

3.叹号（!）

用于句子末尾，主要表示感叹语气，有时也可表示强烈的祈使语气、反问语气等。科技报告与书籍很少使用。

4.逗号（，）

表示句子或语段内部的一般性停顿。复句内各分句之间的停顿，除了有时用分号，一般都用逗号；较长的主语之后，句首的状语之后，较长的宾语之前，带句内语气词的主语（或其他成分）之后，或带句内语气词的并列成分，较长的主语中间、谓语中间或宾语中间，前置的谓语之后或后置的状语、定语之前，以及复指成分或插说成分前后，语气缓和的感叹语、称谓语或呼唤语之后，某些序次语（“第”字头、“其”字头及“首先”类序次语）之后等用逗号。

用顿号表示较长、较多或较复杂的并列成分之间的停顿时，最后一个成分前可用“以及（及）”进行连接，“以及（及）”之前应用逗号。

5.顿号（、）

顿号是比逗号还小的停顿，用来分开并列的词与词组，其作用相当于“和”“或”“与”“及”这类连词。用于并列词语之间，需要停顿的重复词语之间，某些序次语（不带括号的汉字数字或“天干地支”类序次语）之后。

相邻或相近两数字连用表示概数通常不用顿号，若相邻两数字连用为缩略形式，宜用顿号。

标有引号的并列成分之间、标有书名号的并列成分之间通常不用顿号。若有其他成分插在并列的引号之间或并列的书名号之间（如引语或书名号之后还有括注），宜用顿号。

但表示含有顺序关系的并列各项间的停顿，用顿号，不用逗号，用阿拉伯数字表示年月日的简写形式时，用短横线连接号，不用顿号。

6.分号（；）

表示复句内部并列关系分句之间的停顿，以及非并列关系的多重复句中第一层分句之间、复句内部并列关系的分句（尤其当分句内部还有逗号时）之间、非并列关系的多重复句中第一层分句（主要是选择、转折等关系）之间的停顿；用于分行或分项列举的各项之间。

但分项列举的各项有一项或多项已包含句号时，各项的末尾不能再用分号。

7. 冒号（：）

表示语段中提示下文或总结上文的停顿。用于总说性或提示性词语（如“说”“是”“例如”“证明”等）之后，表示提示下文或总结上文；用在需要说明的词语之后，表示注释和说明，用于书信、讲话稿中称谓语或称呼语之后。

一个句子内部一般不应套用冒号。在列举式或条文式表述中，如不得不套用冒号时，宜另起段落来显示各个层次。

冒号提示范围无论大小（一句话、几句话甚至几段话），都应与提示性话语保持一致（即在该范围的末尾要用句号点断）。应避免冒号涵盖范围过窄或过宽。

（二）标号的用法

标号的作用在于标明，主要标示某些成分（主要是词语）的特定性质和作用。包括引号、括号、破折号、省略号、着重号、连接号、间隔号、书名号、专名号、分隔号。

1. 引号（“ ”）

引号用于标示语段中直接引用的、需要着重论述或强调的内容，以及具有特殊含义而需要特别指出的成分，如别称、简称、反语等。

当引号中还需要使用引号时，外面一层用双引号，里面一层用单引号。

独立成段的引文如果只有一段，段首和段尾都用引号；不止一段时，每段开头仅用前引号，只在最后一段末尾用后引号。

2. 括号（（ ））

标示语段中的注释内容、补充说明或其他特定意义的语句。括号的主要形式是圆括号“（ ）”，其他形式还有方括号“［ ］”、六角括号“〔 〕”和方头括号“【 】”等。

标示注释内容或补充说明、订正或补加的文字、序次语、引语的出处均用圆括号；标示作者国籍或所属朝代、被注释的词语时，可用方括号或六角括号。

除科技报告和书刊中的数学、逻辑公式外，所有括号（特别是同一形式的括号）应尽量避免套用。必须套用括号时，宜采用不同的括号形式配合使用。

3. 破折号（——）

标示语段中某些成分的注释、补充说明或语音、意义的变化。用于标示注释内容或补充说明、插入语、总结上文或提示下文、话题的转换、声音的延长、话语的中断或间隔、引出对话、事项列举分承等；用于副标题之前；用于引文、注文后，标示作者、出处或注释者。

4. 省略号（……）

标示语段中某些内容的省略及意义的断续等。用于标示引文的省略、列举或重复词语的省略、语意未尽、说话时断断续续、对话中的沉默不语、特定的成分虚缺等。

科技报告与书稿中，在省略外文字母和阿拉伯数字时，省略号只用一个三连点，即“…”。

省略号和“等”“等等”“什么的”等词语不能同时使用。在需要读出来的地方用“等”“等等”“什么的”等词语，不用省略号。

5. 着重号（.）

着重号标注在相应文字的下方，用于标示语段中重要的文字和语段中需要指明的文字。在科技报告与书稿中较少使用着重号。

6. 连接号

用于标示某些相关联成分之间的连接。连接号有4种形式，即一字线连接号“—”（占一个汉字的位置）、半字线或短横连接号“-”（占半个汉字的位置）、西文连字符“-”（为字母m的1/3宽）和浪纹式连接号“~”（或数值范围号）。每种连接号的使用范围不同，其中：

一字线连接号“—”。标示相关项目的起止，如连接地名或方位名词，连接世纪、年代、年份、日期和时刻；连接几个相关的项目，表示递进式发展或工艺流程，也可换用箭头“→”；在表格的表身中，表示“未发现”；在图注中，为节省篇幅和讲求美观，可代替破折号“——”。

半字线连接号“-”。用于连接相关的词语，构成复合词；连接相关的字母、阿拉伯数字之类，组成产品型号及各种代号；用全数字式日期表示法时，间隔年、月、日；化合物的名称或表格、插图的编号（如连接图序或表序中的章节号与图或表序号）。

西文连字符“-”。用于英、俄、德等西文中的连字符。

浪纹式连接号“~”。用来标示数值范围（由阿拉伯数字或汉字数字构成）的起止。

7. 间隔号（·）

标示某些相关联成分之间的分界。用于标示外国人名或少数民族人名内部的分界，书名与篇（章、卷）名之间的分界，用在构成标题或栏目名称的并列词语之间。

当并列短语构成的标题中已用间隔号隔开时，不应再用“和”类连词。

8. 书名号“《》”

标示语段中出现的各种作品的名称。它的形式有双书名号“《》”和单书名号“〈〉”两种。用于标示书名、卷名、篇名、刊物名、报纸名、文件名等，标示电影、电视、音乐、诗歌、雕塑等各类用文字、声音、图像等表现的作品的名称；标示全中文或中文在名称中占主导地位的软件名。标示作品名的简称。

当书名号中还需要书名号时，里面一层用单书名号，外面一层用双书名号。

使用书名号要注意：不能视为作品的课程、课题、奖品奖状、商标、证照、组织机构、会议、活动等名称，不应用书名号；书名后面表示该作品所属类别的普通名词不标在书名号内；书名有时带有括注，如果括注是书名、篇名等的一部分，应放在书名号之内，反之则应放在书名号之外；书名、篇名末尾如有叹号或问号，应放在书名号之内。

9. 专名号（__）

专名号的形式是一条直线，标注在相应文字的下方。用于标示古籍、古籍引文或某些文史类著作中出现的专有名词，主要包括人名、地名、国名、民族名、朝代名、年号等。现代汉语文本中的上述专有名词，以及古籍和现代文本中的单位名、官职名、事件名、会议名、书名等不应使用专名号。必须使用标号标示时，宜使用其他相应标号（如引号、书名号等）。

10. 分隔号“/”

作为标号使用，因其用途不同而含义不同，名称亦不同。用于分隔供选择或可转换的两项，表示“或”，分隔组成一对的两项，表示“和”，也用于分隔层级或类别。

在科技报告与科技书稿中主要用于：在分数中，作为分数线的符号，相当于除号“÷”；在一对密切相关的词语之间，表示“和”或“或”的意思；在有分母的组合单位符号中，是“每”字的符号；在词语或句子分层中作为分隔号。

分隔号又称正斜线号，须与反斜线号“\”相区别（后者主要是用于编写计算机程序的专门符号）。使用分隔号时，紧贴着分隔号的前后通常不用点号。

（三）标点符号的特殊用法

总的来说，科技报告与书稿中标点符号的用法与国家标准《标点符号用法》是一致的。但根据科技报告与书稿的特点，如文章中常有方程式、公式、各种符号、代号、阿拉伯数字以及外文字母等，其用法就有一些变动，有一定的灵活性。

在科技文献中的句末停顿可以用一个小圆点（.）表示句号，以避免与外文字母“O”和阿拉伯数字的“0”相混。

逗号，外文字母、阿拉伯数字、百分号并列时应用顿号分开，但国内有些科技期刊，根据外语特点改用逗号，如：x，y，z，a，b，c，i=1，2，3，××和××的含量分别为30%，50%。

在科技文章中，遇到公式时，可以用语言读出来，也就是将公式转化为语言叙述，可按照《标点符号用法》中的规定使用标点，不同的是，句号常改为下圆点，例如：如果a>b，那么b<a，a<b，那么b>a。

在表格中，如果只有数字、单词、词组，末尾不加标点；如果是句子，应该正确使用标点，但句末也不用标点。

一般情况下科技报告与书稿的标题不用标点。但有些科技报告与书稿中，有时为了文意表达更确切，加重文章语气和感染力，往往也用一些能反映感情色彩的标点，如问号等。

二、标点符号的位置和书写形式

在科技报告与书稿中标点符号的位置和书写形式规定如下：

（1）句号、逗号、顿号、分号、冒号均置于相应文字之后，占一个字位置，居左下，不出现在一行之首。

（2）问号、叹号均置于相应文字之后，占一个字位置，居左，不出现在一行之首。两个问号（或叹号）叠用时，占一个字位置；三个问号（或叹号）叠用时，占两个字位置；问号和叹号连用时，占一个字位置。

（3）引号、括号、书名号中的两部分标在相应项目的两端，各占一个字位置。其中前一半不出现在一行之末，后一半不出现在一行之首。

（4）破折号标在相应项目之间，占两个字位置，上下居中，不能中间断开分处上行之末和下行之首。

（5）省略号占两个字位置，两个省略号连用时占四个字位置并须单独占一行。省略号不能中间断开分处上行之末和下行之首。

（6）连接号中的短横线比汉字“一”略短，占半个字位置；一字线比汉字“一”略长，占一个字位置；浪纹线占一个字位置。连接号上下居中，不出现在一行之首。

（7）间隔号标在需要隔开的项目之间，占半个字位置，上下居中，不出现在一行之首。

（8）着重号和专名号标在相应文字的下边。

（9）分隔号占半个字位置，不出现在一行之首或一行之末。

（10）标点符号排在一行末尾时，若为全角字符则应占半角字符的宽度（即半个字位置），以使视觉效果更美观。

（11）在实际撰写和编辑出版工作中，为排版美观、方便阅读等需要，或为避免某一小节最后一个汉字转行或出现在另外一页开头等情况，可适当压缩标点符号所占用的空间。

第四节　公式与化学结构式

科技报告与书稿中几乎离不开公式与化学结构式，为了使公式与化学结构式编排标准化、规范化，提高撰写和排版的正确性，减少版面篇幅，对于每一个作者而言，都应熟悉公式与化学结构式的表达要求，掌握其编排技巧。本节就公式与化学结构式编排要求，以及常用的编排软件进行简要介绍。

一、公式

公式包括方程式、关系式和计算式。公式要用正确的数学形式来表示，其中，用字母符号代表不同的量值，其意义解释写在方程式的下面，说明性的词语或量的名称不应写成方程式的形式。

科技报告与书稿中公式较多，因而对公式的编排和符号的说明应尽量统一，以求版式美观并一目了然。一般情况下，不论公式长短，均应另行排（写）在版心左右居中的位置。如果相邻的两式长短不一，则在大致居中的情况下应使两式主体符号对齐。公式下面的“式中”二字另行左起顶格书写，所要注释的符号按先左后右，先上后下顺序紧接在冒号后面，再用双连线与注释连接，双连线上下取齐，注释回行时与双连线后面的文字取齐。

示例：

$$V_{\mathrm{lg}} = V_{\mathrm{S}} \frac{\rho_{wm} - \rho_{\mathrm{s}}}{\rho_{wm} - \rho_{\mathrm{lg}}} \tag{5-1}$$

式中　V_{lg}——低密度固相的体积含量，%；

V_{S}——固相含量测定仪测出的固相体积含量，%；

ρ_{wm}——加重材料密度，g/cm^3；

ρ_{s}——钻井液中固相的平均密度，g/cm^3；

ρ_{lg}——低密度固相密度，g/cm^3。

应注意，当在文中叙述没有数值的单位名称时，要写中文全称。

公式中量的符号应尽可能从相应的国家标准中选用，数学记号和符号应按照相应的国家标准的规定，如《物理科学和技术中使用的数学符号》（GB 3102-11—93）的规定等书写。

文章中重要的或后文将要重新提及的公式可另行起排，并用阿拉伯数字连续编号（式码），此时，式码前不写“式”字，例如：（1-1），（2-1），公式与式码间不用点线连接，但在引用该公式序号时，其前应加“式”字，例如：式（1–1），式（2–1）等。

示例：

$$X_2+Y_2=Z_2 \tag{5-2}$$

式（5–2）为……。

公式的编号与表和图的编号无关。

式码用圆括号与式同行，当公式有续行时，式码应注在最后一行的最右边，右顶格书写。当2个以上公式并排且使用同一个式码时，式的左端排齐，右端加写一大括号，式码对准大括号的顶尖写在右顶格处。也可不加大括号，但式码一定要写在几个并排式上下对称线的右顶格处。

公式用数字、字母和符号组合来表达科学的内容，与文字叙述具有同样的功能，是科技报告与书稿正文的有机组成部分。因此，在公式与公式之间，文字与公式之间，要按习惯和需要正确地添加标点符号。式子末端常用的标点符号有逗号“,”、句号“。”或“.”。为避免与下标符号相混，标点符号应与公式空1/2汉字字长。

居中排或书写公式前的简短说明文字，如“若”“令”“故”“因为”“其中”“由式（1–7）得”“解方程（1–5）”等，顶格且与公式排在同一行上；公式占2行以上时，这类说明文字宜骑缝书写或另行书写。当说明文字确有需要与叠排式同行排或书写时，说明文字应与公式的主体对齐。

属于公式主体的关系符号“=”“>”“≤”等，运算符号“Σ”“∫”等，缩写词“lim”“max”“sup”等，以及分式主线，这些符号出现在一个式子中时，一定要排（写）在同一水平线上。

长数理公式超过1行进行转行时应遵循的一般原则是：优先在“=”“≈”“>”“<”等关系符号处转行，关系符号留在行末，转行后的行首不必重复排或书写出关系符号；其次可在“+”“–”“±”“–+”“×”“÷”或“·”“/”符号处转行，这些符号留在行末，转行后的行首不必重复排或书写出符号；不得已时，可考虑在“Σ”“∏”“∫”等运算符号和“lim”“exp”等缩写字之前转行，但绝不能在这类符号之后立即转行。

如果“∫”“Σ”等运算符号后面的式子一行仍无法排或书写完，则可在其中的“+”“–”号或适当的相乘因子处转行。

对于长分式，若分子、分母均为多项式，则可在“+”“–”号处各自转行，并在转行处上行行末和下行行首分别加“→”和“←”符号；若分子、分母均为非多项式，则可在某些适当的因子间各自转行。

为节省版面，在不引起误解的前提下，叠排分式（$\frac{1}{A}$）应尽量改写成卧式（1/A）或负数幂（A^{-1}）的形式。

公式在编排或书写中应注意区别各种字符，如：拉丁文、希腊文、俄文、法文花体、草体；罗马数字和阿拉伯数字；字符的正斜体、黑白体、大小写、上下角标（特别是多层次，如“三踏步”）、上下偏差等。如：I，1，i，C，c；K，k，*k*；O，o，0，(°)；S，s，5，Z，z，2；B，β，W，w，ω；△，Δ，⊿，ъ，b等。

反应式中的结构式在不影响表达意思的情况下可用简化结构式和相应的缩写符号。如苯酚可用C_6H_5OH表示，叔丁醇可用t-C_4H_9OH表示。

化学反应方程式一般均另行居中编排或书写。式中反应号、加号要对准分子式、结构式的主要部分，且要上下对齐。反应条件如温度、压力、催化剂、介质等，可用比正文小1号的字符标注于反应方向符号的上面或下面。当化学反应方程式较长需转行时，应尽可能在反应号“→”“⇌”或“⇆”和加号“+”处断开。转行后，一般采用阶梯式排列。

化学反应方程式需要用系数配平，不可逆反应的反应符号用“=”表示，可逆反应的反应符号用“⇌”表示。如果只是为了说明主要产物和主要副产物，反应式可以不配平，这时反应符号必须使用箭头“→”表示。

公式中符号的字体很重要，编排和修改时应准确而详细地标注清楚，以免引起误解。一般情况下，数学量、物理量用斜体，化学元素和单位代号用正体；只表征量的大小时用白体，同时表征量的大小和方向时用黑体（即矢量）。字母的正斜体似乎很简单，但在科技报告与书稿中非常重要，作者撰写或编辑加工时标注不清或排版错误都可能引起严重的歧解。比如符号m，当它是正体时，代表长度单位米，而当它是斜体时，在物理上代表质量。

科技报告与书稿中数学量、物理量和化学元素都有特定的代号，这些代号都有国家标准或行业标准，不能随便更改。在撰写和/或编辑加工时应注意检查其用法及其所表示的意义是否正确。某些物理量可能有两种（或几种）代号，选用哪一个都可以，但必须注意全报告或全书稿统一。

二、化学结构式

化学结构式编排时，元素与原子团应紧排，而且化学结构式中的化学键与原子的连接位置必须对准。并注意：

（1）镶在直链和环中的单个元素，不论横键、竖键和斜键，均应对准字母正中。

（2）镶在直链或环中的元素、化合物或原子团（基），键线都要对准成键的元素符号或多字母元素、原子团符号的大写首字母的中心。

(3)对于多元素构成的原子团(基)，为了使键对准成键元素符号，可以调换第1个元素符号的位置。

(4)环状化合物中环上的元素符号嵌进与否代表不同的结构，应注意区别，不可混淆。有机化合物或聚合物若存在季胺基等基团时，要正确标示。

在链状或环状结构式中，为了命名和标出取代基的位置，应给各碳原子标出位序号。编号时应使官能团或取代基的位次最小。位置序号用小写阿拉伯数字，排于“C”的上方、下方、左上角和右上角，但不能排在右下角。否则会与分子式中的原子个数相混淆。有时也可以把部分位序排于环外，部分位序排于环内。如果结构式中既需要标出位序，又要标出手性碳原子加星号时，则可以把它们分置于键的两侧。

三、公式与结构式绘制

(一)公式

公式可以采用数学公式编辑器，如Math Type制作。Math Type是一款专业的数学公式编辑工具，它能够帮助用户在各种文档中插入复杂的数学公式和符号。

数学公式编辑器可以轻松输入各种复杂的公式和符号，与Office文档完美结合，显示效果很好，且使用简单、方便、快捷。

(二)结构式

建议使用Chem Draw绘制结构式和书写化学反应方程式，亦可采用其他的专用的结构式绘制模板。必要时也可使用Chem Window或Chem Sketch或ISIS Draw等软件。其中：

(1) Chem Draw软件作为ChemBio Office核心工具之一，是一款专业的化学结构绘制工具，它是为辅助专业学科工作者及相关科技人员的交流活动和研究开发工作而设计的。它给出了直观的图形界面，开创了大量的变化功能，只要稍加实践，便会很容易地绘制出高质量的化学结构图形。

(2) Chem Window软件主要功能是绘制各种结构和形状的化学分子结构式及化学图形，具备化学分子图形编辑功能。

(3) Chem Sketch软件是一款从事化学相关行业人员经常使用到的化学结构式编辑工具；该软件可单独使用或与其他软件共同使用。可用于绘制化学结构、反应式和图形。

（4）ISIS Draw是一款非常好用且功能强大的智能化学绘图工具包，软件集合了各种化学结构和公式，主要适用于各种文档、网页和表格中。

第五节　插图

插图是一种形象化的表达方式，是一种重要的形象语言，其最大特点是形象、直观。有些插图所表达的信息用文字是无法表述的，例如地图、地质构造、机械结构等；还有些信息用文字表达远不如插图表达来得简单、直观明了，例如各种工程图、机械图、电路图、坐标图等。插图既能侧重于形象地表现事物的构成，各组成部分之间的关联、位置和量化关系，也可从写“实”的角度表现物体的外貌、形态及空间等信息。同时，在科技报告与书稿中插图还具有适应和满足文字表述的需要，表征和佐证材料的真实性，以及美化版面和提高可读性等作用。

一、插图的特点与类型

（一）特点

插图是科技报告与书稿的一个组成部分，其特点如下：

一是形象的示意性。为了简化图面突出主题，这种表达往往是示意性的。如函数曲线图，大多采用简化坐标图形式，远不如设计或计算用的手册那样精确；具体结构图也不像具体设计图或施工图那样细致精确，只是结构示意。

二是内容的写实性。插图及各个细节必须反映事物真实的形态，运动变化规律，有序性和数量关系，不允许作有悖于事物本质特征的取舍或虚构。这就要求插图应具有科学性。

三是表达的规范性。插图是“形象语言”，语言本身是交流思想的工具，要交流思想，作者、编辑、读者就应有共同的语言。在有关标准中把插图的线型、符号等，以及各种图形的设计与绘图要求都作了规定，其中未作规定的多数已约定俗成。按规定和要求设计与绘制插图，大家就有了共同语言。因此，在设计插图时应讲求规范。

（二）类型

科技报告与书稿中的插图多种多样，一般包括线条图和照片图两大类。

线条图又称墨线图，它具有描绘方便、快捷，线条清晰、简洁和印制费用低廉的特点，适用于表达说理和假设性强的内容。科技报告与书稿中绝大部分插图都是采用线条图的形式。线条图有多种，如流程图、管理系统图、电子线路图、简易函数图、地层剖面图、地层柱状图、构造示意图、光谱图、计算机绘制的开发图、各种示意图等等。

照片图又分为黑白照片图和彩色照片图，它具有墨色深浅变化、层次丰富、立体感强、形象逼真的特点，能够清晰且不失真地反映表达对象或事物的特征，适用于表述外观形态要求高的原始性资料，如地质构造图。

二、插图的作用与使用要求

（一）作用

在科技报告与书稿中插图的作用，首先是说明文字；其次是用图件来节约文字的描写；第三，可以供读者研究；第四，可以把科技报告与书稿的版面装点得比较生动活泼，给读者在阅读过程中一种节奏感，从而减轻长时间阅读造成的疲劳。所以，一般情况下，凡能在报告与书稿中安排一些插图件时，都要尽量选用一些插图。

（二）使用要求

不同性质的科技报告与书稿对插图的要求也有所不同，但总体来讲，在科技报告与书稿中，插图所表达的内容要做到准确、明确和简明，插图形式要层次分明、主次有别、反差适中、结构合理、表达清晰、大小适当、格调统一、图像结构清晰、保密性好，图形美观。科技报告与书稿中是否选用插图，以及选用什么样的插图，必须服从于书籍内容和读者对象的需要，一般应满足如下要求：

第一，插图选用要少而精。凡是可有可无的图，坚决不用；可大可小的图，尽量小些；可详可简的图，尽量从简或采用示意图，必要时加局部详图；可采用黑白图的不用彩色图；可采用线条图的不用照片图。

第二，插图一般是用于说明原理、结构、流程或实验结果的“原理”图。所以，不得把实际工作中的设计图、施工图、流程图等原封不动地搬到科技报告与书稿中来，必须在原图的基础上加以简化和提炼，以突出说明的主题，提高插图的效果。

第三，插图的目的性要强。作为插图，它强调表述的目的性，而不强调画面的完整性，应根据内容的表述要求决定采用整幅画面或者其中的一部分。假如要描述某一设备中某部位的一个零部件的外形结构，可以从简化的或虚拟的整体设备图上给定部位通过标引编号拉出该零部件，给以放大特写即可，而不必绘出整体设备。

第四，插图幅面要适当。插图不宜过大，属于特别大的图或者较大图又不宜缩小者，最好不要采用，必须采用时，可画出局部图，以能够说明问题即可。

三、插图的构成与规范

科技报告与书稿中的插图一般由图序、图题、图例、图注、主图等构成，线形图的主图通常包括坐标轴、标目、标值线、标值等。

1. 图序和图题

图序即图号，指插图的序号。根据插图在科技报告或书稿正文中被提及的顺序，用阿拉伯数字对插图排序，如“图 ×–1”“图 ×–2”等，并尽量把插图安排在第一次提及它的段落的后面。

报告或书稿中提及插图时，要写成“见图 × ×–× × 或如图 × ×–× ×”，不要写成“见(上)下图”或“见第 × × 页的图”等形式。

图题指插图的名称(或标题)。图题应简洁和明确，不需要标点。常使用以名词或名词性词组为中心词的偏正词组，并要求有较好的说明性和专指性。避免使用泛指性的词语作图题，如“结构示意图”“框图”“原理图”“曲线图”等，应在其前加相应的限定词。不要凡是图题都用“图”字结尾。

当几幅插图共用一个图序和图题，即同一图序的图中有几个分图时，每幅分图都应有相应的分图序，按(a)，(b)等编分图序，有时还需要在分图序后加分图题。在正文中提及某分图时，应当提及分图序而不是整个插图的图序，例如提及图 ×–× 中的(d)图时应写成“图 ×–×d”或“图 ×–×（d）”的形式。

图序和图题之间空1个字距。其间以及图题末尾不加任何标点符号。一般为小5号或6号字；图序和图题要放置于插图的下方，对整幅图面左右居中，其总体长度一般不宜超过整个图面的宽度，若整体长度过长，可将图题转行排为两行或多行。

2. 图例

图例常常是多种类型图中的重要组成部分，当图中需要用不同的符号来代表不同的变量、曲线或其他类别时，就需要用图例的形式说明符号的意义。

图例通常置于图内并成为图的一部分，因此其字体和字号应与图的其他部分相同。坐标图中的图例最好置于坐标轴的区域之内。

3. 图注

图注是简洁地表达插图中所标注的符号、标记、代码及所需说明的事项的一种简短文字。图中未能表达又需要表达的信息（如需要解释的量符号、单位符号及缩略语等）均应在图注中加以说明。

在线形图中，常用图注给出实验条件，参变量的符号、数值、单位，多条曲线中各曲线的代号或名称、注释，以及所必需的其他说明语句等。图注既可处于图外（即图题下方），也可处于图中。各条注释之间用分号“；”隔开。统计图中要标注标准差或标准误差以及显著性差异。图注要以一个简短的小标题开始，对插图进行简明扼要的说明，插图中出现非法定单位或缩写，须在图注中予以说明。

图注的字号通常与图题的字号相同。

4. 标目

标目用来说明坐标轴的含义，通常由量名称、量符号及单位符号组成，量符号与单位符号间用“/”分隔，如“液体密度ρ/（kg/m^3）”“临界压力Pc/MPa”等。

标目是百分率时，可将“%”看作单位，如“生产效率η/%”中的“%”不是单位符号，其前面用“/”是暂时将其与单位作同样处理。

在不致引起混淆的情况下，标目中除单位符号外可以只标识量名称或量符号，而无须同时标识量名称和量符号，但应该优先标识量符号。

标目应与被标注的坐标轴平行，居中排在坐标轴和标值的外侧，并注意：被标注的坐标轴为下横坐标时，标目排在标值的下方；被标注的坐标轴为上横坐标时，标目排在标值的上方；被标注的坐标轴为左纵坐标时，标目排在标值的左方，并且逆时针转90°，标目顶部朝左，底部朝右，即“顶左底右”；被标注的坐标轴为右纵坐标时，标目排在标值的右方，也是“顶左底右”。

对于非定量的、只有量符号的简单标目，如x，y，z等，可排在坐标轴尾部的外侧。

5. 标值线和标值

标值线即坐标轴的刻度线，是长的坐标标值线经简化后在坐标轴上的残余线段。标值为标值线对应的数字，是坐标轴定量表达的尺度，排在坐标轴外侧紧靠标值线的地方。

设计坐标图时应避免标值线和标值过度密集。标值的数字应尽量不超过3位数。

标值的数字一般应尽可能处在0.1到1000之间，这可以通过将标目中的单位改用词头形式或在量符号前增加非“1”的因数来实现。例如：某坐标轴的标值是“1000，1200，1400…2000”，标目为“F/N”，则可以将标目改为“F/kN”。

6. 坐标轴

平面直角坐标图的横纵坐标轴是相互垂直的直线，并交于坐标原点。若坐标轴表达的是定性的变量，即未给出标值线和标值，则在坐标轴的尾端按变量增大的方向画出箭头，并标注变量如x，y及原点0；若坐标轴上已给出标值线和标值，即坐标轴上变量增大的方向已清楚表明，则不再画箭头。

四、插图的制作

插图制作是科技报告与书稿写作的重要部分，其质量直接影响科技报告与书稿的质量和水平，因此要高度重视并精心制作。插图可以手绘制作，也可以采用Excel和Origin绘图软件制作。

1. 一般要求

（1）插图的设计制作要符合国家、行业及其他有关标准、规定。

（2）插图中的文字多采用6号或小5号字，在特殊情况下可以改变字体、字号。

（3）插图中指引线的长短和方向要适当，线条要干净利落，排列整齐、均匀、有序，不可互相交叉，而且不要从图中的细微结构处穿过。

（4）插图中箭头的类型要统一，箭头的大小及其尖端和燕尾宽窄应适当，同一图中的箭头的类型、大小等要一致。

（5）插图中线条的粗细要分明，同类线型粗细应一致，曲线过渡要光滑，圆弧连接要准确。

（6）插图中用于放置图注的地方若放不下图注内容，可考虑将图注内容简化，或将图注放于图题的下面。

（7）要善于利用不同的图案来区分插图中性质不同的部分。

（8）对于线形图，同一幅图内放置曲线的数量，应以可辨性作为原则，曲线的数量不宜太多，曲线布置也不宜太密。

（9）尽量采用如“○”“●”“△”“□”或“◇”等清楚、简单的几何图形来表示不同的数据类型。

（10）纵坐标轴长度一般设计为横坐标轴长度的2/3到3/4（特殊情况除外）。

2. 插图中线型的选取

插图中的线型，即线条的粗细，应根据图的幅面、使用场合和图面内线条的疏密程度来确定。

函数图中的曲线、工程图中的各种实线（主线）一般用粗线，粗细通常为1磅；坐标轴线，示意图中的线条，工程图中的点画线、虚线以及各种插图的指引线等一般用细线（辅线），粗细一般为0.5磅。

选取时须考虑用线条的粗细和线条间的密度来突出重点要素。例如：线形图上的曲线和条形图上的条的轮廓都要比坐标轴的刻度更清楚，而坐标轴的刻度又要比坐标轴更清楚。线型选取也可参照有关制图的国家标准以及出版物对制图的要求。

3.插图中图形符号的使用

图形符号是把具体事物经过简化但又能保持其特点，从而简明、直观、形象地表现事物特征的一种图形语言，其基本构成是符号的名称、形态、含义及画法。

各学科领域中用的图形符号在相应国家、行业标准中均作了规定，对于某些尚未列入标准，但有行业或系统内的一些习惯或约定俗成的规范画法，在具体使用时可查阅有关资料。

4.插图中图形布局的设计

插图中图形布局包括图间布局和图内布局。

图间布局是指在设计多个具有某些共性的插图时通过调整其共性部分、要素的内容、幅面及其排列顺序等而进行的布局设计。对于两幅或两幅以上横纵坐标的内容和标值相同的坐标图，可将其组合在一起共用一个图名。对标值相同的一组坐标图，若每幅图的线条都比较单一时，也可将这一组图合并为一幅图。若横纵坐标中一个相同而另一个不同时，则可用双坐标轴表示。当曲线图中的曲线过多、过密而难以区分时，可以将插图分解成两幅或两幅以上的分图。

图内布局是指在设计某一插图时通过调整其各组成部分、要素的内容、幅面及其排列顺序等而进行的布局设计。对布局不合理或存在较大空白的插图，在不影响插图内容表达的情况下，要对其进行适当调整，以达到布局合理、大小合适。

5.插图幅面的确定

插图幅面不宜超过版心，双栏排版时不宜超过栏宽。在确定插图幅面时还应考虑插图的复杂程度，以及是否由多幅分图组成等。简单的插图，其幅面就不宜太大，较为复杂且（或）包含较多文字、符号的插图，其幅面就不宜太小。

对图形较为简单，图线较为稀疏，图内文字较少的单幅图，图面宽度可小些。反之，则图面宽度应大一些。对同一图题下多个分图组成的组图，可视空间富余情况在同一行排列若干个分图。

第六节 表格

表格是试验和统计结果的有效表达形式之一，具有简洁、清晰、准确的特点，同时表格的逻辑性和对比性强。在科技报告与书稿撰写过程中，通过正确使用统计表格，对获取到的资料数据进行归纳、整理、统计处理及比较分析，探寻事物的内在规律和关联性，有助于清晰论据，明确论证方向，从而得出正确的论点。

一、表格的基本要求与作用

在科技报告与书稿中，尽管表格可以起到简化文字、表达直观和美化版面的作用，但也并不是表格越多越好，而是要根据其必要性进行精选，一般情况下，表格应满足如下基本要求：

（1）如果能用一两句话即可说明的内容就不必列表。

（2）如果采用了多组数据表说明同一现象时，造成了表格本身的重复，应该选择一组最准确、最有说服力的表，而将重复的表格删除。

（3）表题与表的内容应相符。表的格式应统一，符合规范化。

（4）表中的内容与图所表示的内容以及文字部分无重复，数字与文字内的叙述无矛盾。

（5）表格一般应有确切精练的表名。表内数据组合排列合理，易于比较，做到一目了然。表中使用的单位名称、法定计量单位应符合国家标准。

（6）表与文应呼应，按“先见文，后见表”的原则。文中表格的位置应紧随“见表 ×－× ×”或“（表 ×－× ×）”之文字的自然段落之下，如将所有表格另页注在最后，正文中也应以“表 ×－× ×”标示其所在位置。

（7）表中如有文字说明，则起行空一格，回行顶格，该栏的最后一行结尾不使用标点符号。

（8）翻译稿中以数字为主的大表格，最好照相制版，以避免排校错误。作者交稿时，应将表中外文译成中文标在该表的外侧。

在科技报告与书稿中，表格的作用和插图相似，只是表格用的是文字和数字表现所要叙述事物的性质和特征，表现出它们的相互关系。事实上一些对比表中的数据，完全可以改绘成为坐标图。简而言之，表格的作用，首先，是作为证据来说明文字，但没有形象意义；其次，可以节约文字的描述；第三，可以供读者进行研究分析；第四，可以将报告与书籍版面装点得比较活泼。

二、表格的类型

1. 无线表

无线表省略各行列间线条，可用于表达较少项目内容的事物关联性，如处理剂配方、钻井液组成等，常不归入表系列编号，随文出现，如表5-1所示。

表5-1　丙烯酸-丙烯酰胺共聚物降滤失剂原料配方

原料	用量/g
丙烯酸	40
丙烯酰胺	60
氢氧化钠	22
引发剂	0.15

2. 挂线表

挂线表又称系统表或组织图，通过使用横线、竖线或括号等将相关文字连贯起来，以表达事物的系统关系。对于表述隶属关系的多层次事项，应该采用挂线表的形式。在科技报告与书稿中挂线表用得比较多。挂线表的每一层的内容必须为同类型或同级并列项，如表5-2所示。

表5-2　钻井液分类表

- 钻井液
  - 水基钻井液
    - 淡水钻井液
    - 盐水钻井液
    - ……
  - 油基钻井液
    - 纯油基钻井液
    - 油包水乳化钻井液
    - ……

3. 卡线表

卡线表的功能比较齐全，多数表格内容都可采用卡线表的形式来表述。是科技报告与书稿中使用最广的表格，分为完全表（所有表线不省略，见表5-3）、不完全表（省略左右墙线，见表5-4）和三线表（通常包括顶线、栏目线、底线，见表5-5），卡线表主要由表序、表题、表头（横纵栏目）、表身和表注（不一定有）构成。

表5-3　完全卡线表的基本形式

加量/%	*PV*/mPa·s	*YP*/Pa	初切/Pa	终切/Pa	滤失量/mL
×××	×××	×××	×××	×××	×××
×××	×××	×××	×××	×××	×××
×××	×××	×××	×××	×××	×××

表5-4　不完全卡线表的基本形式

加量/%	PV/mPa·s	YP/Pa	初切/Pa	终切/Pa	滤失量/mL
×××	×××	×××	×××	×××	×××
×××	×××	×××	×××	×××	×××
×××	×××	×××	×××	×××	×××

表5-5　三线表的基本形式

加量/%	PV/mPa·s	YP/Pa	初切/Pa	终切/Pa	滤失量/mL
×××	×××	×××	×××	×××	×××
×××	×××	×××	×××	×××	×××
×××	×××	×××	×××	×××	×××

三、表格的使用

使用表格时必须使表格科学、明确、简洁、自明，因此在设计表格时应注意：

一要重点突出。即对一般性的内容不作说明，不列入表述，力求简洁，表格除列出重要的现象、参数、算式和结论外，要删除分析或运算过程的中间步骤或环节。

二要内容清晰，逻辑性强。即表格的设计应有明确的目的性，对背景条件、比较前提、使用方法、实测或计算数据、最后结果等应分列清楚，不能混乱无序，应有较强的逻辑对比。

三要归纳整理。即能合并成一个表的要进行合并，这样既有利于几个因素之间的比较，又可避免表格太多。但两种性质不同的内容不能合并。

四要避免重复。即如果数据已绘成曲线图，就不能再列表。

目前国际上和国内都推荐使用“三线表”，它取消了栏头的斜线，表身不出现竖线，省略了横分割线，对复杂的表格只需添加辅助横线，使表格经纬分明、简单明快。如表5-5所示，三线表由2根粗的反线——表格的起、止线（也称顶线和底线），和表头下1根细的正线——表头线（也称栏目线）组成。当然，三线表并不一定只有3条线，必要时可加辅助线，但无论加多少条辅助线，仍将其称作三线表。三线表保留了传统卡线表的几乎所有全部功能，而且最大限度地减少了传统卡线表编排上的某些缺点，由于三线表形式简洁、功能分明、阅读方便，在科技报告与书稿中广泛使用。

四、表格的规范格式

以三线表为例，它的编排一般是内容和测试项目由左至右横读，数据依序竖排，并应有自明性。三线表的组成要素包括表序、表题、项目栏、表身、表注。

1.表序

表序即表格的序号，即按表出现的先后顺序，用阿拉伯数字依序连续编排序号，对于科技报告与书稿，表序按表格在文中出现的先后用章序（如3）+“1”开始的阿拉伯数字连续编号，例如：表3-1、表3-2、表3-3等。如果科技报告与书稿某一章中只有1个表格，则表序编为“×-1”。

2.表题

表题即表格的名称。每一个表必须有一个表题，表题要能确切地反映出该表的特定内容，具有自明性，使读者通过表题能迅速理解表格所传递的信息。表题连同表序号排在表的上端。表序与表题之间留一个汉字的空格，其间不用任何标点符号，表序与表题排在顶线的上方，对整个表格左右居中，其总体长度不宜超过表格的宽度，若表题字数太多则转行排。

3.表头

表头指表格顶线与栏目线之间的部分。表头由多个项目栏组成，项目栏中一般要防止多个“栏目”。所谓栏目，就是该栏的名称，它反映了表身中该栏的信息的特征或属性。其中有的栏目相当于插图中的标目，由量的名称或符号和单位组成。量的名称或符号与单位符号之间用斜线“/”相隔，如“密度（g/cm^3）”或“$\rho/$（g/cm^3）”等。

三线表中的栏目有单层次的，也有多层次的。多层次的栏目彼此之间要用辅助线隔开。

4.表身

三线表内底线以上，栏目线以下的部分叫作表身或表体，它是表的主体。对于表身一般需要注意以下几点：

（1）表身内数字一般不带单位，百分数也不带百分号，应把单位符号和百分号等归并在栏目中，如果表格内全部栏目的单位均相同，则可把共同的单位提出来标示在表格顶线上方的右端。

（2）表身中同一栏各行的数值一般都处在共同的标目之下，应以个数（或小数点）或者以“~”等符号为准上下对齐，而且有效位数应相等；同一栏的数值处在不同的标目下，不要求上下对齐，可各自相对栏宽居中排。数码前有

“+”“-”者，上下行要对齐，数中有小数的，小数点要对齐，表格中数字的书写要规范，同类型组有效数字应相同。

（3）上下左右相邻栏内的文字或数字相同时，应重复写出，不可使用“同上”“同左”或“〃”等代替，但可采用共同栏的方式处理。表身中的数据书写应规范，小数点前的“0”不能省略；小数点前或后每隔3位数都应留适当间隙。

（4）表内“空白”代表未测或无此项，“—”或“…”代表未发现，“0”代表实测结果为零。

（5）表身中如果信息量大，行数很多时，为了便于阅读，查找数据，可有规律地每隔数行加1条辅助线分隔开，或每隔数行留出一较大的行空。

对于某些比较复杂的表格，单靠三线表是不够的，可以在项目栏或表身添加横向的辅助线。项目栏的辅助线可以解决栏目多层次的问题，当不加辅助线不同层次的栏目隶属关系就不清楚时，应加上辅助线，以便阅读时更为清晰。

5. *表注*

对于表格中某些内容常常需要注释、补充，整个表格有时也需要作总体说明，这就需要使用表注。当某些信息不便于在表身中列出项目来进行表现，但又必须告诉读者时，可以在需要说明处加注，注脚排在表下，必要时应将表中的符号、标记、代码以及需要说明的事项，以简练的文字横排于表题下作为表注，也可附注于表下。如果表注不是1条，则可给每条表注编上序号，顺序排在表下。

五、表格的特殊处理

1. *竖切横并*

竖切横并，即竖表转栏排。当表格竖向项目过多，横向项目过少，表格成长条形，若互换表头横栏又超过版面时，可以把表格从长度方向切断，然后平行地转排成2幅或3幅，幅与幅之间用双细正线分隔开，每幅的横向栏目，应当重复排出，如表5-6所示。

表5-6　竖表转栏排示例

项目	要求	项目	要求	项目	要求
×××	×××	×××	×××	×××	×××
×××	×××	×××	×××	×××	×××
×××	×××	×××	×××	×××	×××
×××	×××	×××	×××	×××	×××

2. 横切竖并

横切竖并，即横表分段排。当遇到表格横向项目过多，竖向项目过少，即横宽竖短的表，宽度超过切口，可把表格从宽度方向切成均匀的两段。然后排成上下叠置的2段或3段，段与段之间用双细正线分隔开，每段的竖向栏应当重复排出，从而使横宽竖短的表变得美观而又节省版面。如表5-7所示。

表5-7　横表分段排示例

年份	1991	1992	1993	1994	1995	1996	1997	1998
消耗量 /t	×××	×××	×××	×××	×××	×××	×××	×××
年份	1999	2000	2001	2002	2003	2004	2005	2006
消耗量 /t	×××	×××	×××	×××	×××	×××	×××	×××

3. 其他排法

除上述排法外，还有如下几种排法：

（1）换页续排。如果一个表格宽度不超版心，而长度在一页之内排不下时，则可采用续表的形式排版。办法是在该表上选合适的行线处断开，用细线封底，而在次页上重排表头，并在表头上加注“续表”或“续表 ×-××”字样，居中或靠右排，表题可省略。

（2）竖横互换。有时由于版面原因，或使表格表达更清晰，需要将表格横纵栏目互换。

（3）对页表。对页表又称和合表，如果表的宽度相当于两个版心宽时，则可把表格跨排在两相邻的页码上。对页表应从双页码起排，即采用“双跨单”的排法。

（4）卧排表。如果一个表格宽度超过版心而长度小于版心，则可考虑选用卧排的形式排版。卧排表的正确方位应是“顶左底右”，即表顶朝左，表底朝右。如果卧排表也很长，也可以采用续表的办法解决。

（5）插页表。如果一个表格的宽度、长度都超过版心，上述几种办法都不能直接解决时，则可以考虑采用插页表。由于插页表印装不便，读者翻阅也不便，因此应尽量避免。

第七节　参考文献的著录

参考文献是作者在创作的作品中所引用前人的公开发表的资料，是科技报告与书稿中不可或缺的组成部分。凡是引用前人（包括自己过去的）已经发表的文献中的观点、数据、资料等都要进行参考文献的著录，即将参考的文献在文中出现的地方给以注明，并在文后列出参考文献表。

参考文献是作品内容的某种缘起及延伸，同时也可为有兴趣的读者提供进一步查询资料或信息的线索。可见，在写作中要重视参考文献的规范著录。

一、参考文献著录内容和著录原则

参考文献著录内容主要包括三方面。一是著作者，即文献的生产者，是读者鉴别文献的重要依据之一。二是题名、书名，即文献的标题，如论文的篇名、报告的题目、图书的书名等，大都具有能够概括原文中心意义的作用，含有重要的主题信息，是读者识别文献的重要标志之一。三是出版事项，包括版次、出版地、出版年、卷、期、页，这些项目表明了文献的出处，使读者能准确、顺利地查找到原文。

参考文献著录时要遵循的原则包括四方面。一是著录最必要、最新的文献。除个别历史文献外，应尽可能选用最新的（3~5年内的）和最主要的文献，少用旧的或教科书中公知的和次要的文献。二是著录亲自阅读过的和在文中直接引用的文献。作者未亲自阅读过的文献不能作为参考文献列入。切忌列入无关文献。三是只著录公开发表的文献。在供内部交流的刊物上发表的文章和其他内部参考资料，均不能作为参考文献引用。四是要采用规范化的著录形式。国家标准《信息与文献　参考文献著录规则》（GB/T 7714—2015）对参考文献的著录做出了明确的规定，应严格执行。

二、参考文献在正文中标注的编写形式

正文中引用参考文献时，可以参照如下形式编写。

（1）单个参考文献在正文中的标注。参考文献编号置于引文后面的右上角处，用方括号注阿拉伯数字（［1］，［2］…）。例如：××××××，××××××[1]。

（2）多个参考文献编号连续时的标注。在同一处，同时提及数个文献时，在一个方括号内注阿拉伯数字，编号连续时用波浪号（~）连接。例如：××××××[1~4]，×××××××。

（3）多个参考文献编号不连续时的标注。在同一处，同时提及数个文献

时，在一个方括号内注阿拉伯数字，编号不连续时用逗号（，）分开。例如：××××××[1~4]，××××××[4, 6, 9]，×××××。

（4）多个参考文献编号连续和不连续同时出现时的标注。在同一处，同时提及数个文献时，在一个方括号内注阿拉伯数字，不连续的编号用逗号（，）分开，连续的编号用波浪号（~）连接。例如：××××××[3, 5~9]，×××××。

（5）将参考文献作为语句组成部分的标注。参考文献作为语句的组成部分出现在正文中时，将其编号写在方括号（[ ]）中，字号与正文相同。例如：××××××［6，7］××××××。

三、参考文献著录的书写格式

参考文献按在正文中出现的先后次序列于文后。其序号左顶格，用方括号加数字表示，如［1］，［2］……，先后顺序应与正文中标示的序号一致。每一参考文献条目的最后均以"."结束。每条参考文献著录除序号外，还应注意如下内容。

1. 主要责任者及译者

（1）文献作者不超过3位时，应全部列出，超过3位时，只列前3位，后面加"，等"或"，et al"，不必用斜体，责任者姓名之间用"，"隔开。

（2）责任者的姓，其字母可以全大写，也可只首字母大写；中国人和外国人的姓名均采用姓前名后著录（外国人姓名在论文中出现是采用名前姓后，注意von，de，la也是姓的一部分），外国人的名字部分可以用缩写字母，且缩写名后省略缩写点；如果采用中译名，可以只著录其姓，但对同姓不同名的，还需著录其名；中国人名的名字用汉语拼音拼写的不可缩写；日本人姓名拉丁化后是名前姓后；单姓不允许转行。

（3）不必著录主要责任者的责任，不要求著录责任者的国别、所生活的朝代。

（4）用拉丁文书写的机关团体名称应由上至下分级著录。

（5）无责任者或者责任者情况不明的文献，"主要责任者"项应注明"佚名"或与之相应的词，凡采用顺序编码制排列的参考文献可省略此项，直接著录题名。其他责任者可以不著录（如果著录，则须标注其责任，如"译""指导"等）。

（6）翻译者要放在文献题名的参考文献类型及载体类型标识之后，译者姓名和"译"用"，"隔开。

2. 文献题名及版本（初版省略）

（1）文题要全部写出。英文题除专指名词和首字的第一字符大写外，其他均小写。

（2）西文的著者名、刊名一般采用缩写字母，但也可以采用全名。如果采用缩写字母，其缩写点可以省略，也可以保留。除了西文著者名字和期刊名的缩写点可省略，其他的缩写点均保留。

（3）其他题名信息如图书的副题名，说明题名文字，多卷书的分卷书名、卷次、册次，期刊的“××版”等著录要素前用“：”。

（4）版本的著录采用阿拉伯数字、序号缩略形式或其他标志表示，第1版不著录。

3. 文献类型、载体类型及标志代码

（1）文献类型标志：普通图书M，会议录C，汇编G，报纸N，期刊J，学位论文D，报告R，标准S，专利P，数据库DB，计算机程序CP，电子公告EB。

会议录包括座谈会、研讨会、学术年会等会议的文集，汇编包括多著者或个人著者的论文集，也可标注为M。

（2）电子文献载体类型标志：磁带MT，磁盘DK，光盘CD，联机网络OL。

4. 出版项

出版项按出版地、出版者、出版年顺序著录。

（1）无出版地时可著录为：[出版地不详]或[S. l.]；无出版者时可著录为：[出版者不详]或[s. n.]。

（2）未正式出版的学位论文，出版项可按“保存地：保存单位，保存年”顺序著录。

（3）对同名异地或不为人们熟悉的城市名，应在城市名后附省名、市（州）名、或国名等限定语；当文献中载有多个出版地或多个出版者时，只需著录第1个出版地或出版者。

（4）出版年采用公元纪年，并用阿拉伯数字著录，如有其他纪年形式，将原有的纪年形式置于（ ）内；报纸和专利文献需要详细著录出版日期，形式为“YYYY-MM-DD”；出版年无法确定时，可以依次选用版权年、印刷年、估计的出版年著录，估计的出版年需置于“[ ]”内。

（5）纯电子文献的出版地、出版者、出版年可以省略（引用日期必须著录）。

5. 页码

（1）期刊中析出文献的页码一般著录起讫页，也可以只著录起始页。正确著录期刊文献的年、卷、期、页。在同一期刊连载的文献，其后续部分不必另行著录，只需在期刊文献的出处项中直接注明后续部分的年、卷、期、页。

（2）页码、专利文献号超过4位数时，不必采用三位分节法或加“,”分节，国外专利文献号中原有的分节号“,”在参考文献著录时删去。

（3）凡从报纸中析出的文献，要著录其出版日期和版次，版次用阿拉伯数字表示并置于（ ）内。

（4）电子文献的引用日期，非联机文献可以不著录。

四、参考文献的著录格式

主要参考文献的著录格式（包括标点符号）如下。

1. 专著型参考文献

著录格式：［标引序号］作者.书名［M］.版本号.出版地：出版社，出版年：起始页码–终止页码.

译著：［标引序号］作者.书名［M］.译者.出版地：出版社，出版年.

示例：

［1］王中华.油田用聚合物［M］.北京：中国石化出版社，2018：587–601.

［2］H.F. 埃贝尔，C. 布里费特，W.E. 拉西.科学写作的艺术［M］.应幼梅，丁辽生译.北京：科学出版社，1991.

专著中析出的文献：

［标引序号］作者.题名.见（In）：原文献责任者.书名［M］.版本.出版地：出版者，出版年.起始页码–终止页码.

示例：

［1］黄蕴慧.国际矿物学研究的动向.见：程裕淇编.世界地质科技发展动向［M］.北京：地质出版社，1982：38–39.

2. 论文集参考文献

著录格式：［标引序号］作者.论文集名称［C］.出版地：出版社，出版年.

示例：

［2］孙金声，罗平亚.2019 年度全国钻井液完井液学组工作会议暨技术交流研讨会论文集［C］.北京：中国石化出版社，2019.

论文集中析出的文献的著录格式：

［标引序号］析出文献主要责任者.析出文献题名［A］.原文献题名［C］.出版地：出版者，出版年：析出文献起始页码–终止页码.

示例：

［1］司西强，王中华，雷祖猛，等.近油基钻井液技术及实践［A］.2019 年度全国钻井液完井液学组工作会议暨技术交流研讨会论文集［C］.北京：中国石化出版社，2019：7–20.

3. 报纸参考文献

著录格式：[标引序号] 主要责任者 . 文献题名 [N]. 报纸名，出版日期（版次）.

示例：

[1] 陆娅楠，贺林平，赵展慧 . 重要项目建设高标准高质量 [N]. 人民日报，2021-04-11（1）.

4. 期刊参考文献

著录格式：[标引序号] 主要责任者 . 文献题名 [J]. 刊名，年，卷（期）：起始页码–终止页码.

[1] 司西强，王中华 . 钻井液用聚醚胺基烷基糖苷的合成及性能 [J]. 应用化工，2019，48（7）：1568–1571.

5. 学位论文参考文献

参考文献的著录格式：[标引序号] 作者 . 论文名 [D]. 所在城市：保存单位（含二级学院），年.

示例：

[1] 胡润涛 . 油基钻井液油相组成分析与有机改性材料在油基钻井液中的作用机理分析 [D]. 山东济南：山东大学化学与化工学院，2019.

6. 会议论文参考文献

著录格式：[标引序号] 作者 . 题名 [C]. 会议名称，会址，会议年份.

示例：

[1] 司西强，王中华 . 钻井液用烷基糖苷及其改性产品的研究现状及发展趋势 [C]. 中国化学会第 30 届学术年会，辽宁大连，2016.

7. 报告参考文献

[标引序号] 作者 . 报告名 [R]. 所在城市：单位，年.

示例：

[1] 司西强 . 钻井液用阳离子烷基糖苷的研究 [R]. 河南濮阳：中石化中原石油工程公司钻井工程技术研究院，2014.

8. 标准参考文献

著录格式：[标引序号] 技术标准号，技术标准名称 [S].

示例：

[1] GB/T 15834—2011，标点符号用法 [S].

9. 专利参考文献

著录格式：[标引序号] 专利所有者 . 专利题名 [P]. 专利国别：专利号，出版日期.

示例：

[1]司西强，王中华，魏军，等.一种钻井液用烷基糖苷聚醚的制备方法[P].中国专利：2013105220874，2018-08-14.

10.在线(电子公告)参考文献

著录格式：[标引序号]主要责任者.题名：其他题名信息[文献类型标志/文献载体标志].(更新或修改日期)[引用日期].获取和访问路径.

如果“更新或修改日期”不清楚，则可不写。但引用日期要写上。作者姓名不清楚的，可以写“佚名”。

示例：

[1]田欣雨，夏熠珣，钟芳.2-(4-甲氧基苯氧基)-丙酸钠对甜菊糖苷甜苦味感知的影响[EB/OL].北京：中国科技论文在线[2021-03-26].http：//www.paper.edu.cn/releasepaper/content/202103-303.

五、参考文献引用中常见问题

完整地标注参考文献有助于评价科技报告与书稿的学术水平，否则会影响报告所反映的科研或技术水平的真实性，以及书籍的可靠性等。参考文献引用时常出现如下的问题：

(1)只列文后参考文献表，未将参考文献序号标识在文内引文处；未按所引文献在文中出现的先后顺序编码，产生先出现的文献序号比后出现的文献序号要大的情况；文后著录序号与文内标注序号不一致。

(2)文中参考文献的序号是上角标还是作为语句组成部分未分清；上角标是标在句末句号内还是句号外也分不清。

(3)将参考文献标注在摘要或科技报告与书稿的层次标题等处。

(4)顺序编码制和著者—出版年制在报告与书稿正文中混用。

(5)把未公开出版的参考资料列入文后参考文献表中。

(6)漏引、伪引和错引参考文献的问题。漏引，指作者引用他人文献、吸收和利用他人的研究成果，而未将其作为参考文献在自己的报告或书稿章节或全部内容后面列出的行为；伪引，作者列出一些与报告与书稿主题内容不相关或关系不大的文献；错引，引文的准确性存在问题，作者在引用参考文献时由于种种原因导致对引文的描述与原始文献内容出现偏差或不符。

参考文献

[1] 王中华 . 钻井液监督与工程师读本 [M]. 北京：中国石化出版社，2020.

[2] 庞家驹 . 科技书籍编辑学教程 [M]. 辽宁沈阳：辽宁教育出版社，1996.

[3] 贺德方 . 科技报告的内涵、作用与管理机制 [J]. 情报学报，2014，33（8）：788–792.

[4] 余良杰，蒋传红 . 新编实用写作教程 [M]. 江苏南京：南京师范大学出版社，2006.

[5] 朱东辉，马若涛 . 国防科技报告编写指南 [M]. 北京：国防工业出版社，2019.

[6] 魏秀萍 . 现代图书编辑学 [M]. 甘肃兰州：兰州大学出版社，2009.

[7] 中国人民解放军总装备部军事训练教材编辑工作委员会 . 科技写作 [M]. 北京：国防工业出版社，2003.

[8] 中国编辑学会图书编辑学专业委员会 . 科技图书编辑手册 [M]. 北京：中国铁道出版社，2004.

[9] 格日勒 . 科技写作指要 [M]. 内蒙古呼和浩特：内蒙古大学出版社，2004.

[10] 赵东元，查长松，雍明远 . 科技写作 [M]. 北京：国防工业出版社，2008.

[11] 石传良 . 科技写作原理与方法 [M]. 辽宁大连：大连海运学院出版社，1993.

[12] 米戎 . 书稿中的语言逻辑问题 [J]. 出版科学，2019，27（1）：46–48.

[13] 郑笑平，金琳，孙庆娟 . 科技写作 [M]. 河南郑州：河南人民出版社，2005.

[14] 王俊峰 . 科技图书的写作方法与技巧 [M]. 北京：机械工业出版社，2016.

[15] 周晓俊，林瑛，雷鸣 . 新编科技写作 [M]. 云南昆明：云南科技出版社，2000.

[16] 赵梓辰 . 科技报告撰写质量控制研究 [J]. 江苏科技信息，2015（25）：76–78.

[17] 任雁，刘顺利 . 科技报告编写过程中存在的问题及其改进方法 [J]. 图书情报导刊，2019，4(9)：72–79.

[18] 王永胜 . 编辑视角下科技报告撰写与审核的若干建议 [J]. 山西科技，2019，34(3)：71–75，79.

[19] 刘俊昌 . 现代科技文章写作 [M]. 安徽合肥：安徽人民出版社，2001.

[20] 肖时开，吴汝舟 . 实用科技论文和科技文件写作 [M]. 山东济南：山东人民出版社，2002.

[21] 德铁婴 . 试析项目可行性研究报告的写作方法 [J]. 应用写作，2012(10)：24–27.

[22] 杨柳 . 信息技术环境下可行性研究报告写作研究 [D]. 吉林长春：长春理工大学，2014.

[23] 郭晓蓓 . 科技文书写作 [M]. 北京：电子工业出版社，2021.

[24] 王禹钦，赵丑民，康力平，等 . 科技项目开题设计报告撰写要点浅谈 [J]. 石油科技论坛，2012，31（5）：18–22.

[25] 吴丽，宋峥嵘，王佳莹，等. 科技报告的认识和撰写误区［J］. 兰台世界，2017（22）：61–63.
[26] 邓晓益. 谈谈科研进度报告的写作［J］. 应用写作，2003（9）：30–31.
[27] 王姝. 科技报告的规范撰写与开放共享［J］. 科技经济导刊，2016（10）：204–205.
[28] 万明. 实用科技写作［M］. 陕西西安：西北大学出版社，2007.
[29] 郑斯雄. 科技考察报告的写作［J］. 华北石油设计，1996（4）：58–62.
[30] 刘忠惠. 企业科技写作［M］. 广东广州：暨南大学出版社，1996.
[31] 本书编写组. 科技书稿常见问题辨析［M］. 北京：中国电力出版社，2015.
[32] 李醍. 怎样写好调研报告［J］. 应用写作，2018（11）：13–16.
[33] 刘贵富. 现代科技写作［M］. 北京：蓝天出版社，1996.
[34] 李效栋. 现代科技写作导论［M］. 甘肃兰州：兰州大学出版社，1998.
[35] 马渝麟. 农业科学试验报告和论文的写作方法［J］. 耕作与栽培，1994（4）：61–63，39.
[36] 欧阳周. 现代实用科技写作［M］. 湖南长沙：中南大学出版社，2000.
[37] 陈长平，彭静. 论综述与述评的异同［J］. 山东图书馆季刊，1999（2）：80–81.
[38] 李强. 述评与综述的区别［J］. 编辑学报，1999（2）：105–107.
[39] 祁雅鸣，马莎莎. 基于文献特征的科技综述之价值评析［J］. 科技情报开发与经济，2004，14（4）：160–162.
[40] 吴琍华. 科技书籍的写作与出版［M］. 湖北武汉：中国地质大学出版社，2002.
[41] 李喜婷. 医学图书写作与出版［M］. 陕西西安：西安地图出版社，2005.
[42] 黎强. 编辑与审稿艺术［M］. 北京：地震出版社，2000.
[43] 陆盛强. 完整的现代图书出版［M］. 上海：复旦大学出版社，2014.
[44] 贾平静. 论科技书稿的选题与写作［J］. 益阳师专学报，1997，14（6）：121–122.
[45] 巩岩. 浅谈新时代背景下的科技图书选题策划［J］. 今传媒，2018（5）：125–127.
[46] 汪立亮. 理工类专业图书市场需求分析及其启示［J］. 科技与出版，2009（6）：51–55.
[47] 张璃月. 从读者的 10 种需求看图书馆的藏书质量［J］. 贵图学刊，2007（1）：56–57.
[48] 梁衡撰文，读者对出版物有六种需求［J］. 新闻与写作，1999（10）：47–47.
[49] 雷军. 图书书稿结构及规范［M］. 黑龙江哈尔滨：哈尔滨工程大学出版社，2003.
[50] 李小军，严介生. 科技图书内容简介的写作［J］. 编辑之友，1998（3）：40–42.
[51] 宋秀全. 浅谈科技图书前言写作［J］. 科技与出版，1997（2）：38–38.
[52] 西北大学出版社编. 图书编校规范简明手册［M］. 陕西西安：西北大学出版社，2013.
[53] 安作相，叶元芳. 石油科技论著写作概论［M］. 山东东营：石油大学出版社，1994.
[54] 彭茜. 浅谈书稿审读的方法与建议［J］. 传播与版权，2020（7）：86–88.

[55] 孙丽 . 计算机写作时代工程类书稿的交稿要求 [J]. 新闻传播，2014（12）：102.

[56] 高悦 . 浅谈科技类图书的初审读及编辑加工 [J]. 新闻研究导刊，2020，11（11）：173-174.

[57] 刘皎 . 试论面向工程师的科技图书策划 [J]. 科技传播，2020，12（4）：197-198.

[58] 车忱 . 科技图书与稿件常见错误 [J]. 传播力研究，2019，3（21）：144-145.

[59] 童根兴 . 博士论文如何成书——一个学术出版社编辑的视角 [J]. 出版发行研究，2019（7）：66-72.

[60] 范运年 . 学术专著写作，编辑有话说 [N] 中国科学报，2020-07-16（6）.

[61] 魏京燕 . 多学科综合性科技专著及其编辑要点 [J]. 科技与出版，1999（3）：23-24.

[62] 朱桂玲 . 现代丛书的特点与开发利用 [J]. 山东师范大学学报：人文社会科学版，1999（4）：108-109.

[63] 李铁钢 . 图书编辑工作实务 [M]. 北京：地质出版社，2004.

[64] 孙平，伊雪峰 . 科技写作与文献检索 [M]. 2 版 . 北京：清华大学出版社，2016.

[65] 胡莉巾 . 科技书稿中法定计量单位的正确使用 [J]. 科技传播，2021，1（上）：17-19，23.

[66] 郑穗华 . 在化工类文稿中正确使用半字线和一字线 [J]. 中国科技期刊研究，2000，11（5）：340-341.

[67] 马智 . 医学图书与论文写作编辑手册 [M]. 吉林长春：世界图书出版公司长春公司，2019.

[68] 王中华 . 科技论文写作与文献检索指引 [M]. 北京：中国石化出版社，2021.

[69] 赖淑华 . 科技图书中公式和图表的处理 [J]. 大学出版，1998（4）：32-33.

[70] 李伟 . 科技类图书中插图的规范性与编排形式 [J]. 传播力研究，2020，4（21）：97-99.

[71] 著译者须知 [M]. 北京：中国石化出版，2017.

[72] 和庆娣 . 科技图书中插图的编辑加工实用方法初探 [J]. 传播与版权，2018（12）：34-35，38.

[73] 刘薇 . 科技图书中插图常见问题分析及对策 [J]. 科技与出版，2012（8）：54-55.